"十一五"国家重点图书出版规划
教育部哲学社会科学研究重大课题攻关项目

中国传统法律文化研究

······ 总主编 曾宪义 ······

罪与罚：
中国传统刑事法律形态

- 主　　编　赵晓耕
　撰　稿　人（以撰写章节先后为序）

赵晓耕　肖洪泳　李　哲
崔永东　李　力　王寅谋
郑颖慧　王平原　史永丽
柴　荣　苏亦工　吴永明
余钊飞　韩秀桃　李玉生
胡兴东　李宜霞

中国人民大学出版社
·北京·

《中国传统法律文化研究》
秘书处

负责人：庞朝骥　冯　勇　蒋家棣

成　员：(按姓氏笔画排列)

马慧玥　王祎茗　吴　江　张玲玉

袁　辉　郭　萍　黄东海

中国人民大学法律文化研究中心
曾宪义法学教育与法律文化基金会　组织编写

目　录

第一编　罪刑观念的形成与发展

第二编　罪名体系及其法典化

第三编 定罪与科刑

第一编
罪刑观念的形成与发展

第一章

复仇与罪刑观念的形成

　　按照马克思主义的法学理论，法律不是从来就有的，也不会是永恒存在的。它同其他的社会现象一样，都有产生、发展、繁荣以及消亡的历史规律，法律亦不例外。与阶级、国家的产生一样，法律产生于奴隶社会。从我国的考古发现以及历史资料的相互印证来看，夏代是中国历史上有文献记载的第一个奴隶制国家。既然国家是作为一种阶级统治的机器出现的，这就必然需要一部体现统治阶级意志的法律来维护这部机器的正常运转，因此，在夏代也产生了中国最早的法律。《左传·昭公六年》记载："夏有乱政，而作禹刑；商有乱政，而作汤刑；周有乱政，而作九刑。"虽然现在关于夏代法律的研究缺乏史料，但《禹刑》的存在却从一定意义上说明了夏代法律的存在。

夏朝形势图

　　但是，任何事物的产生都不是一蹴而就的，在其产生之前总有一个孕育萌芽阶段。就法律的产生而言，虽然是与阶级、国家等事物相伴而生的，但在其产生之前的原始社会却为法的产生孕育了前提条件。从中国古代奴隶社会法的内容来看，其中主要是刑罚。例如，《禹刑》的性质相当于现代的刑法典。到了商代，刑罚制度已经初具规模，《荀子·正名》载："刑名从商"。西周的《吕刑》更加体现了刑法的发达。由此可见，中国的奴隶制社会的法律是以刑法为主要内容的。因此，要考察罪罚关系的衍生义及其法哲学意义，早期社会的复仇观念是必须研究的。

第一节
先民社会的复仇形态

犯罪与刑罚产生于阶级社会，但是却孕育于原始社会的复仇习惯。马克思讲道：死刑是往古的以血还血、同态复仇习惯的表现。

> 人类最古老的行为之一，就是复仇。复仇的出现，要比刑罚早的多。在刑罚出现之前，复仇就已经存在了相当一个时期。那是个复仇的时代。引起复仇的事由之多，复仇规模之大，冲突之频繁，某些情况下的后果之严重，都是绝无仅有的。[①]

> 对于刑罚起源的一般规律，可以概括为以下三句话：孕育于公有制的解体，分娩于阶级的出现，脱胎于复仇的习惯。[②]

由此，原始社会的侵害与复仇的关系便成为阶级社会罪罚关系的前期形态，关于复仇的习惯便衍生为阶级社会的罪罚制度。中国的原始社会，起自大约 170 万年前的元谋人，止于公元前 21 世纪夏王朝的建立。原始社会经历了原始人群和氏族公社两个时期。氏族公社又经历了母系氏族公社和父系氏族公社两个阶段。元谋人是已知的中国境内最早的人类。北京人是原始人群时期的典型。山顶洞人已经过着氏族公社的生活。长江流域的河姆渡氏族和黄河流域的半坡氏族是母系氏族公社的繁荣时期。大汶口文化的中晚期反映了父系氏族公社的情况。

根据近代以来考古发掘以及文献资料的分析发现，在人类历史发展的早期阶段，即以生产资料公有制为基础的原始社会下，实行的是以血缘为基础的氏族组织，人与人之间的关系是平等的，没有国家，没有阶级，因而也就没有法律。由于生产工具落后，原始人类改变自然的能力还非常差，单个的人是很难独立生存的，这就需要相互之间的协调、配合以征服自然力，由此产生了群体之间的共同利益。"因而，在原始人之间，既无弱肉强食，

---

① 霍存福：《复仇报复刑报应说：中国人法律观念的文化解说》，19 页，长春，吉林人民出版社，2005。
② 樊凤林：《刑罚通论》，50 页，北京，中国政法大学出版社，1994。

又无相互攻伐，所以，也就没有犯罪，当然也就用不着刑罚。同时，在原始人要付出巨大努力才能获得必需的生活资料来维持其简陋的原始生活时，也就没有而且也不可能有分化出来专门实行管理统治社会上其余一切人的特殊集团。因此，也就没有国家和法律。"① 依照马克思主义的观点，国家是社会发展到一定阶段的产物，是"社会陷入了不可解决的自我矛盾，分裂为不可调和的对立面而又无力摆脱这些对立面"② 的反应，因此，在原始社会中不可能存在法律，但是由于人类活动的存在，势必要求一定的行为规范来调整人们的行为，这就是氏族习惯。从一定意义上讲，法律的起源，实质上是由氏族习惯向奴隶制法的质变过程。

一、罪罚关系的起源

中国黄河流域是世界文明的发源地之一，我们祖先早在一百多万年以前，就已劳动、生息、繁衍在这片富饶辽阔的土地上。经过八九十万年的进化，早期的人类开始由原始人类步入母系氏族社会，这一转变具有重要意义。它标志着我们的先民向着文明社会跨越了一大步。在这一历史时期，伴随着生产工具的不断改进，人类认识自然、改造自然的能力不断提高，生产领域也在不断地扩大。在母系氏族时期，妇女在生产生活中起着主导作用。历史上传说的炎帝、黄帝的时代，大体相当于母系氏族社会的早期。距今六七千年以前的仰韶文化时期，则是母系氏族社会的繁荣时期。母系氏族社会时期较之原始人群时期更趋于社会化，产生了社会分工，生产力有了一定的发展，这就需要调整社会关系的共同规范——氏族习惯。

> 产生在原始公有制基础上的氏族习惯，是协调社会纠纷、约束人们共同劳动以及平均分配的共同准则。③

正如恩格斯所指出的：

> 一切争端和纠纷，都由当事人的全体即氏族或部落来解决，或者由各个氏族相互解决……④

由于在这个时期还没有剩余产品的产生，也就没有私有观念，因此在当时也就不可能有调整私有财产关系与阶级关系内容的习惯，并且由于受到以采集和渔猎为主的低下生产力水平的制约，这种氏族习惯是简单幼稚的。

伴随着生产力的发展，生产的社会化进一步加大，农业、手工业等社会分工的出现，使得男子在控制自然的能力方面比女子有更大的优势，在生产上占有更大的优势。再加上婚姻制度由族外群婚到对偶婚姻的变化，家庭关系逐步固定下来，子女继承父亲的财富。由此带来了人类社会的又一大变革，人类进入了父系氏族社会。

这一变革所带来的直接社会后果，是一夫一妻制婚姻家庭关系的确立。这里我们

---

① 周密：《中国刑法史》，17 页，北京，群众出版社，1985。
② 《马克思恩格斯选集》，2 版，第 4 卷，170 页，北京，人民出版社，1995。
③ 曾宪义主编：《中国法制史》，18 页，北京，北京大学出版社，2000。
④ 《马克思恩格斯选集》，2 版，第 4 卷，95 页，北京，人民出版社，1995。

应当认识到，只有在一夫一妻制的婚姻关系确立以后，才能建立起牢固地、成为社会基本细胞的个体家庭。也正由于这种婚姻家庭关系的确立，性犯罪才成为可能。①

在这一时期，生产工具进一步改进，极大地促进了生产的发展，有了剩余产品，这为私有制的产生奠定了物质基础。由于家庭关系的固定，这种剩余产品是与个体的家庭紧密相连的，而不再是氏族的共有财产。

> 在原始社会后期的一段时间内，它们（生产资料）还属父系氏族公社集体所公有，只是由于基本生产单位的变化，而采取定期分配给各个家庭的办法去经营。最初一年重新分配一次，以后三、五年才重新分配一次，最后就索性不分了。于是乎土地也逐渐变成了私有财产。②

随着父系氏族社会的发展，商品交换与个人财富的聚集日益增强，最终导致了私有制的产生与阶级的分化。原本没有私有观念的原始人类，在观念上发生了重大的变化，常常为了争夺财产而发生冲突，出现了你争我夺的社会现象，从而打破了社会的稳定，被文明社会称为犯罪的"偷盗"、"抢窃"、"杀人"等行为充斥着原始人的生活。而"争夺中的胜利者，为了防止自己的既得利益得而复失，产生了以强有力的手段保护自身利益的要求，法律的产生成为历史的必然"③。

与此相适应，氏族习惯也发生了很大的变化。例如，确立了保护私有财产的习惯，个人所猎获的动物归自己所有，氏族首领可以多分得财物份额；确立了有关处罚的习惯，原始社会的舜禹统治时期，特别是大禹统治的时代，氏族公社制度已经走到了尽头，不单部落联盟制、军事民主制发展到高峰，有关处罚的习惯也发展到顶点。《尚书·舜典》载有"流宥五刑。鞭作官刑，扑作教刑，金作赎刑。眚灾肆赦，怙终贼刑。"《竹书纪年》说："帝舜三年命皋陶作刑"。《新语·道基》说："皋陶乃立狱制罪，悬赏设罚，异是非，明好恶，检奸邪，消伏乱，民知畏法。"另据《左传·昭公十四年》引《夏书》说："昏（劫掠）、墨（贪赃）、贼（杀人不忌）杀，皋陶之刑也。"

当然，犯罪与刑罚也经历了一个逐渐演变的过程，并不是一蹴而就的。

> 在社会发展某个很早的阶段，产生了这样的一种需要：把每天重复的生产、分配和交换产品的行为用一个共同规则概括起来，设法使个人服从生产和交换的一般条件。这个规则首先表现为习惯，后来变成了**法律**。④

二、血亲复仇与同态复仇

（一）复仇的产生

"报复刑之作为人类历史上第一种刑罚体制而存在，有其特定的社会进化背景，且有历

① 周密：《中国刑法史》，18页，北京，群众出版社，1985。
② 周密：《中国刑法史》，19页，北京，群众出版社，1985。
③ 邱兴隆：《刑罚的哲理与法理》，35页，北京，法律出版社，2003。
④ 《马克思恩格斯全集》，第18卷，309页，北京，人民出版社，1964。

史的必然性，是原始公有制解体与原始习惯进化的必然结果。"① 在古代社会及原始社会中，为族中血亲复仇不但是一种权利，而且是一种义务，甚至是"神圣的义务"②。复仇的观念和习惯，在原始社会甚至后世社会极为普遍，复仇是一种"以血还血"的习惯。历史上如希腊人、希伯来人、阿拉伯人、印度人也都允许复仇，《摩奴法典》和《古兰经》都认为复仇是被允许的。

古代日本人在法律上许可复仇，并有若干限制。英国在 10 世纪时，意大利一直到十六七世纪时还有此风。在原始社会中，更是不胜枚举，爱斯基摩人、东非洲土人、非洲的 Congoren 人、澳洲西部土人、美拉尼西亚人，英属新几内亚的印第安人，以及美洲的印第安人都有这种习惯。③

在原始社会，为了弥补个体自卫能力的不足，形成了以血缘为基础的人类原始社会组织——氏族。在以血缘为纽带的氏族成员之间便形成了密不可分的关系，即利益的统一体。由于原始社会生产力低下，氏族之间的争斗在所难免，因此，凡是对氏族成员的伤害，便认为是对整个氏族的伤害，基于氏族成员之间的这种血缘关系的存在，便产生了氏族成员对于该种伤害的报复义务。经过长期的发展，这种风俗便被固定下来，并逐渐形成为一种习惯。

> 假使一个氏族成员被外族人杀害了，那么被害者的全氏族就有义务实行血族复仇。④

> 在氏族制度的初始阶段，氏族成员遭到外族伤害都被视为对该氏族成员所在氏族的凌辱，受害的氏族因而对加害的氏族实行集体杀戮。⑤

后来，伴随着私有制的发展，由于受到婚姻制度的影响，群婚制度开始瓦解。

> 在母系氏族社会里，实行族外群婚。后来随着氏族的繁衍，亲族关系的范围增大，亲族之间禁止结婚的规矩也越来越严，于是就自然而然地出现了一男一女暂时结合的对偶婚制，即对偶家庭。⑥

伴随着氏族的瓦解，氏族成员之间的血缘关系日益松弛，复仇的对象也就逐渐地演变为以家庭为核心的复仇制度。"我们今日的死刑，只是这种复仇的文明形式"⑦。

(二) 复仇的形态

在原始社会，由于受到生产力发展水平的制约，人们认识自然、控制自然的能力有限，受到原始的公平、正义观念的影响，在氏族血亲关系中就产生了全体氏族成员所绝对认可的复仇的义务，复仇也就成为原始人类的一种自助救济行为。

随着生产力的发展和社会的进步，原始复仇分别经历了血族复仇、血亲复仇、同态复

---

① 邱兴隆：《刑罚的哲理与法理》，34 页，北京，法律出版社，2003。
② 瞿同祖：《瞿同祖法学论著集》，75 页，北京，中国政法大学出版社，1998。
③ 参见瞿同祖：《瞿同祖法学论著集》，83 页，北京，中国政法大学出版社，1998。
④ 《马克思恩格斯选集》，2 版，第 4 卷，85 页，北京，人民出版社，1995。
⑤ 樊凤林：《刑罚通论》，52 页，北京，中国政法大学出版社，1994。
⑥ 周密：《中国刑法史》，18 页，北京，群众出版社，1985。
⑦ 《马克思恩格斯选集》，2 版，第 4 卷，95 页，北京，人民出版社，1995。

仇和交纳赎罪金几个阶段。但是，

> 无论是血族复仇、血亲复仇、同态复仇还是交纳赎罪金，它们都表现出人类求得公平、讨回公道的正义本能和作为恶害行为的公正报应的基本要求。刑罚的报应功能是刑罚存在的原动力，是一种最原始、最基本的本能情感。①
>
> 复仇之风，初皆起于部落之相报，虽非天下为公之义，犹有亲亲之道存焉。②

原始社会的复仇基本经历了三个阶段，首先是以氏族为单位的血族复仇，如果在不同的氏族部落间发生冲突，则用战争来解决。当本氏族成员被外族人杀害时，全氏族成员都必须为其复仇，此即"血族复仇"的习惯。其次是以家庭为单位的血亲复仇，最后是以报复手段与损害相对应的同态复仇。在氏族制度上建立了国家以后，刑罚权产生，并代替了同态报复。

1. 血亲复仇

血亲复仇，它是人类解决冲突、寻求冲突的利益或权利补偿的原始形式，其本质是受到伤害的一方凭借一定的暴力手段，使自己的某种利益得以实现或补偿，并使对方得到制裁和惩罚。应该说，就复仇是对侵害行为的一种报复而言，它具有一定的正当性，但复仇又是漫无节制的。

一般认为，血亲复仇来源于血族复仇，血族复仇是古代复仇的最初形态，表现为被害者氏族的全体成员共同对侵害者所属的氏族成员实行复仇。这种复仇毫无程度上的限制，往往引起氏族间的不停征战，复仇循环不止，更有甚者可能导致整个氏族的毁灭。伴随着生产力的进一步发展，婚姻家庭关系逐步确立和稳定，进而取代了以氏族为单位的生产生活方式，氏族成员之间的集体观念逐步淡漠，以血缘为纽带的家庭关系也变得逐步重要起来，反映在复仇观念上，便是血亲复仇的产生。血亲复仇是继血族复仇之后的一种古代复仇形态。血亲复仇是原始社会的一种非常普遍的社会现象。这种报复常常表现为一种血腥的大规模的原始战争，具有集体性、野蛮性和残酷性的特点。大量历史资料证明，世界各民族处于氏族社会这一历史时期时都曾经历过血亲复仇，并且带有一定的相似性。并且，血亲复仇的观念也影响了后世的道德观念和刑法理念。

与血族复仇不同，血亲复仇不再是全氏族的事，而是转归于被害者近亲属的责任，这种复仇形态将复仇的责任主体由整个氏族转缩小为被害者的家庭成员，这无疑是历史的一个巨大进步，这种变化的出现是与原始社会以血缘为中心的家庭关系的产生紧密相连的。无论是血族复仇，还是血亲复仇，都是以一定的血缘关系为单位进行的一种复仇，在复仇的程度上并没有限定和节制，往往导致死亡的发生，正如恩格斯讲道：我们今日的死刑，只是这种复仇的文明形式。另外，从报复的对象上来看，往往并不仅仅针对施害者本人，还有可能是与施害者有血缘关系的氏族或者是家庭。二者之间的区别只是血亲复仇的范围要比血族复仇的范围要窄，即从氏族缩小到了家庭，二者之间的差异只是量上的差异，与后来的同态复仇有着本质的区别。

这种原始的复仇观念在今天看来是难以接受的。但是，却是当时的历史条件所决定的

---

① 钟安惠：《西方刑罚功能论》，12 页，北京，中国方正出版社，2001。
② 吕思勉：《吕思勉读史札记》，382 页，上海，上海古籍出版社，1982。

必然现象。在人类产生以后的原始社会，人们的活动从来是表现为一种群体的活动，劳作、休息、争斗。究其根本，是由于生产力的落后导致的个体无法脱离群体而生存，离开了群体便意味着死亡。这种群体就是以血缘关系为纽带而连接起来的氏族。"各个氏族或部落有自己的宗教仪式，共同的墓地，生产资料公有，族员地位平等，群体生死共存，每个氏族或部落自己选举领袖，遵守共同的传统和习俗。可见，在这样的社会结构中，人的生存不是靠个体，而是靠同一血缘的氏族成员的共同努力来保证亲族的同类个体的生存，同时也保证了氏族的存在，个体与群体达到了最大限度的融合。"① 对于个人而言，离开了群体是没有安全可言的，个人安全依靠他的氏族来保护。个体与群体的利益是一致的，氏族成员在保护氏族时就是保护了自己，而氏族在保护氏族成员时也就是保护了氏族自身。因此，当氏族或部落中某一个成员受到外族人伤害时，这势必危害到氏族的利益以及其他氏族成员的利益，就会被视为对整个氏族或部落的伤害，这必然引起整个氏族群体感到被侮辱与侵犯，而将这种愤怒发泄到侵害人或者其所属的氏族。因此，在复仇中，就将报复行为施于对方氏族的所有成员。这样，血亲复仇作为一种原始习惯便被固定和沿袭下来。

2. 同态复仇

同态复仇是原始社会的一种复仇形态，是受害人对于造成其伤害的施害人给予同等程度的伤害作为惩罚，以命抵命，以伤抵伤，也就是我们通常所讲的"以眼还眼、以牙还牙"。为了限制血亲复仇造成的"恶的无限性"，同态复仇应运而生。血亲复仇与同态复仇虽同为复仇，却已有了质的不同。血亲复仇具有强烈的主观性，同态复仇则具有了一定的客观性，尽管它没有完全脱离感性的控制，但是已经表现出了一种谨慎的理性，在复仇的后果上已有所节制。强调恶有恶报的因果报应，已具有一种原始的公正。尽管如此，由于受到当时生产力发展水平的限制，同态复仇作为矫正正义的形式仍然具有狭隘性。但是，正是这种复仇观念的变化，为后世的刑罚奠定了理论基础，经过后世的改造、发展，成为今天刑罚制度的胚胎。

在原始社会发展的后期，伴随着私有制的出现，由于血缘家庭关系日趋紧密，氏族制度便变得松散起来，相应的，氏族之间的排斥心理逐渐减弱，人们的生产生活由以氏族为单位转向以家庭为单位，氏族制度逐步瓦解。受此影响，一方面，氏族成员已经不再把氏族的利益放在至高无上的地位，而是将自身的利益放在了首位，于是，"民有所利，则有争心"。对氏族成员的侵害便不再被认为是对整个氏族的侵害与侮辱，而是一件与己无关的事情；另一方面，由于氏族成员变得涣散，整个氏族的战斗力也相应地下降，氏族已经无力向氏族成员提供保护。因此，在复仇对象上，由侵害者所在的氏族演变成了侵害者本人；复仇的主体由受害者所在的氏族演变为受害者的家庭成员，甚至是受害者本人。因此，当氏族成员遭到外来伤害时，侵害者所在的氏族则交出侵害人，由受害者的家庭成员或者受害者执行复仇。

而且，"由于生产力的进一步发展，劳动力的价值日显重要，以杀戮为唯一形式的血亲报复也成为生产力发展的阻碍，从而逐渐让位于报复的手段与损害的形态相对称的同态复仇"②。在原始社会的后期，由于生产力的发展，对劳动力的需求也越来越多。再加之由狩

---

① 贺建平：《氏族社会与血亲复仇》，载《贵州社会科学》，1995（4）。
② 邱兴隆：《刑罚的哲理与法理》，36页，北京，法律出版社，2003。

猎采集等生产方式向以耕作为主的农业生产方式的转变，以种植业为主的劳动方式需要大量的劳动力，而由于受到当时生存条件的限制，人类的生存率低，死亡率高，并且人均寿命较短，因此，劳动力的价值凸显。这便与生产力的发展形成了矛盾。反映在复仇制度上，为了保留劳动力，人们便不再一概地以处死作为复仇的形式，而是有所区别，这也在一定程度上促进了同态复仇制度的产生。

在社会发展的任何时期，都有一套维持社会秩序的方法，也只有这样，社会才可以正常地向前发展。在有国家的社会，国家可以通过法律对侵害行为进行处罚与制裁，即由国家承担该责任。但是，在原始社会，没有国家，亦没有法律，但这并不表明没有维护社会秩序的手段。在原始社会，民智未开，人们认识自然的能力有限，只能局限于表面，对于许多自然现象无力解释其本质，生存在一种蒙昧与混沌的状态之中。对于难以解答及控制的自然现象便理解为神的意志，将自然界的现象理解为神意的体现，由此便产生了一套以"天命论"为基础的宗教迷信以及图腾崇拜活动。对于风雨雷电等自然现象以及洪水、地震等自然灾害造成的损害认为是神对人类的报应，是一种"天讨"、"天罚"。因此，产生了一种原始的、朴素的因果报应观念。在这种观念的主导下，对人与人之间的伤害便产生了有害必罚的思想。因此，在没有国家的原始社会，对于侵害行为进行惩罚的责任便落在了受害者身上。而这种报复便被认为是一种天经地义。因此，"对其犯罪的认识也只限于对其形诸于外的损害结果、表现形式等外在的特征的简单反映，而对犯罪动机、意识、意志及其对犯罪的形成的相对决定作用却难于认识。正是如此，对犯罪的评价才仅仅以其损害结果为基点，行为被视为导致损害的唯一作用力。"① 损害结果的相当性便成为原始人类进行同态复仇的认识基础。从当时人类的认识水平来看，尚不能判断影响罪行关系的其他因素，例如人的精神状况、年龄、心理状态等等。因此，这便在原始人的思想观念中形成了一种简单的、朴素的正义与平等的观念。对于自己所受到的侵害予以相同程度的报复是公平的、正义的。在当时以私力救济为主的社会，这种观念和方式的产生是必然的。

虽然在今天看来，同态复仇并不符合文明社会的要求，但是，就当时的社会来讲，这已经比血亲复仇有了明显的进步和质的变化。与血亲复仇相比，这种进步表现在两个方面：一方面是复仇程度的变化，同态复仇强调报复的对等性，具有一定的客观性，而血亲复仇则强调复仇的无限性，具有很强的主观性；另一方面是复仇主体的变化，同态复仇的复仇主体是受害人自己及其家庭成员，而血亲复仇的复仇主体是受害人所属的氏族。

在此以后的社会形态中，尤其是紧接其后的奴隶社会，同态复仇制度在各国法律中的反映屡见不鲜。古巴比伦《汉谟拉比法典》和古罗马《十二铜表法》均有反映。但只有在等级相同的人之间适用，有明显的阶级性。

例如，《汉谟拉比法典》第一百九十六条规定：

> 倘自由民损毁任何自由民之眼，则应毁其眼。

第一百九十七条规定：

> 倘彼折断自由民之骨，则应折其骨。

---

① 邱兴隆：《刑罚的哲理与法理》，36 页，北京，法律出版社，2003。

公元前25世纪的埃及审判记录

《摩奴法典》印度于约公元前
2世纪~公元2世纪编成

《汉谟拉比法典》
公元前18世纪
巴比伦王国石柱法

古巴比伦石柱法、古埃及法与古印度法

《十二铜表法》第八表第二条规定：

> 如果故意伤人肢体，而又未与受害者和解者，则他本身亦应遭受同样的伤害。

三、复仇的法哲学意义

在研究原始社会的复仇问题时，我们不能用今天的标准去评判它，否则我们得出的结论就是野蛮与残忍。随着国家的建立、法律的设立，国家公权力在保护人的权益方面发挥了重要的作用，从而使得复仇制度逐渐淡出历史的舞台。但是，无可否认的是，原始社会的复仇制度为后世刑罚的发展奠定了制度与观念的基础，成为刑罚发展的渊源，虽几经变迁，仍然可以追寻到复仇的踪影。复仇所针对的是一种伤害，是对该种伤害所采取的一种带有敌意的回复性伤害，是一种对于侵害者的惩罚。而这正是刑罚的内在属性。从现代法律理论的视角来看，公平正义是法的终极追求目标，是一种理想的状态，而复仇制度也体现了一种原始的公平正义观念。因此，不能将原始社会的复仇制度与后世的刑罚割裂地看待，二者之间存在着内在的联系，而这种联系便使得复仇的法哲学意义凸现出来。

刑罚的重要功能之一就是惩罚犯罪行为，这是伴随着刑罚发展始终的，即使是在原始社会的复仇制度中，也隐含着惩罚的意义。惩罚与刑罚具有密不可分的关系，没有惩罚，也就无所谓刑罚。从本质上讲，刑罚是通过对于犯罪人的某种权益进行剥夺，从而使其承担一定的痛苦，这种痛苦包括生理上的和心理上的，从而实现刑罚的功能。如果说，所采取的刑罚措施没有带来这种痛苦，那么，这种刑罚则是没有意义的，或者不能称之为刑罚。从刑罚的形式上来看，包括生命刑、自由刑、财产刑以及资格刑。其中任意一项权益的丧失，都会带来痛苦，只是痛苦的程度不同。

刑罚在给犯罪人带来这种痛苦的同时，对于受害人来讲，则是一种抚慰和补偿的功能。

因为,犯罪人所带来的危害后果,势必会给受害人带来一种痛苦,从人的自然属性上来讲,会产生一种强烈的报复心理。这种报复心理与原始人类的报复心理是一样的,这是由于受到国家法律的制约而不能采取报复行为,否则也会带来刑罚。因此,当国家通过刑罚来制裁犯罪嫌疑人的时候,这在一定程度上能满足受害人或者其相应亲属的这种报复愿望,使得他们感觉到了一种公平与正义,从而平息他们的报复心理。

从人类学的角度讲,无论是在原始社会,还是在文明社会,人们对于侵害的报复心理都是客观存在的。只是到了文明社会,对于侵害人的这种报复行为由国家来实施,被害人的这种复仇权也就转化为了国家的刑罚权。"在原始时代,实行以眼还眼、以牙还牙的同态复仇,而当国家统一掌握刑罚权后,被害人的复仇权利就由国家行使刑罚权取代了。"① 由此不难看出,原始社会的复仇制度能成为刑罚制度的渊源,说明复仇与刑罚之间存在着内在的共性,即对正义的追求。

正义,具有正直、公平的含义,是一种涵盖自由与平等的理想状态,是一种人类生活的极致秩序。对于法律而言,虽然在不同的历史阶段,人们对于正义的理解有所不同,但是正义是法的生命,是作为法律的价值理念和基本原则出现的。法律若失去了正义,法律将难以在现实中得到认可与遵守。刑罚亦不例外,始终是在犯罪与刑罚之间寻求公平的支点,"刑罚的正当理由植根于由报应所体现的人类道德情感和社会公正理念,刑罚以蕴含在报应之中的公正理念为其安身立命之本,公正是刑罚的唯一价值诉求。"② 而对刑罚正义的评价则要看犯罪与刑罚之间的对等性,或者是平等性,当然,在现代刑罚制度下,这种平等性是难以用数量来进行衡量的。而连接犯罪与刑罚的纽带便是对犯罪行为的报应。

"正义是刑罚发动的理由。刑罚的正义性在于它对犯罪所具有的报应性。"③ 即刑罚的根本在于对犯罪行为的报应,这种报应便代表着一种正义。犯罪与刑罚之间的关系是原因与结果的关系,对于犯罪行为进行刑罚是一种以恶制恶的行为。报应是对于所受的损害的一种回复、回报或补偿。"报应已成为对行为人实施的恶行或善行的一种反应,是以均衡由于此善行或恶行造成的主动参与和被动参与之间的不相称为目的。"④ 因此,在犯罪与刑罚之间的因果报应上如果达到了一种平衡,那么,刑罚的正义也就实现了。

就原始人类的复仇制度来看,这种复仇制度反映了一种原始朴素的对等观念,包含着公正的刑罚理念,这种观念是人类在长期的循环往复的复仇斗争中产生的,从最初漫无边际进行杀戮的血亲复仇到后来的有一定标准的同态复仇,才逐渐认识到这一规律的。在原始社会发展的早期,人的自然属性与人的社会属性促成了复仇观念的产生,但是,由于受到物质生活条件的限制,人类从自然界中获得的产品是有限的,而且仅限于自足,不用于交换,因此,人们还没有对等的观念,在复仇的程度以及形态上也就没有限制。后来,伴随着劳动工具的改进,生产力有了发展,产品有了剩余,产生了私有制以及私有观念,人们在产品交换的过程中,逐渐产生了对等的概念,这种观念的产生,使得人们对公正有了一种朴素的、简单的认识,即在付出一定利益的时候也要取得一定的利益,相应地在遭受

---

① 杨春洗、杨敦先主编:《中国刑法论》,185 页,北京,北京大学出版社,1994。
② 董淑君:《刑罚的要义》,156 页,北京,人民出版社,2004。
③ 黄立:《刑罚的伦理审视》,23 页,北京,人民出版社,2006。
④ [德] 李斯特:《德国刑法教科书》,徐久生译,24~25 页,北京,法律出版社,2000。

一定的损失的时候则要弥补相应的损失。这种观念在促进商品经济发展的同时，也在复仇制度中融入了对等的因素，在复仇的形态及程度上强调相当性，侵害与复仇被作为一种等价交换的关系来看待，侵害人失去了什么，复仇人就要侵害人失去什么，由此直接导致了同态复仇的产生。这其中蕴含着一定的公正性，即价值上的对等性，这种复仇行为使得双方都能够接受，既满足了复仇人的复仇愿望，又使得侵害人可以不必承受复仇结果无限性的不利后果。因此，原始人的同态复仇观念已经包含了一种原始的公正观念。"同态复仇、等害报复之作为刑罚的理性，实际上是一种对社会与个人都公正的合理选择，报复刑是刑罚的公正性的原始载体，其构成对作为现代报应观念之最初表现形态的报复观念的认可，同时又构成现代报应刑的雏形。"[1] 后来的以缴纳赎金代替复仇的制度更加深入直观地反映了这种公正观念。因为如果没有公正观念的话，赎金与侵害之间是无法换算的；如果没有商品经济的话，这种替代是无法完成的。"报应从复仇蜕变而来，但在一定意义上保留了复仇所具有的侵害与惩罚之间的对应性，这也正是朴素的平等与正义观念的反映。"[2]

正义是刑罚产生的基础，刑罚报应主义一般将报应的合理性归结为公正。在没有法律的社会，人类能够创造出一种以原始的正义观为基础的解决侵害的合理方法，并且在没有外部强制力的制约下能够自觉地执行，并且能够得到社会的认可，应当说是难能可贵的。首先，在这种复仇观念中隐含了一种正义与平等的价值观念，这成为后世刑罚的基础，成为了刑罚权的来源，使得国家的刑罚权有了合理的存在依据；其次，强调罪罚相当，限制了刑罚滥用，刑罚的功能虽然包含了对犯罪人的惩戒，但这种惩戒有严格的限制，不应超过必要的限度，避免了刑罚的滥用以及刑法万能主义；最后，强调罪责自负，这种复仇制度的义务人从氏族到家庭成员直到最后的侵害者本人的变化，使得责任的承担者最终落到了侵害人本人，避免了罚及无辜。

当然，同态复仇的合理性也只是在特定的历史时期被认可的，也是与原始人类所生活的原始社会相适应的，我们无法用今天文明社会的刑罚制度去判断同态复仇，因为我们今天的正义观已经融入了众多的合理性因素，将犯罪人的主观认识与客观损害科学地融为一体进行公平的评价，而不是单独地以损害后果作为单一的判断依据，并且在刑罚的目的上已经不单纯地限于惩罚功能。但是无可否认的是，复仇的这种公正的理念却为后世的刑罚奠定了理性基础，成为人类历史上第一种刑罚体制的萌芽与雏形。

第二节
复仇观念对后世罪罚关系的影响

原始社会的复仇观念并没有伴随着原始社会的终结而退出历史的舞台，其对后世的影响是包含制度与观念两个方面的。从制度上来讲，原始社会的复仇制度直接导致了报应刑

① 邱兴隆：《刑罚的哲理与法理》，37 页，北京，法律出版社，2003。
② 黄立：《刑罚的伦理审视》，24 页，北京，人民出版社，2006。

的产生。后续的奴隶制社会的法律制度很多是从复仇制度脱胎而来。《汉谟拉比法典》、《十二铜表法》关于复仇的规定最具有代表性，另外在有关宗教的教义当中也有关于复仇的规定，例如《旧约全书》、《古兰经》中都有相关记载。[①] 从我国传统社会的发展来看，由于受到传统儒家思想的影响，复仇亦可见于相应的法律制度中。从复仇思想上来讲，后世的刑罚报应主义则发轫于原始社会的复仇制度。

一、复仇观念与刑罚报复主义

人类社会在进入到阶级社会以后，国家产生后需要维护其利益的刑罚制度。而原始社会的发展已经为这种制度的产生作了充足的准备，同态复仇也就自然而然地演化为人类历史上的第一种刑罚——报复刑，使得同态复仇成为一种文明的形态。

> 刑罚的产生又不是原始人类一朝一夕的心血来潮的结果，其以报复的初始面目来到人世也并非原始人类偶然的选择，而是原始报复习惯长期的、顺乎自然的进化的必然产物。[②]

因此，原始人的复仇观念为刑罚报复主义的产生奠定了认识论上的基础。

刑罚报复主义是西方国家关于刑罚目的认识的一种观点。该观点根据恶有恶报、善有善报的因果报应理论，认为刑罚的目的在于报应为主旨，刑法的正当性就在于它是对犯罪的一种回报。犯罪是引发刑罚的原因，而刑罚是犯罪的必然结果。人类有分辨是非的理性，负有不得侵害他人之义务。如果违反了这一义务，则构成了对他人的侵害，国家为了确保社会的正义便要对其实施惩罚，因此，刑罚就是对于犯罪人犯罪行为的报应。刑罚报应主义也就成为国家刑罚权的衍生依据。

报应主义思想随着社会的演进，逐步形成了神意报应说、道义报应说及法律报应说三种观点。

在西方历史上，报应说最早可追溯至古希腊哲学家亚里士多德。亚里士多德认为，刑罚的目的在于恶报，即消除犯罪所引起的罪恶。

> 击者与被击者，杀人者与被杀人者，行者与受者，两者分际不均，法官所事，即在施刑罚以补其利益之不均而均之。[③]

> 以刑罚惩治罪恶，就某一意义（如给人痛苦）而言，仍旧只是一件可以采取的坏事，相反，人就惩恶的目的在于消除罪恶而言，善施恰恰是可以开创某些善业而成为善德的基础。[④]

亚里士多德的观点明确地表达出了刑罚的目的在于以因果报应为基础的以恶制恶。当然，这一观点也反映出了一种无奈，因为，亚里士多德将惩罚犯罪看作一件"坏事"，而补

---

① 关于西方复仇制度的记载，可参见霍存福：《复仇报复刑报应说：中国人法律观念的文化解说》，131～141 页，长春，吉林人民出版社，2005。

② 邱兴隆：《刑罚的哲理与法理》，35 页，北京，法律出版社，2003。

③ 《西方法律思想史资料选编》，32 页，北京，北京大学出版社，1982。

④ ［古希腊］亚里士多德：《政治学》，383 页。转引自樊凤林：《刑罚通论》，84 页，北京，中国政法大学出版社，1994。

救这一"坏事"的办法就是"开创某些善业"。因此，从一开始报复主义就存在着一定的理论缺陷。

报应主义发展的最初形态是神意报应主义，认为神是正义的代表，法律则是神的旨意——神意，以神的名义发布的法律就代表着正义，违反了法律，就是违反了神的旨意，就要受到相应的惩罚。而国家（君主）就是神意的表达者和执行者，国家对犯罪的刑罚是根据代表正义的神意而实施的报应。古罗马基督教思想家圣·奥古斯丁认为："罪是奴役制度之母，使人服从人的最初原因，它的出现不是越过最高的上帝的指导，而是依从最高的上帝的指导，在最高的上帝那里是没有不公正的事的。只有最高的上帝才最明白怎样对人的犯罪实施适当的惩罚。"① 我国历史上君权神授的思想亦多有记载。《尚书》中"有殷服天命"、"唯王受命"的记载，夏启在讨伐时说"今予惟恭行天之罚"，商汤在讨伐时也说"天命殛之"，这些记载反映了国家将统治阶级的意志转化为神的意志，使得君主成为神的代表，从而使得其统治具有合法性。

当然，不同的国家、不同的宗教其所敬仰和信奉的神是不一样的，但是，总能够抽象出一个在一定的地域和历史时期被认可的抽象的神。神意报应主义的出现是符合历史的发展规律的。在科学尚不发达的时代，人们蒙昧无知，认识自然的能力极为有限，对于自然无法解释。但是由于人类追求真知的本能又促使人们将这些无法解释的现象归结为一种超自然力，由此创造了神的概念和化身作为自然力的主宰者，将一切无法解释的现象归结为神的意志。人类作为被统治者要安于天命，接受神的统治，否则要遭到神的处罚。人类生活在一个以自己编造的"谎言"作为"真理"的神话时代。"人们试图以神话来解释万物，法也在神话那里获得诠释。"②

伴随着欧洲中世纪神权法的发达，神意报应说占统治地位，被推崇到极致，认为法的一切来源都是神的意志，刑罚也不例外，人们的犯罪行为是对上帝旨意的违反，只有通过一定的痛苦的承受才能弥补自己对上帝所犯的错误。这种观点用实际不存在的神的旨意来解释国家刑罚权的来源以及刑罚权的目的，在科学昌明的社会看来，完全是荒诞不经的。这种解释亦没有从本质上找到刑罚的目的，虽然在现实中具有一定的权威性，以此为中心而产生的刑罚制度也为世俗所接受，由于没有科学地解释出刑罚存在的理由，伴随着神权法的衰落，也由盛转衰。但是，我们不能否认在特定的历史环境中其所发挥的历史作用。

到了近代，启蒙时期的德国哲学家康德创立了道义报应主义的刑罚观，系统地阐述了道义报应主义，并对以后产生了深远的影响，从而将报应主义发展到一个新的高度。康德认为，人是一个有理性的存在者，人的价值归根结底是自由，自由是人性的组成部分，每个人都是自己的主人，人是现实上创造的最终目的。人除了受自然法则的限制以外，亦有一定的决定自己行动的内在力量，这种内在力量是基于实现人的自由而产生的，这种力量具有道德性质，每个人都应当遵守。这种道德便成了普遍存在的"绝对命令"，绝对命令表现为一种义务。凡是对于义务的违反就会引起责任。人们对道德的遵守，就实现了以自己

① 《西方法律思想史资料选编》，93 页，北京，北京大学出版社，1982。
② 董淑君：《刑罚的要义》，17 页，北京，人民出版社，2004。

为目的人的价值。从另一个角度来讲，任何人都没有权利把他人作为实现自己主观目的的工具，也就不能侵害他人的权利而违背道德规律。违反道德义务行为的惩罚，是以人的意志自由为基础的，因此，这种惩罚具有道义根据。如果犯罪人侵害了他人的权利，违背了这种以道德为中心的"绝对命令"，也就是对人的自由的侵犯，因而应受到惩罚。正如康德指出的那样：

> 违背道德上之原则，加害恶于他人者，须受害恶之报应，此理有固然者也。

康德的道义报应主义认为刑罚本身就有正义的本质。犯罪是违反正义的行为，而正义又是非常崇高的，如果正义沉沦，那么人类就再也不值得在这个世界上生活了。如果正义竟然可以和某种代价交换，那么正义就不成为正义了。因此，为了维护正义，就需要对犯罪行为进行惩罚。康德将正义理解为一种平等的正义，即数量上的相等，将绝对平等理解为正义，强调惩罚的相等性，"谁侮辱了他人，谁就必须遭受名誉上的痛苦，谁偷窃了财物，谁就必须在财产上受损，并暂时或永远受奴役。但假如他行谋杀之事，就必死。在此没有满足正义的代替物。在一个即便充满苦恼的生与死之间，不存在相似性。"[1] 假定有一个公民社会，经过它所有成员的同意，决定解散这个社会，并假定这些人是住在一个海岛上，决定彼此分开散居到世界各地，可是，如果监狱里还有最后一个谋杀犯，也应该处死他以后，才执行他们解散的决定。应该这样做的原因是让每一个人都可以认识到自己言行有应得的报应，也认识到不应该把有血债的人留给人民。如果不这样做，他们将被认为是参与了这次谋杀，是对正义的公开违犯。[2]

康德的道义报应主义比神意报应主义进步，因为它将刑罚的目的归结为一种从人的本性出发的道德，而不是一种虚幻的神意，以较神意报复主义具有了一定的合理性和现实性，有了较大的进步。但它把刑罚的意义归结为一种对道德的维护，以道德标准来处理法律问题，解答刑罚的目的，混淆了道德与法律的关系。并且，康德在对罚罪行为进行处罚的问题上，走向了另一个极端，即简单的公平，按照其理论，在对杀人罪进行处罚时只能是死刑，而对有些犯罪则无法处罚，这必然导致刑罚的混乱，由此也说明，康德的道义报复主义还是存在缺陷的。

德国哲学家黑格尔首创法律报应主义。黑格尔从法的特殊运动的视角出发论证了刑法的正当性。黑格尔认为，道德与法律是相区分的，而这属于不同的范畴。在黑格尔看来，道德是内心的东西，不能以强制的方式实现对其的控制，所以国家的法律不可能控制道德，因为道德只能通过人的内心来控制，道德则不具有强制性，而法具有强制性。因此，刑罚的正当性不能由道德来证明，而只能依靠法律自身来进行证明。

在批判康德的刑罚报应主义的基础上，黑格尔将辩证法中的否定之否定规律运用到刑罚目的的认识上，分析了刑罚的理由和根据。黑格尔则否认以主观罪过作为报应根据的道义报应主义，认为犯罪是犯罪人基于自由意志而选择的危害社会的行为，从善有善报、恶有恶报的社会报应观念出发，作为恶害的犯罪理所当然地应受到恶的惩罚，刑罚只不过是

---

① ［德］康德：《道德形而上学原理》，苗力田译，332页，上海，上海人民出版社，1986。
② 参见陈兴良：《刑法的启蒙》，132页，北京，法律出版社，1998。

这种恶的惩罚的有形的体现。"犯罪应予扬弃，不是因为犯罪制造了一种祸害，而是因为它侵害作为法的法。"① 黑格尔认为犯罪的扬弃是报复，报复是对侵害的侵害。因此，黑格尔认为报应的依据是法律的存在，刑罚是对犯罪的否定之否定。通过对犯罪的扬弃来达到对刑罚的肯定，由此来恢复受到侵害的法律。

黑格尔认识到康德等量报应在理论上的缺陷和漏洞，即数量上的平等存在的问题，提出了等价报应论，又称等害报应论；认为侵害与报复之间的等同，应该是价值的等同，而不是量的等同，而且这种等同是相对的、无限接近的等同。这就将罪态的多样化与刑罚的有限性有机地联系在一起，在刑罚的内在价值与犯罪的侵害之间建立了一定程度的联系。

黑格尔的这一学说从法律的角度来分析刑罚的目的，从已然之罪中去寻求刑罚的合理限度，关注的是刑罚权行使的社会公正性，正确地揭示了适度刑罚的社会伦理基础，根据既存的犯罪决定对这一犯罪进行适当的惩罚，具有一定的合理性。强调刑罚是对犯罪的公正报应，通过刑罚施加于罪犯的痛苦可以均衡犯罪行为的恶害，回复社会道德所要求的公正和正义。刑罚的对象是已然的犯罪行为，设定刑罚量的依据是犯罪行为对社会造成的客观危害，刑罚的轻重应当与犯罪行为的严重性和罪犯主观罪责的大小相对称。法律报应主义从社会公正的角度得出了罪刑相称的结论，较道义报复主义有了较大的进步。但是，这一学说单纯地强调刑罚是对犯罪恶害的公正报应，把刑罚当做自我目的，否定刑罚的社会性和功利性，强调刑罚的绝对性和单一性，虽然强调了正义，但忽视了刑罚的其他目的。从刑罚后果上来讲，可能仅仅满足了受害人的正义，而忽视了整个社会的正义，这在强调社会本位的今天，显然是难以接受的。并且，黑格尔用法律来解释刑罚存在的目的，而刑罚又是法律的一种，这实际上是用法律来解释法律，还是没有从本质上解答法律的本质是什么。报应主义可以说是得之公正而失之功利。另外，黑格尔的这一学说否定刑罚的其他目的，是不可取的。

二、复仇观念与刑罚威吓主义

刑罚作为一种社会法律制度，随着科学的昌明、思想的开化，不断地向前发展而适应社会的需要。根据日本著名刑法学家牧野英一的刑罚进化论，西方刑罚自产生以后，经历了复仇时代、威吓时代、博爱时代以及科学时代。刑罚缘起之初，由于脱胎于原始社会的复仇习惯，因而具有浓厚的复仇色彩，复仇也就成了对于刑罚的本质认识。但是，到了封建社会，人们开始了对刑罚本质的理性思考，人们开始注意到了刑罚不仅有消极的被动的惩治犯罪的作用，而且还具有积极的主动的预防犯罪的作用。于是，人们开始有意识地追求刑罚的这种预防功能，一方面在实践中积极地利用刑罚来威吓犯罪行为，另一方面产生了以犯罪预防为核心的刑罚威吓主义，由此将刑罚由复仇时代推进到了威吓时代。"到了封建时期，刑罚逐渐摆脱原始社会复仇习俗的遗风，威吓主义取代复仇而成为刑罚的主旨。威吓主义反映在刑罚上，就是广泛采用极其残酷的刑罚，这在中世纪乃至资本主义社会初期西方各国刑法中都有血腥的记载。"② 在威慑时代，主宰制刑者的是根据对犯罪的严重性

---

① ［德］黑格尔：《法哲学原理》，范扬、张企泰译，105 页，北京，商务印书馆，1961。
② 樊凤林：《刑罚通论》，60 页，北京，中国政法大学出版社，1994。

的主观评判来确定其应定的遏制力度，然后再凭主观想象来设计作为最有效地遏制犯罪的手段的刑罚，即想以什么样的方式遏制某种犯罪便设计什么样的刑罚方法。制刑方法上的这种随心所欲的主观随意性与对刑罚的威慑作用的推崇，导致了作为制刑之结果的刑罚方法的复杂化与残忍性。①

威吓是以威力使之畏服，即通过一定的外界强制力使其产生一种心理上的畏惧心理。而刑罚的威吓功能表现为通过刑罚的执行而产生的强制力，使得犯罪人以及他人畏惧而不敢犯罪。中国古代法家的代表人物韩非子认为：

> 重一奸之罪，而止境内之邪。②

商鞅认为：

> 刑重而必得，则民不敢试，故国无刑民。

这其中就包含了刑罚威慑功能。商鞅的主张得到秦孝公的赏识，于是，商鞅奉命主持秦国的法制改革，改法为律，将其重刑威慑思想贯穿于其所制定的《秦律》之中。正是如此，《秦律》以轻罪重罚、严刑苛罚而著称，并开了重刑威慑主义之先河。自此以后，威慑主义便成为历代刑罚的指导思想。③

在西方历史上的威吓时代，无不强调预防犯罪，认为刑罚的目的在于预防将来再次犯罪。因此，威吓主义又被称为预防主义。最早提出这一理论的是古希腊哲学家普罗塔哥拉（Protagoras）。他认为，谁要是以理智来处罚一个人，那并不是为了他所犯的不法，因为并不能由于处罚而使业已发生的事情不发生。刑罚应该为着未来而处罚，因此，再不会有其他的人，或者被处罚者本人再犯同样的不法行为。要想以合理的方式施加刑罚，不应基于已经犯下的罪，而应基于将来被处罚的人不再犯罪。因此，改造犯罪和对其他人进行威慑就是刑罚的目的。④ 威吓主义又分为一般威吓主义与个别威吓主义。一般威吓主义主张通过对社会一般人（潜在犯罪人）进行刑罚威吓，以达到预防犯罪的功利效果。个别威吓主义主张通过刑罚对于犯罪人进行威吓，以阻止其再次犯罪。

（1）一般威吓主义

在贝卡利亚的理论基础上，诞生了一般威吓主义，以刑事古典学派著名代表人物费尔巴哈的心理强制说为代表，其核心就是用法律进行威吓。防止犯罪是国家的功能，国家主要是靠制定和适用刑罚来完成这项任务的，仅靠直接的物理强制是收不到这种效果的。因此有必要采取心理强制，通过威慑来制裁犯罪人，使得那些有可能犯罪的人畏而知警。从本质上讲，这种威慑是可行的，而且不会侵犯任何人的权利。但是，威慑必需的是有足够的强度，否则便会无效。⑤ 他主张，基于刑事立法的威慑作用，潜在犯罪人就不得不在心理上对犯罪的利弊得失根据舍小求大、趋利避害的功利原则进行仔细权衡，并因恐惧不敢外

---

① 参见邱兴隆：《刑罚的哲理与法理》，40～41 页，北京，法律出版社，2003。
② 《韩非子·六反》。
③ 参见邱兴隆：《刑罚的哲理与法理》，46 页，北京，法律出版社，2003。
④ 参见谢望原：《刑罚价值论》，88 页，北京，中国检察出版社，1999。
⑤ 参见谢望原：《刑罚价值论》，90 页，北京，中国检察出版社，1999。

化为犯罪行为。因此，应当使人们预先知道犯罪而受到刑罚惩罚的痛苦，大于因犯罪所得到的快乐，就会产生抑制其心理上萌生犯罪的意念，从而可以防止犯罪。据此，费尔巴哈认为刑罚的威吓能够起到心理强制作用，实现一般预防的目的。

贝卡利亚

一般威吓主义又分为立法威吓主义和行刑威吓主义。立法威吓是通过国家立法的形式，由法律规定刑罚的方式，确立罪与非罪，此罪与彼罪，并向社会公示，从而达到预防犯罪的效果，使得潜在的犯罪人不敢从事犯罪行为。立法威吓的前提是刑罚的明确性和确定性。费尔巴哈主张立法威吓，提出了"用法律进行威吓"的论断，否认行刑威吓主义，认为要使得人们认识罪刑之间的必然性，应以刑罚的存在为前提，而不是借助于刑罚的适用。行刑威吓主义又称为司法威吓主义、执行威吓主义，是通过在一般人面前公开执行残酷的刑罚，使其目睹受刑者的痛苦，从而打消犯罪的念头，以此来预防一般人的犯罪，从而达到预防犯罪的效果。行刑威吓主义以严刑酷法的存在为前提条件。菲兰吉顺主张行刑威慑主义，认为立法威慑只是一种纸上谈兵，其只是存在一种威吓的可能性。应当指出，二者的观点具有一定的片面性。立法威吓主义与行刑威吓主义是辩证存在的，没有立法威吓，行刑威吓就无从谈起；而没有行刑威吓，立法威吓也就不能发挥相应的作用。

（2）个别威吓主义

由于一般预防主义未能有效地遏制犯罪率尤其是累犯率，因而日益遭受质疑。随之产生了以实证主义为核心的特殊预防主义。[①] 个别威吓主义认为刑罚是对犯罪人本人产生威吓作用。与一般威吓主义不同的是，刑罚的目的不是预防社会上一般人犯罪，而是预防犯罪人自身将来不再犯罪。犯罪人在犯罪后，由于刑罚要剥夺人的一定权益，使其承受一种心理上和生理上的痛苦，因此，犯罪人在犯罪以后就存在着一定的恐惧心理。再者，只要从

---

① 参见马克昌主编：《近代西方刑法学说史略》，196 页，北京，中国检察出版社，1996。

事犯罪行为就是要受到惩罚的，犯罪人在接受刑罚的惩罚后，由于会产生一种痛苦，基于对这种痛苦的认识，会对其产生一种威慑作用，使其放弃再次犯罪的想法。

意大利学者龙勃罗梭是个别威吓主义的倡导者。他明确提出：

> 刑罚必从防卫立论，方可无反对之地。

犯罪不是犯罪人的自由选择，而是由于某种先天的基因或堕落因素造成的，是体质上遗传的结果，而且有先天的倾向，几乎是不可救药的，刑罚不可能对天生犯罪人产生威吓作用，它只能是改造或消灭犯罪人的肉体的手段。同时他表示反对一般预防。德国学者高尔曼亦认为，刑罚的目的在于防止犯罪人将来的犯罪行为，因此，刑罚的运用应当以犯罪人所表现出来的性格为指导，因为，犯罪人现在所犯之罪，已经预示着将来犯罪的可能性。德国李斯特认为，刑罚的目的在于改造和教育犯人，消除其危险性，使之重返社会；与其说刑罚的目的是威吓、儆戒一般人，莫如说是使人自身得到改造、预防犯罪更为重要一些。

一般威吓主义与个别威吓主义是辩证统一的关系。二者都是以预防犯罪为其目的，只是在出发点上有所不同，并且二者的实现都是通过刑罚的正确运用。如果只注重个别威吓主义，会对社会产生不利的后果；而如果偏重于一般威吓主义，则会对犯罪人适用过重的刑罚，从而对犯罪人不利。

刑罚威吓主义不同于刑罚报复主义，报复主义强调对犯罪行为的惩罚，而威吓主义强调刑罚的预防功能，把刑罚当做对犯罪的一种遏制手段，是以刑罚目的的正当性证明刑罚手段的正当性，使刑法具有一定的主观能动性。威慑主义的兴起，标志着人类认识论上的一种突破与飞跃，相对于报复主义，威慑主义因是对犯罪的积极的、主动的预防而较之简单的因果报应主义具有一定的进步性。

从刑罚威吓主义的起源上来讲，其萌芽于奴隶社会的末期，发展和兴盛于封建社会。因此，从源头上来讲它与刑罚复仇主义是相并列的两种关于刑罚的认识学说。刑罚威吓主义强调刑罚的目的是对犯罪的威慑作用，即畏而知警。该学说并不否认对犯罪人实施刑罚，甚至是酷刑，但这只是刑罚的手段，而不是目的。而刑罚报复主义主张的是刑罚是对犯罪人的惩罚，是一种隐含着正义的因果报应理论。因此，刑罚威吓主义因过于强调威慑犯罪和犯罪预防而忽视了刑罚的惩罚功能，这样势必使得刑罚的结果便利了正义的约束，造成了罪罚关系的不相适应，奴隶社会及封建社会的酷刑制度便是有力的证明。在刑罚立法上，实行刑罚擅断主义，带有浓厚主观主义色彩，通过对犯罪行为严重性的估计来决定实施犯罪的刑罚；在刑罚的使用上，忽视客观的损害，在用刑上具有较大的随意性。为了实现刑罚的威慑功能，将行刑公之于众，带有极大的恐怖性与残忍性。因此，刑罚威吓主义又带有极大的不合理性因素。

人类在进入刑罚威吓主义时代后，对刑罚的目的有了新的认识，将刑罚推入到了一个新的时代。刑罚威吓主义比单纯的报复主义更具有积极的意义，起到了遏制犯罪的功能。但是，在强调这种威吓功能的时候，刑罚威吓主义却已经脱离了原始社会的复仇观念的制约，而走向了一条强调刑罚预防功能的功利主义道路，从而构成了对报复主义的否定。刑罚的发展应当是一脉相承的由低级向高级、由野蛮向科学的演进。复仇作为刑罚的胚胎形式，是人类在长期的社会实践中总结出来的符合人的情感特性的解决侵害的途径。虽然有不合理的因素，但却是人类历史的必然选择。刑罚复仇主义承继了原始人类的这种复仇思想和制度，强调刑罚的惩罚功能，有其合理意义。而刑罚威吓主义却忽视了刑罚的惩罚功能，在刑罚的运用中融入了太多的主观因素，造成了罪罚擅断，甚至迷信地认为可以借助刑罚来消灭犯罪，从而忽视了犯罪与刑罚的辩证关系，严重偏离了客观实际。因此，刑罚威吓主义从认识论根源上就脱离了刑罚发展的历史规律，没有对同态复仇、复仇主义进行辩证的思考、批判的继承，使得关于刑罚的认识陷入了主观主义的漩涡，背离了复仇主义的合理因素，导致了片面性。

> 在同态报复时代，刑罚这匹烈马尚被作为策马者的用刑者用基于客观决定论而生的同态或同害这根有形的缰绳牢牢地拴在手上，因而不致偏离公正轨道太远，那么，威吓时代的用刑者作为策马者手握的却是基于纯主观决定论而生的威吓万能这根无形的缰绳，以致刑罚由烈马变成了与策马者的意志背道而驰的野马，践踏生灵，为害无辜。因此，虽然对主观恶性是犯罪之源以及犯罪具有可遏制性的认识是认识论上的一大进步，但由夸大人的主观能动性所导致的对威吓万能的迷信以及由此而生的用刑的野蛮、残忍与随意性，便使威慑刑成为了人类历史上最无理的刑罚体制。[①]

因此，在论及复仇与刑罚威吓主义的关系时，与基于原始社会的复仇观念而产生的刑罚复仇主义不同的是，刑罚威吓主义是对复仇的否定，与此同时，也就否认了刑罚复仇主义所反映的正义，正义是刑罚的生命和价值目标，因此失去了正义制约的刑罚威吓主义便丧失了生命力。尤其是在现代社会看来，威吓主义容易导致对人权的侵害与重刑主义，这些都为文明社会所不尚。

对刑罚威吓主义的矫正，应当是对复仇主义的回归与统一。刑罚的功能是多方面的，任何一种单一的功能论都无法反映刑罚的实质。报应与预防都应是刑罚功能的有机部分，对罪罚关系的认定要同时考虑惩罚与预防功能，而二者并不矛盾，从而将正义标准融入威吓主义之中，受到正义的制约，使罪罚关系更加合理。

三、复仇观念在传统中国社会的遗存

从中国历史发展的特点来看，中国是一个受传统影响深厚的国家。在几千年的发展递嬗过程中，中华传统法律文化一直保持着发展的连续性。中国传统法律是一套经过几千年的积累和回旋发展而成的体系完整、内容全面、义理精深、风格特异的庞大法律系统，是一套以"天道"观念和阴阳学说为哲学基础、以儒家学派的主流思想为理论根据、以农业生产方式和血缘家庭为社会土壤、以"三纲五常"为核心的完整、圆熟的法律传统和法律体制。这套法律制度源于本土，具有很强的附着性。中国从历史上第一个国家政权夏王朝建立于公元前21世纪，到夏商周秦、汉唐明清，中华文化数千年来薪火相传，连绵不绝。形成了富有特色的中国传统法律。"德礼为政教之本，刑罚为政教之用"，这是中国古代社会对道德教化与法律刑罚之间关系的典型概括。儒家的政治学说是以人性性善论为基础的。《论语·学而》载：

> 其为人也孝悌，而好犯上者，鲜矣；不好犯上，而好作乱者，未之有也。

---

① 邱兴隆：《刑罚的哲理与法理》，50页，北京，法律出版社，2003。

　　所以只要通过适当的礼义教化，则"人皆可为尧舜"，每个人都可以成为圣贤，"天下为公"的理想社会就不难实现。法律刑罚的功能是相对有限的，所谓"法能刑人而不能使人仁，能杀人而不能使人廉"，所以"刑罚为盛世所不能废"，亦"为盛世所不尚"。在国家的治理上强调"导之以礼，齐之以刑"，"德主刑辅"。因此，中国传统法律文化是以儒家思想做主导的礼治。而礼治的核心又是以亲亲尊尊为首的宗法关系，尤其注重以血缘为纽带的家族关系，因此，中国传统社会对于家族伦理关系尤为重视，形成了"依伦理而轻重其刑"的立法思想，特别强调尊长的利益。

　　复仇是原始社会的一种私力救济，而当国家产生以后就要将刑罚权收归国家，侵害就由私力救济变成公力救济，复仇就成为违法行为而被废止。但是社会发展的惯性使得复仇制度并没有因为原始社会的瓦解而消失，而是在奴隶社会出现了国家的刑罚权与复仇并行的情况。

　　　　宗法制的瓦解和崩溃，是在春秋末年才发生的事情。春秋时期大量的复仇事件的发生，正是宗法制亲疏内外的分野所显示的亲属、家族与家族、外人的对立和敌意的表现。这就出现了一种复杂情形：国家并不缺乏法律，但复仇却非常盛行。人们从复仇事实抽象出来的复仇规则，实际是与法律规则同步发展的。私人复仇与法律惩罚犯罪一直相伴随。[①]

　　《礼记·曲礼上》讲到"父之仇，弗与共戴天；兄弟之仇，不反兵；交游之仇，不同国。"《礼记·檀弓上》讲到"寝苦枕干、不仕，弗与共天下也，遇诸市朝，不反兵而斗。"《周礼·秋官司寇》讲到，朝士是专门负责复仇事务的官吏，只要在复仇之前到朝士处登记仇人的姓名，便可将仇人杀死而无罪。《周礼·秋官司寇》还设有调人之官，专门负责避仇和解之事。到了战国时代，复仇之风盛极一时。《孟子·尽心下》说："吾今而后知杀人亲之重也。杀人之父者人亦杀其父；杀人之兄者人亦杀其兄；然则非自杀之也，一间耳。"这是孟子在目睹了许多令人触目惊心的复仇事件后所发出的感慨。由此也印证了中国奴隶社会复仇的自由。

　　在中国进入到封建社会后，建立了健全的国家机构，刑罚权被收归国家，私人便没有杀人的权利，复仇成为受到国家禁止的犯罪行为。《秦律》继承了《法经》的规定，明确规定了对于杀人罪的制裁措施。刘邦入关时约法三章：杀人者死，伤人及盗抵罪。虽然国家通过立法来阻止及惩罚民间的伤害杀人等犯罪行为，但是，在复仇的问题上，由于复仇的义务主要是由亲属来完成的，是亲属之间的一种责无旁贷的义务，而这恰恰又是符合儒家的孝道思想和礼治秩序的要求。因此，中国传统社会的复仇之风盛行，正所谓"杀父之仇，不共戴天"，虽然后来国家禁止民间的复仇行为，却屡禁不止，甚至是流传下了一个又一个的感人至深的复仇故事。因此，复仇与国家法律的冲突，实质上就是礼与法的冲突。

　　东汉赵娥的故事颇具代表性。东汉时有一烈女赵娥，父亲被恶棍李寿杀死，三个兄弟又同时染病身亡。李寿闻讯大快，大宴宾客，以为剩一弱女子，不足为虑。赵娥听说后，悲愤交加，立志报仇，买了快刀，夜夜磨刀扼腕悲泣。终于有一天李寿骑马外出，被赵娥

---

　　① 霍存福：《复仇报复刑报应说：中国人法律观念的文化解说》，49 页，长春，吉林人民出版社，2005。

撞见，赵娥举刀砍断马腿，随即又砍向摔下马来的李寿，不料为树所挡，刀断两截，于是两人扭打一起，最终，赵娥抽出李寿佩刀，割了李寿的脑袋，随后慢步到县衙自首。守尉却不忍心判罪，解印绶纵之，自己也准备弃官逃走。赵娥却说："怨塞身死，妾之明分；结罪理狱，君之常理。何敢偷生以枉公法？"守尉示意赵娥自行躲避，赵娥不肯，言："枉法逃死，非妾本心，今仇已雪，死则妾分。乞得归法，以全国体。"后来遇到皇帝大赦天下，赵娥最终免于一死。赵娥的故事说明了汉代法律是不允许复仇的。但从另一个方面也反映出了礼与法的冲突与矛盾。赵娥复仇代表了一种孝道，尤其是一个弱小的女子来完成这一使命很是博得了儒家文化的同情及赞扬。而这种行为又受到了国法的否定，属于犯罪行为，要承担法律责任。裁判者在如何处理礼与法的关系上产生了矛盾，以至于处于进退两难的境地。虽然赵娥最终免于一死，但是，如果没有皇帝的大赦，赵娥的生死确实是一个值得我们思考的问题。赵娥手刃凶手的行为受到同情，是因为为父报仇，是对侵害行为的一种报复，所以获得了道德上的认同，但赵娥又自缚其罪，认为自己犯了法。在这里，道德上认可的行为受到了法律的否定。进一步说，报仇尽管是正当的，但由个人来报仇却是不正当的，只有由社会上的一个特定机构（法院）来代为复仇，才是正当的。

儒家关于孝道高于法律的主张，为置国法于不顾的个人复仇行为提供了合理性根据，从而导致封建社会的复仇之风愈演愈烈。

《三国志·魏书·文帝纪》载，三国时期，魏文帝曹丕曾下令："……天下之人，互相残杀，今海内初定，敢有私复仇者，皆族之。"但由于儒家传统观念的影响，复仇之事仍时有所闻。

唐代著名的徐元庆案便是典型。徐因报杀父之仇而杀了县尉赵师蕴，然后自首。复仇之事一直到近代仍时有所闻。烈女施剑翘为报父仇而杀人就是一例。施的父亲曾任直鲁联军的旅长，1925年率兵参加直奉大战，结果被奉军方面的孙传芳俘获，孙令手下用慢刀割其头，残忍杀害了他，并暴尸数日。时年20岁的文弱女子施剑翘立志报仇，精心策划，苦寻仇敌。到了1935年，终于在天津的一寺庙亲手把孙击毙，然后从容自首。当时社会舆论无不同情她的行动，一些社会名流如冯玉祥、于右任、李烈钧等纷纷联名上书，要求法院赦免她的罪行。

由上来看，孝道高于法律的传统直到近代仍然在中国社会根深蒂固。中国传统社会的"复仇"现象，可以折射出孝道与国法的冲突，而这种冲突实际上反映的是家族利益与国家利益的冲突。

第三节
中国传统刑法的人性基础

犯罪是由人实施的，刑罚是对人科予的，因此刑法作为规制人的行为的法律规范，其历史的经验形态及其背后的理性思考不得不为我们今人所关注。休谟认为哲学就是关于人性的科学，而"一切科学对于人性总是或多或少地有些关系，任何学科不论似乎与人性离得多远，它们总是会通过这样或那样的途径回到人性"①。人性作为人的基本规定性，又称为人的本性或人的本质，是人之为人的基本品性。西方长期以来将人的本性归结为理性，目的在于彰显人的自由意志，而情感、欲望等非理性因素也随着休谟等人的倡导，日益成为人性领域的组成要素，表明了人是经验的存在。作为经验存在的人，一是从空间上来看，人是社会的存在；二是从时间上来看，人是历史的存在。中国古代社会尽管没有形成西方式的详尽的人性论观点，刑法还没有从西方式的人性上被作为科学思考的严格对象，但是对于犯罪与刑罚的解答，也已经透露出国人人性假设上的哲理依据，从而为中国古代刑法的存在与适用提供了终极意义上的判断准则。

一、作为理性存在的人性与刑法

古希腊自苏格拉底始，哲学转向对人本身的关注。柏拉图通过理念世界与现象世界的划分，使人类的理性能力成为人性的普遍指引。亚里士多德尽管也承认人有非理性的因素，但始终认为人是理性的动物。斯多葛学派将理性自然化，认为理性的生活就是自然的生活。中世纪的基督教则更将理性视为接近上帝的工具，认为最高的善是理性最为完善的活动结果。宗教改革与文艺复兴则进一步将理性从外在的、他律的宗教或世俗律法中解放出来，使理性成为一种自觉自为的精神活动。到康德、黑格尔等为代表的德国古典哲学，理性成为了哲学最为基本的假设与出发点，从而对犯罪与刑罚的思想观念产生了极其深远的影响。

刑事古典学派正是继承了理性人的人性假设，认为任何一个人都具有意志自由的理性能力，从而建构了近代第一个刑法学理论体系。在犯罪上，该学派坚持犯罪人在本质上是意志自由的，基于这种意识自由而选择了犯罪行为，因而应对其行为的后果承担刑事责任。在刑罚上，该学派分为功利主义刑罚理论与报应主义刑罚理论两大派别。前者以贝卡利亚、费尔巴哈为代表，从感性的意志自由论出发，提出了以一般预防为内容的功利刑罚论；后者则以康德、黑格尔为代表，从先验的意志自由论出发，引出了以公正为内容的报应刑罚论。

中国古代尽管没有提出理性与意志自由这样的概念以作为人性分析的路径，但是对于犯罪与刑罚的认识，仍然在很大程度上是围绕理性自由这个中心而展开的，尽管这种理性的认识主要是围绕"善"的意志能力而展开的。基于对人的向善能力的肯定，中国古代刑法极度张扬刑罚教育主义思想。此外，由于认识到人的理性能力的无穷，以道家为代表的思想潮流却对理性自由充满了一种深深的恐惧，而以韩非子为代表的法家，则由于坚持"一断于法"的基本主张，因此也对人的理智或理性作用保持一种反对或遏制的态度，从而导致刑罚工具主义思潮的滥觞。

早在孔子以前，中国的文化已然显露出对人自身的重视，甚至已提出"天不可信，我道惟宁王德延"②的主张，从而启动了中国文化的人文主义精神。孔子在周初"以德配天"的基础上，进一步提出了"仁"这个关键概念，已经充分显示出人本身的理性认知能力以

---

① ［英］休谟：《人性论》，上册，关文运译，6页，北京，商务印书馆，1980。
② 《尚书·君奭》。

及对自身的支配能力。基于对"仁"的理解，孔子主张"重德轻刑"的政治治理逻辑，即"道之以政，齐之以刑，民免而无耻；道之以德，齐之以礼，有耻且格"①。在孔子看来，人都有向仁之心，必须凭借德礼教化促使其努力向善，尽管刑法能够暂时禁人为非，但不可能使人懂得犯罪是可耻的，从而不再去实施违法犯罪行为。因此，孔子坚决反对"不教而杀"的独任刑罚方法，认为"不教而杀谓之虐；不戒视成谓之暴；慢令致期谓之贼"②。孔子这种"重德轻刑"思想继承了西周初期"明德慎罚"的政治主张，为后世"德主刑辅"基本思想的确立奠定了最为深厚的人性论上的依据。

孟子继承孔子"仁"的学说，进一步发展出比较系统的"仁政"学说。他首先充分肯定了人人都具有与生俱来的"四端"，即"恻隐之心，仁之端也；羞恶之心，义之端也；辞让之心，礼之端也；是非之心，智之端也"③，而行仁政必须从保持和扩充人的"四端"做起。这就为仁政的推行提供了理性认知上的人性依据，既然人人都有"四端"，只要"君子以仁存心，以礼存心"④，"以不忍人之心，行不忍人之政，治天下可运之掌上"⑤，仁政也就水到渠成地可以实现了。基于这种仁政主张，孟子将那些不仁不义的行为列为最为严重的犯罪，并提出"省刑罚"与"薄税敛"⑥两大仁政措施。孟子甚至在当时有些真诚而迂腐地向一些好战好杀的诸侯宣讲"罪人不孥"⑦的刑罚原则，明确反对株连的残酷刑罚制度。而且孟子在孔子的思想基础上，继续反对"不教而杀"，提出了"教而后诛"的刑事政策原则，并对一些特别严重的犯罪行为开始主张"不待教而诛"，因为杀掉这些有罪的人，可以使其他人免受非法侵害，从而维护良好的社会秩序。

如果说孔子、孟子对人的理性能力的认识还主要局限在道德领域，那么荀子对人的理性的理解则已经非常接近西方的理性观念，是一种理智主义的态度。荀子非常明确地指出，正是因为"知"与"义"才使得人与其他生物区分开来，才使得人最为可贵，"水火有气而无生，草木有生而无知，禽兽有知而无义；人有气、有生、有知亦且有义，故最为天下贵也"⑧。在这里，"知"是知觉，为人与动物禽兽共有，但人在知觉的基础上，可以凭借自己的理性判断何者为义，这就是荀子在另外一个地方所言的"辨"。"人之所以为人者"，"以其有辨也"⑨。辨别就是一种理智作用，所以荀子是中国思想史上第一个最为明确而系统阐释人的理性意义的思想家。因此与孟子那种善的"四端"直接贯彻与扩充的知、行合一观不同，荀子既然将辨别赋予为人的特性，所以人的一切善行，就不可能直接能够通过善心的贯彻与扩充而得到实现，而必须取决于人的辨别这一特性的充分发展。发展辨别特性的方法就是后天不断地学习，这样荀子就在德行成就的过程之中，给予了理智或理性以优先的地位。本着这种理智主义的认识论，荀子认为犯罪是人在后天的学习过程中，由于放纵

---

① 《论语·为政》。
② 《论语·尧曰》。
③ 《孟子·公孙丑上》。
④ 《孟子·离娄下》。
⑤ 《孟子·公孙丑上》。
⑥ 《孟子·梁惠王上》。
⑦ 《孟子·梁惠王下》。
⑧ 《荀子·王制》。
⑨ 《荀子·非相》。

而没能培养良好的辨别能力所导致的结果，因此每个人都必须时刻谨慎约束自己的行为，不断促进辨别能力的提高。这就为犯罪可以预防留下了相当丰富的思考空间。荀子在这种理智主义观点的指引下，进一步完善了自孔子以来所形成的"德刑关系论"，指明刑罚必须服从于教化的目的，为后世"明刑弼教"思想的总结提供了最富意义的启示。

荀子

以老、庄为代表的道家学派，与儒家针锋相对，坚信智性的发展，只会给社会带来深重的灾难，因此他们一致认为，只有彻底根除理智的活动，天下才能太平。《老子》第十八章明确指出："智慧出，有大伪。"因此要根除邪恶，就必须绝学弃智，杜绝人的痴心妄想，削弱人的理智意志，使人过上一种无知无欲、无忧无虑的生活。正是出于这种"反智"立场，道家学派认为，智慧或理智是人犯罪的一个重要根源。要消除犯罪，就必须"无为而治"，摒弃人类凭借智慧而创造出来的一切人为制度与手段，包括刑罚措施。所以尽管老子认为刑罚作为国家利器在关键时刻也应发挥应有的作用，但明显已经仅限于作为一种治理的工具加以使用，在儒家刑罚教育主义的思想观念外，开辟出了刑罚工具主义的思想路径。

韩非子作为荀子的学生，尽管继承了荀子"重法"的思想主张，但在对待理智的人性观念上，却与荀子南辕北辙，而与老、庄等道家人物的"反智主义"颇为相同，甚至在余英时先生看来，"中国政治思想史上的反智论在法家的系统中获得最充分的发展。无论就摧残智性或压制知识分子而言，法家的主张都是最彻底的"[1]。如果说以老、庄为代表的道家还只是从抽象的原则出发来表述"反智"的话语，那么以韩非子为代表的法家则策划了一套具体的办法来使"反智"真正得以推行，即"明主之国，无书简之文，以法为教；无先王之语，以吏为师；无私剑之捍，以斩首为勇"[2]。韩非子之所以提出这样的具体主张与措施，关键就在于其认为人民是愚昧无知的，因此"得民之心"的政治治理极其荒谬可笑。

---

① 余英时：《中国思想传统的现代阐释》，58页，南京，江苏人民出版社，2003。

② 《韩非子·五蠹》。

韩非子甚至掷地有声地指出："民智之不可用，犹婴儿之心也。"① 既然民智不可用，那么针对人民的违法犯罪行为，就只能运用刑罚手段进行强有力的打压，以迫使人民服从统一的领导，从而形成有效的社会秩序。法家这种"反智"取向所导致的刑罚工具主义观念，深刻影响了中国后世刑法的发展路向。

所以，围绕作为理性存在的人性，以孔子、孟子为代表的儒家尽管注重的是人的善心或道德能力，但都肯定了人本身的理性或理智力量，而荀子则明确指出了理智对于人的关键性意义，从理智的角度出发分析了犯罪形成的心理根源，并提出了刑罚教育主义的思想主张。道家与法家则对人的理智或理性抱持一种反对与遏制的态度，从而极度张扬威吓主义的刑罚工具论。这一矛盾到西汉确立"德主刑辅"的基本刑事方针始得融合在一起，为中国后世历代不断推进，形成了中国古代刑法特有的运行状态。

二、作为社会存在的人性与刑法

人是社会的人，任何人都生活在一定的社会之中。人从诞生一刻开始就具有了社会性，而社会性的主要内容是法，是法使人成其为人。西方刑事实证学派正是在这样的认识基础上，坚持从作为社会存在的人性出发，提出了"经验人"的人性假设，即"任何一个人都生活在社会之中，人的行为受各种社会的和自然的因素的制约与影响。人的本性，从本质上来说是被决定的，因而根本不存在所谓意志自由"②。这种观点显然与刑事古典学派的理性自由的人性假设是根本不同的，因此刑事实证学派得出的刑法观念也与刑事古典学派有着巨大的差别。就犯罪而言，刑事实证学派认为人之所以犯罪，是由社会存在的一定的物质条件与精神条件所决定的，不是行为人理性自由所加以选择的结果。就刑罚而言，刑事实证学派认为对犯罪者进行处罚，并不是基于其意志自由而使其承担一种道义责任，而是根据其行为使其承担一种社会责任。

中国古代特有的伦理社会境域，使得中国文明自起源始就一直强调社会存在对于人所具有的决定性意义。在这个方面，儒家所贡献的思想智慧是最为引人注目的。儒家的"仁"尽管可以被看成是一种个人所保有的一种内在道德，但"仁"的扩展必然是指向作为整体性的社会的，"'仁'指涉的是一种人性的已得状态，一个印在个体全部行为中的特征，它是获得社群尊重且拥有感召力量的源泉"③。所以，以孔子为代表的儒家一直孜孜不倦地强调，作为整体的社会与作为个体的个人之间具有着极其紧密的关系，强调通过"成仁"而在社会中实现"成人"的最终目的，也正是通过"成仁"的社会实践，孔子主张的当然是说服教育，而不是强制与惩戒。"德"与"礼"之所以为孔子所看重，正是因为其可以通过说服教育而使个人能够主动参与到社会关系之中，从而在"成仁"的实践过程中而达成和谐的社会秩序。只有在"礼"不能生效的地方，"法"或者"刑"才被作为一种强制手段而被迫地加以使用，以防止社会陷入混乱秩序。可见，"借助'礼'获取得的和谐是其本质目的，而'法'所实现的强制秩序只具实用辅助的价值，只是达到更高目的的暂时手段"④。

---

① 《韩非子·显学》。
② 转引自陈兴良：《刑法的人性基础》，3 版，94 页，北京，中国人民大学出版社，2006。
③ ［美］郝大维、安乐哲：《通过孔子而思》，何金俐译，134 页，北京，北京大学出版社，2005。
④ ［美］郝大维、安乐哲：《通过孔子而思》，何金俐译，134 页，北京，北京大学出版社，2005。

正因为孔子寻求以"德"、"礼"作为实现社会政治秩序的主要手段,因此他在人与人的关系之中就努力培养一种知耻感,而这种知耻感恰是一种表达个体对他者如何看待自己的意识。这样,在中国古代刑法里,"罪"并不是对违法犯罪行为的心理表达,相反能够承担这种表达功能的恰是"耻"这个关键的概念。因为一般而言,"'罪'是指向个体的,因为它以个体与法的关系为条件;而'耻'则趋向于社会性,是以个体与他者的关系为条件"①。所以在儒家的思想者们看来,刑罚也就不可能成为预防和制裁违法犯罪行为的主要手段,即使迫不得已要使用刑罚作为辅助措施,也必须赋予刑罚的"耻辱"色彩,以使行为人感受到其违法犯罪行为是为人所不齿的。基于这样的观点,中国古代刑法也就必然带上了"耻"的性质,除了一般刑种所附有的耻辱意义外,甚至还曾一度流行专门性的"耻辱刑",如髡、耐等刑种,而且对日常社会生活产生了不可磨灭的历史影响,如"文化大革命"期间广泛流行的戴高帽、游街与批斗等。即使是中国古代最为残酷的肉刑,其实也是通过使行为人无法以完好的体肤面觐其祖先而使之背负违背"孝"道的耻辱。

除了对犯罪与刑罚所抱有的"耻感"观念外,儒家的代表人物还从作为社会存在的人性角度出发,广泛而深入地探讨了犯罪的产生原因以及对犯罪的有效预防等问题,并对刑罚的具体适用提出了许多独到性的见解,为中国古代刑法提供了人性论上最有力的理论依据。孔子认为,人之所以千差万别,主要在于后天社会"习"的不同,所谓"性相近也,习相远也"②。正因为犯罪是一种后天"习"所导致的结果,是社会各种物质条件与精神条件所导致的结果,"从而也就排除了犯罪是人的本性的先天决定论,为犯罪可以预防、罪人可以教化提供了理论先导"③。为了预防和控制犯罪,孔子还从社会存在的角度指出了犯罪产生的两大原因:一是物质财富的极度匮乏,二是政治治理者自身不能作为表率。因此要有效地预防犯罪,就必须采取"富之"与"教之"两大手段。这就为中国古代刑法所坚持的犯罪一般预防理论奠定了最坚实的人性根基。孟子将孔子的这种思想进一步加以发挥,并且从社会层面明确提出了"薄税敛"、"制民之产"等预防犯罪的制度措施。

荀子则不仅强调理性或理智对人的决定性意义,而且对于作为社会存在的人性也更有一种自觉的认识。荀子认为,仅从身体禀赋来看,人还不如牛、马等动物有力而善走,但人之所以为人,之所以高贵,正是因为"人能群"④,即通过一定的组织形式以形成一定的社会。正是通过"群"这个独特的概念,荀子甚至认识到了君主或国家产生的必然逻辑。那么人为什么能够通过"群"而组成有效的社会呢?荀子回答得非常明确:"人何以能群?曰:分。分何以能行?曰:义。"⑤ 这就是说,"要使人群相安,必须使他们各安其位,各司其职,也就是要组织一个分工的社会,厘清他们的权利与义务。要做到这一步,必须有区分、辨别的能力,这就是义"⑥。要获得区分、辨别的能力,不仅要重视培养人的理智,更要重视"礼"的教育与熏陶,但对那些通过"礼"的教化也无法使其"能群"的违法犯罪

---

① [美] 郝大维、安乐哲:《通过孔子而思》,何金俐译,211页,北京,北京大学出版社,2005。

② 《论语·阳货》。

③ 俞荣根:《儒家法思想通论》,259页,南宁,广西人民出版社,1998。

④ 《荀子·王制》。

⑤ 《荀子·王制》。

⑥ 韦政通:《中国思想史》(上),223页,上海,上海书店出版社,2003。

者，就必须通过刑罚的手段对其进行严厉的制裁，否则他们就会挑战与破坏人类"群"与"分"的有效社会秩序。荀子通过人作为社会存在这一本质，找到了"隆礼重法"的人性依据，从而为刑罚的现实适用提供了重要的指导思想。荀子明确指出："……明道而均分之，时使而诚爱之，下之和上也如影响，有不由令者，然后俟之以刑。"① 这就是说，国家的安定，就在于君主能够明确"礼义"之道，确立起有效的社会分工，这就需要通过"诚爱"的教化来达到，才能使上下一心、如影随形。只有对那些不服从命令而挑战既有的社会秩序的人，才使用刑罚的手段对其进行制裁。在这个基础上，荀子还难能可贵地提出了刑罚对于犯罪的两大预防作用：一般预防与特殊预防，即"刑一人而天下服，罪人不邮其上，知罪之在己也"②。这就既能达到使罪犯知罪服法而痛改前非的特殊预防目的，也能通过有罪必罚、刑杀得当而实现教育与震慑社会公众的一般预防目标。所以刑罚的适用必须以恢复有效的社会秩序为标准，不能毫无限制地张扬刑罚的制裁力量。正是出于这样的人性基点，荀子在中国历史上第一次非常肯定地提出了"刑称罪则治，不称罪则乱"③、"刑当罪则威，不当罪则侮"④ 的"罪刑相称"原则。

道家将"道"的堕落过程看作是社会本身的堕落过程，因此也隐含了人性内在于社会之中并随之堕落而堕落的思想观点。所以，道家从社会存在的角度出发，专门探讨了犯罪产生的根本原因。道家认为正是人类社会的"有为"举措，才使得天下大乱而违法犯罪现象层出无穷。道家尤其认为，社会贫困是导致人们实施犯罪的重要原因，而贫困的根源又在于统治者"损不足以奉有余"的社会政策。因此在道家这里，犯罪恰恰是社会本身所造成的结果，要有效地遏制犯罪，就必须退回到"小国寡民"的自然状态之中。

法家出于现实主义的政治需要，从社会生活的实际出发，直接洞穿人的深度心理，考量社会秩序形成的人性依据。韩非子对人性的深刻认识，不仅坚持人性"好利"的论据，而且直接将这种"好利"的人性放置在社会存在这个根基上来加以打量。人类从野蛮走向文明，同时也是一个人性不断形成与发展的过程，人性的发展与社会的发展总是高度契合在一起的。在韩非子看来，人性"好利"，由于社会所提供的私有制的刺激，自私性将得到极度的深化。人的自私所导致的残酷社会现实，正是由于一定社会之中的生存、生活所迫。韩非子紧紧抓住"自私"的社会性，通过社会关系揭示了自私的本质，并为其学说奠定了重要的人性论基础。从人性这种自私的社会性本质出发，韩非子提出了"赏刑"二柄、"刑德"并用的基本方针。并且在韩非子看来，既然人性"好利"是一种普遍的社会性，那就必须运用具有普遍性的刑罚等手段调整社会关系，这样才能为人性的"好利"提供一个人人能够接受的普遍性标准，才能有效引导人性的发展，从而形成有效的社会秩序。"法不阿贵，绳不挠曲。法之所加，智者弗能辞，勇者弗敢争。刑过不避大夫，赏善不遗匹夫。"⑤ 韩非子这种"刑无等级"的刑法平等思想，正是建立在对于人性社会性的冷峻思索的基础上的，即使对今天的刑法也还具有一定意义的启示。

---

① 《荀子·议兵》。
② 《荀子·议兵》。
③ 《荀子·正论》。
④ 《荀子·君子》。
⑤ 《韩非子·有度》。

将人置于社会关系之中来考察人性，可以说是中国文明的重要倾向。秦汉以后的历代王朝刑法，都在很大程度上取决于这种人性角度的判断和考察。

三、作为历史存在的人性与刑法

人是历史的存在。历史的发展与变化的过程，同时也就是人性在历史层面的建构过程。历史虽是人创造的，但对于今人来说，又具有了某种决定性。而法律作为人类社会的创造，也是一种历史的衍生，可以说历史是法律的母胎。同时，历史的内容也是不可能离开法律的，法律在历史的发展过程中不断变化与演进，构成了历史自身的内在组成部分。人创造刑法作为调整社会秩序的基本手段，也就必然与作为历史存在的人性之间有着不可分割的联系。

在中国古代社会，通过历史追溯社会秩序的理性依据及价值本原，是一种非常普遍的心理倾向。因此，"先王之道和前朝之事是确认意义的一种标识和依据"[1]。人们对于自己创造出来而调整社会秩序的刑法，往往也不断回首历史，向传统寻求刑法对于自己的内在价值与意义，所谓"赋事行刑，必问于遗训，而咨于故实"[2]。可见，在中国古代，历史不仅是一种可资借鉴的东西，是一种完美的、正确的象征，而且其本身就是人的一部分属性，因此刑法必须从历史中去寻找其深刻的人性依据。以孔、孟为代表的儒家正是在这样的基点上，提出了回复到历史传统之中去寻找政治治理的深刻依据。孔子最先提出对传统的文化，必须择善而从，甚至直接以西周的文化传统作为现今的历史根基，"周监于二代，郁郁乎文哉！吾从周"[3]。既然历史已经实现过人类社会秩序的目标，那么现在所做的工作则只需培养符合这种理想目标的人才，所以孔子坚决认为教育所具有的决定性意义，而刑罚则只是实现这种目标的辅助性手段。基于这种目标，孔子还将古代的帝王纳入到儒家的道德理想之中，使其成为儒家道德理想的实践者和推行儒家道德的人性依据。

孟子在孔子思想的基础上进一步坚持这种道德理想主义的历史观，认为儒家的道统或者道德理想是过去历史曾经实现过的东西，现在需要继续发扬道统精神。孟子甚至提出了"五百年必有王者兴"的说法，认为过去的道统或道德理想会在一定时期由特定圣王而加以实践。这种对过去道德理想的极度肯定，必然会承载"法先王"的政治主张，从而将道统引导下的"仁政"学说发挥到极致，刑罚则遭受贬低与轻视。

荀子尽管也坚持捍卫儒家的道统，但在新形势下明确提出了"法后王"的政治主张，更加注重强调法律制度的制定必须顺应社会实际的发展变化，从而也就在道德教化的基础上肯定了刑罚的实践运用。

墨子尽管也如儒家一样尊重古代的传统文化，但认为一切都应该依据对人性"功利"欲求的满足来加以衡量。古代文化能满足这个欲求的东西当然就是好的，但"现在我们认为好的也尽可以把它创作出来，这样可以使文化好的部分不断增加"[4]。所以墨子是将人性放在社会历史发展过程之中来加以考察的，充分肯定了作为历史存在的人性发展，而这一发展正是依托其功利主义的现实基础来加以展开的，"墨子把道德要求、伦理规范放在与物

---

① 葛兆光：《中国思想史》，第一卷，86页，上海，复旦大学出版社，2001。

② 《国语·周语上》。

③ 《论语·八佾》。

④ 韦政通：《中国思想史》（上），69页，上海，上海书店出版社，2003。

质生活的直接联系中，也就是把它们建筑在现实生活的功利基础之上"①。所以要实现互爱互利的功利目的，就必须建立天下之人皆相爱的社会，而反对互相争夺和互相损害。为了"兼相爱，交相利"的目标得以实现，墨子进一步提出了"赏贤罚暴"的思想主张，并对杀人、伤人这些给他人造成伤害的行为，坚决主张"杀人者死，伤人者刑"② 以及"杀盗人，非杀人"③。这就通过现实功利这个根基，从人性的历史维度，为刑罚等法律手段的实践运用提供了内在的依据。

以老、庄为代表的道家也与儒家基本一致，认为"道"是在过去的太古之世所实现了的，而动乱不安与违法犯罪只是后来才发生的事情，因此人类社会是一个不断退化的过程，就是"失道而后德，失德而后仁，失仁而后义，失义而后礼"④ 的过程。要走出这种退化的过程，而恢复到过去"道"的根基之中，就必须"法自然"，反对一切"有为"的制度与措施。所以老子将存在于历史上的"道"作为人类社会发展的理据，也就是将人性放置在历史存在这个角度来加以打量了。因此从"道"的理据出发，道家必将现实政治治理的道德、仁义、礼法等手段彻底加以否定，认为它们恰是扼杀人的天性或自然本性的"有为"措施。因此老子当然反对暴政与严刑酷罚，认为使用严厉的刑罚作为镇压手段，并不能有效地制止犯罪。庄子在老子思想的基础上，进一步指出人为的一切制度与措施，都是破坏人性和造成罪恶，因此只有遵循"无为"的路标指引，才能重新恢复太古之世的清平世界。所以在庄子看来，赏罚不仅不足以满足人性的欲求，而且还能败坏人的本性，造成社会秩序的混乱。故而，"赏罚利害，五刑之辟，教之末也；礼法度数，刑名比详，治之末也"⑤。

法家则大多对社会的发展持一种肯定、乐观的态度，认为社会的发展变化都是必然的、合理的、不可逆转的。商鞅在秦国变法时就明确指出，一切应以时势的变化为标准，只要可以强国利民，就应该毫不犹豫地抛弃过去的条条框框。所以，不同的时代有着不同的治理方式，即使是古代的圣王，也都能根据当时社会的发展情况而制定礼制或法律。商鞅还把历史划分为上世、中世与下世三个阶段，认为现在的下世阶段由于"民巧以伪"，就不能用上世的德政进行治理，而应该坚决采用刑罚等法律手段，"故效于古者先德而治，效于今者，前刑而法"⑥。

韩非子说得更加明确："圣人不期修古，不法常可，论世之事，因为之备。"⑦ 他坚决反对退化的历史观，认为一切必须与时推移而因事制宜，绝不可执着于任何固定的模式，因为"上古竞于道德，中世逐于智谋，当今争于气力"，所以"欲以先王之政，治当世之民，皆守株之类也"⑧。时势已经发生变化，如果治国者仍旧固步自封，抱残守缺，以古人的是非为是非，则国家必将陷入混乱。韩非子认为，当今之世已不是儒家所推崇的上古、中古

---

① 李泽厚：《中国思想史论》（上），63 页，合肥，安徽文艺出版社，1999。
② 《吕氏春秋·去私》。
③ 《墨子·小取》。
④ 《老子·三十八章》。
⑤ 《庄子·天道》。
⑥ 《商君书·开塞》。
⑦ 《韩非子·五蠹》。
⑧ 《韩非子·五蠹》。

之世，以仁义为贵的人极其少见，以德服人的王道也不可能得以实现。因此，韩非子出于现实主义的政治态度，判断当今之世"争于气力"，就是必须确立起绝对的君主权威。这其实已经触及了古代政治的核心问题。为了确立起君主至高无上的权威，刑罚等法律手段成为了韩非子最理想的选择。韩非子将君主与臣民的关系比喻成主人与虎群的关系，认为作为主人的君主必须采用刑罚等法律手段，才能威镇臣民，"主施其法，大虎将怯；主施其刑，大虎自宁"①。

刑罚等法律手段之所以能够适应张扬君主权威的目标，关键在于"争于气力"的现实已经彻底摧毁了血缘亲情基础上的仁义道德，这些已经无法再担当起规范人们行为与调整社会秩序的重大使命。因此，韩非子的思想与儒家强调仁义的政治治理路向确有不同，其更注重凭借外在的强制手段以整合新的社会秩序。这样，在"争于气力"的社会现实中，"刑"的功能自然而然就被强调到了极致。韩非子这种对待"刑"的态度，比较深刻地表明了作为历史存在的人性对于法律产生所具有的重大意义。从血缘关系到地域组织，从熟人社会到陌生人社会，其实正是国家不断成长与扩张的伴随过程。在这个过程之中，建立在血缘关系基础上的道德仁义，如果没有外在的法的力量，是无法始终被全面加以贯彻而形成有效的社会秩序的。人是历史的存在，并不是一种哲学上的抽象，而是必须通过道德与法等手段历史地建构起来的。韩非子将"刑"视为当今社会"争于气力"的必然逻辑诉求，在某种程度上已经开始洞穿国家成长的内在秘密。

自秦汉后，中国历史由于深受儒家思想的指引，往往将现实政治所遭遇的坎坷与困境，运用"托古改制"的历史观念以强调刑罚等法律手段所具有的历史性权威。朱元璋在颁行《大明律诰》时明确训喻群臣："朕仿古为治，明礼以导民，定律以绳顽，刊著为令。"② 这充分体现了历史存在的人性这一维度，对于中国古代刑法所具有的独特意义。

四、性善与性恶：关于犯罪与刑罚的人性论争

人性的善恶问题，是中国古代人性论的基本焦点，几乎所有的人性论争都是围绕这个问题来展开的。甚至可以说，西方的人性论大体上是集中关注人的认知与辨识能力，即使是对善恶问题作出人性上的评价与判断，也还是首先需从人的认知与辨识能力入手，但是中国古代的人性论则更多的是围绕人性的善恶这一中心问题，而对人本身的认知与辨识能力却着墨不多，荀子可以说是一个少见的例外。因此，在中国古代的刑法之中，关于犯罪与刑罚的纷争也在很大程度上都围绕人性的善恶问题予以铺陈，从而形成了中国古代刑法独具一格的基本品格。

（一）儒家与儒学的观点

儒家创始人孔子说："性相近也，习相远也。"③ 这里表明孔子对人性并没有做所谓善恶上的判断，而是认为从人的本性上来看，所有的人都是一样的，只是由于后天所受社会环境条件的不同，才导致不同的人呈现出不同的道德面貌。因此，在孔子看来，人大都是可

---

① 《韩非子·扬权》。
② 《明史·刑法志》。
③ 《论语·阳货》。

以进行教育或教化的,"社会都是由个人组成的,教育对个人的发展具有重要的作用,因而必然对社会的发展产生重要的作用"①。出于这样的人性观点,孔子认为单纯运用刑罚来治理国家,不是一种正确的选择,只有通过教育或教化来治理国家,才能将社会的要求变成人们自己的思想与自觉的行动。也只有通过礼乐教育,才能实现刑罚的中正目标,进而使得人们明白自己应该做什么或者不应该做什么,"礼乐不兴,则刑罚不中;刑罚不中,则民无所措手足"②。

与孔子不同,孟子开始明确提出"人性善"的论断。在他看来,人性之所以是"善"的,不仅是因为人性是人生而固有的本性,而且是人之为人以异于禽兽的特性,这就是"人皆有不忍人之心者"。孟子进一步将这种"不忍人之心"划分为"四心"或"四端",认为无此则"非人也","无恻隐之心,非人也;无羞恶之心,非人也;无辞让之心,非人也;无是非之心,非人也"③。正是这"四心",构成了"仁"、"义"、"礼"、"智"四种"善端","恻隐之心,仁之端也;羞恶之心,义之端也;辞让之心,礼之端也;是非之心,智之端也"④。但是人虽有"四心"或"四端",却有的能保持发扬,有的也会失掉。因而如何保持与扩充人的"四端",关系到社会秩序的生成和发展。在此基础上,孟子进一步发挥孔子"仁"的学说,强调教育对于治理国家的决定性意义,而对刑罚保持一种相当谨慎而克制的态度。

荀子在人性论上与孟子针锋相对,提出了"人性恶"的基本主张,"人之性恶,其善者伪也"⑤。荀子认为,人之所以性恶,是因为人有好利、好声色、嫉妒憎恶等情欲,但只是就这些情欲本身而言,都是人类生而有的,是一种自然而客观的人性,是没有什么善恶可言的。然而如果这些情欲任由其放纵而不加以控制,那么就有恶的产生。所以荀子在指明人所存在的恶的基因的基础上,进一步承认了可由"伪"的努力达成"善"的结果。"伪"就是人类的自觉能动性,人们可以凭借这种自觉能动性对性之恶的情欲进行自觉的改造,从而达到预期的"善"的效果。可见荀子对人性恶的判断,既注意人所处的外在的社会环境,更重视人自身的主观因素,是对人性的一种综合性的判断。所以尽管荀子坚持"人之性恶"的观点,力图为犯罪寻找到人性方面的内在依据,但由于其认为人性并不是一成不变的,而是由于情欲毫无节制而走向恶的,因而犯罪不是人性的必然结果,而是人在主观上放纵自己的情欲所导致的。这样,犯罪的确具有了人性的内在依据,即恶的情欲,但恶的情欲只是犯罪的可能性,并非一定走向犯罪。由恶的情欲发展为犯罪的行为,除了主观上缺少有力的约束以外,还需要多种多样的外部条件。荀子最为注重的就是经济、政治上的因素。他认为,人们多有情欲,而物质财富总是相对匮乏的,无法满足所有人的所有欲望,因此争斗是在所难免的,再加上统治者"为上不正",横征暴敛,更加促发了人们追求物质财富的欲望,从而导致社会陷入你争我斗的混乱秩序,犯罪现象也就层出不穷。

既然如此,要有效预防和控制犯罪,就必须从人性的内在根源入手,必须以"化性起

---

① 廖其发:《先秦两汉人性论与教育思想研究》,122页,重庆,重庆出版社,1999。
② 《论语·子路》。
③ 《孟子·公孙丑上》。
④ 《孟子·公孙丑上》。
⑤ 《荀子·性恶》。

伪"作为最终目标。因此,与坚持"性善论"的孟子相反,荀子并不将对犯罪的预防和控制跟人性的求善看成是一致的、同向的,而是"把它们看成是反向的,对抗的,即预防社会犯罪不是基于对人性的善的正面弘扬,而是对人性之恶的逆向改造"①。而且在荀子看来,既然犯罪是基于内在的人性与外在的客观条件相互作用的结果,因此预防和控制犯罪也必须进行综合性的治理,因而在"矫治人性、化性起伪"这一基点之上,荀子比较系统地提出了综合性的犯罪控制理论,即"故古者圣人以人之性恶,以为偏险而不正,悖乱而不治,故为之立君上之势以临之,明礼义以化之,起法正以治之,重刑罚以禁之,使天下皆出于治,合于善也;是圣王之治而礼义之化也"②。"君上之势"就是要形成国家或君主至高无上的权威,"礼义之化"就是要推崇道德教化,"法正之治"就是要建立起制度化、法律化的控制机制,"刑罚之禁"就是要运用刑罚以震慑、阻遏犯罪行为的实施。这种综合控制犯罪的理论,对中国后世历代刑法都产生了根深蒂固的影响。

荀子在孔孟反对"不教而诛"的基础上,基于其"化性起伪"的主张,进一步强调教育或教化的地位,坚持教而后诛的理论立场。但是荀子既然坚持人性是恶的,那么人们接受德礼教育也就缺乏一种内在的动力和自觉性,礼义由外而内的灌输,成效也就非常有限。所以荀子对教育或教化的作用也就保持有一种怀疑的态度,因此在孔孟反对"不教而诛"的基础上,荀子还反对"教而不诛","故不教而诛,则刑繁而邪不胜;教而不诛,则奸民不惩……"③。这就表明,教化尽管重要,但对于教化后仍然以身试法者,必须毫不留情予以处决。而对于那些为非作歹的"奸民",因其性之恶而不可能加以教化,也无须教化,荀子甚至还更进一步主张"元恶不待教而诛"④。反对"不教而诛",再进而反对"教而不诛",并强调"元恶不待教而诛",这深刻表明了荀子关于教与刑关系的三个层次的理论思考,从而使得荀子的刑法理论形成了自己的一些特色,"既保持儒家重教育、重预防的刑法理论的基本特点,又大大加重了刑罚的地位,正面肯定和重视刑杀的作用,与孔、孟的刑法论有所不同"⑤。

(二)道、法诸家的观点

道家尽管没有直接阐述人性的善恶,但是从其具体的主张来看,人性应该是素朴的,但一旦外在的世界提供了贪欲的刺激,那么本性就会迷失,而恶性就会被激发出来,"五色,令人目盲;五音,令人耳聋;五味,令人口爽;驰骋畋猎,令人心发狂;难得之货,令人行妨"⑥。所以人们往往在贪欲的刺激下,不择手段地追名逐利,从而导致犯罪。因此要恢复人们的素朴之心,就必须遵循"无为而治"的政治路线,"我无为而民自化,我好静而民自正,我无事而民自富,我无欲而民自朴"⑦。要实行无为之道,就必须反对一切"有为"的政治制度与措施,而以刑罚为主体的法律制度理所当然遭到了道家的排斥。老子坚

① 俞荣根:《儒家法思想通论》,457 页,南宁,广西人民出版社,1998。
② 《荀子·性恶》。
③ 《荀子·富国》。
④ 《荀子·王制》。
⑤ 俞荣根:《儒家法思想通论》,478 页,南宁,广西人民出版社,1998。
⑥ 《老子·十二章》。
⑦ 《老子·五十七章》。

决认为："法令滋彰，盗贼多有。"① 动辄就以严刑峻法来威吓、镇压人们，那是不可能奏效的愚蠢行为。所以道家人物都明确坚持，刑法作为国家的利器，不能够轻易加以使用，必须努力做到用刑的谨慎与宽缓。

墨子所开创的墨家学派，尽管没有明言人性善恶，但就其对于社会的分析来看，明显隐含了"人性恶"的判断。墨子认为，天下之所以混乱，原因在于人们自私而不相爱，即人性里所隐藏的"利，所得而喜也"，"害，所得而恶也"② 的心理。墨子认为要消除社会的混乱，不是要压抑人们对利益的追求，相反是应该通过"兼爱"以达成"交利"的目的，实现利益的最大化与普及性。正是出于这样的人性判断，墨子坚持认为一切应以"利"与"害"的功利主义作为判断的标准，这就必须提供一种具有普遍意义的规范。墨子因此强调以"天志"作为普遍性规范的权威来源，依托"天志"的法律规范，其首要追求的目标当然就是公正。基于公正的立场，墨子对于刑罚的具体适用提出了许多非常独到的见解。一是"赏必当贤，罚必当暴"，做到赏罚的准确与公正；二是"杀人者死，伤人者刑"，刑罚必须得到有效实施与贯彻；三是"罪不在禁，惟害无罪"，一切行为都必须通过法律的明文规定，才能对其加以处罚。这也许是中国刑法史上第一次比较明确提出的类似"罪刑法定"的思想源泉。

韩非子作为荀子的学生，继受了荀子人性"好利"的思想主张，但没有非常明确地指明人性就是恶的。韩非子似乎仅将"好利"看作是人的一种生命需要或者自然本能，"好利"并不必然就是"性恶"，尽管其可以引起"性恶"，只有缺少节制而超越了合理限度的"好利"才是"恶"。"好利恶害，夫人之所有也"③。韩非子完全是从生命的需要看待"好利"的，认为"好利"是人的生命现象的本性，是人的本能，是在人成为人的过程中引起超越的基本动力。没有"好利"的本能与欲望，人就没有超越的动力；但仅有"好利"的本能与欲望，人就跟动物无异。所以韩非子似乎已经触及了人的自然性与社会性的双重人性，他明确指出，"德者，内也。得者，外也"④。"德"是人所存在的内在依据，是人成为人的社会属性；"得"是人所存在的外在依据，是人能够成为人的本能基础与外在约束，其中当然也就包括了利益的获得以及对利益获得的合理限制。所以，就"好利"的本能而言，人与动物是没有区别的，但人之所以能够成为人，是在于其既能使得道德内在化，又能接受外在的约束，而法律的强制性就在于使本能的内在冲动能够符合社会规范的基本要求。

因此，韩非子与儒家、道家学派都不一样，他既然认为人的"好利"之心是人的本能与欲望，是由人的生存需要和生理条件所引起的，那就不可能也不应该对其加以灭绝或消除。"好利"是一切行为的起点与出发点，也是一切行为的推动力量，"医善吮人之伤、含人之血，非骨肉之亲也，利所加也。故舆人成舆，则欲人之富贵；匠人成棺，则欲人之夭死也。非舆人仁而匠人贼也"⑤。这样的"好利"，甚至是促进社会发展的内在动力，但其如果没有任何外在或内在的约束，就会导致欲利的泛滥，从而导致社会的混乱与无序。

---

① 《老子·五十七章》。
② 《墨子·经上第四十》。
③ 《韩非子·难二》。
④ 《韩非子·解老》。
⑤ 《韩非子·备内》。

如何对这种"好利"的欲望进行约束，韩非子最为看重的就是"刑、德二柄"，"杀戮之谓刑，庆赏之谓德。为人臣者畏诛罚而利庆赏，故人主自用其刑、德，则群臣畏其威而归其利矣"①。可见韩非子的"重刑"，完全是建立在对人性"好利"的判断上的。"重刑"是对"好利"本能的一种严重约束，其目的在于使"好利"的本能冲动按照社会秩序的基本要求予以规范化。正是通过"重刑"以防止犯罪，才使得"好利"的本能或欲望走向文明化的发展方向，而且韩非子也坚信，由于人性"好利"，"重刑"也是极其有效的控制手段，"夫欲利者必恶害，害者，利之反也。反于所欲，焉得无恶？欲治者必恶乱，乱者，治之反也。是故欲治甚者，其赏必厚矣；其恶乱甚者，其罚必重矣"②。有人抨击韩非子的"重刑"主义过于残酷而刻薄寡恩，但在韩非子看来，"重刑"恰恰是在承认人的"好利"本能的基础上，运用外在的"重刑"手段引导人性的"好利"走向文明化、规范化的发展道路。因此他认为，"重刑"的目的不在于对犯罪者的直接制裁，"且夫重刑者，非为罪人也"，而在于凭借"重刑"的手段以达成犯罪一般预防的目的，即"重一奸之罪，而止境内之邪"③。"重刑"只是禁止违法犯罪的形式或手段，其目的在于"以刑去刑"，一旦人们在"重刑"的规范过程中不敢以身试法，那么刑罚最终也就没有存在的必要了，"重刑"当然就不会伤民，这就是"以刑去刑"。对此，韩非子有一段话说得相当详尽："夫以重止者，未必以轻止也；以轻止者，必以重止矣。是以上设重刑者而奸尽止，奸尽止，则此奚伤民也？所谓重刑者，奸之所利者细，而上之所加焉者大也。民不以小利蒙大罪，故奸必止者也。所谓轻刑者，奸之所利者大，上之所加焉者小也。民慕其利而傲其罪，故奸不止也。"④

秦汉以后，董仲舒综合先秦人性学说，认为人性的善恶不能一概而论，而是因人而异，"人受命于天，有善善、恶恶之性"⑤。董仲舒还根据人性中善恶的多少，将人性分为"三品"：一是"圣人之性"，不经教化便可从善，并能劝导天下人向善，此为少数；二是"中民之性"，身兼善恶两性，经教化可以为善，此为多数；三为"斗筲之性"，恶性根深蒂固而冥顽不化，须以刑罚威吓方可收敛，此也为少数。既然有少数的"斗筲之性"，那么刑罚必须予以采用；而"中民之性"占据多数，因此社会秩序的调整应该以教化为主。这样，治理国家必须"德多刑少"、"大德小刑"、"先德后刑"，这就是"德主刑辅"的主要内容。后来到唐朝时明确确立起"德礼为政教之本，刑罚为政教之用"⑥ 的基本方针，直至适用到清末，都可以说与中国古代这种人性善恶的论调有着千丝万缕的紧密关系。

中国古代刑法折射出来的人性观念基础是非常复杂的，但主要还是围绕人性的"善恶"问题而展开论争，如果说这种人性的"善恶"能够放到社会与历史的境域中加以讨论，但从理性存在的角度去探讨人性显然是不够的。基于对理性存在的人性没有深入探讨，因此人性如何能够为人所认识，这个问题始终没有得到真正的解决。因此中国古代刑法在寻求

---

① 《韩非子·二柄》。
② 《韩非子·六反》。
③ 《韩非子·六反》。
④ 《韩非子·六反》。
⑤ 《春秋繁露·玉杯》。
⑥ 《唐律疏议·名例》。

人性的根基时，往往都是从经验的世界出发，依据社会的生活现象所作出的基本判断。这样的人性立场，使得中国古代刑法的根基只能停留在社会经验的层面上，充满了经验主义的色彩。这对中国古代刑法的发展所产生的历史影响是非常巨大的，甚至对今天的中国仍然有着一些文化潜意识的控制。

由于"性恶"与"性善"的长期论争，最后导致秦汉以后人性的品格划分，从而将人性的"善恶"简单加以分割，导致教化的道德理想主义与刑罚的工具主义同时盛行，使得刑法丧失其应有的价值与地位，仅仅充当起辅助教化的工具，充当起"止恶"、"惩恶"的手段，"夫恶者，不杀而不止，故杀之以绝其恶，大恶者相袭而无所惩，故杀此而戒其余"①。而刑罚一旦流于工具主义的境地，也就在道德教化的幌子下面，呈现出极其狰狞可怕的残酷面貌。所以在中国古代刑法里，我们可以看到，一方面是张扬"德礼为政教之本"的道德温情，但另一方面却是刑罚制度的极端残酷，这种矛盾只有回到人性"善恶"这个基点上，才能得到一种比较贴切的理解。

当然，也正是因为对经验世界人性"善恶"的多重判断，所以导致中国古代刑法从不同的角度出发去看待犯罪，从而提出综合治理犯罪的法律主张，至今仍然闪烁着犯罪的一般预防与特别预防的思想光辉。而且，基于对"善"的目标的肯定或乐观态度，在充分张扬教化的同时，也注重运用刑罚作为教化的辅助，使得刑罚本身具有了一定的教育价值，为今天刑罚教育主义观念的树立提供了相当宝贵的思想源泉。

---

① 　（清）王夫之：《读通鉴论·隋文帝》。

第二章

"罪"与"刑"及其观念的发展

第一节
"罪"与"刑"的考辨

一、"罪"与"刑"的字义发展

(一)"罪"的字义发展

此意见为笔者所提,未获采纳,只好试为越俎:"罪",古作"辠",又与"辜"通假。在迄今所出土的甲骨文中,并未发现"辜"字。"辜"字,最早见于 1977 年河北平山县中山王墓所出土的战国时期蚉壶铭文之中①:

> 大去刑罚,以忧氏(厥)民之雁不敀(辜)。

《说文解字》:"辜,辠也。从辛古声","古文辜从死"。正与此字相同,可见"敀"为"辜"的古字。而高明则隶定为"祏"字。②

张政烺:"'不辜'构成一个词,意为冤屈,不可分别从字面解释而说为无罪。长沙马王堆帛书《经法·亡论》有'三不辜',义与此同。"③

在此之前的西周牧簋、塱盨铭文中,"辜"字假借"故"字。如:

> 以今辇(籍)司匍服厥辠(罪)厥故(辜)。(牧簋,西周中期)④

---

① 参见中国社会科学院考古研究所编:《殷周金文集成释文》,第五卷,9743 器,474～475 页,香港中文大学中国文化研究所,2001。

② 参见高明:《古文字类编》,59 页,北京,中华书局,1980。

③ 张政烺:《中山国胤嗣妤蚉壶释文》,载《古文字研究》,第一辑,236 页,北京,中华书局,1979;张世超、孙凌安、金国泰、马如森:《金文形义通解》下,3429～3430 页,京都,中文出版社,1996。

④ 中国社会科学院考古研究所编:《殷周金文集成释文》,第三卷,4343 器,483 页,香港中文大学中国文化研究所,2001。

又有辠（罪）又有故（辜）。（塱盨，西周晚期）①

无论如何，两周金文所见的"辜"字，为"罪过"之义，通"辠"字。两字形近意同。

犯罪的"罪"字，其古字作"辠"。从目前所掌握的古文字资料来看，其最早出现于前揭西周中期的牧簋铭文和西周中期的塱盨铭文。

另外，1977 年河北平山县中山王墓所出土的战国时期的中山王䜭鼎铭文也见有如下的语句：

虽有死辠（罪）及叄世亡不赦。

诒死辠（罪）之有赦。②

《说文》："犯法也。从辛从自，言罪人蹙鼻，苦辛之忧。秦以辠似皇字，改为罪。"金文与小篆同构。案《说文》之解，颇嫌附会，"辠"当从"辛""自"声。与"辜"字同例。"自"字略有讹变。睡虎地秦简字仍作"辠"。【释义】犯法者当处刑罚。典籍通作"罪"③。

（二）"刑"的字义发展

《说文》："荆，罚罪也。"有学者对"刑"字的演变及其含义做了较详尽的研究④，认为"刑"字的初形是"井"。在西周金文中已如此，在懿王器《牧簋铭》中多次出现，如"不中不井（刑）"、"不用先王作井（型）"、"先王作明井（型）用"等等。与此同时，金文中还保留有大量的初形字样"井"。但在甲骨文中，"井"并没有"刑"字的用法。总的看来，"井"主要以同音假借之法沿以下三条线索发展：

（1）假借为"井"，读"刑"，作动词用，是诛杀、征伐、惩罚之意。这是西周晚期金文中出现的字形，战国时期沿袭发展。后来规范文字时便渐渐写成"刑"。如穆王时的《班簋铭》有："文王孙亡弗怀井（刑）。"恭懿之际的《牧簋铭》有："不中不井（刑）"。宣王时为《兮甲盘铭》有："敢不用令（命），则即井（刑）扑伐其唯我诸侯、百姓，厥贮毋不即市，毋敢或（又）入蛮宄贮，则亦井（刑）。"

（2）假借为"井"，用作地名、人名、方国名。如《麦尊铭》有"井侯"，《散盘铭》有"井邑"等。

（3）同"型"。如《牧簋铭》有："不用先王作井（刑）"、"先王作明井（型）用"，宣王时的《毛公鼎铭》也有："先王作明井（型）"，这是名词，是模型、模范之意，引申为准则、法。它还可以做动词，是仿效、效法之意。如《大盂鼎铭》有："今我唯即井（型）廩于文王政德"，高明案："廩，承受也；型，仿效"⑤。《左传·襄公十三年》引《诗》曰：

---

①　中国社会科学院考古研究所编：《殷周金文集成释文》，第三卷，4469 器，531 页，香港中文大学中国文化研究所，2001。

②　中国社会科学院考古研究所编：《殷周金文集成释文》，第二卷，2840 器，423、425 页，香港中文大学中国文化研究所，2001。

③　张世超、孙凌安、金国泰、马如森：《金文形义通解》下，3429 页，京都，中文出版社，1996。

④　参见张晋藩总主编，蒲坚主编：《中国法制通史》，第一卷（夏、商、周），第一章第五节（李力撰写）70～72 页，北京，法律出版社，1998。

⑤　高明：《中国古文字学通论》，448 页，北京，文物出版社，1987。

"仪刑文王，万邦作孚"，杨伯峻注："仪刑，同义动连用，犹言效法。"①

《说文》："荆"，罚罪也，从井，从刀。"荆"是形声字，井声，刀旁，意表诛杀、征伐，这是"刑"字的本义。由"荆"的本义引申出专指残害肢体的肉刑，后来泛指刑罚。文献有所谓：

> 大刑用甲兵，其次用斧钺；中刑用刀锯，其次用钻笮；薄刑用鞭扑，以威民也。故大者陈之原野，小者致之市朝②……夫战，刑也……夫刑人用刀，伐人用兵，罪人用法，诛人用武。武法不殊，兵刀不异，巧论之人，不能别也。夫德劣故用兵，犯法故施刑。刑与兵，犹足与翼也。走用足，飞用翼，形体虽异，其行身同。刑之与兵，全众禁邪，其实一也。③

（三）关于"刑始于兵"

对于"刑"的起源与发展论述最好的是《辽史》中的这样一段话：

> 刑也者，始于兵而终于礼者也。鸿荒之代，生民有兵，如鷙有爪，自卫而已。蚩尤惟始作乱，斯民鸱义，奸宄并作，刑之用岂能已乎？帝尧清问下民，乃命三后恤功于民，伯夷降典，折民惟刑。故曰：刑也者，始于兵而终于礼者也。④

古代表达法律的用语，在不同的历史时期是不同的。战国以前称刑，如：《禹刑》、《汤刑》、《九刑》、《吕刑》等。见于三代以上典籍中的刑，兼有法与罚的两层含义。⑤ 如《尔雅·释诂》："刑，常也，法也。"《易》："井（刑），法也。"《风俗通》："井（刑）者，法也，节也"等，这些文献记载中的刑，就是与法同义的。至于以刑为罚者，如：《说文》："刑，国之刑罚也。"《玉篇》："刑，罚之总名也。"《尚书·大禹》："刑期于无刑。"《吕刑》："苗民弗用灵，制以刑，惟作五虐之刑，曰法。"《周礼·小宰职》："不用法者，国有常刑。"《易》："君子以折狱致刑。"由于以刑为罚，因此才将动用甲兵的征伐行动视为"大刑"，所谓"大刑用甲兵"⑥，"兵刑合一"即"刑始于兵"之说即由此起。可见，在上古时期军事征伐之"刑"，与刑罚之"刑"实为一体。当然也有学者认为，研究中国法律的起源，不能把战争与刑罚混为一谈，否则，"刑"的范围将会过于宽泛；严格来说，"刑始于兵"是指"刑"起源于兵，而"刑"一旦产生就脱离了战争，成为一种独立存在的社会现象，而不应再与"兵"混同。⑦ 尽管在后来的发展过程中，"兵"、"刑"不应再混同，但是，在"刑"的起源过程中，"刑"与"兵"密不可分，几乎可以混为一谈，却似乎已是不争的事实！

这种说法表明，中国古代的刑最初起源于军事战争，最早的法是脱胎于军事战争中产生的军法。古老人类的进化大约从原始群发展到氏族，尔后随着父系氏族的出现和发展，

---

① 杨伯峻：《春秋左传注》（三），1000 页，北京，中华书局，1981。
② 《国语·鲁语》、《汉书·刑法志》。
③ 《论衡》卷八《儒增篇》。
④ 《辽史》卷六一《刑法志上》。
⑤ 参见张晋藩、林中、王志刚：《中国刑法史新论》，1 页，北京，人民法院出版社，1992。
⑥ 《通典》卷一六三《刑一·刑制上》。
⑦ 参见蒲坚：《中国法制通史》，第一卷（夏商周），36 页，北京，法律出版社，1999。

产生了部落和部落联盟。炎帝、黄帝、蚩尤时代正是中华民族进入部落联盟的时代，也是我国传说时代的开始。《辽史》卷六十一《刑法志》中"黄帝以兵定天下，此刑之大者"及《通典》卷一百六十三《刑一·刑制上》中"大刑用甲兵"等记载都说明，黄帝以来的军事征服与兼并战争就是最早的刑，兼有军事镇压与刑罚制裁的双重含义。① 其间产生的军法就是最初的法，所谓"师出以律"②。

所以，"刑始于兵"，其意就是兵刑同一，战争的本身即是刑罚，刑即源于远古时期的军事战争。

《尚书·吕刑》中有明显的说明："王曰：'若古有训：蚩尤惟始作乱，延及于平民。罔不寇贼、鸱义、奸宄、夺攘、矫虔、苗民弗用灵，制以刑。惟作五虐之刑，曰法，杀戮无辜。爰始淫为劓、刵、椓、黥，越兹丽刑并制，罔差有辞。"

另外，《史记》卷一《五帝本纪》中记载："三苗在江、淮、荆州，数为乱。于是舜归而言于帝，请流共工于幽陵，以变北狄；放欢兜于崇山，以变南蛮；迁三苗于三危，以变西戎；殛鲧于羽山，一变东夷。四罪而天下咸服。"说明黄帝统一中原后，南方的苗民不服，攻打黄帝部落，在攻打中杀戮无辜平民，并制定了劓、刵、椓、黥等"五虐之刑"。黄帝部落举兵攻灭苗后，苗民五刑却被沿用下来，后经西周吕侯改作奴隶制五刑。同时，由于共工、鲧、欢兜的叛乱，他们也被处以流、放、殛的刑罚。可见，由于氏族部落之间的征战而产生了刑罚，刑与军事战争密切相关。

《尚书·甘誓》中夏启征讨有扈氏的誓词本身就是法律。《甘誓》是最早的军法。启与有扈氏作战于甘，启告诫出征的将士："左不攻于左，汝不恭命；右不攻于右，汝不恭命；御非其马之正，汝不恭命。用命，赏于祖；弗用命，戮于社，予则孥戮汝。"意思是：凡参战的将士，车左者若不善于用弓箭射杀敌人，就是不恭奉命令；车右的将士若不善于用矛戈刺杀敌人，也是不恭奉命令；驾车的士兵，若不能够进退自如驾驭得当，也是不恭奉命令。对服从命令者，将在先祖的神位前予以奖赏；对不服从命令者将在神社前受到惩罚；甚至要把那些违背命令者沦为奴隶，或处以死刑。战争是原始社会时期部落得以生存和发展的重要活动。而军事战争是一种需要高度组织纪律和严格行为规范的集体行动，必须有统一的军法协调指挥参战人员；另一方面，军事战争也需要及时处置敌人、俘虏或其他违法犯罪行为。因此，战争除了"给他们带来领土、财富、荣誉和周围部族的臣服，同时还带来了新的礼品：刑"③。

钱钟书关于"兵刑同一"的文字很是精辟，引录于下④：

> 故教笞不可废于家，刑罚不可捐于国，诛伐不可偃于天下；《考证》谓语本《吕氏春秋·荡兵》篇。按兵与刑乃一事之内外异用，其为暴力则同。故《商君书·修权》篇曰："刑者武也"，又《画策》篇曰："内行刀锯，外用甲兵。"《荀子·正论》篇以"武王伐有商诛纣"为"刑罚"之例。"刑罚"之于天下者，即"诛伐"也；"诛伐"之

① 参见武树臣等：《中国传统法律文化》，115～120页，北京，北京大学出版社，1994。
② 《汉书》卷六七《胡建传》注。
③ 武树臣等：《中国传统法律文化》，117页，北京，北京大学出版社，1994。
④ 参见钱钟书：《管锥篇》，285页，北京，中华书局，1981。

施于家、国者，即"刑罚"也。《国语·鲁语》中臧文仲曰："大刑用甲兵，其次用斧钺；中刑用刀锯，其次用钻笮；薄刑用鞭扑。故大者陈之原野，小者致之市朝。"《晋语》六范文子曰："君人者，刑其民成，而后振武于外。今吾司寇之刀锯日弊而斧钺不行，内犹有不刑，而况外乎？夫战，刑也；细无怨而大不过，而后可以武刑外之不服者。"《尉缭子·天官》篇曰："刑以伐之。"兵之与刑，二而一也。杜佑《通典》以兵制附刑后，盖本此意。杜牧《樊川文集》卷一〇《孙子注序》亦云："兵者，刑也。刑者，政事也。为夫子之徒，实仲由、冉有之事也。不知自何代何人，分为二途，曰：文、武。"

其中，甲兵既是兵器，又是斩杀俘虏的工具，而刀锯、钻笮、鞭扑都是施以各种刑罚的工具，这说明臧文仲把用于战争的兵器和惩罚犯罪者的各种刑具相提并论，并划分为大刑、中刑、薄刑三个等级，明显是说兵刑同一。

（四）"刑"与"法"、"律"

"律，法也。"① "法，刑也。"② "法，亦律也。"③ 这说明，古代刑、法、律同义。许多古代文献从不同角度说明刑、法、律在中国古代刑法史上的同义性。

首先，刑、法、律，法律性质同一。《尔雅·释诂》："法，常也"；"刑，常也，法也"；"律，常也，法也"。《玉篇》："法，则也"；"刑，罚之总名也"。《尔雅·释名》："法，逼也，逼而使有所限也"。

其次，作用相似。《管子·七臣七主》："法者，所以兴功除暴也；律者，所以定分止争也"。《白虎通》："刑者，所以驱耻恶，纳人于善道也"。《尔雅·释名》："律，累也，累人心使不得放肆"。《隋书·刑法志》："刑者，制死生之命，详善恶之源，翦乱诛暴，禁人之为非者也"。

再次，在字义方面，《说文》曰："灋，刑也。平之如水，从水；廌，所以触不直者去之，从去"；"律，均布也，从彳，聿声"。《韵会》："刑，从刀井声，到也，刑从刀井，制法也"。其相同含义都是指一国统治者所制定的法律、法令。

刑、法、律三者，除了有上述互述互训的横向关系外，还有因时继替的纵向关系。④《唐律疏议》中对此有载：

> 昔者，三王始用肉刑。赭衣难嗣，皇风更远，朴散淳离，伤肌犯骨。《尚书·大传》曰："夏刑三千条"，《周礼》"司刑掌五刑"，其属二千五百。穆王度时制法，五刑之属三千。周衰刑重，战国异制，魏文侯师于李悝，集诸国刑典，造《法经》六篇：一、盗法；二、贼法；三、囚法；四、捕法；五、杂法；六、具法。商鞅传授，改法为律。

---

① 《尔雅·释诂》。
② 《说文》。
③ 《唐律疏议·名例》。
④ 参见梁治平：《寻求自然秩序中的和谐——中国传统法律文化研究》，34页，北京，中国政法大学出版社，1997。

就时代而言，三代及其以前（大致为公元前 21 世纪至前 7 世纪），多称刑。如《舜典》所载："象以典刑，流宥五刑，鞭作官刑，扑作教刑，金作赎刑"；《左传》："夏有乱政，而作禹刑"；《尚书》之《吕刑》等皆是。春秋战国时期多称法，如商鞅在《修权》中说："国之所以治者有三：一曰法，二曰信，三曰权。法者，君臣之所共操也。"楚有《仆区之法》，晋有《被庐之法》，秦简中有《法律问答》，李悝的《法经》被后人奉为封建刑法的开山祖师。汉以后，统称为律。《汉书·刑法志》称："汉兴，高祖初入关约法三章，杀人者死，伤人及盗抵罪。"这里的"法"，更多的是政策性的规定，而不是正式的法律。所以，"其后，四夷未附，兵革末息，三章之法，不足以御奸，于是相国萧何，捃摭秦法，取其宜于时者，作律九章"①。《九章律》所本的是《法经》，但不称法而称律，已可看出由法到律的名称的改变。自此以后，历代的刑法典大都称律。② 如《魏律》、《晋律》、《开皇律》、《唐律疏议》、《明律》、《大清律》等。

1. "刑"的演变

"刑"字的产生、演变，反映了商周时期古人对"刑"这种社会现象的认识和评价。由于"刑"字的产生与战争的兵器和生产青铜器的模具有关，因此人们对"刑"字的认识往往局限于其直观性、物理性——都是工具：在战争中是兵器，在生产实践中是工具。可以说，在人们的观念中，所谓"刑"就是一种工具。在"刑"字的发展中，人们对刑罚之"刑"印象最深。"刑"字本身发展的复杂性，使得征伐战争中血腥屠杀之"刑"，与法律上之"刑"混同起来。因此，古人有所谓"刑起于兵"、"兵刑不分"的观念。文献中也可找到这种遗迹。如，《汉书·刑法志》仍是先记载兵事，再记载刑律。这种观念影响之深由此可见。

战争征伐、诛杀之血，渗透到刑罚中，"刑"在古人心目中成为一种非常可怕的东西，以至于人们一谈到法律，就先想到刑罚，刀锯、斧钺历历在目，一想到这些就毛骨悚然。由此人们产生了对法律的惧怕心理，"刑"观念的残忍性在这里体现得淋漓尽致。

据《国语·晋语》记载，春秋时期，虢国公曾梦到刑罚之神蓐收的形貌：人面，虎爪，满身白毛，手拿颇似大板斧的钺，一副凶神恶煞的样子。虽然蓐收是神话传说中的刑神，但是对其形象的描绘却反映了古人心目中的"刑"和"法"。

中国传统法律观首先表现出直观、呆板的特性。人们对"刑"、"法"的认识仅局限于对兵器、模具、度量衡器等进行直观的、物理性的描述，显得呆板而没有生气，缺乏生动、抽象的理论性，但是却充满了强暴的血腥味。这可能与先民不大擅长抽象思维有关。中国传统法律观还表现出单一性的特征。战国以前，人们只知有"刑"，而不知有"法"；战国时期，有了"法"、"律"，从历史发展来看，这无疑是进步的。但是，"法"、"律"的背后主要是"刑"。"刑"是"法"、"律"的内容。法家所谓的"法治"在某种意义上也可以说是"刑治"。这种"刑"观念对中国封建社会产生了深远的影响。从以《法经》为蓝本的

① 《汉书·刑法志》。
② 参见高绍先：《中国刑法史精要》，23 页，北京，法律出版社，2001。

"秦律"，到封建社会最后一部法典《大清律例》，都是以"刑"为主。汉代的史学家班固在《汉书》中首创了《刑法志》，就是专门记载封建王朝法律制度和司法制度的重要史料。此后历代纪传体断代史大多沿用之。二十四史中的《晋书》、《新旧唐书》、《五代史》、《宋史》、《辽史》、《金史》、《元史》、《明史》，以及民国初年编的《清史稿》也都有《刑法志》；《魏书》甚至称为《刑罚志》。

中国传统法律观最具特色的是其功利主义色彩。从其形成过程来看，无论是战国以前的"刑"观念，还是战国时期的"法"观念、"律"观念，都体现了同一价值取向即功利主义。

在商周人的观念中，"刑"源于工具（兵器、模具），因而刑法、刑罚也是工具。在法家看来，人类社会有"争"、"暴"，因此才需要"法"、"律"；有了法律，其功用就是"定分止争"、"兴功惧暴"，以达到"以刑去刑"的目的，最终法律成为维护"权力"的一种手段。这种认识一直贯穿于两千年的封建社会。

清乾隆五十二年（1787），中国古代第一部大丛书《四库全书》编成。但是，在政书类法令之属仅仅收入《唐律疏议》、《大清律例》，其他的法律文献一概不录，甚至其存目也只收了五部书。对此，大学士纪晓岚在其所编《四库全书总目提要》的按语中解释道："刑为盛世所不能废，而亦盛世所不尚，所录略存梗概，不求备也。"这一编纂宗旨说明：其一，对"刑"采取功利主义的态度，即使盛世也不可无"刑"。其二，轻刑主义颇向，儒家"德主刑辅"思想的体现，反映了历代统治者贬低法律作用，抬高教化作用的立场。但是，在实践中却不得不重视法律，因为法律或"刑"具有不可替代的作用。[①]

中国传统法律观念，无论是温情的"礼"观念，还是残忍的"刑"观念，都体现了同一价值取向即义务本位，这实际上也是权力本位。

从理论上讲，作为调整人们行为的规范，法律就是规定权利、义务。法律赋予人们享有的某种权益即权利，法律规定人们应履行的某种责任即义务。二者密切相连，任何权利的实现总是以义务的履行为条件。但是，就法律观而言，不同的民族在不同的时期，人们由于对法的价值取向不同，因而对权利、义务总是或有偏重。

中国古代宗法社会最基本的细胞就是家族，国不过是家的扩大。而礼的作用之一就是确定个人在家、国中的等级、贵贱身份。在这个等级制的金字塔中，个人只有义务、服从，而无所谓权利；只存在君主的权力和家长的权力，个人存在的价值就是为权力尽义务。在温情脉脉的人伦情理中，"礼"扼杀了个人的独立性和权利，个人没有任何独立的法律地位，附属于家族，自然也附属于国家。因此，在以自然经济和宗法制为主导的古代社会中，不可能孕育出权利观；相反，却产生了至高无上的权力观。一切都是权力的附属物，法不过是实现权力、维护权力的工具而已。由此产生的只能是偏重义务的义务法。

中国古代"刑"、"法"、"律"的主要功能就是"定分止争"、"兴功惧暴"，就是一种

---

① 参见吴建璠：《清代律学及其终结》，载《法律史丛书》第一辑《中国法律史国际学术讨论会论文集》，西安，陕西人民出版社，1990。

统治工具。以"刑"为主的中国古代法对人们的唯一要求就是"令行禁止",否则就要受到刑罚的制裁。至于个人享有的权利则根本没有规定。正因如此,人们对充满血腥味的"刑"和法产生了恐惧的心理。在古人的观念中,法不是个好东西,避而远之是良策。对于法律,人们最关心的是要承担什么义务、怎样才能不冒犯权力,并将之牢记在心中,以免误入法网而招致大祸。由此可见,传统"刑"观念的价值导向也是义务本位、权力本位。

原始社会末期,掠夺人口和财富的部族之间的战争成为除祭祀之外的另一项日常重要活动。流传至今的"阪泉之战"和"涿鹿之战"就是当时发生的著名的战例。这种战争促进了中国早期国家的形成与发展,也成为中国古代法和传统法律观的源泉。相传东夷族首领蚩尤最早发明了金属冶炼,并制造了金属兵器。蚩尤本人能呼风唤雨,手下的八十一位兄弟也个个铜头铁额,手持兵杖刀戟大弩,英勇善战,不断战胜邻近部族,声威大震。尽管蚩尤后来战死于涿鹿之野,但战胜者黄帝却十分佩服其英勇善战,以至于画蚩尤之像,以威慑天下。从此,蚩尤成为这个战争时期的英雄和战神。[①]

据《尚书·吕刑》,周穆王曾追述说:"若古有训,蚩尤惟始作乱,延及于平民。罔不寇贼,鸱义奸宄,多攘矫虔。苗民弗用灵,制以刑,惟作五虐之刑曰法。"可见,在西周人的心目中,战神蚩尤又成为刑罚的创制者——刑神。周穆王甚至将蚩尤说成是一个用残酷的刑罚来对待百姓的暴君。

刑神源于战神,刑罚源于战争,刑具源于战争的兵器。这便是古人"兵刑不分"、"兵刑合一"的逻辑。部族之间的战争加强了最高军事首脑及各级军事长官的权力。而这种权力便成为"刑"产生的温床。当这种权力与服从关系随着旷日持久的部族战争而日趋稳定时,战时的号令就演变成为军法。《尚书·甘誓》所载夏王征伐有扈氏的军令,就是迄今所知最早的军法。夏王告诫将士们:必须听命,否则就是"不恭命",不仅刑加于身,而且要诛及妻子。

"刑"在部族战争的刀光剑影中产生了。这从另一个侧面反映了部族之间残酷的人际关系。战争因而成为中国传统法律观念中残酷的"刑"观念的源头。

从祭祀活动中产生神权和宗法观念,后来发展成为宗法制;从祭祀活动的一系列礼仪中产生出"礼"的观念,逐渐形成一套礼制,并影响到战国时期儒家的"礼治"思想。从战争征伐,产生"刑"观念,由此产生军法、刑法、刑罚,并对战国时期法家的"法治"理论和方法产生了直接的影响。

中国古代法、法律观念的形成与发展,乃至秦汉以后形成的在世界法律史上独树一帜的中华法系,之所以有这样那样的规律、特点,归根结底是因为与祭祀和战争有着直接的渊源关系。可以说,祭祀与战争决定了中国传统法文化的命运和特质。要了解中国传统法律观念,必须从这里起步。

---

① 参见顾颉刚:《史林杂识·蚩尤》(初编),北京,中华书局,1963;吕思勉:《吕思勉读史札记·甲帙·蚩尤作兵》,上海,上海古籍出版社,1982。

2."法"的演变

在甲骨文中还未发现有"法"字。金文有"法"字，写作"灋"，这是"法"的古体，如西周早期的《大盂鼎铭》，晚期的《克鼎铭》等都有；在战国简印文字中"灋省作法"①。但是，在战国甚至秦汉时期，"法"字的古体一直保留着，如《周礼》、1975 年出土的睡虎地秦简以及《说文》中的"法"都作古体。但是，从金文的记载我们可以看出，商周人只知"刑"而不知"法"，金文中的"灋"字，并不具有法律上的含义。②

西周大盂鼎
铭文"灋"字

"法"字起源

《说文》中"灋"字是这样解释的："灋，刑也。平之如水，从水；廌所以触不直者去之，从去。"可见，早期法律意义上的"灋"与"刑"同义，只是更强调其适用时的公平性。从文献记载来看，大量引用"法"字是后来的事。上古时期的一些有关法律的书籍很少有"灋"字，例如《诗》及《尚书·周书》也少见法律意义上的"灋"字，而大多数情况下用的是"刑"字。《礼记·曲礼》云："刑不上大夫"。

法律意义上的"灋"字来源于春秋末期产生、战国时期得到发展的成文法运动。李悝总结了春秋战国时期诸侯国的立法经验，完成了《法经》，初步建立了法家学说的体系。法家是春秋战国时兴起的一个学派，其核心思想是主张顺应历史的发展，"以法治国"。春秋时期的变革家管仲、子产是法家的先驱，战国初、中期的李悝、商鞅、慎到、申不害被称为前期法家。前期法家的特征是关注法治的实践，论证法治的合理性，对传统礼治进行否定，并对儒家学说进行批判。战国后期的法家代表人物是韩非，也被称为后期法家。韩非思想的特点是集法家各派之大成，提出了"以法为本"，法、势、术结合的完整的维护君主集权的法治理论。法家法治理论对春秋战国的社会变革、对中国古代法律体系的形成、发展都起到过积极的促进作用。这些法家的代表人物对"法"的含义和作用都有过独到的论述。

关于法的含义：

> 法者，编著之图籍，设之于官府，而布之于百姓者也。③ 法者，宪令著于官府，刑罚必于民心；赏存乎慎法，而罚加乎奸令也。④

可见，法是由官府（国家）制定和颁行的。其所规定的刑罚不能随意改变，在百姓心目中法是必须遵守的规范；法就是要奖赏那些守法的人，而惩罚那些违法犯令的人。

关于法的作用：

---

① 高明：《古文字类编》，479 页，北京，中华书局，1980。

② 金文的"法"字有两种用法：（1）《大盂鼎铭》有："故天异临子，灋保先王。"唐兰注："灋通废。"《尔雅·释诂》："废，大也。"（唐兰：《西周青铜器铭文分代史征》，174 页，北京，中华书局，1986。）"灋"在此作形容词用，修饰"保"。意为：故天在辅佑和监临他的儿子，保护着先王。（2）《大盂鼎铭》、《师西簋铭》、《恒簋铭》中有，"勿灋朕命"，意即不要废弃我的命令。（唐兰：《西周青铜器铭文分代史征》，174 页，北京，中华书局，1986。）所以，西周金文中"灋"是假为"废"。"灋"、"废"古音同，故可假借，并无法律的含义。

③《韩非子·难三》。

④《韩非子·定法》。

> 今境内之民皆言治，藏商、管之法者家有之。①
>
> 故治民无常，唯治为法。法与时转则治，治与世宜则有功。②
>
> 立法令者，以废私也。③
>
> 法不阿贵，绳不挠曲。法之所加，智者弗能辞，勇者弗敢争。刑过不避大臣，赏善不遗匹夫。④

法律一旦制定后，任何人犯罪都要加以惩处，任何人有功也都要给予奖赏，即使贵族，违法必罚；即使平民，立功必赏。

> 人不食十日则死，大寒之隆不衣亦死。谓之衣食孰急于人？则是不可一无也，皆养生之具也。
>
> 君无术则弊于上，臣无法则乱于下，此不可一无，皆帝王之具也。⑤

尽管法家在汉之后，由于其急功近利的严苛性不再受到官方的推崇，但是其很多精神已内化到后世的律典中，法家关于法的论述对于中国古代法律制度体系的建立发展来说，确实功不可没。当然，除了法家对于法的概念作用有论述外，道家对法的起源问题也有论述，《太平御览》卷六三八引《文子》："老子曰：法者，非从天生，非从地出，发于人心，反己自正。"《淮南子·主术训》："法者，非天堕，非地生，发于人间，而反以自正。"这是道家从法律认识论的角度分析法的起源，意为法通过思维反映现实又回到现实。中国历史上的第一部刑法，也正是古代中国刑罚实践经验的总结，反过来又回到古代的现实生活中。

3. "律"的演变

"律"字在商代甲骨文中已经出现。据统计，商代甲骨文中有五处"律"字。肖楠认为，甲骨文中"师惟律用"之"律"，即《易·师》"师出以律"之"律"⑥。杨升南注释：

> 律：纪律，法律。军队之法纪亦包括军法，是军队战斗力的保证。用：《说文》"用，可施行也。"可任使亦为用，《广韵》"用，使也。"《汉书·贾谊传》"彭越用梁"，注引晋灼曰"用，役用之也。"惟，副词，杨树达谓"独也，仅也"（《词诠》卷八惟字条）。《屯南》与《怀特》这两片甲骨是有关军纪、军法的占卜，与《周易·师》初六"师出以律，否臧凶"义同。王弼注云"为师之始，齐师者也，齐众以律，失律则散，故师出以律，律不二可失，失律而臧，何异于否。失令有功法所不赦，故师出不以律否臧皆凶。"孔颖达疏谓"师出以律者，律，法也……师出之时但须以其法制整齐之，故云师出以律也。否臧凶者，若其失律行师，无问否之与臧皆为凶也。否谓破败，臧谓有功。"高亨说云"否，汉帛书《周易》作不。按否读为不。臧读为遵。《爻辞》言：师出须有纪律，有人不遵守纪律则凶"（《周易大传今译》第 121 页，齐鲁书社，1979

---

① 《韩非子·五蠹》。
② 《韩非子·五蠹》。
③ 《韩非子·诡使》。
④ 《韩非子·有度》。
⑤ 《韩非子·定法》。
⑥ 肖楠：《试论卜辞中的师和旅》，载《古文字研究》，第六辑。

年），与孔说"否臧"义 。《象辞》谓"师出以律，失律凶也"。以"失律"解"否臧"，是高说所本。①

可见，商朝的"律"有军纪、战时号令、军法的意思。尽管商代之"律"还不完全是后来所说的法律之义，但是后来的法律意义却是由此发展而来的。在中国古代，作为法律意义上的"律"字，其使用时间，最通行的说法是从商鞅"改法为律"② 开始，即始于公元前 4 世纪中。1975 年湖北省云梦县睡虎地出土的秦简《为吏之道》后抄有公元前 252 年的《户律》、《奔命律》。但是，不管怎样，我们可以得出这样的结论：战国时期已出现了"律"。赵国的《国律》，《韩非子·饰邪》曾提及，但语焉不详，无从考证。睡虎地秦墓竹简保存了许多秦律条文，其中大部分条文是属于刑法方面的。需要我们注意的是，秦律中还有相当数量其他方面的条文。《秦律十八种》中的《田律》就有农业丰歉情况汇报制度、刍藁税的征收制度的规定。《传食律》是关于驿传供给饮食的法律，秦简中保存的三条律文，都是根据"使者"的身份而供给不同规格伙食待遇的规定。此外，秦律中还有关于奖赏的规定，如《厩苑律》规定对耕牛饲养状况定期加以评比。

我国古代的成文法先后选择、使用过许多字词，如法制、法度、法数、法术、法则、法令、宪法、度量、度数、权衡、规矩、绳墨、准绳等，然而最后只有"律"字 ，成为两千多年成文法的专用字，原因何在？为什么在公元前 3 世纪中开始把成文法称作"律"，并且此后约定俗成，一直沿用了下去历经数朝？为什么在那以前各种成文法的名称，经过取舍、选择，终于为"律"所代替，对此问题，祝总斌先生经过系统研究，他认为促成"律"字用于法律上的重要因素有三个③：

第一，战国时期音乐的社会作用逐渐被强调，突出了"律"的地位，这是它用于法律上的一个巨大促进因素。"律"的本义是行列、标准、规矩。音律要求十分严格、精确，这是"律"由音律义演化成同样要求十分精确之法律义的一个重要因素。促成二者接近的另一个更重要的因素是大约形成于战国时期的音乐理论。按照这种音乐理论，中不中"律"，决定音乐是"和乐"还是"淫乐"，归根结底又关乎社会之治乱。它们又主张"礼、乐、政、刑，其极一也。"④所以这种乐论的形成与流行，必然成为一个更重要的因素，促成了"律"由音律义向与"政"、"刑"联系的法律义的发展。

第二，战国时期度量衡的逐步统一，频繁适用，反映在语言上与"法"字、"律"字的连用、换用，是促成"律"字用于法律上的另一重要因素。按度量衡统一的标准，和刑法规范一样，都是由各国君主以法令形式规定的，在人们心目中它也属"法"的范畴。同时度量衡器物本身就体现严格、具体的各种标准、规范。为了形象而准确地使人们懂得作为国家公布的"法"的行为规范性质，逐渐出现了一些由"法"字与度、量、衡各字构成的词。

第三，"律"与"率"上古音完全相同，这恐怕也是促成"律"字用于法律上的一个因

---

① 刘海年、杨一凡主编：《中国珍稀法律典籍集成》甲编第一册，228、229 页，北京，科学出版社，1994。
② 《唐律疏议》之《名例》疏议。
③ 参见祝总斌：《关于我国古代的"改法为律"问题》，载《北京大学学报》（哲学社会科学版），1992（2）。
④ 《礼记·乐记》。

素。按《说文·率部》：率，"捕鸟毕也，象丝网。上下，其竿柄也"。后来产生标准之义。由于"率"、"律"音同，又都有标准之义，自然逐渐通用。大概在公元前4世纪中，"律"字使用主要停留于音乐领域，而"率"字则早已行于政治领域。这个因素，本来并不一定会导致"律"字进入法律领域，但等到公元前3世纪中，与前述第一、第二个因素相互结合后，恐怕也就在这方面发生了不可低估的促进作用。

总之，"律"长期用于指音律，而音律是要求与度量衡一样精确严密的。"律"也很早就与"法"有联系。所谓："师出以律"①，杜预注："律，法。""尼父，无自律。"② 杜预注："律，法也。言丧尼父，无以自为法。"因此，强调"明法"，主张信赏必罚的法家，一方面为了与传统的礼、刑相区别，一方面也希望法律能像音律一样精确严密而为人们所遵守，于是便以"律"名"法"。律的出现对于罪名的确立具有重要的意义，它使罪名的规范化、抽象化、科学化初具雏形。正如杜预《律序》曰："律以正罪名，令以存事制。"③《唐六典》曰："凡律以正刑定罪，令以设范立制。"④

二、从刑法之"刑"到刑罚之"刑"

一般说来，早在国家与法律产生以前，人们关于强制性公共规则及其执行的种种观念应是存在的。这种观念，就是法观念的萌芽。⑤ 在原始社会中，一切禁忌、习俗、礼仪、惯例都有某种强制性，是只可遵行不可违抗的。法律、宗教、礼俗、道德、禁忌等各种观念混沌一体，也没有专职司法的机构和官吏。公共规则被违反，其审判和执行处罚常常是氏族公众的共同公务。酋长虽主持审判，但决定是否有罪及如何处罚，常常是由氏族公众以"按老规矩办"的方式作出处罚决定并执行。在当时有限的生产力水平和人们认识水平的前提下，具有阶级性和国家性的"刑"的观念和司法观念是不可能产生的。后来，虽然人们渐渐产生了"刑"的观念，但"刑"仅指肉体刑及生命刑而言，形成的是"兵刑不分"的观念：对付外族敌人的"大刑"（《国语·鲁语》中"大刑用甲兵"，"大刑陈诸原野"之"大刑"）和对付本族叛贼恶徒的"大刑"（《国语·鲁语》中"其次用斧钺"，"小者致之市朝"之刑）没有本质的区别。直至国家和阶级产生后，原始社会混沌一体的法观念才逐渐走向清晰的"礼"、"法"观念。原始状态的礼习渐渐由氏族的习惯演化为具有法的性质和作用，原来以区别血缘关系亲疏尊卑的礼，同时成了确定人们在国家组织中等级地位的法。中国古代的刑法观念经历了"礼法分合"的独特发展。

（一）原始社会的刑法不是阶级统治的工具，其目的在于"无刑"

1. "兵刑同一"，刑只针对异族而用，不用于本氏族成员。原始部落或氏族之间常因争夺社会财富而发生武力冲突，对待俘虏一般都是处死，而且手段非常残忍。苗民创立的"五虐之刑"，用劓、刵、椓、黥等方式对俘虏截鼻、割耳、破坏生殖机能和刺面，还有剜

---

① 《左传·宣公十二年》。
② 《左传·哀公十六年》。
③ 《太平御览》卷六三八《刑法部四·律令下》引，影印本，北京，中华书局，1982。
④ 《唐六典》卷六《刑部郎中员外郎条》。
⑤ 参见范忠信：《中国法律传统的基本精神》，384~388页，济南，山东人民出版社，2001。

目、断肢、剖心、斩颈等。但是其最初在北方部族使用，是专对异族而设。《吕刑》中"报虐以威"，《尚书·舜典》中"蛮夷猾夏，寇贼奸宄，汝作士，五刑有服"都是很好的证明。随着社会生产力的提高，俘虏不再被杀死，而是被驱赶去劳动，成为胜利氏族的奴隶，奴隶主对他们握有生杀大权。这样，原始习惯中杀俘虏所用的种种残酷手段便统统以"刑"的形式强加到了奴隶们的头上。① 而且，这种"刑"最初不用于本氏族成员，后来虽用于本氏族成员，但他们仍享有特权。故周代有"刑不上大夫"的原则。"德以柔中国，刑以威四夷"② 更是名言。

2. 象征性的刑法——象刑。在氏族部落的封闭社会里，荣誉刑、身份刑、资格刑、自由刑乃至肉刑都是浑然不分的。原始人们分不清哪些方式的制裁是道德制裁，哪些是法律制裁。由于社会的封闭及成员的不流动性，后世社会视为纯粹道德制裁的手段在那时也可能构成严厉的"法律制裁"③。象刑即是当时一种非常典型的"法律制裁"。

"象刑"一词源于《尚书·尧典》："象以典刑"；《益稷》："（皋陶）方施象刑。"据称，象刑是尧、舜时代设立的法律制度。后人对象刑有不同的解释。一种意见认为象刑为象征性的制度，即"画衣冠，异章服"。如《汉书·刑法志》载有文帝诏："有虞时，画衣冠异章服，而民不犯。"即令违法者穿着不同色质的衣巾服饰，以象征施用不同刑罚，给予羞辱与惩戒。《太平御览》中记，尧时，民风淳朴，对犯罪者的惩罚不用肉刑，只有穿异服以示羞辱，使其知耻。慎子说："有虞氏之诛，以幪巾当墨，以草缨当劓，以菲履当刖，以艾韠当宫，布衣无领当大辟"④。即用黑巾缠头以示此人犯有墨罪；以草梗作帽缨表示此人犯有劓罪；以脚穿草鞋表示此人犯有刖罪；截短前襟表示此人犯有宫罪；穿无领布衫表示此人犯有杀头之罪。另一种意见认为，象刑为画刑人之状，悬于象魏，以惩戒民众。即象刑为画象之刑。如《周礼·秋官·大司寇》中记载周代曾有"悬刑象于象魏"的制度：每年正月初一至初十，把"刑象"亦即施用不同刑罚的画像，悬示于宫廷外的阙门即"象魏"上，以达到公布刑罚的目的。还有一种意见认为象刑是"象天道而作刑"⑤，即效法天地，制定刑罚。亦有许多学者对象刑持否定态度，认为象刑是后人的编造。但正如高绍先所说，"我们可以大胆设想，象刑确有存在过的可能，但限于一般的轻罪，带有丑辱刑的性质"⑥。

3. "慎刑"、"刑期于无刑"等原始刑罚思想。慎刑与恤刑有密切关系。慎刑是指刑罚的运用须谨慎，是滥刑的对立面；恤刑是指执行刑罚要有矜恤之心，是酷刑的对立面。⑦ 慎刑、恤刑的思想早在《尚书·舜典》中有记载："钦哉，钦哉，惟刑之恤哉。"关于"慎"与"恤"的要义，《经典释文》中说，"恤，忧也"。《尚书·蔡传》载："轻重毫厘之间，各有攸当，而钦恤之意，行乎其间"。孔颖达说："此经二句，舜之言也。舜既制此典刑，又陈典刑之义，以敕天下百官，使敬之哉，敬之哉，惟此刑罚之争，最须忧念之哉。忧念此

① 参见倪正茂等：《中华法苑四千年》，14 页，北京，群众出版社，1987。
② 《左传·僖公二十五年》。
③ 范忠信：《中国法律传统的基本精神》，384～388 页，济南，山东人民出版社，2001。
④ 《太平御览》卷六四五，"刑法部十一"。
⑤ 《汉书·刑法志》。
⑥ 高绍先：《中国刑法史精要》，385 页，北京，法律出版社，2001。
⑦ 参见高绍先：《中国刑法史精要》，440～441 页，北京，法律出版社，2001。

刑,恐有滥失,欲使得中也"。明代丘浚认为:"若夫刑者,帝尧所付之民,不幸而入其中,肢体将于是乎残,性命将于是乎殒,于此尤在所当敬谨者焉。是以敬而又敬,拳拳不已,惟刑之忧念耳"①。丘浚在其著作《慎刑宪》中,较为系统地阐述了古代慎刑、恤刑思想。其目有"申冤狱之情"、"慎生自灾之赦"、"存钦恤之心"、"戒滥纵之失"等。

可惜的是,慎刑、恤刑的思想在长期的封建刑罚史中,始终停留在理论上,未能实现它的法律化和制度化。②

"刑期于无刑"的原始刑罚思想在《大禹谟》中有载,帝尧对皋陶说:"皋陶,惟兹臣庶,罔或干予正。汝作士,明于五刑,以弼五教,期于予治,刑期于无刑,民协于中,时乃功。"帝尧在对皋陶的嘉奖中明确表示,刑罚的目的就是"刑期于无刑,民协于中"。刑罚本身并不是目的,它只是一种手段,一种辅助道德教化以实现社会和谐、稳定、有序的手段,刑罚的目的正是不再使用刑罚,使刑罚成为完全不必要的东西。③

(二)从奴隶社会开始,刑法突出了其作为统治阶级镇压工具的"罚"的功能

1. 兵刑分离,刑法越来越具有惩罚犯罪的意味。从历史的发展来看,刑渐渐由"兵刑合一"的状态分离出来,越来越具有惩罚犯罪的专门意味。但是,兵与刑"其为暴力则一"的特征不曾有些微改变,这意味着,"其为统治者工具则一"的本质也依然如故。④《盐铁论·诏圣》中"法者,刑罚也,所以禁强暴也",《周礼·秋官司寇》说"刑乱国用重典",《韩非子·奸劫弑臣》篇说"正明法,陈严刑,将以救群生之乱,去天下之祸",《汉书·刑法志》载汉人郑昌说"立法明刑者,非以为治,救衰乱之起也",都是关于法,即刑作为阶级统治工具用以严惩强暴的记载。特别是从魏晋南北朝到隋唐这一历史时期,"礼法合一"的过程逐步趋向成熟,在法律中明文规定对于违背封建道德的行为要施以刑罚。并且在量刑上,涉及封建伦理关系的犯罪被作为一种特殊犯罪,要受到特别严厉的惩罚——即历史上所谓"礼去刑取"、"失礼入刑"的情形。

2. 刑罚的起源和演进。中国古代刑罚随着社会的发展,由奴隶制五刑向封建制五刑逐步演变。奴隶制五刑以肉刑为主,具体指墨、劓、剕(或刖)、宫、大辟。多数学者认为奴隶制五刑始于夏:"禹承尧舜之后,自以德衰,而制肉刑。汤、武顺而行之者,以俗薄于唐虞故也。"⑤尧舜时期属于原始氏族社会的后期,国家组织尚在雏形,这时的罪、刑概念与国家正式形成后的罪与刑的概念还不尽相同,所以,以道德谴责为主要意义的象刑还有存在的价值。但随着私有制的不断扩大,阶级对立的日益加剧,国家机构的逐步完善,象刑渐渐失去了惩罚犯罪的作用,这才引起了统治者"德衰"、"俗薄"的感叹,感到非要动真格的不可,奴隶制五刑也就应运而生。⑥

奴隶制五刑在中国古代奴隶社会史上动辄以千计,刑罚的残酷骇人听闻。"夏刑三

---

① 丘浚:《大学衍义补·治国平天下之要·慎刑宪》。
② 参见高绍先:《中国刑法史精要》,442页,北京,法律出版社,2001。
③ 参见陈荣文:《〈尚书〉"中德"法思想论》,载《贵州大学学报(社科版)》,1995(4)。
④ 参见梁治平:《法辨——中国法的过去、现在与未来》,142页,北京,中国政法大学出版社,2002。
⑤ 《汉书·刑法志》。
⑥ 参见高绍先:《中国刑法史精要》,387页,北京,法律出版社,2001。

千"①，据说周刑也有二千五百，即"墨罪五百，劓罪五百，宫罪五百，刖罪五百，杀罪五百"②，总数为二千五百。周穆王命甫侯制定的《吕刑》中"墨罚之属千，劓罚之属千，剕罚之属五百，宫罚之属三百，大辟之罚，其属二百。五刑之属三千。"③

奴隶制五刑历经夏、商、周、秦，直至汉文帝时终被打开了缺口，开始向封建制五刑过渡。汉文帝时期，废除肉刑，以徒刑代替刺面之刑，以笞刑代替割鼻、断足之刑。虽然从严格意义上讲，笞、杖也是肉刑，但把残体之罚改为责打之罚，也算是两害相较取其轻了。④

魏晋南北朝时期，刑法制度由繁入简，封建制五刑初见端倪。在长达数千年的刑罚演进过程中，刑罚在总体上趋于宽大缓和是最为显著的演进规律。⑤ 魏文帝"改汉旧律不行于魏者，皆除之，更依古义制为五刑"⑥。具体来说，这五刑是死刑三等（枭首、腰斩、弃市），髡刑四等，完刑、作刑各三等，赎刑十一等，罚金六等，杂抵罪七等。刑名共七种，髡、完、作的劳役刑统作一种，就是五种刑罚。可见，这五种刑罚中已不见肉刑。但在刑罚适用上，肉刑仍作补救措施。晋代以死刑、徒刑、笞刑、罚金、赎刑为五种刑，"刑杀者是冬震曜之象，髡罪者是秋凋落之变，赎失者是春阳悔吝之疵也。五刑成章，辄相依准，法律之义焉"⑦。南北朝时期，刑罚大致相近。隋文帝统一南北朝后，制定《开皇律》，规定其刑名为死刑二，流刑三，徒刑五，杖刑五，笞刑五，而且在法律上彻底废除了肉刑以及前代枭首、车裂等残酷的刑罚方法，还把流徒罪的处刑幅度大为减轻。至此，封建制五刑最终确立并进入稳定发展时期，直至清末才发生近代化的嬗变。

第二节
传统法律视野中的"罪"与"刑"

有史以来，"罪"和"犯罪"都是令人憎恶的字眼，无论是在道德领域、宗教领域或是法律领域，"罪"都不能说是一个讨人喜欢、令人舒畅的范畴。但是，数千年以来，犯罪的阴魂如附骨之蛆，一直与人类的生活纠缠在一起。这种现象也从一个侧面说明，关于"罪"的观念和"犯罪"的相关问题，绝非仅是道德、法律或宗教任何一个单一领域中的问题。从某种意义上看，"罪"和"犯罪"是人类社会自身的一个最根本的问题。从一开始，人类社会就不得不面对它，而且可以肯定地说，在相当遥远的将来，在物质文明和精神文明都十分发达的未来社会，人类仍然需要用相当的精力去处理这一问题，因为这一问题在实际上连接着我们人类社会生活的所有方面：政治的、经济的、阶级的、道德的、宗教的、民

---

① 《尚书·大传》。
② 《周礼·司刑》。
③ 《尚书·吕刑》。
④ 参见高绍先：《中国刑法史精要》，388页，北京，法律出版社，2001。
⑤ 参见许发民：《刑法的社会文化分析》，257页，武汉，武汉大学出版社，2004。
⑥ 《晋书·刑法志》。
⑦ 《文献通考·刑考三·刑制》。

族的等等。罪的问题有如一根极为敏感的中枢神经,稍一触动,人类社会整个肌体的每一个部分都会有感应。

一、"罪"的最深层实质

正因为"罪"的问题具有如此强的复杂性,所以我们在探索这一问题时,才常常会如坠雾中。不过,如果我们抛开那些具体的、纷繁的犯罪现象,超越不同时代、不同领域中关于"罪"的具体界定,我们还是可以找出一些关于"罪"的共性的东西来。比如说,我们在考察了道德领域、宗教领域以及法律环境下的"罪"的不同以后,便可以发现,无论以道德标准、宗教标准看,还是以法律的标准看,"罪"的最深层的实质,就是对责任的背叛。

如前文所述,我们粗略地考察了人类在自己的童年时期——进入蒙昧时代以后,所产生的与"罪恶感"相关的若干因素,包括触犯部落的习惯或规则、侵犯图腾或违反共同的禁忌,以及因侵犯他人而产生的"罪疚"等等。通过这些考察,我们发现,在原始时期,人们的"罪恶"感是基于一种天然的善意而产生的。在一开始,这种"罪恶感"或'罪疚感"仅限于个人的感觉,后来才发展成一种公共意识。但此时的"罪"或关于"罪"的种种观念,还是模糊的、朦胧的,尚不具备明确的"确定性"。在本文中我们也粗略考察了一些最有影响的宗教中关于"罪"的种种观点,我们由此得知,在诸如基督教这样具有世界性影响的宗教教义中,"罪"的概念更为明确,内涵也更为清晰。但是,由于宗教先天带有强烈的神明色彩,而且具有比较强烈和明显的排他性,所以与世俗法律中的观念相比,宗教领域中"罪"的观念因为缺少适用的"普遍性"而显得有些狭隘。

应该说,在人类历史上,"罪"的观念获得突破性的进展,是在国家和法律出现以后。著名刑法学家周密先生认为:"随着社会分裂为阶级和国家的出现,犯罪和刑罚就应运而生。其之所以如此,盖因出现了财产和私有制,偷盗和抢劫等犯罪现象就产生了;有了这些犯罪,则势必又要有与之作斗争的工具——刑罚。由此可见,犯罪和刑罚的产生,是社会存在决定人们社会意识的客观反映,也是人类社会历史发展的必然结果。"[1]

如前所述,人类早期所形成的那些道德的观念、那些被称为"人类最古老的无形法律"(弗洛伊德语)的非强制性或半强制性的规则,有多半经过社会的演化最终逐渐演变成为了文明社会中的法律。就好比一些原始的、简单的音符经过时间的不断敲击,最后终于汇合成了一曲完整、清晰而明亮的旋律。当然,这种文化现象的变迁,并非能够很容易地用语言清楚地描述或清晰地用图像再现出来。特别是对于原始习惯、禁忌向国家法律的转化,似乎更是易于意会,而难于言传。所以,亨利·梅因只好用"气氛"一词来形容。

无论如何,虽然我们对于原始习惯、禁忌转化为文明社会的法律的过程描述,在目前还不是十分清楚明朗,但我们至少可以肯定:第一,这种转化,发生在国家这一文明社会的重要标志诞生的同时,至少可以说发生在国家产生或形成以后。因为法律之所以成为法律,是由于具有国家赋予它特有的强制性。国家区别于部落或部落联盟的重要之处,就在于国家具有更强的、无可争辩的强制倾向。当一部分人建立了国家,并开始以国家的名义

---

① 周密:《中国刑法史纲》,25页,北京,北京大学出版社,1998。

施行统治时，就已经完全失去了部落、氏族组织那样的温和、公正和民主。这时候，原来存在于氏族组织中的凭公意作出决策、平等合理地解决问题的施政方式，被干脆而直接的强权所取代，法律这种以国家的名义强加于全体民众的社会规范由此脱颖而出，走上人类历史的舞台。第二，对于那些在国家形成以后仍在起着规范作用的习惯、禁忌或规则而言，由原始的习惯到国家的法律的转化，仅存在于观念之中。也就是说，就这些规则的具体内容来看，并没有什么变化，或者说少有什么变化，只是这些规则的性质发生了变化，比如说这些规则的属性变了，原来是属于氏族组织的，由全体成员自觉地去遵守和执行、维护的，也是大家共同的利益，最少也是经过大家同意的局部利益。但在国家形成以后，这些规则变成了国家的规则，不可能再由全体国民自觉自愿地去执行，也不一定能反映大家的共同利益和共同的意愿，因为这时候，整个国家内部已经形成了利益对立的不同集团，控制国家政权的利益集团，只能靠国家的强制力量去推行自己的政策，用暴力、武断的办法去压服民众，遵循所谓"国家的"秩序。因此，原来存在于部落内部的许多习惯、传统，很可能被"收编"，继续被沿用下去，但性质已经与原来完全不同了。第三，原始的习惯、禁忌向国家法律的转化过程，并不是所有的习惯、禁忌的"集体性"的转移。只有那些符合"国家"这种新秩序需要的习惯、传统或禁忌，才有可能被"继承"下来，继续发挥着作用。当然，随着社会的发展，这种被继承下来的文化成果，其功能也在不断地萎缩。许多在文明社会初期发生着普遍的影响的传统，经过时间的消磨，逐渐从国家政治生活的活跃领域中消隐，藏身于社会的道德、风俗的领域，以另一种方式，无声地影响着人们的生活。

二、"罪"的观念与"罪"的标准

当那些在被动中自然地产生的、似乎是随意挥洒间的产物的原始习惯、禁忌，最终被更严谨、经过缜密思维而产生的法律规范所取代以后，"罪"的内涵及其界定就变得比较清楚明朗了。在国家和法律形成以后，"犯罪"就有了比道德的、宗教的解释更为明确的解读：违背了国家的法律，被成文的或不成文法的法律所规定、由专门的机构或人员确认为"有罪"的行为。自从有了这种"法律上的确定性"以后，人们理解"犯罪"及相关问题就相对比较轻松和容易了。当然，要仔细说明"罪"的来源及其哲学依据，仍需从道德的、宗教的和法律的不同角度去挖掘和分析。

在我们讨论"罪"的问题时，我们常常会因人类历史上"罪"的多样性和差异性而感叹。无论我们从道德领域、宗教领域，或是从法律角度去考察"罪"的历史，我们都会发现，关于"罪"的观念，关于"罪"的标准，似乎永远处在变动之中。即使在同一民族、同一类型的政权之间，对于"罪"的认定标准都有可能大不相同。但如果我们超越这些具体的差异，抛开此罪与彼罪之间的不同，从更原始、更抽象的层次寻觅，就能够追寻到它们的共同的哲学基础，这就是"罪"的相对性。同时，我们也能发现"罪"的本质在于：任何犯罪都是对"责任"的背叛，都是"不该"的行为。

首先，无论道德的、宗教意义的还是世俗法律规定的"罪"，都是与"非罪"相对应的。所谓"非罪"的，意味着是合理的、正确的、可以去做、甚至应该去做的。与此相对应，"罪"则意味着不合理的、不应该做的。至于"合理"与否，"应该"与否，则取决于不同领域、不同价值体系自己的标准。

其次，确认合理与否、应该与否的前提，是基于某种义务而应该承担的责任。可以说，义务和责任是"罪"产生的前提：没有责任，就不应该有"罪"，哪怕这种"责任"或"义务"在另一个场合看来是不合理、非正义的：比如说，在道德的领域里，一个人产生有罪感、罪恶感，往往是因为自己违背了道德的责任、道德的承诺。从法律领域观察，"罪"与"责任"这种紧密的相关性，更是毋庸置疑的，没有义务，没有责任，就不应该存在犯罪。这一点，对于基督教中的"罪"的理论来说，表面看起来似乎不适用，因为在基督教教义中，人的"罪性"是天生的，与人的义务、责任似乎没有什么关系。但首先，即使按照基督教的说法，人的先天的"罪性"，也是来源于人类始祖的犯罪，这是一种对"神"的悖逆，人类后裔所承受的，只不过是一种惩罚；其次，有罪性的人，无论是犯有世俗的或宗教的罪行，都是对于自己责任的背叛。

再次，"罪"的另一共同特性，是"应受惩罚性"。也就是说，任何"罪"，都意味着要受到一定的惩罚。当然，惩罚的方式，在道德、宗教、法律各个领域里是不同的。特别是在道德领域，"惩罚性"似乎让人难以理解。一般说来，违反道德的行为所带来的惩罚，当然远不如宗教、法律的惩罚那么直观和明显。但是，只要细心地观察，我们就可以发现，在实际生活中，对于违反道德的行为，也早就存在着许多的惩罚机制。一方面，由于道德与法律、宗教往往有很大的相容性，许多道德上所否定、唾弃的，也是宗教或法律所禁止、处罚的。所以道德上的"罪"的应受惩罚性，常常通过宗教或法律的手段体现出来了。另一方面，即使在纯道德领域，惩罚"罪过"的方式也是多种多样的，如社会舆论的抨击、自我良心的谴责、家人、亲朋的责备等等，也都是惩罚的方式，只不过不像宗教和法律里的刑罚那样明显和酷烈罢了。

随着人类社会的不断演进，在进入所谓的"阶级社会"、国家政权形成以后，一部分控制社会权力的人们，即我们通常所谓的"统治阶级"或"统治阶层"，需要用更明确的方式，维持一种既定的社会秩序，法律和刑罚自然成为最合适的选择。这样，渊源于原始道德、宗教观念的"罪"的概念，就顺理成章地被移植到法律语境中，成为统治阶层治理社会、惩罚"不听话"者的常用术语了。千百年来，"有罪"一直是适用刑罚的基本前提。只不过在不同时代、不同国度，"有罪"、"无罪"的标准千奇百样罢了。

在世界各国、各民族的语言文字中，"罪"是一个使用频率非常高的法律用语，所以对于大多数人而言，"罪"是一个极为熟悉的概念。但是，到底什么是"罪"？"罪"是从哪里来的？为什么要给人定罪？为什么一些人有权给另一些人定罪？而一个人被认定"有罪"后，为什么一定要受到某种惩罚？细究起来，每一个问题都有着很深的哲学意味。

三、中国人的"罪"观念

（一）"罪"——从道德、伦理评价到法律上的专门用语

如果我们不是一开始就从刑法和犯罪的角度考虑，而是从更广泛的范围去思考的话，我们一定会发现，"罪"首先是一个道德的、伦理的评价，经过若干层级的演化、演绎后，才变成一个法律上的专门用语。在我们日常生活中，"有罪"、"罪恶"、"罪过"、"罪孽"、"罪有应得"、"罪魁祸首"等用语，尽管在某些场合也许会带有宗教上的含义，但基本上首

先都是指道德意义上的不当行为，如过失、过错或内心的愧疚。比如说，在日常生活中，有时某人做了一件不应该做的事情，或是行止有亏，就常常会说"罪过！罪过！"在东隅逸士所编评书《飞龙全传》中，有一段话描写赵匡胤与结拜兄弟张光远、罗彦威等人戏骑泥马、看谁将来能做皇帝的情节。罗彦威在三人中年龄最小，但抓阄在先，所以他先向赵、张二人"告罪"说："二位兄长，小弟占先有罪了！"① 在这里，"有罪"即是一个标准的道德评价。而只有在一定的语言环境中，"罪"才是意指法律上的"犯罪"、"定罪"或"罪行"。在前述评书中，赵匡胤等戏骑泥马事发，当时的皇帝龙颜大怒，在朝中问众公卿："赵匡胤戏骑泥马，惑乱人心，卿等公议，该当何罪？"② 这里的"罪"，则明显是法律意义上的"罪"了。可见，作为道德评价的"罪"，方是"罪"这一概念的原本含义。而且，这种本来意义上的"罪"，诸如"得罪了"、"得罪人"这样的词语，仍然存在于现代社会日常生活之中。也许，只有追溯"罪"的原本含义，方能厘清法律意义上的"罪"的内涵。

（二）"罪过"行为可能的三个来源

在中国早期的文献古籍中，也不乏"兽居群处"、"聚生群处"和"群居聚处"等关于人类幼年时期生活状况的记载。在远古某个时候，人类的祖先告别禽兽生活，开始用灵巧的双手和人类的大脑去生存，从此开始进入摩尔根所谓的"蒙昧时代"。由混沌的禽兽时代进化到"蒙昧时代"，确实是一个历史性的伟大进步。但这并非意味着在这一阶段，人类的智能就一下子得到完全解放。实际上，在人类的幼年时期，进化的步伐一度是极为缓慢的。在蒙昧时期，先民们的心智虽然有所解放，但仍未脱离原始的简单和质朴。由于当时尚处在氏族社会时期，个体成员生活在氏族团体之中，他们或她们的亲属关系并不只存在于两人之间，而是存在于"一个人与其团体间"。作为尚未脱离淳朴之气的氏族个体，常常会因为自己的不恰当行为而自身感受到有"罪过"，或是被认为有"罪过"。一般而言。这种"罪过"行为可能来源于三个方面：

1. 对氏族组织某些共同行为规则或习惯的违反

长期以来的历史学、社会学以及文化人类学的研究均已充分证明，在尚处在蒙昧时期的氏族社会中，存在着许多维持内部秩序、维护团体共同利益的共同的行为规则或习惯。这些规则或习惯并非某一权威人物或是某一权威机构的有意识的创造，而是氏族团体在日常生活和劳作中自然积累而成的。这些规则或习惯，也是靠氏族成员自觉地遵循。因为在当时严酷的生活和生存条件下，每个成员的利益甚至生命都和团体紧密相连。一个人如果脱离了团体，独立生存的机会是非常渺茫的。因此，当时的社会成员都形成了相同的心理机制，自觉、自发而且主动地去遵循和维护团体规则和习惯。这些规则和习惯主要有：公正地选举及罢免氏族首领；公平合理地分配获得物；在本族内互不通婚；氏族成员间相互援助、保卫和代偿损害；参与共同的祭祀活动等等。③ 如果有人有意或无意中违背了这些世

① 东隅逸士编：《飞龙全传》，6页，北京，宝文堂书店，1982。
② 东隅逸士编：《飞龙全传》，9页，北京，宝文堂书店，1982。
③ 关于原始部落的共同习惯或行为准则详细描述，可参阅摩尔根《古代社会》一书之第二编"政治观念的发展"。其中作者用相当多的篇幅描述了易洛魁人、阿兹特克人以及古代希腊人、罗马人部落的组织形态及各种行为规则和习惯。

代相传的习惯或规则，不仅氏族组织、全体成员会从维护整体利益出发给予当事人相应的惩罚，即使当事者本人，也会因为给团体带来了损害或危险而感到内疚和"罪过"。

2. 侵犯了部落的图腾或触犯了共同的禁忌

图腾（totem）和禁忌（taboo）是人类早期史研究中两个极为重要的范畴，许多社会学、文化人类学的学者对这两个问题的研究始终充满浓厚的兴趣。事实上，人类幼年时期的许多东西，包括对图腾的崇拜及千奇百怪的各种禁忌，看起来似乎幼稚，或是不可思议，但在无形中对人类社会的发展产生了巨大的影响。所以摩尔根说："人类的各种制度，都起源于蒙昧社会，发展于野蛮社会，而成熟于文明社会。"[1] 精神分析学派的鼻祖弗洛伊德博士也说："我们若想了解初民在每一个阶段上的发展，就必须探寻他在各方面所留下来的遗迹。比方说：种种出土的碑石器具，对于初民艺术、宗教、人生观的认识，其中某些是我们能直接获得的，有些则来自种种传奇、神话、仙幻故事等，以及仍残存在现代人举止风俗习惯里的古人思想。"[2] 人类历史的发展是渐进的，或者说是"螺旋式"地上升的，文明社会的种种物质方面和精神方面的构造，都是经过人类初生以来的点滴积累潜移默化而成。如果顺着历史发展的链条回溯的话，现代社会的政治体制、法律制度都可以寻找到自身发展的历史源头。而蒙昧时代以后在各原始部落中都曾经盛行的图腾崇拜和各种禁忌，即与后世的政治、法律有着千丝万缕的联系。

图腾一词，系英文 totem 的音译。据专家考证，totem 源出印第安语，意为"他的亲族"。经过时间的洗礼，totem 逐渐被演绎成一个专用名词，各部族作为种族或部落血统的标志并当做祖先来崇拜的动物或植物，都被叫做"totem"[3]。

在人类的蒙昧时代，由于知识、智力的限制，人们对自然常常怀有一种极强的敬畏和恐惧。在对某一自然现象无法理解或无法控制时，恐惧、敬畏就很可能转变成膜拜，并寻求被崇拜者的保护，"图腾"的观念就形成了。图腾崇拜的现象，在绝大多数早期部落中广泛存在着，而且各自有不同的外观和不同的规则。弗洛伊德博士认为，在某些情况下，甚至"图腾观的系统取代了一切宗教和社会制度"[4]。然则图腾是什么？弗洛伊德博士说："它多半是一种动物，也许是可食或无害的，也可能是危险且恐怖；较少见的图腾，可以是一种植物，或一种自然力量（雨、水），它与整个宗族有着某种奇特的关系。大抵说来，图腾是宗族的祖先，同时也是其守护者；它发布神谕，虽然令人敬畏，但图腾能识得且眷怜它的子民。"而且，"同一图腾的人有着不得杀害（或毁坏）其图腾的神圣义务，不可以吃它的肉或用任何方法来取乐。任何对于这些禁令的违背者，都会自取祸应。"[5] 在实际上，图腾的意义常常并非局限于其表面上的、作为部族血缘标识或祖先崇拜的象征的作用。从某种意义上说，图腾崇拜是一种超力量的纽带，一方面沟通部落与神、与不可知世界的联系，藉此可以得到上天、祖先或是所崇拜物的眷顾，得到神明的庇护；另一方面则通过图腾崇拜把部内部的成员紧密地联结在一起，使部落成为每个成员相互扶持、生死与共的生命共

① ［美］路易斯·亨利·摩尔根：《古代社会》（上），6 页，北京，商务印书馆，1977。
② ［奥］弗洛伊德：《图腾与禁忌》，杨庸一译，13 页，北京，中国民间文艺出版社，1986（翻印本）。
③ 罗竹风主编：《汉语大词典》，第三册，669 页，北京，汉语大词典出版社，1989。
④ ［奥］弗洛伊德：《图腾与禁忌》，杨庸一译，14 页，北京，中国民间文艺出版社，1986（翻印本）。
⑤ ［奥］弗洛伊德：《图腾与禁忌》，杨庸一译，14 页，北京，中国民间文艺出版社，1986（翻印本）。

同体，个人对于他人、对于部落、种族所负的责任和应承担的义务，通过共同拥有的图腾，也变得比较清楚了。所以，在很多的情况下，图腾崇拜成为早期部落社会生活中相当重要的内容，藉有图腾崇拜而产生的各种规则、禁制，也就成为部落行为规则、习惯中的一个重要组成部分。从这些规则、禁制中，我们可以看到文明社会某些法律规则的精神意蕴。

比如说，在关于图腾及图腾崇拜的众多研究中，有一项经常被提到的禁制，即同图腾的各成员相互间不可以有性关系，也就是弗洛伊德博士所谓的"乱伦的恐惧"。弗洛伊德曾肯定地说：

> 几乎无论在哪里，只要有图腾的地方，便有这样一条规定存在：同图腾的各成员相互间不可以有性关系，亦即，他们不可以通婚。这就是与图腾息息相关的族外通婚现象。①

根据弗氏的研究，许多部落对于违反这一禁制的处罚令人惊异的严厉，主要表现在：

（1）在某些情形下，破坏了其他种图腾禁制的后果是当事者自取祸害，但违反了不得乱伦的禁制所招来的往往不仅是自取祸害，而是全族都热切地参与报复和惩罚，有如在处置一件对公众的危险、威胁，或加诸众人的"罪恶"。为了增强这一观点的说服力，弗洛伊德在此还引用了另一学者弗雷泽（Frazer）搜集的一则实证资料：

> 在澳洲与一个受禁制的族人通奸，其处罚通常是死亡。不管那个女人是从小就已同族或只是打伏时的掳获者；那个于宗教关系上不应以她为妻的男子马上会被其族人追获捕杀，对女子来说也是这样。不过有时，如果他们能从追捕者手中逃避过一段时间，则也许会获得宽谅。在新南威尔士的达达奇（Ta-Ta-thi）族，常有这种事发生：男的被杀死，女的只被鞭打或矛刺，或两者齐采，直至她几濒死亡；不果决地处死她是因为她可能系被强迫的。就是偶尔的调情也适用这种禁制。任何形式的对禁制的破坏，都被认为极度可恶而处以极刑。②

（2）即使是露水姻缘，也并未生下孩子的，同样要受罚。

（3）这种"乱伦"的禁制，不仅仅适用于男子与母亲、姊妹等近亲之间，而是适用于一个男子与所有同族的女子之间。③ 从这里我们可以看出，"同姓不婚"应该是人类社会的最古老的法律之一；而且，古老的图腾崇拜及相应的各种禁制与文明社会的习俗、法律的关系，在这里也表现得比较清楚了。至于"禁忌"一词，英文作 taboo，中文常直接翻译成"塔布"或"塔怖"，是一个与"图腾"一样知名、为许多人关注或感兴趣的词汇。从"taboo"一词的发音和结构看，也应该同"totem"一样，属英文中的外来语。弗洛伊德博士认为"taboo"是"玻里尼西亚的一个字眼"。在英文字典中，"taboo"作为名词，有三种含义：

其一，a strong social custom forbidding an act or the naming of certain things，意指针对某一行为或某些事物名称的禁忌的社会习俗；

---

① ［奥］弗洛伊德：《图腾与禁忌》，杨庸一译，15 页，北京，中国民间文艺出版社，1986（翻印本）。

② 转引自［奥］弗洛伊德：《图腾与禁忌》，杨庸一译，15～18 页，北京，中国民间文艺出版社，1986（翻印本）。

③ 参见［奥］弗洛伊德：《图腾与禁忌》，杨庸一译，15～18 页，北京，中国民间文艺出版社，1986（翻印本）。

其二，（one of the）religious，social，or magical rules forbidding the naming，use，or touching of a person or object considered too holy or evil，意指宗教、社会或神秘规则中针对使用、接触、称呼非常神圣或非常邪恶的人及事物的禁忌、忌讳、避忌；

其三，something which religious or social cusyom regards as forbidden，意指那些依宗教或社会习俗被认为是禁忌之物。①

人类学家诺斯尔特·W·汤玛士（Northeote W. Thomes）解释说：

> 严格说来，禁忌仅仅包括：
> （A）属于人或物的神圣不可侵犯的（或不洁的）性质；
> （B）由这种性质引起的禁制作用；
> （C）经由禁制作用的破坏而产生的神圣性（或不洁性）。②

从这些解释看，我们至少应该这样来理解"塔布"：第一，"塔布"是一种"禁忌"，是一种规则，无论是对于某种事物的称呼的忌讳，还是对于触摸或使用某些物体的禁忌，都是有具体要求、指引人们应该怎么做或不应该怎么做的言行规则。第二，"塔布"所代表的禁忌、禁制与后来宗教或道德意义上的禁制稍有不同，一方面，它并非像宗教教规那样建立在神圣庄严的宗教仪式上，以某种方式向信徒们公开宣示，另一方面，它也不像道德规范那样能明确地说明理由。先民们接受禁忌的禁制，常常是被动的和盲目的，他们从来不去考虑其中的原因，更绝少去提出什么疑问。一般来说，人们相信禁忌的来源是归因于附着在人或鬼身上的一种特殊的神秘力量，这种神秘力量能够利用其他物质作为媒介发生作用；关于这一点，可以从中国古代社会长期存在的"泛灵论"中得到某些参考。至于"为什么"之类的问题，要到很久很久以后才会出现。第三，"塔布"或许是基于某种早期的宗教理由或社会习俗而产生或存在，但无论如何，它都带有某种神秘色彩。正如弗洛伊德所说：它一面是"崇高的"、"神圣的"，另一方面又是"神秘的"、"危险的"、"禁止的"和"不洁的"③。所以，无论现代人从哪个角度、花多大力气去解释为什么会产生这种"禁忌"，为什么这条"禁忌"会是这样而不是那样之类的问题时，答案只能是含糊不清或似是而非的。根据历史学、社会学和文化人类学的研究，世界各民族在各自的幼年时期，都存在着自己的"禁忌"，而且像各自的民族特色一样，表现各不相同。有的学者根据对一些原始土著部落的长期研究，把相关的禁忌分为对动物的禁忌、对人类的禁忌以及对其他东西的禁忌三类。关于对动物的禁忌，基本上是禁止捕杀和食用某些受禁制的动物，在这一点上，与图腾崇拜有密切的关联。第二类针对人类的禁忌，则要复杂得多。在一些部落，触摸领袖、僧侣等大人物是一项重要禁忌。而在另一些部落，男人对其丈母娘的种种禁忌则更显得普遍，并曾经引起研究者的极大兴趣。比如说，在班克斯群岛居住的美拉尼西亚人中，男人与其丈母娘互相不可接近。若两人在小径相遇，女的会站到路边背对着自己的女婿直至他离开，若是方便的话，男人也许会掉头走另一条路。在另一部族里，男人甚至在其丈母娘的足迹未被潮水冲去之前，不敢走同一海滩；在与自己的岳母交谈时，两人都要站远

---

① 参见《朗文现代英汉双解词典》，北京，现代出版社，1993。
② ［奥］弗洛伊德：《图腾与禁忌》，杨庸一译，31页，北京，中国民间文艺出版社，1986（翻印本）。
③ ［奥］弗洛伊德：《图腾与禁忌》，杨庸一译，32页，北京，中国民间文艺出版社，1986（翻印本）。

远的，而且不可以提及对方的名字。类似的情形，在所罗门群岛、在东非及尼罗河流域的班图族土著中都存在这种奇异的男人与其丈母娘间的禁忌。住在尼罗河流域的一支名叫巴索加（Basoga）的班图族部落中，男人只有在丈母娘在另一房间、彼此看不见时，才与她对话。在有些部族，类似的两性之间的禁制，除女婿与岳母外，还扩大到男子与妻舅之妻之类的姻亲关系之中。至于第三类针对其他事物的禁忌，则很不固定，多半会是树木、房屋或是某种充满怪异、让人感到恐怖的东西。一靠近、触摸此类禁制物或是经过禁制的地段，都有可能成为一项重要的禁忌。①

研究者们认为，违反图腾崇拜的种种规则或是破坏部落代代相传的禁忌的行为，其后果当然是带来某种惩罚。在早期，破坏禁忌或侵犯图腾所遭受的惩罚，是由一种精神上的或者说是自发的力量来控制，也就是说，是由被侵犯的图腾和被破坏的禁忌本身来执行报复。在最初，这种侵犯与报复的对应关系只存在于行为人与禁忌或图腾之间，并不涉及他人。由于触犯者长期受到图腾崇拜或某种禁忌说法的影响，使他在并没有任何外在的惩罚威胁的情况下，产生一种强烈的内心确信，一种道德上的信念，即深信任何对图腾的不敬、任何对禁制的破坏都会导致自取祸殃。比如说，一个人不慎食用了被禁忌的食物后，很可能便由此陷入一种极端的精神恐惧或忧郁而不可自拔，在预期的死亡阴影中终日不得安宁，最终因恐惧而死。随着社会的发展，公共利益意识的增强，对图腾的侵犯、对禁忌的违反行为不再被认为仅仅属于个人之"过恶"，而且也不再是当事人"自作自受"，公共利益的代表者们开始加入到惩罚者的行列，开始主动地形成若干规则，对侵犯者、违禁者加以处罚。因此，正如弗洛伊德所说："随着文化形态的改变，禁忌形成一种有它自己基础的力量，同时，也慢慢地远离了魔鬼迷信而独立。它逐渐发展成为一种习惯、传统而最后则变成了法律。"②

3. 侵害了他人的利益或是尊严

在人类历史发展的进程中，"私"的观念的产生和发展有着特殊的意义。从某种意义上说，只要有个体的存在，就应该相应有"私"的观念。即使在动物的世界里，对于食物、捕获物的争夺，也显示出"私"的差别。按照现代社会对于上古时期的已知的了解，在人类进化的初期，存在着一个"天下为公"的时代。在那个时期，"人不独亲其亲，不独子其子"③，无所谓等级，也无所谓差别。生活在这一时期的人们，由于尚未脱离原始的淳朴和稚气，对于外界和内心的许多问题的理解是朦胧和混沌的，"私"的观念也许不是很清晰。但随着社会的发展，人们的心智在不断开化，个人对于物质的占有欲开始明显增强，这就导致了"你的"、"我的"、"他的"、"大家的"以及"别人的"等差别观念的明朗化。某一物品在明确其归属以前，可以是"大家的"，当然也有可能是"我的"。但在明确其归属、确定是"他的"或"别人的"以后，就不可能再是我的了，如果未经对方的同意去变更这种状况，就会发生一些问题，通常是两造双方的争斗。在一方并无意掠夺他人物品或侵犯

---

① 参见［奥］弗洛伊德：《图腾与禁忌》，杨庸一译，第一章"乱伦的畏惧"，13～30 页，北京，中国民间文艺出版社，1986（翻印本）。

② ［奥］弗洛伊德：《图腾与禁忌》，杨庸一译，39 页，北京，中国民间文艺出版社，1986（翻印本）。

③ 《礼记·礼运》。

他人尊严而事实上却产生了这种结果时，尚未脱离淳朴之气的先民们就会产生强烈的"负罪感"。应该说，这种最原始、也最纯朴的"负疚"心理，一直长存于人类社会的道德体系之中，成为各民族道德价值中的一个重要范畴。同时，这种原始而淳朴的心理反应，也成为文明社会中法律意义上的"罪"的一个重要精神来源。亨利·梅因在探讨侵权和犯罪的历史渊源时，就曾把人类早期的"犯罪"分为两类：他把对国家、对社会所犯的罪行称为"犯罪"，而把对个人所犯之罪行称为"不法行为"和"侵权行为"①。很显然，梅因的第二类犯罪即针对个人的"不法行为"或"侵权行为"，其罪因和罪过与早期社会珍重原始而淳朴的"负罪"心理有很大的关联。

　　无论是因违反了部落传统规则、习惯而产生的"罪孽"，还是因为侵犯他人而产生的"罪过"，或是基于侵犯图腾或是违反禁忌而产生的"恐惧"和"罪恶感"，所涉及的绝非仅是当事者个人，所反映的也绝非是一时一地的非普遍意义的社会现象。这些现象的产生，至少反映了人类在其幼年时期就已经具有的一些优秀的品德和美好的情感：包括对善的追求、对他人利益的尊重和对于自己"不恰当行为"的愧疚。这些人类自身的原始的情感，对当时的社会规则、风俗习惯起着重要的支配作用。而且，在以后的社会演化和进步的过程中，这些早期的、最基本的人类情感也是促使人类社会不断向善、不断文明的重要精神力量。而直接建立在这些精神情感基础之上的原始部落时期的各种习惯、规则、禁忌，更成为文明社会法律制度的前身。正如弗洛伊德博士所说："因为他们本身'曾经'是一种力量（即魔鬼的力量），所以，经过一种心灵的保存作用后，在本质上仍然保留有此种力量。日积月累地，它们就变成了我们的道德箴言和法律的基础了。"② 可见，有关法律的各种观念，包括犯罪与刑罚，与道德及人类情感之间的错综复杂的关系，在人类的孩童时期即已经播下了种子。

---

　　① ［英］亨利·梅因：《古代法》，沈景一译，第十章"侵权和犯罪的早期史"，207～224 页，北京，商务印书馆，1959。

　　② ［奥］弗洛伊德：《图腾与禁忌》，杨庸一译，39 页，北京，中国民间文艺出版社，1986（翻印本）。

第二编
罪名体系及其法典化

罪名体系是指将各种各样的罪名按照一定的方式排列组合，形成一种具有逻辑联系的体系。中国古代罪名体系经过两个发展阶段，呈现了两种基本形态。夏商周三代时期在编撰刑书，构建罪名体系时，借助早熟的刑名（罚）体系，采取以刑统罪的方式，形成了附属于刑名的罪名体系。这是中国古代罪名体系发展的第一个阶段。到春秋战国时代，罪名体系已经摆脱了附属于刑名体系的局面，从而成为一种独立的罪名体系，这是中国古代罪名体系发展的第二个阶段。在独立的罪名体系发展阶段，又形成了三种罪名体系样式：一是在战国秦汉时期，为以盗贼为中心的罪名体系；二是魏晋南北朝时期形成，隋唐时期确立，五代宋元依然沿用的以"十恶"为中心的罪名体系；三是在明清时期，为以"十恶"为重点，以各罪违反的法律秩序的性质分类，以六部统辖的罪名体系。①

---

① 参见陈涛：《中国法制史》，121 页，西安，陕西人民出版社，2001。

第三章

"以刑统罪"的罪名体系

第一节
从《禹刑》到《汤刑》

　　根据考古资料和后人追记的文献资料的印证，学界大多认为夏已具备了国家的形态。夏王朝的统治中心在今河南西部，其势力及影响达到黄河南北，直至长江流域。据 2000 年 10 月公布的《夏商周年表》，夏代始于公元前 2070 年，止于公元前 1600 年，从禹至癸（桀）共传 17 个王，为时 470 年。①

山西襄汾陶寺墓地发掘现场。陶寺遗址年代约为前2500~前1900年，在这里发掘出的居址、墓葬及各种文化遗物，对研究中国古代等级、国家的产生及夏文化的发展，均具有重要的学术价值。

夏文化遗址

---

　　① 参见夏商周断代工程专家组编著：《夏商周断代工程 1996—2000 年阶段成果报告》（简本），86 页，北京，世界图书出版公司北京公司，2000。

商族原是臣属于夏朝的一个方国,主要活动于黄河中下游地区。公元前 17 世纪前后,商人在其首领汤的率领下,联合其他的一些部落和方国讨伐暴虐无道的夏桀,推翻了夏政权,建立商王朝,定都于亳(今河南商丘),盘庚时迁都至殷(今河南安阳)。商是我国历史上第一个有文字可考的朝代。据《夏商周年表》,商代始于公元前 1600 年,止于公元前 1046 年,从汤至帝辛(纣)共传 31 个王,为时 554 年。[①]

1930 年殷墟发掘现场

夏商是中国传统法律的萌芽和发祥时期。这一时期神权法思想盛行,法律重在维护神权与王权,在刑罚方面,夏代有了一定的发展,商代的刑罚制度则已初具体系,并呈现出"重刑辟"的司法特征。

一、夏代的罪刑概况

夏代的法律以由部落习俗演变而成的习惯法——礼为主,夏王发布的军事命令也是重要的法律形式,如夏启讨伐有扈氏时发表的誓师词《甘誓》。此外,史籍中还有关于《禹刑》的记载,《左传·昭公六年》:"夏有乱政,而作禹刑。"《禹刑》已无从考稽,传世文献中留下了有关夏代罪与刑的零星记载。

夏人敬天尊祖,违背天意的行为是最严重的犯罪,要受到严厉的惩罚。启承父位后,有扈氏不服,起兵反抗,启率军与之战于甘。在誓师大会上,启宣布:

> 有扈氏威侮五行,怠弃三正,天用剿绝其命。今予惟恭行天之罚。[②]

---

① 参见夏商周断代工程专家组编著:《夏商周断代工程 1996—2000 年阶段成果报告》(简本),87～88 页,北京,世界图书出版公司北京公司,2000。

② 《尚书·甘誓》。一般认为,《尚书·甘誓》可信。据考证,它成书于商代,在夏代大概是作为祖训口耳相传的。参见顾颉刚、刘起釪:《〈尚书·甘誓〉校释译论》,载《中国史研究》,1979(1)。

五行指金、木、水、火、土，泛指天象，实指"天道"，威侮五行，意即轻慢、不敬上天。"三正"指政事，怠弃三正，意即懈怠、废弃政事。有扈氏犯下"威侮五行"、"怠弃三正"这两项大罪，上天要灭绝之，因此，夏王奉上天之命率军征讨。这段记载反映了夏代的法律观念——神权法思想。作为中国历史上第一个国家形态，夏朝受到氏族时代原始宗教的直接影响，传说大禹"菲饮食而致孝乎鬼神，恶衣服而致美乎黻冕（祭祀穿戴的礼服和礼帽）"①，可见夏人对鬼神之虔诚敬重。自夏启建立"家天下"的政权后，统治者需要寻找一种维护其统治地位的权威理论，在当时的条件下必然是"王权神授"的天命神权思想。夏统治者利用人们敬畏"天"的心理来说明其家族政权的神圣性和合法性，宣称他们的统治权力来自于"天"②，而征伐施刑则是执行天的意志，即"恭行天罚"。大禹就是以"用天之罚"的名义来征伐三苗的。我国古代起初兵刑不分，对异族的战争称作"大刑"，所谓"大刑用甲兵"③。《墨子·兼爱下》引《禹誓》记载了禹伐三苗时的誓辞：

> 济济有众，咸听朕言，非惟小子，敢行称乱，蠢兹有苗，用天之罚。若予既率尔群对诸群，以征有苗。

这是"天罚"思想的最早记载，《尚书·甘誓》表明启也是打着"恭行天之罚"的旗号来征讨有扈氏的。

以天的名义发号施令的夏王，其命令自然不能违抗，不恭命的行为被视为重罪予以严惩。《尚书·甘誓》：

> 左不攻于左，汝不恭命；右不攻于右，汝不恭命；御非其马之正，汝不恭命。用命，赏于祖；弗用命，戮于社，予则孥戮汝。

这是夏启讨伐有扈氏时发布的军令，大意是：作战的士兵必须各尽其责，否则，就是不执行王命。执行王命者，将在祖庙给予奖赏；不执行王命者，将其连同妻子儿女一起在祭祀土地神的社坛里处死。在这里，对士兵的赏罚是在供奉先祖和土地神的处所进行的，以表明赏罚的神圣性，这正是神权法思想的体现。

《孝经·五刑章》：

> 五刑之属三千，而罪莫大于不孝。

近人章太炎在《孝经本夏法说》中认为《孝经·五刑章》全部为夏法的内容，这种认识似有偏颇之嫌，但夏代出现不孝罪却是可信的。夏朝作为早期的奴隶制国家，是建立在血缘关系基础上的家族政权，提倡孝的观念不仅基于血缘亲情，同时还能起到加强亲族凝聚力、巩固统治秩序的作用。

史籍还记载夏代有昏、墨、贼罪。《左传·昭公十四年》："晋邢侯与雍子争鄐田，久而无成，士景伯如楚，叔鱼摄理。韩宣子命断旧狱，罪在雍子。雍子纳其女于叔鱼，叔鱼蔽罪邢侯。邢侯怒，杀叔鱼与雍子于朝。"韩宣子向叔鱼的哥哥叔向询问这三个人的罪名。叔

---

① 《论语·泰伯》。
② 《尚书·召诰》："有夏服天命。"
③ 《汉书·刑法志》。

向回答说："三人同罪，施生戮死可也。雍子自知其罪，而赂以买直，鲋也鬻狱；邢侯专杀，其罪一也。已恶而掠美为昏，贪以败官为墨，杀人不忌为贼。《夏书》曰：'昏、墨、贼，杀'，皋陶之刑也，请从之。""乃施邢侯而尸雍子与叔鱼于市。"据此，虞舜时有昏、墨、贼三种罪名，犯这三种罪的人都应当被判处死刑，夏朝沿用。根据叔向的解释，昏罪即自己做了坏事却要掠取美名；墨罪即贪图好处，败坏官纪；贼罪即肆无忌惮地杀人。

夏代保留了较多氏族社会的遗痕，血缘亲情在维持社会秩序方面依然发挥着重要作用，后人的追述反映出夏代用刑总体上较为轻缓。《尚书·大禹谟》曰："与其杀不辜，宁失不经"。意思是遇有疑案时，宁可放过不守法的人，也不能错杀无辜者。《尚书大传》言"夏后氏不杀不刑，死罪罚二千馔"，《尚书大传》还说："禹之君民也，罚弗及强而天下治"。沈家本认为这些记载"是夏代刑轻，尚有唐虞之化"①。

二、商代的"重刑辟"

商代的法律主要包括礼和刑书，商王发布的军事命令、政治文告和国家重臣依据王的意志发布的训令，也是重要的法律形式，如商汤讨伐夏桀时发表的誓师词《汤誓》，《尚书·盘庚》记载的商王盘庚迁都时发布的政治文告，以及《尚书·伊训》记载的商初大臣伊尹发布的训令，都具有刑事法律规范的性质。

目前所见商朝的甲骨刻辞尚没有立法活动的记载，但从有关文献来看，商初统治者即已进行了立法活动。《左传·昭公六年》："商有乱政，而作汤刑。"《汤刑》就是商初汤所制定的刑事法律。至于为何冠以"汤"字，有学者认为这并不是为了怀念和崇敬商汤，因为《汤刑》制定于商汤在世之时，以汤命名的真正缘由，应该是为了加强唯王至尊的专制政治体制。② 太甲即位后，因不遵守商汤制定的刑法被伊尹流放于桐宫，后太甲悔过，伊尹便还政于他。《史记·殷本纪》："帝太甲立三年，不明，暴虐，不遵汤法，乱德，于是伊尹放之于桐宫。三年，伊尹摄行政当国，以朝诸侯"，"帝太甲居桐宫三年，悔过自责，反善，于是伊尹乃迎帝太甲而授之政。帝太甲修德，诸侯咸归殷，百姓以宁。"《孟子·万章上》："伊尹相汤以王于天下，汤崩，太丁未立，外丙二年，仲壬四年，太甲颠覆汤之典刑，伊尹放之于桐。三年，太甲悔过，自怨自艾，于桐处仁迁义，三年，以听伊尹之训己也，复归于亳。""汤法"、"汤之典刑"就是《汤刑》。

《汤刑》适用于整个商朝，商汤的后继者们根据社会发展的需要不断加以充实、完善。《尚书·盘庚上》曰："盘庚敩于民，由乃在位，以常旧服，正法度。""正法度"即修订法律，当是指补充、修改《汤刑》。盘庚迁都遭到贵族的反对，因而这次修订可能增加了有关处罚大臣不遵守王命的规定。《史记·殷本纪》载，盘庚"行汤之政"后出现了"百姓由宁，殷道复兴"的局面。祖甲在位时期也对《汤刑》进行了修订，今本《竹书纪年》："祖甲二十四年，重作《汤刑》。"但这次修订使刑法变得严苛，不仅没有缓和社会矛盾，反而加速了商的衰败，今本《竹书纪年》："繁刑以携远，殷道复衰。"《汤刑》的内容已无从考定，《吕氏春秋·孝行览》引《商书》曰："刑三百，罪莫重于不孝。"高诱注："商汤所制

---

① 沈家本：《历代刑法考》（一），10 页，北京，中华书局，1985。
② 参见胡留元、冯卓慧：《夏商西周法制史》，53 页，北京，商务印书馆，2006。

法也。"① 即商汤制定的《汤刑》有三百条之多，最重的罪是"不孝"。

《墨子·非乐上》和《尚书·伊训》记载商初曾制定惩治国家官吏犯罪行为的单行刑事法规——《官刑》。《尚书孔氏传》："言汤制治官刑法，以儆戒百官"②。沈家本《历代刑法考·律令一》按："此官府之刑，汤所制也。"③《官刑》的制定表明中国古代很早就懂得运用法律来加强吏治。

迷信鬼神、巫风浓厚是商代文化的基本特点，《礼记·表记》云：

> 殷人尊神，率民以事神，先鬼而后礼，先罚而后赏，尊而不亲。

神权法思想发展到商代也达到高峰。商代统治者首先将夏人观念中朴素的自然神"天"人格化为无所不能的至上神"帝"或"上帝"④。从甲骨文字来看，帝主宰着风云雷雨，能赐福降灾于人间，具有无穷威力，甲骨文中此类卜辞比比皆是，如："自今庚子至于甲辰帝令雨。"⑤ "邑帝弗若。"⑥ "帝受我又。"⑦ "叀五鼓，上帝若王又又。"⑧ 其次，商人在其始祖与帝之间建立起血缘上的关系，以便为垄断统治权提供理论依据。《诗经·商颂·玄鸟》曰："天命玄鸟，降而生商。"《长发》篇也说："有娀方将，帝立子生商。"这样帝便成为商族的祖宗神，商王则被赋予了"帝之元子"的身份。最后，商人将其先王与帝之间的界限模糊化，从而形成"帝祖合一"的观念。在商人看来，商王死后都能升天配帝，侍奉于帝之左右，在甲骨卜辞中常有某先王"宾于帝"的记载。⑨ 商人有时竟把先王也称为帝，如在占卜祭祀时，武丁称其父小乙为父乙帝："贞父乙帝……"⑩ 禀辛、康丁称其父祖甲叫帝甲："贞其先帝甲其弘。"⑪ 这反映了商人将祖先与帝相混同的倾向，正如张光直先生所说："事实上，卜辞中上帝与先祖的分别并无严格清楚的界限，而我觉得殷人的'帝'很可能是先祖的统称或是先祖观念的一个抽象。"⑫ "帝祖合一"的观念是"王权神授"论的进一步发展，如果说夏代是神权庇护下的王权，那么商代的王权则被彻底神化了。从文献的相关记载看，商代法律也是以维护神权与王权为己任，刑罚的锋芒主要指向逆神意、违王命的行为。

---

① 王利器：《吕氏春秋注疏》（二），1367 页，成都，巴蜀书社，2002。
② 《十三经注疏》整理委员会整理：《十三经注疏·尚书正义》，204 页，北京，北京大学出版社，1999。
③ 沈家本：《历代刑法考》（二），819 页，北京，中华书局，1985。
④ 需要指出的是，甲骨文中虽有"天"字，但这些"天"字或表示"大"的含义，或指地名和方国名，或用为族名等等，均与至上神义无所涉。至于《尚书·商书》诸篇中所谓"天"和"天罚"等，均非殷人之观念，而是后人之附益，"帝"才是殷人信奉的至上神。参见崔永东：《金文简帛中的刑法思想》，10 页，北京，清华大学出版社，2000。
⑤ 《乙 6951》。
⑥ 《乙 594》。
⑦ 《续存上 219》。
⑧ 《甲 1164》。
⑨ 如武丁时卜辞说："贞咸宾于帝。""贞大□宾于帝。""贞下乙□于帝。"这是占卜汤、大甲、祖乙三个先王是否宾配上帝的卜辞。参见胡厚宣、胡振宇：《殷商史》，490 页，上海，上海人民出版社，2003。
⑩ 《乙 956》。
⑪ 《库 1772》。
⑫ 张光直：《中国青铜时代》，372 页，北京，三联书店，1999。

《尚书·仲虺之诰》：

> 夏王有罪，矫诬上天，以布命于下。帝用不臧，式商受命，用爽厥师。

可见，"矫诬上天"是一种重罪，这段话的大意是：夏桀假托天的旨意发布命令欺骗民众，因此帝让商人代受大命。为表明征讨及用刑的正当性，商代统治者以代帝行罚相标榜。《尚书·汤誓》记载了商汤讨伐夏桀的誓辞，其中有"有夏多罪，天命殛之"；"予惟闻汝众言，夏氏有罪。予畏上帝，不敢不正"；"尔尚辅予一人，致天之罚"的话，这表明商汤是以"帝罚"的名义实施征伐的。在鬼神气息弥漫的殷商，统治者经常隆重地举行祭祀帝及祖先的活动。不祀，即不能恭敬地祭祀神灵和先祖的行为被视为重罪。《史记·殷本纪》："葛伯不祀，汤始伐之。"

神权是王权的后盾。商人敬鬼神的最终目的在于强化人间最高统治者——商王的权力，并巩固现实的统治秩序。《礼记·曲礼上》云：

> 卜筮者，先圣王之所以使民信时日，敬鬼神，畏法令也。

"敬鬼神，畏法令"正是神权法的实质所在。商人崇拜祖先，讲究宗法，因而法律以不孝为最重罪，《吕氏春秋·孝行览》引《商书》曰："刑三百，罪莫大于不孝。"孝的内容是尊祖敬宗、孝顺父母，实际上，规定不孝罪旨在巩固商族内部的团结，维护宗法等级制度，加强商王的权威。以帝的代言人自居的商王，其发布的命令神圣不可违抗。《尚书·汤誓》：

> 尔尚辅予一人，致天之罚，予其大赉汝。尔无不信，朕不食言。尔不从誓言，予则孥戮汝，罔有攸赦。

这是商汤讨伐夏桀时所发布的军令，大意是：只要你们跟从我奉上天之命讨伐夏桀，我就大大地给予赏赐；但如果你们不遵守作战的誓言，我就将你们及妻子儿女一起处死，决不宽恕。作战的誓言是商王意志的体现，因此，不从誓言罪实质上就是不从王命罪。

文献记载商代有不吉不迪、颠越不恭、暂遇奸宄罪，这些都是盘庚迁都前所宣布的罪名。《尚书·盘庚中》：

> 乃有不吉不迪，颠越不恭，暂遇奸宄，我乃劓殄灭之，无遗育，无俾易种于兹新邑。

吉，善；迪，道。不吉不迪指不做善事，不走正道。颠，狂；越，逾，指不法行为；不恭即不敬，不从王命。颠越不恭指狂妄放肆，违法乱纪，不服从王命。暂，读作渐，欺诈；遇，读作隅，奸邪；奸宄，做坏事，在外为奸，在内为宄。暂遇奸宄指奸邪欺诈、胡作非为。劓殄意即一人犯法，株连家人，后世发展为"族诛"。"育"指幼童，"易种"指繁衍后代，"新邑"指新迁之都。这段话是说，凡犯不吉不迪、颠越不恭、暂遇奸宄罪者，不仅本人处死，而且其家人也要被统统杀掉，不让其后代在新迁的都邑中繁衍。为表明其处罚的正当性，盘庚也打着"帝罚"和"先王降罚"的旗号，《尚书·盘庚中》：

> 自上其罚汝，汝罔能迪……失于政，陈于兹，高后丕乃崇降罪疾……先后丕降与汝罪疾。

上指上帝，前一段话的大意是：谁要不服从迁都的命令，谁就不能逃脱上帝的惩罚。"高后"、"先后"均指先王，后一段话的意思是：如再不迁都，先王就要降重灾给予惩罚。

史载商代规定了贵族、官吏的犯罪——三风十愆罪。《墨子·非乐上》：

> 先王之书汤之《官刑》有之，曰："其恒舞于宫，是谓巫风。其刑，君子出丝二卫，小人否，似二伯黄径。"

"卫"通"纬"，《说文解字》："纬，织横丝也。"《广雅·释诂》："纬，束也。"意思是说卿士、邦君犯有巫风罪，罚二束丝。《尚书·伊训》的记载较为详细："（商汤）制官刑儆于有位，曰：敢有恒舞于宫，酣歌于室，时谓巫风；敢有殉于货色，恒于游畋，时为淫风；敢有侮圣言、逆忠直、远耆德、比顽童，时谓乱风。惟兹三风十愆，卿士有一于身，家必丧，邦君有一于身，国必亡。"据此，"三风"即巫风、淫风、乱风，"十愆"指三风包含的各种行为。所谓巫风，指恒舞于宫、酣歌于室，荒废政事的行为；所谓淫风，指贪恋财货美色，整日游戏打猎，不问政事的行为；所谓乱风，指狎侮违背圣人之言，拒逆不纳忠直之规劝，疏远年长德高之人，亲近顽愚或无知幼童等行为。商朝统治者认为"三风十愆"会导致亡家亡国，因而将其规定于官刑之中，下至卿士，上至邦国之君，人人都须引以为戒，不可违犯，否则给予处罚。上级如有三风十愆行为，下级要加以规劝、匡正，《尚书·伊训》："惟兹三风十愆，卿士有一于身，家必丧，邦君有一于身，国必亡。臣下不匡，其刑墨，具训于蒙士。"匡，正；墨，墨刑；具，详细；蒙士，下士。《尚书正义》孔颖达疏："'蒙'谓蒙稚，卑小之称，故'蒙士例谓下士'也。"[1] 下级若不加以劝谏，就是犯了"臣下不匡"罪，要受到墨刑的处罚。

此外，据说商代有弃灰罪。《韩非子·内储说上》：

> 殷之法，刑弃灰于街者。子贡以为重，问之仲尼。仲尼曰："知治之道也。夫弃灰于街必掩人，掩人，人必怒，怒则斗，斗必三族相残也，此残三族之道，虽刑之可也。且夫重罚者，人之所恶也，而无弃灰，人之所易也，使人行之所易，而无离所恶，此治之道。一曰：殷之法，弃灰于公道者，断其手。"子贡曰："弃灰之罪轻，断手之罚重，古人何太毅也？"曰："无弃灰，所易也；断手，所恶也。行所易，不关所恶，古人以为易，故行之。"

此罪体现了商朝法律的残酷性。

从出土的甲骨卜辞和历史文献的记载看，商代统治者实施刑罚前先要进行占卜，以表明他们是按神意行刑。这种"神判"的司法形式为商代统治者行使刑罚权披上了一层神圣的外衣，却很容易导致重刑滥罚，因为无论施以何种刑罚都是神意的体现。实际上，商王正是借助神意来推行刑罚威吓主义和重刑主义，以巩固其统治的。甲骨卜辞表明，商代已初步确立了五刑制度（墨、劓、刖、宫、大辟）[2]，其死刑不仅种类繁多，而且行刑手段极其野蛮和残酷。如商代经常斩杀人作为供奉神灵的牺牲，往往一次斩杀上百人，且处死的

① 《十三经注疏》整理委员会整理：《十三经注疏·尚书正义》，206页，北京，北京大学出版社，1999。
② 参见蒲坚主编：《中国法制通史》，第一卷，150～155页，北京，法律出版社，1999。

方式也非常残忍。史籍中还记载商有炮烙①、醢、脯②等酷刑。

重刑观念也体现在对待本族人的态度上，史载商代"刑始于亲，远者寒心，殷商以亡"③，可以说"重刑辟"④是商代法律文化的一个特色，也是导致商灭亡的重要原因。正如沈家本所评论的："殷世刑制，大抵五刑皆备……淫刑以逞，而国亦随之亡矣。然则重刑何为哉？荀卿谓治则刑重，乱则刑轻，非笃论也。"⑤

第二节
《九刑》、《吕刑》与"以刑统罪"

西周是中国上古文明的兴盛时期。周族原先生活在渭水中游的黄土高原，后迁移至岐山下的周原（今陕西岐山）。公元前 1046 年，周武王联合多个部落和方国伐商，推翻了暴虐的商纣政权，建立周政权，定都镐京（今陕西长安县），史称"西周"。西周末期内外矛盾激化，公元前 771 年王室贵族申侯联合犬戎、吕、缯引兵攻镐京，周幽王被杀于骊山下，西周遂亡。据《夏商周年表》，西周始于公元前 1046 年，止于公元前 771 年，从武王至幽王共传 12 个王，为时 275 年。⑥

西周在中国法律发展史上占有非常重要的地位，中国传统法律的许多特色都可以在西周找到源头。在罪刑关系方面，随着"明德慎罚"理论的提出及其在立法与司法领域的适用，慎刑思想得到提倡。西周统治者强调谨慎用刑、罪刑相称，并确立了老幼犯罪减免刑罚、区分故意与过失、初犯与惯犯等一系列法律原则及制度，这些均对后来的刑法理论与实践产生了深远的影响。

神权法思想在西周依然存在，但其内容发生了深刻的变化。西周统治者在总结殷商重刑亡国教训的基础上，提出了"明德慎罚"的政治法律主张，和殷商时期的"帝罚"、"神判"相比，这是法律观念的一大进步，表明神权法思想开始动摇，治国策略渐趋理性化。

---

① 《史记·殷本纪》记载，商末"百姓怨望而诸侯有叛者，于是纣乃重刑辟，有炮烙之法"。"炮烙"本作"炮格"，是商纣王所创之酷刑，其施刑方法是：在铜柱上涂油，下面加火烧热，令罪犯在铜柱上行走，最后坠炭中烧死。沈家本《历代刑法考·刑法分考二》按："炮格，宋本如是，今本讹作'炮烙'，""段氏（玉裁）云：'炮烙'本作'炮格'，《江邻几杂志》引陈和叔云《汉书》作'炮格'。今案《索隐》云云，又杨倞注《荀子·议兵篇》'音古责反'，观邹、杨所音，皆是'格'字无疑。郑康成注《周礼·牛人》云，互若今屠家县肉格意。纣所为亦相似。皮格、皮阁，两音皆可通。《吕氏春秋·过理篇》云'肉圃为格'，高氏注：'以铜为之，布火其下，以人置上，人烂堕火而死。'《列女传》所说亦相类，是其为'格'显然。而但以燔灼为义，今诸书皆为后人改作'炮烙'矣。"沈家本：《历代刑法考》（一），94～95 页，北京，中华书局，1985。

② "醢"指把人捣成肉酱；"脯"指把人晒成肉干。《史记·殷本纪》："九侯有好女，入之纣。九侯女不憙淫，纣怒，杀之，而醢九侯。""鄂侯争之强，辨之疾，并脯鄂侯。"

③ 《逸周书·史记解》。

④ 《史记·殷本纪》。

⑤ 沈家本：《历代刑法考》（一），11 页，北京，中华书局，1985。

⑥ 参见夏商周断代工程专家组编著：《夏商周断代工程 1996—2000 年阶段成果报告》（简本），88 页，北京，世界图书出版公司北京公司，2000。

　　和夏、商一样，周人仍然借助神权来为其政权服务。殷人尊"帝"，周人信奉的则是"天"。周人称其统治来源于天命，《尚书·大诰》：

　　　　天休于宁王（指周文王），兴我小邦周；宁王惟卜用，克绥受兹命。今天其相民，矧亦惟卜用。呜呼！天明畏，弼我丕丕基。

《诗经·周颂》：

　　　　昊天有成命，二后（指周文王、周武王）受之。

　　武王就是以"恭行天之罚"① 的名义伐商的。但周人以属臣的身份依靠武力取代"帝"之子殷商的统治后，首先要解释这样两个关系到周政权合法性的问题：自称拥有帝命的商人何以败亡？以下犯上夺取政权的周人会不会得到天的护佑？周统治者为了回答这两个问题，从总结商亡的教训入手引入"德"的概念，对夏商时期的神权法思想进行了补充和发展，从而提出了"以德配天"说。

　　首先，周人认为主宰人类社会的"天"是公正的，它为天下各族人所共有，保护天下所有的人，而不专属于某一族或某一人。因此，"天命"不是固定不变的，在一定条件下会发生变化并转移，所谓"天命靡常"，"惟命不于常"②，这就为推翻殷王是"帝之元子"的血统神话作好了理论上的准备。其次，周人以"德"为标准论证了天命转移的原因。伦理学意义上的"德"字是西周初期开始出现的，其意在于要人注重内心修养。③ 周人认为"德"是决定"天命"转移的关键因素，上天选择人间君主并无特别的亲疏或偏爱，上天只会选择那些有德者，将天命赋予他们，"皇天无亲，惟德是辅"④，人间的统治者一旦失去应有的德性，也就会失去上天的庇护，天命随之转移给新的有德者。因此，要想"祈天永命"⑤，世代得到上天的佑助，不仅需要"敬事上帝"⑥，而且"不可不敬德"⑦。商人的祖先有德，因而上天让其成为人间的统治者，但商人的后代却"不敬其德"，"惟不敬厥德，乃早坠厥命"⑧，而周人有"德"，故获天命，"丕显文武，皇天弘厌厥德，配我有周，膺受大命"⑨。再次，周人意识到"敬德"的核心在于"保民"。西周统治者从大邦殷的覆灭中看到了民众力量的强大，意识到天命是靠民意来维系的。周公反复强调："天惟时求民主"⑩，"民之所欲，天必从之"⑪。天是关怀民意的，时常根据民众的意愿选择统治者，周公言："人无于水鉴，当于民鉴。"⑫ 因为民众的要求和呼声，与天是相通

---

① 《尚书·牧誓》。
② 《尚书·康诰》。
③ 参见崔永东：《金文简帛中的刑法思想》，12 页，北京，清华大学出版社，2000。
④ 《左传·僖公五年》引《周书》。
⑤ 《尚书·召诰》。
⑥ 《尚书·立政》。
⑦ 《尚书·召诰》。
⑧ 《尚书·召诰》。
⑨ 《毛公鼎》铭文。
⑩ 《尚书·多方》。
⑪ 《尚书·泰誓上》。
⑫ 《尚书·酒诰》。

的："天视自我民视，天听自我民听"①，只有"保享于民"，才能"享天之命"②。因此，统治者必须时时了解民众的疾苦："先知稼穑之艰难"，"知小民之依"，从而"怀保小民"③。总之，在周人看来，王权既来源于天，也来源于人自身之德，周人以"德"为武器把天命从殷商手中夺了过来，商人的"帝祖合一"经过西周统治者的改造，变成了"帝祖分离、祖德相配"。

"以德配天"说在法律领域的体现就是"明德慎罚"的思想。"明德慎罚"这一词组最早见于《尚书·周书·康诰》："惟乃丕显考文王，克明德慎罚。"在《多方》篇中又有"罔不明德慎罚"一语。金文中并没有"明德慎罚"这一词组，但是，没有这一词组并不意味着没有这种思想。大量的金文资料说明，周人确有"明德"、"慎罚"的思想。故此，我们仍可使用"明德慎罚"这一词组来表述周人的刑法思想。④ 所谓"明德"，就是谨慎修德，只有谨慎修德才能获得"配天"的资格。关于"慎罚"一词，西周金文中无"慎罚"字样，但在《牧簋》铭文中有"明井（刑）"一词，在《班簋》铭文中有"怀刑"一词。据考证，明、怀与慎三字相通，刑与罚通⑤，可知"明刑"、"怀刑"均有慎罚的意思。春秋时期的《叔夷钟》有"慎中厥罚"的铭文，这可以说是对"慎罚"最明确的表述。所谓"慎罚"，就是谨慎用刑，实施刑罚的时候应该审慎和宽缓。"明德慎罚"，总结起来就是教化和刑罚相结合，以教为先，先德后罚。

"明德慎罚"思想的提出，是政治法律理论上的巨大进步。从夏时的"天罚"、商时的"帝罚"，发展到西周时期的"以德配天"、"明德慎罚"，神的地位下降了，人的地位提高了，人的道德伦理性在社会政治活动中占有了重要的地位。这表明神权法思想开始发生动摇，自此中国古代法律走上了非宗教化的道路，逐步形成了独具特色的伦理法。陈顾远先生说："中国法制之表现，除殷世以前，受宗教之影响外，自周以来，则无宗教之特殊色彩。"⑥ 另一方面，神权法思想的迅速动摇也使中国古代"始终没有对宗教迷信进行有力的批判，彻底走出神权的羁绊。中国古代法律亦与此种状况相适应。在法典中虽然很少宗教迷信的痕迹，但'天道'的影响却始终不曾消失……直至封建社会统治者仍以'君权神授'作为专政统治的理论基础，将设法立制视为代天行道"⑦。

一、"以刑统罪"的刑书体例

西周的立法活动首推周礼的制定。周礼的内在精神是德，礼制、礼仪则是德的表现。周礼的内容非常广泛，从国家的政治、经济、军事、文化制度，到各种礼节仪式乃至个人的言行视听，无所不包。在西周，礼是调整社会关系、规范人们行为的主要规范。需要注意的是，礼的许多规范的施行是以国家强制力作为后盾的。此外，西周时还编订了刑书

---

① 《尚书·酒诰》。
② 《尚书·多方》。
③ 《尚书·无逸》。
④ 参见崔永东：《金文简帛中的刑法思想》，14 页，北京，清华大学出版社，2000。
⑤ 参见胡留元、冯卓慧：《夏商西周法制史》，314 页，北京，商务印书馆，2006。
⑥ 陈顾远：《中国法制史》，53～54 页，北京，中国书店，1988。
⑦ 李光灿、张国华总主编：《中国法律思想通史》，第一卷，57 页，太原，山西人民出版社，1994。

《九刑》和《吕刑》。

《九刑》的编纂是周初进行的一次重要的立法活动。《左传·昭公六年》：

> 周有乱政，而作《九刑》。

《逸周书·尝麦解》[①] 的记载较为详细："维四年孟夏，王初祈祷于宗庙，乃尝麦于太祖。是月，王命大正正刑书"，"众臣咸兴，受大正书，乃降。太史策形（刑）书九篇，以升授大正"，"太史乃降。太正坐举书乃（及）中降，再拜稽首"，"太史乃藏之于盟府，以为岁典。"沈家本《历代刑法考·律令一》按："曰授、曰举、曰藏，实有书在，是周之律令有书矣。"[②] 此"刑书九篇"即是《九刑》[③]，其制定时间当为成王亲政元年。[④]《九刑》早已佚失，其内容无法考定，《左传·文公十八年》载鲁季文子命大史克答文公之问，大史克的回答涉及了《九刑》的片段："先君周公制《周礼》曰：'则以观德，德以处事，事以度功，功以食民。'作《誓命》曰：'毁则为贼，掩贼为藏，窃贿为盗，盗器为奸，主藏之名，赖奸之用，为大凶德，有常无赦，在《九刑》不忘。'"李学勤先生认为：

> "毁则为贼"到"有常无赦"一段，应即《九刑》佚文。[⑤]

从中可知，《九刑》已有"贼"、"藏"、"盗"、"奸"的罪名，并有常刑惩罚。《左传》的这段记载可信，因为鲁是周公的封地，鲁国对周礼最为尊崇，直到春秋时人们仍有"鲁不弃周礼"[⑥]、"周礼尽在鲁矣"[⑦] 的看法，而记载礼文的典策是由大史掌管的，所以大史克应该熟悉周公所制之礼和誓命。

关于《九刑》的性质，一般认为它是西周时的成文刑书。但对于"九刑"二字的含义，学者们有不同认识，概括起来主要有三种说法：第一种认为"九刑"是九种刑罚的总称。至于是哪九种刑罚，又有两种看法。其一是"九刑"包括"正刑一"和"议刑八"[⑧]，"正刑一"指墨、劓、刖、宫、大辟之一种，"议刑八"指《周礼·秋官·小司寇》所载"八辟"，

---

① 黄怀信经考证认为，《尝麦篇》当属太史所记的西周原作，其中仅有个别词语可能为编订者所改写。参见黄怀信：《〈逸周书〉源流考辨》，116 页，西安，西北大学出版社，1992；李学勤也认为《尝麦篇》是西周时期的作品，参见李学勤：《〈尝麦〉篇研究》，载马小红主编：《中国法制史考证·甲篇·第一卷》，291～299 页，北京，中国社会科学出版社，2003。

② 沈家本：《历代刑法考》（二），832 页，北京，中华书局，1985。

③ 该篇的注家陈逢衡、朱右曾均以为刑书九篇即《九刑》，当代学者李学勤、李力也持相同看法。参见黄怀信、张懋镕、田旭东撰：《逸周书汇校集注》（下），792 页，上海，上海古籍出版社，1995；李学勤：《〈尝麦〉篇研究》，载马小红主编：《中国法制史考证·甲篇·第一卷》，298～299 页，北京，中国社会科学出版社，2003；李力：《夏商周法制研究评析》，载《中国法学》，1994（6）。

④ 关于《九刑》的制定时间，学界主要有作于成王之时和作于穆王之时两种说法。前一种说法又有作于成王四年和成王亲政元年两种观点，今取成王亲政元年说。参见李力：《〈九刑〉、"司寇"考辨》，载《法学研究》，1999（2）。另外，也有学者认为，《九刑》制定于武王建周之初，并分别于成王四年和西周晚期进行了两次修订。参见胡留元、冯卓慧：《夏商西周法制史》，333～335 页，北京，商务印书馆，2006。

⑤ 李学勤：《〈尝麦〉篇研究》，载马小红主编：《中国法制史考证·甲篇·第一卷》，北京，中国社会科学出版社，2003。

⑥ 《左传·闵公元年》。

⑦ 《左传·昭公二年》。

⑧ 《周礼·司刑》疏引贾逵、服虔语。

即议亲、议故、议贤、议能、议功、议贵、议勤、议宾；其二是"九刑"指墨、劓、刖、宫、大辟加上鞭、扑、流、赎四刑。① 第二种认为"九刑"指刑书九篇。沈家本说：

> 窃谓《逸周书》言刑书九篇，是周初旧有九篇之名，后世本此为书，故谓之九刑，非谓刑有九也。②

第三种认为"九刑"既是九种刑罚的总称，又是刑书之名。杨伯峻认为：

> 九刑者，九种刑罚之谓，昭六年《传》，亦为刑书之名。据《汉书·刑法志》及《尚书·吕刑》郑《注》，墨、劓、刖、宫、大辟五刑加以流、赎、鞭、扑四刑也。③

胡留元、冯卓慧认为《九刑》是按照墨、劓、刖、宫、大辟和流、赎、鞭、扑九种刑罚来确定篇名的。④ 综观以上各种说法，第三种更具说服力，《九刑》是按照"以刑统罪"的体例编纂的。

西周刖刑奴隶守门鬲

作于穆王时期的《吕刑》是西周又一部重要的刑书。⑤《尚书·吕刑·书序》："吕命穆王训夏赎刑，作《吕刑》"，《史记·周本纪》称作《甫刑》。据《史记·周本纪》记载，自周昭王始，"王道微缺"；至穆王时，"文武之道缺"、"诸侯有不睦者"，社会矛盾进一步激化。为稳定统治秩序，恢复昔日西周盛世，穆王推行了一系列改革措施，其中之一就是命

---

① 参见《汉书·刑法志》、《尚书·吕刑》郑玄注及《周礼·司刑》贾公彦疏引郑玄注《尧典》。
② 沈家本：《历代刑法考》（二），833 页，北京，中华书局，1985。
③ 杨伯峻编著：《春秋左传注》（修订本）（二），635 页，北京，中华书局，1990。
④ 参见胡留元、冯卓慧：《夏商西周法制史》，332～333 页，北京，商务印书馆，2006。
⑤ 关于《吕刑》的制定年代，学界有多种看法，今取传统的"作于穆王说"。参见马小红：《〈吕刑〉考释》，载韩延龙主编：《法律史论集》，第一卷，388～418 页，北京，法律出版社，1998。

司寇吕侯"作修刑辟",制定《吕刑》。《吕刑》原本早已失传,现存《尚书》中的《吕刑》篇是周穆王向诸侯和大臣宣布《吕刑》时所作讲话的记录①,后人将这份遗留下来的官方档案编入《尚书》之中,其中可能有润饰的成分,但基本内容应成于西周。《尚书·吕刑》概述了《吕刑》的制定经过和立法指导思想,规定了刑罚种类和适用刑罚的原则、制度,并反复强调以德行刑,用刑要审慎、适中。《尚书·吕刑》中有这样一段话:

> 墨罚之属千,劓罚之属千,剕罚之属五百,宫罚之属三百,大辟之罚其属二百,五刑之属三千。

这说明《吕刑》也是按照"以刑统罪"的体例编纂的。

在"以刑统罪"的体例下,西周刑书主要规定的是各种刑罚手段以及审判原则,其中虽也包括一些罪名,但比较笼统,而且罪名和刑罚之间并没有形成固定的结合。这种"以刑统罪"的体例导致了"议事以制"②的司法特点,清人王引之《经义述闻》云:

> 议读为仪。仪,度也;制,断也。谓度事之轻重以断其罪,不豫设为定法也。③

在司法实践中,具体到某一违礼行为应定为何罪,给予何种处罚,需要断狱官员度量轻重,作出适当的判决。正如《春秋左传正义》孔颖达疏所云:"圣王虽制刑法,举其大纲,但共犯一法,情有浅深,或轻而难原,或重而可恕,临其时事,议其重轻。"④ 因此,尽管西周的礼和刑罚是公开的,但某种犯罪行为究竟应处以何种刑罚,一般民众则难以知晓,法律呈现出半公开、半秘密的状态,这有利于维护宗法等级秩序和贵族的法律特权:一方面,对于一般民众能够起到"刑不可知,威不可测"的震慑作用;另一方面,对于犯罪的贵族则可以酌情给予减、免刑的优待。

二、西周时期的主要罪名

根据金文记载的案例及传世文献中后人的归纳,西周法律重在惩治违背宗法伦理、触犯王权及侵犯人身、财产安全的行为,此外对军事方面的犯罪、司法官员履行职责方面的犯罪等也作出了规定,下面分述之。

(一)对违背宗法伦理、侵犯王权行为的惩治

西周通过"封建亲戚,以藩屏周"⑤ 的分封制建立了成熟的宗法制度。

与宗法体制相适应,西周统治者非常重视在宗族内部提倡和贯彻以"亲亲"、"尊尊"⑥为核心的宗法伦理原则。"亲亲父为首"⑦,其具体内涵是"父慈子孝,兄爱弟敬,夫和妻

---

① 参见李弋飞:《〈吕刑〉试议》,载《中国法学》,1989(2)。
② 《左传·昭公六年》:"昔先王议事以制,不为刑辟。"
③ 王引之:《经义述闻》,452页,南京,江苏古籍出版社,2000。
④ 《十三经注疏》整理委员会整理:《十三经注疏·春秋左传正义》(下),1226页,北京,北京大学出版社,1999。
⑤ 《左传·僖公二十四年》。
⑥ 《礼记·大传》。
⑦ 《史记·太史公自序》司马贞《索隐》。

柔，姑慈妇听"①，即要求每个人都从伦理亲情出发，亲爱自己的亲属，特别是孝敬代表父权的家长，做到长幼有序、男女有别。因此，"亲亲"以"孝"为核心，以男尊女卑关系为准则，旨在维护宗族内部的伦理道德秩序。"尊尊君为首"②，其具体内涵是"名位不同，礼数亦异"③，自周天子、诸侯、大夫、士以至庶人，各自拥有与其等级身份相适应的礼，下级对上级、小宗对大宗、臣民对君长要尊敬和服从，严禁违反礼的规定，否则治罪。因此，"尊尊"以"忠"为核心，以等级差别为准则，旨在维护君臣、贵贱、尊卑秩序。在当时的宗法等级制度下，"亲亲"和"尊尊"实质上是二位一体的，"孝"和"忠"也往往是密切结合的。西周统治者希望通过贯彻"亲亲"、"尊尊"的原则，实现血缘关系同政治关系的紧密联结，以达到巩固其宗族政权的目的。

因此，违反宗法伦理要求的行为被视为重罪予以惩处。此类罪名主要有：

不孝不友罪。"孝"和"友"是宗法伦理的基本要求，不孝、不友行为不仅违反了"亲亲"的原则，破坏了宗法伦理和亲情关系，而且还会造成整个政治体制和社会秩序的混乱。因此，西周法律把不孝不友罪视为最严重的犯罪，严惩不贷。《尚书·康诰》："元恶大憝，矧惟不孝不友。子弗祗服厥父事，大伤厥考心；于父不能字厥子，乃疾厥子。子弟弗念天显，乃弗克恭厥兄；兄亦不念鞠子哀，大不友于弟。惟吊兹，不于我政人得罪，天惟与我民彝大泯乱。曰：乃其速由文王作罚，刑兹无赦。"由此可知，凡不孝敬父母、不友爱兄弟的人，都是罪大恶极者。对这些人，应该按照文王制定的刑法迅速予以严惩。

不睦不姻罪。据《周礼·地官·大司徒》，不睦不姻是仅次于不孝的重大犯罪，对于族内或姻亲间的不和睦、不友爱行为要给予处罚。

不以义交罪。《周礼·秋官·司刑》贾公彦疏："以义交，谓依六礼而婚者"④，六礼即纳采、问名、纳吉、纳征、请期、亲迎，是婚姻关系成立的法定程序。凡不按六礼程序成婚者，以"不以义交"论处。《周礼·秋官·司刑》郑玄注："男女不以义交者，其刑宫。"⑤

杀亲罪。《周礼·秋官·掌戮》："凡杀其亲者，焚之。"

祭祀慢怠罪。据《礼记·王制》及《周礼·夏官·祭仆》、《周礼·春官·肆师》的记载，在祭祀活动中有不恭敬和怠慢行为的人要受到处罚。

贼罪。《左传·文公十八年》："先君周公……作《誓命》曰：'毁则为贼，掩贼为藏，窃贿为盗，盗器为奸，主藏之名，赖奸之用，为大凶德，有常无赦，在《九刑》不忘。'"杨伯峻注："毁弃礼则为贼也"⑥，贼罪有常刑处罚。

在西周家国一体的宗法体制下，周天子既是天下共主，又是姬周家族的大家长，在政治和血缘双重关系上都具有最高地位，侵犯其权威的行为自然要予以严惩。此类罪名有：

犯王命罪。周王通过各种形式发布的王命具有最高的法律效力，全体臣民必须遵守。《尚书·多方》记载周公代表成王发布诰令："乃有不用我降尔命，我乃其大罚殛之。"诸侯如不从

---

① 《左传·昭公二十六年》。

② 《史记·太史公自序》司马贞《索隐》。

③ 《左传·庄公十八年》。

④ 《十三经注疏》整理委员会整理：《十三经注疏·周礼注疏》（下），945页，北京，北京大学出版社，1999。

⑤ 《十三经注疏》整理委员会整理：《十三经注疏·周礼注疏》（下），944页，北京，北京大学出版社，1999。

⑥ 杨伯峻编著：《春秋左传注》（修订本）（二），634页，北京，中华书局，1990。

王命，则要受到重罚。《国语·周语上》载樊仲山父曰："犯王命必诛，故出令不可不顺也。"

朝聘后至罪。《易》"比卦"："不宁方来，后夫凶"，意即诸侯在朝拜周天子或盟会时迟迟不到，将会受到惩罚。

谤王罪。据《史记·周本纪》载，周厉王"行暴虐侈傲，国人谤王。"为了禁止国人批评、非议自己，厉王"得卫巫，使监谤者，以告，则杀之"。

（二）对侵犯人身及财产安全行为的惩治

侵犯人身安全和财产安全的行为也是西周法律重点打击的对象。这类罪名有：

杀人罪。《周礼·秋官·掌戮》："凡杀人者，踣诸市，肆之三日。"郑玄注："踣，僵尸也。肆犹申也，陈也。"① 意即杀人者要处死于市，并陈尸三日以示众。

寇攘奸宄罪。《尚书·康诰》："凡民自得罪，寇攘奸宄。"《尚书·费誓》："无敢寇攘。"寇，劫夺；攘，窃取；奸宄指做坏事，在外为奸，在内为宄。寇攘奸宄指强盗劫掠行为。

杀人越货罪。《尚书·康诰》："凡民自得罪……杀越人于货，暋不畏死，罔弗憝。"越，抢劫；于，取；货，财物。杀人越货不同于寇攘，寇攘可能杀人也可能不杀人，而杀人越货则是杀人并劫取财物的行为，对那种不怕死、杀人抢劫的强盗，没有人不痛恨的。

窃诱牛马臣妾罪。《尚书·费誓》："窃牛马，诱臣妾，汝则有常刑。"意思是偷窃他人牛马，拐骗他人奴婢，要按常刑处罚。

藏、盗、奸罪。它们见于前引《左传·文公十八年》："掩贼为藏，窃贿为盗，盗器为奸。"藏即得贼之物而隐庇其人，窃人一般财物为盗，盗人宝物为奸②，这些罪有常刑处罚。

（三）对军事方面犯罪的惩处

西周时有关军事方面的犯罪主要有：

不从王征罪。据《师旂鼎》铭文记载，因师旂众仆没有听从王命跟随王征伐，白懋父判处师旂的"众仆"交纳三百锊铜以赎罪。

违抗将令罪。《周礼·秋官·士师》："逆军旅者与犯师禁者，戮之。"

军需不逮罪。《尚书·费誓》："甲戌，我惟征徐戎，峙乃糗粮，无敢不逮，汝则有大刑。"意思是甲戌那一天，我要出征讨伐徐国，你们要把粮草准备好并及时送到，否则就用大刑处置你们。

（四）其他犯罪及处罚

五过之疵罪。这是司法官员履行职责方面的犯罪。《尚书·吕刑》："五过之疵：惟官、惟反、惟内、惟货、惟来。其罪惟均，其审克之。""五过之疵"指司法官员在审理案件中的五种弊病，司法官如因官官相护、私报恩怨、接受说情、敲诈勒索、贪财受贿而轻出人罪，就以罪犯应科之刑处罚之。

违背誓言罪。按照目前可考的我国历史上的第一份司法文书铭文中的记载，牧牛即因违背从前的誓言而受到处罚。司法官伯扬父本来准备判处牧牛一千鞭之刑和墨刑，但最终

---

① 《十三经注疏》整理委员会整理：《十三经注疏·周礼注疏》（下），961页，北京，北京大学出版社，1999。

② 参见杨伯峻编著：《春秋左传注》（修订本）（二），634页，北京，中华书局，1990。

伯扬父赦免了牧牛五百鞭之刑，其余五百鞭和墨刑则折合罚铜三百锾。①

群饮罪。西周统治者在总结殷商灭亡的教训时认识到，殷商统治阶层酗酒废事，是导致政治腐败、社会混乱的重要原因。为此，周公曾再三告诫，予以禁止，群饮即聚众饮酒者则处以死刑。《尚书·酒诰》载周公告诉康叔说："群饮，汝勿佚，尽执拘以归于周，予其杀。"

违约罪。《散氏盘》铭文记载："我既付散氏田器，有爽，实余有散氏心贼，则隐千罚千。"此处的"罚"指罚金刑，罚金作为一个独立刑种在西周已经存在，它是司法机关强制犯罪者交纳一定数量钱财的刑罚。罚金刑的性质不同于赎刑，赎刑是指用一定数量的钱财来折抵原定刑罚的制度。上引铭文的意思是：我已经同意把田邑器物交付给散氏，如果我故意违约，那么隐瞒多少该支付的东西就罚我多少铜。《鬲攸从鼎》铭文也有关于违约罪的记载：从向周王控告攸卫牧犯了违约罪，因为攸卫牧租了他的土地而没有按契约付给他租金，周王下令让虢旅负责审理此案。结果攸卫牧败诉，被迫起誓说："我弗具付鬲从其且（租），射（谢）分田邑，则放。"意思是，如果我今后不付给从全部田租，以酬谢他租给我土地，就判处我流放之刑。②

失农时罪。周朝以农业立国，周人以农耕为主要生活方式。为保证农业生产的正常进行，西周统治者强调为农以时，有失农时者需治罪。《礼记·月令》："仲秋之月，乃劝种麦，毋或失时。其有失时者，行罪无赦。"

需要指出的是，对于社会危害性较小的轻微犯罪，西周统治者采取以教育感化为主的处罚方式，这是"明德慎罚"思想的体现。西周统治者以殷商为鉴，强调谨慎用刑、先教后刑，反对虐杀滥刑，对于犯轻微罪者则主要通过教化的方式进行改造，以激发犯罪者的羞耻之心，培养其崇德守礼的自觉性，从而实现个别预防的目的。圜土制和嘉石制的处罚方式即体现了这样的思路。《周礼·秋官·大司寇》：

> 以圜土聚教罢民。凡害人者，寘之圜土而施职事焉，以明刑耻之。其能改过，反于中国，不齿三年，其不能改而出圜土者，杀。

《周礼·秋官·司圜》：

> 司圜掌收教罢民。凡害人者弗使冠饰，而加明刑焉，任之以事而收教之。能改者，上罪三年而舍，中罪二年而舍，下罪一年而舍。其不能改而出圜土者杀。虽出，三年不齿。凡圜土之刑人也，不亏体，其罚人也，不亏财。

把触犯刑法但属过失犯罪、情节较轻者关押在"圜土"内，囚于圜土者须从事一定时间的劳役并要被施以明刑。所谓"明刑"，郑玄注："书其罪恶于大方版，著其背。"③可见，明刑是一种耻辱刑，这反映了以教化手段改造罪犯的思想。只要罪犯能悔过自新、弃恶从善，就予以释放，而且既不会被处以肉刑也不会被剥夺财产，只对屡教不改者才予以惩处。

---

① 参见李学勤：《岐山董家村训匜考释》，载《古文字研究》（第一辑），55~60页，北京，中华书局，1979。
② 参见崔永东：《金文简帛中的刑法思想》，17页，北京，清华大学出版社，2000。
③ 《十三经注疏》整理委员会整理：《十三经注疏·周礼注疏》（下），905页，北京，北京大学出版社，1999。

囚圜土不以惩罚为最终目的，坐嘉石更是重在教育。《周礼·秋官·大司寇》："以嘉石平罢民。凡万民之有罪过而未丽于法，而害于州里者，桎梏而坐诸嘉石，役诸司空。"桎梏是束缚手脚的刑具，"嘉石"是一种有纹理的大石头，相传西周时立于朝门之左当众的地方。"嘉石之制"的适用对象是虽有过错但够不上适用五刑的"邪恶之人"，具体施行方法是：缚其手脚罚坐嘉石思过，然后在司空监督下从事一段时间的劳役。《周礼·秋官·大司寇》还对嘉石制的具体期限作了规定："重罪，旬有三日坐，期役；其次九日坐，九月役；其次七日坐，七月役；其次五日坐，五月役；其下罪三日坐，三月役。使州里任之，则宥而舍之。"即根据过错的大小分别罚坐嘉石三、五、七、九、十三天，并相应地服劳役三、五、七、九、十二个月。《易经》中也有嘉石制的记载，《困·六三》爻辞中的"困于石"即是"坐嘉石"，《随·九五》："复（孚）于嘉，吉"，此处的"嘉"指"嘉石"，"复（孚）于嘉"即罚坐嘉石，若能悔过自新便可获释，故称"吉"①。坐嘉石是在公开场合进行的，因而也是一种耻辱刑，这种处罚方式的主要目的在于激发有过错者的荣誉感和羞耻心，使其产生积极的悔罪心理，从而改过自新。圜土制和嘉石制体现了寓教化于处罚之中的"明德慎罚"精神。

① 崔永东：《殷周时期的法律观念及制度》，载《中国人民大学学报》，2001（3）。

第四章

以"盗贼"为中心的罪名体系

自公元前 770 年西周王室东迁雒邑，至公元前 221 年秦始皇统一中国，史称"东周"，东周又分为"春秋"和"战国"两个阶段。"春秋"因与鲁国编年史《春秋》所述及的起止年代相当而得名，一般指从公元前 770 年（周平王元年）至公元前 476 年（周敬王四十四年）的东周前期。战国作为特定历史时代的名称，首见于西汉刘向汇编的《战国策》，一般指从公元前 475 年（周元王元年）至公元前 221 年秦帝一统的东周后期。

春秋战国是中国历史上由奴隶制向封建制过渡的大变革时代，也是中国刑法发展史上具有重大转折意义的历史时期。这一时期最重要的刑法建设成果是成文刑法的制定和公布，这标志着早期以习惯法为主要表现形式的奴隶制刑法的终结和以成文法典为主要形态的封建刑法的形成。

第一节
春秋战国时期的罪名体系及其法典化

一、社会变革与成文法时代的来临

（一）春秋战国时期的社会变革

春秋战国社会发展变化总的特点是：奴隶制宗法礼治体制逐步解体，君主集权的封建专制主义国家制度初步形成。

具体表现在：

1. 生产力水平显著提高，"井田制"逐步瓦解，封建生产关系开始确立

春秋以后，社会生产力水平有了明显的提高，主要标志是冶铁的发明，铁制工具和牛耕的广泛使用。《国语·齐语》云："恶金（铁）以铸锄、夷、斤斸，试诸壤土。"《墨子》中有"铁矢"、"铁鈇"、"铁钩钜"、"铁校"、"铁锁"；《韩非子》中有"铁殳"、"铁室"；《孟子·滕文公上》有"以铁耕乎"的记载。生产力的进步使得以一家一户为单位从事农业

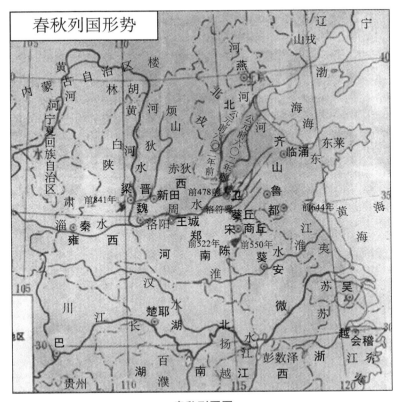

春秋列国图

生产活动成为可能，从而改变了"千耦其耘"①，"率时农夫，播厥百谷"，"亦服尔耕，十千维耦"② 的奴隶集体劳作的生产方式，同时也为荒地的开垦提供了有利条件。一些奴隶主贵族为了追求更多的财富，驱使奴隶在"井田"之外开垦土地据为已有，并采用新的收租方式取代以往直接占有劳动者人身的剥削方式，以调动劳动者的积极性，于是"私田"大量出现。在此情形下，为了保证国家的赋税财政收入，一些诸侯国相继进行了田制与税制改革。公元前 685 年，齐国"相地而衰征"③，开始根据土地肥瘠征收赋税；公元前 645 年，晋"作爰田"④，把田地赏给国人，以换取民众服兵役为国君效命；公元前 594 年，鲁国"初税亩"⑤，开始按亩收税，实际上是公开承认了私田的合法性。此后，鲁国"作丘甲"⑥，楚国"书土田"、"量入修赋"⑦，郑国"作丘赋"⑧，这些记载说明井田制已经遭到严重破

① 《诗经·周颂·载芟》。
② 《诗经·周颂·噫嘻》。
③ 《国语·齐语》。
④ 《左传·僖公十五年》。
⑤ 《左传·宣公十五年》。
⑥ 《左传·成公元年》。
⑦ 《左传·襄公二十五年》。
⑧ 《左传·襄公二十五年》。

坏，私田的合法性得到了确认，旧的奴隶制土地国有制度从根本上发生了动摇，封建土地私有制开始确立，新的封建生产关系逐步形成。

2. 周王室衰微，各诸侯国新兴地主阶级先后取得政治统治权

春秋以后，各诸侯国的经济政治实力逐渐壮大，周天子已无力再号令诸侯，其天下共主地位名存实亡。西周盛世时"礼乐征伐自天子出"①，春秋初期变成了"礼乐征伐自诸侯出"，而到春秋后期则"礼乐征伐自大夫出"，甚至形成"陪臣执国命"② 的局面，旧的维护奴隶主贵族统治的宗法等级观念和制度受到了严重冲击。《史记·礼书》："周衰，礼废乐坏。"各大诸侯为了争夺霸权征战不休，《史记·周本纪》："周室衰微，诸侯强并弱。"与此同时，各诸侯国内部也矛盾重重，新旧势力的斗争十分激烈，新兴地主阶级开始登上历史舞台。他们主要由从旧统治集团中分化出的部分贵族、平民、商人和获军功者组成。新兴地主阶级为巩固自己的地位，强烈反对各级贵族按宗法等级关系世袭垄断官爵的政治经济特权，要求国家用法的形式来确认和保护他们的利益。为此，他们倡言变法，并通过变法实践不断限制和取消旧贵族的特权，使得传统的世卿世禄制向国君掌握任免权的封建官僚制转变，分封制也逐渐被郡县制所取代。到战国时期，新兴地主阶级在和奴隶主贵族的斗争中获得了全面胜利，他们先后在各诸侯国取得了政治统治权，并通过行政管理体制和官僚制度的改革，初步建立了封建专制主义的中央集权政体。

3. 文化学术下移，私学兴起，思想领域形成"诸子百家争鸣"的局面

随着世卿世禄制度的破坏，世官世学的传统难以为继，以往由奴隶主贵族们独掌的文献图籍开始散落民间，奴隶主贵族的文化垄断权被打破，"学在官府"、"学在王官"、"宦学事师"③ 的旧文化格局被打破，造成了"天子失官，学在四夷"④，"礼失而求诸野"⑤ 的新局面。随着文化的下移，私学日益兴盛；同时各诸侯国为了在群雄争霸中保存自己、壮大国力，都十分重视招募贤能，于是社会上涌现出一大批知识分子，形成"士"的阶层。他们代表着不同的利益集团，从各自的立场出发，针对社会变革中所出现的问题，发表意见，提出解决办法，"各著书言治乱之事，以干世主"⑥。于是各种学派接踵而起，各种思潮纷纷出现，从而形成了史称"诸子百家争鸣"的思想盛况。"诸子"始见于《汉书·艺文志》，"百家"始见于《庄子·天下》。"百家"乃民间学术流派之概称，"百"者言其众。《史记·太史公自序》"论六家之要旨"归纳为阴阳、儒、墨、名、法、道德六家；《汉书·艺文志》则分为阴阳、儒、道、法、名、墨、纵横、杂、农、小说十家。在法律思想方面影响最大的是儒、墨、道、法四家，思想家们对于刑法的起源、犯罪原因、刑罚目的、罪刑关系、刑罚适用原则等刑法的基本问题进行了广泛的探讨。

（二）成文法时代的来临

《左传·昭公六年》记载："昔先王议事以制，不以刑辟。""事"是指犯罪事实，制、

---

① 《论语·季氏》。
② 《论语·季氏》。
③ 《礼记·曲礼上》。
④ 《左传·昭公十七年》。
⑤ 《汉书·刘歆传》。
⑥ 《史记·孟子荀卿列传》。

折同音，制借为折，《集韵·祭韵》："折，断也。"《礼记·王制》注："断，犹决也。"意为先王依据犯罪事实斟酌处罚罪犯，而不用刑法典。在中国刑法史上，从个别的"临事以制"到形成较为系统的罪名，经历了一个相当长的、我们都无法知道的迂回的历史时期。因为，原始社会末期，中国的文字正在形成中，今后是否能够出土这类资料，也还难以预料。夏代以前非文字性考古实物资料中，刑罚可以借助墓葬甚或刑具保存下来，罪名却不具备这种条件。《尚书·尧典》一章，有"奸"、"讼"的记载，但是，无"罪"、"罚"的记录。周密认为："虞舜在我国历史上首创原始刑（罚），以四罪之施，而天下咸服，使社会日渐向奴隶制过渡。'罪'出'刑'设，见诸于文字者由此开始。其他传说，均无实据可考。"① 虞舜时期大约在公元前 23 世纪末—前 22 世纪中，实际上，这个时期的"刑"不是国家和法律出现后的刑罚，而是根据社会的实际需要，临时随事议定的处罚，并且大多是贵族针对贵族上层的处罚，例如，"禹朝诸侯之君会稽之上，防风之君后至而禹斩杀之。"② 夏启在讨伐有扈氏时曾发令："用命赏于祖，弗用命戮于社，予则孥戮汝。"③ 在这里处罚"防风之君"或不服从命令的将士并不需要给他们定一个罪名，完全是"临事议制"。

奴隶主垄断法律，竭力保持"法不可知，则威不可测"的神秘性，将法律垄断于官府宫廷，始终保持法律的秘密状态。从现有的材料分析，"中国奴隶时代的刑法，同刑罚是没有科学划分的，且多规定了刑，很少规定罪"④。在奴隶社会时期，刑法不公开的主要目的是：

> 法举其大纲，但共犯一法，情有浅深，或轻而难原，或重而可恕，临其时事议其重轻，虽依准旧条，而断有出入，不预设定法，告示下民。⑤

春秋时期最大的立法成就，是经过新旧势力的激烈斗争，一些诸侯国相继制定并公布了成文刑法。这是中国刑法发展史上具有重要意义的事件。正如梁启超所言："逮于春秋，社会形势一变，法治主义，应于时代之要求，而句出萌达。于是各国政治家，咸以编纂法典为当务之急。"⑥ 新兴地主阶级为了维护自身利益，迫切要求废除旧贵族的法律特权，实行"不别亲疏，不殊贵贱，一断于法"⑦ 的"法治"原则。在这一思想指导下，楚、晋、郑、宋等国相继制定或公布了成文刑法。

春秋时期较早公布成文刑法的国家是楚国。楚文王在位时（公元前 689—前 677）作"仆区之法"。《左传·昭公七年》记载芋尹无宇曰："吾先君文王（楚文王）作仆区之法。"杜预注："仆区，刑书名。"服虔曰："仆，隐也。区，匿也。为隐匿亡人之法也。"这是楚文王仿照周文王"有亡荒阅（搜捕）"之法而制定的。"仆区之法"还规定了"盗所隐器，与盗同罪"等内容。楚庄王在位时（公元前 613—前 591）制定了"茆门之法"。《韩非子·

---

① 周密：《中国刑法史》，28 页，北京，群众出版社，1985。
② 《韩非子·饰邪》、《国语·鲁语》。
③ 《尚书·甘誓》、《史记·夏本纪》。
④ 周密：《中国刑法史》，78 页，北京，群众出版社，1985。
⑤ 《左传·昭公六年》孔颖达疏解。
⑥ 梁启超：《论中国成文法编制之沿革得失》，载《梁启超法学文集》，126 页，北京，中国政法大学出版社，2000。
⑦ 《史记·太史公自序》。

外储说右上》记载楚庄王有茆门之法，"群臣、大夫、诸公子入朝，马蹄践、霤者，廷理斩其辀，戮其御。"茆门又叫雉门，是宫门之一；廷理是楚国的最高司法官。依照"茆门之法"规定，诸侯、大夫、公子入朝时，车不得进入宫门，以保障国君的安全。

郑国有子产所作"刑书"和邓析所造"竹刑"。公元前 536 年，郑国执政子产"铸刑书"。《左传·昭公六年》："三月，郑人铸刑书。"杜预注："铸刑书于鼎，以为国之常法。"晋叔向在给子产的信中说："……今吾子相郑国，作封洫，立谤政，制参辟，铸刑书……"杜预注："制三辟，谓用三代之末法。"由此可知这部刑书的内容大致相沿夏、商、西周的刑法而有所损益。这是我国古代第一次正式公布成文法。公元前 501 年，郑国执政驷歂"杀邓析而用其竹刑"[①]。杜预注："邓析，郑大夫。欲改郑所铸旧制，不受君命，而私造刑法，书之于竹简，故言竹刑。"竹刑的出现在中国刑法史上是一大进步，较之此前笨重的刑鼎，竹刑更便于携带和流传。

晋国自文公以后曾两次制定刑法。第一次是公元前 633 年"作被庐之法"[②]；第二次是公元前 621 年赵宣子为晋国执政时制定《常法》。《左传·文公六年》载：赵宣子"始为国政，制事典，正法罪，辟狱刑，董逋逃，由质要，治旧洿，本秩礼，续常职，出滞淹。既成，以授大傅阳子与大师贾佗，使行诸晋国，以为常法"。范宣子执政时（晋平公在位时）沿用了《常法》。公元前 513 年，晋国公布了这部刑书并铸之于鼎。《左传·昭公二十九年》："冬，晋赵鞅、荀寅帅师城汝滨，遂赋晋国一鼓铁，以铸刑鼎，著范宣子所为刑书焉。"这是继郑国公布成文法之后，晋国正式公布成文法。

公元前 565 年，宋国有"刑器"。《左传·襄公九年》："宋灾。乐喜为司城以为政……使乐遄庀刑器。"杜预注："乐遄，司寇。刑器，刑书。"

春秋后期公布成文法活动，以郑、晋两国最有代表性。上述诸多制定的成文法中，史料明确记载公之于众的即郑子产的"铸刑书"，邓析的"竹刑"以及晋赵鞅、荀寅的"铸刑鼎"。继郑、晋两国相继公布成文法之后，其他诸侯国也陆续效仿，推动了刑法改革的深入开展。成文刑法的公布结束了法律的秘密状态，严重冲击了旧贵族对法的专擅垄断，因而遭到当时守旧势力的激烈抵制和非难。《左传·昭公六年》载：晋国的叔向写信给子产说：

> 昔先王议事以制，不为刑辟，惧民之有争心也……民于是乎可任使也，而不生祸乱。民知有辟，则不忌于上，并有争心，以征于书，而侥幸以成之，弗可为矣……今吾子相郑国，作封洫，立谤政，制参辟，铸刑书，将以靖民，不亦难乎？……民知争端矣，将弃礼而征于书，锥刀之末，将尽争之。乱狱滋丰，贿赂并行。终子之世，郑其败乎！

子产答复说："若吾子之言。侨不才，不能及子孙，吾以救世也。既不承命，敢忘大惠！"子产以"救世"即解决现实问题为由，回击了叔向的责难。

晋国铸刑鼎同样受到孔子的反对。他说："晋其亡乎，失其度也！夫晋国将守唐叔之所受法度，以经纬其民，卿大夫以序守之，民是以能尊其贵，贵是以能守其业，贵贱不愆，所谓度也……今弃是度也，而为刑鼎，民在鼎矣，何以尊贵？贵何业之守？贵贱无序，何

---

① 《左传·定公九年》。
② 《左传·僖公二十七年》。

以为国?"① 孔子的话和叔向的信如出一辙,都把成文法的公布看成是威胁传统的宗法等级制度和奴隶主贵族政权存续的大事。

春秋时期的公布成文法活动是中国刑法史上的一次划时代的变革。成文法的公布标志着代表旧贵族统治的法律体系已经瓦解,以封建社会关系为内容的成文法律体系开始走上中国法律的历史舞台。

首先,公布成文法活动是对传统社会秩序和传统法律制度的一种否定,是刑法改革的一次重大成果。在不成文法占主导地位的时代,上层贵族奉行"刑不可知,则威不可测"的信条,把法律的制定、解释和施行当做自己的"专利",以维护血缘贵族阶层所拥有的种种特权。成文法的制定和公布结束了法律藏之于官府的秘密状态,打破了旧贵族"礼治"、"人治"的传统,动摇了奴隶制法律制度的政治基础。

其次,公布成文法活动客观上为封建政治经济制度的进一步发展提供了必要的条件。成文法的制定和公布是新兴地主阶级争权斗争所取得的一项主要成果,是刑法改革的一次重大胜利,它体现了正在形成中的封建生产关系发展的客观要求,体现了新兴地主阶级争夺政治地位、人身安全和保护土地等财产私有权的主观要求。由此,传统的社会结构也随之发生重大变化。成文刑法公布后,新兴地主阶级可以把改革的成果用法律的形式体现出来、固定下来,它促进了封建生产关系的发展和政治法律制度的形成,成为法律制度发展进入新时代、新阶段的重要标志。

最后,成文刑法的公布,标志着法律理论和法律技术的进步。在旧的法律体系下,法律不公开且不系统,无疑不利于法律观念的更新和法律理论的进步。公布成文刑法,将零散、不系统的各种法令变成系统而严谨的法律条文,对于法律理论、立法技术的发展有着重要的意义,为战国及战国以后封建成文刑法的发展与完善积累了经验。《法经》就是集春秋各国立法之精华而制定的。

二、《法经》及罪名法典化

战国时期,新兴地主阶级相继在各诸侯国取得政权,为巩固统治、富国强兵,在争霸战争中赢得优势,各国纷纷在法家人士的主持下变法改革,从而掀起了一场规模浩大的制定成文刑法运动。最卓有成效的立法活动当推《法经》的编撰。它是魏文侯在位期间,由相国李悝(约公元前455—前395)在总结春秋以来各国立法经验的基础上编纂的一部刑法典。

《法经》早已佚失,尽管有学者不断对《法经》存在的真实性,以及明代董说《七国考》所引桓谭《新论》中有关《法经》片段的真实性提出质疑,但至少在目前还找不到充分的证据来否定《法经》的存在,董说所引《新论》的相关内容也很难说就一定是伪造的。现存有关《法经》的史料不多,仅《晋书·刑法志》、《唐律疏议》、明代董说《七国考》转引的西汉末东汉初桓谭《新论》等文献中记载了《法经》的主要篇目和部分内容。《晋书·刑法志》说:"秦汉旧律,其文起自魏文侯师李悝,悝撰次诸国法,著法经。以为王者之政莫急于盗贼,故其律始于《盗》、《贼》。盗贼须劾捕,故著《网》、《捕》二篇。其轻狡、越城、博戏、借假不廉、淫侈、逾制,以为《杂律》一篇。又以《具律》具其加减。是故所

---

① 《左传·昭公二十九年》。

著六篇而已，然皆罪名之制也。商君受之以相秦。"《唐律疏议》也有如是记载。据此，《法经》的内容可分为"正律"、"杂律"、"减律"三部分。

正律部分包括前四篇，主要是惩治盗贼犯罪的法律规定。《荀子·修身》说："窃货曰盗"，"害良曰贼"。因此盗即侵犯官私财产行为，贼即侵害人身安全及危害社会秩序行为。可见，《法经》把惩治盗贼作为刑法的首要任务。《七国考》引《新论》曰："正律略曰，杀人者诛，籍其家及其妻氏；杀二人及其母氏。大盗，戍为守卒，重则诛。窥宫者膑，拾遗者刖，曰为盗心焉。"

杂律部分即第五篇《杂法》，主要内容是惩治盗贼以外的其他犯罪的法律规定，包括"六禁"和"逾制"。《七国考》引《新论》："其杂律略曰：夫有一妻二妾，其刑聝，夫有二妻则诛；妻有二夫则宫；曰淫禁。盗符者诛，籍其家；盗玺者诛，议国法令者诛，籍其家及其妻氏；曰狡禁。越城，一人则诛，自十人以上夷其乡及族；曰城禁。博戏，罚金三币；太子博戏，则笞，不止，则特笞，不止，则更立；曰嬉禁。群相居，一日则问；三日、四日、五日则诛；曰徒禁。丞相受金，左右伏诛；犀首以下受金，则诛；金自镒以下，罚不诛也；曰金禁。大夫之家有侯物，自一以上者族。"

减律部分即第六篇《具法》，是关于量刑原则的法律规定，即根据不同的犯罪情节，予以加刑或减刑处理，但以减刑为主，类似现代刑法的总则部分。《七国考》转引的《新论》中记载了具法中两条减轻刑罚的规定："罪人年十五以下，罪高三减，罪卑一减。年六十以上，小罪情减，大罪理减。"

由上可知，《法经》是在法家思想指导下，适应巩固封建政权的需要而制定的。《法经》以巩固封建统治秩序，维护君主专制统治为立法目的，贯彻法家重刑主义原则，对于盗、贼、盗符、盗玺、越城等严重危害封建政权和侵犯君主权威的行为，规定了严厉的处罚，动辄处以诛、夷族、夷乡等重刑，对于拾遗这样的轻微犯罪，也要处以刖刑，而"议国法令者诛，籍其家及其妻氏"则首开以思想言论治罪的先例。《法经》是中国历史上第一部比较系统的封建成文刑法典，在中国刑法史上具有标志性的意义。

第二节
秦汉时期的罪名与法典①

秦国经商鞅变法而一跃成为战国七雄之首，至秦始皇终灭六国而实现江山一统，开启了中国古代长达两千多年专制主义封建王朝的序幕。然强秦仅二世而亡的短暂国祚令后人不胜唏嘘。有秦一代盛极而衰，昙花一现，其政事治道为后世提供了宝贵经验和深刻教训。秦代

---

① 本节内容重点参考了崔永东教授的《金文简帛中的刑法思想》；徐世虹教授主编的《中国法制通史》（第二卷）；何勤华教授的《中国法学史》；马小红教授的《中国古代法律思想史》，栗劲教授的《秦律通论》；孔庆明教授的《秦汉法律史》；高恒教授的《秦汉法制论考》等相关内容，特此说明并致谢！部分内容参见郑颖慧：《关于法家学说与秦代法制关系探讨》，载《河北法学》，2007（11），特此说明！本节参考插图：商鞅、秦代云梦秦简，分别载《中国大百科全书·法学》1984 年版，彩图插页 10、12。

君臣崇奉法家学说，确立以"法"治国方略，建构了一套完备的法律体系，它以急功近利为表征、以严刑峻罚为特色，一方面彻底扫除了阻碍秦国社会发展的守旧势力，使之迅速强盛；另一方面不断走向法繁刑滥的邪路，民众不胜其严酷，最终揭竿而起灭掉秦朝。可以说，以贯彻法家学说为宗旨的秦代法律制度曾经推动秦国一度无限辉煌，同时，随着秦朝"法"治思想及实践日益走向邪路又使其迅速败亡。这说明，一种思想学说只有在一定时期、合理限度内方可发挥最大社会功效，若超越这个"度"必然会受到历史的惩罚。故秦之"法治"备受后继封建王朝统治者讥评，而直接促成汉初"黄老之术"治国方略的形成。

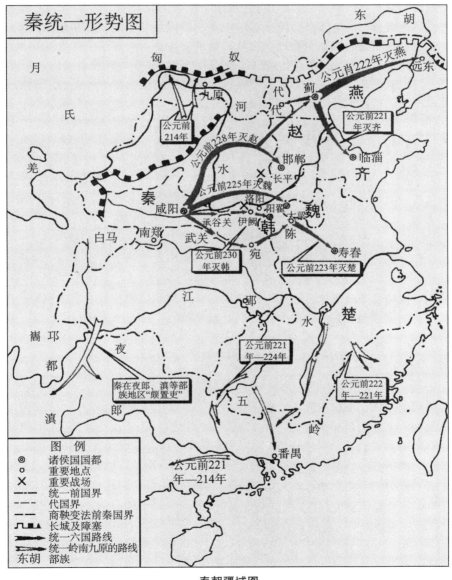

秦朝疆域图

一、法家与秦代法制

众所周知，秦代以"法"治国方略是在法家学说指导下确立起来的，而厉行"法"治的主要物质载体就是法律制度体系，因此，秦代立法建制亦必然相应渗透着法家思想，换言之，法家学说又相应决定了秦代法律制度的独特面貌。据历史记载，秦始皇"大圣作治，建定法度，显著纲纪"，堪称"治道运行，诸产得宜，皆有法式"①。云梦秦简的出土则证实了这一说法的真实性。该出土秦简包括秦国及秦朝初年关于政治、经济、文化、治安等各个方面的法律规范，其内容条文之细密，调整范围之广泛，法律体系之完备，体现了秦代统治者处理国家事务、规范民众行为一切以法律为依据和准则的治国方针。同时，秦代法律制度体系以严刑峻罚为其显著特征。史载"至于秦始皇，兼吞战国，遂毁先王之法，灭礼谊之官，专任刑罚，躬操文墨，昼断狱，夜理书，自程决事，日悬石之一。而奸邪并生，赭衣塞路，囹圄成市。"②此外，秦代君臣信奉法家关于"法"是一种强固皇帝之"势"的驭臣之"术"观点，特别是嬴政灭掉六国，实现统一后，个人权势欲空前膨胀，深信"明君独断"，规定"事无大小皆决于上"③。随着皇权急剧增强，秦始皇采纳李斯明法操术以重势的主张："独操主术以制听从之臣，而修其明法，故身尊而势重也"，"明主圣王之所以能久处尊位，长执重势，而独擅天之利者，非有异道也。能独断而审督责，必深罚，故天下不敢犯也。"④这样，在秦代君臣"重势"思想影响下，法律制度既是巩固皇权的重要手段，又以维护皇权为根本目的。史载"皇帝临位，作制明法，臣下修饬。二十有六年，初并天下，罔不宾服"，"圣法初兴，清理疆内，外诛暴强"，"后敬奉法，常治无极，舆舟不倾"等等⑤，这些言辞均是对秦始皇借助法律治理臣民而极大地加强皇权的具体描述。总之，通过上述对秦代立法建制的总体性概括，可见其鲜明地体现了先秦法家学派"缘法而治，重刑轻罪，法、势、术相结合"等思想内涵。可以说，法家学说是秦代法制建设的指导思想和根本原则，而后者则是法家思想的深刻体现和切实贯彻，两者是本质和现象的关系，密不可分。作为制度层面的秦代法律体系之所以独具特色，实乃法家思想学说这一深层根源为之。

（一）先秦法家学派的诞生

中国古代社会中的先秦时期是一个激荡腾翻、动荡不安的时代，又是一个充满生机活力、繁荣希望的时代。在这一阶段，整个社会发生了前所未有、翻天覆地的变化：社会生产力快速发展，生产关系开始裂变，社会结构随之分化重组，"士"群体得以可能形成。礼崩乐坏，诸侯纷争，先有齐、晋、韩、楚、郑五霸相争，后有齐、楚、燕、韩、赵、魏、秦七雄逐鹿。列国竞相兼并的情急局势迫使统治者不拘一格，广纳贤才，"士"群体得以必要形成。面对社会的急剧变动，作为知识分子群体的"士"阶层饱含忧患意识和问题意识，

---

① 《史记·秦始皇本纪》。
② 《汉书·刑法志》。
③ 《史记·秦始皇本纪》。
④ 《史记·李斯列传》。
⑤ 参见《史记·秦始皇本纪》。

针对时局，激烈陈词，阐发政见。他们分别代表本阶层利益，游说诸侯国君，希其采纳雅言。史载"各著书言治乱之事，以干世主"①。一时间形成了"诸侯异政，百家异说"的局面，掀起了思想文化碰撞交织的空前盛况。而先秦诸子造"百家争鸣"之盛局，并非偶然，实为时势使然。关于先秦诸家学派的名称，汉初史学家司马谈曾将其归纳为阴阳、儒、墨、名、法、道德（道）六家，并视儒、墨、道、法四家为当时显学学派。② 先秦诸子"百花齐放"，对中国古代社会的发展产生了重大意义。从长远来说，其学术的繁荣和思想的开放，缔造了中国古代思想文化史上一个无比璀璨的时代，奠定了中华民族的文化基调和精神源头。从近处着眼，社会存在决定社会意识，故先秦时期新旧制度转型的社会阵痛孕育了诸子百家异彩纷呈的思想活跃局面。同时，社会意识反作用社会存在，故先秦诸子各派精辟的政论、独到的说理都不同程度地成为推动社会前进的强大思想动力，特别是代表当时新兴地主阶级利益的法家学派诞生并指导秦国统治者变法革新，最终结束了战国长期分裂的局面，实现了全国的统一，建立了第一个专制主义中央集权国家——秦朝，从此中国古代历史翻开了崭新的一页。

（二）秦代采纳法家学说的原因

先秦诸子百家之"百"言其思想流派之多，并非确指有一百家。各派诸子博学多识，不仅对天人关系、名实关系、义利关系、人性善恶、伦理道德等问题有深刻见解，而且尤为关注时局治道，儒、墨、道、法等各家纷纷从不同侧面、不同立场阐发治国方略，每一家均"言之有理，持之有故"。其中，儒家和法家的政治学说影响最为深远，两大学派的治国主张对立也最为明显：儒家主张对传统的"礼治"采取温良的"损益"，提倡"礼治"、"德治"、"人治"，反对当时的变革思潮和法家的"法治"主张。法家则主张对传统采取激进的改革，提倡"缘法而治，一断于法"，攻击儒家的"礼治"学说。可见，代表不同阶层利益的儒法两家表达了两种根本不同的治国之道。前者主张的德礼之治代表没落贵族的利益，而后者的法治理论则是当时新兴地主阶级巩固其既得利益的政治表达。面对当时儒法两家针锋相对的治国策略，为何秦采取了法家学说而非儒家理论作为其立法建制的指导思想呢？除了法家思想流派顺应当时进步历史潮流的客观原因外，还包括以下两个因素：

首先，秦国特有的地域文化特征较易接受法家学说。

春秋战国，诸侯纷争，群雄逐鹿，各占一隅，政治地域化倾向促成文化颇具地域性特征，并逐渐形成了齐鲁文化、楚文化、三晋文化等三类典型的地域文化。可以说，文化的地域性特征是先秦大分裂、大动荡时期的一种独特社会现象。正是这一特征滋养了当时思想流派的孕育和发展，影响了各家学说的趋势走向。例如，三晋地处中原，农耕基础雄厚，商业经济发达，务实功利的社会群体心理等地域文化特征为法家思想的繁衍及制定法的产生提供了广阔的文化背景，更为一批法家人物构筑起施展抱负和理想的政治舞台，在魏国李悝制定了集诸国法制建设之大成的标志性封建法典——《法经》，在韩国则诞生了号称法学理论集大成者的大思想家韩非。可见，三晋地域文化特征是法家学派得以孕育、滋生的最丰腴的母体，法家学派也在三晋大地上找到了自身生长的适宜土壤，但却未能进一步发

① 《史记·孟子荀卿列传》。
② 参见《史记·太史公自序》。

展壮大，其根源也是地域因素使然。三晋地区各诸侯国原为西周王朝所分封，故周礼势力依然根深蒂固。虽有魏国李悝发端改革，制定封建法典《法经》，依法治国的政治措施使魏国一度强大，但未能被彻底地继承。"少好刑名之学"的商鞅之才也为魏惠王不用，可见法家学说在三晋地区的发展受到阻碍和抵制。此时，法家学派却备受秦国统治者青睐。究其原因，仍与其地域文化特征紧密相连。第一，秦国地理位置偏僻，远离中原地区。政治经济文化较之其他诸侯国相对落后。第二，秦国周边多戎狄少数民族，并深受戎狄文化的影响，关中各国视秦为夷狄，即"秦僻在雍州，不与中国诸侯之会盟，夷狄遇之"①。这些地域文化特征使传统的周文化对秦国的影响微乎其微，极易使其成为一个重功利而轻伦理的民族。而战国群雄逐鹿带来的土地和财富无时不在诱惑着西戎小国——秦国统治者蠢蠢欲动加入其间。同时诸侯争霸的盛衰起伏也表明，法治兴废与国力强弱密切相关。正如韩非子总结道："当魏之方明立辟，从宪令行之时，有功者必赏，有罪者必诛，强匡天下，威行四邻；及法慢妄予，而国日削矣。当赵之方明国律，从大军之时，人众兵强，辟地齐、燕；及国律慢，用者弱，而国日削矣。当燕之方明奉法，审官断之时，东县齐国，南尽中山之地；及奉法已亡，官断不用，左右交争，论从其下，则兵弱而地削，国制于邻敌矣。故曰：明法者强，慢法者弱。"②即奉法者则国强，废法者则国弱，体现了"法治"的巨大社会功效。所有这些因素极易使秦国统治者直接"拿来"法家学说为其所用。因此，自秦献公始，就力倡变法革新。继秦孝公下令求贤："宾客群臣有能出奇计强秦者，吾且尊官，与之分土。"③适逢商鞅魏国遭弃，闻讯携带《法经》"乃西入秦"，"说孝公变法修刑，内务耕稼，外劝战死之赏罚"④，深得孝公赏识，先后主持两次变法，使法家学说深深扎根于秦国土壤中。从此，法家学说在秦国迅速盛行，日益发展壮大。总之，秦国弃儒学而不用，采法家之一宗具有其深刻的历史文化原因：一方面是新兴地主阶级现实利益的主观需要。法家学派代表新兴地主阶级利益，积极进取，主张变法革新、富国强兵、轻罪重刑等，这些治国理论满足了秦国统治者增强军事实力、实现逐鹿中原的迫切愿望。另一方面是秦国地域文化特征使秦国统治者较易接受法家学说并得以彻底贯彻。齐人鲁仲连说："彼秦者，弃礼义而上首功之国也，权始其士，虏使其民。"⑤ 韩非也说："夫慕仁义而弱乱者，三晋也；不慕而治强者，秦也。"⑥ 可见，秦国统治者采纳了法家学说作为治国之道，经过商鞅变法后，秦国空前强盛，一跃成为战国七雄之首。

其次，秦朝大一统的政治形势有利于法家学说推广至全国范围。

商鞅相秦变法，"行之十年，秦民大悦，道不拾遗，山无盗贼，家给人足。民勇于公战，怯于私斗，乡邑大治"⑦。秦国国力迅猛增长而上列战国七雄之首。法家理论亦随之成为秦国的意识形态，日益深入人心。史载时人皆能言商君之法，"今境内之民皆言治，藏

① 《史记·秦始皇本纪》。
② 《韩非子·饰邪》。
③ 《史记·秦始皇本纪》。
④ 《史记·商君列传》。
⑤ 《史记·鲁仲连列传》。
⑥ 《韩非子·外储说左上》。
⑦ 《史记·商君列传》。

商、管之法者家有之"①。继秦孝公之后的历代国君秉持法家学说为治国方针，不断推动社会向前发展，至嬴政统治时期，灭掉六国，建立了中国古代历史上第一个封建君主专制的大一统国家——秦朝。"大一统"是先秦时期颇为流行的一种政治思想，其内涵主张天下统一，君主独权，秦朝就是深受大一统思想的影响而建立起来的。这种以君主独裁为标志的大一统政治形势会对思想文化产生两方面影响：一方面，它会形成学术和政治紧密相连，一切学术皆以政治为中心，学术服务于政治的思想文化发展特征；另一方面它会以个人强权专断为后盾，对异端学说采取文化高压政策，实行文化专制主义。秦始皇发动的"焚书坑儒"即为明证。可以说，秦朝大一统的政治形势在客观上有利于推广统治阶层认可的思想文化并取得支配地位。而法家学说曾给秦国带来国富民强的盛局，并最终在群雄争霸中取得最后的胜利，灭六国而成一统，这实乃法家学说与政治实践有效结合的最终胜利。随着统一王朝的建立，始皇帝嬴政自然对法家学说的威力记忆犹新，继承法家余绪可谓不遗余力。这样，在大一统政治形势的有力推动下，秦始皇不仅对法家思想集大成者韩非的思想理论推崇备至，并在李斯辅佐下进一步丰富发展了法家学说，而且还制造了"焚书坑儒"事件，打击异端思想，强权推广法家学说至全国范围，成为整个国家的治国指导思想。由此，秦朝大一统的政治形势以君主独裁为后盾促使法家学说由一国范围迅速推广至全国版图，成为秦王朝法制建设的根本指导思想及臣民立身处事的行为规范和评判准则。至此，先秦诸子百家中唯法家学派独尊。

具体来讲，秦朝统治者采纳法家学说治国方略主要内容包括：首先，秦始皇灭掉六国实现统一后，崇奉韩非"法、势、术"思想，视法为维护其专制独裁的工具，在全国实行"事皆决于法"的治国策略，以致"自君卿以下至于众庶，人怀自危之心，亲处穷苦之实"②，极大加强了君主个人权威。其次，继续推行法家轻罪重罚原则，且有过之而无不及。秦朝统治者坚持法家重刑威吓主义，史载秦始皇"专任刑罚"，至秦二世则"法令诛罚日益刻深，群臣人人自危"，"行督责益严"，"税民深者为明吏"，"杀人众者为忠臣"，以致"刑者相半于道，而死人日成积于市"③。可见秦朝的法律在法家学说影响下已完全演变为赤裸裸的刑罚暴力。

（三）法家学说与秦代法制特色

如前所述，法家学说扎根于秦国，推广于秦朝，秦统治者实行"法治"政治方针一以贯之，逐步构建了空前完备的法律制度体系。秦代法律制度是法家学说的物质载体，而法家学说则是秦代法律制度独具特色的深层思想根源，两者相辅相成，互为体用。法家学派作为先秦诸子百家中的显学学派之一，其名称源自汉代，当时学术界把战国时期主张"变法"、"建法立制"④、"以法治国"、"一断于法"⑤ 的士人群体统称为法家学派。主要代表人物包括：春秋时期的变革家管仲、子产，称为法家先驱；战国初、中期的李悝、商鞅、慎

---

① 《韩非子·五蠹》。
② 《史记·秦始皇本纪》。
③ 《史记·李斯列传》。
④ （三国·魏）刘劭：《人物志·流业篇》。
⑤ 《史记·太史公自序》。

到、申不害，称为前期法家；战国后期的韩非、李斯，称为后期法家。各时期法家代表人物思想的共同之处就是都非常强调"法"的重要作用，他们对"法"的阐述在中国古代历史上达到了"前不见古人，后不见来者"的程度。法家学派都以好利恶害的人性论和历史进化观作为论法的理论基础，主张公布成文法，提出加强君权、奖励耕战、缘法而治、信赏必罚、重刑轻罪等"法"治观点，从而实现国富兵强。对于先秦法家学派的形成及特征，何勤华先生认为，它并不是有意识地结成的学术团体，而是因其理论倾向的一致而形成的一股理论思潮。也并非古代西方的那种法学家集团，而是一个具有共同政治主张的学术派别。其核心思想顺应历史的发展，代表新兴地主阶级利益，主张变法革新和以法治国，渗透着积极进取的乐观主义精神。在战国群雄纷争的情势下，法家学说的务实功利色彩最能迎合当时诸侯国君实现国富民强的愿望。①

秦国因商鞅变法植入法家学说，直至实现统一后，秦朝统治者又转而信奉韩非、李斯之学，可见，法家学派代表人物中以商鞅、韩非及李斯等人的思想学说对秦法制建设影响最为深远。同时，三人的政治主张也最为能够集中体现法家思想的丰富内涵，现仅对其作一简要论述。

商鞅（约公元前390—前338），原名卫鞅，又称公孙鞅，出身卫国公族，少时学刑名之学。是战国中期法家学派重要代表人物。曾任魏相公孙痤家臣。秦孝公下令求贤，他应召入秦。向孝公提出变法主张受到重视，遂任秦左庶长，后升为大良造，主持秦国的变法达二十余年，使秦的国力大增。公元前340年，以功封于商，号为商君。公元前338年，秦孝公死，商鞅遭反对者车裂。

商鞅作为法家学派重要代表人物之一，他提出实力决定国家命运，农战决定国家实力，信赏必罚决定农战，法令规定赏罚标准等治国主张。具体可概括为"以法相治"②、"垂法而治"③、"缘法而治"④ 等一系列"法"治思想。其中对秦国法制建设影响最大的主要观点包括：一是"任法、重信、权势独制"的法、信、权有机结合的"法治"主张。在商鞅看来，"法"是指以刑罚为主体的法令，"信"指赏罚的信用，"权"指君主的权柄。对这三者，他首先认为君主必须独自垄断一切权力，只有"君尊而令行"⑤。此即为"权势独制"，这是大前提；其次，主张国家必须公布法令，使"吏不敢以非理法遇民，民不敢犯法"⑥，此即为"任法"；最后，要求君主在执法中要做到信赏必罚，取信于民，此即为"重信"。在此基础上，商

商鞅

---

① 参见何勤华：《中国法学史》，101页，北京，法律出版社，2000。
② 《商君书·慎法》。
③ 《商君书·壹言》。
④ 《商君书·君臣》。
⑤ 《商君书·君臣》。
⑥ 《商君书·定分》。

鞅进一步提倡"法、信、权"三者有机结合的"法"治策略，共同维护君主权威。二是"壹赏、壹刑、壹教"的"法治"措施。商鞅认为法令是"国之权衡"①，是进行赏罚的唯一标准。所谓"壹赏"，即只能依法赏赐有功农战和告奸之人，"所谓壹刑者，刑无等级。自卿相将军以至大夫庶人，有不从王令、犯国禁、乱上制者，罪死不赦"②。所谓"壹教"指取缔一切不符合法令，不利于农战的思想和言论，实行"以法为教、以吏为师"。这些思想体现了商鞅不辨亲疏，不分贵贱，一断于法的"法治"精神。三是"以刑去刑，国治；以刑致刑，国乱"③的重刑主义。

韩非（约公元前 280—前 233），韩国公子，喜刑名法术之学，为战国末期法家学派重要代表人物。他与李斯同学于荀况门下。曾多次上书韩王，倡议变法图强，未被采用，于是发奋著书立说，以明己志。后秦王政慕其名，遗书韩王，强邀他使秦。在秦为李斯、姚贾所诬害，冤死狱中。

韩非深受商鞅思想影响，其"说在商君之内外"④。同时他又系统总结法家学派各家之言，分析其利弊，丰富其内涵，建构了一套完整的"法治"理论体系，成为法家思想集大成者。秦始皇当时见到韩非所著《孤愤》、《五蠹》等著作时兴奋地说："嗟乎！寡人得见此人与之游，死不恨矣。"⑤ 韩非思想对秦朝法制建设影响最大的主要观点包括：一是"法、势、术"相结合的"法治"方略。韩非积极鼓吹君主"擅势"与"独制"，主张君主总揽国家一切司法行政大权。在此前提下君主应该利用"法"治来巩固权势，即"抱法处势则治"。同时，还要修术以加强皇权，他说："处势以修术"，"以术行法，以术烛私"。在此基础上，韩非提出"法、势、术"有效结合，共同保障君主权威至高无上。二是"一其宪令、布之百姓"，"以法为本、唯法为治"，"信赏必罚、法不阿贵"，"严刑重罚、以刑去刑"的系统"法治"主张。三是"法"只是维护君主专制独裁统治的有力工具，明确提出一系列"君主集权，以法独制"、"明法制臣，强干弱枝"、"治民无常，唯法为治"的"法治"工具理论。

李斯作为战国后期法家学派的代表人物，其贡献主要在于积极推动了商韩法家学说在秦朝转化为政治实践，并有所创新。主要表现为：一是策划并实行秦始皇设置郡县、废除分封、建立立制等政治活动。二是提出以法为教、以吏为师的主张，将法家学说上升为整个统一王朝的意识形态。三是重申法家"重势"观点，形成"独操主术以制听从之臣，而修其明法，故身尊而势重也"的极端君主专制主义思想，强调君主对臣下的督责与重罚。纵观李斯的政治生涯，他以法家学派的强硬作风，既对中国第一个统一王朝国家机器的建立和完备及封建法律制度体系的形成和建构作出了贡献，又对秦始皇、秦二世专任刑罚，造成"刑者相半于道，而死人日成积于市"的严重社会后果扮演了帮凶的角色。

综上所述，商鞅、韩非和李斯的思想一脉相承，他们都主张君主专制主义，在此前提下，提出以法治国、信赏必罚、轻罪重刑的"法治"学说。由此可见，法家的"法治"理

---

① 《商君书·修权》。
② 《商君书·赏刑》。
③ 《商君书·去强》。
④ 《韩非子·南面》。
⑤ 《史记·秦始皇本纪》。

论和现代法治观念有根本区别。先秦法家学派所言之"法"只是维护君主至高权威的一种工具而已。其强调法的平等、公正、公开也是为巩固君主专制统治而服务，要求除君主以外的全体臣民都必须严格遵守，在"法治"名义下实现广大民众对统治者的绝对顺从，从而巩固君主之"势"。徐道邻则认为：

> 法家乃政治家而非法律家。①

学界对法家学说的定性说明了法家"法治"实为专制。这样，专制下的"法治"必然走向暴政："及刻者之为，则无教化，去仁爱，专任刑罚而欲以致治，至于残害至亲，伤恩薄厚。"②

在法家思想的影响下，秦代法制建设取得了巨大成就。综观秦法无不渗透着法家精神，呈现出独具特色的法制风貌，具体表现在以下三个方面：

首先，法律规范细密，法律体系完备。出土的云梦秦简记载了商鞅变法后的秦国及秦朝初年的主要法律制度内容。其名目之繁多，部门之齐全，为世所罕见。其中，关于刑事方面的法律内容主要有《法律答问》、《盗律》、《捕亡律》、《捕盗律》等；关于职官管理方面的法律内容主要有《置吏律》、《除吏律》、《除弟子律》、《效律》、《内史杂律》、《传食律》、《行书律》、《属邦律》、《游士律》、《司空律》等；关于经济方面的法律内容主要有《垦草律》、《田律》、《厩苑律》、《牛羊课》、《仓律》、《藏律》、《傅律》、《金布律》、《关市律》、《徭律》、《公车司马猎律》等；关于军事方面的法律内容主要有《军爵律》、《中劳律》、《戍律》、《敦表律》等；关于司法行政与刑狱方面的法律内容主要有《尉杂律》、《捕盗律》、《封诊式》等；关于手工业行政管理方面的法律内容主要有《工律》、《工人程》、《均工律》、《司空律》等。从秦简律文可知，秦代统治者建构了门类齐全的法律体系，充分运用法律手段调整国家的政治、经济、军事、司法等各种社会关系，体现了秦代以法治国的策略方针。秦始皇建立秦朝后，在李斯的辅佐下非常重视法制建设，不仅把原来的秦律推广至全国，而且又颁布了新的法律法令，形成了律、令、制、诏、程、式、课、法律答问、廷行式等多种法律渊源，开创了"法令由一统"的局面。对于秦朝统一后的立法建制情况，史籍多有记载："大圣作治，建定法度，显著纲纪"，"皇帝临位，作制明法，臣下修饬。二十有六年，初并天下，罔不宾服，治道运行，诸产得宜，皆有法式"，"普施明法，经纬天下，永为仪则"③等等，均体现了秦朝统一后"事皆决于法"治国方略，并取得良好的社会效应："圣法初兴，清理疆内，外诛暴强。""后敬奉法，常治无极，舆舟不倾。""黔首改化"，"欢欣奉教，尽知法式"，"咸知所避"。"尊卑贵贱，不逾次行""贵贱分明，男女礼顺。"④总之，出土文献和传世文献的相关资料都说明秦代法制部门齐全、体系完备的历史事实，这一显著特征正是法家学派"以法为本、一断于法"思想的切实贯彻和完全翻版。而在法家学说指导下建构的秦代法律制度，不论在法典编撰结构还是在刑法、行政法、民法及诉讼法等诸多部门法所取得的辉煌成就，均对中国后世封建社会的法制建设产生了深

---

① 徐道邻：《中国法制史论略》，4 页，台北，正中书局，1970。
② 《汉书·艺文志》。
③ 《史记·秦始皇本纪》。
④ 《史记·秦始皇本纪》。

远影响。

其次,刑罚严酷,刑种繁多。史载"商君之法,刑弃灰于道者"①。秦律规定:"五人盗,赃一钱以上,斩左趾,又黥以为城旦"。"司寇盗百一十钱,当耐为隶臣,或曰赀二甲。"采几片桑叶,"不盈一钱",也要"赀徭三旬"②,甚至有"诽谤者,族"③、"敢有挟书者,族"④。"有敢偶语《诗》、《书》者,弃市"⑤。可见,秦代刑罚极其严酷,这一特色充分说明了商鞅轻罪重刑思想的影响。不仅如此,秦代刑种名目繁多。单就死刑来说,就包括车裂、弃市、剖腹、腰斩、体解、枭首、凿颠、抽胁、镬烹、囊扑、灭族、夷三族等众多种类。据记载:"秦用商鞅,连相坐之法,造参夷之诛,增加肉刑、大辟,有凿颠、抽胁、镬烹之刑。"⑥ 其残忍和野蛮可见一斑。正如史载:"内刻刀锯之刑,外深铁钺之诛,步过六尺者有罚,弃灰于道者被刑。一日临渭而论囚七百余人,渭水尽赤。"⑦ 可见,秦代整个刑罚体系都充斥着残酷的血腥色彩。造成秦法这一特色的根源就是法家重刑威慑主义,正是法家重刑主义导致秦法刑种繁多,用刑严酷。这与秦代统治者对法家重刑主义深信不疑,崇奉有加密切相连。如李斯曾说:

> "故韩子曰'慈母有败子而严家无格虏'者,何也?则能罚之加焉必也。故商君之法,刑弃灰于道者。夫弃灰,薄罪也。而被刑,重罚也。彼惟明主为能深督轻罪。夫罪轻且督深,而况有重罪乎?故民不敢犯也","能独断而审督责,必深罚,故天下不敢犯也","故督责之术设,则所欲无不得矣。群臣百姓救过不给,何变之敢图?"⑧

李斯作为秦朝法制建设的重要参与者和实践者,他对法家重刑主义的坚持和阐发直接影响到秦代刑罚制度建设,并必定使其带有明显的严酷性特色。史载秦代"废王道,立私权,禁文书而酷刑法","以暴虐为天下始","劓鼻盈累,断足盈车,举河以西,不足受天下之徒"⑨,"所割男子之势,高积如山"⑩,"刑者相半于道,而死人日成积于市"⑪。这些均体现了秦代刑罚的残酷性。正如何勤华先生所说:"有秦一代,将韩非的刑法哲学运用于立法和司法的实践,严刑峻法,使法律完全成了赤裸裸的暴力"⑫。刑罚严酷可谓秦法最突出的特征之一,这是法家学说指导下的秦法必然出现的现象。只是与法家"刑期无刑"的初衷相反,其结果造成"奸邪并生,赭衣塞路,囹圄成市,天下愁怨,溃而叛之"⑬ 的悲惨下场。

---

① 《史记·李斯列传》。
② 《睡虎地秦墓竹简》,154 页,北京,文物出版社,1978。
③ 《史记·高祖本纪》。
④ (宋)王应麟撰:《通鉴答问》卷三,"(汉)惠帝"。
⑤ 《史记·秦始皇本纪》。
⑥ 《汉书·刑法志》。
⑦ 《史记·商君列传》。
⑧ 《史记·李斯列传》。
⑨ 《盐铁论·刑德》。
⑩ 《史记·秦始皇本纪》。
⑪ 《史记·李斯列传》。
⑫ 何勤华:《中国法学史》,85 页,北京,法律出版社,2000。
⑬ 《汉书·刑法志》。

最后，巩固皇权构成法制建设的核心内容。主要体现在秦朝建立后，秦始皇所进行的一系列立法活动中。一是改名号，建帝制。秦始皇兼采传说中的"三皇、五帝"尊号，取皇帝二字，自号始皇帝，希望江山永固，传之二世，乃至万世。又规定皇帝自称曰"朕"，命曰制，令曰诏，制和诏具有最高法律效力，形成了中国封建社会"法自君出"的传统。制定了一套尊君抑臣的朝仪和文书制度，并规定事无大小皆决于皇帝。对任何侵犯皇权的言行都要处以重刑，"行所幸，有言其处者，罪死"①。通过上述这些改革措施，秦始皇加强了个人皇权，巩固了专制权威。二是建官制，设郡县。秦始皇采纳李斯的建议，在中央建立了以皇帝为中心的封建官僚制度，在地方则大力推行郡县制度，开创了中国历史上第一个"海内为郡县，法令由一统"的崭新局面。中国古代文官制度肇始于斯，大大加强了专制主义中央集权制度。三是推行整齐制度。秦始皇以秦国各项制度为标准，对统一王朝的文字、货币、度量衡等进行了整齐划一的举措。整齐制度的推行，一方面促进了秦朝经济文化的发展；另一方面巩固了秦王朝专制主义中央集权的统治基础。四是实行文化专制。秦始皇采纳李斯的建议，颁布"焚书令"，规定"史官非《秦记》，皆烧之；非博士官所职，天下敢有藏《诗》、《书》、百家语者，悉诣守、尉杂烧之；有敢偶语《诗》、《书》弃市；以古非今者族；吏见知不举者与同罪；令下三十日不烧，黥为城旦；所不去者医药、卜筮、种树之书；若欲有学法令，以吏为师"。第二年又发动"坑儒"事件，把"犯禁者四百六十余人，皆坑之咸阳"②。通过推行"焚书坑儒"的文化专制主义策略，避免了"主势降乎上，党与成乎下"分裂局面的发生，巩固了统治阶级意识形态的至高地位，皇帝的个人权威亦达到顶峰。

总之，秦始皇进行的一系列大刀阔斧、雷厉风行的立法活动均旨在加强专制主义中央集权，维护皇帝个人权威，而他所建构的法律制度体系则有力地保障了皇帝集立法权、司法权、行政权、意识控制权等各项国家大权于一身。换言之，巩固皇权既是法制建设的根本出发点及最终归宿，又是构成法律规范的核心内容。秦法的这一特征是在法家学派主张加强君权，"法、势、术"思想指导下形成的。对于法家重势论，李斯全盘接受，他说：

> 独操主术以制听从之臣，而修其明法，故身尊而势重也……明主圣王之所以能久处尊位，长执重势，而独擅天下之利者，非有异道也。能独断而审督责，必深罚，故天下不敢犯也。③

李斯的这番言论深化了法家提倡的"法治"工具论，从而在实践中直接积极推动了秦法走向维护皇权的道路。对此，何勤华先生指出："秦始皇统一六国以后，即自称始皇帝，并将法视为维护君主专制的工具，将所有权力集于一身，以维护皇帝的权威，巩固自己的独裁统治"④。秦法这种唯皇权是尊、视法为工具的特征，最突出表现在大力推行文化专制主义。秦始皇以强权为后盾，以刑罚为手段，力图"别黑白而定一尊"，在全社会实现一尊

---

① 《史记·秦始皇本纪》。
② 《史记·秦始皇本纪》。
③ 《史记·李斯列传》。
④ 何勤华：《中国法学史》，85 页，北京，法律出版社，2000。

思想和文化一统。他反对战国以来"诸侯并争，厚招游学"，"人闻令下，则各以其学议之"①，主张"以法为教、以吏为师"的文化专制主义，并发动"焚书坑儒"事件。这种以巩固皇权为目的，采取极端方式摧残思想文化的做法，开启了中国古代历史上极端专制的恶例。

综上所述，秦代法制在法家学说的指导下，形成了"以法为本"、"严刑峻罚"、"君权独断"的显著特征。三者互为表里，相辅相成。为了维护皇权独裁专制统治，必须采取"法治"，以驾驭臣民。而轻罪重刑、严刑峻罚既是个人专制政治体制模式的必然趋势，即"人君之于天下，不能以独治也，独治之而刑繁矣"②，又是法家"法治"理论的内在要求，只有贯彻重刑主义才能有效巩固君主至高权威。总之，三者一以贯之，集中渗透和体现了法家学派"法、势、术"相结合的治国思想。

先秦儒家学说与法家学说的互通性决定秦代法制不可避免地烙上儒家思想的印迹。儒家和法家作为先秦诸子百家中的两大显学学派以分别标榜"礼治"和"法治"两种截然相反的治国方略而针锋相对，但若由表及里，又可窥知两家思想互为沟通。其原因有三：

第一，儒、法两家均诞生于中国古代宗法伦理的社会土壤中，这一共同的社会基础决定了两家思想不可能截然分立。这样，以共同维护宗法伦理为目的，成为两家学说得以互通的重要前提条件。正如司马谈所说：

> 法家严而少恩，然其正君臣上下之分，不可改矣……法家不别亲疏，不殊贵贱，一断于法，则亲亲尊尊之恩绝矣。可以行一时之计，而不可长用也，故曰"严而少恩"。若尊主卑臣，明分职不得相逾越，虽百家弗能改也。③

可见，维护宗法伦理是先秦诸子百家共同的政治追求，法家之"法"是维护君臣等级关系的"法"，故而与儒家之"礼"只是殊途同归。可以说，孕育儒法两家思想的共同社会基础是其得以趋同的前提和基础。

第二，法家学派的形成过程决定其必然带有儒家色彩。先秦诸子百家思想是在相互吸收与融合，相互批判与借鉴中形成"各引一端"的诸派学说的。如孔子问礼于老子，墨子本"受孔子之术"，荀子亦接受了法家的某些思想，韩非子则为荀子的学生等等。思想的开放与交融使每一学派均呈现出你中有我，我中有你的重合性特征。而法家学派的形成过程更为鲜明地体现了先秦诸子思想融合的特征。法家学派并非一开始就形成了一个完整的学派，其代表人物申不害、慎到、商鞅等人均先"学本黄老"，黄老原本是先秦道家的一个别派。韩非和李斯又"俱事荀卿"。后来他们结合自身所处的社会现实逐渐发展为法家思想。这样，法家学派必然吸收和借鉴儒家思想的有益成分为其所用。继秦之后的汉家法度实施"霸王道杂之"的统治策略，实际上就是一种外儒内法的封建正统法律思想。从此儒法结合成为中国传统法律文化的灵魂和精髓，这恰恰证明了儒法两家思想具有互通性和一致性。

第三，《法经》的颁布是先秦儒法两家思想互为沟通的最集中的现实体现。战国时期魏国李悝集各诸侯国法典之大成制定了中国第一部封建法典——《法经》。而诸国统治者在推

---

① 《史记·秦始皇本纪》。
② （清）顾炎武：《日知录》卷六。
③ 《史记·太史公自序》。

行"法治"的同时受儒家宗法伦理思想的深度浸润,其法典已带有明显的"礼治"色彩。这样,《法经》必然也相应传承了儒家宗法伦理思想。《法经》对君主专制和宗法血缘关系的坚决维护是儒法两家共同的价值理念和法律追求的统一实现,最集中体现了儒法两家思想的互通融合的趋势与特性。总而言之,先秦儒家与法家因上述诸多因素使其学说呈现出对立统一的辩证关系,而秦律又与《法经》具有直接渊源关系。所有这一切都造就了秦律深受儒家思想的可能性和必然性。可以说,儒法融合并非陡然肇始于汉律,秦律已初露端倪。有学者指出:"秦汉时期在法律上儒法合流,首先表现为在秦代的律学中,已经重视儒家学派一贯强调的宗法伦理思想"①。具体来讲,儒家思想对秦代法制的影响主要表现在以下两个方面:

首先,重惩不孝,规范家罪,维护宗法伦理。日本著名学者大庭脩认为不孝罪最早出现于魏晋以后的法典中,出土云梦秦简证实早在秦国法律中就有不孝罪。②秦律对不孝罪的惩罚,据江陵张家山汉简《奏谳书》载:

> 教人不孝,次不孝之律。不孝者弃市。弃市之次,黥为城旦。③殴大父母,黥为城旦舂。④

可见,对不孝罪秦律规定最重给予弃市严惩,其次是黥为城旦或城旦舂,体现了秦律旨在严格保护宗法血缘伦理关系。为了及时惩处不孝罪,秦律严格规定了对此罪行的特殊审判程序。《法律答问》载:"免老告人以为不孝,谒杀,当三环之不?不当环,亟执勿失。"⑤在这一司法解释中,咨询免老人之人(有爵者五十六岁,无爵者六十岁,不再承担赋役的人)控告某人不孝,需要判处死刑,是否经过三次原宥的程序?回答是不必经过原宥,就可立即逮捕不孝罪犯,勿使逃跑。⑥可见对不孝罪可以不经任何审判程序,就可执行死刑。⑦在《封诊式·告子》爰书中记载了对这一法律解释的实际执行案例:某里士伍甲控告亲生子不孝,请求处死刑。官府当即捉拿不孝子归案,认定其不孝之罪。⑧这一法律规定可以有效及时地重惩不孝罪犯。儒家学说提倡修身齐家治国平天下,修身齐家主要体现在讲究孝道,治国平天下则主要表现在绝对忠君,孝道与忠君是一个整体的两个方面,讲究孝道的人必然是忠君的,由此儒家视不孝之人为罪大恶极,主张必须从重严惩。而法家则坚决反对孝道,商鞅曾说:"国有礼、有乐、有诗、有书、有善、有修、有孝、有悌、有廉、有辩——国有十者,上无使战,必削至亡。"⑨可见,秦律对不孝罪的法律规定体现的是受儒家思想的深刻影响。此外,对于侵犯伦常关系的通奸、和奸罪,秦律也规定严惩不

① 何勤华:《中国法学史》,85 页,北京,法律出版社,2000。
② 参见〔日〕大庭脩:《秦汉法制史研究》,林剑鸣等译,118~119 页,上海,上海人民出版社,1991。
③ 张家山汉简释文小组:《江陵张家山汉简〈奏谳书〉释文二》,载《文物》,1995 (3)。
④ 《睡虎地秦墓竹简》,184 页,北京,文物出版社,1978。
⑤ 《睡虎地秦墓竹简》,195 页,北京,文物出版社,1978。
⑥ 参见崔永东:《出土法律史料中的刑法思想》,载《北京大学学报》(哲学社会科学版),1999 (1)。
⑦ 参见《睡虎地秦墓竹简》,195 页,北京,文物出版社,1978。
⑧ 参见《睡虎地秦墓竹简》,263 页,北京,文物出版社,1978。
⑨ 《商君书·去强》。

贷。《法律答问》载:"同母异父相与奸,可(何)论?弃市。"① 同时,秦律也非常注重保护父权、夫权,等等。这些法律规定都对家庭血缘关系给予了有力保护。另外,秦律又界定"家罪"。《法律答问》记载:

> 家人之论,父时家罪殴(也),父死而谪(甫)告之,勿听。……可(何)谓"家罪"?"家罪"者,父杀伤人及奴妾,父死而告之,勿治。②
>
> 可(何)谓"家罪"?父子同居,杀伤父臣妾、畜产及盗之,父已死,或告,勿听,是胃(谓)"家罪"③。

可见,"家罪"主要包含两层含义:一是指父亲杀伤家人和奴婢;一是指儿子杀伤父亲的奴婢或盗窃父亲的畜产。对于"家罪"每个家庭成员都应予以隐瞒,不得向官府控告,即使控告,官府也不予受理。是为"非公室告":"非公室告可(何)殴(也)?贼杀伤、盗它人为'公室';子盗父母,父母擅杀、刑、髡子及奴妾,不为公室告。"④"子告父母,臣妾告主,非公室告,勿听。"可(何)谓"非公室告"?主擅杀、刑、髡其子、臣妾,是谓"非公室告",勿听。而行告,告者罪。告〔者〕罪已行,它人有(又)袭其告之,亦不当听。⑤ 这说明秦律规定凡是主人杀害或者惩罚仆人或者卑幼的行为,均属于"非公室告"的家务事纠纷,以此类行为家庭成员均要相互隐瞒,不能烦扰官府进行告发,否则对告发者治罪,如果还有人继续告发的,官府仍拒绝受理。而儒家学派代表人孔子的一个重要观点就是主张父与子若犯罪,都要互相隐瞒罪行,不得揭发。法家却主张打破亲亲界限,商鞅认为"亲亲者以私为道也",提倡"塞私门而立公道",向往"强国之民,父遗其子,兄遗其弟,妻遗其夫,皆曰:'不得,无返!'又曰:'失法离令,汝死,我死。乡治之行间,无所逃,迁徙无所入"⑥。

这说明,秦律划定"家罪"为"非公室告"范畴,规定家庭成员犯罪要互相隐瞒,此乃深受儒家思想影响所致而非法家。秦律相隐原则也是汉代"亲亲得相首匿"原则确立的滥觞,体现了法家对儒家宗法伦理思想的默认与妥协,在立法建制上重视对宗法伦理秩序的维护。

其次,刑有等差,同罪异罚,贯彻封建等级刑罚观念。这既是中国古代政体等级化使然,又是中国封建法典的本质特征。因此,作为最集中代表新兴地主阶级利益的秦律,必然以维护地主官僚的法律特权为宗旨,贯彻同罪异罚原则。纵观秦律,这种法律地位的不平等主要表现在以下两个方面:

第一,有爵位者和无爵位者不平等。商鞅变法制定二十等军功爵制,明确不同的爵位及其相应的权力和义务,爵位越高,法律特权越大。秦律规定:

---

① 《睡虎地秦墓竹简》,225 页,北京,文物出版社,1978。
② 《睡虎地秦墓竹简》,197 页,北京,文物出版社,1978。
③ 《睡虎地秦墓竹简》,197~198 页,北京,文物出版社,1978。
④ 《睡虎地秦墓竹简》,195 页,北京,文物出版社,1978。
⑤ 参见《睡虎地秦墓竹简》,196 页,北京,文物出版社,1978。
⑥ 《商君书·画策》。

有为故秦人出，削籍，上造以上为鬼薪，公士以下刑为城旦。①

按秦国二十等军功爵位制，上造属于二等爵，公士属于最低爵，两者爵秩只差一级。若犯有私自逃越秦国国境的相同罪行，上造处以鬼薪，而公士则判为城旦，城旦劳役刑重于鬼薪，说明了爵位高者和爵位低者法律地位不平等。此外，秦律规定爵位还可以抵罪，即爵二级可以抵父母中的一个人的隶臣或隶妾罪，爵一级可以抵妻子的隶妾罪。② 这样有爵位者犯罪可以爵位抵罪，减轻处罚，而无爵位者违法则受到法律严惩，这说明有爵位者和无爵位者不平等。对此，崔永东先生曾说："秦律在定罪量刑或在刑罚的执行等方面，确实贯彻了'议爵'的原则。尽管秦律中并无'议爵'这一概念，但事实上它确有这样一种精神存在，即强调根据爵位的高低或有无来议刑之减免与否。犯同罪，有爵者或爵位高者则被减免刑罚，而无爵者或爵位低者则受罚较重，这种同罪异罚的精神，反映了秦律的封建特权法本质。"③

第二，官员和百姓不平等。即根据罪犯有无官职或官职高低决定刑罚是否减免及其减免幅度，从而贯彻同罪异罚的不平等原则。秦简记载：

不当稟军中而稟者，皆赀二甲，法（废）；非吏殹（也），戍二岁。④

这条法规说明了擅自领取军中粮草的犯罪行为，不论官民都赀罚二甲外，若是官吏另处削职惩罚，而若为庶民则外加边疆服役两年的重惩。秦简记载：

大夫甲坚鬼薪，鬼薪亡，问甲可（何）论？当从事官府，须亡者得。今甲从事，有（又）去亡，一月得，可（何）论？当赀一盾，复从事。从事有（又）亡，卒岁得，可（何）论？当耐。⑤

而"今士五（伍）甲不会，治（笞）五十；未卒岁而得，治（笞）当驾（加）不当，当。"⑥ 即官民同犯逃亡罪，官吏第一次逃亡只处以居作轻刑，第二次逃亡仅赀罚一盾，第三次逃亡才处以耐刑。而百姓逃亡一次就要遭受笞五十的皮肉之苦，若再次逃亡则惩罚更重。上述两个案例说明秦律渗透"议官"原则，体现其旨在保护官吏法律特权的封建等级法本质。

第三，臣属于秦国的少数民族贵族和平民不平等。即注重维护臣属少数民族上层集团的法律特权。《法律答问》载："真臣邦君公有罪，致耐罪以上，令赎。何谓真？臣邦父母产子及产它邦而是谓'真'。"⑦ 此处"真臣邦君公"即指臣属于秦国的少数民族贵族官僚及其后裔。他们犯罪若判为耐刑以上的刑罚，皆可适用赎刑而免受真刑。秦律这一同罪异罚原则又称为"议真"，即根据罪犯是否臣属秦国的少数民族贵族官僚来议其刑罚能否减免，

---

① 《睡虎地秦墓竹简》，130 页，北京，文物出版社，1978。
② 参见《睡虎地秦墓竹简》，93 页，北京，文物出版社，1978。
③ 崔永东：《金文简帛中的刑法思想》，54 页，北京，清华大学出版社，2000。
④ 《睡虎地秦墓竹简》，133 页，北京，文物出版社，1978。
⑤ 《睡虎地秦墓竹简》，206 页，北京，文物出版社，1978。
⑥ 《睡虎地秦墓竹简》，220、221 页，北京，文物出版社，1978。
⑦ 《睡虎地秦墓竹简》，227 页，北京，文物出版社，1978。

从而在法律上对其予以特权保护，在政治上对其实现人心拉拢。秦律规定的"议爵"、"议官"、"议贤"等法律特权原则，鲜明地体现其与儒家经典《周礼》所规定的"八辟"之制的异曲同工之处，即两者都体现了一种刑有等差、同罪异罚的原则，换言之，就是依据人的社会身份和地位的高低等差，分别施以减免刑罚或严厉惩罚的不同政策。法家学派主张"不别亲疏，不分贵贱，一断于法"。这说明秦律贯彻的刑有等级与法家学派主张的刑无等级截然相反，而与儒家思想吻合。正如崔永东先生说："秦律有关同罪异罚的种种规定，只能是儒家刑法思想影响所致，而绝非商鞅刑法思想影响的结果"①。在罪罚关系上体现了儒家同罪异罚的等级特征。

综上所述，法家和儒家对秦代法制均产生了重要影响，对此，崔永东先生曾说："指出这一点，至关重要，它可以使人们认识到，即使在秦国和秦朝，亦非法家学说独行于天下，儒家学说也发挥了一定的影响，尽管这种影响与法家相比并不是主要的。从刑法史的角度看，儒法两家的刑法思想在秦即有了合流的趋势，这种合流对后世的刑事立法与司法产生了深远的影响。"② 正是法家学派和儒家学派的共同作用，建构了秦代罪罚关系中的两大显著特征：轻罪重刑和同罪异罚。法家学派是建构秦代罪罚关系中轻罪重刑特征的理论基础，而儒家思想则是决定秦代罪罚关系中同罪异罚特征的理论依据。不过，从总体上来讲，秦代法制建设是在法家学说指导下完成的，法家学说是秦代法制的主流意识和支配力量。因此，决定秦代法制特色的是法家学说而非其他。经过商鞅变法植入法家理论，秦国日益强盛。灭掉六国实现统一全国后，秦始皇又吸收阴阳五行思想，提出"五德终始"的哲学世界观，并从中推衍出"事皆决于法"，"严刑峻法"等法学世界观，由此开创了中国古代历史上第一个统一的"皆有法式"的专制主义中央集权的"法治"国家的先河，从而为后世封建社会的各项制度建设提供了宝贵经验。而秦朝"专任刑罚、二世而亡"的惨痛教训促使"外儒内法"的汉家法度最终确立，中国封建社会正统法律思想至此正式形成。可以说，法家学说与秦代法制的互动作用，建构了有秦一代独具特色的罪罚关系特征及其内容。其历史功过，一切任后人评说。

(四) 商鞅变法与秦代法制

1. 商鞅变法

如前所述，法家重要代表人物商鞅闻秦孝公求贤令，携《法经》入秦，提出"强者必治，治者必强。富者必治，治者必富。强者必富，富者必强"③，"强必王"④ 的变法主张。对此，秦孝公说"寡人不之疑矣！"⑤ 这样，在秦孝公的大力支持下，商鞅力排众议，于公元前359年和公元前350年进行了两次大刀阔斧的变法活动。商鞅变法旨在实现富国强兵，增强秦国实力。为此，他认为实行"法治"是其根本途径，曾说：

> 世之为治者，多释法而任私议，此国之所以乱也。先王县权衡，立尺寸，而至今

---

① 崔永东：《金文简帛中的刑法思想》，58页，北京，清华大学出版社，2000。
② 崔永东：《金文简帛中的刑法思想》，58页，北京，清华大学出版社，2000。
③ 《商君书·立本》。
④ 《商君书·去强》。
⑤ 《商君书·更法》。

法之，其分明也。夫释权衡而断轻重，废尺寸而意长短，虽察，商贾不用，为其不必也。故法者，国之权衡也。夫倍法度而任私议，皆不知类者也。不以法论知能贤不肖者，惟尧，而世不尽为尧，是故先王知自议誉私之不可任也，故立法明分，中程者赏之，毁公者诛之。赏诛之法，不失其议，故民不争。①

故曰："法任而国治矣。"② 因此，商鞅在整个变法活动中都以彻底贯彻"法治"精神为指导思想，这样颁布相关法典及加强法制建设就成为变法过程中的关键环节和显著标志，从而借此把整个社会的政治、经济、思想文化等各方面的管理都纳入到法制的轨道。司马迁概括商鞅变法时说："令民为什伍，而相收司连坐。不告奸者腰斩，告奸者与斩敌首同赏，匿奸者与降敌同罚。民有二男以上不分异者，倍其赋。有军功者，各以率受上爵；为私斗者，各以轻重被刑大小。僇力本业，耕织致粟帛多者复其身。事末利及怠而贫者，举以为收孥。宗室非有军功论，不得为属籍。明尊卑爵秩等级，各以差次名田宅，臣妾衣服以家次。有功者显荣，无功者虽富无所芬华。"③ 可见，经过商鞅变法一系列法典出台，形成了秦国法律制度的基本内容和总体范式，从而初步奠定了秦国法律制度的雏形。具体表现在以下三个方面：

第一，颁布《垦草令》、《分户令》和《为田开阡陌令》等法典，初步奠定了秦国封建自然经济制度的基础。

为了奖励耕战，大力发展农业生产，以实现秦国国富兵强，商鞅在变法中相继颁布了一些重要法典。其中，《垦草令》早已失传，也不见于云梦秦简。可以从《商君书·垦令》篇中的记载大致了解《垦草令》的主要内容，归纳起来包括以下几项措施：（1）加强吏治；（2）整顿税收；（3）禁止农民经商，规定"事末利及怠而贫者，举以为收孥"④；（4）打击商人；（5）限制贵族经济特权；（6）重刑而连其罪，使农民不敢私斗，不敢争讼，不敢四处游荡，不敢浪费钱财，不敢欺诈别人，等等。可见，《垦令》主要体现了重农抑商和打击贵族的精神，旨在大力发展农业生产。《垦草令》颁行后，"卒用鞅法，百姓苦之；居三年，百姓便之。"⑤ 这说明《垦令》顺应历史发展的客观规律，最后受到了广大民众的普遍欢迎。关于《分户令》于秦孝公三年（前379）颁布，规定：

> 民有二男以上不分异者，倍其赋……令民父子兄弟同室内息者为禁。⑥

通过兄弟分户、父子分户，家庭规模减小，从而奠定了男耕女织式的封建小农经济生产模式。秦孝公十二年（前370）颁布《为田开阡陌令》。在中国奴隶社会实行采邑制，受封的诸侯、贵族、大夫、士在自己的"阡陌"、"封疆"内实行"井田制"。商鞅变法颁布此令，"决裂"了原来按血统关系分封给宗室贵族及世袭大臣们的"阡陌"和"封疆"，打破了秦孝公以前受封宗室贵族及世袭大臣的采邑界限，并进而没收其采邑，剥夺其土地所有

---

① 《商君书·修权》。
② 《商君书·慎法》。
③ 《史记·商君列传》。
④ 《史记·商君列传》。
⑤ 《史记·秦始皇本纪》。
⑥ 《史记·商君列传》。

权,确立了在土地国有的前提下实行按照名籍授田和军爵授田的授田制。史载"秦孝公用商君,坏井田,开阡陌"①。商鞅借助《为田开阡陌令》的颁布,以法律形式废除了奴隶社会土地占有关系,确立和巩固了封建土地所有制形式。按名籍授田,培植了纳赋服役的自耕农阶层;按爵秩分田,造就了封建土地私有者阶层。通过这种授田制建立了新型的封建土地所有权制度。"废井田,开阡陌,民得买卖"的经济政策标志着封建土地所有制在秦国正式确立。总之,商鞅变法相继颁布《垦草令》、《分户令》和《为田开阡陌令》,确立了封建自然经济秩序和封建土地所有制度,在秦国初步奠定了代表新兴地主阶级利益的封建经济法律制度的雏形。

第二,颁布《军爵律》和设置郡县令,初步确立了秦国封建主义政治体制模式。

商鞅颁布的《军爵令》,主要内容包括:(1)规定二十等爵级;(2)斩首是授爵的根据;(3)依据爵级各自享受不同权利;(4)规定爵位授予、剥夺以及以爵抵罪等军爵制度。史载:

> 宗室非有军功论,不得为属籍……有军功者,各以率受上爵。②

宗室成员如果没有军功,不再拥有宗室属籍,只有军功才可以授爵,这样在秦国形成了一个军功地主阶层,扩大了统治阶层的政治基础。另据秦简《军爵令》记载:爵二级可以抵父母中一个人的隶臣或隶妾罪;爵一级可以抵妻子的隶妾罪。③《军爵令》的颁布和实施,动摇了奴隶制下世袭的宗法贵族利益,提高了新兴军功地主阶级的社会地位,调动了秦国民众积极参战,奋勇杀敌的无限热情,确立了立功拜爵、犯罪夺爵的封建主义政治传统。此外,商鞅为加强中央集权,在地方推行郡县制,"集小都乡邑为县,置令、丞,凡三十一县"④。县丞管行政,县尉管军事和治安,他们都兼管司法事物。这些令、丞、尉直属中央,统政、兵和司法权于中央,从而极大地巩固了秦国国君的最高统治权。商鞅变法通过颁行上述法典,废除了秦国落后的奴隶制政治残余,初步确立了封建主义性质的政治体制模式。

第三,颁布《刑律》法典及其他刑罚原则的确立,初步建构了秦国刑事法律制度的雏形。

史载"商君受之(《法经》)以相秦"⑤,意即商鞅以《法经》为蓝本,结合秦国社会现实,变革刑法制度,改法为律,制定《刑律》。《刑律》一如《法经》共有六篇,"谓《盗律》、《贼律》、《囚律》、《捕律》、《杂律》、《具律》是也"⑥。出土的云梦秦简未见《刑律》篇目,但是通过对《法律答问》中的相关竹简按照六篇体系排序后,可以说明商鞅对《法经》的继承和创新及其变革刑法制度的主要内容。

(1)《盗律》。它是秦惩罚盗窃犯罪行为的法律规定。商鞅说:"国皆有禁奸邪、刑盗贼

---

① 《汉书·食货志》。

② 《史记·商君列传》。

③ 参见《睡虎地秦墓竹简》,93页,北京,文物出版社,1978。

④ 《史记·商君列传》。

⑤ 《晋书·刑法志》。

⑥ 《唐律疏义·名例律》。

之法。"① 为此制定《盗律》以保护地主阶级的私有财产。《法律答问》中涉及《盗律》的司法解释很多，引用《盗律》原文达十二条之多。可见，商鞅的《盗律》法律规范已相当完备和细密。

（2）《贼律》。它是秦惩罚斗殴、伤害、杀人等犯罪行为的法律规定。其根本目的是保护地主阶级的人身安全。《法律答问》涉及《贼律》的司法解释，引原律至少在十四条之上。可见，商鞅的《贼律》也很发达。在此需指出，商鞅制定的《盗律》和《贼律》内容庞杂繁芜。据载：秦汉旧律中"盗律有劫略、恐吓、和卖买人，科有持质，皆非盗事"②，《晋书·刑法志》也说秦的盗律有"贼伤之例"。这种盗罪与贼罪界限模糊的情况，是刑法初创时期的必然现象。

（3）《囚律》。它是诉讼、侦查、审讯、判决和执行等方面的法律规定。《法律答问》涉及《囚律》的解释也比较多，引原律文也不少，特别是《封诊式》的法律内容基本属于《囚律》的范畴，体现了商鞅注重司法诉讼制度的改革和完善。

（4）《捕律》。它是秦逮捕罪犯的法律规定。

（5）《杂律》。《法律答问》记载了除"博戏"之外，"轻狡"、"越城"、"假借不廉"、"淫侈"、"踰制"等杂罪罪名。

（6）《具律》。包括罪名与刑罚的加减，即刑罚适用原则，相当于现代刑法总则。《法律答问》对此均有相关记载。

总之，商鞅变法时期，颁布了《刑律》，贯彻了《法经》"王者之政，莫及于盗贼"立法宗旨。特标"六篇"篇目，确立了基本的罪名和刑名，构成了秦国刑法制度的基本内容。除此之外，商鞅借助颁布一系列法典，逐步形成了一系列基本的刑罚适用原则。主要包括：《军爵令》的实施，确立了以爵抵罪的同罪异罚原则，即"爵自二级以上，有刑罪则贬。爵自一级以下，有刑罪则已"③。《垦草令》的颁布，确立了"重刑而连其罪"的原则。而秦孝公三年，商鞅"恐变令不行"，出台《什伍连坐法》，规定："令民为什伍，而相收司连坐"，即同伍之人要相互告发，不得诬告，有罪连坐，正式确立了秦国重要的连坐法律制度。总之，商鞅变法，制定《刑律》，确立罪名之制及其刑罚原则的渐次形成，均初步构建了秦国刑事法律制度的雏形。

综上所述，商鞅变法以制定法典为核心，厉行"法治"方针。在经济上大力发展农业生产，推行重农抑商政策。借"分户令"建立起小农自然经济模式。通过"废井田、开阡陌"确立了封建土地所有制。在政治上废除世卿世禄制度，实行军功爵制度。取消分封制，推行郡县制。又制定《刑律》保障新兴地主阶级的现实政治经济利益。其结果严重打击了秦国落后的奴隶主贵族势力，奠定了封建主义性质的经济秩序、政治体制及刑法制度的主要内容和重要基础，标志着封建专制主义国家制度在秦国正式确立。对此，栗劲先生曾说：

　　商鞅变法是春秋战国以来的社会改革最后一役。由于法家学派在理论上的成熟和

---

① 《商君书·画策》。
② 《晋书·刑法志》。
③ 《商君书·境内》。

吸取了历次变法运动的经验教训，因而这次变法运动与以往历次变法运动相比，它是有计划、有组织、有准备和自觉性最高的一次社会改革运动，并进行得比较彻底。这就使秦国从经济基础到上层建筑都发生了极为深刻的变化，实行了较为严格的法治，奠定了富国、强兵和统一全国的基础。同时这次变法运动中所产生的法律、法令，由于在成熟的法家思想指导下，又吸取了各国成文法的经验教训，也是比较成熟和比较完备的成文法。①

同时，商鞅变法也是一次贯彻法家思想最为彻底的政治实践。变法开始前，为保证变法活动能够顺利进行，商鞅立木为信，表达其信赏必罚，取信于民的坚强决心。变法过程中，一般"法之不行，自上犯之"②，为防止保守派的打击和阻挠，商鞅明确提出"刑无等级"口号：

> 自卿相将军以至大夫庶人，有不从王令、犯国禁、乱上制者，罪死不赦。③

惩罚了破坏变法的太子师傅公子虔、公孙贾等旧贵族，结果"明日，秦人皆趋令"④，使变法活动得以顺利完成。在整个变法活动中，商鞅信奉"禁奸止过，莫若重刑"⑤，提出"重刑而连其罪，则草必垦矣"⑥等各项以重刑主义为后盾实现国富兵强的改革措施。史载"夫商君极身无二虑，尽公不顾私，使民内急耕织之业以富国，外重战伐之赏以劝戎士，法令必行，内不阿贵宠，外不偏疏远，是以令行而禁止，法出而奸息"⑦。由此秦国实力大增，"行之十年，秦民大悦"，"民勇于公战，怯于私斗。乡邑大治"⑧，为秦灭六国，统一全国奠定了坚实的基础："秦孝公保崤函之固，以广雍州之地，东并河西，北收上郡，国富兵强，长雄诸侯，周室归籍，四方来贺，为战国霸君，秦遂以强，六世而并诸侯，亦皆商君之谋也。"⑨ 至公元前221年，秦始皇先后吞并韩、魏、楚、燕、赵、齐，建立了中国历史上第一个统一的封建帝国——秦朝。总之，商鞅以大无畏的"法治"精神成功地完成了变法运动。商鞅变法建构的法律制度及其渗透的法家思想，不仅对有秦一代而且对中国后世封建社会的政治、经济、思想及法律制度都产生了重大而深远的影响。

如前所述，商鞅变法奠定了秦国刑事法律制度的基础，在惩罚犯罪、稳定社会方面起了重大作用，使秦国开始走向强盛。史载"商君死，惠王即位，秦法未败也"⑩。这说明商鞅变法的成果被秦孝公的子孙继承了下来。秦孝公死后，其子惠文王继位，他励精图治，努力发展农业生产和大力加强法制建设，以待"羽毛丰满"，然后"高飞"。这样，惠文王就成为既杀害商鞅，又继承商鞅事业的君主，他是一位继秦孝公之后延续商鞅变法

---

① 栗劲：《秦律通论》，42页，济南，山东人民出版社，1985。
② 《史记·商君列传》。
③ 《商君书·赏刑》。
④ 《史记·商君列传》。
⑤ 《商君书·赏刑》。
⑥ 《商君书·垦令》。
⑦ 《史记·商君列传》
⑧ 《史记·秦始皇本纪》。
⑨ 《史记·商君列传》注引刘歆"新序论"，清初马骕《绎史》亦引此。
⑩ 《韩非子·定法》。

成果的具有承上启下关键作用的秦国国君。惠文王死后，中经秦武王，至秦昭王统治时期，推行法治最为卓著。《韩非子·外储说右下》记载了许多秦昭王坚持商鞅之法的故事，充分体现了他是一位坚持法制建设又有法学理论修养的君主。秦昭王不仅自身以商鞅学派后学自居，而且其选用的诸如范雎、蔡泽也都是对商鞅崇拜得五体投地的商鞅学派的后学者。这样的政治氛围形成君臣合力共行"法治"的治国方略。作为商鞅变法后统治秦国时间最长的一位君主，他的个人素质及政治实践无疑大大促进了秦国的法制建设。到秦昭王末年秦国已成为一个所向披靡的大国。蔡泽曾说当时的秦国"兵动而地广，兵休而国富，故秦无敌于天下，立威诸侯"①。连同商鞅变法发端的秦孝公统治时期，总共八十余年的发展，已是"四世有胜"②。昭王死后，又经孝文王、庄襄王发展到秦王嬴政统治时期，对商韩之法的推崇达到了顶峰。统一王朝建立后，秦始皇开始大规模的立法活动，实现了"法令由一统"。总之，秦孝公时期开始商鞅变法，后经历代国君的巩固与继承，从而进一步丰富和发展了商鞅变法时所奠定的一系列法律制度（当然包括刑法制度），至秦朝统一后法律体系及法律规范已经非常完备和细密。同时，历代秦国国君对商鞅变法成果的巩固与发展，重在法制建设，也是秦王嬴政得以灭掉六国，实现统一的重要原因。而从秦孝公始，中经惠文王、武王、昭王、孝文王、庄襄王，直至秦始皇建立统一秦朝这段时期，法制建设取得的重大成就，出土《云梦秦简》③即可说明这个问题。

2.《云梦秦简》与秦国法制

学界普遍认为《云梦秦简》主要记录了商鞅变法后的秦国至统一后的秦朝初年的法律制度。有学者说：《云梦秦简》虽然不是秦律的全部，但它十分广泛而具体地反映了秦王朝初年及其以前时期法律制度的概貌；认为秦简所记载的法律制度，是商鞅变法的实际成果，它一直延续到秦王朝的初年。④日本学者大庭脩通过对云梦秦简律文内容的考证，列举律文中的若干文字来推定其年代，指出云梦秦简的律文并非在同一时期产生的，而是在商鞅变法之后逐渐增置的，大概在始皇帝即位之初之前已经出现，并且在始皇帝统一之后仍作为现行法保持效力。⑤《云梦秦简》出土后整理出包括秦律十八种、效律、秦律杂抄、法律答问、封诊式等篇目，涵盖了律、令、程、式、课等多种法律形式，记录了秦商鞅变法后至统一之初的法制建设情况，体现了当时秦统治者注意运用法律手段调节政治、经济、军事和文化等社会关系及其完备而发达的法律制度概貌。可以说，《云梦秦简》的出土以不可辩

① 《战国策·秦策三》。
② 《荀子·强国》。
③ 《云梦秦简》于1975年12月在湖北省云梦县睡虎地被发现，故名。当时考古工作者共发掘了十二座战国末至秦统一时期的墓葬，其中十一号墓出土了竹简一千一百五十五支，其中大部分内容是法律，不仅有律条原文，还有解释律文的答问和有关治狱的文书程式。关于这批竹简所载法律的起始年代，可从该墓墓主人生前经历推知。据出土的《编年纪》生平记载：十一号墓葬的死者喜，生于战国后期秦昭王四十五年（前281），死于秦王朝建立后的第五年，即秦始皇三十年（前217）。喜生前曾历任安陆御史、安陆令史、鄢令史及鄢的狱吏等与司法有关的职务。以大批法律文书殉葬说明了死者生前与司法活动有着密切的关系，因此这批竹简当是秦国法律制度的真实反映。
④ 参见孔庆明：《秦汉法律史》，29页，西安，陕西人民出版社，1992。
⑤ 参见［日］大庭脩：《秦汉法制史研究》，林剑鸣等译，60～62页，上海，上海人民出版社，1991。

驳的证据说明了秦国商鞅变法后法制建设所取得的重大成就。正因为此，它的出土具有极高的学术价值，为真实再现和深入研究当时秦代的法律文化提供了极为珍贵的第一手资料，填补了秦代法律史的研究空白。日本学者堀毅说：

> 1975 年，从湖北省云梦县睡虎地秦墓中发现的载有秦律的竹简，在秦汉史研究的领域，可以说是前所未有的重大发现。自西周以后直到隋朝，历代所有的法典都佚失了，前辈学者收集起来的只不过是一些法典条文里极少的一部分。秦简为填补这个空白，提供了头等重要的资料。①

同时，鉴于《云梦秦简》所载律文内容及其重要学术意义，它也是研究秦国刑法制度最可靠的重要依据。

从云梦睡虎地秦简来看，秦国刑事法律制度渊源于其中的《法律答问》及《封诊式》等相关篇目中，主要有三种存在形式，即法律条文、法律解释和司法文书。主要内容包括两大方面：关于犯罪构成、罪名刑种、刑罚目的、量刑标准、刑罚适用等刑事实体法范畴和关于告诉权利、案件复查、司法监督、司法责任等刑事诉讼法范畴。可见，秦国的刑事立法和刑事司法已经积累了丰富的经验，并且上升为刑法理论，它虽然没有形成近现代的科学概念，但它在一定程度上反映了客观规律，已经对法律有了理性认识，形成了初步的法学概念，充分体现了秦国以商鞅《刑律》为基础。经历代国君的继承和发展，其刑法制度已经达到相当高的发展水平。

秦国刑法制度旨在打击各种犯罪行为，全面维护新兴地主阶级的各项利益，保障封建主义的政治经济秩序。因此秦国统治者将全体臣民的一言一行均纳入到刑事立法视野内严加防范，造成秦法"繁于秋荼、网密于凝脂"，刑事立法达到了一事一例的繁密程度，形成了空前完备和细密的罪名之制及刑名之制。具体内容如下：

罪名就是法律规定的犯罪名称，主要包括犯罪行为的具体状况和犯罪性质等内容。依据《云梦秦简》记载，秦国主要有以下几种罪名：

第一，盗窃罪。这是秦刑律中最重要的罪名之一。《法律答问》载："或盗采人桑叶，赃不盈一钱，何论？赀徭三旬。"② 盗窃用于祭祀的供品，仅是一个猪肾，赃不盈一钱，就处于"耐为隶臣"的刑罚。③ 同时，对盗窃未遂者也要给予法律制裁。秦简记载"甲谋遣乙盗，一日，乙且往盗，未到，得，皆赎黥"④。乙在盗窃中途被捕未遂，也要受到赎黥之罚。再如秦简"抉钥"例："抉钥，赎黥。何谓抉钥？抉钥者已抉启之乃为抉，且未启亦为抉？抉之弗能启即去，一日而得，论皆何也？抉之且欲有盗，弗能启即去，或未启而得，当赎黥。抉之非欲盗也，已启乃为抉，未启当赀二甲。"⑤ 即撬门开锁欲盗窃者，未撬开或自己离去或被逮捕，都要处以赎黥。撬门开锁不为盗窃者，只要撬开就罚以赎黥，未撬开也要赀二甲。这些案例充分说明秦律对盗窃未遂犯也给予重惩。不仅如此，凡有盗窃意识，就

---

① ［日］堀毅：《秦汉法制史论考》，1 页，北京，法律出版社，1988。
② 《睡虎地秦墓竹简》，154 页，北京，文物出版社，1978。
③ 参见《睡虎地秦墓竹简》，161～162 页，北京，文物出版社，1978。
④ 《睡虎地秦墓竹简》，152 页，北京，文物出版社，1978。
⑤ 《睡虎地秦墓竹简》，164 页，北京，文物出版社，1978。

要受到严惩。《法律答问》载："甲盗，赃值千金，乙知其盗，受分赃不盈一钱，问乙何论？同论"①。"夫盗千钱，妻所匿三百，可（何）以论妻？妻智（知）夫盗而匿之，当以三百论为盗；不智（知），为收。"② "甲盗不盈一钱，行乙室，乙弗觉，问乙论何也？毋论。"③ "甲盗钱以买丝，寄乙，乙受，弗知盗，乙论何也？毋论"④。上述案例中，乙明知甲盗窃，虽分赃不足一钱，却要受到和甲盗千金一样的刑罚。丈夫盗窃，妻子知情而藏匿赃款，则以盗窃罪论处。这说明当事人尽管没有实际实施盗窃犯罪行为，但因其言行含有盗窃的犯罪意识，故而也要受到重罚。相反，若甲盗窃，到乙家，乙不知情，或者甲盗窃后买丝，寄放在乙家，乙不知情而接受丝等，因乙事先毫不知情，故其言行也无所谓是否存在盗窃犯罪意识，在这种情况下乙可以免除任何惩罚。这体现秦律"用刑于将过"原则，旨在严惩盗窃的犯罪意识，从而在萌芽状态中消灭盗窃罪犯。此外，盗窃罪犯不仅自身受到法律严惩而且还适用连坐原则，殃及无辜。如上述所引，丈夫偷盗，即使妻子不知情也要被收为官奴婢。同伍里典不告发，同样也要连坐。另外，秦律根据盗窃性质及社会后果又详细区分为共盗和群盗。关于共盗，秦简记载："五人盗，赃一钱以上，斩左趾，又黥以为城旦；不盈五人，盗过六百六十钱，黥劓以为城旦；不盈六百六十到二百廿钱，黥为城旦；不盈二百廿钱以下到一钱，迁之"⑤。《法律答问》又载："夫、妻、子五人共盗，皆当刑城旦，今甲尽捕告之，问甲当购几何？人购二两。"⑥ 可见，以五人为限共同实施盗窃则构成"共盗"。对于"共盗"犯罪行为，秦律规定严惩不贷。赃一钱就要斩左趾，黥为城旦。若夫妻子一家五人共同行盗，均处城旦徒刑，对于能够捕获告官者，每捕获一人则可获黄金二两的奖赏。关于群盗，秦简记载："臣邦真戎君长，爵当上造以上，有罪当赎者，其为群盗，令赎鬼薪鋈足；其有腐罪，赎宫。其他罪比群盗者亦如此。"⑦ 另据《封诊式·群盗》记载，某里士伍丁、戊、己、庚、辛等人，手持弩箭，攻打抢劫了某里公士万钱逃亡。己、庚、辛被捕，丁、戊继续斗争，最后戊被杀害，丁被捕获，受到极刑。⑧ 对于群盗犯罪秦律规定一般是斩左趾为城旦，如有加罪情节，则斩左趾黥为城旦。可见秦律对群盗的惩罚也是极其严厉的，即使"群盗赦为庶人"，如果再次犯罪，仍然会"以故罪论"处。⑨ 总之，随着秦国新兴地主阶级政治地位的稳固和加强，如何严格保护其私有财产不受侵犯，就成为秦国法制建设的首要任务，因此，秦国刑律制定了极为详备和发达的盗窃罪名制度。从重惩盗不值一钱的"细过"到盗窃犯罪未遂，从严罚盗窃犯罪意识到盗窃罪连坐，从打击单独盗窃到重点打击共盗和群盗，无不说明秦国统治者对惩治盗窃犯罪的高度重视，也无不体现了法家重刑主义思想在秦律中的切实贯彻。

第二，杀伤罪。这是秦刑律中另一重要罪名。秦简中关于"贼杀人"、"贼伤人"等记

① 《睡虎地秦墓竹简》，154～155 页，北京，文物出版社，1978。
② 《睡虎地秦墓竹简》，157 页，北京，文物出版社，1978。
③ 《睡虎地秦墓竹简》，155 页，北京，文物出版社，1978。
④ 《睡虎地秦墓竹简》，155 页，北京，文物出版社，1978。
⑤ 《睡虎地秦墓竹简》，150 页，北京，文物出版社，1978。
⑥ 《睡虎地秦墓竹简》，209 页，北京，文物出版社，1978。
⑦ 《睡虎地秦墓竹简》，200 页，北京，文物出版社，1978。
⑧ 参见《睡虎地秦墓竹简》，255～256 页，北京，文物出版社，1978。
⑨ 参见《睡虎地秦墓竹简》，205 页，北京，文物出版社，1978。

载即为此罪。秦律杀伤人罪根据杀伤人的动机及方式分为贼杀伤、盗杀伤、擅杀伤、斗杀伤和捕杀伤等种类。贼杀伤是指故意杀伤人的一种犯罪行为。据《法律答问》载："求盗追捕罪人,罪人格杀求盗,问杀人者为贼杀人,且斗杀?斗杀人,廷行事为贼。"① 贼杀伤是秦律重点打击的犯罪行为。盗杀伤是指因盗窃而杀伤人的犯罪行为。《法律答问》载："甲谋遣乙杀人受钱十分,问乙高未盈六尺,甲何论?当磔。"② 此案中乙兼负盗、贼二罪,情节严重。但乙属免责范围,故追究教唆其犯罪并受赃的甲的法律责任,最后处以甲极刑之重罚。可见,甲仅教唆乙实施盗杀伤犯罪行为,并未亲自参与其中,就处以碎尸酷刑,从中可以推测若乙当时为完全行为能力的成年人,对其所犯盗杀罪的处罚也将不会很轻。擅杀伤则专指尊杀卑、主杀奴而言。秦律专列擅伤杀罪,规定父母"擅杀子,黥为城旦春"③。因子女多而无力供养而杀死的,与"擅杀子"同论,可见对此类擅杀行为,因囿于家庭尊卑伦理关系限制,较贼杀罪的处罚为轻。如果父母杀死先天畸形儿则无罪。擅杀共同生活的养子因没有血缘关系则处以"弃市刑"的重罚。奴婢擅杀子处以城旦黥之罚,然后交还主人。贵族与臣属于秦的少数民族领袖擅杀其法定继承人也要治罪。秦律对擅杀伤罪的相关规定表明:一方面限制了尊长对卑幼的人身伤害;另一方面,体现了封建宗法伦常关系。斗杀伤和捕杀伤分别指因相互斗殴或逮捕罪犯而造成当事人人身伤害的犯罪行为。据《法律答问》记载,斗殴中"啮断人鼻若耳若指若唇"者,一律处耐刑。"缚而尽拔其须眉"者,处完城旦刑。《法律答问》记载:

> 妻悍,夫殴治之,决其耳,若折肢指、肤体,问夫何论,当耐。④

即夫妻间相殴,尽管妻子凶悍,但丈夫责打时,如撕裂妻子耳朵或折断手指,丈夫要处以耐刑。这是根据斗殴当事人对对方身体部位的伤害程度而决定其刑罚的情况。斗殴中,持"针、鈚、锥"等器械者,赀二甲。伤人者,黥为城旦。持剑者虽"斩人发结",也当"完为城旦"。执"铍、戟、矛"者,只要出鞘,虽未伤人,也按拔剑相斗论处。⑤ 可见,持械斗杀伤犯罪情节严重,所处刑罚亦较徒手为重,这是根据当事人所持凶器的种类分别定罪量刑。另外,秦律规定"殴大父母,黥为城旦春"⑥,即殴打尊长不论有无伤害就处以城旦春重罚,而殴伤常人仅处以赀罚或完城旦,体现了秦律中斗杀伤罪重在维护家庭宗法伦理的特征。此外,为了有效惩罚杀伤犯罪,秦律还特别注重区分贼杀伤和斗杀伤两种犯罪性质。《法律答问》记载:

> 求盗追捕罪人,罪人格杀求盗,问杀人者为贼杀人,且斗杀?斗杀人,廷行事为贼。⑦

---

① 《睡虎地秦墓竹简》,179~180页,北京,文物出版社,1978。
② 《睡虎地秦墓竹简》,180页,北京,文物出版社,1978。
③ 《睡虎地秦墓竹简》,181页,北京,文物出版社,1978。
④ 《睡虎地秦墓竹简》,185页,北京,文物出版社,1978。
⑤ 参见《睡虎地秦墓竹简》,186~188页,北京,文物出版社,1978。
⑥ 《睡虎地秦墓竹简》,184页,北京,文物出版社,1978。
⑦ 《睡虎地秦墓竹简》,179~180页,北京,文物出版社,1978。

> 甲贼伤人，吏论以为斗伤人，吏当论不当论，当谇。①

这说明司法官吏在审判中严格区分贼杀伤和斗杀伤两种罪名界限，法官如误将贼伤罪判为斗伤罪，就犯了纵囚罪而受到处罚。总之，秦律根据杀伤犯罪的情节、方式及后果详细区分为诸多种类，说明了秦律杀伤罪名的完备和发达，并有效地保护了人身安全不受侵犯，从而保障了整个社会的和谐和稳定。

值得一提的是秦律不仅规定严惩杀伤本犯，而且还要追究有能力而不迅速制止犯罪以及时救援受害者的法律责任。《法律答问》载：

> 有贼杀伤人冲术（大道），偕旁人不援，百步中比野，当赀二甲。②

意思是说，有人在大道上杀人，百步以内的旁观者如果不予救援，要处以赀二甲的惩罚。另载：

> 贼入甲室，贼伤甲，甲号寇，其四邻、典、老皆出不存，不闻号寇，问当论不当？审不存，不当论；典、老虽不存，当论。③

这是说甲的人身安全正在受到罪犯侵害，甲因此大声呼救，如果邻居没有听到就免于处罚，假如听到而不予及时救援则要受到惩罚。而典、老不论听到与否都要接受刑罚。秦律的这个规定旨在鼓励民众面对犯罪行为要发扬见义勇为的精神，调动全社会的力量抵制犯罪的发生，体现了秦刑律的完善和发达，并为汉唐律所吸收。

第三，职务犯罪。随着封建文官制度的建立，秦国统治者非常重视职官管理。《云梦秦简》中的《为吏之道》详细记载了官员选任条件和行为规范的具体规定，堪称一部全面的官箴书。《为吏之道》从道德上约束官吏廉洁自律，尽忠职守以防患于未然。秦国刑律则从法律上打击官吏贪赃枉法，玩忽职守以惩罚于已然。可以说，职务犯罪是秦律中的重要罪名，具体包括以下几种类型：

不敬国君罪和谋反罪。《秦律杂抄》记载：官吏听命"不避席立，赀二甲，废"。即官吏恭听君命如不起立致敬者就要罚二甲，并剥夺其任官资格。"伪听命书，法（废）弗行，耐为侯"④。即官吏对君令阳奉阴违者则要处以"耐为侯"的刑罚。对于官吏不敬国君者，据《法律答问》载："废令、犯令，遝免、徒不遝？遝之。"⑤ 即其虽已免职或调任，也要承担法律责任。不敬国君罪的极端发展就是谋反重罪，处罚最为严厉。商鞅因被诬为谋反罪而遭车裂并灭族，李斯也因谋反罪具五刑并夷三族。总之，此罪名的设置保证了各级官吏效忠于国君，服从于国君，维护了国君个人的最高权威。

营私舞弊和渎职罪。秦律对这一职务犯罪的规定最为全面和细密，涉及各个职事领域内的大小官吏。现具体介绍以下三个领域的渎职犯罪：

① 《睡虎地秦墓竹简》，203 页，北京，文物出版社，1978。
② 《睡虎地秦墓竹简》，194 页，北京，文物出版社，1978。
③ 《睡虎地秦墓竹简》，193 页，北京，文物出版社，1978。
④ 《睡虎地秦墓竹简》，129 页，北京，文物出版社，1978。
⑤ 《睡虎地秦墓竹简》，212 页，北京，文物出版社，1978。

在军事领域内，《秦律杂抄》记载："县毋敢包卒为弟子，尉赀二甲，免；令，二甲"①。意思是说，对于隐匿成年男子逃避兵役的县尉及县令要处以严罚，从而保证军队有足够的兵源。又载：

> 稟卒兵，不完善，丞、库啬夫、吏赀二甲，法（废）。②
> 先赋蕈（骑）马，马备，乃粼从军者，到军课之，马殿，令、丞二甲；司马赀二甲，废。③

这是对供应武器不合格的县丞、库啬夫、吏以及训练军马不合格的县司法要处以赀罚二甲的法律规定，从而保障了军队武器装备的质量和数量。另外，秦律规定："不当稟军中而稟者，皆赀二甲，废；非吏也，戍二岁；徒食、屯长、仆射弗告，赀戍一岁；令、尉、士吏弗得，赀一甲。"④ 即对不应领军粮而冒领军粮的官吏要处以赀二甲并废官的惩罚，不仅冒领者本人受罚，而且同吃军粮不告发的、管理军粮的官吏没发现的，保卫军粮的官吏没破案的，都要牵连入罪。秦律这一规定保障了军队充足的粮草供应。此外，秦律还有一条规定："故大夫斩首者，迁"⑤。本来大夫的职责是指挥部下对敌作战，如果为了谋个人斩首受爵的私利，而放弃了指挥责任，属于玩忽职守之例，非但不授爵位，而且还要处以迁刑，从而保证了军队指挥不受干扰，有助于增强军队战斗力。

在经济领域内，秦国经商鞅变法确立了重农抑商、发展农业生产的根本经济政策，严禁官吏个人经商，从中牟取暴利。《金布律》规定："都官输大内，内受之卖之"，"都官远大内者输县，县受卖之。"⑥ 可见，秦国的商业贸易活动严格由各级政府部门控制垄断。《秦律杂抄》记载："吏自佐、史以上负从马、守书私卒，令市取钱焉，皆迁。"⑦ 即使官吏利用为其配备的马匹和差役私自进行贸易活动以从中牟利，也要处以流放的刑罚。这说明，秦律规定严禁官吏经商，从而保证官吏队伍的纯洁性。另外，涉及经济管理方面的职务犯罪更是繁多细密。如果当职官吏在管理过程中，玩忽职守，造成经济损失，就要追究其法律责任。例如，粮食仓库漏雨腐烂了粮食，法律规定：

> 其不可食者不盈百石以下，谇官啬夫；百石以上到千石，赀官啬夫一甲；过千石以上，赀官啬夫二甲；令官啬夫、冗吏共赏（偿）败禾粟。⑧

即粮仓啬夫管理粮仓不善，致使其漏雨，造成经济损失，根据损失大小，相关官吏要承担行政处分或赔偿损失的相应法律责任。"禾粟虽败，而尚可食也，程（量）之，以其耗石数论负之"⑨。这是说应赔偿的数额是扣除可以食用后造成损失的那一部分。此外，对于

---

① 《睡虎地秦墓竹简》，131 页，北京，文物出版社，1978。
② 《睡虎地秦墓竹简》，134 页，北京，文物出版社，1978。
③ 《睡虎地秦墓竹简》，132 页，北京，文物出版社，1978。
④ 《睡虎地秦墓竹简》，133～134 页，北京，文物出版社，1978。
⑤ 《睡虎地秦墓竹简》，131 页，北京，文物出版社，1978。
⑥ 《睡虎地秦墓竹简》，64 页，北京，文物出版社，1978。
⑦ 《睡虎地秦墓竹简》，133 页，北京，文物出版社，1978。
⑧ 《睡虎地秦墓竹简》，97 页，北京，文物出版社，1978。
⑨ 《睡虎地秦墓竹简》，97 页，北京，文物出版社，1978。

账目与实物不符并超过了法律允许的限度及报销了不应报销的账目，"值其价，不盈廿二钱，除（免除）；廿二钱以到六百六十钱，赀官啬夫一盾；过六百六十钱以上，赀官啬夫一甲，而复责其出也"①。这个案例是说官啬夫因管理不善，致使账目混乱，则根据经济损失轻重，本职官吏及相关同职分别承担赔偿责任。

在行政领域内，各种职务犯罪形形色色。例如，《法律答问》载有：丢失"公玺"后，"已坐以论，后自得所亡，论当除不当？不当"②。即官吏若丢失印玺，要追究其刑事责任，尽管后来找到印玺，也要维持原来定判的处罚。《法律答问》记载："啬夫不以官为事，以奸为事，论何也？当迁。"③即官吏利用职务之便进行欺诈活动要根据犯罪情节给予处罚。《捕盗律》载："捕人相移以受爵者，耐。"④《法律答问》载：

> 有秩吏捕阑亡者，以畀乙，令诣，约分购，问吏及乙论何也？当赀各二甲，勿购。⑤

这是捕盗官吏利用职务便利，内外勾结，上下其手，以欺诈的手段，或骗取爵位，或骗取赏金的两个实际案例。据秦律规定都对此行为给以严惩，只是对骗取爵位的惩罚重于骗取赏金的罢了。另外，对"害盗别缴而盗"或"求盗盗者"等，秦律规定一律"加罪之"⑥。这是因为，"害盗"或"宪盗"本身就是负责追捕或侦查盗窃犯罪的国家官吏，是惩治犯罪分子的执法者，他们进行盗窃属于执法犯法，必将造成法律尊严荡然无存，也就不可能有效地实现法律惩恶禁暴的社会功能，故此，秦律规定对此类官吏监守自盗等犯罪行为严惩不贷。另外，对"吏有故当止食，弗止，尽稟出之，论何也？当坐所赢出为盗"⑦。即官吏非法领取口粮者，则以盗窃论处，同时要返回不应得的口粮。此外，还有"任人不善罪"。《史记·范雎列传》记载，应侯范雎，又名张禄，任秦相曾保举郑安平为将，王稽为郡守。秦昭王五十年郑安平率二万降赵，"秦之法，任人而所任不善者，各以其罪罪之"。按律应侯当罪当收三族。但是秦昭王当时未处罚应侯。随后，王稽勾结诸侯"坐法诛"。据《编年记》载："五十二年，王稽、张禄死。"⑧可见最后还是追究了张禄任人不善罪的法律责任。凡此种种，不一而足。

综上所述，秦国统治者为了提高国家机器的统治效能，针对各个领域的大小官吏的具体职责均制定了全方位的详尽的法律规范，主要包括保证军需生产供应和军队战斗力的军职法令；保证农业生产和粮食保管的各级官吏职责；保证行政活动顺利进行的各种行政约束；等等。官吏若触犯秦律规定的这些职责规范，则构成各种营私舞弊罪或渎职罪等违法行为，必须承担相应的法律责任。这充分凸现了秦律以法治官的鲜明特色，对后世法律制度产生了深远影响。

---

① 《睡虎地秦墓竹简》，125 页，北京，文物出版社，1978。
② 《睡虎地秦墓竹简》，213 页，北京，文物出版社，1978。
③ 《睡虎地秦墓竹简》，177 页，北京，文物出版社，1978。
④ 《睡虎地秦墓竹简》，147 页，北京，文物出版社，1978。
⑤ 《睡虎地秦墓竹简》，210 页，北京，文物出版社，1978。
⑥ 《睡虎地秦墓竹简》，150 页，北京，文物出版社，1978。
⑦ 《睡虎地秦墓竹简》，217 页，北京，文物出版社，1978。
⑧ 《睡虎地秦墓竹简》，6 页及文后注，北京，文物出版社，1978。

司法官吏职务犯罪。主要包括失刑、不直、纵囚等罪名。该罪名主体为司法官吏、捕盗差吏、狱吏及警卫人员。《法律答问》载：

> 何谓"不直"？何谓"纵囚"？罪当重而端轻之，当轻而端重之，是谓"不直"。当论而端弗论，及伤其狱，端令不致，论出之，是谓"纵囚"①。

即法官重罪轻判或轻罪重判构成不直罪，重罪轻判构成纵囚罪，轻罪重判则构成失刑罪。其中对不直罪的处罚，秦简有"赀盾不直，何论？赀盾"的记载。② 可见司法官吏犯不直罪一般被处以反坐之罚。此罪名的设立体现了秦国统治者追求司法公正的进步理念。

贪污贿赂罪。秦简载"府中公金钱私贷用之，与盗同法"③。这是对贪污公款的官吏要按盗窃罪论处的法律规定。另外，关于贿赂罪主要包括行贿和受贿两种罪名。据秦简记载，"通一钱"，即"黥为城旦"④。可见，秦律对行贿罪处罚很重。受贿罪虽不见记载，但推测当与行贿罪同罚甚至更重。由于贿赂对象多半是司法官吏，行贿者买狱，受贿者鬻狱，这样必将严重打破法家一贯秉持的"缘法为治、信赏必罚"的司法理念，必然破坏司法诉讼活动的公正。因此秦律大力打击贿赂犯罪，不论行贿者还是受贿者都要被处以重罚，从而保障司法诉讼活动的公平和公正。

第四，逃避徭役和赋税罪。秦国统治者为了增加政府财政收入，充实封建地主阶级国家的经济基础，严格禁止农民逃离土地，并按户及田亩征收赋税和服役。对不如数交纳赋税或不按期服徭役的民众，法律规定要给予重罚。例如秦简中出现的"匿田"、"匿户"、"乏徭"等即为此罪名。秦律规定凡是隐匿田户、逃避赋役、失期稽留等犯罪行为均要被严加惩处。据秦简载：

> 隶臣妾系城旦舂，去亡已奔，未论而自出，当笞五十，备系日。

即隶臣妾监领城旦舂，而城旦舂私自逃跑，后虽返回，也要笞五十，并继续服完应服的劳役。至于逃跑后又被抓回，处罚将更为严重。还有一种情况，"隶臣将城旦，亡之，完为城旦，收其外妻、子"⑤。意思是说隶臣监领城旦，而城旦逃亡了，故判处隶臣完为城旦，并把妻、子没收为官奴。上述这些法律规定均是为保障秦国赋役征发而设，有利于秦国的各项生产建设，从而保证了封建的国家机器得以正常有效运转。

第五，破坏市场经济秩序罪。主要包括私铸货币、破坏度量衡、扰乱物价等违反市场经济秩序的犯罪行为。秦国经过商鞅变法以后，为了加强中央集权，实行整齐制度，由国家统一铸造货币，统一度量衡和统一商品物价。凡是私自扰乱货币、度量衡及物价的统一政策，均构成破坏市场经济秩序罪。具体来讲，主要有私铸钱罪；商贾、官府吏违法选用金、布、钱充当货币；当职官吏对货币选用材料检查不谨慎；衡石或斗不正，误差超过标准，则赀盾甲；出卖货品不明码标价；等等。秦律对破坏市场经济秩序罪的详

① 《睡虎地秦墓竹简》，191页，北京，文物出版社，1978。
② 参见《睡虎地秦墓竹简》，171页，北京，文物出版社，1978。
③ 《睡虎地秦墓竹简》，165页，北京，文物出版社，1978。
④ 《睡虎地秦墓竹简》，230页，北京，文物出版社，1978。
⑤ 《睡虎地秦墓竹简》，201页，北京，文物出版社，1978。

尽规定，维护了秦国商品贸易的顺畅流通，稳定了市场秩序，保障了当时社会经济的健康发展。

第六，债务犯罪。主要包括官债和私债两种形式。官债主要是因官吏犯罪需向官府交纳钱款赎罪而产生的债务。秦律规定凡欠官债不得超过半年，过期不偿还者，须自规定之日起以劳役抵偿债务，每劳作一天，可抵八钱。私债，顾名思义，指独立个体之间产生的债权债务关系。对于私债，秦律规定要按期偿还，如果超期，债务人则以劳役抵债，但债权人不得擅自强行索取人质逼取债务，否则即构成犯罪。如秦简记载："百姓有责（债），勿敢擅强质，擅强质及和受质者，皆赀二甲。"① 即债权人若"擅强质"取得债款，属犯罪行为，要处以"赀二甲"。秦律对"擅强质"罪的惩罚有效地保护了债务人的人身安全。

第七，妨害婚姻家庭罪。家庭是社会的细胞，家庭的稳定必将促进全社会的和谐。因此秦国统治者非常重视婚姻家庭方面的立法。首先，秦律规定男女双方不论结婚还是离婚都必须到官府登记。《法律答问》有：

> 女子甲为人妻，去亡，得及自出，小未盈六尺，当论不当？已官当论；未官不当论。②

又规定：

> 弃妻不书，赀二甲。③

可见，对未经登记的婚姻法律是不予保护的。同时，离婚时不经官府登记，也要处以赀罚。其次，秦律又规定严惩"去夫亡"罪。具体指已婚女子私自离开丈夫逃跑，另与他人"相夫妻"，该女子则构成"背夫亡罪"，被捕后，当"黥为城旦舂"，而娶人亡妻者，则"黥为城旦"④。这样，在法律上保障了妻子必须忠于丈夫，在客观上有利于家庭的稳定。另外，关于为维护家庭宗法伦理关系的不孝罪和家罪也属于这一范畴，上文已经详细论述，故在此不再赘述。

第八，诬告、告不审罪。为了及时发现及惩治罪犯，秦律一方面规定"赏告奸"，"匿奸者与降敌同罚"⑤；另一方面又规定重惩诬告或告不审。《法律答问》载：

> 甲告乙盗牛若贼伤人，今乙不盗牛，不伤人，问甲何论？端为，为诬人；不端，为告不审。⑥

可见，故意歪曲所告发罪行以陷害他人者为诬告罪，因不审慎的主观过失导致所告发案情失真，则构成"告不审"罪。两者同属告奸不实，因此不论诬告或告不审均会受到惩罚。只是因其主观动机不同，量刑亦有所差别而已。《法律答问》载：

---

① 《睡虎地秦墓竹简》，214 页，北京，文物出版社，1978。
② 《睡虎地秦墓竹简》，222 页，北京，文物出版社，1978。
③ 《睡虎地秦墓竹简》，224 页，北京，文物出版社，1978。
④ 《睡虎地秦墓竹简》，223 页，北京，文物出版社，1978。
⑤ 《史记·商君列传》。
⑥ 《睡虎地秦墓竹简》，169 页，北京，文物出版社，1978。

告人盗百一十，问盗百，告者何论？当赀二甲。盗百，即端盗加十钱，问告者何论？当赀一盾。赀一盾应律，虽然，廷行事以不审论，赀二甲。①

对告盗加赃者要处以赀一盾，而定告不审罪只赀罚二甲，这说明诬告罪较告不审罪刑罚为重。一般来说，对告不审罪量刑遵循反坐原则："伍人相告，且以辟罪，不审，以所辟罪罪之"②。对诬告罪则遵循反坐从重原则："当黥城旦而以完城旦诬人，何论？当黥劓"③，"当耐为隶臣，以司寇诬人，何论？当耐为隶臣，又系城旦六岁"，"当耐司寇而以耐隶臣诬人，何论？当耐为隶臣"④，等等。这都是秦律对诬告者实行反坐从重原则的具体规定。因此，可以断言，秦律对诬告罪的惩罚一般要重于告不审罪。

第九，破坏社会风尚和秩序罪。一个社会是否有良好风尚和稳定秩序是一个国家是否繁荣强盛的重要表征和实质内容。秦国统治者为了实现国家强盛，以法律手段进行移风易俗，打击各种有伤风化破坏社会秩序的犯罪行为，旨在净化整个社会风尚和有效维护社会秩序。关于这方面的罪名，据秦律记载主要包括投匿名信罪，即匿名投信攻击朝廷，妖言惑众，以乱视听等行为。对此，秦律规定：

有投书，勿发，见辄燔之，能捕者购臣妾二人，系投书者鞫审谳之。⑤

意思是说对匿名信不能拆封要立刻烧掉，捕获投匿名信者后要囚禁该罪犯并严加审问，对捕获者则奖励两个奴隶。此罪名为后世继承，在汉代称飞书，唐律称匿名书。此外，秦律还载有对各种破坏社会风尚和秩序等犯罪行为的处罚规定，比如擅自兴造奇祠，赀二甲；用官员乘坐的车载女子，赀二甲；等等。秦国统治者借助法律这个工具有效地维护了当时社会的良好风尚和正常秩序。

第十，国际交往违禁罪。战国时期，诸侯国林立，彼此之间或联盟，或敌对，体现了一国的国家实力及发展战略，决定了一国的生存环境及发展趋势。因此，如何处理好与诸侯国之间的关系就成为秦律调整的一项重要内容。为了维护秦国国家利益而设立了"国际交往违禁罪"，主要包括邦客未办通行证就进行交易，赀一甲；将珠玉偷运出国境或卖给邦客；帮助秦人出境、削籍，官爵上造以上罚为鬼薪，公士以下刑城旦；游士留居无凭证，留居之县赀一甲，留居一年，责之；邦客与秦人相斗，邦客用兵刃、棍棒、拳头打伤人，錯（抚慰金）以布缴官；等等。通过严惩上述各种"国际交往违禁"罪行，维护了在诸侯林立纷争的复杂国际背景下秦国的政治经济利益，使其不受侵犯。

二、汉代的罪名体系及其法典化

汉代的法制建设经历了一个由简到繁的过程。当刘邦率军攻入关中之时，为了争取民心，便以废除秦朝苛法为号召，与关中父老约法三章："杀人者死，伤人及盗抵罪。"⑥这与

① 《睡虎地秦墓竹简》，167 页，北京，文物出版社，1978。
② 《睡虎地秦墓竹简》，192～193 页，北京，文物出版社，1978。
③ 《睡虎地秦墓竹简》，203 页，北京，文物出版社，1978。
④ 《睡虎地秦墓竹简》，202 页，北京，文物出版社，1978。
⑤ 《睡虎地秦墓竹简》，174 页，北京，文物出版社，1978。
⑥ 《史记·高祖本纪》。

繁密严苛的秦朝法律比较，确实大大减省了，故颇受秦人欢迎。

约法三章

后来，随着汉帝国的建立，新的政治、经济形势使汉帝国的统治者深感"三章之法，不足以御奸"① 于是，丞相萧何受命制定新的法典，这部法典便是著名的《九章律》，它是在参照、借鉴李悝《法经》和《秦律》的基础上又加以扩充而成的。除了继承《法经》及《秦律》中的盗律、贼律、囚律、捕律、杂律、具律六篇外，又增加了户律（有关户籍、婚姻、赋税方面的规定）、兴律（有关徭役、防备方面的规定）、厩律（有关畜牧、驿传方面的规定）三篇，合为九篇，故称《九章律》。另外，叔孙通受汉高祖之命，又制定了《傍章律》十八篇，这是一部有关朝仪的专门法律。据《汉书·礼乐志》记载："叔孙通所撰礼仪，与律令同录，藏于理官。"与律令同录，有依傍于律令之意，故曰"傍章"。

到了汉武帝时期，又进行了大规模的修订和增补律令的活动。《汉书·刑法志》称武帝"于是招进张汤、赵禹之属，条定律令"，可知此时修订律令的工作是由张汤和赵禹负责完成的。张汤制定了《越宫律》二十七篇，赵禹制定了《朝律》六篇，这样再加上以前制定的《九章律》和《傍章律》十八篇，共计六十篇。至此，汉律的规模大体奠定了。除此之外，汉武帝还颁布了一些单行法，如《左官律》、《沈命法》等等。这样，汉代的法律经历了一个由简到繁的过程，据《汉书·刑法志》记载，当时的法律已繁密到这种程度：

> 律令凡三百五十九章，大辟四百九条，千八百八十二事，死罪决事比万三千四百七十二事。文书盈于几阁，典者不能遍睹。

律令如此繁多博杂，连司法官也难以遍睹。汉律久已亡佚，只在一些史书和居延汉简中尚有零星的记载。20世纪80年代初，在湖北省张家山汉墓中出土了一千多枚竹简，其中

---

① 《汉书·刑法志》。

有五百余枚竹简所记为汉律,从而为我们了解汉律的全貌提供了第一手的资料。

刘秀起兵推翻了王莽的统治,成为东汉帝国的开国之君。他以"解王莽之繁密,还汉室之轻法"[①]相标榜,废除王莽之苛法,沿袭西汉之《九章律》。东汉王朝在近二百年的时间里,虽然主要是继承了汉律,但也有一定的改变。这种改变主要表现为两个方面:一是释放奴婢[②],二是减轻刑罚。从第二个方面看,东汉王朝的统治者接受了王莽新朝因苛法酷刑而致灭亡的历史教训,多次颁布减刑的诏令。《后汉书·光武帝纪》建武二年(26),光武帝诏曰:

> 狱多冤人,用刑深刻,朕甚愍之……其与中而千石、诸大夫、博士、议郎议省刑法。

后来,光武帝还多次发布减刑令。光武帝之后,东汉王朝的历代皇帝也曾颁布减刑令。据统计,东汉时期各代皇帝共发布了减刑诏书五十余件。应该说,东汉时期的减刑措施对争取民心、缓和阶级矛盾起了一定的积极作用,其历史进步性应予肯定。但也应看到,东汉后期,法令日渐苛酷,统治者又祭起重刑的法宝,屡兴大狱,滥杀无辜,严重激化了阶级矛盾,从而导致了东汉王朝的覆灭。

(一)汉代法律的主要形式

汉代法律体系的完善也表现在其众多的法律形式上。汉代的法律形式主要有如下数种:

1. 律

律是较为稳定的法律形式,相当于后人所说的"法典"。律不只是就某一事项制定的,亦非能随时修改,具有适用的普遍性及相对的稳定性。杜预曾说:"律以正罪名,令以存事制。"[③]可知"律"是定罪量刑的基本依据,是法律中的主要形式。我国封建社会中历朝的刑事法典多称"律"。汉代除《九章律》外,还有如下比较专门的"律",如关于宫廷警卫的《越宫律》,关于朝贺制度的《朝律》,关于诸侯助祭贡金的《酎金律》,关于禁止诸侯窃服宫中饰物的《尚方律》,关于对地方官进行考核的《上计律》,关于严禁擅自仕于诸侯的《左官律》,关于铸钱的《钱律》,等等。另外,还有与"律"性质相近的专门法,如《沈命法》、《相坐法》等。

2. 令

令是皇帝的诏令,这是汉律的重要渊源之一。它是由皇帝根据需要而随时颁布的,是

---

① 《后汉书·循吏传》。

② 就第一个方面看,光武帝刘秀出于恢复社会生产力的需要,曾多次颁布释奴法令。例如,建武六年(30)十一月,"诏王莽时吏人没入为奴婢不应归法者,皆免为庶人"。建武十一年(35)十二月,"诏陇、蜀民被略为奴婢自诉者,及狱官未报,一切免为庶人"。建武十三年(37)十二月,"诏益州民自八年以来被略为奴婢者,皆一切免为庶人"。光武帝是中国历史上第一个大批解放奴隶的皇帝,他的行动在当时具有非常重要的进步意义。奴婢是一个严重的社会问题,它由来已久,秦朝就有大量奴婢,西汉王朝也未能解决这一问题。据记载,汉元帝时仅京师一地的官奴婢就达十万之众,这还不包括大量的私人奴婢。东汉初期,官私奴婢仍大量存在,这给当时社会经济的发展带来了十分不利的影响。光武帝的释奴法令不仅合乎人道,而且在一定程度上缓和了阶级矛盾,对当时政局的稳定、生产的恢复起了积极的作用。

③ 《太平御览》卷六三八引《律序》。

一种非常灵活的法律形式。其法律效力超过"律"，可以取代"律"的有关规定。汉代的"令"既多又广，据《汉书·刑法志》记载，从汉高祖到汉武帝时期，"令"即有三百五十九章之多，到汉成帝时已"百有余万言"了。又据《汉书·宣帝纪》如淳注："令有先后，故有令甲、令乙、令丙。"说明到汉宣帝时，因苦于诏令的浩繁，不得不对其加以分类整理，编辑为《令甲》、《令乙》、《令丙》三部。汉代的"令"所包含的内容也特别广泛，涉及政治、经济、军事、文化、社会生活的各个方面，从以下"令"目中可知一斑：《宫卫令》（有关皇帝警卫的），《金布令》（有关府库钱帛的），《狱令》（有关监狱管理的），《廷尉挈令》（有关审判程序的），《棰令》（有关刑具的），《祀令》（有关祭祀的），《品令》（有关官秩的），《田令》（有关租税的），《复马令》（有关养马免除徭役的），《缗钱令》（有关商业税收的），等等。

3. 比

比是判例。《后汉书·桓谭传》注云："比谓类例"。说明"比"是用来比照判案的典型判例。比又称"决事比"。《周礼·秋官·大司寇》郑玄注云："若今律其有断事，皆依旧事断之；其无条，取比类以决之，故云决事比。"这是说把从前判决的案例作为司法实践的依据。"比"的形式较为灵活，故为司法官所乐用。由于当时司法官普遍采用判例断狱，故"比"的数量日增，《汉书·刑法志》载至武帝时：

大辟四百九条，千八百八十二事，死罪决事比万三千四百七十二事。

结果造成"文书盈于几阁，典者不能遍睹"的局面，足见当时"比"量之多。汉代的"比"已基本散佚，传世古籍中只有零星记载。20 世纪 80 年代出土于湖北张家山汉墓的竹简中有《奏谳书》，就是一部判例集，可能与汉代的"比"为同类。

4. 法律解释

法律注释之风起于西汉，盛于东汉。如果法律注释著作得到皇帝的认可，便成为司法审判的依据，这样的著作也就成为一种法律形式了。例如，东汉时期的大儒郑玄所注释的汉律（称"郑玄章句"）就获皇帝批准，成为汉律的统一注本，司法审判依此为准，故"郑玄章句"便成了当时的一种法律形式。

5.《春秋》

《春秋》在汉代被尊为经典，在遇到律无正条或虽有正条却不合乎儒家道德的案子，司法官依《春秋》经义断案，这样《春秋》经也就成了一种凌驾于现行法律之上的独特法律形式，其效力大致相当于今日的宪法。赋予《春秋》经如此之高的法律效力，是由董仲舒首开其端，他的"春秋决狱"，不仅把儒家思想渗透到当时的司法实践中，也渗透到当时的立法实践中。因为他依凭皇权的支持，把《春秋》经变成一种相对稳定且具有极高法律效力的重要法律形式之一了。《汉书·艺文志》载有《董仲舒志狱》十六篇，《七略》则记为《春秋决狱》，宋代的《崇文书目》记为《春秋决事比》十卷，可知宋时此书尚存，以后便亡佚了。上述史籍所记董氏之书的名称虽异，但实际指的是一部书。应该说，董仲舒的这部书也是汉代的一种法律形式，因为它是得到皇权认可的解释《春秋》经的著作，可以说《春秋》经的法律效力是通过董仲舒的解释之作才显示出来的。《后汉书·应劭传》载东汉时期应劭曾著《春秋断狱》一书，共有二百五十篇。该书也早已亡佚。

综上所述可知，汉代的主要法律形式是律、令、比、《春秋》及法律解释。"律"是国家的常规法典，具有相对的稳定性和普遍的适用性；而"令"是皇帝随时颁布的诏令，具有很强的针对性和灵活性。"令"的法律效力高于"律"，它可以代替、更改甚至取消"律"的有关规定，也可弥补"律"的不足。《汉书·杜周传》载汉宣帝时廷尉杜周说：

> 前主所是著为律，后主所是疏为令，当时为是，何古之法乎！

说明当今皇帝的令具有高于国家正规律典的法律效力。"比"是指典型的案例，在律无正条的情况下，采用可以比照判决的典型案例进行司法审判，它也是较"律"更为灵活的一种法律形式。法律注释著作是对"律"的一种解释，使有关律文合乎儒家的道德精神，通常这种解释之作在得到皇帝的认可后才具有法律效力。《春秋》经是汉代的"宪法"，具有凌驾于各种法律形式之上的最高法律效力，至少从理论上讲是这样的。另外需要指出，现在的许多法律史论著及教材均认为汉代有"科"这样一种法律形式，其实，当时的"科"只不过是寓于律、令、比中的事条项目，而不是一种独立的法律形式。

（二）《二年律令》

2001 年，文物出版社出版了《张家山汉墓竹简》一书，该书收入了《二年律令》（即《汉律》），对研究汉初法制史及法律思想史有极其重要的价值，故引起了国内外学界的广泛关注。该书的前言指出："《二年律令》的发现使亡佚已久的汉律得以重现，不仅使秦、汉律的对比成为可能，而且是系统研究汉、唐律的关系及其对中国古代法律影响的最直接的资料。"《张家山汉墓竹简》一书在有关《二年律令》的"整理说明"中又说：

> 《二年律令》共有竹简 526 枚，简长 31 厘米。简文含 27 种律和 1 种令，律、令之名与律、令正文分开另简抄写。《二年律令》是全部律令的总称。简文中有优待吕宣王及其亲属的法律条文。吕宣王是吕后于吕后元年（公元前 187 年）赠与其父的谥号；与《二年律令》共存的历谱所记最后年号是吕后二年（公元前 186 年），故推断《二年律令》是吕后二年施行的法律。简文包含了汉律的主要部分，内容涉及西汉社会、政治、军事、经济、地理等方面，是极为重要的历史文献。

历史学家李学勤先生指出[①]：

> 《二年律令》是吕后时行用的法令。虽非当时法律全貌，所载律文已包括法律核心内容《贼律》、《盗律》等，胜于睡虎地简的秦律。值得注意的是律文里有相当一部分与秦律相应。这就在整体上和具体条文上，都为秦汉法律的对比研究提供了前所未有的机遇。

笔者在此就《二年律令》中的法律原则与刑罚制度进行一些探索。

1. 法律原则

（1）区分故意与过失。早在西周时期的法律中，就规定了区分故意（非眚）与过失（眚）的刑法原则，这在《尚书·康诰》中有明确的记载。对过失犯罪从轻处罚，体现了刑

---

① 参见李学勤：《张家山汉简研究的几个问题》，载《郑州大学学报》，2002（3）。

罚的宽和。秦律与汉律也都继承了这一原则。

如《贼律》对"放火罪"的规定就体现了这一原则：

> 贼燔城、官府及县官及县官积聚，弃市。燔寺舍、民室屋庐舍、积聚，黥为城旦春。其失火延燔之，罚金四两，责（债）所燔。

意思是说故意放火烧毁城市、官府及官方仓库者，处以弃市。烧毁寺庙、民房及百姓仓库者，处以黥为城旦春。而失火导致火势蔓延，则判处罚金四两，并由失火者赔偿造成的损失。在这里，汉律区分了故意与过失两种情况，对故意放火者严加惩处，判处弃市，而对失火者则处罚较轻，仅仅罚金四两，并补偿损失。《贼律》又曰：

> 贼杀人、斗而杀人，弃市。其过失及戏而杀人，赎死；伤人，除。

"贼杀人"即故意杀人。"斗而杀人"指打架斗殴而杀人。对这两种犯罪均判处弃市。戏而杀人：《晋书·刑法志》称"两和相害谓之戏"。过失杀人和戏而杀人罪，可以交钱赎免死罪。可见，上述规定也贯彻了对故意从重、对过失从轻的法律原则。

（2）区分惯犯与偶犯。这一法律原则也在西周时期得以确立。当时的惯犯称为"惟终"，偶犯称为"非终"。确立这一刑法原则的目的是：对偶犯减轻处罚，而对惯犯则加重处罚。对从无前科的人犯罪能够减轻处罚，当然也在一定程度上体现了法律的宽和，对教育感化罪犯会产生某种积极作用。汉代统治者从维护其长远利益出发，也贯彻了这一法律原则。

《二年律令》中的《具律》云：

> 鬼薪白粲有耐罪到完城旦春罪，黥以为城旦春。

这是说，鬼薪白粲（最轻的徒刑）如果再犯耐罪到完城旦春罪，则加重一等处罚，黥以为城旦春。《亡律》也规定："女子已坐亡赎耐，后复亡当赎耐者，耐以为隶妾。"这也是加重处罚惯犯的一个例证。

（3）自首减刑。统治阶级为了更好地防治犯罪和感化罪犯，在法律上确立了自首减刑的原则。从云梦出土的秦简看，秦律就贯彻了这一原则。当时把自首称为"自出"。秦简《法律答问》载："把其假以亡，得及自出，当为盗不当？自出，以亡论。其得，坐臧（赃）为盗。"句意谓携带借用的官有物品逃亡，被捕获或自首，是否应以盗窃罪论处？回答是：若为自首，则以逃亡罪论处；若为捕获，则按赃数以盗窃罪论处。秦律对盗窃罪处刑一般较逃亡罪为重，可知此条文对自首者处刑是从轻的。再看《法律答问》中的两则材料："司寇盗百一十钱，先自告，可（何）论？当耐为隶臣，或曰赀二甲。""士五（伍）甲盗……臧（赃）直（值）百一十，以论耐。"从以上两则材料中可以看出，对盗窃一百一十钱而又自首的刑徒司寇仅判以"耐为隶臣"或"赀二甲"，显然是从轻论处的结果，因为庶民（士伍甲）盗窃一百一十钱才被处以耐为隶臣，而身为刑徒的司寇盗窃一百一十钱，本应从重论处（肯定重于庶民），但念其自首，所以从轻发落。

汉代统治者继承了秦代关于自首减刑的原则。汉简《二年律令》中的《具律》云："其自出者，死罪，黥为城旦春。"意思是说如果应当判处死刑的罪犯自首，那么可以改为黥为城旦春。又《亡律》规定："诸亡自出，减之。毋名者，皆减其罪一等。""诸舍匿罪人，罪人自出，若先自告，罪减，亦减舍匿者罪。"

（4）严惩群盗。群盗是指五人以上的团伙犯罪。结伙犯罪，因其社会危害性较大，故处罚较重。秦代法律确立了这一原则。秦简《法律答问》载：

> 五人盗，赃一钱以上，斩左止，又黥以为城旦；不盈五人，盗过六百六十钱，黥劓以为城旦。

从汉简《二年律令》中的《盗律》看，对"群盗"处以磔（肢解）刑，而知情不报并为群盗提供饮食的，也与群盗同罪论处。

（5）保护皇权。秦代法律即特别强调这一原则，汉律也继承了这一原则。根据该原则，凡属于侵犯皇权的行为都要受到最严厉的制裁。《贼律》曰：

> 以城邑亭障反，降诸侯，及守乘城亭障，诸侯人来攻盗，不坚守弃去之若降之，及谋反者，皆腰斩。其父母、妻子、同产，无少长皆弃市。①

可见，上述律文包括了两个罪名——"叛降罪"与"谋反罪"，犯此二罪者均被处死，亲属也被连坐处死。

另有"伪写彻侯印罪"也属于侵犯皇权的行为。《贼律》曰：

> 伪写彻侯印，弃市；小官印，完为城旦春……

律文是说凡仿写伪造彻侯之印的，处以弃市之刑，而仿写伪造小官之印的，则判处完为城旦春的刑罚。"矫制罪"也是一种侵犯皇权的行为。《贼律》曰：

> 矫制，害者，弃市；不害，罚金四两。

律文说假造皇帝的诏书，如果造成了危害结果，则判处弃市；如果没有造成损害，则判处罚金四两。还有"伪造皇帝玺印罪"也属于侵犯皇权的罪行。《贼律》曰：

> 伪写皇帝信玺、皇帝行玺，要（腰）斩以匀（徇）。

可见汉律对伪造皇帝玺印罪的处罚是非常严厉的。

（6）诬告反坐。《秦律》即确立了这一原则，当时称诬告为"诬人"或"端告"。根据云梦秦简《法律答问》的记载："完城旦，以黥城旦诬人，何论？当黥。"这是说应当判处完城旦的人，以应当判处黥城旦的罪名诬告陷害他人，对诬告者必须判处黥刑。又据《法律答问》记载："甲盗羊，乙知，即端告曰甲盗牛，问乙为诬人，且为告不审？当为告盗加赃。"乙知道甲盗羊，却故意控告甲盗牛，目的是要使甲由轻罪入于重罪，因此乙必须为其诬增的赃数而受到惩罚。《法律答问》又载："当耐司寇而以耐隶臣诬人，何论？当耐为隶臣。"这是按诬告的罪名反坐。另外，《秦律》对控告他人犯罪却与事实有出入但不是出于故意者称"告不审"。

《二年律令》继承了秦律中确立的诬告反坐原则。《告律》记载：

> 诬告人死罪，黥为城旦春，它各反其罪。告不审及有罪先自告者，各减其罪一等，

---

① 《张家山汉墓竹简》，133页，北京，文物出版社，2001。

死罪黥为城旦舂，城旦舂罪完为城旦舂。

可见，诬告和告不审者所受的处罚，除死罪应当被判处黥为城旦舂这一点相同外，徒刑以下，诬告者按所诬告之罪反坐，而告不审者则可减罪一等受处罚。《具律》中也有相似规定。这说明，汉律也仿照秦律，注意区分诬告和告不审两种情况。

（7）维护特权。所谓维护特权原则，主要是指对贵族、官员中的犯罪者减免处罚。如《具律》规定：

公士、公士妻及……年七十以上，若年不盈十七岁，有罪当刑者，皆完之。

又规定：

上造、上造妻以上，及内公孙、外公孙、内公耳玄孙有罪，其当刑及当为城旦舂者，耐以为鬼薪白粲。

有学者指出："律文'有罪当刑'之'刑'乃指肉刑，与'完'相对，'完'指不施加致伤肌肤之肉刑。张家山汉简所见有爵者之减免刑罚仅涉及肉刑与徒刑，不包括死刑。"[1]另外，贵族、官员的法律特权还表现在对侵犯者的加重处罚上。如《贼律》规定："其毋伤也，下爵殴上爵，罚金四两。殴同死（列）以下，罚金二两。"受害者的爵位高于加害者，就从重处罚加害者。《贼律》又规定：

以县官事殴若詈吏，耐。所殴詈有秩以上，及吏以县官事殴詈五大夫以上，皆黥为城旦舂。

这是说因公事殴打谩骂低级官吏，被判处耐刑（剃鬓须），而殴打谩骂有秩以上官员和五大夫以上爵位者，则被判处黥为城旦舂（最重的徒刑附加黥刑）。受侵害者官职与爵位的高低决定了加害者受刑的轻重，可见法律对贵族官员之特权的保护细致而周到。

（8）从严治吏。《二年律令》以法家"明主治吏不治民"的思想为指导，贯彻了从严治吏的原则。如《具律》规定："鞫狱故纵、不直，及诊、报、辟故弗穷审者，死罪，斩左趾为城旦，它各以其罪论之。"[2]这是对司法腐败的一种惩治规定，司法官如果徇私枉法、出入人罪以及对案情不审查到底者将受到法律的严惩。《具律》又规定：

译讯人为诈伪，以出入罪人，死罪，黥为城旦舂；它各以其所出入罪反罪之。
劾人不审，为失；其轻罪也而故以重罪款之，为不直。[3]

这也是对司法腐败的惩罚规定。《杂律》规定："吏六百石以上及宦皇帝，而敢字贷钱财者，免之。"[4]意思是，凡是食俸六百石以上的官员和在朝廷中做官的官员，有敢放高利贷获利者一律被免除官职。该律另有规定："擅赋敛者，罚金四两，责所赋敛偿主。"[5]意指官员擅自赋敛百姓，将被判处罚金四两的刑罚，并让他把所赋敛之物退还原主。再看《盗

① 李均明：《张家山汉简所反映的适用刑罚原则》，载《郑州大学学报》，2002（4）。
② 《张家山汉墓竹简》，147页，北京，文物出版社，2001。
③ 《张家山汉墓竹简》，149页，北京，文物出版社，2001。
④ 《张家山汉墓竹简》，157页，北京，文物出版社，2001。
⑤ 《张家山汉墓竹简》，158页，北京，文物出版社，2001。

律》的规定：

> 受赇以枉法，及行赇者，皆坐其赃为盗。罪重于盗者，以重者论之。①

"受赇"就是受贿，"行赇"就是行贿。无论是受贿还是行贿，均按其赃值与盗窃罪同样论处。如果其中某些罪行的量刑比盗窃罪还重，则以重者论处。

（9）维护孝道。《二年律令》也受到了儒家孝道思想的影响，对"不孝"者予以严惩。《贼律》规定：

> 子牧杀父母，殴詈泰父母、父母假大母、主母、后母，及父母告子不孝，皆弃市……年七十以上告子不孝，必三环之。三环之各不同日而尚告，乃听之。教人不孝，黥为城旦舂。②

"不孝"者会被处以极刑，足见当时法律对违反孝道者处罚之严厉。《户律》还有这样一条规定："孙为户，与大父母居，养之不善，令孙且外居，另大父母居其室，食其田，使其奴婢，勿外卖。"③ 这是说，孙子立户，让祖父母与他同住，以供赡养，如果赡养不好，就强令孙子出外另居，而祖父母依法可占有其孙的房产和田地、使用其奴婢，只是不得将其外卖。这又反映了汉律对孝道的维护，子孙对父母和祖父母必须尽孝，尽力赡养好父母。后来的封建法典如《唐律》把对父母或祖父母"供养有缺"的行为定为"不孝"罪，可能渊源于此。

（10）尊老爱幼。《具律》规定：

> ……年七十以上、若年不盈十七岁，有罪当刑者，皆完之。

即对七十岁以上的老人和十七岁以下的少年犯罪不施加肉刑。该规定与1959年在甘肃武威磨嘴子18号汉墓出土的《王杖十简》（内容涉及西汉宣、成二帝对高年老人赐王杖的两份诏书、对侮辱受杖老人的判决案例等）中的如下规定近似："年七十以上，人所尊敬也。非首杀伤人，毋告劾也，毋所坐。"意思是说七十岁以上的老人，如果不是犯了首谋杀伤人的重罪，则不要起诉，对其应负的罪责，也不要追究。上述规定与儒家思想的影响也有关系。

（11）亲属相隐。所谓"亲属相隐"，是指亲属之间互相隐瞒犯罪行为，不向官府揭发，而官府对此不予惩罚或减轻惩罚。亲属相隐制度体现了儒家的伦理精神，实际上它直接源于孔子提倡的"父为子隐，子为父隐"的道德原则。从云梦秦简看，秦律中已有了亲属相隐制度的萌芽。至汉代，这一制度臻于成熟。据《汉书·宣帝记》载，汉宣帝曾下诏说："自今子首匿父母，妻匿夫，孙匿大父母，皆勿坐。其父母匿子，夫匿妻，大父母匿子孙，罪殊死，皆上请廷尉以闻。"这就是所谓的"亲亲得相首匿"制度。"首匿"是首谋隐匿罪行的意思，卑幼隐匿尊亲长的罪行不负刑事责任，尊亲长隐匿卑幼的犯罪行为，除死罪上请廷尉减免外，其他也不负刑事责任。这便是汉代定罪量刑的一个原则，此一原则也被后

---

① 《张家山汉墓竹简》，141页，北京，文物出版社，2001。
② 《张家山汉墓竹简》，139页，北京，文物出版社，2001。
③ 《张家山汉墓竹简》，162页，北京，文物出版社，2001。

世历代封建法典所规定。《二年律令》中的《告律》规定：

> 子告父母，妇告威公，奴婢告主、主父母妻子，勿听而弃告者市。①

这就是说，家庭成员中卑幼一方必须隐瞒尊长的犯罪行为，不得向官府告发，即使告发，官府也不予受理，并判处告发者死刑。该规定当为汉宣帝诏令所本。

（12）连带责任。所谓连带责任原则即"连坐"原则，是指法律对那些仅仅与罪犯有法定连带责任而并无犯罪行为的人实施制裁。《二年律令》中的"连坐"规定来源于秦律，秦律的"连坐"不仅有家属连坐，还有邻里连坐、职务连坐等等。这样，刑罚的对象就从有犯罪行为的人扩大到那些仅与罪犯有法定的连带责任关系而本人并无犯罪行为的人，从而造成一种人人自危的恐怖气氛，达到预防犯罪和揭露犯罪的目的。

《二年律令》继承了《秦律》中有关"连坐"的规定。如《贼律》规定："以城邑亭障反，降诸侯，及守乘城亭障，诸侯人来攻盗，不坚守弃去之若降之，及谋反者，皆腰斩。其父母、妻子、同产，无少长皆弃市。"② 意思是说把守城邑要塞的人，如果向敌对诸侯国投降，或当诸侯国的军队前来攻打时，不进行坚守，放弃城邑要塞，或进行谋反，均应处以腰斩，其亲属不分少长也都应处以弃市。下面是《盗律》中关于财产犯罪（抢劫）的连坐规定："劫人、谋劫人求钱财，虽未得若未劫，皆磔之。罪其妻、子，以为城旦舂。"以下是《钱律》中关于同居、四邻与职务连坐的规定："盗铸钱及佐者，弃市。同居不告，赎耐。正典、田典、伍人不告，罚金四两。或颇告，皆相除。尉、尉史、乡部、官啬夫、士吏、部主者弗得，罚金四两。"另外，《二年律令》中的《收律》也规定："罪人完城旦舂、鬼薪以上，及坐奸腐者，皆收其妻、子、财、田、宅。"此处的"收"是没收的意思。丈夫犯罪，妻子与孩子均被官府没收为奴，负无期苦役，这可以说是另外一种形式的"连坐"。

（13）立功免罪。《贼律》规定："以城邑亭障反，降诸侯，及守乘亭障，诸侯人来攻盗，不坚守而弃去之，若降之，及谋反者，皆腰斩……其坐谋反者，能偏捕，若先告吏，皆除坐者罪。"最后一句是说谋反者如果能抓获所有同伙或者向官府告发，就视为有立功表现，免于法律追究。《盗律》又规定："劫人、谋劫人求钱财……其妻子当坐者偏捕，若告吏，吏捕得之，皆除坐者罪。"这是说，抢劫犯受连坐的家属如果能抓捕罪犯，也可以免罪。上述规定乃瓦解有组织犯罪之举措。

2. 刑罚制度

从《二年律令》看，汉初的刑罚制度已经形成了一个包括死刑、肉刑、徒刑、迁刑、赎刑、罚金刑、夺爵与免官刑等在内的严密而完整的刑罚等次体系，反映了当时刑事立法技术与刑罚理念的进步。

（1）死刑。《二年律令》中所涉及的死刑刑名主要有如下数种：

第一，腰斩。《张家山汉墓竹简》注曰："死刑的一种，处刑时斩腰。"③ 处刑的方式是将犯人拦腰斩断。该刑名也承自《秦律》，商鞅变法时就规定："民不告奸者腰斩。"而秦相李斯也是被腰斩的。根据简文，临阵脱逃、投降敌人、进行谋反者处以腰斩。

---

① 《张家山汉墓竹简》，151 页，北京，文物出版社，2001。
② 《张家山汉墓竹简》，133 页，北京，文物出版社，2001。
③ 《张家山汉墓竹简》，133 页，北京，文物出版社，2001。

第二，弃市。《张家山汉墓竹简》注曰："死刑的一种，杀于市。"[①] 即在闹市处死犯人，以收震慑威吓之效果。一些学者认为，秦汉时期的弃市实际上是绞刑，而绞刑在先秦时期就已经存在了。《二年律令》中的《贼律》规定："贼燔城、官府及县官积聚，弃市。"又规定："贼杀人、斗而杀人，弃市。"《告律》规定："子告父母，妇告威公，奴婢告主、主父母妻子，勿听，而弃告者市。"

第三，磔。《张家山汉墓竹简》注曰："死刑的一种……"按《史记·李斯列传》之《索引》说："磔谓裂肢体而杀之。"《说文解字》段注："凡言磔者，开也，张也，刳其腹胸而张之，令其干枯不收。"磔刑来源于《秦律》，睡虎地秦简《法律答问》载："甲谋遣人盗杀人，受分十钱。问：乙高未盈六尺，甲何论？当磔。"《二年律令》中的《盗律》规定："群盗及亡从群盗，殴折人肢……盗杀伤人，盗发冢，略卖人若已略未卖，矫相以为吏，自以为吏以盗，皆磔。"《盗律》又规定："劫人、谋劫人求钱财，虽未得若未劫，皆磔之。"根据简文，犯间谍罪、抢劫罪、群盗罪、拐卖人口罪等等，要被处以磔刑。

第四，枭首。《张家山汉墓竹简》注曰："谓斩首悬于市。"[②] 该刑名也承自《秦律》。《史记·秦始皇本纪》之《集解》云："悬首于木上曰枭。"可见，所谓"枭其首市"就是把人斩首后将头悬于市场中的木杆上以示众。《二年律令》中的《贼律》规定："子杀伤父母，奴婢杀伤主、主父母妻子，皆枭其首市。"站在儒家伦理立场上看，儿子杀伤父母，奴婢杀伤主人之类的行为是严重的反人伦行为，当然要被重刑惩治。该规定受到了儒家思想的影响。

有学者指出：上述死刑诸刑种，"据与之相关的犯罪事项的严重程度考察，当以磔为最，枭首次之，腰斩居中，而弃市居下"[③]。从死刑诸刑种的等序来看，由高至低依次为磔—枭首—腰斩—弃市。

（2）肉刑。是一种残人肢体、毁人肌肤的刑罚。《二年律令》中的身体刑主要有宫刑、斩趾刑、劓刑、黥刑、完刑、耐刑、等等。

第一，腐。也称"宫刑"，是一种损坏男女生殖能力的刑罚。腐刑或宫刑起源甚早，《周礼·司刑》中就有"宫罪五百"的说法，其注曰："宫者，丈夫则割其势，女子闭于宫中。"这就说明了宫刑的处刑方式。《尚书·吕刑》也有"宫辟疑赦"的说法。可见，至少在西周时期就已经出现了宫刑。宫刑是一种"次死之刑"，仅次于死刑。《二年律令》中的《杂律》规定："强与人奸者，府（腐）以为宫隶臣。"这是说犯强奸罪者要被处以腐刑，并成为官府的刑徒。根据《具律》所言加刑的方法——"斩右止者府（腐）之"，可知宫刑重于斩右趾刑。

第二，斩趾。包括斩左趾和斩右趾两种，其中后者重于前者。斩趾刑即先秦时期的刖刑。《周礼·司刑》称"刖罪五百"，其注曰："刖，断足也。"甲骨文中有"刖"（即断足，实为刖刑）字，说明刖刑早在商朝就出现了。《二年律令》中的《具律》规定："鞫狱故纵、不直，及诊、报、辟故弗穷审者，死罪，斩左趾为城旦"。城旦是一种徒刑，汉代身体刑经

① 《张家山汉墓竹简》，133 页，北京，文物出版社，2001。
② 《张家山汉墓竹简》，139 页，北京，文物出版社，2001。
③ 李均明：《张家山汉简所见刑罚等序及相关问题》，载《华学》，第六辑，北京，紫禁城出版社，2003。

常作为徒刑的附加刑使用。

第三，劓。割鼻之刑。甲骨文中有"劓"字，说明商朝已有劓刑。秦简《法律答问》称："不盈五人，盗过六百六十钱，黥、劓以为城旦。"秦代常把劓刑作为城旦刑的附加刑，汉初也是如此。《二年律令》的《具律》规定："有罪当黥，故黥者劓之，故劓者斩左趾。"从刑罚等序上看，劓刑重于黥刑，而轻于斩左趾刑。

第四，黥。是在犯人面部进行刺刻的刑罚。商朝已有黥刑，甲骨文中即有"黥"字。从《二年律令》看，黥刑经常与城旦舂刑配合使用。如《告律》："诬告人以死罪，黥为城旦舂。"《贼律》："为伪书者，黥为城旦舂。"《盗律》："盗赃值过六百六十钱，黥为城旦舂"；等等。

第五，完与耐。是一种刑罚的两种称呼。它们都是指剃去犯人须鬓的刑罚。古人将该刑也视为"肉刑"之一，是因为其独特的观念，所谓"身体发肤，受之父母，不敢毁伤"[1]，把须发当成身体的一部分。《说文》段玉裁注曰："髡者，剃发也。不剃发，仅去其鬓曰耐，亦曰完。"可见，"完"即"耐"。完刑常与徒刑（如"城旦舂"）配合使用，《二年律令》中的《贼律》、《盗律》、《具律》等等均有"完为城旦舂"的说法，而"耐"也可与鬼薪白粲、隶臣妾及司寇等配合使用。

从身体刑的轻重程度看，其序列当是：腐—斩右趾—斩左趾—劓—黥—完或耐。

（3）徒刑。是指剥夺犯人人身自由并服劳役的刑罚。《二年律令》中的徒刑主要是城旦舂、鬼薪白粲、隶臣妾、司寇等等，而与其配合使用的有斩左趾、斩右趾、劓、黥、耐等附加刑。

第一，城旦舂。《张家山汉墓竹简》注曰："黥，肉刑的一种。刺额并以墨填之。城旦舂，刑徒名，男称城旦，女称舂。"[2] 城旦舂是当时徒刑中最重的一种。《具律》中有"斩左趾为城旦"的说法，"斩趾"配合城旦，是城旦刑中最重的一种，而"斩右趾"又重于"斩左趾"。《贼律》规定："谋贼杀伤人，未杀，黥为城旦舂。"又规定："贼伤人，及自贼伤以避事者，皆黥为城旦舂。"是知黥刑也可与城旦舂配合使用。

第二，鬼薪白粲。《张家山汉墓竹简》注曰："鬼薪白粲，刑徒名，男称鬼薪，女称白粲。《汉书·惠帝纪》注引应劭曰：'取薪给宗庙为鬼薪，坐择米使正白为白粲。'"[3] 可见，鬼薪白粲乃取名于其所从事的劳役，但实际上被判处鬼薪并不仅仅从事伐薪劳役，而被判处白粲者也并不仅仅从事择米的劳役。《具律》规定："上造、上造妻以上，及内公孙、外公孙、内公耳孙有罪，其当刑及当为城旦舂者，耐以为鬼薪白粲。"鬼薪白粲在刑等上低于城旦舂，它可与耐刑配合使用。

第三，隶臣妾。《张家山汉墓竹简》注曰："隶臣妾，刑徒名，男为隶臣，女为隶妾。"《贼律》规定："妻殴夫，耐为隶妾。"另外，《盗律》、《亡律》及《杂律》等也有"耐为隶臣妾"之类的说法。可知耐刑常作为隶臣妾的附加刑使用。

第四，司寇。伺察寇盗之意。指强制犯人到边疆地区防御外敌并服劳役。"司寇"之名

---

① 《孝经·开宗明义》。

② 《张家山汉墓竹简》，134 页，北京，文物出版社，2001。

③ 《张家山汉墓竹简》，138 页，北京，文物出版社，2001。

也承自秦律,睡虎地秦简《司空律》还称司寇可监管二十名城旦舂。《二年律令》中的《具律》规定:"有罪当耐,其法不名耐者,庶人以上耐为司寇,司寇耐为隶臣妾。"可知耐刑可作为司寇的附加刑使用,另外也可知司寇刑轻于隶臣妾。

鉴于上述可知,自由刑诸刑种之等序,从高到低依次为:城旦舂、鬼薪白粲、隶臣妾、司寇。而与附加刑结合使用后所形成的等序,从高到低依次为:斩右趾以为城旦、斩左趾以为城旦、劓为城旦舂、黥为城旦舂、完为城旦舂、耐为鬼薪白粲、耐为隶臣妾、耐为司寇。有学者指出:"秦律之徒刑鬼薪白粲及隶臣妾尚与肉刑黥相匹配,而汉初律未见,虽不排资料不完备故未见的可能,但汉初之鬼薪白粲以下已与肉刑脱离的倾向十分明显。"[1]

那么,汉初的徒刑是否有刑期呢?这是一个值得特别关注的问题。曾有一些学者认为有期徒刑之制始于汉文帝刑制改革,但银雀山汉墓竹简《守法守令等十三篇》证明早在战国时期的齐国就已经出现了有期刑制,而《周礼·秋官·司圜》也记载:"凡害人者,弗使冠饰,而加明刑焉。任之以事而收教之,能改者,上罪三年而舍,中罪二年而舍,下罪一年而舍,其不能改而出圜土者杀"。如果该材料可信,可以说在周代就已经出现了有期徒刑。有的学者根据《二年律令·具律》中"系城旦舂六岁"的说法,指出"在特定条件下'城旦舂'是有刑期的"。又根据《具律》"复城旦舂"的说法,提出了如下见解:"……'复城旦舂'之'复'字,无疑指重复、再次的意思,'复'字的这种用法常见于律条中,如《二年律令·具律》:'系日未备而复有耐罪'之'复'即是。显然,'复城旦舂'乃指再次服城旦舂刑。城旦舂犯迁、耐以上罪加重判为复城旦舂,表明复城旦舂重于城旦舂。试想,如果城旦舂为终身服役之徒刑,就不存在重复服役的问题,只在城旦舂是有期徒刑的前提下,方能重复之"。又说:"秦简与张家山汉简皆见'系城旦舂六岁'、'系三岁'的记载,张家山汉简又见'复城旦舂',一方面说明刑期已存在,另一方面也说明刑期不是固定的,此或为徒刑从不定期至有期限的过渡形式。"[2]上述说法颇有见地。

(4)迁刑。是一种将犯人强制迁徙到指定区域服役并不得迁回原籍的刑罚。秦简中已有"迁"刑,如《法律答问》:"啬夫不以官为事,以奸为事,论何也?当迁。"《二年律令》承之,《告律》将"迁"刑序于隶臣妾与司寇之后,而《具律》称"赎迁,金八两",是知赎刑可与迁刑配合使用。汉代的迁刑一般是将犯人迁往边疆地区,以防御外族入侵,但它与隋唐时期的"流"刑又有不同,汉初迁刑之序等列于徒刑之后,而隋唐之流刑则列于徒刑之前(仅次于死刑)。

(5)赎刑与罚金刑。两种刑罚均是指剥夺犯人一定数量财产的刑罚。赎刑与罚金刑的区别是,前者须有本刑依托,后者可独立行使。据《尚书》记载,周代已有赎刑,而秦简《法律答问》也见赎刑,汉简《二年律令》承之,其序等位于迁刑之下、罚金刑之上。《具律》规定:"赎死,金二斤八两。赎城旦舂、鬼薪白粲,金一斤八两。赎斩、腐,金一斤四两。赎劓、黥,金一斤。赎耐,金十二两。赎迁,金八两。"可见,几乎当时所有的刑罚都可以赎。《贼律》规定:"父母殴笞子及奴婢,子及奴婢以殴笞辜死,令赎死。"父母打死儿子或奴婢,虽是死罪但可以黄金赎罪,反映了封建法律对家长特权的保护。从《二年律令》

---

① 李均明:《张家山汉简所见刑罚等序及相关问题》,载《华学》第六辑,北京,紫禁城出版社,2003。
② 李均明:《张家山汉简所见刑罚等序及相关问题》,载《华学》第六辑,北京,紫禁城出版社,2003。

的相关规定看，可以赎免的犯罪往往是过失犯罪或其他比较轻微的犯罪。

罚金刑在秦律中就已经出现，当时的"赀"刑就其核心内容看是罚金。《说文解字》："赀，小罚以财自赎也。"《二年律令》中的《告律》有罚金四两、二两及一两的说法，可知罚金四两盖为罚金刑的常规上限。汉初罚金刑的适用对象一般是过失犯罪、经济犯罪和轻微的刑事犯罪等等。如《贼律》规定："其失火焚之，罚金四两。"《捕律》规定："盗贼发，士吏、求盗部者，及令、丞、尉弗觉知，士吏、求盗皆以戍边二岁，令、丞、尉罚金各四两。"《行书律》规定："诸行书而毁封者，皆罚金一两。"《盗律》规定："盗赃值……不盈廿二钱到一钱，罚金一两。"《杂律》规定："诸有债而敢强质者，罚金四两。"

（6）夺爵与免官刑。是指剥夺罪犯官职与权利的一种刑罚，相当于今天的"资格刑"。汉初的"资格刑"主要是夺爵与免官。根据考证，西方资格刑最早出现于《汉谟拉比法典》，而中国秦汉时期的夺爵免官之法及东汉时期的禁锢制度，均与现代褫夺公权相仿佛，属于一种资格刑。[①]《二年律令》中的《杂律》规定："博戏相夺钱财，若为平者，夺爵各一级。"《杂律》还规定："吏六百石以上及宦皇帝，而敢字贷钱财者，免之。"《置吏律》规定："有任人以为吏，其所任不廉、不胜任以免，亦免任者。"

由上述可见，汉简《二年律令》中的法律原则及刑罚制度表现出如下特点：（1）注重维护伦理道德。这从其强调孝道、亲属相隐及尊老爱幼等法律原则即可看出来。（2）刑罚制度与秦代相比有所宽和。如徒刑鬼薪白粲以下至司寇不再与肉刑结合使用、徒刑与财产刑大量适用等等可证。（3）强调从严治吏。尽管与秦律相比，《二年律令》的刑罚制度有所宽和，但它由于仍以法家重刑主义为主导，故其在本质上依然是严刑重罚，尤其是对官员犯罪更是如此。（4）形成了一个包括死刑、肉刑、徒刑、迁刑、赎刑、罚金刑、夺爵与免官刑等等在内的严密而完整的刑罚等次体系，反映了当时刑事立法技术的进步。（5）一些徒刑出现了刑期，标志着有期徒刑制度在国家法定刑中已经略具雏形，反映了中国刑法史的新进展。

（三）《二年律令》中体现的法律价值取向

1. 《二年律令》体现的儒家价值观

（1）对"不孝"罪的惩治

儒家的法律思想具有浓厚的伦理色彩，而这种伦理色彩又突出表现在用法律维护"孝道"这一根本伦理价值上。因此，先秦儒家往往把违反"孝道"的行为视为不可饶恕的罪行。后来的封建法典受这种思想的影响，规定了"不孝"罪名，对不孝之子严惩不贷。从出土的秦、汉律来看，都有"不孝"罪，反映了当时统治者用国家的强制力推行儒家"孝道"的努力。

汉简《二年律令》中的《贼律》云："子牧杀父母，殴詈泰父母、父母假大母、主母、后母，及父母告子不孝，皆弃市……年七十以上告子不孝，必三环之。三环之各不同日而尚告，乃听之。教人不孝，黥为城旦舂。"[②]《贼律》的上述规定与秦律有相似之处。湖北云

---

① 参见陈兴良：《刑法哲学》，447～448 页，北京，中国政法大学出版社，1997。

② 《张家山汉墓竹简》，139 页，北京，文物出版社，2001。

梦出土的秦简《法律答问》对"不孝"罪作了如下规定:"免老告人以为不孝,谒杀,当三环之不?不当环,亟执勿失。"①

上述对"不孝"罪的规定受到了儒家伦理思想的影响。以孝为百行之先乃是儒家的传统观念,这一传统观念大力提倡孝德,并把孝与忠即父权与君权联系起来,认为孝亲的人自然会忠君。孔子的弟子有若深谙此道:"其为人也孝弟,而好犯上者,鲜矣;不好犯上,而好作乱者,未之有也。君子务本,本立而道生。孝弟也者,其为仁之本与!"②把孝德当成"为仁之本",可见儒家是把孝放在一个多么高的地位上来看待的。《孝经》一出,言:"孝者,天之经也,地之义也,民之行也。"将"孝"视为"天经地义",即与神秘的自然法则等量齐观,"孝"的地位可谓登峰造极。正由于此,在儒家的法律思想中,不孝之人被视为"元恶大憝",必须从重严惩。

汉简《奏谳书》中记载了一个汉初的案子,罪犯女子甲的丈夫去世,她在与婆婆夜间守丧时,跟一男子到棺后房中发生性关系。第二天其婆婆向官府告发,甲被逮捕。③在上报廷尉讨论的过程中,有人引用了如下的律文:"教人不孝,次不孝之律。不孝者弃市。弃市之次,黥为城旦舂。"④意思是说犯了不孝罪就判处弃市,教人不孝罪次于不孝罪,故处以黥为城旦舂。有人主张按教人不孝罪判处通奸女子甲黥为城旦舂。汉代的"不孝"罪渊源于秦律,是对违反家庭伦理行为的一种惩罚。这是封建道德法律化的一种典型表现。

《二年律令·户律》有这样一条规定:"孙为户,与大父母居,养之不善,令孙且外居,另大父母居其室,食其田,使其奴婢,勿外卖。"⑤这是说,孙子立户,让祖父母与他同住,以供赡养,如果赡养不好,就强令孙子出外另居,而祖父母依法可占有其孙的房产和田地、使用其奴婢,只是不得将其外卖。可见,这又反映了汉律对家庭伦理的维护,子孙对父母和祖父母必须尽孝,尽力赡养好父母。后来的封建法典如《唐律》把对父母或祖父母"供养有缺"的行为定为"不孝"罪,可能即渊源于此。

(2)对"尊老爱幼"道德的维护

儒家法律思想对《二年律令》的影响还可以从其有关宽宥老幼的规定上看出来。尊老爱幼是儒家大力提倡的伦理主张,这种主张也逐渐渗透到汉代的立法实践中。《具律》规定:"……年七十以上,若年不盈十七岁,有罪当刑者,皆完之。"即对七十岁以上的老人和十七岁以下的少年犯罪不施加肉刑。该规定与1959年在甘肃武威磨嘴子18号汉墓出土的《王杖十简》(内容涉及西汉宣、成二帝对高年老人赐王杖的两份诏书、对侮辱受杖老人的判决案例等)中的如下规定近似:"年七十以上,人所尊敬也。非首杀伤人,毋告劾也,毋所坐。"意思是说七十岁以上的老人,如果不是犯了首谋杀伤人的重罪,则不要起诉,对其应负的罪责,也不要追究。

汉代的尊老制度始于汉高祖,当时尊老的对象只限于"三老"(掌教化的乡官)。高祖二年(前205)二月诏曰:"举民年五十以上,有修行,能帅众为善,置以为三老,乡一人。

---

① 《睡虎地秦墓竹简》,195页,北京,文物出版社,1978。
② 《论语·学而》。
③ 参见李学勤:《简帛佚籍与学术史》,218页,南昌,江西教育出版社,2001。
④ 《张家山汉墓竹简》,227页,北京,文物出版社,2001。
⑤ 《张家山汉墓竹简》,162页,北京,文物出版社,2001。

择乡三老一人为县三老，与县令丞尉以事相教，复勿繇戍，以十月赐酒肉。"① 到了惠帝时，对犯罪的老幼一律免予处罚，规定"民年七十以上，若不满十岁，有罪当刑者皆完之"②。到景帝时，对惠帝的尊老制度作了修改，对老幼的宽容范围有所限制，规定"年八十以下，及孕者未乳、师、朱儒当鞠系者，颂系之"③。这样，宽容的范围由七十以上、十岁以下变为八十以上、八岁以下；宽容的对象犯法后也不是免除刑罚，而只是"当鞠系者，颂系之"。到了宣帝时，因念"耆老之人，齿发坠落，血气既衰，亦亡暴逆之心，今或罹于文法，拘执图圄，不终天命"，故对八十岁以上的犯罪者宽大到"非诬告、杀伤人，它皆勿坐"④。汉代的尊老制度，可以说是儒家伦理思想影响的产物。

（3）对家族伦理的维护

第一，"亲属相隐"制度对家族伦理的维护

《二年律令》中有关"亲属相隐"的规定也反映了儒家维护家族伦理的法律思想对汉代立法的影响。所谓"亲属相隐"，是指亲属之间互相隐瞒犯罪行为，不向官府揭发，而官府对此不予惩罚或减轻惩罚（谋反之类的政治犯罪不可隐瞒）。亲属相隐制度体现了儒家的伦理精神，实际上它直接源于孔子提倡的"父为子隐，子为父隐"的道德原则。从云梦秦简看，秦律中已有了亲属相隐制度的萌芽。至汉代，这一制度臻于成熟。据《汉书·宣帝记》载，汉宣帝曾下诏说："自今子首匿父母，妻匿夫，孙匿大父母，皆勿坐。其父母匿子，夫匿妻，大父母匿子孙，罪殊死，皆上请廷尉以闻。"这就是所谓的"亲亲得相首匿"制度。"首匿"是首谋隐匿罪行的意思，卑幼隐匿尊亲长的罪行不负刑事责任，尊亲长隐匿卑幼的犯罪行为，除死罪上请廷尉减免外，其他也不负刑事责任。这便是汉代定罪量刑的一个原则，这一原则也被后世历代封建法典所规定。《二年律令》中的《告律》规定："子告父母，妇告威公，奴婢告主、主父母妻子，勿听而弃告者市。"⑤ 这就是说，家庭成员中卑幼一方必须隐瞒尊长的犯罪行为，不得向官府告发，即使告发，官府也不予受理，并判处告发者死刑，反映了汉律对家族伦理的一种强力维护。这可以说是儒家伦理观念法律化的一个显例。

第二，对父权和夫权的保障维护了家族伦理

《贼律》对家族伦理的强力维护还体现在如下规定中：

妻悍而夫殴笞之，非以兵刃也，虽伤之，毋罪。⑥

妻殴夫，耐为隶妾。⑦

子贼杀伤父母，奴婢贼杀伤主、主父母妻子，皆枭其首市。⑧

父母殴笞子及奴婢，子及奴婢以殴笞辜死，令赎死。⑨

---

① 《汉书·高帝纪》。

② 《汉书·惠帝纪》。

③ 《汉书·刑法志》。

④ 《汉书·刑法志》。

⑤ 《张家山汉墓竹简》，151 页，北京，文物出版社，2001。

⑥ 《张家山汉墓竹简》，139 页，北京，文物出版社，2001。

⑦ 《张家山汉墓竹简》，139 页，北京，文物出版社，2001。

⑧ 《张家山汉墓竹简》，139 页，北京，文物出版社，2001。

⑨ 《张家山汉墓竹简》，139 页，北京，文物出版社，2001。

　　妇殴伤、殴詈夫之泰父母、父母、主母、后母，皆弃市。①
　　殴兄、姊及亲父母之同产，耐为隶臣妾。②

　　从上述规定可以看出，《贼律》对家族伦理的维护实际上是对父权和夫权的维护。在宗法等级制社会里，家庭成员之间的地位是不平等的，家父在一个家庭中具有至高无上的地位，他对整个家庭具有主宰权，对子女甚至有生杀予夺的权力。父母打死子女可以免受法律制裁，而子女杀伤父母则被处死。夫妻关系也是不平等的，丈夫对妻子有任意主宰的权力。从上述法律条文中我们看到，妻子被丈夫殴打，丈夫无罪，而妻子殴打丈夫，要被判处"耐为隶妾"的刑罚。若妻子殴打、谩骂丈夫的祖父母和父母等等，则受到的处罚更为严厉，将被处以死刑。《贼律》就是这样为不平等的家族伦理关系进行了法律规制。

　　《二年律令》中又有《告律》，是关于控告、诬告及自首方面的法律规定。其中的一个条文记载："杀伤大父母、父母，及奴婢杀伤主、主父母妻子，自告者皆不得减。"③"自告"就是自首。律文说凡是杀伤了祖父母和父母的，奴婢杀伤主人或者主人的父母、妻子，即使先到官府自首，也要严加惩处，不得减免。这反映了汉代统治者维护家族伦理的决心。本来，"先自告除其罪"是汉代的一个刑法原则，如《汉书·衡山王传》就有"先自告反，告除其罪"的记载，但在上引条文中，对侵犯家长权的犯罪行为，即使自首也不得减免刑罚，可见其在当时属于罪大恶极的犯罪。在封建社会，"家"是"国"的基础和根本，家族伦理的巩固直接关系到国家的根本利益，所以当时的法律对家族伦理表示了异乎寻常的关注是可以理解的。

　　第三，对乱伦行为的惩治维护了家族伦理

　　《杂律》又规定："同产相与奸，若娶以为妻，及所娶皆弃市。"④ 近亲相奸或结婚，将被处以死刑。这是对乱伦行为的严厉惩罚，类似于后来的"十恶"重罪之一——"内乱"罪。对乱伦行为的严厉惩罚，也反映了法律对家族伦理的一种强力维护。

　　应该指出，《二年律令》虽然受到了儒家法律思想的影响，但这种影响并不是主要的。作为汉朝初年的一部法典，它带有明显的法家色彩是很自然的，因此可以说在其背后起主导作用的是法家的法律思想。

　　2.《二年律令》体现的法家价值观

　　"汉承秦制"之说一向为学界所周知。汉律继承了秦律，而秦律属于法家立法，其指导思想是法家的法律思想。因此，从某种意义上可以说，《二年律令》是以法家思想为主体指导思想的。通过《二年律令》这部西汉初年的法典，我们可以看到，法家的法律价值取向——重刑主义观念和"明主治吏不治民"（严于治吏）的思想在其中均有深刻的反映。

　　一是《二年律令》中体现的"明主治吏不治民"的思想。

　　"明主治吏不治民"语出先秦法家理论的集大成者韩非，可以说它是法家关于严于治吏

　　① 《张家山汉墓竹简》，140 页，北京，文物出版社，2001。
　　② 《张家山汉墓竹简》，140 页，北京，文物出版社，2001。
　　③ 《张家山汉墓竹简》，151 页，北京，文物出版社，2001。
　　④ 《张家山汉墓竹简》，158 页，北京，文物出版社，2001。

的思想传统的结晶，历来为人们所津津乐道。需要指出的是，"明主治吏不治民"并不是只治吏而不治民，而是强调治吏比治民更加重要，因为官吏是民的带头人，官吏不腐败，民众风气也会端正。

《韩非子·外储说右下》："人主者，守法责成以立功者也。闻有吏虽乱而有独善之民，不闻有乱民而有独治之吏，故明主治吏不治民。说在摇木之本，与引网之纲。故失火之啬夫，不可不论也。救火者，吏操壶走火，则一人之用也；操鞭使人，则役万夫。"意思是说，国君是靠遵守法治原则、责成臣下完成任务来建功立业的人。只听说有不守法度的官吏却仍有独自修善的百姓，没听说百姓都不守法度而还有遵守法度的官吏（笔者按：官吏队伍的整体腐败必然导致民众"违法乱纪"现象的泛滥），因此，英明的国君只是致力于管理好官吏而不是去直接管理民众。其中的道理就好比摇树必须摇树干、拉网必须拉网的总绳一样。又像救火的啬夫一样，他拿着水罐救火只是发挥一个人的作用，而如果他拿鞭子驱使众人去救火就可以使成千上万的人出力。通过上述言论，我们可以看到韩非对"明主治吏不治民"精义的阐发，是相当透彻细致的。

治国的关键在于治官，官正自然民正，官场风气的好坏决定着社会风气的好坏。法家关于"明主治吏不治民"的思想是深刻的，这种思想也被一些有远见的统治者所认同，并对封建立法产生了直接的影响。以法家思想作为立法的主体指导思想的秦、汉律就贯彻了这一思想。有一种观点认为："中国传统法律区别于世界上其他各主要法律传统的最基本也是最重要的特征——'明主治吏不治民'，即法律的核心内容、重心和主体是治吏法，特别是惩处官吏渎职罪之法。""……中国传统法律的发展演变是加强对官吏进行治理的回应，或曰'以法治吏'是中国传统法律发展的内部动力。"① 上述说法值得我们思考。

（1）对司法腐败的矫治

《二年律令》中严于治吏、惩治官员犯罪、抑制吏治腐败方面的规定很多，这些规定无不体现了法家"明主治吏不治民"的立法指导思想。如《具律》规定："鞫狱故纵、不直，及诊、报、辟故弗穷审者，死罪，斩左趾为城旦，它各以其罪论之。"② 这是对司法腐败的一种惩治规定，司法官如果徇私枉法、出入人罪以及对案情不审查到底者，将受到法律的严惩。《具律》又规定："译讯人为诈伪，以出入罪人，死罪，黥为城旦舂；它各以其所出入罪反罪之。""劾人不审，为失；其轻罪也而故以重罪劾之，为不直。"③ 这也是对司法腐败的惩罚规定。

（2）对攫取非法收入的官员的惩治

《杂律》规定："吏六百石以上及宦皇帝，而敢字贷钱财者，免之。"④ 意思是，凡是食俸六百石以上的官员和在朝廷中做官的官员，有敢放高利贷获利者一律被免除官职。这可以说是整顿吏治的一项措施。该律另有规定："擅赋敛者，罚金四两，责所赋敛偿主。"⑤ 是

---

① 胡世凯：《官吏渎职罪与中国传统法律"明主治吏不治民"》，载《新世纪法学前沿》，12 页，上海，上海交通大学出版社，2002。

② 《张家山汉墓竹简》，147 页，北京，文物出版社，2001。

③ 《张家山汉墓竹简》，149 页，北京，文物出版社，2001。

④ 《张家山汉墓竹简》，157 页，北京，文物出版社，2001。

⑤ 《张家山汉墓竹简》，158 页，北京，文物出版社，2001。

说官员擅自赋敛百姓，将被判处罚金四两的刑罚，并让他把所赋敛之物退还原主。这也是整顿吏治的一项措施。

《盗律》又规定："受赇以枉法，及行赇者，皆坐其赃为盗。罪重于盗者，以重者论之。"①"受赇"就是受贿，"行赇"就是行贿。无论是受贿还是行贿，均按其赃值与盗窃罪同样论处。如果其中某些罪行的量刑比盗窃罪还重，则以重者论处。行贿者也与受贿者一样同罪论处，耐人寻味。

《奏谳书》中的一个案例记载，两个行贿、受贿的官员受到了法律制裁，称其"受、行赇枉法也"②。根据《二年律令》的规定，行贿、受贿罪与盗窃罪同等论处，凡超过六百六十钱者处以黥为城旦的刑罚。

《奏谳书》中还有一个案例说，一位名叫恢的人，其官秩为六百石，他让下属盗取本县的公米二百六十三石八斗出卖，得金六斤三两、钱一万五千五十。结果被逮捕。"鞫：恢，吏，盗过六百六十钱，审。当：恢当黥为城旦，毋得以爵减、免、赎。律：盗赃值过六百六十钱，黥为城旦。令：吏盗，当刑者刑，毋得以爵减、免、赎。以此当恢。"③ 看来，官员犯盗窃罪与普通人犯盗窃罪所受到的处罚是一样的，而且不能因其爵位而获得减免或以钱赎罪。文中还引了当时《令》中的一条规定："吏盗，当刑者刑，毋得以爵减、免、赎。""令"也是当时的一种重要的法律形式，即皇帝的诏令，具有极高的法律效力。《令》中的这项规定，反映了汉代统治者整顿吏治的决心。官员盗窃，与贪污无异，是吏治腐败的表现。

（3）对官员性犯罪的处罚

《杂律》规定："诸与人和奸，及其所与皆完为城旦舂。其吏也，以强奸论之。"④ 该条耐人寻味，官吏与人通奸被以强奸论处，而一般人与人通奸只是被处以完为城旦舂的刑罚，这一前重后轻的处罚结果，说明汉律对公职人员的要求是严于普通人的（法律并不是在任何时候都把他们当特权人物看待的）。

（4）对选任官吏中腐败行为的制裁

《置吏律》是有关官员选拔、任用和对其进行管理的法律。该律规定："有任人以为吏，其所任不廉、不胜任以免，亦免任者。其非吏及宦也，罚金四两，戍边二岁。"⑤ 这是说，保举他人为官，如果该人任内不廉洁或因不能胜任职务而被免职，保举人有官职者将被免职，若保举人无官职则被处以罚金四两并戍边二年的刑罚。这可以说是官员任用中的举荐责任制，他对防止任人唯亲能起一定积极作用，故可说是一种善制。

笔者认为，作为"汉承秦制"之产物的汉律，确实贯彻了法家"明主治吏不治民"的思想，对官吏严加管理，对犯罪的官吏坚决惩治，从而使当时的吏治得到了一定程度的改善。尤其值得注意的是，汉律的一些规定至今对我们仍有启发意义。例如，对贪污与盗窃同罪论处，设行贿罪并与盗窃罪同论，官员与女子和奸以强奸论，官员犯罪而其举荐人将

---

① 《张家山汉墓竹简》，141 页，北京，文物出版社，2001。
② 《张家山汉墓竹简》，217 页，北京，文物出版社，2001。
③ 《张家山汉墓竹简》，219 页，北京，文物出版社，2001。
④ 《张家山汉墓竹简》，159 页，北京，文物出版社，2001。
⑤ 《张家山汉墓竹简》，161 页，北京，文物出版社，2001。

承担荐人不当的责任，司法官员徇私枉法将被处以重刑，等等。

二是《二年律令》中体现的重刑主义精神。

信奉重刑主义的法家一向提倡轻罪重罚，认为只要对轻罪施加重罚，人们就不敢犯轻罪，而重罪就更不敢犯了。如此国家就可以"刑措而不用"。这就是著名的"以刑去刑"理论（《商君书》中有很多这方面的言论）。在《二年律令》中，我们不难看出这一理论的影子。

（1）严酷的刑种

《二年律令》中的大量刑名（刑种）使我们看到了汉代刑罚残酷性的一面。仅《贼律》中所涉及的死刑刑名就有如下数种：腰斩、弃市、磔、枭其首市等等。这些死刑的行刑方法十分残酷。例如，"枭其首市"，《史记·秦始皇本纪》之《集解》云："悬首于木上曰枭。"就是把人斩首后将头悬于市场中的木杆上以示众。又如，磔刑，《汉书·景帝纪》："磔，谓张其尸也。"《史记·李斯列传》之《索引》说："磔谓裂肢体而杀之。"《说文解字》段注："凡言磔者，开也，张也，剐其腹胸而张之，令其干枯不收。"

（2）对侵犯皇权与国家财产行为的严厉惩罚

《二年律令》对危害国家政权的叛降罪与谋反罪的处罚非常严厉。《贼律》曰："以城邑亭障反，降诸侯，及守乘城亭障，诸侯人来攻盗，不坚守弃去之若降之，及谋反者，皆腰斩。其父母、妻子、同产，无少长皆弃市。"[1] 律文言把守城邑要塞的人，如果向敌对诸侯国投降，或当诸侯国的军队前来攻打时，不进行坚守，放弃城邑要塞，或进行谋反，均应处以腰斩，其亲属不分少长也都应处以弃市。可见，上述律文包括了两个罪名——"叛降罪"与"谋反罪"，犯此二罪者均被处死，亲属也被连坐处死。《唐律·贼盗律》规定："诸谋叛者，绞。已上道者皆斩，妻、子流二千里。若率部众百人以上，父母、妻、子流三千里。所率虽不满百人，以故为害者，以百人以上论。"此处的"谋叛"是指叛变投敌。与汉律比较，唐律对叛降罪的量刑要轻一些（绞刑轻于腰斩），对罪犯的亲属也只是处以流放刑，而不是死刑。

《二年律令》对侵犯国家财产罪的处罚也较唐律为重。《贼律》曰："贼燔城、官府及县官及县官积聚，弃市。燔寺舍、民室屋庐舍、积聚，黥为城旦舂。其失火延燔之，罚金四两，责（债）所燔。"[2]《张家山汉墓竹简》注曰："贼燔城，故意焚烧城邑……县官，指官方。"积聚：仓库。律文是说故意放火烧毁城市、官府及官方仓库者，处以弃市。烧毁寺庙、民房及百姓仓库者，处以黥为城旦舂。而失火导致火势蔓延，则判处罚金四两，并由失火者赔偿造成的损失。《唐律·杂律》规定："诸故烧官府廨舍及私家舍宅若财物者，徒三年。赃满五匹，流二千里；十匹，绞。"这是说，凡故意放火烧官府的房屋与私人的住房或财物的，处以三年徒刑，而火焚造成损失的价值以坐赃论，计赃额值满五匹绢的，处以流放二千里，如果满十匹，则判处绞刑。与唐律比较，汉律在量刑上偏重，凡是放火烧官府及其财物者，无论造成的损失大小，均处以死刑。另一值得注意的现象是，唐律对放火烧官私财物的处罚一视同仁，而汉律对放火烧私人财物的行为处罚较放火烧官方财产的行

---

[1] 《张家山汉墓竹简》，133 页，北京，文物出版社，2001。
[2] 《张家山汉墓竹简》，134 页，北京，文物出版社，2001。

为为轻，反映了重公轻私的价值观念。

（3）"连坐"规定体现了重刑主义精神

《二年律令》中规定的"连坐"原则也体现了法家的重刑主义思想。商鞅在秦国变法，大搞连坐，希望通过这种重刑主义的恐怖手段来防治犯罪。下面摘录几条《商君书》中有关连坐的言论："重刑而连其罪，则褊急之民不斗，很刚之民不讼，怠惰之民不游，费资之民不作，巧谀、恶心之民无变也。"（《垦令》）"守法守职之吏有不行王法者，罪死不赦，刑及三族。周官之人，知而讦之上者，自免刑也。"（《赏刑》）这是说，凡执法任职的官吏，有不按国法办事的，其本人要被处死，其父母、兄弟、妻子也因牵连而受刑。若该官周围的人能向君主揭发其罪行，那么他本人不但能被免于惩罚，而且还能继承该官之职务、爵位、田产和俸禄。商鞅认为，只要能做到"重刑而连其罪"，则会对吏民产生巨大的威慑力量，使其不敢以身试法。

印证其他史籍，我们会对"连其罪"有更进一步的了解。《史记·商君列传》载："商君之法，令民为什伍，而相收司连坐。不告奸者腰斩，告奸者与斩敌首同赏，匿奸者与降敌同罚"（司马贞《索引》曰："收司谓相纠发也。一家有罪而九家连举发，若不纠举，则十家连坐。"）。《韩非子·定分》亦载："公孙鞅之治秦也，设告相坐而责其实，连什伍而同其罪。"由此可知，商鞅的"连其罪"即连坐法，是规定五家或十家构成一联保组织，使人们互相监视，联保组织中若有一人犯罪，其他人必须及时告发，告发者有赏，不告者被罚。尽管连坐法非始自商鞅，但商鞅扩大了连坐的范围，不仅有家属连坐，还有邻里连坐、职务连坐等等。这样，刑罚的对象就从有犯罪行为的人扩大到那些仅与罪犯有法定的连带责任关系而本人并无犯罪行为的人，从而造成一种人人自危的恐怖气氛，达到预防犯罪和揭露犯罪的目的。

商鞅有关连坐的理论是其重刑主义刑法思想的一个重要组成部分，它对秦律产生了直接的影响。秦律规定的连坐有同居连坐、什伍连坐和职务连坐等等。

所谓同居连坐，即家属连坐（《法律答问》有"户为同居"之言）。《法律答问》载："夫盗千钱，妻所匿三百，可（何）以论妻？妻智（知）夫盗而匿之，当以三百论为盗；不智（知），为收。"① 这是说，丈夫盗窃一千钱，在其妻处藏了三百钱，若妻子知道这笔钱为盗窃所得而收藏，则按盗三百钱之罪论处；若妻子不知道此钱为盗窃所得，则予以收孥（没妻为官奴）。简文所记，乃是一起因丈夫盗窃而对其妻适用连坐法的例子。当然，秦律规定的家属连坐法不仅适用于盗窃犯罪，还适用于其他犯罪。

所谓什伍连坐，据《史记·商君列传》载，商鞅"令民为什伍，而相牧司连坐"。秦简中无十户连坐的记载，只有伍人连坐的记载，伍人连坐即四邻连坐，其目的就是使民众互相监视、互相告发，以强化封建统治。《法律答问》载："百姓不当老，至老时不用请，敢为酢（诈）伪者，赀二甲；典、老弗告，赀各一甲；伍人，户一盾，皆迁之。"② 这是说，对在免老问题上不如实申报、弄虚作假者罚二甲；其所在的基层组织的负责人典、老知情不报，各罚一甲；与其同伍的人，每家罚一盾，并被流放。简文中的老乃免老之意。秦制

① 《睡虎地秦墓竹简》，156页，北京，文物出版社，1978。
② 《睡虎地秦墓竹简》，143页，北京，文物出版社，1978。

规定，无爵位者六十岁免老，有爵位五十六岁免老，到了免老的年龄即可免除兵役和徭役。那些为逃避兵役和徭役而诈称老者将受到法律的制裁，其同伍之人也被连坐处罚。

所谓职务连坐，主要是指上下级官员之间的连坐。秦简中有如下资料："尉计及尉官吏节（即）有劾，其令、丞坐之，如它官然。"① 这是《效律》中的一条律文，《睡虎地秦墓竹简》注曰："尉，此处指县尉。有劾，犯了罪。"② 简文意思是说县尉的会计和县尉所属官吏若犯了罪，其上司令、丞也要负法律责任。

《二年律令》继承了《秦律》中有关"连坐"的规定。如《贼律》规定："以城邑亭障反，降诸侯，及守乘城亭障，诸侯人来攻盗，不坚守弃去之若降之，及谋反者，皆腰斩。其父母、妻子、同产，无少长皆弃市。"③ 意思是说把守城邑要塞的人，如果向敌对诸侯国投降，或当诸侯国的军队前来攻打时，不进行坚守，放弃城邑要塞，或进行谋反，均应处以腰斩，其亲属不分少长也都应处以弃市。可见，封建法典对危害国家政权的犯罪的惩罚是十分严酷的。《唐律·贼盗律》也有这方面的规定："诸谋叛者，绞。已上道者皆斩，妻、子流二千里。若率部众百人以上，父母、妻、子流三千里。所率虽不满百人，以故为害者，以百人以上论。"

下面则是关于财产犯罪（抢劫）的连坐规定："劫人、谋劫人求钱财，虽未得若未劫，皆磔之。罪其妻、子，以为城旦舂。"（《二年律令·盗律》）以下是关于同居、四邻与职务连坐的规定："盗铸钱及佐者，弃市。同居不告，赎耐。正典、田典、伍人不告，罚金四两。或颇告，皆相除。尉、尉史、乡部、官啬夫、士吏、部主者弗得，罚金四两。"（《二年律令·钱律》）

另外，《二年律令》中的《收律》也规定："罪人完城旦舂、鬼薪以上，及坐奸腐者，皆收其妻、子、财、田、宅。"此处的"收"是没收的意思。丈夫犯罪，妻子与孩子均被官府没收为奴，处无期苦役，这可以说是另外一种形式的"连坐"。应该说，上述法条均反映了法家重刑主义的立法动机。

在此需要指出，汉朝初年一向被人们认为是统治者对人民实行"让步政策"的时期，因此刑罚也是比较宽和的。笔者认为，这种宽和只是相对于秦法而言，而且是在某些方面，但是，在官员腐败的惩治方面及对侵犯皇权行为的惩治方面等等，与《秦律》相比毫不逊色，其严刑重罚的立法动机昭然若揭。另外还要指出一点，当年刘邦的军队刚刚攻入关中时，为了收买民心，曾提出"约法三章"，废除了秦朝的苛法，使法律变得简单宽和，导致秦民"大悦"。但这只不过是权宜之计而已，一旦汉帝国建立，统治者便认识到"三章之法不足以御奸"，便仿照《秦律》制定了《二年律令》。因此，《秦律》重刑主义的"底色"自然也就被继承过来，这就是我们在《二年律令》中看到如此之多的重罚规定的原因。

张家山汉简的公布引起了国际学术界的广泛关注，它为中国古代法律史的研究提供了可靠的依据和广阔的空间。地下出土的资料因为未经后人的篡改，故有得天独厚的可信度。它既可以印证传世文献中的记载，也可以纠正传世文献中的错误，还可以弥补传世文献记

---

① 《睡虎地秦墓竹简》，124 页，北京，文物出版社，2001。
② 《睡虎地秦墓竹简》，124 页，北京，文物出版社，2001。
③ 《张家山汉墓竹简》，133 页，北京，文物出版社，2001。

载的不足。它将为改写中国古代法律史打下基础。利用张家山汉简,从法律思想与法律制度相结合、出土文献与传世文献相参证的角度研究中国古代的法律史,并注意对不同时代的法律制度进行纵向比较,可以考察中国古代法制的继承与演变。

美国学者弗里德曼在《法律制度》一书中曾说过一句名言:

> 法典背后都有强大的思想运动。

这启示我们:法律制度与法律思想是有密切关系的,在某种意义可以说,前者往往受后者制约。在中国历史上,儒家、法家和道家等学派的法律思想曾对古代法制产生过深刻的影响,就汉简《二年律令》来说,它虽然继承了《秦律》以法家思想为主体指导思想的风格,但它同时也受到了儒家思想的影响,并把儒家提倡的一些伦理原则和伦理规范转化成了法律原则和法律规范。

笔者通过对张家山汉简的初步探索,发现汉律在维护家族伦理与严于治吏方面颇有特色。在维护家族伦理方面,它发扬儒家的精神,把儒家推崇的家族道德法律化。可以说,《二年律令》在这方面所做的工作乃是对后世影响深远的所谓"法律儒家化"运动的开端。在严于治吏方面,笔者发现,作为"汉承秦制"之产物的《二年律令》(汉律),确实贯彻了法家"明主治吏不治民"的思想,对官吏严加管理,对犯罪的官吏坚决惩治。尤其值得注意的是,汉律的一些规定至今对我们仍有启发意义。例如,对贪污与盗窃同罪论处,设行贿罪并与盗窃罪同论,官员与女子通奸以强奸论,官员犯罪而其举荐人将承担荐人不当的责任,司法官员徇私枉法将被处以重刑,等等。可见,汉律对吏治的管理规定是多么细密,因而在一定程度上促进了封建官僚机构的廉洁和效率。汉律的上述规定,其背后所蕴涵的指导思想是严于治吏,这样的指导思想对今天的行政法制建设是可资借鉴的。

(四)汉代的主要罪名

罪名体系也是刑法体系的重要组成部分,汉代刑法已初步形成了自己的罪名体系。汉代的罪名多继承秦制,如盗窃罪、妄言罪、非所宜言罪、杀伤罪、不敬罪、诽谤妖言罪,等等。但也新增了一些罪名。汉代的罪名比较庞杂,下面择其要者加以分析。

1. 大逆无道罪

该罪或单称"大逆"或单称"无道"(同"不道"),或称"逆不道",它可溯源至商代的"不吉不迪"罪,"不迪"即不道,是指"不有功于民"、"作乱百姓"等罪行。秦时有"不道"罪,其内涵主要是谋反,汉时继承这一罪名,但内涵急剧膨胀,包括了许多种严重损害封建政权的行为,故在"不道"罪名下有许多小的罪名,主要有以下几种:

(1)祝诅上罪。祝诅上罪是指妄图通过巫祝以鬼神的力量加害于君主,所谓"以言告祝谓之祝,请神加殃谓之诅",即言此意。该罪名未见于秦律,当为汉初所创。有关该罪的最早记载见于《汉书·文帝纪》:"二年五月,诏民或祝诅上以相约,而后相谩,吏以为大逆……"可见,祝诅上罪是非常严重的犯罪行为,属于大逆无道罪。按汉律,犯大逆无道罪者要判处弃市之刑。

(2)迷国罔上罪。该罪是指欺罔君主并给国家利益带来重大危害的行为。犯此罪者往往为朝廷重臣,如《汉书·龚胜传》记载,丞相王嘉被尚书弹劾,称其"言事恣意,迷国罔上,不道"。经过朝廷大员们合议,"皆以为应迷国不道法",结果王嘉下狱死。

（3）左道罪。"左道"即邪道，该罪是指以邪道蛊惑民众的行为。据《汉书·王商传》记载，左将军史丹上奏，称王商"执左道以乱政，为臣不忠，罔上不道"，应处死刑。

（4）漏泄省中语罪。"省中"即宫禁之地。该罪是指臣下泄露君主的言语，或泄露臣下上奏于君主的言论。据《汉书·贾捐之传》载，贾捐之"漏泄省中语，罔上不道"，而"坐弃市"。可知泄漏省中语即属大逆不道，被处弃市之刑。

（5）赃百万以上罪。该罪也属不道罪。据《汉书·陈汤传》载："弘农太守张匡，坐赃百万以上，狡猾不道。"把贪污百万以上也列入不道罪，可见当时惩贪力度之强。

（6）诬罔主上罪。该罪是欺骗君主罪。《汉书·李寻传》有"诬罔主上不道"，又《楚元王传》有"诬罔不道"，知该罪也属于不道罪。

（7）上僭罪。该罪是指官员在器物、乘舆、服饰方面的僭越行为。根据汉代的礼仪制度，君臣在上述东西的使用上均有严格的等级规定，不可"逾制"。据《汉书·韩延寿传》载，韩延寿"在东郡时，试骑士，治饰兵车，画龙虎朱爵"，结果被指控为"上僭不道"，"坐弃市"。

（8）谋反罪。该罪指企图颠覆国家政权的行为。犯该罪者往往受到"夷三族"的刑罚，不仅自身受诛，整个家族也受牵连被诛。

（9）巫蛊罪。该罪是指借助于神巫而造蛊毒、企图加害于人的行为。若加害的对象为君主，则构成大逆无道罪。《汉书·江充传》有所谓"民转相诬以巫蛊，吏辄劾以大逆亡道"的记载，又据《汉书·外戚陈皇后传》载："女子楚服等坐为皇后巫蛊祭祀祝诅，大逆无道，相连及诛者三百余人，楚服枭首于市。"

（10）怨望诽谤政治罪。该罪是一种言论犯罪。指因怨恨而诽谤朝政。据《汉书·严延年传》载，汉宣帝时的河南太守严延年因对丞相不满，结果"坐怨望诽谤政治不道弃市"。又据《汉书·淮阳宪王传》载："……诽谤政治，狡猾不道……京房及博兄弟三人皆弃市，妻子徙边。"

（11）妖言罪。该罪也是一种言论罪，即所谓以妖言惑众之行。据《汉书·律历志》载："劾奏王吏六百石，古之大夫，服儒衣，诵不详之辞，作妖言欲乱制度，不道。"可知妖言罪也是不道罪中的一种。

（12）殴辱王杖主罪。王杖是皇帝授予七十岁以上老人的一种拐杖，上有鸠饰，持此杖者即为"王杖主"，享有种种特权，殴打和侮辱王杖主的行为属于大逆不道罪。1959年在甘肃武威磨嘴子汉墓出土了《王杖十简》，1981年出土了《王杖诏书令册》。前者载：对王杖主"有敢骂詈、殴之者，比逆不道"，"年七十受王杖者，比六百石……有敢征召、侮辱者，比大逆不道"。这是说，王杖主的待遇是"比六百石"官秩，凡是对其擅自征召、侵害和侮辱的，均以大逆不道罪论处。后者载，对王杖主，"吏民有敢殴辱者，逆不道，弃市"。即对殴打侮辱王杖主的犯人一律处以弃市之刑。该简册还记载了一些案例，如云阳白水亭长张熬、汝南郡男子王安世、南郡亭长司马护、长安东乡啬夫田宣等人因殴辱王杖主，均被判处弃市。王杖主所持王杖，乃皇权的象征，侵犯王杖主就是侵犯皇权，故受到法律严惩。

2. 不孝罪

秦律中已有"不孝"罪，这已为湖北云梦睡虎地秦墓出土的竹简所证实。[①] 汉律在这方面继承了秦律，也有不孝罪的规定。湖北张家山汉墓中出土的《奏谳书》中有"不孝者弃市"之语，说明不孝罪是被判处极刑的，这反映了汉代统治者维护家族伦理的决心。又据《汉书·景帝纪》载，"襄平侯嘉子恢说不孝"，而被处死。另据《汉书·王尊传》载："春正月，美阳女子告假子不孝，曰：儿常以我为妻，妒笞我。"养子奸污继母，此种禽兽之行被控"不孝"，结果罪犯被悬于树上，乱箭射死。

3. 不敬罪

该罪是一种有违君道尊严的失礼行为，较之"不道"罪，其情节轻一些。秦律中有"不敬"罪，指"犯上弗知害"的行为，就是说冒犯了君威却"弗知害"，这属于过失之行。到了汉代，这一罪名的内涵大大膨胀了，它包括如下一些小罪名：

（1）失礼罪。该罪是指违反臣子之礼的行为。据《汉书·盖宽饶传》载："长信少府檀长卿起舞为沐猴与狗斗……劾奏长信少府以列卿而沐猴舞，失礼不敬。"此明言"失礼"即是不敬。又据《汉书·萧望之传》载，萧望之因"教子上书，称引亡辜之诗，失大礼，不敬"，结果"饮鸩自杀"。

（2）醉歌堂下罪。此处之"堂"指庙堂，为皇帝祭祖之所。在庙堂之下醉酒、歌舞，是对皇帝祖先神灵的不敬。据《汉书·功臣表》载："侯商丘成，坐为詹事祠孝文庙，醉歌堂下曰'出居，安能郁郁'，大不敬，自杀。"

（3）戏殿上罪。殿上，是朝廷政治聚会之所，君臣议政之处。戏殿上，即在殿堂之上言行不严肃，有违朝廷之礼。据《汉书·申屠嘉传》载，申徒嘉指斥邓通以小臣的身份"戏殿上，大不敬，当斩"。

（4）不下公门罪。官员要面见皇帝，入公门时必须下车，以示对皇帝的尊敬。若入公门而不下车，那就是一种不敬的行为。《汉书·张释之传》记载，有一次，张释之看到太子和梁王入公门时未下车，"遂劾不下公门不敬，奏之"。

（5）不朝不请罪。按汉制，春季朝见天子曰"朝"，秋季朝见天子曰"请"。该罪名是指地方诸侯若不在规定的时间内朝见天子，则是一种不敬行为。据《史记·王子侯者年表》载："元狩六年，建成侯刘拾坐不朝不敬，国除。"《汉书·吴王濞传》称吴王"诈称病不朝，于古法当诛"，但"文帝不忍，因赐几杖"，只是打了吴王几杖。

（6）挟诏书罪。挟诏书是指将诏书夹在胳膊下，按汉制，应双手捧（"奉"）诏书，挟诏书就是对皇帝的不敬。《汉书·功臣表》载，元朔元年，翟不疑"坐挟诏书论，耐为司寇"。颜师古注曰："诏书当奉持之，而挟以行，故为罪也。"

（7）废格罪。秦律中有"废令"罪，即未按君主的命令所要求的去做，对该罪的处罚是"耐为侯"[②]，这是一种劳役刑。汉代的"废格"与秦的"废令"一脉相承，内涵基本一致。《史记·淮南衡山王列传》中如淳注解"废格"之义为"被阁（搁）不行"。在《汉书·食货志》中如淳又注曰："废格天子文法，使不行也。"可见，汉代也是把不贯彻执行

---

① 参见《睡虎地秦墓竹简》，154 页，北京，文物出版社，1978。

② 《睡虎地秦墓竹简》，211 页，北京，文物出版社，1978。

天子的命令视为犯了"废格"罪,这与秦的"废令"罪在内涵上虽无甚区别,但在对该罪的处罚方面却大相径庭了,汉代的"废格"罪要判弃市(如《史记·淮南衡山王列传》有"废格明诏,当弃市"),而秦代的"废令"则仅判"耐为侯",比前者轻得多。这说明,随着专制皇权的加强,对不执行其命令的行为的惩处大大加强了。

(8)非所宜言罪。该罪是指说了不该说的话(有害于皇权的)。秦时已有此罪名,汉代因袭,据《汉书·王莽传》载,韩博因进谏,被王莽"以非所宜言,弃市"。又据《汉书·梅福传》载:"廷尉必曰:'非所宜言,大不敬。'"可见,非所宜言属不敬罪,其刑罚等级是弃市。

4. 见知故纵罪

据《汉书·刑法志》记载,汉武帝时期,"作见知故纵、监临部主之法"。颜师古注云:"见知人犯法不举告为故纵。"就是说发现犯法者必须举报,若不举报就是"故纵"即故意纵容犯罪,要受到法律制裁。监临部主罪是指长官对其下属犯罪须及时纠举,否则与之同罪。上述两种单行法规旨在通过建构一个监控网络,使大家互相监督、互相检举、互相揭发,以防止破坏封建秩序的活动出现。

5. 欺谩罪

该罪是欺骗君主之罪。谩,《晋书·刑法志》引张斐《律表》云:"违忠欺上谓之谩。"欺谩罪的具体内容如下:一是呈报计簿时弄虚作假的行为;二是在战场上多报所斩敌人首级之数字;三是向皇帝上书所言内容失实;四是核查田亩数字虚假;等等。关于第一种情况,据《汉书·功臣表》载,郝贤在元狩二年"坐为上谷太守入戍卒财物计谩,免",颜师古注曰:"上财物之计簿而欺谩不实。"关于第二种情况,据《汉书·功臣表》载,太初四年,高不识"坐击匈奴增首不以实,当斩,赎罪免"。"增首不以实"即虚报斩首数量以邀功。关于第三种情况,《汉书·王子侯表》:"新利侯偃坐上书谩,免。""上书谩"即上书所言不实。关于第四种情况,据《后汉书·光武帝纪》载:"河南尹张及诸郡守十余人,坐度田不实,皆下狱死。""度田"即核查田亩,这是东汉政府与大地主隐瞒田亩之事进行斗争的一个重要措施,故法律中设"度田不实"罪,此罪名盖由秦律中的"部佐匿诸民田"罪发展而来。

6. 选举不实罪

选举是汉代任官的基本途径,负责选举的官员必须对其选拔和荐举的人的情况如实向上级反映,若反映不实则承担法律责任。据《汉书·功臣表》载:"元朔五年,山阳侯张当居坐为太常择博士弟子故不以实,完为城旦。"这说明,不如实选举者要负刑事责任。又据《后汉书·胡广传》载,胡广"为济阴太守,以举吏不实免"。这是说,胡广因荐举官吏弄虚作假而被免除济阴太守的职务。

7. 不直罪

该罪名源于秦律,秦简云:"罪当重而端轻之,当轻而端重之,是谓'不直'。"不直的意思就是故意重罪轻判或轻罪重判。汉代继承了这一罪名,据《汉书·功臣表》载:"元康元年,商利侯王山寿坐为代郡太守故劾十人罪不直,免。"又据《汉书·张敞传》载:"臣敞贼杀无辜,鞫狱故不直,虽伏明法,死无所恨。"秦汉设此罪名的目的是维护司法公正,使司法官严格依法办事。

第五章

以"十恶"为中心的罪名体系

三国，指继东汉而出现的魏、蜀、吴三个王朝。魏的统辖区主要在中原一带，存在四十五年，为司马氏所取代。刘备所建的蜀，统辖区主要在西南一带，传二世，亡于魏。孙权所建的吴，统辖区主要在东南一带，传四世，亡于晋。公元 265 年，司马炎篡魏建晋，公元 280 年灭吴，结束了三国鼎立的分裂局面，建立了统一的王朝。但晋统一全国的时间十分短暂，公元 316 年，建都于长安的晋政权便为匈奴所灭。公元 317 年，身处南方的晋王室琅琊王司马睿为继晋统，于建康（今南京）建都称帝。公元 420 年为刘宋所灭。史称建都于长安之晋为"西晋"，建都于建康之晋为"东晋"，或统称之为"两晋"。南北朝是指公元 5 世纪初至 6 世纪末在中国出现的南北对峙的王朝。南朝统治区大约在淮河以南，长江一带，历宋、齐、梁、陈四个朝代。北朝的统治区基本在北方，公元 386 年鲜卑族建魏，为区别于曹魏，史称"后魏"。公元 439 年，魏太武帝统一北方，其后，魏分裂为东魏、西魏，东魏后为北齐所取代，西魏为北周所取代，北周统治者重新统一北方。公元 581 年，北周外戚杨坚迫周静帝禅让，自立为帝，建国称隋，公元 589 年灭南陈，结束了南北朝对峙的局面。

三国两晋南北朝是自秦汉统一后，中国社会再次陷入大分裂的时期。这一时期历史发展的特点也深深地影响了刑法的发展：第一，政权鼎立，王朝更迭频繁，体现了中国古代专制政权"分久必合，合久必分"的特色。各个割据政权为了自身的生存与统一全国的目的，重视法律，并在各个割据的政权中积极进行各种刑法制度的实验，各种不同的法律制度有了互相借鉴、吸收的机会，并通过相互之间的比较来选择更为恰当的制度，刑法在巩固统治、维护社会秩序方面的作用得到充分发挥，刑法自身也得到了较大发展，中国封建法制仍然加速发展着。第二，民族融合。中原地区周边的少数民族，利用汉族政权分裂、实力受到削弱的机会，纷纷进入汉文化地区。他们一方面带来了自身的文化，使之与汉文化交流与融合，并大胆地借鉴与利用汉族法律文化，同时又摆脱了汉文化中落后因素的影响，得以大刀阔斧地对中原传统的法律文化进行改革，剔除其落后于时代发展的因素，使传统的法律文化在异质法律文化的激发下，重新焕发活力。第三，士族文化。三国两晋南北朝时期社会文化最典型的特征是士族文化。"夫士族之特点既在其门风之优美，不同于凡庶，而优美之门风实

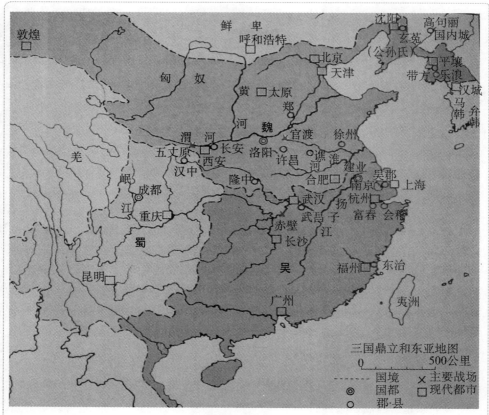

蜀魏吴三国形势图

基于学业之因袭。"[1] 士族文化的特征是以门第和学术相标榜的，它对中国古代经
学、律学发展的促进具有不可低估的作用。首先，它使汉武帝以来的儒学与经学
发展并没有随着朝代的更替而中断或堙没，使刑法指导思想继续在儒家化的道路
上前进。其次，社会明确地分为士族与庶族两相对立的阶层，士族因此而在一个
生产力发展水平相对不高、社会资源相对贫乏的时代占有了相当多的物质、文化
资源，这使得他们有条件专门从事精神领域的生产，进行社会管理与控制方面的
专门研究。这其中，法律，尤其是刑事法律成为他们研究的重点，这为刑法理论
的发展提供了很好的社会环境。再次，士族注重家风学风的传承，同时他们垄断
政治与文化，因此无论是在立法领域、司法领域以及学术领域均出现了一批子孙世
代相承的专门的法律家，使法律文化成果得到最大限度的承继。总之，三国两晋南
北朝，虽政局动荡，战争连绵，但是正是这复杂多变的局势，使古代社会中的各项
制度，其中也包括法律制度在各个方面获得充分的经验，有了长足的发展，尤其是
刑法进入了一个快速成长的阶段，为隋唐时期刑法的发达和完备奠定了基础。

---

① 陈寅恪：《隋唐制度渊源略论稿》，260 页，北京，三联书店，2004。

第一节
"十恶"在法典中的核心化

一、律学发展与法典编撰

中国古代律学是中国古代法学的主体部分，也是其主要的表现形态。按学界的最新说法，它也是国学的一个重要部分。但在中国古代，人们对律学的内涵和外延的界定并不非常明确，什么是律学，完整地给律学下定义却是最近的事。近代以后，清末沈家本等学者仍延续律学即研究法律的学问这一思路，并把它纳入西方法学的知识框架与语词体系，认为律学即法学。如沈家本即认为中国法学自李悝著《法经》始，战国为盛，秦衰而汉兴。其后晋之杜预与贾充等定律令，预为之注。"是其参取汉代诸家章句，而又不专主一家，故能撷其精要。同时张斐亦为之注，其表之所列，胥律义之要旨。"[①] 在沈家本看来，律学和法学一样，是关于法律的学问。春秋战国时期的商鞅、韩非等法家学说与杜预、张斐等的注律一样，是法（律）学的一个发展阶段。这个结论在相当长一个时期得到认可。怀效锋认为："律学实质上就是中国古代的法学，它发轫于商鞅变法，兴起于汉，繁荣于魏晋，成熟于唐，衰微于宋元，复兴于明，至清而终结。"[②] 笔者以为，律学这一概念是在长期历史发展中形成的，我们应当从公认的律学家的观点及他们所研究的对象等方面去理解它。无论怎样定义律学的概念，学者基本都认可杜预、张斐以及到清末的薛允升等学者均为律学家。杜预在《律解》的上奏中说："法者，盖绳墨之断例，非穷理尽性之书也。"[③] 根据前后文看，这里的"法"不是一个单独的概念，而应当是法典的缩略。从这里可以看出，律学主要以律典作为自己的研究对象，研究律典以外的诸多法律现象的学说，不能称之为律学，如法家学说是一种政治学层面的学问，说它是中国古代的法学也可以，但法家学说主要是法哲学、法理学层面的内容。同时律学并非"穷理尽性"之学，它并不探寻法与天道、法与人性、法与礼、法与政治、法与经济等的关系，也不致力于对法的本质、法的起源、法的特征、法的价值等对理性的探讨，它也不一般地研究法治、德治的概念与原则，而是研究怎样在律典中更好地体现这些原则。因此现在人们所说的中国古代的法律思想家们大多数不能算作是律学家。换句话说，律学是中国古代法学的一部分，它是中国古代法学的一个分支而不是中国古代法学本身。中国古代法学可以与中国古代的哲学、政治学、伦理学等并列，但律学却不能和其并列。律学侧重于对法典体例结构的探讨、律文意义的阐释。张友渔、潘念之在 20 世纪 80 年代即对此有明确的认识："从汉代起，在法学领域出现了通常所说的'律学'，即依据儒家学说对以律为主的成文法进行讲习、注解的法学。它不仅从

---

① 沈家本：《寄簃文存·法学盛衰说》，载《历代刑法考》（四），2142 页，北京，中华书局，1985。
② 怀效锋：《中国传统律学述要》，载《华东政法学院学报》，1998 年创刊号。
③ 《晋书·杜预传》。

文字上、逻辑上对律文进行解释，也阐述某些法理，如关于礼和法的关系，对刑罚的宽与严，肉刑的存与废，'律'、'令'、'例'等的运用，刑名的变迁以及听讼、理狱等。"① 儒家学说在中国占统治地位是在汉武帝"罢黜百家，独尊儒术"之后，根据儒家学说对以律为主的成文法进行讲习、注解只能发生在汉代及以后。这样，根据张友渔等的定义，1975 年湖北云梦睡虎地秦墓竹简的《法律答问》就不能包括在其中。《法律答问》采用问答等方式解释秦律中的主体部分——刑法部分共一百八十七条，对其条文、术语和律文的意图作出了明确的阐释，它应该是一部比较系统完整的律学作品。何勤华认为："律学是中国古代特有的一门学问，是秦汉时期随着成文法典的出现，统治阶级为了使法典（因当时法典尚未定型，故也包括单行的律、令）得以贯彻实施而对其进行注释诠解因而形成的一个学术研究领域，它是中国古代法学的一个重要组成部分，但两者并不是一回事。"② 秦汉时期诞生的律学，在中国法律界，开创了一系列的传统，对后世中国法和法学的发展产生了重要影响。但何勤华认为律学是"统治阶级为了使法典得以贯彻实施而对其进行注释诠解因而形成的一个学术研究领域"却有误。秦代在发布法律的同时又公布《法律答问》，是立法者同时编撰律疏，但汉代应劭的《律本章句》、曹魏刘劭的《律略论》、西晋杜预的《律本章句》、张斐的《律注表》等著述，不是立法者同时编撰的律疏。这些人虽然受命参加过立法，但只是在立法的过程中，他们可以被称为立法者，而一旦立法过程结束，他们便不是立法者了，立法者应该是指立法机关而不是参与立法的个人。而他们关于法律注释的著作预先并没有得到授权，只是事后得到最高权力当局的肯定而具有法律效力，就如邓析的《竹刑》一样，在没有得到权力当局采用以前，它们只能是私家著述而非法律。当然，《唐律疏议》确实是统治阶级授权所进行的，但清代律学名家薛允升写作的律学名著《唐明律合编》却没有经过统治者的授权。如果按照何勤华关于律学的定义，则它就不应该是律学著述。这是很不合理的。

总之，学者们对律学这一概念的外延与内涵定义并不一致，我们基本同意俞荣根、龙大轩等学者给出的定义。③ 如果说还有什么补充的话，则我们认为还要强调它是传统文化背景下的一个学术术语，即：律学是中国传统法律文化中研究中国古代法典的篇章结构、体例、各种法律形式及其相互关系，法律的原则和制度，特别是对法律的概念、名词、术语和法律条文含义进行注解与阐释的一门学问。

（一）"律学"之产生

1. "律学"的语源

自商鞅改法为律之后，中国制定法的主体部分基本上以"律"命名。"作为特定的以注释、阐述现行法为对象的中国古代律学，诞生于秦汉时期对法律的注释活动，其标志为秦代法律注释书《法律答问》的形式出现，西汉董仲舒等人以经释律（决狱），东汉马

① 张友渔、潘念之：《法学》，载《中国大百科全书·法学》，1 页，北京，中国大百科全书出版社，1984。
② 何勤华：《中国法学史》，第一卷，167 页，北京，法律出版社，2000。
③ 参见俞荣根、龙大轩、吕志兴编著：《中国传统法学述论——基于国学视角》，143 页，北京，北京大学出版社，2005。

融和郑玄等人以经注律活动的展开。"①《晋书·刑法志》载：三国曹魏明帝时，卫觊上书"请置律博士，转相教授"②。这表明，当时虽然没有出现"律学"这一术语，但实际上，律学已经开始作为一种专门学问得到了重视。南齐时，针对当时"法学不昌，士子莫有肯为业者"的状况，大臣孔稚珪上书，要求"置律学助教。依五经例，国子生有欲读者，策试，上过高第。即便擢用。使处法职，以劝士流。"③ 沈家本认为，从语源上讲，这是"律学"最早出现的地方。④ 实际上，"律学"更早出现在十六国的后赵时期。石勒于319年自称赵王，颁布"赦殊死已下，均百姓田租之半"⑤ 等措施，并大肆封官晋爵，任命大批官吏，如任命参军续咸、庾景为"律学祭酒"等。如果说这时的"律学"主要还是学职官职的话，到了唐代，律学则毫无疑问地成为一门专门的学问了。唐高宗永徽三年（652）下诏："律学未有定疏，每年所举明法，遂无凭准。宜广召解律人条义疏奏闻，仍使中书、门下监定。"⑥ 值得注意的是，从这份诏书可以看出，律学也并非只是由官方兴办主持，民间亦有解律人研究这门学问，而官府所做的则是把民间的这些学者集中起来，由他们逐条义疏律典，然后再由官方加以认可。这时的律学不仅不是学在官府，而且可能民间的律学较官府更好，所以才需要广召解律人。这也可以从《旧唐书·刑法志》记载的另一则史料可以看出：高宗时期，详刑少卿赵仁本撰《法例》三卷，并用它来作判案定罪的依据，并且得到了当时社会的认可。但唐高宗看过之后认为烦文不便，要求迅速改正。"自是，《法例》遂废不用。"⑦ 赵仁本私自撰《法例》，唐高宗虽不采用，但也没有惩罚他，足见其活动并不违法，并且当时社会也是普遍接受民间个人研究法律这一现象的。

2. 先秦时期的"律学"成果

"律学"一词虽然到魏晋南北朝时期才出现，但研究、解释法律的活动却早在秦汉时期就已经出现并蔚然成风。事实上，更早的春秋战国时期业已出现。但这不是指此一时期的法家学说，也并不是指律学即笼统地指法学而言，而是指对法典的解释的律学而言。有两则经常被人们所引用的史料可以证明，当时的研究已经达到相当高的水平。其一是《左传》的关于叔向记载。晋邢侯与雍子争鄐田，罪在雍子。雍子纳其女于负责审理此案的叔鱼，叔鱼蔽罪邢侯。邢侯怒，杀叔鱼与雍子于朝。宣子问其罪于叔向。叔向回答说三人同罪，因为："己恶而掠美为昏，贪以败官为墨，杀人不忌为贼。《夏书》曰：'昏、墨、贼，杀。'皋陶之刑也。请从之。"⑧ 这一段话，寥寥数语就把各个罪名的含义、应受的刑罚以及其历史都阐释得清清楚楚，叔向的律学造诣可谓精深。另一则史料是《墨子·非乐上》的记叙：

① 何勤华：《中国法学史》，第一卷，167 页，北京，法律出版社，2000。
② 《历代刑法志》，47 页，北京，群众出版社，1988。
③ 《南齐书·孔稚珪传》。
④ 参见沈家本：《寄簃文存·法学名著序》，载《历代刑法考》（四），2239 页，北京，中华书局，1985。
⑤ 《晋书·石勒载记下》。
⑥ 《历代刑法志》，291 页，北京，群众出版社，1988。
⑦ 《历代刑法志》，292 页，北京，群众出版社，1988。
⑧ 《左传·昭公十四年》。

"曰：先王之书，汤之官刑有之。曰：'其恒舞于宫，是谓巫风'。其刑君子出丝二卫，小人否"。这一段也把商汤时期的官刑"巫风"这一罪名的概念以及其罚则都讲得非常明白，足见当时虽没有律学之名，律学却是实实在在地存在着。

3. "律学"出现在魏晋南北朝时期的原因

虽然没有更多的资料，从人们认识的角度来讲，我们甚至可以说，自从有了成文法典，就有了对法典进行注释、阐述的学问。中国古代的"律学"活动可能还可以追溯到更早的时期。但就现有的资料来看，律学作为一个被赋予特别意义的学术语词确实是在魏晋南北朝时期，这其中也有其历史的必然：

（1）法律的发展使其作为对象被加以专门研究成为必要。随着物质文明的发展和社会文化的进步，我国古代的法律，从象刑、《禹刑》、《汤刑》到《法经》，再到秦律、汉律，总的趋势是法律越来越完善，越来越缜密，法律也越来越布之于众，为更多的人所知晓。这从法律的物质载体上就可以看出。中国古代的法律是否布之于众以及什么时代开始布之于众？从传播手段的演进来看，早在殷商以前，法律即使是公开的，但口耳相传，效率很低，知晓的人不可能很多。法律在春秋以前也很难铸于鼎，因为殷商时期的青铜器铸造技术还不能做到在青铜器上铸造大量文字，而龟甲上也很难刻写更多的字，所以甲骨文中的法制史资料不可能很多。同样，铸刑鼎公布法律是无法与秦简、汉简对法律的传播相比的。李悝造《法经》只有盗、贼、囚、捕、杂、具六篇，秦始皇"专任刑罚，躬操文墨，昼断狱，夜理书，自程决事，日悬石之一"①，每天给自己规定的任务是要读一百二十斤的案卷文书。这时的案卷文书是竹简或木简，实际信息量并不是很大。而到了汉律时已经有六十篇以及许多的单行法和令、科、比等法律，法律的复杂与完备已经远远超过前代，到汉和帝永元六年（94）时，汉律中已经有死刑条文六百一十条，耐罪一千六百九十八条和赎罪以下两千六百八十一条，出现了"宪令稍增，科条无限。又经有三家，说各驳异"② 的情况。东汉时期造纸术发明后，信息传播技术得到快速发展，包括法律文化在内的各种文化借此得到飞速发展，已经不得不需要专门的人对法律进行研究学习。同时，司法官吏也越来越需要经过专门训练，像汉代张汤那样仅仅靠受长安县丞父亲的熏陶来学习法律已经难以适应形势。需要有专门的著述为他们执行法律加以规范指导，因此卫觊上书，"刑法者，国家之所贵重，而私议之所轻贱；狱吏者，百姓之所悬命，而选用者之所卑下。王政之弊，未必不由此也。请置律博士，转相教授。"③ 崔祖思甚至根据"汉来治律有家，子孙并世其业，聚徒讲授，至数百人"的历史，批评"今廷尉律生，乃令史门户，族非（陈）咸弘、庭缺于（定国）训。刑之不措，抑此之由"，要求"详择笃厚之士，使习律令，试简有征，擢为廷尉僚属。苟官世其家而不美其绩，鲜矣。废其职而欲善其事，未之有也。若刘累传守其业，庖人不乏龙肝之馔，断可知矣。"④

---

① 《汉书·刑法志》。
② 《晋书·刑法志》。
③ 《晋书·刑法志》。
④ 《南齐书·崔祖思传》。

（2）士族社会的发展为律学的诞生奠定了人才基础。自春秋战国时开始，小家庭制度开始在中国流行开来。秦汉统一，自春秋战国时期以来的长期动乱结束，人们生活安定下来，再加之汉代文景之治、轻徭薄赋，家族或宗族因此能够以其所有的田地而聚居繁衍，逐渐形成家业世承、利害与共的聚居的家族团体。两汉时期强宗豪右，在文献中又有"豪族著姓"、"旧姓豪强"、"郡国豪杰"等名称，东汉的刘秀就是充分利用豪族的势力获得政权的。"在整个东汉时期，从中央到地方的各级官职基本上掌握在各级宗族势力之手，并且，他们更得以利用手中的政治权力，经营其经济势力。宗族势力在东汉得到了发展，出现了一批批世代为官的世族阶层。这些世族实际上已经构成了魏晋时期门阀的基础。"① 魏晋南北朝的世家大族是汉以后魏晋南北朝及隋唐时期一种以血缘家族为基础的特定的社会群体的称谓。据统计，它有高门、势家、世家、世族等二十八种称谓②，其中最为人所通用的则是士族。魏晋南北朝的世家大族虽然人数仅占总人数的很小一部分，但由于他们往往占据国家政权中的高位，在社会上又具有很大的影响，因而成为这一时期具有代表性的家族。士族最主要的特征是以家风家学传世，形成社会声望。士在先秦时代是属于分封贵族最低的一级。随着春秋战国时期宗法制的打破以及士在社会进化中的作用增加，士逐渐成为"士农工商"的"四民"之首。秦为统一中国，强调武功。代秦而起的刘汉政权，其元勋功臣除叔孙通、陆贾等极少数儒生外，多是来自社会最下层的贩缯屠狗之徒，汉武帝"罢黜百家，独尊儒术"之后，士开始与儒结合，成为读书阶层。再加之两汉经学大盛，而且往往注重家学渊源，讲究子承父业，由此开始形成家族世袭化的特征。"这也表明自西汉中期以后各类宗族群体发展盛衰的情况，士林宗族的崛起是重要的特征。"③ 他们中间很多人懂得守成持家之道，因此不少成为延绵东汉一代的世家大族。"从社会群体的构成上说，两汉与魏晋的贵族之间有着家族类型上的区别。汉代的贵族是战国以来军功贵族宗族的延续，武人为多，如西汉'皆武人屈起，亦有鬻缯屠狗轻滑之徒。'魏晋士族，主要是由儒学世家和官宦世家演变而成，文化人为多，家族的儒学之风是其最大的特色。"④ 学与仕的结合使士人之族突破纯粹师承流派的学术领域，达到了社会和政治领域。这种声望不仅是对个人的品行学识的认可，也是对其世代相传的家学家风的认可。当时士族社会"所希望于门第中人，上自贤父兄，下至佳子弟，不外两大要目：一则希望其能具孝友之内行，一则希望能有经籍文史学业之修养，此两种希望，并合成为当时共同之家教。其前一项之表现，则成为家风，后一项表现，则成为家学"⑤。这种家风家学，也为律学的产生准备了人才。"具孝友之内行"使他们能够准确地把握自汉武帝以来法律儒家化的大趋势，而家学也使对法律的研习不再以吏为师，走上了专门的教与学道路。西汉时期的张汤辈学习法律主要受做长安县丞的父亲的熏陶，如果说是个别现象的话，到东汉后期以及三国魏晋南北朝时期，经学世家、法律世家则越来越多，如陈咸、陈躬、陈宠及陈忠祖孙四代均以律令出任官职，

① 赵沛：《两汉宗族研究》，230 页，济南，山东大学出版社，2002。
② 参见毛汉光：《中国中古社会史论》，141 页，上海，上海书店出版社，2002。
③ 冯尔康等：《中国宗族社会》，110 页，杭州，浙江人民出版社，1994。
④ 阎爱民：《汉晋家族研究》，304 页，上海，上海人民出版社，2005。
⑤ 钱穆：《略论魏晋南北朝学术文化与当时门第之关系》，载香港《新亚学报》五卷二期（1963）。

是法律世家。"世家大族的发展和壮大是中古时期一个显著的时代特征，清河崔氏是这一时期众多煊赫家族中的一员，它形成于魏晋，经过十六国时期的发展，至北朝达到鼎盛，成为与博陵崔氏齐名的两支崔氏大族。"① 这个家族涌现出了众多的法律家，如崔玄伯、崔浩、崔祖思等律学家。另一著名的律学大家族当称封氏家族，他们自晋朝起就开始在朝廷任大官，成为魏晋南北朝时期著名的法律世家。程树德认为：南北朝诸律，北优于南，而北朝尤以齐律为最。"推原其故，盖高氏为渤海蓨人，渤海封氏世长律学，封隆之参定麟趾格，封绘议定律令，而齐律实出于封述之手，俱见《齐书》及《北史》各本传。是祖宗家法，俱有渊源。"②

（3）学术的发展也产生了分科的必要。中国的学术，春秋战国时期的百家争鸣是其最为辉煌的时期。秦始皇实行法家的"法治"政策，把重刑主义推向极端，并实行文化专制统治，下焚书令，"所不去者，医药、卜筮、种树之书。若欲有学法令，以吏为师。"③ 中国文化遭到前所未有的打击。汉初法制主要表现为沿袭秦朝的"以法为主，专任刑罚"的特点，经过西汉初期黄老思想的浸润，再过渡到汉代中期的"以儒为主，德刑并用"。这种转变可以分为两个时期，即西汉初年至汉武帝之间的七十年中，黄老思想一直占统治地位，而辅之以儒法思想。到汉武帝以后，开始过渡到儒家的礼法并用上来。汉武帝接受了董仲舒"罢黜百家、独尊儒术"的建议，把儒家学派的理论作为官方的政治理论和全社会的是非标准，从此开始了儒学独霸中国社会思想舞台的局面。儒家继承和发展了西周时期的"以德配天"学说，强调治理国家首先要依靠统治者自身的"德"，通过礼义教化的方式让老百姓服从，刑罚只应是作为实现这种礼义教化的手段和工具。因此他们主张"德主刑辅"、"大德而小刑"。西汉中期以后儒家法律思想便逐渐取代了原存于上层统治者思想中的黄老思想，而成为汉朝中期以后法制的指导思想。具体来说，就是要求以礼义教化和法律的双重手段来治理国家，其中礼义教化是根本，刑法刑罚是辅助，刑法、刑罚应以礼义教化为标准，即以儒家所主张的一系列伦理道德规范为原则，这就是所谓"礼刑相为表里"、"出礼入刑"。"德主刑辅"、"礼法并用"作为西汉中期以后正统的法制指导思想，极大地影响了汉朝乃至整个中国古代法律制度。由此，儒家思想独霸政治舞台，中国各代统治者都以此为原则，把儒家的"亲亲"、"尊尊"等一系列精神原则和道德规范直接纳入法律条文之中，使中国古代法律逐渐儒家化，从而形成了中国古代法律中道德和法律规范融为一体的基本特色，儒家思想也就成为中华法系的灵魂。为解决统治思想的调整与汉初以来实行的在法家思想指导下所制定的法律之间的冲突，两汉开始引经注律，即在不改变法律条文的情况下，以儒家经典的基本原则和精神来解释适用现行法律，这样就使律学与政治伦理结合而日兴。但经学的发展，导致其成为专门索隐发微的章句之学，流于烦琐迂腐，日近绝路。公元 220 年三国曹魏文帝时，已经出现了"叔孙宣、郭令卿、马融、郑玄诸儒章句十有余家，家数十万言。凡断罪所当由用

---

① 夏炎：《中古世家大族清河崔氏研究》，2 页，天津，天津古籍出版社，2004。
② 程树德：《九朝律考》，391 页，北京，中华书局，2003。
③ 《史记·秦始皇本纪》。

者，合二万六千二百七十二条，七百七十三万二千二百余言，言数益繁，览者益难"① 的
情况。虽然魏文帝下诏"但用郑氏章句，不得杂用余家"，但这只是试图从实用层面来解决
问题，并未从理论上来解决这一问题。律学大师杜预从学术分科这一理论源头解决了这一
问题，他明确提出："法者，盖绳墨之断例，非穷理尽性之书也。"② 由此，正式把律学与经
学作了区分，也使其与魏晋时期风行的玄学及影响日渐的佛学有了明确的界限，奠定了律
学诞生的理论基础。律学在魏晋之时，开始从伦理政治的束缚中解脱出来。研究的对象也
不再仅仅是对古代法律的起源、本质与作用的一般论述，而是侧重于律典的体例、篇章结
构和概念以及定罪量刑等具体问题的研究。如改汉《九章律》的《具》律为《刑名》"冠于
律首"，又如张斐对"故"、"失"、"过失"的解释，比之今天刑法典对故意和两种过失的说
明，也是大同小异。这一时期的律学成果逐渐为传统法律所吸收，《北魏律》的"累犯加
重"、"共犯以造意为首"就是例证。诚然，经过杜预这样的定义后，律学成为注释之学，
从律学对法理学意义上的探讨大大落后于对律文的注释，尤其是东晋以降官方注释的确立，
私家言论大受限制，从而使律学研究走向衰微，结果是律学也回到了训诂之类的老路，像
张斐这样的律学家也渐次消失了。然而律学仍不失其在中国法律史中的重要地位，《唐律疏
议》这部集古代中国传统法典之大成的法典，对东南亚各国均有影响，无论就刑名概念的
解释，还是法律适用原则的确定，无论是其语言特色及注释风格，还是其内容的周密与完
整等等，很难说未曾受到律学的浸润。不妨这样说，没有汉魏律学的发展，唐律及其疏议
有如此卓著之成就是不可能的。③

（二）律学发展对刑法的意义

秦汉以来法律形式繁杂，彼此之间难以区别，法典体例也不尽科学。魏晋律学的发展
极大地推动了刑法的进步，这主要表现在：

1. 各种法律形式开始明确得到区分

魏晋南北朝时期的主要法律形式有律、令、格、式，它们之间的差别开始明晰。（1）
律、令开始分开，律的刑法主体性地位得以突出。汉代，律、令无明确区分，所谓："前主
所是著为律，后主所是疏为令"④；"天子诏所增损，不在律上者为令"⑤。当时的令实际上
是律的补充形式。所以汉时有些单行律如《除钱律》、《除挟书律》也称《除钱令》、《除挟
书令》等。晋杜预首次从学理上明确区分了律与令："律以正罪名，令以存事制"⑥。律主要
是固定性的刑事法律规范，令主要是暂时性的国家制度方面的规定，违令有罪者，依律定
罪处刑。（2）以格代科。科作为一种法律形式始于三国时的曹魏政权，并且在当时是作为
"临时法典"，即主法行用的。魏科作为一种主要的法律形式存在的时间不长，但以曹魏法

---

① 《晋书·刑法志》。
② 《晋书·杜预传》。
③ 参见赵晓耕：《中国法制史》，143 页，北京，中国人民大学出版社，2004。
④ 《汉书·杜周传》。
⑤ 《汉书·宣帝纪》注。
⑥ 《太平御览·刑法部四之七》引杜预《律序》。

治为内涵的新法制均以科的形式出现，使曹魏成为三国中最强的一支。科的制定本身也是对汉律进行重大改革的关键一步，直接为魏晋修订正式法典开辟了道路。此外，魏科对蜀、吴也有影响。可以讲，魏科是传统法制由不成熟走向成熟的重要一环。魏明帝制定魏《新律》后，将科的内容按性质分列为律、令，科的使命完成。晋代不存在科这种法律形式。晋以魏法为蓝本修订法律时重新分类："其常事品式章程，各还其府，为故事"①。史载"晋贾充等撰律令，兼删定当时制诏之条，为故事三十卷"②。晋故事似乎多属行政性规范。南朝梁时把故事易名为科，即"梁易（晋）故事为梁科三十卷"③。此时，科的内涵已经与魏科完全不是，梁不过是把故事易名为科。北魏初，科作为副法仍在行用，并开始以格代科。这一时期格的发展变化大致分为三个阶段：北魏中期前为第一阶段。此阶段格刚从科演变而来，在内容上与汉晋之科无大区别，作为补律令的副法行用。北魏后期至北齐初，是格演变的第二阶段。此阶段，北魏分裂为东、西魏，社会混乱，阶级、民族矛盾以及统治集团内部的各种矛盾也日趋激化。格取代律文成其主要法律形式。④ 时隔不久，北魏分裂为东、西魏，与南梁三分天下，无暇顾及律令编纂，律已成虚设之文，格则作为主法而常有检修更定，格成为当时的通制。东魏兴和三年（541）十月，颁定了著名的《麟趾格》。此后北齐文宣帝时（550—559）"议造齐律，积年不成"⑤，又重新刊定《麟趾格》，作为正刑定罪的规范。此时的格已有别于第一阶段。首先，它已成为主要的刑事法律，"省府以之决疑，州郡用之治本"⑥。其次，这一时期的格以尚书省诸曹名为篇目，开创了新的体例。⑦由于形势的特殊需要，格已由补律令的副法上升为代律令行事的主法，由"疑事"判例的编修变为正刑定罪的条文。北齐初期司徒功曹张老就上疏，反对废律用格，他指出："大齐受命已来，律令未改，非所以创制垂法，革人视听。"⑧至武成帝河清三年（564）《齐律》修成，以格代律局面才告停止⑨，格复退回副法的地位，在律无正条情况下暂作定刑依据。《隋书·刑法志》记："后平秦王高归彦谋反，须有约罪，律无正条，于是遂有《别条权格》，与律并行。"此处的权格与第一阶段的别格类似，均为补律令的副法。隋代延续了北齐后期重律轻格的发展趋势。隋唐后虽形成律令格式并行，但格的地位与作用远远不能与律令相比了。（3）式。最早见于秦，有《秦简·封诊式》，多属行政性法规。汉初有品式章程，西魏文帝时编定《大统式》，成为隋唐以后律令格式四种基本法律形式之一的"式"的先声，但较少涉及刑事法律。此外，这一时期仍沿用汉以来用"比"和经义断案的传统。综上可见，魏晋南北朝时期法律形式有较大变化。特别是律令有别，以格代科，成为隋唐

①《晋书·刑法志》。

②《唐六典·刑部》卷六注。

③《唐六典·刑部》卷六注。

④《魏书·孝静帝纪》："先是诏文襄王与群臣于麟趾阁议定新制，甲寅，颁于天下。"陈仲安认为，《麟趾格》制定"始于魏"，"作为正式颁布的法律文书则到东魏才形成。"（《文史·麟趾格制定经过考》二十一辑）

⑤《隋书·刑法志》。

⑥《洛阳伽蓝记·景明寺》卷三中。

⑦参见《魏书·窦瑗传》。

⑧《隋书·刑法志》。

⑨参见《隋书·刑法志》、《册府元龟·刑法部》等。

以降律令格式并行的渊源。

2. 律典的篇章体例和逻辑结构得到优化

三国两晋南北朝时期律学的发展又先后为封建法典所吸收，因此这一时期的律典结构体例发生了很大变化，更趋科学与合理。主要表现在：（1）律典结构更趋科学。李悝《法经》的"具律"乃是"具其加减"，放在律典的最后。汉《九章律》中《具》律在第六篇。《具》律类似现代刑法总则，放在中间很不恰当，故魏《新律》将其改称《刑名》列于律首。这一改动为以后的晋律、北齐律所肯定，并在《刑名》后又增《法例》一篇，北齐律则将二者合为《名例》一篇，此后相沿未改，直至于清。魏《新律》在新增篇目的同时，对各个篇目的顺序进行了调整，将《告劾》、《捕》、《系讯》、《断狱》四篇的先后排列顺序与当时的司法程序相吻，表现出了立法技术的巨大进步。魏《新律》成为三国时期具有代表性的法典，并成为晋律的直接渊源。（2）篇章设置更加科学，内容更加合理。魏《新律》针对汉律"一章之中或事过数十，事类虽同，轻重乖异。而通条连句，上下相蒙，虽大体异篇，实相采入"①的庞杂错糅状况加以调整，并增加篇目，将刑事条款尽入于律，基本解决了汉末"篇少则文荒，文荒则事寡，事寡则罪漏"②的缺陷。晋《泰始律》，其设置更有进步，因关津交往频繁、贸易活动发展及救火防火、分封诸王、郡国并行等原因，而增设了《关市律》、《水火律》和《诸侯律》等，篇目增加到了二十篇。《北魏律》保持了二十篇的结构并小有调整。《北齐律》进一步改革体例，省并篇目，将《刑名》、《法例》合为一篇，称《名例》，冠于律首，增强了法典结构上的科学性。改宫卫为《禁卫》律，将原来宫廷警扩及到关禁，增加《违制律》，完善吏制的法律规定，以保证国家机器的正常运转。其他篇章也多有损益，最终确定为名例、禁卫、婚户、擅兴、违制、诈伪、斗讼、贼盗、捕断、毁损、厩牧、杂律十二篇，史称"法令明审、科条简要"③。

3. 对诸多刑法术语的解释达到很高水平

随着传统法律和律学的发展，这一时期的法律解释也趋于规范化，对后世立法、司法和法制的统一有着深远的影响。其代表性的有晋代张斐、杜预对《泰始律》的解释，对法律概念的科学化与规范化作出了较大贡献。特别是张斐对一些法律名词的说明，如："故意"是"知而犯之谓之故意"；"过失"是"不意误犯谓之过失"；"谋"指"二人对议"；"群"是指三人以上；"赃"是以图利为目的；"戏"重在双方相和斗；"斗"着重在双方争执；"诈"是以背信为要件；"率"指力能指挥众人；"强"是以不和为原则；"造意"重在首先倡议；等等。对晋律中一些相类易混的罪名也作了解释，如"以威势得财"的犯罪、"不求自与为受求"、"所监求而后取为盗贼"、"敛人财物积藏于官为擅赋"、"将中有恶言为恐猲"④。这些解释，简洁而易懂，部分概念的解释较之今天刑法术语的解释也不显得落伍，

---

① 《晋书·刑法志》。
② 《晋书·刑法志》。
③ 《隋书·刑法志》。
④ 《晋书·刑法志》。

达到非常高的水平。

二、"十恶"与刑事立法

三国两晋南北朝时期是中国历史上第二次大动荡的年代,虽然各个统治政权更替频繁,但它们都比较重视用法律手段来维护巩固统治秩序,因此立法活动频繁,法律思想活跃,律学研究深入,中国封建法制仍然加速发展着。

(一)魏晋南北朝时期的立法

1. 三国时期的立法

蜀国定都成都后,着手制定法律。史载诸葛亮、法正、伊籍、刘巴、李严等人"共造蜀科"①。据《三国志·蜀书·诸葛亮传》,诸葛氏集篇目后有"法检"、"科令"、"军令"等篇,史称其科教严明,"刑政虽峻而无怨者,以其用心平而劝戒明也"②。现除散见的部分军令外,蜀科及其他单行法规均已佚失难考。

吴国的立法活动主要有两次:一是黄武五年(226),陆逊上书"劝以施德缓刑,宽赋息调"③,孙权"于是令有司尽写科条……令损益之"④;二是嘉禾三年(234),孙权征新城,命孙登留守总理政务,"时年谷不丰,颇有盗贼,及表定科令"⑤。此外还有军令性质的"誓众之法"⑥,但也都失传。1996年在湖南长沙发现大量吴简,多达十几万支,竹简内容涉及政治、军事、经济、法律各个方面。相信对这批竹简的整理研究,将极大地促进对这一时期法律制度的研究。

魏国立法较蜀、吴卓有成效。早在曹操被封魏王时,就针对汉律繁芜和不适于动乱年代的状况,而对汉律有所改易。但迫于汉臣名分,遂有"科"这一独立性的临时法律形式的出现,当时制定有"新科"和"甲子科"⑦。直到魏明帝时又着手制定新律。史载:"太和三年诏令陈群、刘邵、韩逊等删约旧科,傍采汉律,定为魏法,制新律十八篇。"⑧ 此外,还颁布了《州郡令》、《尚书官令》、《军中令》和《新律》共一百八十多篇,对晋律的制定有着直接影响。

2. 两晋立法

曹魏末年,晋王司马昭命贾充、羊祜、杜预、裴楷等人以汉、魏律为基础,修订律令。历时四年,至晋武帝司马炎泰始三年(267)完成,次年颁行全国,史称《晋律》或《泰始律》。该律又经张斐、杜预作注释,为武帝首肯"诏颁天下",与律文具有同样的法律效力,故又称《晋律》为"张杜律"。这一形式成为以《唐律疏议》为代表的律疏并行律典的先

---

① 《三国志·蜀书·伊籍传》,又称"汉科",另见《册府元龟》,卷六一零。
② 《三国志·蜀书·诸葛亮传》。
③ 《三国志·吴书·吴主传》。
④ 《三国志·吴书·吴主传》。
⑤ 《三国志·吴书·孙登传》。
⑥ 《晋书·姚兴开记》。
⑦ 新科见《三国志·魏书·何夔传》,"甲子科"见《晋书·刑法志》。
⑧ 《晋书·刑法志》。

河。《晋律》共二十篇，六百二十条，二万七千六百五十七字。同时颁行的还有《晋令》四十篇，二千三百零六条，九万八千六百四十三字。此外还有《晋故事》三十卷，与律令并行。"式"作为一种法律形式也已出现。《晋律》为东晋、宋齐沿用，至南朝梁武帝改律共承用达二百三十五年，是两晋、南北朝时期行世最久的一部法典，对后世立法影响深远，促进了封建法律和律学的发展。

晋武帝像

3. 南朝立法

宋、齐均沿用晋律，统治阶层崇尚玄学与佛学，蔑弃礼法，以清谈为高雅，以法理为俗务，优于辞章，疏于律令。刘宋五十多年未立新制，萧齐仅于武帝永明七年（489）由王植、宋躬据《晋律》张、杜二注，抄撰同异，其旨在统一张杜二人的注疏，成律文二十卷，史称《永明律》，共一千五百三十二条。但终因意见不一，结果是"事未施行，其文殆灭"[①]。梁武帝萧衍代齐，于天监元年（502）诏蔡法度、沈约等人依照《永明律》修订《梁律》，次年成二十篇，共二千五百二十九条，但与《晋律》相比，篇目次第依旧，仅名称有所改易，做了些删削词句、统一注释的工作，未超出晋律范围。同时还颁有《梁令》、《梁

---

① 《隋书·刑法志》。

科》各三十卷。陈霸先废梁敬帝萧方智，建立陈朝后，认为梁律"泊乎末代，纲目滋繁，
矧属乱离，宪章遗紊"①，诏尚书删定郎范泉等修订律令，撰成《陈律》、令、科各四十卷，
皆早已失传。史载《陈律》"采酌前代，条流冗杂，纲目虽多，博而非要……轻重繁简，一
用梁法"②，因而实质上仍是晋律的继续。

4. 北朝立法

北魏首开北朝重视法典编纂之风，自太祖拓跋珪天兴元年（398）命三公郎中王德定律
令、"申禁"，到孝武帝太昌元年（532）诏议改条格的百多年中，大大小小的立法活动见于
记载的有九次，前八次均是修订《北魏律》，至孝文帝太和年间（477—490）始告成，前后
经历了一个多世纪的改定，这大约是历史上修订最久的一部法律。以后虽续有纂修但变化
不大。《北魏律》共二十篇（今篇目可考者十五篇），它的颁行，一改魏初"礼俗纯朴、刑
禁疏简"、"临时决遣"③ 的状况。因参与修律的崔浩、高允、游雅、袁翻等人均是当时汉族
中著名律学家，加之北魏历代君臣都重视法律④，使《北魏律》能"综合比较，取精用
宏"⑤，冶汉、魏、晋律于一炉，开北系诸法律之先河。

东魏孝静帝兴和三年（541）命群臣议定新法。天平年间（534—538）曾诏高澄与封述
定新格，"以格代科，于麟趾殿删定，名为《麟趾格》，颁行天下"⑥。

西魏大统元年（535）着手制定新法。大统十年（544）命苏绰编定《大统式》⑦，"总为
五卷，颁于天下"⑧。

北齐初沿用《麟趾格》，至武成帝河清三年（564）在封述等人的主持下，以《北魏律》
为蓝本，校正古今，锐意创新，省篇名，务存清约，编定成《北齐律》十二篇，九百四十
九条，以"法令明审、科条简要"⑨ 著称；上承汉魏律之精神，下启隋唐律之先河，成为隋
唐法典的蓝本。

北周初用制诏，至武帝保定三年（563），命越肃、拓跋迪等撰定法律，仿《尚书·大
诰》，谓之《大律》，共二十五篇，一千五百三十七条，原文早佚。因《大律》仿《尚书》、
《周礼》，杂采魏、晋诸律，使"今古杂糅，礼律凌乱"⑩，因而不合时宜。《隋书·刑法志》
说它"大略滋章，条流苛密，比于齐法，繁而不要"。因此，隋虽承周立国，但在立法上却
以《北齐律》为本。

（二）"重罪十条"与立法发展

三国两晋南北朝时期的罪与罚，自曹魏政权"是时承用秦汉旧律"起，在沿用李悝的

① 《隋书·刑法志》。
② 《隋书·刑法志》。
③ 《魏书·刑罚志》。
④ 《魏书·刑罚志》载：孝文帝主持修订，多次诏群臣聚议，有疑议"亲临决之"，并亲自下笔"润饰科旨，
刊定轻重"。他认为律是礼的体现，应"齐之以法，示之以礼"。
⑤ 陈寅恪：《隋唐制度渊源略论稿》，124页，北京，三联书店，2004。
⑥ 《唐六典》卷六注。
⑦ "以太祖前后所上二十四新制"损益而成。参见《隋书·刑法志》。
⑧ 《周书·文帝纪》。
⑨ 《隋书·刑法志》。
⑩ 程树德：《九朝律考·后周律考序》，北京，中华书局，2003。

《法经》发展起来的秦汉刑法体制的基础上，多次制定和颁布实施新的律典与法令，进行了大量的变革。其罪与罚的变化主要表现在以下几个方面：

1．"重罪十条"正式入律

自李悝制定《法经》宣布"王者之政，莫急于盗贼"之后，历代统治者均把刑罚的锋芒首先指向危害专制统治安全的犯罪。但自汉代开始法律儒家化进程之后，原来已经存在的"不孝"等违反伦理纲常的犯罪得到强化，成为与危害专制统治的犯罪同样重要的犯罪而受到特别打击，北齐建立了"重罪十条"制度。对于违反伦常的犯罪，早在汉代已有"不道"、"不孝"等罪名，所谓："汉制九章虽并湮没，其不道不敬之目见存。"① 其他如"非上"、"犯上"、"大不敬"、"大逆"、"降叛"、"禽兽行"等罪名，早见于秦汉以来律令之中。魏律规定："夫五刑之罪，莫大于不孝。"② 晋律有不孝罪弃市。晋律颁行时，张斐上《律表》解释："亏礼废节，谓之不敬"，"逆节绝理，谓之不道"。③ 此时的概念仍较笼统，不像后世明确。南北朝时，进一步罗列罪名，《北魏律》定："大逆不道腰斩，诛其同籍，年十四以下腐刑，女子没县官。"④ 且将"害其亲者"视为大逆之重者，处轘刑；将"为蛊毒者"视为不道，"男女皆斩，而焚其家"。⑤ 南梁律则规定："其谋反、降、叛、大逆以上，皆斩；父子同产男无少长，皆弃市；母妻姊妹及应坐弃市者，妻子女妾同补奚官为奴婢，赀产没官。"⑥ 北魏律、南朝宋律皆严惩不孝罪。北齐正式把"重罪十条"作为制度列入律典，"又列重罪十条：一曰反逆，二曰大逆，三曰叛，四曰降，五曰恶逆，六曰不道，七曰不敬，八曰不孝，九曰不义，十曰内乱。其犯十者不在八议论赎之限"。⑦ 反逆是造反的行为，即意图推翻专制统治的行为；大逆即毁坏皇帝宗庙、山陵和宫殿的行为，这不仅侵犯了皇帝的人身安全和皇权的尊严，而且会打扰先帝陵寝的安宁、破坏皇朝的风水，使其祖先不降福于后代皇子皇孙，因而必加严厉镇压；叛是叛变的行为；降是投降敌国的行为；恶逆是殴打、谋杀尊亲属的行为；不道即采用凶残手段杀人的行为；不敬即盗用皇帝御用器物及对皇帝不尊重的行为；不孝是不侍奉父母、不按礼制服制服丧等的行为；不义是不顾尊卑关系而杀害本府长官和授业老师的行为；内乱即亲属间的乱伦行为。"十恶"从更广泛的意义上予以概括，包罗了封建宗法制度的各个方面，进一步把礼法结合起来，强化了对君权、父权、夫权的维护。隋唐律在此基础上发展为"十恶"定制，并为宋、元、明、清历代所承袭。

2．准五服以制罪

"五服"制度，就是按照中国古代礼制，亲属中如果有人死亡，与死者亲疏关系不同的亲属应该穿着由不同质料做成的不同式样的丧服，履行不同程序的丧葬礼节，表达不同程度的悲伤哀悼之情，后来就逐渐用这种丧服来指代不同的亲等关系，以丧服为标志，规定

---

① 《唐律疏议·名例》。
② 《三国志·魏志·少帝纪三》。
③ 《隋书·刑法志》。
④ 《魏书·刑罚志》。
⑤ 《魏书·刑罚志》。
⑥ 《隋书·刑法志》。
⑦ （元）马端临：《文献通考·刑考四》，1434页，北京，中华书局，1986。

亲属之间关系为斩衰、齐衰、大功、小功、缌麻五等，每等有不同的服丧期和丧服的一种制度。需要说明的是，用丧服制度表示的亲等关系虽然以血缘关系为基础，但并不完全是按照天然的血缘关系来确定，而是在其中夹杂着浓厚的宗法伦理原则。也就是说，它是一种人为拟制的亲属关系，虽然与天然存在的血缘关系有很大的关联，但并不绝对相等。首先它是以父系血亲为绝对中心的，与父系相对应的母系血亲虽然在自然血缘关系上与父系亲属相同，但在丧服制度里面却有天壤之别。其次在女子出嫁或男子出继以及亲属由于等级地位、社会关系等发生变化时，虽然其天然的血缘关系没有发生变化，但其服制却会发生相应的变化，如与其本宗的亲属发生服制的降等，而与其夫家等又发生新的服制关系。同时，中国历史上就曾经多次调整同一血缘关系的亲属之间的服制关系，如在两汉时期与唐宋时期均对丧服制度进行了一系列的变革，而同时各亲属间的血缘关系并不可能改变。基于此，自元代开始在律典中载有丧服图，明清时期则把丧服图载于律首，以法律形式将其固定下来。中国古代刑法很早就注意到了刑法中的亲属关系问题，如《尚书·甘誓》即有"用命，赏于祖，弗用命，戮于社，予则孥戮汝"之语。《左传》也对春秋时期的诛杀宗族的情况多有记载。见之于正式立法的是《史记·秦本纪》，"（文公）二十年，法初有三族之罪。"但这并非是《晋律》所谓的"峻礼教之防，准五服以制罪也"①的含义。"准五服以制罪"的含义是确定尊卑亲属之间相犯的在定罪量刑上的差别。它的基本原则就是凡尊长杀伤卑幼，服制愈重，处刑愈轻，卑幼杀伤尊长，服制愈重，处刑愈重。而涉及盗窃及财产犯罪的，服制愈重，处刑愈轻；服制愈轻，处刑愈重。秦汉时期，尊卑亲属之间的相犯已经开始有了明确的区别，如秦简中即有"'父盗子，不为盗。'今假父盗假子，何论？当为盗"②的记载。汉代首创"首匿"制度，汉宣帝地节四年（前66）下诏："自今子首匿父母、妻匿夫、孙匿大父母，皆勿坐。其父母匿子、夫匿妻、大父母匿孙，罪殊死，皆上请廷尉以闻。"③晋代"准五服以制罪"制度的确立，是封建法律儒家化的重要标志，其影响直至明清。

3. "八议""官当"等制确立

"八议"之说源于《周礼·秋官司寇》的"以八辟丽邦法，附刑罚"④。在周代有"刑不上大夫"的原则，但并非真正不加于大夫以上的贵族，而是他们要享受许多优惠。"以八辟丽邦法"当是贵族享受的优待。秦代，"刑无等级。自卿相、将军以至大夫、庶人，有不从王令、犯国禁、乱上制者，罪死不赦"⑤。儒家思想逐渐在汉代占据统治地位后，虽然皇帝先后多次颁布诏令，对郎中有罪耐以上、六百石大夫有罪、公列侯嗣子有罪耐以上等范围内的官吏贵族实行"先请"制度，但是出于恩惠，并未形成完整的体系，出于律典的规定。"是汉时尚未以八议入律也。"⑥曹魏总结前代经验，制定魏律时，"八议"成为封建法典的主要内容之一，"自魏、晋、宋、齐、梁、陈、后魏、北齐、后周及隋皆载于律"⑦。"八议"

① 《晋书·刑法志》。

② 《睡虎地秦墓竹简》，159页，北京，文物出版社，1978。

③ （汉）班固：《二十五史·汉书·宣帝纪》。

④ （清）阮元：《十三经注疏》，873页，北京，中华书局，1980。

⑤ 《商君书·赏刑》。

⑥ 程树德：《九朝律考》，98页，北京，中华书局，2003。

⑦ （唐）李林甫等撰，陈仲夫点校：《唐六典》，187页，北京，中华书局，1992。

的对象是指"亲"(皇帝宗室亲戚);"故"(皇帝故旧);"贤"(朝廷认为有大德行的贤人君子);"能"(政治、军事方面有大才能者);"功"(对国家有大功勋者);"贵"(有一定级别的官爵者);"勤"(为国家服务卓著有大勤劳者);"宾"(前朝皇帝及其后裔)等八种人。他们犯罪之后享有一系列的特权,即所谓"大者必议",找出减轻或免予刑罚的理由,"小者必赦",就直接免予刑事处罚。"八议"入律,使贵族官僚地主享有特权,凌驾于一般法律制裁之上,为统治阶级中不法分子破坏法律大开方便之门。东晋成帝时,庐陵太守羊聃为非作歹,滥施刑杀,一次错杀无辜一百九十人,"有司奏聃因当死"①,但因景献皇后是他祖姑,属"议亲"之列,竟免处死。南梁武帝时,"王侯子弟皆长,而骄蹇不法"②,或白日杀人于都街;劫贼亡命,咸于王家"首匿"③。所以晋时傅玄就曾指出:"八议"是"纵封豕于境内,放长蛇于左右"④。

"官当"是指封建社会允许官吏以官爵折抵徒罪的一种特权制度。三国两晋南北朝时期是士族统治盛行的时期,朝廷用人实行"九品中正制",以家世门第为标准,为保证士族地主在国家政权中的地位,进一步扩大官僚的特权,"官当"制度应运而生。随曹魏律之后的《晋律》、梁武帝制定的《权典》等均规定了一系列的优惠官吏的制度。南朝的《陈律》正式建立了"官当"制度,明确规定:"五岁四岁刑,若有官,准当二年,余并居作。其三岁刑,若有官,准当二年,余一年赎。若公坐过误,罚金。其二岁刑,有官者,赎论。一岁刑,无官亦赎论。"⑤《北魏律》也规定:"五等列爵及在官品令从第五,以阶当刑二岁;免官者,三载之后听仕,降先阶一等。"⑥ 隋、唐时期"官当"制日臻完备,明、清始为加强官吏控制而被取消,但"罚俸"、"降级"仍可为特权者使用。

留养,亦称"存留养亲",指犯人直系尊亲属年老应侍而家无成丁,犯死罪非十恶者,允许上请,流刑可免发遣,徒刑可缓期,将人犯留下以照料老人,老人去世后再实际执行。早在东晋时期即出现了存留养亲的案例。东晋成帝咸和二年(327)句容令孔恢罪当弃市,晋成帝"以其父年老而有一子,以为恻然,或悯之"⑦。北魏孝文帝太和十二年(488)下诏:"犯死罪,若父母、祖父母年老,更无成人子孙,又无期亲者,仰案后列奏以待报,著之令格。"⑧《北魏律·法例律》正式规定:"诸犯死罪,若祖父母、父母七十以上,无成人子孙,旁无期亲者,具状上请,流者鞭笞,留养其亲,终则从流,不在原赦之例。"⑨ 这是中国古代法律家族化、伦常化的具体体现,这一制度亦为后代法律承袭。

4. 刑罚的改革

三国两晋南北朝时期在汉代刑制改革的基础上继续刑罚改革,其总的趋势是逐渐宽缓,

① 《隋书·刑法志》。
② 《隋书·刑法志》。
③ 《隋书·刑法志》。
④ 《太平御览》卷六五二引《傅子》。
⑤ 《隋书·刑法志》。
⑥ 《魏书·刑罚志》。
⑦ 《太平御览》卷六四六。
⑧ 《魏书·刑罚志》。
⑨ 《魏书·刑罚志》。

形成了死、流、徒、鞭、杖五刑制度。（1）免除宫刑，进一步废除肉刑。自汉文帝改革刑罚以来，宫刑兴废无常。北魏、东魏时仍有施用宫刑记载。西魏文帝大统十三年（547）诏："自今应宫刑者，直没官，勿刑。"①北齐后主天统五年（569）亦诏令："应宫刑者，普免刑为官口。"②从此，宫刑不复作为一种法定刑。隋朝则从立法上正式废除宫刑。（2）缘坐范围缩小。缘坐是指一人犯罪而株连亲属，使之连带受刑的制度，又称"从坐"、"随坐"。秦汉以来有此类规定。曹魏《新律》规定："大逆无道，腰斩，家属从坐，不及祖父母、孙。"缘坐范围有所缩小。但对妇女来说，因父亲犯族刑，要从坐受戮，而夫家犯族刑亦要从坐受刑，因而出现了妇女可能受到父家和夫家从坐的双重刑罚，承担了较男子加倍的处罚，极不合理。曹魏高贵乡公二年（255），镇东将军毋丘俭、扬州刺史文钦等起兵反抗司马氏政权失败，根据法律，毋丘俭因犯"大逆"罪被处死，其子妻荀氏因缘坐亦应当被处死。荀氏女毋丘芝虽已嫁给颍川太守刘子元为妻，仍应因缘坐被处死。荀氏因高贵乡公曹髦下诏离婚而得免于死刑。荀氏随后上诉于司录校尉何曾，乞求没己身为官婢以赎毋丘芝之命。司录主簿陈咸受命对此进行论证，认为："女人有三从之义，无自专之道……而父母有罪，追刑已出之女；夫党见诛，又有随姓之戮。一人之身，内外受辟。今女既嫁，则为异姓之妻；如或产育，则为他族之母，此为元恶之所忽。戮无辜之所重，于防则不足惩奸乱之源，于情则伤孝子之心。男不得罪于他族，而女独婴戮于二门，非所以哀矜女弱，蠲明法制之本分也。"③魏帝接受陈咸的建议，下诏改定律令，规定：在室之女从父母之诛，已嫁之妇，从夫家之罚。开缘坐不及出嫁女之先例，后世多循此制。以后，《梁律》进一步缩小范围，规定：谋反、降叛、大逆等罪虽缘坐妇人，但"母妻姊妹及应从坐弃市者，妻子女妾同补奚官为奴婢"④，创从坐妇女免死的先例。梁武帝中大同元年（546）诏："自今犯罪，非大逆，父母、祖父母勿坐。"⑤但《陈律》又"复父母缘坐之刑"⑥。《北魏律》缘坐范围广泛，至孝文帝时方有缩小。延兴四年（474）下诏："非大逆干纪者，皆止其身。"⑦然而法律上尽管有缩小的规定，而司法实践中却往往有扩大的趋势。（3）定流刑为减死之刑。秦汉以降的死罪减等之刑——徙（迁）刑至此时期已改为流。《隋书·刑法志》载，梁武帝天监三年（504）建康女子任提犯拐骗人口罪，子景慈证明其母确有其事。后景慈以"陷亲于极刑"之罪被流放交州。北魏、北齐均据"降死从流"的原则，将流刑列为法定刑，作为死与徒的中间刑，从而填补了自汉文帝刑罚改革以来死、徒二刑间的空白，为隋唐时期刑罚制度的完善奠定了基础。北周律又分流刑为五等，计二千五百里、三千里、三千五百里、四千里、四千五百里。隋唐因之。如沈家本言："开皇元年定律，流为五刑之一，实因于魏周，自唐以下，历代相沿莫之改也。"⑧流刑的恢复并确立为定制解决了汉文

① 《北史·西魏文帝纪》。
② 《北齐书·后主纪》。
③ 《晋书·刑法志》。
④ 《隋书·刑法志》。
⑤ 《隋书·刑法志》。
⑥ 《隋书·刑法志》。
⑦ 《魏书·刑罚志》。
⑧ 沈家本：《历代刑法考》，270页，北京，中华书局，1985。

帝刑制改革以来生刑轻、死刑重的问题，使封建的刑罚制度更为合理。（4）死流徒鞭杖五刑制度确立。自曹魏制定《新律》开始，法定刑逐步固定成型。《新律》规定的刑罚有死、髡、完、作、赎、罚金、杂抵罪等数种，并减轻某些刑罚，如废除投书弃市，限制从坐范围，禁诬告和私自复仇等。晋律定刑为五种，计：死、髡、赎、杂抵罪和罚金。死刑有三，分别是枭首、腰斩、弃市；髡刑有四，分别是髡钳五岁刑笞二百，和四、三、二岁刑；赎罪有五（适用于非恶意的犯罪），分别是赎死缴金二斤，赎五、四、三、二岁刑则依次缴金一斤十二两、一斤八两、一斤四两和一斤；杂抵罪和罚金也各有五等。《北魏律》对以前诸代的刑制进行了较大的改革，减少了种类，定刑种为六，计：死、、流、宫、徒、鞭、杖。《北齐律》承其后，最终确定死、流、徒、鞭、杖五刑，为隋唐以后死、流、徒、杖、笞的刑罚体系奠定了基础。

第二节
罪名体系的稳定与传承

公元 581 年，北周大臣杨坚导演了一出禅让闹剧，把皇袍加于自己身上，夺取了国家政权，建立隋朝，并迅速统一了中国，结束了自三国以来国家长期分裂的局面。隋代虽仅存三十八年，但它建立于三国两晋南北朝数百年分合未定的历史乱局之上，在历史上起着承先启后的作用。代隋而起的唐王朝，以隋亡为鉴，提出安人宁国的方针，制定出了一整套轻徭薄赋、约法省刑的措施。随着国家的空前统一和经济的空前发展，中国法制也进入了一个崭新的发展时期。隋唐两代的法律体系正是这一时期政治经济高度发展和民族文化大融合的结晶。隋代法制存在的历史虽然短暂，但已经构建起了这一历史时期法制的基本框架。唐代法制从形式到内容均空前完善，进入成熟期。它不仅对以后的宋、元、明、清诸朝代产生了重大影响，也超越了国界，影响到邻近的亚洲各国，因而在世界法制史上占有重要地位。"如果说罗马法是奴隶制法典的典型，拿破仑法典是资本主义法典的典型的话，那么，唐律便无疑是封建法制的典型"①。隋唐时期的刑法，无疑是隋唐时期法制最重要也是最精华的部分。

一、《唐律疏议》与罪名体系的成熟

（一）《开皇律》到《武德律》

1. 隋朝的法律

隋文帝即位后，就令高颍、杨素、常明等大臣更定新律。他认为："帝王作法，沿革不同，取适于时，故有损益。"② 因而，新的律典在后齐之制的基础上颇有损益，蠲除了前代

---

① 曾宪义主编：《中国法制史》，140 页，北京，北京大学出版社、高等教育出版社，2000。

② 《隋书·刑法志》。

鞭刑及枭首轘裂之法，其余流徒之罪皆减从轻。开皇三年（583）隋文帝认为新拟律文过于苛密，下令再加削减，除去死罪八十一条、流罪一百五十四条、徒杖等千余条，形成十二篇的《开皇律》。隋炀帝继位后，以高祖禁网深刻，又敕修律令，除十恶之章。到大业三年（607）律成，"其五刑之内，降从轻典者，二百余条。其枷杖决罚讯囚之制，并轻于旧"①。但由于隋炀帝外征四夷，内穷嗜欲，兵革岁动，赋敛滋繁，导致民怨沸腾，烽火四起。"盖炀帝好大喜功，特欲袭制礼作乐之名，本无补弊救偏之意。弘窥见其旨，故篇目虽增于旧，而刑典则降从轻。至其末叶，刑罚滥酷，本出于律令之外。"② 所以，一般认为隋朝法律制度是以《开皇律》为主。它上承汉晋法制，吸收了三国两晋南北朝时期各个朝代法制的重要成果，下启唐以后历代法制的先河，无论在篇章体例还是在基本内容上，都在继承的基础上有所革新与充实。吸取"炀帝忌刻，法令尤峻，人不堪命，遂至于亡"③ 的教训，唐高祖李渊于 617 年在太原起兵反隋时"即布宽大之令"④。当时，老百姓受尽了隋末暴政之苦，竞相前来投奔。数月之间就形成了强大的势力，推翻了隋朝的统治。攻下长安后，李渊仿效汉高祖刘邦"约法三章"的做法，颁布"约法十二条"。"约法十二条"的具体内容已不可考，据《新唐书·刑法志》"惟杀人、劫盗、背军、叛逆者，死"⑤ 的简单记载来看，明显地，这是权宜性的临时法令，其重点针对的是反、叛及杀人等严重的犯罪。

2.《五十三条新格》

618 年，李渊登上皇帝的宝座后，宣布沿用隋《开皇律》，删除隋炀帝所用的峻苛之法。同时，又制定了《五十三条新格》，其内容为"惟吏受赇、犯盗、诈冒府库物，赦不原"⑥，其重点针对的是官吏贪赃犯罪。对于《五十三条新格》，有学者认为："唐高祖受隋禅后，于武德元年五月，命刘文静及当朝通识之士，以隋开皇律令为基础制定法律，即制定五十三条新格。"⑦ 这个见解有偏差。据《旧唐书·刑法志》载："及受禅，诏纳言刘文静与当朝通识之士，因开皇律令而损益之，尽削大业所用烦峻之法。又制五十三条格，务在宽简，取便于时。"⑧ 这里的"因开皇律令而损益之"，说明唐初统治者对隋开皇律持基本肯定态度，所谓"因"，即指沿袭，继续使用。只是对隋炀帝所用的烦峻之法深恶痛绝，因而"尽削"。《五十三条新格》应该是针对一些特殊的事项而作出的规定，而不是系统地制定法律，它并没有取代隋的《开皇律》，《开皇律》仍然作为有效的基本法律在继续使用着。"这五十三条新格是暂时作为《开皇律》的辅助之法，而并非系统的刑律，系统的刑律仍是被修改而又暂用的《开皇律》……修改隋代律令及制五十三条格，是同时进行的两项工作。"⑨

对于"约法十二条"及《五十三条新格》的性质有不同理解的原因可能在于对《旧唐

---

① 《隋书·刑法志》。
② 程树德：《九朝律考》，424 页，北京，中华书局，2003。
③ 《旧唐书·刑法志》。
④ 《旧唐书·刑法志》。
⑤ 《新唐书·刑法志》。
⑥ 《新唐书·刑法志》。
⑦ 张晋藩总主编，陈鹏生分卷主编：《中国法制通史（4）·隋唐》，142 页，北京，法律出版社，1999。
⑧ 《历代刑法志》，284 页，北京，群众出版社，1988。
⑨ 钱大群：《唐律研究》，34 页，北京，法律出版社，2000。

书·刑法志》和《新唐书·刑法志》等史籍中关于它们内容的记载中"惟杀人、劫盗、背军、叛逆者,死"、"惟吏受赇、犯盗、诈冒府库物,赦不原"中的"惟"字的不同理解上。这里的"惟",实际上是说它们的内容仅仅是关于杀人、劫盗、背军、叛逆以及受赇、犯盗、诈冒府库物等方面的特别规定,而且其刑罚都是死刑,在战争时期这些犯罪都是需要特别加以强调的。此时刑罚的宽简并非体现于废除死刑,而是表现在死刑适用的犯罪大幅减少,同时刑罚体系的极度简便到了只有死刑,以便于战乱时期施行,所以是"务在宽简,取便于时"。因此,后来武德修律,唐代统治者制定自己的刑律时,就能够把这部分的内容作为一个整体,稍作修正,"入于新律"。

李渊在唐初继续沿用隋《开皇律》的一个重要原因还在于这是政治考量的结果。作为前隋的重臣、"受禅"的君主,即使"李渊一代人对儒家的忠君思想中毒不深,儒家是禁止人们背叛前朝而改事新朝的"[①],但他对儒家思想的敬畏还是显而易见的,因而尽量把一个本来赤裸裸的朝代更替过程导演得符合儒家所提倡的"禅让"正剧:隋恭帝被迫退位,将帝位禅让给李渊,"高祖辞让,百寮(僚)上表劝进,至于再三,乃从之"[②]。以此做作,他应当不可能一开始就完全推翻隋朝以《开皇律》为基础的法律制度。并且,此时群雄并起,李渊还必须以"受禅"的正统自居,取得政治上的优势地位,因而更不可能完全抛弃隋的统治遗产而另起炉灶。

3.《武德律》

作为一个具有雄才大略的政治家,李渊制定新的律典、建立起自己的政治法律统治秩序的工作也在《五十三条新格》颁布后随即展开。他下令由尚书左仆射裴寂、尚书右仆射萧瑀及大理卿崔善为、给事中王敬业、中书舍人刘林甫、颜师古、王孝远、泾州别驾靖延、太常丞丁孝乌、隋大理丞房轴、上将府参军李桐客、太常博士徐上机等,撰定律令,其成果就是武德七年(624)颁布的《武德律》。《武德律》以《开皇律》为基础,"惟正五十三条格,入于新律,余无所改"[③]。究其原因,除了开国之初、万事草创、边境不稳等,程树德认为:"盖唐初修律诸臣,如裴寂、刘文静、殷开山等本非律家,开皇定律,源出北齐,而齐律之美备,又载在史册,人无异词,执笔者不敢率为更改。故《旧唐书·刑法志》,一则曰以开皇为准,再则曰余无所改,纪其实也。"[④] 他认为《武德律》以开皇为准的原因是因为武德修律的各大臣均非律家,律学素养不足,而《开皇律》所模范的《北齐律》又完美周备,得到一致肯定,因而不敢轻加改动。其实,程氏的这一结论颇为勉强。仔细分析起来,《武德律》因袭隋《开皇律》的原因除如前述所举的政治的考量外,确有《开皇律》本身出色地综合了三国两晋南北朝大分裂时期的法律成果,因而成为唐律很好的模式这一因素。说参与武德修律的各大臣律学素养不足而不敢改动《开皇律》实在是比较牵强。当时主持制定律令的裴寂、萧瑀等均和李渊一样为隋朝旧臣,甚至还包括了隋的大理丞房轴,以他们和前朝割不断的渊源关系以及对隋朝法律制度的熟悉,《武德律》以《开皇律》为准

① [英]崔瑞德:《剑桥中国隋唐史(589—906)》,中国社科院课题组译,138页,北京,中国社会科学出版社,1990。
② 《旧唐书·高祖纪》。
③ 《旧唐书·刑法志》。
④ 程树德:《九朝律考》,424页,北京,中华书局,2003。

也就不足为奇了。说《武德律》因袭《开皇律》从而压低它的价值，事实上还不排除这样一种可能，即《旧唐书》等传统史籍以及后来的众多学者在有意地贬低《武德律》的价值，以抬高其后的《贞观律》等的地位，即树立唐太宗李世民的名君形象。就如外国学者所指出的那样："按照新、旧《唐书》和司马光《资治通鉴》的传统说法，李渊是一个碌碌无能之辈，而且暮气沉沉，胸无大志。相反地，他的次子李世民（617年时年十七岁）倒被说成是一位高超的军事领袖，有魄力，有进取心，英明天纵。因此，后来成为唐代第二位皇帝（唐太宗）的李世民在这些记载中就成了创建唐王朝的大功臣。"① 从唐高祖颁布《武德律》时的诏书中所说的"朕膺期受籙，宁济区宇，永言至治，鉴寝为劳。补千年之坠典，拯百王之宿弊，思所以正本澄源，式清流末，永垂宪则，贻范后昆。爰命群才，修定科律。但今古异务，文质不同，丧乱之后，事殊曩代，应机适变，救弊斯在。是以斟酌繁省，取合时宜，矫正差违，务从体要"② 等内容来看，李渊应当也是一个有雄心壮志、雄才大略的开国之君。所以，也有人对《武德律》及其撰修者给予了较高的评价。王夫之在千年之后的17世纪仍评价道："今之律其大略皆隋裴政之所定也，政之泽远矣。千余年间，非无暴君酷吏，而不能逞其淫虐，法定故也"③。

（二）《贞观律》与《永徽律》

1.《贞观律》

公元627年玄武门之变后，李世民通过非常手段登上了皇帝的宝座。即位之后，他就下令长孙无忌等对当时施行的《武德律》进行修改，前后历时11年，最终于贞观十一年（637）完成并颁布《贞观律》。它对《武德律》所作的修改主要有：改绞刑五十条为加役流，将其作为死刑的替代刑，介于常刑与流刑之间；区分两种不同的反逆罪，缩小缘坐处死的范围；同时，完善了五刑、十恶、八议等制度。对于贞观修律的意义，历代均大加赞誉，最为典型的当数沈家本，他说："《唐律》以贞观所修为定本，贞观本于武德，武德本于开皇，然武德已非全用开皇之制，贞观又重加删定。《旧志》云'凡削烦去蠹，变重为轻者，不可胜纪'，其删定之大致可见矣。今《唐律》全书具在，自宋已后，修律莫不奉为圭臬，此盖承隋氏变革之后而集其成者也。后之定律者，或于其重者轻之，轻者重之，往往有畸轻畸重之失，细心推究，方知《唐律》之轻重得其中也。"④

2. 关于《永徽律》

唐律研究中，《永徽律》和《唐律疏议》是学术聚讼之点。众多研究者中，其所引用的基本史料是《旧唐书·刑法志》和《唐会要》等史籍的记载。

《旧唐书·刑法志》对此的记载是："永徽初，敕太尉长孙无忌、司空李勣、左仆射于志宁、右仆射张行成、侍中高季辅、黄门侍郎宇文节、柳奭、右丞段宝玄、太常少卿令狐

---

① ［英］崔瑞德：《剑桥中国隋唐史（589—906）》，中国社科院课题组译，138页，北京，中国社会科学出版社，1990。

② （宋）宋敏求：《唐大诏令集》，470页，北京，中华书局，2008。

③ （明）王夫之：《读通鉴论》，载《船山全书（十）》，698页，长沙，岳麓书社，1988。王夫之对裴寂的评价与程树德的评价迥异。

④ 沈家本：《历代刑法考》，928页，北京，中华书局，1985。

唐律残卷 1973年在新疆维吾尔自治区　　　　　文化部古文献研究室提供
吐鲁番县阿斯塔那古墓出土

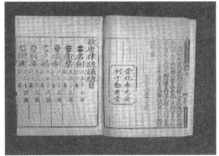

《唐律疏议》(元至顺年间刻本)
北京图书馆藏

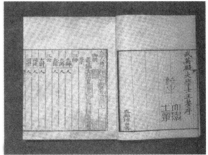

《唐六典》(明正德年间刻本)
北京图书馆藏

《唐律》残片、《唐律疏议》与《唐六典》

德棻、吏部侍郎高敬言、刑部侍郎刘燕客、给事中赵文恪、中书舍人李友益、少府张行实、大理丞元绍、大府丞王文瑞、刑部郎中贾敏行等，共撰定律令格式。旧制不便者，皆随删改。遂分格为两部：曹司常务为《留司格》，天下所共者为《散颁格》。其《散颁格》下州县，《留司格》但留本司行用焉。"这里，虽然明确提及撰定律令格式，但对立法成果却只叙述了《散颁格》与《留司格》，因而是否修律是值得怀疑的。

《旧唐书·高宗纪》"永徽二年九月"有"闰月辛未，颁新订律令格式于天下"[1] 的记载。

《新唐书·刑法志》的记载为："高宗初即位，诏律学之士撰《律疏》。又诏长孙无忌等增损格敕，其曹司常务曰《留司格》，颁之天下曰《散颁格》。龙朔、仪凤中，司刑太常伯李敬玄、左仆射刘仁轨相继又加以刊正。"[2]

———————————————

① （后晋）刘昫撰：《旧唐书·高宗纪》。
② 《历代刑法志》，311～312 页，北京，群众出版社，1988。

《资治通鉴》永徽二年（651）九月有"闰月，长孙无忌等上所删定律令式；甲戌，诏颁之四方"① 的记载。

记载最为详细的当数《唐会要》："永徽二年闰九月十四日，上新删定律令格式。太尉长孙无忌、开府仪同三司李勣、尚书左仆射于志宁、尚书右仆射张行成、侍中高季辅、黄门侍郎宇文节、柳奭、尚书右丞段宝玄、吏部侍郎高敬言、刑部侍郎刘燕客、太常少卿令狐德棻、给事中赵文恪、中书舍人李友益、刑部郎中贾敏行、少府监丞张行实、大理丞元绍、大府丞王文瑞等同修。勒成律十二卷，令三十卷，式四十卷，颁于天下。遂分格为两部：曹司常务为《留司格》，天下所共者为《散颁格》。《散颁格》下州县，《留司格》本司行用"②。

对于以上史料，学者们进行了充分的讨论，由此也得出了不同的结论。

沈家本已经注意到一个事实，即在历史典籍关于唐高宗永徽时期的记载中，时有删改之语，好像是律令有所删改。但《新唐书·刑法志》只提及了增损格敕，而《唐六典》中也没有删改律令的记载。"疑永徽时律令二书不过小有更变，故诸书不言。"③ 这里，沈家本明确提出：永徽时期，律与令是分开的，而且只是小有更变，而不是大规模地编纂。

20 世纪 30 年代，杨鸿烈在其名著《中国法律发达史》中肯定《永徽律》的存在。他认为：

> 高宗时代编纂的法典有为中国现时唯一保留下来的完整无缺最古的一部《永徽律》和《永徽令》、《永徽格》和《永徽式》四种……这部《永徽律》全得《疏议》才得传流至今，其篇目全同《开皇律》、《武德律》、《贞观律》，数目也是十二。④

其所引用的据以为证的史料是《旧唐书·刑法志》和《唐会要》的"永徽二年闰九月十四日，上新删定律令格式"的记载。但他在文中是摘录的史料，并非全文抄引史料，所以和原文有一些出入，而且可能影响其结论。

陈顾远认为：

> 唐入隋京，仿汉初约法三章，与民约法十二条。后诏裴寂等定律令，篇目一准《开皇律》，除苛细五十三条，又加入新格五十三条，故仍为五百条，称为武德律者是。其后数经修订，开元二十五年所公布者，即今所传之唐律也。

行文至此，他还用注的方式特别地说明：

> 唐高宗永徽二年，有无修律之事，新旧《唐书》记载不同；但"永徽"重为颁布，则可断言；《新唐书·志》有《永徽律》十二卷，即其证。"开元"亦无改律之事，但仍重新与令格式同时公布耳。⑤

换句话说，陈顾远否定了《永徽律》的存在。

---

① （宋）司马光：《资治通鉴》（下），1596 页，北京，中华书局，1997。

② （宋）王溥撰：《唐会要》，820 页，上海，上海古籍出版社，1991。

③ 沈家本：《历代刑法考》，931 页，北京，中华书局，1985。

④ 杨鸿烈：《中国法律发达史》，349 页，上海，上海书店，1990。

⑤ 陈顾远：《中国法制史》，103 页，北京，商务印书馆，1959。

当代，关于《永徽律》的性质的记述，各家略有区别，但基本肯定《永徽律》的编纂。举其要者如下：

钱大群在其专著《唐律研究》谈及唐律的制定时，用了"唐律制订的基础是隋朝《开皇律》"、"唐律的主要内容及框架稳定于《贞观律》"等标题。在谈及唐律的修改时，他认为唐代撰定刑律及对刑律作较系统的删定而后重新公布是唐律修改最重要的形式。他认为《永徽律》是第三部刑律，第四部刑律是《永徽律疏》，而对于史料所记载的其后几次"删定"，他认为：

> 这几部《律》，如果按名次，称为第五、六、七部刑律，也未尝不可，但因其性质只是"删定"，所以一般不以"修订"对待。可见，相对地保持《律》的内容的稳定，也是唐代刑律修改中的一大特点。①

这里，他区别了"修订"与"删定"的区别，认为两者有本质的区别，但认为《永徽律》仍然可以归纳到"修订"之列，从而构成一部可以命名为《永徽律》的新律典。

张晋藩、陈鹏生认为唐高宗李治制定的《永徽律》和《唐律疏议》是唐代立法的重要发展，对唐律的完备和律学的发展都有重要意义。他们说：

> 由于唐太宗竭力实施"以法治国"方针，立法方面已取得丰富经验。高宗即位后，"遵贞观故事，务在恤刑"，命长孙无忌、李勣、于志宁等人，以《贞观律》为基础，制定《永徽律》。②

他们认为：《永徽律》是一部新制定的刑律。

王立民认为：

> 永徽元年（650年）唐高宗命长孙无忌等大臣再次修律，翌年完成，称为《永徽律》，此律还是12篇，500条，对《贞观律》的修改极少，可说是《贞观律》的翻版。③

他也肯定《永徽律》是重新修订的一部法律。

3.《永徽律》并非一部独立律典，而是《贞观律》的一个版本

事实上，陈顾远先生的观点是正确的，《永徽律》就是《贞观律》，《永徽律》是不存在的，它只是《贞观律》的一个版本。除了陈顾远先生已经陈述的原因外，还有以下一些重要理由：

（1）《永徽律》是"刊改"，而并非修订，因而不足以命名为"永徽律"。纵观中国古代法律的命名，由于历史原因而呈多种方式，有以编纂制定者命名的，如《禹刑》、《汤刑》、《吕刑》、《商君之法》即是；有以法典的篇章数目命名的，如《九章律》、《三章之法》以及前述《五十三条新格》即是；还有许多是以法典的内容命名，如《官刑》、《茅门之法》、《田律》、《养老令》等。到三国两晋南北朝时期，中国的法典编制水平有了很大的提高，综

---

① 钱大群：《唐律研究》，38页，北京，法律出版社，2000。
② 张晋藩总主编，陈鹏生分卷主编：《中国法制通史（4）·隋唐》，148页，北京，法律出版社，1999。
③ 王立民：《中国法制史》，138页，上海，上海人民出版社，2003。

合性法典编纂逐渐占据主导地位，它们多以制定的朝代命名，如《蜀科》、《魏律》、《晋律》、《北齐律》等即是。见之于史籍的第一个以颁布时间命名的法令当为汉文帝时的《丁酉诏书》，而现在一般法史著作均认为晋《泰始律》是第一个以年号命名的律典。事实上，《泰始律》也是一个后人命名的名字。在史籍中，它并不为此名，而是以《晋律》为名。如《隋书·经籍志》载："《律本》二十一卷，杜预撰；《汉晋律序注》一卷，晋僮长张斐撰；《杂律解》二十一卷，张斐撰。案：梁有《杜预杂律》七卷，亡；《晋、宋、齐、梁律》二十卷，蔡法度撰；《梁律》二十卷，梁义兴太守蔡法度撰；《后魏律》二十卷；《北齐律》十二卷，目一卷；《陈律》九卷，范泉撰；《周律》二十五卷；《周大统式》三卷；《隋律》十二卷；《隋大业律》十一卷；《晋令》四十卷；《梁令》三十卷，录一卷；《梁科》三十卷；《北齐令》五十卷；《北齐权令》二卷；《陈令》三十卷，范泉撰；《陈科》三十卷，范泉撰；《隋开皇令》三十卷，目一卷；《隋大业令》三十卷。"从这些记载可以看出，历史上，《晋律》是按照朝代命名的。有学者认为《周大统式》是第一个按照年号来命名的法典，但据史料分析，《大统式》颁布时也并不是按年号来命名的。《隋书·刑法志》载："大统元年，命有司斟酌今古，通变可以益时者，为二十四条之制，奏之。七年，又下十二条制。十年，魏帝命尚书苏绰总三十六条，更损益为五卷，班于天下。其后以河南赵肃为廷尉卿，撰定法律。肃积思累年，遂感心疾而死。乃命司宪大夫拓跋迪掌之。至保定三年三月庚子乃就，谓之《大律》。"明显地，《大统式》在颁布时并没有命名为《大统式》。《唐六典》的记载与此有异："魏大统十年，命尚书苏绰总三十六条，更损益为五卷，谓之《大统式》。"此"谓之"是颁布之时就命名还是后人命名不明确。对于《隋书·经籍志》载"《周大统式》三卷"，沈家本早已指出："'大统'乃魏帝年号，《隋志》云《周大统式》似非其实，虽其时政在宇文，魏帝固在也。"[1] 同样，隋开皇元年（581）颁布的法典开始也并非以《开皇律》命名，而是名为《新律》。倒是隋炀帝却首开先例，于607年以自己的年号命名其下令编纂的法典，"三年，新律成。凡五百条，为十八篇。诏施行之，谓之《大业律》"[2]。但无论是以朝代命名，还是以年号命名，这些法令都是比较重大的法典编纂，而唐高宗永徽初年对《贞观律》的修订是很小程度的修订，并没有达到可以称之为修律的地步，这也应当是《新唐书·刑法志》只提及了增损格敕，而《唐六典》中也没有删改律令的记载的一个重要原因。

（2）唐代君臣主张法律应保持相对稳定性，永徽年间不具备对《贞观律》全面修订的条件。唐太宗政治法律思想的基础是儒家传统中的"仁义"，他主张法律应保持相对的稳定性，不可多变。多变的害处甚多：官吏不能尽记，影响法律的贯彻执行；容易产生律文前后矛盾，官吏可以上下其手，舞文弄法，为非作歹。他说："法令不可数变，数变则烦。官长不能尽记，又前后差违，吏得以为奸。"[3] 有学者认为："唐太宗对法律的兴趣经久不衰，他临终的遗嘱还吩咐他的继承者再次修订法典。"[4] 综观唐太宗的一生，其对法律的兴趣经久不衰确是事实，但遍查他于贞观二十三年（649）五月颁布的由褚遂良起草的遗诏，除述

① 沈家本：《历代刑法考》，918 页，北京，中华书局，1985。

② 《隋书·刑法志》。

③ （宋）司马光：《资治通鉴》，1558 页，北京，中华书局，1997。

④ ［英］崔瑞德：《剑桥中国隋唐史（589—906）》，中国社科院课题组译，208 页，北京，中国社会科学出版社，1990。

说自己的功劳，赞扬太子李治的德能，交代丧事的办理，要求"军国大事，不可停阙，寻常闲务，任之有司"①外，并未片言只语提及法律的修订。提及唐太宗曾要求改定法律的倒是唐高宗于永徽二年（651）发布的《颁行新律诏》，他说："太宗文皇帝拨乱反正，恤狱慎刑。杜浇弊之余源，削烦苛之峻法，道臻刑措，二十余年。玉几遗训，重令刊改。朕仰遵先旨，旁求故实，诏太尉扬州都督无忌、开府仪同三司勣、尚书左仆射行成，光禄大夫侍中高季辅、右丞段宝玄、太常少卿令狐德棻、吏部侍郎高敬言、刑部郎中贾敏行等，爰逮朝贤，详定法律。酌前王之令典，考列辟之旧章，适其轻重之宜，采其宽猛之要，使夫画一之制，简而易从；约法之章，疏而不漏。"②《唐大诏令集》是宋人辑本，其分类和命名都是后人所定，因而此诏令当时实际是否命名为"颁行新律诏"是值得怀疑的。而其中明确说明"遗训"是"刊改"。"刊"，即"刊"，古代与"删"同义，段玉裁注曰："按：凡有所削去谓之'刊'，故刻石谓之刊石。"③《商君书》说"有敢刊定法令者，死"即其义。"刊改"并非"撰定"，因而不是真正意义上的法典编纂。唐太宗并未要求对《贞观律》作全面的修订，而是仅对其中个别错误之处和不合时宜之处加以改正。史载在唐太宗之后而继皇位的唐高宗李治"遵贞观故事，务在恤刑"④。还有这样一则史料证明，唐高宗本人对修改律典是持非常慎重的态度的。详刑少卿赵仁本自己编撰了《法例》三卷，并用它来断狱，当时社会对此还很认可。但唐高宗看了过后却不同意："律令格式，天下通规，非朕庸虚所能创制。并是武德之际、贞观已来，或取定宸衷，参详众议，条章备举，轨躅昭然，临事遵行，自不能尽。何为更须作例，致使触绪多疑。"⑤另外，现有史籍的记载都是把律与令、格、式并列。在用词上，仅有《旧唐书·刑法志》的"撰定律令格式"可以认为是法令的编纂，而其他都难以确认是对律典的体例篇章结构及内容所作的重大修改。其实，《旧唐书·刑法志》记载的永徽二年（651）"撰定律令格式"虽言"旧制不便者，皆随删改"，实际上如《新唐书》所载，主要是对格敕进行编纂⑥，这在《旧唐书·经籍志》中也可得到证明。

（3）《新唐书·艺文志》中"《永徽律》十二卷"是对版本的记载，而非律典的记载。《永徽律》首先出现在《新唐书·艺文志》，它记载有"《永徽律》十二卷"。笔者以为，正如沈家本所说，此处的"《永徽律》十二卷"是指的永徽年间重新刊刻为书的《贞观律》，是指图书版本意义上的《永徽律》，而不是法典命名意义上的《永徽律》，这是《艺文志》的性质所决定了的。永徽时律令作过修订，这是毫无疑义的。在这个修订过程中，可能对《贞观律》的个别地方作过修改，其改动是非常小的，因而众多的史籍皆没有提及。但由于当时律和令是分开成书的，因而《新唐书·艺文志》从版本学角度对其作了记载，沈家本就说："其时《永徽律》别自为书，故《艺文志》另列其目。"⑦值得注意的

————————————

① （宋）宋敏求：《唐大诏令集》，67页，北京，中华书局，2008。
② （宋）宋敏求：《唐大诏令集》，470页，北京，中华书局，2008。
③ （清）段玉裁：《说文解字段注》，189页，成都，成都古籍书店，1990。
④ 《旧唐书·刑法志》。
⑤ 《旧唐书·刑法志》。
⑥ 《新唐书·刑法志》载："高宗初继位，诏律学之士撰律疏，又诏长孙无忌等增损格敕。"
⑦ 沈家本：《历代刑法考》，931页，北京，中华书局，1985。

是，《新唐书·艺文志》在记载《武德律》、《贞观律》等律典时，都对它们的编纂情况及条文内容等情况作了大致说明。而在记载《永徽律》时，则只对格的修改情况作了说明，这也证明了永徽时期对《贞观律》的修订实在是非常小，达不到称之为修改律典的程度。

（三）《永徽律疏》

1. 唐高宗与《永徽律疏》

高宗在位时间比他父亲和祖父加起来的时间还要长，但由于传统史观对武则天贬斥的影响，他长期被认为是一个极少建树的统治者。《新唐书·刑法志》说"高宗既昏懦，而继以武氏之乱，毒流天下，几至于亡"[1]，认为"盖自高宗以来，其大节鲜可纪，而格令之书，不胜其繁也"[2]。事实上，从高宗继位到武周政权结束之间五十多年时间里，统治集团内部矛盾重重，斗争激烈，但武德、贞观时期建立起来的各种政治经济制度仍基本上延续下来，经济继续发展，社会秩序稳定，唐代仍然沿着富强的道路前进，这与高宗、武则天采取的各项措施是密切相关的。现在学者认为，高宗在处理废王立武、改换皇后的问题上就已经表现出了自己的作为，"高宗敢冒'违先帝之命'的风险，打破士族势力的威胁，直接掌握政权，正是他不愿任人摆布，敢作敢为的具体表现。昏懦的皇帝是不可能有这种胆量和作为的"[3]。但他在法制上的贡献，不是《永徽律》，《永徽律》不是一部法典，而是《贞观律》在永徽年间的版本，但《永徽律疏》却是一部法典，唐高宗在法制上的贡献不是《永徽律》，而是《永徽律疏》。唐高祖时期，唐代基本的政治经济法律制度已经构建出来，太宗又加以改进并使之合理化。这样，唐高宗能够有所建树、大破大立的机会已经不再存在。同时，唐高祖、唐太宗等都强调保持法律的稳定，推翻《贞观律》，对国家的基本律典作革命式的修改已不可能。但主体框架已完成并不意味着大厦的完工，《贞观律》在司法实践中仍面临着巨大的考验，其中一个重要问题便是如何以简略的律典条文来应对复杂纷繁的司法实践。表面上，永徽三年（652）唐高宗下诏组织力量对唐律进行注疏的原因是"律学未有定疏，每年所举明法，遂无凭准"[4]，事实上他更想解决的可能是由此而造成的司法混乱。

2. 《永徽律疏》与司法

对国家颁布的正式律典进行注释，这在秦代即已出现，1975 年湖北睡虎地秦简中发现的《法律答问》即是典型的例证。由于自商鞅变法时起即实行朝廷独断对法律的解释，严禁私家及一般官吏解释法律，因而《法律答问》是国家公布的由专门司法官吏对国家律典所作的权威性解释，它与律文一样具有普遍约束力。对法律的解释注疏活动的高潮是在汉代及以后的时期。随着汉武帝独尊儒学政策的推行，为解决立法滞后问题，董仲舒首开先例，运用儒家的学说《春秋公羊传》的原则来解释当时施行的法律，审理各种疑难案件。

---

① 《历代刑法志》，313 页，北京，群众出版社，1988。
② 《历代刑法志》，312 页，北京，群众出版社，1988。
③ 白寿彝总主编，史念海分卷主编：《中国通史》，第六卷《中古时代·隋唐时期（上）》，377 页，上海，上海人民出版社，1997。
④ 《旧唐书·刑法志》。

随后，叔孙通、晁错、路温舒、公孙弘等既通儒家经典、也熟悉法律知识的大学者也投入其中，"在他们的学术活动中，也可以推定包含有法律解释的内容"①。东汉的法律注释活动，在西汉的基础上有了进一步的发展。郑兴、许慎、马融、郑玄、何休、应劭、服虔、文颖等成为了以儒家经典注释法律、阐述律意的著名人物。他们各为主张，叔孙宣、郭令卿、马融、郑玄等十余儒学大家，每家数十万言的著述，以至于三国魏明帝不得不下诏："但用郑氏章句，不得杂用余家。"② 法律注释中，最有名的是晋代张斐、杜预对《晋律》的注疏。《晋书·刑法志》载，晋文帝司马昭为晋王时，"患前代律令本注烦杂，陈群、刘邵虽经改革，而科网本密，又叔孙、郭、马、杜诸儒章句，但取郑氏，又为偏党，未可承用。于是令贾充定法律……"③ 泰始四年（268）修律成功，此为著名的《晋律》。它把晋以来承用的汉魏律令及注解等共约一百万字简化成了律二十篇，六百二十条，二万七千六百五十七言，律令合计二千九百二十六条，十二万六千三百言，号称"文约而例直，听省而禁简"④，是法典编纂史上的一大改革，是封建法制由繁到简的里程碑。虽然杜预认为"法者，盖绳墨之断例，非穷理尽性之书也"，因而在修撰《晋律》时，"蠲其苛秽，存其清约，事从中典，归于益时"⑤，但当时的立法技术仍然没有解决好法典的繁简问题，"晋律文简辞约，旨通大纲，事之所质，取断难释"⑥。因而杜预本人不得不在《新律》完成后，亲自为之注解，同时明法掾张斐也对《新律》进行了注释。他们的注释经过晋武帝的批准，"诏班天下"，与律文具有同等效力。但他们的注释均是个人所为，与汉代郑玄等的律章句一样，存在着个人理解的不同。"张斐、杜预同注一事，而生杀永殊。自晋泰始以来，唯斟酌参用。"⑦ 自然，这给司法造成了很大的不便。而《永徽律疏》不同，它是根据唐高宗的诏令，由朝廷组织学者进行编纂的。永徽三年（652）唐高宗下令："律学未有定疏，每年所举明法，遂无凭准。宜广召解律人，条义疏奏闻。仍使中书、门下监定。"⑧ 于是太尉赵国公长孙无忌、司空英国公李勣、尚书左仆射兼太子少师监修国史燕国公于志宁、银青光禄大夫刑部尚书唐临、太中大夫守大理卿段宝玄、朝议大夫守尚书右丞刘燕客、朝议大夫守御史中丞贾敏行等，参撰《律疏》，成三十卷，于第二年十月完成并颁布天下，"自是，断狱者皆引疏分析之"⑨。表面上看来，这次法律解释的直接目的主要是为了让当时的法律考试有个明确的标准，实际上其主要目的仍是满足司法实践的需要，就是要克服中央各部门之间、中央各部门与地方之间出现的因认识分歧而产生的执法不一的弊病。这一点，《名例律》的疏文在一开始就表达得非常清楚："今之典宪，前圣规模，章程靡失，鸿织备举，而刑宪之司执行殊异：大理当其死坐，刑部处以流刑；一州断以徒年，一县将为杖罚。不有解释，触涂睽误。皇帝彝宪在怀，纳隍兴轸。德礼为政教之本，刑罚为政教之用，犹昏晓阳秋相

---

① 何勤华：《中国法学史》（一），170 页，北京，法律出版社，2000。
② 《历代刑法志》，47 页，北京，群众出版社，1988。
③ 《历代刑法志》，50 页，北京，群众出版社，1988。
④ 《晋书·杜预传》。
⑤ 《历代刑法志》，50 页，北京，群众出版社，1988。
⑥ （宋）王应麟：《玉海》卷六，五引王植话。
⑦ 沈家本：《历代刑法考》，895 页，北京，中华书局，1985。
⑧ 《旧唐书·刑法志》。
⑨ 《旧唐书·刑法志》。

须而成者也。是以降纶言于台铉，挥折简于髦彦，爰造《律疏》，大明典式。远则皇王妙旨，近则萧、贾遗文，沿波讨源，自枝穷叶，甄表宽大，裁成简久。譬权衡之知轻重，若规矩之得方圆。迈彼三章，同符画一者矣。"①

3.《永徽律疏》是立法成果

《贞观律》颁布后，对其改动十分谨慎，如前述取消反逆兄弟连坐处死的法律入于《贞观律》之后，贞观十六年（642），刑部提出："反逆缘坐"条规定兄弟仅处没官为轻，要求改为缘坐为处死。李世民下令让八座讨论。右仆射高士廉、吏部尚书侯君集、兵部尚书李勣等人同意刑部的意见，主张从重，民部（即户部）尚书唐俭、礼部尚书江夏王李道宗、工部尚书杜楚客等主张仍从轻法不改。当时的主流意见认为：以秦汉魏晋以来谋反者皆夷三族，主张按刑部的意见改从重；唯独给事中崔仁师反对：他总结历史经验，认为三代之时都是怜悯无辜，宽解法网，父子兄弟，罪不相及。直到后来进入乱世，狱讼滋繁，法家的韩非、商鞅等才制定夷三族连坐之法。而秦用其法，遂至土崩。汉代宽大未为尽善，仁厚仍多凉德，刑罚还是太过。三国两晋南北朝以至隋朝，虽然有损有益，但凝脂犹密，秋荼尚繁。直到唐太宗颁布宽刑之后，才达到了案件减少、百姓安心的效果。现在怎么能以夷三族的亡秦酷法代替隆周的中典之刑呢。"且父子天属昆季同气，诛其父子，足累其心。此而不顾，何爱兄弟？既欲改法，请更审量。"② 太宗认为崔仁师的话很有道理，于是采纳了从轻派的意见，兄弟反逆连坐仍为没官，不改从死。永徽年间，对《贞观律》有个别修改，如据《旧唐书·萧瑀兄子钧传》等载，有太常寺所属乐工宋四通等为宫人暗中传递消息和物品。高宗知道后大怒，特命处死，并命将禁止替宫人通消息、传物件，违者处死的内容补入律书中。谏议大夫萧钧上疏认为：宋四通等所犯，在新条未附入正律之前，应当按旧法治罪，罪不当死。高宗览疏，亲手书敕称："朕闻防祸未萌，先贤所重。宫阙之禁，其可渐欤！昔如姬窃符，朕用为永鉴。不欲今此自彰其过，所搦宪章，想非滥也。"③ 唐高宗虽然为自己的行为辩解，但他最后还是找了个借口，以喜得萧钧的上疏为由，免去宋四通的死罪，改为配流远州。由此可知，"辄私共宫人言语，若亲为通传书信及衣物"罪原来只是处流配而非死刑，而《永徽律疏·卫禁》"即虽非阑入，辄私共宫人言语，若亲为通传书信及衣物者，绞"④ 条是对《贞观律》的加重，类似的情况非常少见。《永徽律疏》最重要的是对原《贞观律》的条文进行统一的解释。律疏文又称疏议文。关于疏议的作用，沈家本作了明确的解释："名疏者，发明律及注意；云议者，申律之深义及律所不周不达，若董仲舒《春秋决狱》，应劭《决事比》及《集驳议》之类。盖自有《疏议》，而律文之简质古奥者始可得而读焉。"⑤《永徽律疏》对唐律解释虽有立法解释、司法解释和学理解释多种方式，但与现代法学诸概念不同的是，它的各种解释均是有权解释，具有法律效力。它们被有机地安排在律文之间，与法律合为一体，成为了律典的一部分。这种经过最高当局授权，在官方的组织和监督之下，由学者进行《律疏》的编纂再也不是代表某一个人或几个

① 刘俊文点校：《唐律疏议》，3 页，北京，法律出版社，1999。
② 《旧唐书·崔仁师传》。
③ 《旧唐书·萧瑀兄子钧传》。
④ 刘俊文点校：《唐律疏议》，173 页，北京，法律出版社，1999。
⑤ 沈家本：《历代刑法考》，2208 页，北京，中华书局，1985。

人的见解，而是一个集体的法律编纂活动，它最后又经过最高当局的认可颁布并具有法律效力，因而它本身就是一次立法行为，而非一项学术活动，它与汉代及三国两晋南北朝时期的私家法律注疏有着本质的不同。

（四）《唐律疏议》之特点

1.《唐律疏议》标志着引礼入律与法律儒家化最终完成

瞿同祖所撰写的《中国大百科全书》"礼"条认为：

> 礼，封建时代维持社会、政治秩序，巩固等级制度，调整人与人之间的各种社会关系和权利义务的规范和准则。礼既是中国封建法律的渊源之一，也是封建法律的重要组成部分。①

其实这是从礼的制度层面来定义的。礼产生于人类早期的祭祀活动。它自产生后，其内容随着社会的发展而不断扩大，逐步形成一个十分庞大的、包括社会生活各个方面的体系。礼产生于祭祀，祭祀必有其程序和仪式，可以称之为礼制、礼仪。但在礼制、礼仪这些礼的制度层面内容之后，还隐藏着礼的精神实质，即礼义，即《礼记·礼器》所说："先王之立礼也，有本有文。"一般来说，礼制是一些具体的行为规范，它规定人们应该怎样做，不应该怎样做。而礼义则是解释这些行为规范设立的目的以及为什么会有如此的规定。由于时间的变化、社会的发展，作为制度层面的礼制、礼仪在不断发生着变化，到周代周公制礼时，典章制度较前代更为完备，"国家的政治、军事、法律、教育、婚姻、祭祀以及道德风尚，等等，无一不受礼的支配。当然，其核心内容是以血缘关系为基础的宗法等级制度"②。到了春秋时代，王室衰微，礼乐征伐自诸侯出，陪臣执国命，封建等级制度遭到破坏，统治阶级内部对于礼任意僭用，礼崩乐坏。但由于周代礼制深入人心，仍为士大夫所向往，孔子公开打出"克己复礼，为仁"③的旗号，但他所力图恢复的并非周公所创制的全部的礼的制度，而更多的是蕴藏于其中的宗旨和精神。孔子等儒家认为：人有智愚、贤不肖等区分，所以社会有尊卑贵贱的等级区分。以周礼为基础建立起来的宗法等级制度因而是天经地义的。只有依靠礼，依靠礼治，才能使君子和小人、劳心者和劳力者各自遵守一定的行为规范，来享受权利，履行义务，使尊卑贵贱、长幼亲疏的等级社会长久存在下去。因而儒家要求以礼入法，以差别性的行为规范即礼作为维持社会、政治秩序的工具。"以礼入法，是中国法律发展史上一件大事，法律因此发生了重大的深远的变化，礼成为法律的重要组成部分，形成了法律为礼教所支配的局面。"④引礼入法，自两汉开始，经过三国两晋南北朝及隋朝，在唐代达到了完全融合的地步。礼的基本精神就是"别"，"夫礼者，所以定亲疏，决嫌疑，别同异，明是非也。"⑤但"别"不是目的，"别"的目的是通过"礼治"、以差别性的行为规范即礼，作为维持社会、政治秩序的工具。礼根据官爵、门第、财

---

① 《中国大百科全书·法学》，363 页，北京，中国大百科全书出版社，1984。
② 陈鹏生、杨鹤皋：《春秋战国法律思想与传统文化》，91 页，台湾桃园，李健淮发行，2001。
③ 《论语·颜渊》。
④ 瞿同祖：《瞿同祖法学论著集》，387 页，北京，中国政法大学出版社，1998。
⑤ 《礼记·曲礼上》。

产和身份等的不同，把人划分为许多等级。各个等级的社会地位不同，享有的权利和应尽的义务也不相同。那些等级高贵者所享有的特权，又用法律的形式固定下来，受到国家强制力的保护。刑罚作为保护封建等级伦理制度的利器，其锋芒也直指那些破坏封建统治秩序和封建伦理秩序的犯罪。

（1）确定"十恶"重罪，明确刑罚重点。唐律在《名例律》的开端就规定了"十恶"重罪，作为刑事犯罪的打击重点，它们都适用死刑。"十恶"，是中国封建时代十类重罪的总称，它从秦汉时期开始逐渐形成，经过秦汉魏晋南北朝时期的发展，到唐代已经完全定型，并为这以后的传统律典所继承。其主要目的是维护封建皇帝的专制统治和君臣、父子、尊卑、上下的封建伦常关系。唐代对"十恶"重罪的严厉态度表现在：首先，《名例律》是唐律中的原则制度篇，而不是具体的处刑条款。在《名例律》中立"十恶"专条，强调这些罪行的严重和刑罚的严重，指出其是刑罚的锋芒所指。其次，在唐律的其他详列具体犯罪和刑罚的篇章中，对"十恶"罪规定了很重的刑罚，都是适用死刑的犯罪，尤其是"十恶"中的前三恶"谋反、大逆及叛"类犯罪处罚尤重，甚至规定了缘坐之制。唐律规定，谋反、谋大逆，犯者皆斩，家属缘坐，父子年十六以上皆绞。再次，犯"十恶"罪的人即使属于"八议"的范围，也不得享受议、请等的优待，也就是说其死刑得不到减免。

（2）保护皇帝的人身安全，维护皇帝的尊严。唐代实行的是中央集权的君主专制统治，皇帝是中央政权的核心，因而也是唐律重点保护的对象，唐律中凡是直接针对皇帝的犯罪几乎都是被处以极刑的犯罪。包括：首先，保护皇帝的人身安全。唐律在篇章结构中，紧接着《名例律》之后的是《卫禁律》，"卫者，言警卫之法；禁者，以关禁为名。但敬上防非，于事尤重，故列《名例》之下，居诸篇之首"[①]。它明确地说明了唐律为什么把《卫禁律》放在首位以及皇帝安全对于整个政权的意义。既然整个政权、整个国家都是属于皇帝所有，如果皇帝不存在了，其他还有什么意义呢？因此，唐律一改《法经》"王者之政，莫急于盗贼"的观点，把对于自身的保卫放在了首位。凡是可能危害皇帝安全的行为，哪怕是过失，均要处以严刑，"臣子于尊极，不称误"[②]。其次，对严重危害皇帝尊严和权威的犯罪处以死刑。皇帝及皇后、皇太后、太皇太后的印玺是身份和权力的证明，唐律规定不得偷盗和伪造，否则将会面临极刑的惩罚；对于盗窃、伪造、出卖皇帝所发出的用以调兵、遣使等用途的符节标志的，也均规定以死刑加以严惩。当面指斥皇帝，言语特别尖锐，以及对抗皇帝所派遣使者的行为都要被处以严刑。

（3）维护专制国家政权，镇压反抗行动。首先，在唐律的结构体系中，《贼盗律》虽不在前面而在整个律典的中间部分，但它却是死刑比例最高的一篇，这毫无疑问说明了它在整个刑律中的重要地位。其次，唐律严厉镇压破坏专制统治的犯罪，其重点既指向被统治阶级的造反行为，也打击统治阶级内部的篡权、背叛行为。其主要的犯罪就是列入"十恶"重罪的谋反、谋大逆和谋叛犯罪、谋杀制使府主以及造袄书袄言等罪。再次，对上述严重危害政权安全、国家稳定的犯罪，唐律一方面规定了斩或绞等重刑，同时还专门设立了

---

① 刘俊文点校：《唐律疏议》，162 页，北京，法律出版社，1999。

② 《新唐书·戴胄传》。

"知谋反逆叛不告"条,要求知道谋反及大逆犯罪后,要密告就近官府,否则要受到绞刑的处刑;最后,唐律还规定了缘坐之制,对犯反逆罪者的亲属也加以处罚:"父子年十六以上皆绞,十五以下及母女、妻妾、子妻妾亦同。祖孙、兄弟、姊妹若部曲、资财、田宅并没官,男夫年八十及笃疾、妇人年六十及废疾者并免;余条妇人应缘坐者,准此。伯叔父、兄弟之子皆流三千里,不限籍之同异"①,使反逆罪诸条成为唐律中刑罚最重的犯罪。

(4)严惩以下犯上,维护宗法制度。唐代刑法在维护宗法等级制度方面的作用主要是:第一,严惩以下犯上的行为,保护尊长的人身安全。唐律"十恶"重罪中,"恶逆"、"不义"和"不睦"等专门用于保护宗法制度中的尊亲属、官僚体制中的上级长官以及社会等级中的贵族及良民。谋杀期亲尊长、外祖父母、夫、夫之祖父母和父母,虽只是谋划,即无论首从皆斩;而谋杀制使、本府属主、刺史、县令,谋杀缌麻以上尊长,谋杀主及故夫亲属等,如果导致伤害,即不分首从皆斩;而如果是谋杀常人,造成伤害,首犯才处绞刑,而致死才处斩刑;殴打、伤害、杀害府主、刺史、县令等致死者,均要受到死刑处罚。第二,维护礼教伦常,严惩奸非犯罪。中国传统法律在宗法伦理观念的影响下,对于父系家族的奸非行为处分极重,"十恶"中的"内乱"罪,凡是奸小功以上亲、父祖妾以及与之通奸的行为均是"内乱"。奸父、祖妾;特别是亲属、主婢相奸的犯罪,处刑更是加重,如与父亲或祖父的妾、曾祖父或高祖父的妾、跟伯叔母、姑母、姊妹、子孙的妻子和曾孙玄孙的妻子、兄弟的女儿通奸的,以及部曲及奴与主人、主人的女性期亲、或者主人的期服亲属的妻子通奸的,均要处以绞刑。其他与强奸内外有丧服的缌麻以上亲属及缌麻以上亲属的妻子、强奸祖父的兄弟的妻子、祖父的姊妹、父亲的堂兄弟的妻子、父亲的堂姊妹、自己的堂姊妹、母亲的姊妹、兄弟的妻子及兄弟的儿子的妻子的,处绞刑,部曲及奴婢强奸主人缌麻以上亲属及缌麻以上亲属的妻子,均要处绞刑。第三,维护尊长及主人尊严,用死刑严惩有损其尊贵的行为。唐律严禁卑幼告尊长、奴告主的行为,规定告祖父母、父母均属于"十恶"中的"不孝"之罪,要处以绞刑;部曲、奴婢告发其主人,不分首从均处绞刑。不仅仅是尊长及主人死后的尸体均受到特别保护,一般死者,只有犯罪人有意识地打开棺椁者才处以绞刑,而子孙对于祖父母、父母,部曲、奴婢对于主人的墓,即使是因熏狐狸而无意中烧到了尸体,均要处绞刑。子孙对于祖父母、父母,部曲、奴婢对于主人的尸体,只要是故意有所损伤,则须立即处决。

(5)良贱异罚,维护等级制度。唐代除了官僚贵族等特权阶级以外,对于一般人也分两等:即称为"良民"的普通百姓,以及身份低于普通百姓的"贱民"。再进一步分,"贱民"又分为"官贱"、"私贱"。"官贱"有官奴婢、官户、工户、乐户和太常音声人等,"私贱"又有私奴婢和部曲等。对于同一种行为,社会地位较高的人和社会地位较低的人分别承担着不同的法律责任,这在唐律中是较为普遍的。唐律中官民相犯、上下相犯、良贱相犯均实行同罪异罚。如《唐律疏议》把部曲、奴婢谋杀主人的行为划为处刑十分严厉的"贼盗"类犯罪,规定:"诸部曲、奴婢谋杀主者,皆斩。谋杀主之期亲及外祖父母者,绞,已伤者,皆斩。"②这里,部曲、奴婢仅仅是谋划还没有实际行动就属于严重犯罪,要处以绞斩之刑。相反,

---

① 刘俊文点校:《唐律疏议》,348页,北京,法律出版社,1999。
② 刘俊文点校:《唐律疏议》,355页,北京,法律出版社,1999。

主人殴打、杀伤部曲、奴婢则被列入属于一般犯罪的"斗讼"类犯罪，并规定："诸主殴部曲至死者，徒一年。故杀者，加一等。其有愆犯，决罚致死及过失杀者，各勿论。"①

2.《唐律疏议》强调宽仁的法治指导思想与刑罚持中

唐初统治者对儒家思想的推崇与运用，使民本主义在唐代的立法、司法等法制的各个环节均得到贯彻。隋朝统治者推崇佛、道，压抑儒学，儒生和朝廷的关系相当紧张。唐初统治者李世民等吸取了这一教训，由隋朝的压制儒学转而推崇儒学。他在为秦王时，就曾在其秦王府设置十八学士，招纳儒生。当上皇帝后，李世民更加推崇儒学。基于儒家传统中的"仁义"观，他在政治法律实践中强调施行孟子以来儒家所强调的"仁政"。他所采取的与民休息、刑罚宽平、轻徭薄赋、少兴土木等政策，就是属于仁政的范围。② 唐初统治者之所以能够确立"宽仁"的法治指导思想，首先是基于对隋行暴政、以威制民而亡的历史教训的总结，同时更是对当时形势的清醒估计。经过隋末农民大起义以及朝代更替的战争，整个社会形势还极不稳定，"太宗自即位之始，霜旱为灾，米谷踊贵，突厥侵扰，州县骚然"③。但唐初君臣并没有被这表面现象所迷惑，而是敏锐地发现当时社会整个趋势是人心思定，新的政权、新的统治者得到了民众的普遍认可，"自京师及河东、河南、陇右，饥馑尤甚，一匹绢才得一斗米。百姓虽东西逐食，未尝嗟怨，莫不自安"④。尽管唐太宗因玄武门之变而致拥护太子李建成、四子李元吉的"息隐、海陵之党，同谋害太宗者百千人"⑤，但他采纳了魏征的建议："自古为化，唯举大体。尧、舜之时，非全无恶，但为恶者少。桀、纣之世，非全无善，但为恶者多。譬如百丈之木，岂能无一枝一节。今官人居职，岂能全不为非。但犯罪者少，取是天理"⑥，仍然选择了"宽仁"之政，而不是靠威杀来镇压政敌，统治人民。

儒家思想体系中，"仁"的思想占据着核心的地位，并由此形成一套新的意识形态体系——"仁学"。"仁学的创立，标志着中华民族认识史上由神本位过渡到了人本位，由神道发展到了人道。"⑦ "仁"的基本精神是重视人，基本含义是爱人。唐初统治者确立的"宽仁"法治指导思想就是建立在儒家的民本主义原则之上的。孔子说："所重：民、食、丧、祭。宽则得众，信则民任焉。"⑧ 他把"民"作为最重要的事放在首位，而第二位的食也是从民的角度来考虑的。他对丧祭之礼的重视，"是当时条件下，他的民本思想的一种表现"⑨。孔子之后的孟子提出了"民为贵，社稷次之，君为轻"⑩ 的思想。而两汉以后的儒家无不继承先秦儒学的民本思想。董仲舒说："天之生民，非为王也，而天立王以为民也。

① 刘俊文点校：《唐律疏议》，439 页，北京，法律出版社，1999。
② 参见（唐）吴兢撰，谢保成集校：《贞观政要集校》，566 页，北京，中华书局，2003。
③ （唐）吴兢撰，谢保成集校：《贞观政要集校》，51 页，北京，中华书局，2003。
④ （唐）吴兢撰，谢保成集校：《贞观政要集校》，51 页，北京，中华书局，2003。
⑤ （唐）吴兢撰，谢保成集校：《贞观政要集校》，51 页，北京，中华书局，2003。
⑥ （唐）吴兢撰，谢保成集校：《贞观政要集校》，51 页，北京，中华书局，2003。
⑦ 俞荣根：《儒家法思想通论》，204 页，南宁，广西人民出版社，1992。
⑧ 宋元人注：《四书五经》（上），83 页，北京，北京中国书店，1985。
⑨ 俞荣根：《儒家法思想通论》，222 页，南宁，广西人民出版社，1992。
⑩ 《孟子·尽心下》。

故其德是以安乐民者,天予之;其恶足以贼害民者,天夺之。"① 唐太宗认为:"为君之道,必须先存百姓。若损百姓以奉其身,犹割股以啖腹,腹饱而身弊。"② 孔子曾说:"民之于仁也,甚于水火。水火,吾见蹈而死者矣,未见蹈仁而死者也。"③ 孔子反复告诫:"君者,舟也;庶人者,水也,水则载舟,水则覆舟。"④ 亲历隋末农民战争的李世民,对人民的力量深怀畏惧,时存戒心。他问太子说:"汝知舟乎?"对曰:"不知。"曰:"舟所以比人君,水所以比黎庶,水能载舟,亦能覆舟。尔方为人王,可不畏惧?"⑤ 就是从以上资料所用的语法语调来讲,唐太宗的思想与孔子等儒家的思想都有着明显的承继关系。

唐高祖李渊在制定《武德律》时,就要求"务在宽简,取便于时"⑥。唐太宗称帝后,力图完善《武德律》。宽仁成为唐初法治的指导思想,这在唐初统治集团内部曾经引起争议,这从贞观九年(635)唐太宗与侍臣的一段对话中即可看出。"太宗谓右仆射李靖等曰:'人君之道,唯在宽厚。非但刑戮,乃至鞭挞,亦不欲行。比每有人嫌我大宽,未知此言可信否?'魏征对曰:'古来帝王,以杀戮肆威知者,实非久安之策。臣等见隋炀帝初有天下,亦大威严。而官人百姓,造罪非一。今陛下仁育天下,万姓获安。臣下虽愚,岂容不识恩造'。"⑦ 在君臣讨论治国和立法原则时,尚书右仆射封德彝等主张以威刑严法作为立法之本,魏征则主张以宽仁慎刑作为立法依据,唐太宗接受了他的主张,以宽仁作为法制的指导思想。而这种"宽仁"政策,在死刑立法上表现得特别明显,如改绞五十条为加役流,缩小缘坐处死的范围等,并对死刑的程序等作了更加严格的规定。唐太宗下令编纂的《贞观律》及其《贞观令》、《贞观格》和《贞观式》等一系列法律坚持了死刑只"绞、斩"二等的刑制,确定了"十恶"重罪制度,规定它们不在议、请、减之列;还对死刑的减、免、上请等作出了具体规定,规定九十以上,七岁以下,即使犯了死罪也不加刑。在具体的死刑罪名上,"比隋代旧律,减大辟者九十二条,减流入徒者七十一条。其当徒之法,唯夺一官,除名之人,仍同士伍。凡削烦去蠹,变重为轻者,不可胜纪"⑧,是中国古代法律由繁变简、由重变轻的一部标志性法典。

刑罚持中,不仅要求立法要宽简,而且在刑事司法层面也要做到慎狱恤刑。儒家的亚圣孟子曾说:"徒善不足以为政,徒法不能以自行。"⑨ 唐初统治者注重立法,更意识到司法的重要性,贞观元年(627)唐太宗就对大臣说:"死者不可再生,用法须务存宽简"⑩,强调在司法领域也要贯彻"宽简"原则。继唐太宗之后的唐高宗也遵循唐太宗的做法,尽力恤刑。他常常对大臣说:"今天下无事,四海乂安,欲与公等共行宽政"⑪。

---

① 董仲舒:《春秋繁露》,46 页,上海,上海古籍出版社,1989。
② (唐)吴兢撰,谢保成集校:《贞观政要集校》,11 页,北京,中华书局,2003。
③ 宋元人注:《四书五经》(上),68 页,北京,北京中国书店,1985。
④ 《荀子·王制》、《荀子·哀公》。
⑤ (唐)吴兢撰,谢保成集校:《贞观政要集校》,213 页,北京,中华书局,2003。
⑥ 《旧唐书·刑法志》。
⑦ (明)杨士奇等撰:《历代名臣奏议》卷一。
⑧ 《旧唐书·刑法志》。
⑨ 《孟子·离娄上》。
⑩ (唐)吴兢撰,谢保成集校:《贞观政要集校》,428 页,北京,中华书局,2003。
⑪ 《历代刑法志》,291 页,北京,群众出版社,1988。

　　唐代统治者采取了以下几个方面的措施来保证慎狱恤刑政策的实行：首先是皇帝带头守法，避免生杀任情。在这方面，唐太宗是做得较好的一个皇帝，特别是在其统治的前期，他尤其注重以身作则，带头守法，并不时反思，提醒自己，克制自己的感情，避免用自己的主观意志来取代法律。他说："君不约己而禁人为非，是犹恶火之燃，添薪望其止焰；忿池之浊，挠浪欲止其流，不可得也。"① 他懂得，皇帝如果守法，则群臣就会效法。而如果生杀任凭喜怒，无辜者冤死，最终将导致天下大乱，国家败亡。其次，唐太宗特别注意鼓励大臣直谏，"纳谏与执法相结合，是唐太宗统治时期'贞观法治'的一个特点"②。贞观五年（631），唐太宗对房玄龄说："自古帝王多任情喜怒，喜则滥赏无功，怒则滥杀无罪。是以天下丧乱，莫不由此。朕今夙夜未尝不以此为心，恒欲公等尽情极谏。"③再次，建立多种制度，避免司法机关可能的权力膨胀，防止枉滥。唐太宗多次谈到：做盔甲的希望他的盔甲坚固，以防止人受伤，制箭的人希望他的箭矢锐利，以使人受伤。因为他们的职业不同，追求的目标便不同。"朕常问法官刑罚轻重，每称法网宽于往代。仍恐主狱之司利在杀人，危人自达，以钓声价。"④ 因此，他在刑罚的施行上，特别在死刑上，采取了一系列的措施，建立了一系列的制度，以保证司法官吏慎刑慎杀。如规定三覆奏、五覆奏、九卿议刑等制度，完善死刑执行的审批制度，在减少死刑、保证刑罚的持中方面起到了一定作用。

　　3. 刑事原则和制度完善

　　中国古代刑法，在隋唐时期达到了一个高峰。唐律作为中国古代最有代表性的刑法典，包含了非常丰富的刑法原则和制度。它总结了中国传统刑事法律此前长期探索积累起来的保护专制皇权、维护贵族特权和儒家伦理的刑法原则，也包括了许多仍有意义的现代刑法原则和制度。

　　（1）保护专制皇权、伦常的"十罪"制度。唐律继隋《开皇律》之后，重"十恶"之罪，"五刑之中，十恶尤切，亏损名教，毁裂冠冕，特标篇首，以为明诫"⑤。其"十恶"是：谋反、谋大逆、谋叛、恶逆、不道、大不敬、不孝、不睦、不义、内乱。基本是危害专制君权、纲常伦理与严重危害社会人身安全与社会秩序的犯罪。刑法严惩这十种严重犯罪的措施主要包括：惩及于"谋"，即只要有谋反、谋大逆、谋叛、谋杀祖父母、父母、谋杀缌麻以上亲的思想行为，即要加以惩罚；多适用死刑；谋反大逆等实行株连制度；常赦所不原，即一般不得赦免；处死刑者决不待时；不适用议、请、减、赎等优待制度。

　　（2）优待官僚贵族的议、请、减、赎和官当制度。"八议"、"上请"、"官当"等制度，在唐以前就已经出现，并且在不断地探索与完善中。唐代不但使这些制度较以前更趋成熟，而且把它们综合起来，形成了一整套优待贵族官吏的议、请、减、赎和官当制度。议：指属于"八议"范围内的官僚贵族犯了死罪，司法部门只能将其所犯罪行及其应"议"理由奏明皇帝，由皇帝发布命令召集公卿朝廷讨论，议定后再将结果报告皇帝，由皇帝裁决，而正常的司法机构和一般司法官吏无权过问。唐律还特别详细地规定："议者，原情议罪，

　　① 吴云、冀宇校注：《唐太宗全集校注》，61 页，天津，天津古籍出版社，2004。

　　② 李光灿、张国华：《中国法律思想通史》（二），300 页，太原，山西人民出版社，2000。

　　③ （唐）吴兢撰，谢保成集校：《贞观政要集校》，87 页，北京，中华书局，2003。

　　④ （唐）吴兢撰，谢保成集校：《贞观政要集校》，446 页，北京，中华书局，2003。

　　⑤ 刘俊文点校：《唐律疏议》，6 页，北京，法律出版社，1999。

称定刑之律而不正决之。"① 就是说，所谓的"议"，就是要原情议罪，推究其犯罪的本意，公正评议其犯罪的事实。并且在向皇帝的报告中，只是列出应当据以定罪的法律，而不明确确定其应当受到什么样的刑罚，这样做的原因就是周礼的原则"刑不上大夫"。请：就是指"八议"者一定范围内的亲属以及官爵五品以上的官员犯死罪后，也不按正常司法程序，由一般司法机关处理，而是必须上请皇帝裁决。从享受"请"的特权的范围就可以看出，"请"的特权是由"议"的特权扩大而来的。由于"请"的特权层次较"议"的层次为低，因而，对应"请"的人，司法机关在上请皇帝的时候可以"正其刑名"，而不是像对应"议"的人那样"不敢正言绞斩"。减：指"八议"之人犯流罪以下，减一等处刑、应"上请"之人犯流罪以下例减一等处刑、七品以上官员犯罪减一等处刑，以及应"上请"之人的一定范围的犯罪可减一等处罚。赎：指一定范围的官僚贵族犯流刑以下罪时，依法可以缴纳资财代刑。他们主要指："八议"、"上请"、"官当"之人，九品以上官员，应"例减"之官员的近亲属。官当：是指一定范围的官员和有爵者犯罪，依法可以官或爵位抵罪，"五品以上，一官当二年；九品以上，一官当徒一年"②。此外，对于一定范围内的官僚贵族，还在囚犯的关押、死刑的执行等方面都享有特权，如可以赐死于家中，以免其遭受在街市受刑的耻辱等。

（3）亲疏、尊卑有别的"准五服制罪"与"同居相为隐"等制度。唐律继承了自《晋律》正式入律的"准五服以制罪"制度，按照"亲疏有别、尊卑有别"的原则，处理亲属之间相犯的行为。同时，唐律发展了汉代以来的"亲亲得相首匿"制度为"同居相为隐"制度，即"诸同居，若大功以上亲及外祖父母外孙，若孙之妇，夫之兄弟及兄弟妻，有罪相为隐"③。同时，部曲、奴婢为主隐，都不论罪。其小功以下亲相隐，则减常人三等治罪。但谋反、谋大逆、谋叛的犯罪不得相隐。

（4）恤刑制度。唐律贯彻儒家恤刑思想，援引周礼的规定对老幼及妇女等特殊群体给予特殊保护。主要有：九十以上，七岁以下，绝对不适用死刑，但对教唆其犯罪的加以惩罚；八十以上、十岁以下及笃疾之人，除犯反、逆、杀人罪外，享有"上请"的优待，犯盗及伤人者则以财物赎罪，其余各罪皆不追究；七十岁以上、十五岁以下及废疾、犯流罪以下，收赎，且不能拷讯，只能根据众证定罪；孕妇犯罪不能拷讯和决杖，且产后百日才可执行死刑；所犯死罪并非唐律《名例律》中所规定的"十恶"重罪，并且其祖父母、父母由于年老疾病需要服侍而家中除犯罪者本人外又没有期亲以上亲的成年男子的，都要经过刑部，具状上请，听候皇帝作出处理。一般来说，都能得到皇帝的恩准，权且出狱回家服侍其尊亲属。近亲留养表面上看来是儒家道德的法律化，但事实上在社会救济主要靠家庭的时代，这也是一种较好的社会救济措施。近亲留养本身是对死刑的暂停执行，但由于皇帝的敕令常常作出减死的安排，同时遇到皇帝大赦时也能够免除死刑，改为流刑等，因而犯罪者常常能够得以存活。

（5）其他诸多刑法原则。唐律总结了以前各代刑法的经验，总结出了许多刑法原则，

---

① 刘俊文点校：《唐律疏议》，36 页，北京，法律出版社，1999。

② 刘俊文点校：《唐律疏议》，49 页，北京，法律出版社，1999。

③ 刘俊文点校：《唐律疏议》，141 页，北京，法律出版社，1999。

其中的相当部分在现代刑法中仍然适用。主要有：累犯加重、自首减轻处罚、区分故意与过失、共犯重惩首犯、数罪并罚从一重、类推、从旧兼从轻、疑罪从赦从赎等原则。

4. 刑法立法技术达到很高水平

唐代刑事立法技术达到了很高的水平，主要表现在：

（1）各种法律之间分工明确，形成以律为主导，令、格、式相互协调的刑事法律体系。唐沿隋制，法律以律、令、格、式为基本形式。其基本的分工为"凡律，以正刑定罪；令，以设范立制；格，以禁违止邪；式，以轨物程事"①。它们形成了一个既有明确分工，又紧密协调的法律体系。《新唐书·刑法志》说："令者，尊卑贵贱之等数，国家之制度也；格者，百官有司之所常行事也；式者，其所常守之法也。凡邦国之政，必从事于此三者。其有所违及人之为恶而入于罪戾者，一断以律。"② 即是说，律为基本的刑法典，是用以定罪判刑的法律规定，因而相对比较稳定，其修改也是非常慎重的。而令、格、式则有所不同，它们分别负担着某一方面的职责，对它们的违反也会受到刑罚的惩罚。首先，唐律比较稳定。自《贞观律》之后，唐代的律典已经定型。永徽四年（653）《律疏》颁布后，唐律的改动更趋减少。史载，唐代于垂拱元年（685）、神龙元年（705）等数次修订法律，但更多的是对令、格、式等法律的修改，对作为基本法典的律却较少进行修改。即使有所改动，其内容也主要是随着皇帝的更迭以及机构等的变化而需要改变的御名避讳及职官、地名等字词、用语上的变化，也有些许文字等方面的改变，但内容则没有大的变化。从史料看，自开元二十五年（737）后，虽然唐代法律体系仍然随着客观形式的变化而变化，但再没有对律作出修改，而是采取编格的形式进行调整。其次，唐代各皇帝都注重对令的编纂，因而颁布的令典也较多。早在高祖武德修律时即有律令的编纂，随后又有太宗贞观初年房玄龄等的刊定，以及后来高宗麟德年间源直心、仪凤年间刘仁轨等的数次刊定，然后武后、中宗也作过修订，再经唐玄宗开元初和开元四年（716）的两次刊定后，据《唐六典》记载，已是"凡《令》二十有七，分为三十卷"③，较贞观时的一千五百九十条小有变化。开元之后，唐令还有修订，但这些唐令没有完整保存下来。日本学者仁井田升收集散见在各历史典籍中的唐令，并以沿袭了唐《永徽令》的《日本养老令》作为参照系，复原了唐令七百一十五条，其篇目与《唐六典》所载有所差别。④ 再次，格有分工。唐代的格是副律，是对主律的补充，唐高祖兴兵之初制定的《五十三条新格》即为此意。贞观初，唐太宗诏令删武德、贞观以来敕格三千余件，定留七百条，以为格十八卷，留本司施行，它以尚书省内部机构诸曹为之目，初为七卷。其中各曹常用的条文又另编为《留司格》一卷，留在中央各机关内部使用。"盖编录当时制敕，永为法则，以为故事。"⑤ 永徽初，唐高宗敕太尉长孙无忌、司空李勣、左仆射于志宁、右仆射张行成、侍中高季辅、黄门侍郎宇文节柳奭、右丞段宝玄、太常少卿令狐德棻、吏部侍郎高敬言、刑部侍郎刘燕客、给事中赵文恪、中

① （唐）李林甫等撰，陈仲夫点校：《唐六典》，185页，北京，中华书局，1992。
② 《历代刑法志》，307页，北京，群众出版社，1988。
③ （唐）李林甫等撰，陈仲夫点校：《唐六典》，184页，北京，中华书局，1992。
④ 有关唐令的编定及篇目情况，参见［日］仁井田陞：《〈唐令拾遗〉序论》，［日］仁井田陞：《唐令拾遗》，栗劲、霍存福、王占通等译，801～826页，长春，长春出版社，1989。
⑤ 《旧唐书·刑法志》。

书舍人李友益、少府丞张行实、大理丞元绍、太府丞王文端、刑部郎中贾敏行等共同撰定律、令、格、式。格由此分为两部分:作为曹司经常规范的是《留司格》,天下所共者为《散颁格》。《散颁格》分发到各个州县,《留司格》但留本司使用。总的来说,唐代对格的修纂仍是非常频繁,这是由于"格"的性质所决定的。就其渊源来说,格是皇帝因人、因事、因时而临时颁布的"制"、"敕"命令。它因人、因事、因时而发,便于统治者灵活处置,机动管理,但同时也出现了"或因人奏请,或临事颁行,差互不同,使人疑惑"① 等问题。早期的格,如同《五十三条新格》纳入《武德律》一样,其内容在修订法律的过程中逐渐被整理纳入新的律典中。但随着《永徽律疏》的完成,唐代的律典完全定型,格的内容不可能再像以前那样被有机地纳入整个法典中,而只能自身进行不断地编纂。同时,它还被赋予了更新的任务,"因为刑律五百条的框架比较稳定,《律》作为整体来说,不便于经常修改公布,所以,可取的办法是通过对《格》(包括《留司格》、《散颁格》)的修订来实现对刑律作事实上的修改"②。这在唐代中后期社会发生了很大变化、急切需要法律作出相应调整的情况下,更是特别明显。最后,式不是刑法性法律。式是唐代的又一重要法律形式,虽然史料中记载了许多关于式的修订情况,但现在只是在《唐律疏议》等典籍以及敦煌吐鲁番文书残卷中发现少量的式。从这些资料中可以看出:式是一些制度实施时在时间、人物、数量等方面的细则,"不是定罪判刑的刑法条文"③。

(2) 唐代律典结构合理,形成以《名例律》为总则在前,《卫禁律》、《职制律》等实体性法律随之,《捕亡律》、《断狱律》等程序性法律在后的律典体例。律典,是唐刑法的核心部分。现存的《唐律疏议》律典共有十二篇,五百零二条。第一篇,《名例律》置于律首,起提纲挈领的作用。它规定了刑罚种类、刑法原则;随后依次是卫禁律、职制律、户婚律、厩库律、擅兴律、贼盗律、斗讼律、诈伪律、杂律、捕亡律、断狱律等篇。唐律的体例可谓严密。其基本的逻辑关系是:先明刑律之原则,次明犯罪与相应刑罚之规定,即定罪名与刑名之制,再言诉讼、审理之程序,即定罪断狱之制。

(3) 条文简明规范,解释透彻明了,治罪疏而不漏。《唐律》于永徽时颁布了官方的解释,称为"疏议",疏议对律文的解释既具体明确,又颇具弹性。因此,官吏在审断案件时常常"引《(律)疏》分析之"④。律疏的出现,不仅充实了律文的内容,而且使律在实施中有了统一的标准。《疏》的解释主要有以下几个方面:首先,阐明法理。《疏议》通过对条文规定的目的进行阐释,或通过比较各项制度的异同,从而帮助理解立法意图。如律文规定:"诸犯死罪非十恶,而祖父母、父母老疾应侍,家无期亲成丁者,上请。"⑤ 上请经过刑部,再由皇帝决定。如果得到敕令允许充侍,就可以暂缓执行死刑,而如果再遇到恩赦,就可以不执行死刑。同样,如果犯流罪的罪犯,其祖父母、父母老疾应侍而家无期亲成丁的,也可以处权留养亲,暂不执行流刑,这由中央司法部门直接判决,不须上请,但遇赦仍不免除其流刑。死罪是重罪,流罪是轻罪,为什么犯流罪处权留养亲时遇到恩赦不免其

① 《旧唐书·刑法志》。
② 钱大群:《唐律研究》,39页,北京,法律出版社,2000。
③ 张晋藩总主编,陈鹏生分卷主编:《中国法制通史(4)·隋唐》,156页,北京,法律出版社,1999。
④ 《旧唐律·刑法志》。
⑤ 刘俊文点校:《唐律疏议》,76页,北京,法律出版社,1999。

原来的刑罚，而死罪留侍却可以得到恩赦，不再执行死罪。这不是死罪得到从宽处理而判处流罪的人却反而加重了？这样轻重不成比例，是不是法理上有问题呢？对此，《疏》的解释是：死罪上请，只听从皇帝本人的裁断，而流罪权留养亲，则是根据法律的规定来处理的。由皇帝亲自以敕令裁断的，已经得到了特别的恩遇，怎么能够将皇帝的恩准与一般的司法官吏的判决相比较呢？"以此甄异，非为重轻？"① 即是说，法律是根据司法者的不同级次，而不是根据罪行的轻重来处理此类情况的。其次，补充律意。结构严密、内容简约是唐律的一大特点，但仍然难免有所挂漏，通过《（律）疏》的补充，它就更加周密、完整和可行。如《贼盗律》："诸谋叛者，绞。已上道者皆斩，谓协同谋计乃坐，被驱率者非。余被驱率者，准此。"② 《疏》首先对什么是谋叛加以定义："谋叛者，谓欲背国投伪，始谋未行事发者"，即试图背叛国家而投奔非法团体组织政府等，才开始谋划还没有采取行动就被发现。对此犯罪，为首的要处绞刑，从犯处流刑。如果已经开始行动，则不论首从均处以斩刑。对"协同谋计"，《疏》定义为"谓本情和同，共作谋计"，对于这种犯罪，也按"谋叛罪"，分别首从加以处刑。对于那些本来就没有共同的想法而临时被迫加入的，不以"谋叛"论处。而律条中所说的"余条"，《疏》则明确指出它们是"谋反、谋大逆"、"亡命山泽、不从追唤"、"既肆凶悖、堪擅杀人"和"劫囚"等条，在这些犯罪中"被驱率之人，不合得罪"。

二、宋元时期的传承与发展

建隆元年（960）宋太祖赵匡胤建宋，都开封（史称汴京）。钦宗靖康元年（1126）金兵占开封，史称此前为北宋。北宋历九帝，一百六十七年。次年，宋高宗赵构在南京（今河南商丘）称帝。此后称南宋，都临安（今浙江杭州）。末帝祥兴二年（1279）为元所灭。南宋历九帝，共一百五十三年。

经过五代十国大分裂和百年藩镇割据之后，中国走向一个新的封建大一统阶段——两宋时期。两宋统治历经三百二十年，在政治、经济、文化等方面都面临着不同于前朝的变化。在政治上，由于宋朝是在结束分裂割据局面的基础上建立的，因此，开朝伊始，宋太祖赵匡胤便接受了宰相赵普"稍夺其权，制其钱谷，收其精兵"的建议，将行政、财政、军事等各方面的大权收归中央，封建制中央集权的强度超过了前朝各代。而在经济基础方面，宋朝统治者推行了比较彻底的封建土地所有制制度，允许土地买卖，使土地的流转空前加快，中小地主与自耕农数量都有了不同程度的增长。租佃制的兴起，使宋朝地主取代了魏晋以来门阀士族地主的身份地位和特权，改变了剥削方式。特别是佃农摆脱了部曲制下依附于主人的私属身份，成为租佃制下的国家"编户"，从而大大提高了生产积极性，有力地推动了农业的恢复和发展。农业的发展为手工业生产的扩大提供了原料基地，宋朝手工业的规模、分工、技术以及产品质量都超过了前朝，并且已有独立的专业户作坊。在农业和手工业发展的基础上，宋朝商品经济也得到了较大发展，贸易物品远销海外五十余国。由于推行优抚豪强、不抑兼并的政策，造成严重的贫富分化。而在两宋三百多年的统治期

---

① 刘俊文点校：《唐律疏议》，78 页，北京，法律出版社，1999。
② 刘俊文点校：《唐律疏议》，352 页，北京，法律出版社，1999。

间，先是与辽对峙，后又与西夏、金并立，始终未能实现真正的国家统一。宋朝在与辽、金、西夏的关系中多次屈辱求和、割地赔款。这些沉重的负担，自然都转嫁到了农民的身上，进一步加重了他们的灾难，从而使阶级矛盾与民族矛盾相互交织，使宋朝政权陷入内乱不止、边患无穷的困境之中，更加剧了统治危机。正是在这种积弱积贫、内外交困的背景下，统治者充分意识到了法律在调整社会各个阶层利益、维护专制中央集权统治、保护社会安宁方面的重要作用。因而两宋时期可以说是中国历史上懂法的皇帝最多的一个朝代和法律得到充分运用的一个朝代。宋代以科举取士，宋代的大臣多重文轻武，对法律制度各个方面多有见解，因此不仅宋代的朝议呈现出前所未有的活跃局面，并且各种法律制度得到大胆的探索与试验。从一个更广阔的视野来看，中国从秦开始的数千年的专制社会到宋代已经进入一个转折时期，社会的政治经济法律文化思想各个方面都需要革新。宋代统治者为此进行了大量的尝试。宋代在经济、政治、法律及社会文化各个方面的变革，势必推动意识形态发生相应的变革。地主阶级需要新的理论以维护其新的社会关系和政治思想统治。宋学便在这一历史条件下产生了，并成为两宋三百多年间及以后元、明、清时期占统治地位的思想学说。宋代法制不论是前期以法律强化中央集权，还是在其中期进行变法以适应宋代经济基础发生的变化，还是在其后期调整司法以延续其统治，都在不停地进行着变革。这些变革，既包括法律内容的变化，也包括法律形式的变化；既包括对各种实体性社会关系的变化与调整，也包括对纠纷的解决方式的调整和变化。这些调整、变革既为作为新的统治思想的理学的产生作了法律制度方面的准备，也可以说是新的统治思想指导实践的尝试。由于在中国传统法律文化中，刑罚制度作为一种比较独立的体系发挥着自身非常独特的功能。因而宋代的刑法也在发生着明显的变化：一方面，在终宋之世都在施行的律典——《宋刑统》中，传统的五刑制度仍然沿袭着前朝的体系；而另一方面，在宋朝的社会实践中，却实施着另一套与五刑制度相对应的刑罚制度，两者之间的互动关系反映出中国传统法律文化随着社会发展而进行着自我调整。这种调整随着蒙古统治者进入中原地区并最终取代宋朝统治者而受到严重影响，但却在明清时期得以继续。

蒙古族是中华民族大家庭中极其重要的成员之一，"她是中国北方少数民族中以法建国、依法治国的优秀代表。她对建立和形成具有农、牧经济特点的完整的中华法制做出了特殊的贡献"[1]。早在成吉思汗时期，蒙古族不但已经有了蒙古习惯法，而且还有正式颁布的法令《大札撒》。在蒙古人对外战争接连取得胜利的同时，蒙古以札撒为中心的法文化也以蒙古草原为中心向外扩张。早在成吉思汗建立蒙古帝国并向金国发动进攻时，他就通过金人受到了汉文化的影响。随着蒙古对中原内地占领的深入，中原地区在大蒙古国的地位越来越重要。忽必烈于1260年宣布继大汗位，在继位诏里明确宣布："爰当临御之始，宜新弘远之规，祖述变通，正在今日，务施实德，不尚虚文"[2]，表明新政权参用中原王朝的传统体制以改变蒙古统治者"武功迭兴，文治多缺"[3] 的决心，并建元"中统"，更明确地强调新政权为中朝正统、"天下一家"的地位。至元八年（1271）蒙古贵族忽必烈建元，是

① 奇格：《古代蒙古法制史》，1页，沈阳，辽宁民族出版社，1999。

② 《元史·世祖纪》。

③ 《元典章》，34页，北京，中国书店，1990。

为元世祖，都大都（今北京）。顺帝至正二十八年（1368）为明所灭。顺帝北逃，史称北元。如果自元太祖成吉思汗于 1206 年建蒙古国算起，历十四帝，一百六十三年（如自世祖建元后算，凡十帝，九十八年）。在中国数千年的历史长河里，元代的法文化可以说是最有特色的。它所表现出来的法的思想观念、法的形式、法的适用等诸多方面，都与汉族统治者的中原王朝有着很大的差异。蒙古统治者用金戈铁马建立起了一个地跨欧亚的大帝国，蒙古族以游牧文化为背景的法文化与以农耕文化为背景的中原传统法文化之间发生了冲突、碰撞与相互的协调与融合，由此形成了中国传统法文化历史长河中独具特色的元朝法文化，并对后来的明、清法文化产生了重要影响。著名法律史学家杨鸿烈曾说："（元代）当日民间生活情形已异常复杂，远非《唐律》、《宋刑统》时代可比，所以法律也增加，罪名也日新而月不同，形成最近四五百年的中国社会；而元代对民法婚姻法的规定，尤能脱出旧日法典传统的'七出'规定的窠臼，即今日大理院最进步的一些判例，也不过如是。"① 由此可见，不同法文化的冲突与融合也正是法律得以发展的动力。

（一）宋代刑事立法变迁

宋朝立法活动频繁，在律、敕、条、格、式外，还有例、重法等名目，正如杨鸿烈所说："宋代法典之多，超越各代，前此的法典不过是每易一君主即编修一次而已，但宋代则每改一年号必有一次至数次的编修，所以宋初到亡国时所历年月无不从事于编纂法典的事业。"② 两宋时期的刑事立法包括普通刑事法律与特别刑事法律两大类。前者如法典、编敕、编例、条法事类等，后者则如诏令、重法等。但是，宋朝典章大量佚失，现保存下来的仅《宋刑统》一部，《宋大诏令集》、《庆元条法事类》仅为残卷，其余则散存于《宋史》、《宋会要》等典籍中。总之，《宋刑统》在两宋时代一直作为基本法典发挥作用，尤其带"准"、"臣等参详"字样的法律条文，是当时的现行刑事法律规范。但由于《宋刑统》是以唐律为主体内容的，并不能有效地全面涵盖已经发展的社会生活的方方面面，于是敕、例便应运而生。敕、例先是补律之不足，后来逐渐演变成效力高于律的法律渊源。尤其是敕，自神宗改"律令格式"为"敕令格式"后，编敕便成为宋朝最主要的刑事法律渊源。元代自建立后经过二十年的时间才制定出其第一部法典——《至元新格》，这中间不仅仅是南北异制，难于划一等表面原因，更深层次的原因在于，蒙古帝国以成吉思汗《大札撒》为中心的蒙古草原法律文化与中原传统王朝一整套法律制度所体现出来的中国传统法律文化之间的冲突、调适这一任务之艰难。

1. 《宋刑统》

中国古代的法典编纂，到唐朝后期发生了显著的变化，最明显的标志就是出现了《刑律统类》这一新的法典形式。唐后期由于藩镇割据，宦官专权，中央集权受到明显削弱，已经无力再组织大规模的律典编纂与修订活动。同时，社会的政治经济等形势已经发生了与唐前期根本不同的变化，原来制定的律、令、格、式等法律已经不适应新的形势。为适应这种变化，各个皇帝不得不频繁地用敕令的形式来对整个政权的法制进行调整。因而敕

---

① 杨鸿烈：《中国法律发达史》，681 页，上海，上海书店，1990。
② 杨鸿烈：《中国法律发达史》，554 页，上海，上海书店，1990。

在整个法律制度中的地位日益重要，其拥有的法律效力与适用范围，常常超出原有的律、令、格、式等稳定的法律形式，只有当无敕时，才适用律、令、格、式。皇帝的敕往往随时随事而发，但前后皇帝以及同一皇帝发布的敕常常矛盾或重错，需要进行不断的整理。经过整理后，只有那些适合作为定制长期遵行的敕才继续有效。但由于自开元二十六年（738）删定格令后，以后的九十余年间，“中外百司，皆有所请，各司其局，不能一秉大公。其或恩出一时，便为永式，前后矛盾，是非不同，吏缘为奸，人受其屈”①。唐宣宗大中七年（853），“左卫率府仓参军张戣以刑律分类为门，而附以格敕，为《大中刑律统类》，诏刑部颁行之”②。《大中刑律统类》是一种新的法典编纂形式，它按刑律分类，把相关的格敕分类汇集在一起，成为一部综合性的法典。宋初鉴于五代衰乱，苛法无度，为巩固统一，加强中央集权，在新法典制定颁布以前，暂时仍沿用前朝法律；“国初用唐律令格式外，有后唐《同光刑律统类》、《清泰编敕》、《天福编敕》，周《广顺类敕》、《显德刑律统类》皆参用焉”③。但唐代法律颁布时间毕竟离宋初太过遥远，社会现实发展已远非唐时。尤其是经过五代十国的长期战乱，宋朝迫切需要制定出适合自身需要的本朝法典。宋初便先行颁布了一些单行律以适应社会的需要。天下初定后，宋太祖立即着手进行法典的编纂工作，宋太祖建隆四年（963），在工部尚书、判大理寺卿窦仪等人的奏请下，开始修订宋代新的法典。同年七月完成，由太祖诏“付大理寺刻板摹印，颁行天下”，成为历史上第一部刊印颁行的法典，全称《宋建隆详定刑统》，简称《宋刑统》，它成为有宋一代的基本法典。《宋刑统》在命名、体例、编排方面有其不同以往历代刑法典的特色。宋朝以“刑统”为主要刑法典之名，在律典名称上沿袭了唐宣宗时的《大中刑律统类》和后周《显德刑律统类》，以刑律为主，分类附有刑事方面的格、式、敕、令，成为综合性的刑事法典。《宋刑统》以唐《永徽律疏》为主体，与《永徽律疏》的篇目及内容大体相同，因而于律疏后附上唐朝中后期以来各代颁发的敕令格式，这种“刑名之要，尽统于兹”，“不仅是中唐以来立法编撰形式的重要变化，也是封建律典传统命名的一次改革”④。《宋刑统》附有唐开元（713—741）年间至宋建隆（960—963）年间二百多年来颁布的敕令格式置于律疏相关条文之后。值得说明的是，《宋刑统》的主体虽然出自唐律，但却有许多自身特色。除了律典的体例外，《宋刑统》的内容也多有创新。如折杖刑制，折重杖处死为法定刑，以及关于强盗、窃盗等罪的量刑加重等，“法史学界流传一种《宋刑统》照抄《唐律》，是《唐律》翻版的说法，倘从保存至今的《宋刑统》所提供的上述史实出发，并加以考察剖析，当不至于做出简单化‘翻版’一词以蔽之的结论的”⑤。

2. 编敕

敕的本意是尊长对卑幼的一种训诫，南北朝以后敕成为皇帝诏令的一种，是指皇帝对特定的人或事所作的命令。依宋代成法，编敕是将一个个单行的敕令整理成册，上升为一般法律形式的一种立法过程。敕这种皇帝的临时命令须经过中书省“制论”和门下省“封

---

① （宋）王溥撰：《唐会要》，823 页，上海，上海古籍出版社，1991。

② 《新唐书·刑法志》。

③ （宋）王应麟：《玉海》卷六十六。

④ 薛梅卿主编：《新编中国法制史教程》，206 页，北京，中国政法大学出版社，1995。

⑤ 薛梅卿点校：《宋刑统·点校说明》，北京，法律出版社，1999。

驳"，才被赋予通行全国的"敕"的法律效力。编敕并非宋代首创，"自后唐起，采取了对于可行的敕条进行汇编的做法，并正式确立了'编敕'这一法律形式"①。编敕是宋代一项重要和频繁的立法活动，神宗时还设有专门编敕的机构"编敕所"。宋朝大量使用编敕，以致有学者认为："编敕是宋朝最为重要的立法活动，也是宋朝调整法律的主要形式。"② 从太祖时的《建隆编敕》开始，大凡新皇帝登基或改元，均要进行编敕。编敕主要是关于犯罪与刑罚方面的规定，它与律的关系在宋仁宗（1023—1064）以前基本上是"敕律并行"，编敕一般依律的体例分类，但独立于《宋刑统》之外。到了宋神宗（1068—1086）时，敕的地位提高，"凡律所不载者，一断于敕，乃更其目曰敕、令、格、式"③。敕已到了足以破律、代律的地步。《庆元条法事类》卷七三载有"名例敕"，规定"诸敕令无例者从律，律无例及不同者从敕令"。也就是说，只有敕所不载的才断以律。此外，不但律所不载的要从敕，就是律有所载而和敕不同的也要从敕。

3. 条法事类

南宋，在敕、令、格、式四种法律形式并行和编敕的基础上，将敕令格式以"事"分类统一分门编纂，形成了《条法事类》这一新的法典编纂体例。宋孝宗淳熙年间（1174—1190）曾编有《淳熙条法事类》。宋宁宗庆元年间（1195—1200）开始编撰的《庆元条法事类》，于嘉泰二年（1202）完成，次年颁行。该法典共四百三十七卷，分为职制、选举、文书、禁榷、财用、库务、赋役、刑狱等十六门，每门之下又分若干类，每类载敕、令、格、式、申明等。宋理宗（1225—1265）年间又编有《淳祐条法事类》。其中《庆元条法事类》至今留有残卷七十卷。

4. 编例

编例是宋朝重要的法律形式之一。主要包括指挥与断例。指挥指的是中央尚书省等官署对下级官署的指令，断例是指案件的成例。但无论哪一种例，要上升为具有普遍拘束力的法律形式，必须经过编修程序，使具体的案例或事例变为通行的成例。北宋编例以断例为主，指以典型案件的处理作为后来定罪量刑的依据。神宗变法后，断例渐多，作为法令的补充，到宋徽宗时开始出现以例破律的情况。崇宁元年（1102），宋徽宗"乃令各曹取前后所用例，以类编修，与法妨者去之"④。到崇宁四年（1105）十月甲申"以左右司所编绍圣、元符以来申明断例班天下，刑名例班刑部、大理司"⑤。进入南宋以后，例的地位急剧上升，先后颁布了《绍兴刑名疑难断例》、《乾道新编特旨断例》等。由于编例数量多而杂，前后矛盾冲突，且法律效力高，过多地强调适用编例，反过来又为宋朝中后期各代皇帝以言代法、任意为法和司法官吏任情坏法、上下其手提供了依据。到宋孝宗乾道（1165—1174）年间已呈现出敕、例的广泛应用导致法制混乱的状况。"当是时，法令虽具，然吏一切以例从事，法当然而无例，则事皆泥而不行，甚至隐例以坏法，贿赂既行，乃为具例。"⑥

---

① 陈鹏生主编：《中国法制通史·隋唐》，751 页，北京，法律出版社，1999。
② 郭东旭：《宋代法制研究》，2 版，25 页，石家庄，河北大学出版社，2000。
③ 《宋史·刑法志》。
④ 《宋史·刑法志》。
⑤ 《宋史·徽宗纪二》。
⑥ 《宋史·刑法志》。

5. 贼盗重法

"贼盗"罪犯历来被封建刑法典列为重点打击对象,宋朝也不例外。为了维护皇权制度与统治秩序,从北宋中后期开始推行特别刑事立法——"重法",来惩罚"贼盗"。宋代自仁宗起,开始颁布一系列的重法,严惩贼盗,形成"贼盗重法"。(1)宋仁宗嘉祐(1056—1063)年间首立《窝藏重法》,将京畿等处划归重法地,严惩"贼盗"窝藏犯。(2)宋英宗(1064—1067)在位时,"群盗杀害辅郡之京吏,系囚叛起京畿之狱"①,反抗北宋王朝统治的农民武装斗争在京畿地区蔓延开来,直接威胁着专制政权。宋英宗除继承《窝藏重法》外,不得不另行制定"重法",以适应惩治"贼盗"的需要。主要内容是:"开封府长垣、考城、东明县,并曹、濮、澶、滑州诸县,获强劫罪死者,以分所当得家产给告人,本房骨肉送千里外州军编管,即遇赦降与知人欲告,案问欲举自首,灾伤减等,并配沙门岛。罪至徒者,刺配广南远恶州军牢城,以家产之半赏告人,本房骨肉送五百里外州军编管,编管者遇赦毋还。"除突破常法量刑幅度外,它还突破了刑法溯及力原则,规定:"今后捉获强劫贼人,虑有他处人曾于上件州县行劫败获,亦合用此重法。及有贼人犯在立重法以前,获在立重法以后……则更不问犯罪在前,亦并用重法。"②根据这则法令规定,不论犯罪行为是否发生于重法地,只要在重法地被捕获,亦不问其犯罪行为发生于立重法前,一律依"重法"论处。(3)神宗即位后,社会政治经济危机更加严重。面对这种局面,神宗进一步加强特别刑事立法,于熙宁四年(1071)制定了《盗贼重法》,不仅突破了原定重法地的地域,而且确立了"重法之人"的概念。其具体内容包括:"凡劫盗,罪当死者,籍其家赀以赏告人,妻子编置千里;遇赦若灾伤减等者,配远恶地;罪当徒、流者,配岭表;流罪会降者,配三千里,籍其家赀之半为赏,妻子递降等有差。应编配者,虽会降,不移不释。凡囊橐之家,劫盗死罪,情重者斩,余皆配远恶地,籍其家赀之半为赏。盗罪当徒、流者,配五百里,籍其家赀三之一为赏。窃盗三犯,杖配五百里或邻州。虽非重法之地,而囊橐重法之人,以重法论……若复杀官吏及累杀三人,焚舍屋百间,或群行州县之内,劫掠江海船筏之中,非重地,亦以重论。"③这里的"重法之人"主要是指犯罪情节严重的"贼盗"罪犯,而隐匿窝藏"重法之人"的"囊橐"犯,也要以"重法"论处,而且还扩大了"盗贼"罪犯妻子罚为配隶的范围。

(二)元代的刑事立法

1. "札撒"、《札撒》与《大札撒》

蒙古民族自古就有许多世代相传的"约孙(yusun)",它作为蒙古社会古老的习惯,有"理"、"道理"等的含义。学者们普遍认为,"约孙"是蒙古法最主要的法律渊源,是蒙古社会起实际作用的"习惯法"④。在关于蒙古早期历史的书籍中,和约孙(yusun)并列在一起的常常是"札撒(yasa)"。"札撒(yasa)"系蒙古语的汉语标音写法,也读作"札撒黑

---

① 邱濬:《大学衍义补》。

② 《宋会要辑稿》兵十一之二十六。

③ 《宋史·刑法志》。

④ 吴海航:《元代法文化研究》,41页,北京,北京师范大学出版社,2000。类似的结论可见徐晓光:《中国少数民族法制史》,169页,贵阳,贵州民族出版社,2002。

(yasaqha 或 yasaq)"。对于其语源，学者们的见解还小有差别。其最早见于《蒙古秘史》成吉思汗征讨塔塔儿部的记载中："战前成吉思合罕共议而申令云：'若胜敌人，则勿止于利物，既胜之后，其利物即为俺所有矣，可共分之。若被敌人战退，则自初冲之地反攻之，自初冲之地不反攻者，吾其斩之。'"① 这里的申令原文为"札撒黑，鸣诂列勒都仑"，旁注为"军法，共说"。"札撒"是"纠正"、"治理"之意，其名词形态为"札撒黑"，是"政令"、"惩则"之意。由于"札撒"一词的多义，在《史集》等史料中，许多"札撒"是临时性的命令或禁令，它们大部分随着特殊事件的发生而生效，随着战争的结束而自动失效。而部分具有永久意义的"札撒"则经过聚会、议定、颁布这样一种程序立法而具有了普遍的约束力。在史料中，它们被称为《札撒》，但意义已与针对具体的人与具体的事情的札撒完全不同。聚会的蒙古文是"忽里勒台"，它实际上是蒙古族早期的部落联盟议事会议，是一种原始民主的产物。蒙古帝国建立后它又成为国家最高权力的象征，甚至可以决定诸如大汗的产生这样重大的政治、军事事项。随着"汗"权的强大，它日益成为大汗手中的有力武器，但其在蒙古社会中的影响却一直存在。"尤其在立法活动中，忽里勒台充当了大蒙古国拥有最高立法权的机关，大汗通过它制定、颁布各项法律条文。"② 通过聚会这种立法机关，比较系统化地宣布号令，表明蒙古统治者已经开始通过立法主动地运用法律来管理组织其社会和行为，这是蒙古民族法制史上的第一个飞跃。

但是，蒙古帝国颁布的札撒仍然是零散的。因而 1206 年，成吉思汗于斡难河源建九游白纛、召集大忽里勒台、获得"成吉思汗"的尊号后，便令失吉忽秃忽做了最高断事官，要求他："于举国百姓中，惩彼贼盗，勘彼诈伪，死其当死者，惩其当惩者……将举国百姓所分之份，所断之案，书之青册文书，传至子子孙孙，其勿更改失吉忽秃忽与我拟议之白纸所造青册文书，脱有更改者，则当罪之。"③ 也就是说进行《札撒》的汇编工作，它不是具有立法性质的法典颁布或法典编纂，而是法律的汇编，即对已有的、现行有效的《札撒》的系统收集整理，并在以后数次颁布《札撒》。成吉思汗死后，他的继承者窝阔台汗于 1229 年即位后根据成吉思汗的遗嘱，汇集所有成吉思汗颁布的具有普遍意义的《札撒》，并把它们重新加以明确肯定之后，才称之为《大札撒》。④《大札撒》的影响在整个蒙古贵族统治时期都一直存在。蒙古统治者自幼即受到其所属的游牧文化的影响，即使他们当中像忽必烈这样深受汉文化影响的皇帝都常在"祖述"与变通和"附会汉法"之间摇摆不定，时有变化，更不用说其他一些平庸的君主了。例如在对蒙古族传统法典《大札撒》的问题上，虽然后来深受中原法文化

---

① 道润梯步：《新译简注〈蒙古秘史〉》，123 页，呼和浩特，内蒙古人民出版社，1979。
② 吴海航：《元代法文化研究》，64 页，北京，北京师范大学出版社，2000。
③ 道润梯步：《新译简注〈蒙古秘史〉》，225 页，呼和浩特，内蒙古人民出版社，1979。标点小有改动。
④ 对于何为《大札撒》，学者们意见不一，因而对其何时形成也就各持主张。一种认为：《大札撒》是因为它具有法令性质，是统一的蒙古帝国及各汗国共同遵守的，所以称为《大札撒》。如潘世宪先生就认为：《札撒》是成吉思汗在 1206 年颁布的、类似于我国历代皇帝的"诏"、"敕"等训诫，它具有法令的性质，是统一的蒙古帝国及各汗国共同遵守的，所以称《大札撒》。奇格认为，成吉思汗《大札撒》是蒙古族第一部成文法典。他认为："成吉思汗正式颁布《大札撒》，是在 1206 年建国时，这是国内外学者一致的看法"。但翁独建等认为：所谓《大札撒》是因为窝阔台在继承汗位后，把成吉思汗时期通过忽里勒台制定的所有具有法律意义的《札撒》集中编纂起来，并通过忽里勒台的形式加以重申之后才称为《大札撒》的。这里的"大"的意思，一方面是表示它的全面、完整，另一方面表明它的最高效力。

的影响制定了《大元通制》等法典，但蒙古统治者并没有废除《大札撒》，他们仍然奉《大札撒》为最高的法律规范。并且，他们依靠掌握着政权的强大优势，把《大札撒》所确立的一些基本的法律制度推向了中原地区，并通过《大元通制》等新定的法律确立了下来，如元代刑罚制度中以"七"为尾数的笞、杖刑制度，如关于"偷头口"（盗窃大型牲畜）偷一赔九的制度等。在这些法典的一些条款中仍然明确规定了"札撒"的法律效力，如在《大元通制条格·军防》的"看守仓库"条就明确规定："如是库司勾当并支纳人员出库，仰沿身子细搜寻，但有隐藏官物，即便捉拿解赴省部，照依扎撒处断。"① 可以肯定地说，在整个元朝始终，《大札撒》的效力都是至高无上的。只是由于《大札撒》主要适用于战争时期，和平时期由于条件的变化，再加之它的很大一部分内容又在制定法典的过程中转化成了新的法典的具体规定，因而直接适用它的情况越来越少。少数民族传统法文化虽然受到源远流长的华夏正统法文化的冲击和融汇，但仍然顽强地固守着自己的领地，凭借本民族在国家政权中占据统治地位的优势条件，对国家的立法建制以至整个社会生活发挥着影响，使这些政权的法制呈现出多元化的色彩。"正是这些富于多元化特色的法制融入，为儒家思想束缚下步履蹒跚的中国法制不断注入新的活力，才使中国古代立法建制创造出世人注目的辉煌，中华法系才会具有如此巨大的魅力而跻身于世界大法系之列"②。

2.《条画五章》与《便宜十八事》

蒙古是崛起于蒙古高原的一个民族，通过不断的战争，蒙古贵族建立起了一个统治亚洲和欧洲广大地区的大蒙古国。但蒙古法文化的成长环境自始至终都以"漠北"（今蒙古高原沙漠以北）为中心，法律的成长及发达也必然保留着这一地区游牧文化的特质。在蒙古人对外战争接连取得胜利的同时，蒙古以札撒为中心的法文化也以蒙古草原为中心向外扩张。蒙古国家在亚洲中部和西部建立的政权所统治的地区，是长期受伊斯兰文化影响的地区。因此，在那里的蒙古汗国的法文化当中，能够比较容易地采撷到一些体现伊斯兰法文化特征的内容，但同时我们可以看到，蒙古法文化与伊斯兰法文化走过了一个相互协调融合的过程。但可以说，在蒙古汗国的伊斯兰化的过程中，直到14世纪前期伊利汗国瓦解，蒙古统治者的内心深处实际上仍然保留着成吉思汗《大札撒》的神圣性和绝对的指导地位。

早在成吉思汗建立蒙古帝国并向金国发动进攻时，他就通过金人受到了汉文化的影响。1211年③，成吉思汗称帝后不久，接受金朝降将郭宝玉"建国之初，宜颁新令"④ 的建议，颁布了《条画五章》，规定：出军不得妄杀；刑狱惟重罪处死，其余杂犯量情笞决；军户，

---

① 郭成伟点校：《大元通制条格》，124页，北京，法律出版社，2000。
② 曾代伟：《金律研究》，绪论第2页，成都，四川民族出版社，1995。
③《条画五章》颁布的时间，各种著述的记载十分混乱，主要有以下几说：（1）1206年说。持此说的，最早的当是李淑娥发表在《史学月刊》1985年第3期上的《成吉思汗时期蒙古法律初探》，近几年仍持此说且影响较大的当数张晋藩任总主编，韩玉林任分卷主编的《中国法制通史》第六卷《元》一书，但该书本身即有矛盾，在另外一处它又称"太祖六年（1211）成吉思汗颁布《条画五章》。（2）1210说。见武树臣主编《中国传统法律文化辞典》。（3）1211年说。翁独建在其《蒙元时代的法典编纂》一文中认为"成吉思汗于一二一一年颁布汉化的条画五章"。（4）1212年说。奇格的《古代蒙古法制史》持此观点。（5）1214年说。曾宪义主编"面向21世纪课程教材"之《中国法制史》持此说，叶孝信之《中国法制史》持相同说法。此处持1211年说，同时认为1210年说有其合理性。
④《元史·郭宝玉传》。

蒙古、色目人每丁起一军，汉人有田四顷、人三丁者签一军；年十五以上成丁，六十破老，站户与军户同；民匠限地一顷；僧道无益于国、有损于民者悉行禁止，等等。"条画"，据《辞源》解释：为"分条规划"。它在宋代就已经出现，其字义与法史上的科条、条目、条陈、条款、条禁、条对、条例等众词有诸多相同。就"条画"两字可看出，《条画五章》已受到汉文化的非常明显的影响。所以翁独建先生认为："第一，这是成吉思汗一代颁布有系统的法令条画的惟一明文记载；第二，这一次的条画颁布是蒙古势力南下，与汉文化接触后，蒙元法律汉化的起点。"[①] 元太宗窝阔台于 1229 年继承汗位后不久，本是契丹皇族后裔、又受到元祖重用的大臣耶律楚材"条《便宜十八事》，颁天下"[②]。它规定了州县非奉上令敢擅行科差者，罪之；蒙古、回鹘、河西人种地不纳税者，死；监主自盗官物者，死；应犯死罪者，具由申奏待报，然后行刑等内容。从内容可以看出，它还是深深受着蒙古传统法律文化的束缚。从总体来说，以《大札撒》为核心的蒙古族的法令习惯仍是最重要的法律。成吉思汗颁布的一系列命令和法令，在他在位时是蒙古国家凭借强制力加以保障执行的行为规范，具有绝对的权威。在他死后，窝阔台以及其后的汗位的继承者又以新的《札撒》的形式，立法明确成吉思汗《大札撒》的法律地位，使其仍然保持着绝对的权威。"祖训不可以违，神器不可以旷"，对成吉思汗《大札撒》的熟知与绝对服从，已成为各代大汗和皇帝能否取得合法资格的重要依据。在成吉思汗之后继承汗位的窝阔台汗、贵由汗及蒙哥汗时期，都坚持着"草原主义"的文化观，蒙古帝国的政治法律中心仍是在漠北地区。公元 1234 年，"窝阔台汗在达兰达巴之地，大会诸王、百官，颁条令曰：凡当会不赴而私宴者，斩。诸出入宫禁，各有从者，男女以十人为限……"[③]。它从立法的形式到内容都是成吉思汗《大札撒》的继续。蒙哥汗本人就"自谓遵祖宗之法，不蹈袭他国所为"[④]，其大臣自然也多是"岂可舍大朝之法，而从亡国政耶！"[⑤]

3.《至元新格》与《风宪宏纲》

元朝是中国历史上第一个北方少数民族入主中原，实现大一统的王朝。随着蒙古对中

---

① 翁独建：《蒙元时代的法典编纂》，原载《燕京社会科学》第一卷（1948 年 11 月），今收录于彭卫、张彤、张金龙主编：《二十世纪中华学术经典文库·历史学·古代史卷》（中册），548 页，兰州，兰州大学出版社，2000。关于元朝法制的起点，《元史·刑法志》首先肯定"元兴，其初未有法守，百司断理狱讼循用金律，颇伤严刻"。它认为元定新律始于《风宪宏纲》，所以并未记录太祖六年的《条画五章》，它在这一点上，如同《剑桥中国辽西夏金元史 907—1368 年》所说的那样，仅仅把"忽必烈即位的 1260 年以后的元朝在中国的历史（更准确地说，是在忽必烈采用元的国号并宣布王朝的建立之后）当作自己历史"。近代较早重视对元代法制进行资料收集和研究整理的首推沈家本，他认为元代刑法，前既不尽同于唐、宋、辽、金，而后来明代之制颇多沿用元法。在其代表性著作《历代刑法考·律令考》中对元代律令进行了较《元史·刑法志》详细得多的罗列和考证。他把《续通考》第一百三十五卷记载的"元太祖初颁刑狱，惟重罪处死，其余杂犯量情笞决"的史料列在开头，认为元法制的开端即为"初颁条画"。这较《元史·刑法志》中的记载提前了好几十年。柯劭忞在《新元史·刑法志》中也认为《条画五章》"是为一代制法之始"。他所谓的"一代制法"的标准，实际上仍是蒙古民族接受汉族法律文化的问题，仍是以汉民族法律文化为标准来衡量蒙古法律文化。而翁独建则明确地提出了蒙古法制的汉化问题。

② 《元史·耶律楚材传》。

③ 《新元史·刑法志》。

④ 《元史·宪宗纪》。

⑤ 苏天爵辑撰，姚景安点校：《元朝名臣事略》卷五之一《中书耶律文正王》，78 页，北京，中华书局，1996。

原内地占领的深入,中原地区在大蒙古国的地位越来越重要。忽必烈于 1260 年宣布继大汗位,在继位诏里明确宣布:"爰当临御之始,宜新弘远之规,祖述变通,正在今日,务施实德,不尚虚文"①,表明新政权参用中原王朝的传统体制以改变蒙古统治者"武功迭兴,文治多缺"② 的局面的决心,并建元中统,更明确地强调新政权为中朝正统、"天下一家"的地位;认识到其统治重心已经逐步地移向中原地区,面对的是拥有悠久历史的农业社会,采用汉法对于巩固与稳定以汉文化为主的地区的统治具有不容忽视的作用。但是,以《大札撒》为代表的蒙古国的政治法律制度已经扎根于蒙古统治者的思想深处,如何才能适应既对中原实施有效的统治,又能保有北方草原民族长期形成的制度和习惯,成为元初统治君臣无法回避的一个重大历史课题。郝经据此提出并论证了"三法合一"的"以国朝之成法,援唐宋之故典,参辽金之遗制,设官分职,立政安民,成一王法"③ 的立法构想,即以大蒙古国建立以来的祖训、札撒为根本依据,援引以唐宋为代表的中国传统法制的精髓,参照元建立之前北方辽国、金国的各种制度,建立起自己的政治法律制度。实际上,蒙古统治者仍然是徘徊两端,因而元代法制在相当长一段时间未能取得显著的进步。1271 年元世祖颁诏禁行金《泰和律》。元世祖至元二十七年(1290),命中书参知政事何荣祖以公规、治民、御盗、理财等十事辑为一书,名曰《至元新格》,次年刻版颁行。尽管明初的《元史·刑法志》认为:"及世祖平宋,疆理混一,由是简除繁苛,始定新律,颁之有司,号曰《至元新格》"④。但后人多认为其"大致取一时所行事例,编为条格而已,不比附旧律也"⑤,《至元新格》实为"条格"一类的规范,并不将其视为律。与其命运相似的还有《风宪宏纲》。"仁宗之时,又以格例条画有关于风纪者,类集成书,号曰《风宪宏纲》。"⑥ 这是一部关于纲纪、吏治的专门法典,其内容仅史籍中有片言只语可考。

4.《通制条格》与《元典章》

蒙古统治者入主中原后,鉴于蒙古部族习惯法已不敷适用,遂一方面循用金《泰和律》,同时仿行汉法,参照辽、宋、金制,开始了漫长的立法修律历程。至元八年(1271),元世祖正式改国号为"元",也许是为了彰显新朝更始,万象更新,遂诏令禁止施行金《泰和律》。《泰和律》突然被废置,在元帝国的法律体系中留下了一时难以填补的空白,但代表新的统治阶级利益的律典却没能及时面世。延祐三年(1316),律书草成,但直到至治三年(1323)二月"格例成定,凡二千五百三十九条,内断例七百一十七,条格千一百五十一,诏赦九十四,令类五百七十七,名曰《大元通制》,颁行天下"⑦。至此,有元一代之典《大元通制》最终颁行,它标志着元代的法典基本上已经定型化了。《大元通制》全书大部分已佚,当年洋洋二千五百三十九条的鸿篇巨制,如今仅存其中《通制条格》六百四十六

---

① 《元史·世祖纪》。

② 《元典章》,34 页,北京,中国书店,1990。

③ 郝经:《陵川文集·立政议》,转引自李光灿、张国华总主编:《中国法律思想通史》(四),182 页,太原,山西人民出版社,2001。

④ 《历代刑法志》,413 页,北京,群众出版社,1988。

⑤ 《元史·刑法志》。对于《至元新格》的性质,各种记述不尽相同。

⑥ 《历代刑法志》,413 页,北京,群众出版社,1988。

⑦ 《元史·英宗纪》。

条，以及散见于《元史》（纪、传、志等）、元代政书、类书、文集、笔记中的零星记载，其全貌已难以复原。与《大元通制》几乎同时出现的，还有《元典章》。《元典章》是元代官修的《大元圣政国朝典章》的简称，是元朝中期以前法令文书的分类汇编，由地方官吏自行编辑刻印，后由中书省批准在全国颁行。它分前、新两集，内容包括元世祖（1260—1294）到元英宗至治二年（1322）间的诏令、判例和各种典章制度。其内容为：关于封建国家根本制度的政令；关于提高统治效能、加强专政的诏令；关于行政制度的规定；关于民事和婚姻方面的规定；关于刑法制度的规定。《刑部》是《元典章》中条格和判例最多的部分，几占全书的三分之一，它开创了明、清律例按吏、户、礼、兵、刑、工六部分类的体例。

（三）宋元时期罪刑关系的变化

1. 宋代的变化

宋代继承唐律"十恶"的规定，刑法的锋芒仍然直指侵犯专制皇权与纲常礼纪的犯罪。同时根据宋代情况，在定罪量刑上侧重加强了对以下几类犯罪的打击：

（1）严治贪墨之罪。宋初，"凡罪罚悉从轻减，独于治赃吏最严"[1]。北宋太祖太宗之世，数百赃吏或被杖杀朝堂，或被腰斩弃市，或刺配沙门，外增脊杖、籍没等附加刑。不仅在刑罚上从重论处，而且限制"请"、"减"、"当"、"赎"等法的适用。一般不以赦降原减。对有赃贪劣迹者禁重入仕途。

（2）重惩盗贼罪。自宋初以来，《宋刑统》和其他敕令，对包括谋反、叛逆、杀人、强盗、窃盗、恐吓取财等犯罪，处刑上都比唐律要重。宋仁宗嘉祐年间（1056—1063），统治者首先出于京畿地区安全的考虑，将京城开封诸县划为"重法地"，规定在"重法地"内犯罪的，加重处罚。随着地方民众反抗的加剧，"重法地"的范围逐渐扩展到各个重要的府、州、军，其量刑也日益加重。[2] 这方面的一系列法律称为《重法地法》。神宗以后，重法地占全国地域的百分之四十二以上。强盗罪在五代即为重点打击对象。宋在仁宗前对强盗罪的量刑，一般较五代为轻。神宗后，量刑渐重，神宗熙宁四年（1071），又颁行《盗贼重法》，进一步强化对谋反、杀人、劫略、盗窃罪的镇压。凡犯有《盗贼重法》所定各罪者，无论是否在重法地内犯罪，都依《重法地法》从重惩处。规定："凡劫盗罪当死者，籍其家资以赏告人，妻子编置千里"，"若复杀官吏，及累杀三人，焚舍屋百间，或群行州县之内，劫掠江海船筏之中，非重地，亦以重论。"[3] 南渡后，由于民族矛盾激化，加之行法效果不佳，朝廷不得不稍缓强盗之法，但仍规定：犯强盗贷命者，"并于额上刺强盗二字"[4]。

（3）严治传习"妖术"、"妖教"罪和"妖文惑众"罪。两宋时期人们经常以宗教形式秘密结社，图谋反抗，大规模的农民起义也往往与宗教联系在一起。人们的宗教活动，被统治阶级诬之为"妖"而严加镇压。"凡传习妖教，夜聚晓散，与夫杀人祭祀之类，皆著于

---

① （清）赵翼：《二十二史札记》，北京，商务印书馆，1957。
② 参见《宋史·刑法志》。
③ 《宋史·刑法志》。
④ （元）马端临：《文献通考·刑考》，上海，华东师范大学出版社，1985。

法，诃察甚严。"① 宋真宗天禧年间（1017—1021）就将"厌魅咒诅"、"造妖书妖言"、"传授妖术"等罪与"十恶"相提并论。宋仁宗时期（1023—1056）还对杀人祭鬼（妖术）的人犯，处以残酷的凌迟刑。徽宗时亦曾一再命令诸路提刑按察州、县对此类犯罪务必做到"止邪于未刑"。不仅对犯者"加之重辟"，而且对不觉察者加等坐罪。朝廷还规定对这类犯罪不能以赦降原免。此外对严重伤"理"害"义"的行为，特别是诈伪行为也严加惩治，量刑也较前代加重。

（4）增设"盗剥桑柘之禁"。桑柘皮是重要的造纸原料，因造纸术的推广，桑柘皮需要量日渐增大，因而出现了盗剥桑柘，导致桑树枯死的情况，这严重地威胁到养蚕业和丝绸业。而由于宋朝海外贸易发达，丝绸不仅是官府也是民间急需的物品，因而宋代专门设定了唐代所没有的"盗剥桑柘之禁"："重盗剥桑柘之禁，枯者以尺计，积四十二尺为一功，三功以上抵死。"②

2. 元代的变化

（1）以法律维护民族间的不平等。元代依据不同民族将其统治下的臣民分为四等：蒙古人、色目人（西夏及回回人）、汉人和南人（原南宋统治地区的民众）。位于不同等级的人享有不同的社会政治待遇，同时在定罪量刑上也实行差别对待，分别由不同的司法机构进行审理，并实行同罪异罚。同时还维护僧侣特权和农奴制残余。如规定蒙古人殴打汉人，汉人不得还手，而只能"指立证见于所在官司赴诉"③。如果蒙古人因发生争执或因醉酒而打死汉人，其所受的处分只是罚其出征，并全征烧埋银，而汉人如果在同样情况下打死蒙古人，则会被立即处死，还要征烧埋银。

（2）既沿袭了唐宋以来封建法律的一些基本制度，如五刑、十恶、八议等制度，还在法律上明确规定在许多情况下都可以援引"旧例"，继续使用先前在各个不同法文化圈内通行的一些制度。与此同时，也根据蒙古民族的法律文化传统，确定了许多汉民族法律文化没有或不曾注重的制度，如注重婚姻关系中财产关系的调整、烧埋银制度。

（3）元代法律既受蒙古民族传统法律文化中作为法令的《札撒》的颁布常是一事一例的习惯的影响，也受两宋编敕的影响，从中央到地方各级官府都注重以例断案，其基本法律形式以条格、断例为主。条格是由皇帝亲自裁定或由中书省等中央机关颁发给下属官府的政令，主要是有关民事、行政、财政等方面的法规；断例是经皇帝或司法官员所判案例的成例，多属刑事法规。这与中原传统法律文化注重统一的律典的编纂有很大不同。

---

① 《宋史·刑法志》。
② 《历代刑法志》，343 页，北京，群众出版社，1988。
③ 《元典章·刑部六》。

第六章

以"六部"为统辖的罪名体系

元朝末年，爆发了规模宏大的红巾军起义。作为红巾军首领的朱元璋崛起于民间，兼并了其他反元武装，重新统一了中国，于 1368 年建立了明朝，朱明王朝统治持续了二百七十余年之后，于 1644 年被李自成领导的农民起义推翻，末代皇帝崇祯自杀，明王朝正式灭亡。清朝是女真贵族建立的中国最后一个专制王朝。女真族原是一支数千年来一直生活在东北黑龙江、乌苏里江和长白山地区的少数民族，隋唐时期建立有渤海国，宋时称女真并逐渐发展起来，灭辽建立了金，长期与南宋对峙，后被元打败。自明万历年间开始，女真在其领袖努尔哈赤的领导下重新复兴于白山黑水之间，并于 1635 年改称满洲。1636 年，努尔哈赤之子皇太极建立"大清"国。1644 年十万清军入关打败李自成，进入北京。经过十余年的征伐之后于 1659 年统一全国，继元之后建立起了又一个全国的少数民族政权统治。自清建国至 1840 年的鸦片战争之前的二百年里，清王朝的统治虽然带有浓厚的满族贵族统治特色，但更多的是对中国传统社会的承继与延续，构成了中国传统文化的一个重要部分，也是最后的一个篇章。1840 年后，随着鸦片战争的打响，外国势力的侵入，西方文化的大规模进入，中国传统法律文化受到严重的冲击并最终被中止。中国的法律文化由此也进入一个激烈的变革时期，即由传统法律文化向以西方法律文化为主体的现代法律文化的转变。由此，中国传统的刑法文化至此也走到了终点。

第一节
明清时期刑法制度的转变

明清时期是我国皇权专制社会的末期，随着各种各样社会矛盾的积聚，专制主义中央集权体制也日益强化。明朝的政治体制远取汉唐，近沿宋元，并根据现实需要而有所增减，从而形成了自身较为独特的政治结构和权力体制。明朝洪武时期废除了中书省，结束了在中国历史上已经延续了一千多年的宰相制度和实行了七百多年的三省制度。专制主义的中央集权的政治体制发生了较大的变化，突出体现在官僚政治体制对皇帝个人权利的制约与束缚作用大大减弱，专制皇权走向了它的极端。清朝的政治体制采取"参汉酌金"的原则建立起来，吸收了汉民族发达的文化因素。清朝康雍乾诸时期，也都采取一些带有根本性的改革措施，这些都引起了明清时期法律制度的显著变化。这些变化在刑法方面也表现得特别明显。明清时期刑法方面的变化主要体现在：

一、刑法思想上实现了由"德主刑辅"到"明刑弼教"的转变

中国古代的刑法思想和刑罚制度在其长期的产生、演变和发展的过程中，逐渐形成了自身的特质。神权法思想畅行于原始社会末期乃至夏商时期，无所不在的"天"被认为是人世间的主宰，"刑"与"罚"成了"受命于天"和"恭行天罚"的直接表现形式。自周公制礼以来，"明德慎罚"思想一直占据早期国家统治和社会治理主导地位。除了秦代和西汉初期短暂的专任刑罚以外，西汉中期融儒、法、道等思想以及阴阳五行学说为一体的"大一统"思想的提出，将先秦时期的礼、乐、刑、政相互为治的思想，概括为"德主刑辅"、"大德小刑"的封建正统法律思想，开启了长达数百年的中国法律儒家化进程，使得传统的儒家伦理观念与国家的法律制度不断相互渗透和融合，唐代把其高度地概括为"德礼为政教之本，刑罚为政教之用"①。随着封建专制体制的不断强化，在统治思想中，刑的地位不断上升，礼的作用不断下降。朱熹等理学家改造了传统的德礼为本、政教为末，德礼统率政教的理论，在德礼政刑之上再构建了一个"理"，即"天理"，而把德、礼与政、刑降到了同一个层次，即一种方法论的层次上面，使用德、礼、政、刑的目的都是为了"存天理，灭人欲"。"在朱熹的法律思想中，政刑德礼也并非平行无次序，而是有明确先后主次之分。他始终把德礼放在首位，也就是把'人心'观念放在首位。"② 但他在尖锐的社会矛盾面前，也更加突出地强调刑罚的作用，不加掩饰地要求严厉执行刑罚，他第一次明确地提出："法家者流往往常患其过于惨刻，今之士大夫耻为法官，更相循袭以宽大为事，于法之当死者，反求以生之，殊不知明于五刑以弼五教，虽舜亦不免教之不从，刑以督之，惩一人而天下人知所劝戒。"③ 由此，开始形成明清时期占主流地位的"明刑弼教"思想。明初统治者大多起自社会底层，对于元朝末年吏治腐败、法纪废弛所造成的社会秩序混乱有切身体会。因此，在建立明朝统治的过程中，面对纷乱的社会局面，以朱元璋为首的统治集团，强调要通过刑罚镇压和道德教化两种手段来重建汉族皇朝的统治，并以此为指导思想立法、司法，从而形成了独具特色的明刑弼教法律思想。虽然"明刑弼教"思想在本质上与正统法律思想一脉相承，但其重点是"明刑"而不是"明礼"，即充分发挥刑杀威吓的作用，并以此达到理想政治统治秩序。与德主刑辅、礼刑结合思想相比较，明刑弼教法律思想的侧重点在于使用法律手段来强力推行教化，教化与刑罚不分主次，而是并列的、同等重要的统治手段。在具体的实施过程中，明刑弼教思想突破了儒家所倡导的"不教而杀为之虐"的思想框框，不一定要坚持"先教后刑"，也可以"先刑后教"或"刑教并施"。所以明太祖说："君子养民，五刑五教焉。"④ 明惠帝则更进一步说道要"明刑所以弼教"⑤，也就是

---

① 刘俊文点校：《唐律疏议》，3页，北京，法律出版社，1999。
② 《中国法律思想通史》（三），562页，太原，山西人民出版社，2000。
③ 《朱子语类》卷七八。
④ 《御制大诰·民不知报》。
⑤ 《明史·刑法志》。

"明于五刑，而弼于五教"。以严刑来宣扬礼教，以严刑来严惩违背礼教的行为，使得小民能够趋善避恶，达到统治者所希望的理想状态。清朝建立以后，继承了明朝的这一思想。对于整个清前期来说，以重刑的手段来巩固自己的统治一直是标榜"仁政"的几位统治者的惯用策略。在立法上，从顺治到乾隆，格外重视法典的制定，历四世而编撰成一部《大清律例》，希望朝纲不乱、皇位永固。在司法上，从顺治到乾隆，从平定明朝的遗案到残酷的文字狱，其处刑的手段一朝严于一朝，希望用重刑的手段来维持所谓的"盛世"局面。因此，明清时期强调刑的作用始终在其法律思想体系中占有十分重要的地位。

二、在刑事法律体系上，形成了律典新体例

例，《说文解字》释为"比也"。即列举、类比之意。在法律上，例多被作为判例的意思使用。如刘海年在为《中国大百科全书》所拟的"秦代法规"条中，就把"例"作为秦代法律规范的第五种形式，说："例。秦简《法律答问》中多处指出司法官吏定罪量刑时可依'廷行事'为准：如'盗封嗇夫何论？廷行事以伪写印。''求盗追捕罪人，罪人格杀求盗，问杀人者为贼杀人，且斗杀？斗杀人，廷行事为贼。''廷行事'是司法机关办案的成例。统治者依据成例办案，可以弥补法律之不足，也便于必要时不受法律约束，恣意对人民进行镇压。"① 同样的观点在吴建璠所拟的"唐代法规"条亦可见："例，是过去办案的成例，唐代允许在法律无明文规定时比照成例办案，因此例也是一种法规。不过唐代不象后来那样重视例，特别是反对用例来破坏法律的明文规定。唐玄宗开元十四年九月三日下了一道敕：'如闻用例破敕及令式，深非道理，自今以后，不得更然。'"② 但例到了明清时期不再单纯仅指办案的成例，而更多地是指作为一种法律形式的条例。它是指司法机关根据特定的案例的审判实践，再拟出若干抽象的条文，由皇帝批准颁布，它最初只在一定时期、一定范围内有效，即所谓"律者，常经也；条例，一时之权宜也"③。但到了明后期，条例经过汇编后已经成为通行天下的常法，具有永久的效力。如明弘治十三年（1500）删定的《问刑条例》已经成为重要的刑事法典，例的法律地位急剧提高，它已经上升为一种独立的法律渊源。明后期还出现了将律与例合编的情况，即在《大明律》之后附录《大明令》以及《真犯杂犯死罪》、《真犯死罪充军为民例》、《问刑条例》等重要条例。清朝建立初期于顺治四年（1647）颁布的《大清律集解附例》除了基本沿用明律内容外，也几乎照搬明后期的《大明律集解附例》的体例。康熙十八年（1679）开始对清朝建立之后颁布的例进行整理刊定。第二年编成《六部现行则例》，其中的刑部现行则例主要为刑事法律，而其余五部的则例主要为行政性质的法令。律与例分别颁行使用，"从此律、例关系开始发生变化，重例轻律，'有例则置其律'的原则开始形成"④。但律、例分行易生弊端，康熙帝不得不又下令："准将《现行则例》附入《大清律》条。"⑤ 雍正年间，开始对顺治四年（1647）颁布的《大清律集解附例》进行修订，到雍正三年（1725），这一工作始告完成并于"五年刊成，六年颁行"⑥。这部《大清律集解》

---

① 《中国大百科全书·法学》，478 页，北京，中国大百科全书出版社，1984。

② 《中国大百科全书·法学》，578 页，北京，中国大百科全书出版社，1984。

③ （清）孙承泽：《春明梦余录》卷四四。

④ 王立民：《中国法制史》，332 页，上海，上海人民出版社，2003。

⑤ 《历代刑法志》，565 页，北京，群众出版社，1988。

⑥ 田涛、郑秦点校：《大清律例·点校说明》，3 页，北京，法律出版社，1999。

有律文四百三十六条,附例八百二十四条,仍然采用律文在前,附例集中于后的律典编纂体例。最重要的是,"自时厥后,虽屡经纂修,然仅续增附律之条例,而律文未之或改"①。也就是说,《大清律》的整个律文已经完全固化,不再修改,修改的只是附例。而且,自乾隆元年(1736)开始,修例也固定为每三年一次,乾隆十一年(1746)开始又改为每五年修定一次。同时,改变自清朝建立以来每次纂修律例都由皇帝特别指定二三位大臣为总裁,设立专门机构负责的做法,改由刑部专门负责此事,不再由皇帝专门指派官吏总负其责。具体完成此项工作的律例馆也附属于刑部机构,与礼、户等其他五部不相关联。也就是说,修例完全常态化。其中,清乾隆五年(1740)的修定最为重要,修改后的律典定名《钦定大清律例》,完成了清代最为系统、最有代表性的成文法典。这次修订在体例上的最大变化是:纂修者废除了明朝及清初以来以时间顺序对例进行分类的方法,改按条例的具体内容与性质进行分类,并把其附入与之相关的具体的律条之中去,使律与例很好地结合起来,最终完成了律、例合体的法典编纂形式。这种律例合编的形式不但便于使用,而且也解决了律、例可能互相抵触的矛盾。因而,学者认为:"乾隆五年本《大清律例》在编纂过程中,继承了汉、唐以来形成的中华法系的大量传统,并且成为中国历朝法典发展最高阶段的标志。"②

三、重刑主义倾向明显

刑罚尤其是重刑在历代统治者的心目中都占有极为重要的地位。西周时虽奉"明德慎罚"为圭臬,但仍以"刑乱国用重典"为之补充。战国法家代表人物的政治改革和司法实践将重刑理论发挥到极致,主张"禁奸止过,莫若重刑",提出"重刑轻罪"、"以刑去刑"。秦始皇统一中国后,"专任刑罚"。西汉中期法律儒家化以后,单纯的重刑主义被融合进礼刑结合的正统统治思想之中。宋明理学的出现,再次将重刑主义立场推至国家治世的前台。南宋理学大家朱熹不仅主张恢复肉刑,而且强调在刑事司法中要坚持"以严为本、以宽济之"的原则,以重惩那些不听教化的奸顽之徒。明初面临的政治形势复杂,外部存在着构成严重威胁的元朝残余势力,内部社会秩序极其紊乱,一些豪强地主对明朝政权采取不合作的态度,而元末腐败的吏治依然起着侵蚀作用。由此,朱元璋认为这是"乱国"的时代,因此必须强化法律的镇压作用,通过"重典"才能治理好,"吾治乱世,刑不得不重"③,明初的重典治世原则的核心是"重典治吏",这也表明"起自布衣"的朱元璋对官吏腐败的痛恨。为此,朱元璋在明律中取消了许多优待官员的特权做法,废除宰相制度,并以种种借口大肆滥杀大臣。重典治世表现在立法上就是法外重刑、滥刑的盛行,朱元璋曾采集官民过犯的案件共二百多件辑成《大诰》四编,其中规定的许多刑罚都是《大明律》中所没有的,而且处罚特别残酷,创制了大量的法外重刑,以严刑酷法治理天下。虽然有学者认为:"综论有明一代刑政,太祖用重典以惩一时,而酌中制以垂后世,猛烈之治,宽仁之诏,相辅而行,未尝偏废也"④,但自明初朱元璋开始,专制集权下的重刑主义达到了一个新的高峰则是不争的事实。清承明制,继续坚持重刑主义,大兴"文字狱"。但宋明清的重刑已经不是那种"舍礼义而专用刑罚"的

① 《清史稿·刑法志》。
② 田涛、郑秦点校:《大清律例·点校说明》,5 页,北京,法律出版社,1999。
③ 《明史·刑法志》。
④ 沈家本:《历代刑法考》,66 页,北京,中华书局,1985。

唯重刑是举的策略，而是像朱元璋总结三十年统治经验所得出的"朕仿古为治，明礼以导民，定律以绳顽"、使"猛烈之治，宽仁之诏，相辅而行"的道理，强调"礼乐者，治平之膏粱；刑政者，救弊之药石"，唯有"以德化天下"，兼"明刑制具以齐之"①，才能使得国家实现长治久安。这也正是明刑弼教思想在治世之道和法制实践中的具体运用。清朝统治者虽然是以异族入主中原，但对于利用儒家伦理思想来论证其统治的合理性同样是格外重视。自顺治以下的各位皇帝无不极力推崇和宣扬儒家学说，并用儒家学说来指导立法。把"正人心，厚风俗"作为法律的最终目的，把"禁奸止暴，安全良善"作为立法的直接目的，将明朝统治者所推行的一整套"明刑弼教"思想发挥到了极致。

《宋刑统》
(中华民国十年嘉业堂刊本)

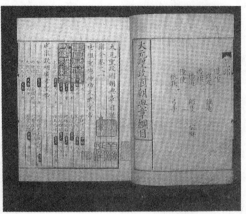
《元典章》(清代影抄元刻本)　　　　北京图书馆藏

《大明律》
(明正德十六年刻本)
北京图书馆藏

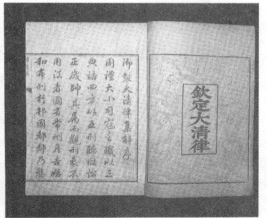
《大清律》(清雍正五年刻本)　　　　北京图书馆藏

宋元明清法律

---

① 《明史·刑法志》。

第二节
明清之际罪名体系的转变

一、《大明律》的新体例

"律",《尔雅》释曰:"常也"、"法也。"① 自秦汉时期起,除元朝"取所行一时之例为条格而已"② 以外,律是各朝最稳定的法律形式。朱元璋建立明朝后,也十分重视律典的编纂工作。"盖太祖之于律令,草创于吴元年,更定于洪武六年,整齐于洪武二十二年,至三十年始颁示天下。"③ 这就是"日久而虑精"之《大明律》。虽然在立法之初,明太祖即接受了负责主持此项工作的律令总裁官、丞相李善长的建议:"历代之律,皆以汉《九章》为宗,至唐始集其成。今制宜遵唐制。"制定过程中也曾一度"篇目一准于唐"、"掇《唐律》以补遗百二十三条"④,但最后颁布的《大明律》仍较《唐律》有了很大的变化,尤其是在律典的体例上,在继承和借鉴唐、宋、元诸朝立法成就的基础上,作了较大创新。首先,仿《元典章》体例,篇目以吏、户、礼、兵、刑、工中央六部分类,再加上前面作为总则的《名例律》,分七部分。中央政府的六部体制是中国自秦以来的中央集权政府体制的长期实践所证明的较为合理的机构设置方案,六部的职能基本包括了皇权专制社会生活的各个方面,根据六部来划分律典,能够包含律典的各个条文的内容,"表明了中国法律体系的基本特征(就律典本身就是一种体系而言),即:法律是行政的一个方面"⑤,同时也方便官员执法。其次,《大明律》仿《宋刑统》篇下分门的体例,这样等于在原《唐律》的篇、条二级结构之间增加了一级。这样,第一级七篇较唐律的十二篇减少,增加了第二级子目录三十门,然后是第三级四百六十条。这种三级结构体例靠近了现代法典通常采用三级或四级结构,"虽然薛允升、沈家本等人对明人的这种创造性评价并不很高,但客观地说,将二级结构变为三级结构,使律典层次显得更加分明而又合理,既增强了根目录的概括性,又提高了子目录归纳的准确度,法律条文的检索也有所便利,从总体上提高了传统律典的分类水平,应当视为我国传统法典编纂技巧上的一个进步"⑥。《大明律》的立法技巧也得到了外国学者的肯定,D. 布迪和C. 莫里斯认为:

> 我们应该看到,《大明律》的制定,在术语及逻辑结构方面有着重大的进步,远远
> 超出了前代法典所达到的水平。在这种意义上我们可以说,明人在法律领域表现出杰

---

① 《尔雅·训诂》。
② 《明史·刑法志》。
③ 《明史·刑法志》。
④ 《明史·刑法志》。
⑤ [美]琼斯:《大清律例研究》,载高道蕴等编:《美国学者论中国法律传统》,365页,北京,中国政法大学出版社,1994。
⑥ 苏亦工:《明清律典与条例》,101页,北京,中国政法大学出版社,2000。

出的创造力。①

明律"视唐简核",这一点在《明史·刑法志》中得到了肯定。总共四百六十条,较唐律为少,但它并非只对唐律进行简单的削删。除了科学地将唐律中的数条并为一条外,它还承继宋元时期法律的一些有价值的条文或根据已经发展了的社会现实新创了许多条文,因此其覆盖面超过了唐律,杨鸿烈对此亦高度赞扬:"中国法律到了明代可说有长足的进步,明太祖朱元璋和其他一般立法家都极富有创造精神,所以那一部洪武三十年更定的《大明律》,比较唐代的《永徽律》更为复杂,又新设许多篇目,虽说条数减少,而内容体裁,俱极精密,很有科学的律学的楷模。后来的《大清律》,也都是大部分沿袭这部更定的《大明律》,可以见得这书实在算得中国法系最成熟时期的难得产物。"②

明太祖特别重视《大明律》的编纂,要求参与的大臣悉心参究,还下令把拟出的条文贴在墙上,亲自加以斟酌。"每奏一篇,命揭两庑,亲加裁酌。"③ 洪武三十年(1397)《大明律》修成后,他又对此寄以极高的期望,"令子孙守之。群臣有稍议更改,即坐以变乱祖制之罪"④。因此,明太祖最后确定的律文,历代相承,无敢轻改,整个大明一朝,如《明史·刑法志》所载:"中外决狱,一准三十年所颁"。

二、《大清律例》及其发展

1. 顺治《大清律集解附例》。清入关以后,开始仿照明律制定本朝法典。顺治二年(1645)清世祖降旨编订清律,顺治三年(1646)编纂完成《大清律集解附例》,次年颁行全国。《大清律集解附例》基本上是明律例的翻版,仅删去明律中钞法三条,增加充军一条,移动条文两条,律文共四百五十八条。

2. 雍正《大清律集解》。顺治四年的《大清律集解附例》经过顺治、康熙两朝七十余年的行用,基本未作改动。至清世宗雍正朝,对大清律正文和顺治、康熙以来的新例进行了统一编订,于雍正五年(1727)将《大清律集解》颁行天下。《大清律集解》包括律文四百三十六条,附例八百一十五条,大清律至此基本定型,"自是厥后,虽屡经纂修,然仅续增附律之条例,而律文未之或改"⑤。雍正修律,首先对律进行了少量增删调整,总数定为四百三十六条,但重点是对律后所附例的修订,即在所附的例上,分别标明"原例"、"增例"和"钦定例",用以区分明至清初的"累朝旧例"、康熙朝增入的"现行则例"以及雍正朝的上谕及臣工条奏,总共附例八百一十五条,并在《凡例》明确规定其效力等级:"刑官遇事引断,由钦定而增例,而原例,而正律。"这样明确了例高于律的地位。此外,是在律后附有总注。顺治年间的《大清律集解附例》虽名"集解",实际上律典中并无集解。直到雍正修律时才补入,在律后附有总注,此注为康熙年间大学士图纳、张玉书等的成果,"诸臣以律文仿自《唐律》,辞简义赅,易致舛讹,于每篇正文后增用总注,疏解律义"⑥。这一总注在

---

① [美] D. 布迪、C. 莫里斯:《中华帝国的法律》,朱勇译,58 页,南京,江苏人民出版社,1993。
② 杨鸿烈:《中国法律发达史》,746 页,上海,上海书店,1990。
③ 《明史·刑法志》。
④ 《明史·刑法志》。
⑤ 《清史稿·刑法志》。
⑥ 《清史稿·刑法志》。

康熙时期被"留览未发",雍正律订律例始纳入,使雍正时期修订的律典成为名副其实的《大清律集解》。

《大清律》书影

3. 清高宗于乾隆元年(1736)又对清雍正年间的《大清律集解》重加修订,"馆修奏准芟除总注,并补入《过失杀伤收赎》一图而已"[1]。因不再有总注,因此乾隆五年(1740)修成后,以《大清律例》为名正式颁行。《大清律例》的重点仍是对律所附的例的修订,主要是不再区别原例、增例与钦定例,而是一律以内容分类、按年代顺序分别附于相关律文之后,而不再集中附于律文之后。同时例有较大增加,达到了一千零四十九条。《大清律例》是乾隆五年(1740)以后清朝的基本法,也是中国历史上最后一部以刑为主、诸法合体的封建法典。它的篇章结构与明律例相同,分为名例律、吏律、户律、礼律、兵律、刑律、工律七篇,律文四百三十六条。同时,有例文一千零四十九条,分散附于相关律文之后。乾隆《大清律例》颁布后,虽再没有系统修订过律文,"仍对律文作过零星的改动"[2]。

第三节
传统中国罪名体系的终极发展

一、明代罪刑关系的变化

明朝初期,明太祖在制定《大明律》的过程中,对刑罚适用原则作出了重大调整。一方面,延续了唐律"一准乎礼"的原则;另一方面,为贯彻"重典治乱世"的立法思想,在量刑上又确立了一些新的刑法原则,体现了刑罚适用从严加重的倾向。首先是确立了法律溯及既往、从严处罚的原则。明初"重典治世"思想对明代刑事法律制度的影响,其最直接的表现就是明初一改唐律不溯及既往、从宽处罚的原则,而改为新法溯及既往、

---

① 《清史稿·刑法志》。
② 苏亦工:《明清律典与条例》,126 页,北京,中国政法大学出版社,2000。

从严处罚，即肯定了《大明律》对其颁布实施以前的犯罪行为也给予适用，这在无形中扩大了《大明律》的适用范围。《大明律·名例律》规定："凡律自颁降日始，若犯在已前者，并依新律拟断"。在此基础上，为了体现《大明律》在刑罚制度上所具有的刑事镇压效能，《大明律》规定了对既往犯罪行为要加重处罚，从而使得在《大明律》制定的过程中所颁布实施的一些临时性的、残酷的刑事特别法继续发挥其镇压威慑作用。其次是确立了"重其重罪，轻其轻罪"的量刑原则。与唐律相比，明律在量刑方面最大的变化就是奉行"重其重罪，轻其轻罪"的原则。该原则的具体内涵，也就是清代刑部尚书薛允升所言："大抵事关典礼及风俗教化等事，唐律均较明律为重。贼盗及有关帑项钱粮等事，明律又较唐律为重。"① 这就是明律相对于唐律而言的"重其重罪，轻其轻罪"的刑罚原则。所谓"轻其轻罪"的内涵是指明律相对于唐律而言，在有关伦常教化的犯罪处刑上明显偏轻。

1. 奸党罪的创设

与唐宋律相比较，明律的特色就是对于直接危害封建统治、封建君主的犯罪行为，处刑都普遍加重。奸党罪的创设正是"重其所重，轻其所轻"原则的结果。因为随着专制主义的加强，明朝统治者把镇压谋反、谋大逆、谋叛等政治性犯罪作为刑罚打击重点，在唐宋律典的基础上相应地加重了其刑事处罚。具体而言，加重处罚的犯罪有三类。一是谋反、谋大逆、谋叛等危害专制统治的行为。如"十恶"罪中的"谋反"、"谋大逆"行为，唐律规定本人不分首从，皆处以斩刑，十六岁以上的父子处以绞刑，其他亲属可以不处以死刑。但明律却规定本人处以凌迟刑，其祖父母、父母、子、孙、兄弟及同居之人，以及叔伯父、兄弟之子，凡十六岁以上，不限籍之异同，不论笃疾残疾，一律处斩刑。在明初"重典治世"思想的指导下，朱元璋为了防止臣下朋比结党，上下内外勾结，削弱皇权，在《大明律》中特增设了唐宋刑法所未有的"奸党罪"。这在中国法制史上属于首创。按照《大明律》规定，"若在朝官员，交结朋党，紊乱朝政者"及"若有上言宰执大臣美政才德者"②，均属奸党犯罪。如此看来，奸党罪的主要内容是：奸邪进谗言左使杀人、运用计谋使犯人逃脱死刑处罚、听凭长官旨意任意增减犯人刑罚、朋比结党、扰乱朝政等，都将予以严惩。设立"奸党罪"的主要目的是为了强化君主专制的中央集权体制，防止臣下篡权变乱 。但由于"奸党罪"在处刑上具有较大的任意性，这为统治者随意杀戮功臣宿将提供了方便。所以，整个明代由于设立了"奸党罪"，使得冤狱大兴，官僚阶层内耗严重，同时也为宦官专权提供了便利。

除了奸党罪以外，还有与该罪"相配套"的罪名，即"交结近侍官员"与"上言大臣德政"，以惩治内外官员交结，危及中央集权的封建君主专制。"交结近侍官员"是对奸党罪的扩大化。这里所称的"近侍官员"主要指的是在皇帝身边服役的宦官、侍臣，他们与皇帝朝夕相处，了解皇室机密。为了防止泄露宫廷机密，外官通过近侍官获得非法利益，《大明律》规定："凡诸衙门官吏，若与内官及近侍人员互相交结，漏泄事情，贪缘作弊，而符同奏启者，皆斩，妻子流二千里安置"。

---

① （清）薛允升：《唐明律合编》，170 页，北京，法律出版社，1999。

② 怀效锋点校：《大明律》，34～35 页，北京，法律出版社，1999。

2. 对恶性杀人和强盗行为的定罪及处罚

明律依照杀人罪的犯罪情节和后果，把三种手段残忍、后果严重的恶性杀人罪单列罪名，并加重其刑罚，不仅处罚本人，还要株连妻子、罚没财产。这三种杀人罪，一是"杀一家三人罪"及其处罚。《大明律·刑律》依犯罪情节，把杀一家三人列为独立罪名，律文规定：凡杀一家非死罪三人，犯者凌迟处死，财产断付死者之家，妻子流二千里，为从者斩。这比唐律杀人者本人处斩的量刑要重得多。二是肢解人罪及其处罚。肢解人罪是用残忍手段肢解活人或杀人后肢解尸体的恶性杀人罪。《大明律·刑律》对这种手段极为残忍的犯罪处罚极为严酷，凡"肢解人者，凌迟处死，财产断付死者之家，妻、子流二千里，为从者斩"。三是采生折割人罪及其处罚。采生折割人是利用妖言妖术等迷信手段杀人，或折割生人耳、目、手、足、脏腑等器官。《大明律·刑律》对已经实行无论是否造成后果的采生折割人罪均处以重刑：凡采生折割人已伤已杀，犯者本人凌迟处死，财产断付死者之家，妻子及同居家口虽不知情并流二千里安置；若已行而未伤人，犯者亦斩，妻子流二千里，为从者杖一百，流三千里，里长知而不举告者杖一百。

3. 加重对强盗、窃盗罪的处罚

在强盗犯罪方面，《大明律·刑律》依照《唐律疏议·贼盗律》仍然把强盗罪区分为是否得财、是否伤人、是否持械三种情况，但是加重了对强盗罪的处罚，"凡强盗已行而不得财，皆杖一百流三千里；但得财者，不分首从皆斩"。唐律对强盗计赃论罪，得财十匹以上及伤人者绞；不得财者，徒二年。其处罚明显轻于明律。在窃盗犯罪方面，唐朝对于窃盗罪一般不处以死刑，纵然数额巨大，窃盗达到五十匹以上，法定刑也止于加役流。明朝为强化社会治安，加重了对盗窃罪的处罚，《大明律·刑律》规定：凡窃盗已行而不得财，笞五十，免刺；但得财以一主为重，并赃论罪；为从者各减一等；初犯并于右小臂膊上刺"窃盗"二字，再犯刺左小臂膊，三犯者，绞；若赃满一百二十两，绞。

4. 加强官吏贪赃受贿罪的惩罚

《大明律·吏律》绘制六赃图标列律首，以示重惩；还特设"受赃"一卷，计十一条律文，对官吏犯赃的处罚均重于唐律。

5. 确立了对于外国人实行单纯的属地主义原则

对于化外人相犯，唐朝采属人主义与属地主义相结合的原则，《唐律疏议·名例律》规定："诸化外人同类自相犯者，各依本俗法；异类相犯者，以法律论"。而《大明律》则规定："凡化外人犯罪者，并依律拟断"，采单纯的属地主义原则。

二、清代罪刑关系的变化

清朝是中国封建社会最后一个王朝，也是中国历史上又一少数民族放主中原建立的全国性政权。它继承了汉唐宋明等历代刑法制度的主干，是封建刑法的典刑代表之一，同时也因为其处于封建专制历史阶段的末期，其刑法也不能不因应时代发展，进行许多改变，其确立的罪刑关系因而带有许多"末世"的特点。而满汉异罚、维护满族贵族专制统治，亦是清代刑法制度的一大特征。

1. 以严刑峻法加强专制主义统治

严惩谋反、谋大逆、谋叛等重罪。谋反、谋大逆、谋叛等这些侵犯皇权、危及封建统治基础的重罪，向来是统治者惩治的重点，而清朝对上述重罪的处罚又严于前代。首先，《大清律例》把一些新出现的行为比附十恶重罪定罪量刑，扩大对了谋反、谋大逆、谋叛等重罪的打击范围。例如，朝臣"上书奏事犯讳者"、"奏疏不当者"，本属言语失当，可是皇帝常怀猜疑之心，往往对言语过误加以"殊属丧心病狂"、"妄议朝政"的罪名，比附谋大逆予以处罚。再者民间有歃血为盟、结拜兄弟者，有信奉宗教者，有聚众抗粮、罢考、罢市者，皆以谋叛实犯论处。其次，加重对谋反、谋大逆、谋叛等重罪的法定刑罚。依照《大清律例》的规定，犯有谋反、谋大逆者，凡共谋者，不分首从，皆凌迟处死，并且广株亲属。至于抗粮、罢考、罢市者，虽然没有造成实际危害，但是聚众至四五十人，为首者要处以斩立决，从犯处以绞监候，胁从犯也要杖一百。

2. 大兴文字狱，加强专制主义思想统治

明末清初以来，随着江南地区商品经济的发展和反清复明势力的活跃，在汉族文人中兴起了抨击封建专制统治的启蒙思想和反清的民族民主主义思潮。统治者为维护专制统治和民族压迫，以刑罚惩治思想言论，在思想文化领域大兴文字狱。所谓文字狱，就是指统治者通过对文章著述中的文字进行附会苛责、推断犯意，并加以惩治。文字狱的实质是以暴力手段来惩治思想犯，从而达到维护专制统治所需要的文化环境。

3. 严法约束臣下，加强君主专制集权

清朝对臣下的防范更严，对贵族官僚的特权也大加限制，以此来维护君权独尊。一是严禁内外官交结。清朝"交结近侍官员"罪的范围比明朝更广泛，对臣下交往限制更严。例如八旗各王公所属人员不得私下谒见、贿赂本管官，否则交宗人府议处；京官与地方官不得交结，否则治罪。二是明令太监不得干政。鉴于明朝宦官干政的历史教训，清自顺治朝开始便立下祖制：凡太监违法奏事、窃权纳贿干预朝政者，皆凌迟处死；非皇帝特许，甚至不允许太监离开皇城。三是削减贵族官僚的特权。自魏晋以来，贵族、官僚所享有减免刑罚的特权不断增加，清朝则削减了历史形成的种种特权。《大清律例》虽然规定了八议、上请等减免刑罚的特权，但是清世宗又颁谕旨特加以申明："我朝律例虽载其文而实未尝实行"。八议等减免特权在《大清律例》中仅具其文，并没有实在的法律效力。事实上，贵族、官僚只有在犯笞、杖等轻罪时，才可以按照官位抵刑，犯其他重罪仍如同常人一样处罚。

4. 压制商品经济的发展，维护封建专制的经济基础

清朝统治者为维护封建专制制度的经济基础——封闭的自然经济，不惜运用刑罚手段限制商品经济的发展。首先，以严刑峻法限制民间兴办矿业和铸造业。矿业和铸造业为手工业发展的基础，可是矿藏的开采与冶炼须聚集大量劳动力，容易酿成民众暴乱，铸造业又与兵器制造密切相关。清政府权衡利弊，宁可舍弃矿冶铸造之利，也要以维护统治秩序为重，对民间私开矿藏者、私自冶炼铸造者，均治以重罪。其次，国内实行严格的禁榷制度，并限制对外贸易。清政府禁止盐、茶、矾、铁等重要商品的自由贸易，由官府专营或特许经营，以避免民间垄断市场、谋取暴力；有违反禁榷制度者，处以杖一百徒三年的刑罚。清政府出于镇压台湾抗清势力的考虑，自顺治、康熙年间多次颁行"禁海令"、"迁海令"，违禁出海贸易者，以通敌论罪。收复台湾以后，仍实行海禁，只允许少数口岸、经特许的商行进行对外贸易。清政府的禁榷制度造成了国内手工业、商业发展迟缓，限制对外贸易政策则使中国与外部世界相隔绝，最终导致国力衰弱，逐渐落后于西方国家。

第七章

律例关系

第一节　律典的主导地位

一、律典的继承性和稳定性

律，是秦汉以来历代王朝最正统、最持久也最稳定的法源。这种形式源远流长，经久不衰，是历代法制经验的集中总结，也是传统政权维护统治的有效武器。

律这种形式起源甚早，"自魏文侯以李悝为师，造《法经》六篇，至汉萧何定加三篇，总谓九章律，而律之根荄已见"。魏晋以后，不断发展，到隋唐时期，唐律的颁行，标志着这一形式完全成熟："曹魏作新律十八篇，晋贾充增损汉魏为二十篇，北齐、后周或并苞其类或因革其名，所谓十二篇云者裁正于唐，而长孙无忌等十九人承诏制疏，勒成一代之典，防范甚详，节目甚简，虽总归之唐可也。盖姬周而下，文物仪章莫备于唐"①。五代以后，历朝虽略有更改，但基本沿袭唐律，发展变化不大。清季律学家吉同钧说："要以永徽之律疏三十卷为最善，论者谓《唐律疏议》集汉魏六朝之大成，而为宋元明清之矩矱，诚确论也"②。

明初修律在继承与创新之间几经抉择，最后虽然选择了创新，但继承性仍是突出的，与历代律典相比较，明律的沿袭成分远远大于创新。按照孙星衍、薛允升等人的看法，明律较之唐律的最大变化就是"重其重罪，轻其轻罪"。孙星衍说："自永徽律已后，宋元皆因其故。惟明代多有更改，又增《奸党》一章，以陷正士，而轻其轻罪，重其重罪"③。

相对于明初修律来说，清初修律简直就是原封不动地照搬明律。王明德说："我清入定中原，首申律令，一本明律为增损，源而溯之，则寔归宗乎？"④ 清初人甚至说"大清律即

---

① 柳赟：《唐律疏议序》，载刘俊文点校：《唐律疏议》，北京，中华书局，1983。

② 吉同钧：《律学馆大清律例讲义·自序》，光绪三十四年，法部律学馆印。

③ 孙星衍：《重刻故唐律疏议序》，刘俊文点校：《唐律疏议》，北京，中华书局，1983。

④ 王明德：《读律佩觽·序》，康熙刻本，北京大学图书馆藏。

大明律之改名也"①。虽然不能说《顺治律》与《大明律》毫无二致，但称得上有创新意义的几乎完全看不到，可谓乏善可陈。日人泷川政次郎曾将他所见到过的据称是顺治律的原刻本与《大明律》加以详细比对，得出了如下结论：顺治律"删除明律的律自律文三条（《吏律·公式》之'漏用钞印'条、《户律·仓库》之'钞法'条、《刑律·诈伪》之'伪造宝钞'条——原著者，下同），改移律目律文二条（'信牌'条从《吏律》之《公式》移到《职制》、'漏泄军情大事'条从《吏律·公式》移到《兵律·军政》），改变律目律文的顺序四条（《吏律·职制》之'官员袭荫'条从第四条改移为第一条、《吏律·职制》之'选用军职'条从第一条改移为第五条、《刑律·受赃》之'官吏听许财物'条从第十一条改移为第四条、《刑律·受赃》之'私受公侯财物'条从第九条改移为第十一条），修改律目二条（《户律·婚姻》之'蒙古色目人婚姻'改为'外藩色目人婚姻'、《刑律·受赃》之'因公擅科敛'改为'因公科敛'），增纂律目律文一条（《名例律》的最后增'边远充军'条）。总之，对明律的修正之处极少，篇目结构也完全仿照明律。这个顺治律，除了四五八条律以外，还有四四九条条例附于本律之下。其中三八零条与万历三十八年刊刻之《大明律集解附例》的相应部分一致，剩余的也都是明末以前制定的条例，不含一条清朝自身的条例。此外，总目与各篇的目录、图、服制、制义（明律为例义）、附图等，全是仿照明律的，而顺治二年奏定的《大清律附》，也无非是弘治十年奏定的《大明律附》的仿制品而已。"② 至于雍正以后的修律，同样多属于"校正文词"等细节上的零星修补，对律典正文的影响不大。下面我们简要回顾一下清朝的修律过程。

顺治元年（1644）六月，顺天巡抚柳寅东上疏说："民值乱离之后，心志彷徨，鼎革以来，政教未敷，蠢然之民莫知所守，奸恶之辈，靡所顾忌。盖闻帝王弼教不废五刑，鞭责不足以威众，明罚乃所以救法，宜速定律令，颁示中外"③。此疏奏上后，多尔衮下令："自后问刑，准依明律"。同年八月，刑科给侍中孙襄又上疏条陈刑法四事："一曰定刑书，刑之有律，犹物之有规矩准绳也。今法司所遵及故明律令中，科条繁简、情法轻重。当稽往宪合时宜，斟酌损益刊定成书，布告中外体知，画一遵守"④。九月，刑部右侍郎提桥启言："五刑之设，所以诘奸除乱，而死刑居二，曰斩、曰绞，明律分别差等，绞斩互用。我朝法制，罪应死者，俱用斩刑。臣以为自今以后，一切丽于重典者仍分别绞、斩，按律引拟，至于应笞之人罪不至死，若以板易鞭，或伤民命，宜酌减笞数，以三鞭准一板，庶得其中。伏恳敕下臣部，传示中外一体遵行。从之"⑤。同年十月，刑部左侍郎党崇雅又上疏说："更有请者，在外官吏，乘兹新制未定，不无凭臆舞文之弊，并乞暂用明律，候国制画一，永垂令甲"⑥。党氏在这里要求暂用明律，然而早在三个月前，清政府已下达此令，作为刑部的主管官员，想来他不会不知。

　　① 谈迁撰，汪北平点校：《北游录》，378 页，北京，中华书局，1960。
　　② ［日］岛田正郎：《清律之成立》，载刘俊文主编：《日本学者研究中国史论著选译》，第八卷《法律制度》，姚荣涛、徐世虹译，480 页，北京，中华书局，1992。
　　③ 《清世祖实录》卷五。
　　④ 《清世祖实录》卷七。
　　⑤ 《清世祖实录》卷八。
　　⑥ 《清世祖实录》卷十。

顺治二年（1645）二月，刑科给侍中李士焜上疏中谈到当时情形："今者，律例未定，止有决、杖二法，重者畸重，轻者畸轻，请敕部臣早定律法。"① 五月，福建道试监察御史姜金允奏言："我朝刑书未备，止用鞭、辟。臣以小民无知犯法，情有大小，则罪有轻重。斩之下有绞、徒、流、笞、杖，不忍尽死人于法也。斩有立决复有秋决，于缓死中寓矜全也。故历朝有大理、覆奏，有朝审、热审，又有临时停刑。盖死者不可复生，恒当慎之。今修律之旨久下，未即颁行，非所以大畅皇仁也。请敕部速行定律，以垂永久。得旨：'著作速汇辑进览以便裁定颁行。其覆奏、朝审、热审、停刑各款，著三法司一并详察旧例具奏'。"②

看到这道奏疏，更令人感到困惑不解。既然依"明律治罪"之令早下，何以当时的刑罚仍只有入关前的杖、杀两种呢？根据种种情况揣测，最合理的解释是依明律治罪的命令受到了满洲贵族的抵制。事实上，满洲贵族所抵制的不仅是明律，而且是明律背后的法律文化传统。作为"马上得天下"的征服者，他们自然不会心甘情愿地接受汉人的文化；另一方面，中国历代的开国君臣，大都以武力自矜，蔑视一切成规，拒绝任何约束。汉高祖、明太祖就是典型的例子。

中国历史上，凡是用武力建立的王朝，其立国初期的法制状况通常比较混乱，根本的原因是统治集团自己践踏法制。从君主到权臣大都出身草莽，混迹行伍，长期的造反生涯使他们养成了蔑视一切权威、规矩、法度的习惯，即便是他们自己建立的制度和规范也往往得不到尊重。由于历代的开国皇帝们大都具有卓越的才干、超人的精力和猜忌多疑的心理，这就决定了他们的统治必然是好大喜功、急于求成和残酷无情的政治斗争。表面上的励精图治、明察秋毫不仅未能给黎民百姓带来期待已久的休养生息，连统治集团内部也不得安生，总是相互倾轧。

概括地说，清廷大规模的修律活动主要有三次，先后颁布了三部律书，即顺治律、雍正律和乾隆律。这三部律书的内容先后变化不是很大，主要是在唐明旧律的基础上，结合本朝的情况进行适当的调整、完善。所谓"详绎明律，参以国制"，正是清初修律的指导思想。需要注意的是，尽管清廷修律直接以明律为蓝本，但同时也参考了唐律的精神和原则。

"国初虽沿用明律，而修订之本仍根源于唐律疏议。此大清律所以揆酌百王为损益尽善之书也"③。薛允升说："尝考唐律所载律，条与今异者八十有奇，其大同者四百八十一有奇。今之律文与唐律合者亦十居三四，盖其所从来者旧矣"④。沈家本也说："律文则因者多而革者少"⑤。

可见，清律虽几经修订，但继承性仍是主要的，官方也反对对律书进行创新。刑科给事中孙襄顺治二年（1645）五月上奏曾说："而不知此（指修律）非可创为者，但取清律、明律订其异同，删其冗繁，即足以宪百王而垂后世也"。多尔衮肯定了孙襄的奏疏，也就表明了朝廷的态度。

① 《清世祖实录》卷一四。
② 《清世祖实录》卷一六。
③ 吉同钧：《律学馆大清律例讲义·自序》光绪三十四年，法部律学馆。
④ 薛允升：《读例存疑·总论》，光绪三十二年律例馆刻本。
⑤ 《寄簃文存》卷六，《大清律例讲义序》，载《历代刑法考》，2232 页，北京，中华书局，1985。

　　清廷强调律的继承性，正是由于看到了律的精华所在，而绝不仅是出于保守的缘故。袁枚指出："公以先君子擅刑名之学，故将邮罚丽事，采访殷殷。枚趋庭时，年幼无所存录，但略记先君子之言曰：'旧律不可改，新例不必增。旧律之已改者宜存，新例之未协者宜去'。先君之意以为，律书最久，古人核之已精。"①

　　自乾隆五年（1740）《大清律例》颁布以后，清廷多次重申律的稳定性之必要，对某些官员提出的改律请求常持否定态度。乾隆六年（1741），高宗传谕指出："本朝大清律周详明备，近年又命大臣斟酌重修，朕详加厘定，现在刊刻通行。而新到任之臬司科道等条陈律款者尚属纷纷，至于奉天府尹吴应枚竟奏请酌改三条。夫以已定之宪章，欲以一人之臆见妄思变易，究竟不能尽民间之情弊；而朝更夕改，徒有乖于政体。嗣后毋得轻议纷更。"二十七年（1762），乾隆又传谕说："国家设定律例，历经斟酌损益、条分缕析，已属周详。近来新任各省臬司辄于律令内摭拾一二奏请增改，其中固有旧例于事情未尽隐括，应随事变通者；而未能通彻律意，或就一时之见，率请更易者亦复不少……然各逞己见，议改议增，适以变旧章而滋纷扰，于谳狱之道有何裨益？著将此传谕中外问刑衙门知之"②。

　　清朝的许多大臣、士人也纷纷上疏或著书立说，力陈律的优越性，强调律的稳定的必要。汪辉祖说："幕客佐吏全在明习律例，律之为书，各条俱有精蕴，仁至义尽"③。周祖培说："律即古人之心耳。夫律书至我朝而集大成，牛毛蚕丝，析及芒忽。其所为委曲详尽者非同密网以示民以无可逃也"④。孟远说："夫可以垂诸百代者谓之法，一定而不易谓之法"⑤。徐旭龄说："古者乐曰律，法律亦曰律，其意一也。律差累黍则声音即变。故立法者取之言一定而不可移易者也"⑥。袁枚也说："盖律者，万世之法也；例者，一时之事也。万世之法，有伦有要，无所喜怒于其间；一时之事，则人君有宽严之不同，卿相有仁刻之互异，而且狃于爱憎，发于仓卒，难据为准。譬之律者衡也、度也，其取而拟之，则物至而权之、度之也。部居别白，若纲在网……且夫律之设，岂徒为臣民观戒哉？先王恐后世之人君任喜怒而予言莫违，故立一定之法以昭示子孙，诚能恪遵勿失，则虽不能刑期无刑，而科比得当，要无出入之误"⑦。其实，不独明清，中国历代律典从总体上看，都突出地体现着注重继承而缺乏创新精神的特点。其原因尽管很难一言加以概括，但笔者以为，简单地说，还是自汉以来所形成的法律价值观念、兵刑合一的暴力法理论、私家化的政权属性和官民二元社会格局没有发生变化所致。

二、律典的概括性

　　律是一种抽象力强、概括力强的法源，而条例则相对来说是一种比较具体、针对性强

---

　　①　《答金震方先生问律例书》，《小仓山房文集》，卷一五，载《袁枚全集》，王英志校点，南京，江苏古籍出版社，1993。

　　②　清德宗（李鸿章奉）敕撰：《钦定（光绪）大清会典事例》，光绪三十年前后石印本，卷八五二。

　　③　汪辉祖：《佐治药言·读律》，道光十二年刊本。

　　④　蔡嵩年、蔡逢年：《大清律例汇辑便览》（即《律例便览》），周祖培序，同治十一年湖北谳局刊本。

　　⑤　孟远：《与张侍读书》，载姚椿：《国朝文录》卷三七，华亭张氏终南山馆刊本，咸丰元年印。

　　⑥　贺长龄：《皇朝经世文编》卷91，《引用律例疏》，中华书局影印本，1991。

　　⑦　《答金震方先生问律例书》，《小仓山房文集》，卷一五，载《袁枚全集》，王英志校点，南京，江苏古籍出版社，1993。

的法源。这二者各有优劣，将二者相互补充、相辅而行，是经过历代王朝的长期实践方始总结出来的经验，也是明清两代运用法律的一项重要原则。律虽简略但包括的范围却很广泛，正如柳贽所说的"节目甚简"但却"防范甚详"，能够提纲挈领，概括全面，这种优点是其他法源形式难与相比的。

"律尚简而例独尚繁，非简不足以统宗，非繁不足以征引。其条分缕析，秩然井然乃能极万物之情伪一皆有所附丽，而不容毫厘之差，盖若是其至纤至悉也"①。"故律尚简而例不得不繁，势也。要惟明其根源，自无虞枝叶纵生"②。老一辈法律史学家瞿同祖先生认为，清代刑法采取的是列举主义而非概括主义。他指出："条例之所以越来越多是由于一种指导思想：古人认为罚必当罪，各种情况、各种身份，特别是服制，必须加以区别，而定罪名，力求确切不疑，情罪相当。官吏执法者依律例判罪，不致有出入分歧，不采取概括主义而采取列举主义"③。

瞿先生的这种看法值得商榷。清高宗弘历在其发布的上谕中曾经指出："律例一书原系提纲挈领，立为章程，俾刑名衙门有所遵守。至于情伪无穷，而律条有限，原有不能纤悉必到，全然赅括之势，惟在司刑者体察案情，随时详酌，期于无枉无纵则可。不可以一人一事而即欲顿改成法也"。他又说"其实多设科条徒尘案牍，即无当于政简刑轻，转滋窒碍难行之处。不知刑名案件情伪微暧，变幻百出，若事事曲为逆臆，虽日定一例，岂能遍给乎？惟在司刑宪者临时详察案情，参酌令典，期于平允协中"④。雍正朝重臣张廷玉说："夫立法以昭信，莫善于简。简则无舛违出入之患。民易知而可守，先儒之言详矣"⑤。袁枚说："今之条奏者，或见律文未备，妄思以意补之，不知古人用心较今人尤精。其不可及者，正在疏节阔目，使人比引之余，时时得其意于言外。盖人之情伪万殊，而国家之科条有限。先王知其然也，为张设大法，使后世贤人君子悉其聪明，引之而议，以为如是断狱固已足矣。若必预设数万条成例，待数万人行事而印合之，是以死法待生人，而天下事付傀儡胥吏而有余。"⑥

以上言论基本上代表了清代官方的态度。应当说，明清两代，甚至包括更早的各代，普遍倾向于立法简明，目的是"使小民知所趋避"。美籍华人学者李浩博士（Voctor H. Li）曾经指出：由于中国缺乏一支数量可观的专业法律人才队伍，这就决定了中国的法律在结构、方法和内容上必须是简单的。为使相对来说缺乏法律职业训练的人们甚至是普通公众积极参与法律的进程，法律形态的简单化显然是必要的。他进而指出："强调法律的简单化，其意义并不局限于此。中国人坚持法律应当是简单的。如果群众不能很好地理解法律，不能轻而易举地运用法律，法律又怎么为人民服务呢？这可能成为一种必要的美德，但我想还不止这些。隐含在其背后的根本原则是，法律应当是而且事实上也必须是具有广泛的

---

①　吴廷琛：《大清律例增修统纂集成序》，载《大清律例增修统纂集成》，同治四年新刻本。
②　《大清律例根源》，张沣中序，道光刻本。
③　瞿同祖：《清律的继承和变化》，载《历史研究》，1980（4）。
④　光绪《大清会典事例》卷八五二。
⑤　《甲辰科会试策问第五》，载张廷玉：《澄怀园文存》卷六，光绪十七年云间官舍重刊本。
⑥　《答金震方先生问律例书》，《小仓山房文集》，卷一五，载《袁枚全集》，王英志校点，南京，江苏古籍出版社，1993。

群众基础，而不能立足于由一群特定的法律精英组成的专业队伍基础上。在这种情况下，法律变成了执行群众意志的工具，而不是单纯由法律职业者们所利用的一整套规范"。李浩的上述言论当然都是针对 20 世纪 50 至 70 年代的中国法制状况而发的。不过，他的研究总是置于广阔的历史背景之下。他指出："现行中美法律制度的许多差异都是文化态度和历史发展不同的产物"，"法律在中国传统社会没有形成为一种职业"①。李浩还说："中国缺乏一支类似我们的律师或其它相关人员构成的中介组织。由于这种欠缺，以及从意识形态上鼓励群众参与和群众管理，法律直接通过群众媒体与公众对话。运用这种渠道必然影响法律的语言。即法律必须使用简单的口头语言来叙述而不是采用技术性的术语。特定的规范不能过于具体或复杂，因为群众媒体只能表达广义的概念。在西方观察者看来，许多中国法律就像是对一般原则或政策的陈述，而非一整套具体的规范"②。李浩的观点至少符合明清时期的实际情况，过于繁琐的法律在当时的社会缺乏实际可行性。

康熙帝曾说："律例繁简，因时制宜"，明太祖朱元璋则屡屡强调法律要简明，就是这个道理。这说明明清政府并未就概括主义和列举主义作出一定的抉择，而是视时势而定。需要注意的是，清代的条例不同于英美法的判例，不可牵强附会（详见本章第三节）。况且，明代系统编修的条例最多时不过五百条，清代则不超过两千条，远远达不到列举的程度。清朝司法实践中大量运用比附，所谓比附即律例无正条时依相近律例定罪。如果条例达到了列举主义的程度，比附显然是多余的了，这也足兹反证。"谳狱之道尽于斯二者（指律例）而已，至情伪百出，非三尺所能该，则上比下比协于中，此历年旧案，亦用刑之规臬也。顾援引成案，例禁綦严者，诚恐移情附案，矜深刻以为聪明，务姑息以慧奸慝，致有覆盆漏网，开奇请他比之端，故大为之防耳"③。

广泛援引成案本来是可以达到列举主义的，但清廷对成案的援引控制很严，这也说明清代官方不赞成列举主义。但是，也不能否认，社会治安状况越差，政局越不稳定，律的稳定性、概括性作用就越难发挥；相反，条例的数量就会越多，作用就会越大。这一点不独明清为然，历代的情况大都如此。咸丰朝时，胡林翼曾说过"大抵天下乱则法密，密则必乱天下；治则法疏，疏则必治天下，此不刊之至论也"④。专制时代，法律片面地掌握在政府手中，仅仅是政府维护统治的工具，不是人民用以捍卫自身权利的有效保障，没有服务于人民的专业法律队伍，即便有，也不可能享有与政府对等的抗辩权利，人民只能听任官方对法律随意加以解释。在那种情况下，密罗的法网对人民来说的确只能是一种灾难。

总之，由于律典具备了成熟、稳定、概括性强等优越性，便在古人心目中形成了一种特殊的价值，即便是专制暴君，也不得不或多或少地接受这样的价值观。于是，除了个别时期以外，律典保持了在明清法制中的首要地位和主导作用。具体而言，这种地位和作用又主要表现在以下几个方面：

---

① 分见 Li, Victor H., *Law Without Lawyers：A Comparative View of Law In China And The United States*, Boulder, Westview Pr., 1978, p. 10, p. 19, p. 20。

② Li Victor H., *Law Without Lawyers：A Comparative View of Law In China And The United States*, Boulder, Westview Pr., 1978, p. 42.

③ 《驳案汇编》，阮葵生序，图书集成局仿聚珍版。

④ 《胡文忠公遗集》卷五七，《宦黔书牍·致左季高书》，光绪十四年刊本。

1. 学理基础

如前所述，明清律典有着悠久的历史渊源，总结了历代成文法典的成功经验，集中了千百年来的律学智慧，文化蕴含丰富，学术积累深厚，构成了中国传统刑事法律的基本概念体系，是条例及其他刑事法源的理论基础和逻辑框架。

有西方学者指出：法典与法律之间大相径庭：从法律最狭隘的定义来讲，法律就是主权者的命令，主权者只要制订一个一般性的行为规范，并将其强制于某一种规制对象，就能创立一条新的法律。但是，对于法典，唯独主权者却无能为力。编纂一部法典，首先要通过长期的法律实践，不断地积累经验、汇集知识，并将其归纳为有系统的体系。法典与法律之间存在着多种历史经验和学术工作。①

美国学者钟威廉先生更指出："这种以我们的术语分析其它的社会的倾向，是一个不能全然避免的问题，但有一种方法可以减小这种倾向性，那就是尝试着采用与中国人所用相同的分析手段。尽管，就我可以确信的范围内，尚没有系统的有关中国法的分析性著述或评论文字，但律典（指大清律——笔者）本身却是相当系统的，且有一系列内在的分析。这一点也不奇怪。如果一部法典是真正的法典，而不只或多或少的是一种漫无目的的法条编纂物，那么，大量的分析就必然融入其结构之中，而且，其中许多分析都会是相当明晰的。经常出现的情形是，某部法典本身就是有关被它所法典化的那种实体法的一篇论文或著作。典型的例子是德国民法典，特别是它的总则部分。中国的律典（指大清律——笔者）很明显也是这种类型。它以一个总则部分作为开篇，其中包含着适用于其余各'分则'部分的众多规范和解释。这就以其自身证明，大量的智慧已被灌输到律典构架之中了"②。钟威廉先生的看法是不错的，律典是中国固有法律文化最重要的载体，是汇集了历代法律词汇的百科全书。没有律典，条例中所使用的大量专门术语就变成了无法解读的死文字，那真是不可想象的事。19 世纪 40 年代之间，香港法庭一直承认大清律对某些华人案件的效力。然而，香港法庭历来是不接受《大清律》中的刑事规定的，所接受的只是律典中对中国习惯法相关术语的解释。③

2. 体例上的制约

律典作为明清的基本刑事法源，在体例上对条例具有制约作用，这也是律典得以发挥其指导作用的重要途径。体例是法规采用的外部结构形式，与法规的内容无甚关系。但是，体例的优劣对于法规本身效力的发挥却有着密切的关联。因此，体例的发达水平往往成为鉴定法律体系本身发展程度的重要标准。

明、清律例体例的发展经历了几乎完全相同的过程，即均由最初的律例各自独立到逐渐统一、合流的过程。这里，我们以清代为例，描述一下律例合流的过程。清初颁布律典以后仍随时制定条例，当时的律典与零星制定的条例各自成书。据时人记述："但查历年以

---

① 参见陶安：《法典与法律之间——近代法学给中国法律史带来的影响》，2003 年"法史学的传承、方法与趋向——戴炎辉先生九十冥诞纪念国际学术研讨会"论文。

② William C. Jones，"Theft in the Qing Code"，30 *American Journal of Comparative Law*，pp. 501~502.

③ See Lewis，"A Requiem for Chinese Customary Law in Hong Kong"，32 *International & Comparative Law Quarterly* (1983) 及该文参考之 Pegg："Children in the Family Law of Hong Kong-Part II"，(1980) 10 *HKLJ* 3.

来续有更定新例，每称不必入律，留此例行。因而至今律自为律，例自为例，两不相合。"①沈家本也曾指出："犹之本朝康熙年间《现行则例》亦各自为书……"

康熙十九年（1680）颁行的《现行则例》②是清朝建立以来第一次大规模的修例，这次颁布的条例采用的体例与律文不尽相同，没有采用律典的七篇分类方法，但其二级结构则仿效律典，保留了律典三十门中的二十八门，即：名例、职制、公式、户役、田宅、婚姻、仓库、课程、钱债、市廛、祭祀、仪制、宫卫、军政、关津、厩牧、邮驿、贼盗、人命、斗殴、诉讼、受赃、诈伪、犯奸、杂犯、捕亡、断狱、营造。最大的差别是第三级目录，即各门下的条例名目与律条的名目截然不同。③例如，职制门下的例目是：科场作弊，更名重役，婪赃复入衙门；公式门下的例目是：在京事件限期，直省事件限期，人命限期，督抚限期，新任督抚限期，紧要事务限期，奉天等处咨文限期，判案、流犯限期，五城归结，逃人干连，差役扰民，隔省提人，讳盗，查核赎锾，民之苦情不报上司，汉军革职等官回旗。④条例自成一体，与律典不相协调，导致了司法实践中的一些严重问题，既不便于官员引用查核，又为某些人营私巧法提供了可乘之机。"臣又见刑部覆尚书朱之弼条议过钱与钱一款，近见各省官役抑勒索诈等项取财者，有将与受过付俱拟同罪者，亦有照律分别拟罪者俱不画一等。因又部题侵盗钱粮一款称：'衙役侵盗仓库钱粮或一省引衙役犯赃新例，或一省引侵盗原定律，拟罪事不画一'等。因据此可见律例各行，官司审断多有异同之处，亦且承问官吏不肖者因而或用律、或用例，得以任意轻重，行私自便"⑤。

律例体例上的差异和分隔导致了一系列问题，引起了朝野许多有识之士的关注，纷纷要求统编律例，有些官员甚至自发地将律例合编在一起。"臣见坊间刻本将康熙三年三月前定例奉旨增入律例者一二十条另为一卷附于律后，既非统会贯穿之文，亦非经呈钦定之本，且至康熙三年以后题定新例则全缺焉，尤非大全之书足为一代定本……是不可不集成统会一书刊布中外，使折狱官司晓然共见也。臣近见该部司官将年来题定新例照律内六部分项编次，刊成一册，冀使成宪昭然，非不苦心校定，然终属律为一部例又另为一部，各自分行，翻对查拟，仍不画一。且又律文系奉旨颁刻之书，新例系司官校辑之书，未呈御览敕谕刊颁，终未足为皇府昭定本。请乞敕部即将大清律原本详对新例，续经题定者皆照原律开载之法，凡有条例各于律文之本项后一一随类注入，务使次第井然。如此则律例统贯总成一书，凡听断官执此一编，随事开卷，无不一览在目，不烦检阅之劳，永无异同之失矣"⑥。

———————————

① 张惟赤：《题为律例未定全书奏谳每难画一》，载《海盐张氏涉园丛刻》，《入告编》下编，宣统三年海盐张氏铅印本。

② 据《清史稿·刑法志》的记载，《现行则例》奉旨编修的时间是康熙十八年（1679），但据则例前的题本，刊布时间应是康熙十九年。参见沈厚铎：《康熙十九年〈刑部现行则例〉的初步研究》，载韩延龙主编：《法律史论集》，第 1 卷，542 页，北京，法律出版社，1998。

③ 参见《古今图书集成·经济汇编·祥刑典》卷五十九律令部，影印本，上海，中华书局，1934。

④ 参见《古今图书集成·经济汇编·祥刑典》卷五十九律令部，影印本，上海，中华书局，1934。

⑤ 张惟赤：《题为律例未定全书奏谳每难画一》，载《海盐张氏涉园丛刻》，《入告编》下编，宣统三年海盐张氏铅印本。

⑥ 张惟赤：《题为律例未定全书奏谳每难画一》，载《海盐张氏涉园丛刻》，《入告编》下编，宣统三年海盐张氏铅印本。

康熙二十八年（1689），广西道御史盛符升又上疏力陈合刊律例的重要性，他说："民之大命系于刑狱，历朝之大法载在律书。皇上诚恐正律之外条例过严，特谕刑部会同九卿、詹事、科道详加酌改，刊为《现行则例》。查职制等目悉依旧律编次，则凡属新例皆可分入各条，并载正律之内……伏乞将律例之分别者合之，新旧之不符者通之，轻重之可议者酌之，务期尽善，然后刊刻全书勒成定本。"①

这道奏疏最初在刑部讨论时曾遭到反对，理由是："律文系递沿成书，例乃因时酌定，凡现行则例或遇事而定或遵旨而定，若将此等陆续定例事件附入律内，则律文难以告成。"② 但不久，在九卿会议讨论时又得到肯定："但律文条例乃将历代所行之条有摭拾汇辑者，见行则例系因时著定者，若使重复繁多，倘详查不周则情罪虽一而轻重或异……应如台臣盛符升所请将见行则例载入大清律条例内"③。

盛氏提议通过后，康熙帝指令专人主持其事，经过近二十年努力，到康熙四十六年（1707）方始告成。但终康熙之世，此合刊本一直未曾公布。编而不发的原因何在？笔者未见到直接的材料。从盛氏提议最初曾遭否决来推测，如前的意见分歧恐怕仍然存在，并未因盛氏提议的通过而销声匿迹。皇帝也无主见，只有采取搁置的办法。然而司法实践中援引法源存在的问题毕竟是无法回避的，律例合体已成大势所趋。律例合体，应采用哪一方的体例呢？在这点上，清统治者看来毫无分歧。很显然，律的体例是经过长期统治检验证明有效的，其合理、严谨的程度自非条例所能企及。其实，条例最初虽未完全采用律的体例，但自觉不自觉地已在向律的体例靠拢，这是律例能够合体的基础。前引盛符升氏奏疏已道出此点。④ 正是因此，到雍正时期，终于正式开始了律例合体的工作。

"查《大清律》纂修于顺治三年，校正于康熙九年。其《见行则例》酌议于康熙十八年。迨二十八年台臣盛符升请将《见行则例》载入《大清律》条例内，复命尚书图纳、张玉书等为律例馆总裁，于三十四年将律文名例先缮进呈，至四十六年全书进呈，未蒙颁发。雍正元年，复经部臣奏请，派员速修，于三年进呈黄册，五年刊行。"⑤ 雍正时期的律例合体工作虽已进行，但并不完善。这时的条例一方面依律分类编排，另一方面又以时间先后为顺序。⑥ 这种方法虽较以往有所进步，但仍存在问题。"雍正五年刻本，于每条之上分列'原例'、'增例'、'钦定例'各名目，既以时代为先后，势必不能依类编辑。"⑦ 乾隆时修律，废除了"原例"、"增例"、"钦定例"等以时间为顺序的分类方法，悉依条例的内容和性质分类附入律中，最后完成了律例合体的工作。"昔日修纂，以时代为先后，乾隆五年修

---

① 雍正《大清律集解附例·图纳奏疏》。

② 雍正《大清律集解附例·图纳奏疏》。

③ 雍正《大清律集解附例·图纳奏疏》。

④ 盛氏说："查职制等目悉依旧律编次，则凡属新例皆可分入各条"。

⑤ 沈家本：《雍正三年修律黄册跋》，《寄簃文存》卷八，载《历代刑法考》，2270 页，北京，中华书局，1985。

⑥ 沈家本说："所载旧例三百二十一条，上标'原例'二字，系承用《明律》。又刑部原刻例二百九十九条，上标'增例'二字，系康熙现行例。雍正年间增定例二百四条，是为'钦定例'。"《寄簃文存》卷八，《雍正律刻本跋》，载《历代刑法考》，2269 页，北京，中华书局，1985。

⑦ 《大清律例·凡例》。

律，因其不依类编辑，检阅较难，遂概行删除"①。

律例合体，从表面上看是一个自发的、自然的过程，但如果我们考察一下历代的情况，不难发现其中似乎存在着某种规律性的因素。以明清两朝为例，大致走过了相同的过程，即都是由律例各行→民间自发地合编律例→官方合编律例，以律为纲，以例附之。这种相同的发展过程是否纯出于偶然呢？任何偶然现象的背后都隐含着必然性的因素。如果我们进而回顾一下唐宋法源形式发展的脉络，或许能够看得更清楚一些。隋唐时期，法律形式分为律、令、格、式四种②，四者各自为书，互不统摄。到唐宣宗大中时期，出现了"刑律统类"的形式，历经五代，到宋朝成为法典的主要形式。所谓刑律统类，就是将令、格、式、敕中与刑律相关的部分依类附入律后，以便查考援引。

据《旧五代史·刑法志》说：刑统"其所编集者，用律为主，辞旨之有难解者，释以疏意；义理之有易了者，略其疏文。式令之有附近者次之，格赖之有废置者又次之。事有不便于今、该说未尽者，别立新条于本条之下……至于朝廷之禁令，州县之常科，各以类分，悉令编附"。

可见，由律令格式→"刑律统类"的发展过程与律例各行→律例合编的过程，存在着惊人的相似之处，这恐怕不尽出于巧合。我们知道，刑统的形式不是自始就有的，而是经过长期实践摸索以后总结出来的；律例合编形式的出现也是如此。这是否说明，在中国古代法制发展的长河中，稳定的法源形式从体例上统摄灵活的法源形式，是双方有效地发挥效力的最优方式。条例以律的体例为体例，这就从某种意义上意味着，在形式和体例方面，律是居于主导地位的，而例则是处于从属的地位。

3. 律是条例制定和修改的宗旨

条例的制定和修改须体会律的精神，以律为原则和指导。明清两代大量修例，其目的固然是为了适应社会的变迁而随时作出便宜处置。然而，顺应现实虽然是修例的重要原则，但并非唯一的原则。制定条例除了以现实为依据外，还必须以律的精神为宗旨，在律的基准上上下浮动，而不能彻底背离律的原则。有些学者往往过分强调修例的现实依据，却忽视了其对律的依赖性。事实上，明清两代的修例均是围绕着律进行的。

明万历十三年（1585），刑部尚书舒化等在重修《问刑条例》题稿中指出："盖立例以辅律，资依律以定例"③。清廷修例同样遵循"依律定例"的原则。

"律有一定，例则随时损益。有于律本重者，例或权其情节量为宽减；有于律本轻者，例特重其科。皆体会律意，参酌变通。断罪者当以改定之例为准，不必拘泥律文"④。这段文字表明，依律定例，不在于拘泥律文，而在于从实质上把握律的精神。

"律后附例所以推广律意而尽其类，亦变通律文而适于宜者也。故律一定而不可易，例则世轻世重，随时酌中之道焉。"⑤ 考察《大明律》四百六十门所附《问刑条例》中之相关各条例及《大清律例》四百三十六门后所附条例，虽轻重与律文或有不同，但其基本的立

---

① 徐象先：《大清律讲义》，第一编第一章。民政部高等巡警学堂光绪三十三年刻本，北京大学图书馆藏。
② 《唐六典》卷六，"刑部"谓："律以正刑定罪，令以设范立制，格以禁违止邪，式以轨物程式。"
③ 沈家本：《万历大明律跋》，《寄簃文存》卷七，载《西代刑法考》，2263页，北京，中华书局，1985。
④ 清德宗（昆冈等奉）敕撰：《钦定（光绪）大清会典》，光绪三十年前后刊刻，卷五四注文。
⑤ 雍正《大清律集解附例·凡例》。

法精神却是与律文相一致的。

例如《刑律·人命·杀死奸夫》门律文规定：

……其妻妾因奸同谋杀死亲夫者，凌迟处死，奸夫处斩（监候）……

律后附例："奸夫起意商同奸妇谋杀本夫，复杀死奸妇期亲以上尊长者，奸妇仍照律凌迟处死，奸夫拟斩立决枭示"①。

又如《兵律·军政·从征违期》律载：

凡官军临当征讨已有起程日期而稽留不进者，一日杖七十，每三日加一等……

附例规定："凡官兵从征，无故起程违期者，官革职，兵杖一百，仍发出征"②。

这两个例子中，条例的轻重虽与律文略殊，但其指向和精神却毫无二致。如果条例的精神与律文大相径庭或参差重复，以及无甚关联，除个别情况外，修例时一般须本诸律的宗旨对条例作适当修改或删除。下试分别几种情况加以介绍：

（1）因违背律的宗旨或与律文不符而被删除、修改的

《户律·钱债·费用受寄财产》门后附原例规定：

亲属费用受寄财物并与凡人一体科罪，追物还主，不必论服制递减。

雍正三年（1725）修定律例时，以此例与律意不符而加以修改。新例规定：

亲属费用受寄财物，大功以上及外祖父母得相容隐之亲属，追物给主，不坐罪。小功减三等，缌麻减二等，无服之亲减一等，俱追物还主。

其按语指出："雍正三年奏准，亲属相盗，得按服制减等，而费用受寄财物反不按服制递减，殊未允协，因改定此条"③。

此条事例非常典型，以服制断罪量刑，是我国古代法制实现了所谓的"儒家化"以来，历代法典所遵循的一项重要原则。前引条例违背此项原则，当然要被删改。

又《刑律·诉讼·干名犯义》门附例载："凡家仆告主，除谋反大逆、谋叛、隐匿奸细许其首告外，其余一切事情，家仆首告，除所告之事不准行，仍杖一百"。此条例后来被删除，其按语说："此条雍正三年定，乾隆五年查与律文不符，删"④。

笔者按：本门律文规定"若奴婢告家长及家长缌麻以上亲者，与子孙卑幼同罪"。而凡子孙告祖父母、父母者"杖一百徒三年"。条例仅杖一百，大大轻于律文，与重干名犯义精神不合，故删去。

再《名例·给没赃物》门附例载："凡应籍没家产者照律遵行，惟军机犯罪，于所籍没家产内除妾婢外，照依兵丁例，给器械及人口三对、马三匹、牛三头"。此例后来也被删除。其按语写道："此条雍正三年定，乾隆五年奏明：军机犯罪，律内并无籍没家产之条，所称除妾婢外给予人口马牛者自指本犯已经免罪者，而言本犯即已免罪，则入官之家口，

① 光绪《大清会典事例》卷八零一。
② 光绪《大清会典事例》卷七七零。
③ 光绪《大清会典事例》卷七六四。
④ 光绪《大清会典事例》，卷八一九。

及未入官之财产按律俱在赦免之列，但给人口三对、马三匹、牛三头，与律不符……此条删"①。

（2）因与律文无关而被删除的

《名例·给没赃物》门附例载："刑部凡有应交司坊官承追赃银及变产等案，俱行文都察院劄行该城御史转交司坊官办理，如逾限追变不完，该城御史即将司坊职名呈报都察院题参，交部议处"。此条例后被删除，其案语说："此条……专为参处司坊官承追不力而设，无关刑例，乾隆五年删"②。

《吏律·职制·擅勾属官》门原载一条例，后被删除，其案语写道："……乾隆五年，以此条止有举劾，并应定罪名，与律例并涉，删。"③

（3）与律文参差重复而被删除的

《礼律·祭祀·亵渎神明》门附例载："凡各省有迎神赛会者，照师巫邪术例，将为首之人从重治罪。其有男女嬉游花费者，照治家不严例，罪坐家长"。其案语写道："此条雍正三年定，乾隆五年查迎神赛会下条另有正律，男女嬉游花费已有罪坐纵令之律，此条删。"④

又《礼律·祭祀·禁止巫师邪术》门载条例：

> 私习罗教，为首者照左道异端煽惑人民律拟绞监候，不行查报之邻佑总甲人等，均照律各笞四十。其不行严查之地方官交部议处。

其案语说："……乾隆五年因律文左道异端所包甚广，罗教特其一，非通行例，删。"⑤

又《户律·市廛·把持行市》门载一条例：

> 凡旗下人将在京马匹贩至外省发卖者，贩子处绞。说合牙人不分旗民，减一等科罪……

其案语云："谨案，此条雍正三年定。乾隆五年奏准，各省提镇等衙门采买马匹，例由兵部给票，马贩承买，关口盘验放行。凡将无引马骡冒渡关津，及将马牛等物私出外境货卖者，查兵律业有治罪明文，毋庸另立例款，此条删。"⑥

4. 律是条例实施的指导

明清大量修定条例，条例的数量逐年增多。明代零星制定的条例，数额肯定相当惊人，由于典籍的散佚，现已难考其确切的数字。弘治、嘉靖、万历三次集中修例，删除了大量不必要的条例，使条例的总数一直控制在四百条以内。清代自乾隆初年确立定期修例制度以后，条例数量稳定增长，至同治年间，条例的总数已超出律文三四倍。且条例又有着具

---

① 光绪《大清会典事例》卷七三五。
② 光绪《大清会典事例》卷七三五。
③ 光绪《大清会典事例》卷七四九。
④ 光绪《大清会典事例》卷七六六。
⑤ 光绪《大清会典事例》卷七六六。
⑥ 光绪《大清会典事例》卷七六五。

体、针对性强等特性，因此条例被援引的比率往往比律文被引用的更高。然而，条例的实施须以律典为指导，忽视了这一点就无法把握明清法律在实施过程中的实质和全部内容，而失之片面化、表面化。律典能指导条例的实施，也是由律典本身的特性所决定的。

其一，律典是历代司法统治的成功经验，是条例的宗旨和渊源。"惟律例二者有体用之关系，律为体而例为用，凡鞫案决狱皆可依以为断。是其成立虽异而效力则同，不能秦越相视。惟条例概指一人一事而言，不若律文所包者广"①。律例之间存在着体和用的关系，律是从无数同类案件的审判中抽象出来的一般原则，它对案件本质的把握往往比条例更为深刻全面。因此在司法实践中只有完整掌握律的精神，引用条例时才会准确无误，不枉不纵。关于这一点，清人的论述很多，以下仅摘要列举几条。

（1）"先王之祭川也，皆先河而后海，本末之致殊焉矣。案于例亦犹是乎？援案而不参诸例无以见立法之一，引例不依乎律无以示执法之平。精于律则引例必当，熟于例则援案必确。多而识之，一以贯之，则是遍之，刻其亦可历久无弊也夫！"②

（2）"夫律者垂一定之法，例者准无定之情。原情而不依于律，无以尽情中之理；执法而不参诸例，无以通法外之变也。"③

（3）"统夫例而历久无弊者律也，宗夫律而世为轻重者例也……是以内外谳狱首重依律科断，次则察例具奏"④。

（4）"余谓：律本无多，易于讲习，若例则随时变通，熟于律而参酌时事，例之精妙出矣"⑤。

其二，律是恒平、稳定的法律形式，概括力强，包罗广泛，而条文又言简意赅，在实践中易于掌握运用。与此相比，条例则因时因事而定，修例由中央和地方各级主管官员提出，来源不一、情况复杂且数量众多，难免与律文及其他相关条例参差矛盾，加之修例时可能出现各种偏差，在实践中则会贻害无穷。因此，以律典指导条例的实施，可以在一定程度上减轻条例众多的负面作用。"惟律与例相轧而弗合，则主谳者往往略律而从例，一或不慎，则爰书不可复问矣"⑥。"若夫例者，引彼物以肖此物，援甲事以配乙事也，其能无牵合影射之虞乎？律虽繁，一童子可诵而习。至于例，则朝例未刊，暮例复下，千条万端，藏诸故府，聪强之官，不能省记；一旦援引，惟吏是循。或同一事也而轻重殊，或均一罪也而先后异；或转语以抑扬之，或深文而周内之。往往引律者多公，引例者多私；引律者直举其词，引例者曲为之证。公卿大夫，张目拱手，受其指挥。岂不可叹！"⑦"是有例之一字而使天下不得而言，天子不得而更也。然天子束与例之中，天下亦束于例之中，而执法之奸胥独不肯束于例之内。何也？则例繁多则可以意为轻重。重者为例，轻者亦为例也。

---

① 徐象先：《大清律讲义》。
② 《新刊刑部秋审实缓比较成案·长白英祥序》，光绪二年刊本。
③ 《大清律例刑案汇纂集成·文柱序》。
④ 《长白英祥序》。
⑤ 陆向荣：《瘦石山房笔记》，载徐栋辑：《牧令书》卷一七，道光二十八年刊本。
⑥ 田纶霞：《慎刑纂要序》，载陆耀：《切问斋文钞》卷二三，道光五年刊本。
⑦ 《答金震方先生问律例书》。

当其事者只见有例而不之问，已不觉为其所惑矣。"① 条例尽管存在着上述诸多弊端，但由于条例的体例、制定、修改和适用尚有律作为指导，所以在实践中还能保持大致的平衡。

> 夫今日之例，其最著者莫如考成之例与论刑之例耳。论刑之例大抵一本于先朝，其增益者十之二三，尚不致大谬也，然亦有不可执者。②

与条例相比，行政方面的则例存在的问题更多，更难解决。

> 窃为各衙门政务纷更失当者固多，而吏部考功事例尤为害政……况则例纷纭，权总归于胥吏。欲轻则有轻条，欲重则有重拟……是该增设事例只足以混淆成法、消损人才，其不能有裨吏治明矣。该部虽亦疏请再议，但例外生例，旧习难挽，终恐有负皇上革除积弊之意。③

则例的最大弊端就在于条目繁多，法出多门，没有统核有据的标准。

> 大清律易遵而例难尽悉，刑律易遵而吏部处分例难尽悉。此不过专为书吏生财耳，于实政无丝毫之益。④

"谈者谓，今天下有大弊三：吏也、例也、利也。任吏挟例以牟利，而天下大乱于乎尽之矣夫？例何以设？曰为治天下也。例之大纲尚不失治天下之宗旨，至于条目愈勘愈细，其始者若离若合，其继则风马牛不相及，其终则郑声谵语不知所云，遂与宗旨大相背谬，倘一道破，无不哑然失笑。"⑤ 律对条例的指导作用主要不体现在条文上而是体现在精神上，即见之于理而非见之于表。它需要司法官员具备良好的素质，能够在深刻把握律的精神的基础上运用条例。这一点在实践中确实存在着很多困难，所以康熙帝才有"用律用例，俱在得人"⑥ 之叹。

第二节
明清两代的修例

一、明代的修例

（一）概说

自秦汉以来，几乎各个王朝都有自己的立法活动，也都有立法工作的主体和中心。大体上说，唐中期以前，定律是各王朝的主要立法活动，是立法工作的中心。从唐后期起，定律工作逐渐退居次要地位，这时，律作为一种法源形式已趋于成熟、稳定，各王朝定律的主要任务已

---

① 孟远：《与张侍读书》。
② 孟远：《与张侍读书》。
③ 李之芳：《请除无益条例疏》，载《国朝文录》卷二六，"奏议类编二"。
④ 胡林翼：《致左季高书》。
⑤ 冯桂芬：《省则例议》，载《皇朝经世文统编》卷八八，上海宝斋刊本，光绪廿七年版。
⑥ 《大清圣祖实录》卷八九。

不再是发展这种形式，而是继承和延续它。与此同时，律之外的灵活性、变通性的法源形式上升为立法工作的重心。如唐后期的格敕、两宋的编敕以及明清的修例等。明清两代的修例从本质上说就是一种立法活动。而且，在明清两代，修例构成了国家立法活动的主体部分。

作为君主专制时代的立法，修例表现出与定律相似的特征，修例的根本决定权属于皇帝，或者说皇帝是立法权的主体。当然，皇帝的这种主体地位许多情况下仅具有象征意义，但在有些时候它也起着非常具体而且实际的作用。譬如洪武、永乐两朝的修例就很受皇帝个人的影响，而仁宗、宣宗以后各朝的修例，受这方面的影响就要小得多。从理论上说，专制时代的皇帝应是立法的全权主体，但是受中国古老的祖先崇拜和儒家"孝"的观念左右，中国古代的开国皇帝往往享有更大的立法权，他所创制的法律有时甚至会构成对本王朝以后的各个皇帝的约束力量。换句话说，嗣位皇帝的主权是不完整的，已经被他的祖先分割掉了一部分。

明清的修例不仅是创制新的条例，也包括修改、补充、废止条例以及对条例作一些编纂技术上的处理。在现代立法学家看来，所有这些都属于立法活动。[1]

（二）《问刑条例》的初修

明代条例的创修始于洪武朝，永乐时期也制定过一些条例。由于朱元璋、朱棣的个人原因，明初的修例随意性较大，缺乏规范的程序和审慎的态度，往往是因人因事设例。一方面，条例本身不够协调一致，淆乱了成法；另一方面，奸吏乘机舞弊，任意轻重。仁、宣以后诸帝，逐渐认识到上述现象的危害，开始强调律典的正统地位，因此每个皇帝登基后都宣布要革除前代的条例。然而社会状况并非固定不变的，作为原则性的律典又显得过于抽象和概括，为应付时势的迁移，随时制定新的立法也是符合情理的甚至是迫不及待的。鉴于"已成之法，一字不可改易"，摆在新皇帝们面前的唯一选择就是求助于条例了。于是自仁宗以后累朝都在废止前朝条例的同时又制定出本朝的新例。条例的数量不仅没能减少，反而愈删愈多。据学者统计，仅天顺八年（1464）到弘治九年（1496）的三十二年间，诸臣上奏的例文题本就多达八百八十八件，乃至"一事三四其例者有之，随事更张，每年再变其例者有之，驯至条例浩繁，其中得失混杂"[2]。宪宗成化年间，朝臣要求制定"问刑条例"的呼声越来越高，成化十年（1474）六月，兵科给侍中祝澜上疏要求"五府、六部、都察院、大理寺等衙门，备查在京在外、远年近日节次条例，开具揭帖，会同内阁重臣，精选符合律意，允协舆情，明白简约者，以类相从，编辑奏闻，取旨裁决，定为现行条例，刊版印行"。成化十四年（1478），刑科给侍中赵艮又上疏要求将"洪武以来所增条例，通行会议斟酌取舍"，"以定条例"，宪宗朱见深虽赞同上述提议但并未付诸实行。[3]孝宗统治时期号称有中兴之象[4]，比较善于接纳臣僚的正确意见。此时朝臣中有关修订条例的呼声再

① 参见周旺生：《立法论》，61 页，北京，北京大学出版社，1994。

② 王毓铨：《〈皇明条法事类纂〉读后》，载《明史研究论丛》，第一辑，转引自赵珊黎：《明代〈问刑条例〉的比较研究》，中国社会科学院研究生院硕士学位论文，1997。

③ 参见《皇明条法事类纂》，转据曲英杰、杨一凡：《明代〈问刑条例〉的修订》，《中国法律史国际学术讨论会论文集》，343 页，西安，陕西人民出版社，1990。

④ 参见王天有：《明代国家机构研究》，29 页，北京，北京大学出版社，1992。

度高涨，鉴于"祖制事关重大"，直到弘治十一年（1498）十二月二十一日，他才借宫灾之名下诏："法司问囚，近来条例太多，人难遵守。中间有可行者，三法司查议停当，条陈定夺。其余冗琐难行者，悉皆革去"①。弘治十三年（1500）三月初二日，经过一年零两个多月的工作，首次修定的《问刑条例》终于得到皇帝的批准正式颁行。根据刑部尚书白昂奏呈《问刑条例》的题本，我们可以将这次修例的过程概括为三个主要步骤。

第一步骤是"奉诏查议"，类似现代立法过程中的起草法案。由刑部、都察院及大理寺等三法司机关根据诏旨的精神，提交修例的草案。具体又可分为两个环节，首先是由三法司各委派官员将司法机关历年制定的及当时仍在通行的，或曾经"申明"的有关刑事问题的条例查清开列出来，然后由刑部尚书白昂领衔，都察院、大理寺首脑官员进行"查议"。具体的做法是，"将情法适中，经久可行者"的条例"通行查议停当"，除根据诏书不须开列的以外，逐条写明奏请皇帝定夺。第二个步骤是"奉旨会议"，类似现代立法过程中的审议法案。即在"查议"的结果奏上以后，孝宗皇帝传旨要求三法司与六部及通政使司主管官员对"查议"的结果一同进行讨论。根据这道诏旨，三法司又会同各部及通政使司主管官员"将前项条例查照明白，再加议处停当，理合开陈具奏，伏候命下之日刊行。内外问刑衙门，问拟罪囚，悉照此例施行，永为遵守等因，开坐具题"。第三个步骤是修改颁布，类似现代立法过程中的表决和公布法案。刑部尚书白昂与各部官员三十五人会衔将"会议"的结果呈报皇帝审批，孝宗皇帝答复说"是。有点的六条，还再议停当来说。钦此。钦遵"。于是，白昂等官员再将皇帝钦点的六条议妥奏上，弘治十三年三月初二日孝宗皇帝最后下诏"都照旧行。钦此。"

明孝宗

---

① 刘海年、杨一凡总主编：《中国珍稀法律典籍集成》乙编第二册，《问刑条例》，217 页，北京，科学出版社，1994。

从以上三个步骤我们似乎可以得出这样的认识，明代《问刑条例》的修定与现代的立法活动有近似之处，须要经过一定的程序，并非由皇帝随心所欲地制定的。修例的每个步骤都有一定的权限分工和合作，譬如第一步由主管司法的各机关共同提出草案，第二步由更广泛的国家机关参与审议和讨论。每一个步骤的进展都必须经过并围绕皇帝的指示进行。与现代民主议会体制下的立法程序不同，中国专制体制下的法案表决权或者说最后批准权，至少从形式上看属于皇帝一人而不是由议会或国民表决。

首次修定的《问刑条例》因颁布于弘治年间，史称"弘治《问刑条例》"，以区别于后来于嘉靖、万历年间修订的《问刑条例》。

弘治《问刑条例》共计二百七十九条，最初只有单行本，现存最早的弘治单刻本载于明镇江府丹徒县官刊《皇明制书》嘉靖刻本和万历四十一年（1613）补刻本，科学出版社1994年版《中国珍稀法律典籍集成》乙编第二册予以收入。单行本问世后不久，有私人编纂的律例合刊本，如北图藏隆庆二年（1568）河南府重刊本《大明律疏附例》，该书将条例散附于相关律条之后，排列顺序、条数与单刻本不同，但文句一致。另外，还有将弘治《问刑条例》同其后续定的条例混编在一起的律例合刊本，如胡琼的正德十六年（1521）刻本《大明律集解》，系现存最早的明代律例合刊本，分别收藏于北图和日本尊经阁文库。[①]

弘治修定《问刑条例》打破了祖宗成法不可变的禁锢，开创了明清时代以例辅律、律例并行的先河，在中国古代立法史上具有重要地位。

（三）《问刑条例》的重修

弘治《问刑条例》颁布后，在弘治、正德、嘉靖三朝行用了五十余年，随着社会状况的变化又出现了一系列新的问题。为应付这些新情况，弘治十三年后仍不断有新的条例出现，如正德时的"新增条例四十四款"。世宗即位后，发布诏书重申：

> 凡问囚犯，今后一依《大明律》科断，不许深文、妄引参语，滥及无辜。其有奉旨推问者，必须经由大理寺审录，毋得径自参奏，致有枉人。近年条例增添太繁，除弘治十三年三月初二日以前曾经多官奉诏会议奏准通行条例照旧遵行外，以后新增者悉革去。[②]

然而他自己也未能严格奉行自己下达的这道指令，就在他统治时期，又陆续颁定了许多新的条例，"法令难行，轻重失宜"的现象再度突出起来。嘉靖初，陕西巡抚王荩奏请"定条例以明法守"，遭刑部驳回。后来，巡抚保定等府都御史王应鹏等又上疏提出：

> 新增条例四十四款系正德年间法司详定奏行者，中间多所发明，及新例之可行者，均乞采择并行。

这一次，刑部附和了王应鹏的提议，认为应将上述新增条例"会官编入"。嘉靖七年（1528）十月世宗皇帝下诏否决了有关修例的提议，他指出："内外问刑衙门只依《大明律》

①　参见刘海年、杨一凡总主编：《中国珍稀法律典籍集成》乙编第二册，5～6页，《点校说明》，北京，科学出版社，1994。

②　《明世宗实录》卷一，转引自曲英杰、杨一凡：《明代〈问刑条例〉的修订》，载《中国法律史国际学术讨论会论文集》，349页，西安，陕西人民出版社，1990。

科断，及弘治十三年条例照旧遵行。正德十六年诏书开载已明，不必再行编辑。"① 嘉靖十二年（1533），都察院右副都御史再次提出纂修条例，刑部已同意"委官将弘治十三年奏行条例之后至正德、嘉靖间节经题准事例，逐一查出，斟酌精当，如果有补于律，可以永为遵守，会同各衙门官详议，明白开具，奏闻施行"。就在准备修例的过程中，三法司查出了世宗即位诏及嘉靖七年否决修例的诏旨，遂表示"未敢擅变"，这次修例又告流产。②

嘉靖二十七年（1548）九月，刑部尚书喻茂坚以地震应诏陈言：

> 自弘治间定例，垂五十年，乞敕臣等会同三法司申明《问刑条例》及嘉靖元年后钦定事例，永为遵守。弘治十三年以后嘉靖元年以前事例虽奉诏会议革除，顾有因事条陈，拟议精当可采者，亦宜详检。

由于多年来有关修例的条奏不断，世宗也终于意识到问题严峻性，不能再听之任之。不久喻茂坚去职，世宗令刑部尚书顾应祥主持修例，经过两年的努力，至嘉靖二十九年（1550）十月二十二日，《问刑条例》的重修工作终于告竣，经世宗批准颁行。③

这次重修的条例史称嘉靖《问刑条例》，颁行后有单行本及律例合刊本行世。嘉靖单刻本现存美国国会图书馆，合刊本见于台湾史语所藏嘉靖三十三年（1554）江西布政使汪宗元、潘恩重刊本《大明律例》，北图藏万历初年巡按山东御史王藻重刊本《大明律例》及海内外其他一些单位的收藏本，其中以台湾地区中央图书馆藏嘉靖四十二年（1563）歙县知县熊秉元重刊明雷梦麟撰《读律琐言》所附条例在编排上最尊重单行本的次序。据《明史·刑法志》及《续通典》的说法为二百四十九条，有学者对上述各本加以考证认为，嘉靖《问刑条例》应为三百七十六条，加上嘉靖三十四年（1555）续增的九条则为三百八十五条。④ 嘉靖重修《问刑条例》巩固了条例与律典并行的地位。

《问刑条例》的第三次修订比前两次要顺利得多。万历二年（1574）四月，刑科给侍中乌升上疏"肯乞严敕当事法司早定刑书等事"，神宗朱翊钧传旨"《问刑条例》依拟参酌续附"。此后即着手修例的准备工作。万历十一年（1583）五月，刑科给侍中戴光启上书"请修《问刑条例》，以饬法条事"。当时主持朝政的首辅张居正及许多朝臣均赞成度势立法。张居正认为：

> 法不可轻变也，亦不可苟因也。苟因则承敝袭舛，有颓靡不振之虞，此不事事之过也；轻变则厌故喜新，有更张无序之患，此太多事之过也。二者法之所禁也，而且犯之又何暇责其能行法哉。去二者之过而一求诸实，法斯行矣。执事发策，考苟孟之异论，稽国家之旧章，审沿革之所宜，求综核之实效。愚尝伏而思之，夫法制无常近民为要，古今异势，便俗为宜。⑤

----

① 《明世宗实录》卷一，卷九四，转引自赵珊黎：《明代〈问刑条例〉的比较研究》，中国社会科学院研究生院硕士学位论文，1997。

② 转引自赵珊黎文：《明代〈问刑条例〉的比较研究》，中国社会科学院研究生院硕士学位论文，3页，1997。

③ 参见清高宗敕撰：《续通典》卷一一二，1817页，台北，新兴书局，影印本，1965。

④ 参见刘海年、杨一凡：《点校说明》，5～7页，《中国珍稀法律典籍集成》乙编第二册，《问刑条例》，北京，科学出版社，1994。

⑤ 张居正：《辛未会试程册二》，载《张太岳集》卷一六，193页，上海，上海古籍出版社，1984。

由于朝廷上下对修例问题态度比较一致，阻力也就较小。万历十三年（1585）四月四日，刑部尚书舒化奏报《问刑条例》修订完毕请旨颁行。十一日，神宗下诏：

> 这《问刑条例》既会议详细允当，着刊布，内外衙门永为遵守。仍送史馆纂入会典。各该问刑衙门如有妄行引拟，及故入人罪的，法司及该科参奏治罪。①

后来，根据舒化的建议，将条例依类附入律中，"律为正文，例为附注"，实现了律例合体。②

万历续修《问刑条例》距嘉靖二十九年的修例不过三十五年，其间陆续颁定的条例数量并不太多，因此这次修例的任务主要不是增补条例而是对嘉靖《问刑条例》作技术性的处理，调谐条例与律典的关系，其基本的宗旨是"依律以定律"，"必求经久可行，明白易晓，务祛苛纵之弊以协情法适中"。这次修例，保留下来的条例共计三百八十二条。③ 万历《问刑条例》的修订是明代最后一次大规模的集中修例活动，自此以后直迄明亡，《问刑条例》再未更动。这次修例明文规定："条例申明颁布之后，一切旧刻事例，未经今次载入，如比附律条等项，悉行停寝"④。

二、清代的修例

清代的修例基本仿效明朝并在明代的基础上有了进一步的发展，以其发展程度的不同又可分为前后两个阶段。

（一）清初—雍正末年

清朝入关以后，接受前明旧制，开始了自己的修例活动。清代刑事法律的制定主要由专门的机构——律例馆负责。律例馆创设于顺治二年（1645），最初为独立的"官厅，乾隆七年隶属于刑部。但该馆并非常设。每到条例纂修年限，由刑部官员临时任命馆员，纂修完了即刻废止"⑤。律例馆设总裁一人，由刑部"堂官"（即刑部尚书或左右侍郎）出任；纂修若干人，由刑部司员中选任。⑥ 这个阶段，律例馆的主要任务是修律，虽然也开始了修例，但不是主要的。顺治一朝除修成了一部律典外，没有集中的、大规模的修例。顺治时期，由于政权尚未稳定，清政府还没有足够的精力从事立法活动，这一时期的主要工作是为了应付现实的需要，因此只能照搬明律，还不可能有太多的创新。顺治四年（1647）颁布的大清律，基本上是明律的翻版，不但全盘接受了明律，而且也继承了明律附载的条例，并视之与律文有同等效力。"律有条例附于律也，顺治年颁行者也；新例于律与条例之外新

---

① 曲英杰、杨一凡：《明代〈问刑条例〉的修订》，载《中国法律史国际学术讨论会论文集》，354页，西安，陕西人民出版社，1990。

② 参见《明神宗实录》卷一六零。

③ 参见曲英杰、杨一凡：《明代〈问刑条例〉的修订》，载《中国法律史国际学术讨论会论文集》，354页，西安，陕西人民出版社，1990。

④ 万历《问刑条例》。转据曲英杰、杨一凡：《明代〈问刑条例〉的修订》，载《中国法律史国际学术讨论会论文集》，355页，西安，陕西人民出版社，1990。

⑤ ［日］织田万：《清国行政法》，18页，临时台湾旧惯调查会，大正三年印刷。

⑥ 参见中国第一历史档案馆藏档案：朱批奏折：163-4-24-1，乾隆五年十二月初七日刑部左侍郎张照奏折。

增者也。康熙七年酌复旧章，以新增者名曰例，以附律之条例概名曰律。"① 康熙时期，整理开国以来陆续制定的条例，定名为《刑部现行则例》于十九年（1680）颁布②，这是自清开国以来第一次大规模的修例活动。雍正时期，又将前明、顺康两朝及本朝零星颁布的条例进一步加以整理，按制定的时间先后顺序依类附入律中。

概括清初三朝的修例情况，大体有以下三个特点：

第一，修例制度基本仿效前明，没有什么创新。

第二，修例尚未制度化、定期化。与明代相似，随时定例，或单行颁布或附入律中。值得一提的是，清初三朝修例的情形与明代修例走过的全过程非常相像。清初一方面继承明朝的条例，另一方面也着手修纂本朝的条例，待经过相当时间，条例积累渐多方始集中整理。如康熙十九年整理开国以来条例颁布的《刑部现行则例》，类似明弘治朝整理颁布的《问刑条例》；雍正年间整理入律的条例，恰如明万历时舒化整理合编的律例。徐道邻先生说："清朝处处师学明朝，甚至于起先单行《现行则例》，后来再律例合刊，在这一步骤上，也完全和明朝一样，真是有意思"③。

第三，修例尚须围绕着修律进行。清初，修律仍居重要地位，顺康雍三朝不到百年的时间，大规模的修律就有两次，康熙朝也有零星的修律活动。这个时期修例的主要目的是为了弥补律的不足。另一方面，笔者以为也有为修律工作做准备的意图。清朝虽然三度修律，但改动的内容并不很多，许多修改往往参照或取材于条例。当然这些可供参照的条例必须是成熟的。如《名例·化外人有犯》条，原律规定"凡化外（来降）人犯罪者，并依律拟断"，雍正三年（1725）修律在原文后增入；"隶理藩院者，仍照原定蒙古例"④。又如《名例·军人犯罪免徒流》条律文系根据顺治十八年（1661）的一条定例加以适当修改而成，顺治律并无此目。律后案语写道：

> 又旗下人犯徒流准折枷号与此律（指顺治律中的《军官军人犯罪免徒流》）意相符……其增定旗人犯罪之律曰《犯罪免发遣》。⑤

这条律文的创设是由清朝特定的历史条件决定的，清政权是以满族为主体的，满族的特殊地位必须在法律上有所反映。明律中原有《军官有犯》、《军官军人犯罪免徒流》、《处决叛军》、《杀害军人》、《在京犯罪军民》等律条，沈家本说：

> 明世优待军人，凡军官有犯，不与民官同。⑥

入关之初，满、蒙、汉八旗男子几乎全数为国家的职业军人，因此，将明律中有关军人的律条稍加变通改为专门适用于旗人的条文就显得顺理成章了。《大清律例通考》卷四

---

① 姚文然：《虚直轩外集》卷五，光绪十三年天津广仁堂刻本。

② 光绪《大清会典事例》卷七四零载：康熙六年"奉旨，刑部酌定现行则例，详细分款，陆续进览"。康熙十九年颁布《现行则例》。又《清朝文献通考》卷一九五载：康熙十八年："遵旨更改条例，缮册奏准，刊刻通行，名曰《现行则例》"。

③ 《中国历代律令名称考》，载《中国法学论著选集》，台北，汉林出版社，1976。

④ 光绪《大清会典事例》卷七三九。

⑤ 《光绪会典事例》卷七二七。

⑥ 《明律目笺》卷一，载沈家本：《历代刑法考》，1793 页，北京，中华书局，1985。

《犯罪免发遣》条下，作者"谨按：此条旧律目系军官军人犯罪免徒流。我朝专为旗人犯徒流军罪折枷号各条，即用旧律军官军人犯罪折枷律意，改立此条，列为正律。将军官军人犯罪免徒流律目删除，其军籍有犯，另立专条于后。查旗人犯罪折枷之例，先于顺治十三年题准：凡旗人犯（军）罪，枷三月；流罪，枷二月；徒罪，枷一月。仍责以应得鞭数。顺治十八年又议准：旗人犯徒一年者，枷号二十日，一年半者枷二十五日，二年者枷三十日……三年者枷四十日。流二千里者枷五十日，二千五百里者枷五十五日，三千里者枷六十日；军罪枷号三月，杂犯死罪准徒五年者，枷一百五日……"① 光绪末年实施法律改革时，沈家本等奏请删除所有满汉处刑歧异的律文。沈家本说：

> 查律载："凡旗人犯罪……"此条乃犯罪免发遣律文，系因《明律》军官军人免徒流一条仿照编纂。考明代军官军人隶于各卫以充什伍，各卫所差务亦极殷繁，故犯流徒者仍发各卫充军。当差旗人犯罪折枷，与此意实相符合。方我朝入关之初，八旗生齿未臻繁盛，军伍有空虚之虞，差务有延误之虞，故凡八旗之人犯军流徒者，特设此折枷之制，免其发配，原为供差务，实军伍起见，初非区满人与汉人而歧视之。②

再如《刑律·斗殴·宗室觉罗以上亲被殴》条，原名为《皇家袒免以上亲被殴》，乾隆二十九年（1764）改用此名，其所依据者系由清初以来一系列有关宗室觉罗犯罪的条例。诸如此类的情况还有不少，不赘述。

（二）乾隆初年—同治九年（1870）

经过清初近百年对律文的不断修改，到乾隆时期，律文已趋于稳定，此后基本不再改动。为了处理社会上随时发生的问题，清廷健全了修例制度。

清季曾在刑部任职的董康回忆说：

> 中国本有律例馆，专司修订律例之事。初系独立，后归入刑部。
>
> 依向来制度，阅十年大修一次，五年小修一次，择期间内通行章程及判例之足兹援引者分修改、修并、删除、增纂四类比核，辑为专例，附于律后。主任修订者为律例馆。该馆向以九卿中曾由刑部司员出身，素谙习律例，长于听断者领之。各部则例概归其修订。如刑部侍郎缺额，即以是人充补。因刑部为刑名总汇之地，非专家不能整饬。部中满汉尚、侍虽有六人，咸推是人为当家堂官，一切奏咨文稿非经其画诺后，概不签署，沿为故事，不知始于何时。刑部事务之整齐甲于他部者，职是故也。此馆后经归并刑部，改用本部秋审处司员、提调，位列诸郎员上，以此职关系立法事业。故不容幸进之徒滥竽也。③

董康的回忆有不确之处也有混乱之处，但有些背景材料仍极有价值。乾隆朝律例馆和

---

① 马建石、杨玉棠主编，吴坛原著：《大清律例通考校注》，217～218 页，北京，中国政法大学出版社，1992。

② 《旗人遣军流徒各罪照民人实行发配折》，《寄簃文存》卷一，载沈家本：《历代刑法考》，2032 页，北京，中华书局，1985。

③ 分见董康：《中国编纂法典概要》，载《中国法制史讲演录》，香港文粹阁版，香港大学冯平山图书馆藏书，170、156 页，《中国法律修订之经过》。

修例制度的演变具体情况如下。乾隆元年（1736），确定了三年一届修例的原则。乾隆十一年（1746），又将三年一修延长至五年一修，成为定制，五年一小修，十年一大修。每届修例，依所修条例的性质区分为五类，即："续纂"、"修改"、"移并"、"移改"、"删除"。顾名思义，所谓"续纂"，是新制定条例；所谓"修改"，是对已有的条例进行修改；所谓"移并"，是将某条例文移入另一条例文中，将二者合而为一；所谓"移改"是将某条例文移入另一门律后或同时对该条例文加以修改；"删除"是将以往纂修附律的条例删除。自乾隆朝以后，清廷修例实现了经常化、定期化、规范化，形成了一套比较完备的制度。据笔者的统计，乾隆五年（1740）颁行《大清律例》的同时，已对乾隆五年以前修订的条例做了系统的整理并确立了三年一次修例的原则，从乾隆五年开始，有记载①可考的修例共计二十三次，其年限分别是：乾隆八年、十二年、十六年、二十一年、二十六年、三十二年、三十七年、四十三年、四十八年、五十三年、六十年、嘉庆六年、十一年、十五年、十九年，道光元年、五年、十年、十五年、二十年、二十五年、咸丰二年、同治九年。可以说，自乾隆初起至同治九年（1870）止，清廷基本上遵循了定期修例的原则。每届修例之期，由刑部负责向皇帝提出修例的申请，修例完成后亦由刑部对修例工作作出总结并向皇帝汇报。同治九年以后，由于内忧外患，清廷的日子越来越不好过，定期修例的制度也就不得不终止了。

据薛允升回忆：

> 凡条例应增应减者五年小修一次、十年大修一次，历经遵办在案。同治九年修例余亦滥厕期间，然不过遵照前次小修成法于钦奉谕旨及内外臣工所奏准者依类编入，其旧例仍存而弗论。自时厥后，不特未大修也，即小修亦迄未举行。

清代确立的这种定期修例制度改变了以往不定期修例时皇帝临时特简大臣主持修例的做法，使修例之权集中到刑部律例馆。这种做法同时也促成了修例人员固定化的格局，从而造就了一支专业化很强的律例专家队伍，乃至晚清时期，刑部成为六部中比较特殊的一个部，即所谓的专家掌部，先后涌现了薛允升、赵舒翘、沈家本等一批刑官律学家。

清代修例制度的经常化、规范化便于现实统治者根据社会状况的变化，随时对法律、政策进行调整，及时地将统治者的意图法律化，而且，它还可以加强立法的协调性和统一性，减少不同法源之间的矛盾和冲突，尽可能地限制司法官吏舞文巧法。这一点，也是修例实现定期化的原因之一。

乾隆元年（1736），刑部尚书傅鼐上奏指出："伏查《大清律集解附例》一书，系雍正三年刊刻之版，现今不行之例犹载其中，恐问刑之员援引舛错，吏胥因缘为奸。且与其临时斟酌，时时上厪圣怀，不若先事精详，事事立之准则"②。乾隆二十五年（1760），贵州巡抚周人骥也上奏说：

> 窃查刑部奏准，凡新定条例三年一次编辑颁行，良以条陈奏议，时时有之，若陈

---

① 参见光绪《大清会典事例》卷七四零及《清朝文献通考》卷一九五。
② 薛允升：《读例存疑·总论》。

积年久，则案牍繁重，新旧混淆，一经刊定，斯民易于遵守，吏胥难以作奸，法至善也。[1]

基于上述原因，律例馆每届修例，除了续纂新例以外，另一重要任务就是画一律与例、此例与彼例、新例与旧例之间的关系。[2] 这个阶段，清廷不仅在条例的纂修上获得了很大发展，而且各部则例的纂修也同步正规。

回顾第一阶段，各部虽然也纂修了一些则例，但还很不完善，未有一定的制度和规范。康熙年间编辑的《六部现行则例》只是一部比较简单、原则性的法规。前引周人骥的奏章中曾谈到各部修例的情况：

> 但所纂之例止于治罪科条，此外户部尚无例册，礼、工二部虽有而不全，吏、兵二部之例纂自乾隆六年，迄今已阅二十载，其间增删更改不知凡几，俱未改正，外省止以准到部文存案，合计新旧未纂条例之案牍不下准千百件。

因此他建议：

> 可否敕部速为办理颁发以昭遵守……若平日逐渐办理则合六部而计每月不过数件，与其尘积累年，始一编纂，不但开馆设局频繁滋多，而纂修者非原议之官，搜讨咨商坐靡岁月，即至定有稿本，逐卷进至后始颁行，汇总刊刻，迫颁到外省又必经年时，即迁延亦繁重。臣愚以为：议覆上谕条奏该例之案，即将原例篇页粘签随本恭呈钦定后即行文刊发，不特简捷省便，而外省皆有完善之书得以祗承办事，似于政理不无裨益。

此后各部相继纂修本部则例，其规范与条例的修定大致相同，也是五年一修或十年一修，只是由各部自己纂修。下面举户部的例子作为说明，其他各部修例情形大致相同。

> ……查先经吏部会臣等衙门议覆原任贵州巡抚周人骥条奏——各部院衙门未纂例案繁多请敕编辑成书刊刻通行以便遵守——当经臣部奏准将有关成例案件拣派司员参校，分门别类逐一编辑成书，于乾隆四十一年告竣颁发……应嗣后每届五年续纂一次等。因计自乾隆四十一年至道光元年先后十次纂辑成书，颁发各直省在案。[3]

除一般则例外，各部特别则例的修定也逐渐实现了定期化、规范化。下试以《工部军器则例》为例说明之。

---

① 乾隆二十五年九月二十二日贵州巡抚周人骥奏折。
② 参见［日］织田万：《清国行政法》，19 页，临时台湾旧惯调查会，大正三年印。"《增修律例统纂集成·凡例》上有：'律例所载皆系关罪名轻重，每届纂修条例，增一言，删一字，刑部详审斟酌，然后缮册进呈，恭候钦定'云云。又在续修《大清会典》卷四四，刑部律例馆的职制注上有：'凡钦奉谕旨及议准内外臣工条奏，除止系申明例禁无关拟议罪名者，毋庸编辑外，若关系罪名轻重应行修改及新旧条例不符应修应删者必悉心参校，照奏定章程分修改、修并、续纂、删除各名目开列本例之首，粘贴黄签，并于本条之下各加按语，分晰陈明。有原例皆叙原例于前以次叙新例于后，使眉目犁然不紊'。如依此观之，作为条例需要纂修的是有关罪名的轻重以及新旧例有抵触的，大概没有疑义了。其需要改动的如上所列，必须以周密的形式贴附黄签或将新旧例进行明确的对照，如此而成的草案即为黄册。黄册是以清、汉文分为二种缮写进奏，经敕裁作为条例进行刊刻颁布的"。
③ 道光十一年版《钦定户部则例》载道光九年奏。

工部为奏请旨事，先经臣部于乾隆五十八年奏请将坛庙、城垣……器具等项做法工料并各省物件价值有因内外臣工条奏章程及臣部随时酌定事宜与成例未符者详加编纂成帙，并声明嗣后每届十年纂修一次等，因奉旨允准在案……①

总之，到乾隆时期，无论条例还是则例的修订都达到了定期化和规范化的程度，这是清朝修例制度的重要进步，也是我国传统立法制度的重大发展，标志着法律在传统社会的上层建筑领域中的地位有所提高，也标志着到了帝制时代的末期，立法制度和法源形式更加成熟。

第三节
条例的性质和作用

一、条例、判例与判例法

在本节所要讨论的条例是指作为律的补充和辅助的刑事法规，譬如明代的《问刑条例》、清代历朝纂修的条例，它们的制定和修改通常须经过一定的程序。显然，这种意义上的明清条例是一种制定法或成文法，在英文中称作 sub-statutes。因此，它与我们通常所理解的判例，即英美普通法中的判例，那种非制定法的法源形式是不同的。

美国著名学者博德指出："但在明朝时候，逐渐形成一套完备的体制，专门解决法律的变化问题。这时产生的一个重要概念便是'例'。在日常语言中，'例'可表示原则、方式、概念或例证等含义。在明代法律体制中，'例'具有'判例'的意义，具体说来，它是一种在过去某个诉讼案件中作出的、对于后来一些诉讼案件的审判具有参考价值的判决。作为一个专门法律术语，'例'的真实名称应该是'亚律'（sub-statutes）……'例'作为法律规范的一种，是对基本法律规范'律'的补充。'例'的原始来源有二，其一是皇帝的诏令，其二是刑部就具体案件所作出的、并经过皇帝批准的判决。这两种来源中，可能后一种更为普遍"。

他又说：

例一旦被收入法典，它也会像律一样具有某种稳定性。②

博德的这番话令人有点不得要领，一方面他说例具有"判例"的意义，另一方面他又说例是"亚律"。博德教授在美国乃至西方汉学界享有崇高的威望和巨大的影响力，大概也正是因为这点，使许多西方学者误认为"例"就是判例。③

---

① 嘉庆十九年版《钦定工部军器则例》载嘉庆十三年四月奏。

② 转引自［美］D. 布迪、C. 莫里斯：《中华帝国的法律》，朱勇译，60、62 页，南京，江苏人民出版社，1995。

③ 记得 1993 年至 1995 年，笔者在美国华盛顿大学法学院做访问学者期间，导师（adviser），最新版《大清律》的英译者，美国中国法学者钟威廉（William C. Jones 或译作琼斯）曾对笔者说"条例就是判例，因为它来源于判例"。钟对博德极为推崇，参见苏亦工：《当代美国的中国法研究》，载《中外法学》，1996（5）。

　　博德说得不错，大部分的条例来源于判例；但判例一经升格为条例，就不再是一般的判例，而变成了制定法或立法的一个组成部分。然而，由于判例和条例的这种血缘关系，还是使人们感到难于把握，甚至一些出色的学者也对如何界定条例的性质感到举棋不定。例如，著名的清代法制史学者郑秦教授曾经撰写过一篇极有分量的论文，题为：《康熙〈现行则例〉：从判例法到法典化的回归》。[①]　为了完整地表述他的见解，下面将引述这篇文章的有关段落：

　　　　如果说律是成文法，那么格敕科比例等就具有判例法的意义，这是不应忽略的，几与成文法同时，中国的判例法也就出现了。这或许并非立法者的有意安排，而是在司法实践中，判例法不断被创造出来……

　　　　所以中国传统法律体系自形成之初，就开始了成文法典与判例法矛盾的苦恼。唐律与条格，宋律与编敕，以致明清律与条例，都是一样。

　　　　立法者的意图似乎更倾向于成文法典，无论"以敕代律"也好，还是"有例则置之律"也好，都没有废止律作为祖宗成宪的根本大法的地位……

　　接下来，郑秦回顾了"例"产生的历史，他指出：

　　　　例，作为中国传统法律体系中判例法的一种形式，发端于唐代，高宗时祥刑少卿赵仁本撰《法例》三卷，高宗以为烦文不便，"何为更详作例，致使触绪多疑"，遂废而不用。但是举例比附的情况到宋代更发展了，仁宗庆历年间诏刑部、大理寺"集断狱编为例"（《玉海》卷66），后又有《刑名断例》、《断例》，规定凡"法律不载者然后用例""取从前所用例，以类编修"，但不能"引例破法"等等，例不绝于书。元朝的《大元通制》有三部分：诏制、条格、断例，断例717条，数量超过前二者，"集世祖以来法制事例"。由此知道例从一开始就是案例、断例也就是判例。例的发达，更在明清两代，淘汰了格、敕、科、比等各种形式，独与律并行。

　　郑秦提到的唐赵仁本所撰的《法例》，究竟是一种什么样的例，与明清的条例有什么异同，由于史书记载简略，我们无法加以比较。宋代的"断例"从"集断狱编为例"等有关记载来看，显然是一种案例，可能类似清代的成案，在司法实践中具有一定的参考意义，但因官方有"法律不载者然后用例"且不得"引例破法"等类似清廷对成案的限制性规定，足见它还没有取得明清条例那样的法定地位。也就是说，宋代的"断例"与清代的"成案"一样，其效力的发生不是必然的，是有条件的；而条例则与律一样，其效力是必然的、无条件的。至于元代，正处于法源混乱和过渡时期，诏制、条格、断例并存于《大元通制》之中，大致上，诏制接近宋或金的敕条，条格相当于唐至金代法律体系中的令，但也含有原来格和式的内容，是一种混杂的法源。至于断例，以往一般认为是"断案事例"，如《新元史·刑法志》说："刑律之条格，划一之法也。断例则因事立法，断一事而为一例也"。晚近有学者对此提出异议[②]，认为元代的断例作为法律用词具有两种含义，一是"断案事

────────────────

　　①　参见郑秦：《康熙〈现行则例〉：从判例法到法典化的回归》，载《罗马法·中国法与民法法典化》，202～214页，北京，中国政法大学出版社，1995。

　　②　参见黄时鉴：《〈大元通制〉考辨》，载《中国社会科学》，1987（2）。

例"或称"科断事例",也就是我们一般意义上的案例或判例;当断例具有第二种含义时,所谓"断例"正是"划一之法",也就是律。① 此说可备查考。

郑秦认为,清康熙朝颁行的《刑部现行则例》是由判例法向成文法的过渡形态,他指出:

康熙《现行则例》的成立,几乎取代了《大清律集解附例》(顺治律例)的地位,这是判例法的胜利,还是一部新"法典"的诞生?

如果将《现行则例》作为判例法看待,其特征最明显不过的是保留有具体的案例。如名例门"逸出投归"条,记述囚犯徐元善因"寇乱"狱破,被纵出,待贼寇遁去以后,徐又自动投监,康熙认为他情有可矜,予以免刑,以后有类似情形者,"俱免死照此例发落"。又"反叛奴仆入官"条,记述叛犯侯满英家的奴仆张兴等被罚没入官,先是交与内务府,康熙认为应交与户部,并谕此后除叛逆的旗下人口外,凡"此等奴仆"俱交与户部入官。

再如,祭祀门"喇嘛容留妇女"条规定京城内白塔寺、崇国寺、城外四天王庙等各居住喇嘛多少名,应守规矩,不得容留妇女。又贼盗门"昌平等城兵丁为盗"条,特指昌平等12城、德州等4城兵丁一二人为盗,要惩处该管苏喇章京或防守尉,罚俸降级有差,又列举奉天、宁古塔、江宁、西安、杭州、京口等省城兵丁为盗者,俱照此例拟罪。

以上二例是已发的个案,是典型的判例,汇编入《则例》,成了可引用的法条。在全部《则例》中这样的个案并不多,但它足资说明判例、条例、则例的关系。后二者是禁止未然的令,但以具体事项设禁令,并能照例引用,这一类在《则例》中非常多见。这两种条例的共同点都是因事而生,以后为法。

如果说《现行则例》具有判例法的性质,那么这也是一种中国特色的判例法。在这里,中国特色的判例法不只是形形色色的案例汇集,更重要的是将典型案例奏准成为普遍适用的法条,条例、则例的产生就是如此,每一条例的背后都会有一个生动的案件或事例。

看来,郑秦先生对将《现行则例》界定为判例法还是感到有些犹豫不决的,因此他加上了一个"中国特色的判例法"予以限定。为了说明从案例向条例演进的完整过程,他特别列举了乾隆末年的孙元梅案,如何因乾隆皇帝的专门批示而由发生于一个监生身上的个案,升格为适用于所有"进士、举贡、生员、监生"的条例。据此,郑秦先生得出如下两点结论:

其一,每一"条例"都是从个案上升的一般的司法原则,是从判例向成文法过渡的一种形态。判例是法官创制的法,法官或学者可以将其编纂,汉儒"春秋决狱"就如是。罗马法中的"法学家解答"、《法学阶梯》、《学说汇纂》也是类似的判例和学说的汇集。在早期的古代国家法律中,判例法一般占有较重要的地位,同时,判例法和成文法也不是泾渭分明的。明清的条例源自判例,源自法官,具备判例法的基本特征。

① 参见黄时鉴:《〈大元通制〉考辨》,载《中国社会科学》,1987(2)。

但条例的成立，经法司奏请，或臣工会议，皇帝批准，又明显具有成文法的特征。成文法是立法机关按既定程序、先于审判而创制的法。只不过清代尚没有职权分设的立法机关、司法机关，部颁钦定的《则例》经"法司奏请"、"臣工会议"也就是一种"立法"程序。

其二，由判例而条例，由条例而则例的过程，恰似法典的编纂过程。康熙十八年，刑部在奉旨酌议时，尚称"现行条例"、"新条例"、"条例"（《现行则例》卷首），而修毕进呈时则题为"现行则例"了。条例，不过是一条一条的例。则例，就更多有法规的意思了。《康熙字典》云：则者，法也，常也，凡制度品式皆曰则。从条例到"则例"，立法者不会是没有法典化的考虑的，况且这部《则例》，是明令"刊刻通行"别自为书的。如此说来，《现行则例》的性质应是具有法典化倾向的判例法。不过，判例发展到极处也就是法典了。

这最后一句话——"判例发展到极处也就是法典了"——其实已经揭出了谜底，世界上恐怕没有哪个法典条文不是由判例发展来的，只是发展的程度不同而已。律典本身也是无数判例的高度抽象和凝练。正像"每一条例的背后都会有一个生动的案件或事例"一样，律典每个条款的背后也无不隐含着一个或多个生动的故事。如果说《现行则例》的许多条文还保留着鲜明的判例法色彩，那只能说明这部法典还处于比较原始的状态，说明应用于该法典的立法技术相当粗糙。明清的条例中也有若干类似的条文，例如博德所说的那个"以一段生动的开场白开始的"条例。① 姚文然说："律之所以通者，加之而重，减之而轻，适得其平也；例之所以间有窒碍者，行于一事、一时则可，行于事事，行于永永则不可也"②。明清时人之所以多褒律贬例，就在于条例的概括性和抽象力远不及律，适用于事实比较接近的案件具有优越性，但事实稍有出入，强行适用条例就显得"窒碍难行"了。

康熙《刑部现行则例》的双重性格显然令郑秦先生这样严谨的学者大感困惑，实在不敢在判例法和成文法之间作出贸然的判断，最终只能得出"过渡形态"的中性结论。

如果将郑秦先生的结论看作是描述性的（描述法典衍生的过程），毫无疑问是正确的；但是如果作为判断性的（判断某一事物的性质，非此即彼），那就无法令人满意了。关键的问题在于，我们所使用的"判例法"和"成文法"究竟是什么意义上的？如果是"中国特色"意义上的，问题至此已经了结了，因为作者的目的不是对话而是描述；如果是现代西方意义上的，恐怕还有继续讨论的必要，因为作者所使用的概念是共享的、具有普遍意义的。

毋庸赘言，我们今天所说的判例法通常指的是英美式的判例法，也就是以普通法系（common law system）为大背景的判例法。与此相对应的是以大陆法系为大背景的成文法。因此，在判断明清条例，包括康熙《现行则例》的性质时，首先应对判例法和成文法的概念加以限制和界定。判例法也称法官造法（judge—made law），是指由法官在听讼断案时作出的书面判决中发展出来的法律规范体系。这个规范体系在英美普通法系中具有特别重要

---

① 该条例规定："在（京）外刁徒身背黄袄，头插黄旗，口称奏诉，直入衙门，挟制官吏者……"〔美〕D·布迪、C·莫里斯：《中华帝国的法律》，朱勇译，63、325页，南京，江苏人民出版社，1995。

② 《虚直轩外集》卷一，《律意律心说》。

的意义。当法官判决某个案件时，他的判决获得了法律的地位并成为解决未来相似法律争议时的先例。[1] 也就是说，英美判例法背景下所说的判例，指的是一种具有法源地位的先例。从某种意义上说，判例法是普通法的源泉和基础，"普通法"在一定意义上就是指判例法。

有学者指出："普通法是从司法判决而非立法中繁衍出来的：它不是成文法（statutory law）。发现它的技巧，或者也许是制造它的技巧，大别于立法的技巧；而且，它的性质（如果它有一种性质的话）是概念上的独特（conceptually distinct）。这种独特性只能从描述司法的方法并将之与如何创制立法加以对比才能获得解释。这种意义上的普通法包含所有'司法的'或'判决的'法，而不考虑它来源于何种类型的法院"[2]。

当然，广义的普通法也包含了制定法，"但是，在这二者中，判例决定了它的（指普通法——笔者）的生命。在法律家们的法的领域，制定法以往一直是，而且至今仍然是一个例外"[3]。

关于判例法（普通法）和成文法的差别，波斯纳的观点极有代表性：

在普通法和成文法规之间看起来有深刻不同，最根本的区别恰恰在于一个是概念系统，而另一个是文本系统。这种区别看来会使解释是后者的核心，而对前者则是边缘性的，甚至是无关的。

他指出：

由于普通法这一概念性特点，普通法在一种深厚意义上是一种不成文法。确实，一个普通法的原则比起牛顿的万有引力定理并不更文本化（textual）。这个原则是从一个司法意见中推出来的，或者更常见地是从一系列司法意见中推出来的。但这个原则并不是那些意见，或者也不是意见中的特别语言表述。

虽然普通法的原则有确定的含义，但并不在意以不同的语言或方式表达，在这一点上，普通法法官享有比成文法系法官大得多的自由。波斯纳比较说：

成文法规在这一点上不同，法律的文本——司法决定的起始点，并且在这方面（但仅在这方面）对应于普通法决定制定中的司法意见——在某些重要的意义上是不能由法官改变的，不能换成他们自己的语词。法官不能将成文法作为提出一个概念的一种尝试。他们必须首先从成文法中抽出概念——即解释法规（在某种意义上普通法法官也"解释"普通法，但这种意义上的"解释"意味着"理解"——原著者）。

虽然"许多成文法是从普通法中获得它们的术语，但这些公式在成文法中从来都不象在作为普通法的一部分时那样容易适用，因为总是必须在文本中考虑这些成文法的含义，

---

① See Helene S. Shapo, Marilyn R. Walter, Elizabeth Fajans, *Writing and Analysis in the Law*, 2nd edition, Foundation Press, Inc., 1991, p. 2.

② Peter Wesley—Smith, *The Source of Hong Kong Law*, Hong Kong, Hong Kong Univ. Press, 1994, p. 4.

③ A. G. Chloros, *Common Law*, *Civil Law and Socialist Law*: *Three Leading Systems of the World*, *Three Kind of Legal Thought*, *Comparative Legal Cultures*, ed. By Csaba Varga, Dartmouth Publishing Company Limited, Aldershot, 1992, p. 84.

而文本对法官来说具有规范性……就象成文法的概念必须以证明它们在成文法文本中的出处来证明其合理一样，普通法概念必须以证明其在合理的公众政策中的出处来证明其合理……在普通法案件中我们将要做出的是一个政治的或道德的判断"，而"在成文法案件中，我们将做出的是解释性判断……无论是哪一种案件，一旦我们满意地认为这个概念已经恰当地引出，我们就能够运用逻辑推理来将其适用于具体的事实上。因此在普通法和成文法的领域内都有一个供形式主义推理（在中性意义上这等于逻辑推理）的领地；而且可以想象在两种法律领域内，这领地同样大也许不很大"①。

对于毫无普通法背景的人来说，波斯纳的话可能仍显费解。依笔者的体会，两种法系下的法官在适用法律的方法上有很大不同，这是由历史造成的。我们可以想象，在普通法形成之初，由于英吉利海峡的隔绝，英国法官不能像其他欧陆法官那样方便地获取罗马法的资料，因此他们必须根据自己对罗马法原理的实质性理解，而不是照搬罗马法的文字材料去判断实际案件。由于缺乏文本的权威性依据，为了获得当事人以及社会公众对判决公正性的认可，法官不得不亲自表演一番原始推理的过程，以使各方心服口服。久而久之，这个推理过程成为必不可少的普通法判决内容。尽管后来有了大量的先例的积累，但先例毕竟不能像成文法的权威那样不容置疑，仍须法官当众展示他是如何将抽象的公平、公正的概念运用于眼前的具体事实之中的。因此，普通法法官必须更多地依赖自己对法理的深刻理解而不是凭借外在的权威；长此以往，卓越的法官本身就获得了巨大的权威。与普通法法官不同，成文法系法官有现成的权威——法典、法规——可供凭倚，无须表演普通法官那样超卓的推理游戏，只要照搬法典条文就足够了。成文法法官的水平表现在对法典中若干抽象概念和术语的解释上。从这些差别上看，成文法法官更像是法典的傀儡和仆人。换言之，普通法法官之所以拥有比成文法系法官更大的权威，是因为他们自身扮演了部分立法者的角色，他们必须从原始的法理起点出发首先推导出某一具体的法律原则，并让人相信这个原则的公正和合法性——这本是立法者的工作——然后再将这一原则适用于特定的案件。

普通法的先例，包括约束性和说服性两类。前者是应当遵循的，后者则只具有参考价值。不过，对遵循先例原则不可机械地理解，由于普通法是一个开放的体系，法院所遵循的先例的生命力来自它自身的公正性和合理性。具备了这种特征的先例，即便只是说服性的，同样具有强大的影响力；缺乏这种生命力的，即便是约束性的，久之也会被上级法院或立法所推翻。因此，遵循先例原则并不十分严格，晚近以来的发展趋势更是如此。1966年，作为英国最高民、刑事诉讼法院的上、下议院宣布不再受自己以往的判决约束。正如法国著名比较法学家达维德所指出的那样："英国判例的作用不仅仅是'实施'，而恰恰是'总结'出规范。在这种情况下，英国判例被赋予了不同于欧洲大陆判例的权威是理所当然的。法院判决提出来的规定应该得到遵守，否则就要破坏普通法的确实性，影响它的存在本身。恪守法官们提出来的规范（stare decisis）与遵循法院判决先例的义务是判例法体系的必然结果。然而，确实性与安全性的需要并非始终是一样强烈的，事实上，迫使英国法官恪守其前辈提出的规范的先例规则（rule of precedent），只是从 19 世纪前半叶以后才严

---

① ［美］波斯纳：《法理学问题》，苏力译，313～316 页，北京，中国政法大学出版社，1994。

格确立起来。在此以前，人们曾经关心过保证判例的结构严密，并且越来越经常地考虑以前的判决以求找到一项现有争端的解决办法，但从未提出过必须严格遵守先例的原则"①。在今天的美国，"狭义理解的先例法则在普通法中并非是绝对必需的"，"美国最高法院与各州最高法院不必遵守它们自己的判决，因而可以改变判例"②。

理解了英美判例法的特征，我们再来衡量明清时代的条例，包括康熙《现行则例》，就会发现，尽管有些条例包含有生动、具体的案情，但仍然属于文本的体系，是供法官在审断案件时直接引证的文本依据，而非归纳法律原则的出发点。

不言自明，明清时代既不具有如此权威性的"法官队伍"，当时的法律制度也不允许法官们如此自行其是。明清律典皆有"断罪引律令"的专条，法官断案必须援引相关的制定法条文。即便是在缺乏可供援引的制定法条文而必须"援引比附、加减定拟之案"③ 时，也应如援引制定法一样，必须有相近的律例条文作为参考。曾编纂过成案的乾隆朝人吴体恒说：

> 夫前事者，后事之师也。爰书中，成案既经廷议，仰蒙睿鉴，皆宽严得中者也。谳狱者可不奉为师法乎？或谓狱情变幻莫测，断一狱安得一成案之适符者而步趋之？予谓不然，夫成案者总不越律例之中而神明乎律例者也。或比拟精当，或从重而不失于枉，或从轻而不流于纵。④

后来也曾编辑成案的胡肇楷也指出：

> 律例为治世之书，而文简义深，非参观成案无以通变而妙其用。昔马氏所见初、二、三集风行已久，数十年来，罪犯日积，断案愈多。嘉庆四年奉旨饬令有司断狱止许援引律例本文，毋得擅用从重字样，自是以来，名法家流奉行惟谨。但律例之明文有限而罪犯之情伪无穷，比拟援引毫厘有差，轻重悬隔。迨钦奉圣天子随案指驳，焕若发蒙，是昔之成案为律例之羽翼，今之新案为律例之指南，尤谳狱者所当详求而不可只字或遗者也。⑤

清季改良派思想家陈炽分析条（则）例与成案的关系时认为：

> 则例者，治之具也。所以纲纪万事，整齐而约束之，以措一世于治平者也。有案焉，则理有所未安，情有所未协，事与势有所不同，诸臣审量其间，随时斟酌，奏定通行者也。

为了扭转清代奸吏舞文巧法的积弊，他建议将例与案统一编修，以期彼此协调：

> 谓宜通饬六部堂官，博选贤能，增修则例。则例而外，荟萃各案定为例案，折衷一书，以例为纲，以案为目，与例同者，去之；虽不同，无大出入者，亦去之。其必

① ［法］达维德：《当代主要法律体系》，漆竹生译，354～355 页，上海，上海译文出版社，1984。
② ［法］达维德：《当代主要法律体系》，漆竹生译，406、405 页，上海，上海译文出版社，1984。
③ 转引自［美］D. 布迪、C. 莫里斯：《中华帝国的法律》，朱勇译，148 页，南京，江苏人民出版社，1995。
④ 吴体恒：《谋邑备考·序》，乾隆二十九年版。
⑤ 胡肇楷、王又槐增辑：《新增成案所见集总编·序》，寄螺斋藏板，光绪壬午重刊本。

存者，别类分门，附载于后，毋须详备，惟取简明。书成后，请旨颁行，限期截止，所有积案，一火焚之。自内府各曹司，以迄京外大小衙门，各存一部，或准或驳，并依则例及此书，书所未有者，随时奏定，续有援案，或始藏之而后出之者，杀无赦。此后朝野上下，一本于大公，虽有神奸，无所措手。彼书吏仅供书算奔走之役耳，又何患焉？①

以上三人都是对成案持较为积极态度的人，从上面所引证的言论看，他们也不否认成案对律例的依附关系。据此似可认定，成案对律例的依附，表明明清两代远不具备可与英美普通法相提并论的判例法系统。

更何况，明清政府还严格限制法官引证那些由"援引比附、加减定拟之案"而形成的成案。如果说有哪个法官享有像普通法法官那样的权威，恐怕只有皇帝自己，但皇帝的权威来自他的地位而非其判断力的高明和公平，况且皇帝也不会频频出面断案的。当然，在州县自理的相当于现在民事诉讼的案件中，法官享有较大的自由裁量权，可以适当发挥自己对公平、公正等抽象法理的想象力和理解力。但是，在判断这些案件时又没有，而且完全不必考虑先例的约束。地方的习惯、儒家的礼教和内心的公正观念均可成为判决的理性依据。

德籍学者陶安先生认为：人情万变，若要以有限的条文概括无限的现实，那就只能有两种选择：要么提高法律规范的抽象度而将个别性的判断委任于法官；要么降低其抽象度而不断地制定新的法律规范。采用司法解释就意味着选择了后者。像比附"因律起例，引例生例"一样，在法律规范之外，一旦产生司法解释，司法解释又产生其他司法解释，在司法解释之外又产生"准司法解释"，法律规范的具体化归结于不断地制定新规范。这将是无法避免的，也是从传统的中国法中可以归纳出来的一个很简单的道理。②

显然，在他看来，明清时代因适用律典而繁衍日滋的条类似于西方大陆法系中的司法解释，仍属文本系统下的解释性规范，与概念系统下的判例法不同。此说不为无见。

这里想要附带指出的是，目前国内法史学界在使用判例、判例法等具有特定含义的概念时，存在相当混乱的现象。譬如有学者指出③：

判例是具有规范与启迪作用的司法判决，判例不同于判例法。判例法是指与制定法相对称的以判例为基础、以遵循先例为原则的法律体系。判例也不同于判例制度。判例制度是指规范判例形成与适用的各项原则、制度与规则。

可见他所说的判例不过是案例而已，是制定法适用的结果或实际应用的记录而已。但他又说：

在中国古代法律体系中，制定法是最基本的法律形式，判例则居于从属的、辅助的但不可缺少的地位，同样是一种重要的法律形式。在存在的方式上，判例植根于律，

① 陈炽：《庸书·内篇》卷上，《例案》条，载《陈炽集》，11～12页，北京，中华书局，1997。
② 参见陶安：《"比附"与"类推"：超越沈家本的时代约束》，载马志冰等编：《沈家本与中国法律文化国际学术研讨会论文集》，475页，北京，中国法制出版社，2005。
③ 参见汪世荣：《中国古代判例研究》，前言，北京，中国政法大学出版社，1997。

起着补充律、变通律、乃至发展律、完善律的作用。司法实践中，判例解释了制定法的含义，使之有效地适用于具体案件；判例创制新的法律规则，弥补了制定法的不足；判例确立了许多重大的封建法制原则，为制定法的适用创造了条件。特定时期，判例又直接冲击和破坏了封建法制，成为司法混乱的主要原因。因而，判例体现着法制的发展与进程，反映着司法的状况与水平，是特定时期法制状况的缩影，构成了国家法律体系的重要内容。中国古代由于制定法是整个法律体系的基石，因而不可能有判例法与之并存。但是，判例自春秋战国时起，就一直是一种重要的法律形式。判例制度的确立则经过了较长的历史过程。

显然，他所说的判例又不是一般的案例，而是一种具有法律渊源作用的东西，也就是英美法中的先例。依笔者所见，绝大多数的清代案例或判例并不必然享有法源的地位，只有个别判例譬如某些成案，有时可以被接受为一种法源。但成案的地位很不可靠，其适用的方式更接近成文法的引证方式，而不是英美判例法的归纳方式。遗憾的是，这位学者既未对自己所使用的"判例"概念作出限定，也未作进一步的解释；而是在不断地变换概念的过程中，让人们弄不清楚他所说的判例到底指的是什么，也不清楚他所说的判例与判例法、判例制度究竟是什么关系。

二、条例的具体和针对性

关于律典在明清法制中的主导地位已如前述。但是，不容否认，在如此庞大的帝国里，特别是在政务日繁、人口日滋的明清时代，想以区区四百余条的律典来囊括全国各地随时发生的事件，显然还存在着不少困难。律典固然有着稳定、成熟、平允等诸多优越性，但在具体运用中未免显得过于抽象、概括而失之具体、灵活，有时不能充分表达统治者的意图。而且，以沿袭晋唐之旧为突出特征的律典，对汉以后形成的官方支持的正统礼教的维护未免过于僵硬和教条主义，缺乏应有的弹性，这时，具有针对性强、变通性强等特点的条例就展现出律典所不具备的优势了。

与律典相比较，条例主要有如下两个特点：一是它具有具体、针对性强的优点；二是它富于灵活性和变通精神，这里先述其第一点。

（一）创造性补充

条例具备着具体、针对性强的优点，可以补充和辅助律典的不足。条例的修订与律典不同。律典是在上千年司法实践中，从无数相同或相似案情中总结出来的高度抽象化的原则；而条例则是现实统治者针对当时社会的一个或多个案件制定的，虽然也具有一定的抽象力，但较之律典则要具体、详细得多。条例的这种特点在实践领域里则表现为对抽象的律典的补充和辅助。"有为常律所不及者，必比例依附以出之"[①]。"律以定罪，例以辅律"[②]。

明清时人认为，条例产生的初衷就是为了补充和辅助律典。"后世法网益密，律不足以

---

① 《刑案新编·何福堃序》，光绪壬寅年兰州官书局版。
② 《清朝通志》卷七六，《刑法略》二。

尽之，间增条例，夫例者不得已而佐律之穷者也"①。"明初诏李善长等定律令，悉遵唐旧。迨洪武三十年，始申画一之制。厥后因律起例，因例生例……"②

因此，条例最主要的作用就是补充和辅助律典，这一点是不应有疑义的。明人说：

> 臣按：法者，祖宗所制百世之典；例者，臣僚所建一时之宜。法所不载，而后用例可也。既有法矣，何用例为。若夫其间世异势殊，人情所宜，土俗所异，因时救弊，不得不然，有不得尽如法者，则引法与例取裁于上可也。宋之臣僚请取前后所用例以类编修，与法有妨者去之，今日亦宜然。③

清人说：

> 本朝化洽中外，随事作则，于律例之外特颁新例，制度周密，宽严相济。律未该则绳之以例，例或弛则准之于律，措置咸宜。④

乾隆元年，刑部尚书傅鼐上奏说：

> 凡律所不备，必籍有例，以权其大小轻重之衡，使之纤细比附，归于至当。⑤

条例对律文的补充作用是多方面的，从其本身的意义和影响来划分，笔者名之为创造性补充和一般性补充两种。所谓创造性补充，是指条例从律典的基本精神出发，对律典本身作出重大的发展，甚至在一定意义上说是对律典的突破和创新，这类条例一般是相当稳定而成熟的，下试列举其主要几种。

1. 热审条例

这是根据传统的天人感应观念和矜罚慎刑思想制定的若干条例。热审制度起源于明朝。据沈家本考证，该制度当肇始于明成祖永乐时期。永乐二年（1404）四月，定热审之例。谕曰：

> 天气向热，狱囚淹久必病，病无所仰给必死，轻罪而死与枉杀何异？今令五府、六部、六科协助尔等，尽数日疏决，凡死罪狱成者俟秋后处决，轻罪即决遣，有连引待辨未能决者，令出狱听候。⑥

宣德元年（1426），宣宗"谕三法司曰：'古者孟夏断刮薄刑，出轻系，仲夏阅重囚，益其食，所以顺时令重人命也。我祖宗之时，每遇隆寒盛暑，必命法司审录囚系。卿等皆先朝旧臣所闻知之者。朕体祖宗之心，敬慎刑狱，冀不枉民命。今天气向炎，不分轻重而悉系之，非钦恤之道。古人谓刑为祥刑，以其用之至当，足以召和气福国家。卿等当体此心，即量为轻重而区别之，务存平恕，毋致深刻'"⑦。

① 徐旭龄：《引用律例疏》，载《皇朝经世文统编》卷九一。
② 秦瀛：《律例全纂序》，载《小砚山人文集》卷三，无锡秦氏城西草堂刊本，道光间刊。
③ 丘濬：《大学衍义补》卷一零三，《定律令之制》下，海口，海南书局，1931。
④ 顾鼎重编：《王仪部先生笺释·重编八则》，清古吴顾氏刻本，北大藏本。
⑤ 张沣中：《大清律例根源·奏疏》，道光刻本。
⑥ 沈家本：《历代刑法考》，1152页，北京，中华书局，1985。下引沈氏语未注明出处者同。
⑦ 王圻：《续文献通考》卷一七零，万历刊本，元明史料丛刊第一辑，台北，文海出版社有限公司，1979。

沈家本指出:

> 然是时既命驰谕中外，悉如京师例矣。而正统元年乃以兵部侍郎于谦言始命外省隆冬盛暑如京师录囚，盖已不免抵牾。至孝宗弘治七年，礼科给侍中吕献言："每岁初夏，纵释系囚，此例独行两京，未及天下。"而武宗正德元年，掌大理寺工部尚书杨守随又言："每岁热审事例行于北京而不行于南京，五年大审事例行于在京而略于在外"，于是始通行南京。凡审囚，三法司皆会审，在外审录亦依此例。则献所云两京者果何例也？两人相距仅十余岁，而先后互异若此，或孝宗末造刑政多所废弛故欤？按：热审之制，即《月令·孟夏》："断薄刑，决小罪，出轻系"之意，良法，明代时行之而未经纂入例册，故有时行时不行之事。弘治中修《问刑条例》，而此事未经纂入，何也？①

沈家本先生的质问恰中要害。尽管文献中有关明代实行热审的事例屡见记载，但未成定制，正如沈氏所谓"有时行时不行之事"。

清初热审亦如明代一样，时废时复，几经周折，到雍正年间定为成例。此后又经过大小数度修改，到嘉庆六年（1801）修并定型。

每年于小满后十日起，至立秋前一日止，如立秋在六月内，以七月初一日为止。内外问刑衙门，除窃盗及斗殴伤人罪应杖笞人犯不准减免外，罪应杖责人犯各减一等递行八折发落，笞罪宽免。如犯案审题在热审之先而发落在热审期内者，亦照前减免。倘审题在热审期内而发落时已逾热审者，概不准其减免。至热审期内监禁重犯令管狱官量加宽恤。其枷号人犯俱暂行保释，俟立秋后再行照例减等补枷，满日发落。②

这条例文附于《名例·五刑》门后，律中并无相似的内容。此例是由笞杖刑的运用引申出来的，并对笞杖刑的运用进行很多补充和发展。

2. 宗室觉罗条例

清朝根据"八议"的原则，结合本朝的特点，制定了一系列保护同时也约束皇室宗亲的条例。如："凡宗室觉罗犯罪时系黄红带者，依宗室觉罗例办理；若系蓝带及不系带者，照常人例治罪"。又如：

> 凡宗室到官，该衙门先讯取大概情形，罪在军流以上者，随时具奏；如在徒杖以下，咨送宗人府会同刑部审明，照例定拟。罪应拟徒者，归入刑部按季汇题，罪应笞杖者，照例完结，均毋庸具奏。若到官时未经具奏之案，审明罪在军流以上，仍奏明请旨。③

上述条例既可以说是清朝对八议制度的补充和发展，又可以说是八议在清朝的特有表现形式。

3. 留养承嗣

犯罪留养承嗣制度是对律文中的"犯罪存留养亲"条的发展，故附于此门。犯罪存留

---

① 沈家本：《历代刑法考》，1152 页，北京，中华书局，1985。
② 参见姚雨芗、胡仰山：《大清律例增修统纂集成》卷四，同治四年刻，下同。
③ 《大清律例增修统纂集成》卷四。

养亲之制源远流长，北齐时已经出现，唐律中定有明文，以后历代相沿。清雍正四年（1726），清世宗胤禛批示吕高一案指出："一家兄弟二人……倘父母已故，而弟杀其兄，已无请留养亲之人，一死一抵，必致绝其祖宗禋祀，此处甚宜留意"①。存留承嗣之制由此而创，以后几经变化，遂趋定型。嘉庆重修会典时将存留养亲和存留承嗣合称为留养承嗣，成为一定不易的原则。这一原则扩大了律文的范围，是对律典的重大发展。

4. 秋朝审制度

雍正三年（1725）改定后的大清律中出现了秋审、朝审名目，但关于这一制度的具体情况，律中并未涉及，而全部规定在条例之中。

秋、朝审制度追根溯源当始自明朝。明代制度规定："凡死刑即决及秋决并三覆奏，蒞戮于市。凡重囚，京师岁霜降，五府、九卿、科道官会审于朝堂，虑而上请，曰朝审。情真者决，矜疑者戍边，有词者调司再问"②。这就是所谓朝审的最初形态。据文献记载，早在"洪武元年，令处决重囚须从秋后，无得非时，以伤生意"③。英宗天顺二年（1458），"令每岁霜降后该决重囚，三法司会多官审录，永为定例"④。一般认为，朝审制度就是从这个时候开始正式确立的。至于"秋审"，明代典籍虽未见其名，但其制度应已具萌芽。《明史·刑法三》载："凡决囚，每岁朝审毕，法司以死罪请旨，刑科三覆奏，得旨行刑。在外奏决单于冬至前会审决之"。

顺治元年（1644）十月，刑部左侍郎党崇雅上奏指出：

> 臣按旧制，凡刑狱重犯，大逆、大盗决不待时外，余俱监候处决。在京有热审、朝审之例，每岁霜降后方请旨处决，在外直省亦有三司秋审之例，未尝一丽死刑，辄弃于市。⑤

如果党氏的说法确有所本，秋审之名应始于明朝。不过，作为一项具体、严密的制度，秋审是在清代逐渐发展完备起来的。清廷关于秋审制度纂定的条例很多，规定了中央、地方各级司法机关举办秋、朝审的各项细节，包括时间、地点、期限、文书册籍、人犯的分类、审判的具体程式、审判人员的组成、人犯的看管羁押、失职官员的整肃、特殊情况的处理等各个方面。

《刑律·有司决囚等第》门载秋审通例规定：凡每年秋审，直省督抚将监禁重犯审拟情实、缓决、可矜具题，五月内到部。刑部将各重犯原案贴黄及三法司看语并督抚案语刊刷招册，进呈御览。仍送九卿、詹事、科道各一册。八月内在天安门外金水桥西会同详覆情实、缓决、可矜，分拟具题，请旨定夺。其盛京等处案件，亦造入各省秋审案内具题，俟命下日先后咨行直省。将情实人犯于霜降后至冬至前正法。其咨文到地方限期：云南、贵州、四川、广西、广东、福建限四十日，江西、浙江……限内迟延不到者，该督抚将迟延

① 光绪《大清会典事例》，卷七三三。
② 王圻：《续文献通考》卷一六八。
③ 王圻：《续文献通考》卷一七零。
④ 王圻：《续文献通考》卷一七零。
⑤ 《清世祖实录》卷十。

地方官查明指参。至于秋审具题后，如有新结重案，俱入次年秋审。①

秋、朝审制度源于我国古代死刑覆核制度，而又较之有很大的发展，构成了清代司法制度的重要一环。清廷围绕秋朝审制定的某些条例具备了较高的立法水准，有条件被升格为律文。薛允升认为：

> 此门专载秋审各例。秋审始于康熙年间，从前无此名目，是以律无明文。后来秋审事例，日益加多，似可于此律内注明，或添纂于名例律内。

> 秋审之名不著于律。此小注内始添入秋审、朝审字样。似应纂为条例。凡断狱门关系秋审各条，均分列于此例之后，或照赎刑名目，标明秋审、朝审字样，列于赎刑各条之前，以为一代之典章，似甚合宜。②

以上列举的四类条例都是明清法制中意义重大、影响深远、具有代表性的条例。这些条例与其说是对律典的补充，不如说是对律典的发展更为妥切，它们集中反映了明清法制的特色。

（二）一般性补充

除了上述类型的条例外，还有大量条例也有补充律典的作用，但往往是就律典本身或其中某些相关的部分作出的补充，其意义和影响不及上述条例，故笔者名之为一般性补充。这类条例在全部条例中比例最大，其类型也多种多样。下试分别列举之。

1. 局部引申

局部引申是指条例就某条律文的某一部分加以引申，或就律文已经涉及但较为笼统的部分作出具体规定。例如，《名例·五刑》门律文规定："笞刑五，一十……五十；杖刑五，六十……一百"。条例则对笞、杖两种刑具的规格、尺寸和使用作出补充规定。

> 凡笞、杖罪名折责概用竹板，长五尺五寸。小竹板大头阔一寸五分，小头阔一寸，重不过一斤半；大竹板大头阔二寸，小头阔一寸五分，重不过二斤，其强盗、人命案件酌用夹棍。③

又如《名例·犯罪自首》门律文规定：

> 若遣人代首，若于法得相容隐者为之首，及相告言，各听如人身自首法。

乾隆五年（1740）定例就律文中这一部分作出补充：

> 小功、缌麻亲首告得减罪三等，无服之亲减一等。其谋反、叛逆未行，如亲属首告或捕送到官者，正犯俱同自首律免罪，若已行者正犯不免，其余缘坐人亦同自首免罪。④

如果律文只作出原则性规定，条例则可将该原则具体化。譬如《刑律·白昼抢夺》律

---

① 参见光绪《大清会典事例》卷八四四。
② 分别转引自胡星桥、邓又天主编：《读例存疑点注》，844、2页，北京，中国人民公安大学出版社，1994。
③ 《大清律例增修统纂集成》卷四。
④ 《大清律例增修统纂集成》卷五。

规定：

> 凡白昼抢夺人财物者，杖一百徒三年，计赃重者，加窃盗二等……①

条例补充规定：

> 白昼抢夺人财物，除赃在七十两以下者，仍依律拟以满徒外，其赃至八十两以上，即按律递加窃盗罪二等，罪止杖一百流三千里……②

这里条例将律文中未曾说明的"不计赃"与"计赃"的条件加以补充。这个条件由条例而不是律文规定是有深意的。随着社会治安状况的变化，这个条件的标准也可以上下浮动。再如《刑律·贼盗·盗马牛畜产》门律文规定：

> 凡盗民间马、牛、驴、骡、猪、羊、鸡、犬、鹅、鸭者，并计赃，以窃盗论……

附律条例就偷马、偷牛等情况又作出补充规定：

> 凡偷盗马二匹以下，仍以窃盗论，三匹以上，杖一百流三千里……二十四以上不分首从拟绞监候，窝主及牧马人役自行盗者，罪亦如之。③

有些条例在肯定律文的同时还作出一些补充规定。如《刑律·斗殴·殴大功以下尊长》门附例规定：

> 殴死同堂大功弟妹、小功堂侄及缌麻侄孙，除照律拟流外，仍断给财产一半养赡……④

2. 扩大补充

扩大补充是指条例就律文中没有直接涉及而又与律文的内容有密切关联的方面加以补充。这类条例与律文的精神完全一致，但在某种意义上却是对律文的扩大。这类条例作量特别多，其中因特殊主体犯罪的补充规定又特别多。清朝继承传统的礼法结合的传统统治方式，强调以刑罚手段维护官方的伦理道德。清代法制体现出浓厚的中国式的等级精神、家族主义和民族歧视政策。所有这些，不但在律文中加以明确，而且还通过大量条例作出补充。因此，根据等级、身份、民族、服制等情况加以区别对待，同罪异罚是清代刑法的重要原则。如《刑律·斗殴》律规定："……同谋共殴伤人者各以下手重者为重罪，原谋减一等……"附例规定："……凡回民结伙三人以上，执持器械殴人之案，除至毙人命罪应拟抵之犯仍照民人定拟外，其余纠伙共殴之犯，但有一人执持器械者，不分首从，发云、贵、两广极边烟瘴充军……"⑤ 又如《刑律·人命·杀一家三命》律规定："凡杀一家非死罪三人及支解人者，凌迟处死……"附例规定："本宗及外姻尊长杀缌麻、小功、大功卑幼非死

① 光绪《大清会典事例》卷七八七。
② 光绪《大清会典事例》卷七八八。
③ 光绪《大清会典事例》卷七九一。
④ 光绪《大清会典事例》卷八一一。
⑤ 胡星桥、邓又天主编：《读例存疑点注》，621页，北京，中国人民公安大学出版社，1994。

罪主仆、雇工三人者，俱斩决，杀期亲卑幼一家主仆、雇工三人者，绞决……"① 再如《刑律·贼盗·谋叛》门附例规定："叛逆旗下人，照例交与该管衙门，其民人叛犯之奴仆，交与户部入官"②。

有些条例补充了律中未曾涉及的特殊犯罪情节的治罪办法。如《刑律·人命·谋杀人》门附例规定：

> 凡谋杀人已行，其人知觉奔逃，或跌失或堕水等项，虽未受伤，因谋杀奔脱死于他所者，造意者满流，为从满杖。若其人迫于凶悍，当时失跌身死，原谋拟绞监候，为从者杖一百流三千里。③

又如《吏律·职制·上言大臣德政》律规定：

> 凡诸衙门官吏及士庶人等，若有上言宰执大臣美政才德者，即是奸党，务要鞫问，穷究来历明白，犯人处斩……

附例据此精神又作出补充：

> 督抚等官或升任、更调、降谪、丁忧、离任，而地方百姓赴京保留控告者，不准行，将来告之人交与该部治罪，若下属交结上官，派敛资斧，驱民献媚，或本官留恋地方，授之意旨，籍公行事，事发得实，亦交该部从重治罪。④

3. 限定律文、申明律义

有些条例对泛指的律文在适用范围上作出一定的限制，或就言简意赅的律文加以详细阐释，使司法官员易于理解，不致援引舛错或上下其手。这类条例数量不多但很独特，故单列为一类。如《刑律·谋反大逆》门载例：

> 除反逆正案之亲属仍照律缘坐外，其有人本愚妄或希图诓骗财物，与立邪教名目，或挟仇编造邪说煽惑人心，种种情罪可恶，比照反逆定罪之案，若该犯之父实不知情，并不同居，无从觉察，审有实据者，将本犯之父照谋叛之犯父母流二千里律改为流三千里安置，其比照反逆缘坐之祖父及伯叔亦一体确审，分析减流。⑤

又如《刑律·贼盗·盗贼窝主》门附例规定：

> 凡推鞫窝主窝藏、分赃人犯，必须审有造意共谋实情，方许以窝主律论斩。若止是勾引容留往来住宿，并无造意共谋情状者，但当以窝藏例发遣，毋得附会律文致概坐窝主之罪。⑥

再如《刑律·亲属相盗》律规定：

———————————

① 光绪《大清会典事例》卷八零三。
② 光绪《大清会典事例》卷七七九。
③ 光绪《大清会典事例》卷八零零。
④ 光绪《大清会典事例》卷七四九。
⑤ 光绪《大清会典事例》卷七七九。
⑥ 光绪《大清会典事例》卷七九八。

凡各居亲属相盗财物者，期亲减凡人五等，大功减四等，小功减三等，缌麻减二等，无服之亲减一等，并免刺。

附例规定：

凡亲属相盗，除本宗五服以外，俱照无服之亲定拟外，其外姻尊长亲属相盗，惟律图内载明者，方准照律减等，此外不得滥引。[①]

还有《刑律·人命·谋杀人》律规定：

凡谋杀人，造意者斩，从而加功者绞，不加功者杖一百流三千里，杀讫乃坐。

附例规定：

凡勘问谋杀人犯，果有诡计阴谋者，方以造意论斩，下手助殴者，方以加功论绞，谋而已行，人赃现获者，方与强盗同辟，毋得据一言为造谋，指助势为加功，坐虚赃为得财，一概拟死，致伤多命，亦不得以被逼勉从及尚未成伤，将加功之犯率行量减。[②]

上举四例并未在律文之外增加多少新内容，只是对律文的适用作出限制和解释，类似现在立法机关对法律文件作出的说明和解释，是一种立法解释，与律文有同等效力但必须依附于律文，以律文的存在为前提。

4. 辅助律文

辅助律文指条例对适用律文的方法作出详细规定，这种条例有如现在的法律实施细则一般，通常不能独立存在，必须依附于主法。前面笔者已多次指出，律的规定比较原则、抽象，在纷纭万端的现实生活中不一定事事都能与实际案情相吻合，这时就需要条例发挥其具体、针对性强的优势，辅助律文的实现。例如雍正六年（1728）定例：

词内干证，令与两造同具甘结，审系虚诬，将不言实情之证佐按律治罪。

雍正七年（1729）定例：

控告人命，如有诬告情弊，即照诬告人死罪未决律治罪。[③]

乾隆二十四年（1759）定例：

凡与人斗殴，而误杀其人祖孙父子，均依斗杀律科罪。[④]

道光八年（1828）定例：

谋、故、斗殴杀人，罪止拟斩、绞监候之犯，若于杀人后挟忿逞凶，将尸头、四肢全行割落及剖腹取脏掷弃者，俱各照本律例拟罪，请旨即行正法。[⑤]

---

① 光绪《大清会典事例》卷七九四。
② 光绪《大清会典事例》卷八零零。
③ 此二例均见光绪《大清会典事例》卷八一八。
④ 光绪《大清会典事例》卷八零四。
⑤ 光绪《大清会典事例》卷八零三。

以上数例中都有"照律"或"照……律"治罪等字样，类似的条例甚多。据笔者粗略统计，同治九年（1870）以前所颁布的近两千条条例中有三分之一以上属于这种类型。这类条例的存在须以律典的存在为前提，且多是规定为何依律治罪或依哪条律治罪，显然对律的实施起着一种辅助作用。这时律例的关系表现得至为密切。例无律不得以独立，律无例不能以自行（实现），二者互为前提，相互依存。

三、条例的灵活性和变通精神

律典作为经久长行的大法，一经制定，往往长期不得更改，但是瞬息万变的社会现象却不会因律典的稳定也保持静止状态，而是随着时空的推移而不断变化。统治者须根据时势的变化采取相应的灵活措施解决现实问题。这种灵活的措施历朝都有，只是名称和形式略有不同，如汉有令，隋唐有格，两宋有敕，明清有例。条例虽然可能与前数者不尽相同，但却有基本一致之处，即它们都是律典之外的灵活的法源形式，可以变通律典，及时、准确地反映现实统治者的意志，从这个意义上说，它们都是一脉相承的。如果说条例是汉令、唐格、宋敕的继续和发展也绝无不可。通过条例的灵活性变通律典，解决现实矛盾是明清两代运用法源形式的重要原则。

> 故律一定而不易，例则世轻世重，随时酌中之道焉。①
>
> 律为一代之章程，例为应时之断制。② 律一成而不易，例因时以制宜，谳狱之道尽于斯二者而已矣。③

条例变通律典的作用是多种多样的，其中最主要的是根据时间、空间的变迁以及统治者政策指向的变化作出变通，所谓：

> 于是律之外有例，例者所以济律之穷而通律之变者也。事非一时，时非一事，九州岳牧，罔不期于协中……④
>
> 律一定而不易，例随时而修改，其由轻改重之例，每因惩创从严，原属权宜之制。⑤

清朝入关之初，满洲贵族攫取了大量土地，在这些土地上清统治者改变了中原传统的土地经营方式，粗暴地推行满族落后的农奴制生产方式，在他们的庄园里大量使用奴隶劳动。这些奴隶大部分是从汉族地区俘获的，因不堪忍受非人的折磨，纷纷逃亡。清廷为维护满洲贵族的利益而制定了大量缉捕逃奴、严惩窝主的条例，俗称"逃人法"，经整编附载律后称《督捕则例》，人称"定例綦严"，一时有所谓"在北方者不曰七贼党则曰逃人，谓非此则不足以上耸天听下怖小民"⑥。雍乾以后，这种落后的剥削制度因严重违背历史发展趋势而逐渐解体，为此制定的一系列条例自然失去了效力，虽仍然保留在律书之中，但已

① 《大清律例根源·部颁凡例》。
② 《牧令书》卷一七，《刑名上·刑名总论》。
③ 朱梅臣辑：《驳案汇编·驳案新编序》，上海，图书集成局仿聚珍版，光绪九年刊本。
④ 陈绳祖：《成案所见序》，载马世麟：《成案所见集》，乾隆刻本。
⑤ 杨景仁：《式敬编》，卷一，《平法》，光绪刊本。
⑥ 《大清圣祖实录》，卷二一。

形同虚设。"若时至今日，旗下家奴皆安其居，既乏逃亡之人，复何有隐匿之户。虽有此例，实等具文。今昔情形不同若是，诚刑制中一大关键也，学者不可不知也"①。逃人立法是清初特定政治、历史背景的产物，它体现了条例及时、灵活地表达统治者意志的特点，但时过境迁，这些条例也无法长久地推行下去。

因时、因地制宜是条例变通律文的最重要特征，譬如针对某一地区在特定时期里出现的特殊情况而制定的条例，这个特征表现得尤为明显。这类条例在此特定时期里，常常取代了律典。然而这类条例通常并不稳定，因势而生，时过境迁，特定的情况不存在了，条例也即行废止。而曾一度停用的律典又自然恢复了效力。例如：

乾隆三十六年议准：沿海地方，习俗凶悍，逞凶斗狠，动辄金刃伤人，酿成人命，未必不因法轻易犯之故，自应与腹内民人稍为区别，始足戢凶暴而惩恶习。嗣后闽省沿海府属，如有金刃伤人之犯……即发近边充军。②

又如同治九年（1870）定例：

奉天地方遇有匪徒纠伙抢夺，不论人数多寡、曾否伤人，但有一人执持鸟枪抢夺者，不分首从，照响马强盗例拟斩立决枭示……倘数年后此风稍息，奏明仍照本律问拟。③

嘉庆四年（1799）三月，两广总督觉罗吉庆所上奏折中谈到广东省的情况，特别典型地说明了这个问题：

窃据按察司吴俟详称：斗律载金刃伤人者杖八十徒二年。又例载凶徒因事忿争，虽执持凶器而未伤人者杖一百。又人命律载同谋共殴人致死，余人不曾下手，致命又非原谋，各杖一百……各等语，宪典昭昭，历来遵守。嗣缘粤东民俗悍嚣……伏查制刑之轻重贵因时而变通，立法之宽严宜协中而画一。粤东持械凶殴及地方盗案分别从严惩办，原系一时权宜办理。今强悍之风既渐减，国有常刑，似应复还旧例以诏平允，详请具奏……请嗣后粤东寻常斗殴金刃伤人……均仍照各原律本罪问拟，毋庸加等办理……④

有些地区因经济、文化、交通、习俗等方面不同于全国一般地区，通行的法律不便执行，清廷也就相应制定一些特别的条例因地制宜。这种条例通常比其他变通性条例稳定，但也不是经久不变的。如果该地区特定的条件消失了，或物质生活条件接近了普通地区，适当的时候也是可能改用律典的。例如前面提到的各边疆民族地区法规就属于因地制宜的条例。例如《番例》颁布以后，清政府为实现法律的统一曾多次试图在清藏地区废止《番例》，通行《大清律》，但由于该地区经济文化发展缓慢等特殊情况，不得不一再拖延。乾隆十三年（1748）决定，以后该地区仍准适用《番例》，不必屡请展限。例如，刑部为番民野性未驯等事，据甘属按察使顾济美条奏《番例》展限一折到部。查杀人者死，原为遵行成律，但番民僻处蛮方，各因其俗，一切律例素不通晓，未便全以内地之法绳之，不若以番治番，觉于夷情妥协。以后番民自相残杀、命盗等案，似应仍以番例罚服完结，毋庸如

---

① 徐象先：《大清律讲义》第一编第三章第九节。
② 光绪《大清会典事例》，卷八零七。
③ 光绪《大清会典事例》，卷七八八。
④ 《奏为酌复旧例以广皇仁以平谳律事》，中国第一历史档案馆藏档案：《朱批奏折》，163 · 4 - 24 - 1。

该臬司所请再行展限。①

第四节
律例关系辨析

一、争议之由来

关于明清律例的关系，特别是清代律例的关系，以往一直存在着一种成见，认为在明清两代，律已是形同虚设的过时的法源，在清代法制中已无实际的意义；而例已基本取代了律典，成为最有效、最重要的法源。② 应当说这种观点的形成不是凭空臆造的，也不能说毫无道理。据笔者考察，上述成见的形成，最主要的论据来自下面几条材料：《明史·刑法志》：

> 由于人不知律，妄意律举大纲，不足以尽情伪之变，于是因律起例，因例生例，例愈纷而弊愈无穷。

《清史稿·刑法志》：

> 盖清代定例，一如宋时之编敕，有例不用律，律既多成虚文而例遂益滋繁碎。

《大清会典·刑部》："有例则置其律"。《牧令书·无名氏·刑名总论》："有例应照例行，无例方照律行"。此外，还有一些材料，上述著作尚未提及，如康熙二十七年（1688）题准：

> 一应审拟事件，有例者引例，无例者引律。③

至于这种成见的道理所在，笔者在前面已经谈到，由于明清两朝频频修例，条例的数量愈增愈多，导致条例与律、条例相互之间参差抵牾，加以司法官吏或图省便、或图私利，乐于直引条例。所以在明清司法实践中确实存在着一定程度的重例轻律现象，这是不容否认，也无须否认的。但是明清条例与律的关系，并非简单的2＞1，A＝B 的关系。因此，仅根据上述因素即得出例的效力高于律或律成虚文的结论，似乎尚嫌草率而失之简单化、片面化，容易引起不必要的误解。对此，我们必须辩证地、全面地探讨。笔者以为，明清司法实践中存在的重例轻律现象只是法律实施过程中出现的一种偏差，并不是

---

① 参见《颁发〈番例〉奏》，载《番夷章程》，北京图书馆（今国图）藏抄本。另北京图书馆《番夷成例》所收此奏亦同。

② 例如，民国时学者任启珊先生认为："在明朝的中叶，只有以例破法的倾向，刑官只大发'律格不用'的牢骚罢了。到清朝，则直认例的效力大于律了，换一句话说，清朝直以律为基本法，例为特别法"（《番例考》，载《社会科学论丛季刊》，第三卷第一期，民国二十六年）。我国法律史学前辈瞿同祖先生也认为："因此例在法律上处于优先的地位，这是清代法律的一个特点，此点非常重要，不可忽视。"（《清律的继承和变化》）。统编教材《中国法制史》（303 页，北京，群众出版社，1982）写道："例不仅数量多，而且起着特殊的作用。它的效力大于律……清朝统治者从历史和现实的统治经验中，认识到'例'是一种灵活的法律形式，较之固定的律更能适应阶级斗争形式的变化，可以随时把他们的意志提升为法律而不受法律条文的约束。因此在实践中广泛推行以例断狱"。

③ 光绪《大清会典事例》，卷八五二。

主流。在当时已为很多有识之士所痛斥，明清政府也采取了一些相应的措施予以纠正。

律例并行的格局首先出现于明朝。据《明史·刑法志》引述说：

> 洪武末，定《大明律》，后又申明《大诰》，有罪减等，累朝遵用。其法外遗奸，列圣因时推广之而有例，例以辅律，非以破律也。乃中外巧法吏或借便己私，律浸格不用。

可见，"例以破律"是因个别君臣遂心所欲所导致的一种非正常现象，并非普遍的、正当的现象。明代官方对条例可能产生的负面影响绝非毫无意识，而是一直在设法减少或避免律例冲突局面的出现。弘治以前围绕着是否应修定《问刑条例》一直存在着争议，其原因也正在这里。永乐时，明成祖朱棣"诏法司问囚，一依《大明律》拟议，毋妄引榜文条例为深文"。成化元年（1465），辽东巡抚滕照指出：

> 《大明律》乃一代定法，而决断武臣，独舍律用例，武臣益纵荡不检。请一切用律。

同年，宪宗朱见深还下令"谳囚者一依正律，尽革所有条例"①。明孝宗修定《问刑条例》时，采纳礼科给侍中王纶的意见，规定：

> 凡有奏议刑狱条例者，但令法司会议斟酌，务上合律意，下通民情，然后条陈奏请上裁，著为事例。

万历续修《问刑条例》时，修例主持人舒化也强调："盖立例以辅律，贵依律以定例"。有学者统计，弘治初修《问刑条例》的二百七十九条例文中，有一百一十四条属新增条款，一百三十一条属补充条款，十八条属修正条款，只有四条是与律文相冲突的条款。另外还有四条是与相关律文重复的，大概是为了强调而设。换言之，弘治《问刑条例》除极少数"冲突条款与律相矛盾外，其余四类约267条，要么与律有松散联系，要么直接来源于律，要么完全与律相同，总之在内容上并未'破律'。"②

清代由于形成了定期修例的制度，条例的数量大大超过明代，律例冲突的现象也因此有所加剧，但从整体上看，清政府仍然遵循明代"立例以辅律，贵依律以定例"的宗旨，律例并行的格局始终未曾被打破。乾隆十五年（1750），熊学鹏上疏指出：

> 臣见近年臣工条奏更改刑名律例者大概多尚严厉，在诸臣急思整顿虽不尽有成心，然礼载："刑平国有用中典"。现在法度章程灿然明备，但使守而勿替，即不流于废弛。何必将法令渐改渐急，浸至滋章，有伤治道……至于律令既定，遵守不易，非大不便不可轻议增改，况物情万有不齐，焉能事事定一条例。查《名例》内开"断罪无正条者引律比附，应加应减，定拟罪名，议定奏闻"等语，是律令该载不尽事理，原有此条可遵，毋庸多设科条，致滋烦扰。③

清高宗弘历也分别于乾隆六年（1741）和二十七年（1762）两次严敕内外官员，禁止增设条例改淆成法。④ 雍正三年（1725）定例共有条例八百二十五条，乾隆五年（1740）修

① 《明史·刑法一》。
② 赵珊黎：《明代〈问刑条例〉的比较研究》，中国社会科学院研究生院硕士学位论文，1997。
③ 《请慎改律令》，载《皇清奏议》卷四六，光绪刊本。
④ 参见本章第一节"律典的主导地位"。

例增至一千零四十九条，十五年增加了二百二十四条，平均每年增加十四点九条。嘉庆六年（1801），条例总数增至一千五百七十三条，六十一年增加了五百二十四条，平均每年增加八点六条。同治九年（1870），共有条例一千八百九十二条，六十九年增加了三百十九条，平均每年增加四点六条。从上述增长率来看，条例增加的势头已逐年减弱，排除其他原因不论，应当认为是清政府限制增修条例的措施发挥了作用。

例如，光绪十三年（1887），御史庆祥上奏要求对民间私藏洋枪者加等治罪并"严定洋枪伤人罪名"。他认为，洋枪为害甚于鸟枪，因此应对私藏洋枪者照私藏鸟枪例加等治罪，并建议饬下刑部凡以后遇洋枪伤人之案，对致人死者照谋杀论，致人伤者照谋杀人伤而未死论。如果这个建议得到批准，等于制定了一条新例。按照惯例，此类事情应由刑部讨论上报。沈家本受托拟写了刑部答复此事的奏稿。他在奏稿中写道：私贩、私藏洋枪，例中虽无明文，但以前此类案件一直比照私造鸟枪及私藏例治罪，原有"定章已极详明"，今后只要"再行申明定章"，"按私造鸟枪及私藏治罪"，即可将此类案件"根株""尽绝"。对庆祥提出的几点建议不以为然。他指出：洋枪虽比鸟枪"便捷，而易于杀人则仍与鸟枪相同"。争斗中用鸟枪杀人者以故杀拟斩，伤人则充军发遣，如争斗中用洋枪杀伤人，同样与"先期造谋不同"，而与"临时有意故杀无异"。如用洋枪杀人即按谋杀治罪，"不惟与例意不符，且同一火器杀人，于鸟枪之外又分出洋枪办理，亦涉纷歧"。因此主张，今后"如系火器杀人，均照故杀律问拟斩候，俾示惩儆而昭画一"①。

某些学者未曾全面考察律例关系的各个方面，往往从某些材料中摘取一两条成句即轻易地得出一般性的结论来。这种结论既不可能把握律例关系的实质，也不可能真正理解明清政府运用法律的基本精神。如果发现规律这样简便的话，笔者亦有现成材料足兹反证。如康熙年间，张惟赤曾说"务使以律为主，以例佐之"②。又如康熙十九年（1680）戊辰上御懋勤殿，讲官进讲毕，上曰：'律与例不容偏废。律有正条自应从律，若律无正条，非比例何以定罪'"③。再如，"是以内外谳狱首重依律科断，次则察例具奏……"④。

依据这几条材料，我们是否也可得出相反的结论呢？史学理论家陆懋德先生指出："由此而知历史并非同于一种记载，且远过于一种记载，而实为一种研究"。"不但已过的记载不是历史，即已过的历史亦不是历史。例如《史记》在汉代为历史，而在今日则为记载；《通鉴》在宋代为历史，而在今日则为记载"⑤。

如果我们接受陆懋德先生对"历史"与"记载"所下的不同定义，上述作为论据的资料只能视为对于历史的一种记载而已，只能反映历史事实的一个侧面而不是全貌。若要真正掌握明清朝廷运用法律的基本原则和法源之间的本质的必然联系，还必须进行深入的研究。

律例关系的主流究竟是什么呢？是相互替代——以例破律、以例代律，还是相互辅助——律为主导，以例补律？这确实不是一个简单的问题。上面在论述律例双方的性质和

---

① 《压线编·议驳御史条陈私藏洋枪及洋枪伤人罪名》，载刘海年等整理：《沈家本未刻书集纂》，北京，中国社会科学出版社，1996。
② 张惟赤：《题为律例未定全书奏谳每难画一》，载《入告编》，下编。
③ 《大清圣祖实录》，卷八九。
④ 《新刊刑部秋审实缓比较成案·长白英祥序》，北大图书馆藏。
⑤ 陆懋德：《史学方法大纲》，3页，北京师范大学史学所编印，1980。

作用时已经谈及这个问题，为了进一步说明，下面试从律例在调整社会关系的范围中所体现的相互关系入手，作更深入的探讨。

律例作为两种不同的法源形式，在调整明清社会的政治、经济关系过程中，必然会发生一定关系，这种关系的表现反映了二者在明清法制中所处的地位和发挥的作用。笔者通过对大量律例内容的分析，认为，清朝律例在调整范围上发生的关系大致有以下几种情况。

二、律例关系的两种表现

（一）重复调整

所谓重复调整是指律例调整的社会关系的范围是重合的，即律例调整的是同一范围内的社会关系，通俗些说就是律例是就同一问题作出的规定。二者的规定可能是一致的，也可能是互相矛盾的。当律例的规定发生矛盾时，二者的关系就表现为相互排斥和对立。这又可区分为两种情况。

1. 绝对排斥

绝对排斥指律例对同一问题的规定是完全矛盾的，这往往表现为例对律的否定。下述类型的条例往往取代了律文，因为条例是现实统治者制定的，须体察现实政治、经济以及社会关系的变化，以便于法律有效实施。如《户律·婚姻·尊卑为婚》律规定："……若娶己之姑舅两姨姊妹者，杖八十并离异。"但雍正八年（1730）定例："其姑舅两姨姊妹为婚者，听从民便"①。这个条例的制定反映了明清婚姻家庭关系变化的基本趋势。关于此点，笔者将在下面专门讨论。又如《户律·户役·人户以籍为定》律规定：

> 凡军、民、驿、灶、医、卜、工、乐诸色人户，并以籍为定，若诈冒脱免，避重就轻者，杖八十；其官司妄准脱免，及变乱版籍者罪同。若诈称各卫军人，不当军民差役者，杖一百，发边远充军。

雍正三年（1725）定例则规定：

> 各省乐籍，并浙省惰民、丐户，皆令确查削籍，改业为良。若土豪地棍仍前逼勒凌辱及自甘污贱者，依律治罪。其地方官奉行不力者，该督抚察参，照例议处。②

这一条例的制定体现出清代社会政策的变化。明代及清前期，局部地区存在着社会地位低于"四民"的所谓"贱民"群体，包括浙江绍兴府一带的"惰民"、"九姓渔户"，苏州属县的丐户，广东的疍户、寮民，福建、浙江、江西三省的棚民，安徽徽州、宁国、池州各府的伴当、世仆，直隶、山西等省的乐户等等，受到社会的歧视和法律的限制。据说在明英宗时期曾除豁乐工三千八百余人，明景泰帝也曾打算除豁乐工，后因英宗复辟未能实现。清世宗胤禛登基后不久，即发布一系列除豁令，宣布废除贱籍。雍正元年（1723）四月首先下令除豁乐籍，九月又下令取消惰民的贱籍。雍正五年（1727），下令除豁伴当、世仆，雍正七年（1729）下令除豁疍户，八年（1730）又除豁丐户。雍正帝自述其除豁贱籍的意图时说：

---

① 光绪《大清会典事例》，卷七五六。
② 光绪《大清会典事例》，卷七五二。

朕以移风易俗为心，凡习俗相沿，不能振拔者，咸与以自新之路。如山西之乐户，浙江之惰民，皆除其贱籍，使为良民，所以励廉耻而广风化也。①

日本学者寺田隆信认为：

除豁贱民未必是雍正帝自己的主意，进言者曾有好几个地方官；但雍正帝自即位起即将这种除豁当作一贯的方针，其除豁令就是在这一方针之下发出的，由此似乎可以看到他对社会问题的强烈关心。除豁令的发布，无疑如其自己所说，是为了"励廉耻而广风化"；至于伴当和世仆等在形成过程中和清朝没有任何关系的贱民的除豁，则是为了表现专制君主的恩宠，另外也是其天子之下万民平等的统治观念的反映。在更积极的方面，大概可以将这种除豁看作出于下述的实际需要：即预防由于歧视贱民而引起的某些地方的纷争。②

无论雍正帝的除豁令是否取得了令人满意的效果，也无论胤禛发布除豁贱民令的真实意图究竟如何，废止贱籍顺应了社会发展的大趋势。清政府以条例的形式肯定这项社会进步终归是值得称道的。

再如《户律·户役·脱漏户口》律规定：

……若隐漏自己成丁人口不附籍，及增减年状，妄作老幼废疾，以免差役者，一口至三口，家长杖六十，三口加一等，罪止杖一百……

雍正三年（1725）定例规定：

直隶各省编审察出增益人丁实数，缮册奏闻，名为盛世滋生户口册。其征收钱粮，但据康熙五十年丁册定为常额，续生人丁遵康熙五十二年三月十八日恩诏，永不加赋……③

这个条例的制定也是清代特定经济、政治背景的产物，是明清两代赋役制度改革的立法总结。明代中叶以前实行的赋役制度包括田赋和差役。田赋采取的是"两税法"，即征收夏税和秋粮，主要课取实物。由于田地质量差距甚大，征收的科则也难求一律，因此需要将土地分为一定的等级，并以该等级为依据确定赋额。差役主要以户和丁作为征发对象，分银差、力差两种。这种赋役制度是建立在国家对赋役承担者实行严格控制以及田土户等处于相对稳定基础上的。前引《户律·户役·脱漏户口》律文，就是这种制度存在的依据。但是明初统治者制定的一整套赋役制度到明中叶已无法继续实施下去了。明代中期，随着土地兼并的加剧，旧有的田土户等不断遭到破坏，国家对赋役承担者的控制也逐渐削弱。于是从嘉靖时起，有的地方官员开始在江南等地推行一种新的赋役制度，即"一条鞭"法。所谓"一条鞭"法即"总括一州县之赋役，量地计丁，丁粮毕输于官"④。在"一条鞭"法中已经取消了"力

① 《清世宗实录》雍正五年四月癸丑，转据［日］寺田隆信：《关于雍正帝的除豁贱民令》，载刘俊文主编，乐成星、南炳文译：《日本学者研究中国史论著选译》，第六卷（明清），503～504 页，北京，中华书局，1993。
② 《清世宗实录》雍正五年四月癸丑，转据［日］寺田隆信：《关于雍正帝的除豁贱民令》，载刘俊文主编，乐成星、南炳文译：《日本学者研究中国史论著选译》，第六卷（明清），504 页，北京，中华书局，1993。
③ 光绪《大清会典事例》，卷七五二。
④ 《明史·食货志》。

差"和"银差"的界限，统以雇役代之，并出现了赋役合并，役归于地的倾向。不过，差役的敛派对象——人丁，尚未完全取消。清初的赋役制度仍然沿袭明末的"一条鞭"法。丁银的征收依旧受到重视，为此规定了户口编审制度。自康熙平定三藩之乱以后，大规模的战争已基本停止，在社会经济得到迅速恢复和发展的同时，土地兼并也日趋严重，大批自耕农和部分中小地主沦为佃农或无地可依的"光丁"。在这种情况下，继续征收这批人的"丁银"无异于雪上加霜，其结果必然导致激烈的社会冲突乃至社会动荡。于是，越来越多的人开始关注这一严重的社会问题，许多人提议改革或废除征收丁银，在明代"一条鞭"法改革的基础上进一步实行"摊丁入地"。所谓"摊丁入地"，是将人丁负担的税额（差役）纳入地亩中一并征收。康熙五十一年（1712）二月，清圣祖玄烨发布谕旨：

> 朕览各省督抚奏，编审人丁数目，并未将加增之数尽行开报。今海宇承平已久，户口日繁，若按现在人丁加征钱粮，实有不可。人丁虽增，地亩并未加广，应令直省督抚，将见今钱粮册内有名丁数，勿增勿减，永为定额。其自后所生人丁，不必征收钱粮，编审时止将增出实数察明另造清册题报。

次年，他又发布谕旨说：

> 嗣后编审增益人丁，止将滋生实数奏闻。其征收办粮，但据五十年丁册定为常额，续生人丁永不加赋。①

这就是前引雍正三年条例出台的背景。这个条例的制定否定了律典所维护的传统的户丁编审制度，并为新确立的赋役制度——摊丁入地，在雍正朝得以在全国普遍推行奠定了必要的法律基础。这是继唐中叶均田制破坏以后实行"两税法"到明张居正推行"一条鞭"法——这一系列赋役制度改革的最终完成。这一改革虽未改变传统的所有制，但却取消了税收的双重标准，在一定限度内改变了赋役不均的局面，减轻了无地贫民的重负，同时也放松了政府对农民的人身控制。

以上所举事例，条例与律文之间表现为一种绝对排斥的关系。由于条例是根据现实情况制定的，更符合现实统治的需要，所以条例事实上取代了律文。这就是所谓的以例破律、以例代律，律为具文，而不再发生效力。绝对排斥情形见下图，其中条例（有色小圆形）位于律典（无色大圆形）之中，条例覆盖了律文，即表示条例取代了律文。

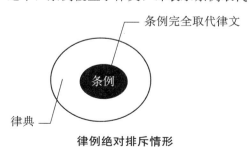

律例绝对排斥情形

---

① 郭松义：《论"摊丁入地"》，载《清史论丛》，第三辑，14 页，北京，中华书局，1982。

2. 相对排斥

相对排斥是指律例的规定虽然重合，但这种重合不是绝对的，而是有条件的。条例只有在具备某些特定的条件下才能取代律文发生效力。这些条件可能是特定时间、地点、特定的主体、客体、对象、情节（客观方面），以及特定形式、文化、习俗、传统、物质生活水准等情况。例如《户律·课程·盐法》门载嘉庆六年（1801）定例：

> 巡捕官员乘机兴贩至三千斤以上，亦照前例问发……须至三千斤，不及三千斤，在本行盐地方，虽越府省，仍依本律。①

薛允升说：

> 律不拘斤数多寡，均拟满徒；例则满三千斤以上者，加重充军，较律为严。②

又如《刑律·贼盗·盗军器》载乾隆二十五年定例：

> 拿获偷盗军器之犯，除犯该流绞者仍依律办理外，其犯该徒杖者仍照窃盗赃加一等治罪，仍于犯事处加枷号一个月……

薛允升说：

> 此例徒杖以下，加等，并加枷号；流罪以上，照律办理，无庸加等，自系因罪已至流，无从复加故也。③

上述情况下的条例虽与律文在某些方面的规定有所冲突，但条例并未否定律文，而只是在特定的时期、地区及根据特定的情节适当变通律文，较之律文或加重或减轻，恰如包世臣所说"查例因随时整饬，故轻重多与律殊"④。这时的条例只是对律文的变通，不仅没有废除律文，也没有改变律文。有关这方面的情况，笔者在前面已列举了不少事例，并作了详细的论述。以上两种情况下的律例关系都有一定的排斥性。在司法实践中，遇到这类情况，清廷的原则是"有例者引例，无例者引律"。其中前一种情况下，"有例不用律"是因为律已是过时的了，条例事实上业已取代了律；后一种情况下，律是对一般情况的规定，而条例则是处理特殊情况的手段，是具体问题具体解决的方法，所以也要"有例则置其律"。但在后一种情况下，律文并不因条例的适用而失效，与前一种情况截然不同。论者所谓"条例具有优先的效力"只适用于这两种情况。但是须注意的是，"绝对排斥"的条例，在《大清律例》全部近两千条条例中所占的比重微乎其微，至多不过百分之二三，只是很小的一部分，远不能代表律例关系的主流。"相对排斥"的条例在所有条例中占有一定的比例，但这种情况下的律文并未成为具文，仍然具有普遍的效力。条例的优先地位只是相对的，而且随着特定条件的丧失，条例的优先地位还可能随时消失。以此情况而论，条例变通律文虽与律文发生了局部的冲突，但其根本精神与律典并无二致，仍是为了使律文更有效地发挥作用，而不必拘泥于具体的文字。所以，这类条例并未影响律典的主导作用。以

---

① 参见光绪《大清会典事例》，卷七六二。
② 胡星桥、邓又夫主编：《读例存疑点注》，266 页，北京，中国人民公安大学出版社，1994。
③ 胡星桥、邓又夫主编：《读例存疑点注》，406 页，北京，中国人民公安大学出版社，1994。
④ 包世臣：《安吴四种》，卷三一上，《齐民四术》，卷七，《刑一上》，塾南书舍藏版，嘉庆十三年刻本。

上两类条例，总的来说都是变通律文的，只是变通的程度不同，前一种条例的变通实际上是否定；而后一种变通则是折中，有点类似于今天的特别法，其与律典的关系是特别法与普通法的关系。相对排斥情形见下图，其中条例（有色）与律典（无色）相交部分，条例覆盖了律文，即表示条例在特定条件下取代了律文。

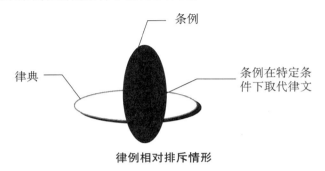

律典 ——— 条例 ——— 条例在特定条件下取代律文

律例相对排斥情形

（二）各自调整

律例在调整的社会关系的范围上更多地表现为不重复调整或称各自调整。通俗些说，各自调整就是条例对律典没有涉及的，或虽已涉及但不具体的情况作出的规定。这类条例的作用表现为对律文的补充和辅助。这时就不存在所谓的"有例不用律"、"有例则置其律"的问题了。因为此时，条例所规定的，律文并未规定；律文规定具体的，条例亦不作规定。在调整的目标上，二者交替出现，并不同时并存，因此也无冲突可言，更谈不上何者优先、何者次要的问题了。这类条例在近两千条清代条例中所占比重最大，它代表了清代律例关系的主流，表明条例的主要作用是补充和辅助律典。关于这方面的情况，笔者已在"条例的性质和作用"一节内作了详细论述，此处不再重复。各自调整情形见下图，其虚框椭圆形代表律典，黑色实框椭圆代表条例。

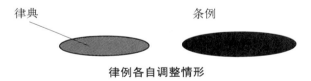

律典   条例

律例各自调整情形

关于清代律例的关系，以上已作了理论上的分析。也许，更有说服力的方法是考察一下清代的司法实践。令人欣慰的是，清代各级官府的审判案例至今仍以多种方式大量保存着。现存各种版本的官私案例汇编、官府档案、说帖、私家文集等文献都保留了数量众多的案例，这就为我们考察清代的律例关系提供了最有力的依据。由于清代案例卷帙浩繁，全面统计简直是不可能的，因此，我们只能对个别文献中的某些卷函作有代表性的统计。例如，光绪十二年版《新增刑案汇览》卷二《名例》篇所载三十一件案例中，引律断案的有十八件，占百分之五十八强。其他十三件案例有全部依律断案的，也有四五件因律例均无正条而比附断案的，还有两件因案情严重依朱批诏旨断案的。同书卷三载案例二十二件，其中依律科断的十三件，占百分之五十九强，其余九件中有四件系比附断案，其中有依例比附的，也有依律比附的。该书以后各卷与此两卷情形大同小异，大致上依律科断的要占一半以上。如光绪六年（1880）案："川督奏：已革世职钻越承袭一案，查律载：'文武官员弟侄不依次序袭荫者杖一百徒三年'等语。此案……合依文武官员弟侄不依次序钻越袭荫者杖一百徒三年律拟杖一百徒三年，到配折责充徒"①。又比律断案之例如：

> 热河都统奏：内务府厢黄旗汉军巴克坦布佐领下人王立泉，年十八岁，充食地幼丁，在热河园当差，奉官派割荆条，因镰刀把松，误在路旁御制诗歌巨人碑磕顿，致将字边旁楞角磕伤，讯非有意毁损，遍查律例并无作何治罪明文，自应比例问拟。王立泉应请比照弃毁乘舆服御物者杖一百徒三年照例折枷四十日移旗鞭责发落。②

笔者按：《礼律·仪制·乘舆服御物》律载：

> ……将乘舆服御物私自借用，或转借与人，及借之者，各杖一百徒三年，若弃毁者，罪亦如之……③

是此案系比照此律断罪。又据《刑部直隶各省重囚招册》广东司第一本统计，吴锦等九案有六案依律拟罪排列在前，有三案依例定罪排列在后。又统计安徽司"常犯"册五案中有三案依例定拟，有两案依律问罪。再湖广司"服制"册三案皆依律拟断。

又统计《刑案新编》所载道光十八年（1838）至光绪十四年（1888）的三十案中，引律问罪的有十六案，占半数以上。如浙江司咸丰三年（1853）案：

> 查律载"强盗已行而得财者不分首从皆斩。"又例载"盗劫之案……将法所难宥者正法，情有可原者发新疆给官兵为奴"各等语。此案朱阿淮等行劫……系属法所难宥，自应按律问拟……情有可原之程三、沈四、李小三、陈大均应照强盗免死例发新疆给官兵为奴……④

总括以上的分析，可以认为：明清官方处理律例关系的基本原则是以律为主导，条例为补充、辅助和变通，律例并行而非偏废某一方。律例关系的主流是相辅相成、互相补充。相互替代是有条件的，不是普遍的。如果用哲学的术语来表述，律例是一对矛盾的统一体，二者既互相对立，又彼此统一，互为条件，互为前提，同时并存。如果说律是以不变应万变的话，例就是以变应变。所谓"律守一定，例则因时变通"⑤。又所谓"律者一定之法，例者无定之权。以一定教无定而使万变不越乎范围"⑥。明清统治者根据律例不同的性质和作用，发挥其各自的优越性。

---

① 潘文舫：《新增刑案汇览》，卷二，上海，图书集成局，光绪二十四年版。
② 潘文舫：《新增刑案汇览》，卷三，光绪九年版。
③ 光绪《大清会典事例》，卷七六七。
④ 《刑案新编》，光绪壬寅年兰州官书局版。
⑤ 王凯泰：《重修律例统纂集成序》，载《大清律例增修统纂集成》。
⑥ 孙士毅：《成案所见集全编序》，载《成案所见集》。

第三编
定罪与科刑

第八章

中央与地方的刑事司法权

中央集权，即大部分或全部统治权归中央，地方政府没有独立性，其权力由中央授予，严格服从中央，在中央的监督下行使，秦、隋、宋、元、明、清是较典型的专制主义中央集权。每一个新王朝的创建总是把加强中央集权作为其巩固新王朝的首要任务。从历史上看，中央高度集权的体制主要通过以下几个方面来体现：

第一，皇权至高无上。在古代社会中，中央高度集权最突出的表现即皇权的无上性。中央政府集全国上下的权力，而这些权力实际最终只汇于一核心焦点——皇帝一人身上。作为封建国家的大家长，他拥有统治整个国家、社会的方方面面的权力，是传统社会一切权力的来源。从中央到地方庞大的国家机器全是皇帝一人的执行办事机构，它通过郡县之类的地方机构集权于中央，中央的权力又通过丞相之类的中央官僚而集权于皇帝，从而形成一个只服从皇帝的纵向庞大的国家统治体系。

第二，为确保中央集权的需要而全面推行郡县制。古代社会交通、信息技术各方面条件均不发达，管理手段极为落后，为了确保中央对广大领域的集权控制，增设地方管理层级成为唯一可选择的途径。它可避免因管理幅度过大而带来管理不力现象，保证各级地方在中央的层层控制之下，地方官府的行政、司法、财政、军事等主要权力，由县到州、由州到路（府）；由路（府）到朝廷，逐级上收，直至中央。

第三，控制各级地方官员的人事权。在中央高度集权体制下，历代帝王均牢牢掌握各级官员的人事任免权。上至宰相，下至地方七品官员均由朝廷掌控，其去留升迁悉听朝廷。朝廷为了防止地方官员在一处区域任职过久而逐渐壮大私人地方势力，多采用回避和轮换的任职制度，在如此制度下，地方官员很难在短期内发展足以与朝廷相抗衡的地方势力，从而确保了中央高度集权不致受地方势力的冲击。

第四，设计严密的监察制度。古代对地方监察的形式多样，有任用行政长官监察地方官吏，有设置固定的专职的地方监察机构，有刺史出巡制等等，地方官员被置于朝廷设置的重重监察范围之内。监察官往往受皇帝直接领导，其活动不受地方政府干扰，拥有相当大的权力，"位卑而权重"是监察官地位的真实写照。

古代监察制度最大的弊端在于其对皇权制约的束手无策，但对其巩固中央高度集权体制的作用而言，其功不可没。

第五，加强对地方的财政控制。历代王朝中央掌握财政权主要是通过控制地方税收以及矿山、冶铁、盐铁手工业生产的官办官营。税收是财政权的基础，控制了税收也就等于控制了地方经济命脉，经济是一切政治活动的基础，没有了经济权的灵活机动，地方政权便无力与朝廷相抗衡。

第六，强化社会意识形态方面的统一以巩固中央高度集权。特别是西汉后"独尊儒术"，使儒家学说成为古代社会的主流意识形态。社会各阶层意识形态领域的趋同化为中央高度集权的政治体制奠定了思想文化基础。儒家的圣王一体思想为现实皇权提供了权威的合法性基础，皇权在意识形态上至高无上的权威，顺理成章地引出了古代社会中央高度集权体制的合法合理性。对朝廷、对皇帝的"忠"作为一种对人的基本品质的要求，甚至排到了百善之首——"孝"的前面。

第一节
皇帝的刑事司法权

在中国古代社会，用以表达在国家与社会生活中居于最高地位的统治者的名称有"天子"与"皇帝"。"天子"，顾名思义，上天之子。从历史上看，"天子"一词的出现与使用，先于"皇帝"。在人类社会的早期，由于生产力水平较低，在面临现实的生存困境的同时，由于对一些自然现象无法理解，人们总是幻想可能存在着一种超自然的神秘力量在无形中支配着命运，这种神秘的力量不可违背，无法抗拒，只能顺从，是为上帝或天帝。上帝或天帝的幻想进一步为统治者所渲染，在系统化的同时，也与人们的生活结合了起来，认为天帝统治万物，无所不能，至上权威，反映到人类社会，通过与其血缘关系最近，相对而言最值得信赖的儿子秉承其意志来实现，保佑他，辅助他，打击与镇压敌对与反抗的力量，是为天子，即所谓"圣人受命，皆天所生，谓之天子"[1]。夏时，"有夏服天命"，夏启在为攻打有扈氏而发布的军令中便提出"天用剿绝其命，今予惟恭行天之罚"[2]。在商朝，商王也被认为是上帝的使者，商汤伐夏桀时发布诰命声称："格尔众庶，悉听朕言。非台小子，敢行称乱。有夏多罪，天命殛之。""夏氏有罪，予畏上帝，不敢不正。"[3]"予迓续乃命于天。""予念我先神后之劳尔先……高后丕乃崇降罪疾，曰'曷虐朕民?'……先后丕降与汝

---

① 《春秋成公八年注》，参见（汉）何休注、（唐）徐彦疏：《春秋公羊传注疏》，220页，上海，上海古籍出版社，1990。

② 《尚书·甘誓》，参见周秉钧注译：《尚书译注》，49页，长沙，岳麓书社，2001。

③ 《尚书·汤誓》，参见周秉钧注译：《尚书译注》，56页，长沙，岳麓书社，2001。

罪疾，曰'曷不暨朕幼孙有比？'""肆上帝将复我高祖之德，乱越我家。朕及笃敬，恭承民命"①。而西周代商，"有命自天，命此文王"。"维此文王，小心翼翼，昭事上帝，聿怀多福。"②"丕显文、武，克慎明德，昭升于上，敷闻在下，惟时上帝集厥命于文王。"③此后的历朝历代，无不亦然。

"皇帝"一词的使用，始于秦朝的建立。从字面上分析，"皇"即"大"，《白虎通》说："亦号也。皇，君也，美也，大也。"④"帝"，《说文解字》解释为"谛"，"王天下之号也"。郑玄注《周礼·月令·大雩帝》说："帝，上帝也，乃天之别号。"⑤《史记·五帝本纪》正义引郑玄注《中候敕省图》云："德合五帝坐星者，称帝。"又《坤灵图》云："德配天地，在正不在私，曰帝。"⑥ 胡三省注《资治通鉴》说：

> 帝者，天之一名，所以名帝。帝者，谛也，言天荡然无心，忘于物我，公平通远，举事审谛，故谓之帝也。⑦

公元前221年，秦王嬴政统一六国，以为"今名号不更，无以称成功，传后世"，臣僚群起逢迎道：

> 昔者五帝地方千里，其外侯服夷服诸侯或朝或否，天子不能制。今陛下兴义兵，诛残贼，平定天下，海内为郡县，法令由一统，自上古以来未尝有，五帝所不及。臣等谨与博士议曰："古有天皇，有地皇，有泰皇，泰皇最贵。"臣等昧死上尊号，王为"泰皇"。命为"制"，令为"诏"，天子自称曰"朕"。

嬴政最后做了定夺：

> 去"泰"，著"皇"，采上古"帝"位号，号曰"皇帝"。他如议。⑧

始皇帝

① 《尚书·盘庚中》，参见周秉钧注译：《尚书译注》，84、85、88页，长沙，岳麓书社，2001。
② 《诗·大雅·大明》，参见吴兆基编译：《诗经》，457页，北京，长城出版社，1999。
③ 《尚书·文侯之命》，参见周秉钧注译：《尚书译注》，246页，长沙，岳麓书社，2001。
④ 《白虎通·号》，参见（汉）班固撰：《白虎通义》，6页，上海，上海古籍出版社，1992。
⑤ （清）赵翼：《陔余丛考》（17）。《白虎通》也说："德象天地称帝。"《白虎通·号》，参见（汉）班固撰：《白虎通义》，6页，上海，上海古籍出版社，1992。
⑥ 《史记卷1·五帝本纪》，参见司马迁撰：《史记》，1页，北京，中华书局，1959。
⑦ 《资治通鉴》卷七引胡三省注，参见（宋）司马光著、（元）胡三省音注：《资治通鉴》，234页，北京，中华书局，1956。
⑧ 《史记·秦始皇本纪》，参见司马迁著、王利器注译：《史记注释》，123页，西安，三秦出版社，1988。

从此，皇帝之尊号确立了下来，并在后来的历史发展中延续了两千多年，但在使用上，"天子"与"皇帝"互通，所谓"德侔天地者称皇帝，天佑而子之，号称天子"①。

秦汉之后，皇帝在国家与社会中至高无上的地位在法律制度中也日益显现。汉时，"汉天子正号曰皇帝，自称曰朕，臣民称之曰陛下，其言曰制诏，史官记事曰上，车马衣服器械百物曰乘舆，所在曰行在，所进曰御。其命令一曰策书，二曰制书，三曰诏书，四曰戒书"②。唐代开元时期的《仪制令》规定：对国家的最高统治者，无论夷、夏，统称之为皇帝、天子，而臣下、内、外，则称之为"至尊"；上表则称之为"陛下"，行幸则称为"车驾"。根据日本学者仁井田开的《唐令拾遗》记载，"诸皇太子已下，率土之内，于皇帝皆称'臣'。皇后已下，率土之内，于皇帝、太皇太后、皇太后皆称'妾'。六宫已下，率土妇人，于皇后皆称'妾'。百官上疏于太皇太后，皇太后，皇后称'殿下'，自称皆曰'臣'。百官及东宫官于皇太子皆称'殿下'（上启、表同），百官自称名，宫官自称'臣'。"如果胆敢冒犯禁讳，则要承担相应不利的法律后果。据《唐律疏议》：

> 诸上书若奏事，误犯宗庙讳者，杖八十；口误及余文书误犯者，笞五十。即为名字触犯者，徒三年。③

而"圣谕"所至，掷地有声。即使偶尔笔误，也必须通过正式的渠道才可修正。"诸制敕宣行，文字脱误于事理无改动者，勘检本案，分明可知，即改从正，不须复奏。其官文书脱误者，咨长官改正。"④"不请官司而改定者，笞四十。知误不奏请而行者，亦如之。"⑤皇权的这种至高无上性，为皇帝把握国家最高的立法权力，提供了充分的法律依据。与此同时，皇帝也掌握了最高司法权，其具体形式有：

一、御笔断罪

中国古代，虽然中央有刑部、御史台、大理寺，地方有州、县等的司法机构，但是最高的司法权始终掌握在皇帝的手里，皇帝有权干预一切案件的审理并有权定夺量刑的幅度，秦始皇"昼断狱，夜理书"⑥，汉光武帝则以"留心庶狱，常临朝听讼，躬决疑事"⑦。许多疑难、重要案件，都由皇帝定夺。汉高祖七年（前200）曾下诏曰："县道官狱疑者，各谳所属二千石官，二千石官以其罪名当报之。所不能决者，皆移廷尉，廷尉亦当报之。廷尉所不能决，谨具为奏，傅所当比律令以闻。"⑧《唐律疏议·名例》"八议条"规定"诸皇太子妃大功以上亲，应议者期以上亲及孙，若官爵五品以上，犯死罪者，上请"⑨。在所谓皇

① 董仲舒：《春秋繁露·三代改制质文》，董仲舒撰、阎丽译注：《董子春秋繁露译注》，112页，哈尔滨，黑龙江人民出版社，2003。
② 蔡邕：《独断》卷一。
③ 《唐律疏议·职制》，参见刘俊文点校：《中华传世法典：唐律疏议》，219页，北京，法律出版社，1999。
④ ［日］仁井田开：《唐令拾遗》，534页，长春，长春出版社，1989。
⑤ 《唐律疏议·职制》，参见刘俊文点校：《中华传世法典：唐律疏议》，218页，北京，法律出版社，1999。
⑥ 《汉书·刑法志》，参见（汉）班固撰、（唐）颜师古注：《汉书》，929页，北京，中华书局，2005。
⑦ 《晋书·刑法志》，参见丘汉平编著：《历代刑法志》，151页，北京，群众出版社，1962。
⑧ 《汉书·刑法志》，参见（汉）班固撰、（唐）颜师古注：《汉书》，936页，北京，中华书局，2005。
⑨ 《唐律疏议·名例》，参见刘俊文点校：《中华传世法典：唐律疏议》，37页，北京，法律出版社，1999。

帝的亲自断案中，即使"御笔断罪"与常法相违，也必须执行。被判者"不许诣尚书省陈述。如违，并以违御笔论"①。这种不受任何程序限制的审判制度，造成了法律的混乱，并为奸臣、佞臣的舞文弄墨提供了方便。北宋徽宗时，蔡京"欲快已私，请降御笔，出于法令之外，前后抵牾"。南宋时，秦桧专政"率用都堂批状、指挥行事，杂入吏部续降条册之中，修书者有所畏忌，不敢删削"②。

二、死刑复核与复奏

除重大案件要上请皇帝定夺外，封建法律对死刑还规定了复核与复奏制度。

1. 死刑复核制度

死刑复核权在古代死刑复核制度中是相当集中的，逐渐由地方向中央转移，最终控制在皇帝手中，由皇帝来掌控生杀大权。关于死刑复核制度的起源，至今法学界尚无定论，一般认为汉代以前，中国没有死刑复核制度，仅从现有史料看，是源于汉代。秦朝时期，统治者历行"重刑主义"，县令就掌握着判决、执行死刑的司法权。汉朝也是如此，"刺史守令杀人不待奏"③，但与秦朝不同的是，汉律对某些重大案情或官僚贵族犯罪的死刑案件，规定必须奏请皇帝核准。如西汉王温舒任河内太守时，严惩郡内豪猾，连坐千余家的案件。

> 奏请所捕豪猾，大者至族，小者乃死，得报二日而至，所诛杀流血十余里。盖豪猾族刑非常法，故特奏，若罪之丽于常法者，不奏也。④

这就属于案情重大，诛杀面广而奏请皇帝核准的案例，但是这种重大案情或一定级别的官僚贵族犯罪的死刑案件奏请皇帝核准的做法，不是专门的死刑复核，而是附设在所谓重大疑难案件须奏请皇帝核准的范围里。隋唐时期，死刑复核制度正式确立。这时不但法律中规定此制度，而且还设置了专门的复核机关。

> 十二年，帝以用律者多致踳驳，罪同论异，诏诸州死罪不得便决，悉移大理案覆，事尽然后上省奏裁。⑤

这说明法律明确规定死刑复核的权力由大理寺行使。在唐朝，统治者非常强调慎用刑罚，《狱官令》中规定：

> 凡决死刑，皆于中书门下详复。

注释道：

> 旧制，皆于刑部详复，然后奏决。开元二十五年敕，以为庶狱既简，且无死刑。

① 《宋史·刑法志》，参见（元）脱脱等撰：《宋史》，4991 页，北京，中华书局，1985。
② 《宋史·刑法志》，参见（元）脱脱等撰：《宋史》，4965 页，北京，中华书局，1985。
③ （清）赵翼：《陔余丛考》，栗保群、吕宗力校点，289 页，石家庄，河北人民出版社，2003。
④ （清）赵翼：《陔余丛考》，栗保群、吕宗力校点，289～290 页，石家庄，河北人民出版社，2003。
⑤ 《隋书·刑法志》，参见高潮、马建石主编：《中国历代刑法志注释》，225 页，长春，吉林人民出版社，1994。

自今以后，有犯死刑，除"十恶"死罪，造伪头首，劫杀，故杀，谋杀外，宜令中书、门下与法官等详所犯轻重，具状奏闻。①

可见，唐朝时期，复核的机关由开始的刑部增加了中书、门下等机关，皇帝具有死刑案的最后决定权。唐代对死刑的复核是非常慎重的，太宗贞观四年（630），天下断死刑二十九人。不仅如此，唐朝还开创了"三司推事"的先制，"三司推事"是指对死刑案件和其他重大疑难案件，皇帝诏令刑部、御史台和大理寺共同审理的司法制度。"三司推事"对以后各代，特别是明清的死刑复核制度影响很大。

唐朝以后各代基本上承袭了唐朝的死刑复核制度。宋朝时，为了加强皇帝对三大机关司法审判权的制约，太宗淳化二年（991）在官中增置审刑院，由皇帝指派亲信大臣或高级官员出任长官知院事，其职责是复核大理寺所裁判的案件，实际上是代表皇帝控制司法侵夺了刑部原有的权力。这样，全国各地上奏中央的案件，先送审刑院备案，再交大理寺审理，刑部复核后，再返回审刑院由知院事或其属下的详议官写出书面意见，奏请皇帝，由其作出最终的裁决。元朝时期，"及中原略定，州县长吏，生杀任情，甚至没人妻女。耶律楚材奏请：'囚当大辟必待报，违者论死。'从之"②。明清时期，死刑复核制度进一步完备，明清时期的死刑分立决和秋后决两种，立决是针对性质特别严重的死刑案件，如谋反、大逆及杀人等，一般死刑则待秋后决。明朝刑部地位提高，职权也发生很大变化，由隋唐以来的复核机关演变为中央最高审判机关。大理寺由过去的最高审判机关变为复核机关。死刑案件经大理寺复核后，一律奏请皇帝批准。明朝为了加强对审判权的控制，统一法律的适用，对重案、疑难以及死刑复核案件实行了会审制度。清朝的会审制度与明代的各种定期录囚制度相类似，并有所发展，比明朝的会审制度更为完备，并将朝审进一步发展为"秋审"和"朝审"两大审判制度。③ 在清朝，立决的案件犯人招供后，先由大理寺丞或评事、都察院御史与刑部会审，通称为"会小法"；审理完毕后，再由都察院左都御史、大理寺卿携同属员赴刑部会审，通称为"会大法"④。秋后决的案件则要进行秋审和朝审。秋审是死刑审判程序的延续，主要审核地方各省所判的监候案件，时间是八月；朝审是审核刑部及京城附近所判的监候案件。秋审和朝审都是事关人命的重大活动，因而在清朝被称为"一朝之大典"，其繁琐的程序给死刑案件的复核提供了程序上的保证，有利于掌握死刑的统一量刑标准，比历代的死刑复核制度更加严密、庄重。秋审和朝审是我国封建社会死刑复核制度发展的巅峰，在中国法制发展史上具有重要的意义。

由此可见，在法律上地方已完全丧失了决定死刑的权力，最终的决定权牢牢地掌握在皇帝手中。纵观中国古代的死刑复核制度，可见它对慎重执行死刑，防止滥刑，避免冤案确有积极意义，而这一制度的背后正是慎刑思想。⑤

---

① 《唐六典·刑部》，转引自陈卫东、张弢：《刑事特别程序的实践与探讨》，138 页，北京，人民法院出版社，1992。

② 《新元史·刑法志》，参见高潮、马建石主编：《中国历代刑法志注释》，780 页，长春，吉林人民出版社，1994。

③ 参见周倩、李小利：《我国古代死刑复核制度及对当今的启示》，载《法制与社会》，2006（7）。

④ 《清史稿·刑法志三》。

⑤ 参见王立民：《中国古代的死刑复核制度及其思想基础》，载《政治与法律》，2002（6）。

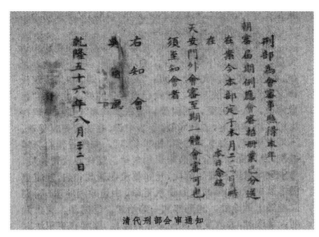

清代朝审

2. 死刑复奏制度

　　我国古代的死刑复奏制度最早起源于隋朝。《隋书·刑法志》记载：（隋文帝开皇）十二年（592）诏诸州死罪不得便决，悉移大理案复，事尽然后上省奏裁；十五年制，死罪三奏而后决。《唐律》是中国封建法制的集大成者，它继承了前朝历代法律文化的优秀遗产，对各项制度又加以不断完善，遂成为中华法系的典型代表。《唐律》承续了隋朝已成定制的死刑案件"三复奏"的程序，又在总结经验教训的基础上进一步发展，对复奏次数、时间作出规定，最后形成"在京五复奏，京外三复奏"的定制。据《旧唐书·刑法志》记载：（唐太宗大怒之下，错杀大理丞张蕴古，既而悔之）下制，凡决死刑，虽令即杀，仍三复奏。寻谓侍臣曰："人命至重，一死不可再生……比来决囚，虽三复奏，须臾之间，三奏便讫，都未得思，三奏何益？自今已后，宜二日中五复奏，下诸州三复奏。"其五复奏，以决前一日、二日复奏，决日又三复奏。惟犯恶逆者，一复奏而已。这样死刑案件便有了两次复核，一次由皇帝核准，一次由皇帝勾决。同时，唐太宗还主张由高官集议死刑案件，以免怨滥，对死刑案犯不能一概而论，有特殊情况可上奏另作处理。《贞观政要·刑法》记载：古者断狱，必讯于三槐、九棘之官，今三公九卿即其职也，自今以后，大辟罪，皆令中书、门下四品（《旧唐书·刑法志》《新唐书·刑法志》记载均为五品）已上及尚书九卿议，如此，庶免怨滥……比来有司断狱，多据律文，虽情在可矜者而不敢违法，守文定罪，或恐有冤，自今门下省复有据法合死，而情在可矜者，宜录状奏闻。之所以要实行"在京五复奏，京外三复奏"，是为给最终核准死刑的皇帝留下一个从容思考的时间，以便重新考虑杀与不杀的利弊，在反复掂量之后，或许会刀下留人。据史书记载：从此以后，被判死刑的人得以全活者，为数甚多。由此可见，唐朝实行的死刑复奏制度，是开明皇帝对执行死刑特殊慎重，以防止错杀的一项很好的制度，它是司法实践经验的总结，是中华法制文明中的精华。其后，"在京五复奏，京外三复奏"遂成定制。唐代确立的死刑复奏制度一直为唐后的朝代所沿用，只是稍有变革而已。宋、明两朝只有"三复奏"，取消了"五复奏"。清朝在乾隆前实行三复奏，乾隆十四年（1749）则改为一复奏，等等。死刑复奏制度使被告人在被交付执行死刑之前又增加了一道把关程序，这对于保证死刑的正确适用、防止错杀，无疑具有非常重要的意义。

另外，从古代中央集权逐渐加强的趋势中也可见一斑：自秦朝建立，秦始皇集国家一切权力于一身，个人意志就是法律，所有政事均由皇帝裁决，"天下之事无小大皆出于上"。为了加强对司法的控制，秦始皇建立了一套能够为其直接控制的司法机关体系，一切重大案件他具有最后裁决权，他还经常直接审判案件。自秦始皇开始的中央集权的皇权统治对中国封建社会影响很大。汉代亦相似，如"光武中兴，留心庶狱，常临朝听讼，躬决疑事"，皇帝通过复核、审判、大赦等司法程序，把司法权控制在自己手中。三国两晋南北朝时期，皇帝更加频频地干预、参与司法审判。唐朝以大理寺为最高司法机关，但判决也须皇帝批准方可生效。这一方面体现了谨慎态度，另一方面也说明了皇权的至上性。

古代司法制度上的绝对君主集权，到宋朝更加完备。司法机关实行多元化，使其互相牵制，以利于皇帝控制。皇帝还经常指定朝臣成立非常设审判机构。皇帝本人也越来越多地参与审判，恢复死刑复奏制，"生杀之权出于上矣"。到了明朝，君主专制发展到了极端。明初，司法权完全由皇帝操纵，凡大案必须经明太祖亲审方可判决。不仅如此，皇帝还惯使"廷杖"手段，于朝堂之上惩毙大臣，这纯属法外用刑。更甚的是，统治者对司法机关已不耐烦，又创立锦衣卫、东西厂、镇抚司等特务机关。这些机构肆无忌惮地乱施刑罚，不经任何司法程序而施刑讯，直接对皇帝负责，司法制度遂成儿戏。清朝司法制度非常完备，

锦衣卫印

司法机关在全国范围形成完整体系，但同样保持着皇帝的最高裁决权，官吏犯罪必须奏请皇上审理和复准，任何机关不得擅自审理。由于皇权至上，皇帝便可授意或亲自制造冤案，清朝的文字狱比明朝的更甚。

综观历朝历代，尽管司法制度呈不断完备的趋势，但只要司法制度与皇权的扩张相抵触，便形同虚设，皇权对司法的干预极为随意，甚至为皇帝的一时喜怒所左右，因而司法呈现极大的不稳定性。这样也凸现了死刑判决权——重大案件的判决权的发展总趋势。

三、录囚

录囚制创建于西汉，封建统治者吸取秦朝二世而亡的教训，为避免滥刑滥杀，每年八月由地方行政长官巡视各地囚徒情况，重新审理一些证据不足的案件，平反冤狱。东汉光武帝刘秀重视庶狱，开创皇帝亲录囚徒的先例，以监督全国司法状况。录囚制在某些时候确实起到了防止冤狱的作用，但皇帝的直接插手往往使法律成为具文。有许多皇帝为表现自己的"好生之德"，沽名钓誉，不顾法律条文，任意赦免犯人。唐高宗"每日将二十人过

帝，自虑（录）之多，所原免虑不尽者，仍令皇太子于百福殿虑之"①。至宋代，宋太宗常常亲录京城囚徒，废寝忘食，大臣以审判之事为有司专掌而加以劝阻，太宗却言："或云有司细故，帝王不当亲决，朕意则异乎是。若以尊极自居，则下情不能上达矣。"② 由于统治者标榜所谓的"仁政"的需要，即使十分强调守文定罪的一代明主唐太宗，在录因时也往往不顾事实"降死至流，流降入徒，徒降入杖，杖者并放"③。

四、大赦

除录因制外，大赦制也为皇帝干预司法，皇权凌驾于法律之上提供了制度上的依据。赦免犯罪的现象始于西周，其范围是老弱及痴傻者。"一赦曰幼弱，再赦曰老耄，三赦曰蠢愚。"④ 春秋时儒家将赦免幼弱、老耄、蠢愚及过失犯罪当做仁政的表现，但春秋时大赦的对象却扩展到所有的犯罪者。自汉代以来，大赦逐渐形成定制。凡践阼（改朝换代）、改元、立后、建储（立太子）皆赦天下囚徒，以示皇帝的仁慈。赦的权力掌握于皇帝手中，任何人都无权发布赦免罪犯的权力，也无权干预皇帝的大赦令。汉高祖在位十二年，大赦九次。文帝在位二十一年，大赦四次。景帝在位十六年，大赦五次。武帝在位五十五年，大赦十八次。昭帝在位十三年，大赦七次。宣帝在位二十五年，大赦十次。元帝在位十五年，大赦十次。成帝在位二十六年，大赦九次。哀帝在位六年，大赦四次。大赦制发展到东汉明帝时，又进一步，原有不赦之罪，如谋反、大逆、罪不能宥等罪犯也得以赦免，或减等，或免罪。⑤《东汉会要·刑法》记载，东汉时行赦七十二次。两汉之后，历代都沿袭了大赦制度。如唐律规定："凡赦前断罪不当者，若处轻为重，宜改从轻；处重为轻，即依轻法。"⑥ 宋代则定期举行大赦，以致达到三年一赦，于古无有的地步。明朝则"凡有大庆及灾荒皆赦"⑦。

第二节
中央政权的刑事司法权

中国古代中央（朝廷）司法组织的发展和演变，分为两个时代。其一为夏商周时代，属早期国家形态下的司法组织，春秋战国时期，中央司法组织也多有变迁；至秦统一中国，进入第二个时代，此后直到清朝，延续两千余年。在这一时代，中央司法组织经历了以廷尉为中心，以大理寺、刑部、御史台并列，以及以刑部为中心的不同发展阶段，直到清末

① 《册府元龟第18·刑法部》，参见（宋）王钦若：《册府元龟》。
② 《宋史·刑法志》，参见（元）脱脱等撰：《宋史》，4970页，北京，中华书局，1985。
③ 《册府元龟第27·刑法部》，参见（宋）王钦若：《册府元龟》。
④ 《周礼·秋官》，参见吕友仁译注：《周礼译注》，478页，郑州，中州古籍出版社，2004。
⑤ 《后汉书·明帝纪》，参见（南朝·宋）范晔撰：《后汉书》，21页，北京，长城出版社，1999。
⑥ 《唐律疏议·断狱》，参见刘俊文点校：《中华传世法典：唐律疏议》，607页，北京，法律出版社，1999。
⑦ 《续文献通考·刑法》。

司法制度改革，方才发生根本改变。

以明代为例，朱元璋建立明朝后，从中央到地方建立了系统的司法审判机构，掌管天下刑、民案件。明朝中央司法机构因宰相制度废除与六部地位的相应提高，改变了以往大理寺主审的格局，使得中央刑部跃居为主审机关。刑部以尚书一人作为长官，并由元朝的正三品提升为正二品。尚书以下，又设左右侍郎作为副长官，辅佐尚书工作。侍郎以下，设司务厅与十三清吏司，具体掌管中央与地方各省的司法审判工作。同时对京师与地方各省上报的流刑以下案件，也可以提起再审。明朝的大理寺由以往的主审机关变为复核等慎刑机构。大理寺设卿一人为其长官。卿以下设少卿一人，为其副长官，辅佐卿工作。少卿以下，设左、右二寺，分别长官京师与地方各省案件的复审复核以及平反冤狱工作。明朝的大理寺有权对刑部及都察院审理的案件进行复核，遇有差错可以提出"驳正"，并把大理寺复核意见上报皇帝批准后，再予执行。明朝的都察院，时称"风宪衙门"，负责全国的行政监察工作，又负责全国的法律监督工作，同时直接受理皇帝交办的诏狱案件。都察院以左、右都御史为其行政长官，通常左都御史侧重于法律监督工作。左都御史以下设御史多人，负责中央与京师地区的司法审判监督工作。与此同时，在全国设立十三道监察御史，作为中央的派出机构，加强对全国各省府州县的司法审判监督工作。都察院除负责法律监督工作外，皇帝往往授予重权，凡京师出现"大狱重囚"，左都御史及其属官都可以"会鞫于外朝"，即接受皇帝的指令，在外朝房直接审理重大的刑事案件，提出处罚重大罪犯的意见。遇到冤假错案时，可以接受皇帝的指令，与刑部、大理寺共同会审，提出平反意见，报请皇帝批准。当地方上出现冤假错案时，往往由皇帝钦派左都御史等高级官员为巡按御史，钦差巡察所属省府州县，对申述案件进行重审。由于巡按御史以"钦差大臣"的身份出巡，所以威权很重，对于地方审理的错案，拥有"大事奏裁，小事立断"的权力，这对于减少与平反地方的冤假错案具有一定的作用。总体而言，明朝中央以刑部为主审机构，以大理寺为复核机构，以都察院为法律监督机构，三机构分工负责，相互牵制，共同对皇帝负责，构建了有明一代以皇权为核心的中央司法机构。[①]

第三节
地方政权的刑事司法权

有学者将中国古代封建时期司法与行政合一的体制称为"法政体制"[②]。中国古代地方自春秋战国之交到逐渐完成了从分封制到郡县制的过渡，确立了封建化的地方法政体制。战国时期，郡守、县令作为地方行政长官，同时兼理司法审判事务。这种地方行政机关兼掌诉讼审判职能的法政体制，一直到清末才告解体。在两千余年的封建地方法政体制下，地方行政长官司法权力的大小以及行使司法权力的方式，总的发展趋势是地方行政长官的

---

① 参见朱勇：《中国法制史》，281 页，北京，法律出版社，2006。
② 刘长江：《中国封建地方法政体制探析》，载《西华师范大学学报（哲学社会科学版）》，2005（6）。

司法权力越来越小，责任越来越大，这是中国古代中央集权不断强化，中央加强对地方司法权控制的必然结果。

宋代以前，在各级地方政权中，皆设置了协助地方行政首长处理司法事务的佐吏。如秦汉时期，郡守掌"决讼检奸……秋冬遣无害吏案讯诸囚，平其罪法……"①，握有地方司法之权，故下设有关机关惩治不法，如贼曹，主管捕拿惩治盗贼；辞曹，主管辞讼；决曹，负责惩治犯罪；仁恕掾，管辖决狱和断狱。魏晋南北朝时期，州、郡、县三级地方长官均设有司法属官，如佐助州刺史的都官从事，佐助太守的法曹掾史，掌刑法；墨曹掾，掌治狱之事。隋唐时期，将州、郡、县三级改为州、县两级。州刺史，县令并"掌导风化，察冤滞，听狱讼"②。州有司法参军事、司户参军事，分别负责督捕、审判罪犯、婚姻田宅等具体司法工作。县也有司法佐和司户佐。但是，司法大权掌握在各级地方首长一人手中，中央对地方上各级政权中的司法佐吏并不直接控制，地方上各级政权的司法佐吏，纯属地方长官幕僚性质的辅助官员。

一、地方政权与死刑案件的处理

秦汉时期，郡守县令不仅掌握案件的批准权与难案的上报权，而且掌握死刑案件的判决权。史称，汉时"刺史守令杀人不待奏"③。如汉朝东海郡即有一位孝顺的媳妇被诬陷谋杀婆母，那太守不作调查，"竟论杀孝妇"④。隋唐时期地方官尚有权杀人，虽然唐律规定，县里完整的司法权只限于对人犯决笞、杖，但现实中，多数情况下县里司法官员往往决死人犯而不受罚，从而取得了事实上的死刑处分权。⑤

唐代前期，地方审级分为州县两级制；至唐后期，道逐渐发展成为州之上的一级行政单位，其下设判官，分判诸事；又有推官、巡官，负责推鞫狱讼，督捕盗贼，从而形成地方三级诉讼制度。五代各朝的地方审级一般也实行三级制，具体而言，第一审级是县，在后唐它负责审判死罪以下的案件；死罪以上的案子初审完毕后，要上报州级司法机关复审；第二审级是州（府），后唐时它有判决一人死刑的权力，但是要向观察使申报；第三审级是道，其长官观察使在后唐时有判决五人以下死罪的权力。这些可以从以下史料得到证明：后唐天成四年六月，"左散骑常侍萧希甫奏：'……伏乞条流县令，凡死罪以下得专之；刺史部内，有一吏一民犯罪得专之；观察使部内，有犯罪五人已下得专之……'勅：'刺史既为属郡，不可自专？按牍既成，须申廉使，余依所奏。'"⑥

这则材料在《五代会要》卷十九《刺史》一节也有同样的记载，明确规定了地方各级的审判权限。我们还可从另一例子看出后唐地方政府享有死刑权：清泰初，天平军节度使王建立为政严烈，"闾里有恶迹者，必族而诛之"⑦。后晋时，地方州府也可判处死刑，晋天

---

① （汉）范晔：《后汉书》卷一一八，3619页，北京，中华书局，1987。
② （宋）欧阳修、宋祁等：《新唐书》卷四九，1316页，中华书局，1975。
③ （清）赵翼：《陔余丛考》卷一六，北京，商务印书馆，1957。
④ （汉）班固：《汉书》卷七一，2042页，北京，中华书局，1987。
⑤ 参见张健彬：《唐代县级政权的司法权限》，载《山东大学学报》，2002（5）。
⑥ 《册府元龟》卷六五《帝王部·发号令四》。
⑦ 《旧五代史》卷九一《王建立传》。

福三年三月，详定院奏：前晋州洪洞县主簿卢粲进策，认为天下刑狱偏重，因此，诸道断决狱案，若关人命，应该告知刑部；故请求诸道州府，凡断大辟罪完毕，"逐季具有无申报刑部，仍具录案款事节，并本判官、马步司都虞侯、司法参军、法直官、马步司判官名衔申闻；或有案内情曲不圆，刑部请行覆勘"。"从之"①。可见后晋时，地方州府也可审决死罪，只是须上报刑部。加之后晋沿袭后唐法制，则其地方级别管辖也理应与后唐相似。

值得注意的是武人控制的军镇和马步司的审判权限。五代时期，镇有狱讼权，但是镇的审判权限如何，还须从行政机构上谈起。五代时，有些镇独立于县之外，如后唐长兴三年二月，秦州奏："州界三县之外，别有一十一镇人户，系镇将征科……"②说明这十一镇不受县级机构的管辖，而直属于州。这种性质的镇其实际权限与县相当，日本学者日野开三郎在其著作《五代镇将考》中对此已有详细的考证。既然州所直辖的镇是与县同级的行政单位，则其审判权限理应与县相当。

马步司是军事司法机构，在诸镇皆有设置，它在级别管辖上属于哪一级？怀效锋先生对此提出了自己的见解，认为五代时的马步司已俨然成为州一级的司法部门。③既然如此，二者的审判权限理应相当。如晋天福四年三月，详定院奏："……欲请州府凡断大辟罪人讫，逐季具有无申报刑部，仍具录案款事节，并本判官、马步都虞侯、司法参军、法直官、马步司判官名衔申闻；所责或有案内情曲不圆，刑部可行覆勘……"④ 马步司和州司的审判官员皆可审决大辟罪，其审判权限显然相当。而且这则材料在《五代会要》卷十六"刑部"一节也有类似记载。

总之，五代时地方司法机关州拥有判处死刑的权力，理论上比唐代地方审判权限增大。《唐律疏议》卷三零"应言上待报而辄自决断条疏议"云："依狱官令，杖罪以下县决之，徒以上县断定送州复审讫，徒罪及流应决杖、笞若应赎者，即决配征赎"。可见唐代前期县仅能决杖罪以下的案件，而五代后唐时，县可决死罪以下的案子，其审判权限明显大于唐代初期。另外，唐初的州级官司只负责审决徒罪，流以上罪只能依律科断，然后报刑部复审，地方司法机构无权判处死刑，而五代州级司法机关可以判处死刑，审判权限也比唐代增大。

事实上，从唐中后期开始，地方政府的司法权力已在不断加强，《折狱龟鉴·议罪》卷四"窦参"一条，记载了奉先尉窦参处死强奸其妹的曹芬兄弟，在后面的按语中，郑克言："按唐制，县令决死罪。"据《唐律疏议》，唐前期县令绝无此大权，此种状况的发生应该是唐中后期的事。另外，《封氏见闻记》卷九载：唐中叶时人崔立为洛阳令时，自行处死当地的土豪，然后向州刺史报告，且得到表彰。可见，唐中后期，地方政府的司法权限很大，县一级机构就有决死罪的权力。这种局面的出现与唐代社会的政治形势息息相关。唐代前期，中央集权强大，地方势力弱小，地方难以同中央对抗，表现为地方较为顺从中央，因此，这一时期的司法级别管辖较为明显，中央司法部门把持着死刑的决断权。但是从唐代中后期开始，中央集权遭到削弱，地方藩镇势力不断强大，中央难以对地方进行有效的控

---

① 《五代会要》卷一六"刑部"。
② 《旧五代史》卷四三《明宗本纪第九》。
③ 参见怀效锋主编：《中国法制史》，194 页，北京，中国政法大学出版社，1998。
④ 《旧五代史》卷一四七《刑法志》。

制，最终，唐亡于藩镇。在这种情况下，地方政府的司法权力便逐渐扩张，连县一级机构也拥有决死罪的权力。五代时期的政治形势与唐中后期相似，因此其地方政府的司法权力也较大，但是，它却将决死罪的权力限制在州一级司法部门，其级别管辖较唐中后期明显。①

北宋时期对整个司法级别管辖实行了一次规划。宋朝政府考虑到若死刑概由中央判决，则中央司法机构压力太大；若基层司法机构——县也可决死刑，无疑级别管辖混乱。宋代初期，基于当时的特殊社会背景，规定州级审判机关对于死刑案件具有定判权，不必报请中央核准。中央刑部只在死刑执行完毕以后，依据各州旬申禁状进行事后复查。如太祖建隆三年（962），"令诸州自今决大辟讫，录案闻奏，委刑部详覆之。"② 太宗至道二年（996），刑部员外郎、主判都省郎官事王炳上言："刑部详覆诸州决大辟案牍及旬奏禁状。"③《宋会要辑稿·职官一五》亦载：

> 刑部主覆天下大辟已决公案、旬奏狱状。

又《宋史·职官三》载：

> 审覆京都辟，在外已论决者，摘案检查。

直到元丰（1078—1085）改制以后，这种情况才有所改变，如安鼎为御史时，曾上奏说：

> 按《国朝会要》：淳化初，置详覆言，专阅天下奏到已断案牍，熙宁中始罢闻奏之法，止申刑部，元风中又罢申省、独委提刑司详覆，刑部但抽摘审核。元祐初始覆刑部详覆司，然不专任官属，又有摘取二分之限。④

徽宗宣和六年（1124），亦"诏今后大辟已经提刑司详覆，临赴刑时翻异，令本路不干碍监司别推。"⑤ 南宋宁宗嘉泰三年（1203）三月十一日，江西运副陈研说：诸路州军大辟公事，"县狱禁勘无翻异，即审解州；州狱复勘无翻异，即送法司具申提刑司详覆，行下处断。"很明显，自北宋中期以来，死刑案件必须提刑司详复后才能施行，州级机关不再享有终审权，并逐渐形成一种制度，该做法一直沿用到南宋，除非遇有紧急情况，才暂时赋予知州以死刑终审权，而免于提刑司复核。如高宗建炎元年（1127）因战乱而下诏规定："自今获到强盗至死，情理巨囊者，更不申提刑司详覆，令本州一面依法处斩，俟盗贼衰息仍旧。"⑥ 这种由提刑司详覆地方死刑案件的制度，显然有别于唐代由中央有关机关覆核死刑案件的做法，它一方面能够避免州县对死刑案件的专断，另一方面又加强了中央对地方的

---

① 具体参见刘琴丽：《五代司法制度研究》，第三章"审判制度研究"，陕西师范大学研究生学位论文。
② 李焘：《续资治通鉴长编》卷三。
③ 《历代名臣奏议》卷一五九。
④ 庄季裕：《鸡肋集》卷下安鼎论大辟人数及详覆沿革。转引自张晋藩主编：《中国法制通史》，第五卷·宋，663 页，北京，法律出版社，1999。
⑤ 《宋会要辑稿·刑法三》。
⑥ 李心传：《建炎以来系年要录》卷十。

控制,同时也不至于淹滞刑狱。①

宋代统治者对死刑十分慎重,特别制定了严格的申报、复核制度。宋初规定诸州大辟罪每十日一次向本路监司上报,但实施中往往有所淹滞。大中祥符五年(1012)重定为即日申报,地方大辟案都要上报刑部复核,但在没有审判完毕之前,仍要将大辟案件的情况上报刑部,刑部将各路的情况登记在册,等地方大辟案上奏到刑部后,再一一对簿销落,以防延误地方大案。

元、明、清时期,地方长官的司法权力更小。元朝在行省之下设路、府(州)、县。元朝对审判权限进行了改革,将死刑最终判决权收归中央,掌握在皇帝手里。蒙古帝国前四汗时期"汉地"军阀、燕京札鲁忽赤都有生杀之权,给百姓造成很大痛苦。忽必烈为藩王时,征询治道,有的谋士向他提出,必须"收生杀之权于朝,诸侯不得而专"②。忽必烈即位之初便宣布:

> 凡有犯刑至死者,如州、府审问狱成,便行处断,则死者不可复生,断者不可复续。案牍繁冗,须臾决断,万一差误,人命至重,悔将何及,朕实哀矜。今后凡有死刑,仰所在官司推问得实,具事情始末及断定报款,申宣抚司。再行审复无疑,呈省闻奏,待报处决。③

从而正式把死刑的终审和判决的权力收归中央,特别是皇帝的手里。在以后的许多法令中,这一原则被一再申明。

成宗大德四年(1300)的一件中书省文书中说:

> 切惟国朝最以人命为重,凡有重刑,必须奏覆而后处决,深得古先谨审刑辟之意。④

元代以前,地方政府即有判决死刑的权力。元朝则进一步将死刑决审权收归中央,甚至判处流刑都需上报中央,其中发配到边境充军的,和死刑一样,要经皇帝批准。

明清时期,加强了地方政权中专职司法官的建设。明朝地方政权分为省、府(直隶州)、县(散州)三级。与历代一样,省级以下知府、知县亦兼理司法审判事务,但却在省级机关中专设提刑按察使司,"掌一省刑名按劾之事",属下有副使、检事等"分治各府县事"⑤,是省级最高审判机关,直接受皇帝和中央司法机关的领导。

郑秦先生在《清代法律制度研究》一书中,曾对清代州县审判特点作过"广泛的审理权和狭小的判决权"的论断⑥,虽然仅仅局限于清代州县审判,然而清代法制是中国古代法制发展的终结,代表着中国古代法制的最高成就,因此这样一种特点的归纳在一定程度上反映了中国古代法制发展的趋势。在探讨中国古代死刑判决权力变化的问题上,由于我国

---

① 参见薛梅卿等主编:《两宋法制通论》,452 页,北京,法律出版社,2002。

② (明)宋濂等《元史》卷一五八,北京,中华书局,1976。

③ (元)官修《元典章》卷二。

④ (元)官修《元典章》卷四。

⑤ (清)张廷玉等:《明史》卷七五,1850 页,北京,中华书局,1987。

⑥ 参见郑秦:《清代州县审判试析》,载《清代法律制度研究》,136~140 页,北京,中国政法大学出版社,2000。

古代对死刑慎之又慎，专门设置了两种特别救济制度，一是死刑复核；二是死刑复奏。所谓死刑复核，是指对死刑案件，在普通程序结束后，由中央机关甚至皇帝对其进行重新审判的一种制度。① 在中国古代，死刑复核制度经历了从无到有，并逐渐发展完善的过程。所谓死刑复奏，是指死刑案件在复核之后，执行之前，奏请皇帝进行最后审查，并考虑是否给予宽宥，以示慎刑的一种制度。二者的不同之处是，死刑复核是判决生效前为确定判决而进行的，死刑复奏是判决确定后、行刑前进行的。从时间上说，复核在前，复奏在后；从程序上说，复核属于审判程序，复奏则介于审判程序与执行程序之间。但它们都是适用于死刑的一种特别救济程序，体现了慎用死刑的精神。笔者以为应当主要从死刑复核和复奏制度的形成演变过程这一角度总揽，方可大致地窥见地方官享有死刑判决权力的历史变化。

二、地方政权与普通刑事司法

中国古代并未具体地区分一般犯罪以及轻微犯罪，只是大致上区分为轻罪和重罪，日本学者在对中国清代诉讼制度的研究中提出了"州县自理"审判和"命盗重案"审判的概念。

"州县自理"审判是指那些经过州、县级行政长官审理并作出判决后，除非当事人不服上诉，便不需要再报送上级官府复审的案件，换句话说，就是州、县级官员可以终审的案件，主要包括民事案件和轻微的刑事案件。而"命盗重案"审判则是指那些经过州、县行政长官审理并作出判决后，无论当事人是否上诉，都必须将案件报送上级官府复审的案件。日本学者认为，在"命盗重案"审判中依据的是正式的成文法，而在"州县自理"审判中，裁判者据以裁判的根据却是"情"和"理"②。

在现代西方法学基础上建立的概念体系并不能对中国古代的刑法进行一一的解释。笔者在如何区分一般犯罪和轻微犯罪上，将结合地方官吏的审判管辖权以及古代刑罚体系，对主要被判处徒刑、流刑以上（不包括死刑案件）的案件认定为一般犯罪，而主要被判处笞刑、杖刑的刑事案件作为轻微犯罪来对待。在轻微犯罪的案件中往往是刑民合一，大多是由于民事纠纷而引起的刑事案件。

汉简《二年律令·兴律》规定："县、道官所治死罪及过失、戏而杀人，狱已具，勿庸论，上狱属所二千石官。二千石官令毋害都吏复案，问（闻）二千石官，二千石垂谨橡，当论，乃告二千石官以从事。彻侯、邑上在所郡守。"③ 可以看出该条律文是关于案件级别管辖的规定，从该规定中我们可以明确得知县级和郡级司法机构关于案件管辖权限的划分。县级司法机构对于"死罪及过失、戏而杀人"案件没有判决权，如律文曰："县、道官所治死罪及过失、戏而杀人，狱已具，勿庸论，上狱属所二千石官。"即县、道官吏所办理的可能判处死罪以及过失、非故意杀人案件，案件事实已经查明、材料齐备后，不要判决，将案件上交至所属的二千石官。这里的"道"是与县同级的地方行政区划。后文提到的"彻侯、邑上在所郡守"中的"彻侯、邑"也是与县同级的地方行政区划。如《汉书·百官公卿表》曰："列侯所食县曰国，皇太后、皇后、公主所食曰邑，有蛮夷曰道。"《后汉书·百

① 参见陈永生：《对我国死刑复核程序之检讨》，载《比较法研究》，2004（4）。
② ［日］寺田浩明：《日本的清代司法制度研究与对"法"的理解》，王亚新译，载王亚新、梁治平编：《明清时期的民事：审判与民间契约》，112页以下，北京，法律出版社，1998。
③ 《张家山汉墓竹简·二年律令》第396～397简。

官志》曰:"凡县主蛮夷曰道。公主所食汤沐曰国……列侯,所食县为侯国。本注曰:承秦爵二十等,为彻侯,而金印紫绶,以赏有功。功大者食县,小者食乡、亭,得臣所食吏民。后避武帝讳,为列侯。"可见,县、道、邑、彻侯(或列侯、侯国)在汉代属于同一级别的行政区划。

根据逻辑学上的排除律,从该条律文中我们可以推知县级司法机构对于"死罪及过失、戏而杀人"以外的案件有判决权,即对一般犯罪和轻微犯罪均享有判决权。这一推论可从另一出土的记载判例的文献得到印证。1989年湖北云梦秦岗六号墓出土一枚木牍,该木牍记载了秦时南郡沙羡县的一份判词,简文曰:"鞫之,辟死,论不当为城旦。吏论:失者,已坐以论。九月丙申,沙羡承甲、史丙,免辟死为庶人。令自尚也。"① 该木牍中的"辟死"为人名。即"请求复审曰:辟死判决为城旦不当。重审官吏的意见曰:治狱之吏定罪量刑的过失已承担了责任。九月丙申日,沙羡县承甲、史丙宣布复审判决:免除辟死徒刑,恢复其庶民身份,使其成为自由人。"该木牍记载的是判处辟死为城旦案,由县级司法官吏直接判处,一定程度上反映了汉代县级司法官吏的审判权。该木牍记载虽是秦代案例,但汉承秦制,该案例一定程度上也反映了汉代县级司法机构审判案件的情况。又如《汉书·薛宣传》曰:"宣得郡中吏民罪名,辄召告其县长吏,使自行罚。"

郡级司法机构管辖下列案件:

1. "死罪及过失、戏而杀人"案。如前述所引《二年律令·兴律》规定:"县、道官所治死罪及过失、戏而杀人,狱已具,勿庸论,上狱属所二千石官。"② 根据"彻侯、邑上在所郡守"③ 的规定,汉代列侯、封国、封邑内的"死罪及过失、戏而杀人"案,也应由在地的郡守负责审理。从《二年律令·兴律》的这一规定来看,汉初的郡与封国、封邑之间在司法上应存在一种监督与被监督的关系。

《史记·淮南王列传》记载:元朔六年(前123),淮南王刘安孙刘建上书天子,状告淮南王太子谋反,"书闻,上以其事下廷尉,廷尉下河南治。"《史记·衡山王列传》曰:"元朔六年中,衡山王使人上书请废太子爽,立孝为太子。爽闻,即使所善白嬴之长安上书,言孝作蝴车锊矢,与王御者奸,欲以败孝。白嬴至长安,未及上书,吏捕嬴,以淮南事系。王闻爽使白嬴上书,恐言国阴事,即上书反告太子爽所为不道弃市罪事,事下沛郡治。"《汉书·文三王传》曰:"元朔五年,(伍)被遂亡之长安,上书自明。事下廷尉、河南。河南治,逮淮南太子。"上述三例均是王国发生的事,却由所在郡负责审理,说明了郡与封国、封邑之间的司法隶属关系。

2. 气(乞)鞫案。如《二年律令·具律》规定:"气(乞)鞫者各辞在所县道,县道官令、长、丞谨听,书其气(乞)鞫,上狱属所二千石官,二千石官令都吏覆之。"④ 即欲申请复审者各向其所在的县、道提起复审,县(道)令、县长或县丞要认真听取复审申请人的复审请求,并将复审人的复审请求记录下来,报告郡守;郡守命令都吏对该案进行复审、判决。

---

① 中国文物研究所、湖北省文物考古研究所:《龙岗秦简》,144页,北京,中华书局,2001。
② 《张家山汉墓竹简·二年律令》第396简。
③ 《张家山汉墓竹简·二年律令》第397简。
④ 《张家山汉墓竹简·二年律令》第116简。

《二年律令·兴律》规定："县、道官所治死罪及过失、戏而杀人，狱已具，勿庸论，上狱属所二千石官。"汉制：郡守、州刺史均属两千石官，那么，这里的"二千石官"是指郡守还是州刺史？据史学家对《张家山汉墓竹简·二年律令》考证认为，（《二年律令》）应是吕后二年（前186）施行的法律，汉初无州刺史设置，故《二年律令》中所说的"二千石官"应是指郡守。从《汉书》、《后汉书》关于州刺史的设置及其职能来看，州不负责审理具体的刑、民事案件，只负责对郡一级的官吏进行监督、考查，以及对所属郡国判处的案件进行审录。《后汉书·百官志》曰："诸州常以八月巡行所部郡国，录囚徒，考殿最。初岁尽诣京都奏事，中兴但因计吏。"从上述记载来看，州刺史为西汉武帝时初置，秩六百石；西汉成帝时更名牧，秩级升至二千石，其职责为"常以八月巡行所部郡国，录囚徒，考殿最。"①

汉代虽沿袭了秦朝司法机关的建制，但扩大了司法官的自由裁量权。汉代的地方司法机关权力很大，一般案件均可自行处理，仅遇有重大疑案始转呈廷尉，或由丞相及其他行政官吏共同审议，最后由皇帝核夺决定。在审判中，口供是进行判决的具有决定性的根据，而判决则完全由司法官随意决定，"所欲活，则傅生仪，所欲陷，则予死比"②。在汉武帝"缓深故之罪，急纵出之诛"的思想指导下，这时期的司法官也都以严苛著称，所谓"深者获公名，平者多后患"，"故治狱之吏，皆欲人死"③。针对这种情况，著名汉儒董仲舒提出了"春秋决狱"的主张，经汉武帝首肯后予以推行。

所谓"春秋决狱"，是主张司法官在断案时，不仅可以律、令为依据，而且还可以《春秋》这部书中的所谓"微言大义"作为判案的根据，以倡扬儒家的伦理道德思想。为此，董仲舒还专门撰写了《春秋决狱》二百三十二事以供司法援用。虽然董仲舒的本意中含有矫正严苛法律的动机，礼的内容实际上也是法的原则，司法官仍需要在法的原则下审断案件，但由于《春秋》只是一部学术著作，没有明确具体的标准，司法官可以根据自己的理解任意解释，这又为司法官的任意裁量大开方便之门。近人章炳麟评论说：

　　仲舒之折狱二百三十二事……上者得以重秘其术，使民难窥；下者得以因缘为市，然后弃表埠之明，而从綅游之荡……④

刘师培也说：

　　及考其所著书（指董仲舒所作前书），则又援"公羊"以傅今律，名曰引经决狱，实则便于酷吏之舞文。时公孙弘亦治春秋……缘饰儒术，外宽内深，睚眦必报……援类似之词，曲相符合，高下在心，便于舞文，吏民益巧，法律以歧，故酷吏由之，易于铸张人罪，以自济其私。⑤

对西汉春秋决狱的出现，学者有不同认识和见解，但它造成了司法官自由裁量权的滥

①　以上论述可参考程政举：《汉代诉讼制度研究》，第六章"汉代的主管、管辖和诉权制度"，郑州大学博士学位论文。
②　《汉书·刑法志》。
③　《汉书·路温舒传》。
④　《检论·原法》，转引自张晋藩等：《中国法制史》第一卷，177页，北京，中国人民大学出版社，1981。
⑤　《儒学法学分歧论》。转引自张晋藩等：《中国法制史》，第一卷，177页，北京，中国人民大学出版社，1981。

用，确是多有记载的。东汉不再直接以《春秋》决狱，但以儒家观点解释法律又遂成风气，"诸儒章句，十有余家，家数十万言……言数益繁，览者益难"①。而且各家自为章句，各执一说，极不利于法律的统一适用。在这种情形下，司法官便可以随意援引，任意比附。虽在后来经"天子下诏，但用郑氏章句，不得杂用诸家"，从某种程度上遏制了这种司法混乱局面，但从实际上看，以儒家思想解释法律仍使法官得以发挥较大的自由裁量权，并对后世的司法产生了很大影响。

经过三国的历史发展，至西晋，各级司法官普遍拥有较大的自由裁量权的情况仍没有多少改变。据程树德考证，"盖自惠帝继业，政出群下，每有疑狱，各立私情，执法者藉口权宜，意为出入，律令已等具文"②。不过这种情况已经引起有关统治集团的注意，并希望找出解决的办法。晋武帝时的法掾张斐在给《泰始律》作注时，提出了这样一个原则："王政布于上，诸侯奉于下，礼乐抚于中。"③ 即是说，法律应由帝王来定，臣下则只应严格遵照执行，至于礼的内容，则应蕴含于司法之中。因为"夫理者，精玄之妙，不可以一方行也；律者，幽理之奥，不可以一体守也。或计过以配罪，或化略以循常，或随事以尽情，或趣舍以从时，或推重以立防，或引轻而就下。公私废避之宜，除削重轻之变，皆所以临时观衅，使用法执诠者幽于未制之中，采其根牙之微，致之于机格之上，称轻重于豪铢，考辈类于参伍，然后乃可以理直刑正。"④ 也就是说，要在遵守晋律的前提下，再"参制"、"原情"以合理判决。晋惠帝的尚书裴頠也认为："夫天下之事多途，非一司之所管；中才之情易扰，赖恒制而后定……准局既立，各掌其务，刑赏相称，轻重无二，故下听有常，群吏安业也……刑罚所加，各有常刑。"⑤ 即是说国家必须有统一的法制，这样司法才能一致、准确，不致混乱。不过，"刑书之文有限，而舛违之故无方，故有临时议处之制，诚不能皆得循常也"⑥。即临时处断的法官裁量当然也是不能完全不要的，但怎样规范这种裁量，什么样的情况下自由裁量，什么样的情况下严格适用法律，他们均未能提出具体的办法。而晋武帝时的廷尉、惠帝时又任三公尚书的刘颂提出了自己的见解。他说：

> 法欲必奉，故令主者守文；理有穷塞，故使大臣释滞；事有时宜，故人主权断。

他进而解释说：

> ……使主者守文，死生以之，不敢错思于成制之外，以差轻重，则法恒全。事无正据，名例不及，大臣论当，以释不滞，则事无阂。至如非常之断，出法赏罚，若汉祖戮楚臣之私己，封赵氏之无功，唯人主专之，非奉职之臣所得拟议。⑦

刘颂非常明确地把司法审判权划分为三个等级，即皇帝居于第一等级，享有无限自由裁量的权力，他可以任心裁量，自由擅断，不得有任何限制，所谓"人主权断"；而像刘颂

---

① 《晋书·刑法志》。
② 程树德：《九朝律考》，219 页，北京，中华书局，2003。
③ 《晋书·刑法志》。
④ 《晋书·刑法志》。
⑤ 《晋书·刑法志》。
⑥ 《晋书·刑法志》。
⑦ 《晋书·刑法志》。

这样的廷尉、三公尚书则居于第二等级，享有有限的自由裁量权力，在遇有疑难案件时，可以用法理、经义去解释、裁断，所谓"大臣释滞"；而中下级的主司官吏，就属于第三等级，不能享有自由裁量权，他们必须严守律文，"唯当奉用律令……今限法曹郎令史，意有不同为驳，唯得论释法律，以正所断，不得援求诸外，论随时之宜，以明法官守局之分"①，正所谓"主者守文"者也。然而，他所说的"大臣论当"，则是一个非常含混宽泛的原则，形成了实际上的无限自由裁量，因此导致"政出群下"，"异为出入"的局面。于是东晋熊远在刘颂观点的基础上，又补充了"大臣释滞"的内容，提出"诸立议者皆当引律令经传，不得直以情言，无所依准，以亏旧典也。"同时再次强调："主者唯当征文据法，以事为断耳。"②

　　魏晋南北朝时期，皇帝亲自干预或直接参与审判录囚，使郡县的审判权受到很大的限制。凡属重囚，县审判后报郡，由郡守派遣督邮进行案验方能执行。南朝刘宋时，实行县、郡、中央（廷尉）三级三审制。重大案件县里审判后，须将案犯押送到郡，由郡守亲自复审，郡守不能断决时，上送廷尉进行复审。北魏时，皇权强大，对司法的直接控制尤甚：从宫阙"左悬登闻鼓"，百姓"有穷冤则挝鼓"，到诏告"天下吏民，得举告牧守之不法"③。北魏太武帝时还规定："狱成皆呈，帝亲临问，无异辞怨言乃绝之。"④ 这样，便形成了一套自上而下逐级检察监督的案验制度，充分体现了皇帝对司法镇压之权的重视。当然，地方官吏的自由裁量权也受到了极大的限制。

　　唐代州县的审判权限，依唐《狱官令》规定：

> 杖罪以下，县决之，徒以上，县断定，送州覆审讫，徒罪及流应决杖、笞若应赎者，即决配征赎。

《狱官令》只是明确规定了县级司法审判权的上限，对州一级的司法权下限并未明确界定，更高层的使级和中央级司法机构的司法权下限也没有界定，这就导致很多普通的民事案件一审时并未经县而直接到了州使甚至中央的司法机构那里。唐律中对控诉程序有专门规定："诸越诉及受者各笞四十。若应合为受推抑而不受者笞五十"⑤。对此疏议注曰："凡诸辞诉，皆从下始。从下至上，令有明文。谓应经县而越向州、府、省之类"，但由于县以上政权的司法权没有明确规定下限，何为"应经县"分别不清，越诉现象在整个唐代一直非常严重。州县之间的司法权限尤为模糊，"若越过州诉，受词官人判付县勘当者，不坐"。这就从制度上保证了起诉人可以不受惩罚地越县直接诉州，如"解式与长年行，因升高不从所视，遂杖之。式诉，州断斗论，省科失人"⑥。唐朝为了加强对京畿地区的控制，在京都地区设立京兆府，以府尹为长官。京兆府不但管理京畿地区的行政，而且有权审理京城百官徒刑以下案件以及辖区内隶属其管辖的各类案件，既具有地方司

① 《晋书·刑法志》。
② 俞荣根：《儒家法思想通论》，93～96 页，南宁，广西人民出版社，1992。
③ （北齐）魏收：《魏书》卷一一一，2874 页，北京，中华书局，1974。
④ （北齐）魏收：《魏书》卷一一一，2874 页，北京，中华书局，1974。
⑤ 《唐律疏议·斗讼》。
⑥ 《全唐文》卷三五三王岳灵：《对升高盘》，上海，上海古籍出版社，1990。

法机关的性质，又部分具有中央司法机关的性质。同时唐代地方州县的司法工作受中央刑部的监督和检查，而大理寺、刑部又受中书、门下及皇帝的控制，御史台还有权直接参与审判，并监督、检查中央和地方的司法工作。这样，唐代的司法权分散在司法、行政监督等部门，从而可以集合各方面的不同意见，防止大理寺、刑部的擅权专断，保证国家法律的正常执行，保证最高司法权掌握在皇帝手中。① 这也在很大程度上限制了地方司法的自由裁量权。

司法中的分等级自由裁量的制度是从隋朝开始实践的，至唐代逐渐成熟固定下来。为了实现"主者守文"的目标，隋朝统治者十分重视封建的司法制度建设和对司法官吏的训练，在《开皇律》颁行后，曾于大理寺设律博士八人，州县设律生"明习法令"，诸州长史以下、行参军以上都要学习律文，并且集中到京城进行考试；强调司法机关审理案件时须将律文写出，依律判决，以杜绝下级机关自由裁量。唐律则更是明确规定，"诸断狱皆须具引律令格式正文，违者笞三十"②。从白居易拟作的一篇判词中也可以看出唐代在制度上的这种严格规定。该案大意是：丁某在一地当郡守，碰到荒年，便奏请开仓赈济百姓。但皇帝的制命尚未到达，该郡守便开仓放粮了，按察使即"科其专命"。白居易在判词中说："……事虽上请，恩未下流。稍违主守之文，遽见职司之举……"③ 可见，"主者守文"也是唐代司法制度中对中下级司法官吏的要求。为此，法律专门规定有司法官的责任条款，即"出入人罪"条："诸官司入人罪者，若入全罪，以全罪论；从轻入重，以所剩论；刑名易者：从笞入杖，从徒入流，亦以所剩论，从笞杖入徒流，从徒流入死罪，亦以全罪论。其出罪者，各如之。"④ 从司法制度上进一步加强对基层司法官吏的监督。至于高层司法机关，虽在法制相对健全的唐朝，自由裁量比前代与后代都较审慎，皇帝也能在一些场合自觉约束自己，但不按法律规定的特殊判决仍有发生。如玄宗时，武疆令裴景仙贪赃绢五千匹，罪当死，但"以其祖父（裴寂）昔预经纶，佐命有功"，而得减罪。⑤ 李世民时也有广州都督党仁弘犯法当死，因李世民"哀其老且有功"⑥，便免其死罪的事例。虽然李世民也意识到这是破坏法制的行为，因而特下诏罪己。但由此也可以看出，封建时代君主的无限自由裁量的权力是任何时期都不可能取消的。以崇尚法制而著称的唐太宗时期尚且如此，其他朝代就可想而知了。因此，高层司法官在判案时可以据法原情也是被唐朝法制认可的："自今门下复理，有据法合死而情有可宥者，宣录状奏。"⑦ 以后宋代乃至明清，都承袭了这个制度。

五代时地方司法机关州拥有判处死刑的权力，（上节已经论述）地方司法权限极大，因此对一般犯罪和轻微犯罪更是享有完全的判决权，也因此享有极大的裁量权。

宋代处于"起承转合"地位的审判机构，是州，地位相当的还有府、军、监；州有权

---

① 参见刘长江：《唐代法政体制述论》，载《天府新论》，2006（2）。
② 《唐律疏议·断狱》。
③ 《白氏长庆集》卷四九。
④ 《唐律疏议·断狱》。
⑤ 参见《旧唐书·李朝隐传》。
⑥ 《新唐书·刑法志》。
⑦ 《新唐书·刑法志》。

决断徒刑以上，甚至死刑案件。北宋的开封府和南宋的临安府，根据马端临《文献通考》卷六三"职官"之十七的记载：小事裁决，大事禀奏。可见，京师府衙的地位非常特殊。路没有常设审判衙门；提点刑狱司作为中央派出机构，监督本路州县的司法审判；其他诸如转运使、安抚使也有审判职能。①

《庆元条法事类·检断》载："杖以下县决之，徒以上及应奏者，并须追证勘结园备，方得送州"，逐级覆审制进一步严密，形成了地方县、州、路三级制。对于仅次死刑的流配罪，宋哲宗元祐六年（1091）四月规定：提刑司每季要将已点检的流配罪的情节刑名申报刑部置籍，季终刑部督促监司点检。年终时，提刑司还要将狱死罪人的姓名以及犯罪情由上报刑部。"刑部主覆天下大辟已决公按、旬奏狱状，举驳其不当者。"② 熙宁四年（1071），奏谳死刑案的复核有所拖淹，于是下诏令刑部每月具已覆大辟案上中书，中书又委派专门检正官详覆。对于仅次于死刑的流配罪，宋廷也要求"具所配地里上刑部详覆"③。

宋朝时期中央加强了派出机构对地方司法审判活动的监督与控制，地方长官的司法权力被逐渐削弱，自由裁量权也受到限制。宋朝在各路设提点刑狱司，其长官提点刑狱公事由皇帝直接委派，负责审查复核所属州县的各类判决，"凡管内州府，十日一报囚账"；如有疑狱及拖延未决案件，提点刑狱公事可亲赴州县审问；州县已决案件，当事人喊冤则由各路提点刑狱司复推。并且经常巡视州县，"所至审问囚徒，详覆案牍，凡禁系淹延而不决，窃盗逋窜而不获，皆劾以闻，及举刺官吏之事"④。各州的死刑案件亦必须经提点刑狱司审复，核准后方可执行。足见，提点刑狱司是中央派出的、代表中央监督所辖州县司法审判活动的机构。后世巡按使就由此演变而来。此外，宋于诸路还设有安抚使、转运使和各种提举使等监司，监督各州、府的狱讼案件。对于各州县的疑案随时可以举驳，委官重审。重审后仍有翻供的案子，一般再报提点刑狱使亲自结案。如果仍有翻供，就由转运使作结论后呈报皇帝裁决。因此州县对一般犯罪和轻微犯罪的处理权是受到严格监督的。

根据日本学者宫崎市定的研究，州有权实施徒刑以上，至死刑的判决；但是，如有重刑或者疑案的情况，那就必须接受路的监督长官提点刑狱或者中央政府的覆审。⑤ 具体地讲，元丰改制以前，州可以决断包括死刑在内的各类案件；元丰改制之后，州所判决的死刑案件必须经提点刑狱司核准，才能执行。⑥

---

① 有关州、北宋开封府和南宋临安府、提点刑狱司审判权限的讨论，参见以下研究：王云海主编：《宋代司法制度》，36～54 页；开封，河南大学出版社，1992。戴建国：《宋代法制初探》，199～209 页，哈尔滨，黑龙江人民出版社，2000。郭东旭：《宋代法制研究》，540～542 页，石家庄，河北大学出版社，1997；张晋藩、郭成伟主编：《中国法制通史·第五卷·宋》，555～563 页，北京，法律出版社，1999。

② （清）徐松：《宋会要辑稿·刑法 6 之 59》，北京，中华书局，影印本，1997。转引自刘长江：《宋代法政体制述论》，载《西南民族大学学报·人文社科版》，第 11 期。

③ （清）徐松：《宋会要辑稿·职官 15 之 1》，北京，中华书局，影印本，1997。转引自刘长江：《宋代法政体制述论》，载《西南民族大学学报·人文社科版》，第 11 期。

④ （元）脱脱等：《宋史》卷一六七，北京，中华书局，1977。

⑤ 参见［日］宫崎市定：《宋元时代的法制和审判机构》，载刘俊文主编：《日本学者研究中国史论著选译》，第八卷《法律制度》，272 页，北京，中华书局，1992。

⑥ 参见戴建国：《宋代法制初探》，200 页，哈尔滨，黑龙江人民出版社，2000。

元代设有路、府、州①，上节已经提及。明清时期设有省（总督、巡抚、按察使）、府（直隶州），按察使作为"刑名总汇"之地，居于非常重要的地位，总督和巡抚也有司法审判职能，省的审判权限止于决断流刑；府州乃是典型"审转"衙门，州县凡是徒刑以上的案件，都由府州审转。清代律学家薛允升《读例存疑》卷四十九说："州县一切案犯，由府审转解司；直隶州一切案犯，由道审转解司。此定章也，而刑律并无明文。"② 元律规定，徒流以上死罪等重大案件，由路府州推问得实，报中央决审，从而在一定程度上缩小了地方官对一般犯罪和轻微犯罪的处罚权。

元朝政府在地方推行"圆署制度"；在中央实行"五府"审囚制，即常常派遣中央各机构的官员，分赴各地，与地方官员会审。元代各级地方政权机构处理一切公事，都必须有长官和正官集体与议，共同署押，称为"圆署制度"。其中只有路、府所置推官，由于是专门署理刑名，可以不参加其余诸色事务会议通署。凡有罪囚，先由推官鞠问，问明案情后，再由全体行政官员"通审圆署"。所隶州、县发生的刑案，如超出当地官府决断权限，也由路府推官负责审理。一般案件，路及路以下衙门便可判决；重大案件，必须上报行省及中央，逐级审理，中央终审，皇帝批准。这固然体现了对重大案件处理的慎重态度，但必然造成案件的积压。为了加快对重大案件的处理，至元二十二年（1285）四月，忽必烈"遣中书省、枢密院、御史台官各一员，决大都及诸路罪囚"③。后来逐渐发展成为"五府"制。凡属流刑和死刑等重大案件，则由中书省、刑部、枢密院、大宗正府、御史台等五个机构共同审理。如英宗时，权相铁木迭儿诬陷上都留守贺伯颜"乃奏其以便服迎诏为不敬，下五府杂治，竟杀之"④。但"五府"的主要职责是定期到各地审理案件。"先是有旨，定三年五府一出，分行各处虑囚。"⑤ "朝廷比者患狱囚之多且淹也，每三岁命五府官分诣诸道决之，亦良法也。"⑥ 派遣到各地担任"五府审囚官"的通常是各机构的中级官员，可考的有大宗正府员外郎、枢密院判官等。到各地后，再加上行省、行台或肃正廉访司官员，因而又有"七府"之名。⑦ "五府"审讯的主要是死刑案件，当时流行的说法是"五府之官，所以斩决罪囚者"⑧。顺帝（后）至元三年（1337）七月，下诏"除人命重事之外，凡盗贼诸罪，不须候五府官审录，有司依例决之。"⑨ "五府"官审讯判决的死罪案件仍须上报，经皇帝批准才能执行。大约在顺帝至正二年（1342）以前，"五府"审囚便停止了。

---

① 参见［日］宫崎市定：《宋元时代的法制和审判机构》，载刘俊文主编：《日本学者研究中国史论著选译》，第八卷，293～295页，北京，中华书局，1992；韩玉林主编：《中国法制通史·第六卷·元》，740～743页，北京，法律出版社，1999。

② 有关的研究，参见杨雪峰：《明代的审判制度》，45～48页；尤韶华：《明代司法初考》，46～47页；张晋藩、怀效锋主编：《中国法制通史·第七卷·明》，506～507页，北京，法律出版社，1999；那思陆：《清代州县衙门审判制度》，4页；郑秦：《清代司法审判制度研究》，34～44页。以上转引自徐忠明：《论中国古代刑事审判传统》，载《法制与社会发展》，2004（1）。

③ （明）宋濂等：《元史》卷一三，北京，中华书局，1976。

④ （明）宋濂等：《元史》卷二零五，北京，中华书局，1976。

⑤ （元）刘岳申：《申斋集·四库全书》卷五，上海，上海古籍出版社，1987。

⑥ （元）吴师道：《礼部集·四库全书》卷一九，上海，上海古籍出版社，1987。

⑦ 参见（元）刘岳申：《申斋集·四库全书》卷五，上海，上海古籍出版社，1987。

⑧ （元）陶宗仪：《南村辍耕录》卷一二，北京，中华书局，1959。

⑨ （明）宋濂等：《元史》卷三九，北京，中华书局，1976。

元代刑事审判中不同的行政级别有不同的权限，同时蒙古王公贵族有单独的审判机构。这里主要是一般"有司"的审判情况。元代对刑事案件分为轻、重两类，这样很多时候造成轻罪案件中民刑案件难分，但对具体案件来说则是清楚的。因为很多案件在性质上就决定了它的类别。在审决权上，至元二十八年（1291）有法律明确规定："诸杖五十七以下，司县断决；八十七以下，散府州军断决；一百七以下，宣慰司总管府断决，配流死罪，依例勘审完备，申关刑部待报。札鲁火赤者亦同。"① 这里的"配流死"，应是徒、流、死三类刑，因为元代五刑是笞、杖、徒、流、死，上面仅说杖刑以下案件由地方审决。此外，根据留下来的资料，在实际运作中，只要是十恶重罪②，不管判几下笞杖，都得上报中央。然而，可以推知的是在元代被判徒刑以上的罪就为重罪。《元典章》上记载有大德七年（1303）五月："今后重刑各路追勘一切完备，牒呈廉访司仔细参详始末文案，尽情疏驳。如无不尽不实者，再三复审无冤，开写备细审状，回牒本路，抄连元牒，依式结案。行省专委文咨省官，并首领官吏用心参照，须要驳问一切完备，别无可疑情节，拟罪咨省。其余轻罪依例处决。果有无例者，本省先须详议定罪名，咨省可否。首领官吏各于咨文后标写姓名，不许脱，本抄连备咨。如若无大段情犯，或有例不决，追勘不完者，定将当该首领吏量事责罚。腹里路分一体施行。以望狱无淹囚，少革紊烦之弊"③。这说明在元代刑事重案的审判上具体情况是：路府拟判；廉访司复审查；行省复核拟判或对没有旧例、法规的进行拟判；刑部再审上报所拟及提出新拟；中书省决断；死刑报皇帝核准。这是元代重罪案的审理大体情况。

明代中央加强了对地方司法权力的直接控制。明代亦规定，

> 徒流、迁徙、充军、杂犯死罪解部，审录行下，具死囚所坐罪名上部详议如律者，大理寺拟覆平允，监收候决。④

清代的府辖数州县，受理审核州县上报的刑案，经复审后，加署意见，报省司，即按察司，又称臬司。清代按察司仍号称全国"刑名总汇"，复核审理各级报省的刑案，加署核拟意见，管理省监狱。《清史稿·刑法志》所谓"外省刑名，遂汇总于按察使司，而督抚受成焉"，清楚地说明了省级审判机关的基本结构。清代的总督和巡抚，是省级最高行政与司法长官，统辖数省或一省。臬司虽综理全省刑名，但并非代表了省级审判。臬司所理案件仍须呈报督抚再进行一次正式审理。史称省内案件均"由州县层递至于督抚"⑤，由督抚行使省级司法审判权，审核复拟司上报之案件，有权批结徒刑案件（报刑部备案），军流和发遣案咨报刑部。清朝地方省级巡抚以下仅有权判处徒刑，"徒以上解府、道、臬司审转，徒罪由督抚汇案咨结。有关人命及流以上，专咨由部汇题。死罪……专折具奏，交部速议。"⑥

---

① 《元典章》卷三九，《刑部一·刑制·刑法·罪名府县断隶》。
② 十恶重罪形成于北齐，到隋唐时期固定下来，定名为"十恶"重罪，具体是：谋反；谋大逆；谋叛；恶逆；不道；大不敬；不孝；不睦；不义；内乱。这些罪在元朝都得上报中央断决。
③ 《元典章》卷四十，《刑部二·刑狱·断狱·重刑结案》。
④ （清）张廷玉等：《明史》卷七五，1840 页，北京，中华书局，1987。
⑤ （清）赵尔巽：《清史稿》卷一一四，4206 页，北京，中华书局，1977。
⑥ （清）赵尔巽：《清史稿》卷一一四，4207 页，北京，中华书局，1977。

从《顺天府档案》看，州县一件平常刑案尚要分别同时详报直隶省总督、顺天府尹、直隶省臬司、该管道台、该管路厅同知等，同知以上照例都是批"仰候督抚批示"，至于总督一人能否一一明断并不重要，而最重要的莫过于维持权力的高度集中。地方权力集中于督抚，各省的权力集中于皇帝。地方长官的司法权力受到了极大的限制。

清代地方政权体制一般分为省、道、府、县四级，《清史稿·刑法志三》记载：各省户、婚、田土及笞、杖轻罪，由州县完结……徒以上解府、道、臬司审转，徒罪由督抚汇案咨结。有关人命及流以上，专咨由部汇题。死罪……罪干凌迟、斩、枭者专折具奏，交部速议。杀一家二命之案，交部速题。其余斩、绞，俱专本具题，分送揭帖于法司科道，内阁票拟，交三法司核议。

据此可以将清代地方审级分为"县、府、司、院"四级。① 具体可作如下划分：第一审级——县、州、厅。全权受理民事案件的审理以及刑事案件的初审工作。并且清代军民应该首先在州县衙门进行诉讼，"越诉"，即越级上告是不允许的，一般也不予受理。同时清律也规定了州县官不得规避责任擅不受理案件。第二审级——府。清律规定，凡在本州县不便控告，或审判不公造成冤案的，不服者可向本州县的上司府进行控告，可见府的作用大致为复核、复审州县审结的案件。第三审级——司，即按察使，又称臬司。臬司主管一省刑名，府级的二审案件并不经过道台，而直送臬司，臬司不仅主持一省刑名事务，并主管全省秋审。第四审级——院，即总督、巡抚。臬司虽名为一省司法主管，但并没有代表省级审判，臬司所受理的案件仍须报督抚正式审理。作为地方的最高审级，督抚有权批复徒刑案件，并对流刑案件及死刑人犯进行复核复审，后报中央。

实际上这四个审级中只有院县两级具有判决权，而司、府两级只是审转案件并无判决权，后来作为地方一级政权机构的道，一般也不承审案件。从审判权限看，州县可以判决笞、杖刑案件，可见，州县审判是全部审判活动的基础，是地方审级中最重要的一个审级。"自州县上至督抚大吏，为国家布治者，职孔庶矣。然亲民之治，实惟州县。州县而上，皆以整饬州县之治为治而已。"② 督抚有权对徒刑案件作出判决。拟律为徒刑的案件自州县，经府、司报督抚后，督抚再次复审，即可作为终审判决。徒刑犯不得在犯事本县充徒，而在省内分发。此外，对臬司上报的流刑、死刑案件，督抚也要进行复审，形式为书面审和言辞审相结合。复审如无问题，即可上报。流刑案件达刑部，死刑案件向皇帝具题，同的将刑本送刑部。对于人命案，即使其中有人犯罪止杖、徒，督抚也无权直接处理，而应全案具题。流刑、死刑案件的终审，由中央的刑部、督察院、大理寺等管辖。

清代司法审判中，从州县初审开始，不管当事人是否上诉，下级都要将案件向上级审转，上级复审后，再向更上一级审转，直至有权作出判决的审级批准后才终审，形成了严密的"逐级审转复核制"。这既是清代诉讼审判制度的重要特点，同时也是清代诉讼审判制度较为完善的重要标志。这种逐级复审制很类似一种审判监督或是复核制，但又不完全相同，因为每一级的复审都是一次须作出"拟律"结论的审判。这便于增强各级司法部门对案件应负的责任，减少徇私舞弊。但由于整个司法系统是下级对上级负责，因而"逐级审

---

① 参见郑秦：《清代法律制度研究》，129 页，北京，中国政法大学出版社，2000。

② 汪辉祖：《一个师爷的官场经》，187 页，北京，九洲图书出版社，1998。

转复核制"势必造成两大弊端：一是办案效率低，层层审转，大量的案卷、人犯处在地方各级的运转上，管而不决，审而不结，许多案件成为当时人所说的"游案"。因而，由众多审级层层审转似是慎重民命，实则扰民，漠视民命。二是清代司法管辖制度的特点主要在于保证权力的高度集中，地方统于督抚，全国统于皇帝，"臣等未敢擅便，一切恩威皆出自上，恭候睿断圣裁"①。案件层层审转，变成层层照转，文牍往复，不厌其烦，无益于司法审判。

明朝高层司法机关的自由裁量，由于亲军和内侍参与司法，更加无所顾忌，使非法变为合法，而合法反而成了非法，黑白颠倒，冤狱丛生，这就不仅仅是司法官的自由裁量所能概括的了。清朝沿袭明律适用类推，但强调"必疏闻以候旨"。总之，皇帝总是处于至高无上的地位，高层司法官也有一定的自由裁量权力，而基层司法官的自由裁量权则要受到严格控制。至此，中国古代历史上长期以来的严格规则与自由裁量的矛盾终于得到了理论上的解决，使其共同协调于封建专制政权之下，并在制度上得以实施，刑事司法上分等级的自由裁量体系已形成。至此我们可以得出这样的结论：中国古代的司法官既不是任何时候都必须严格遵守法律，也不是在所有的情况下都可以仅依伦理而不管法律是否有规定，而是要根据不同的等级、区分不同的案件类别行使不同的自由裁量权力。这是经过长期的实践探索创设出的等级分类格局。②

从古代审判机关的设置体制也可发现，在规定地方官审判权的同时也加强了对其行使审判权的监督，这样在一定程度上制约着地方官的任意裁量，使之依律断案。

在古代，由于长期受儒家思想的影响，中国崇尚"息讼"和"止讼"，以讼为耻，形成强烈的"贱讼"和"厌讼"心理，追求实现"片纸不入官府"、无争无讼的"天堂世界"。出现纠纷，家长、族长首先强调家族内解决，不准径自呈讼于官府。在这种情况下，没有可能也没有必要设立司法机关。

夏朝建立了中国第一个奴隶制国家，制定了法律并形成了一套司法制度。从此，中国开始在中央设立司法机关和专职司法官，负责审理各类案件。秦朝还首设御史大夫，纠察百官，举劾非法，成为掌管监察司法的官吏，从而打破了古代历史上司法体制单一的局面。古代十分重视司法监督，魏晋南北朝时，已形成了尚书台、廷尉、御史台"三法司"并列的基本框架，司法已由单一的审判机构逐步分化为审判、监察、司法行政三司"并列"，它们分工负责、互相制约。元朝审判机关的设置更为具体繁杂，除了刑部、御史台和大宗正府等中央司法审判机关外，还设立枢密院、宣政院、道教所、中政院等，专理军法、宗教、道教及宫内案件的审判。明清时期的中央司法机关基本上仍沿用前代设置，实行三法司并列，只是称谓和职能略有变化而已。

古代地方审判机关，从夏朝开始一直到明清，都是按照各代的行政区域（郡、县、省等）设置，实行司法与行政合一的体制，地方司法由地方行政长官兼理，司法是行政的组成部分。当然，也有打破这种区域管辖的时候，主要是中央为加强对地方司法的监督和控

---

① 中国第一历史档案馆藏：《刑科题本》，北京，商务印书馆，1986。转引自刘长江：《清朝法政体制述论》，载《四川理工学院学报（社会科学版）》，2006（1）。
② 以上参见侯叔雯：《中国古代法官自由裁量制度的发展脉络》，载《法商研究》，1999（1）。

制，向地方派出司法机构和司法官。唐朝就对地方发生不便解往中央的重案，派大理寺评事、刑部员外郎、监察御史为"三司使"，前往审理。宋代则在州之上设路作为中央派出的监察机关，长官为提点刑狱公事，由皇帝直接委派，审查复核所属州县的各类判决。明代在省级则专设直接对皇帝负责的提刑按察使，"掌一省刑名按劾之事"，并有权受理上诉案件和审核下级机关的判决。在审级上，下级服从上级，形成行政隶属关系，皇帝永远是最高司法官，拥有最后的裁判权。

国家通过行政监督程序来保证官员判决结果与律文规定相一致。在"审转"和"月报"等行政监督过程中，初审判决是否符合法律或者有无法律依据，就会成为上级司法官员审查的一个重要内容，如果初审没有法律依据，很有可能遭上级发回重审，初审法官可能就要为此付出代价。在如此巨大的压力下，严格适用成文法、尊重律文规定反而成为一种逃避责任、减少麻烦的方式。但要判断成文法是否得到法官的严格适用，不能仅仅以判词中律文是否得到引用为标准。中国古代的法律与社会伦理道德之间存在紧密的联系，律法与伦理道德之间并没有严格的区别。因此，即便审判中不适用律文，只要法官不违背伦理道德，其判决结果仍然可能与适用律法条文所得到的判决结果相一致。

古代中国审判的目的除了惩罚犯罪行为或者消除民事纠纷之外，更重要的是维持和谐的社会秩序。国家的目标就是减少、防止社会纠纷产生，司法审判自然成为回复社会关系的重要工具。审判中，简单僵化地适用成文法规定进行判决无法使已遭破坏的社会关系得到回复；只有根据情理对具体的案件进行不同的处理，才能使社会关系回复到原来的状态。

在审判过程中，成文法与"情"、"理"并非相互对立，也不是互相补充的；成文法与"情"、"理"的性质和内容基本相同，只是范围上存在差别。正如滋贺秀三的比喻那样，如果"情理"是水，则"法"就是其中固定冻结成冰的部分，"法"是漂浮在"情理"海洋中的一座冰山。按照古代中国社会的特点，将法律这一概念扩大到情、理、法之后，就很难说古代中国法官不受法律拘束了。

在司法实践中如何协调"法"与"情"，怎样既使案件符合既定的《律例》条文，又能灵活参考各种成案？那么还是应由法司——司法官吏来"衡情准法，随案详求"，依靠法官对法律的理解，而总体把握《律例》界限的是皇帝自己。如有轻重出入，法司和皇帝就应在各自的权力范围内予以纠正，保证执法得当，才可持法之"平"。在刑事审判中可以通过以下的案例来窥见"法"与"情"的协调，借此也可以进一步推知清代乃至汉代司法官吏裁量权的行使。

王又槐的《办案要略》体现了适用律例的严格性与灵活性。他指出，虽然司法官的任务是援法定罪，"全部律例不可不熟筹于胸中也"，但他又时时强调在通晓律例的前提下，办案应"临时裁酌"、"临时酌看情形妥议，不可执一而也"。这说明严格适用律例并不是呆板、僵硬的，而是保持着较大程度的灵活性。这种灵活性的明显表现便是"比照"、类推的适用。如对窃盗案，"若弃财逃走，已离盗所并未拒捕而被事主追杀者，"刘比照夜晚无故入户，"已被拘执而擅杀拟徒"。对于"冒奸"，"再此项情罪，例无明文，临时比照酌议"。这使法官处于十分关键的地位。该书记载的一则案例可供参考：

> 翟小良为人修墙，得钱后即买鱼、肉。用刀破鱼，欲为饮食，被其父翟玉谐看见，翟玉谐气愤不过，揪住翟小良发辫。翟小良情急之下，急图脱身，即用刀割辫，不期

将翟玉谐手腕划伤。山东巡抚依照子殴父律判处翟小良斩立决，并将翟小良犯罪由于误伤，并非有心干犯，且翟玉谐以划伤实出无心，他兄弟三人仅有翟小良一子，呈请留养等情节，一并上报刑部。刑部援引前此核复山西巡抚衡龄奏白鹏鹤误伤其母白王氏身死一案，在该案中白鹏鹤误毙其母，尚蒙恩由凌迟处死改为斩立决，本案中翟小良误伤其父，并未致死，较白鹏鹤情更可矜，且其父兄弟三人只有一子，呈恩留一线以承三祧，只因例内并无明文规定，所以又援引嘉庆十九年龚奴才误伤其父龚加红案和嘉靖二十一年樊魁误伤其母樊王氏一案，奏请准予翟小良留养承祀。道光元年皇帝批准了刑部奏请，将翟小良照留养例枷责发落，准其存留承祀结案。

汪辉祖《学治臆说·学治续说》讲他佐幕时，凡"遇犯人有婚丧事，案非重大，必属主人曲为矜恤，一全其吉，一愍其凶"，后来读了《辍耕录》"匠官仁慈"一条，觉得自己做的更符合先贤宗旨，并讲述了一则见闻：

乾隆三十二年间，江苏有干吏张某，治尚严厉。县试，一童子怀挟旧文，依法枷示。童之姻友环聪乞恩，称某童婚甫一日，请满月后补枷。张不允。新妇闻信自经。急脱枷，童子亦投水死。

夫怀挟宜枷，法也；执法非过。独不闻"律设大法，礼顺人情"乎？满月补枷，通情而不曲法，何不可者？而必于此立威，忍矣。后张调令南汇，坐俘收槽粮，拟绞勾决。盖即其治怀挟一事，而其他惨刻可知。天道好还，捷如桴鼓。故法有一定，而情别万端。准情用法，庶不干造物之和。

对于这种司法方法，如果我们从中国古代哲学视域进行考察，也可以得到圆满解答。这一思想就是关于"经"与"权"的辩证思维方法。如果说严格执法是"经"，那么以情理纠补法律之不足，灵活运用法律，则是"权"。然而如果真正做到经与权的协调，这就要看执法的人。这种"权"，如果我们套用现代的法律用语，则可以称之为"自由裁量"，但是这种"自由裁量"在中国古代并无适当规定，更谈不上恰当的理论予以指导，归根到底是执法者的人为因素在起作用。因了情理而牺牲法律，那么由法律与礼俗共同建立起来的社会秩序和政治秩序就有可能陷入某种危机，尽管中国古代的法律与情理——道德、人情、天理等是有着深刻的一致性的。再者，因为法官的因素而又有可能牺牲情理，那么即使有良好的情理，也不能保证结果的完美。

三、地方政权与轻微刑事案件的处理

汉代的县令对治下的编户齐民有生杀予夺的大权，一切有关平民的民事案子都可由县廷来审理。某些疑难重大的案子，县廷不敢贸然结案，会通过"奏谳"程序向上级官府申报判决。这类案子虽然仍是县廷的管辖范围，但实际上是由于移送管辖程序的介入而改变了案件的管辖性质。早在秦代，谋反、叛乱等威胁到皇权及国家政权安全的案子，也往往都由中央直接处理；专属人身管辖的案子，如秩六百石以上的官吏，诸侯王、列侯等贵族的犯案，县廷无直接审判权。汉代法律赋予他们"先请"权。对于重审的案子，只要原告不再上诉，县廷就可结案，但在汉代不是这个样子，不管多少级司法机构参与审理一件案子，终决权一定在较高级司法机构手中，只要当事人不再上诉。汉代也没有二审终审的概念，案子可以一直上诉到皇帝。① 这样无形中对基层司法官吏便形成了一种制约。

唐代规定，县级只能审理杖刑以下案件②，县里完整的司法权只限于对人犯决笞、杖，但对应判徒、流和死刑的案件有初审权。如"得甲居家被妻殴笞之邻人告其违法县断徒三年，妻诉云非夫告，不伏"③ 即为一例。又开元二十九年（741）修武县发生命案，疑犯被执送县后由"县丞卢峰讯之，实杀焉。乃白于郡，笞儒生及弟子死者三人"④。这条材料非常清楚地说明修武县审理后将结果报州"此系误杀当笞"，但由于事连人命方始报州，州级司法官员勘覆后如无疑问即执行判罚。

县里唯有权对人犯决笞杖和常行杖，这两种杖轻重不一，笞杖较常行杖为轻。疏议曰："此即笞、杖之目，未有区分。笞击之刑，刑之薄者也"⑤。但不管轻重与否，笞刑、杖刑之下都有枉死之人。虽然唐律对违制决罚人犯致死有处分办法："诸决罚不如法者，笞三十，以故致死者，徒一年。即杖细长短不依法者，罪亦如之"，但现实中令成具文，多数情况下县里司法官员都可以决杀人犯而不受罚，从而取得了事实上的死刑处分权。⑥

关于宋代州县衙门的刑事审判权限，值得注意的是：其一，州县长官必须亲自审讯犯人，不得专委胥吏。⑦ 这一规定，事实上也是所谓州县"自理"案件的范围。其二，县级衙门的审判权限限于"杖罪"以下的案件，而"徒罪"以上案件，必须"审转"州级政府。⑧

日本著名学者宫崎市定教授指出：

> 元代的司法体制与宋代有所不同，录事司（与县相当）有权决断杖罪五十七以下的案件，州、府、军有权决断杖罪八十七以下的案件，宣慰司和总管府有权决断杖罪一百零七以下的案件；配流和死罪案件必须报告中央政府才能决断。⑨

清朝地方审判分为省、司、府、县四级。清代规定，一切民事案件及笞、杖"轻罪"，"由州县完结，例称自理。"⑩ 州县只能判处笞、杖罪，但并非一切笞杖罪州县都可以决断。与命、盗等"大案"有牵连的共犯中罪拟笞杖的从犯、"钦案"和"宪件"（上宪批发州县审理的案件）中的笞杖犯，州县都无权决罚，应随全案一体审转；同时还包括有关官员犯罪。官员犯罪应先参后审，并由臬司合同藩司审理，州县乃至府都无权过问。州县所管辖的案件可分为两类，一类是州县自理案件，即"自行审理户籍、继承、婚姻、土地、水利、

① 参见陈长琦：《两汉县级管辖下的司法制度》，载《史学月刊》，2002（6）。
② 唐《狱官令》规定："杖罪以下，县决之，徒以上县断定送州，覆审讫，徒罪及流应决杖、笞，若应赎者，即决配征赎"。
③ 《全唐文》卷六七三。
④ 《太平广记》卷四九四，北京，中华书局，1961。
⑤ 《唐律疏议·名例》。
⑥ 具体参见张健彬：《唐代县级政权的司法权限》，载《山东大学学报（哲学社会科学版）》，2002（5）。.
⑦ 参见《宋大诏令集》卷二零二乾兴元年十一月《令纠察刑狱提转及州县长吏凡勘断公事并须躬亲阅实诏》，转引自戴建国：《宋代法制初探》，208页，哈尔滨，黑龙江人民出版社，2000。
⑧ 参见《宋会要辑稿·刑法》三之——至道元年五月二十八日诏，《庆元条法事类》卷七三《决遣·断狱令》。
⑨ ［日］宫崎市定：《宋元时代的法制和审判机构》，载刘俊文主编：《日本学者研究中国史论著选译》，第八卷《法律制度》，294页，北京，中华书局，1992。
⑩ （清）赵尔巽：《清史稿》卷一一四，4207页，北京，中华书局，1977。

债务等民事案件，及斗殴、轻伤、盗窃（少量）等应责以笞、杖刑的轻微刑事案件"①，州县审理此类案件，无须援引律例，可自由裁量，而且只要当事人不控，即不复审。另一类是州县审转案件即命、盗、"逃人"、"邪教"、"光棍"等严重"犯罪"和其他徒刑以上案件，州县虽无权判决，但必须进行侦查、缉捕，采取强制措施，同时进行初审，但这种初审不同于现代警察机关的预审，它不是侦查的继续，而是正式审判，并要根据律例提出判决意见，称为"拟律"。初审完毕，应将全部案宗（包括拟律）报送上司。依清律，清代知府可以受理府城所在地的户婚、房产、争殴案件，但也是以判处杖刑为限。

上司对于州县官自理的案件，只要当事人不上控，即不复审。州县只是按日填报《循环簿》，登记自理案件，报呈上司审覆。分巡道冬季分巡所属州县时，也应审核其自理案件的审理情况。但这些都是虚应故事，巡道分巡之制早已不行，实际上，对于被视为"民间细故"的自理案件，州县厅一审全权管辖。对于刑事案件，哪怕是笞杖之类的罪责，州县官在原则上都要开具事由并提出自己的看法上报给上司，等待上司乃至中央的覆批下来，才可以进行判决。这种上报叫做"看语"，也称为"看审"。"夫所谓看语，乃上司批审与本县详宪之事，覆批究拟而审明具狱之情罪以谳者也。不曰审语而曰看语者，以所谳不敢自居成案，仅看其原情以引律拟罪，而仰候宪裁也"。因此"看语之难，不在引律，在词中之头绪烦多，情罪纷杂，而能使上官一目已了如指掌，固无俟详览招供之为难也"②。这也呈现出上节所说的地方官裁量权的缩小，为了自保前程，这种情形经常发生，但也不能因此就排除地方官审判中自由裁量的可能性。

"看语"的出现在一定程度上是由于官吏承担了严格的司法责任，而司法责任的规定在一定程度上也限制了地方审判官吏的自由裁量权任意地行使。中国的司法传统中，历朝历代的人都认为法官为其所审理的刑事案件负严格责任是理所应当的。如果发现法官对案件的判决出现错误，无论是"故出"（即有意使有罪者被判为无罪或重罪者被轻判），还是"故入"（即有意使无罪者被判有罪或轻罪者被重判），也无论是"失出"（即由于过失使有罪者被判为无罪或重罪者被轻判），还是"失入"（即由于过失致使无罪者被判有罪或轻罪者被重判），法官都要承担责任，轻则要受到罚俸、降调、革职等行政处分，重则要受到徒刑、流配、死刑等刑事处罚。

清代亦是如此，清代的州县官一旦在刑事案件审判中出现错判，就将面临法律规定的极其严厉的刑事惩罚。《大清律例》规定："凡官司故出入人罪，全出全入者，以全罪论。若增轻作重，减重作轻，以所增减论。至死者，坐以死罪。若断罪失于入者，各减三等；失于出者，各减五等。并以吏典为首，首领官减吏典一等，佐贰官减首领官一等，长官减佐贰官一等科罪。若囚自死，各听减一等。"③ 也就是说，凡是审判的官员有意增减人罪，如果他判有罪的人无罪或判无罪的人有罪，则他就要被处以和有罪者所应承担的（或和无罪者被错判的）同样的刑罚。如果他使轻罪者被判重刑，或重罪者被判轻刑，则他要被处以和他使轻罪者被增加的（或重罪者被减少的）刑罚差额相等的刑罚。如果审判官员使无

①　熊先觉：《中国司法制度简史》，67页，太原，山西人民出版社，1986。
②　以上所引均见（清）黄六鸿：《福惠全书》卷12《刑名部·看审赘说》。
③　《大清律例·刑律·断狱·官司出入人罪》。

罪者被判死刑或轻罪者被判死刑，则他也要被处以死刑。如果由于过失，判决使无罪者被判有罪或轻罪者被判重罪，审判官员就按无罪者所受到的刑罚或轻罪者被重判的刑罚差额减三等处罚。如果由于过失，致使有罪者被判无罪或重罪者被判轻罪，审判官员就按有罪者所应受到的刑罚或重罪者被轻判的刑罚差额减五等处罚。处罚以书吏为基准，首领官减书吏一等，佐贰官再在首领官的基础上减一等，上级官员再在佐贰官的基础上减一等，科以相应的刑罚。如果因犯是在判决执行前自杀的，上述所有的人再减一等。清代对法官错误判决规定了严格的"出入人罪责任"，而且不论法官主观上是故意，还是过失，都要加以惩罚。这种司法严格责任制度固然能在一定程度上促进法官审慎司法，但因其过于苛刻，致使制度实际运行走向了创设该制度初衷的反面。

州县官为了避免自己审理的案件被上司认定为"错案"，在案件尚未审结并解送上级衙门复审之前，就普遍地以"通享"、"通详"的形式向上司汇报案情，并征询上司对案件应当如何判决的意见，州县官并多遵照上司批禀或批详（对禀文或详文的批示）拟写初审判决。这样当上司复审时已存先入之见，审理时难于保持客观、中立，而且见下属遵照其批禀或批详拟判，自然不会再去否定州县初审的判决（否定即相当于否定自己最初的意见），甚至如见州县官未照己意拟判即加以驳话。汪辉祖对州县官在案件未审结前就向上司报告的原因和影响都有所论及，他说：

> 率陈之故有二，一则中无把握，姑餂上官意趣；一则好为夸张，冀博上官称誉。不知案情未定，尚待研求，上官一主先入之言，则更正不易，至驳诘之后，难以声说，势必护前迁就，所伤实多。①

许多实际的案例也印证了汪的观点。

在对于轻微的案件审判中，尤其是州县自理的案件当中（这当然也包括轻微的刑事案件），清代法官热衷于通过调解方式了结案件。在这一过程中充分发挥了地方官吏的自由裁量权的作用。事实上，在清代，尽管正式的成文法与习惯法之间存在着调整对象和调整手段上的诸多差异，但是两者却非常有效地融合在一起，构成了完整的法律体系。这种融合通过两个方面表现出来：一方面，大多数习惯法以社会的主流意识形态作为其规范的基础，因而能够借助官方的法律来维系自身的存在；另一方面，官方的法律对宗族或行会、商会的习惯法予以承认，并且通过正式的审判使其得到强化。在制度层面上，州、县级行政机构的审判活动构成了融合成文法与习惯法的中间环节。② 这为州县官吏审判时充分行使自由裁量权制造了机会。

作为州县长官，与其说他乐意查办各类大案要案以博取"青天"的称号，不如讲他更希望将各类案件压下，做淡化处理。其深层次原因就在于：在严格的下级对上级负责的行政官僚体制下，在"保民靖士"作为地方官衙主要职责的政治习惯下，"讼清狱结"是官员

---

① （清）汪辉祖撰：《学治续说》，"事未定勿向上官率陈"，96 页，沈阳，辽宁教育出版社，1998。
② 参见李力：《清代法律制度中的民事习惯法》，载《法商研究》，2004（2）。

的重要政绩标准。① 讼案，尤其是命盗大案的涌现会给人留下"此地民风不淳"的印象，进而，若社会平和状态因此而被打破，则说明此地的地方长官能力太低。这样不光彩的事情会被记录在其考绩上，直接影响地方官员的仕途。若处理讼案过程中有差错，更会招致不堪设想的后果。所以，在传统儒家思想、法律文化的指引下，在仕途升迁、宦海浮沉的现实面前，绝大多数的官员会为自己着想，有意把一些案件压下来。如果实在压不住，在向上级衙门报送的"通详"中也会删改情节，淡化案情。

对于刑事案件，州县官员尚会利用各种手段抑制诉讼，对民事案件而言，这种息讼之术使用的就更加频繁了。魏晋以后，法律上已明文规定不允许对刑事方面的控告擅不受理，违者以犯罪论之。而古代法律从未规定对一般的民事纠纷拒绝受理的责任条款。这即体现了官方的一种基本态度，意味着默认了法官在这方面享有自由裁断的权力，这种权力包括了决定是否受理案件。为了平息诉讼，官员们会以拒绝、拖延、感化等种种手段，曲解民事诉讼的价值。

清朝州县官员在审理刑事案件和自理案件时是有很鲜明的不同之处的：刑事案件多根据具体的审判程序进行，案情重大的还需交由上级审理；而对自理案件，在执法时总是和调处息讼联系在一起。滋贺秀三等日本学者则将其明确定位为两种不同的类型，认为其具有不同的性质和特色：命盗重案中严格依法，民事听讼中则以情理为主要法源（但大多数民事听诉案件往往和轻微的刑事犯罪结合在一起）。康熙《圣谕十六条》中就记载：

> 敦孝弟以重人伦，笃宗族以昭雍睦，和乡堂以息争讼，重农桑以足衣食，尚节俭以惜财用，隆学校以端士习，黜异端以崇正学，讲法律以儆愚顽，明礼让以厚风俗，务本业以定民志，训子弟以禁非为，息诬告以全良善，诫窝逃以免株连，完钱粮以省催科，职保甲以弭盗贼，解仇愤以重身命。②

这种审判模式的形成，其理论上的支撑则是所谓的"经""权"之道。相对于司法实践而言，所谓"经"便是严格执法，所谓"权"则是用人情、伦理来替代或纠补法律之不足，以谋求案件结果的公正。汉代以降，中国法律"儒家化"的展开，其实就是对于"礼"与"法"两种规范的"治理"功能予以重新定位。其后，原本的"礼"也就成了附加"罚"或"刑"的律；而"礼"的精神也就是"律"的精神。另一方面，"礼"既是一种"文"的外在化，也是"德"的具体化，乃是中国文化的象征。③ 历史发展到清朝，在这个星罗棋布的乡土社会，中央的统治阶层虽然意图深入管理，但终究力有未逮，只好选择"妥协"的策略，照顾乡土社会的"礼俗秩序"。所以，所谓"礼法结合"的治理模式，乃是出于协调帝国政治与乡土社会的制度安排。④

① 参见张晋藩：《中华法制文明的演进》，137页，北京，中国政法大学出版社，1999。
② 张晋藩主编：《中国法制通史》，第八卷，682页，北京，法律出版社，1999。
③ 参见徐忠明：《论中国古代刑事审判传统》，载《法制与社会发展》，2004（1）。
④ 参见徐忠明：《论中国古代刑事审判传统》，载《法制与社会发展》，2004（1）。

　　基于这种司法实践的状况，即有学者指出其体现了严格法律规制下的州县官员的任意处置权：

　　　　一方面，县官是皇帝的代理人和地方百姓的父母官。他像皇帝一样，在地方上行使着绝对和不可分割的权力。在处理民事纠纷时他更明显地可以专断独行。另一方面，县官又处在一个又一个严密组织起来的官僚阶层的底层。这个官僚体系有着一套行为则例及报告和审查制度。在司法领域里，他的行为还进一步受到成文法律的制约，这些法律中既包括原则性的律文，又有实践性的条例。即使在民事案件中，都有可能上诉和复审，这也是对他的制衡。……县官只是个下级官僚，他必须在已确立的制度中循规蹈矩，以免危及自己的仕途。①

　　统治阶层很清楚，"法"对于实现社会的和谐虽属必要，却还不是唯一的武器。刑罚可以使人畏惧而不敢与争，但不能够消除与争之心。实现社会和谐的最根本手段应该说是"教化"，这时人们不是畏于惩罚而不敢争，而是达于人道而不愿争。② 寺田浩明教授对清代州县的自理审判有这样的评价："在实践中地方官并不引照律例，实质上成文法也未成为纠纷处理的基准，但另一方面成文法仍然享有高度的权威。"他对当时"法"的性质提出了这样的观点，即"律例本天理人情而定"③，"法"不过是得到了明确化和被赋予了强制性的"情理"核心部分而已。而州县官员在审理民事和刑事案件时不同的执法手段，实际上都是为封建统治阶级服务的。在这种社会背景下，尊重存在于每个人胸中的"情理"就体现了"法"的精神，反过来，作为"情理"核心部分的法律在适用于具体案件时总需要根据"情理"来解释或变通，与法本身的要求并不相悖。所以，州县官员作为与民众最接近的统治阶层成员，必须把明文规定的律例和生活中的传统道德结合起来，以礼入法，奉行正统的儒家伦理道德为官方哲学。州县官员的职责不仅仅是明辨是非，扬善抑恶，更要教民息讼，使民无讼，从根本上消灭狱讼之事。

　　寺田浩明先生也对"法"有过这样的评价：

　　　　"法"的作用样式或变通"法"的主体可以根据官僚制度的制度设计不同而变化，这种设计的要点在于作为权力来源的皇帝如何向自己以下的官员分配权限。④

　　清朝的制度设计是笞杖以下的刑罚权限分配给州县官自理，在此限度内州县长官可以自由变通"法"或根据自己的"情理"标准来处理案件或纠纷，只要当事人不上诉，案件到此就结束了。所以，在州县自理审判这一层面，地方官关于"情理"的判断在制度的层面浮现出来。与此相对，处以徒刑以上案件的变通权限则向皇帝集中，于是命盗重案审判

---

　　① 黄宗智：《清代的法律、社会与文化：民法的表达与实践》，13 页，上海，上海书店出版社，2001。
　　② 参见梁治平：《寻求自然秩序中的和谐——中国传统法律文化研究》，213 页，北京，中国政法大学出版社，1997。
　　③ ［日］寺田浩明：《日本的清代司法制度研究与对"法"的理解》，载 ［日］滋贺秀三等：《明清时期的民事审判与民间契约》，124 页，北京，法律出版社，1998。
　　④ ［日］寺田浩明：《日本的清代司法制度研究与对"法"的理解》，载 ［日］滋贺秀三等：《明清时期的民事审判与民间契约》，113 页，北京，法律出版社，1998。

中担任起草判决原案和负责复审的官员们都必须严格按照成文法来从事日常业务，一旦出现变通法律的必要就自动地将案件上奏皇帝。所以，成文法作为保证这套制度设计有效运转的关键，在命盗重案审判的制度层面凸现出来。这种制度设计实质上是官僚制内部围绕刑罚权限的分配，也是官僚内部根据上下级别进行控制的反映。

同时由于清代审判没有完备的程序，仅有少量行政程序，是上级官员对下级官员的职责履行情况的行政督察。由于缺乏程序性法律，清代的法官享有较大的自由裁量空间。国家为法官留下巨大的裁量空间不加规制，并非"对法官的道德似乎想当然地抱有了过于乐观的观点"①，儒家伦理思想的灌输并不能保证法官在道德上的高修养，道德自律不能避免法官权力的滥用。避免法官枉法裁判，主要是通过两种方式来实现：一方面，案件的审理结果必须得到当事人和案件审理所在地的百姓的认同，案件如果无法得到社会的认同往往是政绩不佳的表现，从而致使官吏的晋升受到影响；另一方面，通过行政管理的方式，上级官吏对下级官吏审结的案件的正确性进行审查，并以其审查结果作为判断官吏政绩的一个重要标准。通过民意的认同和上级行政权力的监督两个方面，大大减少了法官任意枉法裁判的可能性。

在审判实践中，审判官并不是完全依律行事，而是情、理、法兼顾，运用多重决讼标准，或是以德化的审判依据，或是先教后刑，或是原情讼罪，或是以民愤大小作为判决轻重的依据，或是采用平均主义的做法。儒家著名经典《礼记·王制》说："凡听五刑之讼，必原父子之亲，立君臣之义，以权之意论轻重之序。"这即是说，断狱决讼首先要用"君臣之义"、"父子之亲"这些道德原则和精神去衡量，而不是首先讯问案件的事实情节。《名公书判清明集》所载判词中，多有"酌以人情参以法意"、"情法两尽"、"非惟法意之所碍，亦于人情为不安"之语。中国古代官衙前常高悬一块"天理、人情、国法"的匾额，天理、人情，是官员们进行裁判所必须考虑的，也是司法裁判的重要依据。天理、人情所表示的实际上是法官们心目中所认定的中国式的公平、正义概念，是法律以及司法裁判的根本价值取向，实施法律即为明天理、顺人情。

古代中国法官的自由裁量权依附于儒家伦理规范，法官们力图使判决符合儒家伦理，做到"政治上正确"。这种审判中的自由裁量类似于英美法官的"衡平司法"。其不同之处在于"衡平司法"中法官的自由裁量的依据是以公平、正义为核心的法律理论；清代审判中，法官的自由裁量则服从于儒家伦理，而儒家伦理可以视为古代中国法律的基础理论。所以，古代中国的法官并不比欧美法官享有更大的自由裁量权。相反，一定程度上，古代中国法官对案件的裁判受到伦理规范的羁绊更多。

---

① ［美］蓝德彰：《宋元法学中的"活法"》，李明德、李涵译，载高道蕴、高鸿钧、贺卫方编：《美国学者论中国法律传统》，315～316页，北京，中国政法大学出版社，1994。转引自何伟：《试论古代中国司法审判的伦理性——以清代审判为例》，载《法制与社会》，2006（8）。

第九章

宽免与赦宥

第一节
特权思想与古代刑罚

在中国传统法律文化中，对等级观念及由此而产生的特权制度的推崇尤为突出。有学者将这一特征概括为"尚特权"性，并认为产生这一特征的原因在于："在中国，自然经济、宗法结构和专制政体延续了几千年，从而形成了浓厚的等级特权观念。它支配着人们的思想和心理活动，同时也渗透了古代法律的各个领域。"① 尽管封建专制时代各国的法律莫不体现出特权色彩，但就中国传统法制而言，其等级观念和特权制度却有自身的特色，迥异于其他法律文化形态，并由此而成为中华法系独特性的标志之一。

一、特权思想的产生与发展

对于中国传统法制中特权制度的考察，在探求具体的特权制度之前需要从这样几个方面来对特权制度问题加以宏观的了解和掌握：一是特权制度赖以产生的思想基础，即特权观念的产生和发展问题；二是这些特权制度建立的途径、体系构架及其所涵盖的法律权利的范围。

（一）古代特权思想探源

中国传统法制中的特权观念主要来自于儒家"礼"制中的等级观，但等级特权观念的确立却是在一个相当长的历史时期内逐渐发展而来。从西周因袭夏商之"礼"而制周礼，到隋唐时期礼治在治国和立法领域取得完全的支配地位，等级特权观念也随之而相应地发展与嬗变。

1. 先秦时期的特权观念

早在夏商时代，随着天命神权思想的确立，特权观念就已经开始在早期法制文明中萌发。在夏商统治者鼓吹"君权神授"的背后，就是对于基于血统出身的身份等级的认同，所谓"有夏服天命"②，"天命玄鸟，降而生商"③，不仅是要证明权力来源的合法神圣，同

---

① 汪汉卿：《中国传统法律文化和现代法制建设》，载《法学评论》，1994（1）。
② 《尚书·召诰》。
③ 《诗经·商颂·玄鸟》。

时也是要证明基于血统的等级特权的先天合理性。这种特权观念的雏形到了西周时期获得了较大的发展。西周的统治者于夏商之后已经很难再以"天命"说为其统治的合法性辩护，为此，他们提出了"以德配天"的观点，认为"皇天无亲，惟德是辅"①，从而在血统之外为其政权的合法性找到了"德"这一新的理由。而为了培养和规范"德"，就势必要为"德"确定一个标准，以便全体社会成员能遵照执行，这一标准就是"礼"。周公"制礼作乐"正是出于这种统治方面的需要而进行的。

西周时期的"礼"是在夏商之"礼"的基础上进一步系统化、制度化而来，它所规定的内容囊括了社会生活的方方面面："道德仁义，非礼不成；教训正俗，非礼不备；分争辨讼，非礼不决；君臣、上下、父子、兄弟，非礼不定；宦学事师，非礼不亲；班朝治军、莅官行法，非礼威严不行；祷祠祭祀、供给鬼神，非礼不诚不庄。是以君子恭敬撙节，退让以明。"② 但这并不是说西周时期是完全依赖"礼"来统治的，在"礼"之外，"刑"仍是维持统治秩序的有力工具。在"礼"与"刑"之间则是"礼之所去，刑之所取"，"出于礼则入于刑"的关系。西周的"礼"在血统之外又以"德"为依据将社会成员分为"君子"和"庶人"，前者主要是指统治阶层，而后者则是被统治的普通社会成员，所谓"礼为有知者制，刑为无知者设"③ 即是指此。以宗法制为重要基础之一的"礼"贯穿着"亲亲、尊尊"的原则，要求在家与国两个层面上维护尊卑贵贱的等级秩序，而这一点在法制中的诉求就表现在"礼不下庶人，刑不上大夫"这一特权原则的确立上。

工匠"巨隹"(wéi唯)陶瓦
(附拓片及释文)
河北易县出土

工匠"潮"陶豆
(附拓片及释文)山东临淄出土

西周礼刑

---

① 《尚书·蔡仲之命》。
② 《礼记·曲礼上》。
③ 《白虎通》。

2. 秦汉时期特权思想

西周之后的中国社会，等级特权观念进一步发展，儒家直接继承了西周礼制的基本主张。孔子以为"贵贱无序，何以为国?"① 为政之道，在于以礼治国，主张"君君、臣臣、父父、子子"②。荀子提倡"隆礼重法"，认为"治之经，礼与刑"③，"由士以上，则必以礼乐节之；众庶百姓，必以法教制之"，只有礼才可以使"贵贱有等，长幼有差，贫富轻重皆有称也"④。由此，特权观念进一步得到强化，甚至在以强调"刑无等级"著称的法家占据政治舞台的秦王朝，等级特权观念也并未受到实质上的限制，法律中仍有大量的"议爵"、"议真"的规定。⑤

西汉时期，贾谊认为："礼者，所以固国家，定社稷，使君无失其民者也。主主臣臣，礼之正也；威德在君，礼之分也；尊卑大小，强弱有位，礼之数也。"⑥ 同时，贾谊从礼制所主张的"礼不下庶人，刑不上大夫"原则出发，主张对于大臣犯罪处以刑罚时应不同于一般平民，当给予特殊的优待，"有赐死而无戮辱"，"系缚、榜笞、髡、刖、黥、剿之罪，不及大夫。"⑦ 此后，董仲舒一方面坚持儒家的礼治，认为"非礼无以辨君臣、上下、长幼之位也，非礼无以别男女、父子、兄弟之亲，婚姻疏数之交也"⑧；另一方面又结合阴阳家学说提出了"三纲"理论，主张"君为臣纲，父为子纲，夫为妻纲"。这在本质上虽仍是延续西周的礼治和"亲亲、尊尊"的原则，但又进一步使等级特权观念更加深化且赋予其神秘色彩。汉武帝采纳董氏"罢黜百家，独尊儒术"的建议后，"三纲"的理论更成为此后中国传统社会的最高准则，严格维护君臣、父子、夫妻之间的等级秩序。

董仲舒

---

① 《左传·昭公二十九年》。
② 《论语·颜渊》。
③ 《荀子·成相》。
④ 《荀子·礼论》。
⑤ 参见《睡虎地秦墓竹简·法律答问》。
⑥ 《新书·礼》。
⑦ 《汉书·贾谊传》。
⑧ 《礼记·哀公问》。

3. 魏晋隋唐时期的特权思想

两晋南北朝时期，汉代以来法律儒家化的进程极大地推动了等级特权观念的发展，晋律"引礼入律"和"准五服以制罪"原则的确立，使等级特权观对法制的影响走向深化。与此同时，这一时期士族门阀制度的强大又为等级特权观念的盛行提供了政治上的保障。两方面因素的共同作用，使等级特权观念在这一时期开始由观念转变到具体的制度，使传统法制中的特权制度正式形成。

到了隋唐之际，等级特权观念经过长期发展其影响已深入人心，其地位也得以确立。隋唐以降，宋元明清历代基本上延续隋唐的国家模式和治国理念，对于等级特权观念也是不遗余力地予以维护，这可以从以下两个方面加以考察：其一是从隋唐迄止明清，统治者在治国方略和立法原则上都坚持礼治的主张，从而在客观上也就坚持了儒家所提倡的等级特权观；其二是从具体的法律制度规定来看，等级特权观念得到了国家法律的强力维护。就前者而言，隋唐时期的统治者秉承"德礼"与"政刑"并用的治国方略，认为"礼"的作用如春风雨露，劝人向善，而"刑"的作用正如雷霆秋霜，是惩恶于已然之后，治国当以"礼"为主，以"刑"辅之，所谓治国当"弥缝五气取则四时，莫不先春风以播恩，后秋霜而动宪"，"仁恩以为情性，礼义以为纲纪，养化以为本，明刑以为助。"① 德礼与刑罚之间，"德礼为政教之本，刑罚为政教之用，犹昏晓阳秋相须而成者也。"② 在法律的制定上，唐律以"一准乎礼"为最高的立法原则。

4. 宋以降的特权思想

北宋时期，司马光在《资治通鉴》中指出："天子之职莫大于礼，礼莫大于分，分莫大于名。何谓礼？纪纲是也。何谓分？君臣是也。何谓名？公侯卿大夫是也。"也就是说天子当以"礼"为纲纪统率天下，"礼"是君臣名分、尊卑贵贱的尺度和依据。王安石认为"以仁义礼信修其身而移之政，则天下莫不化之也。是故先王者之治，知为之于此，不知求之于彼，而彼固已化矣"③。南宋时，理学兴起，在"存天理，灭人欲"的口号下，"礼"的原则和"三纲"的要求被推向极端，朱熹认为人因先天的"气禀"不同故而对"天理"接受的程度也不同，所以有圣贤贫愚之分，从而将社会不平等归结为先天使然，也使等级特权观念更加神秘化。

明清的统治者同样奉行礼刑结合的治国方略。朱元璋在制定《大明律》时就指出要"明礼以导民，定律以绳顽"。丘浚认为"礼者，其大者在纲常，其小者在制度"④，"教道兴，则天理明而民彝叙"，百姓知道尊敬君王、尊亲就不会生有反叛之心了，"不然则智者欲欺愚，强者欲凌弱，令之而不从，治之而不服，而至于用刑罚、动干戈，而国祚不能以久长矣。创业之君惟知其然，故拳拳以教化为先"⑤。清圣祖康熙崇尚儒学，谙熟儒家的一整套治国理念，他也提出"帝王以德化民，以刑弼教"⑥，认为只有"尚德缓刑"才是"至

---

① 《隋书·刑法志》。
② 《唐律疏议·名例》。
③ 《王文公文集·王霸》。
④ 《大学衍义补》卷三九。
⑤ 《大学衍义补》卷六七。
⑥ 《清圣祖实录》卷九四。

治之极轨"①。而在法律制定方面，自唐以后，后世法典如《宋刑统》、《大明律》、《大清律例》等皆是以唐律为蓝本而成，故在立法的指导思想上也同样是贯彻了"一准乎礼"的精神。

（二）特权思想与刑罚特权

总体上看，传统中国社会在治国方略的选择和立法的指导思想方面，皆是以"礼"为根本的依归。相应的，"礼"所确定的等级观念、特权思想也随之转化为国家的意志，并明确表达和规定在历代法典之中。

1. 刑罚特权的基本精神

具体而言，隋唐及其后的历代王朝，在"国"和"家"两个层面上，按照"亲亲、尊尊"和"三纲"等特权原则的要求确立了上下长幼、尊卑贵贱的等级秩序。

在"国"的层面上，首先是官民之别，即在官僚贵族和平民百姓之间的等级区别；其次是良贱之别，即在平民之中良民与贱民的区别。前者不仅是要给予官僚贵族不同于平民的法律特权，同时也要求在官僚贵族阶层内部按照其身份地位的不同等级而给予有差别的法律特权。后者实质上并无所谓的特权可言，只不过平民内部相对良民而言，贱民应当享有的法律权利被剥夺了，才使得良民看起来在法律上享有一定的特权。

在"家"的层面上，按照"亲亲"、"三纲"和"准五服以制罪"的原则，父对于子、夫对于妻、长对于幼、尊亲属对于卑亲属都拥有法定的特权，不同的亲属关系中，同样的行为便会有不同的罪名和刑罚。而所有这些，不仅仅只是国家意志的表达那么简单，它同时也受到国家法典的强力保护，不容违背。

2. 刑罚特权的具体体现

就国家法典的制度规定来看，以唐律为例，法律对于官民之别、良贱之别和亲属中尊卑长幼之别所带来的等级特权有详细的制度规定予以保护。

首先是官民之别的特权保护。主要体现在《唐律疏议·名例》中议、请、减、赎、当的规定上：

> 诸八议者，犯死罪，皆条所坐及应议之状，先奏请议，议定奏裁；流罪以下，减一等。
>
> 诸皇太子妃大功以上亲，应议者期以上亲及孙，若官爵五品以上，犯死罪者，上请；流罪以下，减一等。
>
> 诸七品以上之官及官爵得请者之祖父母、父母、兄弟、姊妹、妻、子孙，犯流罪以下各从减一等之例。
>
> 诸应议、请、减及九品以上之官，若官品得减者之祖父母、父母、妻、子孙，犯流罪以下，听赎。
>
> 诸犯私罪，以官当徒者，五品以上，一官当徒二年；九品以上，一官当徒一年。若犯公罪者，各加一年当。

---

① 《清圣祖实录》卷一二六。

其次是关于良贱之别的特权保护。《唐律疏议·斗讼》规定："诸部曲殴伤良人者，加凡人一等。奴婢，又加一等。若奴婢殴良人折跌支体及瞎其一目者，绞；死者，各斩。其良人殴伤杀他人部曲者，减凡人一等；奴婢，又减一等。若故杀部曲者，绞；奴婢，流三千里。"同时规定："诸奴婢有罪，其主不请官司而杀者，杖一百。无罪而杀者，徒一年。""诸主殴部曲至死者，徒一年。故杀者，加一等，其有衍犯，决罚致死及过失杀者，各勿论。""诸部曲、奴婢过失杀主者，绞；伤及詈者，流。"

再次是关于家庭内部亲属关系的特权保护。《唐律疏议·名例》"十恶"条首先规定了"恶逆"和"不孝"的罪名，所谓"恶逆"是指：谓殴及谋杀祖父母、父母，杀伯叔父母、姑、兄姊、外祖父母、父母。所谓"不孝"是指："谓告言、诅詈祖父母、父母，及祖父母、父母在，别籍、异财，若供养有阙；居父母丧，身自嫁娶，若作乐，释服从吉；闻祖父母、父母丧，匿不举哀，诈称祖父母、父母死。"此外，《唐律疏议·斗讼》中规定："诸殴伤妻妾者，减凡人二等；死者，以凡人论。殴妾折伤以上，减妻二等。""诸妻殴夫，徒一年；若殴伤重者，加凡斗伤三等；死者，斩。""诸告祖父母、父母者，绞。（谓非缘坐之罪及谋叛以上而故告者）。""诸告期亲尊长、外祖父母、夫、夫之祖父母，虽得实，徒二年；其告事重者，减所告罪一等；即诬告重者，加所诬罪三等。"

从唐律的上述规定可见：唐代法律对于等级特权的维护是十分全面的，对于违反等级秩序的行为所给予的惩罚也不可谓不严厉。唐律的这些制度规定所保护的官民之别、良贱之别和亲属关系中的尊卑长幼之别也同样为唐以降的历代王朝所沿用，虽在具体的制度规定上稍有变更，但总体上仍不脱唐律的架构，如《宋刑统》、《大明律》、《大清律例》"名例"部分对"八议"的保留，以"服制"来处理亲属相犯案件，区别良贱的不同身份等，都足以证明等级特权观念对中国传统社会及其法制的影响。

需要指出的是，上述官民之别、良贱之别和亲属关系中尊卑长幼之别中，典型意义上的等级特权主要是指官民之别，其他两类关系中，只是因为贱民和卑亲属的法律地位相对较低才产生所谓的"等级特权"。此外，在元代和清代，由于统治阶层民族身份上的特殊性，还带来了等级特权的民族性色彩。元代将人口划分为蒙古、色目、汉人、南人，在法律上规定其不平等的地位，对蒙古人的法律权利予以特别保护；清代法律中对"旗人"也同样给予特殊的法律保护。所有这些，既是等级特权观念的自然延伸，也是其特殊形态的表现。

二、特权思想与古代刑罚制度

中国传统法制中的特权制度的建立，一方面依赖于统治阶层"以礼治国"的理念，而另一方面，其得以建立的直接途径则是法律儒家化的推动。一般认为，汉代中国传统法律的儒家化有两个重要的途径，一是立法指导思想上以"礼"为基准，二是司法实践中"春秋决狱"的推行。[①] 自汉代而后，立法上以"礼"为根本的指导思想历朝历代基本上是一以贯之，如前所述，这种立法上以"礼"为指导思想和治国方略上礼主刑辅的理念相结合，

---

① 参见曾宪义、马小红：《中国传统法的结构与基本概念辨正——兼论古代礼与法的关系》，载《中国社会科学》，2003（5）。

使"礼"所倡导的等级特权观念逐渐深入人心，其对于法制的影响也逐渐深化，最终表现为"礼"所主张的等级特权观念落实到法律规定的具体条文之中，从而使得特权制度得以建立。

（一）特权思想的基本特征

自汉代以后，随着立法技术的进步，历代国家法典的编纂在体例上渐趋科学，在内容方面不仅更为细化也更加全面，因此，后世司法实践中直接援引儒家经典裁断案件的现象已经不再是一种常态，这在客观上要求以建立具体全面且行之有效的制度规定为前提，对于儒家经典中所强调的等级特权原则也必然要有具体的制度规定，才能避免司法实践中仍不得不直接以经典为依据的做法。特权制度的建立不仅起着体现法律制定以"礼"为指导的作用，同时也为司法中切实保护官僚贵族的法律特权提供了明确的、直接的依据，使特权保护的力度不再只是弹性的原则而成为刚性的制度保证。对于这样一个由观念向具体制度转变的过程，晋律的制定就是典型的例证：晋律"引礼入律"，在立法的指导思想上贯彻了以礼为主；同时，晋律第一次规定了"准五服以制罪"，第一次设立了"八议"制度，所有这些，都是汉代以来在法律儒家化进程的不断推动下，立法和司法两方面发展的结果。"引礼入律"也就同时认同了"礼"所确立的等级观念，而服制和"八议"的规定则为司法实践中如何维护等级观念、保护等级特权提供了直接的制度依据。

从西周至汉代，特权观念虽然早已有之且不断发展，但在这一相当长的历史时期内，特权保护基本上仍是一些原则性的规定或做法，并未能形成较为系统化的制度体系，正是通过汉代以降，法律儒家化的不断推动，中国传统法制中的等级观念和特权保护制度不断发展、完备、最终形成了内容详细完备、体系结构合理的制度体系。那么，中国传统法制中特权制度的体系构架有什么样的特征呢？以唐律为例，其议、请、减、赎、当的基本规定体现出这样一些特征：

1. 特权制度的相对性

同样的行为，往往会因为行为者自身和对方的不同身份地位或关系而具有不同性质。以殴伤为例，官员殴伤平民与平民殴伤官员、平民殴伤贱民与贱民殴伤平民、尊亲属殴伤卑亲属与卑亲属殴伤尊亲属，不同品秩的官员相殴伤，等等，其在法律上的定罪量刑方面将有很大的区别。例如，唐律规定，"诸殴制使、本属府主、刺史、县令，及吏卒殴本部五品以上官长，徒三年；伤者，流二千里；折伤者，绞"，而"诸监临之官因公事，自以杖捶人致死及恐迫人致死者，各从过失杀人法；若以大杖及手足殴击，折伤以上，减斗杀伤罪二等"[①]，对于官吏之处罚明显要轻于平民百姓。"诸部曲殴伤良人者，加凡人一等；奴婢，又加一等。"反之，"其良人殴伤杀他人部曲者，减凡人一等；奴婢，又减一等。"[②]

2. 特权制度的层级性

从特权主体上来看，不同身份地位的主体享有的特权大小是不同的，不同品秩的官僚贵族则分别按照其等级享有议、请、减、赎、当的特权，而对于贱民和卑亲属来说，则表

---

① 《唐律疏议·斗讼》。
② 《唐律疏议·斗讼》。

现为其所负有的法律义务和约束更多。如"八议"的主体是具有亲、故、贤、能、功、贵、勤、宾特殊身份的人，而享有请权的则是"皇太子妃大功以上亲，应议者期以上亲"和"官爵五品以上，犯死罪者"，减权则有"诸七品以上之官及官爵得请者之祖父母、父母、兄弟、姊妹、妻、子孙，犯流罪以下，各从减一等之例"等。① 从罪行的角度来看，官员犯罪一般只有死罪时才会涉及议、请，而流徒以下的罪行则一般是直接予以减、当、赎进行处理。而亲属关系中，一般尊犯卑则多是减等处理，反之则多是加等处罚，又如"诸殴缌麻兄姊，杖一百。小功、大功，各递加一等。尊属者，又各加一等"②。

3. 特权制度的确定性与不确定性的结合

所谓确定性，是指对于某些特权，法律的规定明确而具体，可预期其结果，如减、当、赎的适用，唐律中有"诸应议、请、减及九品以上之官，若官品得减者之祖父母、父母、妻、子孙，犯流罪以下，听赎"，"诸五品以上妾，犯非十恶者，流罪以下，听以赎论"③。所谓不确定性，是指虽享有特权但最终的处理结果不可预测，如"八议"、"上请"案件，最终是否处以死刑以及何种死刑都由皇帝最终决定，"诸八议者，犯死罪。皆条所坐及应议之状，先奏请议，议定奏裁；流罪以下，减一等"④。除此之外，从长期的历史发展来看，特权制度的发展本身还具有一定的融合变动的特征，如议、请、减、赎、当的特权制度，后世法典只有"八议"制度被完全沿用，而其他制度则多有变动，如宋以后官当制度的废止，请、减方面也有较多变更。

（二）特权思想的刑罚实践

从现代法学的角度来看，特权制度所涵盖的法律权利在内容上可以分为两大类，其一是诉讼审判过程中的特权；其二是刑罚执行方面的特权。

诉讼审判过程中的特权，表现在不同身份地位的主体在诉讼审判过程中拥有的权利不同。自西周之时起，诉讼审判中就已经确立了"凡命夫命妇不躬坐狱讼"⑤ 的原则。汉代贾谊认为对于官僚贵族犯罪在诉讼审判方面应区别于一般民人，"夫尝已在贵宠之位，天子改客而体貌之矣，吏民尝俯伏以敬畏之矣，今而有过，帝令废之可也，退之可也，赐之死可也，灭之可也，若夫束缚之，系緤之，输之司寇，编之徒官，司寇小吏詈骂而榜笞之，殆非所以令众庶见也，夫卑贱者习知尊贵之一旦吾亦乃可以加此也，非所以习天下也，非尊尊贵贵之化也"⑥。后世历代司法实践中，对于具有特殊身份地位的官僚贵族涉入诉讼的，一般赋予其这样一些特权：

1. 审判程序上的特权

在审判程序上，对享有特权的人进行审判，不同于一般民人案件，基本上都要求先行奏请。如《宋刑统》附唐大中六年敕令："应推勘诸色刑狱，关连朝官，合取文状。自今以

① 参见《唐律疏议·名例》。
② 《唐律疏议·斗讼》。
③ 《唐律疏议·名例》。
④ 《唐律疏议·名例》。
⑤ 《周礼·秋官·小司寇》。
⑥ 《汉书·贾谊传》。

后，如尚书省四品以上官、诸司三品以上官，并宜先奏取进止。"《大明律》中规定："凡京官及在外五品以上官有犯，奏闻请旨，不许擅问。六品以下，听分巡御史、按察司并分司取问明白，议拟闻奏区处。若府州县官犯罪，所辖上司不得擅自勾问。止许开具所犯事由，实封奏闻。若许准推问，依律议拟回奏，候委官审实，方许判决。其犯应该答决、罚俸、收赎纪录者，不在奏请之限。"《大清律例》中规定："凡在京在外大小官员，有犯公私罪名，所司闻具事由，实封奏闻请旨，不许擅自勾问。"

2. 审判方式上的特权

对于官员犯罪，在审讯中禁止或限制适用刑讯。如《唐律疏议》规定："诸应议、请、减……并不合拷讯，皆据众证定罪，违者以故失论。"《大清律例》也规定："凡应八议之人问鞠不加考讯，皆据各证定罪。""三品以上大员，革职拿问，不得遽用刑夹，有不得不刑讯之事，请旨遵行。"

3. 定罪量刑上的特权

在定罪方面，出于"为尊者讳"的考虑，对于官员的罪行在罪名上往往以委婉的方式称之，如贾谊即主张："古者大臣有罪……坐污秽淫乱男女亡别者，不曰污秽，曰'帷薄不修'；坐罢软不胜任者，不曰罢软，曰'下官不职'。故贵大臣定其有罪矣，犹未斥然正以呼之也，尚迁就而为之讳也。"① 而量刑方面的特权，最典型的是议、请、减、当、赎的制度，它规定了官僚贵族犯罪可以免刑、减刑、以官抵刑和以金钱赎刑。

4. 羁押方式上的特权

在对犯罪官员是否系禁的问题上，特权思想也得到了充分体现。后唐天成二年（927）敕："自此以后，录事参军、县令，若是分明有赃犯，及因喜怒无名行刑，致有论讼，即仰所在长吏禁身勘责。若为公事科刑，致来论理，不得妄有禁系。"《宋刑统·断狱》中规定："应议、请、减者，犯流罪以上，除免、官当，并锁禁。公坐流、私罪徒，并谓非官当者，责保参对。其九品以上及无官应赎者，犯徒以上，若除免、官当者，枷禁。公罪徒并散禁，不脱巾带。""诸职事官五品以上、散官二品以上，犯罪合禁，在京者皆先奏；若犯死罪及在外者，先禁后奏。其职事官及散官三品以上有罪，敕令禁推者，所推之司皆覆奏，然后禁推。""官人有被告者，不须即收禁，待知的实，然后依常法。"《大清律例》中规定："凡功臣及五品以上官，犯罪应禁者，许令亲人入视。"

5. 刑罚执行上的特权

在刑罚的执行方面，特权内容在于官僚贵族犯罪，在刑罚（主要指死刑而言）执行上仍享有不同于一般人的优待。西周时期即有"凡王之同族有罪，不即市"②的原则，其死刑的执行由专门的"甸师"秘密执行，"甸师……王之同姓有罪，则死刑焉"③。汉代贾谊认为"黥劓之罪不及大夫"，因为这是"尊君之故也"，而对于大臣的严重犯罪则是"有赐死而无戮辱"，"其有大罪者，闻命则北面再拜，跪而自裁"。这种观点为汉代统治者所采纳，"是

---

① 《汉书·贾谊传》。
② 《周礼·秋官·小司寇》。
③ 《周礼·天官·甸师》。

后大臣有罪，皆自杀，不受刑"①。自汉而后，历代王朝对于身份地位显赫的官僚贵族犯死罪时，只要不是十恶或其他严重的故意犯罪，由皇帝"赐令自尽"或自己主动"自裁"就成为常见的死刑执行方式。除死刑案件的执行享有的特权外，对于徒、流刑，如清代则有"凡功臣及五品以上官，犯罪应禁者……徒、流者并听亲人随行"的规定。② 而对于极少数（大量的官员犯罪经过议、请、减、当、赎的过程后就很少有要处以笞杖的）需要执行笞杖类刑罚的情形，除特例外（如明代之廷杖），基本上也要求不公开执行，以维护官僚贵族阶层的体面。

第二节
八议制度

八议制度，是中国传统法律文化中最具特色的一项制度。《唐律疏议》在"名例"律部分关于八议条的律疏中，详细阐述了八议制度的由来及其意义。《唐律疏议》载："《周礼》云'八辟丽邦法。'今之'八议'，周之'八辟'也。《礼》云：'刑不上大夫'，犯法则在八议，轻重不在刑书也。其应八议之人，或分液天潢，或宿侍旒扆，或多才多艺，或立事立功，简在帝心，勋书王府。若犯死罪，议定奏裁，皆须取决宸衷，曹司不敢与夺。此谓重亲贤，敦故旧，尊宾贵，尚功能也。以此八议之，人犯死罪皆先奏请，议其所犯，故曰'八议。'"③ 具体来说，八议制度的内涵就是对亲、故、贤、能、功、贵、勤、宾这八种"应议之人"犯罪以后，并不直接对他们定罪惩罚，而是先行奏请裁夺，再行量刑。八议，作为一项刑罚原则，自三国曹魏明帝编撰《新律》时载入法典，迄至清末《大清律例》废止之时，存在于中国传统法律制度中近两千年。在如此漫长的历史跨度内，八议制度相沿不革，足见其在中国传统法制中的地位和影响。

一、八议制度的源起及其演变过程

从《唐律疏议》规定来看，八议的对象和范围包括：一曰议亲，谓皇帝袒免以上亲及太皇太后、皇太后缌麻以上亲，皇后小功以上亲（并具体指出何谓皇帝袒免以上亲，何谓太皇太后、皇太后缌麻以上亲及何谓皇后小功以上亲）；二曰议故，谓故旧，即宿得侍见，特蒙接遇历久者；三曰议贤，谓有大德行，即贤人君子，言行可为法则者；四曰议能，谓有大才业，即能整军旅，莅政事，盐梅帝道，师范人伦者；五曰议功，谓有大功勋，即能斩将搴旗，摧锋万里，或率众归化，宁济一时，匡救艰难，铭功太常者；六曰议贵，谓职事官三品以上，散官二品以上及爵一品者，有主掌者为执事官，无执掌者为散官，爵，谓国公以上者；七曰议勤，谓有大勤劳，即大将吏恪居官次，夙夜在公，若远使绝域，经涉

---

① 《汉书·贾谊传》。
② 参见《大清律例·断狱》。
③ 《唐律疏议·名例·八议》。

艰难者；八曰议宾，谓承先代之后为国宾者。①

从上述规定可以看出，八议制度本质上是对皇亲国戚和封建官僚贵族给予一种法律特权，以保护其利益的一项刑罚原则。在八议制度历史发展过程中，按照学界通常的理解，一方面，八议制度着力在法律上保护官僚贵族阶层的特权；另一方面，迄宋已降，各朝的法律又在不同程度地对"应议之人"的法律特权加以限制。因此，依据这样一个标准，大致可以将八议制度化的过程划分为两大历史阶段：一是从西周至隋唐时期，八议制度从雏形、制度化到逐步走向成熟阶段，其侧重点是维护和保障官僚贵族阶层的法律特权；二是宋元明清时期，八议制度受到越来越多的限制，逐步式微，侧重点是不断强化对享有八议特权的限制。②

（一）西周时期八议制度源起与秦汉时期的发展

自周公制礼以来，"礼"这一中国传统社会中最重要的一个概念，逐渐侵入到国家的行政、军事、宗教、教育、司法等各个方面，从而形成了一种独特的"礼治化"的社会结构。"礼主恭敬，则尊卑有序。"③ 高诱注疏曰："礼所以经国家、定社稷、利人民；乐所以移风易俗、荡人之邪、存人之正性。"④ 因此，在礼治化的西周时期，"同罪异罚"就成为一条基本的刑罚原则。"亲亲"、"尊尊"是"礼"的基本要求。礼的这一基本精神，体现在法律上就是"同罪异罚"，所谓"刑不上大夫，礼不下庶人"的等级特权原则。

《周礼》记载的"八辟"之法正是这一同罪异罚原则在具体法律制度上的典型体现。根据相关记载，"八辟"之法是指：

> 以八辟丽邦法，附刑罚：一曰议亲之辟，二曰议故之辟，三曰议贤之辟，四曰议能之辟，五曰议功之辟，六曰议贵之辟，七曰议勤之辟，八曰议宾之辟。⑤

对此八种具有特殊身份的主体，即天子的亲属、故旧、有贤良之名的人、有特殊才能的人、对国家有大功勋的人、地位高贵的人、勤劳为国的人和前朝贵族作为国宾的，在其有罪要施以刑罚时，应考虑其特殊身份而给予宽免。尽管"八辟"制度在西周时期具体如何行用已无法考证，但从《周礼》的相关记载如"凡命夫命妇不躬坐狱讼"，"凡王之同族有罪，不弃市"⑥ 来看，其所体现的保护官僚贵族特权的原则在西周时期就已经确立应该是可信的。

秦汉之时，法律中没有直接规定沿用西周的"八辟"之法，但与这一制度相似的刑罚原则仍是存在的，这些相关制度主要是规定对于不同等级身份的主体在犯罪时应予以有区

---

①　参见《唐律疏议·名例·八议》。

②　有学者认为考察八议制度的发展演变应从两条线索入手。一是"对贵族官僚等级特权的法律保护措施日臻详备的过程"，"其始于汉终于唐"；二是对"贵族官僚等级特权的法律限制逐渐严格的过程"，"其始于北朝终于明"。（苏亦工：《八议考》，载杨一凡、马小红主编：《中国法制史考证》，北京，中国社会科学出版社，2003。）笔者以为：苏亦工先生提出的这一观点对于考察八议制度的发展极为重要，但这两条线索在时间跨度上来看，既有相重合之处又未覆盖八议制度发展的全部历史，故线索本身似乎还应与具体的阶段划分有所区别。

③　《礼记注疏》，孔颖达疏，文渊阁四库全书本，121～122页，台北，台湾商务印书馆，1986。

④　《吕氏春秋》，高诱注，35页，上海，上海书店，1986。

⑤　《周礼·秋官·小司寇》。

⑥　《周礼·秋官·小司寇》。

别的处罚。从秦律的规定看来，对具有"爵"、"真"等特殊身份的人在同类犯罪中所给予的处罚，不同于其他不具备此类特殊身份的人，并且基本上是以减轻宽免为主。对于有"爵"者，一般会按照其爵位有无、高低给予程度不同的减免。秦律载："将上不仁邑里者而纵之，可（何）论？当系作如其所纵，以须得；有爵，作官府。"① 对于押送囚犯时将其放走的，押送人应当按照被放走之人应受的处罚罚之，即"作如其所纵"；而如果押送人是"有爵"者，则可以在官府服役，这种处罚较之"作如其所纵"无疑是大大减轻了。按照秦律有关规定，对于同是有爵之人，爵位高低不同时在同类犯罪中处罚也不一样。秦律载："有为故秦人出，削籍，上造以上为鬼薪，公士以下刑为城旦。"② 即对于非法帮助秦人出境或除去名籍的，上造爵的处以鬼薪之刑，而爵位低于上造的公士以下则要处以城旦之刑。

　　此外，秦律中对臣服于秦的少数民族贵族首领在刑罚上也予以减免优待，不同于一般人，颇有"议宾"的意味。秦律载："真臣邦君公有罪，致耐罪以上，令赎"，"可（何）谓'真'？臣邦父母产子及产它邦而是谓'真'。"又有："臣邦真戎君长，爵当上造以上，有罪当赎者，其为群盗令赎鬼薪鋈足，其有（腐）罪，（赎）宫。"③ 可见，对于少数民族贵族首领，秦律设置了赎刑予以特殊优待。此外，秦律中也可见类似于"议亲"的规定，如秦律载："内公孙无爵者当赎刑，得比公士赎耐不得？得比焉。"④ "内公孙"是指秦王室宗亲，这些人即使无爵，也可因其血统的关系而享有赎刑的特权。由此可见，在秦律中虽无"八辟（八议）"的直接规定，但西周以来"八辟"制度的某些内容仍然以一种无名而有实的方式延续下来，其所体现的等级特权原则在秦代更是得到了一定的遵行，这与由提倡"刑无等级，法不阿贵"的法家主导的秦代法制留给我们的印象有着很大的不同。⑤

　　西汉立国之初，就按照"无为而治"的治国思想，确立了"休养生息"的政策。与此相关的，在刑罚原则上体现出一些有关"矜老恤幼"的规定⑥，但八辟（八议）制度并没有正式纳入法律制度中。与八议制度相关的是，汉初开创体现了"八议"精神实质的"上请"之制。从汉高祖七年（前200）诏令"郎中有罪耐以上，请之"开始⑦，汉代上请的范围不断扩大。至东汉光武帝时"吏不满六百石，下至墨绶长、相，有罪先请"⑧，再到"县令、长、三百石；侯国之相，秩次如"⑨，基本上涵盖了整个官僚贵族阶层。至于汉代不立"八辟"之法而创上请之制，其原因一是在于"汉承秦制"，在治国方略上"本以霸王道杂之"，"阳儒阴法"是其法制的根本特征，故不将"八辟"之法作为一项制度明文规定乃是自然的选择；二是两汉之际，前有地方诸侯王的尾大不掉，后有地方豪强势力掣肘，皇权受到威胁也使得最高统治者不愿意再从法律上明确官僚贵族的特权，而代之以弹性极大的"上请"之制，客观上起到了维护皇权的作用。但上请与八辟在本质上是相通的，都是在一定程度

　　① 《睡虎地秦墓竹简·法律答问》。
　　② 《睡虎地秦墓竹简·秦律杂抄》。
　　③ 《睡虎地秦墓竹简·法律答问》。
　　④ 《睡虎地秦墓竹简·法律答问》。
　　⑤ 参见崔永东：《儒家思想对秦代法制的影响》，载《中国法学》，1997（3）。
　　⑥ 参见《汉书·惠帝纪》；《汉书·景帝纪》。
　　⑦ 参见《史记·高祖本纪》。
　　⑧ 《后汉书·光武帝纪》。
　　⑨ 《后汉书·百官志五》。

上维护官僚贵族阶层的法律特权，因此也可以说，八辟之法在汉代虽然未能入律，但其发展也并没有中断，这也为曹魏时正式以"八议"之名入律奠定了基础。

（二）魏晋南北朝时八议制度的入律和发展

东汉后期，法律制度日趋烦苛，论者以为："汉兴以来，三百二年，宪令稍增，科条无限"，又因"春秋决狱"的盛行，"律有三家，说各驳异"①，法律的施行出现了巨大的问题。但随后而至的群雄逐鹿、三国鼎立的时代里，统治者都难以顾及修订法律。直到魏明帝时随着政治军事形势的暂时稳定，修订法律的问题才又被提起并着手实施。魏明帝太和三年（229）下诏改定刑制，不久制定出《新律》十八篇。曹魏《新律》不仅在传统律典体例上有重要的创新，其在刑罚制度中将西周的"八辟"之法以"八议"之名纳入律典中，对后世的影响也十分深远，自此以后"八议自魏、晋、宋、齐、梁、陈、后魏、北齐、后周及隋，皆载于律"②。八议制度在曹魏时期的实施状况，史籍多有记载，如《魏书》载："东阿王植，太后少子，最爱之，后植犯法，为有司所奏，文帝令太后弟子奉车都尉兰持公卿议白太后……"③ 这表明在魏《新律》制定前，八议制度实际上就已行用了；八议入律之后，作为一项重要的刑罚制度，也得到了相应的贯彻，许允魏明帝时"为尚书选曹郎，与陈国、袁侃对，同坐职事，皆收送狱，诏旨严切，当有死者，正直者为重。允谓侃曰'卿，功臣子，法应八议，不忧死也。'侃知其指，乃为受重。"④

自曹魏之后，两晋、南北朝皆将八议著于国家律典。西晋时，杜预"擅饰城门官舍"，"遣御史槛车征诣廷尉。以预尚主，在八议，以候赎论"⑤；赵王伦"当与缉同罪弃市，有司奏伦爵重属亲，不可坐罪"，谏议大夫刘毅以为"王法赏罚，不阿贵贱，然后可以齐礼制而明典刑也。伦知裒非常，蔽不语吏，与缉同罪。当以亲贵议减，不可阙而不论"⑥。东晋成帝时庐陵太守羊聃滥施刑罚，杀无辜者达数百人，"有司奏聃罪当死"，但因为景献皇后是其祖姑，"应八议"，尽管成帝有心处以死罪，但最终还是因八议之故不得不免其一死。⑦ 由此可见，两晋之时八议制度对官僚贵族特权的保护和汉代上请制度的随意性相比，其保护程度要严格得多。

南朝宋齐梁陈四朝一方面继续沿用曹魏的八议制度之规定，另一方面又进一步加大了保护官僚贵族特权的力度。其中，尤以南梁武帝时最为突出，以至于"王侯皆长而骄蹇不法"，"或白日杀人于都街，劫贼之命，藏于王家首匿"⑧。北魏继承了曹魏律八议制度的规定，并且对"议亲"的范围作出进一步的明确："律云，议亲者，非惟当世之属亲，历谓先帝之五世。"⑨ 北齐时，八议制度进一步走向完备，最重要的新变化是北齐律首次规定了

① 《晋书·刑法志》。
② 《唐六典》。
③ 《三国志·魏书·后妃传》。
④ 《三国志·魏书·诸夏侯曹传》。
⑤ 《晋书·杜预传》。
⑥ 《晋书·赵王伦传》。
⑦ 参见《晋书·羊聃传》。
⑧ 《隋书·刑法志》。
⑨ 《北史·景穆十二王传》。

"十条重罪"（即后世之"十恶"），并提出了"十条重罪""不在八议论赎之限"。这是第一次从罪行角度在八议适用范围上提出了限制，并且隋唐之后的历代法典基本上沿用这一做法，从而使得"十恶"作为律典中对八议制度的限制性制度的地位从此确立。综观这一时期八议制度的发展，可见：由于世族势力的强大，两晋与南朝的法律体系中，八议的行用强调对官僚贵族特权的保护；但又因八议制度保护下的官僚贵族"骄蹇不法"日甚，乃至于取而代之、改朝换代的风气越来越严重，最高统治者不得不对此作出反应，于是作为对八议的限制措施，"重罪十条"在世族势力相对较弱的北朝率先出台就不是偶然的了。

（三）隋唐之际八议制度的完备和成熟

隋朝在魏晋以来八议制度的基础上，总结前代立法经验，进一步使之完备化。八议制度在隋代的实施状况，可以从下述史料中的记载略窥一斑，兹举数例：

议亲：隋炀帝时，文帝五子汉王杨谅起兵作乱，兵败后论其罪当死，但隋炀帝曰："朕终鲜兄弟，情不忍言，欲曲法恕谅一死"。于是将杨谅"除名为民，绝其属籍，竟以幽死"[1]。

议故：隋文帝时鱼赞"性凶暴，虐其部下……有温酒不适者，立断其舌"，但因其是文帝"藩邸之旧"，故"不忍加诛"[2]。

议贤能：卢太翼坐法当死，因其"博综群书……皆得其精微"，"高祖惜其才而不害，配为官奴"[3]。

议功：隋文帝时贺若弼"每以宰相自许。既而杨素为右仆射，弼仍为大将军，甚不平，形于言色，由是免官，弼怨望愈甚……公卿奏弼怨望，罪当死。上惜其功，于是除名为民。岁余，复其爵位"[4]。

议贵：文帝时于因嫌杀人，"太傅窦炽等议颙当死。上以其门著勋绩，特原之"[5]。

议勤：文帝开皇年间，虞庆则奉诏出使突厥，受赠好马千匹，为人告发，文帝以其远行招抚劳苦功高，故"皆无所问"[6]。

议宾：如隋文帝封北周静帝为六国公。[7]

隋唐时期，世家大族势力已经衰落，也不能像此前那样对皇权构成一定的威胁，但尽管如此，由上述史料记载来看，隋代最高统治者却比较重视对八议制度的遵循，甚而对于反逆之类属十恶不赦的罪行也能以议亲之名而宽免之，只此一斑即可见八议制度在当时的重要性及其对隋代法制的影响。

代隋王朝而起的唐代是中国传统法制发展的顶峰，具有代表性的法典《唐律疏议》以"一准乎礼"为最大特征，是中国传统法律制度高度发达和完备的象征，其所规定的八议制度相较于此前历代而言更加系统、完备。这表现在：首先，《唐律疏议》在"名例"律部分

① 《隋书·文四子传》。
② 《隋书·鱼俱罗传》。
③ 《隋书·艺术》。
④ 《隋书·贺若弼传》。
⑤ 《隋书·于仲文传》。
⑥ 《隋书·虞庆则传》。
⑦ 参见《隋书·文帝纪》。

关于八议条的律疏中，详细阐述了八议制度的由来及其意义。《唐律疏·名例·八议》载："《周礼》云'八辟丽邦法。'今之'八议'，周之'八辟'也。《礼》云：'刑不上大夫'，犯法则在八议，轻重不在刑书也。其应八议之人，或分液天潢，或宿侍旒扆，或多才多艺，或立事立功，简在帝心，勋书王府。若犯死罪，议定奏裁，皆须取决宸衷，曹司不敢与夺。此谓重亲贤，敦故旧，尊宾贵，尚功能也。以此八议之人犯死罪，皆先奏请，议其所犯，故曰'八议'。"① 其次，具体解释了亲、故、贤、能、功、贵、勤、宾八种应议之人的对象范围："一曰议亲，谓皇帝祖免以上亲及太皇太后、皇太后缌麻以上亲，皇后小功以上亲（并具体指出何谓皇帝祖免以上亲，何谓太皇太后、皇太后缌麻以上亲及何谓皇后小功以上亲）；二曰议故，谓故旧，即宿得侍见，特蒙接遇历久者；三曰议贤，谓有大德行，即贤人君子，言行可为法则者；四曰议能，谓有大才业，即能整军旅，莅政事，盐梅帝道，师范人伦者；五曰议功，谓有大功勋，即能斩将搴旗，摧锋万里，或率众归化，济宁一时，匡救艰难，铭功太常者；六曰议贵，谓职事官三品以上，散官二品以上及爵一品者，有主掌者为职事官，无执掌者为散官，爵，谓国公以上；七曰议勤，谓有大勤劳，即大将吏恪居官次，夙夜在公，若远使绝域，经涉艰难者；八曰议宾，谓承先代之后为国宾者。"再次，《唐律疏议》对八议制度如何适用规定了具体的内容。唐律将应议之人犯罪区分为流罪以下和死罪，对于应议之人流罪以下的按照例减的规定减一等处理；而对于犯死罪的，其程序运作的第一步是"先奏请议"，即"诸八议者，犯死罪，皆条所坐及应议之状，先奏请议，议定奏裁"；第二步是由皇帝交与大臣讨论，然后将"议"的结果再上奏皇帝，由皇帝最终决定，"依令，都堂集议"，"议者，原情议罪，称定刑之律而不正决之"②。所谓"不正决之"是指议定之后在上奏时只能说依照某律应处以死刑，但不能直接说是应斩还是应绞，"唯云准犯依律合死，不敢正言绞、斩"。

从上述可见：唐律不仅对八议制度的理论依据从源头上进行了梳理和论证，更从立法技术方面大大提高了八议制度的完备程度，其对应议之人的对象范围界定之详细、死罪与流罪以下案件区别处理的模式以及死罪案件的集议、上奏的程序性规定，都彰显了立法技术的高超，使唐代的八议制度更加清晰明确，也增强了其在司法实践中的可操作性。自唐之后，后世历代法典于八议制度基本上因袭唐律中的内容而无大的变更，足见唐律中的八议制度之系统完备。

对于唐代八议制度的限制性规定仍然是以"十恶"制度的设置为主。唐律规定，对于"十恶"案件，由于其属于严重危害统治阶级整体利益和直接危及皇权的犯罪，唐王朝沿用北齐律以来的一贯做法，规定："其犯十恶者，死罪不得上请，流罪以下不得减罪"，称之为"不用此律"③。

（四）宋以降八议制度逐渐式微

宋代八议制度的内容从《宋刑统》的相关规定来看，基本上是沿用唐律。尽管宋代特别注重对于官僚贵族特权的保护，但总的来说，自宋开始，由于中央集权逐渐强化，皇帝

---

① 《唐律疏议·名例》。
② 《唐律疏议·名例》。
③ 《唐律疏议·名例》。

的权力得到空前加强，在这样的大背景下，官僚贵族的特权不可避免地会受到越来越多的限制。而反映在八议制度上，最重要的表现就是最高统治者开始限制犯赃私罪的官僚贵族享有八议的特权，宋代规定："重禄人受乞财物，虽有官印，并不用请、减、赎、当法"①，"诸私铸钱者，不以荫论，命官不在议、请、减之例"②。可见，宋代对于官员犯赃的，其法定的特权已经开始受到一定的限制，而且，这种限制并非出于临时性的君主意志，而是正式的制度性规定。与此前相比，最高统治者对官僚贵族特权的态度已有较大的变化。此外，从宋代司法实践来看，对于官僚贵族特权的保障力度也大不如前。政和年间徽宗诏令："宗子犯罪，庭训示辱。比有去衣受杖，伤肤败体，有恻朕怀。其令大宗正司恪守条制，违者以违御笔论"，"品官犯罪……迩来有司废法，不原轻重，枷讯与常人无异，将使人有轻吾爵禄之心"③。从这两则诏令可知，宋代司法实践中官僚贵族的特权时有被侵犯之虞，以至于皇帝要下诏强调维护官僚贵族身份特权的必要性。

与宋相比，同一时期的少数民族政权的法律制度虽有逊色，但对于八议制度的发展也有其独特的影响。辽代"用武立国……国初制法，有出于五服、三就之外者，兵之势方张，礼之用未遑也"④。但辽统治者很快接受了汉民族先进的法律制度，辽法中也有八议一类的制度。史载：辽代奚和朔奴"怙权挝无罪人李浩至死"，因"议功"而释⑤；耶律乙辛"以禁物鬻外国"，有司论罪当死，因其按法属应八议之人，最终"得减死论"⑥。由女真族建立的金朝与辽一样，立国之初法制简陋，"金初，法制简易，无轻重贵贱之别"⑦。在接受中原地区发达的法律制度后，八议制度的规定原则上也为金所沿用，但稍有不同的是，金代法制最初"无轻重贵贱之别"，所以八议制度在金代的行用受到了较多的限制。⑧ 如海陵王时皇族阿鲁补"取官舍材木构私第"论罪当死，于法属可议亲、议勋之列，但海陵王以为"国家立法，贵贱一也，岂以亲贵而有异也？"，"遂论死"⑨。金世宗时，尚书省引八议论后族犯罪之人，世宗以为：

> 法者，公天下持平之器，若亲者犯而从减，是使之恃此而横恣也……夫有功于国，议勋可也。至若议贤，既曰贤矣，肯犯法乎？

随后规定："太子妃大功以上亲，及与皇家无服者、及贤而犯私罪者，皆不入八议。"⑩ 金代八议制度还有一比较重要的变化是对减等处理由硬性规定改为弹性制度，在一定程度上也限制了八议特权的适用。《金史》载：

---

① （清）徐松辑：《宋会要辑稿·刑法一》。
② 《庆元条法事类》。
③ 《宋史·刑法志》。
④ 《辽史·刑法志上》。
⑤ 参见《辽史·奚和朔奴传》。
⑥ 《辽史·耶律乙辛传》。
⑦ 《金史·刑》。
⑧ 苏亦工先生在《八议考》一文中认为，辽金元以及清代八议制度都不同程度地受到少数民族原始平等观的影响。
⑨ 《金史·阿鲁补传》。
⑩ 《金史·世宗纪》。

兴定元年八月，上谓宰臣曰："律有八议，今言者或谓应议之人即当减等，何如？"宰臣对曰："凡议者先条所坐及应议之状以请，必议定然后奏裁也。"上然之，曰："若不论轻重而辄减之，则贵戚皆将恃此以虐民，民何以堪。"①

元代八议制度的内容从《元史·刑法志》记载来看，基本上是照搬唐律的：

> 议亲，谓皇帝袒免以上亲，及太皇太后、皇太后缌麻以上亲，皇后小功以上亲；议故，谓故旧；议贤，谓有大德行；议能，谓有大才业；议功，谓有大功勋；议贵，谓职事官三品以上，散官二品以上，及爵一品者；议勤，谓有大勤劳；议宾，谓承先代之后为国宾者。②

元代的八议制度比较独特的地方在于：和整个元代的法制一样，被打上了深深的民族不平等色彩。虽然八议制度本身就是等级特权的产物，但元代最高统治者在官僚贵族集团内部不仅以品爵的高低来划分等级，更强调以民族身份的不同来确立不同的特权。在少数民族与汉民族之间，强调少数民族（主要是蒙古人和色目人）官僚贵族的特权，在少数民族内部又强调蒙古人的特权，在蒙古官僚贵族中又特重由皇帝或可汗亲兵侍卫出身者的特权。史载：

> 国家待国人异色目人，待世族异庶人。其中大勋劳于王室者，所固当九死无予之赐，十世犹宥之恩欤！③

此外，由一些史实来看，元代的八议制度大体上还是得到遵循的，如至大二年（1309），王孛兰奚以私怨杀人，"坐罪当死"，但因其"为国族"，最终"乞杖之，流北鄙从军，从之"④。又成宗大德元年（1297），"大都路总管沙的坐赃当罢，帝以故臣子，特减其罪，俾还旧职。""泰定年，太尉不花平章政事即烈坐矫制，以寡妇古哈强配撒梯被鞠，诏以世祖旧臣，原其罪。"⑤

纵观宋元时期的八议制度之发展，虽然国家正式法典都因袭唐律八议中的内容，但在实践中，八议特权受到的限制也越来越明显。宋代以惩贪为名、辽金因风俗之故、元朝以民族之别，皆对八议制度产生了一定的影响，而其侧重点无一例外都是以限制八议特权为主，这种趋势一直持续到明清之时。

明代八议制度的基本内容仍沿唐律之规定。《明史·刑法志》载：

> 当议者有八，曰议亲，曰议故，曰议功，曰议贤，曰议能，曰议勤，曰议贵，曰议宾。⑥

但与唐宋律不同的是，明律八议对"议亲"的范围有所变化：唐宋律中议亲的范围是

---

① 《金史·刑》。
② 《元史·刑法一》。
③ 《宪典总序·八议》。
④ 《元史·武宗纪》。
⑤ 《新元史·刑法志·刑律下》。
⑥ 《明史·刑法一》。

"皇帝袒免以上亲，及太皇太后、皇太后缌麻以上亲，皇后小功以上亲"①；明律议亲的对象包括"皇家袒免以上亲及太皇太后、皇太后缌麻以上亲，皇后小功以上亲，皇太子妃大功以上亲。"② 从这两条不同规定来看，明代八议制度中议亲条增入了"皇太子妃大功以上亲"，而在唐宋律中，这一部分特权主体是属于可得上请的范围。但并不能由此认为明律在八议制度上相较唐宋律扩大了对官僚贵族的保护，这是因为：唐宋律中"皇太子妃大功以上亲"的法律特权是规定在专门的"请"章中的，尽管上请与八议案件在适用对象和运作的程序上都不同，但从案件处理的最终结果来看，两者实质上并没有太大的差别；明律中没有设置专门的"请"章，而"皇太子妃大功以上亲"与皇家关系极为紧密，又不能一概不予考虑，因此，将之纳入八议可以说是很自然的选择。此外，明律八议中，议亲条改唐宋律"皇帝"为"皇家"似乎也是出于同样的考虑。这样一种改变如果仅从字面上看，似乎是扩大了对官僚贵族阶层的保护，但从整个特权阶层的角度来看并没有扩大其权利。另外，将明律中与唐宋律"请"章相关的内容对比后会发现，明律"应议者父祖有犯条"所规定的对象范围远远窄于唐宋律的相关规定，因此，可以说明律对于八议制度的规定基本上还是侧重于限制。

但这并不是说明代的八议制度不行用，明代统治者以八议来处理案件的事例亦不乏于史。"洪武六年，工部尚书王肃坐法当笞，太祖曰：'六卿贵重，不宜以细故辱'，命以俸赎罪"③。万历年间，黔国公沐朝弼有罪，因"其始祖三世皆有大功于国家"，故最终"念元勋世裔……着革去冠带为民……"④ 由此可知，明代的八议制度仍然在司法实践中存在。然而，需要指出的是，明代由于君主集权的进一步强化，再加上宦官干政等问题，八议制度在司法实践中很难被有效遵循，这些因素包括重典治贪、奸党罪的设立、廷杖制度的确立等。以廷杖为例，有名一代重要的廷杖事件有："正德十四年，以谏止南巡，廷杖……百四十

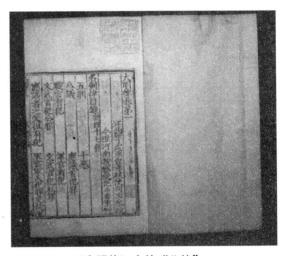

《大明律》中的"八议"

六人，死者十一人。嘉靖三年，群臣争大礼，廷杖丰熙等百三十四人，死者十六人。"⑤ 此外，明立国不久明太祖即罗织罪名，诛杀功臣宿将（有名的有胡惟庸案、蓝玉案，动辄诛杀上万人⑥）；出于"治乱世用重典"的考虑而设立各种酷刑严惩贪墨；明成祖之后厂卫司

---

① 详见《唐律疏议》、《宋刑统》名例律相关部分。
② 《大明律·名例》。
③ 《明史·刑法三》。
④ 《张太岳集》卷三七，上海，上海古籍出版社，1984影印。
⑤ 《明史·刑法三》。
⑥ 参见《明史·刑法二》。

法的泛滥等等，都在一定程度上反映了明代八议制度的地位已经明显不同于隋唐宋之际，甚而有"举朝野命，一听之武夫、宦竖之手"一说。①

清承明制，在法律制度方面一仍唐律以来历代王朝的基本模式，于八议制度上也大体如此。稍有变异之处在于，由于清律体例上是将例附于律后，因而八议制度律条外又附加三条例文。第一条例文是专门规定已革宗室觉罗问题："已革宗室之红带，已革觉罗之紫带，犯事治罪与旗人无异，交刑部照旗人例，枷号锁禁完结。"第二条例文是关于"应议者犯罪"问题，规定："凡应八议之人，问鞫不加考讯，皆据各证定罪。"第三条例文规定："三品以上大员，革职拿问，不得遽用刑夹，有不得不刑讯之事，请旨遵行。"② 该三条例文前者是关于宗室觉罗问题的，是清代法制中的特殊问题；后两条例文则是关于对高级官员犯罪受审时的特权之维护，两者都在一定程度上和八议息息相关。

关于清代的八议制度，前有学者以雍正六年（1728）的一则上谕和光绪朝《大清会典》中的记载为证，认为清代八议制度只是具文。③ 但近年来，随着清代法制史研究的深入，这一观点已为许多学者所否定。④ 应该说，八议制度在清代依然行用是确凿无疑的，如康熙年间庄廷龙案中，"将军松魁及幕客程维藩械赴京师。魁以八议仅削官，维藩戮于燕市"⑤。晚清辛酉政变后，辅政大臣中的载垣、端华"系宗室亲王，于国家议贵、议亲之典，较之肃顺似应有所区别⋯⋯"⑥ 由此可见，清代八议制度并非具文乃是不争的事实，但总的来讲，清代司法中援引八议制度来从宽处罚权贵的例子远较唐宋之际为少，正如沈家本所指出的那样，"今时办法惟亲、贵二者尚与常人不同，或仿照汉法"⑦。

除了上述问题外，清代八议制度的行用与此前相比有其自身特色，即宏观上对官僚贵族特权的限制和司法实践中强调对官员体面的维护。前者是自宋元以来八议制度发展的一大总体趋势，由明代开始，随着皇帝集权倾向的加重，这一趋势就越为明显，清代对八议特权的限制取向乃是历史惯性使然。但与明代显著不同的是，清代没有像明代那样大规模廷杖大臣的事情，且历任皇帝大多重视维护官员的身份地位。如顺治年间，清世祖以为：

> 大小臣工皆朝廷职官，职官有体则朝廷体统益尊⋯⋯今在京满汉诸臣犯罪，常有未奉旨革职，问刑衙门辄提取审问，殊非待职官之体。

于是申定"职官有犯，未奉旨革职，毋得径行提审。"⑧ 康熙时，降旨：

---

① 参见《明史·刑法三》。

② 《大清律例·名例》。

③ 如张溯崇：《清律之成立》，载刘俊文主编：《日本学者研究中国法制史论著选译》，第八卷，北京，中华书局，1993。

④ 相关代表性论著参见张晋藩先生主编之《中国法制通史》第八卷第十七章。另苏亦工先生在其所著《八议考》一文中专门论述了这一问题；苏先生从清律的文本制度、清代各时期的实践、雍正六年谕的背景等方面所作的详细考证，足以说明清代的八议制度并非只是具文。

⑤ 全祖望：《鲒埼亭集外编》。

⑥ 《清代档案史料丛编》第一集。

⑦ 《律例偶笺》卷一。

⑧ 《清朝文献通考》卷一九五。

以后官员犯罪锁禁、锁拿永行停止。①

乾隆年间，弘历再次严词降旨：

嗣后三品以上大员有身罹罪遣，即奉旨革职拿问者，法司亦不得遽加刑讯。有不得不用者，亦必请旨。②

嘉庆十九年（　　）谕：

荷枷之罚，本非一概而论施，其有情罪较重者，皆有特旨加以示惩……不得于法外滥议加刑……③当然，所有这些强调对犯罪官员特殊对待的做法并不意味着对八议的限制少了，正如乾隆所言，对于犯罪官员"其人固不足惜，但伊等官职已在大臣之列，国家之名器则宜惜……"④

二、八议制度演变过程的基本特征

纵观八议制度长达两千余年的发展历程，可以发现这一过程呈现出如下特征：

（一）八议制度的发展从保护官僚贵族特权的角度而言是保护和制约并存的状态

就保护的一面而言，前述八议制度发展演变过程表明，自西周"以八辟丽邦法"到魏晋时正式入律，此后由隋唐宋直到明清，历代主要法典均于具有现代刑法总则性质的"名例律"中将八议列入其中，时间达一千六百多年之久，成为法律上保护特权阶层最主要的制度基石，八议发展的历史也可以说就是特权保护演变的历史。而与此同时，对官僚贵族特权的限制也始终存在。这种制约因素来源于两方面：一是制度上的，最具代表性的首推"十恶"罪名以及随之确立的"十恶不赦"原则。自北齐律开创"十条重罪"后，至隋唐以"十恶"之名入律，此后亦为历代法典所承继，成为一项与八议并列的限制八议特权适用范围的主要制度，它的源起、演变几乎和八议制度相始终。二是来源于皇权的制约，这是随意性较大的制约。一般而言，皇权对八议特权的限制作用有三种类型，其一是出于一时喜怒，如唐太宗时，大理丞张蕴古在审理李好德一案时，私下透露信息给案犯，因而被劾"情在阿纵，奏事不实"，太宗盛怒之下以"乱吾法也"为名斩之。⑤ 其二是出于皇帝私怨，如史载鲍勋曾因事开罪曹丕，曹丕继位后下诏以勋"指鹿为马"，"收付廷尉"，"廷尉议其罪'正刑五岁'，三官驳：'依律罚金二斤。'帝大怒曰'勋无活分，而汝等敢纵之！收三官以下付刺奸……'太尉钟繇……等并表'勋父信有功于太祖'求请勋罪，帝不许，遂诛勋"⑥。其三是皇帝出于公平执法的考虑，如元英宗时"八思吉思下狱"，"帝谓左右曰：'法者，祖宗所制，非朕所得私也！八思吉思虽事朕久，今有罪，其论如法'"⑦。传统中国社会

---

① 《虚直轩文集》卷三。
② 《大清高宗实录》卷七。
③ 《刑案汇览》卷一。
④ 《大清高宗实录》卷七。
⑤ 参见《旧唐书·刑法志》。
⑥ 《三国志·鲍勋传》。
⑦ 《新元史·刑法志》。

皇帝掌控最高司法权，这就使得理论上任何八议案件都不必然会使应议之人获得宽免，八议程序上最基本的要求是对于应议之人"……先奏请议，议定奏闻，取自上裁"①。这事实上就意味着不管是出于制度上的规定还是皇帝的绝对权威，也不论是皇帝一时喜怒还是挟私报复或是公正执法，皇权对于八议特权的限制都是居于支配地位的。

（二）从对八议的态度来看，八议制度的发展是支持与反对矛盾交织的过程

八议制度自魏晋入律之时起，就一直处于支持与反对的风口浪尖上，支持者自是大有人在，而反对的声音也不绝于耳。深入考察历史上对八议制度的态度，无论支持还是反对，都不仅仅只是对一项特权制度本身而言的，其背后有着更为深刻的内容，这就是支持还是反对八议制度事实上反映的是儒家和法家不同治国理念的对抗和碰撞。八议制度源自《周礼》，作为儒家信奉的经典之一，《周礼》所体现的正是儒家提倡的等级观念，强调尊卑贵贱，推崇"亲亲、尊尊"，主张"刑不上大夫"。八议制度正是儒家的这一系列主张反映到法律制度中的产物。然而，汉代以来的传统中国社会的统治方式一直是所谓的"阳儒阴法"，一方面强调儒家的伦理道德观等级观念，一方面又不得不依赖法制来维护统治，因而法家所主张的"刑无等级，法不阿贵"的观念也有深远的影响，尤其是在政治昏暗、阶级矛盾尖锐的历史时期，法家的这一主张就愈加有生命力。这样，两种主张的碰撞就不可避免，儒家所高举的八议的大旗正是法家所要攻击的靶子。

支持八议的理由主要是从"亲亲、尊尊"的原则出发，论证了"刑不上大夫"才能达到"臣贵"而"君尊"。对此的论述应以汉代贾谊为代表，贾谊认为："古者礼不及庶人，刑不上大夫，所以励宠臣之节也。""遇之有礼，故群臣子喜；婴以廉耻，故人矜节行……故化成俗定，则为人臣者主耳忘身，国而忘家，公而忘私……顾行而忘利，守节而仗义，故可以托不御之权，可以寄六尺之孤。此皆厉廉耻行礼谊之致也。"② 明太祖在与大臣讨论待大臣之礼时，"太史令刘基曰：'古者公卿有罪，盘水加剑，诣请室自裁，未尝轻折辱之，所以存大臣之体。'侍读学士詹同因取大戴礼及贾谊疏以进，且曰：'古者刑不上大夫，以励廉耻也。必如是，君臣恩礼始两尽。'"③ 这些论述以及前引清代诸帝的诏令都表明，支持八议乃是以尊君为最终的依归。

而历史上反对八议的理由要比支持的理由来得直接而现实。其主要理由在于八议制度破坏了法制，不利于维护长远的统治利益。晋代傅玄指出八议制度的危害："若亲贵犯罪，大者必议，小者必赦，是纵封豕于境内，放长蛇于左右也。"④ 北魏时，宣武帝永平年间针对宗室犯罪问题下诏："……繁衍世滋，植籍宗氏，而为不善，量亦多矣，先朝即无不讯之格，而空相矫恃，以长违暴，诸在议请之外，可悉依常法。"⑤ 唐太宗认为："古称至公者，盖谓平恕无私。丹朱、商均，子也，而尧、舜废之。管叔、蔡叔，兄弟也，而周公诛之。"处理长孙无忌误带刀入宫门一案时，唐太宗指出："法者，非朕一人之法，乃天下之法，何

---

① 《大明律·名例》。
② 《汉书·贾谊传》。
③ 《明史·刑法三》。
④ 《太平御览·傅子》。
⑤ 《魏书·刑法志》。

得以无忌国之亲戚，便欲挠法耶?"① 清雍正六年（1728）谕："且亲故功贤等人……为国家所优崇，其人……则尤当制节谨度，秉礼守意，以为士民之倡率。乃不知自爱而致罹于法……尤非蚩蚩之氓，无知误犯者可比也。"②

雍正皇帝

（三）八议制度的发展变化是中国传统特权法的具体体现

从制度体系方面来看，八议制度的发展是与请、减、赎、当等制度交相为用的过程。以唐律为例来说，唐律中比较详细地规定了议、请、减、赎、当各制度，其中：

请是指上请制度，始创于汉代。自魏晋以后，凡是八议案件必曰"请议"。大体上讲，请是议的前提步骤，即八议案件必须"先奏请议"，在得到皇帝的首肯后才会付之于"议"，议定之后还须"奏裁"；两者之间最主要的区别在于所指向的对象范围不同，通常议的对象范围更小，地位也高于"得请"者。

减是指例减制度，创立于隋朝。隋律规定："其在八议之科，及官品第七以上犯罪，皆例减一等。"③

唐律规定：

> 诸七品以上之官及官爵得请者之祖父母、父母、兄弟、姊妹、妻、子孙，犯流罪

---

① 《贞观政要·公平》。
② 《大清会典事例》卷七二五。
③ 《隋书·刑法志》。

以下，各从减一等之例。①

例减的对象范围低于享有议请特权的官员及其亲属。

赎是指以铜赎罪，唐律中规定：

> 应议、请、减及九品以上之官，若官品得减者之祖父母、父母、妻、子孙，犯流罪以下，听赎。②

当是指"官当"制度。唐律规定官员因私犯罪应处以徒、流刑的，都可以用官职抵免刑罚，如果是公罪则可以多抵免一年，有多个官职和历任官职的，也可用于抵免。

对于"请、减、赎、当"等特权制度而言，应当说它们是八议特权的自然延伸，凡属八议之人也自然享有比"议"的特权低的其他几类特权。但唐律设立"请、减、赎、当"这些特权制度的更重要的目的是：通过这几种特权制度使应议之人一定范围内的亲属等人几乎全部被囊括进去，一方面是对应议者特权的进一步维护，另一方面也基本上将整个统治阶层纳入特别保护的范围。这几类特权保护制度与八议制度相辅相成，它们的存在使得八议制度更具生命力；而到了明清之际，例减、官当相继退出历史舞台，失去了外围制度支撑的八议更成为官僚贵族维护自身利益的最后一根救命稻草，反而确保了其自身的地位。前述明律八议制度中议亲条加入"皇太子妃大功以上亲"也可作佐证。

三、八议制度历史意义之剖析

（一）作为儒家思想观念产物的八议

八议制度的入律，依赖于法律儒家化进程的推动，作为一项刑罚制度或原则来说，它典型地代表了儒家思想在法律上的诉求。首先，八议遵循儒家的伦理道德观。儒家的伦理道德观有多方面的表现，但西周以来的"亲亲"原则无疑是其中之一。八议制度首重"议亲"，"义取内睦九族，外叶万邦，布雨露之恩，笃亲亲之理，故曰'议亲'。"③ 这一原则可能也是最为历代最高统治者所看重的，即使如隋炀帝那样的皇帝也对此念念不忘。史载：隋炀帝在处理宗室犯"密怀左道，厌蛊君亲"的重罪时，也"不忍加诛"，下诏曰："虽王法无私，恩从义断，但法隐公族，礼有亲亲。致之极辟，情所未忍。"④ 其次，八议制度是儒家等级观念在法制上的必然要求。儒家的等级观念以"尊尊"为核心，强调士庶之别、君臣之别，提倡"礼不下庶人，刑不上大夫"。"尊尊"原则体现在八议制度中，一方面表现为八议的对象在身份上高于"庶人"，另一方面表现为八议运作过程中皇帝行使最终的决定权。前者是官贵于民，后者是君尊于臣。此外，八议制度在一定程度上也体现了儒家的基本治国理念。儒家在治理国家方面反对法家一味"任刑"的主张，他们认为治理国家最有效的方法是"德主刑辅"，以教化为先。从八议制度中"议贤"、"议能"的内容来看，所谓贤能之人无非就是一些儒家的士大夫，法律上赋予这些人以特权最主要的目的就是想起

---

① 《唐律疏议·名例》。
② 《唐律疏议·名例》。
③ 《唐律疏议·名例》。
④ 《隋书·卫昭王爽传》。

到激励教化的作用。①

（二）作为统治阶层整体利益"黏合剂"的八议制度

从官僚贵族阶层内部来看，八议制度的存在使得整个官僚贵族阶层的法律特权至少在形式上得到了保障，加之八议制度的运作中，"议"的过程主要还是在官僚贵族阶层自己手中，因此，也就为官僚贵族们保护自身的利益提供了制度平台，通俗一点说，是为"官官相护"提供了合法正当的依据。唐代张说的一番话可谓是最好的例证。张说引八议为据反对中书令张嘉贞奏请以杖刑处罚前广州都督裴伷先，"上然其言。嘉贞不悦。退而谓说曰：'何言事之深也？'说曰：'宰相者，时来则为之，岂能长据。若贵臣尽当可杖，但恐吾等行当及之。此言非为伷先，乃为天下之士君子也。'"② 再者，从君臣一体的角度而言，无论皇帝还是官员，他们都属于高高在上的统治阶层，他们的利益在本质上是统一的。正如隋文帝对大臣所说的："朕之于公，义则君臣，恩犹父子。朕当与公共享终吉，罪非谋逆，一无所问。"③ 贾谊对这种君臣一体的论述则更为精辟："君之宠臣或有过，刑戮之罪不加其身者，尊君之故也"，"鼠近于器，尚惮不投，恐伤其器。况于贵臣之近主乎？"④ 也正是出于这种投鼠忌器的复杂心态，梁武帝"敦睦九族，优借朝士，有犯罪者，皆讽群下，屈法申之"⑤。

（三）作为皇权与官僚权力利益冲突"缓冲器"的八议制度

传统中国社会中，君与臣的关系除了根本利益一致、君臣一体的一面，还存在另一种截然相反的关系，这就是韩非子所说的君臣之间就是相互交易、相互利用的关系，所谓"臣尽死力以与君市，君垂爵禄以与臣市"⑥。在这种赤裸裸的交易和利用的关系中，君臣之间已抛开了温情脉脉的面纱，只有对权力和利益的角逐。从秦汉之后中国历史发展来看，官僚贵族特权的大小与皇权的强弱是一种此消彼长的关系。魏晋时期八议制度的入律在某种程度上说，也是皇权对世家大族势力妥协的产物。而在随后的长期历史发展中，八议制度有意无意地成为君主和官僚阶层权力划分上心照不宣的规则，官僚阶层借八议制度至少以"法律明文规定"的形式得以维护自身的根本利益，而君主也可以借八议制度以恩威并施的方式实现对官僚阶层的控制。随着宋代之后皇权不断走向专制集权，八议制度对于官僚阶层保护自身根本利益愈加显得重要，尤其到了明清之际，随着明太祖"罢丞相"、"权分六部"到雍正帝设军机房架空内阁，官僚贵族阶层的权力和利益不断受到皇权的侵蚀，皇权和官僚权力之间的冲突就更显得突出，而八议制度几乎已经是官僚阶层确保自身法律特权的最后一根救命稻草。

---

① 有学者认为八议制度中，议贤条的设立，是八议制度自相矛盾的地方。另有唐代吕温："使贤而有功，惊宠俱满，自居无过之地，何恕死为？"金世宗："既曰贤矣，肯犯法乎？"笔者以为，议贤的设置并不能证明八议制度自相矛盾，从儒家"原心定罪"的观念出发，犯法与不贤并没有必然的联系。

② 《新唐书·张说传》。

③ 《隋书·长孙览传》。

④ 《汉书·贾谊传》。

⑤ 《隋书·刑法志》。

⑥ 《韩非子·难一》。

第三节
官当、上请和例减

官当、上请和例减是古代刑罚中特殊的惩罚原则，主要是专门用于保护官僚阶层的法律特权，典型地体现了传统法的特权属性，它们的产生、发展和消亡，与传统法制中的特权观念和整个特权制度体系息息相关。

一、官当制度

官当制度是中国传统法制特权制度中较为特殊的一类，即官吏犯罪后以官职品秩抵免刑罚的制度。

（一）官当制度的历史发展

官当制度起源于何时，学界尚无定论，比较一致的看法是官当制度正式出现并初步制度化当在魏晋南北朝时期。但早在春秋战国时代，以官爵抵免刑罚的做法作为官僚贵族阶层的特权就已出现，如《史记·秦本纪》载："武安君白起有罪，为仕伍，迁阴密"，《史记集解》将此释为"尝有爵而以罪夺爵，皆称仕伍"①。虽然这一时期"以罪夺爵"与后世官当制度"以官当徒"仍有很大的区别，不过可以肯定的是，春秋战国时期对于官员犯罪得因其官爵而减免刑罚的做法还是存在的。秦汉之时，对于官员犯罪从轻、减轻处罚的观念因"上请"制度的施行得到了进一步的强化，为此后官当制度的正式出现奠定了基础。

到了魏晋南北朝时期，曹魏《新律》中"杂抵罪"的设立规定了官僚贵族犯罪可用夺爵、除名、免官来抵罪，可以说是官当制度的雏形。随后《晋律》规定"免官比三岁刑"②，即以免去官职抵免三年徒刑。随后，北魏律将晋律的规定加以扩充，规定："五等列爵及在官品令从第五，以阶当刑二岁；免官者，三载之后听仕，降先阶一等"③，即凡有爵位与官品者犯罪，皆可以爵位或官品抵免两年徒刑，因此而免去官职的，三年后可以降一等重新授以官职。同时，北魏律对于"五等列爵"以爵位抵免徒刑还作出了专门的规定，《魏书·刑法志》载：

> 官人若罪本除名，以职当刑，犹有余资，复降阶而叙。至于五等封爵，除刑若尽，永即甄削，便同之除名，于例实爽。愚谓自王公以下，有封邑，罪除名，三年以后，宜各降本爵一等，王及郡公降为县公，公为侯，侯为伯，伯为子，子为男，至于县男，则降为乡男。五等爵者，亦依此而降，至于散男。其乡男无可降授者，三年以后，听以其本品之资出身。

---

① 《史记·秦本纪》，214、217页，北京，中华书局，1982。
② 转引自周振想：《法学大辞典》，945页，北京，团结出版社，1994。
③ 《魏书·刑罚志》。

此外，北魏时针对反逆从坐遇赦之时如何处理的问题，尚书邢峦认为："反逆坐重……岂有赦前皆以流斩之罪，赦后独除反者之身。又缘坐之罪，不得以职除流……请以律处，除名为民。"但北魏的最高统治者并未采纳这种建议，对于此类官员仍"悉听复仕"[1]。这表明，北魏时期对于官当问题在适用方面是较为宽松的。

随后不久，南陈将以官品爵位抵免刑罚的规定正式以"官当"之名入律。《隋书·刑法志》载南陈律官当制度的内容为：

> 四岁五岁刑，若有官，准当二年，余并居作。其三岁刑，若有官，准当二年，余一年赎。若公坐过误，罚金。其二岁刑，有官者，赎论。一岁刑，无官亦赎论。

由上述记载来看，南陈时官员犯罪，处以四年或五年劳役刑的，一概得以官品抵免两年刑期，余刑仍须服劳役；而处以三年劳役刑的，抵免两年，余罪一年收赎；处以两年劳役刑的，则以赎论；因公犯罪的，则只处以罚金。这表明南陈时期的官当制度已经具有这样一些特征：一是官当适用于徒刑以下的刑罚；二是不区分官阶的高低大小一概抵免两年；三是依据公罪、私罪的不同加以区别对待。从这些规定可见南陈时的官当制度相较于北魏时期的规定更加制度化、系统化，其在司法实践中的可操作性也显著增强。

隋朝统一之后，保留了官当制度，且在具体内容方面又使之更加完备。《隋书·刑法志》载隋代的官当制度为：

> 犯私罪以官当徒者，五品以上，一官当徒二年；九品以上，一官当徒一年；当流者，三流同比徒三年。若犯公罪者，徒各加一年，当流者各加一等。

由这一规定可知，隋代官当制度的发展变化之处在于：首先，区分官员品秩的高低，以五品为界，分别规定各自可以抵免徒刑的年限，较之于南陈律对官品不加区分一概抵免两年的做法更为细致合理，也使得官当制度的等级色彩凸显出来。其次，隋代扩大了官当制度使用的刑罚范围，在徒刑之外又将流刑纳入官当的范畴，并且规定了流刑折算徒刑的标准，"三流同比徒三年"，即以官当流二千里，比当徒三年，当流一千五百里，比当徒二年，当流一千里，比当徒一年。最后，在公私罪的区分上，隋律把因公犯徒流罪也纳入官当的范畴，不同于南陈律处以罚金的规定，同时还对公私罪在抵免刑期的程度上加以区分，规定因公犯罪时，"徒各加（抵免）一年，当流者各加（抵免）一等"。上述几方面说明，隋代官当制度所规定的内容已经趋于完善，制度体系也趋于科学合理。

唐因隋制，在律典中完全继承了官当制度的规定，并且在此前的基础上对官当制度的内容进行了丰富和发展，使得唐代的官当制度发展到成熟完备的阶段。《唐律疏议》载唐代官当制度的具体内容为：

> 诸犯私罪，以官当徒者，五品以上，一官当徒二年；九品以上，一官当徒一年。若犯公罪者，各加一年当。以官当流者，三流同比徒四年。其有二官，先以高者当，次以勋官当，行、守者各以本品当，仍各解见任。若有余罪及更犯者，听以历任之官当。其流内官而任流外职，犯罪以流内官当及赎徒一年者，各解流外任。

---

① 《魏书·刑罚志》。

相较于隋律，唐律官当制度的规定在区分官阶品秩高低方面、在区分公私罪方面以及适用于徒流刑方面基本上继承了隋律的规定，只在流刑折算为徒刑的计算标准上略有差异，唐律规定"三流同比徒四年"。此外，唐律对官当制度的发展完备之处在于以下几方面：首先，在官阶品秩之外进一步规定了"身有二官"适用官当时如何抵免的问题，即"职事官、散官、卫官为一官，勋官为一官"，凡官员犯罪时"身有二官"的，先以职事官、散官、卫官中官阶最高者当徒，"若有余罪，次以勋官当"。其次，详细规定了"以官当徒"和"收赎"如何共同适用的问题，"诸以官当徒者，罪轻不尽其官，留官收赎；官少不尽其罪，余罪收赎"①。再次，唐律规定了因官当而失去官职后如何重新任用的问题，"用官不尽，一年听叙，降先品一等；若用官尽者，三载听叙，降先品二等"②。最后，唐律对于官当问题还规定了可以历任之官当徒；流内官任流外职时以流内官当；"以理去官者"与"告身不追"的官员在适用官当方面"与见任同"。此外，值得一提的是，唐律中还规定有官品爵位封号的妇女依法也享有官当之权，"诸妇人有官品及邑号，犯罪者，各依其品，从议、请、减、赎、当、免之律，不得荫亲属"③。

上述之种种规定，皆是唐代之前历代官当制度未涉及或未甄完善之处，从中不难看出：一方面，唐律中的官当制度在内容上已十分详细而全面，制度体系的设计从立法技术的角度而言也更加科学合理，便于实践操作，这昭示着唐代的官当制度已发展到十分成熟和完备的程度；另一方面，从唐律官当制度的具体内容中也不难看出，唐代统治者对于维护官僚贵族的特权，尤其是保护其免于服劳役刑方面可谓是不遗余力。后世学者以为唐律"优礼臣下，可谓无微不至矣"④，于官当制度中似最能见其一斑。

宋代官当之制因循唐律，在基本内容上几与唐律无异，所不同的是由于宋代"不用勋官、散试官"，且"勋官、散试官不许赎罪"致使司法实践中适用官当时，经常出现"不取历任中高者，却以见任卑官当罪"的做法，为此，《宋刑统》特别重申："今后有见任官高，即以见任官（当）……"否则"以历任中高官当"，以"明文免生差互"⑤。

宋代官当制度的发展，最重要的变化在于官当制度的适用开始受到限制。乾德年间诏令："流内品官任流外职，准律文，徒罪以上依当赎法。诸司授勒留官及归司人犯徒流等罪，公罪许赎，私罪以决罚论"⑥；又《宋刑统》引唐开成格："其犯十恶、杀人、监守内盗及略人、受财枉法，并强盗、造伪头首等情状……会恩至流者，望请不在官当"⑦。这些规定表明，宋代对部分官员因私犯罪以及严重犯罪遇赦改处流刑的，都不再适用官当的规定，从而缩小了官当的范围。这一做法也成为宋以降官当制度被废止的先兆。

（二）官当制度的性质、地位及其影响

在议、请、减、赎、当等诸种制度共同构成的特权制度体系中，官当制度相较于其他

---

① 《唐律疏议·名例》。
② 《唐律疏议·名例》。
③ 《唐律疏议·名例》。
④ 薛允升：《唐明律合编》。
⑤ 《宋刑统·名例》。
⑥ 《宋史·刑法三》。
⑦ 《宋刑统·名例》。

几类而言应当说是最具特权性质的一种。这首先表现在享有官当特权的主体上。官当特权享有者的范围严格限于官僚贵族阶层，即有官品、爵位或官员出身的人，与其他几种特权制度相比，议、请、减、赎等特权并不绝对地限于官僚贵族阶层，如八议中包括了"议贤"、"议能"、"议勤"，而上请、例减制度所涉及的官僚贵族的亲属也不必然具有官僚贵族的身份，赎刑制度虽然主要针对的是官僚贵族，但原则上也广泛地适用于平民百姓。因此，从官当制度主体范围来看，其无疑是最具特权色彩的一类制度。其次，从刑事诉讼程序的角度来看，八议和上请制度是司法审判过程中的特权，例减则主要是在确定刑罚时的特权，赎刑是一种"换刑"意味较强的特权制度，从严格意义上来讲并不免除刑罚，而只有官当制度是直接用于免除犯罪官员相应刑罚的。因此，从特权保护的方式和效果上看，官当制度作为对官僚贵族阶层法律特权的保护方式是最为直接的，效果也最为明显。

官当制度在整个特权制度中的地位如何？虽然从南陈入律直到宋代，国家正式法典中都规定了官当制度，但从如下几个方面来看，其在特权制度框架中并不居于主导地位。首先，因为官当适用对象范围严格限于官僚贵族，使其并不能具有囊括整个统治阶层法律特权的作用。其次，官当适用于徒流刑一类的较轻的犯罪行为，其所侧重保护的利益更多地表现为维护官吏的体面，而不像八议等维护的是官僚贵族阶层的根本利益，因而在地位上也就远远逊于后者。再次，从其存在发展的历史跨度上来看，从南陈到宋代，大约七百多年，而真正严格规定了相对完备之官当制度的不过隋唐宋三朝，而议、请、减、赎等制度发展存续的时间基本上超过了官当制度存续的期限。由此可见，适用范围上的狭窄，包括主体范围和刑罚范围上的有限，直接决定了官当制度在整个特权制度中的地位；而宋以后官当的废止，也说明其在中国传统法制的特权制度中并不居于主导地位。

然而，并不能因此认为官当制度对于传统法制中特权保护无关紧要。事实上，正如前文所述，官当制度是几种特权制度中最具特权色彩的一种，其所规定的有关内容是中国传统法制中特权观念的最好注脚，它以儒家的等级特权观念为思想基础，又在长期的历史发展中强化了特权观念，无论对于中国传统法制而言，还是对于今天国人的法律意识而言，官当制度所带来的影响都不容忽视；而在其制度设计上，内容的完备，体系的科学合理，不仅标志着中国传统法制中特权制度的发达，同时也是中国传统法制本身高度发达、立法技术高超的标志之一。

（三）宋以降官当制度废止的原因探析

自宋代之后，元明清时期，官当制度作为国家法典中的重要规定之一，已经退出了历史舞台。自唐之后，后世历代王朝的主要法典，如《宋刑统》、《大明律》、《大清律例》等在基本内容上都可以说是《唐律疏议》的翻版，在特权制度方面，议、请、减、赎等制度也一直沿用，惟独官当制度于宋之后为明清律所摈弃，其原因何在？试析之如下：

第一，君主集权走向极端化是官当制度消亡的决定性因素。中国传统社会发展的历史，同时也是君主权力逐步走向极端化的过程。传统的中国社会，君主的权力是绝对至高无上的，任何有损或威胁君主权力的事情都是不能容许的，所谓"君亲无将，将而必诛"[1] 即是

---

[1] 《春秋公羊传》。

指此。但传统中国社会中，对君主全力的侵害和威胁事实上时时存在，外戚、宦官、权臣历来是君主权力最大的威胁，因此，君主要确保自身的绝对权力必然要设法削弱对君权可能的威胁，这就需要不断将权力集中到君主手中，不断地限制同属于统治阶层中官僚贵族的权力，当然也包括其特权。而出于自身利益考虑，官僚权力和君权的冲突自然更加尖锐，明嘉靖三年（1524）"群臣争大礼，廷杖丰熙等百三十四人，死者十六人"① 就是这种权力冲突的例证。从汉代"二千石杀人不待奏"到唐代的"死刑覆奏"再到明清的秋审制度，从秦汉之际丞相高居"一人之下万人之上"到明代废丞相，清代设军机处架空内阁，伴随着君主集权的不断加强，相对于君权，官僚阶层的地位和权力在不断地萎缩，官当制度的废止也就是自然而然的事了。

第二，隋唐之后随着科举制的发展，官僚阶层的队伍越来越庞大，官员数量的增加自宋代开始带来了严重的"冗官"问题，官吏及其亲属依恃特权目无法纪的现象增多，"不肖自恃先荫，不畏刑章"②。这种现象不仅不利于吏治，也不利于专制时代的国家，这必然促使对官僚阶层的法律特权加以限制。

第三，官当制度自身的特性是其废止的另一重要因素。同样是特权制度，为什么官当制度会首当其冲地被废止？这就要从官当制度自身来看了。如前所述，官当制度因其适用范围上的狭隘（专门用于保护官僚阶层的特权），所保护的又非官僚阶层的根本特权（只针对徒流刑），因而使其在整个特权制度中的地位并不突出；其特权保护的方式——以官阶品秩直接抵免刑罚，又过于直接而露骨，既不利于"吏治"也和统治阶层标榜的"王子犯法与庶民同罪"有所矛盾，这些因素使得官当制度赖以存在的基础并不牢固。另外，从其制度规定本身来看，官当制度的可替代性极强，这使它的许多规定在明清之际被其他几类特权制度的规定所吸收或取代。如：官当制度与免官制度除了在适用的刑罚范围以及如何重新任用方面有所区别外，很难截然地区分开来；官当制度中"余罪收赎"的规定又使其与赎刑的适用相联系；官员犯徒流罪本身就有减的特权；等等。这些制度上的重合或相似之处为官当制度被其他几类特权制度所取代提供了条件，从而也成为其自身被废止的重要因素之一。

二、上请制度的缘起与发展演变

上请之制起源于汉代，终两汉之世，上请制度得到了较大的发展和丰富，其最重要的表现就在于：由西汉设立上请制度到东汉时期，上请这一特权的主体范围不断扩大。据史载：汉高祖七年（前200）诏令："郎中有罪，耐以上，请之。"③ 汉宣帝黄龙元年（前49）下诏："吏六百石位大夫，有罪先请。"④ 汉平帝元始元年（公元1）下诏："公、列侯嗣子有罪，耐以上先请。"⑤ 光武帝建武三年（27）诏："吏不满六百石，下至墨绶长、相，有罪

---

① 《明史·刑法三》。
② 《宋史·刑法三》。
③ 《史记·高祖本纪》。
④ 《汉书·宣帝纪》。
⑤ 《汉书·平帝纪》。

先请"①；"县令、长，三百石；侯国之相，秩次如"②。

从上述史料记载来看，汉代自汉高祖七年正式设立上请制度到东汉时期，上请制度适用的范围不断扩大，其表现有二：一是在主体方面，从西汉初期郎以上到宣帝时的六百石以上官再到东汉时不满六百石的官员，上请制度在一个相对较短的历史时期内迅速囊括了差不多整个官僚阶层；二是在适用的罪行方面，其范围也呈现不断扩大的趋势，汉初是耐罪以上的才上请，此后，不再特别强调耐罪以上，而只笼统地规定"有罪先请"，事实上则意味着绝大多数的罪行都可以上请。可以肯定的是，汉代伴随着上请制度适用范围的不断扩大，其在汉代法制中应当是行之有效的制度，《汉书》载有因不遵循上请制度擅杀而受追究的例子，"御史大夫暴胜之谓丞相曰：'司直，吏二千石，当先请，奈何擅斩之'"③。东汉时，太尉桥玄未经先请而鞫刑贪赃的县令，被处以城旦刑。④

汉代上请制度的设立和发展，对于中国传统法制中特权制度的发展至关重要。汉代的法制承前启后，对于中国传统法制的影响极为深远，其特权制度对传统法制中特权制度的发展也起着承上启下的作用，一般认为它是上承周代八辟之法，下启魏晋隋唐之特权制度。又因汉代是儒家学说开始取得支配地位、中国传统法律开始儒家化的特殊历史时期，因而上请制度在强化人们对于儒家等级特权观念的认同方面所发挥的作用不可忽视。

魏晋南北朝时期，随着八议制度被载入律典，上请制度所起的作用在一定程度上被八议所取代，从程序上来看，八议制度的运作其第一步便是"请议"，所谓"请议"在形式和内容上都和上请制度有所重合。从这一时期开始，上请制度渐渐发展成与八议制度相配套，居于次一位置的特权制度。

唐宋之时，特权制度基本上已达到了十分完备成熟的阶段，法典中把议、请、减、赎、当系统地加以规定，这时的上请制度单独作为"请章"设置，但在八议制度中事实上也有关于上请的部分内容。唐律中关于上请的规定主要是："诸皇太子妃大功以上亲，应议者期以上亲及孙，若官爵五品以上，犯死罪者，上请；流罪以下，减一等。其犯十恶，反逆缘坐，杀人，监守内奸、盗、略人、受财枉法者，不用此律。"⑤疏文又具体解释了"应议者期以上亲及孙"具体包括哪些人，何谓"官爵五品以上"，"杀人"行为的种类等相关问题：

> 八议之人，荫及期以上亲及孙，入请。期亲，谓伯叔父母、姑、兄弟、姊妹、妻、子及兄弟之子之类……称期亲者，曾、高同。及孙者，谓嫡孙众孙皆是，曾、玄亦同……其子孙之妇，服虽轻而义重，亦同期亲之例。曾、玄之妇者，非。
>
> 官爵五品以上者，谓文武职事四品以下、散官三品以下、勋官及爵二品以下，五品以上。此等之人，犯死罪者，并为上请
>
> 及杀人者，谓故杀、斗杀、谋杀等杀讫，不问首从……此等请人，死罪不合上请，流罪以下不合减罪，故云不用此律。⑥

---

① 《后汉书·光武帝纪》。
② 《后汉书·百官志五》。
③ 《汉书·刘屈氂传》。
④ 参见《后汉书·桥玄传》。
⑤ 《唐律疏议·名例》。
⑥ 《唐律疏议·名例》，引疏文。

从上述内容来看，唐代上请制度的内容已十分完备，规定在主体范围上是地位仅次于享有八议特权的那一类官僚贵族，从刑罚种类上说，是只在犯死罪时才会有上请的问题。同时，唐律对于上请这一特权也作出了一些限制性的规定，对于一些严重的犯罪，如十恶、反逆缘坐、杀人、受财枉法等则排除适用上请的可能。

宋代的上请制度从《宋刑统》的相关规定来看，和唐律的规定基本上没有大的差异①，兹不赘述。但值得一提的是，宋代于太祖乾德四年（966）准大理正高继申所言，对官员亲属犯罪的上请进行了较大的限制，"今犯罪身无官，须祖、父曾任本朝官，据品秩得减赎；如仕于前代，须有功惠及民、为时所推，历官三品以上，乃得请"②。

明清时期，上请制度变得较为宽泛化，法典中，如《大明律》、《大清律例》都不再将上请设为单独的"请章"，但法典中对官员犯罪"不许擅问"，应"奏闻请旨"的规定事实上仍是上请的性质。明律规定：

> 凡京官及在外五品以上官有犯，奏闻请旨，不许擅问。六品以下，听分巡御史、按察司并分司取问明白，议拟闻奏区处。若府州县官犯罪，所辖上司不得擅自勾问。止许开具所犯事由，实封奏闻。若许准推问，依律议拟回奏，候委官审实，方许判决。其犯应该笞决、罚俸、收赎纪录者，不在奏请之限⋯⋯③
>
> 凡军官犯罪，从本管衙门开具事由⋯⋯奏闻请旨取问⋯⋯见问公事，但有干连军官及承告军官不公不法等事，须要密切实封奏闻，不许擅自勾问⋯⋯④凡应八议者之祖父母、父母、妻及子孙犯罪，实封奏闻取旨，不许擅自勾问⋯⋯其犯十恶，反逆缘坐，及奸盗杀人、受财枉法者，不用此律。其余亲属、奴仆、管庄、佃甲、倚势虐害良民，凌犯官府者⋯⋯不在上请之律⋯⋯⑤

清律在相关问题上的规定基本上与明律相同，稍有差异之处在于清律在律文之外，以例的形式规定了一些特殊主体一定条件下上请免刑（死刑）的情形，如"凡满洲、蒙古、汉军官员，军民人等，除谋为叛逆，杀祖父母、父母、亲伯叔兄，及杀一家非死罪三人外，凡犯死罪，察其父祖并亲伯叔兄弟及其子孙阵亡者，准免死一次。本身出征负有重伤，军前效力有据者，亦准免死一次"⑥。

从明清律的上述规定来看，与唐宋律中之上请制度相比：明清律沿用了唐宋律中限制上请的罪行规定的内容，并进一步补充规定了应议者期亲之外的其他亲属、奴仆等人犯罪不得上请；明清律基本上不再具体规定享有上请特权的官员的范围，对于官员犯罪问题基本上采取"奏闻取旨"这一较为宽泛的做法，事实上是扩大了可得上请的范围。

上请制度在明清时期的发展所呈现出来的状态并非偶然，其内在的原因是明清时期君主集权的强化。传统中国社会中，帝王的治国之术一贯提倡的是"明主治吏不治民"，从明

---

① 参见《宋刑统·名例》相关条文。
② 《宋史·刑法三》。
③ 《大明律·名例·职官有犯》。
④ 《大明律·名例·军官有犯》。
⑤ 《大明律·名例·应议者之父祖有犯》。
⑥ 《大清律例·名例·应议者之父祖有犯》附例。

清律的规定来看，对于官员犯罪不严格区分其官阶品秩，基本上都要求"奏闻取旨"，生杀予夺的权力"出自上裁"当然会使君主对整个官僚阶层的掌控更加行之有效，其对于吏治的作用显而易见。因此，可以说上请制度的宽泛化，正是君主集权加强的必然要求和结果。

三、例减制度的缘起与发展演变

例减制度的产生相对较晚，隋代制定《开皇律》时创设了例减制度。隋律规定："其在八议之科，及官品第七以上犯罪，皆例减一等。"[①] 从这一记载来看，隋代的例减制度仍较为简单，只规定了属八议之人和官吏中七品以上的人犯罪都可以减一等处罚，但对于是否所有的罪行都适用、有无限制等问题还无法从这一记载中得知。

到了唐代，例减制度的规定变得较为完备化、系统化。[②] 唐律规定：

> 诸八议者……流罪以下，减一等。其犯十恶者，不用此律。
> 诸皇太子妃大功以上亲，应议者期以上亲及孙，若官爵五品以上……流罪以下，减一等。其犯十恶，反逆缘坐，杀人，监守内奸、盗、略人、受财枉法者，不用此律。
> 诸七品以上之官及官爵得请者之祖父母、父母、兄弟、姊妹、妻、子孙，犯流罪以下，各从减一等之例。
> 其加役流、反逆缘坐流、子孙犯过失流、不孝流及会赦犹流者，各不得减赎，除名、流配如法。
> 诸一人兼有议、请、减，各应得减者，唯得以一高者减之，不得累减。[③]

从上述规定可知，唐代的例减制度具有这样一些特征：首先，明确了可得例减的主体范围，不仅享有八议、上请之权的人及七品以上官有例减的特权，凡享有上请特权以上者一定范围内的亲属也有例减之权；其次，唐律对于例减问题，明确规定了罪刑对象上是流罪以下，不包括死刑；再次，规定了因数种特权身份都符合例减时，只能以一高者减之，不得累减，以防止地位较高的官僚贵族利用例减制度规避法律；最后，唐律还规定若干种严重犯罪行为，即十恶、杀人、略人、"五流"等，不得适用例减，从而对例减的适用作出了一定的限制。

明清时期，对官员犯徒流罪的，原则上依律发配，律典之中取消了例减的规定，和上请制度一样，例减所起的作用被"奏闻取旨"这一规定所涵盖，对于相关犯罪的官员如何处理，是否予以减等处罚等等，基本上取决于君主的个人意志，致使君主权力在处理官吏犯罪方面弹性更大。然而明清律中，对于官员犯笞杖罪的，一般以收赎、罚俸、降职、革职等方式予以处罚，这一做法多少仍带有从轻、减轻处罚的色彩，由此也可见明清律虽无例减之名，仍有例减之实。

如《大明律》载：

> 凡内外大小军民衙门官吏犯公罪该笞者，官，收赎……[④]

---

① 《隋书·刑法》。
② 宋代例减制度的规定基本同于唐律，参见《宋刑统·名例》相关条文。
③ 《唐律疏议·名例》。
④ 《大明律·名例·文武官犯公罪》。

> 凡文官犯私罪，笞四十以下，附过还职；五十，解现任别叙；杖六十，降一等；七十，降二等；八十，降三等；九十，降四等；俱解现任……若军官有犯私罪，该笞者，附过收赎；杖罪，解现任，降等叙用……该徒、流者，照依地里远近，发各卫充军……①

《大清律例》规定：

> 凡内外大小文武官犯公罪，该笞者，一十，罚俸一个月；二十、三十，各递加一月；四十、五十，各递加三月。该杖者，六十，罚俸一年；七十，降一级；八十，降二级；九十，降三级，俱留任；一百，降四级调用……②

> 凡内外大小文武官犯私罪，该笞者，一十，罚俸两个月；二十，罚俸三个月；三十、四十、五十，各递加三月。该杖者，六十，降一级；七十，降二级；八十，降三级；九十，降四级，俱调用；一百，革职离任……③

第四节
赦宥制度

赦宥制度是中国传统司法制度中独具特色的内容，但赦宥的意义却不完全限于司法上，从更为宏观的角度来看，它不仅对于整个中国传统法制有着广泛而深刻的影响，同时也是中华法系的独特性的体现之一。因而对于赦宥制度的考察，首先会有助于对中国传统司法的全面了解，其次将有助于对儒家思想支配下的中华法系特性的把握。如何考察赦宥制度？笔者以为，对赦宥制度的考察应当主要从赦宥的理论基础、赦宥的发展演变、赦宥的类型及其刑法效果来加以探讨。

一、赦宥的理论基础

赦宥制度是中国传统法制中的重要内容之一，因而，中国传统法制中的基本思想和观念也是赦宥制度赖以产生的理论基础，这一基础当然也就是儒家的基本思想和理论。从这一线索出发，可以发现，赦宥制度的理论基础至少和以下几个问题相关。

（一）赦宥与儒家"论心定罪"的司法观念

早在夏商周时期，中国古代的司法中就已经确立了一条重要的原则，即对于主观恶性较小的过失犯罪和偶犯予以减免处罚。《尚书》"眚灾肆赦"④ 的记载说明古代司法中早已确立对过失犯罪赦免其罪的做法，虽然这一时期的"赦"似应不完全与后世的赦宥相同，但

---

① 《大明律·名例·文武官犯私罪》。
② 《大清律例·名例·文武官犯公罪》。
③ 《大清律例·名例·文武官犯私罪》。
④ 《尚书·舜典》。

其根据犯罪人主观恶性大小决定是否予以赦宥的基本观念却延续下来，汉代儒家提出的"论心定罪"的主张与此有着相似的思维。所谓"论心定罪"是与儒家倡导的"春秋决狱"相应的，儒家主张案件审判应当根据儒家经典所规定的道德范式和行为标准来确定行为人的行为是否构成犯罪，其最主要的方法就是"论心定罪"，基本特征在于注重行为人的主观恶性，即应该根据行为人的主观动机来确定罪与非罪，如果主观动机是良好的而行为导致了犯罪结果，那么也不应处罚或应减免处罚，如果动机是恶的，即使没有危害结果也应当予以处罚。汉代大儒董仲舒最先系统化地提出这一主张，"《春秋》之听狱也，必本其事，而原其心，志邪者不待成，首恶者罪特重，本直者其论轻"①。《盐铁论》将这一观念概括为："春秋之治狱，论心定罪，志善而违于法者免，志恶而合于法者诛"②。"论心定罪"的观念表明，在中国传统司法中，对于动机良好、主观恶性小，但引发了危害结果的那一类犯罪行为，在施以刑罚时必然有所宽免，即"志善而违于法者免"，而免刑最主要、最直接的方式当首推赦宥。这种"论心定罪"，对"志善者"给予赦宥的做法最典型、最常见的事例莫过于历代复父仇杀人案的处理，子复父仇是儒家所赞赏的行为，但杀人却是"国法所不容"，对此种"志善而违于法"的行为，多以统治者"为孝子曲法"的方式解决，即赦免复仇者的杀人罪而从轻处罚，如唐代元和六年（811），"富平县人梁悦，为父杀仇人秦果，投县请罪。敕：'复仇杀人……发于天性。志在徇节，本无求生之心，宁失不经，特从减死之法。'"③

（二）赦宥与德治、仁政的理念及天人感应说

在用何种方式治理国家的问题上，儒家和法家有着明显不同的主张，法家认为应以"刑"为主，儒家主张"为政以德"。孔子认为："为政以德，譬如北辰，居其所而众星拱之"，又说"道之以政，齐之以刑，民免而无耻。道之以德，齐之以礼，有耻且格"④。这一主张到汉代得到了进一步的发展，自汉武帝采纳董仲舒"罢黜百家，独尊儒术"的建议后，"德主刑辅"的观念正式确立起来，并成为此后中国传统社会治国理念和立法、司法的基本指导思想。德治主义首先要求作为最高统治者的帝王应成为"有德之君"，然后才能以自身的表率作用使兆民"德化"，"政者正也，子帅以正，孰敢不正？"⑤ 即是此意。按照儒家的这一说法，倘若君主不能修德，治理国家不能以"德化"的方式进行，则必然会导致诸多问题，在这种情况下如何解决呢？统治者最常用的方法就是反躬自责，行赦宥之事以昭示德行，如汉武帝元鼎五年（前111）下诏："德未绥民，民或饥寒，故巡祭后土，以祈丰年"⑥。汉元帝建昭五年（前34）诏："朕德薄明奄，教化浅微，传不云乎，百姓有过，在予一人，其赦天下"⑦。又如晋简文帝咸安元年（371）诏："朕以寡德，猥居元首，思与兆

---

① 《春秋繁露·精华》。
② 《盐铁论·刑德》。
③ 《旧唐书·刑法志》。
④ 《论语·为政》。
⑤ 《论语·颜渊》。
⑥ 《汉书·武帝纪》。
⑦ 《汉书·元帝纪》。

庶更始，其赦天下。"① 从这些记载不难看出，不管统治者是否真有自我反省的意图，德治的要求始终是赦宥的重要缘由之一。与德治直接相关的是仁政，要求统治者修德行、重教化的主要目的就是出于施行仁政的需要。儒家把最高统治者与平民百姓的关系视同父母与子女之间的关系，"君父"对于"子民"自然有抚育的义务，应当给民众以安定的生活使之免于饥寒之苦。《易传》"天地养万物，圣人养贤以及万民"。《论语·季氏》"远人不服，则修文德以来之。既来之，则安之。"同时，儒家也已认识到，民不聊生是导致犯罪的重要原因，倘若因此而使大量的民众罹于法网则是不仁的表现；更何况，儒家的政治伦理观一向认为社会动荡、犯罪行为泛滥是最高统治者德行不足，未能施行仁政导致的，至少应当由君主承担政治上的责任，所谓"万方有罪，罪在朕躬"即是指此。因而每当因自然灾害或政策原因导致百姓流离失所，社会秩序动荡之时，出于施行仁政的需要，就需以赦宥的办法缓和社会矛盾。以汉代为例，因此而行赦宥的例子十分常见：

汉元帝永光元年（前43）诏："壬人在位，吉土壅蔽，重以周秦之敝，民渐薄俗，去礼义触刑法，岂不哀哉，由是观之，元元何辜，其赦天下。"

永光二年（前42）诏："元元大困，流散道路，有司又长残贼，失牧民之术，是皆朕之不明，政有所亏，咎至于此，其赦天下。"又"连元不收，四方咸困，元元之民，劳于耕作，又亡成功，困于饥馑，无以相救，朕为民父母，德不能覆而有其刑，甚自伤也，其赦天下。"

儒家的仁政还包括一类标志性很强的问题，即刑狱问题。儒家历来主张省刑慎罚，认为犯罪现象减少甚至于不需要用刑法来维持社会秩序，才是"刑措"的理想状态，也是仁政最重要的体现，因而，历代以赦宥释放囚徒以彰显仁政、刑措之风的事例也较为多见，如：

汉元帝永光二年诏："……朕为民父母，德不能覆而有其刑，甚自伤也，其赦天下。"②

汉文帝时，"……选张释之为廷尉，罪疑者莫予民，是以刑法大省，至于断狱四百，有刑措之风"③。

唐代，唐太宗"初即位，有劝以威刑肃天下者，魏征以为不可，因为上言王政本于仁恩，所以爱民厚俗之意。太宗欣然纳之，遂以宽仁治天下，而于刑法尤慎"④。

元代，世祖至元元年（1264）大赦诏："比者星芒示儆，雨泽愆常，皆阙政之所由，顾斯民之何罪，宣布维新之令，溥施在宥之仁。"⑤

汉代大儒董仲舒吸收了先秦阴阳家的部分思想并将之与儒家思想结合，创立了"天人感应"说，认为任何异常的天象都与最高统治者的道德品质或国家的政治状况有关系，祥瑞预示着政治清明、帝王品德无缺；灾异则表明帝王德行有缺或政治昏暗。虽然把神学观念引入儒家理论常为后世所诟病，但以"天象"的变化来警诫"天子"的政治思维仍不失为一种明智的选择。仍以汉代为例，因天降灾异而行赦宥的若干例证有：

① 《晋书·太宗简文帝纪》。
② 《汉书·元帝纪》。
③ 《汉书·刑法志》。
④ 《唐书·刑法志》。
⑤ 《元史·世祖本纪》。

汉武帝元封四年（前107）夏四月陨霜杀禾，五月地震，赦天下。元朔元年（前128）诏令："朕闻天地不变，不成施化，阴阳不变，物不畅茂……其赦天下，与民更始。"①

汉成帝河平元年（前28）诏："传曰男教不修，阳事不得，则日为之蚀，天著厥异，辜在朕躬。"②

汉顺帝阳嘉三年（134）诏："朕承事不明，政失厥道，天地谴怒，大变仍见……元元被害，朕其悯之，喜与海内洗心更始，其赦天下，自殊死以下谋反大逆诸犯不当赦者皆除之。"③

因天降祥瑞，行赦宥以召和气，使百姓"雨露均沾"的事例有：

汉文帝十五年（前165）夏，"上幸雍，始郊见五帝"而赦天下。④

汉宣帝神爵二年（前60）春诏曰："凤凰甘露降集京师……朕之不德，屡获天福，祗事不息，其赦天下。"⑤

汉章帝建初三年（78）春，宗祀明堂，礼毕，登灵台望云霓，大赦天下。⑥

从上述几方面可知，赦宥制度的存在和发展在很大程度上与儒家的德治、仁政以及"天人感应"的观念不可分割。德治一方面要求君主提升自身道德品质，另一方面要求君主以教化的方式为主来治理国家；仁政则是德治的自然延伸，要求君主省刑罚、薄赋敛，使老百姓能享有安定的生活；"天人感应"说则是借助"天"的神圣来对君主的行为加以限制和规劝，使之向修德行、施仁政的方向发展。而赦宥的施行，既是君主德行、仁政的表现，又是君主反躬自责的手段，既是祥瑞灾异发生的原因，又是招致祥瑞和气、避免灾异发生的办法。

（三）赦宥与"刑罚世轻世重"说

先秦时期的思想家们已经认识到执行法律应当随着社会状况的不同而决定其如何适用的道理。《周礼》"大司寇之职：掌建邦之三典，以佐王刑邦国，诘四方，一曰刑新国用轻典，二曰刑平国用中典，三曰刑乱国用重典"⑦，《尚书》将之概括为"刑罚世轻世重"的原则。⑧ 这一原则的本质要求是：统治者应当根据现实政治状况决定刑罚的宽严程度，国家新建百废待举的时候，刑罚要轻缓，步入正轨后则要适当加强法制，而对于社会秩序混乱的状况则要"重典治世"，以严刑峻法达到短期内稳定社会秩序的目的。赦宥制度对于"刑罚世轻世重"说的意义在于这样几方面：一是赦宥所起到的轻刑作用有利于缓和社会矛盾。如西汉初年，由于连年战乱，社会经济遭受严重破坏，为了"予民休息"，汉高祖"约法三章"，"网漏吞舟之鱼"也在所不惜；汉文帝即位之初"诸吕用事……欲危刘氏，赖宗室大

① 《汉书·武帝纪》。
② 《汉书·成帝纪》。
③ 《后汉书·孝顺冲质帝纪》。
④ 参见《汉书·文帝纪》。
⑤ 《汉书·宣帝纪》。
⑥ 参见《后汉书·肃宗孝章帝纪》。
⑦ 《周礼·秋官·大司寇》。
⑧ 参见《尚书·吕刑》。

臣诛之，朕初即位，其赦天下"①。这一时期，赦令频下，目的不过是减轻刑法有利于长期统治，正如沈家本评说的那样，"西汉之世，赦令最频数……盖汉初得天下，人之染秦俗者深，事之习秦弊者久，不可不赦，赦之所以与民更始也。"② 二是在叛乱、战争爆发时，在"重典治世"不能解决问题的情况下，赦宥可以起到笼络人心的作用。秦代以法家的基本主张治理国家，"严而少恩"的法家是反对赦宥的，所以秦始皇在位三十余年而不赦，但当农民起义军兵临城下之时，秦二世不得不宣布"大赦天下"以收买人心。③ 汉代景帝时，面临七国之乱的严重局面时也宣布大赦天下。④ 汉灵帝中平元年（184），为应对黄巾起义，下诏大赦党人，"大赦天下党人，还诸徙边者唯张角不赦"⑤。晋惠帝时内有宫廷政变，外有"八王之乱"，惠帝在位十六年赦二十三次。⑥ 凡此种种赦宥，基本上都是在刑罚轻重都已无法起作用时，以赦宥方式缓和社会矛盾，获取民心。这表明，赦宥是统治者用以实现"刑罚世轻世重"的有效工具，而后者则是赦宥得以长期存在的重要原因之一。

二、赦宥的历史发展

赦宥制度自夏商周时代就已经产生，迄至清末中国传统法律开始近代转型为止，其发展演变的历史长达数千年。而在不同的发展阶段，赦宥制度的内容及其在传统法制中的意义都有所不同。试详述如下：

（一）先秦时期的赦宥

夏商周时代，赦宥主要是针对过失犯罪、偶犯和罪行有疑的案件适用，其意义基本上限于刑法的适用方面，与后世赋予赦宥以多种功能于一体有较大的差别。《尚书·舜典》"眚灾肆赦"，主要是指对过失犯罪和偶犯可以赦免。西周时期，《周礼·秋官司寇》："司刺掌三刺、三宥、三赦之法，以赞司寇听狱讼……壹宥曰不识，再宥曰过失，三宥曰遗忘；壹赦曰幼弱，再赦曰老旄，三赦曰蠢愚"。这说明西周在赦宥制度方面已经有了初步的制度化的原则规定。赦宥的对象包括三种人，大约相当于今天所讲的未成年人、老人和有智力缺陷的限制行为能力人；在罪过形式上，则是出于不知、过失和遗忘的才可以赦宥。此后，西周中期，赦宥的范围又扩展到了疑罪，《尚书·吕刑》中有"五刑之疑有赦，五罚之疑有赦"的记载，《尚书·大禹谟》又载"罪疑惟轻，功疑惟重"。由此可见对于犯罪事实倘若存疑则可以赦宥是毋庸置疑的，且不论是否是重罪，如《礼记·王制》"疑狱，泛与众共之。众疑，赦之。必察小大之比以成之"，"附从轻，赦从重"。从史书中的上述记载来看，赦宥制度在西周时期已经较为发达，尽管也有"国君过市，则刑人赦"⑦ 的记载，但这一时期赦宥主要针对是疑罪和主观恶性较小的过失犯罪等。

春秋战国时期，赦宥的施行逐渐增多，其内涵也逐渐丰富起来。如楚惠王时，陶朱公

① 《汉书·文帝纪》。
② 沈家本：《历代刑法考赦考》，北京，中华书局，1985。
③ 参见《史记·秦始皇本纪》。
④ 参见《汉书·景帝纪》。
⑤ 《后汉书·孝灵帝纪》。
⑥ 参见《晋书·惠帝纪》。
⑦ 《周礼·地官·司市》。

的第二个儿子犯罪，陶朱公派他的长子送重金予惠王信任的庄生，请其相救，于是庄生借言天象说动惠王行赦宥。① 秦昭襄王二十一年（前286），"魏献安邑，秦出其人，募徒河东赐爵，赦罪人迁之……二十七年，错攻楚。赦罪人迁之南阳。二十八年，大良造白起攻楚，取鄢、邓，赦罪人迁之……庄襄王元年，大赦罪人，修先王功臣，施德厚骨肉而布惠于民"②。这些关于赦宥的记载表明，春秋战国时期赦宥已经是比较常见的事情，后世"大赦"的雏形已基本显现，且开始赋予赦宥以政治、经济、军事等多方面的意义。

（二）秦汉时期的赦宥

汉代是中国历史上第一个赦宥频仍的朝代。鉴于秦王朝专任刑罚，不行赦宥，终导致二世而亡的教训，汉代统治者充分发挥了赦宥的作用，其赦宥之频繁颇为引人关注。根据相关史料统计，汉高祖在位十二年，赦宥至少十一次；灵帝在位二十二年，约二十次行赦；汉武帝在位五十五年，亦行赦不下二十次；光武帝刘秀在位三十年，赦宥十次以上。③ 纵观汉代的赦宥，其主要动因及意义在于这样几方面：一是出于稳定社会发展经济的需要。如汉初高祖行赦即有此意，即为了缓和秦严法之下紧张的社会矛盾而进行赦免。二是出于德治、仁政的需要而行赦，如汉武帝元鼎五年（前112）下诏："德未绥民，民或饥寒，故巡祭后土，以祈丰年"④。汉元帝永光二年（前42）诏："元元大困，流散道路，有司又长残贱，失牧民之术，是皆朕之不明，政有所亏，咎至于此，其赦天下。"又"连元不收，四方咸困，元元之民，劳于耕作，又亡成功，困于饥馑，无以相救，朕为民父母，德不能覆而有其刑，甚自伤也，其赦天下。"三是因天降祥瑞、灾异而赦，如汉宣帝神爵二年（前60）春诏曰："凤凰甘露降集京师……朕之不德，屡获天福，祇事不怠，其赦天下。"⑤ 汉顺帝阳嘉三年（134）诏："朕承事不明，政失厥道，天地谴怒，大变仍见……元元被害，朕其悯之，喜与海内洗心更始，其赦天下，自殊死以下谋反大逆诸犯不当赦者皆除之。"⑥ 四是面临叛乱、起义时以赦宥缓解激烈的社会矛盾，如景帝七国之乱时大赦，灵帝在黄巾起义爆发后大赦党人等。从上述可见，汉代的赦宥与儒家的思想观念高度结合，已经拥有了牢固的理论基础，赦宥制度也因之具有了多种内涵，其意义已不再主要限于刑法方面。

（三）唐宋时期的赦宥

赦宥制度的基本理论和制度在汉之后被后世王朝继承下来并得到进一步的发展。至唐代，赦宥在国家法典中已占有一席之地，在制度方面增加了相关的规定："诸以赦前事相告言者，以其罪罪之。官司受而为理者，以故入人罪论。至死者，各加役流。若事须追究者，不用此律。""诸闻知有恩赦而故犯，及犯恶逆，若部曲、奴婢殴及谋杀、若强奸主者，皆不得以赦原。即杀小功尊属、从父兄姊及谋反大逆者，身虽会赦，犹流二千里。"⑦

---

① 参见《史记·越世家》。

② 《史记·秦本纪》。

③ 据《汉书》、《史记》、《后汉书》统计。

④ 《汉书·武帝纪》。

⑤ 《汉书·宣帝纪》。

⑥ 《后汉书·孝顺冲质帝纪》。

⑦ 《唐律疏议》。

上述两条，前者是以禁止赦前罪行控告的方式强化赦宥的权威和法律效力，后者则是对赦宥的弊端进行一定的限制，从中可见唐代统治者对赦宥制度的运用更加成熟和理智。此外，唐代在赦宥施行的仪式方面有进一步的发展，使南北朝以来"金鸡降赦"的仪式更加正式化也更加隆重，"赦日，树金鸡于仗南，竿长七丈，有鸡高四尺，黄金饰首，含绛幡长七尺，承以彩盘……"①《旧唐书·刑法志》载："其有赦之日，武库令设金鸡及鼓于宫城门外之右勒集囚徒于阙前，捆鼓千声讫，宣诏而释之。"仪式上的繁文缛节也在一定程度上表明赦宥在唐代是极受重视的国家大典。

宋代是继汉唐之后又一个赦宥频繁的朝代。宋代的赦宥在制度方面其法典中的规定基本上是沿用唐律，除此之外，有宋一代之"恩宥之制，凡大赦及天下，释杂犯死罪以下，甚则常赦所不原罪，皆除之。凡曲赦，惟一路或一州，或别京，或畿内。凡德音，则死及流罪降等，余罪释之，间亦释流罪。所被广狭无常。又，天子岁自录京师系囚，畿内则遣使，往往杂犯死罪以下，第降等，杖、笞释之，或徒罪亦得释。若并及诸路，则命监司录焉"②。而在赦宥的频繁程度方面，可以说宋代是远远超越历代的，"宋自祖宗以来，三岁遇郊则赦，此常制也。世谓三岁一赦，于古无有"，"徽宗在位二十五年，而大赦二十六，曲赦十四，德音三十七。而南渡之后，绍熙岁至四赦，盖刑政紊而恩益滥矣。"③ 从这些记载可见，宋代赦宥的施行几乎到了泛滥的程度，虽在一定程度上有利于缓解刑罚的残酷性，但过于频繁的赦宥对宋代的法制必然产生消极影响，"熙宁七年三月，帝以旱，欲降赦。时已两赦，王安石曰：'汤旱，以六事自责曰：'政事不节舆？'若一岁三赦，是政不节矣，非所以弭灾也。'乃止。"④ 这也说明当时的有识之士对这一问题已经有所认识。

（四）明清时期的赦宥

明代赦宥制度在《大明律》中的规定主要有："凡犯十恶、杀人、盗系官财物，及强盗、窃盗、放火、发冢、受枉法不枉法赃、诈伪、犯奸、略人略卖、和诱人口、若奸党，及谗言左使杀人，故出入人罪，若知情故纵、听行藏匿引送，说事过钱之类，一应真犯，虽会赦并不在原宥。""凡徒流人在道会赦，计行程过限者，不得以赦放。有故者，不用此律。""凡赦前处断罪刑名，罪有不当，若处轻为重者，当改正从轻；处重为轻者，其常赦所不免者，依律贴断。若官吏故出入者，虽会赦，并不原宥。"⑤

此外，明代赦宥问题上，"凡有大庆及灾荒皆赦，然有常赦，有不赦，有特赦。十恶及故犯者不赦……十恶中，不睦又在原宥之例，此则不赦者亦得原。若传旨肆赦，不别定罪名者，则仍依常赦不原之律"⑥。值得提及的是，明代随着专制皇权的强化，统治者对赦宥的施行已经较为谨慎，如"世宗虽屡停刑，尤慎无赦，廷臣屡援赦令，欲宥大礼大狱暨建言诸臣，益持不允……（嘉靖）四十一年，三殿成，群臣请颁赦。帝曰：'赦乃小人之幸。'

① 《新唐书·百官志》。
② 《宋史·刑法三》。
③ 《宋史·刑法三》。
④ 《宋史·刑法三》。
⑤ 《大明律》。
⑥ 《明史·刑法二》。

不允"①。

清代赦宥制度的规定律文上基本与明律相同，但例文对赦宥的限制性规定又有所增加。《大清律例·名例·常赦所不原》规定："凡犯十恶、杀人、盗系官财物，及强盗、窃盗、放火、发塚、受枉法、不枉法赃，诈伪，犯奸，略人略卖、和诱人口、若奸党，及谗言左使杀人，故出入人罪，若知情故纵听行，藏匿，引送，说事过钱之类，一应实犯，虽会赦并不原宥。其过误犯罪，及因人连累致罪，若官吏有犯公罪，并从赦宥。其赦书临时定罪名特免，及减降从轻者，不在此限。"还有一些例文是有关赦宥的规定。如："凡杀死本宗缌麻以上尊长及外姻小功尊属者，俱不准援赦。""番役诬陷无辜，妄用脑箍及竹签、烙铁等刑至毙人命者，以故杀论，不准援赦。""诬告叛逆，被诬之人已决者，诬告之人拟斩立决。被诬之人未决者，诬告之人拟斩监候，不准援赦，俱不及妻子家产。""诬告平民因而拖累致死三人以上者，以故杀论，不准援赦。""凡关系军机兵饷事务，俱不准援赦宽免。""以赦前事告言人罪者，以其罪罪之。若干系钱粮、婚姻、田土等项罪，虽遇赦宽免，事须究问明白。""捕役诬孥良民及曾经犯窃之人，威逼承认除被诬罪名，遇赦尚准援免者，其反坐之番役亦得援赦免罪外。若将平民及犯窃之轻罪人犯逼认为谋杀、故杀、强盗者，将捕役照例充军，遇赦不准援免。""凡遇恩诏内开有军、流俱免之条，其和同诱拐案内，系民人改发烟瘴稍轻地方者，既准宽免，系旗下家人于诱拐案内发遣为奴人犯，亦许一体援免。"等等。

《大清律例·名例·流犯在道会赦》规定："凡流犯在道会赦，计行程过限者，不得以赦放。有故者，不用此律。若曾在逃，虽在程限内，亦不放免……""其流犯及迁徙安置人已至配所，及犯谋反；叛逆缘坐应流，若造畜蛊毒，采生折割人，杀一家三人会赦犹流者，并不在赦放之限。""其徒犯在道会赦，及已至配所遇赦者，俱行放免。"

从清律上述律文和例文的规定来看，清代对赦宥的施行限制已大大增加，虽"历朝登基、升祔、册立皇后、皇上五旬以上万寿、皇太后六旬以上万寿及武功克捷之类，例有恩赦"，但"有清一代，赦典屡颁，然条款颇严，毋虞滥及"②。

综上所述，赦宥制度在长期的历史发展中，不仅制度上逐渐走向完备，其内涵也随着历史发展而不断得以丰富，它不仅对中国传统法制产生了重要影响，也对中国传统政治产生了深刻的影响。

三、赦宥的类型

赦宥制度发展演变的期间长达数千年，在不同的发展阶段上，赦宥制度的类型都有一定的差别，其名称也多有不同，但从其产生发展的整个历史来看，赦宥的类型还是可以从不同角度加以把握。

（一）从赦宥发展的阶段上来看，不同历史时期赦宥的类型有所不同

先秦时期，赦宥基本上没有形成系统化的类型，从相关史籍所载来看，对赦宥的称谓主要有"赦"、"宥"、"大赦"、"赦罪人""赦罪戾"等。从汉代开始，由于赦宥频繁，赦宥

---

① 《明史·刑法二》。
② 《清史稿·刑法三》。

有了相当明确的分类。其具体类型又可以从不同角度加以细分：从赦宥的方式上说，主要有赦免、减等降罪和录囚等。所谓赦免是指完全免除刑罚，又可以分为"大赦"和"曲赦"，前者是全国范围内的，而后者是针对某一特定地区；减等降罪是对于徒刑以上严重犯罪给予降若干等（通常是一等或二等）处理；录囚也称虑囚，是皇帝或皇帝所派遣的官员不定期审录在押囚徒，然后通常会给予一定宽免的做法。从赦宥的动因上来看，汉代行赦宥的原因主要有践阼（皇帝登基）、改元、立后、建储（册立太子）、大丧、郊祀、封禅、定都、奏捷、祥瑞、灾异、巡狩、叛乱等等。除了这些有一定原因的赦宥之外，汉代也有一些完全因皇帝个人意愿而实施的赦宥。唐宋时期赦宥的类型基本上已发展到成熟的阶段，赦宥的类型主要有大赦、曲赦、特赦、德音等，在赦宥的动因方面，基本上延续了汉代以来的内容，凡登基、立后、建储、祥瑞、灾异等皆有赦宥。唐宋的大赦主要是指对全国范围内都有效力的赦宥；曲赦则是专门适用于指定地区；德音则是针对犯死、流刑的严重犯罪进行减等，流以下释放；而特赦则不一而足，往往因人因事而行，多在常赦之外行用。明代的赦宥类型从大的方面来说，分为常赦和特赦，前者包括了大赦、曲赦等内容①，其动因方面基本上同于此前历代，后者则无定制，往往由皇帝的个人意愿决定，主要是具体针对某些个人或个案。清代赦宥制度，"赦典有恩赦、恩旨之别"。恩赦主要是登极、升祔、册立皇后、皇帝或皇太后寿典、奏捷等所颁，恩旨则是"寻常万寿及喜庆等事，则传旨行赦"。恩赦和恩旨的效力和程序也有区别："恩赦死罪以下俱免，恩旨则死罪以下递减。诏书既颁，刑部检查成案，分别准与不准，开单奏定，名为恩赦条款。恩旨则分别准减不准减，名为减等条款。"② 大体上，清代恩赦的内容包含了此前大赦、曲赦的内容，而恩旨则与唐宋时德音、特赦等类型相似。

（二）从赦宥制度的整个发展演变历史来看，赦宥的类型在总体上以大赦、特赦、曲赦为主③

历代对赦宥的称谓虽然多有不同，各类称谓出现的时间也前后有差，但笔者以为从赦宥内容的主要特征上似可以将赦宥归结为这几种主要类型。大赦起源于何时，学者们有不同的看法，一般认为大赦的起源应当是在春秋战国时代。大赦的基本特征在于三方面，一是施行于全国范围内，二是大赦的权威和效力最高，三是程序较为复杂、仪式上较为庄严。笔者以为凡符合这几类基本特征的赦宥，不论其是何种称谓，不论其是哪一个朝代，也不论是何种动因，皆应当属于大赦这一类型。至于特赦④，其主要特征在于是皇帝针对具体的人或事而发布的赦免，不论其原宥的方式和内容，也不论其动因，只要是只对具体人或事有效力的，皆属特赦的范围。曲赦之名最早出现于西晋时期，以适用于特定地区为标志，则凡以地理范围确定赦令行用范围而不及全国的赦免，皆属曲赦。当然，除此之外，一些

---

①　参见《明史·刑法二》。

②　《清史稿·刑法三》。

③　对于赦宥的类型，最常见的分类主要有按不同动因、按不同称谓等方式。笔者以为，中国传统法制中的赦宥制度极为复杂，动因、称谓上的变化反复无常，以其为标准进行的类型界定必然显得杂乱零碎，不利于总体上对赦宥类型进行理解。笔者以为对于其类型的划分应该从赦宥内容的特征上进行把握。

④　沈家本先生在《历代刑法考》中将常见动因之外的赦宥称为"特赦"。本书所指特赦与此不同，主要指针对特定人或事的赦宥。

自身特征较强的赦宥看上去似乎难以归入这三种主要赦宥类型，如有些学者称之为"别赦"、"减等之赦"等情形，但这一类赦宥本质上仍不出上述基本赦宥类型的范围，且从施行方面来说，这类赦宥不仅颁行较少，而且也并非任何历史时期都有，对于赦宥制度长达数千年的发展史而言其意义十分有限，兹不赘述。

四、赦宥的刑罚效果

赦宥制度是中国传统法制独具特色的制度之一，它的存在和发展对中国传统法制及其司法制度都产生了广泛而深刻的影响。就赦宥的刑法效果而言，应当从两方面来看，一是赦宥的积极意义，二是赦宥的消极影响，这两种自相矛盾的效果同时对中国传统法制及其司法产生影响，或许也正是中国传统法律的独特魅力之一。

就赦宥积极的刑法效果而言，首先，赦宥的存在对于减轻中国传统法制的残酷性具有重要的意义。尽管自汉代以后，中国传统法律的儒家化进程大大加快，儒家所提倡的德治、仁政思想不仅开始支配治国理念，也取得了在立法上的支配权，法律的制定"一准乎礼"，淋漓尽致地体现了儒家所谓的"德主刑辅"的主张，但在表象之下，刑罚的残酷性却是不争的事实，"外儒内法"才是统治政策的真实状态。这种残酷性的表现不胜枚举，如司法审判中刑讯的泛滥，刑罚制度中腰斩、凌迟等酷刑的存在，狱政方面的滞狱和瘐毙问题等，仅就五刑制度而言，即使其中最轻的笞杖刑所造成的身体伤害也是极为严重的；除此而外，尚有连坐族诛、诛杀功臣的冤案和文字狱等等，都使得中国传统法制和司法充满了血腥味。而赦宥制度的施行，事实上的确会使一部分人免于受到刑罚惩治或减轻其受到的刑罚，毫无疑问，赦宥的施行在很大程度上使传统法制呈现出温情脉脉的色彩，增加了其人性化的内容。其次，赦宥制度对于改造犯罪人，预防犯罪具有一定的积极意义。赦宥的施行，在统治者那里主要是体现其德行、仁政，笼络人心，不仅让犯罪人也要让所有人感受到"皇恩浩荡"，因而，用赦宥来进行感化不仅有利于犯罪人的改造，对其他社会成员无疑能起到一般预防的作用。再次，赦宥的设置，从刑事立法技术角度而言也是必不可少的。不同的犯罪行为其社会危害性是不同的，刑事法律必须予以区别对待，哪些行为可以减免处罚，哪些行为"常赦所不原"的规定，自然也是刑事法律制度体系科学合理的需要。

赦宥制度积极意义上的刑法效果从广义上来讲，还应当包括赦宥在缓和社会矛盾，稳定社会秩序方面的作用。在"礼"与"刑"的两手和"世轻世重"的方法都失去其控制社会秩序的能力时，如爆发战乱和大规模自然灾害的特殊时期，赦宥的施行多少有助于缓和社会矛盾，迅速稳定社会秩序。中国历史上每当社会动荡之时，便会出现赦书频下的现象，如西汉初年、东汉末年、晋惠帝时期、唐末等，应该不是偶然的现象。

赦宥的消极影响又有哪些？我们可以从历代以来对赦宥制度弊病的批评上，找到这一问题的答案。自春秋战国赦宥制度逐渐发达时起，对赦宥的抨击就从未停止过，其较有影响和代表性的观点有如下一些：

春秋战国时期，一些法家代表人物，如管仲认为：

> 故曰"赦出则民不敬，惠行则过日益"。惠赦加于民，而囹圄虽实，杀戮虽繁，奸不胜矣。故曰："邪莫如蚤禁之"。赦过遗善，则民不励。有过不赦，有善不遗，励民之道，于此乎用之矣……凡赦者，小利而大害者也，故久而不胜其祸。毋赦者，小害

而大利者也，故久而不胜其福。①

商鞅认为：

> 圣人不宥过，不赦刑。②

韩非子主张：明君"不赦死，不宥刑……无赦，犹入涧之必死，则人莫之敢犯也"③。

汉元帝时，匡衡上疏曰：

> 臣窃见大赦之后，奸邪不为衰止。今日大赦，明日犯法，相随入狱，此殆导之未得其务也。盖保民者，陈之以德义，示之以好恶，观其失而制其宜，故动之以和绥之以安。今天下俗贪财贱义，好声色，尚侈靡，廉耻之节薄，淫辟之义纵，纲纪失序，疏者逾内；亲戚之恩薄，婚姻之党隆，苟合缴幸，以身设利。不改其原，虽岁赦之，刑犹难使措而不用也。④

王符认为：

> 今日贼良民之甚者，莫大于数赦赎。赦赎数，则恶人昌而善人伤矣。奚以明之哉？曰孝悌之家。修身慎行，不犯上禁，从生至死，无铢两罪。数有赦赎，未尝蒙恩，常反为祸。何者？正直之士之为吏也，不避强御，不辞上官，从事督察，方坏不快。而奸猾之党又加诬言，皆知赦之不久，则且共横枉，侵冤诬奏罪，法令主上，妄行刑辟……及贪残不轨，凶恶弊吏，掠杀不辜，侵冤小民，皆望圣帝当为诛恶治冤，以解蓄怨，反一门赦之，令恶人高会而夸说，老少服藏而过门，孝子见仇而不得讨，亡主见物而不得取，痛莫甚焉！⑤

三国时，蜀国孟光说：

> 夫赦者，偏枯之物，非明世所宜有也。衰毕穷极，必不得已，然后乃可权而行之耳。⑥

宋代："且有罪者宽之未必自新，被害者抑之未必无怨。不能自新，将复为恶；不能无怨，将悔为善。一赦而使民悔善长恶，政教之大患也。"则将"刑政紊而恩益滥矣！"⑦

明代丘浚认为：

> 盖赦之初设为眚灾也……为之常制而有定时，则人可揣摩以需其期，非独刑法不足以使人惧，而赦令亦不足以致人感也。⑧

从上述历代对于赦宥的批评可见，赦宥在刑法效果上的消极影响至少有这样一些方面：

---

① 《管子·法法》。
② 《商君书·赏刑》。
③ 《韩非子》。
④ 《汉书·匡衡传》。
⑤ 《潜夫论·述赦篇》。
⑥ 《三国志·蜀书·孟光传》。
⑦ 《宋史·刑法三》。
⑧ 《大学衍义补·慎眚灾之赦》。

一是赦宥会导致法律适用上的不公正。犯罪行为理应得到相应惩罚的观念早已有之，这一点在传统中国社会也不例外。如果犯罪人得不到应有的处罚，对于被害人而言则是不公正的，必然会促使被害人以及其他民众对法律公正性产生怀疑，尤其是会让被害人心理上产生"将悔为善"的想法。二是赦宥会导致损害法律的威信，诱使民众犯罪。法家认为只有严刑峻法才能使民众对法律保持畏惧，从而不会轻易触犯法律，而赦宥的存在则会让人心存侥幸心理，大大增加了诱发犯罪的可能。三是赦宥，尤其是频繁的赦宥不仅会总体上损害整个国家的法制，也会导致赦宥本应起到的感化作用归于无形，也会使统治者彰显德行、仁政的努力化为泡影。如元代沿袭宋代滥赦之弊，在赦宥问题上对僧侣阶层礼遇有加，凡有佛事多即行赦宥，以至于"人不感帝之恩，而感乎僧"①。

　　总的来看，赦宥制度的存在在正反两方面都产生了相当重要的影响，至于其刑法上的效果到底是弊大于利还是利大于弊，似乎不能一概言之，而应具体分析。赦宥制度本身的工具性价值表明，对赦宥运用得当，自然会发挥其积极功能，而运用不当，如滥赦，则会带来种种消极影响。大抵，政治清明、社会秩序稳定之时进行有限的赦宥，则会收到较良好的效果；而政治昏暗之时的滥赦，其效果无疑是与赦宥的目的和功能背道而驰的。

---

①　《大学衍义补·慎眚灾之赦》。

第十章

定罪科刑的一般原则

第一节
故意与过失犯罪

在人类社会法律发展的历史上，中国传统法律制度一直以其历史悠久、魅力独特和高度发达著称于世；其中，刑法的高度发达和完备是中国传统法律成熟完备的重要标志。传统刑法的发达又有多方面的例证，在犯罪主观方面较早地区分了故意与过失，并以之指导立法和司法即是例证之一。从夏商周时代出现区分故意与过失犯罪到魏晋时期明确故意与过失的概念，再到唐代故意与过失犯罪在法典中的定型，相沿至明清律，故意与过失犯罪由简单的原则性区分逐步发展到概念明确、理论深化的阶段，贯穿于整个传统刑法发展的历史中。对于传统刑法中故意与过失犯罪问题的探讨，首先应该了解其产生发展的一般历史，其次应当从历代法典的相关内容中考察其发展过程和内容方面的特征，再次是于此基础上明确其意义与影响。

一、古代犯罪中的故意与过失

中国传统刑事法律早在西周时期就已经相当发达，对故意与过失犯罪也已有了明确的认识和区分。《尚书·康诰》载：

> 敬明乃罚。人有小罪，非眚，乃惟终自作不典；式尔，有厥罪小，乃不可不杀。
> 乃有大罪，非终，乃惟眚灾，适尔，既道极厥辜，时乃不可杀。

这里所谓的"非眚"即是指故意而言，而"眚灾"则主要是指过失。对于因"眚灾"而犯罪，不论罪行轻重与否，都要在处罚上从轻，"乃不可杀"；而对于并非过失的"非眚"犯罪，即使是较轻微的犯罪，也应当给予严厉的惩罚，"乃不可不杀"。这表明，西周时期不仅已经产生了对故意犯罪与过失犯罪的区别认识，同时对两者的不同恶性程度和危害性也有所认识，因而在如何处罚上也规定了相应的原则，大体上是对于故意犯罪要从重处罚，而对于过失犯罪则要减轻处罚。

事实上，西周时期对故意与过失犯罪区别认识的产生并不是偶然的，它是在此前一个相当长的历史时期内，自夏商以来，甚至是尧舜禹时代以来中国古代刑法不断发展的结果。如《尚书·舜典》载："眚灾肆赦，怙终贼刑"，《尚书·大禹谟》中："宥过无大，刑故无小"以及其"（传）云：过误所犯，虽大必宥；不忌故犯，虽小必刑"。这些记载在内容较之《康诰》虽为简单，但基本上也是确定了对故意犯罪和过失犯罪在处罚上加以区别的原则。尽管这些记载是否准确地反映了其所言的历史时期的真实状态尚有疑问，但可以肯定的是，早在西周之前的夏商时代，对于故意和过失犯罪应当就已经有所区分。

秦汉之时，故意与过失犯罪在理论和实践上都有较大的发展。秦代对故意与过失犯罪的称谓一般为"端"与"不端"，"失刑"和"不直"等；在司法实践中，对于故意犯罪和过失犯罪在定罪和量刑方面也有所不同，极大地丰富和发展了故意与过失犯罪的内容。秦律载：

> 甲告乙盗牛若贼伤人，今乙不盗牛、不伤人，问甲何论？端为，为诬人；不端，为告不审。

> 告人盗百一十，问盗百，告者何论？赀二甲。盗百，即端盗驾（加）十钱；问告者何论？当赀一盾。赀一盾应律，虽然，廷行事以不审论，赀二甲。

> 论狱何谓不直？（何）谓纵囚？罪当重而端轻之，当轻而端重之，是谓不直。当论而端弗论，及易其狱，端令不致，论出之，是谓纵囚。

> 仕伍甲盗，以得时直臧，臧直过六百六十，吏弗直，其鞠狱乃直臧，臧直百一十，以论耐，问甲及吏何论？甲当黥为城旦；吏为失刑罪，或端为，为不直。

> 仕伍甲盗，以得时直（值）臧（赃），臧（赃）直（值）百一十，吏弗直，狱鞠乃直臧，臧直过六百六十，黥甲为城旦，问甲及吏何论？甲当耐为隶臣，吏为失刑罪。甲有罪，吏知而端重若轻之，论何也？为不直。[①]

从上述史料记载来看，秦代的司法实践中对故意与过失的区分是非常明确，也是十分严格的，对过失犯罪的处罚明显要轻于故意犯罪。同时，在不直接言明"端"或"不端"的情况下，对故意与过失也有明确的区分和认定，在相应的罪名上也有所区别，如对于官吏审判案件量刑不当的，或为"失刑"或为"不直"，前者为过失，处罚从轻，后者为故意，处罚从重。

汉代在故意与过失犯罪问题方面，在秦代的基础上进一步发展，司法中对区分故意与过失犯罪比较重视，得到了较严格的执行。史载：明帝永平中，"有兄弟共杀人者，而罪未有所归。帝以兄不训弟，故报兄重而减弟死。中常侍孙章宣诏，误言两报重，尚书奏章矫制，罪当腰斩。帝复召躬问之，躬对'章应罚金'。帝曰：'章矫诏杀人，何谓罚金？'躬曰：'法令有故、误，章传命之谬，于事为误，误者其文则轻。'……帝曰：'善'。"[②] 明帝时，"诏赐降胡子缣，尚书案事，误以十为百。帝见司农上簿，大怒，召郎将笞之。意因入叩头曰：'过误之失，常人所容。若以慢慢为衍，则臣位大……笞皆在臣，臣当先坐。'……帝意解"[③]。

此外，汉代在故意与过失犯罪问题上的发展，突出地表现在对于故意犯罪进一步区分

---

① 《睡虎地秦墓竹简·法律答问》。
② 《后汉书·郭躬传》。
③ 《后汉书·钟离意传》。

了"造意"和"非造意"，这一区分对同样属于故意范畴的犯罪主观状态，在给予处罚时是不同的，对于"造意"的处罚通常要重于"非造意"，反映了汉代对故意犯罪认识的深化。

魏晋南北朝时期法律中有明确的故意与过失犯罪不同处罚的规定，如《太平御览》载晋《军法令》中规定："误举烽燧，罚金一斤八两，故不举者，弃市。"这一时期，故意与过失犯罪问题上最重要的发展在于概念方面进一步规范化、明确化。自汉代以来，由"引经注律"开始，律学得到较大的发展，至魏晋南北朝，律学的发展已蔚为大观，出现了一大批著名的律学家，如张斐、杜预等。律学的发展为理论上深入辨析名词概念提供了条件。在故意与过失问题上，概念上的规范化以张斐的《律注表》中的阐释为代表，"其知而犯之谓之故，意以为然为之失……不意误犯为之过失……唱首先言为之造意"。同时，对于一些特殊案件，张斐也指出了其故意与过失状态为何，应如何处罚，如"若不承用诏书，无故失之刑……谋反之同伍，实不知情，当从刑。此故失之变也……向人室庐道径射，不得为过，失之禁也"①。

上述记载说明，魏晋时期，不仅故意与过失的概念方面有较大的发展，对于过失犯罪已经有了接近于现代刑法上"疏忽大意"的过失和"过于自信"的过失这样的区分；同时，也开始出现对某些行为不得以过失论罪的规定，主要是涉及皇权如不执行诏书等，以及公共安全方面如向居民住宅和道路射箭等；此外，在晋律中"过失"与"失"是不同的，前者主要是指"过失杀伤"，是与斗杀、戏杀、贼杀等相对而言的，"失"才是与"故"对举的。这一时期的司法实践中，也出现了从概念上辨析从而区分故意与过失来定罪量刑的案例，如史载："安帝义熙年间，刘毅镇姑熟，常出行南陵，县吏陈满射鸟，箭误中直帅，虽不伤人，据法当弃市。何承天议曰：今满意在射鸟，非有心于中人，按律，过误伤人三岁刑，况不伤人乎？"②

二、唐律中的故意和过失

唐代是中国传统法律发展的巅峰时期，其所规定的各种制度基本上都是比较详备的。在刑法方面，故意与过失问题的规定在唐律中已经发展到十分完备的阶段，其内容更加全面具体，体系也更加合理。

（一）唐律中的故意

唐律中关于故意犯罪没有集中的概念表述，其关于故意犯罪的内容主要有下列几方面：

1. 对故意犯罪重点在于打击故意杀人等行为。《唐律疏议·斗讼》："诸斗殴杀人者，绞。以刃及故杀人者，斩。虽因斗，而用兵刃杀者，与故杀同。不因斗，故杀伤人者，加斗殴伤罪一等。虽因斗，但绝时而杀伤者，从故杀伤法。"对于斗殴而用兵刃，唐律认为"谓斗而用刃，即有害心"，故法律将之与"故杀"等同。

2. 故意犯罪有直接故意与间接故意的区分。《贼盗律》规定："脯肉有毒，曾经病人，有余者，速焚之，违者杖九十；若故与人食并出卖，令人病者，徒一年，以故致死者绞；

---

① 《晋书·刑法志》。

② 《九家旧晋书辑本·一》。

即人自食致死者，从过失杀人法。"该条中，明知有毒而卖与人食显然是明知会发生危害结果但却放任结果发生的间接故意。

3. 延续共同犯罪中区分造意和非造意的做法，增加了对事后共犯和片面共犯故意的认定。《名例律》规定共同犯罪"以造意为首，随从者减一等"；事后共犯方面如《职制律》规定："诸官有员数，而署置过限及不应置而置，一人杖一百，三人加一等，十人徒二年。后人知而听者，减前人署置一等；规求者为从坐，被徵须者勿论。即军务要速，量事权置者，不用此律。"

4. 对象错误以故意论。如《斗讼律》"斗殴误杀伤旁人"条疏文"假有数人，同谋杀甲，夜中忽遽，乃误杀乙，合得何罪？……合科故杀罪。"

5. 对客体认识错误以从轻为原则。《名例律》规定："本应重而犯时不知者，依凡论，本应轻者，听从本。"因此"假有叔侄别处生长，素未相识，侄打伤叔，官司推问始知，听依凡人斗法。又如别处行盗，盗得大祀神御之物，如此之类，并是'犯时不知'，得依凡论，悉同常盗断。"

6. 特殊犯罪中的知情人以故意论。《贼盗律》关于"造畜蛊毒"犯罪规定"……造畜者同居家口虽不知情……皆流三千里"。

此外，对于事后知情不报的行为，如《捕亡律》规定"不知人有罪，容寄之后，知而匿者，皆坐如律"。即是以故意犯罪来论处。

（二）唐律中的过失

唐律关于过失犯罪的规定，主要包括以下几个方面的内容：

1. 唐律过失犯罪的法律术语主要有"过失"、"失"、"误"、"不知情"、"亡失"、"不觉"等。

这里的"过失"并不与过失犯罪等同，而是魏晋以来"过失杀伤"的专门用语，《斗讼律》规定："诸过失杀伤人者，各依其状，以赎论。"该条之注文又说："谓耳目所不及，思虑所不到；共举重物，力所不制；若乘高履危足跌及因击禽兽，以至杀伤之属，皆是。"与此相同之规定亦见于"因盗而过失杀伤人"、"主过失杀部曲"、"诸部曲奴婢过失杀（伤）主"、"妻过失杀妾"等条文中。[①] 所谓"失"则基本上是过失的含义，在唐律中主要用于规定官吏过失犯罪方面，诸如"公事失错"、"贡举非其人……失者减三等"、"主守不觉失囚"、"断罪失入"[②]。所谓"误"既用于官吏过失犯罪，也用于一般人过失犯罪。如误于宫殿御道中行走、上书奏事误犯宗庙讳、外膳误犯食禁、误失毁官文书等。[③] 除此之外，言"不知情"的条文有唐律第 85 条"诸私度有他罪重者，主司知情，以重者论，不知情者，依常律"，三百七十九条"诸诈乘驿马，加役流；驿关等知情与同罪，不知情减二等"，等等；言"亡失"的条文有四百三十五条"亡失及误毁大祀神御之物"、四百三十七条"亡失及误毁符、节、印及门钥"、四百三十八条"诸弃毁制书及官文书……亡失及误毁……"、四百四十条"亡失簿书"等；言"不觉"的条文有七十八条"诸宫内外行夜，若有犯法，

---

① 分别见《唐律疏议》之第二百八十九条、三百二十二条、三百二十三条、三百二十五条。
② 分别见《唐律疏议》之第十四条、九十二条、四百六十六条、四百八十七条。
③ 分别见《唐律疏议》之第六十六条、一百一十五条、一百零八条、四百三十八条。

行夜主司不觉,减守卫者罪二等"、四百六十三条"诸官户、官奴婢亡者……主司不觉……"等。

2. 唐律中的过失犯罪将一些现代刑法上视为意外事件的情形纳入了过失范畴。

如前文所举"过失杀伤人"条注文中所列几种情形,即耳目所不及、思虑所不到、力所不制、击禽兽而杀伤人等情形,此类情形一般而言都是超出行为人控制能力而发生的,行为人无法预见可能发生的危害结果,因而在现代刑法上一般都将这一类情形视为意外事件而不作为过失犯罪来处理。唐律的规定与现代刑法在这方面的差异表明,传统律学在某些方面仍是有一定局限性的。

3. 唐律中过失犯罪把一些应属于过于自信的过失类型排除在外。

这方面的例证最典型的是关于"戏杀"的规定,"诸戏杀伤人者,减斗杀伤二等……",疏文中有"况乎嬉戏,或以金刃,或乘高处险,或临危履薄,或入水中,既在险危之所,自须共相警戒,因此共戏,遂致杀伤……"①从条文和疏文的规定来看,对于戏杀,用金刃或处于危险环境下时,行为人虽然没有杀伤人的意图,但理应预见到自己的行为可能会产生一定的危害结果,由于过于自信能够避免,以至于危害结果发生,在现代刑法上我们一般称之为"过于自信的过失"。但唐律对于此种行为,认为行为人潜意识中是处于"明知"的状态,因而将"戏杀"适用"斗杀"减等处罚,而不适用过失杀伤的赎刑的规定。

此外,值得一提的是,唐代故意与过失犯罪的区分在某些方面是受限制的,主要是关于危及皇帝人身安全和国家政权安危的行为,这一类犯罪通常不分故意与过失,一律处以重刑。如《唐律疏议·擅兴》有"诸乏军兴者斩,故、失等"。

唐代之后,自宋迄止明清,传统刑法在故意与过失犯罪问题上基本沿用唐律之主体内容,甚至在某些具体条文上也与唐律的相关条文几乎没有差别。只是到了明清时期,条文规定方面在具体的处罚上已有较多的变化,又因明清时期大量例文的行用,故意与过失犯罪的具体内容上也有一些变化。但从理论方面来看,自唐律之后一直没有显著的变化。这种状况一直持续到清末修律之前。此后,由于大量引入近现代刑法理论,故意与过失犯罪方面也发生了许多重要的变化,渐渐向现代刑法的相关理论演进。

三、古代刑法中故意与过失犯罪的若干特征

纵观传统法制中故意与过失犯罪理论和制度内容的发展演变,下列几个方面的内容似乎值得关注,具体在于:

第一,从其理论上的发展演变来看,是一个由简单模糊的原则性规定逐渐向概念明确、内容丰富的理论体系发展的过程。西周时期的"非眚"与"眚",秦代的"端"与"不端",基本上还是概括性地表达主观上有无犯罪意图的意思;到了唐代,故意与过失的概念已经有比较明确的分类,以过失犯罪来说,就有"过"、"失"、"过失"、"误"、"不知情"、"不觉"等多个不同的概念,而概念的增加、差别的细化,自然会使故意与过失犯罪的理论更为复杂。

第二,从对故意与过失犯罪中的特殊问题特殊对待的做法来看,理论和立法技术上都

---

① 《唐律疏议·斗讼》。

是较为先进发达的。其表现一是在于历代法典中对"过失杀伤人"规定的沿用，使过失犯罪的区分更加细化；二是对于某些犯罪行为不以过失论而视为故意，这一类犯罪主要是和皇帝的安全或国家政权的安危直接相联系的，这样的规定既体现了传统法律在维护皇权和专制统治上的严格，也为故意与过失犯罪问题增加了特殊内容。

第三，从历代法典的规定中，不难看出，对于过失犯罪无论是理论上的探讨还是制度规定上都远较故意犯罪为多。以唐律为例，唐律中故意犯罪的概念主要有"故"、"知"、"造意"等，而过失犯罪的概念有"过"、"失"、"过失"、"误"、"不知情"、"不觉"等多个，并且，疏文中对过失犯罪的解释也远远多于故意犯罪问题，这主要是因为相对而言，过失犯罪的认定比故意犯罪要复杂得多。

此外，从历代法典中具体条文规定来看，故意与过失的规定要么是相对而言规定于不同条文上，要么是单独规定故意或者过失犯罪，要么是同一条文中前后相随分别言故意和过失。以唐律为例，第一种条文模式如《斗讼律》于第三百零六条规定了"斗故杀人"罪，而"过失杀伤人"罪则规定在三百三十八条，虽条文次序上并非前后紧接，但仍明显是相对而言的；第二种形式则更为常见，如唐律二百五十六条"谋杀人"、四百四十条"亡失簿书"；第三种形式是最为常见的，一个条文前后分别言故意与过失，如唐律八十四条"诸私度有他重罪者，主司知情，以重者论，不知情者，依常律"，九十二条"贡举非其人……失者减三等"。

四、古代刑罚中故意与过失犯罪评说

中国传统法制中故意与过失犯罪的理论和制度的发达意义在于：首先，它是中国传统刑法理论高度发达的标志之一。犯罪主观方面的问题是刑法理论中最为重要的一部分，它直接决定着罪与非罪、此罪与彼罪的区别。传统刑法早在夏商周时期就有了对故意和过失犯罪的认识，并且在司法实践中确立了故意从重过失从轻的原则，相对于其他早期人类法制文明形态而言，中国传统刑法在这一问题上的发达程度是其他早期法制文明形态所无法比拟的。其次，从立法技术的角度来看，中国传统法制在关于故意与过失犯罪的制度规定方面亦有许多值得称道之处，比如唐律中对过失犯罪依主体之不同而使用不同的概念，在过失犯罪中对特殊问题加以特殊规定等等，都说明传统刑法在立法技术方面已经发展到相当成熟的程度。再次，传统刑法中故意与过失犯罪的理论和制度在某些方面反映了中国传统法制的一些特征，如对于过失犯罪减轻处罚，甚至对于"过失杀伤人"规定可以赎免刑罚，多少带有恤刑的意味，而对危及皇帝安全和政权稳定的案件不适用过失的规定，又反方面映了传统刑法的严酷性。

尽管晚清修律使中国传统法制整体上被引入的西方近现代法制所替代，但这并不意味着中国固有的传统法制中的所有内容全都被废弃，刑法方面亦是如此。这是因为，传统刑法中的许多东西并不是与近现代刑法截然对立的，恰恰相反，两者之间在很多方面是前后相承的关系。就故意与过失犯罪问题而言，它对于当代刑法故意与过失理论的影响首先是在概念方面，当代刑法中"故意"与"过失"的概念本身并不是完全由引入的西方近现代刑法决定的，而是相当程度上源于中国传统法制，只不过是使传统法制中较为复杂的故意与过失的概念科学化。其次，在今天看来，传统刑法故意与过失犯罪理论中一些规定是缺乏合理性和科学性的，比如对意外事件性质的认定等方面，对这些问题的认识对于进一步完善当代刑法中故意与过失相关理论仍有一定的借鉴意义。

第二节
老、幼及妇女犯罪

在刑法上，犯罪主体是影响定罪量刑的重要因素之一，因而对不同主体加以区别对待不仅仅是立法技术上的问题，同时也是法律公正性与合理性的需要；对于因心理、生理原因而使行为能力与一般主体不同的老幼、妇女等特殊群体，在犯罪的情况下，从定罪量刑方面予以特别对待，给予一定的宽免正是法律公正合理的要求，也是刑法人性化的体现。中国传统刑法很早就已注意到老幼、妇女作为犯罪主体的特殊性，因而在刑法中规定了许多关于这一类人犯罪时如何处罚的专门内容，其中主要是体现了对老幼、妇女这一类特殊主体的宽免和优待，体现了中国传统法律浓厚的人文关怀色彩。

一、老、幼及妇女犯罪的历史渊源

（一）西周至秦汉时期老、幼及妇女犯罪

西周时期，刑法中的一个重要原则就是"矜老恤幼"，规定了一定的刑事责任年龄标准，对于符合相关刑事责任年龄要求的老人和未成年人在犯罪后的处罚上要予以减轻或免除。其规定的具体内容如《周礼》中关于"三赦"的规定："壹赦曰幼弱，再赦曰老旄，三赦曰蠢愚"[1]，"凡有爵者，与七十者，与未龀者，皆不为奴"[2]。在老幼的具体标准上，"八十九十曰耄，七年曰悼，悼与耄，虽有罪，不加刑焉"[3]。从这些记载来看，西周时期对于老幼犯罪，处罚的原则是"不加刑"，但也并非任何罪行都可以不负法律责任，对于严重如杀人一类的犯罪也不是完全免除刑罚，《周礼》中郑玄注指出："幼弱、老耄，若今律令年未满八岁、八十以上，非手杀人，他皆不坐。"

春秋战国之时，对老幼犯罪的减免处罚也体现在有关刑事责任年龄的规定上，如《管子》记有"老弱勿刑，参宥而后弊（判）"，明人董说《七国考》引桓谭《新论》记载这一时期魏国李悝《法经》中有"罪人年十五以下，罪高三减，罪卑一减"。可见春秋战国时期对于老幼犯罪，减免处罚仍是主要的刑法原则。这一时期，在老幼犯罪问题上比较有代表性的是秦律的规定，《睡虎地秦墓竹简》中有大量关于老幼、妇女犯罪的内容，仅举数例述之如下：

> 甲盗牛，盗牛时高六尺，系一岁，复丈，高六尺七寸，问甲何论？当完城旦。
> 甲小未盈六尺，有马一匹自牧之，今马为人败，食人稼一石，问当论不当？不当

---

[1] 《周礼·秋官司寇》。
[2] 《周礼·秋官·大司寇》。
[3] 《礼记·曲礼》。

论及偿稼。

　　隶臣、城旦高不盈六尺五寸，隶妾、舂高不盈六尺二寸，皆为小；高五尺二寸，皆作之。①

　　从这些记载来看，秦律在确定犯罪人刑事责任能力方面不是以年龄而是以一定的身高为标准，"未盈六尺"者被视为"小"，且男女在身高标准上还加以区别对待，男子以"六尺五寸"，女子以"六尺二寸"以下为小。在犯罪后的处罚上，首先是可以减轻处罚，如盗牛案中，按秦律规定，盗牛当处以"黥为城旦"的刑罚，但因犯罪人犯罪时尚属幼小，故减轻为"完为城旦"；其次是不仅可以减免刑事责任，也可以减免民事责任，未成年人牧马致使马吃了别人的庄稼，也可以免其民事赔偿的责任。相对于以年龄确定刑事责任能力而言，秦律以身高为标准的做法是较为独特的，虽然身高与年龄之间有一定的必然关系，但在现代刑法学看来，这种标准还是存在较多的不足之处。

　　到了汉代，在刑事责任的确立方面又回到了以年龄为标准上，虽然在具体的年龄划分上有所变化，但其制度规定所体现的对老幼犯罪及妇女犯罪的优待原则仍是一样的。汉景帝"三年复下诏曰：'高年老长，人所尊敬也；鳏寡不属逮者，人所哀怜也。其著令：年八十以上，八岁以下，及孕者未乳，师、侏儒、当颂系者，颂系之。'"② 汉惠帝时下诏："民年七十以上，若不满十岁，又罪当刑者，皆完之。"③ 汉宣帝元康四年（前62）时下诏曰：

　　朕念夫耆老之人，发齿堕落，血气既衰，亦无暴逆之心，今或罗以文法，执于囹圄不得终其年，朕甚怜之。自今以来，诸年八十以上，非诬告杀伤人，它皆勿坐。④

（成帝鸿嘉元年）定令：

　　年未满七岁，贼斗杀人及犯殊死者，上廷尉以闻，得减死。它三赦幼弱、老耄之人。⑤

西汉末年，汉平帝下诏曰：

　　眊悼之人，刑法所不加，圣王之制也⑥……妇女非身犯法，及男子八十以上，七岁以下，非坐不道，诏所明捕，他皆勿得系。

东汉初年，光武帝刘秀下诏：

　　凡八十以上，十岁以下者，不加拘禁。⑦

随后又规定："年未满八岁或八十岁以上，非手杀人，皆不坐。"⑧

① 《睡虎地秦墓竹简·秦律十八种·仓律》。
② 《汉书·刑法志》。
③ 《汉书·惠帝纪》。
④ 《汉书·宣帝纪》。
⑤ 《汉书·成帝纪》。
⑥ 《汉书·平帝纪》。
⑦ 《后汉书·光武帝纪》。
⑧ 《十三经注疏》。

上述内容表明，汉代在老幼、妇女犯罪的问题上制度规定更加全面，表现在一是在年龄的划分上更加细化，对于八十岁以上八岁以下的一般是免除刑罚，而对于十岁以下七十岁以上的则是减免刑罚；二是妇女犯罪问题上不仅有考虑性别差异的一般规定，还有对妇女犯罪时怀孕情形的特殊规定；三是对老幼、妇女犯罪宽免的限制性规定更加具体明确，如老幼犯罪不得是杀人、诬告等罪行，妇女"非身犯法"等等。

（二）魏晋南北朝时期老、幼及妇女犯罪

魏晋南北朝时期在老幼犯罪问题上，基本上沿袭汉代以来的原则，对于老幼、妇女犯罪，一是规定了减免，二是限制老幼等人犯严重犯罪如杀人罪的减免，三是对老幼犯罪在审判方式上限制刑讯的使用，此外在具体的老幼年龄划分上也有一些变化之处。如晋律中规定："若八十非杀伤人，他皆勿论"，"轻过误老少女人，当罚金杖罚者，皆令半之。"① 北魏律规定："年十四已下，降刑之半，八十及九岁，非杀人不坐，拷讯不逾四十九。"②

而在关于妇女犯罪方面，这一时期有较大的发展，主要体现在对犯罪妇女刑罚执行方式的特殊对待上和改变了妇女"从坐"时"一身二坐"的问题。曹魏时，"魏明帝改士庶罚金之令，男听以罚金，妇人加笞还从鞭督之例，以其形体裸露故也"③，在对妇女受笞刑上改从鞭督，使犯罪妇女免于受刑时裸露身体，这不仅是事关礼教风化，也是对妇女人格尊严的保护，具有相当大的积极意义。在改变妇女从坐制度的问题上，《晋书·刑法》中有详细的记载：

> ……是时魏法，犯大逆者诛及已出之女。……毌丘俭之诛，其妻荀氏应坐死，其族兄顗与景帝姻，通表魏帝，以乞其命。诏听离婚。荀氏所生女芝，为颍川太守刘子元妻，亦坐死，以怀妊系狱。荀氏辞诣司隶校尉何曾乞恩，求没为官婢，以赎芝命。曾哀之，使主簿程咸上议曰："夫司寇作典，建三等之制；甫侯修刑，通轻重之法。叔世多变，秦立重辟，汉又修之。大魏承秦汉之弊，未及革制，所以追戮已出之女，诚欲殄丑类之族也。然则法贵得中，刑慎过制。臣以为女人有三从之义，无自专之道，出适他族，还丧父母，降其服纪，所以明外成之节，异在室之恩。而父母有罪，追刑已出之女；夫党见诛，又有随姓之戮。一人之身，内外受辟。今女已嫁，则为异姓之妻；如或产育，则为他族之母，此为元恶之所忽。戮无辜之所重，于防则不足惩奸乱之源，于情则伤孝子之心。男不得罪于他族，而女独婴戮于二门，非所以哀矜女弱，蠲明法制之本分也。臣以为在室之女，从父母之诛；既醮之妇，从夫家之罚。宜改旧科，以为永制。"于是有诏改定律令。

尽管从坐之罪并非严格意义上的犯罪，但在中国传统法制中事实上视其与通常的犯罪无异。而妇女既要受父母之家从坐的处罚又要受夫家从坐之罚，无疑使其受连累的可能性大为增加，这不仅有失法律的公平，也不利于统治者鼓吹的仁政、孝道的推行，因而，改变妇女从两家之坐的规定，不仅是在妇女犯罪问题上对女性的宽免，也是法律公平性发展

① 《晋书·刑法》。
② 《魏书·刑法志》。
③ 《晋书·刑法》。

的内在要求。这一变革在魏晋时期出现不是偶然的，因为妇女从两家之坐的传统由来已久，对此提出异议并能从学理上分析其不合理性，需要对法律理论和技术规定有相当深的把握，而魏晋时期引经入律的长期发展和律学的发达正好为解决这一问题提供了契机。此后晋律中已明确"减枭斩族诛从坐之条，除谋反适养母出嫁女皆不复还坐父母弃市……"①

（三）唐律中的老、幼及妇女犯罪

唐代时，中国传统法制已发展到最成熟完备的阶段，在立法上全面贯彻了"一准乎礼"的要求，因而对于老幼、妇女犯罪问题，唐律作出了相当全面系统的制度规定。以《唐律疏议》为代表，唐律中关于老幼及妇女犯罪的相关规定有：

> 诸年七十以上、十五以下及废疾，犯流罪以下，收赎。八十以上、十岁以下及笃疾，犯反、逆、杀人应死者，上请；盗及伤人者，亦收赎。余皆勿论。九十以上，七岁以下，虽有死罪，不加刑；即有人教令，坐其教令者。若有赃应备，受赃者备之。

> 诸犯罪时虽未老、疾，而事发时老、疾者，依老、疾论。若在徒年限内老、疾，亦如之。犯罪时幼小，事发时长大，依幼小论。

> 诸应议、请、减，若年七十以上，十五以下及废疾者，并不合拷讯，皆据众证定罪，违者以故失论。若证不足，告者不反坐。

> 诸妇人犯死罪，怀孕，当决者，听产后一百日乃行刑。若未产而决者，徒二年；产讫，限未满而决者，徒一年。失者，各减二等。其过限不决者，依奏报不决法。

> 诸妇人怀孕，犯罪应拷及决杖笞，若未产而拷、决者，杖一百；伤重者，依前人不合捶拷法；产后未满百日而拷决者，减一等。失者，各减二等。

> ……其妇人犯流者，亦留住，流二千里，决杖六十，一等加二十，俱役三年……

综合上述条文规定来看，唐律中老幼、妇女犯罪问题至少具有以下几方面的内容：第一，唐律在刑事责任年龄的划分上更加合理也更加具体。唐律将老幼犯罪的刑事责任承担划分为三个年龄段，一是七十岁以上十五岁以下，二是八十岁以上十岁以下，三是九十岁以上七岁以下，在每个不同的年龄段内的老幼人等犯罪时所享有的宽免待遇在程度上又加以区别，从"流罪以下，收赎"到"犯反、逆、杀人应死者，上请"再到"虽有死罪，不加刑"，其减免的程度与年龄之老幼成正比。第二，唐律已将老幼等人看作是法律上享有一定特权的主体。唐律规定了"八十以上，十岁以下"即使犯反、逆一类的犯罪要处以死刑的仍有"上请"的特权，而"上请"之权在唐律中是仅次于"八议"的重要特权之一。第三，对老幼犯罪宽免的程度加大，矜恤的范围也有所扩大。这首先体现在对老疾人等的处罚以从轻为原则，"犯罪时虽未老、疾，而事发时老、疾者，依老、疾论"，已经在服刑的囚犯老、疾的，也可享有赎免刑罚的权利；其次体现在审讯方法上，对于七十以上、十五以下的老幼犯罪，不允许刑讯，而只以众证定罪。第四，对于妇女犯罪问题，特别规定了怀孕的妇女在受审判和行刑时需要加以特殊对待，审判时对怀孕的妇女不得刑讯，无论拷讯还是行刑都必须在"产后百日"才可以进行。第五，唐律对于老幼、妇女犯罪的宽免待遇规定了司法官的责任加以保障，对老幼非法拷讯的以"故失论"，对怀孕的妇女如果未产

前拷讯或行刑的，以及产后未满规定期间而拷讯或行刑的，要分别故、失等情节处以轻重不等的杖刑或徒刑。

从这些规定的内容可见，唐律对于老幼、妇女犯罪所采取的态度基本上是以矜恤为主的，其宽免的范围较大，宽免的程度也很深，与后世法典中在相关问题上的规定相比较，唐律的规定可以说是更具人性化考虑。但这并不是说唐律对于老幼、妇女犯罪完全是宽免而无限制，事实上，唐律也规定了不同程度的对老幼、妇女犯罪宽免的限制，如上引唐律"老小及疾有犯"条注文中对赎免刑法就作出了限制性的规定："犯加役流、反逆缘坐流、会赦犹流者，不用此律"，即是说，老幼犯流罪可以收赎，但此三类流罪则不适用这一规定。又如对于"九十以上，七岁以下，虽有死罪，不加刑"的规定，注文中同样限制为"缘坐应配没者，不用此律"[1]。而妇女犯流罪时一般依法可"留住，决杖"，免于发遣，但"造畜蛊毒应流者，配流如法"[2]。可见，对于老幼及妇女犯罪以所犯非严重危害统治秩序为前提，否则将不可能享有宽免刑罚的待遇。

（四）明清时期的老、幼及妇女犯罪

总的来说，自唐代之后，历代法典关于老幼、妇女犯罪问题在制度上基本继承的是唐律的内容。但世易时移，明清时期的法律对于这一问题的法律规定也随着社会现实的发展变化而多有增减。首先来看明代法律对这一问题的相关规定，明律涉及老幼、妇女犯罪问题的规定见于"律"，也见于"令"和"条例"中。以《大明律》、《大明令》和万历时期的《问刑条例》中的规定为例，《大明律》规定有：

> 凡年七十以上、十五以下及废疾，犯流罪以下，收赎。若造畜蛊毒、采生折割人、杀一家三人，家口会赦犹流者，不用此律。其余侵损于人，一应罪名并听收赎。八十以上、十岁以下，及笃疾，犯杀人应死者，议拟奏闻，取自上裁。盗及伤人者，亦收赎。余皆勿论。九十以上、七岁以下，虽有死罪，不加刑。其有人教令，坐其教令者，若有赃应偿，受赃者偿之。

> 凡犯罪时虽未老疾，而事发时老疾者，依老疾论。若在徒年限内老疾，亦如之。犯罪时幼小，事发时长大，依幼小论。

> 凡应八议之人，若年七十以上、十五以下及废疾者，并不合拷讯，皆据众证定罪。违者，以故失入人罪论。其于律得相容隐之人及年八十以上、十岁以下，若笃疾，皆不得令其为证。违者，笞五十。

> 凡妇人犯罪，除犯奸及死罪收禁外，其余杂犯，责付本夫收管。如无夫者，责付有服亲属、邻里保管，随衙听候，不许一概监禁。违者，笞四十。若妇人怀孕，犯罪应拷决者，依上保管皆待产后一百日拷决。若未产而拷决因而堕胎者，官吏减凡斗伤罪三等；致死者，杖一百，徒三年；产限未满而拷决者，减一等。若犯死罪，听令稳婆入禁看视，亦听产后百日乃行刑。未产而决者，杖八十；产讫限未满而决者，杖七十；其过限不决者，杖六十。失者，各减三等。

---

[1]《唐律疏议·名例》。
[2]《唐律疏议·名例》。

《大明令》中规定：

> 凡年七十以上、十五以下及笃疾、残疾，犯笞、杖、徒、流者，听赎。若有教令之人，罪坐教令者。其犯奸、盗死罪并十恶者，不用此令。

> 凡牢狱禁系囚徒，年七十以上、十五以下，废疾，散收，轻重不许混杂。枷杻常须洗涤，席荐常须铺置。冬设暖匣，夏备凉浆，无家属者，日给食米一升，冬给絮衣一件，夜给灯油，病给药医……毋致缺误……

> 凡年老及笃疾、残疾之人，除告谋反、叛逆及子孙不孝，听从赴官陈告外，其余公事，许令同居亲属，通知所告事理的实之人代告，诬告者，罪坐代诉之人。

> 凡妇人有犯奸罪，去衣受理，余罪单衣断决，并免徒、流、刺字。

> 凡妇人除犯恶逆、奸盗、杀人入禁，其余杂犯，责付有服宗亲收领听候。一应婚姻、田土、家财等事，不许出官告状，必须代告。若夫亡无子，方许出官理对；或身受损害，无人为代告，许令告诉。

万历年间的《问刑条例》涉及老幼、妇女犯罪的规定：

> 凡军职，犯该杂犯死罪，若年七十以上、十五以下及废疾，并例该革职者，俱运炭、纳米等项发落，免发立功。

> 年七十以上、十五以下及废疾，犯该充军者，准收赎，免其发遣。若有壮丁教令者，止依律坐罪。其真犯死罪，免死及例该永远充军者，不准收赎。

> 凡老幼及废疾犯，律得收赎者，若例该枷号，一体放免，照常发落。

> 妇人有犯奸盗不孝，并审无力，与乐妇各依律决罚。其余有犯笞、杖、并徒、流、杂犯死罪，该决杖一百者，审有力，与命妇、军职正妻，俱令纳钞。

与唐律相较，明律在老幼与妇女犯罪问题上的相关规定重要的发展变化之处在于：第一，对老幼犯罪的优待限制更加严格。明律规定对于造畜蛊毒、采生折割人和杀一家三口的恶性犯罪等，即是对老幼等人也不适用赎刑，《大明令》又将这一限制扩展到十恶之外包括因犯奸、盗而处死刑的情形，而妇女犯奸、盗、不孝的如果"审无力"，则要"与乐妇依律决罚"，这些规定与唐律相比，显然强化了对老幼、妇女犯罪宽免待遇适用的限制。第二，明律专列"妇人犯罪"条，对妇女犯罪作专门的规定，其内容上不仅涵盖了唐律关于怀孕女犯如何拷决、行刑的内容，还增加了妇女犯罪哪些情形应收监，哪些应责令其夫或亲属或邻里担保监管的规定，除犯奸罪或死罪的，妇女犯罪可以免于收监的规定无疑更有利于保护女犯。第三，《大明令》中详细规定了针对老幼犯罪在监狱管理方面对犯罪人予以优恤。尽管所谓"冬设暖匣，夏备凉浆"、"病给药医"多少有夸大、粉饰的色彩，但作为一项制度规定仍不失其积极意义。第四，在妇女犯罪方面，明律特别重视对妇女犯奸罪的惩处。明太祖以"明礼以导民，定律以绳顽"为明律制定的立法原则，可见明律与唐律一样是以儒家的伦理道德观为基础的。而自宋之后理学的发展使对妇女的贞节观念走向极端化，因而在明清时期，妇女犯奸罪的主观恶性和社会危害性都被人为地夸大了，对其处罚自然也强化了。从上述明代法律规定可见，对妇女犯奸罪，不仅要收监，而且受刑时"去衣受理"，限制其赎免，这些都明确无疑地表明了统治者对妇女犯奸罪严厉打击的态度。

清律因袭明律，关于老幼与妇女犯罪问题的规定基本上与明律相同，稍有变化之处在于清律例文中对此问题作出了不重刑的规定，（从清代法典《大清律例》的相关条文来看，其规定基本上照搬明律，兹不赘述）较为重要的例文有：

> 凡老幼及废疾犯罪，律该收赎者，若例该枷号一体放免，应得杖罪仍令收赎。

> 内外现审人犯不应具题者，若有老小废疾，俱照律完结。其直隶各省审拟具题案内人犯，果有老小废疾者，该督抚察明取具地方官印结具题，照律收赎。如实非老小废疾，徇情题免，事发者将出结转详，官并督抚交部议处。其到部人犯有告称年老及在中途成废疾者，察明实系老疾，亦得收赎。

> 教令七岁小儿殴打父母者，坐教令者以殴凡人之罪。教令九十老人故杀子孙者，亦坐教令者以杀凡人之罪。

> 妇女有犯奸盗、人命等重情，及别案牵连，身系正犯，仍行提审；其余小事牵连，提子、侄、兄弟代审。如遇亏空、累赔、追赃、搜查家产、杂犯等案，将妇女提审，永行禁止，违者以违制治罪。

从这些例文的内容来看，清代对于老幼、妇女犯罪在制度规定上的发展变化之处主要在于：一是规定了枷号刑亦可以赎免。枷号刑是清代广泛使用的独特刑罚，清律例文对此作出特别规定，使其在立法精神上符合历代以来老幼犯罪流刑以下从赎的规定，保持了立法上和和价值取向上的一致性。二是针对司法中出于种种因素将非老幼之罪犯谎报为老幼以获得宽免的情况，强化了司法官对于老幼案件如实查办的责任，对于"实非老小废疾，徇情题免"的要追究有关官员的责任。三是对于"九十以上，七岁以下"类似于完全无刑事责任能力的人受教唆犯罪的，强化了教唆者的法律责任，以所教唆之罪罪之。四是在妇女犯罪的审判方面，除奸盗罪和涉及人命的重大案件外，规定以提有关亲属代审的方式进行，对一般犯罪提审妇女作出了限制。总的来说，在老幼与妇女犯罪的问题上，明清时期国家正式法典中的规定已基本定型，因而，清律在这方面几乎没有重大的发展变化。

二、古代有关老、幼及妇女犯罪刑罚原则评说

1. 关于老、幼及妇女犯罪，从更为宽泛的视角来看，宽免绝不是其全部内容，而只是对老幼、妇女犯罪处罚的原则之一。

从历代法典的条文来看，对于老幼妇孺等人的犯罪，法律在宽免的同时还有许多加重责任或限制权利的规定，具体而言：第一，对老幼与妇女犯罪的宽免以限制这一类人的诉讼权利为前提。如《晋书·刑法志》载："十岁不得告言人"。《大明令》规定："凡年老及笃废、残疾之人，除告谋反、叛逆及子孙不孝，听从赴官陈告外，其余公事，许令同居亲属，通知所告事理的实之人代告，诬告者，罪坐代诉之人"，"凡妇人除犯恶逆、奸盗、杀人入禁，其余杂犯，责付有服宗亲收领听候。一应婚姻、田土、家财等事，不许出官告状，必须代告。若夫亡无子，方许出官理对；或身受损害，无人为代告，许令告诉。"所有这些规定，无一例外都是对老幼、妇女诉讼权利上的限制，其用意十分明确，在统治者看来，既恩赐了宽免，为防止利用法律的宽免而动辄兴讼，自然要求老幼、妇女等人不得随意控

告，这一规定虽有节约司法成本的考虑，但总的来说还是出于功利的考虑。第二，在通常的十恶、反逆、杀人等严重犯罪之外，对于年幼者和妇女而言事实上仍有很多加重其刑事责任的规定。中国传统法律"准五服以定罪"，对于卑幼侵犯尊长尤其是人身伤害一类的犯罪，法律要加重对卑幼的处罚，尽管对年幼者犯罪有宽免，但也仍然将加重的情节考虑在内。以唐律为例，"诸殴兄姊者，徒二年半；伤者，徒三年；折伤者，流三千里……"而一般斗殴折伤"折齿，毁缺耳鼻，眇一目及折手足指……徒一年……"① 在妇女犯罪方面，加重妇女责任的案件最常见的如妻妾殴（杀）夫和犯奸罪时，都要加重处罚，仍以唐律为例，"诸殴伤妻者，减凡人二等（殴伤凡人一般杖六十）；死者，以凡人论"，而"诸妻殴夫，徒一年；若殴伤重者，加凡斗伤三等；死者，斩"②。

2. 从上文的论述可知，中国传统法制中对老幼与妇女犯罪的规定完全是在儒家思想观念的支配下形成的，不论是宽免还是加重处罚，都被打上了儒家观念的烙印。

就宽免的一面来说，其直接的思想基础即是儒家"矜老恤幼"的"恤刑"观和仁政思想。儒家提倡"老吾老以及人之老，幼吾幼以及人之幼"，认为这是"仁"的基本要求之一，因而老幼犯罪在儒家看来是应当予以宽免的。儒家的政治理念认为治理国家应当"德主刑辅"，以教化为先，提倡"先教而后杀"，因而从儒家的立场来看，"囹圄成市"是"不教而杀"的暴政的标志，而"狱空刑措"才是仁政的体现，中国传统社会的统治者对此极为看重，如唐玄宗时"大理狱院，由来相传杀气太盛，鸟雀不栖，至是有鹊巢其树。于是百僚以几至刑措，上表陈贺。玄宗以宰相燮理、法官平允之功，封仙客为邠国公，林甫为晋国公，刑部大理官共赐帛二千匹"③。对老幼、妇女犯罪的减免处罚无疑有利于造就"狱空刑措"的局面，符合统治者鼓吹的仁政的要求。就其限制的一面来说，儒家主张的长幼尊卑的等级秩序观念和"三纲五常"的要求直接促使了在法律上对卑幼、妇女权利的限制和义务的强化，在某些犯罪上，如前文所举卑幼侵犯尊长、妻妾侵犯夫等，则意味着对年幼者和妇女责任的加重。

3. 从统治者的角度来看，对老幼、妇女犯罪给予一定程度宽免的做法主要还是出于功利的动机。

法律规定对老幼与妇女犯罪的宽免在统治者看来无疑是利多而弊少，其弊少是因为老幼妇孺囿于自身客观条件，其能从事犯罪的可能性本就极小，而其犯罪能够危害统治秩序的则又更是微乎其微，正如汉元帝所说，"耆老之人，发齿堕落，血气既衰，亦无暴逆之心"，因而这一类人的犯罪对统治者几乎不可能造成实质性的威胁；其利在于，在法律严酷性较强的中国传统社会中，对老幼、妇女犯罪予以减刑、赎刑或免刑的处罚，无疑可以在一定程度上减轻法律的残酷性，有利于缓和社会矛盾，也有利于获取民心，更可以为统治者博取仁政的美名。两方面的综合考虑，统治者自然愿意推行有限的宽免政策，这也是这一制度得以长期延续的主要原因之一。

---

① 《唐律疏议·斗讼》。
② 《唐律疏议·斗讼》。
③ 《旧唐书·刑法》。

4. 古代有关老、幼及妇女犯罪刑罚中的局限。

需要指出的是，传统法制中在老幼、妇女犯罪方面所奉行的原则以及制度的规定，在时过境迁之后很多已不适应现代社会的需要，甚至是与现代法律观念格格不入的，但对于这一问题在立法上的价值取向还是与现代刑法有相通之处，例如对于老幼、妇女等弱势群体的犯罪行为，在处罚上给予一定的宽免，也是现代刑法的应有之意，这一点与法律的平等性观念并不矛盾。

第三节
自首制度

自首制度是刑事法律中的重要制度之一。按照我国现行《刑法》的有关规定，所谓自首是指"犯罪以后自动投案，如实供述自己的罪行的"①。这一制度并非现代刑法所独有，以刑法极为发达为显著特征的中国传统法制很早就确立了这一制度，尽管在不同的历史时期，由于受社会经济发展水平、法律文化形态等多种因素的影响，不同时期的自首制度在概念、内容、原则等方面都有极大的差别，但不可否认的是现代刑法和刑法学上的自首制度与中国传统刑法中的自首制度在本质及其功能等方面仍有诸多共性。因而，考察传统刑法中自首制度的源起、发展和演变，将有利于深入把握自首制度的本质，进而可以为发展完善现代刑法中的自首制度提供借鉴。

一、自首制度的确立

早在西周时期，中国传统刑法中就已出现了自首制度的雏形。《尚书·康诰》中说"既道极厥辜，时乃不可杀"。其大意是说犯罪人已经将其罪行全盘托出的，不应该处以极刑，而应有所宽免。从中可以看出，大约这一时期的自首在性质上和今天所谓的"坦白交代"还混合在一起，没有区别开来，对自首犯的处罚的原则是应当减轻，只限于"不可杀"的要求，与此后历代"自首免罪"的原则仍有较大区别。

秦汉时期，自首称为"自出"、"自告"。相对于西周时期，秦汉的自首制度已有较大的发展，初步确立了自首减免处罚，对数罪有自首的免其自首之罪，对集团犯罪中首犯主犯不以自首论等做法。秦简中记载，

> 隶臣妾系城旦舂，去亡，已奔，未论而自出，当笞五十，备系日……司寇盗百一十钱，先自告，何论？当耐为隶臣，或曰赀二甲……把其假以亡，得及自出，当为盗不当？自出，以亡论。其得，坐赃为盗；盗罪轻于亡，以亡论。②

由这些记载可见，秦代自首制度在法律中已经有很多的规定。

---

① 《中华人民共和国刑法》第 67 条。
② 《睡虎地秦墓竹简·法律答问》。

尤其值得一提的是，秦代对于犯有数罪时的自首问题规定得较为详细，从秦简的记载来看，大多数自首案件是减轻处罚，但数罪中自首之罪可以免于处罚，犯有数罪时如果不是自首而是被官府抓获则要从重罪处断。汉代自首的案例史籍中记载较多，仅举数例。自首免罪的案例如汉武帝"元狩元年冬，有司求捕与淮南王谋反者，得陈喜于孝家，吏劾孝首匿喜。孝以为陈喜雅数与王计反，恐其发之，闻律先自告除其罪……孝先自告反，告除其罪……后孝坐与王御婢奸，弃市"①。此外，对于集团犯罪中出谋划策者不许以自首对待，"……后事发觉，被诣吏自告与淮南王谋反，踪迹如此。天子以伍被雅辞多引汉美，欲勿诛。张汤进曰：'被首为王画反计，罪无赦。'遂诛被"②。又成帝鸿嘉年间，"广汉群盗起"，朝廷派孙宝为益州刺史，"宝到部，亲入山谷，谕告群盗，非本造意、渠率，皆得悔过自出，遣归乡里"③。除了自首免罪之外，从上述记载还可以得知汉代自首制度的发展变化之处另有：第一，对于免罪，汉律的规定是比较宽的，谋反一类的罪行之自首也在可免的范围内；第二，凡造意之首犯、主犯不许以自首而减免刑罚；第三，对犯有数罪的自首，以自首之外的余罪处罚。总的来看，秦汉时期自首制度的内容已较为丰富，所确立的一些基本原则也为后世所继承下来，如自首免刑、自首不实不尽以余罪处罚等，在后世唐律、宋律和明清律中都有相似的规定。

西汉后，自首制度不断发展，直至唐代走向成熟和完备。期间，东汉时期规定自首可免罪但又以减罪为主，明帝时规定"其未发觉，诏书到先自告者，半入赎"④。曹魏时期，开始以"自首"取代"自告"、"自出"。西晋时期自首的宽免扩大到不分首从。北魏时概念名称上一度又称"自告"，但此后其称谓上已渐渐向"自首"演进。但这一时期自首制度的发展并没有形成系统化的制度体系，其制度上的成熟和完备直到唐律的制定方才得以实现。

二、唐律中的自首制度

唐律一直是中国传统法律发达的代表，其中所规定的关于自首制度的内容十分详备。从《唐律疏议》有关规定看，唐律主要对自首的主体对象、前提条件、处罚原则和量刑规则等方面作了详细规定。

唐律中规定自首的律文主要有：

> 诸犯罪未发而自首者，原其罪。其轻罪虽发，因首重罪者，免其重罪；即因问所劾之事而别言余罪者，亦如之。即遣人代首，若于法得相容隐者为首及相告言者，各听如罪人身自首法；其闻首告，被追不赴者，不得原罪。即自首不实及不尽者，以不实不尽之罪罪之，至死者，听减一等。其知人欲告及亡叛而自首者，减罪二等坐之；即亡叛者虽不自首，能还归本所者，亦同。其于人损伤，于物不可备偿，即事发逃亡，若越度关及奸，并私习天文者，并不在自首之例。
>
> 诸犯罪共亡，轻罪能捕重罪者，及轻重等，获半以上首者，皆除其罪。即因罪人

① 《汉书·淮南衡山王传》。
② 《汉书·伍被传》。
③ 《汉书·孙宝传》。
④ 《后汉书·明帝纪》。

以致罪，而罪人自死者，听减本罪二等；罪人自首及遇恩原减者，亦准罪人原减法。其应加杖及赎者，各依杖、赎例。

诸盗、诈取人财物而于财主首露者，与经官司自首同。其于余赃应坐之属，悔过还主者，听减本罪三等坐之；即财主应坐者，减罪亦准此。

诸公事失错，自觉举者，原其罪；应连坐者，一人自觉举，余人亦原之。其断罪失错，已行决者，不用此律。其官文书稽程，应连坐者，一人自觉举，余人亦原之，主典不免；若主典自举，并减二等。

从上述唐律中的规定来看，可以从以下几个方面来理解唐律中的自首制度：

（一）自首的主体范围

唐律规定自首的主体首先是犯罪人自己，除了犯罪人本人之外，其所委托的人代为自首的，法律上可相容隐的亲属等人向官府首告的情况，都和犯罪人本人的自首有同样的效果。但如果是"遣人代首"或相容隐的亲属"告言"后，官府要求犯罪人到案而不到案的，则不能按自首对待；对于十恶中的谋反、谋叛、谋大逆犯罪，由于唐律规定了不在容隐的范围内，因而，《唐律疏议》自首条注文特别规定："缘坐之罪及谋叛以上本服期，虽捕告，俱同自首例"，也就是说对于这样一些犯罪，即使是被亲属人等捕捉送官，也视为犯罪人自首。

（二）自首的对象范围

自首的对象范围因案件性质的不同而有所区别，《唐律疏议·斗讼》规定："诸犯罪欲自陈首者，皆经所在官司申牒，军府之官不得辄受。其谋叛以上及盗者，听受，即送随近官司。"结合唐律自首条的规定可知，自首的对象首先是一般的官府，这是针对大多数案件而言；其次是对于重大急迫的反逆、强盗类案件的自首军事机关也可以受理，但要就近移送到一般的官府；再次是对于一般的财物犯罪，如盗窃、诈骗财物的，唐律规定向被害人即"财主"承认犯罪退还财物的，"与经官司同"，也视为自首。

（三）自首的前提条件

从上述唐律自首条的律文来看，自首的基本前提是"犯罪未发"，即犯罪行为仍是官府不知道的状态下，如果已经被人告发，即使主动向官府投案也不能视为自首，唐律自首条注文指出："若有文牒言告，官司判令三审，牒虽未曾入曹局，即是其事已彰，虽欲自新，不得成首"。可见，唐律对于自首的要求相对较为严格，并不完全以是否有悔改来判断。但也不是任何案件都必须在"未发"之前自首，唐律规定了一些特殊情况下的自首，一是对于"亡叛者"，只要能"还归本所"即可认为是自首；二是共同犯罪中，轻犯捕获重犯或在轻重相等的情况下捕获半数以上同案犯的行为也被视为自首，虽与现代刑法上的"立功"较为接近，但捕获同案犯本身包含了自首的意味。

（四）自首的适用范围

唐律自首制度在其适用范围上的重要特点在于，凡是不能回复到犯罪前状态或犯罪后果无法挽回以及犯罪对象中特殊财物灭失的，都不得以自首论。具体而言，一是对于人身伤害，唐律注文说："因犯杀伤而自首者，得免所因之罪"，疏文以例具体解释："假有因盗故杀人，或过失杀伤财主而自首，盗罪得免，故杀伤罪仍科。若过失杀伤，仍从过失本法。"即不论何种原因之杀伤案件，都不在自首原免之列。二是"不可备偿"之物灭失的，疏文列举这一类物主要是："谓宝印、符节、制书、官文书、甲弩、旌旗、幡帜、禁兵器及禁书之类，私家既不合有，是不可偿之色"，除非"本物见在"首者才能"听从首法"。三是"越度关"，疏文指出："度关有三等罪：越度、私度、冒度。其私度、越度，自首不原；冒度之罪，自首合免。"四是奸良人的犯罪，疏文说："若奸良人者，自首不原"，但如果其对象是贱民如部曲、奴婢等则又可以适用自首的规定。五是"私习天文"，利用天象变化来笼络人心达到政治目的一直是中国传统社会中常见的现象，因而天文知识的传播必须由官府加以严格控制，规定这一行为不得以自首论是因为一旦"私习"，其所获得的天文知识已无法从头脑中抹去，不可能恢复到犯罪前的状态，其危害性已无法挽回。

（五）自首案件的处罚

唐律规定对自首案件的最终处理分为这样几种类型：

第一是免刑，即"原其罪"，这是对大多数自首案件通常的处罚方式，不论是自首、代首、容隐亲属告言捕送、向财主首，以及"公事失错，自觉举"等，原则上都可以免刑。

第二是自首时有不实不尽之处的，"以不实不尽之罪罪之"，疏文具体解释了哪些情形属于"不实不尽"的范畴："'自首不实'，谓强盗得赃，首云窃盗赃，虽首尽，仍以强盗不得财科罪之类"，"及不尽者，谓枉法取财十五疋，虽首十四疋，余一疋，是为不尽之罪。"但对于自首不实不尽的案件，如果以余罪处罚仍要处死刑的，则"至死者，听减一等"，这是"为其自有悔心，罪状因首而发，故至死听减一等。"

第三是减刑。减刑的情形除了余罪至死减一等外，通常的减刑一是在知道他人欲告发的情况下的自首，二是对于"逃亡之人，并叛已上道"行为，法律规定各得"减罪二等坐之"。对前一种行为的减等处罚是考虑行为人主观恶性的大小，而对后一类行为的减等则是出于提高司法效率的考虑。但对于逃亡罪，还要加以具体分析，"逃亡"有两种情形，第一种是行为本身就是单纯的逃亡罪，第二种是犯罪后为了逃避官府追捕而逃亡，对于后一种情形的逃亡，所减的只是逃亡罪而不涉及所因之罪。此外，唐律对于可相容隐的人告言或代首的，根据其与犯罪人同居关系的性质和亲属关系的远近来确定或减或免的处罚，疏文中说："若于法得相容隐者"，谓依下条"同居及大功以上亲"等，若部曲、奴婢为主首。"及相告言者"，此还据得容隐者。纵经官司告言，皆同罪人身首之法。其小功、缌麻相隐，既减凡人三等，若其为首，亦得减三等。

上述是对自首案件的法定处罚方式，此外，对于一些特殊的自首案件，如"子复父仇"后向官府自首之类，由于事关礼法冲突，如何处罚则往往并不按法律规定的自首案件处罚方式进行，而是以特殊案件特殊对待的办法由皇帝最终决定，一般多是以"屈法伸情"的方式法外施恩，其处罚往往轻于法律的规定。

三、明清时期自首制度的发展

唐代之后，宋元时期的自首制度基本上因袭唐律，除了个别用语及细节的变更之外，并无显著的发展，这种状况到明清时期开始有所改变，自首制度在明清律中有了较多的发展变化。

(一) 明律中的自首制度

明朝有关自首制度的规定，主要集中在《大明律》、《大明令》以及《问刑条例》中。[①]
《大明律》中关于自首的规定主要有：

> 凡犯罪未发而自首者，免其罪，犹征正赃。其轻罪虽发，因首重罪者，免其重罪。
> 若因问被告之事，而别言余罪者，亦如之。其遣人代首，若于法得相容隐者，为首及
> 相告言者，各听如罪人身自首法。若自首不实及不尽者，以不实不尽之罪罪之，至死
> 者，听减一等。其知人欲告，及逃叛而自首者，减罪二等坐之。其逃叛者虽不自首，
> 能还归本所者，减罪二等。其损伤于人，于物不可赔偿，事发在逃，若私越度关及奸
> 者，并私习天文者，并不在自首之律。若强窃盗、诈欺取人财物，而于事主处首服，
> 及受人枉法、不枉法赃，悔过回付还主者，与经官司自首同，皆得免罪。若知人欲告，
> 而于财主处首还者，亦得减罪二等。其强窃盗若能捕获同伴解官者，亦得免罪，又依
> 常人一体给赏。

《大明令》中规定：

> 凡犯罪未发而自首者，免其罪。轻罪虽发，因首重罪者，止坐轻罪。自首有不尽、
> 不实者，坐以不尽、不实之罪，至死者，减一等。其于人损伤，于物不可赔偿，事发
> 逃亡及奸者，不在自首之例。

万历年间《问刑条例》关于自首的规定有：

> 凡强盗，系亲属首告到官，审其聚众不及十人及止行劫一次者，依律免罪减等等
> 项，拟断发落。若聚众至十人及行劫累次者，系大功以上亲属告，发附近；小功以下
> 亲属告，发边卫，各充军。其亲属本身被劫，因而告诉到官者，径依亲属相盗律科罪，
> 不在此例。

> 窃盗自首不实不尽及知人欲告而于财主处首还，律该减等拟罪者，俱免刺。

> 凡自首强盗，除杀死人命、奸人妻女、烧人房屋，罪犯深重，不准外，其余虽曾
> 伤人，随即平复不死者，亦姑准自首，照凶徒执持凶器伤人事例，问拟边卫充军。其
> 放火烧人空房及田场积聚之物者，依律充徒。若计所烧之物重于本罪者，亦止照放火
> 延烧事例，俱发边卫充军。

从明代法律的上述规定可见，明代的自首制度相对于唐律又有了新的发展，其中较为
重要的变化主要有：

第一，对于强盗共同犯罪给予更积极的自首条件。明律规定，不但捕获同案犯可以免
罪，还规定了"给赏"，更加有利于分化集团犯罪，使自首的宽免程度更大了，更有利于打
击犯罪。

第二，明律中删除了唐律中"被追不赴者不原罪"的内容。关于这一点，是明律对自
首放宽的体现。

---

① 《大明律》、《大明令》和《问刑条例》，主要参见怀效峰点校：《大明律》，北京，法律出版社，1999。

第三，增加了官吏犯赃罪自首的相关内容。明律规定，"受人枉法、不枉法赃，悔过回付还主者，与经官司自首同"，扩大了自首的适用范围。

第四，规定了强盗罪一些特殊情节及其处罚。例如，明律规定强盗罪聚众十人以上或屡次犯案的，系大功以上亲属首告则发附近充军，小功亲属首告发边卫充军；强盗罪中如有杀人、奸人妻女、烧人房屋情节的，不许适用自首的规定。

总的来说，明律的自首制度总体上仍继承了唐律的框架体系和主要内容，但在具体条文上又有所变化发展，因应时代的变化发展，一方面放宽了普通犯罪的自首，另一方面又加大了对严重犯罪的打击，在打击犯罪和确保社会秩序稳定方面显得较为适度，也较为有效。

（二）清律中的自首制度

清律在自首制度方面基本上沿袭明律之规定，但清代"律"、"例"并行，例文方面对自首制度多有补充和发展。

具体而言，清律中关于自首的规定主要是："凡犯罪未发而自首者，免其罪，犹征正赃。其轻罪虽发，因首重罪者，免其重罪。若因问被告之事，而别言余罪者，亦如之。其遣人代首，若于法得容隐者为之首，及相告言，各听如罪人身自首法。若自首不实及不尽者，以不实不尽之罪罪之；至死者，听减一等。其知人欲告及逃、叛而自首者，减罪二等坐之。其逃叛者，虽不自首，能还归本所者，减罪二等。其损伤于人，于物不可赔偿，事发在逃，若私越度关及奸者，并不在自首之律。若强、窃盗，诈欺取人财物，而于事主处首服，及受人枉法、不枉法赃，悔过回付还主者，与经官司自首同，皆得免罪。若知人欲告，而于财主处首还者，亦得减罪二等。其强、窃盗若能捕获同伴解官者，亦得免罪，又依常人一体给赏。"

从其律文的规定来看，与明律相比，最大的区别在于清律自首制度中取消了"私习天文"的规定。但清律自首制度的内容有相当一部分是由例文补充规定的，其较为重要的例文有：

> 小功、缌麻亲首告，得减罪三等，无服之亲减一等。其谋反、叛逆，未行，如亲属首告或捕送到官者，正犯俱同自首律，免罪；若已行者，正犯不免，其余缘坐人亦同自首律，免罪。
>
> 在监重囚有因变逸出、旋即投归者，除不准自首之犯仍照原拟治罪外，余俱免死，杖一百发落。其自行越狱及看守通同贿纵者，虽投归不在此例。
>
> 强盗为首并窝线于未经到官之先，自行陈首，请旨酌情罪量从宽减。若跟随为盗，并未伤人之犯自行出首，将伊应得之罪悉行宽免。

例文中首先明确了谋反、叛逆已行的情况下，缘坐之人可以适用自首的规定，但正犯本人不许以自首论；其次，特别规定了在押犯逃出监狱后自行投归的，除了原来不准以自首论的罪犯外，其余一律免除死罪，但看守受贿故纵的亦除外；强盗案中，只是跟随为盗的从犯等允许自首，且可以全部宽免其罪。

除了上述律例中的规定外，清代不同时期不同的刑事类法律对自首制度亦有所规定，如康熙朝《督捕则例》对于"逃人"自首的问题规定如下："旗下家人初次逃走一年内投回者，免罪；一年以外投回者，鞭六十；二次逃走六个月内投回者，免罪；六个月以外投回者，鞭八十；三次逃走三个月内投回者，免罪；三个月以后投回者，鞭二百免其刺字；三次后复行逃走者，虽自行投回，即照初步拿获例治罪。"

总的来说，清代的自首制度虽然律文方面基本承袭了唐宋以来历代法典之规定，但由于清代立法上律例并行的模式，使得法律中关于自首制度的规定显得繁琐凌乱，没有形成一个结构合理科学的制度体系，显示出清代在这一问题上立法技术的若干欠缺。

四、自首制度的历史价值

就自首制度的发展演变来说，中国传统法制中的自首制度自西周时期起就已产生，到了秦汉之时已得到较大发展，且在司法实践中得以良好施行。自首制度的成熟和完备以唐律中的规定为代表，此后虽在宋元明清时期有所发展和变化，但后世之自首制度总体上仍不脱唐律之窠臼，在主体范围、前提条件、适用范围、处罚原则等各个方面，唐律所确立的内容亦基本上为后世所沿用。即使就明清之时的自首制度来看，虽有较多发展变化之处，内容上更加丰富，但就整个制度体系结构之简约，内容之精炼而言，与唐律相比仍有一定的不足之处；这在某种程度上也反映出明清时期中国传统法律制度的弹性和活力已远逊于唐代。

对于传统司法中的自首制度，其制度设立的动机和出发点不仅仅在于鼓励犯罪人悔过自新，也不仅仅是出于提高司法效率更有力地打击犯罪，它的设立在很大程度上与儒家"原心定罪"的观念、"同居相隐"的主张等等密不可分，是处于儒家的思想观念支配下的。但这种观念基础并不是与现代的自首制度及其理论截然对立的，在鼓励犯罪人悔过自新、提高司法效率、注重犯罪人主观恶性大小等方面，传统法制中的自首与今天的自首制度亦是相通的。

从制度发展来说，传统法制中的自首制度并不因中国传统法制的近代化而消亡，相反的是，无论是从立法技术的角度还是从自首制度的内在原理来看，传统法制中关于自首问题的许多方面对现代刑法和刑法学中的自首问题具有借鉴意义。例如，我国现行刑法规定对于自首问题，处罚的原则是"可以从轻或者减轻处罚。其中，犯罪较轻的，可以免除处罚"，与传统法制中自首"原其罪"的原则相比，何者更有利于鼓励犯罪人自首，更有利于提高司法效率？答案是十分明显的。

第四节
存留养亲制度

存留养亲又称为留养，是中国传统法制中极具特色的制度之一，其主要内容是指对被判处徒、流、死罪的罪犯，如果其父母老疾，需要有人扶养，但家中又无其他成丁的情况下，允许在一定条件下暂不执行刑罚，使犯罪人可以奉养父母，待父母终年之后或家中另有成丁之后再执行原判刑罚或换刑或免刑的制度。存留养亲制度的设立，以儒家伦理价值观为思想基础，反映了中国传统法律文化的一些基本特征，同时它的施行也对中国传统司法和法制问题产生了重要影响。考察存留养亲制度，首先是要了解这一制度在不同历史时期的发展状况，其次是从理论上剖析存留养亲制度设立的观念基础，再者是分析其对于传统法制正反两方面的影响。

一、存留养亲制度的发展演变

从魏晋南北朝时期存留养亲制度出现并初步确立，到唐宋时期成熟和完备，再到明清时期进一步发展并逐渐受限，直到清末废止，存留养亲制度于中国传统法制中存在一千五百年左右，在其各个不同的发展阶段上，存留养亲制度的内容及其体现出来的特征也是不同的。

（一）存留养亲制度的源起与确立——魏晋南北朝时期

从现存的史料来看，存留养亲制度的雏形出现于晋朝，史载东晋成帝咸和二年（327），勾容令孔恢犯罪当弃市，因"以其父年老而有一子，以为恻然，可悯之"①。这一记载中只是说因父母年老且仅此一子，故出于同情而宽待，虽未直接提出存留养亲的概念，也并未形成制度化的规定，但从其精神实质上看，已与后世存留养亲制度无异，内容方面"父年老而有一子"与此后存留养亲中"亲老丁单"的条件也基本相同，因而，可以说这一记载即是后世存留养亲制度的最早雏形。

此后，随着法律儒家化进程的全面展开和律学的进一步发展，存留养亲制度的发展获得了思想理论和立法技术的支撑，在北魏律中作为正式规定确立下来。北魏高祖十二年诏："犯死罪，若父母、祖父母年老，更无成人子孙，又无期亲者，仰案后列奏以待报，著之令格。"② 从这一记载来看，对于存留养亲制度，虽有了进一步的具体规定，但仍以特殊案件上奏后等待最终处罚的方式来处理，其制度的随意性仍然很大。此后不久，北魏律将存留养亲制度的内容具体化、明确化，增加了条文的硬性规定，其《法例律》中规定：

> 诸犯死罪，若祖父母、父母年七十以上，无成人子孙，旁无期亲者，具状上请。流者鞭笞，留养其亲，终则从流。不在原赦之例。③

可见，北魏存留养亲制度的内容已涉及死罪和流罪，条件方面要求犯罪人父母或祖父母必须是七十岁以上无其他成年子孙或期亲，方法上是死罪上请，流罪鞭笞。相对于此前在存留养亲方面的规定，北魏律中的记载可以说是有较大的发展，但其制度规定仍是较为简略的，故在司法实践中则会产生对存留养亲制度的不同理解。

《魏书·刑法志》记载有一留养案例：

> 河东郡民李怜生行毒药，案以死罪。其母诉称："一身年老，更无期亲，例合上请。"检籍不谬，未及判审，怜母身丧。州断三年服终后乃行决。但主簿李瑒认为判决不妥，案法例律："诸犯死罪，若祖父母、父母年七十以上，无成人子孙，旁无期亲者，具状上请。流者鞭笞，留养其亲，终则从流。不在原赦之例。"检上请之言，非应

① 《太平御览》卷六四六。
② 《魏书·刑法志》。
③ 《魏书·刑法志》。

州府所决。毒杀人者斩，妻子流，计其所犯，实重余宪。准之情律，所亏不浅。且怜
既怀鸩毒之心……计其母在，犹宜阖门投畀，况今死也，引以三年之礼乎？且给假殡
葬，足示仁宽……可依法处斩，流其妻子。实足诚彼氓庶，肃是刑章。

这一主张得到认可，"诏从之"。从这一案例可知，北魏时期的存留养亲制度至少对于
情节比较严重的恶性犯罪是否适用留养以及如何适用方面还缺乏相应的具体规定，因而对
此也存在不同的认识，这种状况后来随着"重罪十条"（后世称十恶）的出现而有了相对可
参照的标准，后进一步将之确定为对存留养亲制度适用方面的重要限制。

（二）存留养亲的成熟和完备——唐代

唐代的法律制度是中国传统法律制度高度发达和完备的典型代表，在存留养亲制度方
面亦是如此。在南北朝之后，历经数百年的发展，存留养亲制度到唐代已发展到相当成熟
和完备的程度。唐律中和存留养亲制度有关的规定主要有下列内容：

> （律文）诸犯死罪非十恶，而祖父母、父母老疾应侍，家无期亲成丁者，上请。犯
> 流罪者，权留养亲，不在赦例，课调依旧。若家有进丁及亲终期年者，则从流。计程
> 会赦者，依常例。即至配所应侍，合居作者，亦听亲终期年，然后居作。
> 诸犯徒应役而家无兼丁者，徒一年，加杖一百二十，不居作；一等加二十。若徒
> 年限内无兼丁者，总计应役日及应加杖数，准折决放。盗及伤人者，不用此律。
> （疏文）谓非"谋反"以下"内乱"以上死罪，而祖父母、父母，通曾、高祖以
> 来，年八十以上及笃疾，据令应侍，户内无期亲年二十一以上、五十九以下者，皆申
> 刑部，具状上请，听敕处分。若敕许充侍，家有期亲进丁及亲终，更奏；如元奉进止
> 者，不奏。家无期亲成丁者，律意属在老疾人期亲，其曾、高与曾、玄非期亲，纵有，
> 亦合上请。若有曾、玄数人，其中有一人犯死罪，则不上请。
> 犯流罪者，虽是五流及十恶，亦得权留养亲。会赦犹流者，不在权留之例。其权
> 留者，省司判听，不须上请。
> 权留养亲、动经多载，虽遇恩赦，不在赦限。依令：流人季别一遣，同季流人，
> 若未上道而会赦者，得从赦原。
> （问答）问曰：犯死罪听侍，流人权留养亲，中间各犯死罪以下，若为科断？答
> 曰：依下文"犯罪已发及已配而更为罪者，各重其事。"若流囚重犯死罪……若本坐是
> 绞，重犯斩刑，即须该断从斩；准前更犯绞者亦依加杖例，若依前应侍，仍更重
> 请……流人听侍者，犯死罪上请。若犯流，依留住法加杖；侍亲终，于配所累役。犯
> 徒应役亦准此……
> 问曰：家内虽有二丁，俱犯徒坐，或一人先从征防，或任官，或逃走及被禁，并
> 同兼丁以否？答曰：……一家二丁，俱在徒役，理同无丁之法，便须决放一人……①

从上述唐律的内容来看，唐代存留养亲制度的成熟和完备至少有这样几方面的表现：
第一，从适用的刑罚范围上来看，唐代的存留养亲制度在范围上已经全面扩大，包括

---

① 《唐律疏议·名例》。

了死刑、流刑和徒刑，这一变化应该说更符合存留养亲制度的立法目的和精神。这是因为，存留养亲制度设立的基本立足点在于维护孝的观念和家庭的稳定，不仅仅只在于保全特定犯罪人的生命，死刑和徒流刑的执行除了在是否剥夺犯罪人生命这一点上有区别外，在导致父母老疾的单丁家庭走向崩溃这一点上几乎没有区别，从这个角度来说，徒流刑的执行也会导致和死刑相同的统治者不愿看到的结果，正因如此，唐代在存留养亲制度方面将之扩大到徒刑以上无疑是立法精神和立法技术进一步结合、融洽的表现，也使实现存留养亲制度设立的目的得到了有效的保障。

第二，唐律对于适用存留养亲制度的限制有明确的规定。首先，对于犯死罪的存留养亲要求是非十恶类严重犯罪才可以上请。其次，对于流罪，虽然规定五流十恶之流刑都可以存留养亲，但"会赦犹流"除外。再次，对于存留养亲需要满足的条件方面，唐律的规定更加具体。其条件有三，除了不是十恶死罪之外，还要求犯罪人之父母、祖父母或曾、高祖父母必须是年满八十岁以上或"笃疾"，且除犯罪人之外家中"无期亲成丁者"，只有符合这三个条件才有可能获准存留养亲。

第三，唐律规定了关于存留养亲适用方面的程序性问题。如对于死罪存留养亲和流徒的存留养亲分别由皇帝和"省司"决定，存留养亲期间又犯死罪或流罪的处理，家有二丁但有同时犯罪或逃亡、外出为官等情形如何处理，等等，所有这些规定，使唐律在存留养亲制度方面的规定全面而具体，有较强的可操作性，显示了制度的成熟和立法水平的提高。

（三）存留养亲制度逐渐受限制阶段——明清时期的发展

唐代之后，宋代的存留养亲制度从《宋刑统》的规定来看，基本上沿用唐制。[①] 元朝规定："诸犯死罪，有亲年七十以上，无兼丁侍者，许陈请奏裁。"[②] 又有："诸窃盗应徒，若有祖父母、父母年老，无兼丁侍养者，刺断免徒；再犯而亲尚存者，候亲终日，发遣居役。"[③] 虽在具体内容上有所不同但总体上也是一仍唐律。

到了明代，存留养亲制度有了一些发展变化之处，明律规定：

> 凡犯死罪，非常赦所不原者，而祖父母、父母老疾应侍，家无以次成丁者，开其所犯罪名奏闻，取自上裁。若犯徒流者，止杖一百，余罪收赎，存留养亲。

而明律之"常赦所不原"则主要包括："凡犯十恶、杀人、盗系官财物，及强盗、窃盗、放火、发冢、受枉法不枉法赃、诈伪、犯奸、略人略卖、和诱人口、若奸党，及逸言左使杀人，故出入人罪，若知情故纵、听行藏匿引送，说事过钱之类，一应真犯，虽会赦并不原宥。其过误犯罪，及因人连累致罪，若官吏有犯公罪，并从赦原。其赦书临时定罪名特免，及减降从轻者，不在此限。"

从上述明律的规定来看，首先，明律正式将相应条文称为"犯罪存留养亲"，把唐律中关于犯徒罪的存留养亲条也纳入本条中，在条文方面进行了一定的合理整合。其次，明律以"常赦所不原"的罪行代替了唐律中以十恶来限制存留养亲的适用范围，比唐律明显要

---

① 参见《宋刑统·名例》。
② 《元史》卷一零五。
③ 《元史》卷一零四。

严格了许多，而"无以次成丁"的条件规定与唐律"无期亲成丁"相比，则又比唐律为宽。这种罪行方面限制严重犯罪适用存留养亲而又在亲属条件方面扩大其适用范围的做法并不是自相矛盾的，其用意一是在于限制存留养亲制度的负面影响，二是为了更符合这一制度设立的价值追求，即注重维护家庭的稳定和宣扬孝的观念。再次是对于流罪存留养亲的处理上，规定了加杖后余罪收赎，这一做法也与唐律有较大不同。总的来看，明律对于存留养亲的适用限制极为严格，几乎排除了大部分严重犯罪适用存留养亲的可能，故在明代此条之规定几成具文，"此律不行久矣。两宫徽号推恩，始诏有司行之"①。

清代的存留养亲制度从律文上来看是直接沿用明律中的规定，承袭了明律限制存留养亲的基本倾向，但清代法典的例文对于存留养亲在制度规定方面有较多的发展，在某些方面相对于明律又有所放宽。清律规定："凡犯死罪非常赦所不原者，而祖父母、父母老疾应侍，家无以次成丁者，开具所犯罪名，奏闻，取自上裁。若犯徒、流者，止杖一百，余罪收赎，存留养亲。"② 而清律之"常赦所不原"也是沿用明律的规定，在这些方面，清律与明律关于存留养亲的规定没有差别。而在例文的规定方面，清律对存留养亲的内容有较多的发展，较为重要的例文有：

> 凡犯罪有兄弟俱拟正法者，存留一人养亲，仍照律奏闻，请旨定夺。

> 凡斗殴杀人之犯，以伤至数处及金刃致死者，为重伤。以伤非金刃，又止一二处，并戏杀、误杀为轻伤。如有祖父母、父母老疾应侍者，照例开具所犯情由请旨。如准其存留养亲，将该犯照免死流犯例……

> 杀人之犯有奏请存留养亲者，查明被杀之人有无父母，是否独子，于本内声明。如被杀之人亦系独子，亲老无人奉侍，则杀人之犯不准留养。

> 夫殴妻致死，并无故杀别情者，果系父母已故家无承祀之人，承审官据实查明，取具邻保族长甘结，并地方官印结……如准其承祀，将该犯枷号两个月，责四十板，存留承祀……

从清律中这些例文的规定来看，清律存留养亲在很多方面与明律有很大不同，主要有这样几个方面：

第一，关于罪行种类上的限制有所放宽。如杀人罪的存留养亲问题上，明清律都规定杀人罪为"常赦所不原"，按律文规定应不在存留养亲的范围内，但清律例文中对于杀人罪中的戏杀、误杀等则又允许适用存留养亲，相对明律有所放宽；又如对于十恶犯罪，明清律文中皆规定不允许存留养亲，但清律例文对于十恶中的某些罪行在一定条件下也允许存留养亲，如在《皇朝政典类纂》书中写道："凡卑幼殴死本宗期功尊长，皆按律问拟，概不准声请留养承祀。其有所犯情节实可矜悯，奉旨改为斩监候者，统俟秋审情实二次，蒙恩免勾，改入缓决之后，由该督抚查明该犯应侍缘由，于秋审时取结报部核办"。再如对等条件下对适用存留养亲的限制，即在被杀之人也是"亲老丁单"的情况下，纵然犯罪人符合留养的条件也不许存留养亲。

---

① 《明律集解附例》卷一。
② 《大清律例·名例》。

第二，例文增设了"存留承祀"的规定。从概念来看，"存留承祀"与存留养亲虽然不同，但从两者的立法精神和价值追求上来说，"存留承祀"是存留养亲的自然延伸，两者具有内在的一致性。这是因为，儒家的仁政观念认为"不绝人之嗣"是仁政的重要表现，而儒家孝的观念则认为"无后"是最大的不孝，从这个意义上说，"存留承祀"既是倡导孝行的需要，在客观上也有助于维护家庭的稳定。

第三，清律在适用存留养亲的程序方面的规定更加细化也更加复杂。其表现在于：

一是规定了承审官在留养案件中的法律责任，"人犯到案，承审官务将该犯有无祖父母、父母、兄弟子侄及年岁若干，是否孀妇之子，详细取供。若漏未取供，系斩、绞人犯，承问官罚俸一年；系军、流、徒犯，承问官罚俸六个月"①。

二是规定凡是徒、流、充军犯，必须在发配之前或在配所安置之前声请存留养亲，这是因为：

> ……一经到配，非有赦例，不得减释。赦典恩出自上，非犯罪者所可希冀，而父母所必至之年，则犯罪之子孙均可屈指知之。若一概纷纷查办，此等人犯有到配数年、十数年而亲始老疾者，亦有到配数月、数日而亲即老疾者，不惟徒滋繁扰，竟使罪犯可预计归期，视遣戍如传舍，既易启逗留之弊，亦无以戢其顽梗之心……渐至国法不知畏，凶恶无所惩，大非辟以止辟之道，是以历来军、流等犯到配后，概不得查办留养。②

三是为了防止在存留养亲案件上弄虚作假的行为，在程序上增加了要求地方官如实查报，邻保、族长等具结担保的规定，且规定了相应的法律责任。

四是增加了关于孀妇独子可得存留养亲的规定，要求必须满足的条件是犯罪人父死之后，其母守节二十年以上未再嫁，犯罪人无其他兄弟，不论其母是否老疾皆可声请留养；但同等条件下即被杀之人也是"孀妇独子"，则又不在许可之列。其立法的目的在于激励儒家伦理道德观所支配的贞节观念。

综上所述，存留养亲制度出现于魏晋南北朝时期，此后，经过长期的发展至唐代已基本完备，明清时期对存留养亲制度适用上的限制逐步加大，制度内容也有较多的增加、变动之处。尽管传统社会后期对存留养亲的限制有所增强，但其作为一项制度行用基本上没有间断过，直到清末修律时期随着传统法制的转型而废止。

二、存留养亲制度的思想基础

传统法制中存留养亲制度得以长期存在的重要前提是，它是建立在儒家的相关思想观念基础上的，这些观念主要包括以下几方面的内容：

（一）存留养亲制度与儒家的仁政思想紧密相连

儒家的仁政主张有多方面的表现，其中，对于老幼、笃疾等人在法律上予以特别保护是重要的一方面，存留养亲制度的设立其重要的作用之一便在于使犯罪人的父母在年老、

---

① 薛允升：《读律存疑》卷三。
② 《刑案汇览》卷三。

患病的情况下不至于因无人奉养而不得生存，从而体现统治者的"父母之心"和仁德。此外，儒家的伦理道德观还主张统治者应注重维护家族和个体家庭的延续，除了对于类似于十恶中"谋反、谋叛、谋大逆"这样严重危害统治秩序的犯罪要"诛九族"乃至"灭十族"外，在刑罚的施行中"不绝人之嗣"是一重要原则，否则就会被视为有违天道的行为，是不仁的表现，正因如此，在存留养亲制度的基础上又延伸出了与之有密切联系的留养承祀制度，后者的设立从儒家的基本立场来看，不仅是合理的也是必要的。

（二）儒家孝的观念是存留养亲制度赖以存在的重要基础

儒家所提倡的孝的观念不仅是传统中国社会的重要美德，更是社会生活和国家法制中的重要原则之一，是儒家最重要的基本主张之一，对中国传统文化产生了重大而深远的影响。在传统中国社会，孝顺父母不仅是道德要求，更是法律的强制义务，违背了孝的要求则要被视为最严重的一类犯罪，如十恶中的"不孝"罪名的设立就是最有力的证明。儒家思想还认为孝也有不同程度的区别，"孝有三。大孝尊亲，其次弗辱，其下能养"①。可见其最低标准便是奉养父母，保障其生活，使之免于饥寒，这一点正是存留养亲制度设立的应有之意。此外，最为重要的是，对统治者而言，提倡孝还对确保统治的稳定和长久具有特殊的意义，这是因为，在儒家看来"忠臣孝子"是一而二，二而一的关系，孝是忠的前提，"其为人也孝弟，而好犯上者，鲜矣；不好犯上，而好作乱者，未之有也"②。这表明，统治者提倡孝，竭力维护孝，甚至不惜"为孝子曲法"的实质在于造就更多的忠臣，民谚所谓"寻忠臣于孝子之门"即是最好的解释。存留养亲制度的存在满足了孝的最低限度的要求，对于统治者彰显"以孝治天下"有着直接的标本意义。从对于不孝之人犯罪虽符合存留养亲的条件亦不许留养的做法中，我们也不难看出存留养亲制度是立足于孝的观念，清代规定"若在他省获罪，审系游荡他乡远离父母者，即属忘亲不孝之人，虽与例相符，不准留养"，"凡曾经忤逆犯案及素习匪类，为父母所摈逐者，虽遇亲老丁单，概不许留养"③。

（三）存留养亲制度在一定程度上体现了国法与人情的融合

自人类社会法制文明诞生之时起，情与法的冲突恐怕即是一个难以取舍的问题，在传统的中国社会，法律处于儒家的伦理道德观的支配下，其伦理法的特征极为明显，因而，情与法的冲突也就表现得更为突出。这种冲突的具体体现有很多方面，就存留养亲制度而言，在"父母老疾，家无以次成丁者"的情况下，对犯罪人执行徒以上的刑罚往往意味着犯罪人之父母将因无人扶养而最终无辜死亡，出现这种家破人亡的局面无疑是与亲情、人性的基本要求相违背的，更何况对于普通的民众来说，"养儿防老"本就是中国传统社会根深蒂固的观念之一，存留养亲制度则在一定程度上减轻了国法对亲情伦理的这种伤害，使国法体现出更多的人情味和人文关怀的色彩。

---

① 《礼记·祭义》。
② 《论语·学而》。
③ 赵尔巽：《清史稿》，第十五册，北京，中华书局，1976。

（四）"家国一体观"也是存留养亲制度的观念基础之一

所谓"家国一体观"，是指中国传统政治理论在个人、家庭与国家的关系上所持的观点，即认为个人是从属于家庭或家族的，家庭和家族是从属于国家的，国是家的放大，家是组成国的最小单位。这种主张直接来源于宗法制，也和儒家的"家天下"、"大一统"的观念密不可分，其产生的原因则与传统中国社会建立在农耕文明基础上有关。其基本特征在于重视家庭的稳定和家族秩序的维护对于国家统治秩序的维护所具有的意义。"天下之本在国，国之本在家"，"欲治其国者，先齐其家"，"家齐而后国治，国治而后天下平"，"一家仁，一国兴仁；一家让，一国兴让"①。这些主张说明宗法制下的"家"对于"国"而言实在是具有莫大的影响，儒家士大夫所推崇的"修身、齐家、治国、平天下"的人生理想亦是这一观念的又一解读。存留养亲制度的职能之一即在于尽可能地在统治政策允许的范围内维护家庭的稳定和延续，进而达到维护统治秩序的目的。从历代法律中对于危害家庭尊卑秩序和国家统治秩序的犯罪，如卑幼杀死尊长、谋反类犯罪等都不适用存留养亲的规定，亦可反观"家国一体"观之于存留养亲的意义。

三、存留养亲制度在传统司法中的意义

对于传统法制中的存留养亲制度历来有许多不同的观点，客观而言，无论是赞成存留养亲的施行还是对其持保留态度，都有一定的理论和事实依据。这就涉及存留养亲制度对中国传统法制所产生的正反两方面的影响。

（一）存留养亲制度的积极一面

1. 有利于维护社会秩序的稳定和减轻刑罚的残酷性

在中国传统社会中，家庭赖以存在的主要条件是获得相应的经济上自给自足的能力，这种能力所需要的要素主要限于土地、劳动力和生产工具等，其中，劳动力又是最为主要的因素。而传统法制中徒刑以上刑罚的执行往往意味着对一个家庭中劳动力的剥夺，这对于劳动力充裕的家庭来说也许并不会造成严重的损害，但对于"父母老疾"的单丁家庭而言则意味着毁灭性的打击。存留养亲制度的施行，使部分"父母老疾"的单丁家庭免于因主要劳动力被执行刑罚而陷入家破人亡的绝境，从而在一定程度上确保了一部分特殊家庭的稳定。而传统中国社会中，家庭是社会、国家的基本单位，维护了家庭的稳定也就意味着是对社会秩序稳定和统治秩序稳定的有力维护。就减轻刑罚的残酷性来说，由于受社会经济发展水平的限制，即使是徒、流刑的执行对于犯罪人及其亲属而言，几乎和死刑一样都意味着生离死别的结局，而存留养亲制度的存在某种程度上减少了这种悲剧发生的数量，对于传统刑罚的残酷性多少有所减轻。

2. 有利于对犯罪人的道德感化和情感改造

刑罚的执行不仅仅是以惩罚犯罪人为目的，还有更为重要的感化、改造罪犯的目的，从这个意义上说，任何有利于感化、改造罪犯的法律制度都有其存在的合理性。存留养亲制度也具有这样一种作用。这主要是因为对父母尽孝，在中国传统社会既是法律义务又是

---

① 《大学》。

道德义务，对犯罪人而言不能尽孝不只是无法履行法律义务那么简单，事实上，在传统道德的压力下，犯罪人还会因此而遭受极大的精神痛苦。存留养亲制度设立的立足点之一是孝的观念，是为了"全孝子之心"，为使犯罪人能践行孝道而网开一面允许其"留养"的做法最大限度地体现了皇恩浩荡，自然也能促使犯罪人出于感激而悔过自新。

除了上述两个方面之外，从前文对于存留养亲制度思想基础的论述中也可得知这一制度在维护儒家的伦理道德观，如悯恤老疾、施行仁政、倡行孝道、激励贞节等方面，亦具有一定的积极意义，可以说，基于儒家伦理道德观而产生的存留养亲制度又反过来强化了儒家伦理道德观的地位。

（二）存留养亲制度的消极一面

1. 对法律公平性和权威性的损害

公平性是法律的本质要求，即对同样的犯罪行为在适用法律上应平等对待，这不仅是现代法律观念的要求，中国传统社会中的报复刑主义，也有着与此相似的朴素的法律公平性的表达，所谓"杀人偿命，欠债还钱"、"以牙还牙，以眼还眼"所要表达的，正是对于法律公平适用的诉求。然而，存留养亲制度对同样的犯罪在犯罪人父母老疾无人奉养的情况下却可以免除应当处以的刑罚，这对于法律的平等适用显然是一种违背，尤其是在杀人罪的问题上，损害法律公平性的负面作用就显得更加突兀。至于对法律威信的损害则主要在于存留养亲制度的施行，既有诱发犯罪的可能，又有为罪犯提供护身符之嫌。法律明文规定了留养的条件，这些条件又是可预期的，因而不能排除行为人利用法律的这一规定实施犯罪并逃避惩罚的可能，这使得法律看上去几乎成了可以玩弄于股掌之上的东西，对其权威性必然是一种损害。

2. 理论上与儒家孝的观念自相矛盾

儒家所提倡的孝，除了要求子女对于父母的尊敬、顺从和奉养之外，还要求为人子者必须出于尽孝的高度责任感而爱惜自身，"身体发肤，受之父母"，是不允许擅自损毁的，否则就是不孝的表现。"身也者，父母之遗体也。行父母之遗体，敢不敬乎？居处不庄，非孝也。事君不忠，非孝也。莅官不敬，非孝也。朋友不信，非孝也。战阵无勇，非孝也。五者不遂，灾及于亲，敢不敬乎？"[①] 可见，在儒家看来凡是不爱惜自己的身体，不能符合庄、忠、敬、信、勇的道德要求的行为都是不孝的表现，还将因此而给父母带来灾祸，如此一来，按照这一逻辑则所有的犯罪行为都可以说是不忠不孝的，也就都不能适用存留养亲的规定，如金代金世宗"大定十三年，尚书省奏邓州民范三殴杀人当死，而亲老无侍。上曰：'在丑不争谓之孝，孝然后能养。斯人以一朝之忿忘其身，而有事亲之心乎？可论如法，其亲官与养济'"[②]。沈家本在《历代刑法考》中评价这一观点时指出：

> 世宗之论极正。留养之法，原悯恤老疾之人，非谓犯罪之人其亲有老疾即罪可恕也……老有子而不能侍，与无子无异，官为养济，未为过也……

又如清人袁滨在《律例条辨》中亦持此说，认为：

① 《礼记·祭义》。
② 《金史·世宗纪》。

忘其亲杀人，其不孝宜诛。怜其亲杀人，其心术宜诛。

这些观点仍是从儒家孝的观念出发，指出了以倡行孝道为价值目标之一的存留养亲制度自身的内在矛盾，也就是说这一制度与儒家的孝又是相冲突的。

3. 司法实践中产生的问题

存留养亲制度在司法实践中产生的问题主要在于为了逃避刑罚，尤其是死刑，犯罪人及其家属往往会想方设法弄虚作假，捏报符合存留养亲的条件，贿赂邻保出具虚假"甘结"，而地方官碍于种种原因不暇细查或不愿细查，于是存留养亲案件的处理与其制度设计的目的渐行渐远。《皇朝政典类纂》中有记载：嘉庆十七年（1812）针对这一现象特颁上谕："国家明罚敕法，按律定罪，期于无枉无纵。其亲老丁单，准令留养，系属法外施仁，必应核实办理，方得情法之平。若罪犯族邻徇情捏结，不加查核，率准详报，减轻罪名，使正凶漏网，则死者岂不含冤于地下乎！著通敕各直省问刑衙门，遇有声请留养人犯，务当认真确查，毋任蒙混结报，以肃宪典，而昭核实。"同时该书又指出："斗杀等案准其留养者，倘有假捏等弊，查报之地方官及捏结之邻保族长等，俱照捏报军流留养例，分别议处治罪。军流徒犯并非独子，地方官知情捏报，以故出论；如有受贿情弊，以枉法论；失察者，交部议处。其邻保族长人等，有假捏出结者，照证佐不言实情，减本犯二等治罪；受财者，以枉法从重论。"由此可见司法实践中出现的这一问题绝非个别现象，它甚至引起了朝廷的重视并为之专门作出规定。

尽管存留养亲制度的存在和发展对传统法制具有正反两方面的影响，但总的看来，应该说它的存在还是利大于弊的。这是因为，虽然中国传统法制不乏有很多人文关怀的内容，但仅就刑罚制度和司法而言，其留给后人的印象仍然是血腥味多于人情味的，在这一背景下，存留养亲制度的存在无疑增加了传统法制中人文关怀的成分，其所起到的积极的社会效果是显而易见的，与之相比，其所产生的负面影响则是十分有限的。

第五节
赎刑制度

所谓赎刑，是指以缴纳财物等以免除刑罚的制度，它是中国传统法律中的重要制度之一，其产生和发展的历史长达数千年，几乎与中国传统法制相始终，对于中国传统法制的影响极为深刻。同时，作为一项特权制度，赎刑的产生和发展与传统法制的特权问题紧密相连，因而，考察赎刑制度不仅有助于从整体上全面了解中国传统法制的特征，也有助于深入研究传统法制中的特权制度。

一、赎刑制度的历史发展

（一）先秦时期的赎刑

赎刑的起源较早，从现存史料来看，在夏代赎刑就已经产生，《尚书·舜典》载："金作赎刑"。但夏代所谓的"金作赎刑"事实上应该是指以铜来赎罪,其可以赎的刑罚种类似已无信史可考,《书经集传》认为"盖《舜典》所谓赎者,官府学校之刑尔,若五刑则固未尝赎也。五刑之宽,惟处以流;鞭扑之宽,方许其赎"①。大约夏代的赎刑可能还限于轻微犯罪而不适用于重罪。

到了西周时期,赎刑已有较大的发展,"吕命穆王训夏赎刑,作《吕刑》"②。这表明西周时期的赎刑是在夏商赎刑制度的基础上发展而来。西周赎刑制度的发展之处表现在,一是适用范围上的扩大,二是制度规定更为详细化。就前者而言,西周时期赎刑适用以"疑罪从赎"为原则,因而不论罪行之轻重,只要罪行存疑,则墨、劓、剕、宫、大辟皆可以赎;就后者而言,对于不同的刑罚,赎金的多少则有所不同,其规定较为详细,"墨辟疑赦,其罚百锾,阅实其罪;劓辟疑赦,其罪惟倍,阅实其罪;剕辟疑赦,其罚倍差,阅实其罪;宫辟疑赦,其罚六百锾,阅实其罪;大辟疑赦,其罚千锾,阅实其罪"③。

(二)秦汉时期的赎刑

秦代赎刑制度又有了进一步的发展,主要表现在,首先是因应刑罚制度的变化,在夏商周奴隶制五刑可赎之外增加了赎黥、赎迁、赎鬼薪等内容,使赎刑适用的范围有所扩大。其次,赎刑的方式种类有所发展,不仅可以用金(或铜)来赎罪,还可以用其他财物、劳役甚至人身来赎,用财物赎的又称为"赀赎",如"除士吏、发弩啬夫不如律,及发弩射不中,尉赀二甲。发弩啬夫射不中,赀二甲,免,啬夫任之。驾驺除四岁,不能驾御,赀教者一盾……","游士在,亡符,居县赀一甲"④,是用"甲"、"盾"来赎;用劳役赎的如"有罪以赀赎及有债于公,以其令日问之,其弗能入及偿,以令日居之,日居八钱;公食者,日居六钱"⑤;而"隶臣欲以人丁粼者二人赎,许之。其老当免老、小高五尺以下及隶妾欲以丁粼者一人赎,许之。赎者皆以男子,以其赎为隶臣"⑥,则是以人身替换来赎了。再次,区别作为刑罚的"赎刑"与允许赎的刑罚,前者如秦律规定:"抉籥,赎黥","纳奸,赎耐"⑦,这些基本上是直接将赎刑视为一种刑罚而适用的。最后,需要特别指出的是,赎刑制度自秦代开始具有了较为明显的特权色彩,如

睡虎地十一号墓棺内竹简出土情况(棺下部)

---

① 转引自郭仁成:《尚书今古文全璧》,308页,长沙,岳麓书社,2006。
② 《尚书·吕刑》引书序。
③ 《尚书·吕刑》。
④ 《睡虎地秦墓竹简·秦律杂抄》。
⑤ 《睡虎地秦墓竹简·秦律十八种·司空》。
⑥ 《睡虎地秦墓竹简·秦律十八种·仓律》。
⑦ 《睡虎地秦墓竹简·法律答问》。

秦律中规定："内公孙无爵者当赎刑，得比公士赎耐不得？得比焉。"① 又有"公士以下居赎刑罪、死罪者，居于城旦舂，毋赤其衣……"② 这表明秦代具有贵族身份的优先享有赎的权利，且在赎刑的执行过程中也享有特权。

汉代的赎刑制度内容较为丰富，其发展变化之处在于这样几个方面：

首先是赎刑与罚金刑的区分。汉代之前，赎刑制度与罚金刑基本上没有明显的区分，秦律中的"赀赎"虽带有罚金的性质，但仍与赎刑难加区别。而到了汉代，法律中已明确规定了"罚金"刑，史载：

> 汉律，三人以上无故群饮，罚金四两。
>
> 律，诸当占租者家长身各以其物占，占不以实，家长不身自书，皆罚金二斤，没入所不自占物及贾钱县官也。
>
> 令甲，诸侯在国，名田他县，罚金二两。
>
> 乙令，跸先至而犯者，罚金四两。③

由上述记载可见，汉代罚金刑已经独立出来，与赎刑并存，从其性质而言，它是刑罚的一种，而赎刑则是带有恤刑、特权等多种意义的换刑制度，两者在性质上有明显的区别。

其次，汉代，自西汉到东汉，赎刑的范围进一步扩大，不仅轻刑可赎，死刑的赎免也十分常见。如汉律规定：

> 贼杀人、斗而杀人，弃世。其过失及戏而杀人，赎死；伤人，除。
>
> 父母殴笞子及奴婢，子及奴婢以殴笞辜死，令赎死。
>
> 诸吏以县官事笞城旦舂、鬼薪白粲，以辜死，令赎死。④
>
> 秋九月，令死罪入赎钱五十万减死一等。⑤

以上所举数例表明，汉代赎刑中，死刑的赎免与秦律相比在范围上更为广泛，已不限于具有官僚贵族身份者。

再次，汉代赎刑以金赎和钱赎为主，赎的标准法律中有明确规定，相比秦律，更为具体明确。"赎死，金二斤八两。赎城旦舂、鬼薪白粲，金一斤八两。赎斩、腐，金一斤四两。赎劓、黥，金一斤。赎耐，金十二两。赎迁，金八两。"⑥ 同时还规定了黄金与钱之间换算的标准，如"黄金一斤，直钱万"⑦ 等。黄金、钱之外，劳役、粟、竹等其他财物亦可以赎，并首开"罚俸入赎"之例。"元嘉中，大将军梁冀带剑入省，陵呵斥令出，敕羽林、虎贲夺冀剑。冀跪谢，陵不应，即劾奏冀，请廷尉论罪，有诏以一岁俸罚，而百僚肃然。"⑧

此外，需要指出的是，在秦律赎刑制度的基础上，汉代的赎刑对于作为刑罚之一的赎

---

① 《睡虎地秦墓竹简·法律答问》。

② 《睡虎地秦墓竹简·秦律十八种·司空》。

③ 均见《汉书》文帝纪、昭帝纪、哀帝纪、张释之传。

④ 《张家山汉墓竹简·贼律》。

⑤ 《汉书·武帝纪》。

⑥ 《张家山汉墓竹简·具律》。

⑦ 《汉书·食货志》。

⑧ 《后汉书·张霸传·张陵》。

罪和换刑制度的赎刑的区分更为明显，在赎免的金额等方面也有较大的差异。①

　　无论是从赎刑的主体、赎免的刑罚范围还是代价物的种类来看，汉代的赎刑制度在适用上都有扩大的趋势，那么其特权性体现在哪里？笔者认为，汉代赎刑特权性最直接的体现一是在于其赎刑的代价过高，二是在于某些赎刑主要是为官僚贵族阶层而设。从上述史料的记载来看，汉代以黄金为计算标准来赎免刑罚，虽然汉代黄金的价值波动较大，但对于普通的社会成员，严重刑罚的赎免几乎是不可能的，以死刑为例，虽然汉律规定"赎死，金二斤八两"，但据《史记·孝文本纪》载"百金中民十家之产"可知，赎死对于一般家庭而言意味着倾家荡产也未必办得到，更何况汉惠帝、汉武帝时又将赎死的标准提高到三十万钱、五十万钱、百万钱甚至千万钱：

　　　　民有罪，得买爵三十级以免死罪。②（应劭注"一级值钱二千，凡为六万"）

　　　　九月，募死罪入赎钱五十万减死一等。

　　　　（赵弟）坐为太常鞠狱不实，入钱百万赎死。③

　　　　隆虑公主子昭平君尚帝女夷安公主，隆虑主病困，以金千斤钱千万为昭平君豫赎死罪，上许之。④

　　这样高的赎罪金额不要说是对于普通的小民百姓，就是对于少数官僚贵族来说也是难以企及的，武帝时宦官之家出身的太史令司马迁以直言获罪，"家贫，财赂不足以自赎，交游莫救，左右亲近不为一言"⑤，最终不得不受宫刑。可见，过高的标准事实上使得只有官僚贵族阶层才有可能享有赎免刑罚的可能。再从若干赎刑罪名来看，如汉武帝元封四年（前107），浩侯王恢"坐使酒泉矫制害，当死，赎罪，免"⑥。前引赵弟"坐为太常鞠狱不实"等，其中的"矫制"、"鞠狱不实"事实上只可能是官僚贵族阶层才有可能犯的罪行，对这一类犯罪规定的赎刑，从某种程度上说多少带有一定的特权色彩。

（三）魏晋隋唐时期的赎刑

　　魏晋时期，魏律"改汉旧律不行于魏者皆除之，更依古义制为五刑。其死刑有三，髡刑有四，完刑、作刑各三，赎刑十一，罚金六，杂抵罪七，凡三十七名，以为律首"⑦；晋律"赎死金二斤，赎五岁刑金一斤十二两，四岁、三岁、二岁各以四两为差。又有杂抵罪，罚金十二两、八两、四两、二两、一两之差"⑧。从这些规定可见魏晋时期的赎刑制度在内容上更加详细而系统化，共分为十一等，且与罚金刑也有进一步的区分。与此同时，自东汉以来对赎刑适用的限制和赎刑恤刑化的趋势都有所加强，如魏太和四年（230）"令罪非殊死听赎各有差"，直到晋律时赎刑的适用已较为普遍。

---

① 参见张建国：《西汉初期的赎》，载《政法论坛》，第20卷第5期。

② 《汉书·惠帝纪》。

③ 《汉书·武帝纪》。

④ 《汉书·东方朔传》。

⑤ 《汉书·司马迁传》。

⑥ 《汉书·功臣表》。

⑦ 《晋书·刑法志》。

⑧ 《唐六典·尚书刑部》注。

南北朝时期，随着传统刑罚"五刑"制度逐渐形成，赎刑开始与"五刑"相对应，罚金刑被取消。此外，在限制死刑适用赎刑的同时，北齐时出现的"十条重罪"即后世十恶犯罪，也排除了适用赎刑的可能。

赎刑制度在隋唐时期发展到完备化、系统化的阶段。隋《开皇律》规定：

> 其品第九以上犯者，听赎。应赎者，皆以铜代绢。赎铜一斤为一负，负十为殿。答十者铜一斤，加至杖百则十斤。徒一年，赎铜二十斤，每等则加铜十斤，三年则六十斤矣。流一千里，赎铜八十斤，每等则加铜十斤，二千里则百斤矣。二死皆赎铜百二十斤。①

从上述规定可知，隋代赎刑从适用的刑罚方面来看，从答刑到死刑，五刑都可以赎，在享有赎权的主体方面则限于九品以上的官员，可见，隋代的赎刑开始具有了明确的特权制度的性质。

在隋代赎刑制度的基础上，唐代的赎刑制度进一步完善。除十恶犯罪"不在议请减赎之例"外，答、杖、徒、流、死五刑均可以赎，从赎铜一斤到一百二十斤，分十九等，其标准与隋律基本相同。关于赎刑，唐律具体规定另有：

> 诸应议、请、减及九品以上之官，若官品得减者之祖父母、父母、妻、子孙，犯流罪以下，听赎；若应以官当者，自从官当法。其加役流、反逆缘坐流、子孙犯过失流、不孝流及会赦犹流者，各不得减赎，除名、配流如法。其于期以上尊长及外祖父母、夫、夫之祖父母，犯过失杀伤，应徒；若故殴人至废疾，应流；男夫犯盗及妇人犯奸者：亦不得减赎。
>
> 诸妇人有官品及邑号，犯罪者，各依其品，从议、请、减、赎、当、免之律，不得荫亲属。若不因夫、子别加邑号者，同封爵之例。
>
> 诸五品以上妾，犯非十恶者，流罪以下，听以赎论。
>
> 诸无官犯罪，有官事发，流罪以下，以赎论。
>
> 诸以官当徒者，罪轻不尽其官，留官收赎；官少不尽其罪，余罪收赎。
>
> 诸年七十以上、十五以下及废疾，犯流罪以下，收赎。八十以上、十岁以下及笃疾……盗及伤人者，亦收赎。余皆勿论……②

从上述规定来看，唐代的赎刑制度一般适用于流罪以下，死刑的赎免严格限于疑罪；除老幼犯罪的赎免带有恤刑性质之外，从其主体上看主要是针对官僚贵族阶层，因而其作为特权制度之一的特征极为明显；同时，唐代对赎刑使用的限制除十恶外，五流罪行及"男子犯盗"、"女子犯奸"一类特殊犯罪原则上也在赎刑之外，可见唐代赎刑适用上限制较严。此外，以铜赎罪有恢复古制的意味，但唐代对于贫民，也允许以劳役来赎，如唐玄宗天宝六年（747）令："应征正赃及赎物，无财以备，官役折庸……"③

---

① 《隋书·刑法》。
② 《唐律疏议·名例》。
③ 马端临：《文献通考·一百七十一》。

（四）宋元明清时期的赎刑

宋代赎刑制度以《宋刑统》的有关规定为主，其内容基本上同于唐律，但其赎刑的规定也有不少新的变化，具体有：第一，宋代赎刑主要适用于官僚贵族阶层，平民一般只老幼废疾等人或轻罪可赎，太宗时下诏："诸州民犯罪，或入金赎。长吏得以任情而轻重之。自今不得以赎论。妇人犯杖以下，非故为，量轻重笞罚或赎铜释之"①。第二，主体范围上有所扩大，大中祥符三年（1010）规定僧尼、道士、女冠犯公罪者听赎②，"贡举人但曾预南省试者，公罪听赎"③。第三，因官僚贵族阶层犯罪的现象越来越多，宋代对其赎刑的特权增加了限制，庆历六年（1046）诏："臣僚子孙恃荫无赖，尝被真刑者，如再犯私罪，更毋得以赎论。"④ 南宋时又规定凡有荫赎权的，"三犯私罪杖，各情重或正犯斗杀罪至死，该恩减等应流配者"，不得赎罪。⑤ 此外，宋代赎刑可得以铁钱赎，对少数民族又规定可以其他财物赎；允许朝廷命官纳官爵为他人赎罪等规定，都为赎刑的发展增添了新的内容。

明清时期，赎刑制度在承袭唐宋旧制的基础上，有了进一步的发展。《大明律》中以图例的形式，详细规定了赎刑的主体范围、标准和用以赎的财物、劳役种类，计有"纳赎例图"、"律例钱钞图"和"收赎钞图"；在五刑部分又规定从笞一十赎铜钱六百文到死刑赎铜钱四十二贯，共分十九等。⑥ 从这些规定可知，明代赎刑以多种财物和劳役赎罪为主，且明显发展了唐代"官役折庸"的做法，较为重视劳役赎罪。财物方面主要有纳钱、纳钞、纳银、纳马、纳草、纳米等，而劳役方面则有屯田、种树、做工、运囚粮、运瓦、运灰、运砖、运水、运炭、煎盐炒铁等，可谓种类繁多。此外，在各种劳役如何折算问题上，在"纳赎例图"中也有详细的规定。《大清律例》载有"纳赎诸例图"、"过失杀伤收赎图"、"徒限内老疾收赎图"和"诬轻为重收赎图"⑦。从这些图例的具体内容来看，清代的赎刑在所用财物方面以纳银、纳米、纳谷为主，在计算方法上以"折杖"计赎为主，而徒限内老疾则是余刑收赎，不同性质、不同罪行、不同主体在赎刑金额的规定和计算方面都有所区别。可见，明清时期赎刑制度的重要性有所上升，这一点由明清律都专门置"纳赎"图来规定赎刑制度可得证明；在内容上，许多方面比唐宋时期的规定更为复杂也更为全面，这也表明赎刑在明清时期的适用应当是极为经常的，其重要性也可见一斑。

二、赎刑制度的特权性

纵观赎刑的发展演变，其历史发展跨度几乎与中国传统法律发展的历史相始终，从夏代产生后，一直到清末修律时废止，长达数千年；无论是作为一种换刑制度、刑罚之一还是特权制度，它对中国传统法制都具有相当重要的影响。

从上述赎刑制度发展演变的历史可知，赎刑制度是一种集多种性质于一身的刑事法律

---

① 《宋史·刑法三》。
② 参见李焘：《续资治通鉴长编》卷七三。
③ 李焘：《续资治通鉴长编》卷七七。
④ 李焘：《续资治通鉴长编》卷一五九。
⑤ 参见《庆元条法事类》卷七六《当赎门》。
⑥ 参见《大明律》之《名例》、《断狱》。
⑦ 《大清律例·诸图》。

制度，但总体上讲，其特权性仍是最主要的，因而它也是中国传统法制中特权制度的重要组成部分。那么，赎刑制度的特权性具体体现在哪些方面？笔者以为考察赎刑制度的特权性可以从这样几方面着手：

首先，历代主要法典中都直接规定了官僚贵族犯罪可以适用赎刑。赎刑在其产生发展的早期阶段，即夏商周时期，主要是适用于轻罪、疑罪和过失犯罪的，秦汉之时，在赎刑适用上的特权性有所发展，如秦代即有"欲归爵二级以免亲父母为隶臣妾者……许之……"的规定。① 汉代武帝时"当时为大司农，任人宾客僦，入多逋负。司马安为淮阳太守，发其事，当时以此陷罪，赎为庶人"②。而到了隋唐时期，赎刑制度正式作为特权制度之一确立下来，在享有赎免刑罚特权的主体中，以官僚贵族及其亲属为主，平民百姓在享有赎刑权利方面受到多种限制。以唐律为例，《唐律疏议》中直接规定了一定品秩以上的官员及其一定范围内的亲属非因严重犯罪而处死刑的，都享有赎免刑罚的权利：

> 诸应议、请、减及九品以上之官，若官品得减者之祖父母、父母、妻、子孙，犯流罪以下，听赎；若应以官当者，自从官当法。其加役流、反逆缘坐流、子孙犯过失流、不孝流及会赦犹流者，各不得减赎，除名、配流如法。其于期以上尊长及外祖父母、夫、夫之祖父母，犯过失杀伤，应徒；若故殴人至废疾，应流；男夫犯盗及妇人犯奸者，亦不得减赎。
>
> 诸妇人有官品及邑号，犯罪者，各依其品，从议、请、减、赎、当、免之律，不得荫亲属。若不因夫、子别加邑号者，同封爵之例。
>
> 诸五品以上妾，犯非十恶者，流罪以下，听以赎论。
>
> 诸无官犯罪，有官事发，流罪以下，以赎论。③

尽管从这些规定来看，对享有议、请、减特权者及其亲属和九品以上官在适用赎刑上有罪行性质（犯非五流、十恶等）和刑罚轻重（流罪以下）等方面的限制，但其规定的主要用意仍在于允许官僚贵族阶层在一定条件下赎罪，相对于平民中老幼妇女犯罪和轻微犯罪、疑罪可赎而言，对特权阶层的保护是不言而喻的。明清律中虽没有这样的直接规定，但对于官员犯笞杖罪的，一般以"罚俸入赎的"方式处理，仍不脱特权保护的性质。④

其次，从传统刑法中的罪名来看，某些犯罪只能由官僚贵族阶层构成，因而历代主要法典有些赎刑的规定都是只为官僚贵族阶层而设置。如汉代赎刑制度中有"（浩侯王恢，武帝元封四年）坐使酒泉矫制害，当死，赎罪，免"，"（成安侯韩延年，武帝元封六年）坐为太常行大行令事，留外国书一月，乏兴，入谷赎，完为城旦。"⑤ 这些记载中的"矫制"、"留外国书"等罪行都是特权阶层才可能触犯的。再以唐律为例，唐律中的罪名有很大一部分都是以官僚贵族阶层尤其是官员为犯罪主体的，如"故出入人罪"、"决罚不如法"、"擅发兵"等。对于这些犯罪行为，处以流刑以下时，一般都有赎的权利，而这些基本上都是

① 参见《睡虎地秦墓竹简·军爵律》。
② 《汉书·食货志·郑当时传》。
③ 《唐律疏议·名例》。
④ 参见《大清律例·名例》之"文武官犯公罪"、"文武官犯私罪"条。
⑤ 《汉书·功臣表》。

普通平民所不可能涉及的。由此也可看出赎刑制度本身多少带有因人设置的色彩，从而也就具有相当明显的特权性。

最后，从客观方面来看，由于赎刑制度的基本内容简而言之就是以金钱抵免刑罚，因而，要真正享受赎刑所规定的权利，首先要求在客观上具备有钱可赎这一条件。然而不幸的是，恰恰是对于广大平民百姓而言，赎刑所要求的金钱财物基本上是超出其能力范围的，不要说死刑等较重的刑罚无力赎免，就是一般的笞杖刑对于平民百姓也是巨大的经济负担。而如汉代那样动辄以数万钱、数十万钱、数百万钱乃至千万钱赎罪，不仅对一般人而言是可望不可即的，甚至对于像司马迁那样虽为官僚阶层但却清贫的人而言，都会因为不具备相应的财力而无法实际享有赎刑规定的有利待遇[①]，更何况维持日常生计都已不易的升斗小民？虽然针对普通百姓无钱赎罪的现实，统治者也规定了可以以劳役抵免，看上去似乎是解决了平民百姓赎不起的问题，但服劳役本身与徒刑在实质上并无太大的差别，因而也就根本没有达到免刑的目的。由此可见，赎刑制度表面上似乎是平等适用的，但由于客观上以拥有相应的经济能力为条件，这一高高的门槛将大多数社会成员都挡在了赎刑制度的大门外，故历史上真正能享受赎刑所带来的好处的，基本上也就只限于官僚贵族阶层了。

从上述三方面来看，赎刑制度在其长期的发展演变历史中，主要是作为一种特权制度而存在的，它与议、请、减、当等特权制度一起，共同组成了中国传统法制的特权制度体系；在几类特权制度中，与八议、上请、例减、官当相比，赎刑制度在适用上更加广泛，从而也可以说它最大限度地保护了官僚贵族阶层的法律特权，是特权制度中最为常用的一类。

三、赎刑制度的历史价值

赎刑制度在其发展的历史上一直面临着不同的评价，围绕着赎刑问题所产生的争论也一直不断。

在汉代，宣帝神爵元年（前61），因讨伐反叛的西羌，陇西以北、安定以西的百姓多被征发，大量的土地荒芜，京兆尹张敞上疏建议："虽羌虏以破，来春民食必乏。穷辟之处，买亡所得，县官谷度不足以振之。愿令诸有罪非盗受财杀人及犯法不得赦者，皆得以差入谷此八郡赎罪。务益致谷以豫备百姓之急。"但这一建议遭到了左冯翊萧望之和少府李强的反对，萧望之认为：

> 民函阴阳之气，有好义欲利之心，在教化之所助。尧在上，不能去民欲利之心，而能令其欲利不胜于好义而已，道民不可不慎也。今欲令民量粟以赎罪，如此则富者得生，贫者独死，是贫富异刑而法不一也。人情，贫穷，父兄囚执，闻出财得以生活，为人子弟者将不顾死亡之患，败乱之行，以赴财利，求救亲戚。一人得生，十人以丧，如此，伯夷之行坏，公绰之名灭。政教一倾，虽有周召之佐，恐不能复……今开利路以伤既成之化，臣窃痛之。[②]

同样的争论北宋时期也发生一次。庆历三年（1043），陕西、河东沿边地区长期与西夏

---

① 参见《汉书·司马迁传》。
② 《汉书·萧望之传》。

交战，为弥补军费不足而大量铸造铁钱，致使民间私铸之风日盛，因此而犯法者日益增多，范仲淹为此制定了一套赎罪之法欲施行于这一地区，但谏官余靖等极力反对，认为"若更为轻刑得以赎论，则民轻其犯而莫之禁矣"。更有人以为这样将会"富人皆得赎罪，而贫者不能自免"①。从这两次著名的论争可见，支持施行赎刑的主要是着眼于现实的需要，而反对者则主要是从"贫富异刑"的角度，不愿看到有损法律公平适用的情形出现，不希望因赎刑的适用而对法制产生不良影响。总的来说，无论是反对赎刑还是支持赎刑，其理论依据却都或多或少地来源于儒家的基本主张。

就儒家理论对赎刑的支持而言：一是儒家的慎刑和恤刑、德政的思想是支持赎刑制度的重要理由。赎刑在西周时期最初就是适用于疑罪的，所谓"疑罪从赎"正是儒家慎刑思想的体现，这一做法后世基本上相沿不改，成为赎刑乃至刑法的重要原则；同时，赎刑的适用避免了真刑的执行，使犯罪人免于伤肌刻肤之苦，尤其是对于死刑和一些肉刑而言，由于一旦执行即无法恢复，故赎刑所起到的恤刑的意义也是不言而喻的；赎刑之于统治者标榜的德政之关系，正如明太祖朱元璋所言："善为国者，惟以生道树德，不以刑考立威"②。赎刑制度正是"以生道树德"的最佳范例。二是儒家的等级观念的客观要求。儒家的等级观念要求不同身份等级的人在刑罚执行上应该享有不同的权利，对于官僚贵族阶层而言，正如前文所述，赎刑制度的设立正是为了维护特权阶层刑罚执行上的特权，因而它是儒家等级观念在特权制度上自然延伸的产物。

就反对赎刑的观点来看，其最直接、最重要的理由来源于儒家的"义利"观。儒家主张"重义而轻利"，而赎刑的适用正如汉代萧望之所言，将促使"为人子弟者将不顾死亡之患，败乱之行，以赴财利，求救亲戚"。也如明人丘浚在《大学衍义补》中所言：

> 赎刑乃帝王之法，孔子修书载在圣经，盖唯用之在学校，以宽鞭朴之刑……后世乃一概用之，以为常法，遇有边防之警则纳粟于边，遇有帑藏之乏则俾之纳金于官，此犹不得已而为之……若当无事之时，而定以为常制，则是幸民之犯以为国之利，可乎？

除了上述源于儒家思想观念影响而产生的对赎刑的不同态度外，赎刑制度得以存在和发展下去也是因为它对于封建国家的政治、经济、军事等方面有一定的积极作用。就赎刑对于国家政治方面的作用而言，统治者往往将赎刑作为国家政治秩序的调节器，在社会环境良好时，放松赎刑的适用，而在政治动荡"民多犯法"时，又会限制赎刑以加大刑法的打击力度。对于经济方面而言，赎刑的大量适用，必然起到为国家聚敛财富的作用，在发生大规模自然灾害和战争的特殊时期，更是短期内集中财力以渡过难关的重要手段，如前述汉代张敞、宋代范仲淹的举措皆有此意。在军事方面，早在春秋战国时代，管仲在齐国推行"使以甲兵赎"的政策，从而直接提升了齐国的军事实力，为"九合诸侯，一匡天下"③的霸业奠定了基础；明代更是以劳役赎中"屯田"的形式充实边境，巩固国防。因此，赎刑制度的长期存在在相当大的程度上是因其对于政治、经济、军事等方面具有实用

---

① 《续资治通鉴长编》卷一四三。
② 《明史·太祖本纪》。
③ 《史记·管晏列传》。

价值。对于这一问题，明代的史实最具说服力，"国家得时籍其入，以佐缓急。而实边、足储、振荒、宫府颁给诸大费，往往取给于赃赎二者"①。

由上述内容可见，赎刑制度的存在和发展既依赖于儒家思想，又受制于儒家思想；既得益于其实用性，又因之而饱受诟病。但无论如何，出于现实主义考虑和儒家中庸观念的共同影响，赎刑制度不仅得以长期存在于传统法制之中，同时也获得了相应的发展；不仅成为传统法制之特权制度的重要组成部分，也成为中国传统法律高度发达和独特魅力的标志之一。

第六节
数罪并罚制度

在犯罪人同时犯有数罪的情况下，判决时如何确定其最终处罚是刑法学中数罪并罚制度所要解决的问题，这一问题也同样存在于中国传统刑法当中，因而，传统刑法中的数罪并罚制度的产生和发展自然由来已久。

一、古代法律中的数罪并罚

对于数罪并罚，据有关史籍的记载，早在西周时期就已经产生了简单的原则性规定。《尚书·吕刑》记载："上刑适轻，下服，下刑适重，上服；轻重诸法有权。"孔疏云："谓一人之身，轻重二罪俱发，则以重罪而从上服，令服上罪。"又《吕刑》有"其刑上备，有并两刑"之说，曾运乾注云："两罪俱发，则但科以一罪，不复责其余，皆取宽厚之意也"。这表明早在西周时期，对于数罪并罚问题已有了初步的认识，并相应地确立了从一重刑处罚的原则。这一原则也被后世视为具有某种程度上"宽刑"的意义。

数罪并罚的问题在秦汉时期已经有了较为确切的记载，秦律中规定："诬人盗值廿，未断，又有它盗，值百，后乃觉，当并赃以论……"② 这是诬告他人犯盗罪和盗罪的并罚，依诬告反坐的原则，秦律对此采用了并赃论罪的方式而不是从一重罪论处。到了汉代，对于数罪并罚基本上确立了以从一重罪处罚为主的原则并为后世所沿用。此后，随着自汉代时起律学的逐渐发达，数罪并罚制度的发展获得了极为重要的客观条件，在此基础上，到了隋唐时期，数罪并罚制度已经十分成熟、完备，此后宋元明清历代基本上因循唐律的数罪并罚制度，因而，对唐宋明清历代法典中数罪并罚制度的考察，也就意味着从总体上了解了传统刑法的数罪并罚制度及其发展演变过程。

二、唐律中的数罪并罚

唐律数罪并罚的规定主要集中在《唐律疏议》的相关条文上，其中直接规定数罪并罚

---

① 《明史·刑法一》。
② 《睡虎地秦墓竹简·法律答问》。

的主要是《名例律》中"二罪俱发"条的规定，该条及其疏文构成了唐律数罪并罚制度的主体部分；其次是"更犯"条，由于其涉及刑法执行过程中再次犯罪的处罚问题，且与我国当前刑法中刑罚执行过程中犯新罪或发现漏罪时的数罪并罚相似，所以不仅与累犯问题相关，也在数罪并罚制度考察的范围内。具体的条文规定在于：

> 诸犯罪已发及已配而更为罪者，各重其事。即重犯流者，依留住法决杖，于配所役三年。若已至配所而更犯者，亦准此。即累流、徒应役者，不得过四年。若更犯流、徒罪者，准加杖例。其杖罪以下，亦各依数决之，累决笞、杖者，不得过二百。其应加杖者，亦如之。

> 诸二罪以上俱发，以重者论；（注文：谓非应累者，唯具条其状，不累轻以加重。若重罪应赎，轻罪应居作、官当者，以居作、官当为重。）等者，从一。若一罪先发，已经论决，余罪后发，其轻若等，勿论；重者更论之，通计前罪，以充后数。即以赃致罪，频犯者并累科；若罪法不等者，即以重赃并满轻赃：各倍论。（注文：累，谓止累见发之赃。倍，谓二尺为一尺。不等，谓以强盗、枉法等赃，并从窃盗、受所监临之类。即监临主司因事受财而同事共与，若一事频受及于监守频盗者，累而不倍。）其一事分为二罪，罪法若等，则累论；罪法不等者，则以重法并满轻法。（注文：罪法等者，谓若贸易官物，计其等准盗论，计所利以盗论之类。罪法不等者，谓若请官器仗，以亡失并从毁伤，以考校不实并从失不实之类。）累并不加重者，止从重。其应除免、倍、没、备偿、罪止者，各尽本法。

对于较为特殊的"更犯"的并罚，唐律采用限制加重的原则，规定了役不得过四年，决杖不得过两百。具体方式，疏文中规定为："流二千里，决杖一百；流二千五百里，决杖一百三十；流三千里，决杖一百六十；仍各于配所役三年"，"或初犯杖一百，中间又犯杖九十，后又犯笞五十，前后虽有二百四十，决之不得过二百"。相对而言，该条的规定较为简单明了。而"二罪俱发"条所规定的数罪并罚的情形则要复杂得多，具体来说：

第一，一般的二罪以上并罚的，轻重不等时采用吸收原则，以从一重处断为准。疏文举例：

> 假有甲任九品一官，犯盗绢五匹，合徒一年；又私有稍一张，合徒一年半；又过失折人二支，合赎流三千里，是为"二罪以上俱发"。从"私有禁兵器"断徒一年半，用官当讫，更征铜十斤；既犯盗徒罪，仍合免官。是为"以重者论"。

以数罪当中最重的罪行来确定处罚，而不是加刑罚累计来处罚，但对于其他几种罪行"仍具条三种犯状"，目的一方面在于彰显其罪行之多，另一方面是考虑到某些犯罪是"遇赦不原"的，故要明确列举出来，"所以'具条其状'者，一彰罪多，二防会赦。杂犯死罪，经赦得原；蛊毒流刑，逢恩不免故也"。考虑到唐律中赎刑制度的存在，对于重刑可赎和官当、居作并罚的情形，注文中规定"若重罪应赎，轻罪应居作、官当者，以居作、官当为重"。疏文举例解释："谓甲过失折人二支应流，依法听赎；私有禁兵器合徒，官当，即以官当为重。若白丁犯者，即从禁兵器徒一年半，即居作为重罪。若更多犯，自依从重法"。数罪刑罚相等的，则从一处断，既不得累加计算，也不是采用限制加重原则。

第二，对于前罪已发已论后的并罚问题，唐律规定视后发之罪的轻重来定，如果后发之罪与前罪刑罚相当，则"勿论"，反之，则要"通计前罪，以充后数"，即以前罪已经判决或执行的刑罚计算在后发重罪刑罚之内。但如果是赃罪，则"频犯者并累科"，疏文举例：

> 假有受所监临，一日之中，三处受绢一十八疋，或三人共出一十八疋，同时送者，各倍（折半计算）为九疋而断。

而对于不同性质的赃罪，即所谓"罪法不等者"，如强盗、枉法、窃盗、受所监临罪的并罚，"假令县令受财枉法六疋，合徒三年；不枉法十四疋，亦合徒三年；又监临外窃盗二十九疋，亦徒三年；强盗二疋，亦合徒三年；受所监临四十九疋，亦合徒三年。准此以上五处赃罪，各合徒三年，累于'受所监临'，总一百疋，仍倍为五十疋，合流二千里之类"。

第三，唐律中对"一事二罪"的并罚则分"罪法若等"和"罪法不等"加以区别对待。所谓"一事二罪"如"假将私马值绢五疋，博取官马值绢十疋，依律：'贸易官物，计其等准盗论，计所利以盗论。'须分官马十疋出两种罪名：五疋等者，准盗论，合徒一年；五疋利者，以盗论，亦合徒一年"。对"罪法等者"的处罚原则是"累为十疋，处徒一年半是也"；对于"罪法不等者"，"则以重法并满轻法"，疏文举例："假有官司，非法擅赋敛于一家，得绢五十疋，四十五疋入官，坐赃论，合徒二年半；五疋入私，以枉法论，亦合徒二年半。即以入私五疋，累于入官者，为五十疋，坐赃致罪，处徒三年"，又例如"谓军防之所，请官器仗，假有一千事，亡失二百事，合杖八十；毁伤四百事，亦合杖八十。故《杂律》云，请官器仗，以十分论，亡失二分，毁伤四分，各杖八十；亡失三分，毁伤六分，各杖一百。今以亡失二百事，累於毁伤四百事，同毁伤六分之罪，合杖一百"。但累并之后因重者并入轻者而使累并后的刑罚仍轻于其中之一的，则"止从重"，如"假有以私物五疋，贸易官物值九疋，五疋准盗，合徒一年；计所利四疋，合杖九十……以四疋累于五疋上，总为九疋，不加一年徒坐，止从准盗，处徒一年"。

第四，对"应除、免、没、备偿，罪止者"如何并罚的问题，疏文举例解释为："假有八品官，枉法受财五疋，徒二年半；不枉法受财十二疋，亦徒二年半；窃盗二十四疋，亦徒二年半；监临受财三十九疋，亦徒二年半；又诈欺取财二十四疋，亦徒二年半；又坐赃四十九疋，亦徒二年半：倍得七十六疋二丈。又请稍十张，亡失一张，合杖六十。其赃总累为坐赃五十疋，合徒三年，余赃罪止不加。据枉法，合除名；不枉法，合免官；盗者，倍备；枉法、不枉法、受所监临及坐赃等，并没官；亡失官稍，备偿；坐赃，罪止徒三年之类。如有二罪以上俱发者，即先以重罪官当，仍依例除、免，不得将为二罪唯从重论。"也就是说，在需要官当、免官、赔偿损失、没收入官等处罚并行时，不是以从一重处断为原则，而是具有并科的色彩。

第五，需要指出的是，唐律除了《名例律》中的上述条文规定外，在其他一些律文的规定中也有涉及数罪并罚的问题。如《断狱律》中规定："诸因在禁，妄引人为徒侣者，以诬告罪论。即本犯虽死罪，仍准流、徒加杖及赎法"，这是在原犯已经是死罪难以再加刑的情况下，对于又犯罪的，则可以加杖方式并罚，后犯之罪可赎时仍令其赎罪，在这一情形下并不是以死刑吸收后犯之刑罚。又如《诈伪律》中规定："诸诈为官文书及增减者，杖一百，准所规避，徒罪以上，各加本罪二等……"这是对于以诈为官文书的犯罪行为达到实施其他犯罪的目的，依其所意图之犯罪与诈为官文书罪并罚，凡徒罪以上加本罪二等处罚，其方式是直接在一罪的刑罚基础上确定并罚应增加的刑罚幅度。

从唐律中上述这些数罪并罚的规定来看，与现代刑法中的数罪并罚相比，唐律同样也确立了吸收原则、限制加重原则、并科原则。吸收原则表现在"以重者论"和"通计后罪，以充前数"的规定上；限制加重原则表现在赃罪犯罪方面；并科原则表现在当、免、没、备偿与徒、流等并罚的情形下。凡此种种都说明唐律中数罪并罚的方式是较为复杂的。同时，从上述相关规定中也不难看出唐律数罪并罚制度具有这样一些特色：

一是体现了唐律"宽刑"的价值取向。这主要体现在对于刑罚相等的数罪并罚只以一罪来处断，与现代刑法中总和刑期以下，数罪中最高刑期以上的处罚方式相比，显然唐律的处罚更轻。另外，对于刑罚执行过程中的并罚规定了上限的做法，也表明唐律"宽刑"的倾向。

二是唐律的数罪并罚制度极为关注财产型犯罪。这一方面表现在唐律对于官吏犯赃罪的数罪并罚问题规定了十分丰富的内容，用了大量的笔墨以举例的方式详细解释相关情形下如何处罚；另一方面也表现在对涉及强盗、窃盗类的数罪并罚规定较多。此外，从处罚原则上来看，对于财产型犯罪，唐律多数情况下是以限制加重的处罚原则为主，给予较重的处罚。

三是唐律数罪并罚制度的规定是一个自成系统的独立制度，同时在立法中又充分兼顾了与其他制度之间的配套和衔接，如数罪并罚与刑罚制度之间、数罪并罚与官当、免官、赎刑制度之间，等等，这不仅意味着唐律在数罪并罚理论和制度方面的发达，同时也是整个唐律高水平立法技术的体现；也正因如此，后世法典在数罪并罚制度方面的立法基本上都保留了唐律条文的主体内容，如宋代法典《宋刑统》几乎是完全照抄了唐律数罪并罚的内容，兹不赘述。

三、明清律中的数罪并罚

明清时期，数罪并罚制度的主要内容一仍唐宋以来之规定，但从《大明律》和《大清律例》中的具体条文来看，基本上是只保留了唐宋律中律文的规定，包括"更犯"和"二罪俱发"两方面。

明律中，《大明律》之《名例律》规定：

> 凡犯罪已发，又犯罪者，从重科断。已徒已流，而又犯罪者，依律再科后犯之罪。其重犯流者，依留住法，三流并决杖一百，於配所拘役四年。若犯徒者，依所犯杖数，该徒年限，决讫应役。亦总不得过四年。（注文：谓先徒三年，已役一年，又犯徒三年者，止加杖一百，徒一年之类，则总徒不得过四年。三流虽并杖一百，拘役四年，若先犯徒年未满者，亦止拘役四年。）其杖罪以下，亦各依数决之。其应加杖者，亦如之。（注文：谓工乐户及妇人犯者，亦依律科之。）
>
> 凡二罪以上俱发，以重者论。罪各等者，从一科断。若一罪先发，已经论决，余罪后发，其轻若等勿论；重者更论之，通计前罪以充后数。（注文：谓如二次犯窃盗，一次先发，计赃一十贯，已杖七十。一次后发，计赃四十贯，该杖一百，合贴杖三十，如有禄人节次受人枉法赃八十贯，内四十贯先发，已杖一百，徒三年，四十贯后发，

难同止累见发之赃。合并取前赃，通计八十贯，更科全罪，断从处绞之类。）其应入官、赔偿、刺字、罢职、罪止者，各尽本法。（注文：谓一人犯数罪，如枉法、不枉法赃，合入官；毁伤器物，合赔偿；窃盗，合刺字；职官私罪，杖一百以上，合罢职；不枉法赃一百二十贯以上，罪止杖一百流三千里之类，各尽本法拟断。）

《大明令》中规定：

凡犯罪者，二罪俱发，以重者论。罪相等者，从一科断。

由此可见明律中在数罪并罚制度上，与唐宋律相比发展变化之处在于：第一，在"更犯"方面，明律虽保留了唐宋律对配役期限四年上限的规定，但决杖方面已不见不得过二百的限制规定。第二，加重了赃罪数罪并罚的处罚，"如有禄人节次受人枉法赃八十贯，内四十贯先发，已杖一百，徒三年，四十贯后发，难同止累见发之赃。合并取前赃，通计八十贯，更科全罪，断从处绞之类"，这一规定在处罚上已经有了刑种上的提升。第三，明律在数罪并罚制度的具体内容上较唐宋律远为简单，除了律文本身基本保留唐宋律律文的要旨外，唐宋律大量的补充性规定都已略去，虽然说明律因袭唐律，对唐律的诸多内容可能已不需要再一一照书，但就数罪并罚制度而言，明律的规定似失之简单。

此后清律对于数罪并罚的规定从《大清律例》的相关条文来看，在主要的两个律文上完全同于明律之规定。但清律例文也对数罪并罚制度有所发展，如清初例文规定："人命案件按律不应拟抵，罪止军流徒。人犯除致死二命照律从一科断外，如至三命者，于应得军流徒本罪上各加一等；三命以上者，按照致死人数递加一等，罪止发遣黑龙江，不得加入于死……杀至数命者，按死者名数，各追银……给各亲属收领。"[1] 这一稍显不同的规定既体现了遵循"二罪俱发从一重论"的原则，又对不同危害后果的人命重案分别情形加以详细规定，对于司法实践中数罪并罚的适用具有一定的积极意义。而清律例文对于数罪并罚制度的发展更多的是集中在《大清律例》中《名例律》"徒流人又犯罪"条下的例文之规定：

先犯杂犯死罪纳赎未完，及准徒年限未满又犯杂犯死罪者，决杖一百，除杖过数目准银七分五厘，再收赎银四钱五分。又犯徒、流、笞、杖罪者，决其应得杖数。五徒、三流各依律收赎，银数仍照先拟发落。若三次俱犯杂犯死罪者，奏请定夺。

凡在京在外已徒而又犯徒，总徒四年，及原犯总徒四年、准徒五年者，若例应减等，俱减一年。其诬告平人死罪未决，应杖一百、流三千里，加徒役三年者，若例应减等，减为总徒四年，若再遇例仍准减一年。

免死减等发遣宁古塔、黑龙江等处盗犯，在配所杀人者，该将军咨报刑部，查明原案，仍照原犯之罪定拟斩决，具题，行文该将军于众人前即行正法。若平常发遣人犯在配所杀人者，仍分别谋、故、斗殴，按律定拟。

由这些例文的规定来看，清律对于数罪并罚制度增加的内容在于：一是对杂犯死罪的特别规定，杂犯死罪准赎后又犯杂犯死罪的，决杖之外，增加了赎罪的规定；二是对于徒、

---

[1] 《大清律例通纂·名例律·二罪俱发以重论》附例。

流罪执行期间又犯徒、流罪，可依例减等；三是但对于盗犯在配所杀人的，则要即行正法，如前罪非盗罪而于配所杀人，则分别情形按律论处。这些发展变化之处基本上是清代基于当时的客观社会环境的变化而作出的调整，但由于例文规定往往是就事论事，故难免有繁杂的弊病。

总的来说，明清时期的数罪并罚制度尽管有一定的发展变化之处，但这些发展变化基本上不具有特别突出的特点，何况从立法技术等方面来看，在数罪并罚制度规定上与唐律相比有较大的差距，显现了明清时期传统刑法走向僵化的迹象。

综上所述，传统刑法中数罪并罚制度的产生发展经历了一个相当长的历史过程，其中以唐律以及此后历代数罪并罚制度为主要阶段，这一过程一直持续到传统法律在近代的变革之前。尽管与现代刑法学上数罪并罚制度有很大的出入，但在长期的发展过程中，传统刑法中的数罪并罚制度在包括现代刑法学上吸收原则、限制加重原则、并科原则在内的诸多处罚原则之外所确立的许多独具特色的并罚方式，传统刑法中数罪并罚所体现的立法精神以及对不同犯罪在并罚时予以区别对待的做法等等内容，对于现代刑法学中的数罪并罚制度仍有许多可借鉴之处。

<h1 align="center">第七节
累犯制度</h1>

累犯是刑法理论中的重要内容之一，它不仅为现代刑法所关注，也是古代刑法中不可回避的问题。中国传统法律的高度发达历来以刑法最具代表性，在传统刑法理论中，关于累犯问题的规定早已有之，尽管传统刑法与现代刑法对累犯的认识有较大差异，但在概念的本质特征、立法精神、处罚原则等方面仍有许多共通之处。如传统刑法和现代刑法中的累犯都具有曾因犯罪受处罚而又犯罪这样的基本特征，立法上都对累犯的社会危害性有明确的认识，在处罚上一般都坚持从重的原则，等等。因而，研究传统刑法中的累犯问题对于现代刑法学仍具有一定的意义。

一、累犯制度的源流

中国传统法律中最早对累犯问题有所认识，大约在夏商周时期就已出现，如《尚书》中载："敬明乃罚。人有小罪，非眚，乃惟终，自作不典，式尔，有厥罪小，乃不可不杀"[1]，"眚灾肆赦，怙终贼刑"[2]。虽然这些记载中对惯犯和累犯还未严格区分，但从中却可以明显看出这一时期已经确立了对屡次犯罪的人给予较为严厉惩罚的原则。这也成为后世累犯的源头。

到了秦汉时期，累犯加重处罚的原则正式确立，如秦律中规定："当耐为隶臣，以司寇

---

① 《尚书·康诰》。
② 《尚书·舜典》。

诬人，可（何）论？当耐为隶臣，又系城旦六岁。"① 按照秦律诬告反坐的原则，"以司寇诬人"当处以"司寇"刑，而实际上处以"系城旦六年"则显然是加重了处罚。传统刑法中的累犯制度到隋唐时期发展到成熟完备阶段，法律中对累犯的概念、种类、特征、处罚原则等等问题都有详细的规定。此后，宋元明清历代基本上以唐律为基准来规定累犯问题，这一历程直到清末引入近现代刑法的累犯理论和制度才宣告结束。由于传统法制中累犯制度的系统化规定主要集中在唐宋明清等历代法典中的相关条文上，尤其以唐律最具代表性，故考察传统法制中的累犯制度亦当立足于此。

二、唐宋律中的累犯制度

在以《唐律疏议》为主体的唐律中，我们称之为"累犯"的概念与我国现行刑法中的累犯概念有较大的差异，因而，考察传统刑法中的累犯问题一般不能拘泥于概念本身，而应抓住累犯制度的本质属性，即无论是在传统刑法上还是在现代刑法中，累犯问题在重复或屡次犯罪这一本质特征上是相同的，也只有基于这样一个本质特征上的认识，我们才能对古今刑法中的相关内容进行借鉴式的探讨。② 唐律中的累犯最为典型的即唐律中对"三犯"盗罪的规定，从某种意义上说，这是最接近现代刑法学上累犯概念的规定。《唐律疏议·贼盗律》规定："诸盗经断后，仍更行盗，前后三犯徒者，流二千里；三犯流者，绞。其于亲属相盗者，不用此律。"将上述律文结合唐律中相关疏文的解释来看，唐律中的累犯制度具有以下几方面的内容和特征：

第一，唐律中累犯的构成要件。对于盗罪累犯，其构成要件较为严格，归纳起来，主要有这样几点：首先是在犯罪的性质上，规定了典型的累犯只适用于盗罪，包括强盗和窃盗，疏文中提到："故有强盗、窃盗，经断更为……"但考虑到亲属关系的特殊性，对于亲属相盗的案件，如果属于"缌麻以上，及大功以上婚姻之家"的亲属关系则"不用此律"，即不适用特殊累犯的有关规定。其次，典型的累犯的构成必须符合前后三次犯盗罪被处以徒刑或流刑，且要求连续三次所处刑罚种类必须是相同的，对于死刑等会降、赦至徒、流刑的，则可以计算在内，疏文："律有'赦后'之文，不言降前之犯。死罪会降，只免极刑；流徒之科，本法仍在。然其所犯本坐，重于正犯徒流，准律而论，总当三犯之例。"再次，典型的累犯必须是"经断"之后，即经过审判之后才可计入"三犯"之内，并且必须是没有被赦免的徒、流刑，疏文解释："其未断经降、虑者，不入三犯之限"，"'三盗皆据赦后为坐'，谓据赦后三犯者，不论赦前犯状为数"。

第二，唐律中累犯的处罚原则。对于累犯，唐律的处罚态度是极其严厉的，其处罚原

---

① 《睡虎地秦墓竹简·法律答问》。
② 在用现代法律语言来描述和解构中国传统法律时所常见的障碍之一，就表现在用现代法律中的概念来阐述传统法律中的同类问题时，往往有词不能达意的困难，在唐律累犯问题上亦是如此。对于唐律中的累犯问题，多数学者将之严格限制在盗罪"三犯"这一类上，而对于唐律"更犯"条因其与现代刑法中刑罚执行过程中犯新罪或发现漏罪情形下的并罚问题极为相似，故一般多将之作为数罪并罚方面的内容加以讨论。笔者以为就唐律"更犯"条立法的着眼点来看，似乎更侧重于对重复犯罪的打击而不是并罚的方法问题，考虑到累犯重复犯罪这一本质特征以及与数罪并罚在判决的时间次序上的差异，唐"更犯"条的规定当亦可作为累犯制度方面的内容之一。但若将"更犯"条作为数罪并罚的制度来看，由于我国现行刑法中有几乎与之相同的做法，因而似乎更能为学者所接受。因此本文不将唐律"更犯"条置于累犯制度中探讨。

则是提高刑种以加重处罚，这主要是因为特殊累犯是盗罪，而传统中国社会中，统治者历来秉承"王者之政，莫急于盗贼"的古训，尤其重视对盗罪的打击。唐律立法者认为："行盗之人，实为巨蠹。屡犯明宪，罔有悛心。前后三入刑科，便是怙终其事，峻之以法，用惩其罪。"因而，对于特殊累犯，是以加重处罚为主要特征，在具体的处罚原则上可以概括为刑种递加的原则，累计三次犯徒刑时则处以流刑，三次犯流刑时处以绞刑，即"前后三犯徒者，流二千里；三犯流者，绞"。

第三，唐律累犯制度在许多方面体现了中国传统法律文化的基本特征。这主要表现在，首先，唐律累犯的认定和处罚原则体现了传统法律"原心论罪"的原则，对于累犯，以再犯和三犯作为判断其主观恶性大小的依据，"屡犯明宪，罔有悛心"，故要加重处罚，这与"原心论罪"的要求完全一致。其次，唐律累犯制度的规定体现了传统法制中家族伦理制度的一般要求，这充分体现在盗罪累犯不适用于亲属相盗案件上。儒家在家庭关系制度方面强调长幼尊卑的等级关系，对于违反亲属间身份等级的犯罪往往按服制原则予以严厉的处罚，但受其"重义轻利"观念的影响，对于家庭成员或亲属之间的财产型犯罪的处罚基本上要轻于无亲属关系者。唐律排除有关亲属间盗罪适用特殊累犯的规定，正是儒家家庭伦理制度的需要，也与唐律"一准乎礼"的立法原则相呼应。

此外，就立法技术上来说，唐律累犯制度的规定尽管很大程度上是此前相当长的历史时期传统刑法理论不断发展、立法技术逐渐累积的产物，但唐律累犯立法在条文上看来是极为简洁的，这在某种程度上也归功于立法者高深的律学素养和高超的立法技术。

唐之后，五代时期，累犯的规定开始扩大，除了盗罪之外，对于私盐犯罪也采取加重论处的原则，后唐长兴四年（933）敕："或有已曾违犯，不致死刑，经断后，公然不惧条例再犯者，不计斤两多少，所犯人并处极法。"[①] 后周显德五年（958）敕："诸盗经断后仍更行盗，前后三犯，并曾经官司推问伏罪者，不问赦前后、赃多少，并决杀。"[②] 从中亦可看出对累犯加重处罚的趋势已经较为明显。

宋代，唐律累犯制度的规定完全为《宋刑统》所沿袭，除了在条文上将唐律疏文的一些内容纂入律文外，几乎没有变化，《宋刑统·贼盗律》规定："诸盗经断后，仍更行盗，前后三犯徒者，流二千里；三犯流者，绞。其于亲属相盗者，不用此律。"这一律文基本上仍同于唐律的规定，但《宋刑统》该条下载："臣等参详，诸盗经断后，仍更行盗，如已经官司两度断遣，至第三度更犯，不问赃物多少，处死。所犯度数，并取赦后论坐"。从这一记载可以看出，宋代对于特殊累犯的打击已经更趋强化。其原因可能在于，一方面宋代的商品经济日渐繁荣，与之相关的财产类犯罪自然也更为国家法律所关注，打击与财产犯罪密切相关的盗罪当然也就成为宋代法律的重要内容；另一方面，中国传统社会自宋代开始逐渐走向衰落，各种社会矛盾不断激化，为了稳定统治秩序，对严重影响社会的所谓强盗、窃盗，尤其是累犯，自然有强化打击力度的倾向。

三、明清律中的累犯制度

明清时期，由于法典编纂总体上仍是以唐律为蓝本，故其累犯制度的相关规定总体上

---

① 《五代会要》卷二六《盐铁杂条上》。《文献通考·刑五》。
② 《文献通考·刑五》。

缉捕盗贼

讲也是承袭唐律，但明清律中也因客观社会状况而对累犯制度作出了一定的发展。

明律中，《大明律》之《刑律·贼盗》规定：

> 凡窃盗已行而不得财，笞五十，免刺。但得财者，以一主为重，并赃论罪。为从者，各减一等。初犯并于右小臂膊上刺窃盗二字，再犯刺左小臂膊，三犯者，绞。以曾经刺字为坐。掏摸者，罪同。若军人为盗，虽免刺字，三犯一体处绞。

另外，《大明令》中与累犯相关之规定有：

> 凡强、窃盗贼，未发而自首及于事主处首露者，免罪……再犯及侵损于人者，不准首。

万历年间《问刑条例》"窃盗新题例"〔万历十六年（1588）〕规定：

> 今后审录官员，凡遇三犯窃盗，中有赃数不多，或在赦前一次、赦后二次，或赦前二次、赦后一次者，俱遵照恩例，并人矜疑辩问，疏内参酌，奏请改遣。

清律中，在《大清律例》之《刑律·贼盗》部分规定：

> 凡窃盗，已行而不得财，笞五十，免刺。但得财，以一主为重，并赃论罪。为从者，各减一等。初犯，并于右小臂膊上刺窃盗二字，再犯刺左小臂膊，三犯者，绞。以曾经刺字为坐。掏摸者罪同……三犯，不论赃数，绞。

> 窃盗三犯，除赃至五十两以上照律拟绞外，其五十两以下至三十两，应发遣黑龙

江当差者，照名例分别改遣之例问发；三十两以下至十两以上者，发边卫充军。如银不及十两，钱不及十千者，俱杖一百、流三千里。

凡旗人另户正身，窃盗三犯，拟以枷责之后复行偷窃者，除计赃在五十两以上仍照律拟绞外，如在五十两以下者，不计赃数，俱发宁古塔当差。

由上述明清律中律文的规定，结合《大明令》和清律例文来看，明清时期累犯制度的发展变化之处在于：

第一，对于盗罪累犯，一方面明清律扩大了盗罪的范围，将较为轻微的小偷小摸行为视为盗罪，"掏摸者，罪同"；另一方面明清律又对盗罪的处罚增加了肉刑——刺字，一般规定对盗罪初犯于右臂刺字，再犯于左臂刺字，认定特殊累犯之"三犯"的标准也"以曾经刺字为坐"。从这两方面的新增内容上可以得知，明清律对盗罪累犯的处罚从罪行范围和刑罚上来看，明显有加重处罚的倾向。

第二，明清律沿用了五代时就已产生的对私盐累犯的规定："凡军人有犯私盐，本管千、百户有失钤束者，百户初犯，笞五十，再犯杖六十，三犯杖七十，减半给俸。千户初犯，笞四十，再犯笞五十，三犯杖六十，减半给俸……"与五代时私盐累犯不同的是，明律私盐犯罪的主体虽是特别针对军人而言，但却在处罚上将主管军官视为累犯，主观上属过失也在认定的范畴内，且在处罚上并不是完全以刑种提升为特征，"初犯笞五十，再犯杖六十，三犯杖七十，减半给俸"等规定，刑罚上属笞杖罪，刑种上有递加也有不提升刑种的情形。清律累犯制度对旗人累犯作出了特殊规定，"凡旗人另户正身，窃盗三犯，拟以枷责之后复行偷窃者，除计赃在五十两以上仍照律拟绞外，如在五十两以下者，不计赃数，俱发宁古塔当差"。从这一规定可见，清代对于旗人窃盗累犯的处罚明显要轻于法律的一般规定，表明清律在民族身份方面严重的不平等。

第三，清律对于盗罪累犯不再如唐宋律那样简单地规定"三犯流者，绞"，而是在这一原则下又具体规定了不同赃数情况下分别给予不同的处罚。例文中规定，"窃盗三犯，除赃至五十两以上照律拟绞外，其五十两以下至三十两，应发遣黑龙江当差者，照名例分别改遣之例问发；三十两以下至十两以上者，发边卫充军。如银不及十两，钱不及十千者，俱杖一百、流三千里"。可见，清律一般是对于三犯盗罪的，赃数较大的，即五十两以上才按三犯入绞办理，这一规定应该说是一个明显的进步，它使对特殊累犯的处罚更加细化，也更加合理。

第四，在明律中，按照《大明令》中的规定，对于盗罪累犯在适用自首制度方面有所限制，明令规定"凡强、窃盗贼，未发而自首及于事主处首露者，免罪……再犯及侵损于人者，不准首"。

从上述几方面可见，明清时期的累犯制度发展变化的重要特征在于大大加强了对累犯的处罚力度。虽然明万历年间《问刑条例》中有"今后审录官员，凡遇三犯窃盗，中有赃数不多，或在赦前一次、赦后二次，或赦前二次、赦后一次者，俱遵照恩例，并人矜疑辩问，疏内参酌，奏请改遣"的规定，但就累犯制度总体上来说，明清律对其加重处罚体现在很多方面，例如增加盗罪刺字肉刑，盗罪累犯不准自首，清律例文中盗犯于配所杀人即行正法等规定，都表明对累犯加重处罚的强化。之所以呈现这样一种特征，其根本原因在于明清时期随着专制政治体制逐渐走向衰落所带来的种种问题，统治者不得不越来越依赖严刑峻法来维护自身统治的稳定，而对于在统治者看来危害性较大的盗罪类犯罪本身就已经是国家法律严厉打击的对象，而累犯盗罪则更加表明其主观恶性之严重，故难免要受到更为严厉的打击，这是明清时期特定的社会历史条件决定的。

　　将传统刑法中的累犯制度加以概括，并将其与我国现行刑法累犯制度加以比较，不难发现，尽管传统刑法中对累犯的认识由来已久，在唐代就已经进入高度理论化、制度化的发展阶段并于此后相沿不革，但其在适用范围上一直是十分狭窄的，长期限于盗罪以及私盐犯罪等类型上，又加之其对于"三犯"、"经断"等要件的强调，使累犯制度本应当收到的刑法效果大打折扣，从这个意义上说，传统刑法中的累犯制度与现代刑法学上的累犯制度不可同日而语。不过，这并不是说在我们今天发展和完善现代刑法中的累犯理论及其制度时，传统刑法中的累犯制度就毫无意义，恰恰相反，传统刑法中累犯制度的很多独特之处，如重视对严重犯罪累犯的打击，审慎适用累犯制度的立法精神等等，仍将是极具启示意义的。

第十一章

定罪科刑的特殊裁量

中国的传统法律是建立在农业社会经济基础之上，以维护封建专制的政治体制、社会体制为依归的。几千年的法律传统，所强调的是君臣、父子、兄弟、夫妇、长幼、贵贱、尊卑、亲疏之间的不平等关系，各朝法律无一例外地规定了臣民、子孙等"卑幼"对于君父、官贵等"尊长"的绝对服从义务。在中国历史上，连以最重视法律而著名的法家学派，也都把法律刑罚当成君主治国安邦、驾驭臣民的利器、私器。《管子·任法篇》就说："有生法者，有守法者，有法法者。生法者君也，守法者臣也，法法者庶民也。"也就是说，法律是君主意志的体现，由官吏去实施。对于老百姓而言，法律只不过是许许多多应该无条件遵守、服从的规则，根本没有任何选择和置喙的余地。

中国传统法律文化是一套以礼为核心的法律体制，具有极强的伦理特性。"德礼为政教之本，刑罚为政教之用"，这是中国古代社会对道德教化与法律刑罚之间关系的典型概括。儒家的政治学说是以人性性善论为基础的。孔子曾说"其为人也孝悌，而好犯上者，鲜矣；不好犯上而好作乱者，未之有也"。所以只要通过适当的礼义教化，则"人皆可业尧舜"，每个人都可以成为圣贤，"天下为公"的理想社会就不难实现。法律刑罚的功能是相对有限的，所谓"法能刑人而不能使人仁，能杀人而不能使人廉"，所以"刑罚为盛世所不能废"，亦"为盛世所不尚"。因此，治理国家应该是"导之以礼，齐之以刑"，应该"德主刑辅"。意思是治理国家、统治民众应以发扬德政、宣传教化为主要的手段和根本目的，而不能像法家主张的那样"本末"倒置。同时，制定法律、实施刑罚也反映、适应礼义教化的要求，使法律成为道德仁义、纲常名教的最好载体。所以，儒家不仅主张实行"仁政"，也强调执法要"仁恕"，要审慎，要"恤刑"。但是，另一方面，对于违反礼治秩序的行为，却要施以严厉的惩罚，即所谓"出礼入刑"。几千年的发展嬗变过程，塑造了中国传统法律"依伦理而轻重其刑"的特质。

在立法上，从秦——中国历史上第一个封建专制王朝开始，就把反叛罪列为最严重的罪行，以严惩威胁皇权的行为。汉代立法上维护皇权打击政治性犯罪的罪名大为增加，反逆、不敬、大不敬、欺谩等等，都罪至灭门。《北齐律》首定"重罪十条"，成为隋唐以至明清"十恶"的前身，二者的共同点都是严厉打击威胁皇权统治的政治性犯罪。在司法上，更是对政治性犯罪进行极端的镇压，除徒刑、腰斩、族诛等法内刑之外，还可以根据皇帝的喜好选择最残酷的刑罚方式。

第一节
政治性犯罪：加重倾向

自周公制礼以来，形成了一整套以维护宗法等级制为核心的行为规范以及典章制度。周礼所确定的行为规范以"亲亲"、"尊尊"为核心。亲亲强调的是维护以父权为核心的亲属宗法关系，尊尊强调的是以维护皇权为核心的等级关系。通过周公制礼，确立了尊卑贵贱的等级秩序，以"定亲疏、绝嫌疑、制同异、明是非"，形成了"礼不下庶人，刑不上大夫"的等级秩序，使中国社会的政治制度与伦理关系紧密地结合起来。"在宗法等级制占统治地位的古代中国，亲与贵合一，家与国相通，宗法上的等级和政治上的等级是一致的，无论是命官、封邦建国，都依宗法血缘为标准，周公制礼的契机和主要成就，就是以礼典的形式全面确立宗法等级制度。"① 因此，中国的传统法律对于侵犯以父权为核心的宗法制度以及以皇权为核心的政治制度是要进行严厉处罚的。

一、政治性谋反与谋叛

中国的传统专制社会，在立法上注重保护以君权为核心的政治体制，侵害统治阶级的根本利益、危害统治秩序的行为被列为最严重的犯罪行为，将会受到严厉的惩罚。虽然儒家思想强调仁政、道德教化，但是，礼治的目的在于别贵贱、序尊卑、经国家、定社稷，其最根本的目的还在于维护一种宗法关系。因此，对于危害统治阶级利益的政治犯罪而言，由于其侵害了尊尊君为首的儒家教义，是要受到严厉惩罚的。

对于政治性犯罪，最严重的莫过于推翻统治者的现有统治，夺取政权，另立政权，因此，历朝历代的统治者在立法上无不重视对于政权的维护以及在刑罚上注重对于危害政权行为的严厉处罚。这主要包括谋反与反叛。根据蔡枢衡先生的解释，反是分裂而且对抗，例如进攻城池；叛是背离，例如背国从伪或投靠外国，但未对抗。如果对抗，便是反而非叛了。②

谋反罪最早可溯源至商代的"不吉不迪"罪，据《尚书·盘庚中》记载："乃有不吉不迪，颠越不恭，暂遇奸宄，我乃劓殄灭之。"其中不吉不迪就是指不按照商王盘庚所说的正道办事，不遵守王道。不吉不迪罪的处罚是"劓殄"，即不仅杀死本人，还要处死后代，即后世的族诛。秦时有"不道"罪，其内涵主要是谋反，秦朝把反对皇权和中央政权的犯罪称为重罪，严厉惩处。例如，秦始皇时，相国吕不韦谋反，秦始皇削割其职位令其自杀，党羽都被逐出中央或判刑。秦始皇死后，赵高与李斯伪造遗诏，诬陷太子扶苏和大将蒙恬谋反。后赵高诬陷丞相李斯谋反，李斯被腰斩，且夷三族。

到了汉代，汉初统治者受黄老学派无为而治思想的影响，在政治上贯彻了重德轻刑的

---

① 张晋藩：《中国法律的传统与近代转型》，2 版，6 页，北京，法律出版社，2005。
② 参见蔡枢衡：《中国刑法史》，140 页，北京，中国法制出版社，2005。

原则，在一定程度上做到宽简刑罚、削除烦苛。但至汉武帝时，由于放松了对农民的控制，导致不少农民为逃避赋税而脱离户籍，成为"亡人"，对汉政府的财政基础构成了直接威胁；中央对地方的管束不严，造成地方势力坐大，割据一方，有与中央分庭抗礼之势，直接威胁到中央政府的安全；匈奴步步紧逼，汉帝国外患日重。因此，汉时继承这一罪名，称大逆无道罪，或单称"大逆"或单称"无道"（同"不道"），或称"逆不道"，但内涵却不限于单纯的谋反，而是包括许多种严重损害封建政权的行为。其下有许多小的罪名，例如，"祝诅上罪"、"迷国罔上罪"、"左道罪"、"漏泄省中罪"、"赃百万以上罪"、"诬罔主上罪"、"上僭罪"、"谋反罪"、"诬蛊罪"、"怨望诽谤政治罪"、"妖言罪"、"殴辱王杖主罪"。其中谋反罪是指企图颠覆国家政权的行为，《汉书·高帝纪》汉王数羽曰："夫为人臣为杀其主，杀其已降，为政不平，主约不信，天下所不容，大逆无道。"《汉书·杨恽传》："为妖恶言，大逆不道，请逮捕治。"《汉书·吴王刘濞传》："而卬（楚王刘卬）等又重逆无道，烧宗庙，卤御物，朕甚痛之。"对于该罪的惩罚同商朝一样是严厉的，要受到"夷三族"的刑罚，即除本人外，整个家族也要受到株连。张家山汉简《二年律令》对危害国家政权的叛降罪与谋反罪的处罚就非常严厉。《贼律》曰："以城邑亭障反，降诸侯，及守乘城亭障，诸侯人来攻盗，不坚守弃去之若降之，及谋反者，皆要（腰）斩。其父母、妻子、同产，无少长皆弃市。"即守城邑要塞的人，如果向敌对诸侯国投降，或当诸侯国的军队前来攻打时，不进行坚守，放弃城邑要塞，或进行谋反，均应处以腰斩，其亲属不分少长也都应处以弃市，这其中就包括谋反和谋叛。

腰斩

　　为了镇压危害封建专制统治和违反伦理纲常的行为，《北齐律》总结前朝经验，例如，"不孝罪"、"不敬罪"、"不道罪"、"降叛罪"等等，概括了封建宗法制度的各个方面，进一步把礼法制度结合起来，强化了对君权、父权以及夫权的维护，形成了"重罪十条"，这是对于危害国家根本利益和统治秩序的最严重罪行的集中概括，置于《北齐律》的首篇《名例律》中，作为重点打击的对象并给予最严厉的处罚。这十种罪包括"反逆、大逆、叛、降、恶逆、不道、不敬、不孝、不义以及内乱。"且"其犯此十者，不在八议论赎之限"。其中，反逆与叛是关于谋反的规定。反逆是指以推翻社稷为目的的造反行为，是农民阶级反抗以封建皇帝为代表的封建地主阶级的行为，被统治者视为一种最严厉的犯罪，位列重罪十条之首；叛是指叛变的行为，是背叛本朝朝廷，投奔外国。北齐确立的"重罪十条"对后世的影响深远。到隋朝初年制定《开皇律》时则仍然采用北齐之制，并将其稍加修改而称为"十恶"，其主要精神和阶级本质与"重罪十条"一脉相承。

到了唐朝，唐律沿用隋制，将"十恶"制度规定于首篇《名例律》中，以重点打击锋芒指向威胁封建政权的犯罪。《唐律疏议》中指出："五刑之中，十恶尤切，亏损名教，毁裂冠冕，特标篇首，以为明诫。"① 其中，十恶之首规定的是谋反罪，第三条规定的是谋叛罪。谋反即谋危社稷，是谋害皇帝、危害国家的行为。由于谋反的目的是要推翻现有的政权，因此，《唐律》对谋反的处罚是最为严厉的，《疏议》解释说："君亲无将，将而必诛。谓将有逆心，而害于君父者，则必诛之。"理由是"王者作兆庶之父母，为子为臣，惟忠惟孝。乃敢包藏凶慝，将起逆心，违反天常，悖逆人理，故曰谋反"。这里的谋反主要指的是犯上作乱的农民起义军。

对谋反者一律处以斩刑，《唐律》规定，"诸谋反及大逆者，皆斩"。而且诛及亲属，即满门抄斩。"父子年十六以上皆绞，十五以下及母女、妻妾、祖孙、兄弟、姊妹若（及）部曲、资财、田宅并没官。男夫年八十及笃疾、妇人年六十及废疾者并免；余条妇人应缘坐者，准此。伯叔父、兄弟之子皆流三千里，不限籍之同异。"可见，由于该罪直接涉及统治阶级的安危，因此，对于该罪的处罚也与其他犯罪不同，本犯不分首从，一律处斩，且株连范围极其广泛；并且犯此罪者不能享受任何的优待或者例外，贵族官吏不得适用八议、官当、请、减、赎等特权，其他人不得适用"同居相隐"的原则，老幼残疾若犯谋反，也不得依法减免。除此之外，对于谋反罪的认定，不论行为是否已经实施，只要有"谋"，不论是否造成实际损害后果，均认定为谋反之罪。《唐律疏议》规定，对已有谋反举动，但"词理不能动众，威力不足率人者，亦皆斩。父子、母女、妻妾并流三千里"②。对口头上有"欲反"的表示，但在行动上并无任何表现，即"口陈欲反之词，心无真实之计，而无状可寻者，流二千里"③。

谋叛，是指背叛国家，投降敌国的人。《唐律疏议·贼盗律》："诸谋叛者，绞。已上道者皆斩。妻、子流二千里。若率部众百人以上，父母、妻、子流三千里"。对于谋叛罪，虽然也是对于封建统治者的一种侵害行为，但从危害性上来讲，由于其目的只在于自身对国家的背叛，而并没有推翻国家的图谋，因此在处罚上没有谋反罪重，虽然对于谋叛者本人也是处以死刑，但是绞刑由于得以保全尸体而稍轻于斩刑。唐初立有赫赫战功的侯君集，因其他罪被囚后"怏怏不平"。他曾对太子说过："此手当为殿下用之"。于是便被认为是怂恿太子谋反，处以斩刑，并诛及亲属。临刑之前，侯君集对监斩官说道："我岂是一个谋反的人？我曾为大将，为朝廷连破两个敌国。现在沦落如此，望能告知天子，希望能留下我的一个儿子，以继后酮。"唐太宗闻知此事后，怜悯之心油然而生，念其功勋，特赦免了侯君集妻及一子的死刑，将绞刑改为"徙岭表"④。

---

① 《唐律疏议·名例律》。
② 《唐律疏议·贼盗律》。
③ 《唐律疏议·贼盗律》。
④ 《新唐书·侯君集传》。

　　自此，经唐至清，十恶制度历代王朝相沿不改。到了宋代，《宋刑统》和唐律一样也是十二篇，除了个别要避讳的字外，例如将"大不敬"罪名改为"大不恭"。《宋刑统》在名例律中也规定了"十恶"，内容和唐律基本一致。从法律的实施上来看，两宋期间，由于边境地区的少数民族不断侵犯内地，而内地的农民起义又不断发生，阶级矛盾尖锐。因此，宋朝的统治者为了维护自己的统治，采用重典以及严刑酷法残酷地镇压人民的反抗。特别是对于"谋反"、"谋叛"等十恶不赦的大罪，一般都要处以腰斩、弃市，甚至凌迟处死。宋建隆四年（963）颁布一种变相减轻刑罚的折杖法，列入《宋刑统》中。折杖法作为一种代用刑，是将五刑中的笞、杖、徒、流四种刑罚折成相应的臀杖或脊杖，使"流罪得免远徙，徒罪得免役年，笞杖得减决数"。《宋刑统·名例律·五刑门》规定了折杖法的具体内容，其中加役流决脊杖二十，配役三年；流三千里至二千里，分别决脊杖二十、十八、十七，均配役一年；徒三年至一年，分别决脊杖二十、十八、十七、十五、十三，杖后释放；杖一百至六十，分别决臀杖二十、十八、十七、十五、十三；笞五十决臀杖十，笞四十与笞三十决臀杖八，笞二十与笞十决臀杖七。折杖法是一种"折减"性质的新刑制，对于缓和社会矛盾具有一定作用。但其适用范围有限，死刑及反逆、强盗等重罪不适用此法。因此，折杖法的创立并未改变宋朝刑罚不断加重的趋势。

《宋刑统》书影

　　元朝同唐、宋律一样，把"十恶"列于诸篇之首，对其中"谋反"、"谋叛"都处以死刑，而且为常赦所不原。《大元通制》规定："诸大臣谋危社稷者诛。诸潜谋反乱者处死。诸谋反已有反状，为首及有同情者凌迟处死，为从者处死，知情不首者减为从一等，流远，并没入其家，其相须连坐者，各以其罪罪之。"为了防止汉人可能发生的反抗起义，还专门规定了私藏私造兵器罪。《元史·刑法志》载，诸汉人持兵器者禁之，汉人为军者不禁。诸民间有藏铁尺铁骨朵及含刀铁柱杖者，禁之。《刑法志》还载着藏甲、藏零散甲片、藏枪若刀或弩、藏弓箭之罪。《元史·刑法志》载，私藏全副铠甲者处死；不成副的铠甲，私藏者杖五十七；私藏枪或刀弩者够十件之数的处死；私藏弓箭十副者处死（每副弓一张，箭三十只）。这样一来，民间的武器禁尽了。再加以铁法的规定，《元史·刑法志》载，无引私贩者比私盐减一等，杖六十七，铁没官。元朝民间武器的来源也断绝了。还记载有"江南铁货及生熟铁器，不得于淮汉以北贩卖，违者以私铁论"，使得大都附近数千里之内，成为安全的地带。

　　到了明朝，为了进一步镇压人民的反抗，明律还扩大了"十恶"罪的范围，如部民杀死本管知县、知州、知府；军士杀死本管百户、千户、指挥；学生杀死业师等，都列入"十恶"中，极刑不赦。甚至明《大诰》还要求缉"游民"问罪，否则，"逸夫（赤贫、无产人）处死，四邻迁之化外（边疆）"①。明朝推行"重典治国"，对于非直接侵犯君主政权的"事关典礼及风俗教化"的犯罪，明律量刑明显轻于唐律；而对于直接危害专制统治的"贼盗"等犯罪，其量刑则明显重于唐律。对于谋反、谋叛等行为，明律规定本人处以凌迟刑，其祖父母、父母、子、孙、兄弟及同居之人，以及叔伯父、兄弟之子，凡十六岁以上，不限籍之异同，不论笃疾残疾，一律处斩刑。而唐律规定本人不分首从，皆处以斩刑，十六岁以上的父子处以绞刑，其他亲属可以不处以死刑。对于谋反、谋叛的处罚，不仅据律加诛，且大量法外用刑。《明太祖实录》载，洪武五年，南海"盗"号称"黑鬼"者为乱，被捕斩共三百七十余人；广东雷州王子英"谋乱"，王子英被斩，其部属二百三十一人均在海滨被枭首。

　　中国封建社会的发展应该是一脉相承的，无论是在指导思想、基本原则上，还是在主要内容、基本形式上，清朝亦不例外。清朝虽然是由关外满洲贵族建立的一个封建王朝，但是，由于其本质上还是一个中央集权的封建王朝，因此，在法律上与前朝存在颇多的渊源。尤其是在巩固中央集权的专制体制、维护皇帝的权威地位方面，清朝直接沿袭明制，把对于皇权的维护作为立法的核心。关于"十恶"制度，清朝将"谋反"、"谋叛"等严重危害统治阶级利益的行为列为最严重的犯罪，"十恶"是"无君无亲，反伦乱德，天地所不容，神人所共愤"的行为，由于其罪大恶极，所以"法不容宽"。《大清律例》还扩大了"谋反"、"谋叛"的范围，把一些新出现的行为也列为"十恶"之罪。例如，朝臣"上书奏事犯讳"、"奏疏不当"等，本属言语失当，但往往被认为是"殊属丧心病狂"、"妄议朝政"，按照反逆罪处以重罚。除此之外，民间若有歃血为盟结拜兄弟者，以谋叛实犯论处。《清高宗实录》卷九六一记乾隆三十九年（1774）："凡异姓人但有歃血订盟焚表结拜弟兄者，照谋叛未行律，为首者拟绞监候，为从减一等；若聚至二十人以上，为首者斩立决，为从者发云贵两广极边烟瘴充军。其无歃血盟誓焚表事情，止序齿结拜弟兄，聚众至四十人之多，为首者拟绞监候，为从减一等；若年少居首，并非依齿序列，即属匪党巨魁，首犯拟绞立决，为从发云贵两广极边烟瘴充军。如序齿结拜，数在四十人以下，二十人以上，为首者杖一百，流三千里；不及二十人者，杖一百，枷号两个月；为从各减一等。"其次，加重对谋反、谋大逆、谋叛等重罪的法定刑罚。

　　对于谋反、谋叛等侵犯皇权、危及封建统治基础的重罪，清朝给予严厉的处罚。依照《大清律例》的规定，凡谋反（不利于国谓谋危社稷）及大逆（不利于君谓谋毁宗庙山陵及官阙），共谋者不分首从，皆凌迟处死。祖父、父、子孙、兄弟及同居之人不分异姓同姓，不限籍之同异，男年十六以上不论笃疾废疾，皆斩。男十五以下及母女妻妾姊妹以及子之妻妾，给付功臣之家为奴，财产入官。凡谋叛（谓谋背本国潜从他国），共谋者不分首从，皆斩。妻妾子女给付功臣之家为奴，财产并入官。父母祖孙兄弟不限籍之同异，皆流二千里安置。除此之外，至于抗粮、罢考、罢市者，虽然没有造成实际危害，但是聚众至四五

---

　　① 周密：《中国刑法史》，316 页，北京，群众出版社，1985。

十人，也以谋叛罪论处，为首者要处以斩立决，从犯处以绞监候，胁从犯也要杖一百。

清朝还严惩思想异端，大兴文字狱，威慑知识分子。如顺治康熙年间，浙江人庄廷龙编刻《明书》，称努尔哈赤为建州都督，仍以南明政权为正朔。事被告发时，庄廷龙已死，朝廷下令开棺戮尸，并将其兄弟、子侄以及该书刻印者、读者、保存者甚至"疏忽不觉"的地方官共七十余人全部处死。从此以后，"文字狱"迭兴不断，康、雍、乾三朝多达一百多起，株连士人数万，杀人甚多。虽然清统治者多次称"不以语言文字罪人"，大清律中也确实没有关于文字狱的直接条款，但所有文字狱均是按谋反大逆定罪，这是最严重的罪名，且处极刑并株连最广。这显然是为了镇压具有反对封建专制主义意识和反抗民族压迫意识的社会思潮。

二、危害皇帝人身安全的犯罪

在"尊尊君为首"的传统社会中，皇帝具有重要的地位，是统治阶级利益的集中代表，也是维护统治秩序的"有效工具"，所谓国不可一日无君。因此，作为统治核心的皇帝便被赋予了至尊至高的地位，普天之下，莫非王土；率土之滨，莫非王臣。在儒家礼教的指导下，形成了"王道三纲"，即"君为臣纲，父为子纲，夫为妻纲"，纲原是指提网的总绳，其中"君为臣纲"就是君王对人民有神圣不可侵犯的权威，而人民则必须无条件地服从君王的旨意，最终目的是保持君王的统治地位。因此，皇帝的地位是君临天下的，是普天下的家长。在立法上，皇帝"口含天宪"，"法自君出"，即"君者，法之源也"。因此，法律所体现的是君主的意志。法律始终确保皇帝握有国家最高权力。《汉书·宣帝记》："天子招所增损，不在律上者为令"。皇帝可以左右法律，也可以创制和取消法律，皇帝还可以法外用刑，也可以法外施恩。法律也往往对于皇帝给予特殊的保护，以维护皇帝的这种特殊的地位。相反的，对于侵害皇权的行为也就给予严厉的刑罚，以维护皇帝的地位。而在与侵害皇权有关的犯罪中，首先要处罚的是危害皇帝人身安全的犯罪，因为皇帝的存在是国家存在的前提，皇帝的安危与国家的存亡是息息相关的。

由于中国传统法律的礼治特征以及皇帝在国家中的特殊地位，因此，对于皇帝的特殊保护是与法律相伴而生的。在原始社会与奴隶社会，由于社会的发展还没有完全脱离野蛮与落后，因此，对于侵害帝王人身权利的犯罪行为没有直接规定，而是体现在君主权威的保障上。在习惯法时代，氏族习惯逐步确立了部落联盟酋长的权威地位。据《尚书·尧典》载："流共工于幽州，放欢兜于崇山，窜三苗于三危，殛鲧于羽山，四罪而天下咸服。"进入奴隶社会后，夏代的统治者出于维护专制王权的需要，首先将维护部落联盟酋长权威地位的习惯转化为法律，用以维护夏王的统治地位。《尚书·甘誓》载："今予惟恭行天之罚。左不攻于左，汝不恭命；右不攻于右，汝不恭命；御非其马之正，汝不恭命。用命，赏于祖；弗用命，戮于社，予则孥戮汝。"这是强调夏王的绝对统治地位，对于不从王命者，一律处死在宗庙前。到了商代，则以酷法严惩危害王权的犯罪。商王盘庚规定"乃有不吉不迪，颠越不恭，暂遇奸宄，我乃劓、殄灭之无遗育"。不吉不迪是指行为不善，不按商王指出的正道办事；颠越不恭是指不遵守法纪，不恭敬国王，狂妄放肆；暂遇奸宄是指欺诈奸邪，犯法作乱。对于这几种行为，商王采取的是肉刑与族刑的残酷刑罚。到了西周，在其宗法体制下，周王处于权力的巅峰，其权威是绝对的，他的臣民对其负有绝对忠诚的义务。

如果有臣民弑杀自己的君王，则被看成是最严重的犯罪，是逆天理的行为，要受到最严厉的处罚。《周礼·大司马》载："放弑其君则残之。""残之"是割碎、肢解的意思。而且，犯此罪者往往要株连到自己的亲属，《大戴礼·本命》讲到"逆天者，罪及五世"。

进入封建社会后，维护皇帝统治地位成为历朝立法及处罚的重点。秦朝时，泄露皇帝行踪、住所、言语机密等等都被视为对于皇权的侵犯。汉律关于侵犯皇帝人身安全的犯罪主要有两种。一是阑入宫门罪，是指未经批准而私自进入殿门。皇帝的住处与皇帝的人身安全息息相关，随便出入皇宫被认为对皇帝的人身安全造成威胁，因此是禁止随便出入皇宫的。《宫卫令》规定："请出入殿门，公车司马门者皆下，不如令，罚金四两。"就是说，凡是出入殿门或司马门的人，不管是谁，都要下马或下车步行。倘若违反这条法令，罚金四两。贾谊《新书·等齐》曰："天子宫门曰司马，阑入者为城旦；诸侯宫门曰司马，阑入者为城旦。殿门俱为殿门，阑入之罪亦俱弃市。"也就是说，擅自出入皇帝宫门者，要受到城旦或者弃市的惩罚。《汉书·外戚恩泽侯表》载："博阳定侯嗣人丙显，坐酎宗庙骑至司马门，不敬，夺爵一级，为关内侯。"此外还规定，私自进入皇家园圃，醉卧皇家宫墙外，也属于侵犯皇帝人身安全的犯罪，要给予重罚，《汉书·高惠高后文功臣表》载："入上林谋盗鹿，又搏掩，完为城旦。"与"阑入"相对应的是"失阑"，谓守门者未能阻止人员、物品非法出入宫禁。《汉书·王嘉传》载："以明经射策甲科为郎，坐护殿门失阑，免。"《后汉书·胡广列传》载："延熹二年，大将军梁冀诛，广与司徒韩演、司空孙朗坐不卫宫，皆减死一等，夺爵土，免为庶人。"二是犯跸罪，跸是皇帝出行时的车马，犯跸即冲犯皇帝的车驾。古时皇帝出行，凡皇帝所经之地，一律开路清道，断绝行人，如有人冲撞皇帝的车骑、仪仗，即构成犯跸。汉《令乙》规定："跸先至而犯者，罚金四两。"《史记·张释之列传》载，一次文帝出行，有人犯跸，廷尉张释之依法判以罚金。犯跸从主观状态上来讲是非因故意，"如果蓄意行刺或故意冒犯，就要按照大不敬罪处以极刑"[1]。

对于以皇帝为中心的封建统治秩序的维护和封建伦理纲常，到了隋唐时期逐步完善和定型，这主要表现为以"重罪十条"和"十恶"为代表的法律的出现。与"重罪十条"相比，隋变北齐"反逆"、"大逆"、"叛"、"降"为"谋反"、"谋大逆"、"谋叛"，其强调谋亦为犯罪，目的是把反、叛等严重危害统治阶级利益的行为扼杀于谋划阶段，以此来降低犯罪的危害程度。同北齐重视现行犯相比，隋律严厉惩治预谋犯罪，这是一个重要变化，它反映了封建统治经验的丰富与发展。唐朝自武德以来，关于"十恶"的规定，"仍遵开皇，无所损益"。到了唐朝，儒法的结合达到了极致，儒家的"君为臣纲"是唐律首要的指导原则，唐律对任何违背皇帝意志、触犯皇帝尊严、危害皇帝安全的行为都给予严厉的处罚，绝不宽贷。其中关于"十恶"的规定以《永徽律疏》为代表。《永徽律疏》是我国迄今为止完整保存下来的一部最早、最完备、影响最大的封建成文法典。它总结了中国历代统治者立法和注律的经验，继承了汉代以来德主刑辅的思想和礼律结合的传统，使中国封建法律至此发展到最成熟、最完备的阶段，标志着中国封建立法技术达到最高水平。唐律的第二篇《卫禁篇》，是关于惩治危害以皇帝为核心的贵族官僚的人身安全和封建国家的边防安全与领土完整的犯罪行为的法律规定。其中，在"十恶"中涉及危害皇帝人身安全的犯罪主

---

① 张晋藩：《中国法制史》，173 页，北京，群众出版社，1991。

要有"大不敬"罪。大不敬的内容十分广泛。如：盗窃御物、伪造御物、为皇帝制药误不如本方、为皇帝做饭而误犯食禁、为皇帝制造车船不牢固、指斥乘舆而无人臣之礼等等。盗窃御物者处绞刑，"指斥乘舆（即批评皇帝）不甚恶毒者，徒二年"[①]。例如，为了保障皇帝的人身安全，唐律在卫禁律中规定，凡皇帝可能居留或出现的地方（如宫殿、御膳所、出巡的行宫、出行的仪仗等），一律不得擅入或冲撞，且不得登高窥望。若有违反，甚至私自与宫人言语，均处以极刑。

从宋朝的法律来看，虽然两宋期间刑法的打击对象、刑事政策以及刑罚制度较前代都有所改变，但是"十恶"等严重危害统治阶级利益的犯罪仍然是刑罚重点打击的对象。仁宗嘉祐年间，统治者考虑到京畿地区的安全，将京城开封诸县划为"重法地"，凡在重法地内犯罪的，加重处罚。据《宋史·刑法志》载："凡重法地，嘉祐中始于开封府诸县，后稍及诸县……亦立重法，著为令。"随着地方民众反抗的加剧，统治者也逐渐扩大了重法地的范围，量刑也逐步加重。到了神宗以后，重法地占全国的面积接近一半。重法地的设立实质上是为了维护以皇帝为核心的统治阶级的人身和财产安全，以严刑酷法打击民众的反抗。

元朝是中国历史上第一个由少数民族建立的多民族统一国家。蒙古贵族入主中原后，参照唐宋旧制积极进行法制建设，同时仍沿袭原有的民族传统，因而形成了独具特色的法律制度。在维护皇帝的人身安全方面，元律仍然保留了"十恶"的内容，对于"带刀入殿廷"、"假托神异狂谋犯上"，均属于危害皇帝罪，要以重刑处之。

明清时期依然延续唐以来的"十恶"制度。明朝推行重典治国，对于侵害以皇权为中心的统治阶级利益的重罪，其处罚明显重于唐律。据《李朝实录》载，明成祖疑后宫有人图谋"弑逆"，遂以严刑把诬服、连坐的两千余人凌迟处死。到了清朝，在清朝专制主义极端发展的条件下，涉及危害皇帝人身安全的犯罪受到严惩，例如，凡为皇帝"合和御药"不依本方，造御膳误犯食禁，御幸舟船误不坚固等，均杖一百或者徒三年。

三、损害皇帝尊严的犯罪

中国古代社会是典型的宗法家族和君主专制社会，君主是国家的代表和最高的统治者，具有最高的权威，在中国传统社会发展的早期，为了渲染君主的这种尊严和权威，往往将其归结为神意的体现，例如，夏商的统治者利用宗教鬼神来进行统治，将其掌握的国家政权说成是神授的，而自己只是奉天之意来实施统治，"恭行天罚"，国法则成为"圣心"、"圣制"，《诗·周颂·昊天有成命》载："昊天有成命，二后受之。"《尚书·康诰》亦载："闻于上帝，帝休，天乃大命文王。"《春秋繁露》："圣人正名，名不虚生。天子者，则天之子也。"因此，这就要求统治者有着普天下最高的德行，是最圣、最智、最贤者，其统治是"以德配天"的。在奴隶社会，虽然人们刚刚脱离洪荒时代，还没有完全脱离原始社会的野蛮与落后，但是，却极其重视宗法礼制关系。《礼记·曲礼》载："道德仁义，非礼不成；教训正俗，非礼不备；分争辩讼，非礼不决；君臣上下，父子兄弟，非礼不定；宦学事师，非礼不亲，班朝治军，莅官行法，非礼威严不行。"典型的是周公制礼。周王朝建立之后，统治者在夏礼和商礼的基础上，以"亲亲"和"尊尊"为基本指导思想，综合本族的风俗

[①]　《唐律疏议·职制律》。

习惯，制定了一整套礼制，史称"周公制礼"。周公依据周制，参酌殷礼。首先确立周王为天下共主，称天子，以此为基础，形成以血缘关系为联系的"宗法制"，产生一套完整、严格的以周天子为核心的礼仪制度，大到国家的政治制度，小到个人的日常行为都有详细规定。正如周人讲的，礼是经国家，定社稷，序民人，利后嗣者也。礼的内容大的方面包括宗法制、分封制和国家重大活动的制度礼仪，小的方面包括婚姻、丧事、成人礼仪、祭祀活动等等。通过周公制礼，使西周的社会制度、国家制度和人们生活以及思想，都要符合礼的要求，做事以礼为准则。此后的中国社会，虽然朝代更替很多，但西周时周公制礼所确定的各种礼制却影响深远。

礼是有等级次序的。《礼记·曲礼上》载："礼者，所以定亲疏，决嫌疑，别同异，明是非也。"《荀子·国富》载："礼者，贵贱有等，长幼有差，贫富轻重皆有称者也。"因此，违礼的行为要受到严格的处罚，即"出礼入刑"。道德是社会调整的主要手段，而法律只是次要手段，是道德的辅助手段；刑罚是工具，而道德教化则是目的；刑罚的适用必须建立在德教的基础之上，而实施刑罚的目的则是实现道德教化的要求。因此，对于国家的代表即君王的保护是礼制的核心。所谓"尊尊君为首"，以"忠"为核心，以等级差别为准则，旨在维护君臣、贵贱、尊卑秩序。因此，侵害君王尊严的行为也就成为了刑罚的重要对象。在西周，周王以各种形式发布的命令，具有最高法律效力，全体臣民必须遵行。将违反周王命令的行为明确称为"犯王命"，就是违抗王命罪。据《国语·周语》载："犯王命者必诛"。《礼记·王制》记载："析语破律、乱名改作、执左道以乱政，杀。"即凡是用歪门邪道扰乱周王室的统治秩序的，一律杀无赦。《礼记·王制》载："山川神祇有不举者为不敬，不敬者君削以地；宗庙有不顺者为不孝，不孝者君绌以爵；变礼易乐者为不从，不从者君流；革制度衣服者为畔，畔者君讨。"

进入封建社会后，为了更好地维护皇帝的尊严，秦朝首创皇帝制度，秦始皇兼采传说中三皇五帝的尊号，自称"始皇帝"，以期二世、三世皇帝，以求传千万世，传之无穷；同时制定一套尊君抑臣的朝仪及文书制度，例如，皇帝自称为"朕"，皇命称为"制"，皇令称为"诏"，皇印称为"玺"，以此来提高皇帝的尊严和权威。在治理国家事务时，还具有"法自君出"、"朕即法律"的人治化特点，以此来体现皇帝的权威。秦代统治者注重用法律手段来维护皇权，这从秦律中的一些罪名即可以看出来。例如，秦朝有不敬皇帝罪、诽谤罪、以古非今罪、非所宜言罪、妄言罪等等。

封建帝王具有极高的权威，任何人都不许对这种权威有丝毫的触犯，这就要求臣子不但对皇帝本人极端恭顺，而且对皇帝下达的诏书也绝对不能怠慢，否则便视为对皇帝的不敬，构成不敬皇帝罪，受到法律的严惩。秦简中的《秦律杂抄》载："听命书……不避席立，赀二甲，废。"这里的"命书"即诏书，听诏书时，要下席站立，以示对皇帝的恭敬，否则便被罚二甲，并被撤职，永远不再启用。讥评皇帝的过失便构成诽谤罪。据《史记·高祖本纪》载，刘邦率军攻克咸阳后，对关中父老说："父老苦秦苛法久矣，诽谤者族，偶语者弃市。"可知秦法对诽谤者处罚之重。秦始皇三十五年（前212），侯生、卢生就因批评皇帝"乐以刑杀为威"而被以诽谤罪全部坑杀于咸阳。以古非今罪是指在秦代以古代学说非难当今政策。该罪名可以说主要是针对当时的儒家学者而设的，李斯所说的"人闻令下，则各以其学议之，入则心非，出则巷议"，就是指斥儒家学者妄议秦政，以发泄其不满情绪。按秦法规定，犯以古非今罪者要处以族刑（一人犯罪而全族受株连）。非所宜言罪是指说了不该说的话。这种不该说的话当然是不利于统治者利益的。据《史记·叔孙通列传》载："陈胜起山东，使者以闻——诸生或言反，或言盗。于是二世令御史案诸生言反者下吏，非所宜言。"至于"非所宜言"的具体内容是什么，法无明言，这就为封建统治者任意出入人罪提供了方便。妄言罪是指煽动颠覆国家政权的言论。据《史记·项羽本纪》载，秦始皇游会稽时，项梁与项籍围观，项籍说："彼可取而代也"，项梁赶紧掩其口说："毋妄言，族矣。"可知秦法对妄言罪的处罚是族诛。

到了汉代，法律开始以儒家思想为指导，即董仲舒提出的"罢黜百家，独尊儒术"的思想，成为我国传统法律儒家化的开端，自此中国传统法律的发展进入了"纳礼入律"的过程。受此影响，其危害封建政权和皇帝尊严的犯罪被称为"大逆无道罪"。《二年律令》对危害国家政权的叛降罪与谋反罪的处罚就非常严厉。《贼律》曰："以城邑亭障反，降诸侯，及守乘城亭障，诸侯人来攻盗，不坚守弃去之若降之，及谋反者，皆腰斩。其父母、妻子、同产，无少长皆弃市。"《二年律令》对侵犯国家财产罪的处罚也较唐律为重。《贼律》曰："贼燔城、官府及县官及县官积聚，弃市。燔寺舍、民室屋庐舍、积聚，黥为城旦春。其失火延燔之，罚金四两，责（债）所燔。"

其中涉及危害皇帝尊严的犯罪主要有祝诅上罪、迷国罔上罪、漏泄省中语罪、诬罔主上罪、上僭罪、巫蛊罪、殴辱王杖主罪。祝诅上罪是指妄图通过巫祝等鬼神的力量咒骂皇帝的罪行。即"以言告祝谓之祝，请神加殃谓之诅。"该罪为汉初所创。《汉书·文帝纪》载："二年五月，诏民或祝诅上以相约，而后相谩，吏以为大逆。"由此可见，该罪是一种严重的犯罪行为，要受到弃市之刑的严厉处罚。迷国罔上罪是指欺瞒君主并给国家带来重大危害的行为。《汉书·龚胜传》记载："言事恣意，迷国罔上，不道。"犯此罪者往往是朝廷的重臣。元寿元年（前2），丞相王嘉犯此罪，下狱死。漏泄省中语罪，是指大臣泄漏皇帝的言语，或者泄露大臣上奏于皇帝的言论。《汉书·贾捐之传》记载，贾捐之泄漏省中语，被处以弃市之刑。诬罔主上罪，是指欺骗皇帝罪，攻击诬蔑咒骂皇帝的行为。《汉书·李寻传》有"执左道，乱朝政，倾覆国家，诬罔主上，不道"的记载。上僭罪，该罪是指官员在器物、乘舆、服饰方面的僭越行为。根据汉代的礼仪制度，君臣在上述东西的使用上均有严格的等级规定，不可"逾制"。据《汉书·韩延寿传》载，韩延寿"在东郡时，试骑士，治饰兵车，画龙虎朱爵"，结果被指控为"上僭不道"，被处以"坐弃市"。巫蛊罪，该罪是指借助于神巫而造蛊毒，企图加害于人的行为。若加害的对象为君主，则构成大逆无道罪。《汉书·江充传》有所谓"民转相诬以巫蛊，吏辄劾以大逆亡道"的记载，又据《汉书·外戚陈皇后传》载："女子楚服等坐为皇后巫蛊祭祀祝诅，大逆无道，相连及诛者三百余人，楚服枭首于市。"《史记·淮南衡山列传》载，汉武帝时，太子刘据被江充告发在宫中埋有诅咒汉武帝的木人，武帝发兵追捕，太子抗拒，兵败自杀，坐而死者前后数万人，并牵连公主、皇后和丞相等人。殴辱王杖主罪，王杖是皇帝授予七十岁以上老人的一种拐杖，上有鸠饰，持此杖者即为"王杖主"，其享有种种特权，殴打和侮辱王杖主的行为属于大逆不道罪。1959年在甘肃武威磨嘴子汉墓出土了《王杖十简》，1981年出土了《王杖诏书令册》。前者载：对王杖主"有敢骂詈、殴之者，比逆不道"，"年七十受王杖者，比六百石……有敢征召、侮辱者，比大逆不道"。这是说，王杖主的待遇是"比六百石"官秩，凡是对其擅自征召、侵害和侮辱的，均以大逆不道罪论处。后者载，对王杖主，"吏民有敢殴辱者，逆不道，弃市"。即对殴打侮辱王杖主的犯人一律处以弃市之刑。该简册还记载了一些案例，如云阳白水亭长张熬、汝南郡男子王安世、南郡亭长司马护、长安东乡啬夫田宣等人因殴辱王杖主，均被判处弃市。王杖主所持王杖，乃皇权的象征，侵犯王杖主就是侵犯皇权，故受到法律严惩。①

除大逆无道罪外，关于危害皇帝尊严的犯罪还包含在不敬罪中。该罪是一种有违君臣尊卑关系的失礼行为，较"不道"罪轻一些。秦律中有"不敬"罪的规定，到了汉代，这一罪名的内涵大大膨胀了，成为以后"十恶"罪的重要内容。汉"不敬"罪包括一些具体的罪名，是根据侵害皇帝尊严的具体行为划分的，主要包括失礼罪、醉歌堂下罪、戏殿上罪、不下公门罪、不朝不请罪、挟诏书罪、废格罪、非所宜言罪等。

失礼罪，是指违反臣子之礼仪的行为。根据儒家的经典教义，君臣之间有着严格的礼仪，臣子必须遵守，如果违反，便认为是对皇帝的大不敬。据《汉书·盖宽饶传》载："长信少府檀长卿起舞为沐猴与狗斗……劾奏长信少府以列卿而沐猴舞，失礼不敬。"此明言"失礼"即是不敬。又据《汉书·萧望之传》载，萧望之因"教子上书，称引亡辜之诗，失大礼，不敬"，结果"饮鸩自杀"。醉歌堂下罪，此处之"堂"指庙堂，为皇帝祭祖之所。在庙堂之下醉酒、歌舞，是对皇帝祖先神灵的不敬，因此，要受到严厉的处罚。据《汉书·功臣表》载："侯商丘成，坐为詹事祠孝文庙，醉歌堂下曰'出居，安能郁郁'，大不敬，自杀。"戏殿上罪，此处"殿上"，是朝廷政治聚会之所，君臣议政之处。戏殿上，即在殿堂之上言行不严肃，有违朝廷之札。据《汉书·申屠嘉传》载，申徒嘉指斥邓通以小臣的身份"戏殿上，大不敬，当斩"。不下公门罪，官员要面见皇帝，入公门时必须下车，以示对皇帝的尊敬。若入公门而不下车，那就是一种不敬的行为。《汉书·张释之传》记载，有一次，张释之看到太子和梁王入公门时未下车，"遂劾不下公门不敬，奏之"。不朝不请罪，依照汉朝的制度，春季朝见天子曰"朝"，秋季朝见天子曰"请"。该罪名是指地方诸侯若不在规定的时间内朝见天子，则是一种不敬行为。据《史记·王子侯者年表》载："元狩六年，建成侯刘拾坐不朝不敬，国除。"挟诏书罪，挟诏书是指将诏书夹在胳膊下，按汉制，应双手捧诏书，因此，挟诏书就是对皇帝的不敬。《汉书·功臣表》载，元朔元年（前128），翟不疑"坐挟诏书论，耐为司寇"。颜师古注曰："诏书当奉持之，而挟以行，故为罪也。"废格罪，即秦律中的"废令"罪，即未按君主的命令所要求的去做。《史记·淮南衡山王列传》中如淳注解"废格"之义为"被阁（搁）不行"。在《汉书·食货志》中如淳又注曰："废格天子文法，使不行也。"与秦的"废令"相比，汉代的"废格"罪要判弃市。《史记·淮南衡山王列传》有"废格明诏，当弃市"的记载。而秦代的废令则仅判"耐为侯"，是一种劳役刑，比汉代轻得多。由此可见，随着专制皇权的加强，对不执行皇帝命令的行为的惩处大大加强了。非所宜言罪，是指说了有害于皇权的不该说的话。秦时已有此罪名，汉承秦制。据《汉书·王莽传》载，韩博因进谏，被王莽"以非所宜言，弃市"。可见，非所宜言属不敬罪，其刑罚等级是弃市。

从汉朝的这些规定来看，封建社会对于皇帝尊严的维护是无微不至的，不仅涉及政权

---

① 参见赵晓耕主编：《中国法制史》，88页，北京，中国人民大学出版社，2006。

的稳定与恒久，而且贯穿于日常生活的每个方面，衣食住行无所不包，都体现出对于皇帝尊严的维护，在严格的礼治秩序下，任何违礼的行为都要受到严厉处罚，由此才能维护皇帝的九五之尊。伴随着中国传统法律儒家化的进程，维护皇帝的尊严的立法越来越严格，处罚亦越来越重。

自汉以后，关于危害皇帝人身安全的犯罪主要规定在北齐的"重罪十条"和"十恶"中。唐律是以儒家主张的纲常礼教作为制定法律的指导原则和定罪量刑发展到成熟完备阶段的典型标志。从内容上来看，唐律几乎所有条文都以封建的"三纲"为原则，体现了"君为臣纲"，规定了一系列严惩危害皇帝安全、尊严和专制统治的犯罪以及议、请、减、赎、当等一整套条款，以确认和维护封建皇权的统治需要，体现了"一准乎礼"的立法思想，使封建的礼教纲常进一步法典化、制度化。唐律在"十恶"中专门规定了"大不敬"罪名。该罪是指盗窃皇帝的衣物、盗窃及伪造皇帝及皇后的玺符、合和御药误不如本方或封题有误、造御膳误犯食禁、为皇帝造的舟船误不牢固或对皇帝派出的使臣无礼等，即使是过失行为，也一律予以严惩，处以死刑。不仅对皇帝本人严加保护，即使是供奉皇帝祖先的太庙和前代皇帝的陵墓，也被视为神圣之地，不得擅入，若蓄谋毁损，即构成"谋大逆"罪，处以极刑。除此之外，为了确保皇帝至高无上的权威，根据唐律，皇帝不仅是最高的立法者，也是最高的司法官，凡法律、法令均依皇帝的意旨制定，皇帝随时发布的敕令均具有法律效力。皇帝可以通过大赦或录囚等方式行使审判权，同时享有死刑的最后决定权，等等，充分体现了封建皇帝在国家中的最高地位。

关于"十恶"中"大不敬"的规定，宋元明清基本延续唐律，只是在处罚的程度上有所变化。例如，明律与唐律相比，对于危害封建君主的犯罪，处罚普遍偏重。再如，在清朝专制主义极端发展的历史条件下，蔑视皇帝的权威，触犯皇帝的尊严，就构成大不敬罪。例如，"凡上书奏事误犯御名及庙号者，杖八十，若为名字触犯者，杖一百。"

四、其他政治性犯罪

中国传统社会的政治性犯罪集中体现在以"十恶"为代表的传统法律当中。除了谋反、谋叛、大不敬等严重危害皇帝人身及尊严的行为外，其他的散见于各朝各代的政治性犯罪。

西周有群饮罪。据《尚书·酒诰》记载："群饮，汝勿佚，尽执拘以归于周，予其杀。"周公告诫康叔，要禁止周人聚众饮酒；如有，则不要放纵他们，要把他们尽行逮捕，并处以死刑。这是总结商朝统治者只知道饮酒作乐，不把臣民的疾苦放在心上，从而众叛亲离，走向灭亡的教训的结果。

汉代还有阿党与附益罪。汉初统治者认为，秦代二世而亡，是由于"孤立亡（无）藩辅"，因此采取分封制。后来诸侯王国实力不断加强，逐渐形成与中央分庭抗礼的封建割据势力，景帝时终于发生了"七国之乱"。这次叛乱虽然被平定下去，但是诸侯王仍有很大的势力。因此，汉王朝制定了许多单行法律，加以约束，凡是对抗朝廷，危害中央集权的行为都视为犯罪。所谓"阿党"，指"诸侯有罪，傅相不举奏，为阿党"。所谓"附益"，指中央朝臣外附诸侯。师古曰："附益，言欲增益诸侯也。"阿党附益诸侯王，就是与诸侯王结党，共同对抗朝廷，是对中央集权制最大的威胁，犯此罪者皆处重法。东汉光武帝建武二十四年（48），重新"申明旧制阿附藩王法"。可见，两汉皆以阿党附益之法作为巩固中央集权制的一项重要措施。此外还有《酎金律》。酎，是一种醇酒；金，是祭宗庙时诸侯所献的贡金。此律是惩罚诸侯在酎祭时所献贡金质量不合标准的法律。"少不如斤两，色恶，王削县，侯免国。"武帝元狩元年（前122）又作《左官律》。当时奉"右"为上，"仕于诸侯为左官"，即"舍天子而仕诸侯"，便被称为"左官"。舍弃朝廷的官职而奉事诸侯，是对抗中央的犯罪行为。

在"十恶"中，侵害皇权的政治性犯罪还有"谋大逆"。谋大逆，主要指"谋毁宗庙、山陵及宫阙"者，即预谋毁坏皇帝的宗庙、山陵和宫阙的行为。宗庙，指皇帝的祭祖之处；山陵，指皇帝的葬身之处；宫阙指皇帝的所居之处。在君主专制制度下，皇帝至高无上，对于其尊严的维护，不仅限于其有生之年，而且在其死后，都要维护其尊严和名誉，以期使天下臣民万世敬仰、尊重。《唐律疏议·贼盗律》载："获罪于天，不知纪极，潜思释憾，将图不呈。"《唐律疏议》载：

> 此条之人，干纪犯顺，违道背德，逆莫大焉，故曰大逆。

对于谋大逆的处罚与"谋反"大致相同。

明代还创设"奸党"罪，严禁臣下朋党。"尊君抑臣"是历代宗旨，汉时既有"阿党"之法，明创设"奸党"罪。朱元璋建明称帝后，为了巩固帝业，防止臣下朋比结党，内外上下勾结，在中国法制发展史上，首立"奸党"罪，为"洪武年间增定者也，明祖猜忌臣下，无弊不防，所定之律，亦刻酷显著，与唐律迥不相同"，对于防止官吏上下、内外勾结，徇私舞弊，加强君主专权，应是起了积极作用的。《大明律·吏律·职制》规定了"奸党"罪的几种表现及相应的刑罚：

第一，"凡奸邪进谗言左使杀人者，斩"。

第二，"若犯罪律该处死，其大臣小官巧言谏免，暗邀人心者，亦斩"。

第三，"若在朝官员交结朋党紊乱朝政者，皆斩，妻子为奴，财产入官"。

第四，"若刑部及大小各衙门官吏不执法律，听从主司，主使出入人罪者，罪亦如之。若有不避权势，明具实迹，亲赴御前，执法陈诉者，罪坐奸臣，言告之人与免本罪，仍将犯人财产均给充赏，有官者升二等，无官者量与一官，或赏银二千两"。

从上述规定看，对"奸党"罪的惩处是很严厉的，目的在于"以示重绝奸党之意也"。"凡所以防臣下之揽权专擅，交结党援者，固已不遗余力矣。"①

除此以外，明代还规定了禁止侍臣、后妃、外戚过问、干预朝政的内容。朱元璋在宫廷立铁牌："内臣不得干预政事，犯者斩。"洪武五年（1372），朱元璋作铁榜九条，告诫功臣不得营私谋利，官军不得私自为公侯服务。《大明律·吏律·职制》规定：

> 凡诸衙门官吏，若与内官及近侍人员互相交结，漏泄事情，夤缘作弊而符同奏启者，皆斩；妻子流二千里安置。

司法实践中大杀"奸党"之狱，在明初的几十年间经常不断。洪武二十三年（1390）和二十六年（1393）的"胡蓝之狱"即为一例，先后诛杀三万人，并发布《昭示奸党录》以戒群臣。受牵连的开国元勋李善长也是"家口七十余人诛之"。而借凉国公蓝大将军谋反

---

① 《唐明律合编》卷九。

一案又诛杀一万五千余人。公侯宿将重臣坐奸党被杀，几无幸免，"实千古所未有"。

清朝继续沿用"奸党"罪。在《大清律例》中，全部承袭了明律中的奸党罪条款，同时在定例和其他附属立法中作了许多补充。例如，在《钦定吏部则例》中规定：

> 凡内外官员除系至亲好友、世谊乡情，彼此来往无庸禁绝外，如外官赴任时谒见在京各官，或至所任差人来往交结者革职。其在京各官与之接见及差人至外官任所来往者，亦革职。

清朝政府尤其注意各旗王公与外官的往来勾结。现居外任的各旗王公所属人员因事来京城时，不许谒见本管王公，违者杖一百处罚，该管王公亦交宗人府照违制律论处。朝中大臣与宫内近侍之间、京官与家资富厚者之间的交结，亦在禁绝之列，违者最重可处充军甚至斩刑。

第二节
亲属伦理犯罪：依伦理而轻重其刑

农业社会的土壤，造就了中国传统社会重血缘、重伦理、重家族的特殊性格。我们的祖先认为，家庭的生命是一脉相承的整体，个人的生命是父母生命的延续，子女的生命又是个人生命的延续。所以把家庭亲情称为"骨肉之亲"，兄弟关系称为"手足之情"。在这种情形之下，一遇到与亲情伦理有关的问题，考虑的、注重的东西，就和常人大不相同了。传统法律制度很自然地被深深地烙上了这种印痕，"依伦理而轻重其刑"的伦理特性也就成为中国传统法律文化最为鲜明的特征。在各朝法律特别是儒家化以后的法律中，有关处理亲属、家族成员间杀伤、侵犯、奸盗、婚姻、田宅及子孙不孝、违反教令等伦理性条款占有相当大的比重。而处理这些亲属间纠纷的原则，向来是儒家所宣扬的尊卑、亲疏观念，完全是一套不同于常人的评判标准。这些伦理性规则中，充斥着相当浓厚的尊卑、亲疏、名分等色彩，含有明显的父子、夫妻、尊卑长幼间不平等的成分，但是其中也包含有维护家庭和睦、强调家庭成员间相互扶助，特别是子孙对父祖、卑幼对尊长的尊敬、抚养的义务。而这些正是中华民族传统美德的重要表现。

一、古代法律中的"亲属"

中国传统社会中，以一家一户为基本单位的个体小农生产是封建专制制度的经济基础，与这种经济状况相适应的家庭制度就是父权家长制，因此，维护这种制度就成为维护专制制度的前提。按照儒家"亲亲尊尊"的"礼治"主张，"家齐而后国治"，"君子之事亲孝，故忠可移于君"，齐家与治国是相辅相成的。中国古代社会的法律以儒家的伦理道德观念为思想基础，经过西周及汉晋以来礼法结合，将法律规范和道德规范紧密地融为一体，使维护封建家族主义与维护封建专制主义统一起来，力图通过维护家庭中的父权和夫权，进而维护国家中的君权，通过建立和稳定封建家庭秩序，以实现封建国家统治秩序的长治久安。

　　因此，就亲属关系而言，中国传统社会是以血缘关系为基本纽带的家庭关系，并且在亲属之间是一种尊卑有别的差序格局。以血缘关系的远近为标准，亲属之间形成了一个由本宗和外姻构成的亲属关系网。虽然错综复杂，却尊卑有序，体现着中国传统社会的亲属关系的礼治特点。《礼记·曲礼上》认为礼是"定亲疏，决嫌疑，别同异，明是非"的依据，《左传·隐公十一年》则说，礼起着"经国家，定社稷，序人民，利后嗣"的重大作用。

　　在礼所确立的全部规范和制度中，始终贯穿着"亲亲"、"尊尊"、"长长"、"男女有别"四个原则。"亲亲"即必须亲爱自己的亲属，特别是以父权为中心的尊亲属；"尊尊"即下级必须尊敬和服从上级，特别是一国之君；"长长"即小辈必须敬重长辈；"男女有别"即男尊女卑、"男女授受不亲"和同姓不婚。其中最基本的是"亲亲"和"尊尊"。"亲亲"是宗法原则，旨在维护家长制；"尊尊"是等级原则，旨在维护君主制。二者都是为巩固宗法等级制服务的。从这两个基本原则出发，周礼在伦理道德上特别强调"孝"、"忠"。在当时的宗法等级制度下，"亲亲"和"尊尊"往往是二位一体，因此"孝"和"忠"也往往是两相结合。"亲亲"和"尊尊"是礼的基本原则，自周公制礼以来，不仅影响着周王朝的立法，而且对后世也产生了深远的影响。在中国传统社会中，"孝"和"忠"始终是社会发展的主流思想，既是伦理道德规范，又是法律规范。

　　中国传统的亲属包括本宗（父姓）和外姻（母姓）两部分。其中以本宗亲属为核心，这也是与中国以父权为中心的社会相适应的。本宗亲属包括自高祖以下的男性后裔及其配偶，即"上自高祖，下至玄孙，以及其身，谓之九族。"在此范围内的直系、旁系亲属属于法定的亲属范围。为了将亲属之间的具体名分地位清楚地区别开来，遂创造了五服制度，"（亲属）由近而及远，称情而立文，差其轻重，遂为五服"。五服制度源于亲属成员间的哀悼和祭祀。"五服"制度是中国古代礼制中为死去的亲属服丧的制度。它规定，血缘关系亲疏不同的亲属间，服丧的时间、所穿丧服的缝制方法及服丧期间应遵守的礼仪规则有所不同，关系亲的服制重，关系疏的服制轻。据此把亲属分为五等，自亲至疏依次是：斩衰、齐衰、大功、小功、缌麻。

　　斩衰，是五服中最重的一等。服此丧者要以极粗的生麻布做上衣。麻布不缝边，下摆斩断，且参差不齐，不加任何修饰；还要头戴系以草绳的帽子，穿粗麻草鞋，手持丧杖。服丧期为三年，在这三年内，服丧者还要居于死者墓旁的茅庐中，以示悲哀。凡臣为君、男子及未嫁女为父母、媳对公婆、妻对夫，都要服斩衰。

　　齐衰，在等级上次于斩衰。服齐衰者用较斩衰为好的粗麻布做衣服，可缝边及下摆。齐衰适用于亲属关系上疏于父母的若干亲属。齐衰分为齐衰三年、齐衰杖期、齐衰不杖期、齐衰五月、齐衰三月五等。这五等在丧服上都是一样的，只是服丧的时间长短不同。明代以后取消了齐衰三年这一等，齐衰杖期和齐衰不杖期都是服丧一年，区别是前者要持丧棒，而后者无此要求。孙子孙女为其祖父祖母、重子重女为其曾祖父曾祖母、为高祖父高祖母均要服齐衰。

　　大功，为五服中的第三等，是轻于齐衰的丧服。服此丧者的丧服用细麻布做成，因为经过加工，所以成为功服。服丧期限为九个月。为伯叔父母、为堂兄弟、未嫁的堂姐妹、已嫁的姑、姐妹，以及已嫁女为母亲、伯叔父、兄弟服丧都要服大功丧。

小功，小功是轻于大功的丧服，是用更细的麻布制作的。服丧期限为五个月。为伯叔祖父母、堂伯叔父母、再从兄弟、侄孙、兄弟之妻等，都要服小功丧。

緦麻，为五服中最轻的一等。可用熟麻布做丧服，服丧期间为三个月。适用于一些血缘关系比较疏远的亲属，如同族兄弟、族伯叔父母等边缘亲属。

可见传统礼仪是根据丧服的质料和穿丧服的时间长短，来体现血缘关系的尊与卑、亲与疏的差异的。依照礼制，五服之外，古代还有一种更轻的服丧方式，叫袒免。袒免虽在五服之外，仍被看作属于亲属范围。同自己共六世祖的亲属则是无服亲，一般不算是法律上的亲属关系，只算是同族共姓的人。所以《礼记·大传》说："四世而緦，服之旁也；五世袒免，杀同姓也；六世亲属竭矣。"

从血缘远近上看，外姻（母族）亲属也同样与自己有很紧密的亲属血缘关系。但中国古代是以父权为核心的宗法社会，因此，本宗亲与外姻亲是严格区别的，母姓亲属的地位大大低于本宗亲属。在外姻亲中，外祖父母、舅父、姨母只是拟同本宗小功亲，中表兄弟仅服緦麻，相对于本宗亲而言，服制要轻得多。

> 五服制度以丧葬礼制为表现形式，包容了极为丰富的伦理性内容。它不但能将亲疏、尊卑、父子、兄弟这些伦理条规借助具体的礼仪形式表现出来，而且能够准确地标出血缘亲属的亲疏远近、尊卑上下，因此一直深深扎根于每个中国人的生活之中。[1]

作为中国传统社会中一种基本的亲等标准和重要的伦理范畴，五服制不仅在处理日常伦常关系中扮演着重要角色，而且也影响着中国传统社会的法律、刑罚。

西晋时非常重视礼教的作用，并第一次把"五服"制度纳入法典之中，作为判断是否构成犯罪及衡量罪行轻重的标准，这就是"准五服以制罪"原则，它不仅适用于亲属间相互侵犯、伤害的情形，也用于确定赡养、继承等民事权利义务关系。"五服制罪"的原则实质上是"同罪异罚"的原则在家族范围内的体现。它在刑法方面的适用原则是：亲属相犯，以卑犯尊者，处罚重于常人，关系越亲，处罚越重；若以尊犯卑，则处罚轻于常人，关系越亲，处罚越轻。亲属相奸，处罚重于常人，关系越亲，处罚越重；亲属相盗，处罚轻于常人，关系越亲，处罚越轻。在民事方面，如财产转让时有犯，则关系越亲，处罚越轻。"五服制罪"原则的确立，使得儒家的礼仪制度与法律的适用完全结合在一起，是自汉代开"礼律融合"之先河以来封建法律儒家化的又一次重大发展，它不仅体现了晋律"礼律并重"的特点，也是中国封建法律伦理法特征的集中表现。自西晋定律直至明清，"五服制罪"一直是封建法律的重要组成部分，并在实践中不断地充实与完善。

二、亲属犯罪的特殊罪名与制度

（一）关于不孝罪

中国古人讲究祭祀祖先神，重视血缘纽带，因而注重宗法。商代的宗法并不严谨。商朝重祭祀，讲究宗法，因而刑法以不孝罪为最重者，孝的内容即要求孝顺父母，但实际上要尊祖敬宗，以维护宗法制。《吕氏春秋·孝行》引《商书》说："刑三百，罪莫重于不

---

① 范忠信、郑定、詹学农：《情理法与中国人》，133 页，北京，中国人民大学出版社，1992。

孝。"西周有不孝不友罪。《尚书·康诰》载："元恶大憝，矧惟不孝不友。"即首恶之罪为"不孝不友"。"不孝"即不孝敬父母，"不友"即不尊敬兄长。这种行为由于破坏了以"亲亲"、"尊尊"为原则的宗法等级制，进而会造成社会紊乱，不利于维护统治秩序，因此，"乃其速由文王作罚，刑兹无赦"。即应该迅速依照周文王所制定的刑法，对这种犯罪严惩不贷。《秦律》是在法家思想指导下制定出来的，但也同时受到了儒家思想的影响，表现在关于"不孝"罪、"家罪"以及"同罪异罚思想的刑法化"等的规定之中。

汉代法律亦规定了"不孝"罪，以维护父权。例如，《汉书·衡山王传》，汉武帝时期，衡山王刘赐谋反，其子向朝廷告发，结果朝廷不但未予奖赏，反而进行严惩："坐告王父不孝，皆弃市。"如：《二年律令》中的《贼律》云：

> 子牧杀父母，殴詈泰父母、父母假大母、主母、后母，及父母告子不孝，皆弃市……年七十以上告子不孝，必三环之。三环之各不同日而尚告，乃听之。教人不孝，黥为城旦舂。

近年出土的张家山汉简《奏谳书》中即引用了汉律中不孝者弃市的律文。东汉章帝时还制定了《轻侮法》，据《后汉书·张敏传》记载：

> 建初中，有人侮辱人父者，而其子杀之，肃宗贳其死刑而降宥之，自后因以为比，遂定其议，以为轻侮法。

父亲被人侮辱，儿子杀死侮辱者，竟然受到宽宥，未被处刑，此后成为典型判例，名之曰"轻侮法"。这是汉代统治者进一步彰显孝道的表现。与此相应，汉代统治者还提倡同居共财，即不与祖父母、父母分居析财。据《后汉书·蔡邕传》载，蔡邕"与叔父兄弟同居，三世不分财，乡党高其义"。三世不分财得到乡亲的好评。

晋律有不孝罪弃市。北魏律、南朝宋律皆严惩不孝罪。北齐则将此罪列入"重罪十条"，虽属八议，亦不减免。唐律沿之。张斐上《律表》解释：

> 亏礼废节，谓之不敬……逆节绝理，谓之不道。

由此可见，此时的概念仍较笼统，不像后世那样明确。从"重罪十条"的内容看，主要包含两大类罪行：一类是严重危害皇帝的人身安全、个人尊严及威胁统治秩序的犯罪行为，另一类是严重违背封建伦理道德和社会秩序的犯罪行为。把这两类行为列为重罪予以严惩，目的在于维护封建王朝的专制统治和封建的伦理道德、家族制度以及与之相应的社会秩序，反映自汉代以来儒家地位不断上升、儒家的礼义道德与法律进一步紧密结合，同时，也表明了统治阶级立法水平的不断提高。

《开皇律》采用北齐之制，将这一规定稍加修改而称为"十恶"，其主要内容、阶级本质和基本精神与"重罪十条"一脉相承。从此，"十恶"制度作为封建法律中一项最基本、最重要、最核心的内容，作为维护封建统治最有力的武器而被规定于后世历代法典之中，世代相传直至明清，在中国历史上存在了一千三百余年。自此以后，关于不孝的犯罪主要规定在"十恶"中。唐律对父权的维护突出表现在以刑罚的手段全面确认父系尊长在家庭中的绝对权威。其中最具有代表性的是《唐律疏议》，不仅有不孝罪的规定，而且还有恶逆、不睦、不义、内乱等严重危害亲属之间伦理关系的行为。

"恶逆"指殴打、谋杀尊长亲属;"不孝"指诅骂或者告发直系尊亲属或者供养有缺,或者别立户籍私有钱物,或者私自婚娶,以及父母去世匿哀不举等;"不睦"指"谋杀及卖缌麻以上亲,殴告夫及大功以上尊长、小功以上尊亲";"不义"指杀本属长官与授业老师;"内乱"指亲属间的乱伦行为。这五种犯罪由于严重侵害封建伦理纲常关系,被列入"十恶"中,从严处罚,也反映了唐律礼刑合一的特点。

唐律对于不孝等违反伦理纲常的犯罪是严厉处罚的。《唐律疏议》根据儒家经典,将"孝"解释为"无违"和"善事父母",赋予家长教令权和受供养权。由此出发,将子孙的一系列违礼行为列为"十恶"之一的"不孝",处以重刑,如违犯教令,供养有缺,闻祖父母父母丧匿不举哀,居父母丧嫁娶,告发和骂詈祖父母父母等,均处以较重刑罚(徒、流甚至死刑)。同时,祖父母父母因实施教令而殴杀子孙的,比常人殴杀罪减轻处罚,而且告发子孙不孝或违犯教令可以不受"同居相隐"的限制,以此来维护以父权为核心的封建家庭秩序,确保父系家长在家庭中的权威。家庭(家族)的财产是家长权威的物质基础,根据《礼记》载:"父母在……不敢私其财",家庭的财产由家长全面掌握和全权处理。据此,唐律规定,祖父母父母在,子孙别籍异财(即另立户籍,分割家财)者徒三年。甚至未经家长许可,私自动用家庭财产的,也要依数量多少处以一定刑罚。《唐律疏议·户婚》肯定了尊长的主婚权,即"诸嫁娶违律,祖父母父母主婚者,独坐主婚。"即使卑幼在外地已自行订婚,只要尚未正式结婚,仍应听从尊长安排。另据"斗讼"和"贼盗"等篇的规定,尊长若与卑幼有相互侵害的行为,法律对卑幼的处罚均重于常人,且关系越亲,处罚越重,对尊长的处罚则轻于常人。

(二) 关于亲属相隐的原则

尽管秦律中也有"子为父隐"的规定,但很不完善,有些规定甚至是相互矛盾的,这与当时的立法水平和立法思想是相矛盾的。因此,亲属相隐在秦朝尚处于萌芽状态。例如秦律允许妻子揭发、控告丈夫的犯罪行为,如《法律答问》载,妻子向官府主动告发其犯罪的丈夫,便不会被籍没为官奴婢,其陪嫁的衣服、器物及奴婢等也不会被没收。这说明,秦律对夫权有所限制,对妻子的权利则有所保护。

至汉代,亲属首匿原则来源于儒家主张的"父子相隐"的思想,西汉武帝时曾把"亲亲得相首匿"确立为一条基本的刑法适用原则。法律在亲属相隐方面已有了非常完善的规定。《汉书·宣帝纪》载,汉宣帝在地节四年(前66)下达诏令:

> 父子之亲,夫妇之道,天性也。虽有患祸,犹蒙死而存之。诚爱结于心,仁厚之至也,岂能违之哉?自今子首匿父母,妻匿夫,孙匿大父母。皆勿坐。其父母匿子,夫匿妻,大父母匿孙,罪殊死,皆上请廷尉以闻。

首匿是首谋隐匿,大父母即祖父母,殊死即死刑。这段话是说亲属之间互相隐瞒犯罪行为,是合乎父子之亲、夫妇之道的,对这种行为,法律不应追究。从中可以看出,该规定正是对儒家所提倡的家族道德的一种维护。《论语·子路》载,孔子曾说:"父为子隐,子为父隐,直在其中矣!"汉代有关亲属相隐的法律规定,意味着儒家的道德观念已经被转化为法律原则了。

汉代以后,"亲属相容隐"正式成为一条国家律法。隋唐以后,控告祖父母、父母的行为，被列入"十恶"中的"不孝"。唐朝立法仍以儒家思想为指导，完全继承了封建法律礼法结合的这一传统，不但继续规定了这一原则，而且允许相隐的范围比西汉时又有所扩大。唐律规定，凡同财共居者以及大功以上亲属、外祖父母、外孙、孙之妻、夫之兄弟及兄弟之妻，有罪皆可互相包庇隐瞒，部曲、奴婢也可以为主人隐瞒犯罪，即使为犯罪者通报消息，帮助其隐藏逃亡，也不负刑事责任。小功以下亲属相容隐者，减凡人三等处罚。唐律规定这一原则的目的在于，以法律的力量将儒家的宗法伦理道德观念灌输于全社会，使之成为每个人思想和行为的准则，通过维护封建家族秩序，进而巩固封建国家的统治。但唐律同时规定，犯谋反、谋大逆、谋叛者不得适用这一原则，说明维护家族利益必须以维护国家利益为前提。

明清律中，子孙控告祖父母谓之"干名犯义"，亦属"十恶"之条。

（三）贵族官员的有罪先请制度

"先请"之制创于西汉，即对犯了法的贵族官僚，必须首先向皇帝报告，"请"其作出减免的决定，以维护贵族官僚的特权。这也是对儒家所提倡的宗法道德的一种维护。两汉时期，多次颁布贵族官员有罪"先请"的诏令，以便保护他们在法律上的特权。据《史记·高祖本纪》载，高帝七年（前200）曾下诏令："郎中有罪耐以上，请之。"郎中是君主的侍卫官，其秩位虽低，仅是"比三百石"，但由于是君主的亲信，故享有"先请"的特权。又据《汉书·宣帝纪》载，汉宣帝在黄龙元年（前49）下诏："吏六百石位大夫，有罪先请。"另据《汉书·平帝纪》载，汉平帝在元始元年下诏：

> 公、列侯嗣子有罪，耐以上先请。

东汉光武帝建武三年（27）七月诏曰：

> 吏不满六百石，下至墨绶长、相，有罪先请。

据《后汉书·百官志五》载：

> 县令、长，三百石；侯国之相，秩次亦如之。

1971年甘肃出土的汉简载，东汉桓帝时，仍重申凡宗室诸侯五服之内有名籍的亲属"有罪请"，即享受"有罪先请"的特权。总的来看，两汉时期，公侯及其嗣子和官吏三百石以上者在法律上皆享受有罪"先请"的特权。凡经上请，一般都可减刑或者免刑。"先请"所导致的结果是贵族官僚犯法并不与百姓同罪同罚，这显然与法家"刑无等级"的主张相悖，而与儒家肯定等级伦理的"礼"观念相一致。

唐朝沿用此制，但"请"的规格低于"议"，它主要适用于"皇太子妃大功以上亲"，"应议者期以上亲及孙"，"官爵五品以上，犯死罪者"。对这类人犯罪，官吏有权条陈其罪及应请的情状，如是死罪，则依律确定应斩或绞，奏明皇帝听候发落；流刑以下，自然减刑一等。"请"的限制条款比"议"多，除犯"十恶"外，"反逆缘坐，杀人，监守内奸，盗、略人，受财枉法者"，不适用"请条"。

三、亲属犯罪的特殊处罚

在中国传统法文化中，法律以德教为主，道德是社会调整的主要手段，而法律只是次要手段，是道德的辅助手段。在德刑关系上，德教的地位高于刑罚，即所谓"德主刑辅"。在此思想的指导下，法律成为维护封建伦理道德的手段，以此达到维护封建社会的伦理纲常。儒家不仅主张实行"仁政"，也强调执法要"仁恕"，要"恤刑"，注重家族伦理，注重维护家庭的和睦和亲情。我们的祖先认为，家庭的生命是一脉相承的整体，个人的生命是父母生命的延续，子女的生命又是个人生命的延续。在这种情形之下，一遇到与亲情伦理有关的问题，考虑的、注重的，就和常人大不相同了。传统社会的法律制度很自然地被深深地烙上了这种印痕，而处理这些亲属间纠纷的原则，向来是儒家所宣扬的尊卑、亲疏观念，完全是一套不同于常人的评判标准。在各朝法律特别是儒家化以后的法律中，有关处理亲属、家族成员间杀伤、侵犯、奸盗、婚姻、田宅及子孙不孝、违反教令等伦理性条款，占有相当大的比重。"依伦理而轻重其刑"的伦理特性也就成为中国传统法律文化最为鲜明的特征。

从秦简的内容看，秦律对男女结婚及离婚均进行了规定。结婚只有经官方登记认可，才能受到法律的保护。据《法律答问》载，某妻私自逃离家庭，如果她与其夫的婚姻关系曾经官方认可，那就对她依律论罪，否则不加论处。离婚亦需经官方批准，否则构成"弃妻不书"罪。《法律答问》称男女私自离婚而未向官府报告者，即犯了"弃妻不书"罪，双方均被罚二甲。另外，秦律还规定禁止"娶人亡妻"，娶人逃亡之妻要被处以黥刑；禁止"弃子而嫁"，寡妇抛弃子女改嫁他人是一种违法行为。秦律还规定，丈夫不得伤害妻子，否则即属违法。据《史记·秦始皇本纪》载秦始皇三十七年（前210）会稽刻石云：

> 夫为寄豭，杀之无罪。

《史记》卷六《秦始皇本纪》司马贞《索隐》：

> 豭，牡猪也。言夫淫他室，若寄豭之猪也。

夫为寄豭在秦代是一种罪名，它是针对乱搞两性关系的丈夫而设，并且予以重罚。

根据汉律，无论在什么情况下殴打了父母皆处死刑，殴死父母要枭首，杀父母者以大逆论，处腰斩，甚至居父母丧期间与人通奸也要处死刑。湖北张家山汉墓中出土的《奏谳书》中有"不孝者弃市"的规定，说明不孝罪是被判处极刑的，这反映了汉代统治者维护家族伦理的决心。又据《汉书·景帝纪》载，"襄平侯嘉子恢说不孝"而被处死。另据《汉书·王尊传》载：

> 春正月，美阳女子告假子不孝，曰：儿常必我为妻，妒笞我。

养子奸污继母，此种禽兽之行被控"不孝"，结果罪犯被悬于树上，乱箭射死。但在一般情况下，常人通奸，仅"耐为鬼薪"，即处三年徒刑。

到了北齐包括不孝、不睦在内的犯"十恶"重罪者，不仅对本人施以最重的刑罚予以严厉制裁，而且要株连家属，没收财产。即使是贵族官僚，也不能享受"八议"和赎刑的优待，为常赦所不原。

唐律沿袭晋以来"五服制罪"的传统，对于血缘亲疏、尊卑长幼名分不同的亲属之间若有互相侵害的行为，仍实行"同罪异罚"的原则，即依亲属亲疏服制不等实施相应措施。并严惩亲属间的"奸非"等非礼行为，以维护封建家庭伦理道德。首先，亲属关系越近，刑法上的效果越重。荫亲优免时，官品低者只荫及祖父母、父母、妻、子孙，官品越高荫及面越广，可以荫及大功、小功以至缌麻亲。连坐时，凡连坐及于妻子，较重者及于父母，越重株连面越广。如"八议"之人犯罪，在量刑上给予宽免之优待，并恩荫及其齐衰以上亲属，但涉及谋反、谋大逆等罪，反逆缘坐又株连大功以上亲属。其次，亲属相犯，同罪异罚。刑法适用方面，尊长犯卑幼，服制愈近处罚愈轻，如祖父母父母因实施教令而殴杀子孙的，比常人殴杀罪减轻处罚，而且告发子孙不孝或违犯教令可以不受"同居相隐"的限制。再如祖父母父母在，子孙别籍异财（即另立户籍，分割家财）者徒三年，甚至未经家长许可，私自动用家庭财产的，也要依数量多少处以一定刑罚；卑幼犯尊长，服制愈近处罚愈重，如违犯教令，供养有缺，闻祖父母父母丧匿不举哀，居父母丧嫁娶，告发和骂詈祖父母父母等，均处以较重刑罚（徒、流甚至死刑）。同时，而涉及民事方面，如买卖、转让有犯，则服制愈近处罚愈轻；服制愈远，处罚愈重。即同一行为依服制不同而适用不同的处罚。其基本用意在于维护家长族长等尊亲属的至上地位与相应的伦理观念。

"万恶淫为首"、"男女有别"在中国传统社会中是最受重视的。常人非夫妇而有肌肤之亲即是罪恶之至。亲属之间的性禁忌，自然更为严厉。亲属相奸被认为是"行同禽兽"，最为人所不齿，法律规定的刑罚自然也比一般人犯罪为重。汉朝时即有了"禽兽行"的罪名。在唐律中，娶亲属为妻妾是非礼非法的，因为娶亲属为妻妾实际上也是对亲属间性禁忌的破坏。亲属间的直接通奸，更是不可为的大罪。唐律具体规定了亲属相奸的刑罚。因为亲属间名分的差别，处罚的轻重也是不同的。《唐律疏议》卷二十六《杂律》说：

> 诸奸父祖妾、伯叔母、姑、姊妹、子孙之妇、兄弟之女者，绞，即奸父祖所幸婢，减二等（谓徒三年）。

到了明清，处罚更重，并且不得适用亲属相隐原则。

唐律还有"义绝"制度，也充分体现了维护封建伦理制度的刑罚制度。义绝是唐律中首次规定的另一种强制离婚，指夫妻间或夫妻双方亲属间或夫妻一方对他方亲属若有殴、骂、杀、伤、奸等行为，就视为夫妻恩义断绝，不论双方是否同意，均由官府审断，强制离异。义绝的条件对于夫妻而言并不平等，明显偏袒夫家，对妻的要求更严而赋予夫较大的权力。另外，法律对于夫妻相犯的处罚也规定得极不平等，原则是夫犯妻从轻，反之从重。当然，身份低于妻的妾在家庭中的法律地位更低。以上各项规定处处体现了唐律对夫权的维护，目的在于建立夫为妻纲、男尊女卑的封建家庭秩序。

明律在家庭关系方面，继续维护封建家长的支配权。封建家长拥有惩戒子女的权力，子女必须服从。子女擅自动用家财，要受到相应的处罚。明律规定："凡同居卑幼不由尊长私擅用本家财物者，二十贯笞二十，每二十贯加一等，罪止杖一百。"另外，夫妻关系也不平等，如明律规定："其夫殴妻"，"至死者绞"；"凡妻殴夫"，"至死者斩"。明律全力维护家长对子女的支配权，丈夫对妻子的支配权，意在稳定封建统治的社会基础，防止非礼的"犯上作乱"行为的发生。

四、基于亲属关系的连坐制度

缘坐指一人犯罪而株连亲属，使之连带受刑的制度，又称"从坐"、"随坐"。《商君书·赏刑篇》："守法守职之吏有不行王法者，罪死不赦，刑及三族。"周文王针对夏商"罪人以族"的原则，提出"罪人不孥"的主张。周公继承了这一思想，反对族诛连坐，主张罪止一身。《左传·昭公二十年》引《尚书·康诰》说，周公强调"父子兄弟，罪不相及"；又僖公三十三年引《尚书·康诰》佚文则说：

> 父不慈，子不敬，兄不友，弟不恭，不相及也。

　　受商鞅刑法思想的影响，秦代法制具有轻罪重罚的特点。《商君书·靳令》载，商鞅说："行罚，重其轻者，轻其重者——轻者不至，重者不来，此谓以刑去刑，刑去事成；罪重刑轻，刑至事生，此谓以刑致刑，其国必削。"就是说用重刑对付轻罪，百姓就不会去犯轻罪，百姓连轻罪都不敢犯了，怎么还敢犯重罪呢？这就叫"以刑去刑"。商鞅的这种有关轻罪重罚的思想在秦律中得到了充分的反映。秦帝国在继承前代刑罚制度的基础上又有所发展，形成了一套包括生命刑、身体刑、劳役刑、流放刑、耻辱刑、身份刑在内的刑罚体系。在生命刑中就有关于亲属连坐的规定，称为族刑，族刑是株连刑的一种。族刑通常称为夷三族或灭三族，族刑是一人犯罪而牵连其亲族，犯罪者与其亲族一起被处死的刑罚。关于三族，有的认为是指父母、兄弟、妻子，有的认为是指父族、母族、妻族。据《史记·秦本纪》载，秦文公时"法初有三族之罪"。《史记·秦始皇本纪》："卫尉竭、内史肆、左弋竭、中大夫令齐等二十人，皆灭其宗。"又"有敢偶语诗书者弃市。以古非今者族"。秦朝的株连刑还有"收"，亦称收孥、籍家，就是对犯人在判处某种刑罚时，还同时将其妻子、儿女等家属没收为官奴婢。秦律在刑罚制度中还实行连坐，连坐就是一人犯罪全家、邻里和其他有关的人连同受罚。按其适用范围区分，秦代的连坐主要有全家连坐、什伍（即邻里）连坐、军队中士卒连坐、官吏间连坐四种，睡虎地秦墓竹简的律文中尤以什伍连坐的规定最多。汉代的死刑刑名基本上沿袭秦制，如所谓"族刑"、"腰斩"、"枭首"、"弃市"等。

　　秦汉的连坐制度，体现着严格的封建伦理特性。例如，妇女因父亲犯族刑，要从坐受戮；而夫家犯族刑亦须"随姓之戮"，使妇女"一人之身，内外受辟"。直至曹魏高贵乡公时才有改革。《新律》颁布后，又据程咸上议，修改律令，规定：在室之女从父母之诛，已嫁之妇，从夫家之罚。开缘坐不及出嫁女之先例。后世多循此制。《新律》对缘坐范围也有缩小，律定：

> 大逆无道，腰斩，家属从坐，不及祖父母、孙。

　　到了《梁律》对于妇女适用缘坐则进一步受到限制。规定：谋反、降叛、大逆等罪虽缘坐妇人，但母妻姊妹及应从坐弃市者，妻子女妾同补奚官为奴婢。创从坐妇女免处死刑的先例。梁武帝大同元年（546）诏：

> 自今犯罪，非大逆，父母、祖父母勿坐。

　　但到《陈律》则又恢复之前的妇女属于父母缘坐范围的传统。《北魏律》缘坐范围广泛，至孝文帝时方有缩小。延兴四年（474）下诏："作大逆干犯者，皆止其身"。然而法律上尽管有缩小的规定，而司法实践中却往往有扩大的趋势。

　　到了唐律则改革"兄弟分居，连坐俱死"之法。据《旧唐书·刑法志》载，旧律规定兄弟虽然分居，且"荫不相及"，但事涉谋反，"连坐俱死"。唐太宗以为过重，他说："反逆有二；兴师动众一也，恶言犯法二也。轻重固异，而（旧律）钧谓之反"，并且连坐"皆死"，不能当成"定法"，于是召集群臣议改，最后规定：

> 反逆者，祖孙与兄弟缘坐，皆配役；恶言犯法者，兄弟配流而已。

贞观年间，以配官为奴或者流配的形式取代了以往族刑连坐"兄弟俱死"之法，缩小了族刑连坐的死刑范围，反映了当时的封建刑法制度较之以往有了明显的进步。但是，对于严重侵害统治秩序的行为，仍然实行连坐制度，镇压也异常残酷。《唐律疏议·贼盗律》规定，谋反及谋大逆者，不分首从皆斩，其父子年十六以上一律处绞，十五以下及母、女、妻、妾、祖、孙、兄、弟、姊、妹，以及部曲、家仆、资财、田宅，一律没官，伯叔父及兄弟之子，流三千里，不限户籍之异同。

明律是以唐宋法律为基础制定的中国封建社会后期具有代表性的法律，二者比较而言，显现出来的鲜明特点为"唐律犹近古，明律则颇尚严刻矣"。明律与唐律相比较，对于直接危害封建统治、封建君主的犯罪，处刑都普遍加重。如"十恶"中"谋反"、"谋大逆"等罪，明律规定为本人处以凌迟刑，其祖父母、子、孙、兄弟及同居之人不分异姓，以及伯叔父、兄弟之子，凡十六岁以上者，不限籍之异同，不论笃疾残疾，一律处斩刑。由此可以看出，无论是株连的范围还是用刑的程度，都比唐律为重。

第三节
官吏犯罪：公罪与私罪

由于官吏贪污腐败是封建官僚社会激化阶级矛盾、触发农民起义、造成政权更迭的主要原因，所以历朝历代对官吏基本上采取的是"重典治吏"的原则，所谓"明主治吏不治民"。这表现在：一是对官吏犯罪的法律惩罚一般重于常人。如《唐律疏议》规定，负有主管之责或主办某项工作的官吏"监临主司"受财枉法的"十五金，绞"，而常人盗窃，即使五十金，才是加役流而已。二是在量刑上轻重有别，宽严适中。犯罪主体区分监临主司和监临势要，依据犯罪人主观和客观行为的不同，区分为公罪与私罪，从犯罪的社会危害结果上分为"枉法"和"不枉法"。另外还专门规定适用于官员犯罪的资格刑——禁锢。

一、官吏犯罪的历史流变

夏代统治者出于维护专制王权的需要，首先将维护部落联盟酋长权威地位的习惯，改变为巩固君权的习惯法，用以维护夏王在行政、立法与司法上的统治地位。夏启在征伐有扈氏而发布的《甘誓》中规定："左不攻于左，汝不恭命；右不攻于右，汝不恭命；御非其马之正，汝不恭命"，"弗用命，戮于社，予则孥戮汝"。即对从征人员不从"王命"者，一律处死在祖庙前，并且株连妻、子，罚做祭坛上的牺牲。法律完全变为君主专制的工具，以至言出法随，臣僚犯罪者无一幸免。夏王朝还制定带有行政法规性质的《政典》，用以维护奴隶主国家机器的正常运转。据《尚书·胤征》注云："'政典'夏后为政之典籍，若周官六卿之治典。"实际上，初建奴隶制的夏王朝，还不可能制定出一部类似《周礼》那样的包罗万象的行政法规大全。它的《政典》极有可能是简单的单行的行政法规。《尚书·胤征》曾援引《夏典》说："先时者杀无赦，不及时杀无赦。"即对违背天时懈怠政令的官吏实行"杀无赦"的原则。夏代《政典》的制定，一方面说明，中国自有国家产生后，就非常重视行政法律规范的建设，以此维护奴隶主阶级国家机器的正常运转；另一方面说明，我国古代行政法规一问世，就采取刑事处罚的方式，惩治渎职与失职的官吏，从而反映了我国自古即有的"依法治吏"的传统。

商代立国之初，商汤从奴隶主阶级的长久利益出发，认真总结夏代后期统治者孔甲"好方鬼神，事淫乱"，以及夏桀败亡的历史教训，制定了严格约束统治集团成员的行政法律规范《官刑》。《官刑》是商代惩治国家官吏犯罪、违纪与失职行为的专门法律，带有行政法律规范的性质，反映了奴隶制商代很早就懂得了运用法律管理吏治的必要性。据《墨子·非乐》载："汤之官刑有之曰：'其恒舞于宫，是谓巫风。其刑君子出丝二卫，小人否，似二伯黄经。'"即说卿士、邦君犯有巫风罪，罚丝二卫。《尚书·伊训》记载较详：

> 敢有恒舞于宫，酣歌于室，时谓巫风；敢有殉于货色，恒于游畋，时谓淫风；敢有侮圣言，逆忠直，远耆德，比顽童，时谓乱风。惟兹三风十愆，卿士有一于身，家必丧；邦君有一于身，国必亡。臣下不匡，其刑墨，具训于蒙士。

《官刑》作为商汤管理吏治而规定的行政法律规范，对于卿士与邦君等奴隶主贵族具有严格约束的职能。不难看出，商代的"依法治吏"，促进了奴隶制行政法律规范的发展，同时也对奴隶制政权的稳固产生了重要影响。

西周时期周公制礼。"礼治"的基本特征是"礼不下庶人，刑不上大夫"（《礼记·曲礼》）。"礼不下庶人"是指礼所赋予各级贵族的世袭特权，平民和奴隶一律不得享受。"刑不上大夫"是指刑罚的主要锋芒不是针对大夫以上的贵族，而是指向广大平民。这种礼、刑分野的局面，充分说明西周实行的是一种公开不平等的特权法，即奴隶主贵族享有特权的奴隶制法。"礼不下庶人，刑不上大夫"，不仅是西周"礼治"的特点，也是西周指导立法、司法的重要原则。根据这一原则，各级贵族不仅享有各种特权，而且即使行为越礼，一般也不受刑罚的制裁，仅受道义的谴责。不过，"刑不上大夫"并不是说大夫一类的贵族犯有严重危害宗法等级秩序的罪行概不用刑，而是说即使用刑，通常也能享有各种特殊照顾。例如，犯王命罪。在西周时期宗法社会体制之下，周王处于权力金字塔的顶峰。周王通过各种形式发布的王命，具有最高的法律效力，要求全体臣民绝对遵行。所以，触犯王命、违抗王命的行为，也是最严重的犯罪行为。先秦史籍中，有许多类似"犯王命必诛"的记载，这些都说明当时对于违犯王命的行为的处罚是极重的。

秦简《为吏之道》指出：

> 凡为吏之道，必精洁正直，慎谨坚固，审悉无私，微密纤察，安静毋苛，审当赏罚。

秦简《置吏律》、《除吏律》还对任用官吏的时间、原则，特别是违法任用官吏的责任作了规定。比如《置吏律》规定：

> 所不当除而敢先见事，及相听以遣之，以律论之。啬夫之送见它官者，不得除其
> 故官佐、吏以之新官。

意即若有不应任用而敢先行使职权，以及私相谋划而派往就任的，依法论处；啬夫被调任其他官府，不得将原任官府的佐、吏调至新任官府任用，以防相互勾结，营私舞弊。

秦代依据法家重赏重罚、罚重于赏的思想，非常重视对官吏的考核和奖惩。秦简中的《田律》、《厩苑律》、《工律》、《徭律》、《效律》、《内史杂律》和《封诊式》中的《治狱》、《讯狱》等各篇，都对各类专职官吏的职责作了明确规定。通过考核，一方面对政绩优异、在履行职务中取得卓著成效的官吏给予奖励，以调动官吏为朝廷效力的积极性；另一方面则对履行职务不力，玩忽职守，给国家政治、经济造成损失的行为，或违法营私行为，分别情形给予处分，轻则撤职，重则给予刑事处罚，且受到处分的人，永不叙用。在睡虎地秦墓竹简中，有关这方面的内容最多，其中尤以《田律》、《仓律》、《厩苑律》、《效律》、《秦律杂抄》中的《除吏律》、《牛羊课》等最为集中。从这些法规来看，秦代的考核、奖惩制度绝大多数是与职务规则制定在一起的，这说明秦代统治者在通过督责官吏以整顿吏治时，高度强调严明吏责，严格考核，诱以"厚赏"，威以"重罚"。

秦代对官吏的行政处分主要有如下几种：一是谇，也就是斥责。其对象是过失轻微者。例如，若国家粮仓中有两个以下的鼠洞，则对负责任的官吏进行斥责；若将故意伤人罪误判成斗殴伤人罪，则对负责任的审判官斥责。二是"赀"，即以财物赎罪。《说文》解"赀"为"小罚以财自赎也"。赀罚有赀一盾、赀二盾、赀一甲和赀二甲之别。赀数的多少以责任关系的远近和过错的程度为依据。《效律》规定，清点物资，如果损失"值百一十钱到二百廿钱，赀官啬夫；对二百廿钱到千一百钱，赀啬父一盾；过千一百钱以到二千二百钱，赀官啬父一甲；过二千二百钱以上，赀啬父二甲"。可见，"赀"较之"谇"要重，而且赀多赀少以过失的程度为准。三是"免"，即免除官职。据《秦律杂抄》载：

> 县毋敢包卒为弟子，尉赀二甲，免。

这一规定是说县尉私匿壮丁包庇弟子逃避兵役，除了赀二甲外，还要受到免职处分。四是"废"，即开除官籍永远不再叙用。它与"免"不同，免除官职的人还可再启用，而"废"了官职的人则永无被重新启用的可能性。《除吏律》规定：

> 任废官者为吏，赀二甲。

可见，任用被"废"的官吏是要受处罚的。

官吏以职务之便进行犯罪还要承担刑事责任。一是官吏利用职务之便贪污公款，按秦律规定此种行为"与盗同法"，可见秦代对贪污犯与盗窃犯同样论罪。二是官吏利用职权内外勾结，与他人合伙骗取国家的赏金和赐爵。《捕盗律》规定："捕人相移以受爵者，耐。"意思是说把所捕的人转交给他人，以骗取爵位的，处以耐刑。三是官吏玩忽职守而给国家利益带来损害。《秦律杂抄》中抄录了一条军法，称"大夫"的本职任务是指挥作战，若在战场上为谋私利而斩敌首以图受爵，放弃自己的指挥责任，则对其处以"迁"刑。

汉代的《二年律令》中反映了"明主治吏不治民"的思想。首先，对司法腐败的严厉

惩罚。如《具律》规定："鞫狱故纵、不直，及诊、报、辟故弗穷审者，死罪，斩左止为城旦，它各以其罪论之。""译讯人为诈伪，以出入罪人，死罪，黥为城旦舂；它各以其所出入罪反罪之。""欸人不审，为失；其轻罪也而故以重罪欸之，为不直。"其次，对攫取非法收入的官员的严厉惩治。《杂律》规定：

> 吏六百石以上及宦皇帝，而敢字贷钱财者，免之。

《盗律》规定：

> 受赇以枉法，及行赇者，皆坐其赃为盗。罪重于盗者，以重者论之。

再次，对官员性犯罪的严厉制裁。《杂律》规定：

> 诸与人和奸，及其所与皆完为城旦舂。其吏也，以强奸论之。

最后，对选任官吏中腐败行为的严厉矫治。《置吏律》规定：

> 有任人以为吏，其所任不廉、不胜任以免，亦免任者。其非吏及宦也，罚金四两，戍边二岁。

在官吏的考核和奖惩方面，汉代行政法律多有规定。汉代的《上计律》就是对官吏考核的专门法律。所谓"上计"，即郡守在年终时派上计掾和上计吏各一人，把本郡的农业生产、户口增减及社会治安等方面的情况写在计簿上，向中央（西汉为丞相，东汉为司徒）汇报。对考核后认定确有政绩者，予以升迁，对没有什么成绩者，或斥责，或罢免。另外，对勤奋工作的"积劳"之官也可予以升迁。如《史记·酷吏列传》，"赵禹以刀笔吏积劳，稍迁为御史"。如果官吏受贿，则会受到严惩。《汉书·文帝纪》载汉文帝下诏说："吏受赇枉法皆弃市。"据《汉书·薛宣传》当时"赃值十金，则至重罪"。可见汉代对贪污罪惩罚之重。汉代统治者还很重视对地方官吏的监督，汉代的监察制度对改善官场风气起了一定的积极作用。

唐朝鉴于隋代"官人百姓造罪不一"导致的严重后果，以及初唐面临的严峻的社会形势，着眼于封建地主阶级的长远利益，将封建特权法制化。唐初统治者把各级行政官吏行使职权不是看作一种权力，而是向封建君主与封建国家尽义务。官吏不遵守国家规定的行政规范，玩忽职守，以致出现严重的失职、渎职行为，都要被给以严厉的处治。对于玩忽职守而导致的失职、渎职行为也规定了相应的处罚。如在官府及仓库内失火者，弃毁符、节、印及门钥者，弃毁制书及官文书者，主守官物而丢失账簿导致计有错数者，分别给予杖乃至绞刑的严厉处罚。为提高封建国家行政机构的效率，《唐律疏议》严格规定了官府置员数额，官署编制过限者，要追究主管官吏的刑事责任。逾制的，超过一人，杖一百，三人加一等，一人徒二年。此外，严格要求地方刺史、县令职司其守，凡违反者，要给予杖刑之处罚。至于官吏应当值班而不值班者，应入宫值宿而不值宿者，当著不到，以及限期已满不即时赴任者，都分情况规定了笞至徒等不同的刑事处罚。

宋朝统治者认为"王者禁人为非，莫先于法令"，注重法律的修订和司法体制、诉讼程序的设置，视各级司法官吏的人选为"天官选吏，秋曹谳狱，具为难才"。北宋前期对官吏犯罪惩治较重。太祖、太宗都一再主张"赏罚之典，断在必行"。太祖时，因官吏违法获罪，还曾下诏自责，表示"朕失于任用，良切愧怀"。统治者对于官员治理的重视，对于克服司法官吏多"滞狱以不断，多避事而上言"的弊端无疑有一定作用。宋朝严惩贪墨之罪。"凡罪罚悉从轻减，独于治赃吏最严"。北宋太祖太宗之世，数百赃吏或被杖杀朝堂，或被腰斩弃市，或刺配沙门，外增脊杖、籍没等附加刑。不仅在刑罚上从重论处，而且限制"请"、"减"、"当"、"赎"等的适用。一般不以赦降原减。对有赃贪劣迹者禁重入仕途。这些措施有效地阻止了贪赃之风的恶性发展。

元代规定宗室及蒙古人案件，由中央大宗正府专门负责。在对于官员的管理上也存在民族歧视。汉人、南人诉案归刑部，且审判机关的正官亦由蒙古人担任。遇有蒙古人与汉人纠纷案件，多偏袒蒙古人。不仅如此，在法律上明定蒙古人犯罪与汉人犯罪同罪异罚。如果是蒙古官员犯罪，连行刑也必须是蒙古人，且法律往往不规定对犯罪官吏的具体处罚，即使规定，刑罚也比唐宋律轻。

明代统治者为了巩固政权，很重视整饬吏治。首先，在吏治体制上进行改革，使唐宋以来行政体制发生了重大变化，在中央废中书省和宰相制度，使吏、户、礼、兵、刑、工六部权力增大，并且直接对皇帝负责；军事上废大都督府，设五军都督府，便于皇帝直接掌握军权；司法机关的设置与职能也进行了改革，便于皇帝直接掌握司法权。同时，在地方也进行行政管理机构的变革，便于中央对地方权力的操控。随着行政机构的改革，明代统治者更注意对各级官吏的选拔、考绩和监察，并逐渐使各项内容制度化、法制化。由于皇权高度集中的需要，也由于封建吏治不断腐败，同时，随着明初重典治国指导思想的确立，故明代统治阶级对于官吏的种种不法行为，诸如失职、渎职、贪污受贿、朋比结党等行为，皆采取严法以治的做法。

从宏观上看，清朝的法律制度无论是在基本精神、总体风格上，还是在核心内容、主要制度上，都是唐、宋特别是明朝法律精神、法律制度的直接延续。清律与明律之间的渊源继承关系，在很多方面都有极为明显的体现。在巩固中央集权的专制体制、维护封建皇帝的绝对权威方面，清律即直接承袭了明朝的制度，把维护皇权作为法律的核心。

二、官吏犯罪的类型

群饮罪。西周初年，周公等西周统治上层在总结殷商灭亡的经验教训时认识到，殷王朝统治阶层酗酒废事，是导致政治腐败、社会混乱的一个重要诱因。为此，周公曾再三告诫，予以禁止。周公还明确告诉康叔说："群饮，汝勿佚，尽执拘以归周，予其杀。"即要禁止周人聚众饮酒；如有，则不要放纵他们，要把他们尽行逮捕，并处以死刑。这是总结商朝统治者只知道饮酒作乐，不把臣民的疾苦放在心上，从而众叛亲离，走向灭亡的教训的结果。但对于殷商遗民的此类行为，周公要求采用另一种策略："乃湎于酒，毋庸杀之，姑惟教之。"

秦代设有渎职罪。秦代的渎职犯罪主要有三类，一是官吏失职造成经济损失的犯罪，这在《睡虎地秦墓竹简》所载《厩苑律》、《秦律杂抄·牛羊课》、《内史杂》等律文中都有规定。二是军职罪。三是有关司法官吏渎职的犯罪，主要有："见知不举"罪，如秦代禁书令规定，"有敢偶语诗、书者，弃市。以古非今者，族。吏见知不举者，与同罪"。"不直"罪和"纵囚"罪，前者指罪应重而故意轻判，应轻而故意重判；后者指应当论罪而故意不论罪，以及设法减轻案情，故意使案犯达不到定罪标准，从而判其无罪。"失刑"罪，指因过失而量刑不当。

汉代官吏犯罪主要是与诸侯有关的犯罪。汉初统治者认为，秦代二世而亡，是由于"孤立亡（无）藩辅"，因此采取分封制。后来诸侯王国实力不断加强，逐渐形成与中央分庭抗礼的封建割据势力，汉景帝时终于发生了"七国之乱"。这次叛乱虽然被平定下去，但是诸侯王仍有很大的势力。因此，汉王朝制定了许多单行法律，加以约束，凡是对抗朝廷，危害中央的行为都视为犯罪如：阿党与附益罪。所谓"阿党"，指"诸侯有罪，傅相不举奏，为阿党"。所谓"附益"，指中央朝臣外附诸侯。师古曰："附益，言欲增益诸侯也。"阿党附益诸侯王，就是与诸侯王结党，共同对抗朝廷，是对中央集权制最大的威胁，犯此罪者皆处重法。东汉光武帝建武二十四年（48），重新"申明旧制阿附藩王法"。可见，两汉皆以阿党附益之法作为巩固中央集权制的一项重要措施。此外还有《酎金律》。武帝元狩元年（前122）又作《左官律》。当时以"右"为上，"仕于诸侯为左官"，即"舍天子而仕诸侯"，便被称为"左官"。舍弃朝廷的官职而奉事诸侯，是对抗中央的犯罪行为。另外，还有事国人过罪。事，事役。师古曰："事谓役使之也。"依汉律规定，诸侯王每年役使吏民有一定限额，超限者免为庶人。《功臣表》载，文帝后元三年（前161），嗣祝阿侯高成，"坐事国人过律，免"。另外还有出界罪。"出界"，即诸侯王擅自越出其封国国界。凡出界者，轻者免为庶人或耐为司寇，重者处死刑。例如文帝时，守侯魏指"坐出国界，免"。景帝时，终陵嗣侯华禄"坐出界，耐为司寇"。其目的在于防止诸侯王彼此串通，危害朝廷。

汉代还有欺谩罪，该罪是欺骗君主之罪。谩，《晋书·刑法志》引张斐《律表》云：

> 违忠欺上谓之谩。

欺谩罪的具体内容如下：一是呈报计簿时弄虚作假的行为；二是在战场上多报所斩敌人首级之数字；三是向皇帝上书所言内容失实；四是核查田亩数字虚假，等等。关于第一种情况，据《汉书·功臣表》载，郝贤在元狩二年（前121）"坐为上谷太守，入戍卒财物计谩，免"。关于第二种情况，据《汉书·功臣表》载，太初四年（前101），高不识"坐击匈奴增首不以实，当斩，赎罪免"。"增首不以实"即虚报斩首数量以邀功。关于第三种情况，《汉书·王子侯表》："新利侯偃坐上书谩，免"。"上书谩"即上书所言不实。关于第四种情况，据《后汉书·光武帝纪》载："河南尹张及诸郡守十余人，坐度田不实，皆下狱死。""度田"即核查田亩。

不直罪，该罪名源于秦律，秦简云："罪当重而端轻之，当轻而端重之，是谓'不直'。"不直的意思就是故意重罪轻判或轻罪重判。汉代继承了这一罪名，据《汉书 功臣表》载："元康元年，商利侯王山寿坐为代郡太守故劾十人罪不直，免。"又据《汉书·张敞传》载：

> 臣敞贼杀无辜，鞠狱故不直，虽伏明法，死无所恨。

因此，设立该罪名的目的是维护司法公正，使司法官严格依法办事。

选举不实罪。选举是汉代任官的基本途径，负责选举的官员必须对其选拔和荐举的人的情况如实向上级反映，若反映不实则承担法律责任。据《汉书·功臣表》载：

元朔五年，山阳侯张当居坐为太常择博士弟子故不以实，完为城旦。

这说明，不如实选举者要负刑事责任。

非正罪，所谓"非正"，就是非嫡系正宗而继承爵位，依律免为庶人。武帝元狩二年（前121），复阳侯陈强"坐父（陈）拾非（陈）嘉子，免"。成帝河平四年（前25），"嗣杜侯福，坐非正，免。"

僭越罪，汉代诸侯百官的器用、服饰、乘舆各有规制，如有"逾制"，即构成僭越罪。《史记·淮南衡山王传》载，淮南王刘长，"居处无度，为黄屋盖乘舆，出入拟于天子"，因此被免为庶人。

明代严法整饬吏治与重典惩治贪官，严惩官吏失职、渎职的行为。在严惩文武官吏失职犯罪方面，《大明律》规定：

> 凡军官犯罪应请旨而不请旨，及应论功上议而不上议。当该官吏处绞。若文职官有犯应奏请而不奏请者，杖一百，有所规避从重论。

武官在临军征讨时，按规定应供的军器、粮草等，如"违期不完者，当该官吏各杖一百"。如果"临敌缺乏"，或领兵官已承调遣，不按期进兵策应，应承差告报军期而违期，因而失误军机者，构成"失误军事"罪，一律处斩刑。文官在选拔考核官吏方面，有"贡举非其人"罪，"举用有过官吏"罪，在值宿方面，有"擅离职役"罪，在检查登记户口田粮方面，有"失于取勘脱漏户口"罪等等。官吏这些失职行为，都要相应地被处以刑罚，以肃吏治。

明初"严犯赃官吏之禁"，诏"重惩贪吏"，并敕令刑部，官吏受赃，连同行贿者一并处罚，"徙其家于边"。明律沿用唐律"六赃"罪名，把贪赃分为六种：监守盗、常人盗、窃盗、枉法、不枉法与坐赃。明律关于官吏受赃犯罪共有十一条："官吏受财"、"坐赃致罪"、"事后受财"、"有事以财请求"、"在官求索借贷人财物"、"家人求索"、"风宪官吏犯赃"、"因公擅科敛"、"私受公侯财物"、"克留盗赃"、"官吏听许财物"；又规定"枉法赃"和"不枉法赃"两种区别。"枉法赃"指"受有事人财而曲法处断者"，"不枉法赃"指"虽受有事人财，判断不为曲法者"。明律采用严厉的刑罚手段制裁官吏的受财渎职行为，对于清明吏治，提高行政效率，缓和社会关系，巩固统治秩序起了积极的作用。

三、官吏犯罪的处罚原则与制度

唐代统治者通过"议"、"请"、"减"、"赎"、"官当"、"免官"等方式，将贵族官僚的特权法律化，用以维护封建官僚体制，巩固专制统治的基础。唐代贵族官僚的特权规定，较前代更加广泛、系统，从而反映了唐律的特权法性质。但须指出，封建君主专制条件下的唐代，任何官僚贵族的特权只具有相对的意义，并以不触犯皇权及地主阶级根本利益为限，如犯有"十恶不赦"之罪，则同样严惩不贷。

到了宋代，则限制适用"请"、"减"、"当"、"赎"法。封建法制"辟贵施贱"的传统，在两宋特殊情况下，不仅起不到强化其统治基础的作用，反而使"不肖自恃"，形成朝廷潜在的威胁。因此，两宋除个别皇帝治下以外，大都对犯赃私罪的官吏适用"真刑"。例如，哲宗绍圣年间规定："重禄人受乞财物，虽有官印，并不用请、减、当、赎法。"《庆元条法事类》亦规定："诸私铸钱者，不以荫论，命官不在议、请、减之例。"

（一）赎刑

赎刑是一种用一定数量的财货来折抵刑罚的刑罚执行方法。《尚书·舜典》讲道"金作赎刑"。"金"是指青铜，上古时期青铜是非常贵重的金属，多数时候作为货币应用于流通领域。据有关资料记载，早在夏朝时，中国就已经有了这种以贵重金属来抵赎刑罚的赎刑制度。《尚书·吕刑》中，就有关于西周穆王"训夏赎刑"的记载。在周穆王时吕侯奉命推行的法律改革中，一项重要内容就是改革西周的赎刑制度。根据《尚书·吕刑》的记载，西周时期的赎刑制度已经比较完备。赎刑一般适用于疑案，或是针对少数上层贵族使用。用来赎抵刑罚的，主要仍是"金"，即青铜。例如，《尚书·吕刑》载，当时墨罪赎铜六百两，劓刑赎铜一千二百两，而宫刑赎铜三千六百两，大辟即死刑赎铜六千两。数额如此巨大，当然只有上层贵族能以铜赎罪。所以，赎刑制度实际上是一种保障少数贵族、官僚特权的制度。

（二）先请

"先请"之制创于西汉，即对犯了法的贵族官僚，必须首先向皇帝报告，"请"其作出减免的决定，以保护贵族官僚的特权。这也是一种对儒家所提倡的宗法道德的维护。据《史记·高祖本纪》载，高帝七年（前200）曾下诏令："郎中有罪耐以上，请之。"郎中是君主的侍卫官，其秩位虽低，但由于是君王的亲信，故享有"先请"的特权。又据《汉书·宣帝纪》载，汉宣帝在黄龙元年（前49）下诏："吏六百石位大夫，有罪先请。"另据《汉书·平帝纪》载，汉平帝在元始元年（公元1）下诏："公、列侯嗣子有罪，耐以上先请。""先请"所导致的结果是贵族官僚犯法并不与百姓同罪同罚，这显然与法家"刑无等级"的主张相悖，而与儒家肯定等级伦理的"礼"观念相一致。

到了唐朝，"请"的制度有所变化。"请"的规格低于"议"，它主要适用于"皇太子妃大功以上亲"，"应议者期以上亲及孙"，"官爵五品以上，犯死罪者"。对这类人犯罪，官吏有权条陈其罪及应请的情状，如是死罪，则依律确定应斩或绞，奏明皇帝听候发落；流刑以下，自然减刑一等。"请"的限制条款比"议"多，除犯"十恶"外，"反逆缘坐，杀人，盗，受财枉法者"，不适用"请"。

（三）官当

三国两晋南北朝时期，为维护和保证世家的各种权益，多行"九品中正制"，"官当"制度遂应运而生。《北魏律·法例》规定：公、侯、伯、子、男五等爵，每等抵三年徒刑。官品从第五品起一阶当刑二年。免官者，三年后照原官阶降一级叙用。正式使用"官当"名称出现在《陈律》中，规定品官犯罪判五年、四年徒刑的，准用官职抵二年刑，余刑居作外，属公罪过误，可处罚金；判二年徒刑的，可用赎刑。由于官当制度对于特权的分割和分配更加精细有序，较之"八议"更具有制度化的可操作性。同时它也与当时的"赎刑"相结合，共同维护着官员世家的特权。在这一时期，由于高官显爵几乎被世族贵族大地主所垄断，因此，"官当"成为保护犯罪的贵族官僚地主逃脱刑罚制裁的手段。"官当"制度确立以后，隋、唐、宋朝的封建法典均予以沿用。《唐律疏议·名例》规定，犯徒以下罪，若是私罪，五品以上，一官可抵徒刑二年，五品以下九品以上，一官可抵一年；若是公罪，则各可多当徒刑一年。唐律还规定，凡一人有多种官爵的，可以先以高者当，再以低者及历任官当。"若罪小官大，罪轻不尽其官，则可留官收赎；若罪大官小，官不尽其罪，余罪亦可收赎"。因官当而免官者，一年以后仍可降一级任用。犯流罪的，三等流刑均折徒刑四年。此外，还有通过免去官爵抵消徒刑的制度。明、清法律中虽未明确规定"官当"之制，却代之以罚俸、革职等一系列制度，以继续维护封建官僚的等级特权。清始，为加强对官吏的控制而取消，但"罚俸"、"降级"仍可为特权阶层使用。

（四）八议

西周时期实行同罪异罚，这是宗法等级原则"刑不上大夫"的体现。《周礼·秋官·小寇》有"以八辟丽邦法"的记载。辟，法；丽，附着，即适用法律。"八辟"是对亲、故、贤、能、功、贵、勤、宾这八种人犯罪减轻刑罚的法律。三国曹魏时期改为"八议"入律，并为魏晋以后的封建法典所沿用。贵族官僚犯罪不仅有"八辟"规定的特权，而且宫刑不适用于贵族，对贵族处死刑的地点和方式也不同。如，《礼记·文王世子》记载，"公族无宫刑"，"公之同族有罪，则磬于甸人"，即秘密处死。至三国时期，随着儒家主张的"礼"越来越多地纳入法律，为了维护在国家中居于统治地位的世族贵族的特权，魏明帝制定"新律"时，首次正式把"八议"写入法典之中，使封建贵族官僚的司法特权得到公开、明确、严格的保护。"八议"是指法律上的八种人犯罪，须奏请皇帝裁决，由皇帝根据其身份及具体情况减免刑罚的制度。这八种人是：亲，指皇亲国戚；故，指皇帝的故旧；贤，指依封建标准德高望重的人；能，指统治才能出众的人；功，指对封建国家有大功勋者；贵，指上层贵族官僚；勤，指为国家服务勤劳有大贡献的人；宾，指前朝的贵族及其后代。从此时起直至明清，"八议"成为后世历代封建法典中的一项重要制度，历经一千六百余年而相沿不改。

第十二章

法定刑的演变

第一节
古代刑罚体系的流变及其特征

一、中国古代刑罚的历史流变

由刑到刑法的过渡是中国历史上一个相当漫长的历史过程。原始社会末期舜、禹时代的"刑",是为约束部落成员的社会生活的实际需要,即习惯或习惯法。从原始社会进入奴隶社会后,社会性质发生根本的改变,人类从此进入了阶级社会,出现了阶级对立和利益冲突,剥削和压迫随之而生,"立君上之势以临之、明礼义以化之"①,"天生民而树之君使司牧之"②。《管子·明法解》载有"闲之以礼度,整之以刑罚"的说法。奴隶社会时期的几个朝代都采取了以刑法治理的措施,夏、商、周分别作禹刑、汤刑、九刑而治乱政,逐步确立了墨、劓、荆、宫、大辟五刑制度。

奴隶制刑罚极其严酷,而商代尤其突出。盘庚规定"乃有不吉不迪,颠越不恭,暂遇奸宄,我乃劓、殄灭之,无遗育"。死刑除去斩刑外,还有醢、脯、焚、剖心、刳、剔等刑杀手段。西周时期还出现了以圜土之制、嘉石之制为名的徒刑、拘役等刑罚,以及赎刑、流刑等制度作为五刑的补充,极大地丰富和发展了奴隶制刑罚体系。

春秋战国基本沿用奴隶制前朝刑罚制度,以五刑为主。经历了这一时期的过渡之后,至秦统一六国,刑罚也出现了新的变化,演变成了笞、徒、流放、肉、死、羞辱、经济、株连等八类刑罚。其中以前五类为主,后三类为辅。秦法具有明显过渡的特征,完整的刑罚体系正在形成之中。

汉承秦制,但随着经济社会的发展,有些制度需要调整。于是汉文帝下诏废除肉刑,着手对刑罚进行改革。任何改革都非一朝一夕所能完成,废除肉刑改革也不例外。肉刑体系已经成为历史存在,其有一个产生、发展、消亡的过程,因此,在接下来的很长一段历

---

① 《荀子·性恶》。
② 《左传》。

史时期内有关肉刑的存废问题仍然争论不休。汉代较秦朝刑罚有了新发展还体现在：徒刑出现了明确的刑期、禁锢刑①以及专用于女犯的刑罚②等。

三国两晋南北朝时期，刑罚体系也不稳定，改革不断，但主要还是围绕肉刑存废方面。刑罚体系较前朝有了很大的变化。第一，北朝西魏、北齐先后下诏禁止宫刑，废除宫刑制度；第二，北魏率先规定了鞭刑与杖刑，并为北齐北周所沿用；第三，南北朝时期，开始将流刑作为死刑的一种宽缓刑，明确规定了流刑为减死之刑。而北周时将流刑具体细化，以距都城二千五百里为第一等，以五百里为差将其分为五等，至四千五百里为限，同时附加鞭刑。缘坐范围也有所变化，《梁律》中有从坐妇女免处死刑的规定，总的来看缘坐范围缩小，但是在朝代更替中也多有反复。可以说，这个时期刑罚总的发展趋势是逐渐宽缓，残害肢体的刑罚手段也渐少。这个时期五刑的演化，如北周时期的杖、鞭、徒、流、死，以及北齐的杖、鞭、徒、流、死，都呈现出从奴隶制五刑向封建制五刑过渡的特征。

五刑制度经过三国两晋南北朝这一时期的调整，又在隋朝得到发展。隋结束了魏晋以来长期分裂割据的局面，再度实现了全国的统一。虽然隋朝历时只有三十余年，但是却创制了《开皇律》和《大业律》两部在法制史上具有重要地位的法典。史载：《开皇律》"其刑名有五：一曰死刑二，有绞、有斩。二曰流刑三，有一千里、千五百里、二千里；应配者，一千里居作二年、一千五百里居作二年半、二千里居作三年。应住居作者，三流俱役三年。近流加杖一百，一等加三十。三曰徒刑五。有一年、一年半、二年、二年半、三年。四曰杖刑五，自五十至于百。五曰笞刑五，自十至于五十。而蠲除前代鞭刑及枭首、轘裂之法。其流徒之罪皆减从轻。"③ 可以说，《开皇律》统一了封建刑名，最先确立了笞、杖、徒、流、死的新五刑体系，使封建刑制前进了一大步。这种新五刑又被称为封建五刑，在中国刑法史上具有举足轻重的作用。从这时起到清末，虽然历代刑罚制度各具特色，但这种新五刑体系却极其稳定地被各朝律典规定在《名例律》之首。

唐沿隋制，并且唐代刑罚比以前各代均为轻，死刑、流刑大为减少。死刑只有绞斩两种；徒刑仅一年至三年；笞杖数目也大为减少。更重要的是，其适用刑罚以从轻为度。唐律被认为是我国古代社会"得古今之平"的刑罚中的典范。

宋基本沿用前朝制度，但也设立了一些新的刑罚制度。主要有刺配刑、凌迟刑和折杖法。刺配刑是宋太祖为宽贷杂犯死罪而创设的，通过刺配之法，刺面、配流且杖脊而适用于特予免死人犯的一种代用刑。凌迟刑是用挛割肢解的方法使受刑人缓慢痛苦地死去的一种酷刑。凌迟刑在五代时是法外刑，宋时将其合法化④，适用范围也由最初的荆湖之地以妖术杀人祭鬼的犯罪扩大到其他各类犯罪。折杖法为宋太祖初创，是一种重刑的代用刑。从上述刺配之刑创设、凌迟刑的合法化以及死刑中增设"凌迟"之刑，宋朝刑罚的残酷性有所加重。另外，据《宋史·刑法志》载，熙宁四年（1071），立《盗贼重法》："凡重法地，

---

① 禁锢刑是汉为禁止官吏结党，对有朋党行为的官吏及其亲属，实行终身禁为官的政策。
② 汉时出现了只用于女犯人的刑罚，称"顾山"或"女徒顾山"。
③ 《隋书·刑法志》。
④ 自仁宗天圣九年（1031）颁诏开始，凌迟被合法化。南宋《断过大辟人数式》中，把死刑分为凌迟、处斩、处死（绞）三等，凌迟成为法定的第一等死刑。参见《庆元条法事类》卷七三《刑狱门·决遣》。

嘉祐中，始于开封府诸县，后稍及诸州"。可见，宋对特定地区或特定的罪行也加重刑罚，其刑罚适用范围上也广于唐代。

元朝的刑罚制度较唐宋时期的更为野蛮和残酷。蒙古贵族作为少数民族统治中原地区，最初使用习惯法，入主中原之后，也继承了宋朝的大部分刑罚制度，并逐渐向汉族的五刑体制过渡，最终获得施行。但元朝仍保留许多习惯法。为了维护僧侣的特权，元律规定"殴西番僧者截其手，骂之者断其舌"。元有警迹人制度。强盗犯在服刑完毕后，支付原籍"充警迹人"①。五年不犯者除籍，再犯者终身拘籍。

明朝以传统五刑为法定刑罚，并恢复了隋唐时期死刑分斩、绞两种的规定。明朝法律中除了《大明律》外，还创制了特别刑事法规——大诰。明太祖主张"刑乱国用重典"的原则，在其统治时期，法律效力在律之上的是《大诰》。《大诰》对于律中的原有罪名，一般都加重处罚，而律中无罪的行为，《大诰》亦予以处罚。明以《大诰》的形式复活了大量的肉刑，如族诛、枭首、断手、斩指、刖足、墨面、文身、挑筋等，都是汉律以来久不载于法令的，由此也足见明朝刑罚的残酷性。另外，明朝非常重视对于官吏的治理，《大诰》中有很多法律条文都是专门为惩治贪官污吏而设的，这也是明朝刑罚制度中的一个重要特征。明朝宦官擅权，建立有自己的特务专制机关，刑罚极其残酷，且经常法外用刑，严重破坏了传统五刑刑罚体系的具体适用。如明朝恢复了枭首示众之刑，并增加了"剥皮实草"、"灭十族"、戮尸等一些更为残酷的死刑执行方式。此外，明朝还创设了充军刑、发遣刑、枷号及廷杖制度等，这些刑罚制度大都被清朝沿用并发展。

清朝在刑罚制度方面仍然沿用传统的封建制五刑体系。清入主中原夺取了大明政权后，其原先简陋的法律制度已经不能适用于人口众多而处于较高文明程度的中原大地。最初他们不得不依明律治罪，《清史稿·刑法志》载有"世祖顺治元年，摄政睿亲王入关定乱，六月，即令问刑衙门，准依《明律》治罪"。清承明制，在刑罚制度方面也是如此。他们定律颁典时，"摄政王谕令法司会同廷臣，详绎《明律》，参酌时宜，集议允当，以便裁定成书，颁行天下"②。清初由简单地袭用明律，经过近百年的时间，几经修订，终于在乾隆时期完成了中国历史上最后一部封建法典——《大清律例》。

二、古代刑罚的基本理论

原始社会时期，人们的认识水平很低，在自然面前无能为力，对周围发生的许多现象都不能正确解释，认为周围世界存在着支配人类和自然的超人类、超自然的力量，崇拜鬼神、祖先神和上帝的神权宗法观念盛行。进入阶级社会以后，自然压迫和阶级压迫的双重压力使得宗教迷信思想得以继续存在和发展，并使其打上了深深的阶级烙印。③"天讨天罚"的神权法思想被运用到阶级统治和国家管理中，与刑的适用密切相关，从而把宗教迷信和政治压迫紧密地结合起来。

"天讨天罚"是中国古代神权法思想的一种主要观点。统治者宣扬自己的统治是来源于

---

① 在其家门首立红泥粉壁，上开具姓名，犯事情由，由邻居监督其行止，且每半年同见官府接受督察。
② 《清史稿·刑法志》
③ 参见汪汉卿主编：《中国法律思想史》，32 页，北京，中国科学技术大学出版社，1993。

"天命"，王位是由天授予的。对不服统治的人判处刑罚，被称为"天罚"①。军事征伐称为"天讨"②。

（一）天罚神判的神权法思想

神权法思想是中国古代社会意识形态的主要支柱之一，盛行于夏、商、西周三代。其核心内容是宣称王权神授，统治者秉承上天旨意，"代天立法"，"恭行天罚"③。

1. 夏启"恭行天罚"

"恭行天罚"，指统治者借"天命"对不服从统治及触犯奴隶制法律的人进行征伐或施以刑罚。④ 早在夏禹时代，便借助祭祀典礼"致孝于鬼神"⑤。《尚书·虞夏书》中记述，启与有扈氏作战于甘之野（今陕西户县南）时作《甘誓》，告诫六军将士说："有扈氏威侮五行，怠弃三正，天用剿绝其命，今予惟恭行天罚。左不攻于左，汝不恭命；右不攻于右，汝不恭命；御非其马之正，汝不恭命。用命，赏于祖；弗用命，戮于社，予则孥戮汝。"在这篇誓词中，出现了三个神：一是"天"，是天下的主宰，夏启讨伐有扈氏就是代行天命；二是祖先神，对服从命令征讨有功者，将在先祖神位前予以奖赏；三是社神，不服从命令者将在社神前受到惩罚甚至被沦为奴隶或处以死刑。可见，夏启征伐有扈氏，就是以"恭行天罚"为口号，借神的意志实行暴力镇压。但此时所崇尚的"天"与"天命"还仅仅处于朴素的自然神阶段。

2. 殷商时期神权法思想达到顶峰

商政权的建立，也以"受命于天"自诩。商汤就是以"代行天罚"的名义起兵讨伐夏桀，夺得政权的。《尚书·汤誓》中说："有夏多罪，天命殛之"；"尔尚辅予一人致天之罚"。意思是：夏王犯下了许多罪行，上天命令我去讨伐他。你们要辅助我对夏王执行天之罚。《诗经·商颂》的《长发》和《玄鸟》即有"有娀方将，帝立子生商"的史诗和"天命玄鸟，降而生商"的记载。《尚书·召诰》也有"有殷受天命"的记载。在夏代恭行天罚思想的基础上，神权法思想到商代进入高峰。"殷人尊神，率民以事神，先鬼而后礼，先罚而后赏"⑥。并且，随着王权的加强，殷商时期神权法思想呈现出一个特点，就是出现了主宰一切的至上神——"帝"或"上帝"，并且几乎一切事情都要通过占卜向上帝和祖先进行祈祷或请示。即商代已将"天"和"天命"人格化为形象的"帝"或"上帝"，并与祖先一起奉为神灵祭祀崇拜。而且，商王亲自掌握卜筮之权，垄断神权，谓之为"王贞"。因此，商代已由简单的自然神崇拜发展与祖先神崇拜相结合，由单纯的"天罚"进入到与借助占卜

---

① 饶鑫贤等主编：《北京大学法学百科全书》（中外法制史和法律思想史卷），793 页，北京，北京大学出版社，2000。

② 倪正茂等：《中华法苑四千年》，12 页，北京，群众出版社，1987。

③ 饶鑫贤等主编：《北京大学法学百科全书》（中外法制史和法律思想史卷），710 页，北京，北京大学出版社，2000。

④ 参见饶鑫贤等主编：《北京大学法学百科全书》（中外法制史和法律思想史卷），268～269 页，北京，北京大学出版社，2000。

⑤ 《史记》卷二《夏本纪》。

⑥ 《礼记·表记》。

巫术"神判"相结合。当然，殷商时期至高无上的上帝，只不过是地下商王（下帝）的投影。① 我国殷商甲骨文中就有许多向上帝和祖先进行占卜时契刻在龟甲和兽骨上的卜辞。

孟德斯鸠说："在专制的国家里，宗教的影响比什么都大，它是恐怖之上再加恐怖。"② 神权法思想在殷商达到顶峰，殷商的刑罚也相应地非常残酷。商纣王的暴虐酷刑加速了商政权的灭亡。

3. 西周"以德配天"的君权神授说

神权法思想的统治地位在西周受到了一定程度的动摇。但周王的统治依然是"受命于天"，《尚书·牧誓》中记载武王伐纣时所举的旗帜就是"惟恭行天之罚"。《尚书·多士》载周贵族镇抚殷商的遗民被宣称为"明致天罚"。《尚书·酒诰》中周公所谓"天降威"，意即上天施刑罚于人间。《大盂鼎铭》中记载："丕显文王，受天有大命"。《诗经·周颂·昊天有成命》曰："昊天有成命，二后（文王、武王）受之"。

但周人从商人虽拥有天命却亡国的教训中悟出："民不可轻"，必须"敬德保民"。以周公为代表的西周贵族统治集团提出了"以德配天"的君权神授说：天（上帝）是至上神，它不属于某一民族，而为天下各族人所共有；天把天命交给哪一族，要看该族是否有"德"，即是否获得天下人民的拥护；天把天命交给有"德"的民族，该族的祖先神便得以匹配上帝。③《诗经·文王》中对此有描述："文王在上，于昭于天，周虽旧邦，其命维新，有周不显，帝命不时，文王陟降，在帝左右"；"世之不显，厥犹翼翼，思皇多士，生此王国，王国克生，维周之桢，济济多士，文王以宁。穆穆文王，于缉熙敬止，假哉天命、有商孙子，商之孙子，其丽不亿，上帝既命，侯于周服。侯于周服，天命靡常"；"无念尔祖，聿修厥德，永言配命，自求多福，殷之未丧师，克配上帝，宜鉴于殷，骏命不易。命之不易，无遏尔躬，宣昭义问，有虞殷自天，上天之载，无声无臭，仪刑文王，万邦作孚。"大意是，周人过去虽然是臣服于殷人的小邦国，但是文王有德，得到上帝的保佑，各方诸侯也臣服文王。上帝曾经支持过殷王，当时殷王有德，能够得到上帝的信任，但末世殷王无德，故被周文王取而代之。周人要以殷为鉴，施行德政，以保有天命。因为天命不属于某一个民族，天命属于有德之人。④

这里，"德"照周人的说法即"敬天"、"保民"、"孝祖"，"以德配天"的"德"主要即指"保民"。文王有"德"，所以"皇天上帝改厥元子兹大国殷之命"⑤ 而"大命文王"⑥。但既然"天命"可以发生转移，周王统治者就必须汲取殷商的教训，注意关心民间疾苦以保"天命"。关于这方面的记载也很多，如《尚书·泰誓》："天视自我民视，天听自我民听"；"民之所欲，天必从之"。《尚书·酒诰》："人无于水监，当于民监。"《邶风·谷风》："凡民有丧，匍匐救之。"《大雅·假乐》："假乐君子，显显令德，宜民宜人，受禄于天，保右命之，自天申之。"《泂酌》："岂弟君子，民之父母"；"岂弟君子，民之攸归。"

① 参见张国华：《中国法律思想史新编》，21页，北京，北京大学出版社，1991。
② ［法］孟德斯鸠：《论法的精神》，60页，北京，商务印书馆，1961。
③ 参见武树臣：《中国法律思想史》，68页，北京，法律出版社，2004。
④ 参见武树臣：《儒家法律传统》，191页，北京，法律出版社，2003。
⑤ 《尚书·召诰》。
⑥ 《尚书·康诰》。

周武王死后，周公摄政，将"以德配天"思想贯彻到法律领域，提出了"明德慎罚"的方针。周人用"既信鬼神，兼重人事"的神权思想取代商人"迷信鬼神，不重人事"的神权思想，无疑是历史的一大进步，但同时也意味着古代神权法思想的动摇。

4. 春秋战国时期神权法思想进一步受到冲击

春秋战国时期是中国古代由奴隶社会过渡到封建社会的大变革时期，也是中国古代各种思想最为活跃的时期，出现了"百家争鸣"的繁荣局面。神权法思想继西周受到动摇后又一次受到怀疑与批判。在这一时期，由于铁制工具的普遍使用，生产力得到了很大提高，导致阶级结构重新组合，封建地主阶级走向历史舞台，古老的宗法贵族统治趋向灭亡。诸侯称霸，礼坏乐崩，学术思想活跃，"不信鬼神、注重人事"，原来维护奴隶主贵族统治的宗法和神权法思想走向没落。

5. 汉代以后神权法重为封建统治者所利用

汉代以后，从维护君权至上和阶级统治的立场出发，"受命于天"的神权法观念又重为封建统治者所利用。宣扬皇帝是"真龙天子"，代表上天统治人间，具有凌驾一切的权力。汉儒董仲舒以神学注释法学，创立了"天人合一"的思想，借"天"的名义论证君权，使神权宗法思想服务于皇权，使皇权神化。"天"是人格神，是主宰一切的有意志的万物之主。"天者，百神之君也"①；"天者，万物之祖也"②；"王者承天意以从事"③。但董仲舒又主张，"天"是封建伦理最高代表："天之生民，非为王也，而天立王以为民也。故其德足以安乐民者，天予之；其恶足以贼害民者，天夺之"④；"有道伐无道，此天理也"⑤。意思是说，天子若刑罚有误，上天便会降灾异示警，即"天谴"。同样，天子行为若合天意，上天便会呈祥瑞以嘉奖。

（二）"天讨天罚"观念的哲学基础——"天人感应"的天道观念

中国古代的天罚观由于华夏文明的特殊性，与其他一些东方国家的神权观念有所不同。这种不同之处在于，华夏文明中长期存在着天道观与人道观的撞击与交融。在华夏文明中，人本主义，或者更确切地说，对人本体认识意义的注重，一直占据相当地位。殷商时代天道观占据统治地位，天罚与神罚也达到高峰；而殷周之际的政治、文化、思想观念的变化与动荡，在很多方面都显示了周人的人道观对于殷商的天道观的冲击与互补。《左传·襄公三十一年》所载"民之所欲，天必从之"和《礼记·表记》所言"殷人尊神，率民以事神；周人尊礼，尚施，事敬鬼神而远之"都是文化观念变化轨迹的记载。⑥

1. 天之本体——自然之天

中国传统哲学中的"天"首先是自然之天，包括自然现象和自然过程两层含义。⑦ "天

---

① 《春秋繁露·郊义》。
② 《春秋繁露·郊祭》。
③ 《汉书·董仲舒传》。
④ 《春秋繁露·尧舜》。
⑤ 《春秋繁露·尧舜》。
⑥ 参见张晋藩、林中、王志刚：《中国刑法史新论》，138 页，北京，人民法院出版社，1992。
⑦ 参见范忠信：《中国传统法律文化的哲学基础》，载《现代法学》，1999（2）。

者，自然也"①；"夫天者，体也，与地同。天有列宿，地有宅舍，宅舍附地之体，列宿着天之形"②。这些记载都是在说天是一种客观的自然存在或自然现象。另外，这种自然存在或自然现象的运动过程也是"天"。孔子曰："天何言哉？四时行焉，百物生焉，天何言哉！"③《荀子·天论》："天行有常，不为尧存，不为桀亡"。《论衡·变虚》："天道当然，人事不能却也。"《易·豫》："天地以顺动，故日月不过，而四时不忒"。这都说明，日月星辰的照耀，阴阳四时的交替，风雨雷电的降临，都是天体运动。天以自身存在的客观规律化生万物，造设天地，调顺人间。这种过程的规律即天道，体现天道的过程就是天。④ 这种自然之天的理论在西方被称为"自然法"。

2. 人格化的神

远古时代，大自然在人们眼中是一个神奇的造物主。它时而风调雨顺，惠人以五谷，时而又狂风暴雨，给人以灾难。人对自然之天既敬畏又膜拜，把它奉为至高无上、主宰一切的神灵。统治者利用百姓对"天"的敬畏和膜拜给自己的王权抹上了"天命"的神秘色彩。因此，自然界万物的变化，王权的行使，都是天的命令或天意，给"天"赋予了人格化的意志。《尚书·皋陶谟》云："天工，人其代之。天叙有典，敕我五典五惇哉！天秩有礼，自我五礼有庸哉！同寅协恭和衷哉！天命有德，五服五章哉！天讨有罪，五刑五用哉！"这里，天工、天命、天讨都是天神之承认。大意是：为了确立尊卑贵贱的等级，上帝赐给我们五伦的规范；上天要求用礼仪表明等级秩序，我们就要遵循五礼，使大家同心同德；为了彰明上天的圣德，我们才按照尊卑等级，制作冠冕袍服；为了替上天惩罚犯罪，我们要运用好五刑。⑤

天意或天命的表达方式，一般来说，就是祥瑞和灾异。如果国家政治清明，人民生活安定和谐，天就以风调雨顺、五谷丰登、六畜兴旺奖赏之；反之，君主昏庸无能，奸臣当道，人民生活疾苦，天就以饥荒、地震、旱涝蝗灾、战乱等惩罚之。古时候，凤鸟、龙、麒麟等都被当做天赐吉祥的幸运物。天若欲示惩罚，则出不吉之物事，如连体婴、三足牛、天雨石等。天意还可以通过"河出图、洛出书"之类的神秘方式表现。这种龙负图出于河（黄河）、神龟负书出于洛水的神话，也反映了古人希望直接通过天帝写在河图洛书上的文字图案获得天的意旨的愿望。同时，古代也有哲人认识到，天意的真正表现是民心向背。如春秋时随国大夫季梁云："夫民，神之主也。是以圣王先成民而后致力于神。"⑥"民之所欲，天必从之。"⑦ 孔子也说："未能事人，焉能事鬼"，"务民之义，敬鬼神而远之，可谓知矣。"⑧ 既然天神是通过民众来视、听、示威，那么争取民心就是在讨好上帝，为政以德就

① 郭象：《庄子·大宗师注》。
② 王充：《论衡·祀义》。
③ 《论语·阳货》。
④ 参见范忠信：《中国传统法律文化的哲学基础》，载《现代法学》，1999（2）。
⑤ 参见高绍先：《中国刑法史精要》，83页，北京，法律出版社，2001。
⑥ 《左传·桓公六年》。
⑦ 《左传·襄公三十一年》引《泰誓》佚文。
⑧ 《论语》之《先进》、《雍也》。

是在敬奉上帝，上帝亦必依据为政者的"德"行来决定是否支持某一君王或政权。① 君王必须"以德配天"，关心贫苦百姓，获得民心，才能奉守天命，保住天命。

3. "天人合一"的思想

古人认为，自然界与人类社会是统一的整体，而人类是自然界的组成部分。因此，自然界与人类是相互影响的，自然界决定人类社会的生存与发展，人类社会又反作用于自然界，这就是"天人合一"之说。② 如上所述，古代人们对"天"顶礼膜拜，君主奉"天命"统治天下，顺承天意、民意治国安邦，由天理、天意发展到民意、礼制，逐渐达到"天人合一"。正所谓"人法天，天法道，道法自然"；"道未始有天人之别，但在天为天道，在人则为人道"③。到汉代，董仲舒博古通今，在前人的基础上创立了"天人感应"学说，系统地阐述了"天人合一"观念。

他认为，"天"是最高的神："天者，百神之大君也。事天不备，虽百神犹无益也"④；"天者，百神之君也，王者之所最尊也"⑤。"天"是派生出世界万物的最高本源："天者万物之祖，万物非天不生"⑥。因此，人也是天所派生的。《春秋繁露·为人者天》说："为生不能为人，为人者天也。人之为人本于天，天亦人之曾祖父也。此人之所以乃上类天也。人之形体，化天数而成；人之血气，化天志而仁；人之德行，化天理而义；人之好恶，化天之暖清；人之喜怒，化天之寒暑；人之受命，化天之四时；人生有喜怒哀乐之答，春秋冬夏之类也。天之副在乎人，人之情性有由天者矣。"《春秋繁露·深察名号》："天人之际，合而为一。"这种"天人合一"的理论宣称自然界和人类社会是统一的整体。因此，人类社会应比照"天"的意志和特征来行事。

(三) 刑的适用与神权法思想

站在天学的视野下，可以说，中国古代刑罚的一切运行都是在以各种可视性天体和天象为载体而表现出来的神秘之"天"的关注下进行的。这种"关注"，一方面给了统治者实施刑罚以最有力最有效的理论支持，"代天行罚"成为刑罚的最高准则；另一方面"天"又对统治者实施刑罚行为进行最有力最有效的制约和监督，成为统治者尽量避免滥用刑罚、用错刑罚的最后一道有力屏障。⑦

1. 刑罚的运行由天罚而来，定罪量刑必须占天问刑

如前所述，古代"天讨天罚"的神权法思想盛行。"天"是至高无上的，它统治一切，决定一切。政权统治者利用人们对"天"的崇拜和敬畏，借天之名，承天之命"代天立法"、"代天行罚"，主持人间正义，"替天行道"。"天"体运行变幻，神秘莫测，但又存在着行之有常的内在规律，促使古人以天体展示的"天象"为依据，研究天体运行情况，来

---

① 参见范忠信：《中国传统法律文化的哲学基础》，载《现代法学》，1999（2）。

② 参见武树臣：《中国法律思想史》，275 页，北京，法律出版社，2004。

③ 程伊川：《语录》。

④ 《春秋繁露·郊语》。

⑤ 《春秋繁露·郊义》。

⑥ 《春秋繁露·顺命》。

⑦ 参见方潇：《中国古代天学视野下的刑罚运行》，载《河南省政法管理干部学院学报》，2004 年 12 月。

决定或预知人事甚至测知人的生死、国之存亡。

（1）代天行罚。在古代，统治者利用"天命"和宗教鬼神进行统治，把王权和君权说成是奉行天的意志，是神授予的；把主要的统治手段——法律说成是神意的体现，制定法律、法令是"代天立法"，施行刑罚是"代天行罚"，以维护"天命"。

夏禹之子夏启夺取王位后，有扈氏不服，夏启起兵征伐，双方交战于甘之野时作《甘誓》告诫六军将士说："有扈氏威侮五行，怠弃三正，天用剿绝其命，今予惟恭行天罚。"①这是"代天行罚"的首次运用。② 这种改换天命之举还有：汤伐夏桀时作誓辞说："非台小子，敢行称乱，有夏多罪，天命殛之……尔尚辅予一人，致天之罚。"《尚书·汤誓》："夏氏有罪，予畏上帝，不敢不正"。武王伐纣："商罪贯盈，天命诛之。予弗顺天，厥罪惟钧。予小子夙夜祗惧，受命文考，类于上帝，宜于冢土，以尔有众，厎天之罚"；"今商王受，惟妇言是用……俾暴虐于百姓，以奸宄于商邑。今予发，惟恭行天之罚。"以上所举的代天行罚主要是以"甲兵大刑"的形式表现出来，而不是正常情况下的刑罚，即非在一国固有法律秩序下的现有法律运作中的狭义刑罚。虽如此，这种代天行罚仍是一种刑罚，只不过是一种外延和内涵都扩大化了的广义刑罚。③

"代天行罚"最主要的还是在狭义上的运用。凡是对于那些违法犯罪行为的刑事制裁，一般都以"天罚"及"代天行罚"的观念作为理论基础，以增强刑罚的正义感和威严性。如《祥刑要览注》中"刑出自天"的思想："讨罪用刑，一出于天，非可得而私。"明代宰相丘浚之《大学衍义补·正朝廷篇》："人君之爵赏刑罚，皆承天以从事，非我之得有私。后世人主不知出此，往往以己心之喜怒，私意之好恶，辄加入以赏罚，则失天命天讨之旨也。"《周易》上也有记载说明："天地以顺动，故日月不过，而四时不忒，圣人以顺动，则刑法清而民服"；"雷电皆至，丰。君子以折狱致刑"。孔颖达对此的注解是："雷者，天之威动；电者，天之光耀。雷电俱至，则威明备，足以为丰也。君子以折狱致刑者，君子法象天威而用刑罚，亦当文明以动，折狱断决也"。古代司法审判时击鼓升堂及行刑时击鼓，实际上都是天罚及代天行罚的表象化。击鼓而发出的鼓声即象为雷声，而雷声即象为天之震怒。因此，古时升堂与行刑都要击鼓就不难明白了。

但是，历朝历代都不乏奸臣酷吏，徇私枉法、滥用刑罚之事屡见不鲜。这种情况是否也可以说是"代行天罚"？丘浚在对历代刑罚理论得失之考察的基础上说："刑无大小，皆上天所以讨有罪者也。为人上者，苟以私意刑戮人，则非天讨矣。"这里的"为人上者"，虽然未有所指，但绝不是一般之人，实际上主要是指人君。所谓天讨、天罚的"人其代之"，首先就是人君代之，然后人君才又假手各级官吏。但人君如不从公意出发而私意刑杀，则当然非为天罚，因为天德为民、天心为公。私意刑杀，不仅不是执行天罚，替天做事，反而是背离天罚，违反天意，最终会反受天罚而国祚不长。④

（2）占卜问刑。如果说"代天行罚"是刑罚的手段的话，那么"占卜问刑"则是获取这种手段的途径。在实践中，君王和百姓常常通过占卜来求问神明，获悉天意，解决刑罚

---

① 《尚书·虞夏书》。
② 参见方潇：《中国古代天学视野下的刑罚运行》，载《河南省政法管理干部学院学报》，2004年12月。
③ 参见方潇：《中国古代天学视野下的刑罚运行》，载《河南省政法管理干部学院学报》，2004年12月。
④ 参见方潇：《中国古代天学视野下的刑罚运行》，载《河南省政法管理干部学院学报》，2004年12月。

适用性问题。

早在《诗经》中就有涉及古老的神明裁判的内容。如《小雅·小旻》:"我龟既厌,不我告犹……不敢暴虎,不敢冯河";《小宛》:"宜岸(犴)宜狱,握粟出卜";《巷伯》:"取彼谮人,投畀豺虎,豺虎不食,投畀有北,有北不受,投畀有昊"等。"龟"和"卜",可能是法官遇到疑难案件时求神指示的一种方法。"暴虎"、"投畀豺虎"、"冯河"可能是用虎豺和涉水以决直曲的神明裁判。[①]

殷商时期,随着"天讨天罚"的神权观念的盛行,司法实践活动中占卜问刑的现象普遍。《礼记·表记》说:"殷人尊神,率民以事神,先鬼而后礼。"正是出于对天神的信仰,大至国家大事,如战争胜负、官吏任免等,小至刮风下雨、奴隶是否逃亡等等,上至商王、朝廷官吏,小至贫民百姓,都要通过占卜向上帝和祖先请示,以知天意,预知世事。发展到后来,商王几乎无事不卜,无日不卜,甚至定罪量刑也要诉诸鬼神。[②] 举世闻名的甲骨文主要就是商王及其代理人(专职史官)向上帝和祖先进行占卜而刻在龟甲和兽骨上的卜辞。如:"贞(卜问):王闻不惟辟;贞:王闻惟辟"[③];"兹人井(刑)不?"[④] 都是关于是否行刑的卜辞。

占卜问刑不仅在奴隶制时代广泛存在,在封建制时代同样存在。秦代虽烧百家书,但对卜筮等书则为保留,从而使得占卜得以发展。不过,由于秦代实行法治,力图追求"皆有法式",故占卜问刑之事难见于秦代史籍。秦代之后的封建时代也都不同程度地有着占卜问刑之举。[⑤]

2. 刑罚的执行受到"神灵之天"的制约和监督,必须顺天行刑

如果说"恭行天罚"着重讲整个刑法的产生是上天意志的反映,那么,"顺天行刑"则着重讲的是刑罚的执行。既要代天行罚,又要顺天用刑,天之四时不仅是冷暖凉热的变化,而且有喜怒哀乐的感情倾向。帝王动用刑罚必须顺天时之令。[⑥]

顺天行刑思想早在西周时期就已经法律化、制度化了。《周礼·大司寇》载:"正月之吉,始和,布刑于邦国、都鄙乃悬刑象之法于象魏,使万民观刑象,挟日而敛之。"明代丘濬在《治国平天下之要·慎刑宪》中对此的案语是:"盖因岁月之更新,起民心之观视,以儆省之也。"汉代董仲舒结合阴阳五行学说来阐发刑罚理论,使顺天行刑的思想更为丰富。他认为:"天之道,春暖以生,夏暑以养,秋清以杀,冬寒以藏。暖、暑、清、寒,异气而同功。皆天之所以成岁也。圣人副天之所行以为政,故以庆副暖而当春;以赏副暑而当夏;以罚副清而当秋;以刑副藏而当冬。庆赏刑罚与春夏秋冬以类相应也。"[⑦] 如果不顺应天时之令执行刑罚,或者在执行天罚的过程中出现偏差,错误地理解天意,甚至弃天意不顾而滥行刑罚,就会招致灾异。

---

① 参见武树臣:《儒家法律传统》,196 页,北京,法律出版社,2003。

② 参见张国华:《中国法律思想史新编》,21 页,北京,北京大学出版社,1991。

③ 《殷墟文字乙编》。

④ 《殷契佚存》,850 页,北京,国家图书馆出版社,2000。

⑤ 参见方潇:《中国古代天学视野下的刑罚运行》,载《河南省政法管理干部学院学报》,2004 年 12 月。

⑥ 参见高绍先:《中国刑法史精要》,433 页,北京,法律出版社,2001。

⑦ 《春秋繁露·四时之副》。

（1）刑冤与天象之变。从天学角度看，刑冤是代天行罚者并没有真正理解天罚所向，或者是故意违抗天意之罚，而对无辜者进行刑罚，却对真正的有罪者不予处罚。这样的黑白颠倒、是非不分之"代天行罚"，作为至德保民之天岂有坐视不理之理？于是，天变发生了。①

由于刑冤而发生天象之变者在古代史籍中记载颇多。如东晋史学家、文学家干宝所辑的"东海孝妇"故事便是其一：

> 汉时，东海孝妇，养姑甚谨。姑曰："妇养我勤苦。我已老，何惜馀年，久累年少。"遂自缢死。其女告官云："妇杀我母。"官收系之，拷掠毒治。孝妇不堪苦楚，自诬服之。时于公为狱吏，曰："此妇养姑十余年，以孝闻彻，必不杀也。"太守不听。于公争不得理，抱其狱词，哭于府而去。自后郡中枯旱，三年不雨。后太守至，于公曰："孝妇不当死，前太守枉杀之，咎当在此。"太守即时身祭孝妇冢，因表其墓，天立雨，岁大熟。长老传云：孝妇名周青。青将死，车载十丈竹竿，以悬五幡。立誓于众曰："青若有罪，愿杀，血当顺下；青若枉死，血当逆流。"既行刑已，其血青黄，缘幡竹而上标，又缘幡而下云。

显然，东海孝妇冤死后发生的三年枯旱和冤狱平反后的天立雨，表达了天对人间错罚的谴责和对刑冤者的同情和扶助。

元代关汉卿杂剧中的窦娥冤案最为人们所熟悉，也是刑冤与天象之变最为经典的案例。窦娥蒙冤被处刑之时，曾许下三桩誓愿，即血飞白练、六月飞雪和亢旱三年。窦娥被处死之后，这三桩誓愿都一一应验了。无疑，这三桩誓愿的实现就是天象之变的结果，或者说就是变异后的天象。这些天象都表达了天对刑冤者窦娥的怜悯和帮助，也表达了对司法黑暗的谴责和揭露。②

（2）灾异与刑罚减免。在古代中国，灾异与刑罚的运行有着密切关系。西汉董仲舒在"天人合一"的神学目的论的基础上，较为系统地阐述了"天谴灾异"论的观点："天地之物有不常之变者，谓之异，小者谓之灾。灾常先至而异乃随之。灾者天之谴也，异者天之威也。谴之而不知，乃畏之以威。诗云：畏天之威。殆此谓也。凡灾异之本，尽生于国家之失。国家之失乃始萌芽，而天出灾害以谴告之。谴告之而不知变，乃见怪异以惊骇之。惊骇之尚不知畏恐，其殃咎乃至。以此见天意之仁而不欲陷人也。谨案：灾异以见天意。天意有欲也，有不欲也。所欲所不欲者，人内以自省，宜有惩于心。外以观其事，宜有验于国。故见天意者之于灾异也，畏之而不恶也，以为天欲振吾过，救吾失，故以此报我也……以此观之，天灾之应过而至也，异之显明可畏也……圣主贤君尚乐受忠臣之谏，而况受天遗也？"③ 一句"凡灾异之本，尽生于国家之失"，即道出了灾异的根本原因。国家之失，无非就是政事之失，而政事之失中，又以刑罚冤狱之事最为直接、最为典型和最具影响。④ 瞿同祖以为："政事不修是致灾的原因，而政事中刑狱杀人最为不祥，其中不免有冤

---

① 参见方潇：《中国古代天学视野下的刑罚运行》，载《河南省政法管理干部学院学报》，2004年12月。
② 参见方潇：《中国古代天学视野下的刑罚运行》，载《河南省政法管理干部学院学报》，2004年12月。
③ 武树臣：《儒家法律传统》，113页，北京，法律出版社，2003。
④ 转引自方潇：《中国古代天学视野下的刑罚运行》，载《河南省政法管理干部学院学报》，2004年12月。

枉不平之狱，其怨毒之气可以上达云霄，激起神的忿怒。"

在上述"天谴灾异"论的影响下，中国古代历代统治者往往因灾异所降而清理狱讼、审录囚徒、减免刑罚。如汉建武五年（29）天久旱未雨，皇帝乃下诏曰："久旱伤麦，秋种未下，朕甚忧之。将残吏未胜，狱多冤结，元元愁恨，感动天气乎？其令中都官、三辅、郡、国出系囚，罪非犯殊死一切勿案，见徒免为庶人。"此处是将天降旱灾疑为"狱多冤结"所致，故减免囚徒刑罚。建武二十二年（46）九月戊辰发生地震，光武帝又有诏令，其中有云："……遣谒者案行，其死罪系囚在戊辰以前，减死罪一等；徒皆弛解钳，衣丝絮。"这是由地震而减免刑罚的诏令。

此外，历史上因灾异而大赦天下也是常事。按瞿同祖查考，汉代曾屡因日食、地震、火灾大赦天下；隋开皇十五年（595），上以岁旱大赦天下；唐贞观三年（629）以旱蝗大赦天下；宋太平兴国二年（977）以旱灾大赦天下；仁宋景祐元年（1034）以星变大赦天下；等等。总之，至唐代，遇灾异而修政省刑，减免刑罚，早已形成了一个传统；至清代，竟将因天旱而减免刑罚作为法律制度规定下来。

（四）阴阳五行学说概论

1. 阴阳学说

阴阳说早在夏朝就已形成，它认为阴阳是两种相反对的气，是天地万物的源泉。天地间的所有现象，所有存在，按其性质来分，可以分为两大类：阴和阳。阴阳相合，万物生长，在天形成风、云、雷、雨各种自然气象，在地形成河海、山川等大地形体，在方位则是东、西、南、北四方，在气候则为春、夏、秋、冬四季。古代哲人将万事万物进行对立的分类，找出其中的规律性并加以理论阐释，以阴阳之"气"或阴阳之"性"概而括之，形成了中国古代哲学史上有名的"阴阳之道"，从而成就了具有中国特色的一对基本哲学范畴。实际上，阴阳的后期，至少晚至春秋时期，有关人文和哲学意义上的发挥即标志着其从自然主义向神秘主义的转变。诸如用阴阳失序来解释地震和日食，用阴阳失序来解释导致民乱财乏的根源等等，都使得阴阳神秘性凸现出来。特别是随着阴阳家流派的出现，阴阳已完全神秘化，并纳入到天文星占的数术领域中去了。[1]

2. 五行学说

《洪范》开篇就是"初一曰五行"。初一，就是指第一篇。曰是称谓。五是数字。行的借义是轻罪。《洪范》第一篇所讲的五种轻罪，系指：一曰水：水是毁，即第一种轻罪是毁；二曰火：是侮辱罪；三曰木：是殴击和伤痛等轻伤害罪；四曰金：是使用暴力压抑他人的轻罪；五曰土：是以怒言怒色作为轻罪。[2] 这是五行学说的本源和基础。

五行学说同阴阳学说一样，也是我国古代人民创造的一种哲学思想。它以日常生活的五种物质：金、木、水、火、土元素，作为构成宇宙万物及各种自然现象变化的基础。这五类物质各有不同属性，如木有生长发育之性；火有炎热、向上之性；土有和平、存实之性；金有肃杀、收敛之性；水有寒凉、滋润之性。五行学说把自然界一切事物按照其性质

---

① 参见方潇：《阴阳五行学说与秦汉法律路线之选择》，载《法商研究》，2004（6）。
② 参见李光灿主编，宁汉林著：《中国刑法通史》，第二分册，104页，沈阳，辽宁大学出版社，1986。

都归入这五大类的范畴。五种元素在天上形成五星，即金星、木星、水星、火星、土星，在地上就是金、木、水、火、土五种物质，在人就是仁、义、礼、智、信五种德性。古代人认为这五类物质在天地之间形成串联，如果天上的木星有了变化，地上的木类和人的仁心都随之产生变异。

与阴阳观念相似，这种五行观念也几乎同时在春秋时期开始由自然主义向神秘主义渐变。迷信色彩十分浓厚的占星术就是以这种天、地、人三界相互影响的理论基础衍生而来的。后来，此五行观念被推广延伸至自然和人类社会的各种事物的作用、性质、表现情态、秩序、演变等领域，甚至还产生了"五常"（仁义礼智信）和"五德（终始）"或"五运"之说。于是，人类所见之自然事物、道德现象、王朝更替等等，均可以用金木水火土五种元素或五种价值之间"相生相克"① 的性质去加以解释。②

3. 阴阳五行学说合流

阴阳学说与五行学说两者互为辅成，五行说必合阴阳，阴阳说必兼五行。但是，阴阳观念和五行观念在早期发展中是具有独立性的，并未合流。不过，按谢松龄分析，成书于西土秦国的《吕氏春秋》由于其中的《十二纪》兼用五行和阴阳描述了对季节变易的感受，故显示出了五行与阴阳合流的趋势。战国中后期的邹衍在其五德学说中实际上已在一定程度上糅合了阴阳和五行观念。而到了西汉中叶，经过董仲舒的整合，阴阳学说和五行学说已经合流，并成为一种公认的新的观念表述体系。

《春秋繁露》有云："天地之气，合而为一，分为阴阳，判为四时，列为五行。"这句话最为明显地表达了阴阳五行出于一体的思想。董仲舒谓："行者，行也，其行不同，故曰五行。"可见，五行之"行"含有行动、运行之义，故五行实际是指天地之气的运行。而天地之气最基本的分类就是阴阳之气，故阴阳和五行即通过阴阳之气在天地间的运行而结合起来。不仅如此，董仲舒还将阴阳五行放在天的层面来论说，认为阴阳五行是天意、天道的显现，可以通过明阴阳、辨五行来体察天意、天道，天意、天道通过阴阳五行的手段表现出来。这种阴阳五行手段有时既是物质的，又是性质的。可见，在董仲舒的阴阳五行学说中，阴阳既指"气"，又指阴阳二性；同样，五行实际上也是既指"气"，也指阴阳之气的运行，这气的运行即表现为五种不同性质的"德"。于此，阴阳五行既通过具体的气，又通过对天意、天道的共同显现而紧密地结合起来。③

4. 阴阳刑德论

（1）《黄帝四经》首先合论阴阳与刑德。真正首先合论阴阳与刑德的，当推《黄帝四经》，它为刑德提供了自然根据并进行了详密的阐述。④《十六经·姓争》认为，"顺天者昌，逆天者亡"。这里的"天"是指天道而言，天道包括阴阳两个方面，是阴阳运行的规律。照

---

① 五行相生："天有五行，木火土金水是也。木生火，火生土，土生金，金生水，水生木。"（注：董仲舒：《春秋繁露·五行之义》）五行相克：火克金，金克木，木克土，土克水，水克火。《白虎通德论·五行》云："大地之性，众胜寡，故水胜火；精胜坚，故火胜金；刚胜柔，故金胜木；专胜散，故木胜土；实胜虚，故土胜水也。"
② 参见范忠信：《中国传统法律文化的哲学基础》，载《现代法学》，1999（2）。
③ 参见方潇：《阴阳五行学说与秦汉法律路线之选择》，载《法商研究》，2004（6）。
④ 参见崔永东：《金文简帛中的刑法思想》，160页，北京，清华大学出版社，2000。

《十六经》的作者看来，阳为德，阴为刑，德刑乃治理国家的根本："其明者以为法，而微道是行"。所谓"明者"指德，"微道"指刑，"法"是法则、准则的意思。句意是治国须以德为准则，但又须辅之以刑，反映了一种重德轻刑的倾向。这是"贵阳贱阴"说被运用到刑德理论中所产生的必然结果。

此外，《经法·论约》说："始于文而卒于武，天地之道也。四时有度，天地之李（理）也。日月星晨（辰）有数，天地之纪也。三时成功，一时刑杀，天地之道也。"从字面上看，这是以文武比附四时，而实际上是以文武比附刑德。"三时"即春、夏、秋三季，这是"天德"发挥作用的时期，它使万物生长、发育、成熟，故曰"三时成功"。"一时"即冬季，这是"天刑"发挥作用的时期，它使万物凋零枯萎，故曰"一时刑杀"。《经法》认为这便是文武之道，也就是"天地之道"即自然规律。这种观点与《十六经·观》中"春夏为德，秋冬为刑，先德后刑以养生……先德后刑，顺于天"的说法有所出入。《观》讲"春夏为德，秋冬为刑"，而此处则把"秋"划入"成功"实即"德"的范围内，其用意显然是更加强化"德"的作用，使"德"在与"刑"的比量上占有优势。这种思想被后来的董仲舒继承改造为"大德小刑"的理论。[1]

（2）董仲舒把《黄帝四经》中的阴阳刑德论进一步系统化和缜密化，阐述了"天人感应"学说与"德主刑辅"理论。西汉大儒董仲舒在吸取秦朝骤亡的历史教训和继承孔孟重德轻刑思想的基础上，结合阴阳五行学说，创立了"天人感应"学说与"德主刑辅"理论，系统地阐述了"天道"与"德刑"的密切关系。

他认为，自然界和人类社会是统一的整体，人类社会应按照"天"的意志和特征来行事，而"天"的意志和特征则是通过"阴阳"、"五行"来体现的。他说："天地之常，一阴一阳。阳者天之德也，阴者天之刑也。是故天之道以三时成生，以一时丧死。死之者，谓百物枯落也；丧之者，谓阴气悲哀也。天亦有喜怒之气、哀乐之心，与人相副。以类合之，天人一也。春，喜气也，故生；秋，怒气也，故杀；夏，乐气也，故养；冬，哀气也，故藏。四者天人同有之。有其理而一用之。"[2] 既然人的喜怒哀乐都与天地阴阳相比附，因而人性的善恶也可以此为据："恶之属尽为阴，善之属尽为阳。阳为德，阴为刑。"[3] 然而"阴与阳，相反之物也……有一出一入，一休一伏，其度一也。然而不同意。阳之出，常悬于前而任岁事；阴之出，常悬于后而守空虚。阳之休也，功已成于上而伏于下；阴之伏也，不得近义而远其处也"[4]。所以，善恶相反，就要扬善惩恶。"天之任阳不任阴，好德不好刑如是。"故为之对应为阳德阴刑，即必须所谓强调德教，轻视刑罚。简言之，董仲舒把德和刑与阴阳、四时相比附，阳为德，阴为刑，刑主杀而德主生。天亲阳而疏阴，任德不任刑，从而形成一种"阳德阴刑"论。

董仲舒认为，必须把德教即礼乐教化摆在首要位置。《春秋繁露》之《阳尊阴卑》曰：

> 是故阳常居实位而行于盛，阴常居空位而行于末。天之好仁而进，恶戾之变而远，

---

[1] 参见崔永东：《金文简帛中的刑法思想》，160~161 页，北京，清华大学出版社，2000。

[2] 《春秋繁露·阴阳义》。

[3] 《春秋繁露·阳尊阴卑》。

[4] 《春秋繁露·天道无二》。

大德而小刑之意也。先经而后权，贵阳而贱阴也。——此天之近阳而远阴，大德而小刑也。

《春秋繁露·基义》："天之亲阳而疏阴，任德而不任刑也。是故仁义制度之数，尽取之天。天为君而覆露之，地为臣而持载之；阳为夫而生之，阴为妇而助之；春为父而生之，夏力子而养之；秋为死而棺之，冬为痛而丧之。王道之三纲，可求于天……圣人多其爱而少其严，厚其德而简其刑，以此配天。"从王道之三纲，到仁义制度之数，都取自天，都体现了天"亲德远刑"、"德主刑辅"的意愿。统治者必须重德轻刑以配天。董仲舒曾说："道者，所由适于治之路也，仁谊（义）礼乐皆其具也。圣王已没，而子孙长久，安宁百岁，此皆礼乐教化之功也。"① 他提醒统治者：

> 夫万民之从利也，如水之走下，不以教化堤防之，不能止也。是故教化立而奸邪皆止者，其堤防完也，教化废而奸邪并出，刑罚不能胜者，其堤防坏也。古之王者明于此，是故南面而治天下，莫不以教化为大务。②

与此同时，董仲舒认为，刑罚虽与德教反行却顺应德教，统治者也要重视刑罚的作用。他说："教，政之本也；狱，政之末也。其事异域，其用一也。"③ 二者在不同领域为巩固国家政权和阶级统治起着相同的作用。《春秋繁露·天辨在人》曰："天之志，常置阴空处，稍取之以为助。故刑者德之辅，阴者阳之助也，阳者岁之主也。"《五行大义》也说："阴阳相对，德不独治，须偶之以刑也。"故阴气的功能就是"阳之助"，刑的作用是辅助德教。《四时之副》曰："天之道，春暖以生，夏暑以养，秋清以杀，冬寒以藏。暖暑清寒，异气而同功，皆天之所以成岁也。圣人副天之所行以为政，故以庆副暖而当春，以赏副暑而当夏，以罚副清而当秋，以刑副寒而当冬。故曰王者配天，谓其道。天有四时，王有四政，四政若四时，通类也，天人所同有也。庆为春，赏为夏，罚为秋，刑为冬。庆赏罚刑之不可不具也，如春夏秋冬不可不备也。庆赏罚刑，当其处不可不发，若暖暑清寒，当其时不可不出也。庆赏罚刑各有正处，如春夏秋冬各有时也。"这里，以春夏秋冬四时运行的天之道说明庆赏刑罚各有正处，二者不可少其一。

5. 五行观念中的德刑关系

（1）五德终始说开辟了五行政治化、伦理化的先河。

五行学说在春秋时期已逐渐向神秘主义过渡，但此时其并未发生本质性的变化。至战国末期，齐国人邹衍运用"五行相生"的原理创立的"五德终始说"，则使五行观念发生了本质性的变化。邹衍仿照自然界的五行相生（即木生火，火生土，土生金，金生水，水生木）和五行相克（即土克水、木克土、金克木、火克金、水克火）的循环规律创造了"五德（即五行之德）转移"说。

邹衍认为，人类社会的历史变化同自然界一样，也是受土、木、金、火、水五种物质元素支配的，历史上每一王朝的出现都体现了一种必然性。人类社会都是按照五德转移的

---

① 《汉书·董仲舒传》。
② 《汉书·董仲舒传》。
③ 《春秋繁露·精华》。

次序进行循环的。"五德从所不胜。土德后木德继之，金德次之，火德次之，水德次之"①。每一朝代都受着一种"德"的支配，"五德从所不胜，虞土、夏木、殷金、周火"②。该"德"的盛衰决定这个朝代的兴废。因此，统治者必须按"德"的面貌来建立国家制度，进行阶级统治，这就叫做"五德转移，治各有宜，而符应若兹"③。

《吕氏春秋·应同》对五德终始说有着较为完整的概述：凡帝王者之将兴也，天必先见祥乎下民。黄帝之时，天先见大螾大蝼。黄帝曰："土气胜！"土气胜，故其色尚黄，其事则土。及禹之时，天先见草木秋冬不杀。禹曰："木气胜！"木气胜，故其色尚青，其事则木。及汤之时，天先见金刃生于水，汤曰："金气胜！"金气胜，故其色尚白，其事则金。及文王之时，天先见火，赤鸟衔丹书集于周社。文王曰："火气胜！"火气胜，故其色尚赤，其事则火。代火者必将水，天且先见水气胜。水气胜，故其色尚黑，其事则水。水气至而不知数备，将徙于土。

此段文字其实是天人感应在帝王得以统治天下问题上的典型表现，也明白无误地表达着帝王的统治是上天通过降下"符应祯详"赋予帝王"五行"循环中之一种"气"之"德"而实现的。显然，五德终始说已将五行完全纳入到了神秘"天命"、"天意"的体系之中。在天的意志下，五种物质变成了五种德行，它们之间相胜的原理与帝王的兴衰对应了起来，从此开辟了五行政治化和伦理化的先河。④

（2）董仲舒的"天人感应"学说与"德主刑辅"理论。

董仲舒认为，人是万物之一，都是阴阳五行之气所形成的，因此人与天相副，天人是合一的。既是合一，则天人之间自然相通相感。按照这种哲学体系，天既然是自然界和人类社会的最高主宰，因此人间百姓都必须绝对服从上天的意志。皇帝是上天的儿子，他代表上天来统治人民，实行赏罚，"受命之君，天意之所予也。故号为天子者，宜视天如父，事天以孝道也"⑤；"王者承天意以从事"⑥。而阴阳、五行变化就是天意的具体表现。董氏理论中阴阳与刑德的关系前面已述，这里主要阐析他关于五行与德刑的思想。

董仲舒在《春秋繁露·五行之义》中说："天有五行：一曰木，二曰火，三曰土，四曰金，五曰水。木，五行之始也；水，五行之终也；土，五行之中也。此其天次之序也。"由阴阳变化而产生的五行，即木、火、土、金、水，也是上天意志的表现。"五行者，五行也。"⑦"五行者，五官也，比相生而间相胜也。"⑧ 就是说，五行者，是上天的五种行为。如五行相生，即木生火，火生土，土生金，金生水，水生木，都是体现了天的恩德；五行相克，如金克木，水克火，木克土，火克金，土克水，则体现了天的刑罚。而天的这五种行为，也体现了上天任德而不任刑的意志。

---

①《文选》卷六《魏都赋》李善注引《七略》。

②《文选》卷五九《齐故安陵君王碑》李善注引。

③《史记·孟子荀卿列传》。

④ 参见方潇：《阴阳五行学说与秦汉法律路线之选择》，载《法商研究》，2004（6）。

⑤《春秋繁露·深察名号》。

⑥《汉书·董仲舒传》。

⑦《春秋繁露·五行对》。

⑧《春秋繁露·五行相生》。

　　与阴阳观念的德刑关系的直白和明确不同，五行观念中的德刑关系是间接和含蓄的。①董仲舒在《春秋繁露·治顺五行》中说："木用事，则行柔惠，挺群禁。至于立春，出轻系，去稽留，除桎梏，开闭阖，通障塞，存幼孤，矜寡独，无伐木。火用事，则正封疆，循田畴。至于立夏，举贤良，封有德，赏有功，出使四方，无纵火。土用事，则养长老，存幼孤，矜寡独，赐孝弟，施恩泽，无兴土功。金用事，则修城郭，缮墙垣，审群禁，饬甲兵，警百官，诛不法，存长老，无焚金石。水用事，则闭门闾，大搜索，断刑罚，执当罪，饬关梁，禁外徙，无决堤。"

　　在上述五行的各行用事中，如果我们进行大概的归类，则可分为德刑两类。如果再将德刑两类进行比较，则明显可以发现，五行用事中只有金和水二行用事才有刑事，而且这二行用事并非全部是刑事；其他三行则全部都是德行之事，像诸如"行柔惠"、"存幼孤"、"矜寡独"、"举贤良"、"封有德"等都是典型的德行。而那些与刑事相关的诸如"挺群禁"、"出轻系"、"去稽留"、"除桎梏"等也都是"顺德"之事。这样，在五行用事中，就有三事主德，二事主刑。此中孰轻孰重、孰多孰少、孰主孰辅，一目了然。②

　　以上所讲德主刑辅的情形是在五行顺行的情况之下，当五行变乱之时，人君应如何应对呢？这种情况在董仲舒的《五行变救》中也有明确说明：

　　　　五行变至，当救之以德，施之天下，则咎除。不救以德，不出三年，天当雨石。木有变……救之者，省徭役，薄赋敛，出仓谷，赈困穷矣。火有变……救之者，举贤良，赏有功，封有德。土有变……救之者，省宫室，去雕文，举孝悌，恤黎元。金有变……救之者，举廉洁，立正直，隐武行文，束甲械。水有变……救之者，忧囹圄，案奸宄，诛有罪，虆五日。

　　这是"五行变至"即发生各种灾异后人君应该采取的各种解救措施。放眼看去，几乎全都是德政之举，如省徭役、薄赋敛、出仓谷、赈困穷、举贤良、赏有功、封有德、举孝悌、恤黎元等等；而与刑有关的措施只有当水变之时才体现出了一些，如案奸宄、诛有罪、虆五日三项。显而易见，德政是人君在五行变救时的主导原则。"当救之以德，施之天下，则咎除"。如果不救之以德，则"不出三年，天当雨石"。"天当雨石"在古代是极为凶险的天象。按照古代星占理论，这种"雨石"即现代天文概念中的"流星雨"现象，是天下人民流亡、各地起兵造反的亡国之灾象。

　　（3）德刑时令说。

　　春夏行德、秋冬行刑的德刑时令说，是以"五行相生"的原理来解释四时运行、万物变化，将"五行"之"德"附会于四时，并规定国家每月应当进行的经济、政治、军事、司法、宗教等各项活动。

　　春夏行德、秋冬行刑的德刑时令说早在《左传》中就有记载："赏以春夏，刑以秋冬。"原因是，秋季草木凋零，呈现一派肃杀之气，此时行刑，正是顺应天道肃杀之威。所以《礼记·月令》篇说："（孟秋之月）命有司，修法制，缮囹圄，具桎梏……戮有罪，

---

① 参见方潇：《阴阳五行学说与秦汉法律路线之选择》，载《法商研究》，2004（6）。

② 参见方潇：《阴阳五行学说与秦汉法律路线之选择》，载《法商研究》，2004（6）。

严断刑，天地始肃，不可以赢。"汉代董仲舒将春夏行德、秋冬行刑之说同阴阳五行联系起来，进行了比较详细的阐述。他在《春秋繁露·五行之义》中说："是故木居东方而主春气，火居南方而主夏气，金居西方而主秋气，水居北方而主冬气。是故木主生而金主杀，火主暑而水主寒。"《五行顺逆》："木者春，生之性，农之本也。劝农事，无夺民时……火者夏，成长，本朝也。举贤良，进茂才，官得其能，任得其力，赏有功，封有德，出货财，振困乏，正封疆，使四方……金者秋，杀气之始也。建立旗鼓，杖把旄诚，以诛贼残，禁暴虐……水者冬，藏至阴也。宗庙祭祀之始，敬四时之祭谛袷昭穆之序。"即说春属木德，万物生长，宜用赏庆；夏属火德，万物繁荣，宜行教化，举荐人才；秋属金德，万物凋谢，宜于选练军兵，施行刑罚；冬属水德，万物隐藏，宜行祭祀，决断刑罚。

自汉代以后，秋冬行刑便作为一种法律制度固定下来，各代处决犯人都在入秋以后，这就是古时常说的"秋决"。

我国古代主刑，从传说中的苗民的"五虐之刑"与象刑，到奴隶制五刑和封建制五刑，其稳定形态一直是五种。这种独特的刑制与五行学说息息相关。

原始五行说，以最简单的方法揭示了事物之间相生相克的关系。它最初只用于解释自然现象，但是随着夏朝奴隶制国家的建立以及占卜中广泛使用"水、火、土"等来暗指人事，五行说逐渐被应用到社会生活和阶级统治方面，从而出现了以五归类的行为规则。[1] 如《尚书·舜典》上有：五典、五端、五礼、五教。《吕刑》中有：五辞、五刑、五罚、五过等。这些做法，皆系取法五行，以五归类的结果。

董仲舒将阴阳说与五行说结合起来置纳于儒学体系，汉武帝又"罢黜百家，独尊儒术"，五行说的影响广泛而深远。正所谓"考由汉以来作史者皆志五行……儒者之言五行"，"原于理而究于诚"[2]。刑制自然也受到五行说的深刻影响。魏晋南北朝时期，魏新律《序略》明定："更依古义，制为五刑。"其所谓"古义"，即"三王明刑，应世以五……法五行也"。在北朝后周的《大律》中，不仅刑制五种，并且每一刑种也各分为五等。自唐代以后，从《唐律》到《宋刑统》、《大元通制》、《明律集解附例》以及《大清律》，"刑制为五"一直相沿不改成为定制。当然，为了满足统治需要，历代君主在五刑之外，又大量使用诸多"非正刑"，但在律文中总是信守正刑五种的原则。[3]

古人运用五行学说来解释乱与治、罪与罚之间的矛盾关系，将罪归为违逆天道五行，并由五行引申出相应的惩罚方法。[4]《吕刑》曰："两造具备。师听五辞。五辞简孚，正于五刑。五刑不简，正于五罚。五罚不服，正于五过。"这也是法五行而以五归类的结果。《白虎通义·五行》云："三王明刑，应世以五……法五行也。大辟法水之灾之，宫者法土之壅水，膑者法金之刻木，劓法木之穿土，墨者法火之胜金……墨取法火之胜金也，金得火亦变而墨也……劓法木之穿土也，去劓孔见。"可见，不仅刑为五种，取法五行，而且各种刑

---

①　参见许发民：《刑法的社会文化分析》，262～263 页，武汉，武汉大学出版社，2004。

②　《宋史·五行志》。

③　参见许发民：《刑法的社会文化分析》，265～267 页，武汉，武汉大学出版社，2004。

④　参见许发民：《刑法的社会文化分析》，263 页，武汉，武汉大学出版社，2004。

罚方法本身也是效法水、火、木、金、土五行相克相生的原理来设定的。①

汉武帝独尊儒术之后，开始实行秋冬治狱、春夏缓刑的原则，并将其逐渐制度化。

各级司法机关多在秋冬办案。君主作为最高的审判官，治谳决狱的时间是在季秋。如《太平御览》卷二二六持书侍御史条引《汉书》说："宣帝元凤中，路温舒上疏，宜尚德缓刑。帝深采览之，季秋后谳时，帝幸宣室，斋宫而决事。"《通鉴》卷四六东汉章帝元和元年秋七月下诏曰："宜及秋冬治狱，明为其禁。"其次，中央审判机关廷尉的断狱与平谳也都是在冬季。例如《汉书·于定国传》："（廷尉）定国食酒至数石不乱，冬月治请谳，饮酒益精明。"关于"谳"，颜师古注说："谳，平议也"。《太平御览》二三一大理卿条引谢承《后汉书》曰："博贤迁廷尉……常垂念刑法，务从轻比。每断冬至狱，迟徊流涕。在位四年，治狱称平。"再者，郡、县法官办案，从准备逮捕到论杀处决都是在秋冬二季。如《汉书·严延年传》："（为河南太守）冬月，传属县囚，会论府上，流血数里，河南号曰'屠伯'。"关于"会论府上"，颜师古注说："总集郡府而论杀。"《后汉书·虞诩传》："祖父经为郡县狱吏，案法平允，务存宽恕，每冬月上其状，恒流涕随之。"这都是两汉郡县法官于秋冬二季办案治狱的实例。②

自汉代起创行的秋冬行刑，在以后历代封建王朝中沿用不衰，至明清便形成了固定的秋审、热审制度。清朝嘉庆会典刑部恤刑之典附例中对热审的记载较为清晰，规定："每年小满后十日起至立秋前一日止，如立秋在六月内，则以七月初一为止，除内外问刑衙门之军流徒犯及窃盗斗殴伤人罪，应杖笞人犯不准减免外，其他杖罪人犯各减一等，笞罪宽免，枷号者暂行保释，立秋后照例减等补枷。凡犯案之审题在热审之先发落，在热审期内者，照前减免。"

此外，还有春夏缓刑，君主于春下"宽大诏书"。《后汉书·章帝纪》记载："建初元年春正月……诏曰：'……方春东作，宜及时务。二千石勉劝农桑，弘致劳来。群公庶尹，各推精诚，专急人事。罪非殊死，须立秋案验。'"元和二年（85）又诏三公曰："方春生养，万物莩甲，宜助萌阳，以育时物。其令有司，罪非殊死且勿案验，及吏人条书相告不得听受，冀以息事宁人，敬奉天气。立秋如故。"从春下"宽大诏书"的具体内容，可以看出是排除案情重大的死罪案件以外的一般案件，这说明是缓刑的一种表现。③ 春夏行刑则被看作是一种不顺天时的暴行，春夏定谳、刑杀都要受到责难乃至惩罚。

三、古代刑罚的主要特征

刑罚体系的发展与变化及其原因不是单一的，而是多层次的，并且与整个中华文明的发展分不开。每一个时代都有自己的特点，即便是同时代的不同统治者也会采取不同的措施，但总体而言，古代刑罚体系的流变还是有一些共同特征。

（一）刑罚总的发展趋势是由野蛮向文明方向发展

中国古代刑罚制度的发展大致经历了四个阶段：一是夏商周时期的刑罚起源阶段；二

---

① 参见许发民：《刑法的社会文化分析》，264 页，武汉，武汉大学出版社，2004。
② 参见张晋藩等编：《法律史论丛（二）》，173～174 页，北京，中国社会科学出版社，1982。
③ 参见张晋藩等编：《法律史论丛（二）》，175 页，北京，中国社会科学出版社，1982。

是战国至三国两晋南北朝时期的刑罚制度发展阶段；三是隋唐时期的刑罚制度完善阶段；四是宋元明清时期的刑罚制度相对稳定阶段和清末时期近代化转型阶段。

奴隶社会时期的酷刑，随社会文明的进步，受到越来越多人的反对，统治者自身也开始反思。接下来的秦汉三国魏晋各朝代纷纷进行改革，其中西汉中期文景帝的肉刑改革最为突出。刑罚制度一步一步朝着文明的方向发展。至隋唐时期，统治者更注重总结历代立法经验和教训，封建刑罚体系开始走向成熟。《开皇律》最先确立了答、杖、徒、流、死封建五刑制度，并一直沿用到明清时期。

(二) 历朝刑罚均以五刑为正刑

中国古代刑罚虽说种类繁多，但均以五刑为正刑。"五刑"的含义在各个不同的历史时期存在着不同的含义，其具体方式也存在着诸多的区别。但是在大多数情况下，五刑乃是指由五种刑罚构成的刑罚体系，其中最典型的就是以肉刑为中心的五刑体系和以徒流刑为中心的五刑体系。① 史料中亦有诸多关于"五刑为正刑"的记载，如：郑（玄）注《尧典》云：

> 正刑五，加之以流宥、鞭、朴、赎刑，此之谓九刑。古之五刑，皆肉刑也。自汉文帝改为答三百，历代各有损益。至隋、唐乃以答、杖、徒、流、死定为五刑，迄今不改。答、杖即所谓朴作教刑、鞭作官刑者也。流亦仿自《虞书》五流有宅，五宅三居之义。其徒刑则始于周。②

封建五刑之杖刑

《隋书·经籍志》载："刑法者，先王所以惩罪恶，齐不轨者也。《书》述唐、虞之世，

---

① 参见陈涛：《中国法制史》，92 页，西安，陕西人民出版社，2001。
② 沈家本：《历代刑法考·律令一·九刑》，北京，中华书局，1985。薛允升撰，怀效锋、李鸣校：《唐明律合编》，6 页，北京，法律出版社，1999。

五刑有服，而夏后氏正刑有五，科条三千。《周官》：司寇掌三典以刑邦国；司刑掌五刑之法，丽万民之罪；太史又以典法逆于邦国；内史执国法以考政事……及其末也，肆情越法，刑罚僭滥。至秦，重之以苛虐，先王之正刑灭矣。"

《旧唐书·职官志》载："凡律，以正刑定罪。令，以设范立制。格，以禁违正邪。式，以轨物程事。乃立刑名之制五焉：一笞，二杖，三徒，四流，五死。笞刑五，杖刑五，徒刑五，流刑三，死刑二。"

《清史稿·刑法志》又载有："明律渊源唐代，以笞、杖、徒、流、死为五刑。自笞一十至五十，为笞刑五。自杖六十至一百，为杖刑五。徒自杖六十徒一年起，每等加杖十，刑期半年，至杖一百徒三年，为徒五等。流以二千里、二千五百里、三千里为三等，而皆加杖一百。死刑二：曰斩，曰绞。此正刑也。其律例内之杂犯、斩绞、迁徙、充军、枷号、刺字、论赎、凌迟、枭首、戮尸等刑，或取诸前代，或明所自创，要皆非刑之正。"

由此可知，五刑作为刑罚体系，具有相当完善的体制，在各朝律典中居于主导地位。五刑之外的其他刑罚方式仅仅起辅助作用，居于次要地位。同时，其他刑罚往往因时因地因情而设，而非"常刑"。

第二节
夏商周刑罚及其体系

一、"五刑"的渊源及其体系

五刑作为我国古代法制史上的主刑，在夏朝时期就已出现。夏代五刑到底是源于苗民的"五虐之刑"，还是皋陶"因天罚而作五刑"，抑或其他，尚无定论，但夏之五刑较以前更为丰富，则无异议。这主要体现在两个方面：（1）夏五刑增添了新的内容；（2）夏五刑的适用范围扩大了。"禹承尧舜之后，自以德衰，始制肉刑"[1]。"夏后氏正刑有五，科条三千"[2]。"夏刑则大辟二百，膑辟三百，宫辟五百，墨、劓各千"[3]。夏禹的五刑，较之苗族五刑，增加了大辟，比皋陶的五刑，内容增加了更多。夏代之前，主刑，即诸如死刑和肉刑之类的重刑，只适用于异族。《尚书·舜典》载有"蛮夷猾夏，寇贼奸宄，汝作士，五刑有服"。对同族犯罪，而是适用鞭扑、象刑、流刑和赎刑等较轻的副刑。《舜典》："流宥五刑"就是流放代替五刑，宽宥触犯五刑的同族人。流宥五刑是后来"刑不上大夫"之意。[4]"刑不上大夫"，大夫就是贵族，同族；同族犯罪，不用死刑，而代之以鞭扑、象、流和

---

① 《汉书·刑法志》。
② 《隋书·经籍志·刑法》。
③ 《周礼·司刑注》。
④ 参见陈顾远：《中国法制史概要》，260 页，台北，三民书局，1966。

赎。① 鞭扑，即笞刑和杖刑，五刑之最轻者；象刑，就是"画衣冠而异章服以为戮"② 的象征性的刑法；或曰，唐虞之世，五刑与象刑并用③；放，就是流放，如《舜典》："流共工于幽州，放欢兜于崇山，窜三苗于三危，殛鲧于羽山"。此四者犯的都是死罪，处刑则都是流放。而进入夏代以后，情况就不一样了，夏代的五刑适用已经延及同族了。自夏代之后，五刑的名称也基本上固定下来，为后世所沿用。

夏朝科条繁多，有所谓"夏刑三千"的说法，即"夏刑三千条"④，"夏后氏之上王天下也，则五刑之属三千"⑤。其具体内容包括大辟（死刑）、膑（剔去膝盖骨）、宫（毁坏生殖器）、劓（割鼻）、墨（刀划面额并涂墨）五种刑种。"夏刑有大辟二百，髌辟三百，宫辟五百，劓、墨各千，殷因于夏，盖有损益"⑥。《历代刑法考》载："五刑：隋《艺文志·刑法》：夏后氏五刑有五，科条三千。《周礼·司刑》郑注：夏刑大辟、膑辟、宫辟、劓、墨。"

到了商朝，刑罚制度得到了进一步发展，并逐渐形成相对完善的体系。《荀子·正名》上有"刑名从商"的说法。在现今出土的甲骨文中，有很多关于"五刑"的记载，其中，有墨刑（刺字于额头）、劓刑（割鼻）、刖刑（断足）、宫刑（毁坏生殖器）以及大辟（死刑）。由此我们就可以看出，夏朝出现的"五刑"在商朝的时候已经比较通行了。⑦ 自夏商周直至春秋之际，五刑一直作为奴隶社会的主体刑而广泛使用，影响了整个奴隶制时代，并且在封建法制的初期，仍然保留着它在刑罚领域的作用。夏代五刑具有承先启后的作用。

奴隶社会中五刑是指：

墨刑，又称作黥刑，"刺伤其面部，以墨注之，使留印迹，使见者知其为犯人，羞与为伍焉"⑧，即在受刑人面部或额头刺刻后涂上墨成为永久性标记的刑罚。甲骨文中已有墨刑的会意字。墨刑是较轻的一种刑罚，适用于各种轻罪。

劓刑，是割掉鼻子的刑罚。甲骨文中有劓刑的象形字。劓刑是比墨刑重一等的刑罚，适用于"易君命，革舆服制度，奸宄盗攘伤人"等犯罪。

腓刑，又称作刖刑或膑刑，是截断受刑人足部的刑罚。腓刑是比劓刑重一等的刑罚，适用于"决关梁，踰城郭而略盗"等"中罪"。

宫刑，又称"淫刑"或"腐刑"，是毁伤受刑人生殖器官的刑罚。《尚书·吕刑》孔安国注："宫，淫刑也，男子割势，女人幽闭，次死之刑"。宫刑原是只适用于"男女不以义交"的犯奸之罪，后来适用范围扩大，成为仅次于死刑的重刑。

大辟，是死刑的统称。有斩、杀、磔等行刑方式。斩用斧钺，杀用刀刃，磔是碎割或分裂肢体的酷刑。

---

① 参见陈顾远：《中国法制史概要》，260页，台北，三民书局，1966。
② 《汉书·刑法志》。
③ 参见《沈寄簃先生遗书·刑法考》。
④ 《尚书大传·甫刑》。
⑤ 《晋书·刑法志》。
⑥ 《魏书·刑法志》。
⑦ 参见张晋藩总主编：《中国法制通史》，第一卷，150～155页，北京，法律出版社，1999。
⑧ 黄秉心：《中国刑法史》，95页，上海，上海书店，中华民国二十九年（1940）版。

以上五种刑罚，相对于后来隋唐时代重新规定的五刑，被简称为"上古五刑"、"旧五刑"或"前五刑"，所以很多学者也称这五种刑罚为奴隶制五刑。① 我们可以看出，奴隶制五刑主要是以肉刑为中心，其中表现出了当时刑罚中所具有的浓厚的报应刑色彩。

刖足奴隶的遗骸

二、夏商周时期其他刑罚的发展

除上述五种刑罚之外，夏商周时代主要还有以下刑罚：

赎刑，是法律规定犯人可以用财物折抵刑罚的一种制度。赎刑一词最早见于《尚书·舜典》："金作赎刑"，即以铜赎罪的刑罚。据《尚书·吕刑》的规定，对墨、劓、腓、宫、大辟五种刑罚，如果罪有可疑之处而暂时不能搞清楚的，均可赦免其罪，允许其自赎，并根据刑等标出罚金数量，用罚铜赎。后赎刑不仅适用于疑罪，轻罪也开始适用铜赎。周穆王时，曾命吕侯作"赎刑"。《书》序：吕命穆王训夏赎刑，作《吕刑》。传："吕侯以穆王命作书，训畅夏禹赎刑之法，更从轻。"疏："夏法行于前代，废已久矣，今复训畅夏禹赎刑之法，以周法伤重，更从轻，以布告天下"。西周的五种正刑都可以用铜赎免，需要出铜的数量次是，墨刑需出铜百锾，劓刑需出二百锾，刖刑需出五百锾，宫刑需出六百锾，大辟需出一千锾。此用铜赎免五刑的刑罚被称为五罚。② 因赎刑是一种折抵刑罚的方式，不是一个独立的刑种，所以它一般不能直接适用于某一罪名，只是在判定某种罪行应科的刑罚之后，可以依法纳财取赎，避免受刑。赎刑与罚金刑不同，罚金是一种实体刑，可以独立适用，而赎刑只是一种代用刑，不是实体刑。是否求得赎免，犯人及其家属有选择权，可以选择赎刑，也可以直接接受所科之刑。罚金或其他独立的刑种，犯人及其家属是没有这种选择权的。

孥戮，孥指株连妻、子为奴；戮为杀。《尚书·甘誓》：左不攻于左，汝不恭命；右不攻于右，汝不恭命；御非其马之正，汝不恭命。用命，赏于祖；不用命，戮于社，予则孥戮汝。传："孥，子也。非但止汝身，辱及汝子，言耻累也。"疏："我则并杀汝子，以戮辱汝。《汤誓》传：'古之用刑，父子兄弟不相及'，今云'孥戮汝'，权以胁之。"此刑为后世连坐刑的雏形。

流刑，是将罪犯放逐到偏远地区的刑罚。最早见于《尚书·舜典》："流宥五刑"。是指凡处以五刑中的任何一种刑罚的罪犯，只要具有减轻的条件，都可以用流刑代替。《尚书》、

① 参见怀效锋：《中国法制史》，18页，北京，中国政法大学出版社，1998。
② 参见周密：《中国刑法史》，443页，北京，群众出版社，1985。

《国语·周语》和《史记·五帝本纪》等史书中都有适用流刑事例的记述。流刑主要适用于政治性犯罪。周的流刑称"放"，最初限于政治性犯罪，以后背约不履行义务也适用"放"。流刑在我国施行很久，直至清末变法修律才予以废除。

拘役，是将罪犯短期拘押并强迫其服劳役，在当时是一种耻辱刑和劳役刑相结合的刑罚。据《周礼·秋官·大司寇》中有关记载，西周时期把那些有过错但情节轻微的人犯，束缚手足放外朝门之左的嘉石上，令其思过，然后送到大司寇那里在官府的监督之下作短期劳役。时间根据情节轻重有所差别，罪行较重酌犯人坐嘉石十三天，服劳役一年。次一等的坐九天，服劳投九个月，又次一等的坐七天，服劳役七个月。再次一等的坐五天，服劳役五个月。罪行最轻的是坐三天，服劳役三个月。刑满后，由乡里作保、释放。这便是法制史书上所说的嘉石制度。这项制度近似于近代刑罚性质的拘役。所以这里说当时有拘役刑并不十分恰当，因为当时并没有拘役这种刑名。

徒刑，西周时期已经有了类似近代刑罚性质的有期徒刑。据《周礼·秋官·大司寇》的记载，西周时已设置有监狱（圜土），将犯罪较轻不够处五刑的人犯罪关在其中，施行劳役，能改过自新的罪犯，刑满后准许返回乡里。即"以圜土聚教罢民，凡害人者，寘之圜土而施职事焉"。另据《周礼·秋官·司圜》记载："上罪三年而舍，凡中罪二年而舍，下罪一年而舍"。可见，西周时的徒刑按罪行的轻重分一年、二年或三年共三等。①

鞭扑刑，鞭扑是对失职官吏的惩罚，是治官之刑。目的在于惩戒怠于职守者和干纪犯法者。扑，是针对学生废学的惩治。鞭扑属于轻刑。西周中期出土的一些铭器上，就有了对于鞭刑的记载。《周礼·条狼氏》载："誓大夫曰敢不关，鞭五百。"

另外，除了上述刑罚外，夏朝还有燔、诛等刑罚，商朝还有斮、醢、菹、脯、剖、刳眼、焚炙、诛、活埋、殛、断手、刳剔等。②《韩非子·内储说上》载："殷之法，弃灰于公道者，断其手。"而《淮南子·俶真训》载："夏桀商纣，燔生人，辜谏者……剖贤人之心，析才士之胫剔孕妇，攘天下，虐百姓。"西周时期，除了"九刑"③，还有，殛、车裂、髡、屋族等。④

此外，《尚书·舜典》中还记载有"象刑"。后世儒家学者多将"象刑"解释为象征性刑罚。⑤ 但后人对象刑并没有形成统一的认识。有的人把"象"理解为象征的意思，而象刑就是用"画衣冠、异章服"的耻辱性方式来代替肉刑和死刑。《白虎通》有"犯黥者皂其衣，犯劓者丹其服，犯膑者墨其体，犯宫者锥其履，大辟之罪则布其衣裾而无领缘"的记载。还有的人认为，"象"就是图像，而象刑是把各种刑罚画成图像展现在众人面前，使广大民众产生畏惧心理。此外，还有人认为，"象"是法，所以"象以典刑"就是用法施刑。

---

① 参见怀效锋：《中国法制史》，19 页，北京，中国政法大学出版社，1998。

② 参见周密：《中国刑法史》，441～443 页，北京，群众出版社，1985。

③ 《左传·昭公六年》有将奴隶制五刑外，还有鞭刑、扑刑、流刑、赎刑等，合称"九刑"。

④ 参见周密：《中国刑法史》，443～444 页，北京，群众出版社，1985。

⑤ 参见怀效锋：《中国法制史》，20 页，北京，中国政法大学出版社，1998。

第三节
秦汉魏晋时期的刑罚体制

一、秦朝的刑罚制度

（一）秦朝主要刑罚种类

刑名就是法律规定的刑罚名称，主要包括刑罚种类和执行办法两方面。依据云梦秦简记载，秦国刑名由重至轻共分七大类：死刑、肉刑、徒刑、流刑、羞辱刑、财产刑、身份刑等。现分别介绍如下：

1. 死刑

又称生命刑，是剥夺罪犯生命的最严重刑罚。主要有戮、弃市、磔、定杀、生埋、坑杀、枭首、腰斩、车裂、赐死、囊扑等名目。同为死刑，执行各异。具体情形如下：

（1）戮，即在处死罪犯之前先予刑辱示众，然后斩首。《法律答问》载：

> 誉适（敌）以恐众心者，戮。"戮"者何如？生戮，戮之已乃斩之谓也。①

即对赞誉敌人、动摇军心者要处以戮刑。此外，"戮尸"是一种先斩杀后刑辱的死刑方式。它并非单独刑种，只是戮刑的一种补充刑罚。

（2）弃市，指在民众聚集的地方将罪犯处死，含"刑人于市与众弃之"② 之意。《法律答问》记载："士伍甲无子，其弟子以为后，与同居，而擅杀之，当弃市"③。"同母异父相与奸，何论？弃市。"④ 可见，对养父擅杀养子或同母异父相奸等重罪处以弃市刑，从而发挥刑罚的震慑作用。

（3）磔，指杀死罪犯后再对其进行肢解。《法律答问》载："甲谋遣乙盗杀人，受分十钱，问乙高未盈六尺，甲可（何）论？当磔。"⑤ 这是秦简中一件因教唆未成年人犯罪而受到惩罚的案例，该教唆犯最后被判以磔刑。

（4）定杀与生埋："定杀"是将罪犯活着投入水中淹死，"生埋"就是活埋罪犯。据《法律答问》记载，针对患麻风病的罪犯适用定杀或生埋刑，体现了秦律对特殊病患的罪犯规定处以一种特殊的刑罚。

（5）坑杀，指将罪犯活着坑埋。史载：秦灭赵后，"秦王之邯郸，诸尝与王生赵时母家有仇怨，皆坑之"⑥。统一后，秦始皇发动"坑儒"事件，即渊源于此。

---

① 《睡虎地秦墓竹简》，173 页，北京，文物出版社，1978。
② 《礼记》。
③ 《睡虎地秦墓竹简》，181～182 页，北京，文物出版社，1978。
④ 《睡虎地秦墓竹简》，225 页，北京，文物出版社，1978。
⑤ 《睡虎地秦墓竹简》，180 页，北京，文物出版社，1978。
⑥ 《史记·秦始皇本纪》。

（6）枭首，即对罪犯砍头示众。史载：始皇九年，嫪毐作乱，最后处以枭首。①

（7）腰斩，执行此刑时"胸伏于椹质之上，以斧钺斩其腰"②。秦律有"不告奸者，腰斩"③的规定。

（8）车裂，指用马车分裂罪犯肢体，俗称五马分尸。史载："秦惠王车裂商君以徇。"④

（9）赐死，主要针对有功之臣或地位很高的人犯罪所实施的一种死刑方式。史载，大将白起抗命，"秦王乃使使者赐之剑，自裁"⑤。

（10）囊扑，即"囊盛其人，扑而杀之"⑥。自秦孝公以来就有此刑。

综上所述，秦国死刑种类繁多，手段残忍，充分体现了秦国刑罚制度的野蛮和酷滥。

2. 肉刑

顾名思义，是一种刻人肌肤、伤害身体的刑罚。由轻至重依次为黥、劓、斩左趾及宫刑等。

（1）黥，即在罪犯脸上刺成记号或刺字并涂上墨。史载，商鞅因太子犯法而"黥其师公孙贾"⑦。秦简又有"殴大父母，黥为城旦舂"，"擅杀子，黥为城旦"等记载。此外，秦简还对黥刑实施的具体部位做了详细规定。这说明黥刑在秦国适用范围相当广泛。它不仅可作为独立刑种单独使用，更经常的是作为城旦或城旦舂的附加刑使用。

（2）劓，是一种割掉罪犯鼻子的肉刑。史载，商鞅变法时，因"公子虔复犯约，劓之"⑧。另据秦简记载："（盗）不盈五人，盗过六百六十钱，黥劓以为城旦"⑨，"当黥城旦而以完城旦诬人，何论？当黥劓。"⑩可见，劓刑可以单独使用，但更多的是和黥刑结合作为城旦的附加刑适用。

（3）斩左趾，是一种较重的肉刑，仅次于宫刑，由西周的刖刑演变而来。据秦简记载，对群盗、累犯及捕盗官自盗等重罪犯适用斩左趾刑。具体执行时一般要同时判为黥城旦。由于秦国大兴土木工程及对外战争都急需大量人员，而斩左趾极易导致罪犯终身残疾，因此，此刑甚少适用。

（4）宫刑，又称"腐刑"、"淫刑"，即男子割势，女子幽闭，是仅次于死刑、刑罚最重的肉刑。秦简多处出现"宫隶"、"宫均人"、"宫更人"、"宫狡士"等受宫刑后充作奴隶的记载，可见秦国对罪犯实施宫刑较为普遍。关于宫刑的具体适用情况，秦律规定："臣邦真戎君长，爵当上造以上，有罪当赎者，其为群盗，令赎鬼薪鋈足；其有府（腐）罪，（赎）宫"⑪。这说明少数民族的上层人物及拥有上造以上爵位的，若犯罪当处宫刑者，则可以通

---

① 参见《史记·秦始皇本纪》

② 沈家本：《历代刑法考·刑法分考·三》，北京，中华书局，1985。

③ 《史记·商君列传》。

④ 《史记·商君列传》。

⑤ 《史记·白起列传》。

⑥ 《史记·秦始皇本纪》。

⑦ 《史记·商君列传》。

⑧ 《史记·商君列传》。

⑨ 《睡虎地秦墓竹简》，150 页，北京，文物出版社，1978。

⑩ 《睡虎地秦墓竹简》，203 页，北京，文物出版社，1978。

⑪ 《睡虎地秦墓竹简》，200 页，北京，文物出版社，1978。

过交纳财物来代替宫刑之罚，称为"赎宫"。另外，对于女子犯罪，主要处以劓黥等刑罚，一般不会判处宫刑。这可能是出于增加人口的考虑吧。

综上所述，可以看出秦国肉刑名目繁多，不仅可以独立使用，而且经常是多种肉刑叠加并与劳役徒刑结合在一起执行，使肉刑逐渐失去原有独立地位而成为徒刑的附加刑。这也是秦律贯彻法家重刑主义的最佳注脚。

3. 徒刑

又称劳役刑、作刑，是一种限制罪犯自由，强制其劳作的刑罚。秦国劳役徒刑种类最为广泛，由重至轻主要包括城旦、城旦舂、鬼薪、白粲、隶臣、隶妾、司寇、候、下吏等，名目繁多，多达二十多种。秦国劳役徒刑如此之多，实为当时军事战争和大兴土木工程急需大量劳动力所致。

（1）城旦，是一种长期而沉重的苦役刑徒。据《仓律》载："城旦之垣及它事而与垣等者"，说明城旦是一种从事修筑长城及其他相似的苦役刑，主要适用于男犯。据秦简记载，城旦刑名有黥城旦、耐城旦、黥劓城旦、刑城旦、斩左趾城旦、完城旦、系城旦等数种，可见，除完、系城旦以外，其他都要附加侮辱刑或肉刑。

（2）城旦舂，是一种针对女犯的劳役徒刑。秦简称为"舂城旦"。城旦舂的执行办法据《汉旧仪》载："城旦者，治城也。女为舂，舂者，治米也"。即女犯从事择米劳役，以供城旦刑徒食用。此外，被判为城旦舂的罪犯要戴囚帽，穿囚衣，带刑具，平时要有专人监管，不能与一般人接触。

（3）鬼薪，"薪"指"蒸薪"，即木柴，是一种男犯入山砍柴供宗庙祭祀之用的劳役徒刑。孔庆明先生依据《淮南子·说山训》"以束薪为鬼"的记载，解释为夜行见束薪疑为鬼，推断鬼薪可能是夜间看守园地牧厩的劳役刑，并指出旧说不可靠的两个原因：一是对宗庙称为"鬼"不敬；二是判为鬼薪刑徒数量众多，宗庙祭祀不会使用这么多柴草。①

（4）白粲，"粲"指上等白米，是一种女犯为祭祀鬼神择米的劳役徒刑。发展至后来也从事其他劳役，如《仓律》载："白粲操土工。"

关于鬼薪和白粲，据《汉旧仪》载："鬼薪者，男当为祠祀鬼神伐山之蒸薪也。女为白粲者，以为祠祀择米也"，说明了两种劳役徒刑具体执行情况。鬼薪和白粲两种劳役徒刑既可单独使用，又可附加其他刑罚使用。如秦简就有"耐为鬼薪"、"鬼薪鋈足"等记载。

（5）隶臣、隶妾，是一种带有官奴隶性质的终身劳役刑。从隶臣、隶妾的罪状和他们所从事的劳役强度来看，它是一种轻于城旦而重于司寇的劳役徒刑。据秦简记载，对盗百一十钱、盗祭祀的器具、捕盗官吏用兵器故意刺伤了不应刺伤的犯人、虚报战功等犯罪行为，均罚作隶臣、隶妾等劳役刑。隶臣、隶妾主要在官府从事各种劳役，又称"役徒"。在官手工业作坊从事劳役的，称为"工隶臣、妾"。为官府种田或放牧的，称为"隶臣田者"、"牧隶臣、妾"。充任司法官吏的随从，作捕人、检验、现场勘验的苦差役，称为"牢隶臣、妾"。还有充当官府其他各种杂役的隶臣、隶妾，赶车的叫"隶臣仆"，伙夫称"隶臣养"，占卜的称为"耐卜养"，记事的叫"耐史隶"，作杂事的称为"冗隶妾"、"府杂隶"，等等。名目繁多的隶臣、隶妾刑徒一方面体现了秦国生产和生活的复杂性和多样化，另一

① 参见孔庆明：《秦汉法律史》，88 页，西安，陕西人民出版社，1992。

方面也说明隶臣隶妾的适用范围相当广泛。隶臣、隶妾从事的劳役相当繁重，但生活条件却极为艰苦。在《仓律》中详细规定了隶臣、隶妾的衣食标准，甚为低下。尽管如此，隶臣、隶妾的一些其他支出也要从中扣除，可见其所受奴役之深。

由于隶臣、隶妾是秦国极为重要的一种刑徒，因此关于这类刑徒的性质，就成为学界争论和探讨的热点问题之一。孔庆明先生认为隶臣妾带有深刻的奴隶痕迹，这是奴隶制时代罪奴就是奴隶的传统遗迹的突出表现。^① 高恒先生对这个问题还作了专门的分析论述，他认为秦律中的隶臣、隶妾，是一种刑徒名称，其性质就是因犯罪被确定的一种官奴婢身份，是奴隶制残余在秦国刑罚制度上的体现。但秦国经商鞅变法已成功实现社会转型，正式建立了封建国家，故隶臣、隶妾刑徒和奴隶社会中的奴隶也有所区别，因此其法律地位表现在两个方面：一方面，隶臣妾是没有人身自由、没有人格的工具和物品。如罪犯的妻子被收为隶臣妾后，可以由官府买卖，可以作为官府的赏赐物品，还可借给百姓使用。另一方面，隶臣妾的官奴婢身份可以借助军功、爵位、守边等赎免或国家大赦赦免，从而恢复人身自由。同时，隶臣妾有自己的家庭经济，其生命和安全受到法律保护。可见，隶臣妾类似于奴隶又不同于奴隶，说明了新旧制度交替之际刑罚制度还不甚完善的特征。正如高恒先生所说："无论在自然界或是社会中，都不可能有'纯粹'的现象存在。历史上没有，也不会有纯粹的封建社会。"^②

（6）司寇，分为两种情况：一种是指负责监管城旦或城旦舂的劳役刑徒。秦律规定每二十人"城旦司寇一人将。司寇不足，免城旦劳三岁以上者，以为城旦司寇"^③。即每一个城旦司寇依法要兼领二十名城旦服刑役。另据《仓律》规定："城旦舂、舂司寇、白粲操土功，参食之；不操土功，以律食之。"^④ 说明舂司寇同城旦舂、白粲一起参加繁重的土工劳动，据此可推知，司寇既是城旦或城旦舂等劳役刑徒的监工，有时又要参加到这些刑徒中从事劳役。另一种是指负责边界防守监视敌人的劳役刑徒。《汉旧仪》载：

司寇，男守备，女为作如司寇。

沈家本也说：

司寇，伺察寇盗也，男以备守，其义盖如此。^⑤

司寇同隶臣妾一样属于官奴隶性质的劳役刑徒，但在人身自由和劳役强度方面都较隶臣妾为轻。

（7）候，指从事侦察敌情的劳役徒刑。秦简记载："当除弟子籍不得，置任不审，皆耐为候。"^⑥ 一般都是对官吏犯罪采用的惩罚方式，比司寇刑轻。

（8）下吏，秦简关于"下吏"的记载有：

① 参见孔庆明：《秦汉法律史》，90 页，西安，陕西人民出版社，1992。
② 高恒：《秦汉法制论考》，60～73 页，厦门，厦门大学出版社，1994。
③ 《睡虎地秦墓竹简》，89 页，北京，文物出版社，1978。
④ 《睡虎地秦墓竹简》，51 页，北京，文物出版社，1978。
⑤ 沈家本：《历代刑法考·刑法分考》，北京，中华书局，1985。
⑥ 《睡虎地秦墓竹简》，130 页，北京，文物出版社，1978。

　　鬼薪白粲、群下吏毋耐者，人奴妾居赎赀债于城旦，皆赤其衣。枸椟欙杕，将司之；其或亡之，有罪。①

　　隶臣、下吏、城旦与工从事者冬作，为矢程，赋之三日而当夏二日。②

　　下吏能书者，勿敢从史之事。

　　候、司寇及群下吏勿敢为官府佐、史及禁苑宪盗。③

　　从上述简文可知"下吏"执行情况：没施耐刑的下吏刑徒，穿上赤衣，带上刑具，有专人监管，和隶臣、城旦等刑徒共同从事冬作劳役。对于有文化的候、司寇或下吏刑徒，则采取严密防范措施，不允许他们充当官府助手，也不允许他们守护苑囿，体现了统治阶层对他们不信任的态度。从秦简对刑徒排序分析，可以推测下吏当轻于鬼薪白粲、隶臣、司寇的一种徒刑。高恒先生认为，下吏是交付审判尚未判决的罪犯，其服役期限在判决之后予以决定。④

　　纵观秦国名目繁多的劳役徒刑，彼此之间既有相似之处又有明显差别。其相同点表现在三个方面：第一，这些劳役徒刑都是因犯罪被定位终身服劳役的刑徒，非经赦、赎不得改变其官奴隶身份，恢复自由人身份。第二，具体执行这些劳役徒刑时，一般都施加黥、劓等肉刑。对重罪犯甚至施加两种肉刑，如秦简载有"斩左趾黥以为城旦"、"黥劓为城旦"等等。第三，这些徒刑名称一般与其所服劳役种类相一致，不同的徒刑对应不同的劳役方式。一种徒刑固定从事某一种劳役，如隶臣妾、司寇可以监管城旦、城旦舂、鬼薪、白粲，而城旦、城旦舂、鬼薪、白粲不能作为监管刑徒的"将司者"。但有时刑徒不一定从事某种固定的劳役，如负责监领城旦的司寇因特殊情况也兼任城旦刑徒，从事修筑城墙等劳役。其不同点也表现在三个方面：第一，这些徒刑所服劳役强度轻重有别。城旦、城旦舂最重，其次是鬼薪白粲，再次是隶臣妾，然后是司寇，候最轻。第二，这些劳役刑徒的经济地位明显不同。隶臣妾及其以下的刑徒有家室和财产，而其他几种劳役刑徒的妻子和子女都要被没为官奴婢。第三，这些劳役徒刑的附加肉刑程度不一，例如对各类劳役刑徒附加黥刑时，其施加部位或花纹都有不同规定。⑤

　　上述是秦国劳役徒刑的主要种类及各自特征。对于这些徒刑是否规定了确切的服刑期限，对此，学界颇有争论，莫衷一是。其中，大部分学者都坚持秦国刑徒属于无限期的终身劳役刑的观点。例如，有学者曾说："秦的徒刑除了个别的短期囚禁和拘系以外。绝大多数是无定期的劳役刑。劳役的形式名目繁多，总之，封建王朝广泛利用刑徒生产、建筑，甚至充作仆役、监工和更夫、瞭望哨等"⑥。他又重申："秦当时所实行的劳役刑罚，它是不定期的、终身的劳役刑，种类繁多，人犯庞大，惩罚的对象极为广泛，这是秦律最突出的特点"⑦。有学者也从秦简记载及汉文帝减诏令推断说：秦时的刑徒，可能就是没有服刑期

---

① 《睡虎地秦墓竹简》，84 页，北京，文物出版社，1978。
② 《睡虎地秦墓竹简》，73 页，北京，文物出版社，1978。
③ 《睡虎地秦墓竹简》，107 页，北京，文物出版社，1978。
④ 参见高恒：《秦汉法制论考》，89 页，厦门，厦门大学出版社，1994。
⑤ 参见高恒：《秦汉法制论考》，92 页，厦门，厦门大学出版社，1994。
⑥ 孔庆明：《秦汉法律史》，86 页，西安，陕西人民出版社，1992。
⑦ 孔庆明：《秦汉法律史》，93 页，西安，陕西人民出版社，1992。

限的终身服役。即不是服刑一定期限之后，能够恢复其自由人的身份。他认为秦代的城旦舂、鬼薪、白粲、隶臣妾、司寇、候等均是终身服役的刑徒，没有刑期。① 此外，吴树平先生、于豪亮先生、栗劲先生等学者均认同秦代徒刑无期说。② 而刘海年先生、日本学者堀毅则主张秦国徒刑为有固定期限的劳役刑。③ 同时，也有学者认为，"秦的刑徒虽是无期的，但并不是绝对的终身刑，因为到一定时期会赦免，这样秦的徒刑就成为实际上的不定期刑。秦简中有关于赦免问题的记载，但是刑罚判决本身，最初并不是作为有期刑而判处的。"④ 对秦律劳役徒刑的刑期问题还有待于进一步研究探讨。

4. 流刑

即强制遣送罪犯到指定的偏远地区落户服役，没有赦免不准擅自迁回原地的一种刑罚。"秦法，有罪迁徙之于蜀汉。"⑤ 可见，在秦国流刑又称为"迁"，意即迁徙罪犯至蜀汉这样的边远地区。对于迁刑，商鞅在变法中曾经大规模地实施此刑。史载：

> 秦民初言令不便者，有来言令便者。卫鞅曰："此皆乱化之民也"，尽迁之于边城。⑥

说明当时商鞅曾对私议法律是非、阻挠变法者全部处以迁刑，流放边城服役。此外，对官吏渎职、失职或违法乱纪等行为，普通百姓或劳役刑徒等各种犯罪行为，臣民的异端思想等反叛意识，等等，秦律规定均适用迁刑之罚。特别是秦始皇八年（前239），"长安君反……迁其民于临洮"。九年（前238），嫪毐作乱，"迁蜀四千户"⑦。这种大规模迁徙异端分子有力地维护了皇权至高无上的地位。对于秦国迁刑，孔庆明先生认为，秦的流放刑包含着预防警诫的目的。它比城旦要轻，而大规模迁徙罪人或迁徙百姓，与犯罪流放似有不同，迁徙百姓是为了预防反叛，有的是为了开辟新的地区。⑧ 可见，秦代迁刑适用情况非常复杂，不能一概而论。

5. 羞辱刑

顾名思义，即以羞辱罪犯人格、使其遭受精神痛苦为目的的一种刑罚。秦代羞辱刑主要有"耐、髡、笞"等种类。

如《孝经》所载："身体发肤，受之父母，不敢毁伤，孝之始也。"中国古人认为毛发体肤为父母天地所赐，必须保持其完整性，一旦失掉或毁损则代表极大的不幸和耻辱。因此，毁伤毛发体肤的"耐、髡、笞"三种处罚方式，就成为以羞辱罪犯人格为特征的羞辱刑。

① 参见高恒：《秦汉法制论考》，86～97页，厦门，厦门大学出版社，1994。
② 参见吴树平：《云梦秦简所反映的秦代社会阶级状况》，载《云梦秦简研究》，119～120页，北京，中华书局，1981；于豪亮：《秦简中的奴隶》，载《云梦秦简研究》，131～132页，北京，中华书局，1981。栗劲：《秦律通论》，277页，济南，山东人民出版社，1985。
③ 参见刘海年：《秦律刑罚考析》，载《云梦秦简研究》，169，北京，中华书局，1981。堀毅：《秦汉刑名考》，载《早稻田大学大学院·文学研究科纪要》，1977（4）。
④ 张晋藩总主编：《中国法制通史》，第二卷，159页，北京，法律出版社，1999。
⑤ 《汉书·高帝纪上》。
⑥ 《史记·商君列传》。
⑦ 《史记·秦始皇本纪》。
⑧ 参见孔庆明：《秦汉法律史》，94页，西安，陕西人民出版社，1992。

耐，即剃去罪犯的胡须和鬓发而有别于常人，以示羞辱。据秦简记载，耐刑既可作为一种独立的刑罚单独使用，如对某些伤害罪、盗窃罪、渎职罪等一般只单独处以耐刑。同时，它又可作为鬼薪、隶臣妾、司寇等徒刑的附加刑使用，如"耐为鬼薪"、"耐为隶臣"等。耐刑作为羞辱刑之一，在秦国适用范围非常广泛。

髡，即剃光罪犯头发。《法律答问》记载：

擅杀、刑、髡后子，谳之。①
主擅杀、刑、髡其子、臣妾，是谓"非公室告"。勿听，而行告，告者罪。②

可见，髡刑广泛适用于不孝罪。

通过上述耐与髡的执行方式可以看出，耐刑较髡刑羞辱程度为轻。关于耐刑和髡刑的由来，栗劲先生认为，耐刑是从宫刑发展起来的，男子受到宫刑之后，不再生胡须。对于应受宫刑的人给予优待，用剃光头发和胡须来代替宫刑，于是就产生了髡刑。在此基础上进一步从宽，保留头发的完好，只剃去鬓须，即为耐刑。③

此外，秦简多处出现"完为城旦"等记载。关于耐、髡、完的解释学术界有不同观点。一种观点认为耐就是完。《说文》段注："按：耐之罪轻于髡。髡者，剃发也。不剃其发，仅去须鬓，是曰耐，亦曰完。谓之完者，完其发也"。有学者也认为，"耐与完是一种刑罚的两种称呼。"④ 另一种观点认为髡就是完。徐世虹认为，完既非耐，亦非髡。耐、髡、完和劳役徒刑结合使用，表明附加刑的具体执行情况。如"完为城旦"与"髡钳城旦舂"和"耐为隶臣"相比，表示完与髡、耐相对应、不施加任何肉刑的徒刑。

笞，就是用竹板或木板笞打罪犯。据秦简记载，笞刑多适用于官吏管理生产不善、百姓服徭役逾期不到、百姓四处游荡、城旦作工劣等或损坏公物等轻微罪行。有笞十、笞五十、笞人百、加重笞等不同等级。从笞刑所惩罚的犯罪主体及刑罚方式来看，它是一种较轻的体罚，主要目的在于侮辱罪犯人格。

上述秦国三种羞辱刑是从狭义角度来讲的，从广义角度来讲，秦国名目繁多的死刑、肉刑和徒刑等无不体现羞辱特性。崔永东先生说：

秦律中的死刑如戮刑、磔刑、弃市、定杀、生埋、枭首、腰斩、族刑、具五刑等等，无不具有羞辱性。又如秦律中的肉刑宫刑、劓刑、黥刑、斩左趾、耐刑、髡刑等都为典型的羞辱刑，尤其是前四种"斩人肢体，凿其肌肤"的肉刑，实为一朝受刑，终身受辱。残缺的肢体将永远成为受刑侮辱的标志。例如宫刑更是使人蒙受奇耻大辱。⑤

正如《唐律疏义·名例》云："徒者，奴也，盖奴辱之。"即徒刑也含羞辱色彩。秦国刑罚体系之所以渗透羞辱内涵，是因为法家学说的深刻影响。商鞅认为刑罚本质特征就是

① 《睡虎地秦墓竹简》，182页，北京，文物出版社，1978。
② 《睡虎地秦墓竹简》，196页，北京，文物出版社，1978。
③ 参见栗劲：《秦律通论》，94页，济南，山东人民出版社，1985。
④ 刘海年：《秦律刑罚考析》，载《云梦秦简研究》，北京，中华书局，1981。
⑤ 崔永东：《金文简帛中的刑法思想》，43～44页，北京，清华大学出版社，2000。

"羞辱劳苦",认为"治民羞辱以刑,战则战"①。即刑辱为"民之所恶",这样借助刑辱的威慑力,就可以刺激民众英勇作战,从而实现"禁奸止邪"的目标。② 正是商鞅主张发挥刑罚羞辱功能的思想指导,造就了秦律刑罚制度充斥着羞辱性质。

6. 财产刑

顾名思义,指剥夺罪犯私有财产的一种刑罚。秦律中的财产刑主要通过对罪犯罚款罚物给予经济处罚,涉及刑事、军事、行政等各个领域的违法行为,适用范围相当广泛,因此,秦律关于财产刑的规定也相当完备。主要包括赀、没、赎三种处罚方式。

(1) 赀,即为罚金,是一个独立刑种,主要包括赀盾、赀甲、赀布等形式。秦简记载:

> 甲盗不盈一钱,行乙室,乙弗觉,问乙论何也? 毋论。其见知之而弗捕,当赀一盾。③

> 伤乘舆马,决革一寸,赀一盾;二寸,赀二盾;过二寸,赀一甲。④

赀刑在秦国适用非常广泛,仅秦简提及赀罚就达上百处之多。它主要施用于臣民轻微犯罪或过失行为。

(2) 没,即没收罪犯个人私有财产。没和赀同属于经济惩罚手段,两者是有区别的。首先,经济惩罚多少有别。没刑一般没收罪犯全部个人财产,而赀罚只是按规定数额交纳一定财产即可。其次,财产执行方式不同。栗劲先生认为,"赀"是经司法机关判决后,由当事人自行交纳所赀的财物或劳役。而"没"是经司法机关对当事人采取强制措施以剥夺其财产。如《法律答问》有"没钱五千"之说,《封诊式》有查封被审讯人全部家产的记录。这都说明"没"在执行罪犯财产时的强制性特征。再次,适用罪状不同。"没"刑一般适用于较重罪行或同居连坐者,较赀刑为重。最后,赀刑是单独使用的独立刑种,而"没"刑一般作为附加刑使用。

(3) 赎,即罪犯按照法律规定交纳一定财物代替所应受刑罚。赎刑与赀刑的明显差别在于前者是借助交纳财物代替所判刑罚,后者则为依法判处的刑罚本身就是交纳一定财物。据秦简记载,秦国赎刑适用也非常广泛。如"抉钥,赎黥"⑤,"纳奸,赎耐"⑥,"盗徙封,赎耐"⑦。对王公贵族和有爵位者犯罪可以赎黥、赎耐、赎宫、赎鬼薪、赎迁、赎死刑等,即交纳一定的财物就可免于各种刑事处罚,平民百姓犯罪可以赎黥、赎耐、赎迁、赎刑徒等,可见赎的范围远远小于统治阶层,体现了赎刑适用上的法律特权性质。秦律赎刑虽然适用广泛,但是也有明确限制,即必须依法判处为赎罪的犯人,才可以纳财赎免相应刑罚,并非所有罪犯都可适用赎刑。

秦律规定的三种财产刑,一方面给予罪犯经济惩罚,从而有效打击犯罪;另一方面增

---

① 《商君书·弱民》。
② 参见《商君书·算地》。
③ 《睡虎地秦墓竹简》,155 页,北京,文物出版社,1978。
④ 《睡虎地秦墓竹简》,141 页,北京,文物出版社,1978。
⑤ 《睡虎地秦墓竹简》,164 页,北京,文物出版社,1978。
⑥ 《睡虎地秦墓竹简》,179 页,北京,文物出版社,1978。
⑦ 《睡虎地秦墓竹简》,178 页,北京,文物出版社,1978。

强了秦国财力，提高了国家经济实力。

在此需特别指出，秦国财产刑并非完全单一的经济处罚，而是以经济处罚为主兼具劳役刑罚，这一点最明显地体现于赀刑和赎刑中。赀刑除上述赀金外还包括"赀徭"、"赀居边"、"赀戍"等赀役刑。《法律答问》载：

> 或盗采人桑叶，臧（赃）不盈一钱，可（何）论？赀徭三旬。①

《秦律杂抄》载：

> 冗募归，辞曰："日已备，致未来"。不如辞，赀日四月居边。②

《秦律杂抄》又载：

> 不当稟军中而稟者，皆赀二甲，废；非吏也，戍二岁；徒食、屯长、仆射弗告，赀戍一岁。
>
> 令、尉、士吏弗得，赀一甲。③

可见赀役刑一般罚作徭役、戍边等劳役刑徒。同时其服刑期限都有明确规定，到期刑满释放。因此，赀徭、赀居边、赀戍等劳役刑属于有期徒刑。

另外，赎刑除了钱物赎免外，还包括劳役赎免，秦律称为"居作"。具体来讲，居作赎指罪犯从事劳役以赎免所判刑罚，抵偿所犯罪行。据秦简记载，秦国居作适用普遍。例如，有爵位的官吏押送罪犯将其放走，要到官府居作，一直到犯人被捕获为止。大夫鞭打鬼薪致其逃跑，大夫要在官府居作。可见，针对官吏管理刑徒不善等违法行为，法律规定当职官吏应到官府居作服役以抵偿其罪行。另据《司空律》载：

> 公士以下居赎刑罪、死罪者，居于城旦舂。④

这说明普通民众适用居赎时，要充当城旦舂这样的繁重刑徒才能赎免，体现了秦律的等级特权法色彩。此外，秦律还规定罪犯可以通过赋役的方式赎免经济处罚，主要包括"居赀、居赎、居债"等形式。所谓"居赀、赎、债"就是罪犯通过服劳役抵偿赀罪、赎罪和所欠官府的债务。其中，"居赀"指用劳役抵偿所判经济处罚。如秦律规定有"赀甲"或"赀盾"等赀罪。按照甲、盾官定价格，若罪犯无力缴纳，则从事一定期限的劳役赎免其赀罪。"居赎"指罪犯无力通过缴纳财物以赎免其刑罚者，可以通过居作劳役赎来代替财物赎。"居债"指欠官府债款无力偿还者，可用服役方式抵偿。按其所欠债额决定其服役期限。以上三种刑徒，都因无力向官府缴纳应该缴纳的财物，而借助服劳役的方式予以抵偿。居作刑徒服役期间接受"司空"的监管，"人奴妾居赀赎债于城旦"⑤，从事城旦等劳役。其服役期限由当事人所应缴纳财物数额折合计算。秦律规定：

> 有罪以赀、赎及有债于公，以其令日问之，其弗能入及偿，以令日居之，日居八

① 《睡虎地秦墓竹简》，154 页，北京，文物出版社，1978。
② 《睡虎地秦墓竹简》，145 页，北京，文物出版社，1978。
③ 《睡虎地秦墓竹简》，133～134 页，北京，文物出版社，1978。
④ 《睡虎地秦墓竹简》，84 页，北京，文物出版社，1978。
⑤ 《睡虎地秦墓竹简》，84 页，北京，文物出版社，1978。

钱；公食者，日居六钱。①

如果当事人欠官府八十钱，自备伙食，须劳动十天。可见，居作也是有期徒刑。居作作为一种用以抵偿经济处罚的短期劳役徒刑，在管理上比较松散，规定农忙时可以回家种田；请人代替或帮助劳动；一室有两人以服劳役抵偿的，允许留一人在家，轮流服役；可以用私人奴隶或牛马代替劳役等等，诸多灵活变通措施。

综上所述，秦国统治者适用财产刑时，将经济处罚和劳役徒刑混同运用。一方面充分说明了秦国劳役徒刑无处不在，范围空前，堪称"泛劳役刑"；另一方面鲜明体现了秦律初创时期刑事法律制度还不够完善，刑名和罪名彼此界限模糊的"繁芜杂乱"特性。

7. 身份刑

指降低或剥夺罪犯身份的一种惩罚。中国封建社会等级森严，臣民的身份是某种社会地位的标签，拥有某种身份就代表享有一定权利和义务以及社会等级的高低。可以说，身份的变动直接牵动和影响自身的现实政治经济利益及社会地位。这样，通过降低或剥夺臣民的社会身份，从而削弱其社会地位，就成为封建等级制度下惩罚犯人的重要手段之一。秦律身份刑主要包括夺爵、废官、灭籍、收孥等方式。

（1）夺爵，即剥夺有爵者爵位的一种刑罚。商鞅变法制定二十级军功爵制，爵位越高，官位越高，享受的权利也越多。秦律规定对有爵者犯罪予以夺爵的处罚，通过剥夺其爵位，降低其身份，随之亦削弱其相应的政治经济权益。如《秦律杂抄》记载："战死事不出，论其后，又后察不死，夺后爵。"② 秦时官吏犯罪夺爵和刑罚有时一并适用，有时单独适用。

（2）废官，指终身剥夺违法官吏的从政资格和为官身份。据秦简记载，秦国适用"废"的身份刑范围广大。主要包括"为（伪）听命书……不辟（避）席立，赀二甲，法（废）"③；"到军课之，马殿，令、丞二甲；司马赀二甲，法（废）"④；"不当禀军中而禀者，皆赀二甲，法（废）"⑤；"禀卒兵，不完善（缮），丞、库啬夫、吏赀二甲，法（废）"⑥；"漆园三岁比殿，赀啬夫二甲而法（废），令、丞各一甲"；"采山……三岁比殿，赀啬夫二甲而法（废）"⑦；等等。可见，凡是宣布君主命令不起立致敬的官吏，冒领军粮的官吏、供应武器不合规格的县丞、库啬夫、吏，训练军马不合规格的县司马，连续三年落后的漆园、矿山的啬夫，都在处以"赀二甲"的同时加以废刑之罚，废刑即为废官。对此，《除吏律》规定："任废官者为吏，赀二甲。"⑧ 即凡被处以废刑的官吏则终身不得做官。另据《法律答问》记载："廷行事吏为诅诈伪，赀盾以上，行其论，又废之"⑨。这说明官吏凡是受到赀盾以上刑罚的，都要附加"废"这种身份刑。

① 《睡虎地秦墓竹简》，84 页，北京，文物出版社，1978。
② 《睡虎地秦墓竹简》，146 页，北京，文物出版社，1978。
③ 《睡虎地秦墓竹简》，129 页，北京，文物出版社，1978。
④ 《睡虎地秦墓竹简》，132 页，北京，文物出版社，1978。
⑤ 《睡虎地秦墓竹简》，133 页，北京，文物出版社，1978。
⑥ 《睡虎地秦墓竹简》，134 页，北京，文物出版社，1978。
⑦ 《睡虎地秦墓竹简》，138 页，北京，文物出版社，1978。
⑧ 《睡虎地秦墓竹简》，127 页，北京，文物出版社，1978。
⑨ 《睡虎地秦墓竹简》，176 页，北京，文物出版社，1978。

（3）灭籍，即剥夺罪犯本人及其全家、后代子孙的合法公民身份，不再享受国家法律保护的一种惩罚。主要包括削籍和籍门两种形式。削籍指自簿籍上将当事人除名。由于秦国实行户籍制度，正式在册的秦民享有法律规定的权利和应承担的义务。对罪犯予以削籍，意味着秦民身份的缺失，随之带来法律地位的丧失。秦简记载："游士在，亡符，居县赀一甲；卒岁，责之。有为故秦人出、削籍，上造以上为鬼薪，公士以下刑为城旦。"[1] 可见，削籍这种身份刑主要作为其他刑罚的附加刑使用。籍门指剥夺与罪犯牵连的全家人及子孙后代的合法公民身份。史载："自今以来，操国事不道如嫪毐者、不韦者籍其门，视此。"[2] 可见，秦国统治者对嫪毐等人谋反大罪，不仅严罚本犯，而且殃及全家及子孙后代，他们不仅丧失秦民身份，更永无做官资格。

（4）收孥，即把罪犯的妻、子收为官奴婢而降为奴隶身份。史载："商君之法，事末利及怠而贫者，举以为收孥。"[3] 可见，因经商或懒惰而致生活贫穷者，要处以"收孥"身份刑。此外，秦简记载"隶臣将城旦，亡之，完为城旦，收其外妻、子"[4]。意思是说隶臣监领城旦，而城旦逃亡了，不仅要判处隶臣完为城旦，还要把妻、子没收为官奴婢。又如"夫盗千钱，妻所匿三百，何以论妻？妻知夫盗而匿之，当以三百论为盗；不知为收"。"夫盗三百钱，告妻，妻与共饮食之，何以论妻？非前谋也，当为收；其前谋，同罪"[5]。这说明丈夫盗窃，妻子不知情，也没有参与谋划盗窃等等，不仅要惩罚罪犯本人而且还要没收其妻、子为官奴婢。但是"'夫有罪，妻先告，不收'。妻媵臣妾，衣器当收不当？不当收"[6]。即妻子主动告发丈夫罪行的，则不应收孥。总之，收孥作为一种身份刑，在秦国适用相当广泛，它借助剥夺国家公民的合法身份使其降至类似于奴隶的社会地位，达到惩罚罪犯的目的。这些被"收孥"的妻子或子女一旦沦为官奴婢，生活非常悲惨，她（他）们或为官府服劳役，或被无情地出卖掉。

纵观秦律规定的身份刑种，主要是从罪犯的身份角度给予惩罚，通过剥夺其法定身份，使其丧失政治经济地位，强制降低其社会等级级别，从而有效地打击犯罪活动。这既是中国封建等级社会中特有的刑罚种类，又是与其他刑罚结合使用的重要附加刑种。

8. 其他刑罚

除了上述主要刑罚外，还包括鋈足和饿囚等其他刑罚。

（1）鋈足。此刑未见史籍记载，秦简只载有三例："葆子□□未断而诬告人，其罪当刑城旦，耐以为鬼薪而鋈足"[7]。"臣邦真戎君长，爵当上造以上，有罪当赎者，其为群盗，令赎鬼薪鋈足"[8]。"某里士伍甲告曰：'谒鋈亲子同里士伍丙足，迁蜀边县，令终身毋得去迁

① 《睡虎地秦墓竹简》，129～130 页，北京，文物出版社，1978。
② 《史记·秦始皇本纪》。
③ 《史记·商君列传》。
④ 《睡虎地秦墓竹简》，201 页，北京，文物出版社，1978。
⑤ 《睡虎地秦墓竹简》，157 页，北京，文物出版社，1978。
⑥ 《睡虎地秦墓竹简》，224 页，北京，文物出版社，1978。
⑦ 《睡虎地秦墓竹简》，198 页，北京，文物出版社，1978。
⑧ 《睡虎地秦墓竹简》，200 页，北京，文物出版社，1978。

所，敢告'"①。这证明秦律确实存在鋈足之刑。关于鋈足的含义，蔡枢衡先生说："鋈（音沃）和梏（音鹄）音近，属于沃韵，鋈借为梏，鋈足实是梏足，亦即钛足。"② 栗劲先生认为，鋈就是镀金。鋈足可以理解为在足的外表加上一种刑具，使受刑者感到痛苦和不便。他说："鋈足不是斩左趾的执行，而是斩左趾的代用刑，即在足部施加刑械，与钛足、锗足类似……从商鞅变法起，秦就确立了武装统一全国的政治方针，又坚持农战政策，需要手脚齐全的农民和武士，也需要手脚齐全的刑徒供其役使。"③ 孔庆明先生则认为，鋈足就是在足上加械，限制人的自由，算作一种拘禁，是一种象征刖足的宽缓刑罚。④ 综合上述解释可知，鋈足属笞刑类的刑罚，一般来说，鋈足类似于现代脚镣的刑具，借助此刑具而使犯人肉体遭受痛苦和折磨的一种刑罚。它一般作为劳役刑徒或迁刑的附加刑使用。

（2）饿囚。顾名思义，即扣减囚粮使之饥饿的一种惩罚。秦简记载："食饱囚，日少半斗"⑤。意为减少囚粮每天三分之一斗，以饥饿来惩罚犯人。饿囚广泛适用于反抗的囚徒。秦简多次提到"牢"、"囚道"、"更人"、"署人"等狱吏对罪犯实施饿囚惩罚的情况。据此可知，饿囚是囚犯监管部门根据法律规定对囚犯实施饥饿惩罚，而非审判机关定判的刑事处罚结果。因此，严格地说，饿囚是一种司法行政处罚行为。对此，栗劲先生说："由于法律上有明文规定，足够证明'饿囚'既不是狱吏对服刑的囚犯随意进行的虐待行为，又不是克扣犯人口粮的非法行为，而是为法律所规定的一种刑罚。然而这种刑罚仅仅是由行政机关根据法律规定就可以决定执行，而不必经过审判机关的审判，因而它属于行政处罚的性质，而且仅仅是适用正在服刑而又不遵守管理规则或破坏纪律的囚犯。"⑥

（二）秦律中的刑罚适用原则

秦国统治者以"法"治国方略促成其罪名和刑名的空前完备，而罪与罚制度的发达又必然促进黏合两者的刑罚适用原则的完善。纵观秦律中的刑罚适用原则，主要包括以下四个方面，现分别简要介绍如下：

第一，刑事责任年龄限制原则。即只对达到法定年龄的罪犯追究其刑事责任，未成年人犯罪则从轻处罚或免于刑事责任。《法律答问》载：

> 甲小未盈六尺，有马一匹自牧之，今马为人败，食人稼一石，问当论不当？不当论及赏（偿）稼。⑦

> 甲盗牛，盗牛时高六尺，系一岁，复丈，高六尺七寸，问甲可（何）论？当完城旦。⑧

可见，秦律规定以罪犯身高确定刑事责任年龄并以六尺作为区分成年人与未成年人的

---

① 《睡虎地秦墓竹简》，261~262页，北京，文物出版社，1978。
② 蔡枢衡：《中国刑法史》，83页，中国法制出版社，2005。
③ 栗劲：《〈睡虎地秦墓竹简〉译注斟补》，载《吉林大学社会科学学报》，1984（5）。
④ 参见孔庆明：《秦汉法律史》，87页，西安，陕西人民出版社，1992。
⑤ 《睡虎地秦墓竹简》，53页，北京，文物出版社，1978。
⑥ 栗劲：《秦律通论》，262~263页，济南，山东人民出版社，1985。
⑦ 《睡虎地秦墓竹简》，218页，北京，文物出版社，1978。
⑧ 《睡虎地秦墓竹简》，153页，北京，文物出版社，1978。

身高界限。按《周礼》贾公彦疏："七尺谓年二十，六尺谓年十五"的说法，可推定秦律规定刑事责任年龄应当以十五岁为界，十五岁以下为无行为能力者，犯罪可免除惩罚。十五岁属限制行为能力者，犯罪要从轻处罚。十五岁以上则为完全行为能力者，犯罪则将予严惩。如在上述案例中，一个身高不足六尺（即未满十五岁）的小孩放马，马被惊吓而吃了他人庄稼，最后判定该小孩免除任何刑罚。而甲身高六尺（即已满十五岁），盗窃他家之牛，则先从轻判定其囚禁一年。待一年之后甲的身高已达六尺七寸（十五岁以上）就严格判定其完城旦的重罚。这些规定体现了秦律适用刑罚时注意区分刑事责任年龄的重要原则。

第二，区分犯罪主观动机原则。秦律规定，定罪量刑不仅根据罪犯所犯罪行及其社会后果而定，而且还注意分析罪犯实施犯罪行为的主观动机等因素，以此作为重要依据。换言之，就是区分罪犯故意或过失的主观动机，在刑罚适用上而轻重有别。《法律答问》载：

> 甲告乙盗牛若贼伤人，今乙不盗牛，不伤人，问甲可（何）论？端为，为诬人；不端，为告不审。[1]

端即故意，不端即过失。甲的行为如属故意则以诬告罪论处，如属过失，则以控告不实定罪。按秦律规定，对诬告罪的处罚要重于控告不实罪。《法律答问》载：

> 告人盗百一十，问盗百，告者何论？当赀二甲。盗百，即端盗驾（加）十钱，问告者何论？当赀一盾。赀一盾应律，虽然，廷行事以不审论，赀二甲。[2]

可见，故意诬告者赀一盾，而因过失控告不实者赀二甲，说明了诬告罪的赀罚重于告不审罪。此外，对于司法官吏枉法曲判同样区分故意和过失的主观动机。《法律答问》载：

> 罪当重而端轻之，当轻而端重之，是谓"不直"。当论而端弗论，及伤其狱，端令不致，论出之，是谓"纵囚"。[3]

即法官故意重罪轻判或轻罪重判则构成不直罪，故意不受理诉讼或故意不囚禁罪犯构成纵囚罪，均给予法律严惩。总之，秦简对民众告奸或法官枉判等犯罪行为，根据故意或过失主观动机的不同而分别定罪量刑的记载，体现了秦律将区分犯罪主观动机作为重要的刑罚适用原则，贯彻故意从重、过失从轻的刑罚思想。

第三，轻重有别的原则。为了有效发挥法律惩恶禁暴的社会功能，秦律在刑罚适用上实行轻重有别的原则。即对于教唆犯、集团犯、共犯、累犯等贯彻量刑从重原则，对于自首或立功者则实行量刑从轻原则。关于从重原则，《法律答问》记载：

> 甲谋遣乙盗，一日，乙且往盗，未到，得，皆赎黥。[4]
> 甲谋遣乙行盗杀人，受分十钱，问乙高未盈六尺，甲何论？当磔。[5]

前例是甲因教唆乙行盗处以赎黥刑。后例是甲教唆未成年人盗窃杀人，甲因此处以磔

---

① 《睡虎地秦墓竹简》，169 页，北京，文物出版社，1978。
② 《睡虎地秦墓竹简》，167 页，北京，文物出版社，1978。
③ 《睡虎地秦墓竹简》，191 页，北京，文物出版社，1978。
④ 《睡虎地秦墓竹简》，152 页，北京，文物出版社，1978。
⑤ 《睡虎地秦墓竹简》，180 页，北京，文物出版社，1978。

刑。这是秦律对教唆犯从重惩罚的相关记载，特别是对教唆未成年者要处以极刑。《法律答问》记载：

> 五人盗，赃一钱以上，斩左止，又黥以为城旦；不盈五人，盗过六百六十钱，黥劓以为城旦；不盈六百六十到二百二十钱，黥为城旦。①

这说明对五人以上的群盗，即使赃不值一钱，也比不足五人盗六百六十钱的处罚为重，又称"加罪"。这是对集团犯采取从重处罚的法律规定。此外，《法律答问》载：

> 甲乙雅不相知，甲往盗丙，才到，乙亦往盗丙，与甲言，即各盗，其赃值各四百，已去而偕得。其前谋，当并赃以论；不谋，各坐赃。②

在这个案例中，甲乙素不相识，若在行窃地点共同预谋盗窃，随即分别实施盗窃，则构成共同犯罪，就以盗窃八百钱赃数定罪。若甲乙在行窃前，没有预谋共同实施盗窃，而是各自进行盗窃，则不构成共同犯罪，就分别各自以盗窃四百钱量刑。很显然，秦律对共犯的处罚要重于单独犯罪而适用刑罚从重原则。

关于从轻原则，《法律答问》记载：

> 把其假以亡，得及自出，当为盗不当？自出，以亡论。其得，坐赃为盗。③

即携带所借官物逃亡，如系自首，以逃亡罪论处。如系捕获，按赃数定盗窃罪。秦律对盗窃罪处刑一般较逃亡罪为重，据此推知对自首者适用量刑从轻原则。又如"司寇盗百一十钱，先自告，何论，当耐为隶臣，或曰赀二甲"④。此处"自告"或"自出"都为自首之意。司寇盗窃本为重罪，但因其自首，只处以隶臣或赀二甲轻罚。隶臣妾逃跑，后未断自首，只处以笞五十之罚。这两个案例也都贯彻了罪犯自首量刑从轻原则。此外，《法律答问》记载：

> 将司人而亡，能自捕及亲所知为捕，除无罪。⑤

如果犯人逃亡，监管人如能亲自捕回或者亲属代为捕回，积极挽回不利后果，那么可以免除其刑事处分。龙岗秦简也载：

> 城旦、舂其追盗贼亡人，追盗贼亡人出入者得除其罪，有赏之……⑥

即被判处城旦、舂的刑徒追捕盗贼亡人，可以免除其刑罚，并受到赏赐。这说明秦律对罪犯立功赎罪实行宽大包容政策，贯彻量刑从轻原则。对此，崔永东先生评价到："应该说，这一刑事政策带有一定的人道色彩，与我们今天实行的犯人有立功表现就减免刑罚的刑事政策也有相通之处"⑦。

第四，司法诉讼时效原则。秦律对追究犯罪分子刑事责任的有效期限做了明确规定：

① 《睡虎地秦墓竹简》，150页，北京，文物出版社，1978。
② 《睡虎地秦墓竹简》，156页，北京，文物出版社，1978。
③ 《睡虎地秦墓竹简》，207页，北京，文物出版社，1978。
④ 《睡虎地秦墓竹简》，154页，北京，文物出版社，1978。
⑤ 《睡虎地秦墓竹简》，205页，北京，文物出版社，1978。
⑥ 《云梦龙岗秦简》，42页，北京，科学出版社，1997。
⑦ 崔永东：《简帛文献与古代法文化》，105～110页，武汉，湖北教育出版社，2003。

"甲杀人,不觉,今甲病死已葬,人乃后告甲。甲杀人审,问甲当论及收不当? 告不听。"① "或以赦前盗千钱,赦后尽用之而得……毋论。"② 这说明秦律对两种情况不予追究罪犯的法律责任:第一,被告人已死亡不追究;第二,赦免前的罪行不追究。秦律有关诉讼时效的规定,体现其司法制度完善和罪刑法定精神。

(三) 刑罚制度的特点

云梦秦简的出土,向世人呈现了秦国丰富完备的刑事法律制度概貌。秦律中的罪名、刑名及其刑罚适用原则,无不渗透和体现法家刑治思想的理念和精神,从而使其刑罚制度独具特色:一方面,重刑主义色彩明显;另一方面,慎刑观念贯彻其间。具体来讲,秦律刑名繁多芜杂。包括死刑、肉刑、徒刑、流刑、身份刑、财产刑、羞辱刑等,在每类刑罚中,又根据行刑方式差异细化刑种。如劳役刑根据劳役强度又细分为二十多种,死刑根据执行方法不同而细分为十几种,等等。不仅如此,秦律刑罚执行野蛮残酷。适用范围最广、数量最大、形式最多的劳役刑执行时既要从事无限期的重苦役,同时还要附加各种肉刑。这样使罪犯可能终生遭受精神和肉体的双重痛苦。又如执行死刑时,或先施以肉刑再处死,或处死后还戮尸。各种变态手段令人不寒而栗。秦律名目繁多的死刑执行方式最能体现其刑罚制度的残忍野蛮。

总之,秦律繁芜的刑名制度和残酷的行刑方式贯彻了法家"刑辱"思想,鲜明体现了重刑威慑主义色彩。同时,秦律中所体现的刑罚适用原则又充分渗透着"慎刑"的精神和理念。对此,有学者论述到:研究秦律的刑法思想,仅仅指出其重刑主义是不够的,还应该看到在重刑的前提下,又在一定程度上贯彻了慎刑的原则,也可以说秦律的重刑并不是滥刑,而是严格谨慎地依法断罪。这或许就是秦国"繁法严刑而天下振"、"禁暴诛乱而天下服"③ 的原因。沈家本在《历代刑法考》中提出商鞅之法有"三代先王之法存于其中"④ 的论断。而秦律规定的慎刑原则正是三代特别是西周慎刑思想的继承和发展。⑤ "秦律中的慎刑原则体现了秦国重刑而不滥的原则,认为秦律的重刑是以严刑(严格依法判刑)为前提的,严刑也是慎刑的一个方面。这在某种程度上限制了司法冤滥"⑥。

秦律的"慎刑"原则也体现了秦国司法制度的科学与完备。总之,秦国的刑罚制度体现了既重刑又慎刑的鲜明特征,对后世封建社会的法制建设产生了深远的影响。除此之外,秦律中赀刑及其赎刑明确规定数额及期限,为汉代改徒刑无期为有期奠定了前提条件。可以说,秦律刑罚制度是特定时期的产物,具有承前启后的重要历史作用。

(四) 秦朝的主要刑罚原则

1. 确定刑事责任能力

我国古代刑法对刑事责任年龄早有规定,如《礼记·曲礼》:"八十九十曰耄,七年曰

---

① 《睡虎地秦墓竹简》,180 页,北京,文物出版社,1978。
② 《睡虎地秦墓竹简》,167 页,北京,文物出版社,1978。
③ 《史记·秦始皇本纪》。
④ 沈家本:《历代刑法考》,1365 页,北京,中华书局,1985。
⑤ 参见崔永东:《金文简帛中的刑法思想》,38 页,北京,清华大学出版社,2000。
⑥ 崔永东:《金文简帛中的刑法思想》,42~43 页,北京,清华大学出版社,2000。

悼，悼与耄，虽有罪，不加刑焉"。虽然各个朝代有关刑事责任年龄的规定不尽相同，但都是以年龄作为划分承担刑事责任的标准。但秦不同，秦是以身高作为承担刑事责任的标准。因此秦律在定罪量刑时经常提到"六尺"或"不盈六尺"，凡不盈六尺者不负刑事责任。如《法律答问》中记载："甲小未盈六尺，有马一匹自牧之，今马为人败，食人稼一石，问当论不论？不当论及偿稼"。"甲盗牛，盗牛时高六尺，系一岁，复丈，高六尺七寸，问甲可（何）论？当完城旦"。以身高作为承担刑事责任的划分标准存在很多不足，正因为如此，汉以后就废除了以身高作为确定是否承担刑事责任的规定。

2. 考察犯罪意识

秦朝在确定刑事责任时，考察犯罪意识，如是故意还是过失等。如果故意控告他人犯盗、贼罪，经查证不属实的，控告人依律构成诬告罪；如果控告人不是故意的，则构成告不审罪。对此，秦简《法律答问》中有记载："甲告乙盗牛若贼伤人，今乙不盗牛，不伤人，问甲可（何）论？端为，为诬人；不端，为告不审"。其中"端"为故意，"不端"为过失。此外，官吏量刑不当，根据官吏当时是故意还是过失分别定罪量刑，过失者构成"失刑"罪，故意者构成"不直"罪。后者刑罚较前者重。

3. 教唆犯罪

《法律答问》："甲谋遣乙盗，一日，乙且往盗，未到，得，皆赎鲸。""甲谋遣乙行盗杀人，受分十钱，问乙高未盈六尺，甲何论？当磔。"可见，秦朝教唆他人犯罪也构成同罪，教唆未成年人犯罪的要从重处罚。

4. 累犯加重

秦朝对本身已犯罪，再犯他罪者，加重处罚。《法律答问》："当耐为隶臣，以司寇诬人，可（何）论？当耐为隶臣，又系城旦六岁"。即一人犯了"当耐为隶臣"罪后，又犯了"以司寇诬人"罪，除要"耐为隶臣"外，还要服城旦六年的劳役。一般情况下，秦律对诬告罪的处罚原则是，"诬告反坐"，这里明显加重了刑罚。如一人同时犯有二罪，二罪从重判罚。

5. 团伙犯罪、共同犯罪加重

团伙犯罪、共同犯罪一直是秦朝刑法惩处的重点。按秦律规定："害盗背着游徼去盗窃，应当加罪。"什么叫"加罪"？"五人共同行盗，财物在一钱以上，断去左足，并黥为城旦；不满五人，所盗超过六百六十钱，黥劓为城旦；不满六百六十钱而在二百二十钱以上，黥为城旦；不满二百二十钱而在一钱以上，加以流放。"[①] 五人以上结伙盗窃，赃在一钱以上，即砍去左足，并黥为城旦。而五人以下的犯罪，其赃款在六百六十钱以上和一钱以上之间，其处罚却轻于五人以上很多。可见，秦律对结伙五人以上的团伙犯罪实行的是加重处罚的原则。

6. 自首、消除犯罪后果者减免刑罚

云梦秦简载：秦律规定"把其假以亡，得及自出，当为盗不当？自出，以亡论"。即携带所借的官有物品逃亡，如果自首则不以盗窃罪论，依律按逃亡罪定罪处罚。此外，秦律

---

① 《睡虎地秦墓竹简》，150 页，北京，文物出版社，1978。

还规定消除犯罪后果可以减刑、免刑。《法律答问》中有"将司人而亡，能自捕及亲所知为捕，除无罪，已刑者处隐官"。

7. 实行连坐、诬告反坐制度

连坐是秦朝非常残酷的一种刑罚原则，商鞅变法时就已经确立。当时产生了各种各样的连坐关系，如亲属连坐、职务连坐（上下级之间）、军事连坐、邻里连坐等。"收孥"或"籍没"都是当族刑连坐的形式。唐代司马贞为《史记·商君列传》索隐时称："收录其妻、子，没为官奴隶。"另外，睡虎地秦墓竹简也有记载："隶臣将城旦，亡之，完为城旦，收其外妻、子。"① 因连坐获罪者也要依律受罚。

此外，秦律中还实行诬告反坐制度。诬告他人者以所诬告他人之罪受罚。如诬告他人盗窃，即对诬告者以盗窃罪治罪。按秦律规定，诬告反坐罪要区分犯罪意识，只有故意诬告他人才成立此罪，但诬告他人杀人除外。

二、两汉时期的刑罚制度

（一）西汉中期刑罚改革及其意义

西汉文帝、景帝时期的刑罚改革是中国古代刑罚发展史上的重大事件，具有重大历史意义。它是中国古代刑罚体系从奴隶制向封建制转变的重要标志，并为我国封建制刑罚体系最终确立和完善奠定了基础。

1. 改革的社会背景

西汉建立后，统治者非常重视总结"秦二世而亡"的历史教训，特别是总结了秦朝刑罚制度繁苛激化社会矛盾、加速王朝统治崩溃的历史教训，下决心改革旧有的刑罚制度。另外，汉初统治者采取休养生息的政策，至汉文帝时社会经济已经很大程度上得了恢复和发展，社会矛盾也日益缓和，人民安居乐业。可以说"人人自以为得之者以万数；又曰：人人自安难动摇"②，"移风易俗，黎民醇厚"③，这就为刑罚改革提供了一个比较好的社会环境。此外，汉朝建立后的二三十年里，大形势是好的，但当时部分地区还是动乱不安，其中爆发了匈奴战争，以及与韩信、彭越、英布等异姓诸王的冲突。为了进一步巩固多年动乱后的统治秩序，汉文帝时开始进行刑罚改革，主张废除从秦律所沿袭下来残害犯人肢体的肉刑制度，顺应了历史发展。

2. 文帝时期的刑制改革

据《史记·扁鹊仓公列传》记载，文帝时期的刑制改革是因淳于缇萦上书救父而引起的。另据刘向《列女传》载：齐太仓女者，汉太仓令淳于公之少女也，名缇萦。淳于公无男，有女五人。孝文皇帝时，淳于公有罪当刑。是时肉刑尚在，诏狱系长安，当行会逮，公骂其女曰："生子不生男，缓急非有益。"缇萦自悲泣而随其父至长安。上书曰："妾父为吏，齐中皆称廉平；今坐法当刑。妾伤夫死者不可复生，刑者不可复属，虽欲改过自新，

---

① 《睡虎地秦墓竹简》，201 页，北京，文物出版社，1978。
② 《汉书·文帝纪》。
③ 《汉书·景帝纪》。

其道无由也。妾愿入身为官婢，以赎父罪，使得自新。"书奏，天子怜悲其意，乃下诏曰："盖闻有虞之时，画衣冠、异章服、以为戮，而民不犯，何其至治也！今法有肉刑五，而奸不止，其咎安在？非朕德薄而教之不明欤？吾甚自愧！夫训导不纯，而愚民陷焉！《诗》云：'恺悌君子，民之父母。'今人有过，教未施而刑已加焉。或欲改行为善，而其道毋繇。朕甚怜之！夫刑者，至断肢体，刻肌肤，终身不息，何其痛而不德也！岂称为民父母之意哉？其除肉刑！"自是之后，黥颠者，髡；抽胁者，笞；刖足者，钳。淳于公遂得免焉。

当然文帝废除肉刑，不仅仅是被缇萦的孝心所感动，正如前面在背景中分析的，文帝也认识到废除肉刑是当时社会发展的需要，是有利于社会稳定的。

公元前 167 年文帝正式下诏宣布废除肉刑：凡应处黥刑者，改为髡钳城旦舂，即五年苦役；应处劓刑的，改为笞三百，应处斩左趾者，改为笞五百，应处斩右趾者，改为弃市，即死刑，同时实行"罪人有期"，规定了各种徒刑的刑期；还宣布废除野蛮的宫刑制度。这就是文帝刑制改革的主要内容。文帝这次刑制改革，有由重改轻的，也有由轻改重者，如将斩右趾改为弃市死刑，用笞三百代替劓刑，用笞五百代替斩左趾。由于笞刑过重，难保受刑人的性命，以至于笞未毕而人已先死。所以有史料中称汉文帝"外有轻刑之名，内实杀人"[1]。

3. 景帝时期的刑制改革

文帝刑罚改革并不尽如人意，"加笞与重罪无异。幸而不死，不可为人"[2]。形势要求进一步改革。景帝即位以后，在文帝改革刑制的基础上，进一步推进了废肉刑的进程。他主持重定律令，将文帝时劓刑者笞三百改为笞二百；斩左趾者笞五百，改为笞三百。据《汉书·景帝纪》，中元二年（前 148）二月，景帝下令："改磔曰弃市，勿复磔"，使残酷的碎尸刑废除，代之以弃市死刑，死刑种类与方法进一步规范。景帝中元六年（前 144），又降诏："减笞三百曰二百，笞二百曰一百"[3]。同年景帝又颁布《箠令》，明确规定笞杖长五尺，宽一寸，末端厚半寸，以竹板制成，须削平竹节；笞打部位为臀部；行刑过程不得更换执刑人等，确定了笞刑的刑具、行刑方法。至此西汉中期的刑罚改革始告完成。但同时应当看到景帝改革肉刑并不彻底，由于没有新的刑罚手段替代，不久又恢复了宫刑与斩右趾等肉刑。

4. 文、景帝刑罚改革的意义

西汉文景帝的刑罚改革在中国法制史上具有重要意义。文、景帝两代多次进行刑制改革，历时二十多年，虽然其间也有反复，但总的来说是顺应历史潮流的。它使刑罚从野蛮走向相对文明，同奴隶制残害犯人肢体的肉刑相比，这是一场具有进步意义的改革，是符合刑罚发展规律的。肉刑改革在一定程度上保护了劳动力，适应社会生产的要求，从而有利于社会生产力的发展。此外，文、景帝刑罚改革为隋唐时期最终确立笞、杖、徒、流、死等新的五刑制奠定了坚实的基础。同时我们也应看到，肉刑的改革不是一蹴而就的，而是要经历一个探索过程。文景帝时期刑制改革虽然废除了黥刑、劓刑、斩左趾等项肉刑，但是终汉之世，宫刑始终存在。景帝在改革刑制同时，又宣布；"死罪欲腐者许之。"[4] 武帝

---

① 《资治通鉴》卷一五。
② 《汉书·刑法志》。
③ 《汉书·刑法志》。
④ 《汉书·景帝纪》。

时，司马迁曾因直言惨遭宫刑。东汉时期从光武帝到和帝，各位皇帝都曾下诏：犯死罪者可以宫刑替代死刑。此外，斩右趾刑也还存在。比如汉景帝曾明确宣布："当弃市欲斩右趾者许之。"①

（二）汉朝主要刑罚种类

1. 死刑

死刑是剥夺生命的刑罚，是汉朝最重的刑事处罚。汉代称死刑为"殊死"，汉朝死刑多沿用秦朝或前朝之制。唯汉朝有"殊死"这一刑名。汉朝死刑主要有以下几种：

（1）夷三族。夷三族是汉朝最为严酷的死刑，它为秦朝所创，适用于谋反大逆罪。所谓夷三族，是指本人先具五刑，即"先黥、劓、斩左右止，笞杀之，枭其首，菹其骨肉于市"②。而后将其父族、母族、妻族三族成员杀绝。汉初，韩信、彭越均因"谋反"罪，受到"夷三族"处罚。景帝时朝臣晁错力主削藩，被诬陷后被处死，并牵连"父母妻子同产，无少长皆弃市"③。至东汉末年，献帝初平元年（190）春三月，"董卓杀太傅袁隗、太仆袁基，夷其族"④。夷三族在两汉时期一直是统治者镇压犯罪的重要手段。

（2）枭首。枭首，是将犯罪人处以死刑后，把头悬于高杆示众。唐颜师古注《汉书·陈汤传》之"枭俊禽敌之臣，独有一陈汤耳"时解释道："枭，斩其首而悬之也。"

（3）腰斩。腰斩是将犯人拦腰斩截，是次于枭首之罪。《汉书·武帝纪》："丞相屈氂下狱腰斩，妻子枭首。"郑氏注云："妻作巫蛊，夫从坐但腰斩也"。

（4）弃市。弃市就是在闹市执行死刑并将犯人暴尸街头，也是汉朝的一种死刑执行方法。

2. 徒刑

据现存史料可知，汉朝徒刑的种类很多：

（1）髡钳城旦舂。髡钳是剃去头发，并用刑具束颈，男罚修长城，女罚舂米。汉文、景帝改革刑制以后，废除黥刑，改为髡钳城旦舂，刑期为五年。《汉书·刑法志》曰："诸当完者，完为城旦舂；当黥者，髡钳为城旦舂"。

（2）完城旦舂。是剃去男犯鬓须，罚修长城，女罚舂米，刑期为四年。

（3）鬼薪白粲。是男犯罚作砍柴，供应神庙，女犯罚为择米，刑期为三年。

（4）司寇。是强制犯人到边疆地区服苦役，并负责观察敌情，以防御敌人进犯。

（5）罚作、复作。男犯作苦役、戍边，称为罚作；女犯在官府服劳役，称之为复作，刑期为一年。

3. 赎刑

汉朝允许某些犯罪以财物赎刑的方式。汉朝赎刑是沿袭秦制，除以钱、谷、丝等赎抵本刑外，还有罚俸入赎之法。据《汉书·武帝纪》载：汉武帝下令"募死罪人赎钱五十万减死一等"。汉朝赎刑一定程度上弥补了当时政府的财政危机，但也为有钱人逃脱法律制裁

① 《汉书·景帝纪》。
② 《汉书·刑法志》。
③ 《汉书·晁错传》。
④ 《后汉书·献帝纪》。

提供了法律依据。

4. 罚金

在汉朝，罚金以罚金钱财物为主，适用轻微刑事犯罪。譬如无故群饮有伤风化者，给予罚金的处罚。汉罚金主要是指黄金，而秦朝赀布是指普通货币。

5. 禁锢

汉朝采取禁锢的方式剥夺一些人终身为官的权利。西汉时官吏坐赃者将禁锢不得为吏。到东汉时禁锢的适用范围扩大到犯罪者的亲属。《后汉书·章帝纪》载："一人犯罪，禁至三属。"后来禁锢适用范围进一步扩大到适用于党派之争。从桓帝到章帝年间，因党争被禁锢者达二百余人。

6. 徙

徙边本系秦制，汉朝相沿不改。汉朝沿用秦徙边是汉代死刑宽贷而减轻处罚的方式，即把重刑犯流放到边远地区服苦役、戍边。按照法律规定，凡徙边之人，未经朝廷许可，不准擅自离开边地返回。对当时统治者来说，这是一种一举多得的刑罚，赦免犯人的死罪，体现了朝廷的"仁慈"，同时也为边地输入了劳力，有利于当地经济发展，有利于边防建设，并稳固其在内地的统治。《后汉书·郭躬传》："圣恩所以减死罪使戍边者，重人命也。今死罪亡命无虑万人，又自赦以来，捕得甚众，而诏令不及，皆当重论。伏惟天恩莫不荡宥，死罪已下并蒙更生，而亡命捕得独不沾泽。臣以为赦前犯死罪而系在赦后者，可皆勿笞诣金城，以全人命，有益于边。"

（三）主要刑罚适用原则

1. 上请原则

秦代强调依法处断官吏的违法犯罪，只规定宗室贵族和有爵位者犯罪可以享受赎刑待遇。随着封建特权意识的发展，汉朝规定了"上请"制度，如汉高祖七年（前200）下诏："郎中有罪耐以上，请之。"即对郎中以上官贵犯罪通过请示皇帝可以给予一定的优待。以后，汉宣帝、平帝时都规定六百石以上官吏及公侯和子孙犯罪，均可以享受上请的优待。在东汉时，不满六百石官吏犯罪，都可以享受上请的待遇，上请已成为汉朝官贵的一项普遍特权，从徒二年到死刑都适用。这就为犯罪官吏贵族提供了法律上的保障，使他们免受应有的惩罚。上请原则是儒家经典由"礼治"延伸出的重差等、别贵贱法律观的体现。

2. 恤刑原则

汉朝统治者以"为政以仁"相标榜，强调贯彻儒家矜老恤幼的恤刑思想。景帝后元三年（前141）还曾著令："年八十以上，八岁以下，及孕者未乳，师、侏儒当鞫系者，颂系之。"[1] 至汉成帝鸿嘉元年（前20）正式定令："年未满七岁，贼斗杀人及犯殊死者，上请廷尉以闻，得减死。"[2] 对于幼童犯杀人罪者，予以宽大、不再判处死刑。因为"耆老之人，

---

① 《汉书·刑法志》。

② 《汉书·刑法志》。

发齿堕落，血气既衰，亦无暴逆之心"①。对老幼残疾等人的宽待处理，有利于统治者博得"仁政"名声，而不损害统治阶级的根本利益，故为统治者乐意奉行。②

汉律对老幼妇女等犯罪行为的减免以及其他优待办法，并不表明封建统治阶级的仁慈，而是汉朝统治者从长期的实践经验中，深知老幼妇残对于封建统治的危害不大，犯罪的可能性也比较小。正如宣帝所说："夫耆老之人，发齿堕落，血气既衰，亦无暴逆之心。"因此对这类人采取恤刑的措施，既有伪装"仁道"、"爱心"之意，也反映了我国古代精神文明与法律文化的进步，但对于直接危及封建国家安全的人民起义的镇压，则采用连坐、族诛等酷刑，老幼均不能幸免。

3. 亲亲得相首匿原则

亲亲得相首匿原则，是汉朝法律儒家化在封建刑罚适用原则上的反映。孔子说："父为子隐，子为父隐，直在其中"③。"父子之亲、夫妇之道，天性也。虽有祸患，犹蒙死而存之。诚爱结于心，仁厚之至也，岂能违之哉。"④ 儒家把父为子隐称为"仁"，子为父隐叫做"孝"。汉王朝的封建统治者一直标榜以"仁孝治天下"，来维护"三纲五常"的统治秩序。汉朝根据儒家经典大义得出家庭成员相互隐瞒犯罪，有助于封建家族家庭的稳定，故在刑罚适用原则上采取伸礼屈法的态度，在一般情况下不再追究刑事责任。如尊亲属首匿卑幼亲属罪应处死者，也可以上请皇帝求得宽贷。如同汉宣帝所规定的："自今子首匿父母，妻匿夫，孙匿大父母，皆勿坐。其父母匿子，夫匿妻，大父母匿孙，罪殊死，皆上请廷尉以闻"⑤，表达出一种宽容的态度。⑥ 据此规定，卑幼首匿尊长者，不负刑事责任。尊长首匿卑幼，死刑之外的不负刑事责任，死刑可通过上请程序减免其刑事责任。确定这项原则，是引礼入法的重要表现，并为汉以后历代各朝所援用，对以后封建刑事立法具有重大影响。

4. 诬告反坐

汉朝刑法对诬告罪的惩罚更加严厉，并出现了"诬罔"、"教人诬告"等罪名。汉代刑法中，八十岁以上的人犯有其他罪行，都可以不予处罚。唯独诬告相杀伤人罪，都属严重犯罪，仍然要追究刑事责任。如宣帝元康四年（前 62）诏曰："诸年八十以上者，非诬告、杀伤人，它皆勿坐"。唐颜师古注云："诬告人及杀伤人皆如旧法"。汉律之所以对诬告者实行反坐，是因为诬告他人不仅直接危害被诬告者本人的身家性命，而且会破坏封建统治秩序。特别是诬告别人谋反，往往会造成统治阶级内部的互不信任与残酷屠杀，严重损害了封建政权的统治基础。所以"省刑息诬"，不仅关系到个人的生命安全，而且关系到封建统治阶级的根本利益，这正是汉律严刑惩治诬告的基本原因。

5. 不溯及既往

汉时，新颁律令一般不适用于颁布前已发生的犯罪行为，即法不溯及既往。

---

① 《汉书·刑法志》。
② 参见怀效锋：《中国法制史》，94 页，北京，中国政法大学出版社，1998。
③ 《论语·子路》。
④ 《汉书·宣帝纪》。
⑤ 《汉书·宣帝纪》。
⑥ 参见怀效锋：《中国法制史》，94 页，北京，中国政法大学出版社，1998。

三、三国两晋南北朝时期刑罚体系的发展

（一）死刑

三国、两晋、南北朝时期基本上沿用了汉朝刑罚改革后的死刑制度。主要有腰斩、枭首和弃市三种死刑。但其中也出现了一些局部的增减。如魏朝适用的死刑正刑有三，只是将腰斩改为斩刑，其他与汉朝相同；据史料记载，蜀国时死刑主要为弃市，而东吴的刑罚与魏、蜀相比较则更为残酷，族诛、夷三族曾被广泛使用，并且增加了车裂、烧锯断头、刀环撞杀、拉杀等一些过去少有的杀人方法。晋代的死刑执行方法基本沿用了汉代；刘宋和南齐时期死刑基本同晋制；南梁死刑分两种，枭首和弃市；北魏崔浩定律后，大辟分为斩、绞两种，而大逆不道者要处以腰斩，害其亲者轘之，还有对巫蛊者处以沉渊刑；北齐死刑分轘、枭、斩、绞四等；北周时死刑有五：分别为磬、绞、斩、枭、裂。[①]

（二）肉刑

虽然肉刑在汉文帝时废除，并经过三国、两晋数朝的废复之争没有得到恢复，但在整个三国、两晋、南北朝时期还是偶有个别朝代加以适用。[②]

宫刑。宫刑作为破坏人生殖能力的刑罚，在汉文帝废肉刑之后经过了几次废立，仍然被限制性地加以使用。三国、两晋时期的律文和史料中没有见到关于宫刑的记载，到南北朝时期就出现了相关的记录，北朝时有"年十四已下腐刑"的记载，北齐天统五年（569）二月有"应宫刑者，普免刑为官口"的诏令，东魏、西魏也记载了犯罪的官吏被施以宫刑的案例。

墨刑、劓刑和刖刑。汉文帝废除肉刑之后，魏、晋两朝经过了大规模的废立争论，虽然肉刑一直没有得到全面恢复，但在这场思想大辩争的影响下，南朝的刘宋、梁政权在一段时期部分地区恢复了肉刑。据《宋书·明帝纪》载，泰始四年九月戊辰诏曰："自今凡窃执官仗，拒战逻司，或攻剽亭寺及害吏民者，凡此诸条悉依旧制。五人以下相逼夺者，可特赐黥、刖，投畀四远，乃用代杀，方古为优，全命长户、施同造物，庶简惠之化，有孚群萌；好生之德，无漏幽品"为弥补生死刑制之间的过大差距，宋明帝下诏施用黥、刖来减少死刑以显示其恩德。黥、刖刑的恢复到明帝死后即行废除，前后共实行了不足五年的时间。

据《通典·刑典·刑制》载，"梁武帝制刑……劫，身皆斩，妻子补兵，遇赦，降死，黥面为'劫'字"。可以看出南梁时期恢复过墨刑的使用，另据《梁书·武帝》载，武帝天监十四年诏："前以劓墨用代重辟，犹念改悔，其路已壅，并可省除。"说明其时恢复的肉刑除有墨刑之外还有劓刑。

（三）劳役刑和身体刑[③]

1. 劳役刑。魏律刑名，分为死、髡、完、作、赎五种，另有罚金与杂抵罪[④]，而魏律是以汉律为底本修成的，其中，髡刑四、完刑三、作刑二应当是属于徒刑之类。晋律改革

---

① 参见赵秉志主编：《酷刑遏制论》，72 页，北京，中国人民公安大学出版社，2003。
② 参见赵秉志主编：《酷刑遏制论》，72～73 页，北京，中国人民公安大学出版社，2003。
③ 参见赵秉志主编：《酷刑遏制论》，73～76 页，北京，中国人民公安大学出版社，2003。
④ 参见《晋书·刑法志·魏律》。

魏制，除完刑、作刑，其徒刑唯有髡刑一种，内分四等，而附以笞刑。① 南宋、齐沿用晋律，徒刑之制当与晋同。梁之徒刑，据《隋书·刑法志》记载，先沿晋律髡刑之制，置耐罪四等：一为髡钳五岁刑、笞二百，二为四岁刑，三为三岁别，四为二岁刑；后又增刑三等，即：一岁刑、半岁刑、百日刑，总共七等；梁制后来为陈律所袭。

北朝后魏徒刑名为年刑，分为五等，即五岁、四岁、三岁、二岁、一岁，每等均附加髡、鞭、笞，其数不详。北齐之徒刑大体遵循后魏之制，只是改"年刑"为"刑罪"，附加刑保留鞭、笞，去髡，男子配输左校，女子配舂及掖庭织。北周定律，大体沿袭的是后魏之制，其重要变化是改"年刑"为"徒刑"，徒刑作为刑名，即始于此。

2. 鞭刑、杖刑。两汉时期的鞭杖，发展到魏晋时期，作为一种刑罚的合称，被纳入律令，作为对汉时笞刑的一种减刑措施。三国至南北朝时期，鞭杖之刑出现了两种倾向：一是杖鞭开始走向等级化。据《隋书》卷二五《刑法志》记载，梁、陈律犹沿鞭杖之名，定为六等：鞭杖二百、鞭杖一百、鞭杖五十、鞭杖三十、鞭杖二十、鞭杖一十。而另一方面，杖刑始与鞭刑分开，并列为正刑。北齐及北周律则鞭、杖各自独立成刑：北齐律"鞭有一百、八十、六十、五十、四十之差，凡五等"，"杖有三十、二十、十之差，凡三等"；北周律"杖刑五，自十至五十"，"鞭刑五，自六十至于百"，杖刑成为最低刑种，鞭刑则成为高于杖刑一级的刑罚方式。这一时期的鞭刑、杖刑也就是隋唐五刑体系中笞刑、杖刑的雏形。

鞭、杖刑的行刑。其一，杖刑。三国时期吴国和蜀国都有有关杖刑的记载。到了晋代，对杖刑的行刑部位和刑具的尺寸有了明确的规定。史载："应得法杖者，以小杖过五寸者稍行之，应杖而髀有疮者，臀也。"就是说，受杖刑者应在其大腿行刑，如若大腿有疮则可以改变至臀部受刑；又如，"杖皆用荆，长六尺，制杖大头围一寸，尾三分半"，则是规定杖刑刑具的具体规格。② 南梁时明定七等杖刑，分别为免官加杖督一百、夺劳百日加杖督一百、杖督一百、五十、三十、二十、一十。北齐时期，杖刑只有十、二十、三十杖三等。到了北周，杖刑又恢复为自十至五十杖五等。其二，鞭刑。晋代时，鞭刑已经开始在较为轻微的犯罪中广泛地加以适用，为了规范鞭刑的实行，又对行刑的数量和刑具作出了规定，"应得法鞭者，即执以鞭过五十稍行之，有所督罪，皆随过大小，大过五十，小过二十。鞭皆用牛皮革廉成，法鞭生革去四廉，常鞭用熟靼，不去廉，作鸠头，细长一尺一寸，鞘长二尺二寸，广三分，厚一分，柄皆长二尺五寸。"③ 到了南梁分为六等鞭刑，鞭杖二百、一百、五十、三十、二十、一十。④ 北魏时期鞭刑有五十和一百共两种，还有一种非常之例，对无力履赎刑的贫者加鞭二百。北齐时分为鞭一百、八十、六十、五十、四十共五等。到了北周，鞭刑又改为六十、七十、八十、九十、一百共五等。

3. 迁徙刑。魏晋一直将汉以来的"徙边刑"作为适用的刑名，直到南梁，复又出现"流"刑。史载，建安女子任提女为其子景慈所证而得以处以死刑，其子景慈因陷亲于极刑而被流于胶州，其流也就相当于魏晋时期的徙边。北魏时称为"流徒"。据《魏书·孝文纪》记载，太和十二年正月诏："镇戍流徙之人，年满七十，孤单穷独，虽有妻妾而无子

---

① 参见（宋）李昉撰：《太平御览》。
② 参见虞世南编撰：《北堂书钞》卷四五晋令《鞭故令》，北京，中国书店，1989。
③ （宋）李昉撰：《太平御览》，2903页，影印版，北京，中华书局，1960。
④ 参见《隋书·刑法志》。

孙，诸如此等，听解名还本。"说明其时的流刑并非延及犯罪人的终生，在无直系尊亲属无人侍奉时，可以免除远流，归家以养亲。到北齐时，流刑排在死罪之下，居于刑名体系的第二位。① 史载：齐河清三年（564）定《齐律》，"其制，刑名五……二曰流刑，谓论犯可死。原情可降，鞭笞各一百，髡之，投于边裔，以为兵卒。未有道里之差，其不合远配者，男子长徒，女子配舂，并六年。"

可以看出，北齐时期的流刑还没有里程远近的划分，并需要附加鞭笞和髡刑。送达到边境作兵卒，这有点类似于后世的充军刑。到了北周。流刑就出现了远近的等级划分：以五百里为等差，从皇城起按里程计算，分为卫服、要服、荒服、镇服、蕃服共五等，并附加鞭笞刑。②

第四节
隋唐以后的五刑体制

一、隋唐法典中的"五刑"体制

中国古代的法典保存最早最完整的是《唐律疏议》。从此开始，《唐律疏议》、《宋刑统》、《大明律》与《大清律例》就成为中国古代社会发展从高潮走向衰落时期成文法典的代表作。"我国历代典章律例沿革，自成一系，上下可考，尤其自《唐律疏议》至明、清律，次第衔接，脉络可寻。"③ 在这些法典中全部是用"五刑"来概括称呼其刑罚体制的，那么我们就以这几部法典为代表来研究五刑制刑罚体制的发展脉络。

唐律中的五刑体制是对隋朝刑罚体制的继承与完善，隋在建朝之初即设立了新的"五刑"体制。

> 高祖既受周禅，开皇元年……更定新律，奏上之。其刑名有五：一曰死刑二，有绞、有斩。二曰流刑三，有一千里、千五百里、二千里。应配者，一千里居作二年、一千五百里居作二年半、二千里居作三年。应住居作者，三流俱役三年。近流加杖一百，一等加三十。三曰徒刑五，有一年、一年半、二年、二年半、三年。四曰杖刑五，自五十至于百。五曰笞刑五，自十至于五十。而蠲除前代鞭刑及枭首、轘裂之法。其流徒之罪皆减从轻。④

虽然在唐朝之前的北齐、北周及隋朝时期已经出现了新的五刑制刑罚体制的萌芽，而且唐律中的五刑体制可以说是对隋朝五刑体制的沿袭，但由于法典的缺失，我们只能在一些史籍中得到当时刑罚体制的概括，而要真正了解五刑制刑罚体制的整体状况，如立法原

① 参见赵秉志主编：《酷刑遏制论》，75页，北京，中国人民公安大学出版社，2003。
② 参见《隋书·刑法志》。
③ 薛梅卿点校：《宋刑统》，点校说明，2～3页，北京，法律出版社，1999。
④ 《隋书·刑法志》。

因、渊源、与其他篇章条文之间的关系及相关的文化底蕴等，保存完整的《唐律疏议》给我们提供了最好的研究范本。

（一）《名例律》中的五刑体制

在《唐律疏议·名例律》与《宋刑统·名例律》的法典正文中，对"五刑"的表述是相同的：

> 笞刑五：笞一十。笞二十。笞三十。笞四十。笞五十。
> 杖刑五：杖六十。杖七十。杖八十。杖九十。杖一百。
> 徒刑五：一年。一年半。二年。二年半。三年。
> 流刑三：二千里。二千五百里。三千里。
> 死刑二：绞。斩。

而《大明律·名例律》与《大清律例·名例律》中，则对徒刑和流刑附加了杖刑：

> 笞刑五：一十。二十。三十。四十。五十。
> 杖刑五：六十。七十。八十。九十。一百。
> 徒刑五：一年杖六十。一年半杖七十。二年杖八十。二年半杖九十。三年杖一百。
> 流刑三：二千里杖一百。二千五百里杖一百。三千里杖一百。
> 死刑二：绞、斩。

单从律典的正文来看，五刑制的刑罚体制除了明清时期的徒流比前代多加了杖刑之外，刑名与刑等都没有什么变化。正如各朝在《名例律》中都强调的："名者，五刑之罪名；例者，五刑之体例。"《唐律疏议》中对名例律的解释则更为详细系统："名训为命，例训为比，命诸篇之刑名，比诸篇之法例。但名因罪立，事由犯生，命名即刑应，比例即事表，故以《名例》为首篇。"应该解释为：用笞、杖、徒、流、死五刑的名称来对律典中《名例律》外的其他诸篇中涉及的各种犯罪行为作罪刑的定性；然后再根据所犯罪行的轻重，用各刑等下的体例来进行进一步的衡量。因此，虽然在《名例律》中还有关于定罪量刑方面的其他许多原则性规定，但究其最基本的根基，还是在于用五刑的刑名与体例来统帅整个法典的刑罚适用的。虽然代表中国古代社会后期的这四部法典在其他部分的体例划分方式上并不一致，如在《唐律疏议》中是十二篇，而到《宋刑统》中则进一步细分为二百一十三门，到《大明律》和《大清律例》则分为按吏、户、礼、兵、刑、工六部分类的方式，但以"五刑"来统帅名例律，以名例律来统帅整部法典的格局却极其稳定地传承了下来。由此可见，唐以后的律典一直采用的是一种以刑统罪的法典编纂体例。

在历代法典的《名例律》中，对"五刑"制刑罚体制及各个刑种的渊源、原因解释最为详尽的要数《唐律疏议》，其后的三部法典只是对唐律相关部分的简单抄袭和复述及简化。

为何要采用五刑，《唐律疏议》和《宋刑统》提到其渊源为《孝经·援神契》云："圣人制五刑，以法五行。"到明清时期连这个说法也省略了，五刑已经成为各朝立法过程中确立刑罚体制时毋庸置疑的一项制度了。在提及"五刑"体制时，人们将各个刑种与儒家思想建立起一种对应的关系，以此来证明其正统性。论证其正统性的目的，正如儒家先贤孔子所说："名不正，则言不顺；言不顺，则事不成；事不成，则礼乐不兴；礼乐不兴，则刑罚不中；刑罚不中，则民无所措手足。"①

而此时律学与儒家思想之间的关系正如《唐律疏议》中所表述的："德礼为政教之本，刑罚为政教之用"。而且，作为中国古代法典发展巅峰时期的代表作《唐律疏议》，其产生的初衷之一，就是为了满足评判当时科举考试中明法科考试答卷的需要：

> 三年，诏曰："律学未有定疏，每年所举明法，遂无准凭，宜广召解律人，条义疏奏闻，仍使中书门下监定。于是……参撰《律疏》，成三十卷。明年十月，奏之颁于天下。自是断狱者皆引疏分析之。"②

唐代科举取士的科目很多，但从种类上来讲只有贡举和制举两种。贡举由礼部主持，有进士、五经、明经、明法、明策等；制举亦名特科，由皇帝临时下诏设定科目，不定期举行。在众多的科目中，明经和进士两科最受重视。因此，可以说常规性的科举由礼部主管，而考试的价值取向以儒家思想为主，制定《唐律疏议》时，儒家思想不仅对具体的分则性篇目具有指导作用，而且在刑罚体制的设置上，也发挥着决定性的作用。

儒家思想对律典中刑罚体制的这种决定性作用不仅在唐朝是这样，而且其影响一直及于宋明清等各朝，这一点仅从各朝律典《名例律》篇中对"五刑"的条目及解释的沿袭上即可得到明证。

这里以唐律为例：

笞刑：

【疏】议曰：笞者，击也，又训为耻。言人有小愆，法须惩诫，故加捶挞以耻之。汉时笞则用竹，今时则用楚。故《书》云"扑作教刑"，即其义也。汉文帝十三年，太仓令淳于意女缇萦上书，愿没入为官婢，以赎父刑。帝悲其意，遂改肉刑：当黥者髡钳为城旦舂，当劓者笞三百。此即笞、杖之目，未有区分。笞击之刑，刑之薄者也。随时沿革，轻重不同，俱期无刑，义唯必措。《孝经·援神契》云："圣人制五刑，以法五行。"《礼》云："刑者，侀也，成也。一成而不可变，故君子尽心焉。"《孝经·钩命决》云："刑者，侀也，质罪示终。"然杀人者死，伤人者刑，百王之所同，其所由来尚矣。从笞十至五十，其数有五，故曰"笞刑五"。徒、杖之数，亦准此。

杖刑：

【疏】议曰：《说文》云"杖者持也"，而可以击人者欤？《家语》云："舜之事父，小杖则受，大杖则走。"《国语》云："薄刑用鞭扑。"《书》云："鞭作官刑。"犹今之杖刑者也。又蚩尤作五虐之刑，亦用鞭扑。源其滥觞，所从来远矣。汉景帝以笞者已死而笞未毕，改三百曰二百，二百曰一百。奕代沿流，曾微增损。爰泊隋室，以杖易鞭。今律云"累决笞、杖者，不得过二百"，盖循汉制也。

徒刑：

【疏】议曰：徒者，奴也，盖奴辱之。《周礼》云"其奴男子入于罪隶"，又"任之以事，寘（置）以圜土而收教之。上罪三年而舍，中罪二年而舍，下罪一年而舍"，此

---

① 《论语·子路第十三》。
② 《册府元龟》卷六一二之《刑法部·定律令第四》。

并徒刑也。盖始于周。

　　流刑：

　　【疏】议曰：《书》云："流宥五刑。"谓不忍刑杀，宥之于远也。又曰"五流有宅，五宅三居。"大罪投之四裔，或流之于海外，次九州之外，次中国之外。盖始于唐虞。今之三流，即其义也。

　　死刑：

　　【疏】议曰：古先哲王，则天垂法，辅政助化，禁暴防奸，本欲生之，义期止杀。绞、斩之坐，刑之极也。死者魂气归于天，形魄归于地，与万化冥然，故郑注《礼》云："死者，澌也。消尽为澌。"《春秋元命包》云："黄帝斩蚩尤于涿鹿之野。"《礼》云："公族有死罪，罄之于甸人。"故知斩自轩辕，绞兴周代。二者法阴数也，阴主杀罚，因而则之，即古"大辟"之刑是也。

　　追溯渊源时，"疏议"多采用的是《尚书》、《周礼》、《礼记》、《春秋》等儒家经典典籍，由此可见，以儒家经典注律到此时确实已达到了"礼法合一"的境界。根据解释，可将五种刑罚方式分为三档：笞杖为所谓的"教刑"，针对的是轻微犯罪者；徒刑是中等程度的刑罚，针对的是主流的一般犯罪行为；而流刑与死刑属于重刑，针对的是重罪犯人。这种刑罚等级的划分比起前代来无疑更为科学合理。而对五刑刑罚适用的"疏议"解释中，我们还可以看到"教化为先，仁义为本"的原则。正是由于新五刑体制在制度设计上科学合理，在思想渊源上合乎儒家传统，所以历代统治者都奉为圭臬，放置在律典的首要位置加以彰显。

　　虽然统治者主观上希望这套他们心目中完美的刑罚体制能够长期甚至永久地适用，但社会的变化是不以其意志为转移的，当理想与现实发生不可调和的矛盾的时候，为了维持统治秩序，便需要从制度到理论对之作出回应。

（二）隋唐时期五刑体制的历史影响

　　虽然从文本来看，律典中五刑制体制从唐到清基本上是相沿未改，但事实并不尽然。在制定律典的过程中，统治者一方面想要继承他们心目中前代的良法美制；而另一方面由于社会的变迁沿革又迫使他们不得不面对现实。为了弥合二者之间的差距，他们在制定律典的过程中也不可不谓是煞费苦心，在正文之外，通过其他形式对五刑体制不断作出变通性的调整。《唐律疏议》在《名例律》中规定的"五刑"之外，还规定了对死刑的一种从轻处理方式，即"加役流"，在执行方式上，与常流"三流俱役一年"不同，而是"加役流者，本法既重，与常流理别，故流三千里，居役三年"[1]。唐以后的各朝，在《名例律》"五刑"之外，在其他条款中规定的刑罚方式呈现出一种逐渐增多的趋势。

　　虽然五刑制刑罚体制在北朝时期萌芽，在隋朝已经确立，但是一方面由于当时的法典都已佚失而使得刑罚体制的真正面目已难考证，另一方面由于南北朝时期社会动荡，而隋朝更是一个短命的王朝，在历史文献中对法外用刑的记载也是比比皆是，因此五刑制的刑罚体制在这一时段虽已存在并确立，但其实施状况却被大打折扣。在当时历史状况下，笞

---

① 《唐律疏议·卷第三·犯流应配》。

杖徒流死五刑二十等刑罚体制可以说是科学合理的，而这一体制应当说是在《唐律疏议》的颁布实施过程中才得以真正实施。随着唐朝的衰亡，从宋开始到明清时期，中国古代君主中央集权制的社会由兴盛转向衰落，在传统的农耕社会结构以及以此为基础的儒家文化主流之外，工商业等因素的影响逐渐加大，社会秩序也出现许多新的不稳定因素。因此，虽然各朝的刑律大典中都在制度与观念上继承着五刑制的刑罚体制，但是，如上文所述，在律典的其他篇目的条款中、在律典的编纂方式等方面，已经开始用各种方式在消解着传统的五刑制刑罚体制。由于特别法效力高于一般法，所以在法律适用上总是优先适用特别法，因此在适用律典的过程中，更多地适用特别条款乃至特别法，而最终使得各朝实际适用的刑罚体制已经与律典正文中的笞杖徒流死五刑体制渐行渐远了。

虽然各朝在制度上迫于现实的需要用其他形式作出了调整，但是这种调整放在律典正文之外，则说明了统治者对于五刑制度的正统性的承认。这种调整在律典中主要表现为两种形式，一是通过注释或将已经颁布的特殊立法附入《名例律》五刑条目之下；一是以特别条款的形式，在《名例律》之外的其他篇目中，针对特定的情况作特殊的立法。前者对全律都具有普遍的约束力，而后者只是针对特定罪名、特定情节才具有约束力。所以，前者对五刑制度的消解力要大于后者。

从通过特别立法，为适应现实需要设立新的刑罚方式的角度来看，这些新的刑罚方式无疑是对"五刑"的事实上的消解与否定。但是，与此同时，我们又可以看到，这种现实选择或是与五刑作出相应的对应，或是作出说明认为只是权宜之计，这些变化从来都不是要否定"五刑"体制。这种制度上的折中说明的是在法律思想上的一致性，这种思想上的一致性是以儒家思想来注律、解律为根基的，但同时他们又赋予这种变通之后的刑罚制度以高于正文的法律效力，说明了他们在维持儒家思想与维持现实的社会秩序之间所做的希图两全的选择。这就开始了一个名实相分离的过程，一方面是形式上在《名例律》中规定的正统的五刑，另一方面是在注释、个别条款以及各种特殊立法中规定的在现实社会中施行的刑罚体制。前者体现的是法律制度的稳定性与延续性，后者体现的是法律制度的适时性与灵活性，二者并行不悖地存在于唐以后的各朝社会中。而由律典中的特别条款、特别立法等形式的变通，逐渐延伸、引发了律典之外以其他法律形式来消解五刑的新一轮变通过程。

二、宋元时期的刑罚体制

（一）宋朝的刑罚体制

在《宋刑统》中，宋统治者首先是基本全部照抄了唐律中的正文与疏议部分，在此基础上，根据现实需要在体例安排上作了如下调整：较之《唐律》，其于体例殊异之处主要有：分门类编、不逐条为目；尽统令格式敕、辅助律文疏议未备（准附自唐、五代至宋建隆三年令格式敕通用者）；新增臣等起请，以为应时建议（窦仪等所创）；总汇"余条准此"，方便司法检详；别具令敕本注"释曰"，补其疏议不足；另有"议"附名例，诠释"杂条"疏文（二十三则中《唐律》原有三则），以及删削《唐律》篇首的疏议，等等。以上诸多新增、准附、议、释条目，不仅可使"晓然易达"，而且与律疏同具法律效力，甚至不囿于《唐律》旧条，更合宋时形势的需要而具重要律效。这种体例改变的特点，对于统治三百多年的封建帝国两宋王朝的立国律典不称"律"，而名之曰"刑统"，无疑是个决定性的因素。① 在这些新增体例中，内容上包含着对从唐朝继承下来的五刑体制的重大变革。

1."折杖法"的发展及其与五刑体制的对应关系

第一，折杖之法。宋太祖建国之初，为改变五代时期刑罚严苛的局面，减轻刑罚，于建隆三年（962）二月命吏部尚书张昭等制定了"折杖法"，即以杖刑作为笞、杖、徒、流的代用刑。具体地说，就是将五刑中的这四种刑罚，分别按照各自不同罪等，以臀杖或脊杖折合决罚。折杖之后，使"流罪得免远徙，徒罪得免役年，笞杖得减决数"②。折杖法的产生，实际上用折杖刑代替了笞、杖、徒、流刑，使五刑中的流徒杖笞之法名存实改，由是改变了五刑的性质。因此，这是宋朝刑罚制度上的一个重大变化。折杖法纳入《宋刑统》之后，以法定刑的形式得到广泛行用，突出表现了宋初的轻刑省罚思想，对缓和当时社会矛盾、稳定社会秩序，有一定的积极作用。

第二，更定笞法。北宋末年，阶级矛盾更加尖锐，阶级斗争更加激烈，宋徽宗为了稳定统治，标榜仁政，于大观二年（1108）对笞罪改折小杖责罚。规定："自今并以小杖行罚，笞十为五，二十为七，三十为八，四十为十五，五十为二十，不以大杖比折，永为定制。"③

折小杖	二十	十五	八	七	五
笞 刑	五十	四十	三十	二十	一十
折大杖	一十	八	八	七	七

宋徽宗改革后的笞刑折杖法，主要有两点变化：一是由大杖折决改由小杖折罚；二是新的折数虽比大杖折数有增无减，但因改用小杖，轻刑之意易见。但在北宋末年，政治腐败，新的笞法并没有能取得实效，因此终被废除。

第三，递减之法。宋末，统治者为了挽救日益严重的社会危机，企望再一次通过"轻刑"政策，缓和阶级矛盾，于重和元年（1118），对徒笞刑罚的折杖法按等级递减。这次改革的结果是：除徒三年杖一百之外，"自今徒二年半杖九十者，折十七；徒二年杖八十者十五，徒一年半杖七十者十三，徒一年杖六十者十二。笞五十者十，笞四十者八，笞三十者七，笞二十者六，笞十者五。"④ 这就是所谓的"递减法"。

	徒刑				杖刑				笞刑				
刑律	二年半	二年	一年半	一年	九十	八十	七十	六十	五十	四十	三十	二十	一十
折杖法	十八	十七	十五	十三	十八	十七	十五	十三	一十	八	八	七	七
递减法	十七	十五	十三	十二	十七	十五	十三	十二	一十	八	七	六	五

由此看来，这次对折杖法的改革，是在原定折杖数的基础上递减的，从上表我们可以

---

① 参见薛梅卿点校：《宋刑统》，点校说明，北京，法律出版社，1999。
② 马端临：《文献通考》卷一六八。
③ 马端临：《文献通考》卷一六七。
④ 马端临：《文献通考》卷一六七。

看出，这次改革对流刑、徒三年、杖一百的折杖数却没有递减，对徒刑和杖刑折合后的受刑部位亦没有区分。所以说，"重和递减法"并不完备。

总的看来，宋代杖法的几次变化，主观上都有省刑之意。以一种较完整的刑制而论，"折杖法"用"折抵"、"折减"作为主要内容，这意味着立法有省刑从轻之意，都是向着轻刑省罚的趋势发展。但就宋代刑罚制度的整体发展而言，折杖法的减轻与刺配等刑罚的增多却是一个同步的过程，因此，仅凭宋代的"折杖法"一个轻刑措施并不能得出宋代刑罚制度轻缓的结论。

宋代的折杖法具有普遍的拘束力，对所有刑事案件的刑罚处理结果都适用，所以不同于前朝的折杖法。① 因此，案件的刑罚处分就此一分为二，一是按照五刑体制所做的笞、杖、徒和流的定性，是"本刑"，另一部分是按照"折杖法"与五刑的比折关系而确定的杖刑（折合流刑时还有配役处罚），为"折杖刑"（如上表所示）。虽然在决定刑罚处罚时，分为"本刑"和"折杖刑"两部分，但二者的法律效力却不同。折杖法最初是以敕令的形式规定在《宋刑统·名例律·五刑》的律文后所附的敕令中的。从法律渊源来看，在宋朝，敕令的法律效力高于律条。所以，《宋刑统》以大法形式附入敕令而与新的朝政相适应，折杖法也就随敕令而贯彻，提高为新朝政服务的效力，这是必然的。

与五代时期的酷刑相比，折杖法具有刑轻而法简的特色。后来折杖法虽有变化，但基本规则始终没变，从而奠定了两宋三百年刑罚体制的基础和格局。宋代的刑罚体制正是在折杖法的基础上，吸取了前代刑罚的合理内容，逐步发展完善起来的。折杖法制定后，宋代刑罚体制虽然仍以五刑为基本刑，但在具体执行时已发生了质的变化。

毋庸置疑，折杖法的实施减轻了刑罚的残酷性，在宋初确实缓和了社会矛盾，有利于社会的安定。但是，随之却也产生了刑罚等级轻重失调的问题，并由此造成一些负面效应："刑轻不能止恶，故犯法日益众，其终必至于杀戮，是欲轻而反重也"②；"徒、流折杖之法……愚顽之民虽坐此刑，其创不过累旬而平，则已忘其痛楚，又切无愧耻之心，是不足以惩其恶也"③。由这些史料我们可以推断出两个相反的倾向：对于被统治的民众而言，由于实行折杖法，导致整个刑罚体制畸轻，使人们感到犯罪成本降低，为了更大的利益，有人便不惜以身试法，从而导致犯罪率不断攀升；而对统治者来说，由于折杖法轻缓带来犯罪率的上升，为了稳定社会秩序，只有更多地启动死刑程序，结果便又会导致过多地使用死刑，从而最终与"轻刑"的目的背道而驰，使许多不必判死刑的人丧失生命。

当宋统治者意识到这一点时，便也意味着需要新的适当的刑罚方式去完善这一已经普及到社会中去的刑罚体制了。而这种刑罚体制由于处在初始阶段，需要进行不断的调整以

---

① 从历史发展的角度而言，折杖法并非起始于宋代。早在唐代后期，笞、杖、徒、流、死五刑之外，即已出现折杖法。唐大中七年（853），宣宗敕云："法司断罪，每脊杖一下，折法杖十下；臀杖一下，折笞杖五下。则吏无逾制，法守常规。"规定以脊杖代法杖，臀杖代笞杖。虽未涉及徒、流刑，但却开启了折杖法的先河。在唐代，徒罪犯人遇特殊情况，可以杖刑代役刑。《唐律疏议》卷三《名例律》曰："诸犯徒应役而家无兼丁者，徒一年，加杖一百二十，不居作，一等加二十。"特殊职业者犯流，决杖后，可以免流徒，就地服役："诸工乐杂户及太常音声人犯流者，二千里决杖一百，一等加三十，留住，俱役三年。"这种以杖代役、以杖代流法为后世徒、流刑实施折杖法提供了可以借鉴的样板。

② 《宋史·刑法志》。

③ 《长编》卷二一四，熙宁三年八月戊寅。

适应社会实际情况。封建制的五刑体制从萌芽到成熟经历了两汉、三国两晋南北朝，至隋唐才最终定型。宋朝为适应种种新的社会变迁而引发的这场实际意义上的刑罚体制的改革，从其产生到成型也需要相当长时间进行创新和不断调整。而每朝基本上都只有一部主要的通行始终的律典，在宋朝便是《宋刑统》。当刑罚制度体制需要不断调整的同时却不可能对《宋刑统》时时进行修正，所以，宋朝的刑罚体制中新的刑罚制度的内容便主要是包含在敕例当中了。这样，刺配、编管、羁管、移乡等方式——主要是刺配与编管——便从开始出现、偶尔一用发展成为轻重搭配、科等有序的体制性、制度性的刑罚方式，并与折杖法和死刑相结合，构成宋朝社会实际施行的、与传统五刑相对应的一套新的刑罚体制。

2. 宋朝由"折杖法"而引发的新刑罚制度的产生与发展

由于折杖罚施行后，与折杖刑相关的刑罚方式主要是刺配和编管。① 与此同时，宋代还发展了另一相对独立的凌迟刑。

第一，刺配刑。

宋太祖建立政权后，就着手开始革除唐末五代滥刑之弊，以减轻刑罚。史载太祖"尝读《尧典》，叹曰：'尧、舜之世，四凶之罪，止从投窜，何近代宪网之密耶！'盖有意于刑措也。故自开宝以来，犯大辟非情理深害者，多贷其死"②。在立"折杖之制"以后，为宽恕杂犯死罪，又实施了"刺配之法"③，主要用于逃亡军士、官吏犯赃及窃盗赃满至死特贷之人。凡"坐特贷者，方决杖、黥面、配远州牢城"④。刺配法作为宽恕死罪的代用刑，虽三刑并用，比较严酷，但起死为生，仍然不失其减轻刑罚的性质。正如张方平所说："黥为墨，配即流，杖乃鞭，三者始萃于一夫之身，盖其制将以宥死罪，合三为一，犹为生刑，端未为过。"⑤ 这是宋太祖创立刺配法的原始意图。

宋初实行的刺配法与折杖法的立法性质存在着本质的不同：折杖法是针对所有触犯刑律的人都可以以之进行处罚的，其轻重等级是有序的、体制化的，虽然以后也进行了修改，但是其从立法开始的时候就是整体性的、体制化的；而刺配法从一开始是零星地、偶然地

① 对于由于"折杖法"的实施而引发了宋代刑罚体系不同于隋唐的实质性的变化，学者们一般能达成共识，但是对于由此而产生的刑罚方式，如刺配、编管、羁管、移乡等的定性，却存在着较大的分歧。例如，"宋代的编配法，是于五刑之外增创的一个新刑种……宋代的编配法有刺面不刺面之别。凡刺面、杖脊、配役者，谓之刺配；不文面而流者，谓之编管。"详见郭东旭：《宋代法制研究》，222页，石家庄，河北大学出版社，2000。"杖刑广泛用作附加刑是宋代刑罚执行的又一个特征。除了宋初折杖法流刑附加折杖外，还有许多其他刑与杖刑并用的合用刑罚。宋初为宽恕死刑，以决杖加刺配来代替……还有的罪犯不刺面，决杖后直接配隶。南宋时期，对赃吏合处死刑者多从宽处罚，大多是决杖加流配。可见，宋代附加杖刑是比较普遍的，起初是一种变相减轻刑罚的补充刑者，以后逐步发展为一罪多刑制。"王云海主编：《宋代司法制度》，372页，郑州，河南大学出版社，1992。"由于实行折杖法，刑罚显着苍白无力……为了弥补这一缺陷，宋又采用以编配法作为从刑附加于主刑后的方式加大惩罚力度……由于采用附加刑，宋代统治者将罪犯的刑罚处置分成了两种：对一般犯人，依折杖法给予从轻发落；对重案、要案之犯，除实施折杖法之杖刑外，还以附加配隶法或编管法等刑罚方式从重惩处。"戴建国：《宋代法制初探》，144页，哈尔滨，黑龙江人民出版社，2000。
② 《长编》卷一六，开宝八年三月丁亥。
③ 刺配刑始于后晋天福年间（936—942）的"决杖配流"制度，"宋人承五代为刺配之法"。详见邱濬：《大学衍义补》。
④ 马端临：《文献通考》卷一六八。
⑤ 转引自马端临：《文献通考》卷一六八。

使用，在立法者而言，在适用刺配刑的时候，想的是一种"贷死之刑"，是与死刑相挂钩，而非他们主观上想要就刺配刑立法，所以缺少等级性、有序性和体制性。但这一点随着刺配刑适用的不断扩大而通过编敕的形式渐渐得以成形。

从史料的角度看，在制定《建隆重详定刑统》的时候，并没有刺配刑的刑名，也没有相关法条及律中敕、起请等形式去规范它。朱熹曾说："律是历代相传，敕是太祖时修，律轻而敕重。如敕中刺面编配，律中无之。"① 可见宋朝对刺配法的规范，都是在皇帝随事颁行的诏敕之中，法令中并无具体规定。李焘《续资治通鉴长编》卷二十五雍熙元年（984）正月甲子载："有司上窃盗赃至大辟，诏特贷其死。（太宗）因谓宰相曰：'朕常重惜人命，如此类者往往贷其极刑。但时取其甚者，警众多尔，不欲小人知宽贷之意，恐其犯法者众也。'"换言之，死刑的贷与不贷，如何贷，并无明文定制，都是由皇帝根据实际需要临时下诏决定，事先不作详细规定，不使人预知。这既有利于稳定社会秩序，同时又达到了恩归于天子及减轻刑罚、减少冤案的目的。

由于刺配刑最初只限于宽贷死罪，所以法条尚稀。从太宗朝开始，随着刺配刑使用范围的扩大，刺配诏敕日渐增多，逐渐成为编敕的一项重要内容。宋仁宗朝，仍因"条禁尚繁，配隶尤众"，于明道二年（1033）和景祐二年（1035）两次诏令审刑院、大理寺"减定诸色刺配刑名"②。庆历时翰林学士张方平也在《请减刺配刑名》的奏章中说：百年来，"虽累圣以慈恕御天下，钦恤惨怛，留神刑典，而科禁条章其实烦密……臣尝检会祥符编敕，刺配之罪四十六条，天圣编敕五十四条，今庆历编敕九十九条，诸系禁奏取旨又七十一条。比之天圣盖已增倍，其间亦有一条该刑名数节，详而究之，比祥符敕几三倍矣"③ 即自祥符至庆历三十年间，刺配法条就增加了三倍。对"诸刺配条重行详定，议从减除"。刺配之法虽然屡经减定，但法条仍是有增无减。到宋神宗熙宁三年（1070），"刺配之法，大抵二百余件"④。南宋虽经战火的冲击，但刺配之法仍是日繁一日。洪迈说："国朝之制，减死一等及胥吏兵卒配徒者，涅其面而刺之，本以示辱，且使人望而识之耳。久而益多，每郡牢城营其额常溢，殆至十余万。"⑤ 在宋孝宗淳熙时，刺配法竟多达"五百七十余条"⑥，比《宋刑统》法条还多，仅刺配法就足以形成一个严密的法网，校书郎罗点再次提出"减降刺配之法"。同时刑部、大理寺在讨论改革刺配法时也提出减降刺配法的建议。淳熙十四年（1187）八月，臣僚们又"建议改定居役之法"。但议论多年，始终未见定论。刺配法仍如旧制。如此繁密刺配科条的广泛行使，必然失去了宽贷死罪的原始意义，而成为一个行用广泛的常用刑种。正如清末沈家本所言："刺配之法，宋人多议其非，欲改而终不行"⑦。

刺配法的刑罚执行分为三部分：杖、刺、配，即所谓"既杖其脊，又配其人，且刺其

① 朱熹：《朱子语类》卷一二八。
② 《宋会要辑稿·刑法》一之五，中华书局影印本（简称《宋会要》）。
③ 张方平：《乐全集》卷二四。
④ 《宋会要·刑法》一之七。
⑤ 洪迈：《容斋续笔》卷五。
⑥ 马端临：《文献通考》卷一六八。
⑦ 沈家本：《历代刑法考·刑法分考八》，北京，中华书局，1985。

面，一人之身，一事之犯，而兼受三刑"①。

"杖"的这部分刑罚的轻重是根据"折杖法"来判决的，由于刺配刑是针对比较重的刑事犯罪而定的，所以，杖刑基本都是脊杖。

第二步是"刺"。宋初，黥面者"皆刺满面大字，毁形颇甚"②。大中祥符六年（1013）二月一日遂诏三司、开封府、殿前、侍卫、军头引见司，应配人除奉宣大刺面外，余并依招军例小刺。但这样易于混淆犯人和一般禁军，所以到仁宗天圣二年（1024），开封府提出："应断讫，贼情重凶恶者，乞字样稍大，仍于两面分刺，所贵与招募之人稍异。"仁宗诏令不许两面分刺，"如委实凶恶巨蠹，只一面刺稍大字样"。宋哲宗即位以后，又对贼盗犯者黥刺的部位、形状及大小作了明确规定："犯盗，刺环于耳后，徒流以方，杖以圆。三犯杖，移于面，径不得过五分。"南宋时，刺字的大小又有变化，宋孝宗乾道三年（1167），因"自来强盗贷命配流之人，往往才至配所，即行窜逸，亦有道杀防卒而归者"，于是规定："应有减死一等之人，其情重者并大字配充驻军"，"庶几恶少知所警惧。"关于刺字的大小，《庆元条法事类》卷七五《编配流役·断狱令》的规定是："诸军移配而名额不同或降配者，所刺字不得过二分（仍不刺'配'字），逃亡及配本城四分，牢城远恶及沙门岛七分。"

第三步是"配"，这一步中又可分为两部分：一是带有流放性质的，即要被流放到指定的地点；二是"役"，即到达了流放地后，还要从事被指定的劳役。

宋初，配隶法还不完备，由于江南地区尚未统一，西北和东北地区分别为北汉、契丹占领，犯人不能远配，以防逃入边外，引诱敌寇为害。太宗曾下诏令命犯人当刺配者，禁配西北诸州军及沿边地区。罪犯通常配于本州和邻州，重犯则刺配沙门岛和通州，或押送京师。全国统一后，刺配者的人数逐渐多起来。刺配的地域扩大了，不仅放宽了量刑幅度，同时也大大拓展了刺配的地域。除厢军外，配隶犯人所配场所还有如下几种：一是配衙前。所谓"配衙前者"，泛指犯人配隶在衙前服苦役。二是配沙门岛、海门岛。配沙门岛、海门岛的都是些重罪犯人，在岛上服苦役。三是配官营手工业及诸司务。四是以配隶犯为禁军。

到了南宋，各地设立屯驻大军，取代禁军，承担起军防重任。宋将重犯罪人刺配屯驻军重役，以加强对他们的控制。同时"兼可补填军额"③，以解决兵员的招募问题。纵观南宋刺配重役法，盖因犯人"情理深重，所以配充重役"④，以便用严厉的军法监管重犯罪人，亦含有用繁重的劳役惩处犯人之意。

刺配的地理远近是根据罪行轻重来定的。《宋会要》刑法四之三七："犯罪应编配之人，在法皆以本犯情罪轻重立定地分远近。"此外，《元丰刑部格》还定有"不移不放及移放条限"⑤。到北宋哲宗元符元年（1098）时，配隶等级依次为配本州、邻州、五百里、千里、一千五百里、二千里、二千五百里、三千里、广南州军、远恶州军、海外州军、永不放还者，等。

从刺配法发展的脉络来看，它的形成是一个渐进的过程，而非立法者有意的一种制度

① 邱濬：《大学衍义补》。
② 《长编》卷七五，大中祥符四年二月壬戌。
③ 《宋会要·刑法》四之四八。
④ 《宋会要·刑法》四之六一。
⑤ 《文献通考》卷一六八《刑考》七。

设计。从统治者的立法意图来说，最初作为"贷死之刑"是为了减轻刑罚，但社会的发展却迫使统治者不得不断地扩大刺配刑的适用，从而开始了从量变到质变的过程，最终形成了杖、刺、配相结合，而又各分等级、综合适用的一种刑罚方式。

第二，编管法。

编管法的产生、发展的过程，与刺配法基本属于一个相同的过程，只是其适用的对象和实施的方式有所不同而已。

编管法，即于外州编入户籍，接受监督管制，限制人身自由的处罚方法。编管主要适用于命官犯罪、因罪被缘坐的家属及一些杂犯。配隶是要隶于军籍的，而编管则否，并且不刺面。编管刑等轻于刺配，其以地理远近分为编管邻州、五百里、千里、二千里若干等级。其量刑幅度视罪行情节轻重而定。以下是据部分案例制成的编管等级与主刑的关系表①：

主刑	编管	等级	资料出处
杖八十（折臀杖十五）	编管邻州		《清明集》卷十三）
杖一百（折臀杖二十）	编管邻州	五百里 一千里	《清明集》卷十三）
（徒罪）脊杖十二	编管邻州	五百里 一千里 二千里	《清明集》卷十二、十三、十四）
（徒罪）脊杖十三	编管五百里		《清明集》卷十三）
（徒罪）脊杖十五	编管五百里	一千里 二千里	《清明集》卷十一、十三）
（流罪）脊杖十七	编管五百里		《宋会要》刑法六之二十六）
（徒罪）脊杖十七	编管邻州	五百里	《清明集》卷十二）
（贷死刑）脊杖二十	编管二千里		《宋会要》刑法六之四十）

编管的应用范围较广，这就意味着它的适用性更强。

第三，凌迟刑。

死刑作为宋朝刑罚体制中的一个重要刑种，与宋朝整体法律文化包括刑法制度的发展是一致而吻合的，但与以"折杖法"为基础而衍生出的一套刑罚体制相比，它的发展又具有其相对的独立性。它作为宋朝刑罚体制中的一个小系统，在其产生发展的过程中，应当说是更多地与隋唐五代时期死刑制度的发展有着比较多的承继关系。

按《宋刑统》的规定，死刑分绞、斩两种，"绞、斩之坐，刑之极也"。从这一点来看，理论上说，宋初的刑罚体制，对死刑的法律设定仍是沿用传统的五刑之制。但自宋朝建立的早期时起，在实际的社会生活中，除了沿用唐代绞、斩二刑外，还使用一些更为残酷的死刑，其中大多是沿用古代时出现的酷刑，如弃市、腰斩、枭首、磔刑、族刑等等。但是，最终取得合法性的死刑有两种，一种是"杖杀"，已经被纳入《宋刑统》中，但就现有的史料来看，所用并没有普及化；另一种是"凌迟"，以其残酷性及在宋朝行用的广泛性而著称于史。

凌迟其实就是俗语所说"千刀万剐"，即先切割人肢体，后去其脏腑，使其慢慢死去的酷刑。它起于五代，《旧五代史·刑法志》载，凌迟刑"以短刀脔割人肌肤，乃至累朝半生

---

① 该表引自戴建国：《宋代法制初探》，164 页，哈尔滨，黑龙江人民出版社，2000。

半死"。宋朝立国后，结束了五代纷争之局面，但五代时的酷刑却被继承下来，特别是凌迟刑，宋初大量使用。

太平兴国二年（977）闰七月，殿直吴舜卿受诏于沂、兖间募兵时，因醉酒而手杀平民八人，太宗命令将其械系阙下，"先折其两足，然后斩之"①。到真宗时，一般地方官在处死刑时，可随意使用这种酷刑。如大中祥符四年（1011）十二月，杨琼知兖州时，有一兵卒自言得神术能飞行空中，妖蛊惑众。杨琼即将其逮捕，"折其脚，奏戮之"②。不过真宗时并不提倡使用凌迟刑，早在景德二年（1005）九月，光禄寺丞、通判蕲州钱易奏疏称：

> 近代以来，非法之刑，断截手足，钩背烙身，见白骨而口眼犹动，四体分落而呻痛未息。以此示人，故四方长吏益残暴不已。又婺州先断贼手足，然后斩之以闻。寿州巡检使以贼磔于闾阎之中，其旁犹有盗物者。使严刑可戒于众，则秦天下无一黔首之乱矣。臣以谓非法之刑，非所以助治也，惟陛下除之。③

可见，这时凌迟等酷刑虽大量使用，但仍是法外之刑，尚未被承认为法定刑。真宗接受钱易建议，加以限制。大中祥符三年（1010）闰二月又诏："如闻诸处捕获逃亡兵士，或以铁烙其腕及碎胫骨，方始斩决。西北缘边军兴以来，军民有罪，情重者断肢体而戮……自今无得法外行刑。"④ 七年（1014）十月，御史台鞫杀人贼，请脔割之，真宗则反对说："五刑自有常制，何必为此"。又内供奉官杨守珍也请求擒获强盗后处以凌迟刑，但真宗却令："依法论决，毋得惨毒。"⑤ 到仁宗天圣六年（1028），干脆就改变了这种不提倡的态度，下诏："如闻荆湖杀人祭鬼，自今首谋若加功者，凌迟斩。"这样，凌迟刑便成了法令允许使用的刑罚。仁宗时开了法定先例后，神宗熙宁以后广泛用于反逆大罪及"口语狂悖致罪者"。到南宋宁宗制《庆元条法事类》时，在卷七十三《断狱式》中将凌迟与斩、绞同列，成为法定死刑之一。此刑多施行于重大案犯。

从宋代刑罚制度的形成过程来看，其实际施行的包括杖刑、刺配、编管和死刑等在内的一整套与五刑体制相对应的刑罚等级制度，更多地像是统治者在适应现实环境中不自觉地形成的，而并非是统治者有意识立法的产物。

3. 宋朝刑罚体制的形成及评价

在中国刑罚体制发展史上，宋朝的刑罚体制具有其独特性。从质的方面说，虽然宋朝律典——《宋刑统》在《名例律》中的规定仍然沿用传统的五刑制的刑罚体系，但从上述分析中可以看到，实质上，在实践中形成的是一套主要包括臀杖、脊杖、编管、刺配以及死刑的新的刑罚体制，而传统的五刑体制只是作为继承传统法律文化的文本内容的一种形式上的存在形态而已。同时，两种不同的刑罚体制之间却又存在着微妙的对应关系，宋初太祖的"折杖法"就是联结二者对应关系的纽带。

"折杖法"在宋朝进行了几次改革，这说明这一体制本身不稳固。因此，与之相对应的

---

① 《长编》卷一八，太平兴国二年闰七月辛丑。
② 《长编》卷七六，大中祥符四年十二月庚子朔。
③ 《长编》卷六一，景德二年九月戊午。
④ 《长编》卷七三，大中祥符三年闰二月丙辰。
⑤ 《通考》卷一六六《刑五》。

整个宋朝的刑罚制度也显示出不稳定性，从而在不同的时期形成了不同的划分等级。所以，宋朝刑罚制度三百多年的发展史显示出其零乱的一面。传统的五刑体制像一条中轴线，而宋朝在实际中执行的刑罚体制便像一条围绕着中轴线上下浮动的曲线一样。虽然宋朝的刑罚体制是一种对社会发展的新的适应体制，但其发展最终又不会偏离传统太远。

对于创制刑罚制度的宋统治者而言，他们对传统五刑体制进行的这些改革从其初衷来说，都是为了达到轻刑的目的，如"折杖法"的制定是为了使"流罪得免远徙，徒罪得免役年，笞杖得减决数"。而刺配刑最初是作为"贷死之刑"来适用的。但随着社会的发展，人们会发现，"折杖法"中的杖成为任何一种刑罚的一部分，刺配成为常刑，传统的死刑仅有斩和绞对统治者而言已经不够，更有"杖杀"、"凌迟"等酷刑成为法定死刑。所以，宋朝的刑罚体制从"轻刑"的目的出发，得到的是一个"重刑"的结果。

为什么会出现这样的现象？这只有从社会发展自身的规律来寻找原因了。社会的发展是不以人的意志为转移的。宋朝统治者面对的是一个新的社会，法律作为一个社会的上层建筑，并且作为稳定社会秩序最有力的工具之一，是否能发挥其作用与功能，发挥得好还是不好，最终取决于这种法律制度能否适应社会的发展状况。宋代刑罚体制之所以会出现上述的种种独特之处，就是社会发展规律与中国传统文化之间相互作用的结果。社会的变迁需要统治者去适应，而另一方面，以儒家"德主刑辅"为核心的法律观念仍然在人们的观念中占据着统治地位。人们在主观上仍然向往"轻刑"乃至期于"无刑"的美好社会。统治者一方面想要"轻刑"，显示自身当朝的社会的良好；而另一方面，由于政治、经济及宋朝特殊的社会状况，又使其存在着与隋唐时期相比更多的社会不稳定因素，刑罚作为一种有力的统治工具不可避免地为统治者所器重，为了治乱，统治者不得不加大惩罚的力度，最终的结果只能是主观愿望与客观实际相背离。

（二）元朝的刑罚体制

元朝统治者作为少数民族统治中原地区，其统治具有民族压迫的一面，同时也继承了宋朝的刑罚制度中残酷的一面，如对凌迟和刺字的规定。

蒙古国时期的笞刑和杖刑沿用金制，共十等，每等加十，自十至一百。忽必烈建立元朝之后，为了标榜"用刑宽恕"，笞杖之制起了变化，沿用蒙古旧制各减三下，正如叶子奇在《草木子·杂制》中所说的"天饶他一下，地饶他一下，我饶他一下"，由是元代笞、杖之刑均以七为尾数遂为定制。① 因此，在《大元通制》中的笞刑规定为："笞刑一十下决七下。二十至三十，决一十七下。四十至五十，决二十七下。"② 但在《元典章》中的新例又规定，五十七以下用笞，参照《元史·刑法志》在"五刑"中规定的笞刑条目"笞刑：七下，十七，二十七，三十七，四十七，五十七"③ 可知，在元朝时，笞刑分为六等，这实际上是对按金律当断笞三十以上的罪人降等的执行刑罚，其结果就是元以笞刑取代了金的杖刑。折代关系如下：

① 参见中国政法大学法律古籍整理研究所：《中国历代刑法志注译》，621 页注释①，长春，吉林人民出版社，1994。

② 黄时鉴：《元代法律资料辑存·大元通制》，杭州，浙江古籍出版社，1988。

③ 《元史·刑法志》。

金	笞刑			杖刑		
	一十	二十至三十	四十至五十	六十至七十	八十至九十	一百
元（笞刑）	(10−3)七	(20−3)十七	(30−3)二十七	(40−3)三十七	(50−3)四十七	(60−3)五十七

五十七下按金制应属于杖刑，现在改为折代杖刑的笞刑。因此，金的杖刑在元代被减降为笞刑，这也是元律源于唐、宋、金律而又不同于唐、宋、金律的一个特色。

元朝时的杖刑有两种功能，即它既是一种独立的刑种，同时又作为徒刑的附加刑而被使用，具体规定是：

> 杖刑：
> 六十七，七十七，八十七，九十七，一百七。
> 徒刑：
> 一年，杖六十七。一年半，杖七十七。二年，杖八十七。二年半，杖九十七。三年，杖一百七。[1]

以七为尾数显示了元朝统治者作为少数民族统治中原的一种民族特色，而对徒罪实行附加杖刑无疑是加重了刑罚的惩罚力度。

当时的徒刑按照徒刑的年限有七等，而按照执行徒刑时附加的杖刑则又可分为五等，具体制度如下：

> 一年、一年半，决六十七下。二年、二年半，决七十七下。三年，决八十七下。四年，决九十七下。五年，决一百七下。

元朝的徒刑从两方面加重了徒刑的刑罚程度：一是徒刑年限的增加，从隋唐时起，徒刑一直是以半年为一等，从一年到三年分为五等，而元朝时的徒刑却最高以一年为一等，最长的徒刑刑期为五年，从执行时间上加重了徒刑的程度；二是对徒刑附加杖刑，在执行方式上加重了徒刑的惩罚力度，因为隋唐时的徒刑并无法定的附加刑，宋朝的"折杖法"使犯人实际上只受杖刑惩罚，而元朝却徒刑与杖刑同时执行。这一恶习为明清所承袭采纳。

元朝时的流刑没有加役流，而且有关流刑的史料记载也没有居作劳役等方面的规定，只是分为"二千里、二千五百里、三千里"三等，分别流于"辽阳，湖广，迤北"[2]。

元代死刑无绞刑，只有陵迟与斩两种。[3]

三、明清时期的刑罚体制

（一）明朝

各朝根据自身的社会发展水平与司法状况的需要，对五刑体制进行不断调整，明代也不例外。《大明律》明确规定了以五刑制作为国家法定的刑罚体制，而在司法实践中，由于

---

① 《元史·刑法志》。

② 《大元通制》和《元典章》中只规定了流刑的里数，而《元史·刑法志》中只规定了对流刑流放的地点。

③ 元朝的死刑在《元史·刑法志》中记有："死刑，则有斩而无绞，恶逆之极者，又有陵迟处死之法焉。""死刑：斩，陵迟处死。"但在《大元通制》与《元典章》中，则分斩绞两种。

明《大诰》、《赎罪条例》的颁布与实施、充军刑种的不断发展,使得现实中的刑罚制度呈现出另一种面貌。

1. 明《大诰》及其对五刑体制的影响

《大诰》[①] 是明太祖亲自编纂的一部特别刑法。《大诰》的名称,原出于古籍《尚书》,并为其中的一篇,内容记叙的是周公东征殷商遗民时对臣民的训诫。"大诰"二字,即"陈大道以诰天下"之意。朱元璋将"御制圣书"冠以"大诰"之名,其动机是"欲仿成周《大诰》之制"[②]。《大诰》共分四编,即《御制大诰》、《御制大诰续编》、《御制大诰三编》和《大诰武臣》,总共二百三十六个条目。这些条目由案例、明太祖的"训导"、法令三方面的内容组成。即:一是收集洪武年间主要刑事案件,特别是洪武十七年(1384)至十九年(1386)朱元璋对臣民法外用刑的大量案件,用以"警省奸顽";二是颁布了一些新的重刑法令条款,用以严密法网;三是在不少条目中,兼杂有明太祖对臣民的大量"训导",明确地表达了朱元璋重典治国的思想和主张。这种以诏令形式颁发的,以案例、峻令、训导三个方面内容组成的,具有法律效力的特别法,是中国法制史上前所未有的。明太祖编纂案例和其"明刑弼教"言论的立足点在于"教化",意在"使民知所劝惩",达到预防犯罪的目的。而峻令固然也有"惩戒"的作用,但着眼点是用以打击"犯罪","禁于已然之后"。正如学者所言:

> 在中国法制史上,明《大诰》以其别致的编纂体例、赤裸裸的明刑弼教思想、酷烈的律外用刑和以重典整饬吏治而著称于世,朱元璋为推行《大诰》所采取的一系列非常性措施,也多是前无古人的。[③]

《大诰》中的酷刑远比明律要多,计有族诛、凌迟、极刑、枭令、斩、死罪、墨面文身挑筋去指、墨面文身、挑筋去膝盖、刖指、断手、刖足、阉割为奴、斩趾枷令、常枷号令、枷项游历、重刑、免死发广西拿象人口迁化外、迁、充军、徒、全家抄没、戴罪还职、戴罪充书吏、戴罪读书、免罪工役及砌城准工等三十余种,皆较明律为严,又多为明律所未设。

明太祖朱元璋把四编《大诰》当做"明教化"、"惩奸顽"、"救世治国"的法宝,在整个洪武年间的后期,他凭借君主的权力,运用强制的手段,在全国臣民中大张旗鼓地推行,为实施《大诰》做了不遗余力的努力。尤其是其中的峻令部分,更是具备了法律的一般特征。

第一,《大诰》峻令不仅和当时的其他法令一样,是以御制形式命令颁布的,而且对人们的行为规则和相应的法律后果都有明确的规定,其中多数峻令有具体的量刑标准,因而具备了封建社会刑事法律所应有的规范性特征。第二,朱元璋在《大诰》中和颁行《大诰》之后,曾多次发布敕令,三令五申,对臣民"违《诰》者罪之",要求"法司照依《大诰》治罪",这就给全部《大诰》峻令赋予了强制性的法律效力。第三,从《大诰》颁行过程中处理的一些案例看,也可证明这些峻令在当时就已得到实行,具有可执行性。

---

① 关于《大诰》的研究,主要参见杨一凡:《明初重典考》,长沙,湖南人民出版社,1984;《〈明大诰〉研究》,南京,江苏人民出版社,1988。

② 《明太祖实录》卷一七九。

③ 杨一凡:《明初重典考》,6页,长沙,湖南人民出版社,1984。

由于明太祖对《大诰》的重视，《大诰》减等的命令应该很快得到了遵行，并应该被普遍实施。而洪武末年对《大诰》及相关命令的重申，更使《大诰》及"减等"的命令进入了祖制的范围，得到遵奉。弘治年间，吏部主事杨子器上疏，其一条云："今内外问刑衙门宜追审犯人果有无《大诰》，有者，始许减等论罪，不可仍前概拟为有《大诰》，虚减其等。"① 在地方，也有如下记载：

> 乡之人有自官司讼回者，曰，某也罪，流罪徒而里而年不等，某也罪，杖罪笞而数不等，俱有《大诰》减等……问于乡之长老，始知亦制也，内自司寇部，外而诸司，但问刑者皆然。②

可见《大诰》减等普遍实施的事实。以此为前提，在一些律家编录的有关法律文书中，"《大诰》减等"被编成常用的"招议之式"之一。③

毫无疑问，朱元璋运用重刑打击贪官污吏和豪强地主，有利于减轻广大劳动人民所受的压榨和负担，也在短期内或在一定的程度上起到了威慑贪墨行为的作用。同时还应看到，它是明初实行的一系列吏治措施综合作用的结果，而不能简单地仅仅归结到刑用重典这一点上，更不能不加分析地把它主要归功于推行《大诰》。就颁行《大诰》本身的社会效果而论，由于朱元璋倡导的是无视正常法制、无区别和无节制的大行诛戮，因而人心不服，收效有限，流弊很大，难以持久实行。也就是说，未能达到朱元璋的预期目的。沈家本在评论朱元璋推行《大诰》的得失时说：

> 不究其习之所由成而徒用其威，必终于威竭而不振也。④

这种看法是很有见地的，也是符合历史本来面目的。对于推行《大诰》未能达到预期目的这一结论，朱元璋也承认：

> 朕朝治而暮犯，暮治而晨亦如之，尸未移而人为继踵，治愈重而犯愈多。⑤

洪武后期，朱元璋对他所奉行的刑用重典政策、特别是律外用刑的一套做法，也曾有过困惑和动摇。洪武二十八年（1395）八月，他在总结治国经验时说："朕自起兵至今四十余年，亲理天下庶务，人情善恶真伪，无不涉历。其中奸顽刁诈之徒，情犯深重，灼然无疑者，特令法外加刑，意在使人知所警惧，不敢轻易犯法。然此特权时处置，顿挫奸顽，非守成之君所用常法。以后子孙做皇帝时，止守《律》与《大诰》，并不许用黥刺、刵、劓、阉割之刑"⑥。这段话表明，一方面，朱元璋对一味"以威为治"的得失有一定认识，他否定了那些残忍的肉刑，认为这些只是权宜之计，不可久用；另一方面，他强调自己在

---

① 《明孝宗实录》卷二二三，弘治十八年四月甲子条。
② 正德《夔州府志》卷一二，夔州府知府吴潜"恭题御制大诰后"。
③ 如明人雷梦麟作《读律琐言》，在文后所附"招议之式"中，录有一条云，"《大诰》末章云，一切军民人等户，户有此一本，若犯笞杖徒流罪每减一等。法家至今遵用，有《大诰》减等，惟死罪不减，其杂犯死罪准徒五年及笞罪并枷号者若遇恩例减年释放、放免，须云，某有《大诰》，又与某人、某人、某人俱遇蒙恩例。"中国史学丛书本。
④ 《寄簃文存》卷八之《书名大诰后》。
⑤ 《大诰续编·罪除滥设第七十四》。
⑥ 《皇明祖训》：《祖训首章》。

"乱世"的特殊条件下刑用重典是正确和必要的，只是子孙后代不可效法罢了。

永乐以后各朝，情况则大不一样。仁宗、宣宗、英宗即位之初，都仿效建文帝，明令宣布：

> 诸司所问囚犯，今后一依《大明律》科断，不许深文，违者治罪。①

查这几朝现存的案例，尚未发现依《律诰》中《大诰》条目治罪的现象。朝廷明令禁止平民绑缚官吏，也极少有此类事件发生。由此可见，在仁、宣两朝，不仅四编《大诰》，就是《律诰》中所列的《大诰》罪名，均已中止不用。

到明代中叶时，《大诰》已然民间鲜知。明太祖朱元璋亲自编纂的《大诰》峻令，盛行于洪武，延续于永乐，到洪熙、宣德时已被搁置不用。明太祖苦心经营的"万世之法"，在其死后不久便短命而废，也是他本人万万料想不到的。不过，《大诰》的这种命运，是有其历史的必然性的。《大诰》峻令正是由于酷滥无比，故其难长久推行，这是不以人的意志为转移的必然结局。

除了大诰本身对某些特定的犯罪行为的法律效力之外，由于大诰减等的规定，因此对《大明律》的实施有一定的影响，从而使得《大诰》的法律效力不仅及于它作为特别法本身，而且扩大到普通法的范围，对五刑制的刑罚体系产生了一定的影响。

《大诰》减等的规定本适用于死罪以下的各个刑种，但其间受到影响最大的却是流刑。笞、杖、徒刑本身分成五等，减一等处置并不影响刑种本身的行用，而流刑的情况却有不同。《大明律》规定，"二死三流同为一减"，即流罪三等若减一等处置，则均为徒三年。②这样，身犯流刑的罪犯如果收藏有《大诰》，罪减一等，则均按徒三年处置。因此，"大诰减等"普遍行用的结果就是五刑制刑罚体制中流刑适用的实际缺失。

2. 赎罪条例及其对五刑体制的影响

（1）真、杂犯死罪的区分

"杂犯死罪"一词来源甚早，《唐律疏议》注解为"谓非上文十恶，故杀人，反逆缘坐，监守内奸，盗、略人、受财枉法中死罪者"。即虽同为死罪，杂犯死罪之罪行相对较轻。宋代"杂犯死罪"一词承此含义，在一定时期一定范围之内赦免杂犯死罪犯人死罪的命令时有颁布。明洪武五年（1372），太祖诏令，"自今杂犯死罪可矜者免死，发临濠输作"。杂犯死罪的含义及其免死处置的方式，均有历史承继的痕迹。

自洪武五年以后，国家关于杂犯死罪处置的命令频繁颁布，诏令中开始将杂犯死罪与真犯死罪对应使用。如洪武十四年（1381），太祖令刑官："自今惟十恶真犯者决之如律，其余杂犯死罪皆减死论"。洪武十六年（1383）又命刑部："凡十恶真犯死罪者，处决如律……杂犯死罪者罚戍边"③。在洪武二十六年（1393）颁行《诸司职掌》之前，所谓真犯死罪与杂犯死罪的具体内涵相对比较模糊。至《诸司职掌》之"都官科"下，关于真、杂犯死罪的内容才有了具体的界定，其中真犯死罪包括来自律令的条目四十条，来自《大诰》的条目二十三条；杂犯死罪包括来自律令的条目九条，来自《大诰》的条目三条。明代类

---

① 《皇明诏令》卷七至卷十。
② 参见《大明律·名例·加减罪例》。
③ 《明太祖实录》卷一三九，洪武十四年九月辛丑条；卷一五一，洪武十六年春正月丁卯条。

编真、杂犯死罪罪名的历史由此开端。此后，随着条例的发展，真、杂犯死罪的罪名也在不断地增加。真、杂犯死罪罪名的确定，是司法实践的要求。因为同为死罪，真、杂犯死罪间的惩治差别却在日益加大；真犯死罪按律处决，杂犯死罪犯人则可免死，在洪武一朝，以输作和戍边的形式，以赎罪的名义发落，输作与戍边一般均为终身。洪武朝杂犯死罪的行用，首先使五刑制中死刑一等的部分罪行以罚役的形式得到处理。

（2）赎罪的发展

第一，《赎罪条例》及其影响。

洪武三十年（1397），太祖命六部、都察院等官议定赎罪事例。《实录》记载结果如下："凡内外官吏犯笞杖者记过，徒流、迁徙者以俸赎之，三犯罪之如律。杂犯死罪者自备车牛运米输边，本身就彼为军。民有犯徒流、迁徙者，发充递运水夫。"①律家皆称明代的赎刑实施最为广泛，广泛实施的赎刑主要依据的是《赎罪条例》而不是《大明律》。《律》与《大诰》只作议罪用，真正科断或发落的标准在《赎罪条例》。洪武以后普遍实施按《律》议罪，按例发落这样的审判模式，这是源头；另一方面，《赎罪条例》在明代司法中的地位也由此得到确定，明代赎刑在以后的充分发展也得益于此。

《赎罪条例》对五刑制中徒刑的实施影响较大。传统徒刑的实施方式，本以煎盐、炒铁为主，徒刑相对劳苦。而在洪武三十年（1397）的《赎罪条例》中则以发充递运水夫的方式代替了传统徒刑的实施。比较煎盐炒铁，发充递运水夫的劳役负担相对较轻。所以发充递运水夫以赎的名义出现，究其实，与以工役终身来发落杂犯死罪一样，是以罚役的形式出现的"赎"。

由于洪武三十年《赎罪条例》的颁行及其司法地位的确立，《大明律》规定中的五刑虽然没有改变，在实际的行用中，从高到低，五刑的基本格局却改变成为：真犯死罪，处决；杂犯死罪，戍边或工役终身；徒流罪，发充递运水夫，时间各照年限；杖、笞罪的决或按各等罚役。

第二，《问刑条例》及其影响。

永乐以后，以罚役形式出现的赎例继续发展并逐步得到规范。以罚役的形式而论，明初，修造、屯种、煎盐、炒铁以及摆站等多种形式并用，但当时在实用的要求下，临时定制的特征比较明显。永乐以后，刑罚内在的要求起到更大的影响，罚役的形式、年限也在逐步确定。

罚役发展的同时，以财物赎罪得到更为迅速的发展。所谓以财物赎罪，主要是指官员或有财力的人家犯罪之后，以输纳钱钞、粮米赎罪的方式，又可称为纳赎。纳赎的方式后来多种多样，包括纳钞、纳钱、折银、纳谷、纳豆、纳马，运灰、运砖、运炭等等。②

这样，洪武以后的赎刑就出现了罚役与纳赎并用的局面，选择罚役还是纳赎取决于罪犯的财力。因此在正统以后，逐渐有"有力"、"无力"这样的专用名词出现，指的就是罪

---

① 《明太祖实录》卷二五三，洪武三十年五月甲寅条。

② 具体内容可参见万历《明会典》卷一七六，《刑部》一八，《五刑赎罪》。运灰、运砖、运炭等项最初是以罚役的形式出现的赎法，后来豆折纳工价，因此也成为官员及有财力之家纳赎的方式之一。

犯本身的财力状况，如果财力充足，是为"有力"，可以纳赎；如果贫难无力，则以罚役赎罪。

弘治《问刑条例》对多年来的调整予以总结与确定："凡军民诸色人役及舍余审有力者，与文武官吏、监生、生员、冠带官、知印、承差、阴阳生、医生、老人、舍人，不分笞杖徒流杂犯死罪，俱令运灰、运炭、运砖、纳米、纳料等项赎罪。若官吏人等例该革去职役，与军民人等审无力者，笞杖罪的决，徒流杂犯死罪各做工、摆站、哨瞭、发充仪从，情重者煎盐。炒铁。死罪五年，流罪四年，徒按年限。"① 可以说，弘治《问刑条例》中该条规定的形成，标志着《大明律》五刑制在实际行用中的变化基本完成。

变化后的五刑制给司法带来重要影响。从刑制的角度而言，最为关键的是传统流刑的废而不用与徒刑惩治范围的拓展。流犯或以纳赎或以发充递运水夫四年的方式进行发落，传统的以发远为特征的流刑不再实施。早在弘治初年，大臣邱浚向皇帝进奉所撰《大学衍义补》一书，其中谈及本朝流刑的实施，即称"所谓流刑率从宽减以为徒，真用以流者，盖无几也"②。在对流罪以徒四年的形式进行惩治的同时，死罪中区分出来的杂犯死罪也以徒五年的形式发落，这样，在传统徒刑五等之外，实际行用的徒刑从一年至五年分成了七等，徒刑的惩治范围得到明显的拓展。

具体来说，杂犯死罪从死罪减免而来，流刑在五刑制中本处于降死一等的地位，它们在刑制中上接死刑，下连徒刑，与两者之间均应保持适度的差距，以保证降死一等罪得到合理有效的惩治。但是，从五刑制具体行用的情况来看，一方面，此降死一等刑与徒刑之间的差距过小。徒刑的最高徒役年限为三年，而降死一等刑的最高徒役年限也不过五年；至于纳赎，彼此之间的差距更限于几十石米谷。另一方面，此降死一等刑与死刑之间的差距则明显过大。明初五刑制在实际行用中的变化，均以赎的形式出现，而赎法均带有恤刑的特征，以罚役或以纳赎落实的五刑，其惩治力度均有降低。以罚役而论，徒刑的罚役以发充递运水夫为主，较之传统徒刑的落实方式煎盐、炒铁，前者惩治力度明显较轻；再从纳赎来看，尽管杂犯死罪与流和徒各等之间纳赎的数量均存在高低等次，但原则上真犯死罪以下各罪行均可以财赎免这样的纳赎之法显然过于宽泛，降死一等刑的惩治力度随之降低。降死一等刑与死刑之间的距离由此可见。降死一等刑与死刑差距过大，则意味着降死一等刑不能有效惩治降死一等的重罪。"次等之徒，轻视官法，以为问罪监追，不过杂犯死罪、徒流罪名，但折纳米稻而已"③

总之，在司法实践中，从洪武朝开始，传统五刑制各刑等就发生了不同程度的变化与调整。其影响是多方面的，其中，降死刑一等重刑惩治力度不足，即降死一等重罪得不到有效的惩治，是其最为重要也最为深刻的结果。由此，出现了充军刑。

3. 充军刑

提及充军，时人多有"五刑莫重于死罪，其次莫重于充军"④ 的议论，律家注解"充

---

① 《明史·刑法一》。
② 邱浚：《大学衍义补》卷一零五，《明流赎之意》。
③ 戴金：《皇明条法事类纂》卷一七，《户部类》，"守掌在官财物"。
④ 《明孝宗实录》卷一五二，弘治十二年七月甲子条。

军"，也多有"充军下死罪一等，在法中为至重也"①的说法。显然，明代充军的出现与发展，与上文所述降死一等刑惩治力度不足所提出的问题是密切相关的。

在明朝建国以前，充军之刑已经存在，洪武元年（1368）明朝建立以前，修订于吴元年（1367）十二月的《大明令》中，已见涉及充军的条目，但主要适用于军官军人："凡军官军人犯罪该徒流刺字者，止决合断杖数，并免徒流刺字，依旧充军。"②有明二百多年间，充军法规的发展持续不断。明初，《大明律》中的充军条款仅为四十六条，《诸司职掌》收录的充军条例也只有二十二款。但至万历年间，其时修订的《问刑条例》总计三百八十二条中，充军条目已经占据几近一半的数量，达一百八十九条之多。

法规的增加，使充军的适用范围相应扩大，从明初到明末，充军针对的对象与罪行都呈明显的发展趋势。明初，充军的对象以军官军人为主，尽管在洪武一朝，也有相当数量的非军籍人充军，但充军为军官军人特设的特征比较明显。然而随着充军法规的发展，充军的对象也在发展，至弘治《问刑条例》，其中充军条例的对象，上至文武官吏，下至军民百姓，都在充军之列，尤其是军官军人与非军籍人的充军条目大致相当，明初充军为军人特设的特征逐渐淡化。同样，充军的罪名也不断增加，吏、户、礼、兵、刑、工各方面均有相应的适用罪行。

在《大明律》中规定的充军刑，只有附近充军与边远充军二等，随着充军包容的对象和罪行日益增加，充军也区分出了更多的层次。在弘治《问刑条例》中，涉及的充军就有附近、边卫、边远、烟瘴、口外、极边卫等名目，终身与永远军犯也早已得到区分，只是其间的等次关系还未很明确。至万历本《明会典》中，所录嘉靖、万历充军条例，充军本身区分出更多的等次，并在各等次之间确定轻重的程度，使对军犯的量刑定位都更为规范合理。

充军在明代的规模化行用，给明代社会带来了多方面的深远影响。充军重刑，首先有效地解决了明代降死一等重罪的惩治问题，到明代中期，在司法实践中，充军为降死一等重罪已经成为共识，充军实际上已经取代了流刑在五刑制中的地位。但是，明代传统流刑一直存在，占据着五刑中的降死一等的合法地位。

随着充军在惩治重罪方面的效果日见显著，其降死一等重刑的地位开始得到承认。起码在成化时期，充军降死一等的说法就已比较普遍。刊布于成化时期的《律条疏议》中，律家张楷就指出："充军邻于死罪，岂可妄加平人"③。弘治以后，充军降死一等已经成为时人的常识。当时大臣谈及此刑，无不以次死刑一等称。弘治十二年（1499），刑科右给事中周旋上言"详狱情"等事，有"五刑莫重于死罪，其次莫重于充军"之论。④以后，各律家注律，更有明确的标注，万历间高举、王樵等注《大明律》，于《刑律》"诬告充军及迁徙"一条，皆注曰："充军下死罪一等，在法中为至重也。"⑤充军重刑的特征，保证了它对于降

① 高举：《明律集解附例》卷二二。转引自吴艳红：《明代充军研究》，198页，北京，社会科学文献出版社，2003。
② 《皇明制书》卷一，《大明令·刑令》。
③ 张楷：《律条疏议》卷二二，《刑律》"诬告充军及迁徙"条下"谨详律意"。转引自吴艳红：《明代充军研究》，198页，北京，社会科学文献出版社，2003。
④ 参见《明孝宗实录》卷一五二，弘治十二年七月甲子条。
⑤ 分见高举：《明律集解附例》卷二二；王樵、王肯堂：《大明律附例笺解》卷二二。

死一等重罪的有效惩治，而这一点则从根本上解决了明代刑制以及司法中出现的问题，充军之所以在明代得到长足的发展，这是最具决定性的原因。

纵观明代刑罚制度的发展，虽然在《大明律》中以正条的形式肯定了传统的五刑制的刑罚体制，但在其他具体条文中，又增加了刺字、充军、凌迟等重刑，使得这些酷刑正式入律。而且，从建朝之初，明太祖就以《大诰》的形式宣告了他"重典治国"的方针，以特别法优先于一般法的形式肯定了《大诰》中各种酷刑的法律效力。其次，他又采用持《大诰》减等的方法，将大诰的影响力扩大到明代刑典的适用中，从而导致了流刑刑等执行力的落空。另外，《赎罪条例》以及其后的《问刑条例》的实施，使得徒刑的适用范围大大拓展，由此导致明律中五刑体制的失衡，最终导致对减死一等重罪调整的缺失，由此使得在现实中充军刑因其适应了这一需要而使用范围不断扩张，最终填补了这一刑等的缺失。

明初《大诰》盛行，其刑罚的残酷不必说，其后是明律的颁行，其中五刑的正统地位得以确立，但附加的大诰、大诰减等的规定，赎罪条例的出现等问题，都使得流刑缺失、徒刑与赎刑泛化，在刑等设置的科学性上来讲，对重罪，除了死刑之外别无他刑，导致刑罚体制不科学，因此出现充军刑。从刑罚整体上而言，历代都是以仁慈为初衷，而以加重为结果。

（二）清朝

这里的清朝指的是清末刑制改革之前，以《大清律例》为主要适用法律、以"五刑制"刑罚体制为法典中的主要刑罚体制形式的时期。

"详绎明律，参以国制"是清初立法的指导思想。"详绎明律"就是以《大明律》为蓝本，详细加以推导和借鉴；"参以国制"就是适当参考保留本民族的特色。在这种指导思想之下，清律不断发展完善。历经顺治、康熙、雍正、乾隆近百年，有过三四次大的修律活动，至乾隆初期律文基本定型，此后不再修改，仅定期增修"附例"。

在刑罚体制方面也是如此，在"五刑"条目下承袭了《大明律》的规定，但正如上文所述，在律典中已经开始出现的新规定，如通过小注、例以及法律编纂体例的修改等方式，逐步消解着"五刑"条目设立的初衷。而且，这些方式与前代以其他法律形式来消解不同，它们是直接反映在律典中的。前文已经说明，在此不再赘述。其显著的变化有如下几种：

1. 正刑观念

五刑制度与观念从产生时起就并不能囊括当时所存在的各种刑罚方式，因此，就出现了其他的概括方式，其中较典型的就是"九刑"。所谓"周有乱政，而作九刑"①。《左传·文公十八年》作《誓命》曰："毁则为贼，掩贼为藏，窃贿为盗，盗器为奸。主藏之名，赖奸之用，为大凶德，有常无赦，在《九刑》不忘。"有人认为，"九刑"为"刑书九篇"②，或认为是"九个刑种"。而征诸史料，则古人多解为后者之义。"郑（玄）注《尧典》云：

① 《左传·昭公六年》。
② 沈家本：《历代刑法考·律令一·九刑》，北京，中华书局，1985。周密：《中国刑法史纲》，71 页，北京，北京大学出版社，1998。

正刑五，加之以流宥、鞭、扑、赎刑，此之谓九刑者。"①

在这里，我们的目的不是探讨"九刑"到底是什么，而是想强调"正刑"这个词汇所反映的观念。现代有人将正刑解释为："指法典名例篇中正式规定的刑罚。"② 但从郑玄的注解来看，在《名例律》这种法典编纂形式形成之前，"正刑"这种观念已经出现了。另外，史籍中关于"正刑"有：

> 刑法者，先王所以惩罪恶，齐不轨者也。《书》述唐、虞之世，五刑有服，而夏后氏正刑有五，科条三千。《周官》：司寇掌三典以刑邦国；司刑掌五刑之法，丽万民之罪；太史又以典法逆于邦国；内史执国法以考政事……及其末也，肆情越法，刑罚僭滥。至秦，重之以苛虐，先王之正刑灭矣。③

> 凡律，以正刑定罪。令，以设范立制。格，以禁违正邪。式，以轨物程事。乃立刑名之制五焉：一笞，二杖，三徒，四流，五死。笞刑五，杖刑五，徒刑五，流刑三，死刑二。④

> 明律渊源唐代，以笞、杖、徒、流、死为五刑。自笞一十至五十，为笞刑五。自杖六十至一百，为杖刑五。徒自杖六十徒一年起，每等加杖十，刑期半年，至杖一百徒三年，为徒五等。流以二千里、二千五百里、三千里为三等，而皆加杖一百。死刑二：曰斩，曰绞。此正刑也。其律例内之杂犯、斩绞、迁徙、充军、枷号、刺字、论赎、凌迟、枭首、戮尸等刑，或取诸前代，或明所自创，要皆非刑之正。⑤

除了正史的刑法志中提到以外，在时人的著作中，也能时时看到类似的论断，如：朱熹认为，在儒家经典中"五刑"是"墨、劓、剕、宫、大辟，五刑之正也"；而邱浚则认为：

> 笞、杖、徒、流、死，此后世之五刑也；始于隋而用于唐，以至于今日；万世之下，不可易也。⑥

清代学者薛允升对"五刑"的看法基本上也是继承了律典中的思想：

> 五刑见于《尚书》，周则有九刑。郑注《尧典》曰：正刑五，加之以流宥、鞭、扑、赎刑，此之谓九刑。古之五刑，皆肉刑也。自汉文帝改为笞三百，历代各有损益。至隋、唐乃以笞、杖、徒、流、死定为五刑，迄今不改。笞、杖即所谓朴作教刑、鞭作官刑者也。流亦仿自《虞书》五流有宅、五宅三居之义。其徒刑则始于周。⑦

从上述史料我们可以看出，不论是旧五刑还是新五刑，都被认为是"正刑"，而"正

① 沈家本：《历代刑法考·律令一·九刑》，北京，中华书局，1985。薛允升撰，怀效锋、李鸣校：《唐明律合编》，6 页，北京，法律出版社，1999。
② 中国政法大学法律古籍整理研究所：《中国历代刑法志注译》，1022 页，长春，吉林人民出版社，1994。
③ 《隋书·经籍二》。
④ 《旧唐史·职官二》。
⑤ 《清史稿·刑法志》。
⑥ 鲁嵩岳：《〈慎刑宪〉点评》，17、109 页，北京，法律出版社，1998。
⑦ 薛允升撰，怀效锋、李鸣校：《唐明律合编》卷一，北京，法律出版社，1999。

刑"之外的刑罚方式，有些却又是律文中明确规定具有法律效力的，被称为"非刑之正"。"正刑"与"非正刑"的划分，也可以从一方面揣测到古人心中对刑罚的看法。历史上的五刑可以说是人们心中正统的、有体系的、可以统帅整个律典的刑罚体制，而五刑之外的刑罚方式则只能用罗列的方式个别适用，是因时因地因情而设的，不能作为"常刑"存在。

到新五刑制度稳定适用之前，中国古代的刑罚体制在"五刑"的框架下产生、发展，不断进化，虽然人们已经认识到"五刑正刑"之外还存在着"非正刑"，但对"非正刑"并没有太多理论性、学术性的关注。新五刑的制度和观念稳定之后，社会的发展导致了对新五刑的不断挑战，而人们也越来越多地求诸"正刑"之外的刑罚来弥补"正刑"适用中出现的缺陷。当这种现象发展到一定程度的时候，便出现了想用理论来整合完善二者之间关系的努力。"闰刑"思想的提出就是这方面的一个例证。

2. 闰刑思想

在《历代刑法志》中，直到《清史稿·刑法志》中才出现了"闰刑"一词：

> 故宣统二年颁布之《现行刑律》，第将近数年奏定之章程采获修入，于是刑制遂大有变更。其五刑之目，首罚刑十，以代旧律之笞、杖……次徒刑五……次流刑三……次遣刑二：曰极边足四千里及烟瘴地方安置，曰新疆当差。以闰刑加入正刑，承用者广，不得不别自为制也。次死刑二：曰绞，曰斩。

对"闰刑"思想阐述甚为详细的是清人王明德，在《读律佩觽》中，他用相当大的篇幅来说明"闰刑"思想。在其序言中，他就将刑罚与历法、音乐相提并论，认为它们需要合于天道，即"天之命，世之统"，为了"恰合夫自然之气"，就需要"各致其闰"，在这一点上，三者是相同的，即"此刑之所以一同夫历与乐"。

> 植标测景，晷刻违，则四时忒，弗辰弗集，候以朕也。考钟伐鼓，宫商佚，则先亡征，美细民劳，审以听也。闻鸣犊而回车，烹弘羊而天雨，拂乎众，质乎天，证以心也。心者，天之命，世之统也。故明刑必本乎律天，天听高而体圆，故郊见乎圜丘，圆数六，奠极于五，故气至六而极。律历之数六，律乐之数六，故律刑之数亦以六，六曹、六杀、六赃是也。证灾祥于五星，审治忽于五音，而祥五刑，明五德，简五辞，服五罚，正五过，何一非极于五而正其失哉。然而岁有僭差，气有盈缩，节奏有登降，《风》、《雅》有正变，世有兴替之递迁，道有污隆之异制，人有赋性刚柔强弱之不等，俗有淳固浮浇之不一，习有温良悍犷之异齐，则不得不各致其闰，以恰合夫自然之气，此刑之所以一同夫历与乐，而功用固毫发其不爽者也。乃或有致疑于历之致闰，较然可稽，乐即未闻矣，何况于刑。刑以寓闰，其说得毋凿乎？又况乎律本十二，乃欲以刑之六律概其全，且艳称为法天，为乘气，何重视夫刑，而蔑视夫天。若此，曰乐本宫商五音其正也，八音之设胡为乎？鼓吹之属其出六，法阳嘘也。匏笙之出以十三，非阴阳备而更益以闰耶。等五刑而上之有刑焉，等五刑而下之有刑焉，不应重，不应轻，将得谓为刑之正耶。即推而极之，以至于加加者，致气盈也；贷而缩之，以极乎减减者，法朔虚也。更递加而各节之以罪止，法二至，志分阴，一本乎日月之中也。两造陈，强梁抑，削弱伸，直而胜者欣，曲而负者服。固一如夫六阳协则六阴和，阴

归象冥，不复为之更正于阴也。谓非法天之学然乎哉。①

而在其将"五刑"作为专题来论述时，不论是对总目的说明，还是对刑种的解释，始终都贯穿着"闰刑"的思想。

3. 五刑正目

五刑之制，始自上古五帝之世，即以因之。观于帝舜命皋陶即曰：汝作士，明于五刑。则五刑之设，其繇来尚矣。然古之所谓五刑，乃墨、劓、剕、宫、大辟，初无所谓笞、杖。所称笞、杖云者，乃后世所订。即古所谓鞭作官刑、扑作教刑，止作训诲之具，原不以之为刑论。自汉高惩暴秦之毙，与天下更始，约法三章，不免矫枉过直，以至网漏吞舟，法纪荡佚，积久发暴，遂至彭韩菹醢、英涂族赤，迥出常刑之外。推其所自，未必非高皇约法之过耳。延至文帝，更除肉刑，易之以笞，此笞杖省入五刑所自始。迨及孝景，复递减而杀之，后世遂奉为法。一以笞、杖、徒、流、死具为五刑之正，不独上古之法止存一二，而其各刑中，又有隆杀之不等，谨备列而各著之，以便读法者共是而共见。

计徒凡五等，苟于所犯更有重焉，则又出乎徒以入乎流。然五徒正目，载在《名例》，尽人知之。若不尽乎五等者，则愚所谓闰徒也，人所易忽。

至于三流之外，又有安置、迁徙、充军，及边外为民、边远为民诸款，是又流中之闰也。

然二死之外，有等而下之曰杂犯斩、杂犯绞者，有等而上之者曰枭斩、曰凌迟，更有从凌迟而上曰枭示，曰戮尸以剉碎其骨者。是愚所谓刑中之闰而又闰也。其盖本乎朔盈气虚之义，以制乎其为刑者欤？②

按五刑正目，自汉景以后惟止笞、杖、徒、流、死而已，是以《名例》特冠其例于首，以明刑之为法各有其正。虽云五者之外，仍有凌迟、枭示、戮尸等类，初非国之常刑，要皆因时或为一用者，终不可以五刑之正名。故止散见于律例各条中，或备著乎律例各条外，卒不得与五刑正目同俦而并列。总以明夫刑者，原非圣人所得已，固不容不为显揭以垂世，更不容同其混迹而无分。此先贤定律明教、澄序篇章之大旨也。但于真犯、杂犯以及监候、决不待时等类，皆已备著律首矣，而于枭示、戮尸诸款，则置而未备，不免缺然。因为细检，汇而集之。举凡律首所已备者，概不再复，以灾楮墨。③

这种划分，体现的正是立法与实践之间出现差异后的解决途径的结果。观念上承认五刑的正统性，实际司法中又不能适应现实需要，新的刑种就只好以"闰"的形式来出现。但实际上，是否意味着新的刑罚体制在悄无声息地出现、发展，所谓的"随风潜入夜，润物细无声"，导致到清末修律时，五刑观念已经淡漠，并对以前历代出现的其他刑种作出正式承认，认为五刑在实质上早已受到颠覆。例如，沈家本就认为："《明律》承唐，以笞、杖、徒、流、死列入五刑之目。而律文中有陵迟若干条，条例中有枭首若干条，又别有充军之法，是皆轶

---

① （清）王明德：《读律佩觿》，本序部分，北京，法律出版社，2001。
② （清）王明德：《读律佩觿》，129、131、133、135 页，北京，法律出版社，2001。
③ （清）王明德：《读律佩觿》卷四下，136 页，北京，法律出版社，2001。

于五刑之外者。夫刑不止于五，而仍以五刑列于篇首，已非其实。况笞、杖不过大小之差，其刑并无所分别，强分之以作五刑之数，亦未见其确当也。常谓国家设刑，所贵差等分明，不必拘拘以五为数，致有强分强合之病。若泥古之儒，以五刑之名为甚古，设今废五刑之目是蔑古也，则非吾之所敢知也。"① 这也是历史发展中观念博弈的最终结果。

四、清末五刑体制向近代的转化

（一）清末刑律改革中刑罚体系的变革

1.《大清现行刑律》规定的刑罚体系

光绪三十四年（1908）正月二十九日，沈家本等向清廷呈上《拟请编定现行刑律以立推行新律基础》的奏折，虽然肯定颁布新律是必然趋势，但认为当时的社会状况还不适宜制定新律，主张先改良《大清律例》，以作过渡之用：

> 圣鉴事窃维新政之要，不外因革两端。然二者相衡，革难而因易。诚以惯习本自传遗，损益易分次第，初非旦夕所能责望也。方今瀛海交通侪同比伍，权力稍有参差，强弱因之立判。职是之故，举凡政令、学术、兵制、商务，几有趋于同一之势，是以臣家本上年进呈刑律专以折冲樽俎、模范列强为宗旨。是刑罚与教育互为盈朒，如教育未能普及，骤行轻典，似难收弼教之功；且审判之人才、警察之规程、监狱之制度，在在与刑法相维系，虽经渐次培养设立，究未悉臻完善。论遭递之理，新律固为后日所必行，而实施之期，殊非急迫可以从事。考日本未行新刑法以前，折衷我国刑律，颁行新律纲领，一洗幕府武健严酷之风，继复酌采欧制，颁行改定律例三百余条，以补纲领所未备，维持于新旧之间，成效昭著。

进而提出修订现行刑律的四项基本原则：总目宜删除、刑名宜厘正、新章宜节取、例文宜简易也。《大清现行刑律》于宣统二年（1910）公布，其变化最大的就是厘正刑名部分。

2. 刑罚体系变革的原因

在《拟请编定现行刑律以立推行新律基础》奏折中，沈家本等就刑罚体系变革的原因作出的解释是：

> 一、刑名宜厘正也。律以笞、杖、徒、流、死为五等，而例则流之外，复增外遣、充军二项。自光绪二十九年，刑部奏请删除充军名目，改为安置。是年，刑部又于议覆升任山西巡抚赵尔巽条奏军流徒酌改工作。三十一年臣家本与伍廷芳议覆前两江总督刘坤一等条奏改笞杖为罚金。三十二年奏请将秋审可矜人犯随案改流。三十三年臣等遵旨拟议定满汉同一刑制。是年，法部复奏请将例缓人犯免入秋审等，因各在案叠届变通，渐趋宽简。质言之，即死刑、安置、工作、罚金四项而已。而定案时，因律例未改，仍复详加援引，偶一疏忽，舛迕因之。似非循名覆实之义。兹拟将律内各项罪名概从新章厘订，以免分歧。②

---

① 沈家本：《历代刑法考·明律目笺一·五刑》，北京，中华书局，1985。
② 沈家本编：《大清现行刑律案语》，普政社铅印本，清宣统三年（1911）。点校为笔者所加。

由此可见，此次的"厘正刑名"实质是对此前已经通过奏议的方式作出的刑罚方式变革的一个总结，而在《大清现行刑律案语》中的"五刑"的条目下，可以看出，这次刑罚体系的修改正是贯彻了"刑名宜厘正"的原则方针，将刑罚体系从《大清律例》向《大清现行刑律》的转化过程及理由都交代得更为详细清楚：

> 国朝因明之旧，流罪之上增入军遣，刑名之目并不止五。且光绪二十九年，经刑部奏请删除充军名目，将附近、近边、边远，并入三流；极边、烟瘴改为安置，仍与当差并行。是年，复经刑部议覆升任山西巡抚赵尔巽奏通设罪犯习艺所，按照徒限工作：流罪各犯如系常赦所不原，照例发配，到配一律收所习艺，流二千里者限工作六年；二千五百里者工作八年；三千里者工作十年。若为常赦所得原者，毋庸发配，即在本省收所习艺，工作年限照前科算，限满释放。遣军亦照满流科断。又三十一年，修订法律馆核议原任两江总督刘坤一、升任湖广总督张之洞会奏恤刑狱折内拟请笞杖等罪仿照外国罚金之法，凡律例内笞五十以下改为罚银五钱以上二两以下；杖六十者改为罚银五两，每一等加二两五钱，以次递加至杖一百改为罚银十五两而止。又刑部附片奏请将军流徒人犯应得加杖概予宽免，各等因先后奉旨允准在案。
>
> 盖笞杖已全属换刑，流徒亦经变通办理，是五刑之名虽仍其旧，其实自死刑以下办法，俱与本律不同，自应酌加厘正以归划一。查旧律笞杖本为二项，既改罚金，势难强为区判。拟即改为十等罚列为一项。又安置与当差俱属遣罪，不过内外之殊，即以遣罪列为一项，酌照原定年限增为工作十二年，而以当差安置分别合之。徒流死三项仍符合五刑之数。原律徒流下小注与现在办法不同，应行删去。
>
> 至赎刑之制，其源甚古，明沿唐律，改铜斤为钱贯，酌定应赎数目分注五刑条下，嗣以收赎、纳赎制度素杂，另于律首辑为专图。国朝因之。而于五刑本律，遂不载应赎银数。现在纳赎之法，久已不行，收赎则银数太微，与新定罚赎各章程轻重颇为不类。今拟折中定制，凡律应收赎，人犯如犯该杖罪以下，拟照奏定笞杖罚银数目减折一半；犯该徒罪以上拟照奏定妇女罚赎数目减折一半；若死罪应赎之数目，查明律斩绞赎铜钱四十二贯，其时，钞法一贯合银一两，计需四十二两。现行例，死罪人犯应准留养者，枷号两个月，责四十板，斗杀等案追银二十两给死者家属养赡。照现章，枷号不计月日应罚银五两，四十板即律文之杖一百应罚银十五两，合计须出银四十两，今于死罪条下拟即按照明律及现行留养条例定为赎银四十两，与满流银数尚不至两相参差。其各等应赎数目亦附注于五刑。①

从上引文，我们可以看出，《大清现行刑律》中所作出的刑制改革，大部分是对以前已经过核准的诸多奏章在刑律内的所谓"酌加厘正以归划一"而已，而并不是拟订《现行刑律》时才议定的。而此时，虽然仍是五刑之目，但正如沈家本所言，其在执行时，实质只有四种："质言之，即死刑、安置、工作、罚金四项而已。"

至于律例中原有的其他刑罚如凌迟、枭首、缘坐、刺字等，业已废止：

---

① 沈家本编：《大清现行刑律案语》之"五刑"条目之下的案语，普政社铅印本，清宣统三年（1911）。点校、分段为笔者所加。

（光绪）三十一年三月二十日奏。内阁奉上谕：伍廷芳、沈家本等奏考订法律请先将律例内重刑变通酌改一折……现在改订法律，嗣后凡死罪，至斩决而止，凌迟及枭首、戮尸三项，著即永远删除。所有现行律例内，凌迟、枭首各条俱改为斩决……至缘坐各条，除知情者仍治罪外，余著悉予宽免。其刺字等项，亦著概行革除……①

3. 刑罚体制改革的内容

在刑罚体系上将笞、杖、徒、流、死以及发遣、充军等刑名，改为罚金、徒刑、流刑、遣刑和死刑五种。死刑只分为斩刑、绞刑两种。如下：

罚刑十：

一等罚银五钱（收赎折半，下同）

二等罚银一两

三等罚银一两五钱

四等罚银二两

五等罚银二两五钱

六等罚银五两

七等罚银七两五钱

八等罚银十两

九等罚银十二两五钱

十等罚银十五两

徒刑五：

依限工作（收赎银十两）

一年半 依限工作（收赎银十二两五钱）

依限工作（收赎银十五两）

二年半 依限工作（收赎银十七两五钱）

依限工作（收赎银二十两）

流刑三：

二千里 工作六年（收赎银二十五两）

二千五百里工作八年（收赎银三十两）

三千里 工作十年（收赎银三十五两）

遣刑二

极边足四千里及烟瘴地方安置 俱工作十二年

新疆当差 工作十二年（收赎银数俱与满流同）

死刑：

绞　定夺（收赎银四十两）

斩　内外死罪人犯除应决不待时外余俱监固候秋审朝审分别情实缓决矜疑奏请

刑名的厘正意味着在中国倡行数千年的刑名体系的解体，多多少少具有向西方近代自

---

① 沈家本：《历代刑法考》所附之《寄簃文存卷一·废除律例内重法折》，北京，中华书局，1985。

由刑倾斜的味道。《大清现行刑律》虽然改制的幅度不大，但它废除了笞杖刑，将以纯粹的体罚作为处罚的刑罚方式从此时起在正式律典中加以废除，对于存在了几千年的以惩罚报复为主的刑罚观念来说，可以说是一个巨大的进步；将罚金刑引入刑罚体系，使之成为独立适用的刑罚方式，这是《大清新刑律》采自由刑制度的前奏。另外，法律大臣的奏请废止凌迟、枭首、戮尸等死刑执行方式并得以准奏，且律例也明确规定了死刑只能有斩、绞两种形式，这就为《大清新刑律》的死刑执行惟一的原则主张扫清了障碍，使其在立法上得以确认。

（二）《大清新刑律》规定的刑罚体系

清廷在修订《大清现行刑律》的同时，也开始制定新刑律。1906 年，沈家本又聘请日本法学博士冈田朝太郎帮同考订，并遴选出一批法学专家分别纂辑，于 1907 年下半年编成《大清新刑律草案》，上奏清廷。1910 年 11 月 5 日，由宪政编查馆审查、核定告竣，定名《大清新刑律》。但由于受到礼教派的强烈反对和攻击，修订法律馆不得不将此草案收回，并重新草拟。直到 1911 年 1 月 25 日，清廷据资政院和宪政编查馆会奏，才正式公布经过多次修改的《大清新刑律》，预定在宣统五年（1913）正式实施，但公布后不久，清朝即告覆亡，故《大清新刑律》并未正式施行。

虽然《大清新刑律》的制定经历了许多波折，但所确立的刑罚体系，作为非常重要的一部分，包括在体例上分为主刑和从刑两大类，由重到轻排列；采取以自由刑为中心的刑罚体系；死刑惟一等，与中国历史上以往各朝代的刑罚体系是大相径庭的，但却并未引起过多争论。它既有刑罚体系方面的近代化，又有刑罚思想和刑罚重心的近代化：以自由刑为中心的清末刑罚体系的建立昭示着刑法改制近代化成分的加重；死刑执行一元化成为中国近代刑罚体系迈向近代化的一个标志性窗口。

1.《大清新刑律》中规定的刑罚体系

第七章　刑名
第三十七条刑。分为主刑及从刑。
主刑之种类及重轻之次序如左。
第一　死刑
第二　无期徒刑
第三　有期徒刑
一　一等有期徒刑。十五年以下、十年以上。
二　二等有期徒刑。十年未满、五年以上。
三　三等有期徒刑。五年未满、三年以上。
四　四等有期徒刑。三年未满、一年以上。
五　五等有期徒刑。一年未满、二月以上。
第四　拘役。二月未满、一日以上。
第五　罚金。一圆以上。
从刑之种类如左。
第一　褫夺公权。

　　第二　没收。

　　第三十八条　死刑用绞于狱内执行之。

2. 立法理由

　　修订法律大臣沈家本等人在《奏进呈刑律草案折》中，指出新律于旧律变通者"厥有五端"：一曰更定刑名，一曰酌减死刑，一曰死刑惟一，一曰删除比附，一曰惩治教育。① 其中，与刑罚体系的制定相关的就有三项，兹列于下：

　　　　一曰更定刑名。自隋开皇定律，以笞、杖、徒、流、死为五刑，历唐至今因之，即泰西各国，初亦未逾此范围。迄今交通日便，流刑渐失其效，仅俄、法二国行之。至笞、杖亦惟英、丹留为戒儿童之具。故各国刑法，死刑之次，自由刑及罚金居多数，自由刑之名称，大致为惩役、禁锢、拘留三种……兹拟改刑名为死刑、徒刑、拘留、罚金四种，其中徒刑分为无期、有期。无期徒刑，惩役终身，以当旧律遣军；有期徒刑三等以上者，以当旧律三流；四等及五等，以当旧律五徒；拘留专科轻微之犯，以当旧律笞、杖；罚金性质之重轻，介在有期徒刑与拘留之间，实亦仍用赎金旧制也。

　　　　一曰酌减死罪。死罪之增损，代各不同。唐沿隋制，太宗时减绞刑之属五十，改加役流，史志称之。宋用刑统，而历朝编敕丽于大辟之属者，更仆难数，颇伤繁细。元之刑政废弛，问拟死罪者，大率永系狱中。《明律》斩、绞始分立决、监候，死刑阶级，自兹亦密。欧美刑法，备极简单，除意大利、荷兰、瑞士等国废止死刑外，其余若法、德、英、比各国，死刑仅限于大逆、内乱、外患、谋杀、放火等项，日本承用中国刑法最早，亦止二十余条。中国死刑，条目较繁，然以实际论之，应年实决人犯，以命盗为最多，况秋审别度详核实缓，倍形慎重，每年实予勾决者，十不逮一，有死刑之名，而无死刑之实，特较东西各国，亦累黍之差尔。兹拟准《唐律》及国初并各国通例，酌减死罪，其有囿于中国之风俗，一时难予骤减者，如强盗、抢夺、发冢之类，别辑畅行章程，以存其旧，视人民程度进步，一体改从新律。

　　　　一曰死刑惟一。旧律死刑以斩绞分重轻，斩则有断刑之惨，故重；绞则身首相属，故轻。然二者俱属绝人生命之极刑，谓有重轻者，乃据炯戒之意义言之尔。查各国刑法，德、法、瑞典用斩，意大利、匈牙利、西班牙、英、俄、美用绞，俱系一种。惟德之斩刑，通常用斧，亚鲁沙斯、庐连二州用机械，盖二州属于法，而割畀德国者犹存旧习也。惟军律所科死刑，俱用铳杀，然其取义不同，亦非谓有轻重之别。兹拟死刑用绞刑一种，仍于特定之行刑场所密行之。如谋反大逆及谋杀祖父母父母等条，俱属罪大恶极，仍用斩刑，则别辑专例通行。至开战之地，颁布戒严之命令，亦可听临时处分，但此均属例外也。

　　清末刑法改制时，将中国传统的五刑刑罚体系的定式完全抛开，以"务期中外通行"为目标，以西方的模式为样本，创立了有主刑、从刑之分，由重到轻的刑罚体系。如 1871 年的《德国刑法典》规定的刑罚体系是由重到轻：死刑、无期徒刑、有期徒刑、苦役、拘留和剥夺公权；1907 年的日本刑法典的刑罚体系亦是由重到轻：死刑、惩役、禁锢、罚金、

---

① 参见《大清光绪新法令》，第十九册，26～28 页，上海，商务印书馆，清宣统二年 (1910)。

拘留、科料，附加刑为没收。因此，1911年出台的《大清新刑律》也将刑名分为主刑和从刑两种，且主刑按照由重到轻排列了死刑、无期徒刑、有期徒刑、拘役、罚金；从刑为：褫夺公权和没收。这种主次、主从之分的刑罚体系明确了两种刑名在同一判决并用时所体现的惩罚强度的不同，使刑名体系的惩罚幅度一目了然。

3. 《大清新刑律》中规定的刑罚体系的近代性

第一，确立了以自由刑为中心的刑罚体系。

清末刑法改制运动的兴起，掀起了中国近代以自由刑为中心的刑罚体系的改革热浪。建构以自由刑为中心的刑罚体系是清末刑法改制的必然要求和结果。从性质上，以自由刑为中心的刑罚体系和中国以往历史上的刑罚体系相比，体现了刑罚轻缓、缓和化的倾向。这一倾向是西方启蒙思想强调人性之理性、强调人之权利和自由，反对刑罚无限残酷，反对罪刑擅断的法律产物。清末刑法改制，在西力的冲击下，在吸纳西方法律文化的同时，是不可能跃过这一法律产物而不顾的，相反，却将其作为刑法改制的主要方向和目标。因而，清末刑法改制把建立以自由刑为中心的刑罚体系作为一个目标、一个方向，这与中国刑法史上以往历次刑制改革是有天壤之别的，也反映了清末刑法改制的历史价值和法律价值的二重属性。

第二，死刑一元化。

在近代刑罚体系中，以剥夺人的生命为内容的死刑，是最为严厉的一种刑罚方法。俯瞰中国刑法史，死刑一直居于刑名体系中之显要地位。史料显示，在中国刑罚体系发展的历史中，死刑占据很大比例，且死刑执行方式表现为多种多样，甚至非常残酷，以增加人在死亡过程中的痛苦为目的。清末刑法改制使死刑走向一元化，死刑轻缓化、人道化的倾向，折射出中国刑罚体系的近代化。

从《大清律例》中"五刑"条目下的笞杖徒流死刑罚体系到《大清现行刑律》中的刑罚体系再到《大清新刑律》中的刑罚体系，体现的不仅是刑罚体系的变迁，而且是法典编纂体例的变迁。因为在中国历史上，谈到对社会进行法律规范调整时，人们直接想到的往往是以某一律典为核心的法律规范体系，如唐代的律令格式、宋代的律与敕、明清时期的律与例等，其他的法律规范形式的主要作用是为完善律典而设的，而历朝律典所设立的法律规范都是以刑罚作为处罚方式的。所以，中国古代的法律体系中没有部门法并驾齐驱，各自划定调整范围的制度设计，而且中国古代人们的观念中也一直没有过这种观念。直到鸦片战争后，中国在走向近代化的过程中，晚清统治者在变法改制过程中，才开始学习西方，确立了按部门法划分的成文法立法体系，而直到此时，刑罚也才开始成为刑法这一部门法调整各种社会关系的特有的调整手段。

由于刑罚体系的改革不仅仅是我们今天所理解的刑法领域的一场改革，而且是中国近代化过程中法制改革的至关重要的一个环节，因此，我们应当以法制近代化的高度看待清末刑罚体系改革的动因与影响。这场改革在当时是必要的，也是可能的。

第十三章

死刑的演变

第一节
传统中国的死刑制度

死刑在中国古代刑法史上与刑法相伴而生，甚至是与法律同时产生，即"死刑是人类社会最久的刑罚"①。在中国古代相关法律起源论中，死刑是重要的内容之一。不论是在"刑起于兵"，还是在苗人的"五虐之刑"中，死刑都是其中的基本刑罚种类之一。②汉族先民死刑的产生始于舜帝时期，这一点从现存史料看是可以确定的。因为舜帝时期的法官、中国法官之祖——皋陶制定过"昏、墨、贼，杀"的法律。③这里的"杀"就是死刑。此后在相关信史中，不论是奴隶社会的"奴隶制五刑"还是封建社会的"封建制五刑"④，死刑都是基本的刑种之一。所以说在中国刑罚史中死刑是基本的刑种。

中国古代死刑制度的发展在先秦时期，特别是夏、商、周时期难有详细、确定的史料来佐证，虽然有不少相关记载，可是一些重要书籍存在真伪问题。比如这个时期重要的史书——《尚书》，在真实性上就存在很大的争议。当然，春秋战国时期的记载是可靠的，并且多有出土的文物资料作为佐证。秦汉至南北朝时期死刑制度开始走向规范。隋唐时期，中国古代死刑制度发展到成熟和完善，并在宋元明清时期死刑制度走向稳定和细化，但从

---

① ［德］布鲁诺·赖德尔：《死刑的文化史》，郭二民编译，1 页，北京，三联书店，1992。

② 蔡枢衡先生认为在三皇时代惩罚违反风俗习惯的方法仅有扑挞和放逐，还没有死刑与肉刑。（参见蔡枢衡：《中国刑法史》，49 页，北京，中国法制出版社，2005。）

③ 参见李学勤主编：《春秋左传正义（下）·昭公十四年》卷四七，1338 页，北京，北京大学出版社，1999。引文是鲁昭公十四年（前 528）晋国叔向在处理他弟弟审理的争田案件后产生的案件时引用，说明在春秋时期人们对引文的内容已经是通用的。此外，蔡枢衡先生认为《尚书·皋陶谟》中"有邦"、"兢兢"、"业业"、"一日"、"二日"是五种死刑，并认为中国古代的刑罚制度经历了五帝时期以死刑为中心、三王时期（夏商周三朝）以肉刑为中心、隋唐至清以徒流为中心和清末改革后以自由刑为中心的变迁。对蔡先生关于五帝时代的刑罚是以死刑为中心，特别是他认为"有邦"、"兢兢"、"业业"、"一日"、"二日"是五种死刑行刑方式的观点是值得商榷的。（以上具体参见蔡枢衡：《中国刑法史》，"刑罚体系的产生与演变（上）"，北京，中国法制出版社，2005。）

④ "奴隶制五刑"是墨、劓、剕、宫、大辟；"封建制五刑"是笞、杖、徒、流、死。以上是中国法律史学界的通识，当然也存在一些争议。

制度设置上看没有什么本质性的发展，甚至与隋唐时期死刑制度相比出现了倒退的趋势。纵观中国古代死刑制度的产生、沿革和变迁，古代死刑制度受制于中国古代的法律思想和文化环境，同时反映出中国古代政治权力结构和合法性的运作机制。

从中国古代死刑制度的具体沿革上看，先秦是产生和形成死刑制度的重要时期，特别是西周时对死刑制度的设置、运作都进行了相应的立法规范，形成了相对完整的体系，当时创制的很多制度成为后来历代死刑制度的渊源和基础。春秋战国时期由于社会动荡，诸侯纷争，死刑制度发生了重大变化，主要表现在死刑决定权发生了下移，即地方官吏可以决定死刑。

秦汉时期死刑制度总体特征是繁多和残酷，具体表现为死罪数量和行刑方式的大量增加。同时，国家对死刑制度的运作也进行了相应的、适当的干预和限制，即在死罪数量大量增加和适用的同时，通过一些制度来减少死刑的实际执行数量，如采用赎死、迁徙边疆为兵等。这个时期从死刑适用程序上看总体是从分权走向集权、分权与集权共存的时代，即中央和地方在各自的法律权限范围内拥有相应案件的死刑决定权，具体表现为郡守、县令拥有一定的死刑决定权，或者说死刑必须由中央统一核准并不是法定的。当然，从相关案例记载看，这种分权不是常态。三国两晋南北朝时期是一个重要的发展时期，特别是从立法上看，这个时期改变了春秋战国秦汉时期死刑发展的趋势，转为"宽简适中"的价值取向，具体表现在立法上死罪数量开始走向减少，死刑行刑方式开始受到限制。同时，死刑适用程序上出现了重大转变，即一方面地方郡守和刺史握有一定范围内的死刑决定权，另一方面某些王朝开始在法律上明确规定把死刑的复核权和核准权收归中央，如北魏在死刑案件的证据获取（主要是对刑讯制度进行规范）、法律适用、死刑复审、死刑监察、复核、核准等方面进行新的法律创制。

隋唐时在死刑制度上，表现出"两少一严"："两少"即死罪数量少，行刑种类少。死刑罪名在数量上隋唐时期都进行了大规模的立法削减；在死刑行刑种类上法律仅规定斩、绞两种。"一严"即适用程序更加严格和规范。在适用程序中，从法律上看，形成了中国古代死刑适用程序中的完备制度体系。此时，在死刑制度上创制了完备的死刑审级、复审、复核、核准等制度。五代十国、辽、宋、金、西夏等时期是中国古代死刑适用程序走向反动的时代，因为它背离了隋唐时期形成的死刑复核和核准由中央统一掌握的法律制度，出现了死刑决定权由地方分权的法律结构。如宋朝明确规定把一般死刑案件的核准权授予中央派出机构——路的提刑按察司行使，在死刑罪名数量上开始出现增加，行刑种类上出现凌迟等多种更为残酷的方式。

元明清时期是中国古代死刑适用程序上进一步完善和反动的时代。因为这个时期一方面继承了隋唐时期形成的死刑复核和核准制度，同时出现了新的复审和复核制度，如朝审、秋审、会审等制度。另一方面在死刑的数量和行刑种类上继承了宋朝以来的发展特征，特别到了清朝中后期，在太平天国起义后，死刑适用程序再次出现反复，其中以"就地正法"为代表的地方死刑核准权分权结构再次出现。并且这种制度一直沿袭到民国时期，甚至1949年以后，直到2007年1月1日最高人民法院才把死刑的核准权收归中央统一行使，最终使清朝中后期的死刑核准分权结构再次走向统一。从中国死刑适用程序的历史角度看，这是中国死刑适用程序中的一次反复。

中国古代死刑罪名很多。史书记载夏朝时大辟（即死罪）有 200 个；商朝，史书记载商汤时"刑三百"，这里的"刑"应是五刑，至少推出商朝的死刑数量不会少于夏朝，但中后期死罪的数量应当出现增加[①]；周朝初期死罪有 500 个，周穆王任命吕侯改革法律时把死罪数量减到 200 个，恢复到夏朝的水平。汉朝死刑条文最多时达一千多条（汉成帝时期），死罪数量达 1882 个（汉武帝时期），死罪决事比，即判例有 13 472 个。东汉和帝永元六年（94）记载死罪减到 610 个。北魏高祖时有死罪 235 个。隋文帝在开皇年间把死刑条文减少了 81 条。唐太宗贞观年间又减少了 93 条[②]，加上由死入流、入徒，共减少了 163 条。从现存的《唐律疏议》看，死罪的具体结构是斩刑罪 99 个，绞刑罪 148 个，死罪总数为 247 个。[③] 若按条文计算，则是斩刑条文 62 条，绞刑的条文 99 条，共 161 条。这样，唐朝初期死刑数量最少时，从法律条文和罪名数目上与汉朝最多时相比都仅为 13％～15％。当然，《唐律疏议》的数目在唐高宗以后就发生了变化，即出现了上升。这可以从《宋刑统》中编入的唐朝中后期相关敕令看出这种变化。宋朝时死罪数量继续增加，《宋刑统》虽然基本沿袭《唐律》，但天圣年间编敕令时增加了"大辟之罪" 17 个，庆历年间再增加 31 个，嘉祐年间又增加 60 个，这三次增加导致宋朝的死罪在《宋刑统》的数目上增加了 108 个。加上可以适用死刑但得临时奏请皇帝裁定的罪名数量，共增加了 299 个。这样死罪数量开始较唐朝时大为增加。元朝死罪数量按《元史·刑法志》记载有 159 个，但这个数字可能不全。明朝万历十三年（1585）死罪数量有 314 个。清朝增加得最为明显，据沈家本的考证，顺治时"律例"内真犯死罪有 239 条，杂犯斩绞死罪 36 条，清末时死罪达八百四十多条，较之顺治年间增加了十之七八。[④] 若按每条有一个死罪，应有 840 多个。当然，乾隆五年（1740）制定的《大清律例》中死罪有 441 个。其实，宋、明、清三朝的死罪数量按记载大约在 350～450 个之间。这个数字都比《唐律疏议》多得多。

中国古代死罪数量大体经历了以下历程：夏朝到周朝时期逐渐增加。夏朝史书记载仅有死罪 200，西周初年达到 500。周朝虽然在周穆王时减少过死罪数目，但仅昙花一现，很快就增加了。这种趋势到汉朝时达到顶峰，因为汉朝死罪数量最多时接近两千。此后再次发生变化，三国两晋南北朝时期总体上在立法中以减少死罪数量作为目标。这一发展到唐太宗时达到了顶峰，因为他把死罪数量减少到 247 个，接近了夏朝时期的 200 个。但宋、明、清[⑤]再次出现扩大，到清朝时达到顶峰，数目再次向千数逼近。清末发生了再次改变，但没有形成整体发展趋势。下面是对历史上主要朝代死罪数量的一个统计表：

---

①　虽然《竹书纪年》记载着祖甲二十四年重作汤刑，以改轻为重，但没有具体记载改了多少轻刑为重刑。沈家本在《历代刑法考·死刑之数》中认为商朝的死刑之数应是五百，因为"杀罪五百，当为周初之制，尚承用殷法"。（沈家本：《历代刑法考（三）·死刑之数》，1247 页，北京，中华书局，2006。）笔者认为此说很难成立，但重罪增加是可以肯定的。

②　唐太宗时减少的死刑数量存在两种记载：一种是 92 条，一种是 93 条。

③　在沈家本对唐朝死刑数量的统计上，认为是死罪凡二百三十三事，即有 233 罪，但《历代刑法考·唐死罪总类》上却记载是斩刑 89、绞刑 143，两者共计 232。

④　参见沈家本：《历代刑法考（四）·寄簃文存卷一·虚拟死罪改为流徒折》，2028 页，北京，中华书局，2006。

⑤　元朝虽然现在看来死罪数量甚至比唐朝还少，但因其规定不全，立法又没有形成总体趋势，所以不被作为标准之一。

朝代	夏朝	西周前期	西汉	东汉	北魏	唐朝	宋朝	元朝	明朝（大明律）	万历十三年	清朝（大清律）	清末	平均数
数量	200	500	1882	610	235	247	355	159	262	314	441	840	503

若把此表中死罪数量最多时期西汉、清朝末年和最少时期元朝除掉，取其他 9 个时期的平均数，则为 351。若对夏朝至清朝末期进行比较会发现一个有趣的现象，中国古代死罪数目的两个峰点是 200～2 000 之间，而正常时期却是在 350～450 之间波动。

死刑是中国古代刑法中重刑主义的具体表现形式，历来被统治者作为实现威慑目的的重要手段而采用，所以死刑制度在中国古代一直是在重刑主义的理论支持下运作。[1] "以刑止刑"、"以杀止杀"是死刑存在的基础理论之一。对此，《唐律疏议·名例·死刑》中公开宣称"古先哲王，则天垂法，辅政助化，禁暴防奸，本欲生之，义期止杀"[2]；宋朝政和二年（1112）七月宣州布衣吕堂上书中央要求禁止"东南数州之地"存在的"男多则杀其男，女多则杀其女"的风俗时，就以"以极刑杀一儆百，使人有畏惧之心，则所活人命不可胜计矣"[3] 为理由。这是对死刑威慑主义的经典表达。当然，对死刑是否能达到人们赋予它存在的基本目标上，三国时袁宏曾指出"大辟可以惩未杀，不能使天下无杀"[4]；明太祖朱元璋也总结过，"弃市之尸未移，新犯大辟者即至，然则风俗之未能移易，重刑云乎哉！"[5]

理解中国古代死刑具体适用时一定要注意区分两个不同的概念，即死刑的适用数量或说死刑的判决数量与死刑的执行数量，这两个概念在中国古代是完全不同的概念，两者差距很大。中国古代死刑制度在具体运作中表现为判决数量多，实际执行数量少的总体特征。这种社会现象与中国古代死刑制度上存在着双重目标有关，因为中国古代统治者一方面需要通过死刑达到威慑目的，即"刑期于无刑"，"即虽或行刑，以杀止杀，终无犯者"[6]。另一方面则认为杀人，不管是合法，还是非法，都会导致时令不畅，进而导致政事、人事的不达。后者对当权者是最有现实意义的，为了减少死刑执行量带来的不利后果，中国古代创立了各种制度，从制度上保证减少和限制死刑的实际执行数量。如把死罪分为殊死罪和非殊死罪、真犯死罪和杂犯死罪，以及监候罪与立决罪等，对其中某一类下的死罪采用减刑和替代刑等。此外，国家还会通过各种原因免除和减少死刑执行数量，如以天旱、皇帝出生、登基等为由赦宥死罪。

当然，中国古代减少死刑的实际执行在当时还有一个最为现实的目的，那就是人口与劳动力的保护和获得。因为犯死罪的人往往是一些青壮年，若对他们大量适用死刑会减少人口，进而导致劳动力的不足。所以从秦朝起中国古代就大量地把死刑转成劳役、兵役刑，

---

① 死刑作为一种特殊的刑罚，在人类社会中的存在其实是一个悖论的产物，因为人类社会中基本伦理命题之一是反对任何人剥夺他人的生命。为此，同态复仇作为一种"正义"的原则被适用到此当中来。所以报复主义是死刑作为一种正义的刑种存在的一个重要的理论和支持。

② 刘俊文：《唐律疏议笺解·名例·死刑》卷一，42 页，北京，中华书局，1996。

③ （清）徐松：《宋会要辑稿·刑法二之五八》，6524 页，北京，中华书局，1957。

④ 《三国志·魏书·钟繇传》卷一三。

⑤ 沈家本：《历代刑法考（四）·明大诰峻令考》，1899 页，北京，中华书局，2006。

⑥ 李学勤主编：《尚书正义·大禹谟》卷四，91 页，北京，北京大学出版社，1999。

进而获取劳动力。明太祖于洪武五年（1372）九月在家乡建造中都时，由于担心大量征用劳役会导致妨碍农业生产，进而导致国家财政危机和饥民出现，所以下诏"自今杂犯死罪可矜者免死，发临濠输作"①。这里非常明确地说出这一方法的目的。

从相关记载看，中国古代在正常年份死刑的实际执行数量与判决数量比例大约是一比三，有些年份甚至更低，仅达一比四。这从宋朝、明朝和清朝时记载数字上大体得以证明。按宋朝史料记载，宋太祖开宝三年（970）至开宝八年（975）间判决了死刑最后没有执行的达到 4 108 人；宋真宗咸平四年（1001）判决的死刑人犯是 800 人；嘉泰初记载全国一年判决的死刑人数是 1 811 人，最后被执行的人数是 181 人；至和二年（1055）全国判死刑人数有 264 人，具体被执行的人数仅是 25 人；嘉祐元年（1056）前 3 个月，即第一季度，共判决了 154 人，执行了 57 人，若按第一季度计算，全年大约判有死刑人数为 616 人，执行人数为 228 人；嘉祐五年（1060）四月按刑部尚书李绚的奏折该年全年判决的死刑人数多达 2 560 人，成为宋朝史料记载中判决死刑最多的年份；天圣三年（1025）判决 2 436 人；嘉祐七年（1062）判决 1 683 人；英宗治平二年（1065）判决 1 832 人；绍兴二年（1132）判决 324 人。以上数字包括宋朝初期、中期和后期，数字中有宋朝死刑判决人数最多与最少的年份。以上九年的平均数字是 1 369 人。② 宋太祖开宝三年到八年期间每年判决的死刑人数估计不会超过南宋宁宗嘉泰初年，若以嘉泰年记载的人数计算，5 年判决的死刑人数应为 9 055 人（这样估计出来的数字应偏高，因为宋朝初期人口应该比嘉泰年间少）。而按上面九年的平均数计算，这五年应判死刑人数是 6 480 人，而没有被执行死刑的人数达 4 108人。执行率若按照最高年份计算大约是 55%，若按以上九年的平均数量计算大约是 40%，最低年份元祐元年的前一年（宋神宗元丰八年）执行率仅为 9.5%。从《明实录》记载看，明朝死刑执行率好像较高。但应注意的是明朝在死刑核准制度上的特殊性，因为全国秋审的数字仅是死刑判决中的很少部分，并不是主要部分。清朝从乾隆十九年（1754）到六十年（1795）共 41 年间，每年秋审新增案件的数量一般在 2 400～3 000 件左右，每件所涉及人数平均约为 1.022 人，每年秋审中被归为情实的案件在 1 000 件左右，而最后被执行的大约在 750 件，执行率为 30%。③

一、中国古代死刑适用原则

死刑制度作为一种法律制度，在中国古代制度体系中形成了相对独立的适用原则，指导着历朝死刑制度的立法和适用等。对中国古代死刑适用原则的讨论，可以让我们从宏观上把握和理解中国古代死刑制度的特质。

---

① 《明太祖实录》卷七六。

② 九年分别是：真宗咸平四年 800 人；至和二年 264 人；嘉祐元年按前三个月 154 人推算出 616 人；嘉祐五年 2 560 人；嘉祐七年 1 683 人；天圣三年 2 436 人；英宗治平二年 1 832 人；绍兴二年 324 人；嘉泰二年 1 811 人。总平均数为 1 369 人。

③ 乾隆年间中国人口大约在 3 亿，而每年所判死刑为 2 400 至 3 000 件。现在学术界认为宋朝时人口大约在 1 亿左右，而在统计中 7 年的每年所判死刑的平均数字为 1 176 人，两者比较还是较为可信的。这样是否可以推出中国古代死刑的判处数量与人口比率大约是 1：10 万。

（一）慎用原则

死刑作为最早的刑罚之一，正如一些学者所指出的，是人类社会中最早的基本禁忌之一——不可杀人在法律上的产物。[①] 为什么不可杀人呢？因为人类在自然发展中形成，"人"是这个世界中最重要的：

> 人命至重，难生易杀，气绝而不续者也，是以圣贤重之。[②]

人的生命特征如孔子所说，是不可逆转的。

人在这个世界与万物相比是"虽有百金之利，慎无与人重比"[③]。这当中存在一个基本的价值认识，人作为同类，必须等同，对他人生命的否定就是对自己的否定，所以不管以什么理由，剥夺他人生命都是不应该的。死刑不管用什么理论支持都构成了对此禁忌的违背，于是各民族把死刑的适用作为重要的事情，采用相应特殊方式对此进行抵消。如中国古代在死刑的执行上选择在特定季节、时日内执行，行刑者属于特殊职业，由特定的群体从事，乃至世袭，甚至在一些部落社会中处死人时要举行严格和复杂的仪式等。由于人的生命价值最可贵，所以《易》把刑狱之事作为"凶"事，最为明显的是《周易·讼》的表达：

> 讼，有孚，窒惕，中吉；终凶。

若刑罚是为了获得正义，是正义的实现，那么为什么中国古代要把它作为"凶"事对待呢？所以，死刑的存在很难说是正义的内在体现。

刑罚，特别是死刑，由于它的存在，在价值上有难以克服的悖论，所以在死刑适用上，"慎用"成为中国古代死刑司法中的基本原则。中国古代适用死刑时选择的是慎用。对此，最经典和最有影响的表达应是《尚书·舜典》中提出：

> 宥过无大，刑故无小，罪疑惟轻，功疑惟重。与其杀不辜，宁失不经。[④]

这成为中国古代刑罚运用，特别是死刑适用中的基本原则和基本价值取向，影响着中国几千年的刑罚制度，特别是死刑的适用。对刑罚，特别是死刑，做过鲁国最高司法官——大司寇的孔子有自己独特的见解，虽然他是用"古今"相比来阐释自己观点的：

> 今之听狱者，求所以杀之；古之听狱者，求所以生之。[⑤]

孔子认为死刑的适用，不是为了杀人而杀人，而是为了让人能更好地活下来。所以他提出对死刑的适用应是"求所以生之，不得其所以生之，乃刑杀焉"[⑥]。孔子的这种死刑观对中国古代死刑的适用产生了深远的影响，成为儒家学者对待死刑的基本价值取向。正因有以上的价值取向，所以儒家学者在对"赏"与"罚"的适用上提出应当采用不同原则，

---

① 参见［德］布鲁诺·赖德尔：《死刑的文化史》，郭二民编译，8 页，北京，三联书店，1992。

② 《三国志·魏书·王肃传》卷一三。

③ 《后汉书·陈宠传》卷四六。

④ 李学勤主编：《尚书正义·虞书·大禹谟》卷四，91 页，北京，北京大学出版社，1999。

⑤ 转引自《汉书·刑法志》卷二三。

⑥ （唐）杜预：《通典·刑六·详谳》卷一六八，颜品忠等点校，2289 页，长沙，岳麓书社，1995。

对"赏"应及子孙，对"罚"采用非缘坐，即：

> 春秋之义，善善及子孙，恶恶止其身。①

历朝正史往往对滥用死刑的时代和君主进行记载和批判，如夏桀、商纣王成为滥刑的代名词。同时正史中还设专门的类别，对那些滥用刑罚的官吏进行专门记载，即《酷吏传》。这从司马迁的《史记》开始，以后历朝不断。

（二）以礼为量刑原则

中国古代在死刑适用上受宗法礼制的影响十分明显，具体表现在对尊、亲②的犯罪上适用死刑时特别严格，一般很少采用减刑和替代刑等，相反则采用减刑或替代刑的方式减少死刑的执行。《礼记·王制》中提出：

> 凡听五刑之讼，必原父子之亲，立君臣之义，以权之。③

这样确定了司法实践中以"礼"为中心而建构起来的司法原则。春秋时把这一司法制度抽象为"君亲无将，将而诛焉"④的原则。此原则确立了在死刑适用上对国君与父母等有犯罪意图，即使是没有具体实施，也处以死刑。晋朝时终于把区分亲属关系的礼制制度"五服制"转变成司法原则，成为法律适用中的具体原则。这一原则确立了亲属之间相互伤害、杀死等案件中定罪和量刑的原则，即以五服定罪的原则。这样，这一原则同样成为死刑适用中对亲属在相互殴杀伤等案件中定罪量刑的原则。此制度的形成，可以说是完成了中国古代死刑适用中"礼"在定罪和量刑上的制度化。这个原则在后来演变成对尊亲犯罪时适用的原则，特别是适用死刑时从重、从严的原则。对五服制在法律适用中的作用，元人评价是：

> 五服：昔者先王因亲立教，以道民厚，由是服制兴焉。法家者用之以定轻重，其来尚矣。然有以服论而从重者，诸杀伤奸私是也。有以服而从轻者，诸盗同属财是也。大要不越于礼与情而已。服重则礼严，故悖礼之至，从重典。服近则情亲，故原情之至，从恕法。⑤

这里说出五服制在刑事司法中的原则，同时也是死刑适用中的原则。"礼"在中国古代刑法中最具体的表现就是不孝、大不敬和恶逆等罪的形成。

（三）有限法定原则

中国古代死刑案件的法律适用与民事案件相比更表现为罪刑法定。这与上面的原则是一致的，因为要"慎用"死刑就必须用法律来制约，加上死刑判决后往往由上级司法机关复审和复核，这导致下级在审判时应尽量采用罪刑法定原则。从司法原则上正式提出此原则的是西晋刘颂，他提出："律法断罪，皆当以律令正文；若无正文，依附名例断之；其正

---

① 《后汉书·刘恺传》卷三九。
② "尊"的中心是对君王，"亲"的中心是对父亲，即尊尊以君为首，亲亲以父为首。
③ 《礼记·王制》卷三，738页，北京，北京古籍出版社，1995。
④ 李学勤主编：《春秋公羊传注疏·昭公三十二年》卷九，187页，北京，北京大学出版社，1999。
⑤ 黄时鑑辑点：《元代法律资料辑存·经世大典宪典总序》，90页，杭州，杭州古籍出版社，1998。

文名例所不及，皆勿论。"① 这样提出了法律适用中罪刑法定原则，但这一提议并没有得到具体的执行。若从具体司法实践上看，北魏可能是最早作出明确要求的，因为它规定"事无大小，皆令据律正名，不得疑奏"②。这里要求地方官员审理案件时按法律规定进行，不得轻易以疑案上奏请旨裁决。在事实上要求官员审理案件时必须按照相关法律条文来判决。这里要求按照律文定罪量刑，实质上是要求罪刑法定。隋文帝开皇五年（585）发生侍官慕容天远揭发都督田元冒请义仓案件，由于始平县律生辅恩滥用法律，导致慕容天远反坐受罚。为此，隋文帝下诏规定：

> 诸曹决事，皆令具写律文断之。③

从现存留下来的法律看，《唐律》是第一次明确规定了断罪要引相关律令。加上这个时期死刑的核准权已由中央统一行使，所以在判决死刑时表现出更为明显的法定原则。《唐律·断狱》中规定：

> 诸断罪皆须具引律、令、格、式正文，违者笞三十。④

此法律被后来朝代继承，如明朝《大明律》、清朝《大清律例》都有相同规定。⑤

为什么说中国古代在死刑适用中仅是采取有限法定原则呢？这是因为中国古代一直存在类比原则和皇帝临时裁决的制度。《尚书·吕刑》中有"上下比罪"的记载。《礼记·王制》中有"必察小大之比，以成之"⑥。汉朝时明确规定狱疑时，"廷尉所不能决，谨具为奏，附所当比律令以闻"⑦。隋朝在《开皇律》中确立了比附原则。《唐律》继承《开皇律》的规定，把比附作为法律适用的原则写入法典，即：

> 其应出罪者，则举重以明轻；其应入罪者，则举轻以明重。⑧

此后历朝在法律中规定没有相应的法律条例时采用"引律比附"的原则。"比附"原则的存在导致司法实践中往往出现司法人员"上下比附，欲出则附依轻议，欲入则附从重法，奸吏因之，舞文出没"⑨ 等弊病。所以宋朝时开始对此进行相应的调整，特别在死刑中适用比附时，如《庆元条法事类·断狱令》中规定：

> 诸断罪无正条者，比附定刑，虑不中者，奏裁。⑩

这一规定对没有正条时采用"比附"判决必须上奏中央核准，在一定程度上限制了地

---

① 《晋书·刑法志》卷三十 。
② 《魏书·刑罚志》卷一一一。
③ 《隋书·刑法志》卷二五 。
④ 刘俊文：《唐律疏议笺解·断狱·断罪不具引律令格式》卷三十，2062 页，北京，中华书局，1996。
⑤ 《大明律·断狱·断罪引律令》：凡断罪皆须具引律令，违者，笞三十。《大清律例·断狱·断罪引律令》：凡断罪皆须具引律例，违者，笞三十。
⑥ 《礼记·王制》卷三，738 页，北京，北京古籍出版社，1995。
⑦ 《汉书·刑法志》卷二三。
⑧ 刘俊文：《唐律疏议笺解·名例·断罪无正条》卷六，486 页，北京，中华书局，1996。
⑨ 《隋书·刑法志》卷二五 。
⑩ 《庆元条法事类·断狱令》卷七三，392 页，北京，中国书店出版社，1990。

方官员在比附中滥用权力的可能。《明律》开始把此原则纳入法典，《琐言》中载：

> 今问刑者于死罪比附类皆奏闻。

即在比附中适用死刑时一定要上报中央裁决。从这些看，中国古代对死刑中适用比附是有较为严格的限制。此外，中国古代一直存在皇帝临时裁决的司法实践，即奏取上裁的司法原则。皇帝在裁决时可以减轻或加重处罚，甚至可以法外适用或不适用死刑，成为非法定的死刑适用制度。《唐六典·刑部》中载：

> 凡律法之外有殊旨、别敕，则有死、流、徒、杖、除、免之差。

即皇帝可以通过殊旨、别敕来改变法律中的刑等，在死刑中通过"宜杀却、宜处尽、宜处死"等临时适用死刑。[①] 南宋时高宗在绍兴四年（1134）下诏：

> 特旨处死，情法不当者，许大理寺奏审。[②]

这说明当时存在皇帝临时适用死刑的"特旨"制度。这一制度在中国古代历朝皆有之，因而成为死刑适用中最常见的法外刑。

（四）最早针对侵犯集体利益行为原则

在人类社会中虽然多认为"杀人偿命"是基本的死刑原则之一，但是否在人类犯罪产生和死刑出现时杀人行为就是死刑适用的主要依据呢？若认真分析会发现事实并非如此。从现存法律文献看，中国春秋战国时期死刑作为禁止杀人和对杀人者报复已经成为死刑中的主流观点，并为当时各学术流派公认。如墨家学派有"墨者之法，曰杀人者死"[③]；汉朝时班固在《汉书·刑法志》中甚至认为：

> "凡制刑之本，将以禁暴恶，且惩其末也……杀人者死，伤人者刑，是百王之所同也"[④]。

但从相关记载看，春秋以前杀人行为并不认为是最严重的犯罪，孔子曾说过"大罪有五，而杀人为下。逆天地者，罪及五代；诬鬼神者，罪及四代；逆人伦者，罪及三代；乱教化者，罪及二代；杀人者，罪止其身。"[⑤] 这里把杀人行为排在最后面，认为"大罪有五"，杀人是最下的。这与我们认为死刑是被杀者的报复手段有些出入，同时与中国人认为人命至重，必须要报复也不一致。

从法律人类学的视角看，死刑最早不是作为禁止杀人的主要方式，因为很多民族在传

---

① 参见（唐）李林甫等：《唐六典·刑部》卷六，陈仲夫点校，188 页，北京，中华书局，1992。

② （明）丘濬：《大学衍义补》卷一一二，文渊阁四库全书影印本。

③ （战国）吕不韦：《吕氏春秋·孟春纪·去私》卷一，载《诸子集成（6）》，10 页，上海，上海书店出版社，1986。

④ 《汉书·刑法志》卷二三。

⑤ （唐）杜预：《通典·刑一》卷一六三，颜品忠等点校，2221 页，长沙，岳麓书社，1995。对此，《大戴礼记解诂》中也有记载，"大罪有五：逆天地者，罪及五世；诬文武者，罪及四世；逆人伦者，罪及三世；诬鬼神者，罪及二世；杀人者，罪止其身。故大罪有五，杀人为下"。（（清）王聘珍：《大戴礼记解诂》，256 页，北京，中华书局，2004。）

统法律中对杀人行为主要是采用赔偿作为处罚手段，只有不能通过有效的赔偿解决问题时才采用死刑。如新中国成立前云南省德宏地区的景颇族认为"杀人偿命"并不是最好的选择，最好的选择是杀人赔偿。大小凉山的彝族传统社会中同样如此，对杀人行为的处罚主要是赔偿命金。采用命金赔偿解决的方式代替血亲复仇是人类法律发展中的重要阶段。西方日耳曼人中也同样如此：

> （他们）对于父亲和亲属的宿仇和旧好，都有继承的义务。宿仇并非不能和解；甚至仇杀也可以用若干头牛羊来赎偿，这样不仅可以使仇家全族感到满足，而且对整个部落更为有利，因为在自由的人民中，冤仇不解是非常危险的事。[1]

此外，《尚书》中记载夏启在征伐有扈氏、商汤征伐夏桀时，都以他们对"天道"的不尊重，触犯了社会的禁忌，给社会集体带来不利后果为由，所以主张应该处死。夏启在《甘誓》中提出征伐有扈氏的原因是他有"威侮五行，怠弃三正"[2]的行为。这里夏启为什么不说有扈氏乱杀人，而是说他对社会禁忌的破坏呢？《尚书·泰誓（下）》记载了周武王征伐商纣王时对商纣王的指责中同样把此方面的罪放在首位，即"今商王受，狎侮五常，荒怠弗敬"[3]。这两个大罪名其实是商纣王触犯了社会禁忌，破坏了人与自然的关系，而不是人与人之间的关系。所以说人类早期在对罪的认定上认为最严重的罪是破坏人与自然关系的行为。因为在万物有灵论的时代，这种破坏行为被认为会给整个部族带来灾难，而不仅仅是个体的灾难。所以死刑适用的最先领域和最重要的领域当然就是破坏人与自然关系的罪行了。只有对违犯者处以死刑，才能平息发怒了的神的怒火，让整个群体获得安宁和平。这就能解释为什么会出现"大罪有五，杀人为下"的说法。

（五）化死入生原则

中国古代在死刑制度的建设与改革中，正常朝代的指导方针是"化死入生，化重为轻"，具体在法律上形成了"死流减等不分等"和"加等不入死"的两大原则。这两个原则体现出中国古代化死入生、防生入死的目标。这两个原则于汉朝中后期开始形成，但现在可以看到的最早法律文本是唐朝。《唐律疏议》中明确规定在减罪制度上采用"二死、三流，各同一减"的减等原则，即死刑在《唐律》虽然分为斩绞两等，但在减刑时，只要减一等不管是斩和绞都一律转成流三千里，而不是斩刑减一等而入绞刑。死刑减二等时就入徒刑，而不减成流二千五百里。因为流刑中三等在减刑中仅为一等。此原则在以后诸朝被继承下来，成为死刑适用中加减等原则的基本内容。明朝在死刑等级上有三等，即凌迟、斩、绞，所以《大明令·刑令》中规定：

> 凡减罪之法，三死、三流，各同一减。[4]

这种"死流减等不分等"和"加等不入死"的原则在运作中实质上减少了死刑的实际适用量。

---

① ［古罗马］塔西佗：《日耳曼尼亚志》，66页，北京，商务印书馆，1997。
② 李学勤主编：《尚书正义·甘誓》卷七，173页，北京，北京大学出版社，1999。
③ 李学勤主编：《尚书正义·甘誓》卷一一，279页，北京，北京大学出版社，1999。
④ 怀效锋点校：《大明律·附大明令》，270页，沈阳，辽汉书社，1989。

二、中国古代死刑制度的文化语境

中国作为东方文明古国之一，死刑制度上体现出了东方民族和国家法律制度的一些基本特征。在仔细分析后，可以看到虽然有滥用死刑以达到加强专制统治的倾向，但同时也存在一系列相应文化、价值上的困惑，即有反对滥用死刑的制度和文化上的理论。这在中国古代死刑行刑制度设置上表现得尤其突出。如在执行死刑时采有"弃市"与"陈尸"，在特定季节、日期和时间内行刑和禁止行刑等。此外，虽然很多君主信奉通过死刑可以获得权威，即"以刑杀为威"，达到加强皇权和自己权威的目的，但同时又认为"盛世"的基本标准是每年死刑的判决数量和执行数量大量减少。于是在很多史书的"本纪"中往往在记载每年大事时，最后一条不厌其烦地记载当年死刑判决数和执行数。死刑制度从制度设置、价值取向上都存在着冲突。这些冲突体现出中国古代人在死刑上的困惑和不安。因为死刑作为一种特殊的刑罚，是对人类社会中基本禁忌的一种反叛，而这种反叛对任何正常的个体来说在心理上都存在巨大的道德压力。特别是在有神论的支持下，这种压力表现得更加有力。中国古代死刑文化制度是一种有灵论下的协调的产物。如提出"天罚天讨"、"与众弃之"，不过是要让执行死刑者，特别是统治者减少杀人带来的不利，用"天"与"众人"来承担自己的"罪孽"。而在这种制度下统治者还是对自己的行为充满了担心，进而发展出"顺时行刑"的制度，用以减少死刑执行带来的"不洁净"影响。考察中国古代法律和文化诸因素，死刑适用是受相关文化因素制约的。下面试加以分析。

（一）天人合一观

中国古代天人合一观来自对人类社会运作的规律与自然界运作规律的比附，当然，这当中存在着有灵论的支持。《易经》中有"天垂象，圣人则之"，所以认为刑罚是"观雷电而制威刑，觌秋霜而有肃杀"[1]。再如古人有"制五刑以法五行"之说，具体是：

> 大辟法水灭火，宫者法土之雍水，膑者法金之克木，剕者法木之穿土，《周礼》云墨者额也，取火之胜金。[2]

这样人为的刑罚制度成为自然界运作的一个部分、一种体现，进而说明这不是任何个人的行为，这是自然界的"道"。所以执行者对此的遵循不是出自个人的内心之愿，而是出于一种效忠，一种对天道的效忠。中国古代自传说中的"三皇五帝"以来就形成了"天事"和"人事"相互影响的理论和信仰。通过春秋战国以来阴阳家等学者的努力，特别是汉朝董仲舒提出完整的"天人感应"理论，为"天事"和"人事"相互影响提供了学理上的强大支持。这种观点认为在"人事"上，特别在刑罚上，若死刑适用过多，会导致"天事"的不畅，进而出现各种自然灾害和社会动荡。

> 刑者圣人所慎用。匹夫匹妇不得其死，足伤天地之和，召水旱之灾。[3]

---

① 刘俊文：《唐律疏议笺解·名例》卷一，1 页，北京，中华书局，1996。

② （唐）虞世南：《北堂书钞·肉刑（四）》卷四四，载董治安主编：《唐代四大类书》，160 页，北京，清华大学出版社，2003。

③ （清）龙文彬：《明会要·刑二·详谳》卷六五，1255 页，北京，中华书局，1998。

为此，历代统治者认为死刑是不得已而为之的刑种，为了减少这类"人事"对"天事"的不利影响，在死刑适用程序中创制出了把死刑执行时间安排在秋天以后，或称秋冬行刑的制度，同时，在二十四节气日和一些特殊的时日不执行死刑，以达到"顺天时"。这在春秋以后成为通行的理论。因为在张家山出土的《盖庐》中记载着春秋时吴王与伍子胥的对话，其中伍子胥提出：

> 循天之时，逆之有祸，顺之有福。行地之德，得时则岁年熟，百姓饱食；失时则危其国家，倾其社稷。①

五代十国时后晋天福四年（939）五月下的诏书中说得十分明白，认为死刑案件不仅是人命重事，而且关系到"天心"。

> 刑狱之难，古今所重，但关人命，实动天心，或有冤魂，则伤和气。应诸道州府，凡有囚徒，据推勘到案款，一一尽理，子（仔）细检律令格敕。其间或有疑者，准令又谳，大理寺亦疑，申尚书省，省寺明有指归，州府然后决遣。②

班固在《汉书·刑法志》中指出东汉时由于死刑适用过多，"今郡国被刑而死者岁以万数"。大量适用死刑必然带来冤假错案的增多，于是"此和气所以未洽者也"③。这种思想对制约中国古代死刑的适用有着相当重要的作用。

从上面分析可以看出，天人合一观其实在中国古代死刑运作机制中起到了双重作用：一方面是禁止滥用死刑的作用；另一方面也为死刑的适用提供了理论基础。

（二）报应观

报应观在中国古代死刑适用中起到了重要的制约作用，是中国古代死刑适用文化的重要内容之一。

中国古代死刑及其他司法运作中的报应观具体体现在宏观与微观两个层次上：宏观层次上，每个王朝死刑及其他司法运作的好坏，会对这个王朝的政运产生影响；微观层次上，官员在处理这些司法问题时是否清正，将对他的家庭与本人仕途和寿命长短产生影响。对此，《周易·坤文》中载：

> 积善之家，必有余庆；积不善之家，必有余殃。④

这是中国古代最早报应理论在"家"中的适用。《大戴礼记·盛德》中指出：

> 圣王之盛德，人民不疾，六畜不疫，五谷不灾。⑤

这从正面指出了君王之圣行与王朝政运的关系。

死刑适用对每个君主和大臣来说，关系到本朝政运的良性运作。《盐铁论·论灾》中载：

---

① 张家山二四七号汉墓竹简整理小组编：《张家山汉墓竹简·盖庐》，161 页，北京，文物出版社，2006。
② 《旧五代史·刑法志》卷一四七。
③ 《汉书·刑法志》卷二三。
④ 《周易·坤文》卷一。
⑤ 《大戴礼记·盛德第六十六》卷八，882 页，北京，中华书局，1985。

　　故好行善者，天助以福，符瑞是也……好行恶者，天报以祸，妖灾是也。①

　　这里明确说若统治者的行为是"善"，就能得到善报，否则将得到恶报。这里的"善"与"恶"其实就是指是否按"天"的法则行事。

　　故春生仁，夏长德，秋成义，冬藏礼。此四时之序，对人之所则也。

　　这方面具体事情的记载是春秋鲁定公十五年，"鸜鼠食郊牛，牛死，改卜牛"，对此解释是"不敬莫大焉"，具体是说鲁定公"不敬最大，故天灾最甚"②。这是关于政事报应的较早记载。春秋战国时期诸子百家往往对此进行学理上的论述，其中最有代表性的是墨家学派，他们对此进行了理论完善，提出：

　　爱人利人者，天必福之；恶人贼人者，天必祸之。曰：杀不辜者，得不祥焉。③

　　曰：杀不辜者，天予不祥。不辜者谁也？曰：人也。予之不祥者谁也？曰：天也。若天不爱民之厚，夫胡说人杀不辜，而天予之不祥哉？此吾之所以知天之爱民之厚也。④

　　这里明确指出乱杀无辜将导致的结果。这里把死刑的适用与天报进行了理论上的说明。汉朝时对此常引用历史上的相关人物和事件加以说明。班固在《汉书·刑法志》中指出：

　　争城杀人盈城，争地杀人满野。孙、吴、商、白之徒，皆身诛戮于前，而国灭亡于后。报应之势，各以类至，其道然矣。⑤

　　春秋战国时期这种报应观是人们的共识，因为在出土的《黄帝四经·经法·亡论》中有"大杀服民，憯（戮）降人，刑无罪，过（祸）皆反自及也"⑥。

　　在微观上，报应观制约着具体审理和适用死刑的官员，在中国古代文化中，则由报应观来制约。在东汉佛教传入后，轮回观的引入让这一思想成为中国古代最重要的文化思想之一。在这一思想下，形成了若被冤杀，死者将会冤魂不散，不得超生，进而会对审理案件的官员寻仇。这在《襄楷传》中说得最为明白：

　　长吏杀生，死者多非其罪，魂神冤结，无所归诉，淫厉疾疫，自此而起。⑦

　　这样的文化传统在一定程度上影响着古代每个官吏在死刑案件审理中的态度。这点可以从古代官员对出任刑名相关职务时的态度上得以验证。此方面最典型的代表是清朝著名刑名幕友——汪辉祖，他在出任刑名幕友时内心充满了困惑和恐惧。在《佐治药言·立心要正》中他明确指出断狱之事不外两端，即：

　　所争者，公私之别而已。公则无心之过，终为舆论所宽；私则循例之狱，亦为天

---

①　王贞珉注译：《盐铁论译注·论灾第五十四》卷五四，462 页，长春，吉林文史出版社，1995。
②　李学勤主编：《春秋谷梁传注疏·定公十五年》卷一九，332 页，北京，北京大学出版社，1999。
③　《墨子·法仪》卷一，载《诸子集成（4）》，12 页，上海，上海书店出版社，1986。
④　《墨子·天志》卷七，载《诸子集成（4）》，126 页，上海，上海书店出版社，1986。
⑤　《汉书·刑法志》卷二三。
⑥　《马王堆汉墓帛书（壹）》，55 页，北京，文物出版社，1980。
⑦　《后汉书·襄楷传》卷三十下。

谴所及。①

这里的"天谴"就是天报。这种文化上的制约对讲求"实用理性"的中国古人来说，在死刑适用上具有相当大的约束力。宋朝编修的《太平御览》中收集了历代官员在刑狱行为上的报应事例达十几卷。明朝君臣对此深信不疑，甚至皇帝公开以此来训诫大臣慎用死刑。永乐七年（1409）九月明成祖在对大臣的训诫中公开说：

> 朕数戒尔等当存矜恤，须体朕意，必循至公，若违朕言，致无罪之人冤抑以死，是汝等杀之，不有阳责，必有阴谴矣。②

这里明确指出大臣若对死刑适用不当会遭阴报。永乐九年（1411）九月明成祖在批刑部给事中的复奏死刑时再次指出：

> 大辟重法不可率易论决，万一失当，死者含冤无穷。大抵善恶报施，理所必有。如牺牲天生以养人，若杀之过度，犹无善报，况妄杀人乎？③

明宣宗在宣德三年（1428）十二月对大臣说，在司法上，若不慎冤杀，会出现"杀不辜者，纵免人责，难逃鬼诛，不可不慎"④。明成化十四年（1478）十月江西吉安府有官员上奏说自成化十一年（1475）至十三年（1477）三年间竟有三百八十七人病死狱中，原因是知府黄景隆"淹禁凌虐，故勘致死"。案发后派刑部郎中屠勋、锦衣卫百户会同江西都指挥使司、布政使司、按察使司三司会同调查后，确认实际上死的人数是四百七十人，其中无罪故勘致死的人数达到一百零六人。知府黄景隆被判凌迟处死，但没有执行就死于狱中。

> 其死也，尸腐至流蛆满地，犹不及收付，或以为阴报云。⑤

（三）"无讼"下的盛世观和仁政观

影响中国古代死刑适用的另一制度因素是盛世观和仁政观，把每年死刑适用的多少作为评价每个王朝的重要指标。这一政治实践始于汉朝，汉朝起在对地方官员的考核中把"诉讼减"和平冤狱的多少作为重要指标。这种制度设置对死刑的适用产生了重要制约作用，因为死刑适用太多，理所当然不是理想的考核结果。汉朝《盐铁论·周秦》中有"故吏不以多断为良，医不以多刺为工"⑥之说。这里明确指出在评价官吏才能上不以审理案件数量多少作为考核的标准。历朝正史和《实录》把每年判处死刑的人数多少作为重要事件来记载就是这方面的明证。汉文帝时因为一年才"断狱四百"，就被誉为圣政、仁政的盛事，称之为"有刑措之风"。《汉书·刑法志》中盛赞汉朝中前期的死刑适用状况：

> 今汉道至盛，历世二百余载，考自昭、宣、元、成、哀、平六世之间，断狱殊死，

---

① （清）江辉祖：《佐治药言》，沈阳，辽宁成有图书发展有限公司，1998。
② 《明太宗实录》卷九六。
③ 《明太宗实录》卷一一九。
④ 《明宣宗实录》卷四九。
⑤ 《明宪宗实录》卷一八八。
⑥ 王贞珉注译：《盐铁论译注·周秦第五七》，494页，长春，吉林文史出版社，1995。

率岁千余口而一人。①

这里盛赞这六朝在死刑适用上高度谨慎，死刑的判决率仅是千分之一。唐太宗贞观三年（629）"是岁，断死刑二十九人，几致刑措"②。此事成为后来历代皇帝与大臣学习的楷模。宋朝宁宗赵扩嘉泰初年，"天下上死案，全年千八百一十一人，而断死者才一百八十一人，余皆贷之"③。此事被《宋史》修撰者大为称赞。在这种政治价值取向和评价下，对死刑的滥用当然不会成为正常时期国家和统治者追求的目标。从社会效果看，在中国古代专制的政治环境中，这在一定程度上制约了死刑的适用，使其不至于走向过度的滥用。这就是中国古代在死刑适用时往往对死刑进行分类，并对某些类别的死刑允许采用一些非剥夺生命的方式来代替的原因。

（四）与众弃之观

中国古代在处死人犯时往往选择公共场所，特别是平民集中的地区，即所谓的菜市场。中国古代在公共场所执行死刑是在"与众弃之"的理论下进行的。对此，《礼记·王制》中载：

> 爵人于朝，与士共之。刑人于市，与众弃之。

在相关［疏议］中说"与众弃之"是商朝时期的制度，"刑人于市，亦殷法，谓贵贱皆刑于市"④，即此法始于商朝。其实，此制度应始于原始社会后期，而不应是商朝。这一制度在中国古代死刑制度中所具有的含义是发生过转变的。在春秋战国以前，此制度体现的是处以死刑是众人的行为，而不是个人的行为；春秋战国以后，此制度的作用转变成威慑，以此达到对其他人犯罪的威慑。

三代以前"与众弃之"的理论反映的是人们对死刑的敬畏与回避。此制度在西周时期直接表现为让民众决定死刑的适用。此制度应在原始社会后期就存在，是沿袭下来的，但仅在文献记载上可推到商朝而已。"凡杀人者踣诸市"⑤，就是在处以死刑时由"众人"审判。这是最早死刑适用的一种制度，因为处以死刑是人类社会中的最大困惑之一。死刑是对"不可杀人"原则的一种反动，所以任何个人都不愿意承担此方面的责任。

孟子曾说：

> 左右皆曰可杀，勿听；诸大夫皆曰可杀，勿听；国人皆曰可杀，然后察之。见可杀焉，然后杀之。故曰国人杀之也。⑥

这里可以看出孟子认为到此时行刑，其实是国人杀之，而不是任何个人杀之。所以朱熹进一步指出因为死刑通过此可以达到"盖所谓天命天讨皆非人君之所得私也"。对此，沈家本认为：

---

① 《汉书·刑法志》卷二三。
② 《旧唐书·太宗纪（下）》卷三。
③ 《宋史志·刑法二》卷二零零。
④ 《礼记·王制》卷三，731 页，北京，北京古籍出版社，1995。
⑤ 《汉书·刑法志》卷二三。
⑥ 《孟子·梁惠王章句下》卷二，载《诸子集成》，142 页，上海，上海书店出版社，1986。

刑人众弃之义，即国人杀之之义，盖必与天下共之，而不出于一己之私意也。①

从上可知道中国在商周时期，死刑的决定主要还是在"众人"的名义下进行，这是原始社会中对部落内成员处以死刑的一种通行方式。这种方式是对死刑的一种敬畏和不安，因为当某一成员犯了重要禁忌时，不对他处以死刑不足以平息因他的行为而招致的神灵愤怒，而处死了他，又会让他的灵魂给决定者带来不安。为此，通过群体方式进行可以抵消此方面的不安。有学者指出：

> 过去认为"大家一起执行"为好。即杀人犯要共同社会的全体人都参与。典型的例子就是石砸。用心理学解决，即使尽量多的人分担内疚的罪责感。②

这一点从法律人类学角度看是如此的。因为很多原始部落在执行死刑时往往采用此方式，甚至现在某些少数民族群体中还存在由全村人用石头砸死偷盗者的现象。

当然，随着时代的发展，特别自春秋以后，在死刑的决定上，不再由民众裁定，但保留了死刑的公开执行。特别是在"菜市"等集市上执行死刑，并把人犯的尸体陈放在交通要道，如城门、街道等处示众。这种行为虽然有这方面的内在意图，但也发生了相应的转变，如在公众场合执行死刑，在实现上面意图的同时，也具有"威慑"的功能。对此，沈家本指出：

> 众弃之本旨如此。自后来以刑为威世之具，遂谓刑人于市者，所以示显戮，所以昭炯戒，是直以刑为泄忿而逞威者矣。揆诸三代众弃之本旨，岂其然哉。③

这与"三代"时的目的发生了转变。当然这里有一个内在的冲突，那就是以皇帝为首的权力中心一方面要控制死刑的决定权，以满足"以刑杀为威"的权术之需，同时又不愿意承担处死人带来的不利后果，即想让死亡者的灵魂认为是因他犯了众怒，而不要来找自己。

（五）陈尸示众观

死刑适用的一个重要的理由就是报复主义，即：

> 杀人者死，伤人者刑，是百王之所同也，未有知其所由来者也。④

但是此理论的适用在现实中还是很软弱。

中国古代在死刑执行程序上还有一种制度就是对罪犯进行陈尸示众，这方面的记载很早就存在。如《周礼·秋官》中有"协日刑杀，肆之三日"和"凡杀人者，踣诸市，肆之三日。刑盗于市"。"肆之"其实就是陈尸。当然在周朝时，陈尸和示众仅适用于一般平民，对王族与公族则不然。如《周礼·小司寇》上载：

> 凡王之同族有罪，不即市。⑤

---

① 沈家本：《历代刑法考（三）·行刑之制考》，1227 页，北京，中华书局，1985。
② ［德］布鲁诺·赖德尔：《死刑的文化史》，郭二民编译，62 页，北京，三联书店，1992。
③ 沈家本：《历代刑法考（三）·行刑之制考》，1227～1228 页，北京，中华书局，1985。
④ 《汉书·刑法志》卷二三。《唐律疏议·名例·笞刑》上也引此来说明刑罚的正当性。
⑤ 分别见《周礼注疏·秋官·乡士》卷三五；《周礼注疏·秋官·掌戮》卷三六；《周礼注疏·秋官·小司寇》卷三五。

《礼记·文王世子》中载：

> 公族其有死罪，则磬于甸人。

对死者陈尸在当时具有什么含义？为什么王族和公族就不被实施此方面的程序呢？其实这里具有某种内在的意义，陈尸是对死者的一种处罚，是让死者灵魂得不到安宁。如《礼记·月令》中载：

> 仲春之月……毋肆掠，止狱讼。

这里指出在春天不能杀人，不能陈尸。前人解释说：

> 春阳即动，理无杀人，何得更有死尸，而禁其陈肆者？盖是大逆不孝罪甚之徒，容得春时杀之，杀则埋之，故禁其陈肆。①

就是说可以杀人，但又担心不利，所以不陈尸。因此说陈尸具有让死者不得安宁的企图。

（六）顺时而杀观

中国古代在实际执行死刑上存在着一种紧张关系，或者说对刑杀人存在着一种内在的冲突。因为中国人相信"天事"与"人事"的相互影响，同时也存在着对破坏不可杀人禁忌的担心。所以在处刑时具有很大的紧张，为了减少"不可杀人"内在伦理带来的冲突，一般在死刑执行上采用另外一种制度，那就是把时日与季节进行区分，尽量把二者统一起来，让此方面的影响减到最小。这在商周的记载中最为明显，特别是周朝时有"协日刑杀"。对什么是"协日"有这样的解释：

> 协，合也，和也。和合支干善日，若今时望后利日也。②

这样的选择是因为认为在这些日时执行死刑，对活着的人产生的影响最小。《礼记·月令》中对秋季分别记载，孟秋之月：

> 命有司，修法制，缮囹圄，具桎梏，禁止奸，慎罪邪，务搏执，命理瞻伤、察创、视折、审断决，狱讼必端平，戮有罪，严断刑，天地始肃，不可以赢。

这里就认为顺秋天之气，可以刑杀，同时说明这种制度存在的根本原因。因为"斩杀必当，毋或枉桡。枉桡不当，反受其殃"③。这是最重要的说明，也是刑杀不管对错，对活着的人都是不利的，于是在适用时必须慎重。因此在执行死刑时尽量把执行死刑说成是上天的成命，而不是为个人的私利。对此，明人邱濬指出：

> 刑者，阴事也。阴道属义，人君奉天出治，当顺天道肃杀之威，而施刑害杀戮之事，所以法天时行义道也……是则圣人之用刑，虽若不得已，而实不容已也；于不容

---

① 《礼记正义·月令》卷一五，475 页，北京，北京大学出版社，1999。
② 李学勤主编：《周礼注疏·秋官·乡士》卷三五，928 页，北京，北京大学出版社，1999。
③ 《礼记·月令》卷三，75 页，北京，北京古籍出版社，1995。

已之中，而存不得已之心。不容已者，上天讨罪之义，不得已者，圣人爱物之仁。①

这里把死刑的适用说成是上天之命，现世之仁。在这种牵强的理由后面是对死刑的恐惧，是当事人的借口。这当中最重要的还是人们对处死同类合法性和合理性的怀疑，因为在人类社会中，犯罪者杀人时的动因可能是充分或混乱的，但作为一个整体，一种公开的行为，判决执行死刑对任何个人来说都是难以接受的，所以往往提出"则天行事"。

若仅从顺时而杀上看中国古代死刑的执行，还不能看出这一制度的内在运作文化体系。对此，可以从停刑日期看。停刑日期可以推到周朝，因为前面提到的"协日刑杀"，其实有另一层意思，就是在现实中存在不属于"协日"的日期，而在这一时期是不能"刑杀"的。汉代以后开始形成春夏不行刑的制度。中国古代法律制度的设置中受阴阳、季节等影响最深的是关于死刑制度的设置，而其他刑种受其影响就不是那样强烈。这说明死刑制度的特殊性。

（七）福祸下的赦宥观

中国古代死刑适用受到各种文化因素和制度的制约，历代帝王常在大行酷刑的同时也进行各种类型的赦宥②，以获得相应的善报。这样，赦宥制度在客观上改变了中国古代死刑的适用情况。说赦宥是为了获得某种善报是因为，中国古代各种赦宥一般是在帝王践阼、改元、立后、生子、建储、册封、天灾、迁都、年丰、祥瑞、劝农、遇乱等与帝王家运、王朝政运相关联的大事发生时进行。从中可以看出，古代帝王对死刑适用一直存在着一种担心，即担心死刑的执行会给帝王家运、王朝政运带来不利影响，所以在相应的日期内进行赦宥，以获得善报。对于为什么要进行"赦宥"，理论上最有影响的是晋朝郭璞，他是主张"赦宥"的主要人物，为此他提出"刑狱充溢"难免会出现冤假错案，而大量冤假错案的产生会导致当事人发出"怨叹之气"，由此导致"愆阳苦雨之灾，崩震薄蚀之变，狂狡蠢戾之妖"的产生和出现。③ 这解释了为什么赦宥最多出现于与帝王家庭利益相关的事情发生时，在出现天灾时进行赦宥也是为了获得帝王家业的延续。这样在现实中赦宥成为中国古代减少因死刑带来的不利影响的重要途径。对中国古代的赦宥问题，研究最为详细的当推沈家本，他在《历代刑法考》所辑录的十二卷与赦宥有关的各种资料中，对此有专门记述。

在中国古代，"赦宥"最早是作为司法适用的一个原则，具体是在犯罪中特定情节上加以适用，而不是为获得某种当权者的利益。如《尚书·舜典》中有"眚灾肆赦"，这里的"赦"是针对特定的情节使用，即"过误"或者不可避免的原因产生的犯罪行为。《易经·解卦》中载：

> 雷雨作，解。君子以赦过宥罪。

这里"赦"是针对"过"的情节；"过"是"误失"，即"赦"仅适用于"过失"的情

---

①　（明）丘濬：《大学衍义补·顺于时之令》卷一零七，文渊阁四库丛书影印本。

②　"赦"在使用上，中国古代可以分为狭义和广义两种。狭义上的"赦"是指免罪释放，这是"赦"字的本义；广义上的"赦"是"赦"与"宥"的结合，因为"宥"是减刑或者容许采用赎刑等方式替代死刑。本书中若没有特别限定，"赦"在广义上使用。

③　《晋书·郭璞传》卷七二。

节。另外一种使用情况是疑案从赦，其中最有代表的是《尚书·吕刑》中的规定：

> 五刑之疑有赦，五罚之疑有赦。①

以上"赦"都是作为司法原则，而不是为一些特定的人获得利益而进行。对这个时期的"赦"，明人丘濬指出：

> 盖就一人一事而言耳，非若后世概为一札，并凡天下之罪人，不问其过误故犯，一切除之也。②

"赦宥"发生变化始于西周时期。《周礼·秋官·司市》中有"国君过市，则刑人赦"，这里"赦"的原因仅是国君经过犯罪人居住的地方。但这并没有成为主流。至少春秋以前"赦"没有作为调节不和之气、获得善报的手段。"赦"作为调节不和之气以获得善报的手段，始于春秋时期。这方面最早的记载是《春秋谷梁传》中鲁庄公二十二年（前672），因为该年载：

> 春，王正月，肆大眚。

对此注解是：

> 皆放赦罪人，荡涤众故，有时而用之，非经国之常制。③

这里的"赦"与以前的"赦"在性质与目的上都发生了变化，具体是赦的对象是所有的人犯，不问犯罪的情节；目的是荡涤旧故，获得革新。这样，"赦"不再作为司法原则使用，而是作为一种仁政并获得天报的行为而适用。赦免死刑罪人至少始于春秋时期。春秋时记载过一个具体案件，其时楚国陶朱公的次子杀人后被官府逮捕，陶朱公让自己的长子行贿楚王大臣提出大赦，进而获得次子免死。此事件说明此时"大赦"已经及于死刑。

"赦宥"在死刑适用中通过三个途径达到目标，具体是：一是狭义上的"赦"，即免除当事人的死刑，主要适用于大赦；二在严格意义上说是"宥"，即把当事人从死刑减等为其他生刑，如徒、流、徙等；三是广义上的"赦"，即容许当事人采用赎金等方式替代死刑。总之，赦宥在死刑适用中是化死入生，减少死刑的实际执行数量。

为了协调帝王家运与国家政运和打击元恶大憝的冲突，战国以后，在赦宥中形成了有条件的"赦"，即在"赦"时把一些特定的罪名排除在外。《战国策·魏（四）》记载魏国的法律"大府之宪"中规定：

> 子弑父，臣弑君，有常无赦。国虽大赦，降城亡子不得与焉。④

这里把弑君罪、降敌罪等排除在"常赦"的范围之外，以调和"仁政"与惩"元恶大憝"的冲突。这样解决了反对赦宥者提出的问题，因为他们的主要理由是赦宥导致一些"元恶大憝"的人犯得到了释放，国家不能有效打击犯罪。对此，从出土的文献中也得到证明，

---

① 李学勤主编：《尚书正义·吕刑》卷一九，545页，北京，北京大学出版社，1999。
② （明）丘濬：《大学衍义补·慎刑宪》卷一零九，文渊阁四库全书影印本，275页。
③ 李学勤主编：《春秋谷梁传注疏·鲁庄公二十二年》卷六，85页，北京，北京大学出版社，1999。
④ 《战国策·魏（四）》卷二五，246页，长沙，岳麓书社，1988。

银雀山出土的文献有"失民失法，罪死不赦"的记载①，说明赦的对象已经有了限制。战国后，国家为了更好地适用赦与打击犯罪的需要，已经进行制度设置，如通过把死刑分成不同的类型，如殊死和非殊死、真犯死罪与杂犯死罪及十恶重罪等。在"赦"时把国家认为严重的罪排除或把某类死刑排除，如把殊死、真犯死罪排除在赦的范围之外或者仅采用减刑等方式。隋唐以后把十恶重罪排除在一般赦的范围之外。这样国家既满足了减少死刑的执行以实现善报的价值追求，也达到了打击重罪的目的。上面的这种分类具有很大的缺点，因为同样类别的罪中往往存在着性质上的不同。为此，国家又不得不在"赦"时采用列出特定罪名，把它们排除在"赦"的范围之外。这种制度在汉朝时开始出现，特别是东汉时大量使用。如谋反、谋大逆、无道等罪采用减宥而不是赦免，具体是采用"下蚕室"适用宫刑等。汉和帝永元八年（96）八月：

> 诏郡国中都官系囚减死一等，诣敦煌戍。其犯大逆，募下蚕室。其女子宫。②

三国两晋南北朝时期这种制度得到进一步的发展，晋元帝建武元年（317）大赦时规定：

> 其杀祖父母、父母及刘聪、石勒，不从此例。③

这里的例外是恶逆、谋反、谋逆等罪的具体化。这里是按罪名的性质设定赦死的范围。这种制度发展到唐朝十分成熟。如唐太宗贞观四年（630）大赦天下时明确规定：

> 自贞观四年二月十八日昧爽已前，罪无轻重。自大辟以下，系囚见徒，皆赦除之，逋负官物，三分免一分。其谋反大逆，妖言惑众，及杀期亲以上尊长，奴婢部曲反主，官人枉法受财，不在赦例。④

以后历代仅是增加罪的数量而已。这说明国家对"赦"的范围更加规范。当然在条文中明确规定不赦的罪名并不是不可赦，而是必须由皇帝临时指定，即得采用特赦。若在"赦"时是"赦书临时定罪名特免及减降从轻重，可以不在此限"⑤。这样国家通过把特别性质的罪名排除，建立起赦死与打击元恶大憝的统一制度。

中国古代这些不同的"赦宥"在死刑适用上具体可以分为免、减、赎三类。通过这三种途径，中国古代死刑的适用得到了减少。统治者往往选择在特定的时间内赦，含有什么内在的意义呢？只要把这一点与上面的各种制度和文化因素统合起来考察，就可以得到解释。同时上述情况的存在也说明中国古代在死刑上的困惑和两难：一方面认为不进行刑杀，不足以维持皇权；另一方面又认为死刑的存在会对统治者带来不利，因为大量的生命被剥夺，会导致天事运行不畅。所以古人往往用一些特定的天象作为赦的前提。

以上诸要素相互作用，对中国古代专制体制下的死刑适用起到了重要的制约作用，在

---

① 参见"银雀山竹书（守法）、（守令）等十三篇"，载《文物》，1985（4）。

② 《后汉书·和帝纪》卷四。

③ 《晋书·明帝纪》卷六。

④ （清）董洁等：《全唐文·太宗二》卷五，60页，北京，中华书局，1983。

⑤ （明）李东阳等：《大明会典·刑二·名例律下·常赦所不原》卷一六一，2252页，台湾，文海出版社，1981。

一定程度上控制了中国古代死刑的滥用和执行。不过，由于中国古代死刑适用是在专制体制下运行的，当统治集团出现问题时，这样的制约因素发挥的作用便十分有限。

三、中国古代死刑分类制度

中国古代死刑适用具有相互冲突的双重价值追求，即实现威慑目的必须以大量适用死刑作为前提。这是由皇权至上和专制统治的政体所决定的，因为统治者认为只有通过司法恐怖才能获得社会稳定和权威的树立。相反，对仁政、盛世的追求，特别是在"天人感应"下"天事"与"人事"相互影响的观念支持下，又要求国家在司法运作中尽量减少死刑适用，避免人为因素影响和损坏王朝政运的良性运行。对此，中国古人认识到两者冲突所在，即出现"圣王之典刑，未详之甚，莫过于此。今死刑重，故非命者众；生刑轻，故罪不禁奸"① 的冲突。中国古代在这两种相反价值取向的冲突中找到了相应的调和途径，具体是把死刑按不同的性质或特征进行分类，国家在具体死刑司法运作中对不同类型的死刑采用不同的适用程序和行刑方式，从而达到减少死刑实际执行和打击"元恶大憝"的双重目的。

中国古代死刑适用程序上存在把死刑案件进行分类，对不同种类的案件分别对待，进而在实践中减少死刑实际执行数量，形成威慑与仁政相结合的制度设置。从相关史料看，可以肯定这种分类产生的时间很早，但较为成熟始于战国晚期，因为这个时期形成了殊死与非殊死的分类。在此之前，由于现在史料有限，很难肯定是否存在完善的分类体系。这种把死刑分成不同的类别，按照类别采用不同的执行方式，可以说是中国古代死刑制度中较具特色的制度之一。

1. 决不待时与待时而决

先秦时期虽然没有明确把死刑分成不同的种类，也没有在适用程序上采取明显的审理和复核程序，但在死刑行刑程序上已经出现了一些新的分类与设置。现在可以看到的最早记载是西周时期出现的所谓四大重要罪名在适用死刑时采用"不待时"和"不以听"的特别设置。这里"不待时"是指行刑的时间不必在特定的时日，因为西周时已经有了"协日而杀"的规定；"不以听"是指在死刑适用程序上不采用复审、复核，即停止大司寇等官员的集议复审程序。这四大重罪具体是：

> 析言破律，乱名改作，执左道以乱政者，杀；作淫声，造异服，设怪伎奇器以荡上心者，杀；行伪而坚，言伪而辩，学非而博，顺非而泽，以惑众者，杀；假于鬼神、时日、卜筮，以疑人者，杀。此四诛者，不待时，不以听。②

对此，《礼记·王制》中称之为"此四诛者，不以听"，就是这四大死罪案件可以即时处决。它成为后来"决不待时"或"立决"的前身。但现在掌握的相关史料很难证明这一制度是死刑适用中的重要程序和分类之一。

---

① 《晋书·刑法志》卷三十。
② （唐）杜预：《通典·刑一》卷一六三，颜品忠等点校，2221 页，长沙，岳麓书社，1995。此内容在《礼记·王制》中有相似的记载，仅是文字表述上略有出入，且没有明确指出决不待时。但从"不以听"看，应是只要这四类罪审明了判决后就可以执行，不必经过相关机关复审。（参见《礼记·王制》卷三，739 页，北京，北京古籍出版社，1995。）

从上面分析看，西周时存在把死刑分为即时处决与待时处决两类。这种分类的前提是因为西周时在死刑行刑时间上已经出现"协日而杀"，即选择特定时日进行的制度分类。其实，中国古代死刑分类主要是把刑法与自然界的运行作比附而产生，因为这一理论认为人间政事必须按照自然规律来运作才能实现良性运行，所以才有把死刑进行分类的需要。同时，这也是刑罚及时性与政事长远性冲突的产物。

中国古代决不待时的罪名，历朝多有明确的规定。孔颖达在对《礼记·月令》中"仲春之月，毋肆掠"的注释时指出：

> 盖大逆不孝罪甚之徒，容得春时杀之。

即认为大逆不孝罪是可以在春天行刑，即决不待时。这里记载的多是孔颖达本人所处王朝的情况。当然，西周时期上面四罪是最为明确的。《唐律疏议》中引《狱官令》规定已经对决不待时的罪名进行限定，具体看主要有：

> 犯恶逆以上及奴婢、部曲杀主者，不拘此令。①

即以上几个罪是决不待时，"恶逆以上"在唐朝具体指谋反、谋大逆、谋叛和恶逆罪。金朝时则规定"惟强盗则不待秋后"②。元朝、明朝是结合了唐朝与金朝的规定，同时增加了一些罪名，即"犯十恶之罪应死，及强盗者，虽决不待时"③。这里罪名的范围已经很广了，因为它包括十恶罪中的死罪及强盗罪等。

从中可以看出决不待时的罪名在中国古代死刑制度的发展中具有逐渐扩大的特点。同时可以看出上面的分类是根据死刑行刑时间的选择进行的，当然这种时间上的差异来源于不同死刑罪名的性质和种类。所以不同行刑时间也是不同死罪性质的体现。

2. 殊死与非殊死

殊死与非殊死的分类成为主流的时期是自战国到南北朝时。

殊死与非殊死是指死刑行刑时人犯是否身首分离，或者说这种分类实质上是由死刑行刑方式的差别所致。由于中国古代死刑行刑中身首是否分离是根据具体死罪的性质进行区分，所以原本的行刑特点成为死罪性质的分类标准，于是在法律制度的创制上出现以刑名分类作为罪名分类的结构体系，即出现把具体的罪分为殊死罪和非殊死罪两大类。这里的殊死罪与非殊死罪不仅是某种死刑的行刑方式，而且身首分离的行刑方式可以是多种。这种分类导致两种类别的死刑在适用中出现行刑方式、时间、适用减刑和替代刑等的不同。

把死刑分为"殊死"的最早记载是在《庄子·在宥篇》：

> 今世殊死者相枕也，桁杨者相推也，形戮者相望也。④

这里庄子明确说出"今世"，而庄子所生活的时代是在战国后期。这说明殊死罪的分类最晚应该始于这个时期。《东汉会要》中的解释是：

---

① 刘俊文：《唐律疏议笺解·断狱·立春后秋分前不决死刑》卷三十，2101页，北京，中华书局，1996。
② 《金史·刑法志》卷四五。
③ 怀效锋点校：《大明律·刑律·断狱·死囚覆奏待报》卷二八，218页，沈阳，辽汉社，1989。
④ 《庄子·外篇·在宥篇第十一》，载《诸子集成（3）》，171页，上海，上海书店出版社，1986。

　　殊死：或云弃市。①

　　这里的解释是有问题的，因为在秦汉时期，死刑多有弃市的传统，并且弃市多指执行死刑后将尸体示众，而殊死则是指死刑行刑采用的具体方式。"殊"，是斩刑，或说是让人犯身首分离。元朝《吏学指南》中对殊死的解释是"汉律，斩刑也"②。这一点可从沈家本在《历代刑法考》中对"殊死"考所引史料得以证明。

　　其次斩刑，殊身首；其次绞刑，死而不殊。③

　　对此，沈家本认为：

　　殊死，斩刑也，刑之重者。重者赦则无不赦者矣。④

　　其实"殊死"最重要的是指处死时身首异处，而不一定仅是斩刑，因为腰斩等也属于此刑。在中国古代让死者流血是一种更为严厉的方式。当事人流血而死一般不能埋葬到祖先坟茔上，人们认为他会变成厉鬼，给家族带来不幸。对此，张斐指出："枭首者恶之长，斩刑者罪之大，弃市者死之下。"⑤ 所以在这种分类时期，一般情况殊死刑只有在重大犯罪中才采用，如大逆无道等罪中。秦汉对死刑的这种分类是因为在具体的适用中，"殊死"与"非殊死"两种死刑在执行时间和减刑上有不同的规定和实践。如"殊死"往往是决不待时，"非殊死"得等到立秋后才执行。"制诏三公：方春东作，敬始慎微，动作从之。罪非殊死，且勿案验，皆须麦秋"⑥。东汉把宫刑作为殊死刑的法定减刑来使用。如明帝永平八年（65）十月下诏对"其大逆无道殊死者，一切募下蚕室"；章帝建初七年（82）九月下诏：

　　及犯殊死，一切募下蚕室。

　　从这些记载看，汉朝殊死刑适用较为严格，即使采用替代刑也是其他刑种中较重的刑种。非殊死罪在采用减刑和替代刑时，主要采用戍边、赦免、赎刑、减一等。汉高祖九年（前198）正月载：

　　前有罪殊死以下，皆赦之。⑦

　　光武建武七年（31）载：

　　诏中都官、三辅、郡、国出系囚，非犯殊死，皆一切勿案其罪。⑧

　　永平十八年（75）三月诏：

①　（宋）徐天麟：《东汉会要·刑制》卷三五，374 页，北京，中华书局，1998。
②　（元）徐元瑞：《吏学指南》，杨纳校注，77 页，杭州，浙江古籍出版社，1998。
③　《隋书·刑法志》卷二五。
④　沈家本：《历代刑法考（二）·赦考》，681 页，北京，中华书局，1985。
⑤　《晋书·刑法志》卷三十。
⑥　《后汉书·志四·礼仪上》。
⑦　《汉书·高祖纪下》卷一。
⑧　《后汉书·光武帝纪下》卷一。

殊死已下赎，死罪缣三十匹。①

汉安二年（143）十月载：

令郡国中都官系囚殊死以下出缣赎，各有差；其不能入赎者，遣诣临羌县居作二岁。②

曹魏明帝太和四年（230）十月载：

令罪非殊死听赎各有差。③

从上面可以看出，这种"殊死"和"非殊死"的死刑分类，其实是对不同性质的死刑区别对待，以达到减少死刑实际执刑数量的目的，最终满足"慎刑"、"恤刑"和"仁政"的需要。三国两晋南北朝时期一直沿用这种分类，成为这个时期死刑适用的主要制度。

3. 真犯死罪与杂犯死罪

真犯死罪与杂犯死罪的分类主要适用于隋唐到明朝前期，其实是一直适用到清末修律，但由于明朝后期出现把真犯死罪再分为监候与立决，导致这一分类体系虽然存在，但在实践中不再是主要的分类。

南北朝后期死刑分类开始发生变化，特别是隋朝以后，在死刑上不再采用殊死与非殊死作为分类，而是采用真犯死罪与杂犯死罪。这种转变的主要原因是殊死与非殊死分类的主要依据是行刑方式，而在现实中出现一些罪虽是绞刑、甚至是徒刑等也必须执行，才能达到打击奸恶的目的，特别是那些与宗法礼制相关的罪名，如不孝、无道、内乱等。同样是殊死罪，但不同罪名性质不同，对不同性质的罪得分别对待，如汉朝形成的谋反、大逆、无道等罪，由于其性质特殊，已经从其他殊死罪中区别开来。东汉时在大赦中出现对"殊死"罪中谋反、大逆、无道等罪特别对待的立法和司法。东汉明帝永平八年（65）十月规定：

大逆无道殊死者，一切募下蚕室。

永平十六年（73）九月有"谋反大逆无道不用此书"④ 等记载。这样在死罪分类上出现真犯死罪与杂犯死罪的分类，这一转变导致死罪分类标准从行刑方式转向罪的性质，而按罪的性质来分类则比按行刑方式更为科学和合理。这一点从明朝时期的分类上可以看出，明朝真犯死罪在行刑方式上有凌迟、斩、绞三类，就是这三类行刑方式中都有真犯死罪。而秦汉时的分类体系明显表现出无法满足上面的需要的缺陷。杂犯死罪在引入死罪分类后，形成了杂犯死罪判而不执行的司法传统。明朝时杂犯死罪不再执行已经制度化，甚至出现三次犯杂犯死罪加重执行死刑时还必须"奏请定夺"。这比三犯盗罪时加重处以死刑还要轻。

对隋朝以来真犯死罪的种类，《唐律疏议》在对"杂犯死罪"解释时有说明：

---

① 《后汉书·明帝纪》卷二。
② 《后汉书·顺帝纪》卷六。
③ 《三国志·魏书·明帝纪》卷三。
④ 《后汉书·明帝纪》卷二。

谓非上文十恶 、故杀人、反逆缘坐、监守内奸、盗 、掠人、受财枉法中死罪者。①

从这里看，唐朝时已经把杂犯死罪与真犯死罪的种类明确划分开来。因为这里对真犯死罪的类别采用列举式，而对杂犯死罪采用概括式，即除了真犯死罪就是杂犯死罪。从中可以看出，这种分类主要是按罪名的性质进行划分。宋朝时这种制度得到了继承和发展。《宋史·刑法志》中记载有杂犯死罪：

> 初，真宗尝览囚簿，见天下断死罪八百人，怃然动容，语宰执曰："杂犯死罪条目至多，官吏傥不尽心，岂无枉滥？故事，死罪狱具，三覆奏，盖甚重慎，何代罢之？"遂命检讨沿革，而有司终虑淹系，不果行。②

从这里可以看出宋朝时杂犯死罪是有明确规定的。此外，《宋史·刑法志》中记载有"天子岁自录京师系囚，畿内则遣使，往往杂犯死罪以下，第降等，杖、笞释之，或徒罪亦得释。若并及诸路，则命监司录焉"③。这说明宋朝对杂犯死罪在执行上多采用生刑，不再实际执行。辽金两朝在死刑分类上继承了唐朝的真犯死罪与杂犯死罪分类方式，并且在现实中也采用相同的处理方法，主要是对杂犯死罪人犯不再实际执行。如辽圣宗统和十二年（994）八月：

> 录囚，杂犯死罪以下释之。

兴宗重熙十六年（1047）十月、十七年七月、十八年三月都有"赦杂犯死罪"的记载；道宗大康五年（1079）十二月有赦杂犯死罪以下的记载。金朝章宗明昌二年（1191）十月：

> 应杂犯及强盗已未发觉减死一等。

卫绍王大安二年（1210）六月：

> 曲赦西京、太原两路，杂犯死罪减一等。

唐朝时杂犯死罪与真犯死罪在实际执行上没有太大区别，特别是杂犯死罪并没有成为主要不执行的类别。《旧唐书》中载：

> 又杂犯死罪，无杖刑，奏报三覆，然后行决。④

这里说明唐朝时仅是减少杖刑，但还是要执行的。当然，在分类中，唐朝已经把两者进行区别对待，对真犯死罪即使采用减刑也采不同于杂犯死罪的方式，如在配流上，杂犯死罪有期限，一般在三到五年。从唐宣宗大中四年（850）正月赦文来看，唐朝最长的配流期限有七年、十年，"徒流人比在天德者，以十年为限……止于七年，如要住者，亦听"⑤。而真犯死刑则是采用"长流"，即永远。开元二十四年（736）十月：

> 敕两京城内及京兆府诸县囚徒反逆、缘坐及十恶、故杀人、造伪头首死罪，特宜

---

① 刘俊文：《唐律疏议笺解·名例律·除名》卷二，196 页，北京，中华书局，1996。
② 《宋史·刑法志》卷一九九。
③ 《宋史·刑法志》卷二零一。
④ 《旧唐书·裴耀卿传》卷九八。
⑤ 《旧唐书·宣宗纪》卷一八下。

免罪，长流岭南远恶，其余杂犯死罪，隶配效力五年。①

这里明确规定对杂犯死罪采用流配五年，而对真犯死罪则采用长流岭南。宋朝时死刑适用大规模采用杂犯死罪与真犯死罪来区分死刑的具体种类，进而达到区别对待的目的。宋太祖时就因为皇太后生病，"赦杂犯死罪已下"②。此后，历朝多有减、赦杂犯死罪以下的记载。

明朝在死刑分类上在沿用"真犯死罪"与"杂犯死罪"的同时，又对真犯死罪区分为"决不待时"和"秋后处决"两类。这种分类在明朝应在明太祖洪武年间就已经开始。《大明会典》在记载洪武三十年（1397）死刑的类别时，在"真犯死罪"下具体记载有"决不待时"七罪，"秋后处决"五十一罪。③ 这是官方法律文献的记载，实践中应当早于此。因为洪武五年（1372）九月戊子有"自今杂犯死罪可矜者免死。发临濠输作"的记载。④ 弘治十年（1497）把死刑分为两类三种已经很成熟，因为当年记载全国死刑人犯中有真犯死罪和杂犯死罪两类，其中真犯死罪分为"决不待时"，具体是凌迟处死罪名十一个，斩刑罪名三十五个，绞刑罪名十三个；真犯死罪"秋后处决"中斩刑罪名九十五个，绞刑罪名七十六个；杂犯死罪中斩刑罪名四个，绞刑罪名七个。⑤ 明清两朝对于杂犯死罪已经明确规定不再实际执行，而是采用准徒五年，即实际执行五年徒刑，"杂犯斩绞准徒五年"⑥。这样杂犯死罪在法律上虽然有死刑之名，但已无死刑之实了。所以清末沈家本在主持法律改革时，在改革死刑方面首先就是废除此类死罪，因为它仅有死罪之名而无其实，徒增死罪的数量。当然，从《大明律》来看，"决不待时"和"秋后处决"的分类并没有纳入立法，更没有"立决"和"监候"的用语。"监候"和"立决"的用语仅出现在《明实录》和《大明会典》中，它们是"决不待时"和"秋后处决"的简称。

唐朝以来在司法实践中对真犯死罪与杂犯死罪，主要是真犯死罪一般不采用赦免、减刑、充军戍边和赎罪等非死刑方式，即使采用减刑也是流放到边境地区永远充军；而对杂犯死罪则主要采用赦免、减刑、充军戍边和赎罪等非死刑方式。

4. 立决与监候

清朝时死刑适用的分类仅有立决与监候两类。其实清朝的立决与监候是在真犯死罪与杂犯死罪的分类基础上进行的，并在真犯死罪的基础上再次分类。

把真犯死罪分为"立决"与"监候"虽然源于明朝，但明朝时《大明律》上对此没有明确规定并加以运用，所以《明史》中没有用"立决"和"监候"来对真犯死罪做进一步分类的记载。但从《明实录》和《大明会典》中看，明朝宣德年以后开始对真犯死罪进一

① 沈家本：《历代刑法考（二）·赦考》，704 页，北京，中华书局，2006。
② 《宋史·太祖纪》卷一。
③ 具体参见《大明会典·刑部·罪名（一）》卷一七三。
④ 参见《明太祖实录》卷七六。
⑤ 参见《大明会典·罪名》卷一七四。对此，《清史稿·刑法志》中记载有明弘治十年真犯死刑的具体数量，虽然这里用的是"条"，其实应是罪名。"明弘治十年奏定真犯死罪决不待时者，凌迟十二条，斩三十七条，绞十二条；真犯死罪秋后处决者，斩一百条，绞八十六条。"（《清史稿·刑法志二》卷一四三）
⑥ （清）席裕福、沈师徐：《皇朝政事类纂·刑一·名例律·五刑》卷三六九，8015 页，台湾，文海出版社，1983。

步区分"决不待时"和"秋后处决"两类，特别是在会审制度建立后，此种分类变得十分重要，因为只有把真犯死罪区分为这两类，才能让秋后的会审制度与国家对犯有严重罪名的人犯的处罚相结合。清朝初年制定的《大清律集解附例》虽然主要抄袭《大明律》的内容，但有一个重大变化，就是在死罪的罪名下明确注明是监候还是立决，同时在加修"条例"中有死刑时也注明是立决还是监候。

> 顺治初定律，乃于各条内分晰注明，凡律不注监候者，皆立决也；凡例不言立决者，皆监候也。①

这里明确记载清朝顺治初年法典中在死罪上已经明确区别监候与立决。因为通过分类的死罪是"罪干立决，旨下，本司派员监刑；监候则入朝审"②，进而出现：

> 自此京、外死罪多决于秋、朝审，遂为一代之大典。③

正因为通过以上分类，才导致清朝时能把全国的死罪复审主要集于秋审、朝审中来。对"秋后处决"的死刑案往往用"监候"称之，遂形成后来立决与监候的分类。可以肯定地说，以立决与监候区分死刑起源于明朝，但到清朝才正式在法律上适用。死刑的种类从真犯死罪与杂犯死罪向立决与监候的转变，其实是把死刑案件从罪名性质转向执行时间选择，因为立决与监候是死刑执行时间的一种分类。当然，这两类在时间选择上的不同，导致了死刑适用程序和罪名性质的不同。

清朝对死刑区分"立决"与"监候"主要缘于对两者的执行、复核和核准等程序上有不同设置。清朝的立决死刑案件主要来自两类：一类是某些犯罪行为直接归入立决死刑④；另一类是监候死刑案件在秋审和朝审时被归为情实类，上奏皇帝后得到核准，成为立决死刑案。其实，清朝通过把死刑案件分为立决和监候，再通过秋审把"监候"案件分为情实、可矜、留养承嗣和缓决四类。秋审中后三种，特别是缓决案件一般采用减刑和在一定次数的秋审后不再适用死刑。这样通过分类后分别对待，使死刑案件的实际执行数量得以减少。这一点从清朝乾隆年间每年新增的秋审案件中判处死刑案件一般在两千至三千件，但最后执行只有七八百件可以看出它的作用。⑤

从上面的分析可以看出，中国自秦汉以来对死刑种类的区分，使死刑在保持它应有的威慑功能的前提下，能够达到减少死刑执行数量和体现"皇恩"的目的。因为在分类后，对某一类死刑案件可以进行标准化和规范化的减刑和赎刑，甚至赦免，以达到"恤刑"和"慎刑"的目的。由此我们就不难理解中国古代为什么会有不同的死刑分类，而这些分类的出现是在应有的目的下产生，在相应的文化体系中形成并为其服务的。

中国古代死刑适用分类制度具有重要的意义和作用，它们的出现适应了中国古代刑罚，

---

① 《清史稿·刑法志》卷一四三。
② 《清史稿·刑法志》卷一四四。
③ 《清史稿·刑法志》卷一四三。
④ 根据郑秦在《清代司法审判制度研究》一书中统计，乾隆五年的《大清律例》有凌迟十七条，斩绞立决一百三十七条，斩绞监候二百八十七条，杂犯死罪十三条。因为凌迟与斩绞立决都是立决，所以立决应是一百五十四条。(152页，长沙，湖南教育出版社，1988。)
⑤ 详见《沈家本未刻书集纂补编》和《清实录·乾隆朝》的记载。

特别是死刑制度的价值追求——一种双重的、有矛盾的追求。它让死刑适用在保持大量判决的前提下，制度化地减少了死刑的实际执行数量。

中国古代在死刑适用上的双重价值冲突导致国家必须在制度设置上进行协调。为此，从西周起把死刑分为决不待时和秋后处决的原始的、不系统的分类，到秦汉至三国两晋南北朝时期把死刑分为殊死与非殊死；再到隋唐至明朝把死刑分为真犯死罪与杂犯死罪；最后清朝把死刑分为监候和立决，甚至现在的立即执行和缓期执行与其一脉相承，具有相同的目的。虽然这当中可能价值追求上的理论基础不同，但其死刑适用目的却是相同的，那就是要达到多判以获得威慑，少执行以实现仁政和减少对政运的人为影响。

从上面分析可以看出，中国历史上的死刑分类载负着古代人对待死刑的态度和价值，同时这种分类也能实现古代人赋予死刑制度的态度和价值。

四、中国古代死刑制度中的替代刑

中国古代死刑适用中为了达到判多执行少，不仅创立了完善的分类制度，还创制出各种替代刑来实现这一目标。死刑替代刑的出现让死刑的具体执行得到减少并且制度化。同时，避免因死刑赦免导致人犯没有受到处罚，以免达不到惩恶的目的。

1. 先秦时期

按照《尚书》记载，中国古代死刑制度中最早的替代刑应当是赎刑与流刑，因为在《舜典》中载有：

"流宥五刑"、"金作赎刑"、"五刑有服"、"五服三就"。

其中对"五服三就"的解释是"大罪于原野，大夫于朝，士于市"，"三就"就是在原野、市、朝三个地方执行，即"于三处就而杀之"。对"流"则指"谓不忍加刑，则流放之"，并指出"大罪四裔"，也就是当某人犯了死罪而不忍心处死时就流放到四夷之地。这方面最有名的记载是舜帝流放共工、欢兜、三苗和鲧。[①] 对此，《周礼·小司寇》中对"八议者"若犯了重罪，即死罪，若君王加恩不忍心处死时，而罪太重又不能全部赦免时则采用流刑。从相关解释看，流刑在舜帝时已经作为死刑的替代刑使用。此外，这个时期赎刑也作为死刑的替代刑使用，这在夏商周时都有记载，特别是作为死刑有疑时的替代刑。《路史》中载：

夏后氏罪疑为轻，死者千馔，中罪五百，下罪二百。[②]

这里就是用赎刑作为死刑替代刑。《尚书·吕刑》中有"大辟疑赦，其罚千锾，阅实其罪"。这样赎刑实质上起到了死刑的替代刑作用。

这个时期最有争议的是象刑。[③] 从记载看，象刑是一种替代刑，只是它适用的范围是五刑中的每一个刑种，就是对人犯判了相应的罪后并不实际执行，而是通过象征刑作为替代。

---

① 参见李学勤主编：《尚书正义·舜典》卷三，75 页，北京，北京大学出版社，1999。

② 《路史·后纪·夏后氏纪》，文渊阁四库全书影印本。

③ "象刑"之说虽然历代有争议，但多有记载。如《尚书》、《尚书大传》、《白虎通》、《慎子》、《荀子》和《晋书·刑法志》等。

《孝经纬》中载：

> 上罪墨蒙赭衣杂屦，中罪赭衣杂屦，下罪杂屦而已。

此处的"上罪"是指死刑。在《慎子》、《荀子》、《白虎通》和《晋书·刑法志》中都明确记载"死刑"具体采用"象刑"的方式，从这几部记载看，在死刑上"象刑"略有不同。如《慎子》中记载"布衣无领以当大辟"；《荀子》记载的是"杀，赭衣不纯"；《白虎通》中是"犯大辟，布衣无领"；《晋书·刑法志》中载：

> 大辟之罪，殊刑之极，布其衣裾而无领缘，投之于市，与众弃之。[①]

以上，《慎子》、《白虎通》和《晋书·刑法志》记载是一致的，仅《荀子》的记载略有不同，因为它强调的是布的颜色。

2. 秦汉时期

秦汉时期死刑中替代刑主要有徙边、宫刑和赎金等。

徙边在秦朝时就是把死刑人犯"徙"到边疆屯守从军，成为死刑的主要替代刑。秦朝在始皇帝时最为明显，如把死刑犯"徙"到南方、西南诸郡，特别是象郡等地。这当中最著名的是嫪毐、吕不韦案件中把相关判了死刑的人员迁徙到蜀地。秦朝时徙边与迁刑是有差别的，因为从《法律答问》上看，"迁刑"不是死刑的替代刑，而是作为一种独立的刑种，甚至比城旦刑还轻，即比徙刑还轻。因为《法律答问》载：

> 盗过六百六十钱，黥劓以为城旦；不盈六百六十到二百廿钱，黥为城旦；不盈二百廿以下到一钱，迁之。[②]

所以秦朝时"徙边"和"迁刑"是两种不同的刑种。

赎死在秦朝死刑适用上采用是有相关法律为证的，并且应该是比较流行的。《秦律十八种》载：

> 公士以下居赎刑罪、死罪者，居于城旦舂，勿赤其衣，勿枸椟欙杕……葆子以上居赎刑以上到赎死，居于官府，皆勿将司。[③]

此条法律说明秦朝在赎死上分四类人：第一类是"公士"以上的人，"公士"在秦汉二十级爵位中属于最低级，在此爵位以上的人士当然可以采用赎刑；第二类是"公士"以下的人，即一般百姓，他们在服劳役时做城旦舂的工作，"勿赤其衣，勿枸椟欙杕"，因为正常人被判城旦舂时要"赤其衣，枸椟欙杕"；第三类人就是"人奴妾"服劳役时，要"赤其衣，枸椟欙杕"；第四类是葆子以上，按汉朝的记载，葆子是二千石以上享有荫袭权的人，即嫡长子，这类人一般出任为郎，他们在赎死时到官府服役，不必住在官府，可以回家居住。从这里可以看出，秦朝时在死刑中开始大量采用赎刑，并且在赎死中，若当事人没有钱支付时，可以通过服劳役来抵偿。这让死刑中的赎刑得到了普遍使用，因为很多穷人可以通过此方法把死刑改成赎刑。这一点反映出秦朝时虽然在死刑上表现出繁多的立法，但

---

① 《晋书·刑法志》卷三十。
② 睡虎地秦墓竹简整理小组编：《睡虎地秦墓竹简·法律答问》，150页，北京，文物出版社，1978。
③ 睡虎地秦墓竹简整理小组编：《睡虎地秦墓竹简·司空》，84页，北京，文物出版社，1978。

在实际执行中死刑执行数量未必就很多，因为赎刑把本应被执行死刑的人变成了国家获得无偿劳役的工具。秦朝在现实中存在把大量刑罚转化成国家无偿获得劳役的趋势，这种方法让秦中央在法律上无偿获得劳动力得以合法化。此点可以解释秦始皇统一六国后大量进行公共工程的劳役来源，因为按正常推理，秦国在统一时长期进行战争，导致人员重大损失，统一后又实施大量工程，在劳动力来源上并没有出现大问题。同时，史书也记载秦末年农民大起义时，曾把修阿房宫的几十万囚徒组织起来抵抗起义军，这说明当时把各种刑罚转化成劳役刑的事实。其实，秦朝时还把肉刑中的很多刑，如墨、劓、刖等刑通过赎刑作为中介，让出不起钱的人转化成劳役。这样形成有钱的出钱，无钱的出力的赎刑运作机制。所以说秦朝时在死刑、肉刑的适用上实际执行的很少。同时从中国古代刑名的转化看，秦汉以后，我国刑名开始从肉刑为中心转向劳役刑为中心。这种转变始自秦朝，因为封建时代劳动力是国家的重要财富，大量的死刑与肉刑的适用会导致劳动力的减少，不利于国家的发展。

汉朝在死刑的执行上已经形成三种主要的替代刑，即赎死、宫刑和徙边。这三种替代刑的大量使用，导致死刑实际执行数量大为减少，为国家获取了大量的劳动力，同时减少了死刑带来的不利影响。

汉朝在死刑适用上，有些在法律上明确规定死刑，同时又明确规定可以具体适用"赎死"，即采用赎金代替死刑。汉朝时"赎死"的数额具体是"金二斤八两"①。在淮南王案中有"其非吏，赎死金二斤八两"②。汉朝采用赎死制度的最早记载是汉惠帝元年（前194）十二月，"民有罪，得买爵三十级以免死罪"，对此，应劭在"注"中解释为"一级值钱三千，凡为六万"③。说明当时赎死罪的数额是六万。汉武帝太始二年（前95）九月下诏：

> 募死罪入赎钱五十万减一等。④

东汉时期已经非常多且已制度化，《后汉书》诸帝本纪中有几十次下诏采用赎死的记载。如光武帝中元二年（57）十二月载：

> 天下亡命殊死以下，听得赎论：死罪入缣二十匹。⑤

从这里看，东汉时通过赎刑减死已经适用于各种死刑，即殊死罪中也适用。这样赎刑成为死刑的主要替代刑，减少了死刑的大量执行。

宫刑作为死刑的替代刑，在汉朝主要适用于殊死罪中，有时在非殊死罪中也采用宫刑。在死刑执行中通过宫刑作为替代刑的制度，在当时看来，是从死刑入生刑的途径之一，是一种"德"政的体现。此制度始于景帝中元四年（前146），该年汉景帝下诏"死罪欲腐者，许之"⑥。对此，沈家本认为：

---

① 张家山二四七号汉墓竹简整理小组编：《张家山汉墓竹简·具律》，25页，北京，文物出版社，2006。
② 《史记·淮南王传》卷一一八。
③ 《汉书·惠帝纪》卷二。
④ 《汉书·武帝纪》卷六。
⑤ 《后汉书·明帝纪》卷二。永平十五年诏书中增加了缣的数量，即为四十匹；永平十七年改为三十匹。
⑥ 《汉书·景帝纪》卷五。

死刑降而为宫变减等了，是减等之法，汉初已行之，第史不多见耳。①

但从景帝的诏书看，最初宫刑是作为死刑的替代刑而不是减等刑使用，因为从景帝诏书看并没有说是减等为宫刑，而是被判死刑的人愿意受宫刑而不愿执行死刑时适用。从东汉记载看，这一制度不仅被继承下来并扩大了适用的范围，而且还有制度化的发展。东汉在这方面记载很多，光武帝建武二十八年（52）有"死罪系囚皆一切募下蚕室"②。明帝时把宫刑作为死刑的替代刑扩张到一些过去不能减刑的罪名领域，如大逆无道等殊死罪上。永平八年（65）十月下诏：

其大逆无道殊死者，一切募下蚕室。③

这在东汉诸朝中都有相应的记载，如汉安帝永初元年（107）、延光三年（124），顺帝永建元年（126）、阳嘉元年（1327）、永和五年（140）、汉安二年（143），以及汉冲帝、汉质帝、汉桓帝年间。从东汉的法律看，宫刑作为死刑的替代刑主要适用在殊死罪上，即适用在死罪中属于较重的犯罪系列。

汉朝时在非殊死罪上多采用把人犯发配到边疆军队里服役作为死刑的替代刑。汉朝将徙边作为死刑替代刑适用很早，汉高祖十一年（前196）七月淮南王吕布谋反后，曾下诏：

赦天下死罪以下，皆令从军。④

即用从军作为死刑的替代刑。不过，当时仅适用于死罪中疑难案件。

汉武时，始启河右四郡，议诸疑罪而谪徙之。⑤

徙边从军在东汉时成为重要的死刑替代刑。东汉明帝时得到了迅速发展。永平八年（65）十月载：

诏三公募郡国中都官死罪系囚，减罪一等，勿笞，诣度辽将军营，屯朔方、五原之边县；妻子自随，便占着边县。⑥

永平十六年（73）九月有相同的诏书，仅有一个例外，就是"谋反大逆无道不用此书"。这里把死刑分为两类，一般的死刑采用徙边为军作为替代刑，而"大逆无道"等则采用宫刑作为替代刑。⑦ 这样东汉已经把死罪从性质上重新划分，分别对待。其他皇帝时还有相同的记载，如章帝建初七年（82）、和帝永元八年（96）、安帝元初元年（114）及冲帝、桓帝时。从汉朝相关记载看，当时死刑徙边戍守的地域主要是北方边疆地区，具体有朔方、五原、敦煌、金城、冯翊、扶风、陇西、北地、上郡、安定等边防要地。

3. 三国两晋南北朝时期

三国两晋南北朝时期在死刑替代刑上主要有徙流、赎刑、赦免等。

① 沈家本：《历代刑法考（二）·赦三》，570页，北京，中华书局，2006。
② 《后汉书·光武帝纪下》卷一。
③ 《后汉书·明帝纪》卷二。
④ 《汉书·高祖纪下》卷一。
⑤ 《魏书·刑罚志》卷一一一。
⑥ 《后汉书·明帝纪》卷二。
⑦ 参见《后汉书·明帝纪》卷二。

徙边在南北朝时开始作为死刑的主要替代刑大量使用。这个时期徙边刑与流刑是有区别的。徙边作为死刑的替代刑，主要是把死刑犯从死入生，发配到边疆驻军中作为军人，即徙边的主要特征是把徙到边疆的人犯作为军人，而流刑则不从事军人工作。这个时期流刑是作为徒刑与死刑之间的过渡刑使用，是死刑的减等刑。晋朝时徙边成为死刑替代刑得到发展。《晋书·陆机传》载：

> 遂收机等九人付廷尉……得减死徙边。①

当然，徙边有很多特征与流刑相似，因而要与流刑做严格区分是很难的。流刑在《唐律疏议·名例·流刑》中解释为：

> 谓不忍刑杀，宥之于远也。

此解释符合中国自古以来流刑的性质，因为在古代刑罚体系中流刑一直被作为死刑的替代刑使用。流刑最早见于《尚书·舜典》中，该书记载有舜帝流四凶。这些说明流刑在中国古代具有死刑替代刑的特征和功能。

徙边作为流刑与死刑之间的过渡刑正式始于北魏时期，具体始于太和末年，当时冀州刺史贺源提议：

> 非大逆、手杀人之罪，其坐赃及盗与过误之愆应入死者，皆可原命，谪守边境。

此建议被高宗接受，于是"已后入死者，皆恕死徙边"。这样此制度在北魏作为死刑的替代刑被大量适用，从而减少了死刑的实际执行量。史载：

> 贺源劝朕宥诸死刑，徙弃北番诸戍，自尔至今，一岁所活殊为不少，生济之理既多，边戍之兵有益。②

这样"恕死从流"③在北魏成为法定的制度。这一制度被后来的王朝所继承。北齐时把徙边称为流刑，把它作为死刑的替代刑。在死刑减为流刑时一般采用各鞭笞一百，徙边为军士。

> 论犯可死，原情可降，鞭笞各一百，髡之，投于边裔，以为兵卒。④

从这里看，北齐的流刑就是北魏的徙边刑的沿袭，它们是把人犯徙到边疆从军。北周规定对死罪减死时采用流刑。"当减者，死罪流蕃服，蕃服已下俱至徒五年"⑤。

4. 隋唐时期

隋朝在死刑替代刑上与北朝相似，这里不再单独分析。

唐朝在死刑适用上的替代刑还有一个重要制度就是加役流刑，它在性质上不是流刑。对加役流的性质与作用，《唐六典·刑部》中有说明：

---

① 《晋书·陆机传》卷五四。
② 《魏书·贺源传》卷四一。
③ 《魏书·奚康生传》卷七三。
④ 《隋书·刑法志》卷二五。
⑤ 《隋书·刑法志》卷二五。

常流之外，更有加役流者，本死刑，武德中改为断趾，贞观六年改为加役流。①

此外，《唐律疏议》上没有在五刑中设有加役流。所以《唐律疏议·名例·老少及疾有犯》中对加役流的解释是："加役流者，本是死刑，元无赎例，故不许赎。"② 这是因为加役流是唐太宗时创制出来作为死刑的替代刑的刑种。正因为唐朝时加役流作为死刑的替代刑使用，宫刑这一肉刑作为死刑的替代刑才得以结束，同时也使汉朝废除肉刑以后几百年的肉刑存废之争终于得到了有效的解决。因为反对废除肉刑的人主要的理由是，肉刑废除后没有一个中间刑作为死刑与刑徒之间的缓冲。《唐律疏议》中明确规定加役流刑的有三十个。

唐朝时加役流刑作为死刑替代刑是经过一段时间的实践和改革后才完成的。最初唐太宗在减少死刑时是采用斩右趾作为死刑的替代刑。

戴胄、魏徵又言旧律令重，于是议绞刑之属五十条，免死罪，断其右趾，应死者多蒙全活。

对此，可以从唐太宗时大臣的奏议中看出，谏议大夫王珪奏说：

古行肉刑，以为轻罪。今陛下矜死刑之多，设断趾之法，格本合死，今而获生。

其他大臣认为"古之肉刑，乃在死刑之外。陛下于死刑之内，改从断趾，便是以生易死，足为宽法"。这里说得非常明确是用斩右趾作为死刑的替代刑，但唐太宗则认为：

本以为宽，故行之。然每闻恻怆，不能忘怀。

就是认为采用斩右趾作为死刑的替代刑还是太重，所以最后规定：

乃与八座定议奏闻，于是又除断趾法，改为加役流三千里，居作二年。③

这样加役流作为死刑的替代刑正式得以确定。《唐六典·刑部》中明确指出加役流与流刑的区别是："谓常流唯役一年，此流役三年，故以加役名焉"④。从中可以看出，加役流是流刑中加重两年作为死刑的替代刑使用。唐朝把加役流作为死刑的替代刑在《唐律》中，有明确规定和使用，同时在史书上也多有记载。太宗贞观十六年（642）载：

又徙死罪以实西州，流者戍之。⑤

加役流到宋朝时还存在，这不仅在《宋刑统》中有明确的规定，在其他史书中也有记载，如宋仁宗天圣八年（1030）四月提到"加役流者"⑥。但这时的加役流已经作为特定刑种存在，作为死刑替代刑特征已经不再明显。

---

① （唐）李林甫等：《唐六典·刑部》卷六，陈仲夫点校，186页，北京，中华书局，1992。
② 刘俊文：《唐律疏议笺解·名例·老少及疾有犯》卷四，299页，北京，中华书局，1996。
③ 《旧唐书·刑法志》卷五十。
④ （唐）李林甫等：《唐六典·刑部》卷六，陈仲夫点校，186页，北京，中华书局，1992。
⑤ 《新唐书·刑法志》卷五六。
⑥ 《宋会要辑稿·刑法》中提到"加役流"的次数不少于三次。（参见（清）徐松：《宋会要辑稿·刑法四之十六》，6629页，北京，中华书局，1957。）

加役流在法律上作为死刑的替代刑写入法典后导致一个问题，那就是国家对一般的死刑不能再通过加役流作为替代刑，于是只好寻找新的替代刑。唐朝中后期主要是出现配流刑作为死刑的替代刑。对此，《唐律疏议·名例》载：

> 免死别配者，谓本犯死罪，蒙恩别配流、徒之类。①

唐代在死刑的替代刑配流刑上主要是配流到岭南、碛石等边疆民族地区。唐代在使用配流刑作为死刑的替代刑时往往根据真犯死罪与杂犯死罪而采用不同的方式，其中杂犯死罪的配流期限是三年，而真犯死罪则采用配流永远。所谓"永远"就是人犯与子孙都得在配流地永久居住。

唐朝时配流与加役流有什么区别呢？二者虽然同为死刑的替代刑，但区别是相当明显的。加役流是唐朝初年在减少死罪时把一些本来是死刑的罪名改为加役流，是立法上使用的。对此，《唐律疏议·应议请减杀》中说得很明确：

> 加役流者，旧是死刑，武德年中改为断趾。国家惟刑是恤，恩弘博爱，以刑者不可复属，死者务欲生之，情轸向隅，恩覃祝纲，以贞观六年奉制改为加役流。②

配流是指在《唐律》中规定适用死刑，包括真犯死罪与杂犯死罪在内，在判决死刑后不执行时采用替代刑，甚至包括十恶重罪中的死罪。如睿宗景云二年（711）八月有"其谋杀、劫杀、造伪头首并免死配流岭南"③。配流在流到边疆地区后，在时间上有五年、七年、十年和永远等，而加役流仅为三年。所以配流更多是作为一种临时制度而存在，它与加役流不一样。

5. 宋朝

宋朝死刑替代刑是配隶或称刺配。④ 宋朝配隶作为死刑的替代刑已经成为主流，并为学术界认可。⑤ 当然，宋朝配隶同时保留着相关的一些其他刑种的特征，如流刑的特性和内容。宋英宗时张方平在奏议中指出，配隶的特征是"先具徒流杖之刑，而更黥刺服役终身，其配远恶州军者，无复地里之限"⑥。《宋会要辑稿·刑法四·配隶》中对"配隶"有一个总结性的说明：

> 国朝凡犯罪流罪决讫，配役如旧条，杖以上情重者有刺面不刺面，配本州牢城，

① 刘俊文：《唐律疏议笺解·名例律·除名》卷二，196 页，北京，中华书局，1996。
② 刘俊文：《唐律疏议笺解·名例律·应议请减杀》卷二，134 页，北京，中华书局，1996。
③ 《旧唐书·睿宗纪》卷七。
④ 宋代的"配隶"或说"配流"与流刑是不是同一刑种呢？从相关史料看，宋代的配流具有流刑的加重刑和死刑的减死刑，或说是替代刑的特征。因为在《宋会要辑稿·刑一·配军条例》中有："品官五犯流，不得减赎，除名配流"。（（清）徐松：《宋会要辑稿》，6462 页，北京，中华书局，1957。）从这里可以看出宋代流刑与配流不是同一刑种，它是作为死刑的替代刑大量适用。
⑤ 对此，《宋代司法制度》一书中认为"宋初仅适用于贷死罪犯，此后适用范围日益扩大，至南宋孝宗'淳熙配法，凡五百七十条'，包括徒以上'盗贼'，犯罪军士及杂犯中的重罪"。（王云海：《宋代司法制度》，19 页，郑州，河南大学出版社，1992。）
⑥ 转引自（清）薛允升：《唐明律合编·名例律·边远弃军》卷六，怀效锋、李鸣点校，101 页，北京，法律出版社，1996。

仍各分地里近远，五百里、千里以上及广南、福建、荆湖之别，京城有配窑务、忠靖六军等，亦有自南配河北屯田者。如免死者配沙门岛、琼崖、儋、万州，以有遇赦不还者。①

从这里可以看出配隶在宋朝时最先是流刑的一种称谓，但在适用中内容扩大，因为配隶不仅是作为流刑，它还作为死刑的替代刑使用。宋朝初期配隶作为死刑的替代刑主要是配到沙门岛、琼崖、儋、万州等地，而流刑则有明确的距离，主要有五百里和一千里两类。这样配隶作为死刑的替代刑在地理位置上与流刑是有区别的。

配隶作为死刑的替代刑，《宋史》中有相关记载：

> 先是，犯死罪获贷者，多配隶登州沙门岛及通州海岛，皆有屯兵使者领护。而通州岛中凡两处官煮盐，豪强难制者隶崇明镇，懦弱者隶东州市。太平兴国五年，始令分隶盐亭役之，而沙门如故。端拱二年，诏免岭南流配荷校执役……始令杂犯至死贷命者，勿流沙门岛，止隶诸州牢城。②

这里明确说出宋朝时，若犯死罪往往采用配隶作为死刑的替代刑，可以说是杂犯死罪实际执行的方式。从相关资料看，配隶作为死刑的替代刑在宋朝已经制度化，宋朝时配隶的主要变化是在地理位置上。前期配隶主要是流到沙门岛，但由于人犯多死，后来改为流放到近地。

> 罪人贷死者，旧多配沙门岛，至者多死。景祐中，诏当配沙门岛者，第配广南地牢城，广南罪人乃配岭北。然其后又有配沙门岛者。③

为了进一步规范配隶的适用，元祐六年（1091）刑部提出详细的立法：

> 诸配隶沙门岛，强盗杀人纵火，赃满五万钱、强奸殴伤两犯致死，累赃至二十万钱、谋杀致死，及十恶死罪，造蛊已杀人者，不移配。强盗徒党杀人不同谋，赃满二十五万，遇赦移配广南，溢额者配隶远恶。余犯遇赦移配荆湖南北、福建路诸州，溢额者配隶广南。在沙门岛满五年，遇赦不该移配与不许纵还而年及六十以上者，移配广南。在岛十年者，依余犯格移配。笃疾或年及七十在岛三年以上，移配近乡州军。犯状应移而老疾者同。其永不放还者，各加二年移配。④

从上面看，宋朝死刑采用配隶时最初的目的地主要是沙门岛、琼崖、儋、万州。但由于沙门岛等地生存条件恶劣，常导致人犯死亡，失去了化死入生的原意。元祐六年（1091）

---

① （清）徐松：《宋会要辑稿·刑法四之一·配隶》，6622页，北京，中华书局，1957。
② 《宋史·刑法志三》卷二零一。
③ 《宋史·刑法志三》卷二零一。
④ 《宋史·刑法志三》卷二零一。此内容原始出处在元祐六年（1091）十一月十九日刑部的一个奏折中。"刑部言配沙门岛人，强盗亲下手或已经杀人放火，计赃及五十贯，因而强奸，亲殴人折伤，两犯至死，或累赃满三百贯，赃满二百贯，以谋人杀人造意，或加功因而致死，十恶本罪至死，造畜蛊毒药，已杀人不移配，并遇赦不还而年六十已上，在岛五年，移配广南牢城；在岛十年依余犯格移配；笃疾或年七十，在岛三年已上，移配近乡州军牢城，犯状应移而老疾者，同其永不放还者，各加二年移配。从之"。（（清）徐松：《宋会要辑稿·刑法四之三一·配隶》，6637页，北京，中华书局，1957。）

刑部提出改变配隶的地方，如改为配隶广南等地牢城。为了让此刑种能很好地发挥作用，还根据死罪的轻重和人犯的年龄、健康状况等区别对待。首先对真犯死罪、十恶重罪化死入生时仍然配到沙门岛；其次相对较轻的人犯，则改为配隶广南；再轻的配到荆湖南北、福建诸路。此外，对真犯死罪和十恶重罪者在满足一定条件下（如在沙门岛一定时期后）可以移配广南等地的牢城。此后，配隶的地区成为法律改革的中心，如宣和七年（1125）有"虽皆巨蠹，亦既贷死而昼监夜禁，与死为邻，天南贵生在所矜恤，可令本州当职官栓会元犯，据罪重轻分为三等，具年月久近限半月，申刑部取旨移配远恶州军，以示生意"①。

配隶地理位置上宋朝分为以下几类：最重的、最难生存的是沙门岛，此地是死刑中的真犯死罪人犯的配隶之地；其次是远恶诸州军，这比沙门岛略轻，主要适用死刑中的减死者。"远恶诸州军"指哪些地区呢？《庆元条法事类·编配流役》中载：

> 诸称远恶州者，谓南恩、新循、梅、高、雷、化、宾、容、琼州、万安、昌化、吉阳军。②

这说明宋朝"远恶诸州军"是有具体的地方；再轻的就在邻州牢城，这类地区主要适用于一般的配隶，死刑减死中很少适用；最轻的是本州牢城。这一制度大大减少了宋朝死刑的实际执行数量。如北宋神宗熙宁三年（1070）记载：

> 天下死刑大抵一岁几及二千人，比之前代，其数殊多……自来奏请贷死之例颇有……特议贷命别立刑等。③

6. 元明清时期

元明清时期死刑适用中最重要的发展是死刑实际执行中大量采用由死入生的替代刑，为此形成了两大制度，即发配到边疆服军役的充军制度和各种形色的赎刑制度。

元朝死刑替代刑在继承了宋朝的刺配的基础上略有变化，主要是采用籍流。《经世大典》中有"斩首之降一等，即为杖一百七籍流"，即死刑的替代刑是杖一百零七下后籍流。

> 田禹妖言，敕减死流之远方。④
> 壬子，洺磁路总管姜毅捕获农民郝进等四人，造妖言惑众，敕诛进，余减死流远方。⑤

在流刑上元代有明确的地点，就是南方人流于"辽阳迤北之地"，北方人流于"南方湖广之乡"⑥。此外，还保留了配役，只是方式上略有不同，元朝配役是"今带镣居作"⑦。元朝由于疆域辽阔，所以国家在配流等使用中开始出现充军的前身，即把死刑人犯发到边疆驻军处从军。

---

① （清）徐松：《宋会要辑稿·刑法四之三六·配隶》，6639页，北京，中华书局，1957。
② 《庆元条法事类·刑狱门·编配流役》卷七五，410页，北京，中国书店出版社，1990。
③ （清）徐松：《宋会要辑稿·刑法一之七》，6465页，北京，中华书局，1957。
④ 《元史·世祖纪》卷六。
⑤ 《元史·世祖纪》卷八。
⑥ 《元史·刑法志》卷一零二。
⑦ （元）徐元瑞：《吏学指南》，杨纳校注，78页，杭州，浙江古籍出版社，1998。

　　明朝死刑替代刑主要是充军。充军是明朝前期真犯死罪与杂犯死罪的法定执行刑之一。明代充军性质非常明确，与流刑没有什么关系。清人沈家本认为：

　　　　明代充军所以实边，与流罪之加等，本毫不相涉……随事编发，本以充逃亡之什伍。①

　　明确说出明代充军不是流刑的加等刑，它是死刑的替代刑，目的是补充卫所中的军人损耗。充军迁发时没有固定的里数和地点，根据临时需要决定，而流刑是有明确的地理范围和里数规定的。

　　明朝在死刑转化成生刑的制度上把充军发挥到极致。对充军作为死刑的替代刑，明朝相关法律中有明确的规定。充军在明朝不仅可以作为杂犯死罪的替代刑，也可作为真犯死罪的替代刑。

　　　　军有终身，有永远。永远者，罚及子孙，皆以实犯死罪减等者充之。

　　可以看出明朝在充军上分为两大类，即终身与永远，两者的区别是是否"罚及子孙"。从上面可以看出，明朝在充军上有相应分类，具体是"终身"充军主要适用于杂犯死罪，"永远"充军主要适用于真犯死罪。

　　　　皆以实犯死罪减等者充之。②

　　就是永远型充军主要适用于真犯死罪。对此，明宣宗时虞谦上奏：

　　　　旧制，犯死罪者，罚役终身。今所犯不等，宜依轻重分年限。③

　　万历二年（1574）刑科给事中徐桓在上奏：

　　　　死罪杂犯准徒充军者，当如其例。④

　　这说明明朝杂犯死罪的法定执行方式是充军，而不是实际执行。

　　明朝对杂犯死罪与真犯死罪在充军上是不同的。杂犯死罪充军有以下多种方式，具体有发到卫所和战略要地驻军处工役终身、输粮到边卫充作军人、运砖、养马等。充作军人，如洪武十五年（1382）正月载：

　　　　凡将校士卒杂犯死罪者免死，杖发戍边。⑤

　　宣德三年五月辛酉有"其非真犯死罪者杖一百，发戍边"⑥。发到边卫所做工役的，如洪武三十五年八月"杂犯死罪输役终身"⑦。迁发到边卫种田，主要是发到边境地区开荒垦

---

　　①　沈家本：《历代刑法考（三）·充军考》，1276页，北京，中华书局，1985。

　　②　（清）薛允升：《唐明律合编·名例律·边远弃军》卷六，怀效锋、李鸣点校，102页，北京，法律出版社，1996。

　　③　《明史·列传三十八》卷一五零。

　　④　《明史·刑法志一》卷九三。

　　⑤　《明太祖实录》卷一四一。

　　⑥　《明宣宗实录》卷四三。

　　⑦　《明太宗实录》卷一一。此时已经是明太宗时期。

殖，以供军饷。永乐年间主要是迁到北平种田。如永乐初年载：

> "自今凡人命、十恶死罪、强窃伤人者依律处决。"其余的死罪和流罪则令其家人赴北平种田。"流罪三年，死罪五年，后录为良民。"①

还有是发去养官马等，如宣德七年（1432）"发杂犯死罪应充军者，于陕西行太仆寺养马"②。

明朝充军刑作为死刑的替代刑到中期后开始制度化，因为中期后明朝开始形成各种形式的会审制度。由于会审的对象都是真犯死罪，只有在其下再分为不同的种类，才能实现会审的功能，于是会审中再把死罪分为"情实"、"情可矜疑"和"留养承嗣"三类，其中"情可矜疑"类一般改为充军而不是实际执行。从《明实录》看充军使明朝死刑判决数量中三成左右不再实际执行，成为减少死刑执行量的主要途径。如洪武二十五年（1392）夏四月刑部上奏有二十七名金工盗取内库黄金，按照法律处以死刑，但明太祖最后的处罚是"姑宥其死，谪戍金齿"③，即采用充军云南金齿地区。明朝死刑适用中有三成死刑在实际执行上采用了充军而不是执行死刑。当然数字也存在一定问题，因为明朝中后期会审中的死刑犯数量偏少，导致无法估计全年平均所判的死刑数量。因为有的年份上奏的数量中某类数字特别多，如正统三年（1438）九月会审时，上奏中称仅"应死而情轻者"就达四百多人，最后全部发配充军，而这一年所判死刑犯有多少人则没有记载。④ 此外，嘉靖四十一年（1562）十二月法司统计全国死刑犯中属于矜疑的人数达到七百二十七人。⑤ 这个数字已经不少，那么这年死刑犯到底有多少呢？《明实录》中却没有记载。而《明实录》中记载成化二十三年（1487）七月刑部上奏时称，"今岁，天下犯凌迟、斩、绞重刑者计二百五人，例应秋后审决"，也就是这一年全国死刑犯仅有二百零五人。⑥ 所以明朝死刑犯人数很难得到准确的数字，导致无法估计充军在明代死刑运作中到底占多少比例。

赎刑在明朝十分发达，它不仅表现在对死刑以下所有刑种可以通过赎刑来完成，更为重要的是形成了完整的、复杂的赎死法律制度。为此，国家制定过很多相应法律进行规范，如太祖时制定过《赎罪条例》等。赎的具体方式有：纳钞、纳米、运砖、运炭、纳料、运石等，无力出纳钱粮的则采用罚役、做工（摆站、哨瞭）、煎盐、炒铁等。其中对无力纳钱粮的采用罚役是最早实行的制度。按《明实录》记载可以推到洪武五年（1372）九月，当时明太祖因为修建老家的宫殿缺少劳动力，下诏把杂犯死罪中有可矜情节的发配到老家临濠服劳役，以补劳力的不足。这以后把死刑犯减死发作各种类型的劳役成为主要的减死刑方式。洪武八年（1375）再次下诏：

---

① 《明太宗实录》卷一二。
② 《明史·职官志》卷七五。
③ 《明太祖实录》卷二一七。
④ 参见《明英宗实录》卷四六。
⑤ 参见《明世宗实录》卷五一六。明朝一年之内所判死刑总数非常难以计算，因为成化九年（1473）八月上报的人犯总数是二百六十八人，而成化十年（1474）十月上报的总数量是九十一人。这两次上报的数字仅说明明朝秋后处决的数字，并不是全年处死的数字。分别参见《明宪宗实录》卷一一九和卷一三三。
⑥ 参见《明宪宗实录》卷二九二。

自今凡杂犯死罪者免死，输作终身。①

永乐皇帝继位后进一步完善这方面的法律，把大量死刑人犯，特别是杂犯死罪发到北京服劳役终身，充实北京的人口和边防。这样死罪，特别是杂犯死罪无力纳钱粮时改为发作劳役开始制度化。

在赎死制度中由于货币存在贬值问题，同时明朝在通行的货币中有铜币和银等，这些与纸钞兑价会发生变化，所以不同时期制定不同的兑换比例。如永乐十一年（1413）五月对不同等级死刑的赎金进行了规范：

除公罪依例纪录收赎，及律该死罪情重者依律处治，其情轻者，斩罪赎钞八千贯，绞罪及榜例死罪六千贯。②

从万历十三年（1585）修的《大明会典·刑部·五刑赎罪》中可以看到，历朝赎的数量与折银比价的规定。

明朝在死刑执行中大量引入赎死后，为了让没有钱的犯罪人能够适用赎刑，遂采用劳役来代替赎金。永乐十一年（1413）五月《运粮赎罪例》中规定：

无力运粮者，发天寿山种树，死罪终身。③

这样实质上是把钱币和粮食折成劳役进行赎死。此制度在宣德二年（1427）还得到重申：

无力者发天寿山种树，死罪终身。④

在采用劳役替代赎金的制度上，死刑时采用终身。但后来进行了改革，把此类劳役改成有期劳役制度。洪武三十五年（1402）九月明太宗下诏规定死罪赎米的人犯若家里没有的，把死刑犯及家人发到北平种田，"死罪五年，后录为良民"⑤。后来把无力交纳赎金、粮食的人发到特殊地区劳役五年成为制度，其中罪重的发去煎盐炒铁，一般的发到驿站服役。明英宗正统五年（1440）二月为了更好地适用此制度和调整前后的不一致，制定了《罪囚无力输赎者事例》，进行了立法规范。

清朝赎刑上进一步制度化，具体是把赎刑分为纳赎、收赎和赎罪三类，这三类适用不同的情况。"纳赎"的对象主要是杂犯死罪，当然也有真犯死罪。"收赎"适用的主体是老幼、废疾、工匠乐户及妇人等，具体采用折杖。康熙二十九年（1690）规定了死罪输米边口的赎罪条例，使死刑在适用赎刑上进一步法制化。雍正十二年（1734）户部会同刑部制定了具体的赎死数额，此法律适用的死罪范围是"不论旗、民，罪应斩、绞，非常赦所不原者"，具体数额是三品以上官照西安驼捐例捐运粮银一万二千两，四品官照营田例捐运粮银五千两，五、六品官照营田例捐银四千两，七品以下、进士、举人二千五百两，贡、监生二千两，平人一千二百两。当然，据记载，乾隆二十三年（1758）下谕：

---

① 《明宪宗实录》卷九七。
② 《明太祖实录》卷一四零。
③ 《明太祖实录》卷一四零。
④ 《明史·刑法志》卷九三。
⑤ 《明太宗实录》卷一二。

　　　　将斩、绞缓决各犯纳赎之例永行停止。①

就是不再适用赎死。

　　明清时期的充军、纳赎制度在死刑适用中的运用，改变了死刑的运作机制，导致大量死刑人犯由死刑转化成生刑，减少了死刑的执行数量。同时，国家通过此制度，获得了大量财物和劳动力，特别是对边疆地区的开发起到了积极的作用。

五、中国古代死刑制度中的行刑种类

　　中国古代死刑行刑种类体现了死刑的残忍程度和每个朝代的时代精神。考察中国古代死刑行刑种类的演变，对理解和把握中国古代死刑制度具有重要的意义和作用。

　　这里对死刑行刑种类的考察有明确限定，具体指中国古代死刑执行时处死人犯的手段、工具和方式，与此无关的内容不是考察的对象。因为我国很多学者在研究死刑问题时，往往把死刑的适用原则与死刑的行刑方式混在一起。如族诛就不是死刑的行刑方式，而是死刑适用中的特殊原则，它其实是死刑适用中的加重原则，而不是具体执行方式。秦汉时殊死不是死刑行刑方式，而是死刑执行的一种类别，因为殊死指人犯被处死时身首分离，秦汉时斩刑、枭首、腰斩等行刑方式都导致人犯身首分离，所以它们是殊死方式。作为一种行刑类别在行刑上必须有自身特点，而不能仅是名称不同，在行刑方式上则完全相同。

　　中国古代死刑行刑方式的基本种类是"斩"与"绞"，二者实际执行方式，隋唐宋金时认为是"斩，谓以刀刃杀诛其身首者"；"绞，谓身首不殊，缠缚而缢者"②。这一解释可以说是中国古代这两种死刑行刑方式自西周产生以后的主要内容或基本意思。对两者的起源，《唐律疏议·死刑》中认为：

　　　　故知斩自轩辕，绞兴周代。

　　即"斩"起源于黄帝时期，"绞"起源于周朝。此说成为唐朝以后历朝的主流观点。

　　中国古代"大辟"不是死刑行刑方式，而是死刑的另一种称谓，或说是死刑的同义词。对此，《吏学指南》上的解释是：

　　　　大辟，死罪也。辟字从尸辛，所以制节其罪也；从口，用法也。③

　　"弃市"在中国古代不是严格意义上死刑行刑方式，因为弃市的重点是指把人犯处死后陈尸示众，是相对于不公开行刑而言。被弃市的可以是斩刑、绞刑、凌迟刑等，而不公开行刑的也不仅是绞刑，还有其他行刑方式。这在北魏时有明确的记载：

　　　　臣等谨议，大逆及贼各弃市袒斩，盗及吏受赇各绞刑，踣诸甸师。④

　　这里说的"各弃市袒斩"，就是在公开的场合采用斩刑。而《魏书·奚康生传》中则有"就市绞刑"，指在公开场合执行绞刑，所以这里不把"弃市"作为独立的行刑方式进行考

---

　　① 《清史稿·刑法志二》卷一四三。
　　② （元）徐元瑞：《吏学指南》，杨纳校注，73 页，杭州，浙江古籍出版社，1998。
　　③ （元）徐元瑞：《吏学指南》，杨纳校注，69 页，杭州，浙江古籍出版社，1998。
　　④ 《魏书·刑法志》卷一一一。

察。"弃市"在秦汉时期，特别是汉朝时已经成为死刑的同义词之一。

中国古代死刑执行方式的种类有以下多种：斩、绞、凌迟、焚、脯（搏）、辜、轘、踣、磬、挖心、炮烙、醢脯、剖刑、活埋、蛊盆（喂毒蛇）、腰斩、凿颠、抽胁、支解、锯头、汙潴、枭菹、赐死、割腹、扬灰、脔割（割成肉片）、棒杀、杖杀、鞭杀、铁骨杂、投高崖、铁梳、熟铁锥搭犯人口、沙袋、击脑等三十多种。若对上面死刑行刑方式进行归类可以分为流血死与不流血死；全尸死与不全尸死；破坏尸体与不破坏尸体等。从中可以看出，死刑的行刑方式体现了很强的报复主义和威慑主义。

下面对历代死刑的行刑方式进行简单的梳理，以展示我国死刑行刑方式的变迁和样式的繁多。同时要说明的是因为很多行刑方式存在延续性，所以某些分析难免会略有重复。

1. 起源与渐增时期：黄帝至商朝

从传说中的三皇五帝到商朝，是中国死刑行刑方式出现时期，且在进入夏朝后有加快的发展趋势。如斩刑被认为起源于黄帝时期，但这个时期死刑行刑数量并没有大量增加。因为按史书记载，夏商两朝在正常统治时期死刑从罪名数量到行刑种类都较为适中。当然，商纣王时死刑的行刑方式开始出现增加和滥用的现象。

（1）三皇五帝时期

中国古代死刑行刑方式的最早记载始于黄帝时期。史书记载黄帝在击败蚩尤后，把他的头带到其统治下的部族示众，所以中国古代认为这是斩刑的开始。此外，《商君书·画策》中说"黄帝内行刀锯"，就是斩刑。从各种记载看，黄帝时期斩刑形成，大体可以相信。

中国古代死刑行刑方式发展中，舜帝时是重要的转折点，这个时期从行刑种类看有相对明确的记载。《尚书·舜典》中有"五刑"的记载，对"五刑"是什么，史学界有争议。但"五刑"中已经存在死刑是可以肯定的，只要存在死刑就有行刑的方式。按史书记载，舜帝时死刑行刑方式有杀和殛[1]，对"杀"到底采用什么方式一直没有明确的记载，《国语·鲁语》中记载虞舜时的"五刑"分别是：

> 大刑用甲兵，其次用斧钺，中刑用刀锯，其次用钻笮，薄刑用鞭扑。[2]

这五刑中"斧钺"和"刀锯"是后来斩刑中使用的工具，所以从严格意义上看是死刑行刑的方式。"甲兵"是对不服从王命的诸侯进行的征伐，用斧和刀处死，这是斩刑制度的开始。"殛刑"在这个时期到底指什么刑？通说认为是流刑，虽然古代学者认为"殛"是"诛"的意思，但并不认为是死刑，而是指流刑。《释言》中载：

> 殛，诛也。《传》称流四凶族者，皆是流之而谓之。"殛窜放流"，皆诛者。流者移其居处，若水流然，罪之正名，故先言也。放者使之自活，窜者投弃之名，殛者诛责之称，俱是流徙，异其文，述作之体也。[3]

---

[1] 对这个时期的死刑执行方式，应注意"贼、杀、杀戮"等仅是死刑的名称或者是罪名，不能称为死刑执行的种类。

[2] （春秋）左丘明：《国语·鲁语（上）》卷四，38页，长沙，岳麓书社，1988。

[3] 李学勤主编：《尚书正义·舜典》卷三，70页，北京，北京大学出版社，1999。

这里列出的四种都是流刑，仅是为了行文对应而作异文而已。但在《集韵·质韵》中却认为"殟"是"死也"。

（2）夏、商时期

中国古代死刑行刑方式比较准确可靠的是从夏朝开始，特别到了商朝是可以确信的，因为有大量考古资料可以佐证。

夏朝有死刑是确定的，因为"夏后氏五刑"之说十分确定，并且有大辟之罪，也有"戮孥"的记载。戮就是处死，但具体如何处死却没有相应的史料记载。夏朝时在死刑行刑方式上可能以斩刑为中心。

商朝在死刑行刑方式变迁史上是重要的时期，因为周朝为了证明自己革命的合法性，开始大量记载商朝死刑行刑种类，以显商朝，特别是商纣王统治的无道和残酷。从史料看，商朝死刑行刑种类表现出种类繁多并且残酷的特征。现在可以看到的商朝死刑种类有十几种，即挖心、燔（用火烧死）、炮烙、醢脯、剖刑、活埋、焚炙、刭、菹、刳剔（刳剔孕妇）、蛊盆（喂毒蛇）等。其中炮烙、醢脯、挖心、刳剔等方式主要发生在商纣王时。如炮烙刑在《史记·殷本纪》中记载有"于是纣仍重刑辟，有炮烙之法"[1]。醢脯，记载被商纣王用来处死九侯和鄂侯等。

2. 繁多与残酷时期：西周至汉朝

周朝建立后，在死刑的行刑上虽然改变了商纣王的一些残酷方式，但在实质上多有继承。周朝到了春秋以后，随着王室的衰败，诸侯崛起，死刑行刑方式种类更加繁多和残酷，秦朝可以说是集春秋战国以来之大成者。汉朝虽然在刘邦进入咸阳时有过减刑的口号，但在建国之后，从死刑的行刑方式上看没有发生本质性的改变，甚至有了更残酷的发展，其中最有代表性的就是把秦二世时临时用的具五刑制度化。所以说，这个时期在死刑行刑方式上，以繁多与残酷为总体特征。

（1）周朝时期：斩、杀、膊（搏）、辜、焚、车辖、踣、磬、戮尸等

西周虽然主张慎刑，提倡仁政，但该王朝在死刑行刑方式种类上总的特征仍是繁多且残酷。按元朝的《吏学指南》记载，西周时死刑行刑方式基本上有七种，即：

> 一曰斩，诛之以斧钺；二曰杀，以刀刃弃市；三曰搏，去衣磔之也；四曰焚，烧杀也；五曰辜，磔之也；六曰踣，毙之于市肆也；七曰磬，缢之于隐处。[2]

斩与杀，即用刀或斧钺处死人犯。这种行刑方式导致人犯被处死时不仅流血并且身首分离，所以"斩"与"杀"在死刑行刑方式上是一致的，仅是使用的工具和对象不同。"斩"在处死人犯时使用斧钺，主要适用于军人，所以又称为"军戮"。"杀"，或称刭脰，在处死人犯时使用刀锯，适用于一般人犯。[3] 两者都是一种执行方式，属于后来的斩刑，即被处死时人犯身首分离。汉朝以后形成斩刑。

磔与辜，处以斩刑后陈尸示众。磔刑在本质上具有弃市的意思。磔作为死刑的行刑方式，一直是春秋、战国、秦朝时死刑的主要行刑方式。汉初同样如此，《汉书·景帝纪》记

① 《史记·殷纪》卷三。
② （元）徐元瑞：《吏学指南》，杨纳校注，69 页，杭州，浙江古籍出版社，1998。
③ 参见（元）徐元瑞：《吏学指南》，杨纳校注，68 页，杭州，浙江古籍出版社，1998。

载景帝时才下诏改磔刑为弃市。

"磔"刑是秦汉时重要的死刑执行方式。董康认为春秋战国时主要适用于无尊上、非圣人、不孝及弑君等重罪人犯。

磔，从相关资料看，当指斩刑处死后支解尸体示众。《说文解字》中的解释是：

> 磔者，开也，张也。刳其胸，腰而杀之。

《史记·李斯列传》中〔索隐〕下的解释是：

> 矺音宅，与"磔"同，古今字异耳。磔谓裂其肢体而杀人。①

其实就是支解死尸示众，与所谓五马分尸或车裂等死刑相类似。在《荀子·宥坐》中有"吴子不磔姑苏东门外乎？"对此杨倞的注释是"磔，车裂也"，即是明证。由于这一行刑方式十分残忍，汉景帝中元二年（前148）下诏"改磔曰弃市，勿复磔"。但从应劭的注释看，这种行刑方式并没有因此彻底废除，因为他指出这次改革只是"自非妖逆不复磔也"②，即减少了这种死刑行刑方式的适用范围。

近代学者董康认为"脯、磔与辜"三字的含义是一致的：

> 脯，张其尸也。训为磔，贼谍施以斩或杀后，去衣杰之。辜专以科杀王族缌麻以内者，亦训为杰，是三事同一义也。

这里笔者认为董康的分类是有问题的。当然他对清朝时把磔刑与凌迟刑混淆的批判是正确的。"前清称'凌迟人犯'为'磔犯'，盖误会寸磔，而定此名，有失古义"③。

支解，即把人犯的肢体支解处死，与车裂无异。但认真分析，两者是存在差别的，因为支解可以通过车裂、刀解等方式进行，而车裂仅指通过车进行处死。《晏子春秋·内篇谏上》记载齐景公欲支解养马人，但在晏子的劝谏下没有执行，这种行刑方式在春秋战国时期一直存在，它是后来凌迟刑的前身。

（2）战国、秦朝时期

战国、秦朝④时期继承了春秋时期的特点，死刑执行种类继续呈增多的趋势，致使中国古代死刑行刑种类在汉朝前期到达了顶峰。秦朝的死刑行刑种类主要有斩、枭首、车裂、弃市、腰斩、凿颠、抽胁、镬烹、支解、磔、戮尸、活埋、沉水、具五刑等。据周密先生统计，死刑种类达十九种之多⑤，但他的统计不是严格地按死刑行刑方式进行的。战国秦朝时期的"夷三族"刑，从本质上看，不是死刑的行刑种类，而是死刑适用中的加重原则。

下面对秦朝时出现和发生变化的行刑方式进行简要的考察。

腰斩，把人犯处以斩刑时从腰部分离。此种行刑方式为商鞅所创制。《史记·商君列传》中记载有"不告奸者，腰斩"。那么"腰斩"是一种什么样的死刑执行方式呢？汉朝学

---

① 《史记·李斯列传》卷八七。

② 《汉书·景帝纪》卷五。

③ 何勤华、魏琼编：《董康法学文集·春秋刑制考》，267页，北京，中国政法大学出版社，2005。

④ 因为秦朝的很多法律制度是从秦国发展起来的，而秦国又是战国时期的主要政权之一，所以这里把战国时期与秦朝结合在一起分析。

⑤ 参见周密：《中国刑法史》，446页，北京，群众出版社，1985。

者郑玄在《周礼·秋官·掌戮》中的解释是：

> 斩以斧钺，若今腰斩也；杀以刀刃，若今弃市也。

《秋春公羊传》昭公二十六年（前516）中有“君不忍加之以斧锧”，对此，何休的注释是“斧锧，腰斩之罪”。《释名·释丧制》中则说：

> 斫头曰斩，斩腰曰腰斩。斩，暂也，暂加兵即断也。[①]

沈家本对“腰斩”也采用了这种解释。

> 《释名》为汉刘熙所著，其分斩与腰斩为二，当据汉法也。暂从斩得声，以暂释斩，未必为制字之本意。[②]

以上记载表明，斩首与腰斩其实都是斩刑，仅是斩的部位不同，一个是从颈部上处斩，一个是从腰部处斩。但从残酷程度上看“腰斩”更烈，故特称为“腰斩”。

赐死，作为一种死刑执行方式是成立的，因为它与前面所说的“磬”是有区别的，“磬”是上吊自杀，而被赐死的当事人有多种自杀方式可以选择，如饮毒、用兵器自杀等。《史记·白起传》记载白起在坑杀降兵后，被赐死。秦朝被赐死的还有蒙恬、秦始皇的长公子扶苏等人。

（3）汉朝

汉朝行刑种类主要有枭首、腰斩、弃市（绞斩共有）、磔、具五刑。此外，不常用的执行方式还有菹醢、镬烹、焚烧。后两种在王莽时曾采用过，前四种死刑行刑方式在出土的《张家山汉墓竹简二年律令》中都有记载，其中常用的是腰斩、弃市和磔。[③] 关于汉朝的“弃市”具体为何种行刑方式，学术界一直存在争议。如《礼记·王制》中有“刑人于市，与众弃之”。孔颖达在疏文中认为：

> 刑人于市，亦殷之法，谓贵贱皆刑于市。[④]

这里强调“弃市”指在公共场所执行死刑，是相对于不公开的行刑方式而言。所以“弃市”是指死刑执行的场所，而不是死刑行刑的具体方式。但“弃市”作为秦汉时的一种死刑种类，行刑时具体采用什么方式呢？元人胡三省在《资治通鉴》注中认为：

> 秦法，论死于市，谓之弃市。

弃市在实际执行上采用斩刑。沈家本同意汉朝时“弃市”是斩刑的观点，即“汉之弃市，斩首之刑也”[⑤]。现在有学者认为秦汉时，特别是汉朝时，弃市的具体行刑方式是绞刑。[⑥] 从汉朝学者的记载看，汉朝的“弃市”在行刑上应当还有斩刑，因为汉朝学者郑玄在

---

① 任继昉：《释名汇校》，467页，济南，齐鲁书社，2006。

② 沈家本：《历代刑法考（一）·刑法分考》，117页，北京，中华书局，2006。

③ 程树德认为汉朝死刑的行刑种类有三种，即枭首、腰斩和弃市。（参见程树德：《九朝律考》，38页，北京，中华书局，2003。）

④ 《礼记·王制》卷三，731页，北京，北京古籍出版社，1995。

⑤ 沈家本：《历代刑法考（三）·汉律摭遗》，1548页，北京，中华书局，2006。

⑥ 参见张建国：《秦汉弃市非斩刑辩》，载《北京大学学报》，1996（5）；李均明：《张家山汉简所见刑罚等序及相关问题》，载《华学》，第6辑。

《周礼·秋官·掌戮》中解释说：

> 斩以斧钺，若今腰斩也；杀以刀刃，若今弃市也。

这里郑玄明确指出"若今"两字，即他所处的汉朝，所以这里的"弃市"应是斩刑。但从其他资料看，汉朝时弃市的行刑方式一定不只有一种，可能是斩刑、绞刑都有，但到了中后期，逐渐以绞刑为主。

其实，从死刑行刑种类上看，与秦朝相比，汉朝革新少继承多，所以刘邦入关后的"约法三章"仅是一种革命的口号，因为刘邦取得政权后很快就采用了族诛和具五刑等秦朝的酷刑。近代出土的法律文献也证实了这一点。汉朝中期开始出现通过立法减少死刑行刑种类的发展趋势。汉景帝中元二年（前148）就把磔刑改为弃市，规定除妖逆罪外，不再适用磔刑。① 但从记载看，这次改革并没有彻底废除磔刑。但汉朝这次改革在一定程度上开创了国家通过立法调整行刑方式的先河。

3. 减少与适中时期：三国至唐朝

中国古代死刑的行刑种类发展到东汉时开始出现转变，特别是三国以降，历朝在立法上都有规范和减少死刑行刑种类的努力。这个时期把死刑行刑种类通过法典明确规定下来是最重要的限制方式。这种努力到隋唐时达到了顶峰，因为《开皇律》和《贞观律》等法典中都明确规定死刑的行刑种类仅是斩刑与绞刑两种。斩绞行刑方式不管与秦汉时相比还是与宋元明清相比都比较适中，所以说这个时期死刑行刑种类的总特征是种类减少与残酷程度适中。

（1）三国两晋南北朝时期

三国时按记载有弃市（绞）、车裂、锯头、汙潴、枭菹、腰斩等。曹魏时在《魏新律》上明确规定死刑行刑方式有枭首、腰斩、弃市三种，但法外还有汙潴、枭菹等。

> 至于谋反大逆，临时捕之，或汙潴，或枭菹，夷其三族，不在律令。②

这说明后三种是法外刑，其中夷三族是死刑适用原则而不是死刑行刑方式。两晋时有枭首、斩、弃市（绞）。

北方诸朝有斩、绞、腰斩、轘、沈渊（投入深水中淹死）、枭首、裂、磬、坐打、拉杀、屠剥、烹、射杀、焚等。其中法定行刑方式主要是斩、绞、腰斩、轘、枭首，其他的多为法外行刑种类。北魏时按记载有轘、腰斩、殊死、弃市（绞），其中殊死就是斩刑；弃市就是绞刑。以上四种行刑方式在崔浩制定法典时被纳入律典，成为法定的行刑方式。太和元年（477）修律中死刑的法定行刑方式有三种，即枭首、斩和绞。此外，北魏时还有"沈渊"，即投水。北魏是最早在法律上明确规定绞刑的朝代。这个时期弃市即绞刑是有史料为证的，《魏书·奚康生传》中有"就市绞刑"。北齐法定死刑行刑方式有四种，即轘之、枭首、斩刑、绞刑。法外刑有棒杀、锯、镬等。《北齐律》中明确规定：

> 一曰死，重者轘之，其次枭首，并陈尸三日；无市者，列于乡亭显处。其次斩刑，殊身首。其次绞刑，死而不殊。③

---

① 参见（宋）王钦若等：《册府元龟·刑法部·定律令》卷六零九，7318页，北京，中华书局，2003。

② 《晋书·刑法志》卷三十。

③ 《隋书·刑法志》卷二五。

北周法定的死刑行刑方式的种类有五种，即磬、绞、斩、枭、裂。

南朝法定死刑行刑方式多为枭首、弃市（绞）、斩三种方式，但其他法外行刑种类还有赐死、赐自尽、焚尸、戮要、割腹、刳心、扬灰、汙潴、脔割（割成肉片）、捧杀、斧钺、杖杀、鞭杀①、爇、焚烧。②

（2）隋唐时期

隋朝对死刑行刑种类进行了大规模缩减，法典上明确规定的仅有绞、斩两种。当然，隋朝时非法定行刑种类还有棒杀、车裂、枭首等。隋朝在法律上大量废除了商朝以来各种不人道的行刑种类，即"蠲除前代鞭刑及枭首轘裂之法"③。因为：

> 夫绞以致毙，斩则殊形，除恶之体，于期已极，枭首轘身，义无所取，不益惩肃之理，徒安表忍之怀。④

隋朝是中国古代死刑行刑种类开始出现以"绞"与"斩"两种法定行刑方式为中心的时代。隋朝后期死刑行刑方式开始出现恢复和滥用，如隋文帝采用廷杖处死大臣，隋炀帝在杨玄感反叛时"诛九族，复行轘裂枭首，磔而射之"⑤。这样，隋朝初期的发展没有得到很好的继承和沿用。但从法律的发展程度上看，隋朝是最重要的时期。

绞刑

唐朝时死刑的行刑种类主要有绞、斩、腰斩、车裂、枭首、重杖处死、赐死，其中法定行刑种类是绞与斩，其他为非法定行刑种类，并且腰斩、枭首、车裂等不是常用之刑。腰斩和枭首是甘露之变后采用的。

> 命百官临视，腰斩于独柳之下，枭其首于兴安门外。⑥

---

① 《宋书·二凶传》中记载元嘉三十年有"道育、鹦鹉并都街鞭杀"。（《宋书·二凶传》卷九九）；《沈攸之传》中也有"攸之自为荣鞭杀录事"。

② 这个时期的"殊死"不是死刑的行刑方式，而是死刑的一种分类。此外，"赐死"与"赐自尽"是有区别的，赐死时当事人可以选择多种自杀方式，赐自尽时多采用上吊自杀。

③ 《隋书·刑法志》卷二五。

④ 《隋书·刑法志》卷二五。

⑤ （唐）李林甫等：《唐六典·刑部》卷六，陈仲夫点校，183页，北京，中华书局，1992。

⑥ 《资治通鉴·唐纪》卷二四五，"唐文宗太和九年十一月乙丑条"，7916页，北京，中华书局，1956。

《旧唐书·哀帝纪》记载天祐二年（905）十二月对张廷范处以五车分裂，"委河南府于都市集众，以五车分裂"①。重杖处死又称为"决杀"、"杖杀"，是唐朝的一种法外刑，但在唐朝中后期几乎成为法定死刑行刑种类之一。《旧唐书·张嘉贞传》中记载：

> 有洛阳主簿王钧为嘉贞修宅，将以求御史，因受赃事发，上特令朝常集众决杀之。②

唐元和三年（808）五月四日敕文中规定：

> 或仇嫌潜肆烧爇，有情状巨蠹，推问得实，所烧舍房，不限多少，请决痛杖一顿处死。③

这使杖杀成为重要的行刑方式。

4. 继承与反动时期：宋至清前期

五代以后，中国在死刑的行刑种类上改变了前期形成的减少种类和减少残酷性的趋势。国家在死刑的行刑种类上开始出现增加种类和增加残酷程度的发展趋势，其中最重要的是凌迟刑的出现并成为法定行刑方式。所以说这个时期从死刑行刑种类发展趋势上看，是反动与继承时期。

五代十国时期有绞、斩、凌迟等。凌迟作为一种死刑的行刑方式，很多人认为产生于宋朝，其实是五代时期。宋人陆游曾指出："伏读律文，罪虽勘重，不过处斩，五季多故，以常法为不足，于是始于法外特罪凌迟一条"④。此行刑方式产生后，在宋、辽诸朝成为法定行刑方式。明朝在《大明律》中写入了此行刑方式。

宋朝有绞、斩、凌迟、断食（即饿死）、水淹、剖腹、醢脯，其中常用方式有凌迟、斩、绞。《庆元条法事类·刑狱门·决遣·断狱式》中某路提点刑狱司法定按时上报本路死刑案件的格式中，把死罪分为"凌迟、斩、处死（即绞）"三项。这说明当时法定的死刑行刑方式主要有这三项，其他的是非常用之刑，不作为官方法律通用。

辽朝有绞、斩、凌迟、木剑、大棒、铁骨朵、鞭烙、粗细杖、投高崖、五车轘、枭磔、生瘗（即活埋）、射鬼箭、炮掷、支解、炮烙、铁梳、腰斩、熟铁锥搂犯人口、沙袋等，是该时期死刑最多、最残酷的政权。但从法律上看，仅规定有绞、斩、凌迟三种，"然其制刑之凡有四：曰死，曰流，曰徒，曰杖。死刑有绞、斩、凌迟之属"，其余的应是法外非常用之行刑方式，如"不瘗诸甸人，或投高崖杀之；淫乱不轨者，五车轘杀之；逆父母者视此；讪詈犯上者，以熟铁锥搂其口杀之"⑤。

元朝时有绞、斩、凌迟、射鬼箭、生瘗、投高崖、剥皮、戮尸、菹醢、磔等。《元史·刑法志》记载相关死刑时往往有"处死"、"斩"和"凌迟处死"，但没有用"绞刑"字样，所以史学界认为元代没有绞刑。如《元史·刑法志》记载"死刑，则有斩而无绞，恶逆之

① 《旧唐书·哀帝纪》卷二十。
② 《旧唐书·张嘉贞传》卷九九。
③ （宋）窦仪等：《宋刑统·杂律·失火门》卷二七，吴翊如点校，437页，北京，中华书局，1984。
④ （宋）陆游：《渭南文集·条对状》卷五。
⑤ 《辽史·刑法志》卷六一。

极者，又有凌迟处死之法焉"①。但若考察此说的来源，则始于元代虞集主撰的《经世大典·总序·名例律》，原文是：

> 至于死刑，有斩无绞。盖尝论之，绞斩相去不至悬绝，均为死也，特有殊不殊之分耳。然已从降杀一等论令，斩首之降即为杖一百七籍流，犹有幸不至死之理。②

此书成于元朝后期。实际上这里存在一个问题，虞集认为元朝仅有斩刑就可以使斩刑减一等入生刑，而这一结论是不成立的，因为中国自唐朝起就在法律上明确规定减刑时"死流不分等"，即死刑减一等就入生刑，不管原来是斩刑或是绞刑，并不是把斩刑减一等入绞刑。"处死"一语在宋朝就出现，并且从相关法律史料看，宋朝时"处死"就是绞刑。因为《庆元条法事类》在规定路的提刑按察使司上报路的死刑数量时，把行刑方式分为三类，分别是"凌迟"、"处斩"和"处死"③。此外，从其他史料看，元代相关法典都明确规定为斩绞。《元典章·刑部一·刑制·五刑训义》中在"死"下有：

> 义曰：绞斩之坐，刑之极也。《春秋元命包》云：黄帝斩蚩尤于涿鹿之野，故云斩自轩辕；绞兴周代，即大辟之刑也。绞、斩二罪皆至死。④

这里明确记载元朝存在绞刑。还有至顺年间所刻《事林广记·刑法类》在摘录《大元通制·五刑》相关法律内容时记有绞刑，因为上面写明死刑包括绞刑与斩刑两种。《至元杂令》中也有"绞罪至死"⑤。上面所引的几部法典都是元朝实际实施过的法典，并且《事林广记》作为民间常用知识手册，所摘录的内容都是百姓必要且常用的知识。所以元朝死刑行刑方式中是有绞刑的，起码在法律上是有规定的。所以《元史》中记载"处死"之语应是"绞刑"。从法典上看，元朝法定死刑行刑种类应有绞刑与斩刑，凌迟刑反而没有在这些重要的法典中出现。

明朝有绞、斩、凌迟、枭首、戮尸、剥皮等。对明朝的行刑种类，《明史·刑法志》有较为准确的记载，"二死之外，有凌迟，以处大逆不道诸罪者。充军、凌迟，非五刑之正，故图不列"⑥。此外，《清史稿》在总结清朝行刑方式时言：

> 死刑二：曰斩，曰绞。此正刑也。其律例内之杂犯、斩绞、迁徙、充军、枷号、刺字、论赎、凌迟、枭首、戮尸等刑，或取诸前代，或明所自创，要皆非刑之正。⑦

对明代死刑行刑种类的特点，薛允升的评价是"死刑过严，而生刑过宽"⑧。

清朝有斩、绞、凌迟、枭首、戮尸（对已死者采用）、剉尸（即剉骨扬灰）等。清朝入关前，死刑的行刑方式仅有斩刑。对此，《清史稿·刑法志》中记载：

---

① 《元史·刑法志》卷一零二。
② 黄时鑑辑点：《元代法律资料辑存》，90 页，杭州，杭州古籍出版社，1998。
③ 《庆元条法事类·刑狱门·断狱式》卷七三。
④ 《元典章·刑部一·刑制·五刑训义》卷三九，1452 页，北京，中国广播电视出版社，1998。
⑤ 黄时鑑辑点：《元代法律资料辑存》，42 页，杭州，杭州古籍出版社，1998。
⑥ 《明史·刑法志》卷九三。
⑦ 《清史稿·刑法志》卷一四三。
⑧ （清）薛允升：《唐明律合编·五刑》卷一，怀效锋、李鸣点校，10 页，北京，法律出版社，1996。

　　　　清太祖、太宗之治辽东，刑制尚简，重则斩，轻则鞭扑而已。①

　　顺治元年（1644）清朝才把死刑分为斩绞两等，因为这年的立法中规定：

　　　　我朝法制，罪应死者，止用斩刑。嗣后丽重典者仍分斩绞。②

　　入关后清朝承袭明朝死刑行刑种类，特别是增加了凌迟、戮尸等。清朝在死刑行刑种类上与明朝相比有过而无不及。

　　　　凌迟，用之十恶中不道以上诸重罪，号为极刑。枭首，则强盗居多。戮尸，所以待恶逆及强盗应枭诸犯之监故者。③

　　清朝在司法实践中甚至出现把死刑的法定行刑种类改为斩、绞、凌迟、枭首、戮尸等五种。

　　5. 人道主义时期：清末

　　清末变法修律在死刑行刑种类上进行了实质性的改革，删除了一些中国古代长期保留的死刑执行方式，具体是：

　　　　谕令凌迟、枭首、戮尸三项永远删除。所有《现行律例》内凌迟、斩枭各条，俱改为斩决；其斩决各条，俱改为绞决；绞决各条，俱改为绞监候，入于秋审情实；斩监候各条，俱改为绞监候，与绞候人犯仍入于秋审，分别实缓。④

　　后来沈家本在《死刑惟一说》中进一步提出减少斩决，把斩决改为绞决或删除。所以在《大清新刑律》中死刑的行刑方式已经形成以绞刑为主，斩刑变成特别行刑方式。这样中国古代死刑行刑方式从法律上开始由种类繁多且残酷发展成为种类少而相对人道。当然，清末修律改革在适用上难以得到保证，因而在具体实践中所产生的效果很难令人满意。但国家在公开的法律和正常的死刑执行中不再采用过去的残酷行刑种类。

　　以上分析的各个时期死刑行刑方式的种类和数量，在现实中往往会多于上面所列的，因为一些朝代在法律上没有规定某类行刑方式，但在实践中会偶尔适用。中国古代死刑行刑种类的变迁过程与中国古代死刑发展是相一致的，也与中国古代法律发展总体特征相一致。它经历了由简、适中到繁、残酷，由繁、残酷到简、适中，再由简、适中到繁、残酷的反复，最后走向相对人道的发展历程。

六、中国古代死刑罪名

（一）先秦时期死刑罪名

　　我国成文立法始于何时，在学界是有争议的。从记载看，黄帝时已经有奸人罪，并适

---

　　① 《清史稿·刑法志二》卷一四三 。
　　② （清）席裕福、沈师徐辑：《皇朝政事类纂·刑一·名例律·五刑》卷三六九，8017 页，台湾，文海出版社，1983。
　　③ 《清史稿·刑法二》卷一四三。
　　④ 《清史稿·刑法二》卷一四三。

用死刑。这一记载汉朝才出现过，但难以为信。据史料记载，中国古代人认为立法始于虞舜时的皋陶，他创立了一些罪名，如"昏、墨、贼"等，并规定三罪适用死刑，所以说中国古代死刑罪名较早的当是这三罪。夏朝时死罪的数目据记载有二百个。对此，《周礼·司刑》在注释中指出夏朝死罪有二百；《魏书·刑罚志》中载：

> 夏刑则大辟二百，膑辟三百，宫辟五百，劓墨各千。①

商朝的死罪罪名虽然有见于史料，但具体数量却无法考证。

西周初期死罪数量明显多于夏朝。因为《周礼·司刑》中有"杀罪五百"，这里说的是"罪"，即应是"罪名"。《尚书大传》中有：

> 降叛、寇贼、劫掠、夺攘、矫虔者，其死刑。②

随着西周政权的稳定，周穆王为恢复"仁政"的法律思想，任命大司寇吕侯进行法律改革。从《尚书·吕刑》看，这次法律改革的基本工作之一是减少死罪数量，以恢复夏朝时的死罪数量及结构。对此，《尚书·吕刑》注释中指出"以夏刑为轻，故祖而用之"③。明确说出此次改革是以夏朝法典结构为标准。吕侯在"慎刑"原则指导下进行了大量的立法调整，把死罪数量从西周初年五百改为夏朝时的二百。其实，这次改革是把西周初年的大量死罪分减入其他刑种中以减少死罪数量。这次改革时却把墨、劓两刑名下的罪名数量各增了五百，刖刑保持不变，宫刑减为三百，大辟减为二百。从上面各刑名下的罪名数量的变化可以得出，吕侯的法律改革是减少重刑，增加轻刑，但五刑的罪名总数反而增加了五百。对这一点，中国古人也同样认为此次改革是：

> 轻罪比旧为多，而重罪比旧为少。④

但从死刑上看，这是中国历史上第一次明确记载通过立法减少死罪数量的法律改革。这次改革是周朝统治者提出"刑法世轻世重"原则的具体适用，因为西周初年经过征伐和调整，国家已经进入稳定时期，要把刑法相应改轻，以适应"刑平国用中典"的需要。

（二）秦汉时期死刑罪名

秦汉时期是我国历史上死刑罪名数量最多的时期，这是因为两个王朝在治理方式上都受到法家思想的影响，特别是秦朝与西汉前期，是以法家理论为基础，所以表现出重刑而治的治国方针。当然，现在可以看到具有死刑的罪名已经不多，特别是秦朝。

秦汉时期是死罪数量达到了中国现存史料中所见最多的时期。从长期看，汉朝中前期并没有改变春秋战国以来死罪数量增加的发展趋势，反而是沿袭了这一趋势，使它达到顶峰。汉武帝时，中国古代死罪数量达到顶峰，自汉宣帝以后开始出现新的发展方向，那就

---

① 《魏书·刑罚志》卷一一一。
② （清）孙之騄：《尚书大传》卷三，415页，北京，北京大学出版社，1999。对于周朝初年二千五百罪之总类，《尚书大传》认为具体是"决关梁、踰城郭而略盗者，其刑膑；男女不以义交者，其刑宫；触易君命，革舆服制度，奸尻盗穰伤人者，其刑劓；非事而事之，出入不以道义，而诵不详之辞者，其刑墨；降叛、寇贼、劫略、夺攘、矫虔者，其死刑"。注中指出"此二千五百罪之目略也，其刑书则亡"。
③ 李学勤主编：《尚书正义·吕刑》卷一九，534页，北京，北京大学出版社，1999。
④ （明）丘濬：《大学衍义补》卷一零二，文渊阁四库全书影印本。

是国家开始努力减少死罪的数量。所以仅从数量上看，汉朝在死刑立法上表现出既有减少，又有增加的趋势。

秦朝在死刑制度的立法上继承了春秋战国以来的发展趋势，即加重和增多罪名。对此，《唐六典》的评述是有道理的：

> 魏文侯师李悝集诸国刑书，造《法经》六篇……商鞅传之，改法为律，以相秦，增相坐之法，造参夷之诛，大辟加凿颠、抽胁、镬烹、车裂之制。①

这里揭示出了秦朝死刑制度的立法与李悝立法的关系。

汉朝初年为了改革秦朝的酷法状态，曾出现过废除秦朝时不合理法律的尝试。如汉惠帝四年（前 191）废除了秦朝的《挟书律》，因为秦朝《挟书律》中规定"敢有挟书者族"②。汉惠帝二年（前 193）曾欲废除诽谤妖言和夷三族刑的法律，但没有实现。吕太后元年（前 187）春正月下诏废除了三族罪和《妖言令》。但从记载看，此次废除并不彻底，因为汉文帝二年（前 178）下诏废除《诽谤妖言律》，最后在汉哀帝建平二年（前 5）下诏废除诽谤抵欺之法。③ 汉文帝时曾废除《盗铸钱令》和《收孥相坐律》等，因为《盗铸钱令》主要适用死刑。但这一法律的废除好像也不长，因为汉景帝六年（前 151）就重新"定铸钱伪黄金弃市律"④，即民间伪造黄金的适用死刑。汉朝在这方面的努力不仅没有扭转秦朝法律中死刑数量增多的发展趋势，反而加快了这一趋势。

汉朝在立法上有增加死罪现象。吕太后时"高后时患臣下妄非议先帝宗庙寝园宫，故定著令，敢有擅议者弃市"⑤，作为打击对她掌权有异议的人。汉文帝改革肉刑时规定：

> 当斩右趾，及杀人先自告，及吏坐受赇枉法，守县官财物而即盗之，已论而复有笞罪者，皆弃市。⑥

这样以前不适用死刑的大量罪名加重适用死刑。所以，汉初在刑事立法上不仅没有改变秦朝时的立法态势，反而加快了这种立法的发展。这种发展在汉武帝至汉成帝时达到了中国古代死刑数量的顶峰。从记载看，汉朝死罪数量和死罪法律条文最多的时期分别是汉武帝和汉成帝时期。汉武帝时张汤和赵禹在制定法律时把死罪的条文增加到四百零九条，罪名达一千八百八十二个，死罪判例一万三千四百七十二个。"律令凡三百五十九章，大辟四百九条，千八百八十二事，死罪决事比万三千四百七十二事。文书盈于几阁，典者不能遍睹。是以郡国承用者驳，或罪同而论异。奸吏因缘为市，所欲活则傅生议，所欲陷则予死比，议者咸冤伤之"⑦。这是中国古代死罪最多的时代。

汉武帝以后，由于死刑数量太多，政府不得不通过立法减少死罪数量。汉宣帝登位后

---

① （唐）李林甫等：《唐六典·刑部》卷六，陈仲夫点校，180 页，北京，中华书局，1992。
② 《汉书·惠帝纪》卷二。
③ 具体参见《通典·刑法一》卷一六三。
④ 《汉书·景帝纪》卷五。
⑤ 《汉书·韦玄成传》卷七三。此法律到汉元帝时才被废除，但在汉成帝时又被恢复。具体参见《韦玄成传》。
⑥ （唐）李林甫等：《唐六典·刑部》卷六，陈仲夫点校，180 页，北京，中华书局，1992。
⑦ 《汉书·刑法志》卷二三。

任命于定国为廷尉，拉开了法律改革的新时期，主要是以减少死罪数量为目标。《汉书·宣帝纪》记载此次改革在本始四年（前 70）夏四月，当时宣帝下诏"律令有可蠲除以安百姓，条奏"①。《汉书》并没有记载这次改革的结果，但从《魏书·刑罚志》看，这次改革的重心是减少死罪，其中仅"决事比"数量就减了一万个，但有死罪的条文与汉武帝时相比，却增加到四百九十条，比四百零九条增加了八十一条，罪名数量保持在一千八百八十二个，没有发生变化。

> 于定国为廷尉，集诸法律，凡九百六十卷，大辟四百九十条，千八百八十二事，死罪决事比万三千四百七十二条。②

由于死罪数量太多，汉元帝继位之初下诏减少死罪数量，"其议律令可蠲除轻减者，条奏，唯在便安万姓而已"③，要求大臣上奏可以减、除死罪的法律。此次下诏，大臣们积极响应，初元五年四月废除了七十多个死罪，即"省刑罚七十余事"④。按《东汉观记》记载这七十多个死罪中属于殊死罪的有三十四个，即"元帝初元五年轻殊死刑三十四事"⑤。宣、元两帝减少死刑数量的改革并不成功，因为汉成帝河平时死刑的条文增加到了一千多条，比汉武帝时增加了一倍多。

> 今大辟之刑，千有余条。

所以成帝再次下诏要求：

> 其与中二千石、二千石、博士及明习律令者议减死刑及可蠲除约省者，令较然易知，条奏。

这里说得最为明确，要求减废的是死刑罪名。从记载看，这次改革成效甚微，所以班固的评价是"徒钩摭微细，毛举数事，以塞诏而已"⑥，没有什么大的变化。汉成帝时若按上面四百多条就有一千八百多罪来计算，一千多条应有三千多罪，即使是按最保守的计算，每条中有一罪，也应有一千多罪。⑦ 这里还不算大量的死刑"决事比"，即死刑判例。西汉减少死罪的努力最成功的是汉哀帝时期，整个汉哀帝时减少了一百多个死罪。

> 至于成帝继体，哀、平即位日浅，丞相嘉等猥以数年之间，亏除先帝旧律百有余事。⑧

---

① 《汉书·宣帝纪》卷八。
② 《魏书·刑罚志》卷一一一。
③ 《汉书·刑法志》卷二三。
④ 《汉书·元帝纪》卷九。
⑤ 刘珍等：《东汉观记校注·梁统传》卷一五，吴树平校注，郑州，中州古籍出版社，1987。
⑥ 《汉书·刑法志》卷二三。
⑦ 对此，沈家本在《历代刑法考·死刑之数》中认为"疑孝武时之所谓条者，一条具数事，河平诏之所谓条者，一条举一事，后之千有余条，较前之千八百余事为轻减矣"。（沈家本：《历代刑法考（三）》，1247 页，北京，中华书局，1985。）他认为河平年间的"千余条"中每条应是仅有一罪。对此，其实是很难有说服力的，但从整体看，武帝之后就有减刑之举，所以最有可能的是"千余条"是"千余事"之误。
⑧ 袁宏：《后汉纪·光武帝纪》卷六。

其中建平元年（前6）下诏"轻殊死刑八十一事"，具体为"四十二事，手杀人，皆减死罪一等，著为常法"①。元帝与哀帝时总共减少的死罪数量达一百二十三罪：

> 臣窃见元哀二帝轻殊死之刑以一百二十三事，手杀人者减死一等，自是以后，著为常准，故人轻犯法，吏易杀人。②

东汉章帝元和三年（86）郭躬上奏减少死罪四十一个。"乃条诸重文可从轻者四十一事奏之，事皆施行，著于令"③。这样汉朝中后期开始通过立法大量减少死刑的数量。东汉和帝永平六年（　）陈宠为廷尉时，他在上奏中称"今律令死刑六百一十"④，这里若是指死罪的罪名数为六百一十的话，则比汉武帝时的一千八百八十二个罪名减少了百分之六十，若指条文的话，也比成帝时的一千多条减少了近百分之四十。东汉死罪数量大减可能发生在东汉初年，因为西汉时死刑数量的减少是十分有限的。

通过上面的分析，可以肯定地说，汉朝从死罪数量上看实质上是中国古代死罪数量最多的时期，是春秋战国以来法家刑法中威慑主义发展到极端的时期。

（三）三国两晋、南北朝时期死刑罪名

三国两晋南北朝时期在法律发展上最大的特征是开始出现通过立法大量减少死刑的趋势，这在北方诸朝中最为明显。同时，具体罪名受儒家思想影响的特点更加明显和浓厚。

三国两晋南北朝时的立法中死刑减少的变化始于三国的魏。曹魏文帝在青龙二年（234）十二月下诏立法减少死罪数量，即"诏有司删定大辟，减死罪"⑤。从相关史料看，主要是把一些过去适用死刑的罪名减为其他刑或者废除死刑，如把"改投书弃市之科"⑥废除，改为生刑。

西晋统一后，在修律时继承了曹魏在死刑上的立法趋势。在制定《泰始律》时对死罪数量进行了大规模的调整，具体表现为死罪数量大量减少。《泰始律》仅有六百二十条，不可能每条都有死刑，即是说它的死罪数量应在六百二十个以下。同时，改变死刑适用的一些原则和制度，即：

> 减枭斩族诛从坐之条，除谋反，适养母出女嫁皆不复还坐父母弃市。

这里减少了死刑中的数量和死刑执行中的酷刑，同时还对"夷三族"适用的范围进行调整，排除已经休弃的养母和已经出嫁的女儿，同时把"五服制"纳入法律作为亲属之间互犯时的量刑情节，如规定"奸伯叔母"处以弃市。⑦ 晋怀帝永嘉元年（307）曾下诏废除三族刑，即"除三族刑"；但晋明帝太宁三年（325）二月又恢复了三族刑，只是进行了限

---

① 《晋书·刑法志》卷三十。《东汉观记》卷十五中记载："元帝初元五年，轻殊死刑三十四事，哀帝建平元年，轻殊死刑八十一事，其四十二事手杀人者减死一等"。
② 《后汉书·梁统传》卷三四。
③ 《后汉书·郭躬传》卷四六。
④ 《后汉书·陈宠传》卷四六。
⑤ 《三国志·魏书·明帝纪》卷三。
⑥ 《晋书·刑法志》卷三十。
⑦ 参见《晋书·刑法志》卷三十。

制，不再适用于妇女。"复三族刑，惟不及妇人"①。

北魏时在立法上对死刑进行了大量的削减，因为正平元年游雅和胡方回修订法律时，规定死刑的有一百四十九条，即门诛四条，大辟一百四十五条。这一百四十九条关于死刑的条文中死罪的数量应该不会多于三百个，若按每条一个计算仅一百四十九个，那是最少的时期。但北魏高宗太安四年（458）修改法律时增加了门房之诛十三，大辟三十五，两者共有四十八，这里从行文看应是罪名而非条文。高祖太和五年（481）修定法典时规定：

> 凡八百三十二章，门房之诛十有六，大辟之罪二百三十五，刑三百七十七。

这里的"章"应该就是"条"，而"大辟之罪"很明显是罪名，即罪名有二百三十五个。② 因为"门房之诛"不是死刑的行刑方式，仅是适用原则，所以这十六个罪名就包含在二百三十五个罪名之中。③ 而"门房之诛十有六"即指十六个罪，因为下面的考证说明了此点。这是北魏死罪数量最多的时期，但若与其他朝代相比，其数量是相当少的。

这个时期在死刑行刑种类上法定的数量越来越少，这为隋唐时期最终从法律上确定法定死刑行刑方式仅有"斩"和"绞"奠定了基础。

（四）隋唐时期死刑罪名

隋唐时期死刑罪名在立法上的变化趋势是在"化死为生，以轻代重"思想的指导下进行的。在此原则的指导下死刑罪名数目大量减少，最明显的是隋朝《开皇律》，减少了死刑八十一条，流罪一百五十四条，徒杖一千多条。据记载，北周时《北周律》中与刑名有关的有一千五百三十七条，总的条文在一千七百三十五条，而隋朝时则减少至五百条，减少了一千二百三十五条，同比减少了百分之六十。④ 唐朝在此基础上进一步减少死刑的罪名，同时通过加役流把一些死刑转化成生刑。唐朝初期，从法典上看，死罪数量减少到接近两百，是夏朝时的数量。

隋唐时期死刑发展的主要变化是，立法上大量减少罪名数量和废除一些残酷的死刑行刑方式。隋文帝与隋炀帝即位初年在制定法典时，都把减少死罪数量和减少法律条文作为目标，虽然两帝在晚期都曾滥用和滥设死刑，但整体上还是呈减少的趋势。隋文帝在制定《开皇律》时减少了死罪八十一条，同时废除了"孥戮相坐之法"，即废除缘坐制度。此外，通过立法废除相关死刑行刑种类，即"蠲除前代鞭刑及枭首轘裂之法"，把死刑行刑种类确定为"斩、绞"两类。从法律上看，《大业律》中减轻刑罚条文达二百多条。"其五刑之内，降从轻典者，二百余条"⑤。两帝通过大量减刑立法，把汉朝后期以来轻省刑罚、精简律条的精神推到了新的高度。当然，隋朝后期，死刑又开始出现加重和滥用的倾向，主要是对"盗窃"罪加重适用死刑，并且把盗窃罪判死刑的所得数量减得很低，甚至只要出现偷盗就

---

① 《晋书·明帝纪》卷六。
② 对此，沈家本认为二百三十五条是错了，"元魏《太和律》大辟二百三十五条"。（沈家本：《历代刑法考（三）·死刑之数》，1248 页，北京，中华书局，1985。）
③ 参见《魏书·刑罚志》卷一一一。
④ 参见《隋书·刑法志》卷二五。
⑤ 《隋书·刑法志》卷二五。

处死的立法。隋炀帝时"帝乃更立严刑，敕天下窃盗已上，罪无轻重，不待闻奏，皆斩"①。这样便把与盗窃有关的罪名在死刑适用方面推向了极端。

唐朝在太祖建立政权时把死刑集中在杀人、劫盗、背军和叛逆等四罪上，其他的都被废除，不过这仅是一个政策和过渡措施。

> 惟制杀人、劫盗、背军、叛逆者死，余并蠲除之。②

后来很快就制定了《武德律》，而《武德律》绝大部分沿袭《开皇律》的规定，仅对其中的五十三条做了减轻刑罚的改动，而总条数并没有发生变化。③唐太宗在《武德律》的基础上制定了《贞观律》，《贞观律》的重点是减少死罪数量和把死罪减入流刑等其他生刑④，其中最重要的是把武德时由死刑减为斩右趾的刑罚改为加役流。唐初所削减的死刑数量，在《资治通鉴》上有详细的记载：

> 自是比古死刑，除其太半，天下称赖焉。玄龄等定律五百条，立刑名二十等，比隋律减大辟九十二条，减流入徒者七十一条，凡削烦去蠹，变重为轻者，不可胜纪。⑤

太宗时记载的死刑数量与隋朝时的法律相比减死入流九十二条，若每一条均有一罪也有九十二罪。这样，唐朝从法律上看是中国古代死刑数量较少的封建王朝之一。《唐六典》中评价说：

> 贞观初……减《开皇律》大辟入流者九十二条，比古死刑，殆除其半。⑥

此后，宋人多以此言之，如《旧唐书·刑法志》和《资治通鉴》。对此沈家本认为"'除半'之语，殊不可解"⑦，其实这里说的"除半"是与西周时的死罪五百相比，此时死罪数量仅有其一半左右。

这样通过几百年的努力，中国古代死罪数量终于从西汉时期的顶峰回到了最低点，接近了夏朝死罪二百的数量。

唐朝在立法上死罪数的增加始于唐高宗时。高宗永徽二年（651）因为乐工宋四通为宫人传递信息，高宗特旨下令处死，而先前的法律并没有规定此行为应处以死刑。《旧唐书·萧钧传》中记载当时萧钧提出异议，"四通等犯在未附律前，不合至死"，即由于先前法律中没有规定此类行为适用死刑，不合判决死刑，最后"特免四通等死，远处配流"⑧。自此后，《唐律疏议·禁卫律·阑入非御在所》开始规定：

---

① 《隋书·刑法志》卷二五。
② 《旧唐史·刑法志》卷五十。
③ 《唐六典·刑部》中记载《武德律》是"其篇目一准于隋开皇之律，刑名之制又亦略同……除苛细五十三条"。（（唐）李林甫等：《唐六典·刑部》卷六，陈仲夫点校，183 页，北京，中华书局，1992。）
④ "戴胄、魏徵又言旧律令重，于是议绞刑之属五十条，免死罪，断其右趾，应死者多蒙全活"。（《旧唐书·刑法志》卷五十）
⑤ 《资治通鉴·唐记》卷一九四，"贞观十一年正月庚子条"，6126 页，北京，中华书局，1956。
⑥ （唐）李林甫等：《唐六典·刑部》卷六，陈仲夫点校，183 页，北京，中华书局，1992。
⑦ 沈家本：《历代刑法考（二）·律令》，928 页，北京，中华书局，2006。
⑧ 《旧唐书·萧钧传》卷六三。

即虽非阑入，辄私通宫人言语，若亲为通传书信及衣物者，绞。①

唐朝还通过"格"来改变律文的规定，进而增加死刑的适用。其中，最有代表性的是《唐律疏议·杂律·私铸钱》其中规定：

诸私铸钱者流三千里，作具已备未铸者徒二年，作具未备者杖一百。②

开元二十五年（737）规定对"私铸钱及造意人，及勾合头首者，并处绞，仍先决杖一百"③。这样把私铸钱罪增加为适用死刑，说明在私铸钱罪的定罪量刑上开始采用以"格"为准的原则。

（五）五代、宋辽金西夏诸朝死刑罪名

五代十国与辽宋金西夏时期死刑适用罪名上基本是沿袭唐律中的罪名，主要改变是通过敕令增加一些罪名和改变一些罪名中死刑的适用标准，最为明显的是对与"盗"罪有关的罪和官吏贪赃罪中死刑适用条件的改变。

五代时期在立法上主要通过对一些罪行加重适用死刑，导致死刑罪名数量发生变化。由于这个时期社会不稳定，没有相应的法律记载，故无法作出准确的判断。辽、金、西夏的死刑罪名在结构上略有变化，但数量上没有明显增多。不过现在对辽和金死刑罪名数目难以进行准确分析，因为资料缺少。西夏虽可以看到一个整体，但仍不能全面反映出立法上死刑罪名数量的变化。宋朝由于资料较全，加之《宋刑统》的存在，可以较为明确地反映出死刑数量的变化。

宋朝死刑罪名数量从《宋刑统》上看，总数已经超过了《唐律疏议》中规定的数量。宋朝中期以后随着敕令的增加，敕令内容越来越多，所以国家不得不进行编纂。宋真宗时编成《祥符敕》，宋仁宗天圣七年（1029）再次编成《编敕》，此次《编敕》与宋真宗时的《祥符敕》相比，虽然条文上减少了一百多条，但死刑罪名却增加十七个，其中需要"奏听旨"裁定后可适用死刑的罪名增加了七十一个。"大辟之属十有七……大辟而下奏听旨者七十有一"。这些内容都是《宋刑统》中没有的，"凡此，皆在律令外者也"。所以此次修订导致死刑相关的内容增加八十八罪，其中17个罪名已经是法定适用死刑。庆历年间在对"敕令"进行重新编修后，修成《庆历敕》，与《天圣敕》相比"增五百条"，在死刑罪名上，此次法定死刑罪名增加了三十一个，"奏听旨"后可适用死刑增加了六十四个。

大辟之属总三十有一……大辟而下奏听旨者总六十有四。

这些内容在《天圣敕》之外。"凡此，又在《编敕》之外者也"。嘉祐七年（1062）编成《嘉祐敕》，此次敕令达到一千八百三十四条，法定死刑增加了六十个，"奏听旨"后可以适用死刑的罪名增加了四十六个。

---

① 刘俊文：《唐律疏议笺解·禁卫律·阑入非御在所》卷七，586 页，北京，中华书局，1996。
② 刘俊文：《唐律疏议笺解·杂律·私铸钱》卷二六，1779 页，北京，中华书局，1996。
③ 《宋刑统·私铸钱门》卷二六下所引《唐开元刑部格》。

嘉祐七年，书成，总千八百三十四条，视《庆历敕》大辟增六十……大辟而下奏听旨者增四十有六。①

仅从上面这三次修成的敕令看，宋朝法定死刑罪名增加了一百零八个，可以适用死刑的罪名增加一百八十一个，两者共计二百八十九个。这个数字已经超过唐律中的死刑罪名总数。与唐朝相比，在法定死刑罪名上增加了46%，两者相加，增加了124%。若再加上《宋刑统》中增加的罪名②，宋朝死刑罪名增加的数量就更多。所以宋朝中后期的死罪数量应该在四百罪左右，加上可以适用死刑的罪名应在五百罪。

唐朝中后期至宋朝时期在死刑罪名上出现"奏取敕裁罪"类，这一制度的出现改变了死刑罪名数量的结构和罪名结构，成为这个时期最重要的特点之一。

"奏取敕裁罪"是一种特殊的死罪，有时称为"奏听旨"，但法律上的标准术语是"奏取敕裁"。此语出现在唐朝中后期，主要是由于一些罪名在适用死刑时必须上奏皇帝批准，于是这些罪名成为可以适用死刑的罪名，但又没有明确规定，或是这些罪必须适用死刑，但具体适用斩、绞或者其他方式必须上奏皇帝裁定。其实是把这些罪名的死刑裁量权交给皇帝临时掌握，破坏了死罪必须严格法定的原则。这一制度到五代时非常流行，成为敕令中通用语。宋朝继承了此制度，并在《宋刑统》中大量使用。如《宋刑统·职制律·枉法赃不枉法赃》中记载周显德五年七月七日敕条，其中有"今后无禄人犯枉法赃者，特加至二十五匹"；"不枉法赃今后过五十匹，奏取敕裁"③。把这两条结合起来看，后者"奏取敕裁"其实指不枉法赃达五十匹时可以适用死刑，但具体最后是否适用必须奏请皇帝临时裁决。对此，《庆元条法事类·刑狱门·决遣·断狱式》中各路提点刑狱司在年报本路死刑数量时有一个大类目为"奏断若干"，即此类死刑是通过在奏报之后判决的。最为明显的是宋真宗关于盗剥他人桑柘树皮适用死刑的改革，"殿中丞于大成请得以减死论，下法官议，谓当如旧"，其他大臣认为应依旧适用死刑，但"帝意欲宽之"，最后采用"诏死者上请"④，即判死刑时必须上请皇帝裁决。这一制度在西夏同样存在，《天盛改旧新定律令·谋逆门》中有"一等谋逆者已发，有毁伤，则父及儿子等应如何斩决，依时节奏计实行"⑤。这里是明确规定，对谋逆罪已经适用，在连坐时需要上奏皇帝裁决具体如何适用。

这样宋朝死刑罪有三类：首先是常用的、主要的法定罪，即在《宋刑统》等相关法律中明确规定了该罪的最高刑是死刑的罪。这类罪只要各要件适合就可以由相关司法机关判处死刑。其次是相关法律上没有规定最高刑为死刑，甚至没有相关罪名，但由皇帝临时加重或裁定为死刑。在《庆元条法事类·刑狱门·决遣》中引《断狱式》某路提点刑狱司在上报某年度死刑数目的分类项目中有一项是"于法不至死，时处死若干"，下面的解释是"谓前项本犯死罪数之外特处死者"。从这里可以看出宋朝在死刑上存在法定和临时裁定两大类。最

① 《宋史·刑法志》卷一九九。

② 《宋刑统》正律上的死罪数量是沿袭唐律的，没有发生什么变化。

③ （宋）窦仪等：《宋刑统·职制律·枉法赃不枉法赃》卷一一，吴翔如点校，177页，北京，中华书局，1985。

④ 《宋史·刑法志》卷一九九。

⑤ 史金波等译：《天盛改旧新定律令·谋逆门》卷一，111页，北京，法律出版社，2001。

后是该罪应判死刑，并且判了死刑，但在具体适用上却被减为非死刑，宋朝称为"贷命"，这在宋朝已经成为死刑适用中的一大类别，因为提点刑狱司在上报时就此专门列出一类上报。此类别有两种情况，一种是有相关法律规定可以减死执行；另一种是皇帝临时裁定不执行。①

（六）元明清时期死刑罪名

元明清三朝死刑罪名数量、结构、分类和变迁等，都可以通过相关史料得到较为全面的反映，对其死刑罪名的研究相对容易。对这三朝的死刑罪名问题的研究分别可以通过以下不同史料进行，元代主要是《元史·刑法史》和《元典章》；明朝主要是《大明律》及《大明会典》，其中《大明会典》最为全面和真实；清朝主要是《大清律例》及相关的类纂，如《大清律例会通新纂》等。所以，这三朝的死刑罪名情况是可以得到较为真实的数据。

1. 元代

元朝法律渊源主要是判例法，所以整个元代现留下来的法典中多是案例与条格的汇编，在死罪的设定上没有完整的法典可以佐证。从相关法律史料看，元代死罪主要沿袭唐宋金西夏等朝的规定，同时也增加了本朝特有的少量死罪。现在能比较完整地反映元朝法律情况的是四卷《元史·刑法志》，此书对元朝相关法律进行了法典式的抽象化。四卷中记载，元朝的死罪有一百三十九个。若仅从此看，可以说元朝是唐朝以来死罪最少的王朝，但这不能说明元朝死罪仅有一百三十九个，这仅是一个不完全的统计。明初人评价元朝法律时认为，其失败之处是"宽纵"，也许确实如此。明初在修撰《元史·刑法志》时，从官方立场对元朝的法律评价是：

> 然而元之刑法，其得在仁厚，其失在乎缓弛而不知检也！②

应该说元朝在死罪的数量上可能确实是唐朝以来最少的主要王朝，在死刑设定上确实改变了唐朝末期以来法律过严的特征。最明显的就在盗贼罪上，元朝在此方面规定强盗持杖强劫时只有出现伤人得财、伤人不得财时才适用死刑，而持杖不伤人得财或不得财时处以杖刑一百零七下，而宋朝在以上情况下都适用死刑。

2. 明代

明朝正式法典——《大明律》在内容上主要继承唐律，但在死刑上，据薛允升的统计，《大明律》中比《唐律》"大辟罪名，已增多至二十余条"③，在具体罪上增加了三十多个。按沈家本统计，《大明律》中死罪有 262 个，而唐律中有 232 个，加上《问刑条例》中的 20 个，明朝在法律上死罪数量有 282 个。④ 明朝二百多年间死罪的数量随着时代的变化而发生了很大的变化，《（万历）大明会典》中记载明初洪武年间、弘治十年（1489）、嘉靖三十一年（1552）和万历十三年（1585）的死罪数量与结构，特别是万历十三年的死刑数量和结构是对前面修正后制定的。万历十三年的死罪数量是在弘治十年、嘉靖三十年（1551）和

---

① 以上具体见《庆元条法事类·刑狱门·决遣》卷七五，395 页，北京，中国书店出版社，1990。

② 《元史·刑法志》卷一〇二。

③ （清）薛允升：《唐明律合编·序》，怀效锋、李鸣点校，1 页，北京，法律出版社，1996。

④ 参见沈家本：《历代刑法考（三）·死刑之数》，1248～1249 页，北京，中华书局，1985。

万历十年（1582）的基础上建立起来的，总共有302罪，其中弘治十年修定为231罪，嘉靖年间增加27罪，万历十三年增加44罪。

《大明律》在死罪的数量与结构上主要继承了《唐律》，但有很大改变，《大明律》中往往在一些罪中增加或减少死刑，进而导致两者的差异。薛允升在《唐明律合编》中辑录出39罪，其中二十多罪是《唐律》中没有的罪名或虽有罪名，但没有死刑，或者是仅由绞而增为斩，其中奸党罪和大臣专擅罪下各死罪就是《唐律》中没有，而是《大明律》中新增加的。当然以上死罪的增加并不能说明明朝在死刑适用上与唐朝相比就一定更重，因为在一些罪名上明朝把死刑改为其他刑。比如唐朝误合御药、御膳误犯食禁、盗乘舆服物、御舟船不坚固等罪在唐律中均适用绞刑，但明律却仅采用杖刑，如在误合御药、御膳误犯食禁上就仅杖一百。

了解明朝的死罪，可以从万历朝的《大明会典》来看，此书记载洪武初年的死罪数量与结构、弘治十年的死罪和万历年间的死罪数量和差别，特别是万历十三年在重修《问刑条例》时采用了"律有重而难行，故例常从轻……律有轻而易犯，故例常从重"[1]，于是在一定程度上改变了《大明律》的死罪结构。从弘治十年到万历十三年的死罪数量统计上可以看到有312个。

从表一中可以看出，《大明律》的死罪数量仅是法典上的，其实在明太祖时由于存在《大诰》上的死罪，按万历十三年《大明会典》记载，仅《大诰》上就有28罪，太祖时死罪应是290，若加上其他条例上的罪名则应在300个左右。表二中的死罪数量是万历三十年适用的数量。表二中有真犯死罪303个，杂犯死罪11个，分别占96.5％和3.5％。其中真犯死罪中"决不待时"的死罪有64个，占总死罪的20.38％；"秋后处决"的死罪有239个，占总死罪的76.11％。凌迟刑有16个，占5.10％，斩刑有176个，占56.05％，绞刑有122个，占38.85％。

把表一与表二比较可以得出，《大明律》与万历三十年死罪相比，两者相差52个，增加率是19.85％，其中凌迟增加了3个，真犯死罪增加54，而杂犯死罪则减少了2个。其中斩刑罪增加了36个，绞刑罪增加了13个。其中"决不待时"的真犯死罪没有增加，都是64个。仅是在"秋后处决"的真犯死罪中变化最大，增加了54个。《大明律》与万历三十年相比，表现出后者凌迟刑与斩刑增加较快。

表一 《大明律》中的死罪数量与结构表[2]：

死罪类别	真犯死罪						杂犯死罪		总数
	凌迟		斩刑		绞刑		斩刑	绞刑	
	决不待时	秋后处决	决不待时	秋后处决	决不待时	秋后处决			262
大明律	13	0	38	98	13	87	4	9	

---

[1] 怀效锋点校：《大明律·附问刑条例·重修问刑条例题稿》，336页，沈阳，辽汉书社，1989。

[2] 此表中的死罪数量和结构与沈家本的统计是一致的，沈家本认为《大明律》中有真犯死罪249个，杂犯死罪13个，合计为262个。其中真犯死罪中凌迟有13，斩决有38，绞决有13，斩候有98，绞候有87；杂犯死罪中斩刑有4，绞刑有9。（参见沈家本：《历代刑法考（三）·死刑之数》，1249页，北京，中华书局，1985。）丘濬认为《大明律》有460条，死罪有220个。

续前表

死罪类别	真犯死罪						杂犯死罪		总数
	凌迟		斩刑		绞刑		斩刑	绞刑	
	决不待时	秋后处决	决不待时	秋后处决	决不待时	秋后处决			262
类计	13		136		100		4	9	262
所占比例	4.96%		51.91%		38.17%		1.53%	3.43%	
	95.04%						4.96%		100%

表二　　　　　　　　　　　**万历三十年（1602）死罪数量与结构表①：**

死罪类别／年份	真犯死罪						杂犯死罪		总数
	凌迟		斩刑		绞刑		斩刑	绞刑	
	决不待时	秋后处决	决不待时	秋后处决	决不待时	秋后处决	4	7	241
弘治十年	12	0	35	95	13	75			
嘉靖年间	0		18		11		0	0	29
万历十六年	4		24		16		0	0	44
类别总数	16		172		115		4	7	314
所占比例	5.10%		54.80%		36.60%		1.27%	2.23%	
	96.5%						3.5%		100%

3. 清代前期

清朝在立法上，由于"律"与"例"并用，自入关起就把明朝的整个死罪体系继承下来，所以清朝死罪数量从一开始就发生了很大变化。据沈家本统计顺治时仅"例"中死罪就有 275 个，加上当时"律"主要适用《大明律》，而《大明律》中的死罪达 262 个，两者合起来多达 537 个。乾隆五年（1740）对顺治、康熙、雍正年间相关"律、例"进行修改后，制定了《大清律例》，此法典制定时死罪数量为 441 个。由于不停地通过"例"增加死罪，清末时死罪多达 840 个。② 这个数字使清朝成为中国历史上记载死罪数量最多的王朝之一。下面是乾隆五年颁布的《大清律例》中所附的死罪数量与结构分布：

罪名种类＼执行种类	斩		绞		凌迟		总数
	律	例	律	例	律	例	
杂犯死罪	5	2	4	2	0	0	13
真犯死罪　监候	75	63	59	82	0	0	279
真犯死罪　立决	23	84	11	14	11	6	149
类计数	103	149	74	98	11	6	441
	252		172		17		
百分比	57.14%		39.00%		3.86%		100%

---

　　① 此表中的数据来自怀效锋点校：《大明律·附录》弘治十年奏定的《真犯杂犯死罪》和万历三十年新增《真犯死罪充军为民例》中的数据，同时参考万历十三年《大明会典》上的罪名数量。

　　② 沈家本原文用的是"条"，但从他对《唐律》死罪数量的统计看，他所称的"条"就是"个"，所以这里改为"个"。

清朝在死罪立法上最大的变化发生在乾隆四十年（1775）和嘉庆六年（1801），乾隆四十年把死罪中大量过去是斩监候和绞监候的罪名改成立决，导致死刑结构发生重大变化。这种变化在司法实践中往往增加了死刑的适用量。这次立法按嘉庆六年最后修定时看，斩监候改为斩立决的达 50 个，绞监候改为绞立决的达 19 个，二者合计为 69 个，若按乾隆五年《大清律例》的死罪数量计算，占了全部总数的 15.65％。

清朝死罪数量变化很大有较大的增加，主要是在"例"中大量增加死罪，进而导致整个死罪数量的增加。据沈家本统计顺治时仅"例"中死罪多达 275 个。乾隆五年对顺治、康熙、雍正年间的相关"律、例"进行修改后，制定了《大清律例》。此法典在当时共有死罪数量 441 个，其中"律"中仅有 188 个，而"例"中却有 253 个，分别占总数比例为42.63％和57.27％。杂犯死罪 13 个，仅占 2.95％，真犯死罪 428 个，占 97.05％，而清末时增加近一倍，达 840 条。

明清两朝在死罪的演变上继承了宋朝，与汉朝以后，特别是隋唐时减少死罪数量作为死刑制度发展的目标相悖。

4. 清末法律改革时期

清朝法律改革中在死刑问题上发生了重要变化，主要体现在以沈家本为首的改革派提出减少死刑执行方式和种类的立法运动，虽然沈家本等人在提出减少死刑执行方式和种类的时候，依据的是中国古代"慎刑"和"仁政"思想，而不是现代西方国家在此方面的理念，但仍具有重要的历史意义。

首先是减少死刑执行方式。清廷为收回领事裁判权，于光绪三十年（1904）四月开馆修律，计划把中国沿袭几千年的法律进行重新修订，以适应世界法律发展的需要。光绪三十一年（1905）三月二十日以沈家本为首的修律大臣上奏《删除律例内重法折》，提出：

> 拟请将凌迟、枭首、戮尸三项，一概删除，死罪至斩决而止。凡律内凌迟、斩枭各条俱改斩决；斩决俱改绞决，绞决俱改绞候，入于秋审情实；斩候俱改绞候，与绞候人犯仍入于秋审，分别实、缓。

上奏后得到中央最高权力机关的同意，并提出：

> 现在改定法律，嗣后凡死罪，至斩决而止。凌迟及枭首、戮尸三项，著即永远删除。所有现行律例内，凌迟、斩枭各条均改为斩决，其斩决各条，俱改为绞决；绞决各条，俱改为绞监候，入于秋审情实；斩监候各条，俱改为绞监候，与绞候人犯仍入于秋审，分别实、缓办理。①

这里把清朝《大清律例》中的凌迟、枭首、戮尸三种死刑执行方式删除，同时大量减少死刑中斩决的规定，扩大绞刑的适用，形成以绞刑为主、斩刑为辅的行刑方式的结构。

其次，沈家本等人在《虚拟死罪改为流徒折》中提出把《大清律例》中戏杀、误杀和擅杀三类罪中的死刑用流、徒刑来替代。因为"中国现行律例，不分戏、误、擅杀，皆照斗杀拟绞监候，秋审缓决一次，即准减流；其重者，缓减三次减流"，导致法律上这三类犯

---

① （清）朱寿朋：《光绪朝东华录》，"光绪三十一年三月癸巳条"，张静庐等校，5326、5328 页，北京，中华书局，1958。

罪都有死刑，但实践中却不执行，徒增刑律中死刑的数量，不利于中国法律与世界法律接轨。若在法律上把这三类死罪改成实际执行的刑罚，利于减少刑法中的死刑数量，便于与世界接轨。

> 臣等公同商酌，拟请：嗣后戏杀改为徒罪，因斗误杀旁人并擅杀各项罪人，现律应拟绞候者，一律改为流罪。①

最后，沈家本对当时日本冈田博士攻击中国死刑方式上有斩、绞两种，不合世界趋势时提出，中国在死刑行刑方式上改革不是取消死刑，而是慢慢地把死刑行刑方式归为绞刑，即"惟死刑仅用一项"，具体提出将来制定刑律时，"仍应逐条酌定去留，一律改为绞决"②。清末法律改革中，上面这些对死刑讨论的内容都变成了现行法律制度，特别是为新制定的《大清新刑律》所吸收。《大清新刑律》第三十八条中规定，死刑行刑方式上是"凡死刑用绞，于狱内执行"③。

第二节
死刑执行方式演变

酷刑的存在是大部分国家历史上普遍的现象，它是原始社会末期以暴制暴、同态复仇旧习在阶级社会的延续。在这里首先需要交代一下的是，酷刑是一个众说纷纭的概念。按照《联合国禁止酷刑公约》第一条的规定：

> 酷刑指为了从某人或第三者取得信息或供状，为了他或第三者所作或涉嫌的行为对他加以处罚，或为了恐吓或威胁他或第三者，或为了基于任何一种歧视的任何理由，蓄意使某人在肉体或精神上遭受剧烈疼痛或痛苦的任何行为，而这种疼痛或痛苦是由公职人员或官方身份行使职权的其他人所造成或其唆使、同意或默许下造成的。纯因法律制裁而引起或法律制裁所固有或附带的疼痛或痛苦不包括在内。

学者对酷刑的定义大多都以此为参照，大同小异。严格说来，只有国家法律明文规定的残酷的刑罚措施才称得上"酷刑"。但这么理解未免过于狭隘，因为酷刑是一个大众化、通俗的用词，不是严格的法律概念。在文中，我们只是对其作最一般的理解，指对人的身体进行打击折磨，使受刑人感到极端痛苦、死亡或人格尊严丧失。残酷的惩罚措施或手段，包括法定酷刑、法外酷刑及刑讯。

回顾中国历史，我们会发现，几千年的文明史也是与酷刑并存的历史。酷刑种类繁多而残忍。炮烙、醢脯、剖心、车裂、腰斩、凌迟、点天灯……这些酷刑读起来就让人不寒

---

① 沈家本：《历代刑法考（四）·寄簃文存·奏议·虚拟死罪改为流徒折》卷一，2028 页，北京，中华书局，1985。

② 沈家本：《历代刑法考（四）·寄簃文存·说·死刑惟一说》卷三，2114 页，北京，中华书局，1985。

③ 《大清法规大全·法律部·法典草案一·刑律草案》卷一一。

而栗，充满了血腥味。更令人深思的并不是中国古代刑罚的残酷野蛮，而在于这种残酷野蛮竟然与四千年的文明共存，与古代发达的道德哲学并行不悖。历史上的酷刑大都出现在基本法典之外的法律形式中。例如，明太祖朱元璋亲自编纂的特别刑法《明大诰》，规定了明律中所没有的诸多残酷刑罚。如凌迟、族诛、剥皮、弃市、墨面文身、挑筋去指、抽肠涮洗、斩指枷号、枷项游历、阉割为奴等，打击官民犯罪，无所不用其极。

儒家思想在西汉武帝之后逐渐确立了其在中国传统社会的主导地位。儒家的伦理道德规范也被引入法律领域，《唐律》的制定标志着"引礼入律"的完成。形成了礼法结合，"出礼入刑、礼去刑取"，法律为礼教所支配的局面，以法律的手段来强制推行儒家伦理道德。儒家价值观被意识形态化、绝对化。绝对化的伦理价值必然要求用绝对化的刑罚手段来维系。是故，儒家价值观的绝对化必然带来刑罚的残酷，用严刑维护以君臣伦理、父子伦理为核心的儒家伦理，就成为中国古代法律实践中的常见现象。本节主要论述的是极其残忍的死刑执行方式，是非常态的死刑，包括凌迟、枭首与戮尸等。

剥夺罪犯生命的死刑，是人类社会最古老的一种刑罚，并非中国独创。然而，中国古代的死刑颇具特色。古代中国人尤其重视死刑，把它列为"五刑"中最重的一种刑罚，所以又称之为极刑，先秦时期还称之为"大辟"。辟即刑，"大辟"即大刑、极刑。中国古代的死刑非常讲究执行方式，可谓五花八门，形式多样。而其执行手段也异常残忍，往往延长行刑时间，以增加犯人的痛苦。在现代人的观念中，从消灭罪犯生命的角度来说，采取何种方式处死，其结果都一样。但在古代中国人看来，选择哪种方式处死却干系重大。同样是死刑，处刑方式不同，至少可以表明罪行轻重有别。在这种死刑观的影响下，中国古代执行死刑的方式之多是古代西方国家死刑所无法相比的。一般说，由于犯罪主体或被侵害客体或罪行轻重不同，行刑方式也不尽相同。

一、常态死刑

中国古代法律所规定的死刑种类主要有：斩、绞、腰斩、枭首、弃市、车裂、凌迟、焚、磔等十余种。唐朝以后持续时间最长、影响最大的就有三种：斩、绞、凌迟。斩即斩首，令犯人身首异处；绞即用帛、绳等勒死或用绞刑架绞死犯人。

从受刑者所承受的痛苦程度而言，斩刑最轻。绞在中国并非像西方那样以悬吊方式窒息而死，而是名副其实地、慢慢地将犯人绞勒致死，其方法是：或将犯人跪绑在行刑柱上，然后在脖子上套上绳圈，由两个行刑者各在一边绳套上插入一个木棍，慢慢绞紧绳子勒死犯人；或将犯人绑在行刑柱上，在其脖子上套上绳圈，由行刑者在柱子后面逐渐绞紧，把犯人勒死。当然，用这种方法时犯人未必马上断气，所以法律规定，如果实行三次还不能勒死犯人，就可以改用其他方式处死。可想而知，被绞死的犯人会受到什么样的痛苦。

但是在死刑等级中，斩却重于绞。因为中国传统观念认为，"身体发肤，受之父母，不得毁伤"。被斩者身首异处，而被绞者可以保留全尸，所以身首异处的斩刑，比之得以全尸的绞刑，更令人恐惧和感到耻辱。行刑者也往往利用人们的这种心理，在处斩之前向犯人家属索贿，一旦满足要求，则行刑时可使被斩者颈虽断而犹有一些皮肉与身体相连。身首仍未彻底分离，其家属稍可聊以自慰。清乾隆朝礼部侍郎方苞的《狱中杂记》记载，行刑者在处斩刑后往往以人头为质，向死者家属索取贿赂。

凌迟，俗称"剐"，即"千刀万剐"，是最残酷的死刑。执行时要零碎割，详见第三节"凌迟刑"三、凌迟的执行方法。

古代西方死刑之残酷，比之古代中国毫不逊色。但是，随着近代文明的发展，死刑问题在西方成为思想家们争论的焦点，甚至出现了废除死刑的主张。于是，近代启蒙主义思想和人道主义精神，敲响了古代死刑制度的丧钟。

1764 年，意大利刑法学家切查列·贝卡利亚发表《论犯罪与刑罚》这一不朽名著，首次在理论上比较系统和尖锐地论证了死刑的残酷性、非人道性和不必要性，明确提出了废除死刑或者严格限制死刑使用的主张。这一主张在西方国家产生了巨大的影响。近代文明精神要求死刑体现人道主义，即让犯人能迅速而无痛苦地死去。这就使西方的科学家不断努力去寻找最适宜的处刑方法。

1851 年，美国犹他州出现了一条独一无二的法律：死囚可以从绞刑、枪毙、斩首之中任选一种死法。但是，几乎所有的死囚都选择了枪毙。① 作为死刑的执行方式，枪毙最早始于 18 世纪末期的军队。原本是处决违反军事刑法的士兵及间谍等，由于简便易行而较少痛苦，后来被普遍采用。据统计，到目前为止，法律规定死刑执行方式的大约一百三十四个国家、地区中，选择枪决方式的占八十六个。② 而在 19 世纪末 20 世纪初，枪决这种方式也传到了火药的故乡——中国。

随着西方近代法律制度取代中世纪封建法律制度，世界各国的刑罚制度开始从以死刑、肉刑为中心的体系迈入以自由刑为中心的新时代。此后，西方各国的刑罚体系开始出现两种发展趋势：或废除死刑，或保留死刑但要严格限制死刑的适用。近代中国的死刑改革则顺应了后一种国际潮流。

近代中国人最早接触、了解西方死刑制度是在 19 世纪 40 年代。1847 年，福建人林针赴美国教习中文。回国后，林针将自己在美国的所见所闻写成《西海纪游草》一书。其中记载，美国总统安德鲁·杰克逊上任后（1829—1837）实行司法改革，措施之一就是在法律上废除死刑，代之以赎刑。林针对此持赞成态度。③ 这是目前史料中有关中国人最早接触西方死刑观念和死刑制度的记载。但遗憾的是，此书在 1867 年刊刻的数量有限，流传不广，因而没有引起人们的注意。

1840 年之后，西方列强掠取在华领事裁判权的借口之一便是中国的刑罚野蛮、残酷。列强们甚至"许诺"，一旦中国废除野蛮的酷刑，可以考虑"放弃"领事裁判权。于是，清末的改革家借助这一"许诺"之石在 19 世纪末 20 世纪初期的中国社会激起了改革刑罚制度之千层大浪。1905 年沈家本、伍廷芳上奏的修律第一折《删除律例内重法折》，集中反映了清末改革家反对重刑、主张轻刑的思想。他们认为，第一，对比中西刑罚制度，中国的大都重于西方的。这是外国人不接受中国司法管辖、保留领事裁判权的重要原因。因此，为维护中国的司法主权，刑罚必须改重为轻。第二，西方各国之所以"政治日臻美善"，就是因为刑法由重改轻。所以，必须从儒家的"仁政"出发，学习西方的轻刑。这是刑罚改

---

① 参见［德］布鲁诺·赖德尔：《死刑文化史》，郭二民编译，143 页，北京，三联书店，1992。
② 参见赵秉志等译：《现代世界死刑概况》，附录五，298～302 页，北京，中国人民大学出版社，1992。
③ 参见杨国桢：《我国早期的一篇美国游记》，载《文物》，1980（11）。

革的宗旨。第三，基于以上两个原因，奏折建议废除《大清律例》中的三项重刑，首先就是死刑。光绪皇帝采纳其建议，下令废除凌迟等死刑及缘坐、刺字酷刑，但保留了斩、绞两种死刑，对此，清朝修律顾问日本法学家冈田朝太郎认为：

> 各国之中废除死刑者多矣，即不废死刑者，亦皆采取一种之执行方法。今中国欲改良刑法，而于死刑犹认斩绞二种以抗世界之大势……外人读此律者，必以为依然野蛮未开之法。

可见中国传统的"斩重绞轻"的死刑观念，仍不能为外国人所接受。而国内的守旧者则攻击说：

> 轻之过轻，对反逆、恶逆之犯，不足以昭惩创。

而沈家本等改革家从实践到理论对此进行了有力的驳斥。

1906年，刑部大臣董康等一行四人受命考察日本的司法实践，专门就死刑执行问题进行调查研究。回国后，董康即主持翻译了日本法学著作《日本刑法义解》和《死刑宜止一种论》。沈家本以这些资料为依据，撰写了《死刑惟一说》一文，批驳反对者的攻击。该文纵观近代世界死刑改革的趋势，指出中国的刑罚改革应该顺应历史潮流，在死刑执行方法上或斩、或绞、或枪决，只用一种，而不应并用两种或两种以上，更不应有等差、分轻重。因为刑法是国家惩罚罪犯的工具，不是私人报复的手段；如果从手段上分别轻重，实则在一国之中造成刑法实施不统一的恶果，有损国家法制的统一。沈家本的这些理论显然是受近代西方人道主义及法制思想的影响，具有鲜明的反对野蛮与落后的封建酷刑的进步性。诚然，在当时的历史条件下，要让清政府卸下具有两千年历史的包袱，让全体司法官员接受"死刑惟一说"，是相当困难的。不久，沈家本又上《虚拟死罪改为流徒折》，建议将《大清律例》中有死罪之名而在司法实践中并不执行死刑的条目删除，分别改为流刑、徒刑。朝廷允准此折，颁发施行。

中国古代往往当众执行死刑，其本意在于"示众以威，俾以怵目而警心"。沈家本认为，以儒家"明刑弼教"之义，刑罚旨在杜绝百姓的"残忍之端，而导之于仁爱之路"，古代之所以公开在闹市行刑，是因为"犯法者多不肖之人，为众所共恶"。但时间一长，为恶之徒根本不怕死，临刑时谩骂高歌、意态自若。这种情景助长了恶徒的气焰，常人司空见惯后还会生出惨烈之情。这样不仅使法律"威渎不行"，而且有妨教育。尤其是每当菜市口行刑时，百姓任意喧哗、拥挤，外国人则将之作为京师一大奇景，观看、摄影。这种不良影响，有损国家形象。为此，沈家本又写了《变通行刑旧制议》一文，认为，刑罚制度的改革，旨在改变死刑的执行方式；主张采用西方大多数国家死刑秘密执行的方式，改革行刑旧制，在京师及地方专设一所封闭型的刑场，除监刑人员外，百姓不得入内观刑。

在死刑执行方法上，沈家本不赞同西方的枪决。他认为，如果枪决时不能一发即毙则不如斩首来得人道些。这种看法在当时颇具代表性。即使来自西方文明国度、具有非常良好刑法的列强各国，在传统中国的死刑文化面前，有时也不得不屈就。据外国学者研究，八国联军入侵北京后，在处置义和团俘虏时，为适应中国国情，也曾改枪决为斩首。西方列强企图用儒家传统观念、以身首异处威吓中国人。

1910年5月15日，清政府在删修《大清律例》的基础上颁布了《大清现行刑律》，规定死刑分为绞、斩两种。

1911 年 1 月 25 日，又颁布了中国历史上第一部仿照西方近代刑法体例、原则制定的刑法典《大清新刑律》。其正文规定死刑仅用绞刑一种，但在其后所附《暂行章程》的第一条却规定"侵犯皇室罪""内乱罪"等仍用"斩"。根本废除斩刑，是在民国建立以后。1914 年 11 月 27 日，北洋政府颁行《惩治盗匪法》，其第六条规定：死刑得用枪毙。从此，斩刑从法律上废除，枪毙成为中国近代死刑的主要执行方法。随即，北京的刑场也从人口稠密的菜市口迁到当时空旷的天桥南大道西面的先农坛二道门外。

菜市口和天桥同在北京城南，相距不远，但是刑场的迁移却反映了死刑观念和刑罚制度的重要变化。法律认可的死刑是痛苦极少的枪决。枪决代替了斩首，说明社会更加重视的是死刑对犯人本身的惩罚意义，而不是带给犯人的耻辱和对犯人家属的惩罚意义，同时也反映了人道主义精神在中国的进步。此后很长时间，砍头和枭首示众仍是常见的处死方式，甚至有更残酷的活埋、棒杀，等等。但那毕竟只是缺乏人性的泄愤方式，不是合法的死刑，人们可能敢怒不敢言，却绝不会认同残酷的刑罚，反而会进一步增强追求人道主义精神的愿望。可见，死刑的观念和行刑方式的进步，是最能反映人道主义精神普及程度的标尺之一。

从菜市口刑场到天桥刑场，虽然只有区区数里之遥，但是死刑近代化的步伐却行进了漫长的半个多世纪。这种变化标志着中国死刑制度从野蛮走向文明的近代化进程的完结。

二、非常态死刑

在中国古代刑法史上，历代虽大致都将刑罚体系明定于刑书或律典之中，但一则受到君主专制政治体制的支配，越法定罪量刑成为常制；二则受到重刑以惩奸观念的影响，使用法外酷刑比比皆是，这就使得法外用刑成为刑罚体系中的一个特殊问题。[1] 特别是在死刑的具体执行方式上，法外酷刑流传甚广，极其残酷。历史上死刑繁多，因文献阙如，不知何为法定刑，何为法外刑。故先将中国古代非常态死刑罗列如下：

夏：燔：用火烧死；诛；戮；孥：株连妻、子为奴。

商：炮烙：铜烙，涂膏铜柱，炭火烧之，令犯人步其上，或说让犯人拥抱烧死；挖心：剖腹挖心；斮：即膑，砍断人腿；醢：剁成肉酱；菹：切成肉片；剖：剖胸视心；剜眼：挖眼；金瓜击顶：用金瓜打头；虿盆：喂毒蛇等；脯：切成肉片晒干；诛；活埋；殛；孥：株连妻、子为奴；族：诛罪人一族；焚炙：火烧；刖剔：断手。

西周：大辟即死刑，其执行方法有焚、脯（肢解人体）、磔（辜）同脯、踣（僵尸于市）、绞、磬（缢死如悬磬）以及杀、斩等；殛；车裂（轘），用车分裂人体；屋诛，即夷三族。

春秋：脯：肢解人体，即以后的磔；踣：陈僵尸体；醢；杀；轘；烹：锅煮；戮尸：陈尸为戮；族刑：杀尽犯人一族。

战国时期的魏国：夷：夷乡，杀尽犯罪者的乡里一切人；夷族，杀尽犯罪者的整个家族。

战国时期的秦：生命刑有车裂；定杀：把犯人固定水中，淹溺致死；扑杀；戮：刑辱

---

① 参见陈涛：《中国法制史》，93 页，西安，陕西人民出版社，2001。

示众，或者戮尸；磔：肢体分裂；矺，同磔；生埋；夷三族：杀尽三族，即父族、母族、妻族；族；枭首：斩首高悬；凿颠：钻头顶骨致死；镬烹：锅煮致死；抽胁：疑是抽筋致死；腰斩：用鈇钺从腰部斩杀；囊扑；夷九族：什伍连坐，一家犯罪，九家不告，连坐之；具五刑：先施黥劓，次斩左右趾，以笞杀之，再枭其首，菹其骨肉于市，其诽谤詈诅者，更断其舌；弃市：在闹市，斩首示众，陈尸三日。

汉：枭首；腰斩；弃市。此外还有夷三族。

三国魏：枭首；腰斩；弃市；枭菹（切碎、高悬首级）；汙潴（疑指污水溺毙）；夷三族。

晋：夷三族（晋朝夷三族不株连已休出的养母和已出嫁的女儿）。

南朝宋：大辟；枭首；斩；弃市；诛；戮；赐死；鞭杀；割腹；刳心；脔割；焚尸；扬灰；汙潴。

南朝齐：殊死；杀；诛；斩；弃市；戮；斧钺；赐死；赐自尽。

南朝梁：枭首；弃市；棒杀。

南朝陈：大辟；殊死；夷戮；戮；磔；枭；枭悬；死罪；杖杀；赐死。

北朝后魏：轘；枭首；斩；绞；腰斩；沉渊；五族刑；三族刑；门诛。

辽初：投悬崖；射鬼箭；五车轘；生瘗；绞；斩；枭；磔；磬；炮掷；钉割；脔杀；分尸五京；肢解；炮烙铁梳；铁骨朵。

隋末枭首；轘身。

唐：杖杀。

宋：凌迟；断食；水淹；剖腹；醢脯。

元代：木镞射杀；手试刀斩；投高崖；生瘗；剥皮；菹醢；剖棺戮尸；射鬼箭；抽筋；绳索勒死。

明：凌迟；枭首；戮尸；剥皮；族诛。

清：凌迟；枭首；戮尸：对已死罪犯的尸体骸骨砍头陈尸；剉尸：剉骨扬灰。

五刑称作正刑，五刑之外的死刑主要有凌迟刑、枭首刑、戮尸刑。在下节分述之。[①]

第三节
凌 迟 刑

凌迟刑的法律术语称凌迟或陵迟；此外，还有多种别名或俗称，诸如凌持、脔、脔割、脔剐、割、磔（至于凌迟刑又称磔、寸磔及寸殛，主要见之于宋元明清时期的文献资料。磔刑早已有之，但早期的磔刑并非凌迟刑。磔，本义张其尸也，开也，车裂也）、寸磔、寸殛、极刑、鱼鳞碎剐、剐、千刀万剐，等等。

---

① 参见周密：《中国刑法史》，476 页，北京，群众出版社，1985。

一、凌迟的含义及特征

何如月先生旁征博引，认为"陵迟"之"陵"，"本字为夌"，无丘陵之意，并列出凌迟（陵迟）词义的谱系。即：

> 陵迟　　（本作夌𡟬。夌，𡟬也。
> 凌迟　　𡟬通迟，迟通夷，故夌𡟬即夷。）

> 夷训平——渐平、渐下，引申为衰败
> 夷训伤——折磨
> 夷训杀——剐刑
> 夷训尸①

何如月先生的研究不无创建，解释亦能自圆其说。据朱骏声《说文通训定声》的解释：

> 夌：越也。经传多以陵、以凌、以凌为之。按夌𡟬者，始速终迟，自高渐下之意。

再对照杨倞、颜师古的说法，也不能说没有道理。《荀子·宥坐篇》载：

> 三尺之岸，而虚车不能登也。百仞之山，任负车登焉。何则？陵迟故也。

杨倞注曰："言丘陵之势渐慢也"。颜师古《匡谬正俗》说：

> 陵为陵阜之陵，而迟者迟迟微细削小之义。故迟夷通用，或言陵夷。言陵阜渐平，喻王道弛替耳。

其实，上述"始速终迟，自高渐下之意"与"丘陵之势渐慢""陵阜渐平"，实有相通之处。因此，清初学者沈之奇解释凌迟说：

> 凌者，细也；迟者，缓也。②

沈家本认为：

> 陵迟之本义，本言山之由渐而高，杀人者欲其死之徐而不速也，故亦取渐次之义。③

显然，沈家本与沈之奇对凌迟之"凌"字的解释有所不同，沈家本之说在学界有着广泛的影响，可谓通说；而沈之奇之解释亦不无道理。此后人们对凌迟的解释，均由此而展开。例如：

郭成康先生、林铁钧先生等说：

> 凌迟，亦称"寸磔"、"脔割"、"鱼鳞剐"等，俗称"千刀万剐"，清律称之为"极

---

① 何如月：《"陵迟"与"凌迟"释义探源》，载《辞书研究》，2000（3）。
② （清）沈之奇：《大清律辑注》（下），怀效锋、李俊点校，546页，北京，法律出版社，2000。
③ （清）沈家本：《刑法分考二·陵迟》，载《历代刑法考（一）》，邓经元等点校，110页，北京，中华书局，1985。

刑"。凌,细也;迟,缓也。凌迟即用零刀碎割,延长行刑时间,使犯人受尽痛苦而死的一种极残酷的死刑。①

王永宽先生说:

> 后世将陵迟用作刑罚的名称,仅取它的缓慢之义,即是以很慢的速度把人处死。而要体现这种"慢"的意图,就是一刀一刀地割人身上的肉,直到差不多把肉割尽,才剖腹断首,使犯人毕命。②

法国学者马丁·莫里斯蒂埃说:

> 凌迟的关键在于一小块一小块地切除整个人体或人体的一部分,肉一块块地被剜下来,直至死亡来临。③

综上所述,凌迟刑乃是一小块一小块地活割某些死刑犯人身上的肉,割足刀数,然后砍断肢体、剖腹斩首的极为残酷的死刑。它通过延长行刑的时间,从而拖延受刑人的死亡过程,以最大限度地延长与加重受刑人死亡时的痛苦,使其在极度的痛苦、折磨之中,缓慢而死。

可见,凌迟刑的特征是:

第一,凌迟刑是在受刑人活着的时候切割受刑人身上的肉,并与支解、斩首相结合的处死犯人的刑罚;

第二,凌迟刑最显著的特征是零刀碎割,以便最大限度地延长受刑人死亡的过程与最大限度地加重受刑人死亡之时的痛苦;

第三,凌迟刑的适用范围只限于某些死刑"犯人"。各代不一,就法律文本而言,绝大多数属于十恶重罪中的谋反、谋大逆、恶逆、不道、不义等危及君主专制统治、社会治安以及家庭伦理秩序的严重犯罪;

第四,凌迟刑是最为残酷的死刑。

凌迟刑法律文本称之为凌迟或陵迟;此外,还有多种别名或俗称。脔、脔割、脔剐、割常见于十六国至两宋史籍,凌持见于宋朝,剐,多见于宋元;磔,多见于五代、宋、元、明、清。寸磔、寸䃣、极刑、鱼鳞碎剐,多见于明清。但极刑并不一定都是凌迟,有时泛指死刑。千刀万剐多为民间俗语。

二、凌迟的起源

关于凌迟刑的起源,可谓众说纷纭,莫衷一是。目前学界尚存在如下几种观点,即:有人认为起源于五季;有人则明确指出,始于汉代的具五刑;另有人认为,起源于商朝的"改";更有人认为始于远古的"五虐之刑"。由于年代久远,又屡经兵燹,文献阙如,究竟起源于何时,笔者亦未敢断言已得其详。

---

① 郭成康、林铁钧:《清朝文字狱》,395页,北京,群众出版社,1990。
② 王永宽:《凌迟》,载《中国古代酷刑》,2版,1页,台北,云龙出版社,1998。
③ [法]马丁·莫里斯蒂埃:《凌迟》,载《人类死刑大观》,袁筱一等译,107页,桂林,漓江出版社,1999。

（一）起源于十六国时期

据现有的文献资料明文记载的案例来看，从凌迟刑作为法外刑算起，可谓十六国时期，早已有此刑。

原来，东晋哀帝兴宁三年（365），北方的代王什翼犍"尝讨西部叛者，流矢中目。既而获射者，群臣欲脔割之。什翼犍曰：'彼各为其主斗耳，何罪！'遂释之"①。虽然射中代王什翼犍眼睛的杀手未被脔割，但当时应该有了"脔割"之刑，只是由于代王什翼犍的大度才未予适用。而《北史·魏本纪》卷一记为：

> 帝尝击西部叛贼，流矢中目。贼破后，诸大臣执射者，各持锥刀欲屠割之。帝曰："各为其主，何罪也，释之！"

司马光的记载与该书大同小异，只是在用词上小有差异，其中类似凌迟的用词，一为"脔割"，一为"屠割"，司马光应该是参考了该书的。大臣们不约而同地欲活活地脔割或屠割射中代王什翼犍眼睛的射手，固然有其媚主邀宠的一面，同时亦说明在当时已有脔割或屠割活人的法外刑。因此，可以初步认为，十六国时期，脔割之刑，即凌迟刑已经作为法外刑存在了。

笔者所见史书明文记载的最早的脔割活人，发生在天赐六年（409）。当时，代王什翼犍的孙子——北魏道武帝拓跋珪之子拓跋绍杀父叛乱，叛乱平定之后，史载：

> 为内应者十数人，其先犯乘舆者，群臣于城南都街生脔割而食之。②

这一历史事件，从一个侧面反映了十六国时期发生过"脔割"之类的法外刑，并非虚妄。

根据以上材料，笔者斗胆提出凌迟刑起源于十六国时期的观点，以抛砖引玉，求教于大家；并综述学界各家之说，以备查考。

（二）起源于五季

凌迟刑起源于五季，可谓目前学界之通说。原来，五代时期，中原地区政权更迭频繁，短短的五十几年就经历了梁唐晋汉周五个朝代，有人称之为"大砍杀"的年代。当时，地方节度使往往草菅人命，恣意使用法外之刑，凌迟刑亦常常为其所用。富有良知的人们意识到必须杜绝这种残酷杀人的行径。最先探讨凌迟起源并力主废止的人士乃后晋左拾遗窦俨。他于开运三年（946）十一月丁未上疏曰：

> 大辟之目，不出两端，淫刑所兴，近闻数等。盖缘外地，不守通规，肆率情性。或以长钉贯篸人手足，或以短刀脔割人肌肤。③

窦俨所说的"短刀脔割人肌肤"，即为"凌迟刑"。而窦俨所说的"近闻数等"，即近来听说死刑有多种等级。窦俨这一说法容易给人以五代后晋才开始有凌迟刑的印象，且可能对陆游的五季说产生了一定影响。

---

① （宋）司马光：《资治通鉴》卷一〇一，兴宁三年春正月庚申条。
② 《魏书·王绍传》，北京，中华书局，1974。
③ 《旧五代史·刑法志》，北京，中华书局，1976。

南宋著名的爱国诗人陆游强烈要求废除凌迟刑时亦探讨了凌迟刑的起源，他说：

> 伏睹律文，罪虽甚重，不过处斩。盖以身首异处，自是极刑，惩恶之方，何以如此。五季多故，以常法为不足，于是始于法外特置凌迟一条。①

因为陆游在中国文坛上的显赫地位，其说法影响极大。南宋理宗时的赵与时亦认为：

> 律文罪虽甚重，不过绞、斩而已。凌迟一条，五季方有之，至今俗称为法外云。②

赵与时的说法无疑是受了陆游的影响。清末著名法学家沈家本考证说：

> 《辽史·刑法志》：死刑有绞、斩、陵迟之属。按：陵迟之刑，始见于此，古无有也。放翁谓起于五季，然不详为何时。③

经沈氏的考证，凌迟刑始于五季即五代末年就成了通说。孔学先生指出：

> 五季有五个王朝，并存的还有十国以及辽朝。究竟起于何朝，有待于进一步的探讨。④

据史料记载，五代后唐明宗长兴年间，姚洪奉命率军戍守阆州，为叛将董璋攻破，姚洪宁死不屈。董璋"令军士十人，持刀刲割其肤，燃镬于前，自取啖食，洪至死大骂不已"⑤。董璋将姚洪一边凌迟一边将人肉放在锅里煮着吃，真是人性泯灭，惨绝人寰。如果说这还只是私刑，而唐庄宗时大量适用的磔刑就是后来的凌迟刑。其实，无论五代之中的哪一朝代最先适用凌迟刑，最初作为法外之刑的凌迟刑早在十六国时期即已存在。

此外，需指出的是，据史书记载，宋辽金时期的辽国是凌迟刑合法化最早的国家，但凌迟刑并非起源于辽国。辽代建国是在公元907年，最早制定法律是在神册六年（921）五月，辽代开国皇帝耶律阿保机"诏定法律"⑥，此后，辽代多次重修法典。尽管辽代的法律皆已失传，但根据《辽史·刑法志》的记载以及辽代制定法律前后较多适用凌迟刑的事实，凌迟刑合法化最早应该在辽代。

（三）始于汉代的具五刑

此说乃清代律学大师王明德的研究成果，他说：

> 昔商王受刳孕妇，剖贤人，醢伯邑考，始兆其端。延至战国，韩用申子，秦用商鞅，遂有凿颠、抽胁、镬烹、族诛之法，而车裂假父，则即凌迟之一类也。汉兴之初，虽云约法三章，其诛灭三族令，沿习未除。迫后又复著令曰：当三族者，皆先黥、劓、斩左右趾，割其势，笞杀之，枭其首，菹其骨肉，谓之五刑具备……则律之所谓凌迟，其迫一本乎？汉制为然欤？⑦

---

① （宋）陆游：《渭南文集·条对状》卷五，台北，台湾商务印书馆，2005。
② （宋）赵与时：《宾退录》卷八，97页，北京，中华书局，1985。
③ （清）沈家本：《刑法分考二·陵迟》，107页，北京，中华书局，1985。
④ 孔学：《论凌迟刑的起源及在宋代的发展》，载《史学月刊》，2004（6）。
⑤ 《旧五代史·姚洪传》，北京，中华书局，1976。
⑥ 《辽史·太祖纪》，北京，中华书局，1974。
⑦ （清）王明德：《读律佩觿·凌迟》卷四（下）137页，北京，法律出版社，2001。

在此，王明德认为商纣王"刳孕妇，剖贤人，醢伯邑考"是凌迟刑的萌芽，秦朝的"车裂刑"就是凌迟刑，汉代的"具五刑"更是具备了凌迟刑的特征。其实，"车裂"之刑是车裂死人，不是车裂活人，与凌迟刑脔割活人，在刑罚的轻重上不啻为天壤之别。当然，从历史渊源上来探讨，不能说具五刑与凌迟刑没有相似之处，正如徐进先生指出，凌迟刑"有一点同具五刑相同，那就是于一人之身加施多种残酷的惩罚手段并剥夺人的生命"①。但它们毕竟是两种刑罚，两者有很大差别。首先，具五刑一定与夷三族相联系，而凌迟刑则不一定；其次，凌迟刑执行方法很多，但没有上述笞杀的方式。此外，具五刑存在的时间较短，仅见于秦朝汉初。

（四）起源于商朝的攽

据于省吾先生对甲骨文的研究，他认为，商朝甲骨文"攽字象以朴击蛇，其或从数点，象血滴外溅形"②。他又考证说：

> 攽字说文作攸……按典籍中每借施为攸。《庄子·胠箧》"昔者龙逢斩，比干剖，苌弘胣，子胥靡"。释文："胣本又作施。崔云，读若拖，或作施字。胣，裂也，淮南子曰，苌弘被裂而死。司马云，胣，剔也。一云刳肠曰胣。"按胣乃攽的后起字，以其割裂腹肠故从肉。以朴击它为攽之本义，异文作胣，训为割裂乃引申义。

他引用章炳麟的《新方言》说：

> 今语陵迟为剖腹支解。陵迟者犹言夷也。秦法有夷三族，汉书刑法志曰，大辟有夷三族之令。司马彪云，胣，剔也。古但作施，晋语施邢侯民，左氏传国人施公孙有山氏。施其家者，即所谓夷三族也（原注：韦训劾捕，杜训行罪，皆非）。施其身者，即今陵迟为夷也。

按章氏订正旧说之误，颇具卓识，但还不知"施"为攽的借字。其言陵迟为剖腹支解，剖腹支解乃后世陵迟之刑的起源。

他进一步解释说：

> 攽训为剖腹支解，是说既剖割其腹肠而又支解其肢体（以下简称为"割解"）。今验之于甲骨文，不仅割解牲畜，而且割解俘虏以为祭牲。

他又指出：

> （甲骨文）卯攽之卯，王国维疑卯即刘之假借，释诂刘杀也。（戬考二·二）。卯攽即刘攽，乃先杀而后割解之。

从上述于先生的论述看来，商朝的"攽"是否为凌迟刑还是有疑义的。其一，"攽"并非一定是在"案犯"活着时，对之施以一片片割其肉身或肢解其肢体的刑罚，而这是凌迟刑的重要特征，而于先生所说的"割解"显然不具备这一特征；其二，笔者遍查所有的工具书，陵迟本身并无"夷"之含义；其三，凌迟刑与夷三族是两种不同的刑罚，只是某些

---

① 徐进：《古代刑罚与刑具》，24页，济南，山东教育出版社，1996。
② 于省吾：《甲古文字释林》，161页，北京，中华书局，1979。

凌迟刑案犯会诛及父子兄弟及孙子，但并非所有的凌迟刑都如此，故笔者认为，于省吾先生所说的商朝的甲骨文"剢"是凌迟刑的起源尚缺乏充分的依据。

（五）起源于远古的"五虐之刑"

蔡枢衡先生认为凌迟刑起源于远古的"五虐之刑"。首先，他引用《尚书·吕刑》："苗民弗用灵，制以刑。惟作五虐之刑曰法，杀戮无辜。"①

对此，他解释说，苗民指苗族统治者。

> 《公羊·庄公十五年》传注："弗者，不之深也。"用俾音近……用借为俾。俾是官禄，即分享剥削所得。《说文解字》："灵，巫也。楚人谓巫为灵。"灵就是巫。苗民弗用灵，惟是唯的借字。唯作是独创。五是乂（刈）的误认……《说文解字》："虐，残也"；"残，贼也"；"贼，败也"；"败，毁也"；"毁，缺也"；"缺，器破也"；"破，碎也"……《说文通训定声》："残，按即碎割。"……"之，读为周。"刑、形同音……刑借为形。形即身体，惟作五虐之刑……亦即独创碎割周身的刑罚。杀、铩同音……铩省作杀，铩是残。戮、刘同音……戮借为刘，刘是削。无、巫同音，无借为巫。辜字古本作罪，罪和队音近……罪借为队。杀戮无罪实是铩刘巫队，亦即碎割群巫。

他又根据《尚书·皋陶谟》的记述，指出五帝时代共有"有邦"、"兢兢"、"业业"、"一日"、"二日"等五种死刑。

业业的"业"，"可借为虐，又可借为削。业业当即虐削。虐字字形象虎伸足攫人，含义是残，残是破碎，亦即糜烂。削是分析、分解。业业实是虐割，亦即碎削周身肌肉……当亦模仿苗族的创制"②。

蔡先生从音韵学、训诂学的角度阐释了苗民的"五虐之刑"以及五帝时代的"业业"就是凌迟刑，对"五虐之刑"作出了与众不同的解释，可谓独树一帜。很是惭愧，对音韵学笔者可谓一窍不通，蔡先生的解释究竟是否言之成理笔者不敢妄断。因此，"五虐之刑""业业"是否就是历史上长期存在的凌迟刑，只能求教于大方之家了。

蔡先生的观点并非曲高和寡，学界亦有人赞同其说法，宋安群先生说："业业""是削碎犯人全身的肌肉。"明朝"凌迟处死的方式原先只是继承了五帝时'业业'之行刑遗风"③。

但令笔者感到遗憾的是，蔡先生只是从字面上进行了解释，并未举出具体的案例，宋先生更未对其进行阐释。因此，远古时代苗民的"五虐之刑"究竟是否为凌迟刑之起源，只能存疑了。

三、凌迟的执行方法

（一）历代凌迟刑的执行方法

历代凌迟刑本身并无统一的执行方法和严格的加害程序，现将五代以降各朝凌迟刑的

---

① 本部分引文未注明出处者均见蔡枢衡先生的著作《中国刑法史》。
② 蔡枢衡：《中国刑法史》，49～57页，南宁，广西人民出版社，1983。
③ ［法］马丁·莫里斯蒂埃：《人类死刑大观》，宋安群译本前言，2～3页，桂林，漓江出版社，1999。

执行方法分述如下：

五代：

> 以短刀脔割人肌肤，乃至累朝半生半死。①

宋代：

> 先断其支（肢）体，乃抉其吭。当时之极法也。②

从这些记载来看，宋代凌迟刑行刑手段比较简单，只不过是先砍断四肢，再割掉头颅。大中祥符四年（1011）十二月，杨琼知兖州时，有一兵卒吹嘘得神术，能飞行空中，妖蛊惑众。杨琼即将其逮捕，"折其足，奏戮之"③。但北宋真宗时，钱易则说凌迟是：

> 支解脔割，断截手足。坐钉立钉，钩背烙筋，及诸杂受刑者，身见白骨而口眼之具犹动，四体分落而呻痛之声未息，置之阛阓，以示徒众。④

南宋陆游亦说：

> 肌肉已尽，而气息未绝，肝心联络，而视听犹存。⑤

可见，两宋凌迟刑与五代一脉相承，都要脔割肉体，远不止《宋史·刑法志》记述的那样"轻松"。

据朝鲜人的著作《朴通事谚解》记载：凌迟刑行刑时"于刑人法场，置一大柱，缚罪人于其上，刽子用法刀，剔其肉，以喂狗，而只留其骨"⑥。

清人王明德对凌迟方法的叙述稍微详细：

> 凌迟者，极刑外之极刑也……其法乃寸而磔之，必至体无余脔，然后为之割其势，女则幽其闭，剖其腹，出其脏腑以毕其命，仍为支分节解，菹其骨而后已。⑦

可见，王明德记述的凌迟刑除脔割肉体外，还与宫刑、肢解、碎尸相联系，宫刑、碎尸完全是为了侮辱犯人的身体与尸体，可以说凌迟刑本身是最大程度地加重受刑人肉体的痛苦，最大程度地加重对受刑人精神的折磨。

近代来华外国人对凌迟刑的方法亦有较详细的描述：

> 罪犯被捆在一个十字架上，刽子手则一只手拿着一把锋利的刀，另一只手抓起罪犯身体上的一撮肉，比如大腿或者胸脯上的肉，再用刀把肉割下来。在此之后，他把罪犯的关节与外部器官等逐个割除：鼻子与耳朵、手指与脚趾。然后从手腕与踝关节

---

① 《旧五代史·刑法志》，北京，中华书局，1976。

② 《宋史·刑法志一》，北京，中华书局，1977。

③ （宋）李焘：《续资治通鉴长编》卷七六，大中祥符四年十二月庚子朔条，文渊阁四库全书本，史部73，编年类，229页，北京，中华书局，1995。

④ （宋）钱易：《上真宗乞除非法之刑》，载赵汝愚：《宋朝诸臣奏议》（下），1062页，上海，上海古籍出版社，1999。

⑤ （宋）陆游：《条对状》，载《渭南文集》卷五，台北，台湾商务印书馆，2005。

⑥ 转引自徐进：《古代刑罚与刑具》，26页，济南，山东教育出版社，1996。

⑦ （清）王明德：《凌迟》，载《读律佩觽》卷四（下），137页，北京，法律出版社，2001。

处、肘部与膝盖处还有肩膀与臀部把四肢切断。最后，刽子手把刀扎进受刑者的心脏，并把他的头颅砍下来。当然，除非凌迟之刑进行得特别快，否则，在行刑完毕之前，受刑者早已经呜呼哀哉了。①

19世纪末，法国公使马蒂尼翁的描述可与上述相印证和补充：

按照习惯，首先是剜除双乳及胸部的肌肉，然后是双臂外侧和臂部前侧的肌肉，血淋淋的肌肉堆在专门用于此刑的柳条篮里。几个小时以后犯人死去时，他已经关节离断。

行刑开始时，刽子手极为巧妙地来上一刀，剜去犯人的喉结，以免他喊叫。②

英国来华传教士麦高温说：

在我看来，最残酷的刑罚当数"凌迟"。它比印第安人曾经用来惩治俘虏的刑罚还要残忍。这种刑罚并不是单纯地让罪犯去忍受人体所能承受的最大痛苦，还要对他加以"关照"，以免他死得太快，所以致命的部位都要留到最后才动手，一点一点的肉从身体的各个部位被割下来，一条腿从膝盖处被截断，接着又有一只胳膊在肘部被锯下。这之后一只眼睛又被挖了出来，就这样，这个可怖的肢解过程持续了三天，罪犯在耗尽了最后一丝精力、流干了最后一滴血之后，才使痛苦最终得以解脱。③

此外，美国人布瑞安·伊恩斯的记载与众不同之处是对凌迟刑行刑刀具的描述：

刽子手带来一只用布盖着的篮子，里面装着各种各样的刀，每一把上标着一个身体部位。他要随意从篮中取出一把刀，然后按照刀柄上标明的身体部位来切割受刑者。④

关于凌迟刑的刀数，据金良年先生的研究为：

古代的凌迟有八刀、二十四刀、三十六刀、七十二刀、一百二十刀的区别……以二十四刀为例，其剐割次序是：第一、二刀切去双眉，第三、四刀切去双肩，第五、六刀切去两乳，第七、八刀切去两手和两肘之间的部分，第九、十刀切去两肘和两肩之间的部分，第十一、十二刀切去两腿的肉，第十三、十四刀切去腿肚，第十五刀刺心脏，第十六刀割脑袋，第十七、十八刀切两手，第十九、二十刀切两腕，第二十一、二十二刀切两足，第二十三、二十四刀切去两腿。⑤

元代凌迟刑一百二十刀的记载在元代文艺作品中有所反映。据元代关汉卿的戏剧作品《窦娥冤》的描述，张驴儿被执行死刑时，"押赴市曹中，钉上木驴，剐一百二十刀处死"⑥。

① ［英］吉伯特·威尔士、亨利·诺曼：《近代中国社会》，载《龙旗下的臣民：近代中国社会与礼俗》，260页，北京，光明日报出版社，2000。
② ［法］马丁·莫里斯蒂埃：《凌迟》，载《人类死刑大观》，109页，桂林，漓江出版社，1999。
③ ［英］麦高温：《中国人生活的明与暗》，170～171页，北京，时事出版社，1998。
④ ［美］布瑞安·伊恩斯：《人类酷刑史》，215页，长春，时代文艺出版社，2000。
⑤ 金良年：《酷刑与中国社会》，15页，杭州，浙江人民出版社，1991。
⑥ （元）关汉卿：《感天动地窦娥冤》，载《关汉卿全集》，王学奇等校注，石家庄，河北教育出版社，1988。

这木驴应该是一个木架子，王学奇等说它是"古代的一种布满铁刺的残酷刑具。在执行剐刑时，先让犯人骑在上边，游街示众，叫做'骑木驴'"①。

明朝凌迟刑刀数更是多得吓人，万历年间来华的传教士利玛窦曾提到当时的一则凌迟案例：

> 他被缚在桩子上，从他身上切割下一千六百片肉来。用这种办法残忍地不伤及他的筋骨和头颅，从而在他遭受痛苦之外，他还被迫眼看着自己被肢解。终于，在缓慢地割成碎片之后，他被斩首了。②

清人俞正燮说：

> 明人年谱，犹记刘瑾三日四千七百刀，郑鄤三千六百刀之法。③

此处刘瑾被剐刀数可能是误传，实际上刘瑾被剐三千三百五十七刀④，张文麟亲自监刑，其记载应该准确无误。

关于清朝凌迟刑刀数，据沈家本言：

> 相传有八刀之说，先头面，次手足，次胸腹，次枭首，借刽子手师徒口授，他人不知也。京师与保定亦微有不同。似此重法，而国家未明定制度，未详其故。⑤

曾经与沈家本一同供职清朝刑部的官员董康的记载则详细得多，他说：

> 凌迟人犯，先割两乳，次两臂、次开膛。出其腑脏，划以三刀。最后乃殊其首。两犯凌迟加割刀数者，于未绝之前，刮其两肋。⑥

从清朝凌迟刑的老照片来看，的确是先碎割双乳、大腿、大臂、再截断小腿等。虽然清朝没有规定具体刀数，但有两犯凌迟重罪，加割刀数的条例和案例。光绪十年（1883）直隶的一件刑案，"谋毒胞弟并误杀父母，依子殴父母杀者律凌迟处死，系父母俱杀，照例加割刀数"⑦。

此外，明清两朝，凌迟的行刑过程越来越复杂，行刑时间最多长达三天。刑具除利刃外，还有网、钩等辅助性工具。北京警察博物馆收藏的清朝刑具就有"凌迟针、木柄鬼头凌迟刀"⑧ 等。网的用途是行刑时勒在受刑者身上，让肉从网眼中凸出来，以便刽子手一刀一刀地割。这种行刑方式又叫"鱼鳞碎剐"或"鱼鳞剐"。董康认为它是明代的做法，并具体描述其法：

---

① （元）关汉卿：《感天动地窦娥冤》，载《关汉卿全集》，王学奇等校注，石家庄，河北教育出版社，1988。

② ［意］利玛窦、［比］金尼阁：《利玛窦中国札记》，何高济等译，第四卷，第十六章，南宁，广西师范大学出版社，2001。

③ （清）俞正燮：《癸巳类稿》（二）卷一二，涂小马等校点，394 页，沈阳，辽宁教育出版社，2001。

④ 参见（明）张文麟：《张端严公（文麟）年谱》，台北，台湾商务印书馆，1978。

⑤ （清）沈家本：《历代刑法考（一）·刑法分考二·陵迟》，110~111 页，北京，中华书局，1985。

⑥ 董康：《前清司法制度》，载《法学杂志》，1935 年第 8 卷第 4 期。

⑦ 席裕福等：《刑律·人命》"谋杀祖父母父母"，载《皇朝政典类纂》刑四，8799 页，台北，文海出版社，1982。

⑧ 董磊、徐轲：《不完全酷刑档案》，252 页，北京，法律出版社，2006。

相传其法，制一铁丝网之衣，紧束囚身，令肉突出孔外，用刀削之，噀以酸醋，迭削迭束，至肉尽而止。①

据说，明末抗清将领袁崇焕行刑前，被"以鱼网覆身"② 以便切割；清朝同治九年（1870），张文祥因刺杀两江总督马新贻而受凌迟刑，马新贻的弟弟事先专门订作了铁刀和铁钩子，要刽子手在行刑时先用钩子钩起肉再用刀割：

> 决张文祥于金陵之小营，马四亲自监斩，马四者，新贻之弟浙江候补知县也。定制一刀一钩，命刽子以钩钩肉而碎割之，自辰至未始割毕，剖腹挖心而致祭焉，文祥始终未一呼号也。③

由于凌迟刑实施法律并无明文规定，刽子手常常乘机向犯人家属敲诈勒索，方苞因戴名世《南山集》案关入牢狱，曾听说过这类做法：凡死刑狱上，行刑者先俟于门外，使其党入索财物，名曰"斯罗"。富者就其戚属，贫则面语之。其极刑，曰："顺我，即先刺心；否则，四支解尽，心犹不死。"④

对此，近代来华外国人亦有类似记载，"如果受刑者的朋友可以想方设法贿赂刽子手的话，受刑者在受刑之前，往往就能够服上鸦片，或者在最初割了几刀之后，刽子手会偷偷摸摸地把刀扎入他的心脏，这样就免去了无尽的痛苦。"⑤ "据说死刑犯人的亲属往往贿赂刽子手，让他直接取出标有'心脏'字样的刀，以尽快结束受刑者的生命，使他少受凌迟之痛。"⑥

（二）明清部分凌迟的特殊司法程序

明朝为了从速惩治地方上的子孙谋杀祖父母、父母逆伦重犯，以免他们死在牢狱逃脱凌迟酷刑，万历年间，经左都御史吴时来奏请，对此类案件，采取了如下办法，即：

> 今后在外衙门如有子孙谋杀祖父母、父母者，巡按御史会审情真即单详到院，院寺即行单奏，决单到日，御史即便处决。如有监故在狱者，仍戮其尸。⑦

亦即对子孙谋杀祖父母、父母逆伦重犯，巡按御史与地方督抚会审查出真情后，不像以往缓报，而是赶紧将案情上报都察院，院寺立即上奏处决办法，经皇帝批准后，御史即便处决。明朝依此条例使所谓的蔑伦重犯及时得到法律的严惩。

清初沿袭了这一条例，后来有所变化，但立法精神是一样的，无非是务必从速凌迟处死此类"案犯"。

① 董康：《前清司法制度》，载《法学杂志》，1935年第8卷第4期。
② 《老照片：恐怖清朝的凌迟（多图）》，载 http://www.xicn.net/life/culture/item/2003－09－26/135369.html。
③ 梁溪坐观老人：《刺马详情》，载《清代野记》，114页，成都，巴蜀书社，1988。
④ 方苞：《狱中杂记》，载《方苞集》，刘季高校点，710页，上海，上海古籍出版社，1983。
⑤ ［英］吉伯特·威尔士、亨利·诺曼：《近代中国社会》，载《龙旗下的臣民：近代中国社会与礼俗》，刘一君、邓海平译，260页，北京，光明日报出版社，2000。
⑥ ［美］布瑞安·伊恩斯：《人类酷刑史》，李晓东译，215页，长春，时代文艺出版社，2000。
⑦ 《明律集解附例》（一），123页，台北，成文出版社，1969。

乾隆二十六年（1761），常钧奏《亳州因疯弑母之姜会监毙戮尸并请画一办理折》，得到乾隆帝高度肯定。乾隆为此颁布上谕，规定此类案件：

> 一经查实，即照常钧所奏，在省城者，即请出王命；在外属者即委员赍令箭前往，将该犯立行按法凌迟处死，一面具折奏闻。①

嘉庆十五年（1810），规定母亲商同儿子谋杀亲夫也要先行处决，这来自于四川的一则案例：

> 此案程邓氏因伊夫程洪受平日酗酒、嫖赌，又见其站立伊媳房门外，辄疑图奸，商同伊子程德帮勒毙命，实为人伦至变。该督审明后即将程德恭请王命正法，而程邓氏一犯尚照寻常谋毙夫命案情，仍请敕下部议，未免拘泥。程邓氏著即凌迟处死。案非情理所有，事属仅见，嗣后如或有情节似此者，即照此办理。②

嘉庆十九年（1814），清廷对地方上此类谋杀、殴杀祖父母、父母的凌迟刑案件的处刑地点，重新作了规定：

> 嗣后审办逆伦重犯，其距省三百里以内，无江河阻隔者，仍押赴犯事地方正法；其距省三百里以外者，审明后，即将该犯在省垣正法，首级解回犯事地方，枭示徽众。③

道光三年（1823），颁布上谕，重申：其子孙殴杀父母祖父母之案，无论是否因疯悉照本律问拟，一面恭请王命，即行正法，一面具折奏闻。④

乾隆六十年（1795），遵照乾隆五十五年（1790）谕旨颁定条例：

> 杀一家三命以上凶犯，审明后依律定罪，一面奏闻，一面恭请王命，先行正法。⑤

因此，杀一家非死罪三人案犯的司法程序一如谋杀、殴杀祖父母、父母之类。

如果不该恭请王命，应该请旨定夺，却律外"恭请王命"，就会受到皇帝的严厉申斥。乾隆五十九年，凤山县人郑月娘与张荣通奸，被丈夫朱祖窥破奸情，禁止往来。本年二月初六日，郑月娘"乘朱祖醉后发痧起意搕死，随邀张荣到家候朱祖睡熟，张荣搕住咽喉，伊拉紧肾囊，立时毙命。恐其复苏又寻取铁钉打入发际"。"郑月娘与张荣将本夫谋死之后，又取铁钉打入发际，防其复苏，实属淫恶已极。未便稽诛，恭请王命，将郑月娘、张荣绑赴市曹分别凌迟斩决。"⑥

郑月娘与张荣的所作所为，的确残忍至极，千夫所指。乾隆帝当时的朱批为"该部知道"，似乎对哈当阿等的做法不当一回事儿。但是，不久，乾隆帝为此于当年四月初二日专门颁布上谕，批评了该案恭请王命不待奏裁的这一做法：

① 《刑律·人命》"谋杀祖父母父母"，载《清会典事例》，第九册，757页，北京，中华书局，1991。
② （清）祝庆祺等：《刑案汇览三编》卷二十三（二），831页，北京，古籍出版社，2004。
③ 席裕福等：《刑律·斗殴》，载《皇朝政典类纂》刑四，8956页，台北，文海出版社，1982。
④ 席裕福等：《刑律·斗殴》，载《皇朝政典类纂》刑四，8795页，台北，文海出版社，1982。
⑤ 《刑律·人命》"杀一家三命"，载《清会典事例》，第九册，782页，北京，中华书局，1991。
⑥ 中国第一历史档案馆藏，《军机处录副奏折》，胶片号 088，文件号 001839。

哈当阿等奏《审明因奸谋死本夫之郑月娘、张荣恭请王命分别凌迟斩决》一折，所办殊属错误……郑月娘、张荣二犯虽属法无可贷，但因奸谋死本夫之案，何省无之。若此等寻常案件，亦一律恭请王命，尚有何案应行按例请旨定夺耶？外省办事非失之不及，即失之太过，哈当阿等办理此案殊属矫枉过正。①

可见，乾隆帝之所以责备地方当局，在于后者冒犯了皇上的最高司法权，并非着眼于批评地方当局程序之不当。

总之，明律有关谋杀祖父母、父母逆伦重犯，巡按御史与地方督抚会审查出真情后，不像以往按类上报，而是单独将案情上报都察院和大理寺，院寺立即单独上奏处决办法，经皇帝批准后，御史即便处决的做法，清律对谋杀、殴杀父母、祖父母和杀一家三人之类案件在司法程序上"恭请王命，先行正法"，以及地方上对殴杀父母、祖父母案犯凌迟刑执行地点的特殊规定，无非是强调从速、从重处死此类重犯，以免使他们逃脱法律的制裁。"若照寻常案件之例，等候部议，设或疏于防范，越狱脱逃，或竟染患病症，瘐死狱中，使凶犯幸逃显戮。且百姓日久，或不知为何事。"②

在特殊时期，皇帝亦会对恶逆及不道以外的谋反等案下令从速办理。如：乾隆镇压林爽文起义后，下令"将续获会匪林爽文余党及抢劫械斗案情重大各要犯从严速办以示惩创而靖海疆"③。然而，清律律例毕竟没有相关的法律条文，但在实际执行时，清朝很多的谋反谋大逆案例亦采取恭请王命这一"尚方宝剑"的做法，尽早处死所谓的反逆案犯，我们在清朝的谋反案例中将有所涉及，兹不赘述。

四、凌迟的合法化与相关案例

辽宋金时期，凌迟刑已经合法化，但因为史料阙如，无法阐述辽宋金时期凌迟刑的法律规定。元、明、清时期，虽然相关文本的法条详略不一，但毕竟皆有可资参考的文献，故综述如下：

（一）元律的规定

元朝有关陵迟刑的法律规定，主要见于《元史·刑法志》，共有十二条凌迟刑。其中，涉及十恶中的谋反、恶逆、不道等方面，个别条文与十恶无关。

元朝谋反凌迟处死的法律条文为：

> 诸谋反已有反状，为首及同情者陵迟处死，为从者处死……诸父谋反，子异籍不坐。④

可见，元律谋反罪并非一律凌迟处死，而满足凌迟处死必须具备两个要件，其一，从犯罪行为上说，必须要有"反状"，也就是要有谋反的行为；其二，从犯罪的主体来说，是"为首及同情者"，否则，不在凌迟处死之列。可见，元律谋反罪是否处凌迟刑，既区别是

---

① 中国第一历史档案馆编：《乾隆朝上谕档》，第七册，816页，北京，档案出版社，1991。
② 《刑律·人命》"杀一家三命"，载《清会典事例》，第九册，784页，北京，中华书局，1991。
③ 中国第一历史档案馆编：《乾隆朝上谕档》，第七册，816页，北京，档案出版社，1991。
④ 《元史·刑法志》，北京，中华书局，1976。

否有犯罪行为，又区分首从，谋反罪凌迟处死的范围不是漫无边际的。此外，元朝的谋反罪"连坐"附有条件，即：或者是"知情不首者"；或者是"父亲谋反，而父子并不分家"的情况。

涉及恶逆的条文：

1. 诸子孙弑其祖父母、父母者，陵迟处死。

2. 诸子弑其继母者，与嫡母同。

3. 诸子弑其父母，虽瘐死狱中，仍支解其尸以徇。

4. 诸谋杀已改嫁祖母者，仍以恶逆论。①

上述"恶逆"罪表明，子孙只要杀死了祖父母、父母、继母、改嫁祖母一律凌迟处死。此外，杀死父母的子孙，即使病死狱中，也要受到戮尸的惩罚。

5. 诸因奸殴死其夫及其舅姑者，陵迟处死。②

此条"殴死其夫及其舅姑"罪表明，殴夫罪及夫之父母凌迟处死的一个重要前提是，妻子有"奸情"。

6. 诸父子同谋杀其兄，欲图其财而收其嫂者，父子并陵迟处死。③

此条"谋杀兄罪"犯罪的主体是父亲和儿子，父亲杀死儿子要凌迟处死，这在其他时期的法律条文中是没有的；但此罪之成立的要件是：图兄之财，娶兄之妻。另外，严格来讲，此律因有父杀子，不能完全算为"恶逆"。

7. 诸奴故杀其主者，陵迟处死。④

此条"奴杀主"犯罪的主体是奴婢，犯罪的对象是主人，同时还必须是"故杀"的行为。杀在古代区分为谋杀、故杀、斗杀。此三种杀人行为，谋杀重于故杀，故杀重于斗杀。既然奴故杀其主要凌迟，谋杀是否凌迟？无资料证之。

8. 诸以奸尽杀其母党一家者，陵迟处死。⑤

此条"杀母党"罪即母系亲属罪的犯罪主体是犯奸的男子，犯罪的对象是母系亲属一家，杀死母系亲属罪处凌迟极刑的法律条文也是元律所独有。但明清如有此种案例，如符合杀一家三人罪的要件，也是要凌迟处死的。此外，此律亦不应完全算为恶逆，因为，母党一家除杀外祖父母算恶逆外，其他情况皆非恶逆。

9. 诸妇人为首，与众奸夫同谋，亲杀其夫者，陵迟处死，奸夫同谋者如常法。⑥

此条法律条文对妻子犯奸谋杀丈夫凌迟处死的要件是：妇人首谋和亲杀其夫。

涉及不道的条文，有一条，即：诸采生人支解以祭鬼者，陵迟处死，仍没其家产。其同居家口，虽不知情，并徙远方。⑦

---

① 参见《元史·刑法志》，北京，中华书局，1976。
② 参见《元史·刑法志》，北京，中华书局，1976。
③ 参见《元史·刑法志》，北京，中华书局，1976。
④ 参见《元史·刑法志》，北京，中华书局，1976。
⑤ 参见《元史·刑法志》，北京，中华书局，1976。
⑥ 参见《元史·刑法志》，北京，中华书局，1976。
⑦ 参见《元史·刑法志》，北京，中华书局，1976。

"采生人支解以祭鬼"是一种巫术害人的迷信行为，当时案例就有"采生折割祭鬼"①之称。该罪犯罪主体是活活支解活人以祭鬼的犯人，犯罪的对象是活人，主要以青少年为犯罪对象。该罪除正犯凌迟外，家属无论是否知情，皆连坐。

与十恶无关的凌迟条文有一条，同时见于《盗贼》篇及《杀伤》篇，只是在文字表述上略有区别。《盗贼》篇记为："诸图财谋故杀人多者，陵迟处死，仍验各贼所杀人数，于家属均征烧埋银。"② 而《杀伤》篇为："诸图财谋故杀人多者，皆凌迟处死，验各贼所杀人数，于家属均征烧埋银。"③ 其中的"皆"字，一字之差，使得此类案件凌迟刑适用的人数会有很大的差别，不知究竟该以何条为据。该条亦为明清法律条文所无。

总之，元朝有关凌迟刑的法律规定主要打击的是十恶中的谋反、恶逆、不道等方面的犯罪，从而体现了蒙古贵族接受了儒家君为臣纲、父为子纲、夫为妻纲的三纲观念。其法律规定，如："诸以奸尽杀其母党一家者，陵迟处死。"又如："诸父子同谋杀其兄，欲图其财而收其嫂者，父子并陵迟处死"，都是蒙古贵族有关凌迟刑的独具特色的条文。前者表明：当时，蒙古族宗族观念、男尊女卑观念不如汉族强烈；后者表明：他们为摆脱自己落后的婚姻习俗，不惜以严刑峻法惩罚之。但收效甚微，以致朱元璋在《御制大诰》《婚姻第二十二》还谴责说："弟收兄妻，子承父妾，此前元之胡俗。"④ 这也说明法律不是万能的，属于伦理道德风习之类的问题并不是严刑峻法所能解决的。

此外，元律虽有凌迟刑的规定，但对于不该凌迟处死的犯人若执行时适用了凌迟刑的情形，是要负刑事责任的。延佑三年（1316），仁宗颁布敕令，即：

> 大辟罪临刑敢有横加剀割者，以重罪论。⑤

这至少说明，在死刑执行的法律层面上，元代反对非法使用凌迟刑。

（二）明律例的规定

明朝凌迟刑的法律规定主要见于洪武年间的《大明律》、《明律集解附例》、《大诰》以及洪武三十五年（实为建文帝四年，明成祖改此）明成祖颁布的洪武榜文等。此外，永乐年间的《诬告法》亦有一条凌迟刑规定。

1. 凡谋反（谓谋危社稷）及大逆（谓谋毁宗庙、山陵、宫阙），但共谋者，不分首从，皆凌迟处死。祖父、父、子、孙、兄弟，及同居之人，不分异姓，及伯叔父、兄弟之子，不限籍之同异，年十六以上，不论笃疾、废疾，皆斩。其十五以下及母女、妻妾、姊妹，若子之妻妾，给付功臣之家为奴。财产入官。若女许嫁已定，归其夫；子孙过房与人及聘妻未成者，俱不追坐。

2. 凡谋杀祖父母、父母及期亲尊长外祖父母、夫、夫之祖父母、父母……已杀者，皆凌迟处死。

若奴婢及雇工人谋杀家长，及家长之期亲、外祖父母，若缌麻以上亲者，罪与子孙同。

---

① 《刑部三·不睦·采生蛊毒》，载《沈刻元典章·附陈氏校补校例》卷四十一，第十三册，影印本（线装）。
② 《元史·刑法志》，北京，中华书局，1976。
③ 《元史·刑法志》，北京，中华书局，1976。
④ 杨一凡：《明大诰研究》，214页，南京，江苏人民出版社，1988。
⑤ 《元史·本纪》卷二十五。

3. 其妻、妾因奸同谋杀死亲夫者，凌迟处死，奸夫处斩。

4. 凡妻、妾谋杀故夫之祖父母、父母者，并与谋杀舅、姑罪同。

5. 凡杀一家非死罪三人及支解人者，凌迟处死，财产断付死者之家，妻子流二千里。

6. 凡采生折割人者，凌迟处死，财产断付死者之家。妻子及同居家口，虽不知情，并流二千里安置。

7. 凡奴婢殴……杀家长者，皆凌迟处死……若殴家长之期亲，及外祖父母……故杀者，皆凌迟处死。

若雇工人殴家长，及家长期亲若外祖父母……故杀者，凌迟处死。

8. 凡弟妹殴兄姊……若侄殴伯叔父母、姑及外孙殴外祖父母……故杀者，皆凌迟处死。

9. 凡妻殴夫……故杀者，凌迟处死。

10. 凡子孙殴祖父母、父母，及妻、妾殴夫之祖父母、父母……杀者，皆凌迟处死。

11. 凡妻妾夫亡改嫁，殴故夫之祖父母、父母者，并与殴舅、姑罪同。

12. 如有子孙谋杀祖父母、父母者……如有监故在狱者，仍戮其尸。

13. 杀一家非死罪三人及支解人为首监故者，将财产断付被杀之家，妻子流二千里，仍剒碎死尸，枭示。

14. 若初心本欲支解其人，行凶时势力不遂，乃先行杀，随又支解恶状昭著者，以支解论，俱奏请定夺。

15. 凡义子过房在十五岁以下，恩养年久，或在十六岁以上，曾分有财产，配有室家，若于义父母、及义父之祖父母、父母有犯，即同子孙取问如律。若过房虽在十五岁以下，恩养未久，或在十六岁以上，不曾分有财产，配有室家，及于义父之期亲并外祖父母有违犯者，以雇工人论。（同子孙者犯谋杀、故杀、殴杀，即凌迟处死。以雇工人论后者谋杀者、故杀者凌迟）。

洪武三十五年（1402）十一月二十一日，刑部申明的榜文，其中两件均与诬告有关。一件发生在洪武二十二年（1389）八月二十九日，其中规定："今后法司精审来历，设有仍前所告，动经五六十及百余人、一二十者，审出诬告情节得实，将好词讼刁民凌迟于市，枭首于住所，家下人口移于化外。"[①] 另一件发生在洪武二十四年（1391）七月二十三日，其中规定："本身已得人死罪，又诬指人，凌迟，都家迁化外。"该条是明确禁止诬告官员。到永乐元年（1403），明成祖制定《诬告法》，重惩诬告，其中规定，诬告十人以上者凌迟处死，枭首其乡，家属迁化外。[②]

洪武三十五年十一月二十一日，成祖颁布的洪武年间的榜文，案犯被凌迟处死，此类案例具有法律效力的有：

洪武二十三年（1390）三月三日……太平府刑房吏陶胜等，放火将各房勘合文卷烧讫，凌迟处死。

洪武二十七年（1394），又有两件类似的案例。

---

① 杨一凡、田涛：《明代法律文献（上）·洪武永乐榜文》，载《中国珍稀法律典籍续编》，第三册，510、512页，哈尔滨，黑龙江人民出版社，2002。以下"洪武三十五年榜文"皆见此书。

② 参见高潮、马建石：《明史刑法志注译》，《中国历代刑法志注译》，863页，长春，吉林人民出版社，1994。

洪武二十七年十二月二十五日为顽民强占良民为奴事……安福县粮长罗贵谦将罗惠观拐到良民彭辰仔，买作奴仆，在家驱使。及至伊母前来寻认，又将伊母监锁在家为奴。除将本人凌迟示众，妻子并一家人俱刺面入官为奴。今后豪横之徒，敢有强夺贫民为奴，与罗贵谦一体治罪。

洪武二十七年十月四日……东胜右卫百户周成……（私役屯军六人）这六名田地谁与耕种？一年生理者误了！如此不才小人，只知贪图厚利，害军肥己，将他凌迟处死，传首沿途号令，今后似这等害军的，一体治罪。

洪武二十六年三月一日山西都指挥何诚主使属卫提调粮指挥千百户，务要每石加四加五，又巧立朱钞钱、扇车钱、芦席钱、偏手钱这等名色，揩要民财……恁都察院将他所犯凌迟情罪，图形榜示，教天下知道。

洪武二十七年二月十五日为官吏贪赃诱民为非事……今北平府同知钱守中贪赃肥己，卖富差贫，致令民有奸顽者，每买求官吏，避难就易，或全不应役……所受肥己之赃四万三千一百余贯，法所难容，理合示众，以戒将来，凌迟钱守中等六名。

洪武二十七年三月六日为福建兴华卫吏何得时父母丧丁不忧事……今兴华卫吏何得时先居父丧，不行守制，复入衙门，结揽写发，贪赃害人，后居母丧又不守制，仍前在房，作主文名色，改抹文案，搆祸殃民。如此不孝，世所不容，特将凌迟示众。

洪武三十年二月十三日，奉圣旨：如今军卫多有将官用战船私下卖了，工部出榜在各处张挂，但有卖官船的，凌迟处死，家迁一万里，私买者同罪。

可见，朱元璋统治时期，重刑处死贪官不仅有剥皮还有凌迟。

另外，洪武二十八年，朱元璋在《皇明祖训》的《祖训首章》赫然规定了在两种情况下要对奏请者凌迟处死，即：

> 以后子孙做皇帝时，止守律与《大诰》，并不许用黥刺、腓、劓、阉割之刑。臣下敢有奏用此刑者，文武群臣即时劾奏，将犯人凌迟，全家处死。

显然，这条规定杀气腾腾，充满血腥。洪武三十五年十一月二十一日颁布的洪武榜文有"兵部为申明教化事"："洪武二十二年三月二十五日……在京但有军官军人，学唱的割了舌头，下棋打双陆的断手，蹴圆的卸脚……府军卫千户虞让男虞端故违，吹箫唱曲，将上唇连鼻尖割了。今后军官舍人，但犯一件，与虞端一般治他。"实际上允许"割舌"、"断手"、"断脚"等肉刑的存在，与上述凌迟处死的规定自相矛盾。

> 以后子孙做皇帝时，并不许立丞相，臣下敢有奏用此刑者，文武群臣即时劾奏，将犯人凌迟，全家处死。

此外，朱元璋在《大诰》中处死的十七件凌迟案例，除了其中两件案例，即三编第三十二松阳县民之杨均育；大诰武臣第十三昌国卫千户傅旺等，依律应凌迟处死外，其余均属律外用刑、轻罪重判。朱元璋如此滥酷用刑既显示了其重典治国理论指导下的草菅人命，更显示了其人残忍、嗜血的独夫性格。

此外，令当时士子魂飞魄散的是，朱元璋曾令人刻了石碑，立在国子监，上面有一道他训示太学生的敕谕，对敢于贴"没头帖子"或票子，诽谤师长的太学生，凌迟处死！兹摘录如下：

　　今后学规严紧，若有无籍之徒，敢有似前贴没头帖子，诽谤师长的，许诸人出首，或绑缚将来，赏大银两个。若先前贴了票子，有知道的，或出首，或绑缚将来呵，也一般赏他大银两个。将那犯人凌迟了，枭令在监前，全家抄没，人口发往烟瘴地面。钦此！[①]

（三）清律例的规定

　　清代凌迟刑的法律规定见《大清律例》、《大清会典事例》、《皇朝政典类纂》以及《大清律例总类》等。

　　1. 凡谋反（不利于国，谓谋危社稷）及大逆（不利于君，谓谋毁宗庙、山陵、宫阙）但共谋者，不分首从（已、未行），皆凌迟处死。

　　2. 凡谋杀祖父母、父母及期亲尊长、外祖父母、夫、夫之祖父母、父母……已杀者，皆凌迟处死。

　　若奴婢及雇工人谋杀家长，及家长之期亲、外祖父母，已杀者，罪与子孙同。

　　3. 其妻、妾因奸同谋杀死亲夫者，凌迟处死。

　　4. 凡改嫁妻妾谋杀故夫祖父母、父母已杀者，凌迟处死。

　　5. 杀一家非死罪三人及支解人为首者（凌迟处死）。

　　6. 采生折割人为首者（凌迟处死）。

　　7. 奴婢殴杀家长者……皆凌迟处死。若故杀家长之期亲，及外祖父母者……皆凌迟处死。雇工人故杀家长，及家长期亲若外祖父母者……凌迟处死。

　　8. 妻妾故杀夫及妾故杀正妻者（凌迟处死）。

　　9. 弟、妹故杀兄、姊，若侄故杀伯叔父母、姑，及外孙故杀外祖父母者（皆凌迟处死）。

　　10. 子孙殴祖父母、父母，及妻、妾殴夫之祖父母、父母杀者（皆凌迟处死）。

　　11. 妻妾夫亡改嫁，殴故夫之祖父母、父母，杀者（凌迟处死）。

　　12. 两犯凌迟重罪者，于处决时加割刀数。

　　13. 纠众行劫在狱罪囚，如有持械拒杀官弁者，将为首及为从杀官之犯，依谋反大逆律，凌迟处死，亲属缘坐。

　　14. 愚民惑于风水，擅称洗筋检筋名色，将已葬父母骸骨发掘检视占验吉凶者（凌迟处死）。

　　15. 子、孙发掘祖父母、父母坟冢，均不分首从……开棺见尸，并毁弃尸骸者，皆凌迟处死。若开棺见尸至三冢者，除正犯凌迟处死外，其余俱发往伊犁当差。

　　16. 有服卑幼图财谋杀尊长尊属，罪应凌迟者，枭示。

　　17. 亲属相奸罪止杖徒及律应监候，如奸夫与奸妇商通谋死本夫者，奸妇（凌迟处死）。

　　18. 因奸同谋杀死亲夫，本夫不知奸情，及虽知奸情而迫于奸夫之强悍不能报复，并非有心纵容者，奸妇（凌迟处死）。

　　19. 妾因奸商同奸夫谋杀正妻者（比照奴仆谋杀家长律，凌迟处死）。

　　20. 杀一家非死罪三人及支解人为首监故者，仍剉碎死尸，枭示。

　　21. 本欲支解其人，行凶时势力不遂，乃先杀讫随又支解者（凌迟处死）。

---

　　① 转引自汪曾祺：《国子监》，载 http://www. Mypcera. com/book/2003new/da/w/wangzengqi/wzqw/010. htm.

22. 为父报仇，因忿逞凶，临时连杀一家三命者（凌迟处死）。

23. 发遣当差为奴之犯，杀死伊管主一家三人，并三人以上者，除正犯凌迟处死外，其知情之子孙，拟斩立决。

24. 杀一家非死罪三四名以上者，凶犯之子……其实无同谋加功，查明被杀之家，未至绝嗣者，凶犯之子，年在十六岁以上，改发极边足四千里安置；年在十五岁以下，与凶犯之妻女，俱改发附近充军地方安置。若被杀之家，实系绝嗣，将凶犯之子年未及岁者，送交内务府阉割。十六岁以上者，仍照前例发极边足四千里安置。

25. 强奸本宗缌麻以上亲，及强奸缌麻以上亲之妻，将本妇杀死者，分别服制，罪应凌迟者枭示；系外姻亲属，免其枭示。

26. 凡谋、故杀受业师者，业儒弟子，照谋、故杀期亲尊长律（凌迟处死）。

27. 子孙殴祖父母、父母案件，审明奏请斩决后，如其祖父母、父母因伤身死，将该犯剉尸示众。

28. 条例：罪囚结伙反狱，持械拒杀官弁案内起意为首，及为从杀官之犯（凌迟处死）。

29. 谋杀义父之期服兄弟，比依雇工人谋杀家长之期亲律，已行者，立斩，已杀者，凌迟。

30. 条例：若子、孙平治祖坟，并奴仆雇工平治家长坟……以至因平治而……见尸并毁弃尸骸，按例……应拟……凌迟者，仍照……本例从其重者论。

31. 刑案：因父被县差拘，受辱自尽，控审稍迟，谋杀知县，比照大逆律凌迟处死。乾隆二十五年（1760）山西案。

谋杀制使大员，比照谋反逆犯凌迟处死律，拟以凌迟处死。同治九年（1870）奏准案。

32. 条例：谋杀期亲尊长，正犯罪应凌迟处死者。为从加功之犯，拟以绞候，请旨即行正法。

33. 条例：凡义子过房在十五岁以下，恩养年久，或在十六岁以上，曾分有财产，配有室家，若于义父母、及义父之祖父母、父母，有犯殴……等情，即同子孙取问如律……若过房虽在十五岁以下，恩养未久，或在十六岁以上，不曾分有财产，配有室家，有违犯及杀伤者，并以雇工人论。义子之妇，亦依前拟岁数，照本例科断……义父之期亲尊长，并外祖父母，如义子违犯，不论过房年岁，并以雇工人论。

34. 聘定未婚妻，因奸起意杀死本夫，应照妻、妾因奸同谋杀死亲夫律，凌迟处死。

35. 乾隆六十年（1795）七月，乾隆颁布上谕说："盗犯林诰胆敢拒捕，核其情罪，即当问拟凌迟。嗣后遇有此等案件，一体严惩"（此处被严惩者即为江洋大盗）。"洋盗拒捕杀人，情重加拟凌迟。"嘉庆七年（1802）奏准案。[①]

36. 平人与福晋通奸，奸夫凌迟处死，福晋斩决，奸夫妻子发邻盟为奴。

（四）典型案例

1. 壬寅宫变案

这是明朝历史上有名的宫女谋杀皇帝案。嘉靖二十一年（1542）宫女杨金英等十六人

---

① 参见（清）祝庆祺等：《刑案汇览三编》（一）卷十四，512 页，北京，北京古籍出版社，2004。

共同谋杀明世宗，乘其在曹端妃宫中熟睡之际，用绳系住其喉头，用布塞进其口中，数人骑在其腹部用力勒绳，因宫婢不谙缩结之法，未能勒死。而宫婢张金莲见他未死掉，以为真有神力相助，慌慌张张去报告孝烈皇后，结果全都被捕，杨金英等十六名宫女"不分首从，依律凌迟处死，到尸，枭首示众，尽法"①。后来，抓获的宫婢亲属，诛死者十人，发功臣家为奴者二十人。世宗的两名嫔妃亦被磔于市。②

2. 刘瑾谋反案

有明一代，刘瑾专权仅次于魏忠贤，正德五年（1510），刘瑾以谋反罪被抓捕，审问他时，阵容不凡，五府九卿各堂上六科十三道公侯驸马齐上阵，刘瑾被痛打四十棍后，环顾四周说，"满朝大小官员，都是我起用的。"③ 可见当年刘瑾权势是何等炙手可热。诏令"凌迟三日、到尸、枭首"。

有关刘瑾被凌迟的经过，当时参与监刑的刑部主事张文麟有详细的记载：

> 是日，予同年陕西司主事胡远该监斩，错愕，告于尚书刘先生（璟）曰："我如何当得？"刘回言："我叫本科帮你。"予因应之。过官寓早饭，即呼本吏随邀该司掌印正郎至西角头，刘瑾已开刀矣。凌迟刀数，例该三千三百五十七刀，每十刀一歇一吆喝。头一日，例该先剐三百五十七刀，如大指甲片，在胸膛左右起。初动刀，则有血流寸许，再动刀，则无血矣。人言犯人受惊，血俱入小腹小腿肚，剐毕开膛，则血从此出，想应是矣。至晚，押瑾顺天府宛平县寄监，释缚，瑾尚食粥两碗。反贼乃如此。次日押至东角头。先日，瑾就刑，颇言内事，以麻核桃塞口，数十刀，气绝。时方日升，在彼与同监斩御史具本奏。奉圣旨：刘瑾凌迟数足，到尸，免枭首。受害之家，争取其肉以祭死者。到尸，当胸一大斧，胸去数丈。④

刘瑾把持朝政时，残害忠良，作恶多端，他落得如此下场固然使人解恨，但从他受刑的过程来看，凌迟酷刑实在是惨无人道，以致监刑官亦慨叹："逆贼之报亦惨矣"⑤。

3. 赵鐩等起义案

正德七年（1512），赵鐩为刘六、刘七农民起义军中的谋主，主张流动作战，优待俘虏。不久转入刘惠起义军中任副元帅，拒绝招降，要朝廷"枭群奸之首以谢天下"。对与刘瑾狼狈为奸的首辅焦芳恨之入骨，"恨不得为天下诛此贼"。兵败被俘，磔死，"剥为魁者六人皮。法司奏祖训有禁，上不听。寻以皮制鞍鞽。上每骑乘出入"⑥。

据明代谢蒉的记载，"赵鐩、赵鏬、赵镐等二十三名俱合依谋反但共谋者，不分首从，皆凌迟处死，决不待时。祖父、父子、兄弟及同居之人，不分异姓及叔父兄之子，不限籍之异同，年十六以上，不论笃废皆斩。其十五以下及母女、妻妾、姊妹、若子之妻妾，给

① （明）沈德符：《宫婢肆逆》，载《万历野获编》（中）卷一八，470页，北京，中华书局，1959。
② 参见《明史·世宗纪一》，北京，中华书局，1974。
③ （明）谢蒉：《后鉴录》，载《明清史料丛刊》，第一辑，39页，南京，江苏人民出版社，1981。
④ （明）张文麟：《明张端严公（文麟）年谱》，6～7页，台北，台湾商务印书馆，1978。
⑤ （明）张文麟：《明张端严公（文麟）年谱》，7页，台北，台湾商务印书馆，1978。
⑥ （明）朱国桢：《流贼》，载《涌幢小品》（下）卷三二，760页，北京，中华书局，1959。

功臣之家为奴。财产入官。"①

4. 袁崇焕案

崇祯三年（1630），以擅主和议、专戮大帅二事为罪，法司坐崇焕谋叛，龙锡亦论死。三年八月，遂磔崇焕于市，兄弟妻子流三千里，籍其家。崇焕无子，家亦无余赀，天下冤之。②

对袁崇焕的惨死，据计六奇记载："诏磔西市，时百姓怨恨，争啖其肉，皮骨已尽，心肺之间，叫声不绝，所谓活剐者也。"又说，江阴中书夏复苏尝与予云："昔在都中，见磔崇焕，时百姓将银一钱买肉一块，如手指大，啖之，食时必骂一声。须臾，崇焕肉悉卖尽。"③张岱亦说，刽子手"寸寸脔割之，割肉一块，京师百姓，从刽子手争取生啖之。刽子乱扑，百姓以钱争买其肉，顷刻立尽。开膛出其肠胃，百姓群起抢之。得其一节者，和烧酒生啮，血流齿颊间，犹唾地骂不已。拾得其骨者，以刀斧碎磔之，骨肉俱尽，止剩一首，传视九边。"④其家被抄，妻子投河自尽，七旬老母和八龄弱女被流放到三千里口外为民，跟随他到辽东任职的家人被发配到贵州，留居曾祖祖籍东莞以及现籍贯广西藤县的近支亲属被流放到福建。崇祯欲族诛崇焕，因何如宠申救，"免死者三百余口"⑤。

5. 郑鄤案

郑鄤，常州横林人，天启二年（1622）进士，其文才与声望曾名噪一时。正直敢言，曾揭露权阉魏忠贤之罪行。崇祯初年，声名显赫的文震孟、黄道周皆与之往来。但奸臣温体仁又打算借重惩郑鄤以倾害震孟、道周。温体仁告发说他犯有"杖母"和"奸妹"两项重罪，于是被逮入狱。刑部尚书冯英因奏称，郑鄤并无"杖母"之事，又称赞郑鄤"有才名"。崇祯恼怒不已，指责他徇私，命令吏部对他议处。法司再一次议定郑鄤罪刑，"拟辟，上命加等，故磔于市"⑥。所以，郑鄤之被凌迟，既是奸人陷害，更是崇祯刚愎自用、一意孤行的结果。郑鄤被凌迟，文献资料有详细的描述：

> 崇祯十二年（1639）十一年八月二十六日黎明，脔割之旨乃下……促同往西市，俗所云甘石桥下四牌楼（后世简称西四牌楼，即今北京西四）是也。时尚无一人，止有地方夫据地搭厂，与竖一有丫之木在东牌坊下，旧规，杀在西而剐在东也，厂则坐总宪司寇秋卿之类……行刑之役，俱提一小筐，筐内俱藏贮铁钩与利刃，时出其刀与勾颖，以砂石磨砺之。辰巳二刻，人集如山，屋皆人复，声亦嘈杂殊甚。峚阳（郑鄤）停于南牌楼下，坐筐篮中，科头跣足，对一童子嘱咐家事，絮絮不已……于极鼎沸中，忽闻宣读圣旨，结句声高，照律应剐三千六百刀，刽子百人，群而和之，如雷震然，人尽股栗也。炮声响后，人皆跂足引领，顿高尺许，拥挤之极，亦原无所见。下刀之始，不知若何。但见有丫之木，指大之绳勒其中，一人高踞其后，伸手垂下，取肝脯

---

① （明）谢蕡：《后鉴录》，载《明清史料丛刊》，第一辑，16页，南京，江苏人民出版社，1981。
② 参见《明史·袁崇焕传》，北京，中华书局，1974。
③ （清）计六奇：《明季北略》，86页，北京，商务印书馆，1958。
④ （明）张岱：《石匮书后集》卷一一，94页，北京，中华书局，1959。
⑤ 《明史·何如宠传》，北京，中华书局，1974。
⑥ （清）计六奇：《明季北略》，191页，北京，商务印书馆，1958。

二事，置之丫巅，众不胜戒惧。忽又将绳引下，而崒阳之头突然而兴，时已斩矣。则转其面而亲于木，背尚全体，聚而割者如蝟。须臾，小红旗向东驰报，风飞电走，云以刀数报入大内也。午余，事完。天亦暗惨之极。归途所见买生肉以为疮疖药料者，遍长安市，二十年之文章气节，功名显宦，竟与参术干皮同奏肤功，亦大奇矣。①

五、凌迟的废除

中国历史上的凌迟刑除了增加刑罚的野蛮性、落后性、残酷性与恐怖性，对"罪犯"起到惩罚作用，显示统治者的权威，表明统治者的残忍无异于罪犯甚至有过之而无不及之外，并不能达到统治阶级所追求的维护封建统治、稳定社会秩序的效果。况且凌迟酷刑的实践，有相当一部分的冤假错案，有的是自毁长城，有的是摧残文化、钳制思想，对学术的发展起了阻抑作用；此外，有相当一部分的凌迟刑都与缘坐联系在一起，不知造成多少人妻离子散，家破人亡，其对社会生产力的严重破坏也是不可低估的，因此它的废除是必然的。

凌迟

（一）历史的呼唤：仁人志士的反对之声

自十六国凌迟刑作为法外刑、辽国率先使之合法化以来，中国历史上的一些仁人志士，以其悲天悯人的仁者情怀，以各种方式表达了对凌迟刑的厌弃。

1. 列强入侵之前的反对之声

迄今为止，有案可查最早记录凌迟处死犯人详细过程的文献资料为《魏书》。虽然当时

---

① （清）计六奇：《明季北略》，194～195 页，北京，商务印书馆，1958。

没有凌迟刑之名，且是作为非法之刑而存在，但它已具备了凌迟刑的基本特征。该案为北魏秦州刺史于洛侯处死杀人犯王陇客。据载：

> 于洛侯，代人也。以劳旧为秦州刺史，而贪酷安忍……百姓王陇客刺杀王羌奴、王愈二人，依律罪死而已。洛侯生拔陇客舌，刺其本，并刺胸腹二十余疮。陇客不堪苦痛，随刀战动。乃立四柱，磔其手足，命将绝，始斩其首，支解四体，分悬道路。①

酷吏于洛侯残忍处死罪犯王陇客并陈其尸体的行径，使"见之者无不伤楚，阖州惊震，人怀怨愤"②，人们以这种方式，表达了对酷吏酷刑的极为不满，这是人类对自身生命的关切，是人类本应有的怜悯、同情、质朴的情怀，哪怕他是凶恶之徒，对之亦应该不为已甚。否则，人类就会变得麻木不仁，正常之人与罪犯也就没有什么区别，就会在惩杀奸恶者的幌子下残杀无辜。当时的人们正是怀着悲天悯人的情怀，才对杀人犯的极为痛苦的死亡而"伤楚"、"惊震"、"怨愤"，这也是中国历史上人们对类似凌迟刑处死犯人的残忍手段最早发出的反对之声。

五代时期，用刑酷滥，地方节度使经常使用凌迟之类的酷刑，但它依然是非法之刑。开运三年（946）十一月丁未，左拾遗窦俨上疏后晋皇帝石重贵，最早主张明令废止，被采纳。他说：

> 臣伏睹《名例律》疏云：死刑者，古先哲王，则天垂象，本欲生之，义期止杀，绞、斩之坐，皆刑之极也……大辟之目，不出两端。淫刑所兴，近闻数等。盖缘外地，不守通规，肆率情性。或以长钉贯篸人手足，或以短刀脔割人肌肤，乃至累朝半生半死，俾冤声而上达，致和气以有伤。将宏守位之仁，在峻惟行之令。欲乞特下明敕，严加禁断者。敕曰：文物方兴，刑罚须当，有罪宜从于正法，去邪渐契于古风。窦俨所贡奏章，实裨理道，宜依所奏，准律令施行。③

窦俨的奏疏是中国历史上最早的以书面形式强烈反对凌迟刑，充满了人性，符合人道。

其一，他认为，刑罚的目的不是要残酷地惩治犯人，造成犯人的痛苦，而是让罪犯停止杀戮"义期止杀"；

其二，绞斩两刑已是刑罚中最重的刑罚，对待犯人最不得已的办法就是处死他们，仅此而已，不能再施加其他的酷刑；

其三，为了发扬仁德，应该推行统一的死刑法令，明令禁止地方上的酷刑。

北宋真宗咸平五年（1002），蕲州通判、兼光禄寺丞钱易的《上真宗乞除非法之刑》的奏疏，以其高瞻远瞩的目光，慈悲的心肠，力主废除"脔截断割"即凌迟刑。这是一篇全面声讨严刑峻罚的檄文，并提出了许多真知灼见。

首先，他主张人君治国应该以古圣先贤为榜样，慎言刑杀，依法定罪量刑；反之，暴政酷法无济于事，只能速取灭亡。这无疑是给暴君酷吏敲响了警钟。他说："刑不本于法则刑黩，刑黩则法无据，法无据则国政暴，国政暴则臣不敢言，臣不敢言则一人专善恶之心

---

① 《魏书·酷吏传》，北京，中华书局，1974。
② 《魏书·酷吏传》，北京，中华书局，1974。
③ 《旧五代史·刑法志》，北京，中华书局，1976。

以制天下，烛理不及，则几于乱矣。"①

其次，他严厉痛斥凌迟刑之酷虐过于远古五虐之刑。

> 窃见近代以来，非法之刑异不可测。不知建于何时，本于何法，律文不载，无以证之。亦累代法吏不敢言，至于今日乃或行之。劫杀人，白日夺物，背军逃走与造恶逆者，或时有非常之罪者，不从法司所断，皆支解脔割，断截手足，坐钉立钉，钩背烙筋，及诸杂受刑者，身见白骨而口眼之具犹动，四体分落而呻痛之声未息，置之阛阓，以示徒众。四方之外，长吏残暴，更加增造，取心活剥，所不忍言……以已死之刑，复加脔截断割，此即古之五虐之刑不酷于今矣。②

最后，他从为子孙后代考虑的长远打算，力主废除脔截断割之刑。他说："恐仁圣之朝不能除之，则永为讹法。"又从反面论述严刑不能起威慑作用，严刑无补于国，唯积怨于民；严刑失人心，轻刑得人心，采用酷虐之刑是独夫民贼的残暴行径，此亦使得重刑治国的理论依据不攻自破。他说：

> 臣淳化中寄居寿春县，见巡检使生钉一贼，而于集众之际，犹盗人物者。此岂严刑可诫乎？使严刑可诫，则秦之天下无一黔首为盗贼矣，汉文措刑亦乱国矣，三代以来跻民仁寿当先刑矣，齐之以刑亦不当言"民免而无耻"矣……苟以严刑欲诫，则惧未至而怨已深……况割心刖胫，独夫受行之矣，为万古所笑。③

通观钱易奏疏，其指导思想仍然是儒家的仁政学说，他所说的"刑期于无刑"，并不是重刑峻罚。因为，他说："刑之用，期于无刑尔，非欲毒于民也"④，这一刑罚观念具有无与伦比的先进性，治刑法者、执政者应从中获得启迪。其轻刑主张打的亦是儒家的旗帜。重刑论者，亦照样打着维护名教的旗号，不过，钱易侧重的是儒家学说核心的一个方面，即"仁"的思想，而严刑论者侧重的是"礼"。两相比较，优劣自不待言。他所说的"臣愚见以谓一人爱民，民亦爱一人。既爱于上，则奉上而惧"，有利于构建和谐社会。钱易从避免遗祸后世的长远打算，力主废除凌迟酷刑，显示了他目光远大。只可惜真宗虽然一时"嘉纳其言"⑤，后来却屡次使用。且钱易不幸言中，凌迟刑从他主张废除算起，在中国又"永为讹法"，近千年之久。

南宋陆游以其仁者之心，力主废除凌迟酷刑，他说：

> 伏睹律文，罪虽甚重，不过处斩。盖以身首异处，自是极刑，惩恶之方，何以如此。五季多故，以常法为不足，于是始于法外特置凌迟一条。肌肉已尽，而气息未绝，

---

①　（宋）钱易：《上真宗乞除非法之刑》，载赵汝愚：《宋朝诸臣奏议》（下），1061页，上海，上海古籍出版社，1999。

②　（宋）钱易：《上真宗乞除非法之刑》，载赵汝愚：《宋朝诸臣奏议》（下），1061页，上海，上海古籍出版社，1999。

③　（宋）钱易：《上真宗乞除非法之刑》，赵汝愚：《宋朝诸臣奏议》（下），1062页，上海，上海古籍出版社，1999。

④　（宋）钱易：《上真宗乞除非法之刑》，赵汝愚：《宋朝诸臣奏议》（下），1062页，上海，上海古籍出版社，1999。

⑤　《宋史·钱易传》，北京，中华书局，1977。

肝心联络，而视听犹存。感伤至和，亏损仁政，实非圣世所宜尊也。议者习熟见闻，以为当然。乃谓如支解人者，非凌迟无以报之。臣谓不然，若支解人者必报以凌迟，则盗贼盖有灭人之族者矣，盖有发人之丘墓者矣，则亦将灭其族、发其丘墓以报之乎？国家之法，奈何必欲称盗贼之残忍哉？①

陆游的奏疏着重指出了凌迟酷刑的残酷与荒谬，其"国家之法，奈何必欲称盗贼之残忍哉？"的见解，一针见血。沈家本高度肯定陆游的主张，他说："放翁此状，仁人之言"。

明朝虽未发现反对凌迟的奏疏，但有官员以自己的实践，或在私人笔记中流露出对凌迟酷刑的不满：

明世宗时刘天叙谋反一案，原拟七人磔死，即凌迟处死，其余处斩。而"素和煦"的主审官丁敬宇"改拟磔一人，斩一人，余悉充戍。时天叙已死，如法枭示"②。丁敬宇为人善良、仁厚，珍惜黎民生命，他将此案"犯人"处凌迟刑者尽量减少，而被判磔刑的刘天叙已死狱中，虽加枭示，只不过以此方式向皇上交差罢了，本意还是要保护其他"犯人"。故我认为，丁敬宇是以曲折的方式表达了他对凌迟酷刑的不满。

又如，刘瑾谋反一案，监刑官张文麟记录刘瑾处死情节以后评价说："逆贼之报亦惨矣。"③ 对一介罪恶滔天之人被凌迟处死情节的这一评价，隐含着他对凌迟酷刑的不满。

清初学者钱大昕说："今法有凌迟之刑，盖始于元、明，而不知其名之所自，考《宋史·刑法志》载，真宗时，内官杨守珍使陕西督捕盗贼，请擒获强盗至死者，付臣凌迟，用戒凶恶。诏：'捕贼送所属依法论决，毋用凌迟。'然则宋初已有凌迟之名，而当时未尝用也。后读陆放翁奏状……乃知此刑昉于五代，而南渡时固已用之矣。"④ 钱大昕极为赞赏陆游废除凌迟之主张，又说："《唐律》无凌迟之刑，虽反逆大恶，罪止于斩，决不待时而已。"⑤ 钱大昕实则以此表达了自己对凌迟刑的否定态度，只是他所说的宋初之时凌迟刑未尝使用与历史事实不太一致，因为宋太祖、太宗、真宗统治时期，都曾使用过凌迟刑，神宗时期，尤其如此。

2. 列强入侵之后的反对之声

同治九年（1870）的张汶祥（"汶祥本名文祥，爱书中于犯人例改恶名，文之为汶。"⑥）刺马案，张文祥以"大逆"罪被处凌迟。清廷为安抚两江总督马新贻的亲属，命令其四弟——浙江候补知县马新祐（即马四）监刑。马新祐凌迟张文祥时，因为过于残忍，"案既结，马四后至浙江，为众指摘，上官亦不礼之，郁郁死。新贻既葬数年，河决荷泽，墓为水所冲塌，无子。天之报施固不爽耶！"⑦ 这一段记述，至少表明：晚清时期，无论是官员还是老百姓，都已有人厌恶这一极为残酷的死刑了。

经过欧风美雨的洗礼，接受了西方平等思想的何启、胡礼垣（翼南）在1887年，撰文

---

① （宋）陆游：《条对状》，载《渭南文集》卷五，63~64页，台北，台湾商务印书馆，2005。

② （明）朱国桢：《长至警报》，载《涌幢小品》（下）卷三二，773页，北京，中华书局，1959。

③ （明）张文麟：《明张端严公（文麟）年谱》，7页，台北，台湾商务印书馆，1978。

④ （清）钱大昕：《跋渭南文集》，载《潜研堂文集》卷三一，302页，台北，台湾商务印书馆，1979。

⑤ （清）钱大昕：《凌迟》，载《十驾斋养新录》，156页，上海，上海书店，1983。

⑥ 邓之诚：《骨董三记》卷三，载《骨董琐记全编》，499页，北京，生活·读书·新知三联书店，1955。

⑦ 梁溪坐观老人：《刺马详情》，载《清代野记》，114页，成都，巴蜀书社，1988。

抨击清廷刑罚之残暴，他们说："凌迟枭首，死外行凶，何平之有。"① 这是迄今笔者所发现的近代最早的从西方平等观念的角度出发批评残酷的凌迟等刑罚。所以，近代中国最早对凌迟酷刑等明确提出批评、寓有废除此类酷刑之意的是何启、胡翼南二人，而不是薛允升。② 华友根先生说：

> 谁是近代中国第一个提出修改古法，最早要求废除严刑峻罚、对立法结合进行批评的人？近代著名法律史学者杨鸿烈、江庸认为是沈家本、张之洞与刘坤一等人。他们的根据是张之洞、刘坤一的《整顿中法十二条》，《采用西法十一条》等奏疏……近代最早具体全面提出修改法律，要求废除严刑峻罚，对礼法结合表示不满，注意到民刑分离而突出民事思想，强调法律必须适应政治、经济、科技发展的，是清朝光绪年间的刑部尚书、陕派律学鼻祖薛允升，而不是沈家本、刘坤一与张之洞。③
>
> 关于废除凌迟、枭首等酷刑，也是薛允升最早提出的。④

这些结论看来不是很确切。不过，薛允升比较全面地批评了凌迟刑，其批评有以下几个显著的特点：

首先，薛允升极为支持清人钱大昕赞赏南宋陆游要求废除"凌迟"酷刑的奏疏，并加以引述。

其次，薛允升以法律文本为参照，从宏观角度，批评了明律规定的凌迟等酷刑。他说："《明律》内言凌迟、刺字者指不胜屈，而《名例律》并未言及，未知其故。"⑤ 又说："明时又复枭首、凌迟之刑，虽曰惩恶，独不虑其涉于残刻乎?"⑥ 而《清律》凌迟刑条数大大多于《明律》，薛允升对于明律凌迟刑的批评，无异寓意鞭笞《清律》。

再次，他又从微观角度具体批评了明清有关凌迟刑的某些律文与条例。

对《明律》杀一家非死罪三人及支解人律，他批评说：

> 《明律》故杀他人奴婢，罪应绞候，亦与良人有别。后来律注添入奴婢、雇工人皆是，是杀死良人一命，更杀其奴婢二人，即拟凌迟处死。杀三人而非一家，是三犯斩罪矣，例止斩枭，尚得免其凌迟，杀三人而内有奴婢或一命二命，是较三犯斩罪为轻，而科罪反重，尤未平允。⑦

在此，虽然反映了薛允升良贱尊卑量刑有差的等级观念，但在当时按服制定罪、良贱尊卑量刑本身有差的历史条件之下，薛允升对该律的批评是合理的，若采纳其观点，至少有利于减少凌迟刑的适用。

① 何启、胡礼垣：《曾论书后》，载《胡翼南先生全集》卷三，257页，台北，文海出版社，1982。
② 在一定程度上接受了西方文明的太平天国后期的重要人物洪仁玕在《资政新篇》中提出"大罪拟死者仅以吊死"，虽含有废除凌迟刑之意，但他并未对凌迟刑直接提出批评。
③ 华友根：《薛允升的古律研究与改革——中国近代修订新律的先导》，427页，上海，上海社会科学院出版社，1999。
④ 华友根：《薛允升法律思想管窥》，载《清史研究通讯》，1986（3）。
⑤ （清）薛允升：《唐明律合编》，怀效锋、李鸣点校，6页，北京，法律出版社，1999。
⑥ （清）薛允升：《唐明律合编》，怀效锋、李鸣点校，10页，北京，法律出版社，1999。
⑦ （清）薛允升：《唐明律合编》，怀效锋、李鸣点校，478页，北京，法律出版社，1999。

　　他又批评清律"威逼人致死"条例用刑太重。《大清律例·刑律·人命》"威逼人致死"律文规定，处刑最重者为："若因行奸、为盗而威逼人致死者，斩监候。"嘉庆、咸丰年间，编纂了条例，即："强奸本宗缌麻以上亲，及缌麻以上亲之妻未成，将本妇杀死者，分别服制，拟以凌迟、斩决、仍枭示。系外姻亲属，免其枭示"①。对于此例，薛允升认为太重了。他说："缌麻以上亲及亲之妻，统尊长卑幼而言，杀罪有应拟绞候，及律不应不抵者。照凡人论，已属从严。钦尊谕旨，加以枭示，则不论已成未成，均应枭示矣。咸丰二年改定之例，添入'未成'二字，则已成者又当如何加重耶？"②

　　在此，一方面，条例与律文规定不合，律文规定针对者为一般凡人，而亲属尊长对卑幼照服制应减等绞候。另一方面，该罪不仅仅为凌迟斩决，而且再加枭首，甚至未成亦枭首，那么已成势必还要加重。因此，薛允升认为该条例太重了。

　　又如：嘉庆十六年（1811），刑部遵旨议准定例：

　　　　凡两犯凌迟重罪者，于处决时加割刀数。

　　对于这种凌迟之外更加刀割，薛允升坚决反对这样的惨无人道的条例。他指出：

　　　　此条似可无庸纂入。法至凌迟至矣尽矣，即或情罪重大，连坐其妻子，籍没其财产，已足蔽辜。此例于凌迟之外，又行加重，且明纂为例文，似可不必。③

　　薛允升批评雍正三年（1725）制定、乾隆三十三年（1768）修改、嘉庆十一年（1806）改定之条例——"本宗及外姻尊长……如谋占财产，图袭官职，杀期服卑幼一家三人者斩决，杀大功、小功、缌麻卑幼一家三人者，凌迟处死。仍将各犯人财产断付被杀之家"，"多窒碍"，且苛重。他说：

　　　　杀一家三命载在十恶不道，故律有断给财产之文……再被杀三命均系骨肉至亲，断给财产尚属可通。若内有奴婢一二命，将断给奴婢之家乎？抑仍断给亲属耶？已觉诸多窒碍。如再缘坐其妻与子女，则更难通矣。④

　　薛允升坚决反对引律比附，因为它会使执法者凭主观意见或个人好恶，任意轻重，致罪有出入，导致刑罚酷滥，且使律条繁琐。他认为《清律》三十条比引条例，都应删除。其中就有一条凌迟刑，即：谋杀义父之期服兄弟，比依雇工人谋杀家长之期亲律，已行者立斩，已杀者凌迟。⑤

　　总之，薛允升以其渊博的法律知识，对凌迟刑较为全面地提出了自己的见解，由于历史条件的限制以及自己朝廷命官的身份，他并未明言废除凌迟刑，但其一系列关于凌迟刑

　　①　《刑律·人命》"威逼人致死"，载《清会典事例》，第九册，810页，北京，中华书局，1991。
　　②　（清）薛允升：《刑律·人命》"威逼人致死"，《读例存疑》卷三四，载胡星桥、邓又天合编：《读例存疑点注》，614页，北京，中国人民公安大学出版社，1994。
　　③　（清）薛允升：《名例律下·二罪俱发以重论》，《读例存疑》卷四，载胡星桥、邓又天合编：《读例存疑点注》，77页，北京，中国人民公安大学出版社，1994。
　　④　（清）薛允升：《刑律·人命》"杀一家三人"，《读例存疑》卷三三，载胡星桥、邓又天合编：《读例存疑点注》，572页，北京，中国人民公安大学出版社，1994。
　　⑤　参见华友根：《薛允升的古律研究与改革——中国近代修订新律的先导》，291页，上海，上海社会科学院出版社，1999。

的见解，实际上在一定的程度上已经蕴含着废除凌迟刑的思想，这在当时是难能可贵的。

历史上这些仁人志士对凌迟刑等的批评，总体说来，虽然最终未能影响统治者的态度，但是他们对凌迟之类酷刑所持的旗帜鲜明的反对态度，有助于人们对酷刑有一个正确的认识，从而有利于凌迟之类的酷刑最终废除。

（二）有限的废除：19世纪中期西方的干预与回应

自英国发动侵略中国的鸦片战争，腐败无能的清政府战败之后，中国一步步地沦入了半殖民地半封建社会的深渊。外国势力不断干预清政府的内政外交，这种干预大多加重了对华的压迫和掠夺。事过境迁，平心而论，中国在付出了惨痛代价的情况下，外国对华的某些干预在一定程度上推动了中国的文明进程。承认这一点固然很痛苦，但毕竟这是历史事实。当然，外国侵略中国的目的并不是要带来西方文明，但为了便于侵略，必然要把西方文明、西方的价值观带到中国，对凌迟刑的干预即为一例。

1. 凌迟刑与西方的干预

外国对凌迟刑的干预表现在两个方面：一方面，民间行为，主要是新闻媒体进行舆论干预，通过新闻报道鼓动本国政府干预中国的刑罚；另一方面，官方行为，驻华公使等直接代表本国政府"劝告"清政府废除凌迟刑。

首先，新闻媒体的舆论干预。英商于1850年在上海创办的周刊——《北华捷报》（The North China Herald）又译为《华北先驱报》或《华北先驱周报》第672期详细报道了一则作者亲眼目击凌迟太平军的案例：

> 约在太仓被占的第二天早晨十一点钟（太仓是于星期日，5月3日为清军所占），有7名俘虏被押送到外岗乡附近清军军营中去，全身剥得精光，每个俘虏都被绑在叙火刑桩上，并在进行刑讯时施以精心结构的虐待。你可以看到有人把很多的箭针用力戳进俘虏身体的各个部分……各处血流如注……他们从俘虏身上把肌肉一块块割下来，但从他们所用的刀具来看，与其说是割破，毋宁说是乱砍乱戳，因为这些刀具已经钝得不能割肉了。这些被切下来的肌肉，还挂在小块皮肤上，看来真是令人恐怖……这些不幸的俘虏呻吟待毙，辗转扭折达数小时之久……刽子手……将这些不幸的牺牲者抓住，欣喜若狂地把他们拖着向前走，还口口声声地嘲笑与辱骂他们。而后用钝刀乱砍乱戳，并以锯子锯的行动将这几个俘虏的头颅从他们的身体局部锯断，使他们的痛苦终于宣告结束。

该作者接着指出：凌迟刑是"凶暴的行为"，"惹人讨厌的野蛮行为"。当然，作者的立足点不仅仅在于揭露清政府凌迟太平军的惨无人道，而是"为人道的关系"，建议本国驻北京公使劝告清政府，"以后凡由英国军官指挥的部队所捕获的俘虏，都应禁止清军不得再次发生类似的残酷情形"①。

这篇报道并非仅仅是为了猎奇，为了卖点，而是从人道主义的角度，反对清政府的凌迟刑。作者对凌迟刑的态度，反映了人类应有的对人类自身的基本的同情心，对

---

① 《北华捷报》第672期，1863-06-13，载上海社会科学院历史研究所编译：《太平军在上海——北华捷报选译》，417~418页，上海，上海人民出版社，1983。

生命的终极关怀，因而是可取的。西方媒体的态度对本国政府的对外政策，无疑有一定的影响。

其次，外国政府直接干涉。同治五年（1866）三月乙亥，总理衙门大臣、恭亲王奕訢等上奏，对凌迟刑"各国屡以为言，而英国则尤甚"①。这说明在同治五年之前，不止一个国家就中国的凌迟刑提出交换意见，希望中国废止这一残酷的死刑，英国就此交涉最多。

早在同治四年（1865）正月十四日，英国驻华代理公使威妥玛奉本国之命，向总理衙门建议停止凌迟刑。当时清政府刚刚镇压太平天国运动不久，对于太平军首领往往采取残酷的凌迟处死手段，这在已经开始进行刑法改革的西方国家看来，无疑是不能接受的。于是，威妥玛拟定说帖，直接投给总理衙门大臣、恭亲王奕訢。原文附录如下：

> 本大臣正月十四日备文，以金陵克捷，本国上下，大为欣悦。又另准总理各国事务大臣丞相禄，嘱将要语面陈恭亲王，系贵国既已获此大捷，皆邀天之眷，处治贼匪，甚愿体好生之仁，可以稍从宽典一节。本大臣因忆往古以来，肉、宫等刑，历朝渐皆改革，道光十二年间，天下大灾，众大臣曾有酌减刑律之请。可知中国极刑，似可无难稍减。人犯应死之罪，处之以死即已。如凌迟处死极刑，未免过惨。中国果能无论何罪，皆不复用此刑，外国之所乐闻。盖各国无论如何治民，友邦虽无自擅挽隔之权，惟某国刑罚过重，向见友邦怃然不悦。固不愿强为阻拦，而置词相劝，似无不可。倘历久不见相从，渐渐必生欲远之意。②

威妥玛不愧为中国通，行文之间，很符合清廷当权者之心态：首先恭维一番，接着话锋一转，图穷匕见，要求清廷废除凌迟刑，这其中既有劝告，指出："凌迟处死极刑，未免过惨"；又有威胁，若不废止凌迟刑，"友邦怃然不悦"，"倘历久不见相从，渐渐必生欲远之意"。威妥玛的语气，表现了侵略者趾高气扬的骄横作风，但他对凌迟刑的看法以及废除凌迟刑的主张，还是极为可取的。

此外，英国驻华前任公使阿礼国于同治五年又屡次向总理衙门重申威妥玛之说，并于同年二月二十七日，以书面照会的形式，正式要求清政府废除凌迟刑。全文如下：

> 为照会事：本大臣奉到本国咨文内，以按照天津条约第二十一款，内载查明罪犯交出一节，嘱令本大臣妥为商办。闻近有中国罪犯逃往香港，经英官拿获，送交广州地方官惩办，该地方官将其凌迟致死一事。本国以及泰西各国官兵，虽悉亦有数罪应行正法。惟审问之时，动刑惨办；及定罪后正法之时，故使迟死，多受痛苦，心实不安。奉教各国，素以此等刑法，与向来视为仁理，未免不合。本大臣查本馆案卷，各外国视此刑法，其意如何，曾经屡次陈明。则本国虽欲按照条约，尽力遵守，实有欲免会同襄办，查拿罪犯交出后，致有惨死之心，谅贵亲王知之已久也。前此会晤之时，本大臣记忆贵亲王面许，凡有本国交出犯罪之人，审问之时，免用严刑讯办；如有定罪正法，免加本国不怿之刑等语。鄙见本国必欲公同备文，叙明存案。③

---

① 《恭亲王等奏折》，载宝鋆等修：《筹办夷务始末》（同治朝）卷四十一，3894 页，台北，文海出版社，1966。

② 《威妥玛说帖》，载宝鋆等修：《筹办夷务始末》（同治朝）卷四十一，3897 页，台北，文海出版社，1966。

③ 《阿礼国照会》，载宝鋆等修：《筹办夷务始末》（同治朝）卷四十一，3901 页，台北，文海出版社，1966。

在此，阿礼国其实是在暗示：如果清政府不正式以书面形式答应英国废除凌迟刑的要求，他们就不履行《天津条约》规定，交出逃往英国的中国犯人。附带言之，西方在 18 中后期刑法改革以前，号称文明的欧洲人，其刑罚之野蛮、落后与残忍并不亚于中国。从公元 10 世纪开始，16、17 世纪达到高潮，18 世纪初期依然零星存在的欧洲各国的猎女巫运动①，其对妇女大规模地、丧心病狂地迫害，一点也看不出"奉教各国"的"仁理"。

2. 清政府对西方干预凌迟刑之回应

清政府经过两次鸦片战争的打击，对外国人的虚骄之气已经消磨殆尽；况且清政府因西方帮助共同镇压了太平天国，对西方各国正心存感激，自然对西方列强提出的废除凌迟刑的要求不敢怠慢。对威妥玛的说帖，总理衙门大臣以书面形式作了答复。

总理衙门的答复，一开头就极不得体，为了表明清朝刑罚之轻，首先，罗列了中国历史上各种酷刑，好像中国历史与清朝无干似的："查中国刑法，前朝最重，历代曾有五牛分身及灭九族、诛三族、汤镬寸磔之刑，惟本朝将历代之重刑，皆除去不用，所以至重之刑，不过凌迟犯法之一人而已。"接着，总理衙门强调了凌迟刑适用范围、适用频率的有限性，尤其强调了适用的必要性、重要性：

> 即此凌迟之刑，中国向不轻用，惟于背弃三纲、凶恶万状者，始一用之。即如逆匪叛乱，其心已无君长，平时扰害地方，杀害之人，不止千万；破人家产，掠人男女，使良善之人，一家父子兄弟妻女，皆不得完全；死者含冤，生者流离。今被拿获，即以此刑加诛，在死者仍是一死，而生者见之，自必不效其所为而惧遭此刑。是凌迟一人，所化导之人，即不少见也。经书有云："辟以止辟，刑期无刑。"即此意也。若并此刑而无之，恐中国之人，无所畏忌，少年者不知触目警心，不数年间，恶人愈多，而世道难期平治矣。②

清政府期望凌迟刑起到教化作用，从逻辑上讲，本身就是极其荒谬的。既然能起到教化作用，为什么人们甘愿冒着被凌迟处死的危险，发动了几乎推翻了清朝的太平天国运动？显然，太平天国运动之前，凌迟刑并未起到教化作用；另一方面，起义已经被镇压了，矛盾已经不像以前尖锐，还用得着凌迟刑来"化导"吗？不管效果如何，在严刑杀人以立威——即他们所谓的"严刑处治""示戒将来"的大目标之下，清政府极不情愿废除凌迟刑。所以清政府答复威妥玛时，冠冕堂皇地说：

> 将来军务平静，民俗渐归于善，此刑即无所用之，是不待删除而自然删除矣。③

尽管清政府极不情愿放弃凌迟刑，也不愿意外国干预中国的司法主权，"中国刑章，非外人所应干预，无论在中国者，外国不得与闻，即中国人犯逃往外国，亦当按约访查交出"④。但随着外国对中国侵略的深入，清政府面临强大的西方各国，就凌迟刑存废问题，

---

① 参见［美］布瑞安·伊恩斯：《人类酷刑史》，李晓东译，171～175 页，长春，时代文艺出版社，2000。
② 《答威妥玛略节》，载宝鋆等修：《筹办夷务始末》（同治朝）卷四十一，3899 页，台北，文海出版社，1966。
③ 《答威妥玛略节》，《筹办夷务始末》（同治朝）卷四十一，3900 页，台北，文海出版社，1966。
④ 《恭亲王等奏折》，《筹办夷务始末》（同治朝）卷四十一，3895 页，台北，文海出版社，1966。

最终做了让步。清政府之所以让步，关键的原因有如下几点：

其一，清政府如不答应外国的要求，"将来逃往英属地方人犯，必不肯饬令交出"。如此，会导致两个后果，一是"斩决亦不能办"；二是香港将成为"纳叛招亡"之地，甚至会"开边衅"①。面临如此严重的后果，清廷只好改弦易辙——尽管是附条件的。

其二，不敢得罪"友邦"。由于西方列强尤其是英国屡次渎请，如果不答应，就会冒着得罪友邦的危险，而得罪了友邦，其危害，最高统治者已有切肤之痛。当然，这一点，总理衙门衮衮诸公也不敢过于强调，只能点到为止，说威妥玛"以中国拿获贼匪，每用凌迟极刑，友邦见之，疢然不悦"②。否则，岂不是又有挟外国以要君之嫌？奕䜣的口头承诺是"凡有本国交出犯罪之人，审问之时，免用严刑讯办，如有定罪正法，免加本国不怿之刑"③。"不怿"一词，亦说明清政府不敢为了凌迟刑而得罪英国。结果，清政府对于凌迟刑采取的方案就是：

> 将外国交出中国逃往人犯，由该督抚核其情罪，由臣衙门随时酌核情形，奏明请旨办理。毋庸再拘常例。
>
> 御批：依议。④

这句话说得比较含蓄，其意思即为由外国人交来的中国犯人，免用凌迟刑。这样清政府极为有限地废除了一些特定的犯人即外国人交来的中国犯人的凌迟刑，虽然有限，但也是符合时代潮流的进步之举，为清末彻底废除凌迟刑起了开风气之先的作用。

（三）历史的终结：废除凌迟刑

列宁曾经说过，革命形势需要两个条件，一是下层不愿照旧生活下去，二是上层不能照旧统治下去。固然，革命不等于改革，但大规模、深层次的改革，其历史条件大多与革命的这一背景相关。清末改革也是清政府不能照旧统治下去了。凌迟刑的废除不是一件孤立的历史事件，而是与清末改革、清末修律连在一起。沈家本、伍廷芳起了重要作用。他们在袁世凯、刘坤一、张之洞等举荐下，于光绪二十八年（1902）年四月六日，由清廷任命为修订法律大臣。沈、伍二人各有所长，沈氏长期供职刑部，传统律学功底极为深厚；伍氏曾留学英伦，还取得了英国律师资格，精通西方法律，二人合作，可谓相得益彰。

苏亦工先生则认为，在清末法律改革过程中，1906 年之前，伍氏居主导地位。⑤ 在笔者看来，凌迟刑的废除，伍沈二人之功绩，旗鼓相当。因为，沈家本对中国传统法律颇有研究，既对历史上的凌迟刑做过初步的专门研究，又详细考察过《大诰》中的凌迟刑，就他俩于光绪三十一年（1905）三月二十日联名上奏的《删除律内重法折》本身而言，从仁政的角度批评中国历史上的酷法及其源流、效果的评述，亦多于"根据西方人的观点批评中国法律"的篇幅。

伍氏与沈氏在《删除律内重法折中》，首先认为废除酷刑是世界各国刑制改革的发展趋

---

① 《恭亲王等奏折》，《筹办夷务始末》（同治朝）卷四十一，3895～3896 页，台北，文海出版社，1966。
② 《恭亲王等奏折》，《筹办夷务始末》（同治朝）卷四十一，3894 页，台北，文海出版社，1966。
③ 《阿礼国照会》，《筹办夷务始末》（同治朝）卷四十一，3902 页，台北，文海出版社，1966。
④ 《恭亲王等奏折》，《筹办夷务始末》（同治朝）卷四十一，3896 页，台北，文海出版社，1966。
⑤ 参见苏亦工：《重评清末法律改革与沈家本之关系》，载 http://www.iolaw.org.cn/paper304.asp。

势，西方刑法也经历了由重到轻的改革过程。

其次，认为废除凌迟等酷刑有利于收回治外法权：

> 中国之重法，西人每訾为不仁，其旅居中国者，皆借口于此，不受中国之约束。夫西国首重法权，随一国之疆域为界限，甲国之人侨寓乙国，即受乙国之裁制，乃独于中国不受裁制，转予我以不仁之名，此尤当幡然变计者也。

再次，批评了凌迟刑等酷刑尤其是凌迟刑的极端残忍与无效，反而会起反面的"示范"作用，激发人的残忍本性：

> 凡此（指凌迟、枭首、戮尸）酷重之刑，故所以惩戒凶恶。对刑至于斩，身首分离，已为至惨，若命在顷忽，菹醢必令备尝，气久消亡，刀锯犹难幸免，揆诸仁人之心，当必惨然不乐。谓将以惩本犯，而被刑者魂魄何知？谓将以警戒众人，而习见习闻，转感召其残忍之性……自用此法以来，凶恶者仍接踵于世，未见其少，则其效可睹矣。化民之道，固在政教，不在刑威也。[1]

沈家本的说法在历史上不难找到例证，凌迟酷刑作为私刑曾大量存在，显然是受国家刑罚的影响。

清廷答复此折的上谕极尽巧妙：

> 我朝入关之初，立刑以斩罪为极重。顺治年间修订刑律，沿用前明旧制，始有凌迟等极刑。虽以惩儆凶顽，究非国家法外施仁之本意。现在改订现行法律，嗣后凡死罪，至斩决而止，凌迟及枭首、戮尸三项，著永远删除。所有现行律例内，凌迟、斩枭各条俱改为斩决……[2]

有学者指出：按上谕的说法，凌迟等酷刑并非清王朝的祖制，而是汉家的传统。如此一来，不仅废止酷刑不算变更祖制，附带着还把苛虐黎民的罪责转嫁于汉人，可谓一语双关。[3]

1905 年凌迟刑等酷刑毕竟以皇帝上谕的形式，失去了它存在的合法性。1910 年，清廷颁行《大清现行刑律》，正式废除了凌迟刑。从此，野蛮、落后、残酷与恐怖的凌迟刑从法律文本上彻底抹掉了，这也应该算是晚清政府的一大"政绩"吧。中国刑罚文明化的进程终于由过去的步履蹒跚而朝着文明的方向迈进了一大步。一向合法存在的凌迟刑最终从刑罚景观中消失了。凌迟与药物注射死亡，分别代表了中国历史与当代两种不同的死刑执行方式。笔者深信：大浪淘沙，野蛮落后的死刑执行方式已经一去不返；凤凰涅槃，相对文明的死刑执行方式最终亦将随同死刑本身一道销声匿迹。"苟日新，日日新，又日新。"[4]

---

① （清）伍廷芳、沈家本：《删除律内重法折》，《寄簃文存》卷一，载《历代刑法考》（四），邓经元、骈宇骞点校，2025 页，北京，中华书局，1985。

② （清）伍廷芳、沈家本：《删除律内重法折》，载《历代刑法考》（四），邓经元、骈宇骞点校，2027 页，北京，中华书局，1985。

③ 参见苏亦工：《重评清末法律改革与沈家本之关系》，载 http://www.iolaw.org.cn/paper304.asp。

④ 《大学》，载（宋）朱熹：《大学·中庸·论语》，上海，上海古籍出版社，1987。

第四节
枭 首 刑

在中国历史上，五刑之外的法定死刑还有枭首刑，即将某些"重罪""罪犯"处死之后，还要斩下头颅，悬挂于竿上示众。有的"案犯"被戮尸后，往往也要枭首。秦朝至南北朝时期，明清时期都有枭首刑的法律规定。有关的案例不胜枚举，明清尤多。其价值取向是多方面的。

在乡间，义和团团民被草率地就地正法
枭首

一、枭首的起源

枭首，在明朝又称为枭令或枭示。为什么这种刑罚皆有一个"枭"字呢？原来，它与枭獍这类动物有关。据《汉书·郊祀志》："古天子常以春解祠，祠黄帝用一枭、破镜"。张晏注曰："黄帝，五帝之首也，岁之始也。枭，恶逆之鸟。方士虚诞，云以岁始被除凶灾，令神仙之帝食恶逆之物，使天下为逆者破灭讫竟，无有遗育也。"《集解》引孟康曰："枭，鸟名，食母。破镜，兽名，食父。黄帝欲绝其类，使百吏祠皆用之。"① 又说："悬首于木上曰枭"② 破镜之"镜"，后来写为"獍"。据《说文解字》解释："枭，不孝鸟也。日至捕枭磔之。从鸟，头在木上。"可见，在古人看来，枭是食母的不孝鸟，此类幼鸟群食母肉，最后只剩下母枭之首挂在树枝上，所以枭字是象形字，象征着鸟头挂在树枝上。不过，近人

---

① 《汉书·郊祀志上》卷二五上，北京，中华书局，1962。
② 《史记·秦始皇本纪》。

早已辨明此为荒诞不经之论："枭只吞食小动物，不能啄食母肉。"① 但在古人看来，枭獍为恶鸟恶兽，凡人心如枭獍者，弃绝人伦，故为恶逆之人。枭首的对象一般都是罪大恶极者。清人王明德说："斩其首，暴其罪，著其名，标之以竿，即其地而悬之，用以示警乎众，故曰枭示。"② 董康说："枭示者，函首示众三日。"③ 因此，综合各家之说，枭首就是割下重罪罪犯的头颅，悬挂于竿上示众的刑罚。它既加重惩罚重罪之人，并儆戒、威吓他人。枭示有时是凌迟刑的附加刑。但必须指出，一方面，不是中国历史上所有的凌迟刑案犯都附加枭示刑，只是明清的一部分凌迟刑的附加刑；另一方面，枭示刑的适用对象并不限于凌迟刑案犯。

二、枭首的历史演变

商纣王及其宠妃妲己就被枭首。据《史记·殷本纪》等史书记载商纣王兵败逃入鹿台，"衣其宝玉衣，赴火而死。周武王遂斩纣头，悬之白旗。杀妲己。"《列女传》则记载：商纣王"衣宝玉衣而自杀，于是武王遂致天之罚，斩妲己之头，悬于小白旗，以为亡纣者是女也。"沈家本力证纣王被悬首子虚乌有，妲己被悬首则"较为近理"④。其实，无论他们夫妇谁被悬首白旗杆上，都说明周武王用过此类刑罚。

枭首是秦国和秦朝的十九种死刑之一，《秦会要订补》引顾野王语："悬首于木上竿头，以肆大罪，秦刑也。"如前所述，秦国和秦朝只是将它法定化而已，并非始于秦。嬴政母后宠信的宦官嫪毐作乱，很快被镇压，嫪毐等重犯"二十人皆枭首。车裂以徇，灭其宗"⑤。此处的枭首又与车裂、族诛等酷刑连在一起。此外，秦朝具五刑亦含有枭首刑。汉初死刑"尚有夷三族之令。'当三族者，皆先黥，劓，斩左右止，笞杀之，枭其首，菹其骨肉于市。其诽谤詈诅者，又先断舌。'故谓之具五刑"⑥。秦朝的开国功臣李斯就被指鹿为马的宦官赵高具五刑，并"论腰斩咸阳市"⑦。汉初功臣彭越、韩信皆受此酷刑而死。

枭首刑是汉代三种死刑即"枭首、腰斩、弃市"之一⑧，是汉代法定死刑最重的一等，有明确的适用对象，即："无尊上；非圣人，不孝者"⑨。汉代的枭首男女重犯都适用。汉武帝时，陈皇后身边女子楚服因被指控"为皇后巫蛊祠祭祝诅，大逆无道……枭首于市"⑩。"大逆无道"就属于"无尊上"⑪。丞相刘屈牦的夫人被指控为利用巫术诅咒皇上，并欲立昌邑王为帝等等，也是以"大逆无道"治罪，"枭首华阳街"。梁平王襄及王后任后不孝，公

① 《周作人精选集》，252 页，北京，燕山出版社，2006。
② （清）王明德：《凌迟》，载《读律佩觿》卷四（下），137 页，北京，法律出版社，2001。
③ 董康：《前清司法制度》，载《法学杂志》，1935 年第 8 卷第 4 期。
④ 沈家本：《刑法分考·枭首》，载《历代刑法考》（一），120 页，北京，中华书局，1985。
⑤ 《史记·秦始皇本纪》。
⑥ 《汉书·刑法志》卷二三。
⑦ 《史记·李斯列传》。
⑧ 参见程树德：《九朝律考》，38 页，北京，中华书局，2003。
⑨ 沈家本：《刑法分考·枭首》，载《历代刑法考》（一），121 页，北京，中华书局，1985。
⑩ 《汉书·外戚孝武陈皇后传》。
⑪ 沈家本：《刑法分考·枭首》，载《历代刑法考》（一）121 页，北京，中华书局，1985。

卿奏请诛杀。武帝认为"首恶失道"① 的是任后。结果梁王平安无恙，任后却枭首于市。

在实际执行过程中，两汉皆有非法枭首的现象，正如沈家本指出，属于非法用刑，"任意逞威"②。

曹魏时期，枭首也是三等法定死刑最重的一等。张斐律表注曰：

> 枭首者恶之长，斩刑者罪之大，弃市者死之下。③

沈家本据此指出：

> 此以枭首、斩、弃尸为死罪之三等，曹魏刑也，枭首居首，是以斩为断首，弃市为绞矣。腰斩之刑，此时盖已除之。④

诚然，枭首、斩、弃尸三等死罪，为曹魏之刑。但说此时的"斩为断首，弃市为绞"，腰斩已除，总觉得证据不足。因为，《晋书·刑法志》亦明文记载："但以言语及犯宗庙园陵，谓之大逆无道，要斩，家属从坐，不及祖父母、孙。"因此，张斐所说的"斩"，应该如同秦汉一样是腰斩；弃市就是杀头，刑人于市，陈尸三天，而不是"绞"。

晋代的法定死刑沿袭了曹魏之制，即《唐六典》所谓"晋刑名之制，大辟之刑有三：一曰枭，二曰斩，三曰弃市"，枭首是最重的一等死刑。南朝宋齐据《唐六典》"宋及南齐律之篇目及刑名之制，略同晋氏"，因此枭首也是南朝宋齐最重的一等死刑。

南朝梁武帝制定《梁律》，枭首也是法定最重的一等死刑：

> 弃市以上为死罪，大罪枭其首，次弃市。⑤

时安陆应城县人张江陵与妻吴共骂母黄，黄忿恨自缢死，遇赦。律文：

> 子杀伤殴父母，枭首；骂詈，弃市；妇谋杀夫之父母，亦弃市。遇赦，免刑补冶。

当时孔渊之任南朝宋大明中为尚书比部郎，他认为：

> 殴伤咒诅，法所不原，詈之致尽，则理无可宥。罚有从轻，盖疑失善，求之文旨，非此之谓。江陵虽遇赦恩，故合枭首。妇本以义，爱非支属，黄之所恨，情不在吴，原死补冶，有枉正法。⑥

结果张江陵被枭首。南朝陈一如梁，枭首亦为法定最重的一等死刑。

据《唐六典》北魏崔浩制定的大辟四等：辕、腰斩、殊死、弃市，没有枭首。孝文帝时，"除群行剽劫首谋门诛，律重者止枭首"⑦。

北齐时，枭首是法定四等死刑中的第二等，即：

---

① 《汉书·梁平王襄传》。
② 沈家本：《刑法分考·枭首》，载《历代刑法考》（一）121页，北京，中华书局，1985。
③ 《晋书·刑法志》。
④ 沈家本：《刑法分考·斩》，载《历代刑法考》（一）131页，北京，中华书局，1985。
⑤ 《隋书·刑法志》。
⑥ 《文献通考·刑考八》卷一六九。
⑦ 《魏书·刑法志》。

重者轘之，其次枭首，并陈尸三日；无市者，列于乡亭显处。其次斩刑，殊身首。其次绞刑，死而不殊。

北周时，枭首是法定五等死刑中的第二等，即：

死刑五，一曰磬，二曰绞，三曰斩，四曰枭，五曰裂。

隋开国皇帝隋文帝以"枭首轘身，义无所取，不益惩肃之理，徒表安忍之怀"，所以隋《开皇律》死刑二，绞、斩。蠲除前代鞭刑及枭首轘裂之法。但好景不长，晚年用法峻急，其继承人隋炀帝"青出于蓝而胜于蓝"：

行轘裂枭首之刑。或磔而射之。命公卿已下，脔啖其肉。百姓怨嗟，天下大溃。①

显然，隋炀帝时实际上又恢复了枭首，只不过是法外用刑。

唐朝亦无枭首的法律规定，但历史的惯性、加上个人品性高下的不同，唐朝亦有枭首的案例：唐文宗太和九年（835），甘露之变，宦官仇士良将宰相王涯等"腰斩于独柳之下，枭其首于兴安门外。亲属无问亲疏皆死，孩稚无遗，妻子不死者没为官婢"②。宦官仇士良这种暴虐行径，显然亦属于法外用刑。

五代政权更迭频繁，武夫掌权，无法无天，酷刑迭出，自然亦有枭首刑的运用。后唐明宗统治时期，朱守殷反叛兵败，"引颈令左右尽其命"。唐明宗下诏：

鞭守殷尸，枭首悬于都市，满七日，传送洛阳。③

也许，在道学之徒看来，朱守殷作为"乱臣贼子"被枭首，咎由自取。

北宋末年，光禄大夫赵良嗣（原名马植）被枭首，死得甚为冤枉。

靖康元年四月，御史胡舜陟论其结成边患，败契丹百年之好，使金寇侵陵，祸及中国，乞戮之于市。时已窜郴州，诏广西转运副使李升之即所至枭其首，徙妻子于万安军。④

其实，赵翼早就指出："良嗣衔命往来，能以口舌抗强邻"，"不免失刑"⑤。而宦官童贯作为六贼之一，弄权蠹政，枭首于市⑥，则是罪有应得。开禧三年（1207），吴曦背叛朝廷，在四川称蜀王，被人出其不意斩首后，"裂其尸"。宁宗下诏：

曦妻子处死，亲昆弟除名勒停。吴璘子孙并徙出蜀，诛吴曦，传首诣行在，枭三日。⑦

元朝初年，亦曾适用过枭首刑。早在蒙古灭金过程中，金"梁知府立西风寨，夺居民

①　《隋书·刑法志》。
②　《文献通考·刑考五》卷一六六。
③　《旧五代史·朱守殷传》。
④　《宋史·赵良嗣传》。
⑤　赵翼：《赵良嗣不应入奸臣传》，载《廿二史札记校证》卷二四，王树民校证，517页，北京，中华书局，1984。
⑥　参见《宋史·钦宗纪》。
⑦　《宋史·宁宗纪》。

耕牛，民群诉之，哈剌拔都领数骑，追杀梁知府，枭首西门"①。元世祖时史载：

> 宋全太后至上都，不习风土，其官人安定夫人陈氏、安康夫人朱氏及二小姬皆自缢邸中。世祖怒，命枭其首。②

可怜南宋后宫遗民，作为阶下囚已为不幸；不愿忍辱偷生，无奈自杀已为可悲。在掌握臣民生杀大权的皇帝元世祖看来，俘虏居然敢于自杀是对他不杀之恩的极大藐视，因此，纵使是女性冒犯了他，非枭首不可。

不过，自隋至元，枭首皆为法外用刑。明清两代，虽不为五刑之正，枭首又赫然载入律典。明清时期，枭首之刑用于惩罚犯强盗罪的人。从法律文本上看，据王明德指出：《明律》枭示十五条。

"盐法"条例内：豪强盐徒聚众至十人以上，撑驾大船，张挂旗号，擅用兵仗响器，拒敌官兵；若杀人，及伤三人以上，为首者。

"私出外境及违禁下海"条例：擅造违式大船，带违禁货物下海，前往番国买卖；潜与海贼同谋结聚，系正犯者；违禁下海，前往番国买卖；为海贼向导，劫掠良民，系正犯者。

"强盗"条例内：

强盗杀伤人者；

强盗放火烧人房屋者；

强盗奸污人妻女者；

强盗打劫牢狱、仓库者；

强盗行劫干系城池衙门者；

强盗集至百人以上者；

响马强盗执有弓矢、军器，白昼邀劫，赃证明白，俱不分人数多寡，曾否伤人者。

"贼盗窝主"条例内：引贼劫掠、复仇，探报消息、致贼逃窜者。

"杀一家三人"条例内：杀一家非死罪三人，为首凌迟处死者。

支解人为首凌迟处死者；

本欲支解其人，因力不敌，先杀死而后支解，为首凌迟处死者。

"放火故烧人房屋"条例内：各边仓场，故烧系官钱粮草束者。

朱元璋奉行治乱世用重典，适用枭令不计其数。浙江句容伪造宝钞"捕获到官，自京至于句容，其途九十里，所枭之尸至望"，但重刑并不能止奸："不逾年，本县村民亦伪造宝钞，甚焉邻里互知而密行，死而后已。"③

洪武十八年（1385），溧阳皂隶潘富"教唆官长贪赃坏法，自己挟势持权"，勒令全县人民交荆杖，老百姓交了荆杖，又借口质量不好，拒收、重捶，交钱得免。潘富如此扰民、害民，的确罪不容诛。被人告发，朱元璋亲自过问，派人捉拿，追究潘富罪责。潘富负案在逃，知情参与藏匿递送的"顽民"多达三百零七户。朱元璋以"见恶不拿"，"同恶相济"，"将豪民赵真、胜奴并二百余家尽行抄没，持杖者尽皆诛戮。沿途节次递送者一百七

① 《元史·哈剌拔都传》。
② 《新元史》卷一零二。
③ 《大诰·伪钞第四十八》，载徐一凡：《明大诰研究》，232页，南京，江苏人民出版社，1988。

户尽行枭令，抄没其家"①。这些人公然窝藏罪人固然可恶，但朱元璋如此大规模地枭首，显然是因为这些人的所作所为冒犯了神圣不可侵犯的皇帝的权威，有损皇帝的尊严。

此外，明朝即使在《大明律》颁布以后，对所谓重犯处以枭首往往超过了法律规定。难怪有人说："受凌迟之刑的犯人，最后也往往会被枭首示众。"②

嘉靖二十一年（1542）宫女杨金英等十六人谋杀皇帝，结果全都被捕，杨金英等十六名宫女"不分首从，依律凌迟处死，剉尸，枭首示众，尽法"③。

明武宗时不可一世的太监刘瑾起初被判"凌迟三日、剉尸、枭首"，最后，在执行凌迟的过程中，皇帝开恩，并未枭首。"奉圣旨：刘瑾凌迟数足，剉尸，免枭首"④。

明武宗正德五年（1510），安化王寘鐇谋反，积极参与寘鐇谋反的"犯人何锦，交通王府，首倡逆谋，贪饕富贵，扶立伪主。张钦等十一名协谋党恶，构成乱阶。申居敬等五十九名闻谋乐从，助张雪焰，以致守臣被其杀害，居人遭其屠戮。各犯罪大恶极，律虽处以极刑，合仍照例枭首示众，图形榜示天下，以为不臣之戒"⑤。

有明一代，最专权的宦官魏忠贤，亦被"磔其尸，悬首河间"。

明朝南京国子监门口曾立有一长长的木杆，用于枭首所谓违法犯罪的国子监的太学生，时间之长，令人咋舌，创造历史之最，长达一百二十年以上。

> 正德十四年（1519），宁庶人已被擒，圣驾亲征。以威武大将军镇国公朱寿，行幸南京，本监师生，出郭朝见。上驻跸太监王洪宅。尝微服过国子监前，见所树长竿，左右对以高皇时，枭令监生召罪者。上曰："彼等敢重犯吾法耶？"即命去之。⑥

熊廷弼抗金不力，"枭首西市，且传首九边"⑦。

南明小朝廷时期，"常州推官伺家驹在无锡杀二人于大市桥"。战乱之际，"兄弟五人在乡间抢掳，族叔呈之，立刻枭首。所抢不过西瓜及酒二坛而已族叔止欲笞之；以时乱，借以警众，遂杀之。族叔亦悔而泣焉"⑧。

清代枭首刑的法律规定：明律有规定的，除"盐法"条外，清律皆有之；明律无规定的，清律增加的有：

"强盗"条例内：江洋行劫大盗，俱照此例枭示⑨；

粤东内河盗劫之案，如行劫伙众四十人以上，或虽不及四十人，而有拜会结照，拒伤事主，夺犯伤差，假冒职官，或行劫三次以上，或脱逃二三年后就获，各反应行斩决者；

爬越入城行劫，罪应斩决者；

① 《大诰三编·递送潘富第十八》。
② 董磊、徐轲：《不完全酷刑档案》，36 页，北京，法律出版社，2006。
③ （明）沈德符：《宫婢肆逆》，载《万历野获编》（中）卷一八，470 页，北京，中华书局，1959。
④ （明）张文麟：《明张端严公（文麟）年谱》，6~7 页，台北，台湾商务印书馆，1978。
⑤ （明）谢蕡：《后鉴录》，载《明清史料丛刊》，第一辑，37 页，南京，江苏人民出版社，1981。
⑥ 陈登原：《国史旧闻》，第三册，北京，中华书局，1980。
⑦ （清）计六奇：《明季北略》卷四《瞿式耜六不平崇祯元年戊辰》。
⑧ （清）计六奇：《明季南略》卷九《南都甲乙纪（续）》。
⑨ 参见《大清律例》，天津，天津古籍出版社，以下所引，均见该书。

捕役及防守墩卡，或承缉盗案汛兵，并各营兵丁为盗……如捕役、兵丁等起意为首者；

行劫漕船盗犯，审系法无可贷者；

洋盗案内……接赃瞭望已至二次者，又未自首者；

恭遇御驾驻跸圆明园及巡幸之处，若有匪徒偷窃附近仓廒、官廨，若拒捕杀死官弁、兵丁者，无论一里、三里以内首犯；

盗犯明知官帑，纠伙行劫，但经得财，将起意为首及随同上盗者；

"劫囚"条例内：纠众行劫在狱罪囚，如有持械拒杀官弁者……下手帮殴有伤之人；

凡黔楚两省相接红苗，彼此仇恨，聚众抢夺……聚至百人……杀人者；

"白昼抢夺"条例内：苗人聚众至百人以上，烧村劫杀，抢掳妇女，拿获讯明，造意首恶之人；

凡台湾劫盗之案，罪应斩决者，照江洋大盗例斩决、枭首。他如聚众散札竖旗，妄布邪言，书写张贴，煽惑人心，抢夺杀人放火，光棍抢夺路行妇女，强奸致死，劫囚越狱，与番人彼此仇恨聚众，抢夺杀人等案内造意为首，最应立决者；

凡大江洋海出哨官弁、兵丁，如遇商船遭风，尚未覆溺，及著浅不致覆溺，不为救护，反抢取财物，拆毁船只者，照江洋大盗例，不分首从……如有凶恶之徒，明知事犯重罪，在外洋无人处所，故将商人全杀灭口，图绝告发者，但系同谋者；

"略人略卖人"条例内：凡贵州地方有外来流棍，勾通本地棍徒，将荒村居住民苗人户杀害人命，掳其妇人、子女，计图贩卖者，不论已卖、未卖，曾否出境，具照强盗得财律，不分首从"；

"盗贼窝主"条例内：凡曾任职官及在籍职官窝藏窃盗、强盗，按平民窝主本律本例，罪应斩决者；

"谋杀人"条例内，苗人有图财害命者；

台湾等处商船图财害命者；

有服卑幼图财谋杀尊长、尊属各按服制妇女别凌迟、斩决者；

"杀死奸夫"条例内：奸夫起意商同奸妇谋杀本夫，复杀死奸妇期亲以上尊长者；

"杀一家三人"条例内：凡杀一家非死罪二人，及杀三人而非一家，内二人仍系一家者；

凡谋、故杀缌麻尊长一家二命者；

凡谋、故杀……三命以上者；

杀死人命罪干斩决之犯，如有将尸身支解，情节凶残者；

"斗殴及故杀人"条例内：广东、福建、广西、江西、湖南、浙江等六省纠众互殴之案……如审系预先敛费，约期械斗仇杀，纠众……四十人以上，致毙彼造二十名以上首犯；

"威逼人致死"条例内：强奸已成，将本妇杀死者；

强奸本宗缌麻以上亲，及缌麻以上亲之妻，将本妇杀死者（但外姻亲属免枭示）；

贼犯……如因遗落火煤，或因拨门不开，燃烧门闩、板壁，或用火煤照亮，窃取财物，致火起延烧……若烧毙一家三命者；

"犯奸"条例内:因轮奸而杀死人命者;

"放火故烧人房屋"条例内:凶恶棍徒纠众商谋,计图得财,放火故烧官民房屋及公廨、仓库,或官积聚之物,并街市镇店人居稠密之地,已经延烧抢夺财物……杀伤人者;有因焚压致死者;

挟仇放火……其止欲烧毁房屋、柴草泄忿,并非有心杀人……若致死一家三命以上首犯;

"狱内脱监及反狱在逃"条例内:凡杀人盗犯,及未杀人之首盗与伤人之伙盗,原拟斩枭及斩决,若越狱脱逃被获者;其伤人之伙盗,原系拟斩免死发遣之犯,如越狱脱逃被获,因越狱伤兵役者及因脱逃伤兵役者;

"有司决囚等第"凡审办逆伦重案……其子孙殴杀祖父母、父母之案……若距省在三百里以外,即在省垣正法,仍将首级解回犯事地方枭示。

令人庆幸的是,清朝法律明文规定,妇女若犯斩枭之罪,免枭示。①

清朝枭首的案例不胜枚举,仅略举数例:

年羹尧的笔杆子汪景祺受年羹尧的牵连而被打入牢狱,借口是《西征随笔》中的"历代年号论"论及英宗年号"正统",由土木堡被俘之狼狈,明武宗年号"正德",以玩世不恭、不理朝政而声名狼藉,元顺帝年号"至正",却被朱元璋推翻。当然会使疑心多端的雍正皇帝联想到自己的年号,不禁勃然大怒,在汪氏手稿上朱批:"悖谬狂乱,至于此极!"雍正三年(1725)九月,雍正下旨:"汪景祺作诗讥讪圣祖仁皇帝,大逆不道,应当处以极刑。今大臣等定拟立斩具奏,姑从其请,著立斩枭示。"② 直至雍正去世,乾隆即位不久,雍正十三年(1735)十月,左都御史孙国玺奏请将挂在北京宣武门外菜市口汪景祺以及吕留良等六人之首"掣竿掩埋","京师为首善之区,菜市口又京师之达道,列树枯骨于中途,不惟有碍观瞻,且不便牵车服贾之辐辏。"这样才停止汪景祺等人的"枭示"。

义和团在京城活跃之时,平时行为不端之人,乘乱抢劫,"海淀捉获惑众之人一名正法枭示"③。此时兵勇不能保境安民,乘机"抢劫住户铺户",荣禄派人"获各营勇丁十一名,冒充勇丁土匪二十三名,均就地正法,号令示众"④。

义和团本身良莠不齐,"保安寺团借口广陞店为教民之产,率众将该店抢劫一空。旋被武卫中军拿获十一名,均斩首示众"⑤。

又有三十多人被义和团指称为白莲教党被斩首,被指为"白莲教首"者,凌迟,"并其家属均枭于市"⑥。

清末修律,枭首刑从法律文本上消失了。

---

① 参见《大清律例》,562 页,天津,天津古籍出版社,1993。
② 蒋良骐:《东华录》,448 页,北京,中华书局,1980。
③ 《庚子纪事》,13 页,北京,中华书局,1978。
④ 《庚子纪事》,85 页,北京,中华书局,1978。
⑤ 《庚子纪事》,86 页,北京,中华书局,1978。
⑥ 《庚子纪事》,89 页,北京,中华书局,1978。

第五节
戮　尸　刑

"罪犯"或受"罪犯"株连的亲属业已死亡，即所谓已遭天谴，死后尸体也要受到惩罚，即戮尸，此时戮尸刑是代用刑，即代替生前应受的死刑。但在史书中案犯生前受到了法律的严惩，接着被戮尸的现象，并不鲜见，这属于附加刑，亦属于法外用刑，并不符合法律的规定。元代戮尸刑开始合法化，直至清末修律，才成为历史的陈迹。其价值取向是多方面的。

一、戮尸的起源

戮尸，"戮"，据韦昭解释："陈尸为戮"①，即暴尸示众。"陈尸为戮"是"戮"的第一层含义。《周礼·秋官叙官·掌戮》注："戮犹辱也，既斩杀又辱之。"明确赋予了戮两重意思，即斩杀和羞辱、侮辱，"既斩杀又辱之"是"戮"的又一层含义。又《左传》"文十八年，齐懿公之为公子也，与邴歜之父争田，弗胜。及即位，乃掘而刖之。注：'断其尸足。'"据沈家本的解释，"此是戮尸之意，但断足而非枭首"②。因此，戮尸刑后来还伴随着枭首，即斩首示众。又据清人王明德的说法，"谳狱定例，如罪犯身死，则曰已服天刑，不复更为推讯。其于罪大恶极、情同枭獍之流，虽云已服天刑，而法有不容于不尽者，则仍即其尸而戮之。"③据此，我们认为戮尸刑是指重罪罪犯，或重罪罪犯"应"受株连的亲属业已死亡，死后尸体也要"陈尸示众"于市，甚至被砍头示众等种种毁坏尸体的处罚，以使他们受到侮辱的刑罚。当然，也有罪犯在被凌迟处死或斩杀之后，同时戮尸、枭首等等。其中的戮尸往往超过了法律规定，属于法外用刑。

戮尸又称剉尸、磔尸，多见于明清。剉尸始见于辽，辽穆宗杀"监囚海里，仍剉海里之尸"④。磔尸在汉朝多有记载，如东汉阳球将奸猾弄权的中常侍王甫打入牢狱并杖死之后，"僵磔甫尸于夏城门"⑤。不过，此时的"磔尸"，只是暴尸示众而已，没有对尸体的其他破坏行为，况且王甫是被杖死的，并非"天谴"。而明清的磔尸，对尸体的其他破坏行为虽具体细节不详，但它一般是替代某些生前的凌迟刑。据此笔者推测，应该有或砍、或割等严重毁坏尸体的行为，具体情况有待研究。

戮尸与秦汉之际的磔刑（汉文帝虽曾除之，但对于反逆重罪仍然适用）有相似的地方，据颜师古解释"磔谓张其尸也"⑥，也就是古刑制"蹉诸市肆之三日"。即戮尸与秦汉之磔刑

---

① 《国语·晋语》，上海，商务印书馆，1958。
② 沈家本：《刑法分考·戮尸》，载《历代刑法考》（一），125 页，北京，中华书局，1985。
③ （清）王明德：《戮尸》，载《读律佩觿》卷四（下），138 页，北京，法律出版社，2001。
④ 《辽史·穆宗本纪》。
⑤ 《后汉书·酷吏传·阳球》。
⑥ 《汉书·景帝纪》。

都有陈尸示众之意。所不同的是，一般而言，磔刑重犯生前业已被执行死刑，还要脱衣示众。《周礼·秋官·掌戮》郑注"膊谓去衣磔之"。而戮尸是重犯或重犯受株连的亲属生前应为死罪未执行，死后受到的刑罚。当然，亦有说秦的磔刑兼有肢解之义，如秦二世时，"十公主矺死于杜"。索隐解释"矺音宅，与'磔'同，古今字异耳。磔谓裂其支体而杀之"①。因与本文无关，不过多讨论。

秦汉以前的戮尸刑一般说来，只"陈尸示众"；但秦汉以后，戮尸的方法往往是凌迟锉碎或刭骨扬灰等，最后斩首示众，对已死"罪犯"的惩罚丝毫不加宽待。尤其元明清时期，律典皆明文规定了戮尸刑，只是未堂而皇之地列入五刑正刑而已。

早在春秋时期齐相管仲就使用过戮尸。当时齐国厚葬成风，大量麻布、丝帛用于制作寿衣，树木用于制作棺椁，这无疑是极大的浪费，对于雄心勃勃锐意称雄中原的齐桓公来说，是可忍，孰不可忍。于是相国管仲下令："棺过度者戮其尸，罪当丧者。"② 但这与元明清的戮尸刑不同，因为此处戮尸的对象并非生前犯重罪未受惩罚者。不过，此处"戮其尸"显然含有羞辱之意，以阻止厚葬之风。

春秋时期齐国的崔杼被戮尸，襄二十八年，"求崔杼之尸，将戮之"。后来，"以其棺尸崔杼于市"。注曰："崔氏弑庄公，又葬不如礼，故以庄公棺著崔杼尸边，以章其罪。"③ 将庄公的棺材与崔杼的尸体陈列在一起，使"弑君"者恶名远扬。

先秦戮尸最有名的事件之一，就是春秋末期昭十四年晋国两个大夫雍子、叔鱼的尸体同时被扔在国都新田市中心，示众羞辱。原来，大夫邢侯因大夫雍子侵夺他的田产，两人为此打了一场旷日持久的官司。雍子察知主审官大夫叔鱼贪恋女色，投其所好，将女儿嫁给了叔鱼。叔鱼经不住美色的诱惑，枉法裁判。邢侯不禁怒从心头起，恶向胆边生，拔出长剑，怒气冲冲地刺向叔鱼，结束了他的性命；接着，又向通过贿赂赢了官司正暗自庆幸的雍子刺去。雍子步叔鱼后尘命归黄泉。当权的晋国正卿韩宣子向德高望重的大夫叔向询问处理办法。叔向是叔鱼的哥哥，但他公正无私，指出："三人同罪，施生戮死可也。""乃施邢侯而尸雍子与叔鱼于市。"④

此后，戮尸之刑不绝于史。如：秦王嬴政遣将成蟜攻打赵国，成蟜却反叛秦国。秦兵击之，成蟜死于屯留。"军吏皆斩，及戮其尸"（已死者戮其尸）⑤。

与元明清类似的戮尸刑最早发生在东汉灵帝中平元年（184）。当时东汉将领皇甫嵩打败黄巾军起义后，对起义军首领张角"戮其尸"。《后汉书·灵帝纪》注："发棺断头，传送马市"⑥。

残暴无比的董卓被杀后，"暴卓尸于市。卓素肥，膏流浸地，草为之丹。守尸吏暝以为大炷，置卓脐中以为灯，光明达旦，如是积日"⑦。

①　《史记·李斯列传》。
②　（宋）李昉：《韩子》，载《太平御览》卷六四七，北京，中华书局，1960。
③　《春秋左传集解第十八·襄公五》，册三，1106～1107页，上海，上海人民出版社，1977。
④　《春秋左传集解第二十三·昭公四》，册四，1397页，上海，上海人民出版社，1977。
⑤　（元）马端临：《刑考一》，载《文献通考》卷一六二，北京，中华书局，1986。
⑥　《后汉书·灵帝纪》，北京，中华书局，1965。
⑦　《三国志·董卓传》引《英雄记》。

与元明清戮尸刑完全一致的，是东晋王敦谋反后，有关部门主张："'剖棺戮尸，以彰元恶。'于是，发瘗出尸，焚其衣冠，踞而刑之。"王敦还被悬首示众。

东晋之后，戮尸不绝于史。十六国时期，后赵石虎父子竞相残暴。太子石宣与乃弟秦王石韬争宠，石宣谋杀石韬，并图谋在葬礼上杀石虎篡位。事发之后，石虎"以铁环穿其额而锁之，作数斗木槽，和羹饭，以猪狗法食之。取害韬刀箭舐其血，哀号震动宫殿。积柴邺北，树标于其上，标末置鹿卢，穿之以绳，倚梯柴积，送宣于标所，使韬所亲宦者郝稚、刘霸拔其发，抽其舌，牵之登梯，上于柴积。郝稚双绳贯其额，鹿卢绞上，刘霸断其手足，斫眼溃腹，如韬之伤。四面纵火，烟炎际天。季龙从昭仪已下数千登中台以观之。火灭，取灰分置诸门交道中。杀其妻子九人"①，可见，石宣受尽了各种酷刑，最后被火烧死，骨灰被抛弃于"诸门交道"，实际上也是戮尸了。石虎此举，虽是对有罪之子，也是因为他残暴不仁，导致上行下效。如此骨肉相残，卒资后人笑柄，令人齿冷而已。南朝之乱，反复无常、残暴已极的侯景兵败被杀后，"传首西台，曝尸于建康市。百姓争取屠脍啖食，焚骨扬灰。曾罹其祸者，乃以灰和酒饮之。及景首至江陵，世祖命枭之于市，然后煮而漆之，付武库"②。

南朝宋文帝时女巫严道育与东阳公主之婢鹦鹉合谋为巫蛊，以玉刻文帝之形，埋于含章殿前。事发，二人被鞭杀，焚尸，扬灰于江中。③ 隋炀帝将不满其暴政起兵反抗的政敌杨玄感之弟朝请大夫积善及党羽十余人，车裂而死，"仍焚而扬之"。

金代以残暴、荒淫闻名的海陵王亦多次将处死的"罪犯"焚尸，"弃其骨水中"④，甚至对其生母亦如此。

唐朝素有令名的唐太宗，对忠心耿耿、犯颜直谏的魏征都曾"仆所为碑"，掘墓鞭尸。玄宗初年，"太平公主谋逆，窦怀贞惧罪投水死，追戮其尸"，并恶毒地改姓"毒氏"，赵翼直斥为"乱世不经之陋例也"⑤。改恶姓恶名显然也是一种侮辱性的惩罚措施，至于它是不是乱世才有的现象，姑且不论；非议它是"不经之陋例"则为允当之论，这也反映了统治者的非理性行为。生前仰仗姑母的庇护、不可一世的武三思父子，在睿宗即位后，"以父子皆逆节，斫棺暴尸，夷其墓"。

从元朝开始，元明清三朝都有戮尸刑的法律规定和案例。

二、戮尸的具体执行

（一）元朝戮尸刑的法律规定

据《元史·刑法志》记载：

> 诸子弑其父母，虽瘐死狱中，仍支解其尸以徇。

---

① 《晋书》卷一〇七载记第七石季龙下。
② 《梁书·侯景传》。
③ 参见《宋书·二凶传》。
④ 《金史·海陵纪》。
⑤ 赵翼：《新旧唐书·改恶人姓名》，载《廿二史札记校正》（上）卷一九，417页，北京，中华书局，1984。

诸因争虐杀其兄者，虽死仍戮其尸。①

《元典章·诸恶表》：

杀死亲兄，虽在禁死，戮尸晓众。

可见，元代戮尸刑的适用对象实际上是两种，一是杀父母案中的罪犯；二是杀死其兄长案中的罪犯。这两种情况均属于十恶重罪中的恶逆重罪。

元朝戮尸刑的实际执行情况则不限于此。元世祖时，奸臣阿合马为相，"援引奸党郝祯、耿仁等骤升同列，阴与交通，专事蒙蔽。遏赋不蠲，征敛愈急，内通货贿，外示刑威。天下之人无不思食其肉"②。结果益都千户王著，激于义愤将他杀死。后来奸臣阿合马③、郝祯④罪行败露后，被元世祖"剖棺戮尸"。

元泰定帝时，

潮州判官钱珍挑推官梁楫妻刘氏，不从，诬楫下狱，杀之。事觉，珍饮药死。诏戮其尸。⑤

这几则案例中被戮尸的案犯，并不属于恶逆重罪，只不过是他们生前犯罪未遭国家刑罚处罚，故死后被戮尸。

（二）明代有关戮尸刑的法律规定

有关戮尸的法律规定最早见于明万历十六年（1588）神宗制定的条例。⑥ 概言之，明代法律规定主要在四种情况下已死案犯要处戮尸刑，即：（1）谋杀祖父母、父母，凌迟处死者；（2）杀一家非死罪三人，为首凌迟处死者；（3）支解人为首凌迟处死者；（4）"若初心本欲支解其人，势力不遂，乃先行杀，随又支解，恶状昭著，凌迟处死者"，亦适用戮尸。⑦ 前一种情况均属于十恶重罪中的恶逆一类的犯罪；后三种情况属于十恶重罪中不道一类的犯罪。

明朝戮尸刑的实际执行情况是：

1. 谋反的阉党

明武宗时期最为专权的太监刘瑾因谋反被凌迟，其党羽吏部尚书张彩起初以"交结近侍论死，遇赦当免。改拟同瑾谋反，瘐死狱中，仍剉尸于市"⑧。

2. 谋反的阉竖

恶名仅次于魏忠贤的刘瑾凌迟处死后被剉尸。⑨

明熹宗统治时期，阉竖魏忠贤是明朝最为权势熏天、飞扬跋扈、不可一世、为非作歹、

① 《元史·刑法志》，北京，中华书局，1976。
② 赵翼：《元世祖嗜利黩武》，载《廿二史札记校正》（下）卷三十，685页，北京，中华书局，1984。
③ 参见《新元史·刑法志》卷一百零三。
④ 参见《元史·崔彧传》卷一百七十三列传第六十。
⑤ 《新元史·刑法志》。
⑥ 参见《明律集解附例》（一），123页，台北，成文出版社，1969。
⑦ 参见（清）王明德：《凌迟》，载《读律佩觿》卷四（下），137页，北京，法律出版社，2001。
⑧ 《明史·张彩传》，北京，中华书局，1974。
⑨ 参见（明）张文麟：《明张端严公（文麟）年谱》，6～7页，台北，台湾商务印书馆，1978。

恶迹昭著的恶魔，待熹宗一死，崇祯即位，不断遭到弹劾。崇祯先是将他安置于凤阳，不久又下令逮捕治罪。魏忠贤行至阜城，得知这一消息后，自缢。崇祯皇帝"诏磔其尸，悬首河间"①。

3. 谋反的头领

万历年间，播州杨应龙、杨朝栋父子反叛，应龙兵败自杀，家人子弟全被俘虏，"诏磔应龙尸并子朝栋于市"②。

明代有"宰辅之杰"美誉的张居正，如果不是申时行机智相救，差点因大逆被戮尸。张死后初亦极备哀荣，但很快被削去了所有的官阶，并被抄家，稍微为他说话的人无不立即获遣；而攻击他的人无不受到褒奖。心机险恶的人居然以毁谤他为晋升之阶，且竟然成为一时官风。御史丁此吕乃至疏劾侍郎高启愚，说高在会试时竟以"舜亦以命禹"为题，意在以大禹许张，含有"劝进"之意。此论一出，攻讦张居正的人更多，有的人称之为逆臣，应照大逆论处，剖棺戮尸。万历就此倾听首辅申时行的意见，申时行本是张引荐入阁——指望他在其身后多加维护，这一打算落空了。不过，对于奸邪臣僚落井下石的做法，他并不赞同，但万历征询其意见时又不能公然为张辩解，否则，只会适得其反。所以针对丁此吕一疏，他如蜻蜓点水地说："此吕以暧昧陷人大辟，恐谗言接踵至，非清明之朝所宜有。"以"暧昧"二字避开了疏中的要点，以一"陷"字定下了格调，且以清明之时许之，使万历心甘情愿地不再追论③，张居正也就躲过了"戮尸"一劫。

明代戮尸刑的这些案例显然都与戮尸刑之法律规定无关，均是法外用刑，表明明代法律规定与法律实践常常是不相关联的。

（三）清代戮尸刑的法律规定

"谋杀祖父母、父母"法条中的小注："监故在狱者，仍戮其尸。"④

乾隆四十八年（1783）制定条例规定：凡子孙殴祖父母、父母案件，审无别情，无论伤之轻重，即行奏请斩决。如其祖父母、父母因伤身死，将该犯剉尸示众。⑤ 此例是为了从速处死所谓的枭獍之徒，不让他们在人世多活一天。如果父母因伤身死，就需再在死尸上做文章，"剉尸示众"。

乾隆三十二年（1767）改定的"杀一家三人"条例：

> 凡杀一家非死罪三人及支解人为首监故者……将财产断付被杀之家，仍剉碎死尸，枭首示众。⑥

《清史稿》记载清代的戮尸刑："所以待恶逆及强盗应枭诸犯之监故者。"⑦

---

① 《明史·魏忠贤传》，北京，中华书局，1974。
② 《明史·李化龙传》，北京，中华书局，1974。
③ 参见温功义：《明代宦官与三案》，461页，重庆，重庆出版社，2004。
④ 《刑律·人命》"谋杀祖父母、父母"，载《清会典事例》，第九册，755页，中华书局，1991。
⑤ 参见《刑律·斗殴》"殴祖父母、父母"，载《清会典事例》，第九册，875页，中华书局，1991。
⑥ 《刑律·人命》"杀一家三人"，载《清会典事例》，第九册，778页，中华书局，1991。
⑦ 《清史稿·刑法志》，北京，中华书局，1977。

董康说："若犯凌迟及枭示事前身故者，仍须舁棺市曹，戮尸示众。"①

总之，元明清替代凌迟刑的戮尸刑之法律规定都属于人命案，这是其共性。所不同的是，元代因争财产而杀死其兄案的戮尸刑，在明清两朝都没有。此外，明清两代都有不道重罪案犯身死，要处戮尸刑的规定，而元朝则无。

清代的案例：

1. 比照谋大逆定拟的文字狱

清朝将戮尸刑扩大到惩治文字狱思想犯罪的范畴，始于顺治时期戮尸黄毓祺，并非如张晋藩先生所言始于康熙时期。② 黄毓祺，江苏江阴人，血性男子，忠义慷慨，素有文声，尤其擅长禅学、诗词，诗词含有复明内容。家道富足，家产占半江城。顺治二年（1645），清军攻打江阴，他毁家纾难，后隐姓埋名于寺院，被人告发。顺治五年（1648）四月，传旨正法，因病死狱中，被戮尸。

康熙五十一年（1712），因《南山集》案，查出已故方孝标在《滇黔纪闻》中有"大逆等语，应剉其尸骸"③，以示惩处。

雍正五年（1727）五月，查嗣庭文字狱照大逆定拟，戮尸、枭示。

雍正七年（1729）五月，吕留良文字狱照大逆定拟，吕留良及其儿子吕葆中、徒弟严鸿逵，皆剉尸、枭示。

乾隆四十三年（1778），徐述夔因诗词"系怀胜国，暗肆诋讥，谬妄悖逆"被戮尸。其戮尸过程如下：

> 拆砖启棺，细加查验，徐尸身僵而未化，原戴纬帽及所穿袍褂颜色旧坏，尚未毁烂。当即遵旨监视，将该犯徐述夔之尸枭去首级，凌迟锉碎，撇弃旷野，仍悬示东台县城。④

2. 谋反者的父祖

乾隆时期，山东临清反清起义首领王伦之父、祖等奉旨被刨坟戮尸：

> 先刨出王伦父棺，尚未朽烂，连棺抄出烧扬，次刨王伦高、曾、祖三冢，棺木已朽，检出骨殖烧扬（以上均见清朝档案）。⑤

戮尸连及高、曾、祖三冢，打击面远远超过了清律的规定，显然旨在破坏所谓的风水。

3. 谋反者

轰轰烈烈的太平天国运动失败后，"洪秀全尸于伪宫，戮而焚之"⑥。

4. 比照谋反者

嘉庆十二年（1807），对一起"纠约拜盟，起意戕官劫库"案，嘉庆帝力主加重处罚，

---

① 董康：《前清司法制度》，载《法学杂志》，1935 年第 8 卷第 4 期。
② 参见张晋藩主编：《清朝法制史》，175 页，北京，法律出版社，1994。
③ 《清圣祖仁皇帝实录》（三）卷二四九，康熙五十一年壬辰春正月丙午条，465 页，北京，中华书局，1985。
④ 郭成康、林铁钧：《清朝文字狱》，396 页，北京，群众出版社，1990。
⑤ 郭成康、林铁钧：《清朝文字狱》，396 页，北京，群众出版社，1990。
⑥ 《清史稿·洪秀全》。

由谋叛改为谋反大逆，为此颁布谕旨：

> 刑部议复汪志伊等审拟马兵、徐荣等纠众滋事一案，该督原拟谋叛，改照谋反律办理。所议是。徐荣、王廉、胡金玉三犯胆敢纠约拜盟，起意戕官劫库，实属罪大恶极，自应照谋反大逆律办理。该督俱将为首之徐荣等三犯予以斩决，所办错谬，著照部议将该三犯剉尸、枭示。①

又如：道光九年（1829）的一件刑案，即：邪术煽惑，纠众谋叛，抗官杀差，比照谋反律，凌迟处死。业经格毙，仍戮尸、枭示。②

5. 殴死夫之母亲者

天门县戴之礼同妻刘氏"忤逆"，刘氏于乾隆五十三年（1788）三月初殴伤张氏身死旋即自缢身死。

> 戴刘氏因被姑斥责，辄敢顶撞掌殴；及经伊姑赴县喊禀控，复怀恨争闹，掌伤张氏致死；实属罪大恶极，刘氏应依律凌迟处死。已经畏罪自尽，仍令剉尸示众。③

6. 支解为首者

乾隆五十一年（1786）闰七月，安徽省流犯王文智因欠债于张文谟，打伤张后又与儿子王成功商量杀死张。将尸体支解剁碎，并挖出脏腑，弃尸灭迹。"凶恶残忍已极"，王文智"照例剉尸、枭示"④。

此外，后金努尔哈赤统治时期，天命七年（1622年）正月，工匠茂海强奸汉人妇女，处死后，"八旗分尸八份，把他的肢体挂在八门"⑤。有的士卒因违反军纪以致为敌所杀，"若还未烧尸，细切肉片抛弃；若已烧，撒掉骨灰，不殉葬衣服"⑥，用以警众。⑦

可见，清代戮尸刑实际适用对象在明朝的基础上又有所扩大，扩大到文字狱领域，这与清朝文字狱大量适用凌迟刑的情况是一致的。从司法实践的层面看，有时，清朝刑律之酷虐甚于酷虐之明朝。正如亲眼目睹清军镇压太平天国的英国人吟唎所说：

> 满洲人的野蛮统治是史无前例的；他们的残暴的酷刑，尤其是施于反叛者的酷刑，以及他们所制定的刑律，都是人类历史上最大的污点。⑧

综上所述，戮尸刑的适用情形有三种，第一，"应处"戮尸刑的罪犯案发前业已死亡或案犯应受株连等亲属业已死亡；第二，某些已判死刑的罪犯未及处刑即在狱中死去者；第三，罪行严重的罪犯在处死后接着戮尸。

---

① 席裕福等：《刑律·贼盗》"谋反大逆"，载《皇朝政典类纂》刑三，8556 页，台北，文海出版社，1982。
② 参见席裕福等：《刑律·贼盗》"谋反大逆"，载《皇朝政典类纂》刑三，8560 页，台北，文海出版社，1982。
③ 中国第一历史档案馆藏《军机处录副奏折》，胶片号 088，文件号 001000。
④ 中国第一历史档案馆藏《军机处录副奏折》，胶片号 088，文件号 000569。
⑤ 《满文老档·太祖》卷三四，天命七年正月二十六。
⑥ 《满文老档·太祖》卷四八，天命八年四月初七。
⑦ 参见张晋藩：《清律研究》，64 页，北京，法律出版社，1992。
⑧ ［英］吟唎：《太平天国革命亲历记》，北京，中华书局，1962。

清代律学家王明德谈到明代戮尸刑之法律规定不适用于谋反大逆，只适用于恶逆、不道重罪中的一些犯罪时说：

> 反逆所自始，多由激愤以成变……故定律者，惟只重以凌迟、缘坐以尽法，而不更究乎已服天刑之后，所以示宽大也。即以弟戕兄、妻谋夫，虽云各关伦常异变，然弟乃同辈，妻则终属异姓而假合，若非父子祖孙，一脉相承，重关至性。天伦灭绝，莫可抵极。故不因其已服天刑也而贷之，盖所以重伦常也。至杀一家非死罪三人及支解人，则恶极凶穷，一死奚足蔽辜。欲为匹夫匹妇复仇，又不容不极其法而甚之。①

在此，对于戮尸的适用对象，王明德着重强调两点：一是重视家庭伦常之中最为紧要者，实际上就是重父权，二是为匹夫匹妇复仇。重父权，当然是指望老百姓移孝作忠；为匹夫匹妇复仇，免得社会上积怨的人太多，影响治安，最终危及统治的稳定，无非都是出于统治者自身利益的需要。况且，在实际运用时，反逆案件照样戮尸不误，并非统治者真正宽大。

罪犯业已死亡，即使对之戮尸，从表面上看，对死者本身影响不大，但实际却很大：其一，彰显国法的尊严。对于"幸逃显戮"的罪犯戮尸，表明他（她）即使死了最终亦未能逃脱国法的制裁，显示了国法的神圣不可侵犯性。其二，泄愤，文字狱中的戮尸刑大多是发泄皇帝的恼怒。而不道案中的戮尸刑则旨在使民众的怨恨得以发泄。其三，它体现了刑罚报应与威慑的一面，即：纵使生前未受到法律的制裁，死后亦不能幸免。如：万历年间，左都御史吴时来申明律例，要求对杀死祖父母、父母的"恶逆"重犯处以戮尸，就是要"庶典刑得正"②，同时，又以此来警示潜在的"犯人"。至于究竟能否起到儆戒作用，则是一个很难证明的命题。其四，有些戮尸刑往往与挖坟相联系，即使到了今天，从国人的心态来讲，坟墓被挖对于尸身以及死者的亲属而言，仍是莫大的耻辱。何况圣人早就谆谆教导人们要"慎终追远"③。在儒家文化的长期熏陶之下，当时的人们有着极为强烈的祖先崇拜观念，而祖坟是已故先祖亡灵的"安居地"，是后人与亡人"对话"之所，是后人的精神寄托之处，在那里寄托着后人对先人的追思与缅怀。敬祖坟，表明后人尊祖敬宗，体现了后人的孝道观念。同时，人们认为，祖坟又与风水紧密相连，祖坟是好的风水之所在，善待祖坟，祖先的亡灵才能显灵，保佑子孙人丁兴旺、福禄寿喜、荣华富贵。因此祖坟观念、风水观念、极端的孝道观念、灵魂不灭的迷信观念，以及出人头地的观念缠绕在一起，成为国人挥之不去的传统观念的一部分。统治者强化、利用了人们头脑中根深蒂固的这些观念，以戮尸刑惩罚"应该"受法律制裁的"罪人"，既羞辱罪犯，又使其亡灵无处安身而不得保佑其子孙，且以此来羞辱"罪犯"的后人。而戮尸本身对其家属而言乃是一种难以名状的精神折磨，而这种痛苦也正是封建统治者所追求的效果之一。这些正是统治阶级不惜用戮尸刑对待死去的"犯人"或其祖先的价值追求。

其实，戮尸刑与凌迟酷刑执行方式一样，本身不过是一种狂热的非理性行为，这些刑罚都是残酷的、野蛮的、落后的。

---

① （清）王明德：《凌迟》，载《读律佩觿》卷四（下），141 页，北京，法律出版社，2001。

② 《明史·刑法志》。

③ 《论语·学而》，载阮元校刻：《十三经注疏》，北京，中华书局，1980。

　　当然，上述戮尸刑的价值诉求只是从一般意义上而言，它也有例外。如前所述，管仲最早提出的戮尸刑，其方式与明清不同，其动机亦大异其趣。甚至可以说，管仲的做法还有一定的合理性，他以这种方式最大限度地保护了活人的利益，也有利于倡导一种良好的社会风气。不过，处罚本身无辜之人毕竟不是什么理直气壮之举，也不值得大书特书。而此后的戮尸刑可谓一无是处，不过表明了立法者的残忍、非理性，它是中国古代法制文明进程中的逆流，必然要在法制文明的进程中成为历史的陈迹。1905 年，戮尸与凌迟、枭首，经沈家本奏请，清政府下诏废除。从此，它们不再合法存在。1910 年的《大清现行刑律》正式废除它们。从此，法律文本上不再有其踪影，中国的法制文明终于步履蹒跚地向前迈开了一大步。

后记

本卷是国家教育部哲学社会科学研究重大课题攻关项目暨国家新闻出版总署"国家重大图书出版项目"《中国传统法律文化研究》子课题之一（第二卷），是在项目首席专家曾宪义教授的主持和指导下完成的。

本卷作为我的导师曾宪义先生主持的重大课题的分课题之一，实际上是从1995年前后就开始了，初由郑定教授负责，涉及古代中国刑事法制的著述已经很多，所以从2005年以后，受曾老师委托，我接替已故的郑定教授负责本卷的组织与撰写工作，为本卷的编写初定了两个目标：其一是尽可能涵括法律史学界已有的这一领域的研究成果；其二是尽可能展示本卷编写者各自的最新研究成果。因此，我们在内容选取上和本卷的体例设计上，尽所能不简单重复前人已有著述的内容，而是在前人研究的基础上，力图有所提高。

在此预设的指导下，新的本卷参加者，在参考原来仅留存的编写大纲的基础上，经过多次讨论，不得不重做较大调整，形成了本卷现在的体例结构，原来郑定教授主持拟定的编写大纲中的许多有价值的观点与思想，由于我们当下水平的原因，只能留待以后的进一步研究去实现了。

此后，作为分卷主编，自2008年开始，对其他作者执笔的各章全部文字——审读，进行适当的增补或修改。去年以来，我对有些章节增加或改动的文字也许超过30%，致使最初的部分作者，或很难找到他的初稿所在；如果因此造成的一些错误，当然主要应由我来负责。其中有些章节经过前后调整，最终成为多位作者共同完成的状况，由此也许会造成写作风格的不一，或观点表达的出入，当然由我负责。特别感谢余钊飞博士在进行上述统稿这一繁细工作中所给予我的帮助。2010年出版社排出书稿清样后，逐字审读批注修改意见发还我们，我们先后对书稿清样进行了审改，并请王平原博士、张璐博士、沈玮玮博士、陆侃怡博士、黄东海博士、王祎茗硕士作了多次文字、特别是引文注释的校订工作。

本卷得以完成，应当感谢本卷诸位参加编写者同仁的大力襄助，正是他们的艰辛付出，才使本书得以付梓。借此也要感谢当时在读的曲词博士、王帅硕士等同学在许多具体编写事务工作中的协助。这是一项在我们的导师曾宪义教授指导下，集体协作完成的学术著作，凝聚着十多位学人十多年寒暑春秋的心智劳顿。在此，作为本卷主编，我想代表我们所有参加本卷编写的作者，真诚期待学界同仁的批评斧正，以不负我们的导师曾宪义教授的期望。

本卷具体写作分工如下（按章节顺序）：

第一章（赵晓耕、肖洪泳、李哲）

第二章、第四章（崔永东、郑颖慧、王寅谋）

第三章（崔永东、李力、王寅谋）

第五章（王平原、史永丽）

第六章（王平原、史永丽、柴荣）

第七章（苏亦工）

第八章（吴永明、余钊飞）

第九章、第十章、第十一章（韩秀桃、余钊飞）

第十二章（李力、李玉生、王平原、史永丽）

第十三章（胡兴东、李宜霞）

赵晓耕

庚寅年初冬于北京西郊

图书在版编目（CIP）数据

罪与罚：中国传统刑事法律形态/赵晓耕主编 . —北京：中国人民大学出版社，2011.12
（中国传统法律文化研究）
ISBN 978-7-300-15011-6

Ⅰ.①罪…　Ⅱ.①赵…　Ⅲ.①刑法-研究-中国-古代　Ⅳ.①D924.04

中国版本图书馆 CIP 数据核字（2011）第 271639 号

"十一五"国家重点图书出版规划
教育部哲学社会科学研究重大课题攻关项目资助
中国传统法律文化研究
总主编　曾宪义
罪与罚：中国传统刑事法律形态
主　编　赵晓耕
Zuiyufa：Zhongguo Chuantong Xingshi Falü Xingtai

出版发行	中国人民大学出版社			
社　　址	北京中关村大街 31 号		邮政编码	100080
电　　话	010 - 62511242（总编室）		010 - 62511398（质管部）	
	010 - 82501766（邮购部）		010 - 62514148（门市部）	
	010 - 62515195（发行公司）		010 - 62515275（盗版举报）	
网　　址	http://www.crup.com.cn			
	http://www.ttrnet.com（人大教研网）			
经　　销	新华书店			
印　　刷	涿州星河印刷有限公司			
规　　格	185mm×240mm　16 开本		版　　次	2012 年 1 月第 1 版
印　　张	38.5 插页 1		印　　次	2012 年 1 月第 1 次印刷
字　　数	780 000		定　　价	98.00 元